C.

DICTIONNAIRE UNIVERSEL

DES CONNAISSANCES HUMAINES

PARIS. — TYPOGRAPHIE MORRIS ET COMPAGNIE

64, rue Amelot.

DICTIONNAIRE

UNIVERSEL

DES CONNAISSANCES HUMAINES

.avec la collaboration ou d'après les ouvrages de

MM. Adde-Margras, de Nancy, Azèmard, Barbot (C.), Bécherand, Becquerel, Biot, Blanc, Boitard, Bossu, Bouillet, Bourgain (E.), Bourdonnay, Brierre de Boismont, Brongniart, Castaing, Cazeaux, Champollion, Charma, Chasles (Ph.), Chomel, Conte, Cruveilher, Delecour, Delahaye, Descoings (A.), Dubocage, Desparquets, Dupasquier, Edwards (Milne), Elwart, Esquirol, Étienne (A.), Favre, Flourens, Gaillard (X.), Garnier (Ch.), Geoffroy-Saint-Hilaire, Gossart, Heinrich, Jemonville, Joisel, Jomard, Kramer, Larivière, Lagarrigue, Le Roi, Lesson, Lévy Alvarez, Louyet, Lunel mère (Mme), Menorval, Mercé, Montémont (A.), Nodier (Ch.), Rédarez, Saint-Remy, Orbigny (D'), Pariset, Payen, Pelouze, Pétron, Piorry, Prodhomme, Richard (du Cantal), Rambosson, Thénot, Valenciennes, Vallin, Yvon, etc.

SOUS LA DIRECTION DE

B. LUNEL

MEMBRE DE L'ACADÉMIE IMPÉRIALE DES SCIENCES DE CAEN,

Ancien Médecin commissionné par le Gouvernement pour l'épidémie cholérique de 1854; ex-vice-Président de la classe des Sciences à l'Académie des Arts et Métiers, Industrie, Sciences et Belles-Lettres de Paris, ancien Secrétaire général de l'Athénée des Arts; Membre honoraire et Secrétaire perpétuel de la Société des Sciences industrielles, de la Société des Sciences et des Arts, etc.; Membre de la Société des Archivistes de France; de la Société universelle des Sciences, des Lettres, des Beaux-Arts de Paris; Membre correspondant de l'Académie royale de Chambéry; de la Société universelle de Londres pour l'encouragement des Arts et de l'Industrie; de la Société d'Émulation littéraire de Joigny; de la Société de l'Union des Arts de Nancy, etc.
LAURÉAT DE PLUSIEURS ACADÉMIES ET SOCIÉTÉS SAVANTES.

Ouvrage honoré de 2 Médailles d'Or.

TOME DEUXIÈME

ANCIEN COMPTOIR
DES IMPRIMEURS UNIS

PARIS

ANCIENNE MAISON
L. MATHIAS (Augustin)

LIBRAIRIE SCIENTIFIQUE-INDUSTRIELLE ET AGRICOLE

De LACROIX-COMON

15, QUAI MALAQUAIS

—

1857

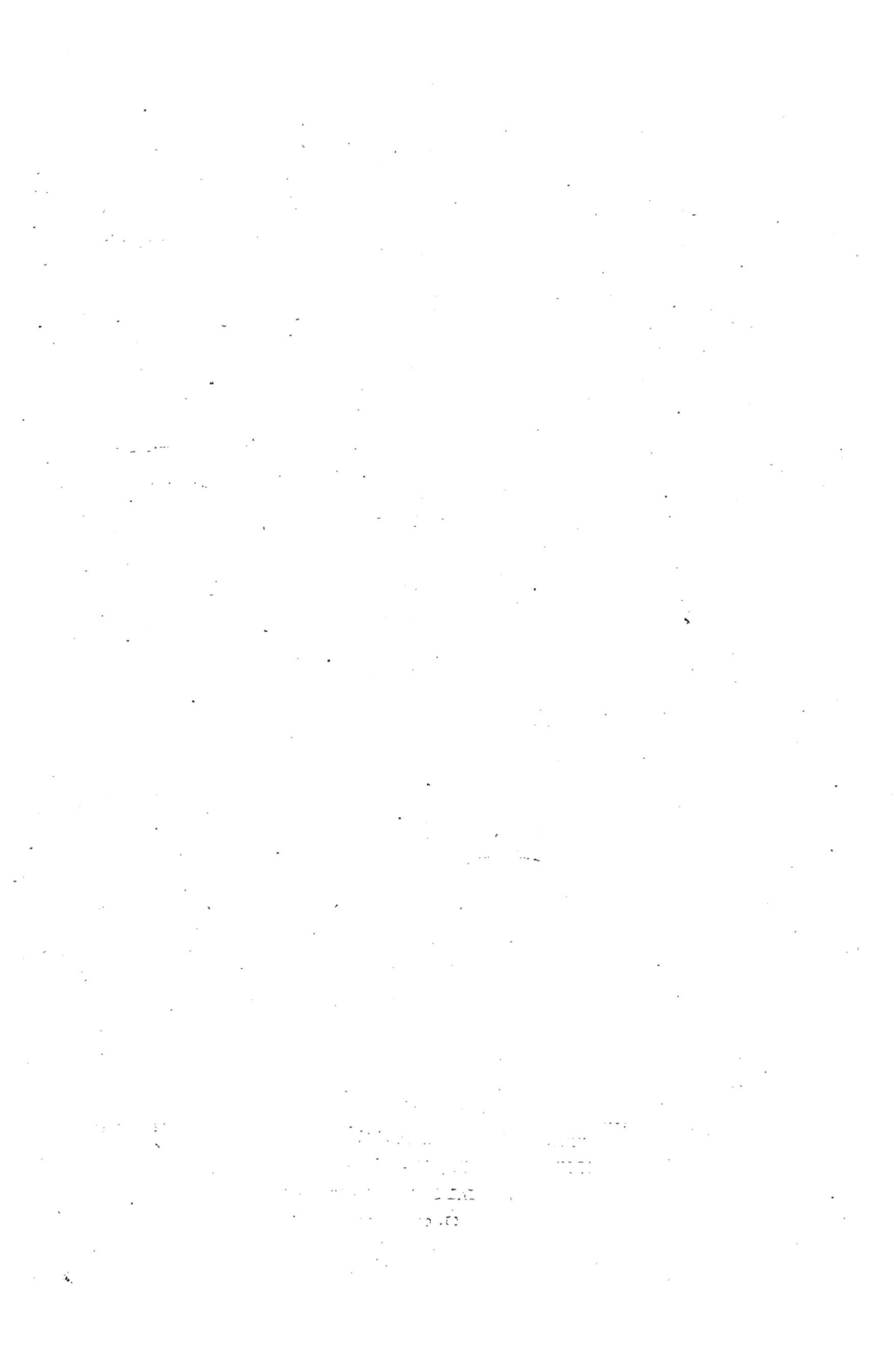

DICTIONNAIRE UNIVERSEL

DES CONNAISSANCES HUMAINES

PARIS. — TYPOGRAPHIE MORRIS ET COMPAGNIE

64, rue Amelot.

DICTIONNAIRE

UNIVERSEL

DES CONNAISSANCES HUMAINES

avec la collaboration ou d'après les ouvrages de

MM. Adde-Margras, de Nancy, Azémard, Barbot (C.), Bécherand, Becquerel, Biot, Blanc, Boitard, Bossu
Bouillet, Bourgain (E.), Bourdonnay, Brierre de Boismont, Brongniart, Castaing, Cazeaux,
Champollion, Charma, Chasles (Ph.), Chomel, Conte, Cruveilher, Delecour, Delahaye, Descoings (A.),
Dubocage, Desparquets, Dupasquier, Edwards (Milne), Elwart, Esquirol, Étienne (A.), Favre,
Flourens, Gaillard (X.), Garnier (Ch.), Geoffroy-Saint-Hilaire, Gossart, Heinriech, Jemonville,
Joisel, Jomard, Kramer, Larivière, Lagarrigue, Le Roi, Lesson, Lévy Alvarez, Louyet, Lunel mère (Mme)
Menorval, Mercé, Montémont (A.), Nodier (Ch.), Rédarez, Saint-Remy, Orbigny (D'),
Pariset, Payen, Pelouze, Pétron, Piorry, Prodhomme, Richard (du Cantal), Rambosson,
Thénot, Valenciennes, Vallin, Yvon, etc.

SOUS LA DIRECTION DE

B. LUNEL

MEMBRE DE L'ACADÉMIE IMPÉRIALE DES SCIENCES DE CAEN,

Ancien Médecin commissionné par le Gouvernement pour l'épidémie cholérique de 1834; ex-vice-Président de la classe des Sciences
à l'Académie des Arts et Métiers, Industrie, Sciences et Belles-Lettres de Paris, ancien Secrétaire général de l'Athénée des Arts;
Membre honoraire et Secrétaire perpétuel de la Société des Sciences industrielles, de la Société des Sciences
et des Arts, etc.; Membre de la Société des Archivistes de France; de la Société universelle des Sciences, des Lettres,
des Beaux-Arts de Paris; Membre correspondant de l'Académie royale de Chambéry;
de la Société universelle de Londres pour l'encouragement des Arts
et de l'Industrie; de la Société d'Émulation littéraire de Joigny; de la Société de l'Union des Arts de Nancy, etc.

LAURÉAT DE PLUSIEURS ACADÉMIES ET SOCIÉTÉS SAVANTES.

Ouvrage honoré de 2 Médailles d'Or.

TOME DEUXIÈME

PARIS

MAGIATY ET Cie, LIBRAIRES-ÉDITEURS

RUE NEUVE SAINT-AUGUSTIN, 22

1857

DICTIONNAIRE

UNIVERSEL

DES CONNAISSANCES HUMAINES

A

SUITE

AMPUTATION (chirurgie) [du latin *amputare*, couper].—*Opération qui consiste à séparer pour toujours, au moyen de l'instrument tranchant, un organe ou une partie d'organe saillant du reste du corps*; toutefois, on réserve le plus généralement ce mot pour désigner l'ablation d'une portion quelconque d'un membre.

Dernière ressource, moyen extrême de la chirurgie, dit M. Velpeau, l'amputation ne doit être pratiquée qu'en désespoir de cause. Déjà grave par elle-même, elle a encore, comme conséquence nécessaire, la mutilation du sujet. En présence des cas qui semblent la réclamer, l'homme de l'art ne doit point oublier que le but de la chirurgie est de conserver, non de détruire; mais les malades ont besoin de savoir, à leur tour, qu'il vaut mieux sacrifier une partie que de perdre le tout, et vivre avec trois membres que de mourir avec quatre.

Nous allons emprunter à un excellent article du docteur Blandin une partie de la description générale suivante des amputations.

Description générale des amputations des membres. — On ne connaît pas d'une manière positive l'époque à laquelle les médecins osèrent, pour la première fois, porter sur nos membres l'instrument tranchant, dans l'intention d'en extraire une portion plus ou moins étendue; tout porte à croire que le spectacle de l'arrachement violent de quelques parties du corps, ou celui de la séparation lente à la suite de sphacèle, sans que la mort en ait été la conséquence, a de bonne heure suggéré l'idée de cette opération, mais que longtemps les chirurgiens en ont été détournés par l'horreur de la mutilation qu'elle détermine, et surtout par les craintes plus fondées de l'hémorrhagie, le plus souvent mortelle, qui survenait immédiatement ou médiatement, faute de moyens connus alors pour la prévenir ou l'arrêter.

Hippocrate parle un peu de l'amputation des membres; mais, outre qu'il n'a fait réellement qu'indiquer cette opération, les préceptes qu'il donne à ce sujet sont peu solides et justement oubliés; il faut arriver jusqu'à Celse pour trouver quelque chose de satisfaisant. C'est presque de son livre, on pourrait le dire, que date l'histoire de cette opération souvent si indispensable; c'est bien certainement à partir de son époque que l'on a commencé à décrire d'une manière convenable l'amputation des membres, et à lui faire subir les modifications à l'aide desquelles l'état actuel de l'art a été constitué sous ce rapport.

Le temps et l'expérience ont apporté aux diverses conditions de l'amputation des membres des modifications nombreuses et variées; aussi l'histoire complète de cette opération se compose-t-elle d'une foule de détails bien différents les uns des autres, et relatifs à chacun de ses points particuliers; nous aurions pu, à l'exemple de beaucoup d'auteurs, les réunir tous dans un article spécial; mais il nous a semblé plus convenable de les fondre dans notre description générale, en les rapportant séparément aux parties auxquelles ils ont trait.

II.

1

I. — *Cas qui requièrent l'amputation des membres*.
— Quelque grande que soit la perte qui résulte de l'ablation d'une partie d'un membre, quelque graves que soient les dangers qu'elle entraîne à sa suite, il est des cas, et il en est de très-nombreux, dans lesquels l'art et l'humanité prescriront toujours de se confier à ses chances. Vainement objecterait-on l'énormité de la mutilation produite dans quelques circonstances; de pareils motifs échoueront toujours contre ce raisonnement, qu'il existe des lésions profondes des membres qui, soit immédiatement, soit médiatement, sont nécessairement mortelles sans le retranchement de la partie qu'elles affectent, et qu'il est préférable de vivre avec trois ou même deux membres que de périr avec quatre. Mais il n'en est pas moins fort important de bien définir les circonstances dans lesquelles il convient de recourir à cette opération, et de décider quelles sont les causes qui peuvent laisser l'espoir d'une guérison par des moyens plus doux; surtout, on ne doit jamais oublier que l'amputation ne doit être invoquée qu'autant que tous les autres moyens offerts par la thérapeutique ont été épuisés; c'est en effet une ressource dernière, véritable ancre de salut pour le malheureux affecté de certaines maladies, mais qui ne procure qu'une guérison incomplète et chèrement payée par les douleurs, les dangers et la mutilation qu'elle entraîne après elle.

Toutefois, on peut avancer hardiment que s'il est des maladies qui réclameront toujours essentiellement l'amputation des membres, il en est aussi d'autres sur lesquelles on ne pourrait sans imprudence porter le même jugement. Sous certains rapports, en effet, les limites de l'art ne peuvent être fixées, et l'on peut soutenir que telle lésion organique, complétement incurable, dans l'état actuel de la science, autrement que par l'amputation, pourra plus tard se montrer moins réfractaire ou moins terrible. L'histoire des progrès de l'art nous fournit chaque jour les preuves les plus éclatantes de cette vérité. Qui ne sait, en effet, que naguère on pratiquait l'amputation dans les cas de plaies ou d'anévrismes des artères des membres, lorsque ces lésions étaient voisines du tronc, tandis que de nos jours une semblable conduite serait justement et hautement blâmée par tout le monde? Mais, à l'époque dont nous parlons, on ne connaissait pas comme aujourd'hui les voies collatérales nombreuses à l'aide desquelles, après la ligature des artères, la circulation peut se continuer au-dessous du point oblitéré; et surtout, les chirurgiens n'avaient point encore osé chercher les artères iliaques et sous-clavières jusque dans les cavités splanchniques où elles prennent leur origine. Ne sait-on pas également que plusieurs chirurgiens ont cherché, avec des succès souvent très-remarquables, à substituer à l'amputation de certaines parties des membres des opérations moins fâcheuses par leurs résultats et par la mutilation qu'elles produisent: *la résection des extrémités articulaires, ou l'extirpation simple de quelques os ?*

Qu'on ne s'étonne donc pas si de nos jours on pratique moins souvent qu'autrefois l'amputation des membres; comme Graefe en fait la remarque, ce fait bien réel indique seulement les progrès de l'art chirurgical, et ne doit point être imputé à la mode ou au caprice des chirurgiens; néanmoins les maladies pour lesquelles il est indiqué de pratiquer les amputations des membres sont encore nombreuses: les unes appartiennent aux os eux-mêmes ou à leurs articulations; les autres portent plus spécialement sur les parties molles.

Les maladies des os des membres qui peuvent réclamer l'amputation sont les suivantes:

1° Les fractures compliquées d'un écrasement considérable ou d'esquilles nombreuses; celles auxquelles se joint une plaie très-contuse, avec issue au dehors des fragments;

2° Les luxations avec déchirure très-étendue des parties molles qui environnent une articulation, surtout celle des nerfs et des vaisseaux;

3° La carie ancienne et fournissant matière à une suppuration abondante, soit qu'elle siége aux extrémités articulaires des os, comme dans les tumeurs blanches très-avancées, soit qu'elle affecte leur centre;

4° La nécrose également ancienne, profonde et accompagnée d'une suppuration trop abondante: mais seulement la variété de cette maladie, qui forme réellement la transition de la nécrose à la carie, et dans laquelle on voit l'os mort se séparer des parties vivantes par de très petits fragments et presque molécules à molécules.—La nécrose avec séquestre très-étendu ne réclame presque jamais l'amputation, mais l'extirpation de la pièce d'os séparée;

5° Le cancer osseux, soit qu'il ait pris naissance dans la substance osseuse (*ostéosarcome*), soit qu'il ait son siége dans le périoste et qu'il constitue ces tumeurs appelées *fongueuses lymphatiques* ou *ossivores*, tumeurs presque toujours composées d'une matière gélatiniforme ou colloïde, soit enfin que la membrane médullaire ait été primitivement affectée, comme il apparaît dans le *spina-ventosa*.

Parmi les maladies des parties molles des membres qui nécessitent l'amputation de ces appendices, on compte:

1° L'écrasement ou l'attrition des parties molles qui entourent les os, et quelquefois le dépouillement complet de ces derniers, comme nous avons vu la chose arriver pour les trois doigts du milieu de la main droite, à un enfant auquel nous avons pratiqué l'ablation de ces parties (la main droite avait été pressée entre les rouages d'une mécanique);

2° Le sphacèle, quelle que soit la cause qui l'ait produit;

3° Une suppuration très-abondante et très-étendue, surtout si le pus s'est glissé dans quelques articulations voisines;

4° Une plaie avec perte de substance, comme celle que font les boulets, et dans laquelle les nerfs et vaisseaux principaux auraient été détruits;

5° La séparation complète ou presque complète

d'une partie d'un membre par un projectile lancé par la poudre à canon;

6° Un cancer très-étendu et dont l'extirpation simple serait impossible;

7°. Un fongus hématode également très-étendu.

Plusieurs autres maladies, presque généralement considérées encore comme réclamant l'amputation des membres, doivent, à notre avis, être rayées de cette liste: *les fausses articulations, l'ankylose invétérée de quelques jointures importantes, les vices de conformation d'une portion d'un membre, et le tétanos traumatique.*

C'est le baron Larrey surtout qui a conseillé l'amputation dans les cas de tétanos traumatique; mais, sans dire combien il serait pénible pour le chirurgien d'en être réduit à avoir recours à ce moyen, dans certains cas de plaies très-peu étendues qui souvent déterminent le tétanos, hâtons-nous de faire remarquer que l'art possède d'autres modes de traitement plus doux pour cette maladie, modes de traitement souvent, à la vérité, infidèles, mais toujours plus sûrs que l'amputation, comme plusieurs chirurgiens l'ont malheureusement constaté par expérience.

Relativement aux fausses articulations, à l'ankylose et aux vices de conformation, à l'état de simplicité, ils ne réclament pas par eux-mêmes l'amputation des membres, à moins qu'ils n'affectent les doigts ou les orteils, et qu'on ne puisse les faire disparaître par la simple ablation de ces parties. Au reste, plusieurs chirurgiens considèrent ces états des membres comme exigeant l'amputation, surtout dans les membres inférieurs, parce que ils gênent et empêchent la marche. Mais il est une autre considération très-puissante contre une semblable conduite, considération qui se déduit de la gravité plus grande de l'amputation de ces membres; jamais nous-même nous n'avons pratiqué d'amputations dans ces cas, soit des membres supérieurs, soit des membres inférieurs; mais plusieurs fois nous avons été témoin de semblables opérations faites par d'autres personnes, et trop souvent nous en avons observé les funestes résultats. En résumé, *c'est jouer trop gros jeu que de tenter l'amputation dans les cas de simples difformités ou de fausses articulations des membres; et le chirurgien instruit des dangers de ce moyen doit en détourner les malades qui viennent près de lui pour le réclamer, en leur montrant toute son incertitude; peut-être même est-il rigoureusement de son devoir de se refuser à la pratiquer, lorsque ses représentations sont inefficaces.*

Telles sont les maladies pour lesquelles on peut être appelé à pratiquer l'amputation des membres; mais c'est peu encore pour le chirurgien d'avoir reconnu l'une de ces affections, et d'avoir constaté son incurabilité, ou le danger qu'elle fait courir immédiatement au malade; avant de décider que l'amputation du membre est indiquée, il faut s'assurer que le mal est local, qu'il n'étend pas ses ramifications jusque dans les régions du tronc, qu'il n'a pas produit sympathiquement des altérations profondes dans les viscères, ou bien, enfin, qu'il ne coïncide pas avec une autre maladie dont l'issue doit être prochainement fatale. Dans les affections cancéreuses, en particulier, on sait que le système lymphatique subit avec la plus grande facilité une dégénérescence analogue à celle de la partie primitivement atteinte; on sait surtout que les ganglions deviennent promptement le siège d'engorgements fâcheux, qui se développent d'abord dans le voisinage, et consécutivement dans les cavités thoracique et abdominale; et l'on peut vraiment dire que la maladie s'irradie vers le tronc, en suivant les voies diverses de ce système; aussi, dans ces cas, c'est à reconnaître l'absence ou l'existence de ces tumeurs ganglionnaires que doivent tendre les recherches des chirurgiens. L'engorgement de ganglions extérieurement placés ne contre-indique pas absolument l'opération, mais il nécessite leur extraction après l'amputation, et surtout il diminue les chances de succès en laissant craindre un commencement de lésion des ganglions lymphatiques des cavités du tronc. L'engorgement de ganglions abdominaux ou thoraciques devrait faire rejeter l'opération; parce que, d'une part, l'ablation de leurs tumeurs est impossible, et que, d'un autre côté, leur dégénérescence se faisant ensuite plus rapidement, le terme fatal serait de beaucoup avancé. Il ne faut pas perdre de vue non plus que les malades, tourmentés depuis longtemps par une affection locale grave, et spécialement ceux qui ont été épuisés par une abondante suppuration, ont les intestins, le colon surtout, sympathiquement irrités; de là des diarrhées, souvent très-rebelles; l'affection intestinale dont nous parlons est légère, elle ne contre-indique pas l'opération; mais si, au contraire, elle est un peu profonde, elle rend l'amputation impraticable. Souvent aussi la phthisie pulmonaire ou d'autres maladies intérieures coexistent avec une affection qui, au premier abord, paraît indiquer l'amputation d'un membre; mais cette opération ne convient point alors; elle ne ferait encore que hâter la mort du malade. On ne saurait par conséquent trop minutieusement explorer les cavités splanchniques, et interroger les différents organes intérieurs, pour s'assurer de leur intégrité avant l'opération; l'intérêt des malades, auxquels il serait cruel de faire subir inutilement une douloureuse opération, l'intérêt de l'art, dont il ne faut pas imprudemment discréditer les moyens, tout concourt à la fois à prescrire cette conduite.

II. — *Moment où il convient de pratiquer l'amputation des membres.* — Il n'importe pas moins de déterminer le moment convenable pour pratiquer une amputation. Quelquefois cette détermination est facile, dans d'autres circonstances, au contraire, elle demande la plus exacte connaissance des maladies pour lesquelles l'opération est nécessaire, et celle de la terminaison probable de ces maladies, si elles sont abandonnées aux propres ressources de la nature; c'est là que souvent on peut juger de la sagacité et de l'expérience du chirurgien. Il ne faut pas perdre de vue que le moment opportun doit être rapidement saisi; et qu'un peu d'hésitation pourrait bien, ou mettre les jours du malade en danger immédiatement, ou diminuer tellement les chances favorables de l'opération, qu'il deviendrait presque superflu d'y recourir par la suite.

On conçoit que l'époque à laquelle on ampute doit varier suivant les maladies qui réclament l'opération. 1° Si l'on opère pour une lésion physique très-grave, c'est immédiatement qu'il convient d'agir, et avant le développement des phénomènes inflammatoires; plus on attend, plus on laisse longtemps le malade exposé aux accidents nerveux que déterminent si souvent l'écrasement et la déchirure des cordons nerveux; plus aussi l'on diminue les chances en faveur de l'opération. 2° Si l'on ampute pour soustraire le malade aux accidents d'une abondante suppuration, dans la fixation de l'époque vers laquelle il convient d'opérer, on doit faire entrer deux éléments: la suppuration, en effet, est *aiguë*, ou bien elle est ancienne, et en quelque sorte *chronique*. Dans le premier cas, il faut opérer aussitôt que l'on a reconnu que le malade ne pourra, selon les probabilités guérir autrement. Ce n'est point ici le cas d'attendre, comme on le dit généralement, que le malade ait été débilité par l'écoulement purulent. En effet, un jour de retard et d'hésitation suffit pour amener des frissons et tout le cortège fatal de symptômes que nous décrirons ailleurs (voy. *Phlébite*), comme dénotant la présence du pus dans le torrent de la circulation; et alors, malheureusement, il faut le dire, l'amputation n'offre presque plus de chances de succès.—Dans le second cas, au contraire, c'est-à-dire si l'on doit amputer pour un cas de suppuration chronique et intarissable, la chose est bien différente; il convient de ne pas trop se hâter; il faut laisser à la nature le temps de multiplier ses efforts pour la cure du mal sans opération; il faut laisser le malade s'affaiblir légèrement, circonstance qui le dispose plus favorablement. Toutefois, qu'on se garde bien de croire que nous regardons le marasme comme étant une condition favorable aux amputations des membres. Loin de là; l'excès de faiblesse est aussi, et plus préjudiciable dans ces cas, que l'excès d'énergie vitale, et entre ces deux extrêmes, il est un juste milieu qu'il importe de bien apprécier. — Si l'on doit amputer dans un cas de sphacèle, il faut, en général, attendre que la nature ait posé entre les parties mortes et celles qui sont encore douées de la vie une ligne de démarcation sensible. Cependant, ce précepte ne doit pas non plus être exagéré; en effet, si le sphacèle est la conséquence d'une contusion extrêmement violente, ou bien d'une inflammation profonde accompagnée d'étranglement, il y aurait souvent de l'inconvénient à attendre jusqu'à l'époque indiquée; des accidents de diverses sortes pourraient auparavant emporter le malade. Si la gangrène s'est développée sous l'influence de causes siégeant dans le système vasculaire, il est bien urgent d'attendre la formation du cercle inflammatoire, parce qu'il est impérieusement nécessaire, pour le succès, d'opérer au-dessus du lieu où existe l'obstacle à la circulation; si l'on agissait autrement, on verrait la gangrène, poursuivant ses progrès vers le tronc,

s'emparer du moignon et entraîner promptement le malade au tombeau; nous ne concevons qu'un cas où le chirurgien serait excusable, pour le sphacèle d'un membre, d'opérer avant qu'il fût borné; c'est celui où la maladie serait sur le point de dépasser les limites supérieures du membre pour envahir le tronc; mais il devrait attendre peu de succès de ses efforts. 3° Enfin, lorsqu'il existe dans un membre une affection cancéreuse profonde, ou un fongus hématode inextirpable, l'amputation doit être pratiquée aussitôt que la véritable nature du mal a été reconnue; en temporisant, on laisserait celui-ci prendre dans l'économie des racines plus profondes; on favoriserait l'engorgement des ganglions lymphatiques du tronc, et dans cet état l'opération n'offrirait pas la moindre chance de succès.

III.—*Lieu où l'on pratique les amputations.*—Toujours, autant que la chose est possible, c'est au delà des limites du mal, et par conséquent sur un lieu sain, qu'il faut pratiquer l'amputation; toutefois, dans deux circonstances, on peut ne pas se soumettre à ces principes : 1° quelquefois, dans les cas de sphacèle, on coupe au milieu des parties mortes, lorsque le mal se borne lentement, et que la dissolution putride s'est emparée de la partie privée de la vie; mais alors, il est vrai, cette opération ne mérite point d'être qualifiée du nom d'amputation, elle ne réclame pas absolument les connaissances d'un homme de l'art, son but est simplement de débarrasser le malade d'un foyer d'infection; enfin, elle ne dispense pas ultérieurement d'une amputation dans les parties saines, si la gangrène se borne assez à temps. 2° D'autres fois le chirurgien est forcé de couper dans un point où le membre est le siége d'une inflammation, afin d'éviter au malade la soustraction d'une portion du corps très-considérable. Cette circonstance heureusement n'est pas aussi défavorable qu'on pourrait le croire au premier abord: dans un cas où nous avons nous-même pratiqué l'amputation du bras, au sein du foyer d'une inflammation chronique, les suites furent tout aussi simples que dans les cas les plus heureux. Au reste, tantôt il est permis au chirurgien de choisir le lieu où il doit amputer, tantôt, au contraire, l'art et la maladie lui prescrivent impérieusement d'agir sur un point déterminé. — La division du lieu où l'on pratique l'amputation des membres en *lieu d'élection et lieu de nécessité*, a été depuis longtemps consacrée par les auteurs. Le plus souvent, c'est dans un lieu de nécessité qu'on opère, par conséquent il importe de le fixer en général: 1° Dans un cas de gangrène, il faut amputer sur le niveau même du cercle rouge qui sépare les parties mortes des parties vivantes, ou tout au plus à quelques lignes au-dessus. On ne trouve plus que dans l'histoire de l'art le précepte donné par P. d'Egine de couper au-dessous du cercle inflammatoire, dans la partie morte, précepte déjà reconnu dangereux par Richard Wiseman; 2° dans les cas de suppurations abondantes, le lieu nécessaire est placé au-dessus des foyers purulents; 3° dans les cas de fractures comminutives, il faut amputer dans l'articulation supérieure, ou bien sur un point placé réellement au-dessus de celle-ci ; 4° pour les cancers et les autres affections organiques, après avoir satisfait aux autres conditions relatives à la détermination du lieu, on doit opérer le plus loin possible du mal. En général aussi, on doit pratiquer les amputations le plus loin possible du tronc, et sur les parties les moins volumineuses des membres : ces deux circonstances concourent à diminuer les inconvénients de l'opération. Les exceptions à la première règle que nous venons de poser sont peu nombreuses.

IV.— *Préparation du malade avant les amputations.* —Lorsqu'une amputation a été reconnue nécessaire, il faut, avant de la pratiquer, y disposer le malade et moralement et physiquement. Le chirurgien doit d'abord, par tous les moyens en son pouvoir, chercher à gagner sa confiance ; il compatira à ses souffrances, lui rappellera tout ce qui a été inutilement tenté pour lui éviter une opération, et il lui montrera l'impuissance actuelle de toutes les ressources de l'art ; il le rendra juge en quelque sorte de sa propre cause, et lui présentera l'amputation comme le seul moyen de conserver ses jours ; toutefois, on se gardera de montrer au malade tous les dangers de l'opération elle-même ; on lui laissera, au contraire, seulement entrevoir une prompte guérison. On ne doit pas lui taire les douleurs inséparables de l'opération ; mais il faut lui montrer que la rapidité des manœuvres les rendra passagères, et les lui fera par conséquent supporter facilement. Néanmoins, il est nécessaire aussi de ne pas trop insister sur ce dernier point, parce que le malade ne manquerait pas d'en conclure que l'opération est plus terrible encore que son imagination ne la lui présente. Si c'est un malheureux qui se confie à nos soins, nous lui devons de le consoler sur la mutilation qui doit être le résultat du sacrifice qu'il va faire, et de lui laisser entrevoir les moyens qu'il aura encore pour travailler et pourvoir aux besoins de sa famille.

On doit engager le patient à ne point se contraindre pour ne pas pousser de cris pendant l'opération ; cet effort, en effet, nécessite, si l'on peut ainsi dire, une dépense trop considérable de fluide nerveux, elle fatigue beaucoup, et dispose tout particulièrement aux accidents nerveux primitifs. Enfin, on n'entretiendra le malade de la nécessité où il se trouve de recourir au moyen extrême de l'amputation qu'à une époque voisine de celle où l'opération devra être pratiquée ; une conduite différente aurait l'inconvénient de faire souffrir trop longtemps le moral, et par conséquent de le disposer peu favorablement.

L'état physique du malade réclame aussi quelque attention avant les amputations. Si le temps le permet, on devra débarrasser le canal intestinal des matières qu'il contient, à l'aide de lavements ou de légers laxatifs ; et pendant quelques jours on tiendra le malade à la diète ; il ne convient pas, quelles que soient la force et la jeunesse du malade, de le saigner préalablement, parce que l'on ne peut prévoir la quantité de sang que fourniront les vaisseaux pendant l'opération, et parce que, d'ailleurs, on a le temps après de recourir à ce moyen, s'il est jugé nécessaire. Le lieu dans lequel on opère doit être bien fermé, et à l'abri de tout courant d'air ; le malade y sera surtout bien couvert ; les affections pulmonaires sont si communes après les amputations, qu'il ne faut pas pouvoir se reprocher d'avoir, par négligence, favorisé leur développement.

Du pansement après les amputations.— Le premier pansement, dit le professeur Velpeau, ne doit avoir lieu, dans les cas ordinaires, qu'au bout de soixante-douze heures, de quatre jours même. Les malades le redoutent beaucoup en général. Autrefois il avait effectivement quelque chose de redoutable pour eux : aucune précaution n'était prises pour prévenir les adhérences de la charpie ou des compresses avec le fond ou les bords de la solution de continuité, quoiqu'on eût recours à ce pansement le lendemain ou le second jour de l'opération, avant que la suppuration fût établie par conséquent ; on comprend donc qu'aujourd'hui encore les gens du monde en soient presque aussi effrayés que de l'amputation elle-même. Sous ce rapport, il faut le dire, les malades sont agréablement trompés ; les linges ou les bandelettes enduits de cérat rendent toujours très-facile la séparation des autres pièces de l'appareil. Au bout de trois ou quatre jours, les humidités, le suintement naturel de la plaie, ont de leur côté détruit les adhérences qui auraient pu susciter quelques tiraillements, et le premier pansement ne doit pas entraîner plus de douleurs que les suivants. Il est de règle de nettoyer le moignon, le troisième, le quatrième ou le cinquième jour, comme dans le cas précédent, et de renouveler ensuite chaque jour le pansement.

Accidents des amputations. — On les divise en *primitifs* et en *consécutifs.* Les premiers sont l'hémorrhagie, l'excès de douleur, la mort même pendant l'opération ; les seconds, l'hémorrhagie secondaire, l'inflammation du moignon, les fusées purulentes et les abcès dans le moignon, la nécrose, la saillie de l'os, la cystite, la phlébite et les collections purulentes dans divers points du corps. Nous ne pouvons parler ici des méthodes opératoires pour les amputations (méthodes *circulaire, à lambeaux, ovalaire* ou *oblique*) ; nous renvoyons pour cela aux traités spéciaux. Nous ajouterons seulement que depuis la découverte du *chloroforme* (voy. ce mot), les malades redoutent bien moins la grave opération de l'amputation, puisqu'à l'aide de ce merveilleux agent thérapeutique l'opéré devient tout à fait insensible à la douleur. D' ADRIEN.

AMULETTE (erreurs et préjugés).— Objet quelconque auquel la crédulité ou la superstition attribue la puissance d'écarter les dangers ou les maladies. Telle est la faiblesse de l'intelligence commune, dit Plisson, que bien souvent les plus étranges analogies, les rapports les plus insignifiants entre les différents êtres et l'homme, ont suffi à celui-ci pour lui faire découvrir les plus étonnantes propriétés, là où il est clair qu'il n'y en avait pas le moindre vestige, la plus petite apparence. Au lieu de chercher, par la voie de l'expérimentation et de l'observation attentive, la raison des choses qu'il désirait apprendre, il préféra inventer ce qu'il n'avait pas la patience d'étudier, et que, cependant, il souhaitait trouver. C'est ainsi, par exemple, que tous les corps rouges (le corail, la résine sang-dragon, la cire à cacheter, le drap d'écarlate, le fil cramoisi, etc.) devinrent aptes à prévenir les hémorrhagies; les couleurs jaunes à dissiper l'excès de bile, et ainsi des autres. Il en faut dire autant des dents de loup, de chien, de renard, qui sont fort aiguës, et avec lesquelles on fait encore des colliers pour aider à la pousse des dents des jeunes enfants; et de même aussi des bouchons de liége coupés que l'on suspend au cou des femelles de nos animaux domestiques, dans l'intention de faire passer leur lait, que le liége est censé absorber.—Veut-on que nous mentionnions encore les os de pendu, de taupe, de crapaud, de carpe; la poudre de vipère, les sachets d'Arnoud, le sel de cuisine, le mercure renfermé dans une petite cassolette de fer, et tant d'autres misères qui ont joui et jouissent toujours, au moins dans certaines localités, d'une vogue soutenue et populaire? Mais que dis-je, *populaire dans certaines localités?* A Paris même, au centre de ce foyer de lumières et de civilisation, au sein d'un des plus savants corps de l'Europe, à l'Institut, en un mot, un membre de cette illustre compagnie affirme s'être guéri d'hémorrhoïdes opiniâtres et excessivement douloureuses en portant cinq marrons d'Inde dans sa poche! Boyle aussi a prétendu que la poudre de crâne humain, appliquée sur sa peau jusqu'à ce qu'elle fût échauffée, l'avait débarrassé d'un saignement de nez auquel il était fort sujet, et qui avait résisté à beaucoup d'autres remèdes. Vanhelmont et Zwelfer, hommes supérieurs aux connaissances de leur siècle en quelques points, croyaient également aux propriétés antipestilentielles des trochisques de crapauds. Ce dernier avançait même que ces trochisques l'avaient préservé, lui, ses amis et ses domestiques, de cette redoutable maladie, et qu'ils avaient soulagé et même guéri de véritables pestiférés. Que

peut-on opposer à de si graves témoignages en faveur des amulettes? Rien autre chose que cette déplorable et humiliante considération, qu'il n'est pas rare de voir des hommes d'un mérite incontestable, du plus grand génie même, partager avec les dernières classes du peuple les préjugés les plus absurdes et les plus grossières erreurs!

Il y aura toujours des esprits faibles pour lesquels les amulettes seront nécessaires, ou du moins plus efficaces que tout autre remède. C'est le charme de l'impuissance et le secret des esprits supérieurs. Mahomet fit ainsi des miracles. Le magnétisme animal a ses amulettes : *Possunt quia posse videntur.* Sans aucun doute, l'usage des amulettes remonte à la plus haute antiquité; mais sans aller le chercher si loin, sans même remonter au médecin *Seranus Sammonicus,* de la secte des valentiniens, inventeur du mot *abracadabra,* qui, écrit d'une certaine manière ou répété un certain nombre de fois, était supposé guérir la fièvre, nous voyons, dans un temps plus rapproché de nous, des hommes sérieux ajouter foi à des charmes, à des maléfices, à des enchantements que d'autres leur donnaient! Combien d'amulettes existent encore de nos jours : images, inscriptions, sachets, recettes! etc., etc. Disons que si l'usage des amulettes ne contribuait qu'à enrichir ceux qui les vendent, il n'y aurait qu'à rire des gens crédules qui les portent; mais souvent un malade, imbu d'une stupide confiance, s'est vu descendre au tombeau parce qu'il reconnaissait trop tard qu'il était victime d'une affreuse illusion !

B. LUNEL.

AMURE (marine) [du latin *ad murum,* le trou au mur ou à mur]. — Manœuvre fixée à l'angle inférieur d'une basse voile et assujettie à la muraille du bâtiment. Elle est destinée à donner à la toile, *du côté du vent,* une tension de haut en bas; la voile se trouve alors sur le même plan vertical que la vergue qui la soutient et disposée de manière à recevoir le vent sous l'angle le plus favorable. Les voiles carrées ont une amure à chaque angle inférieur, mais les deux ne servent point à la fois; celle du bord du vent est la seule employée; l'autre, *amure*

Fig. 1. — Amure.

de revers, est généralement larguée. De là l'expression avoir les amures à tribord, à bâbord pour dire que le bâtiment reçoit le vent à droite ou à gauche.

Les voiles auriques, A et A', et les focs, n'ont qu'un point d'amure fixé au milieu du bâtiment et placé, pour les unes, derrière le mât, et pour les autres, sur le beaupré. Embraquer une amure, c'est la raidir; changer d'amures, c'est virer de bord.

E. BOURGAIN.

AMYGDALÉES (botanique) [du grec amygdalé, amande]. — Tribu de la famille des rosacées, dont l'amandier est le genre type. — Voy. Amandier.

AMYGDALES (anatomie et physiologie) [du grec amygdalé, amande]. — Nom de deux glandes muqueuses ovoïdes, d'un rouge grisâtre, situées de chaque côté entre les piliers du voile du palais et formées par un tissu d'apparence pulpeuse.

Le volume congénial des amygdales, dit Bourgery, est très-variable; elles disparaissent presque entièrement chez quelques personnes; chez quelques autres, leur grosseur rend difficile l'introduction des aliments et de l'air. Des follicules muqueux, réunis en groupes, constituent ces organes, qu'on est tenté de confondre, au premier abord, avec les glandes proprement dites, mais qui s'en distinguent par l'absence de conduits excréteurs ramifiés. Les nerfs des amygdales naissent de ceux de la langue et du palais; le sang leur est apporté par des branches de l'artère carotide externe, leurs veines se débouchent dans le plexus pharyngien, et ils envoient des vaisseaux lymphatiques aux ganglions du cou. Les amygdales sécrètent un mucus dont la quantité est augmentée par la pression des muscles du pharynx au moment de la déglutition. Ce fluide favorise le passage des aliments préalablement enduits de salive. Il se concrète quelquefois sous forme d'une enveloppe blanchâtre ou de grumeaux dont la fétidité est insupportable. Tantôt on l'a pris pour du pus, tantôt pour des tubercules pulmonaires.

Les amygdales sont le siége du mal de gorge (voy. Angine); et à la suite d'inflammations répétées, une véritable hypertrophie de ces organes survient et nécessite leur excision, opération, du reste, plus effrayante que douloureuse, et généralement sans danger. Dr ADRIEN.

AMYGDALINE (chimie) [même étymologie]. — Substance cristallisable obtenue des amandes amères. Cette matière est blanche, d'une saveur d'abord sucrée, suivie d'amertume, soluble dans l'alcool, insoluble dans l'eau; elle ne peut être volatilisée. Elle se compose de carbone, d'hydrogène, d'azote et d'oxygène dans le rapport suivant : $C^{40} H^{27} N O^{22} + 6$ aq. L'acide nitrique la convertit en acide benzoïque. On a employé l'amygdaline, en médecine, comme fébrifuge, et Liebig et Wœhler la proposaient comme succédanée de l'eau distillée d'amandes amères et de laurier cerise. C'est à MM. Robiquet et Boutron Charlard (1830) qu'on en doit la découverte.

AMYGDALITE (médecine). — Dite aussi angine tonsillaire, esquinancie. Inflammation des amygdales,

produite le plus souvent par un refroidissement subit. Elle commence ordinairement par une de ces glandes, qu'elle abandonne bientôt pour se porter sur l'autre. Les symptômes sont un sentiment de gêne, de douleur, de sécheresse dans la gorge; si l'inflammation occupe les deux amygdales à la fois, l'action d'avaler, de respirer et de parler est très-difficile; la douleur se propage à l'oreille par la trompe d'Eustache, l'ouïe devient dure, enfin il y a fièvre, inappétence, soif, enduit blanchâtre de la langue, et menace d'asphyxie si les symptômes persistent. En déprimant la langue, on voit les amygdales gonflées et rouges dépasser les piliers du voile du palais. — La maladie dure de quatre à quatorze jours, et se termine, dans les cas prononcés, par suppuration : une tache grisâtre sur l'amygdale indique cette terminaison, et le rejet d'un pus fétide par la toux et le vomissement délivre instantanément le malade.

Le traitement consiste dans la diète, les boissons délayantes, mucilagineuses, les cataplasmes émollients autour du cou, les vapeurs de même nature dirigées vers l'arrière-bouche. Si la douleur et l'inflammation sont très-fortes, la saignée générale est indiquée, surtout chez les sujets sanguins : on applique aussi des sangsues au cou; mais pour obtenir de bons effets de cette pratique, il faut la faire suivre de bains de pieds sinapisés et de moyens dérivatifs énergiques. Les vomitifs sont indiqués lorsqu'un enduit sale recouvre la langue, que des signes d'embarras gastrique existent, et encore dans le but d'amener la rupture du foyer purulent, ou de combattre l'imminence de l'asphyxie, qui heureusement n'arrive que dans des cas très-rares. Quelques praticiens parviennent à faire avorter l'amygdalite au moyen de quelques ponctions sur la glande avec une lancette disposée à cet effet : cette pratique, qui demande de l'habitude, nous a réussi quelquefois. B. LUNEL.

AMYGDALOÏDES (minéralogie) [du grec amygdalé, amandes, et cidos, ressemblance]. — Nom spécifique donné à certains fragments de roches dans lesquelles on voit des sortes de noyaux plus ou moins arrondis, telles que de la variolite de la Durance, et même à certains poudingues. Lorsque, après une longue navigation, dit Humboldt, éloignés de la patrie, nous débarquons pour la première fois sur une terre des tropiques, nous sommes agréablement surpris de reconnaître dans les rochers qui nous environnent ces mêmes schistes inclinés, ces mêmes basaltes en colonnes, recouverts d'amygdaloïdes cellulaires que nous venons de quitter sur le sol européen, et dont l'identité, dans des zones si diverses, nous rappelle que la croûte de la terre, en se solidifiant, est restée indépendante de l'influence des climats.

Les causes qui ont produit la structure amygdaline ne sont pas encore très-bien connues; tout paraît indiquer, dit M. Le Play, que la formation des noyaux est postérieure à la consolidation de la roche, et que le dépôt de ces substances s'est effectué dans des cavités bulleuses, formées à l'époque de cette consolidation, comme celles qui se produisent encore journellement dans les déjections ignées des volcans. Mais comment la matière des noyaux a-t-elle pu s'introduire dans l'intérieur de la masse solidifiée? Beaucoup de faits tendent à prouver que les roches les plus compactes sont perméables, dans certaines circonstances, aux liquides ou aux matières solides en dissolution ou gazéifiées. C'est ainsi qu'on trouve de l'eau dans les cavités des basaltes et des laves de la chaussée des Géants en Irlande et de Capo di Bove près de Rome. — Dans les usines où l'on fond certains minerais, on trouve quelquefois des dépôts métalliques qui ont pénétré à l'état de vapeur dans l'intérieur des pierres très-compactes, et sans fissures visibles, qui forment les parois des fourneaux. Les masses minérales qui existent à la surface du globe nous présentent souvent sur une grande échelle des exemples d'infiltrations qui ont eu lieu dans certaines roches postérieurement à leur dépôt; tels sont les puissants mélanges de carbonate de magnésie que l'on trouve aujourd'hui dans des roches qui certainement étaient dans l'origine exclusivement formées de carbonate de chaux. Dans l'état actuel de nos connaissances sur ces sortes de phénomènes, la science doit se contenter d'enregistrer des faits qui jusqu'ici n'ont point trouvé d'explication satisfaisante. Il est certain d'ailleurs que dans les types les plus prononcés de la structure amygdaline, les noyaux ne peuvent s'être formés lors de la solidification de la roche; ce départ d'un minéral dans une roche en fusion ne peut se faire que d'une manière très-lente, et doit nécessairement produire des cristaux empâtés dans la masse, comme le feldspath, l'actinote et l'augite dans les porphyres, l'amphigène dans les laves, etc. Une pareille formation exigerait enfin que les noyaux fussent formés des mêmes éléments que la masse, ce qui est loin d'avoir toujours lieu dans les amygdaloïdes. — La plupart des agates employées dans la bijouterie proviennent de noyaux de ce genre, recueillis surtout dans le grand-duché d'Oldenbourg (Confédération germanique).

DUBOCAGE.

AMYRIDÉES (botanique) [d'*amyris*, nom latin du balsamier].—Tribu de la famille des térébinthacées, dont le balsamier est le seul genre.—Voy. *Balsamier*.

AN [du celtique *an*, d'où en latin *annus*].— Partie de temps composée de 12 mois. En *astronomie*, on désigne par le mot *an*: 1° La durée de la révolution de la terre autour du soleil; 2° le temps que le soleil paraît mettre à parcourir le zodiaque. — Dans la *chronologie civile*, l'an est l'espace de 12 mois, à partir du 1er janvier jusqu'au 31 décembre.

Le mot an a encore les principales acceptions suivantes : 1° L'*an du monde*, c'est-à-dire l'*an* que le monde existe ; 2° l'*an de grâce*, c'est-à-dire l'*an* depuis que Dieu a fait grâce au genre humain, par le sacrifice de Notre Seigneur Jésus-Christ; 3° l'*an de la République française*, qui date de l'établissement de la république, le 22 septembre 1792; 4° l'*an du peigneur*, formule des chartes et actes publics au moyen âge; c'est en 1132 qu'on la rencontre pour la première fois.

AN (JOUR DE L'). — C'est une chose vraiment sin-

gulière que la prodigieuse variété qui se remarque dans l'histoire pour le commencement de l'année. Les différents peuples du monde ont choisi différents jours pour fournir un point fixe à leur année civile; de sorte qu'il n'y a peut-être pas de mois qui n'ait servi d'époque pour le premier jour de l'année. Les Juifs commençaient leur année religieuse en mars, et leur année civile en septembre; les Athéniens en juin, les Macédoniens en septembre, les Romains en janvier (excepté sous Romulus, qui en avait placé le commencement en mars) ; presque tous les chrétiens à Pâques (avant la réforme du calendrier par Grégoire XIII). Le commencement de l'année a longtemps varié en France. Sous les rois de la première race, c'était au mois de mars que l'année s'ouvrait ; sous la deuxième race, elle commença à Noël; sous ceux de la troisième race, le premier jour de l'an fut fixé au jour de Pâques. En 1564, Charles IX ordonna que l'année commençât le 1er janvier, ce qui fut observé jusqu'à la révolution de 89.

D'après un décret de la Convention nationale, l'année républicaine commença le 22 septembre 1792, et cet état de choses dura jusqu'au 1er janvier 1806 (13 ans 3 mois 9 jours), où l'année recommença comme auparavant. De sorte que, depuis la fondation de la monarchie française, le premier jour de l'an a changé six fois d'époque.

Aujourd'hui la plupart des nations de l'Europe commencent l'année en janvier. Les Grecs et les Russes (qui suivent le rite de l'Église grecque) la commencent douze jours après nous (le 13 janvier). Ainsi, leur 17 janvier, par exemple, correspond à notre 29 janvier, et l'on est dans l'habitude, pour la correspondance avec les Russes et les Grecs, de marquer les deux dates ainsi : 17/29 janvier.

Le commencement de l'année a été chez tous les peuples anciens, comme il l'est encore chez les modernes, le motif de la réunion des familles, des amis; en faveur de cette fête, on oubliait les haines, les vengeances particulières; le protégé allait témoigner à son protecteur son respect et sa reconnaissance; on se visitait pour resserrer plus étroitement les liens de l'amitié, de l'estime, du respect et de la bienveillance.

DES ÉTRENNES. — On rapporte l'origine des *étrennes* à Romulus et à Tatius, rois des Romains, qui régnèrent ensemble (753 ans avant J. C.). On dit que Tatius, ayant reçu, comme un bon augure, les branches coupées dans un bois consacré à la déesse *Strenua*, c'est-à-dire la déesse de la *Force*, et qu'on lui présenta le 1er jour de l'an, comme signe de paix et de concorde entre les Romains et les Sabins, cet usage subsista depuis, et tous les Romains se firent de semblables présents, en se souhaitant une heureuse année. Ces présents prirent le nom de *strennæ* (d'où nous avons fait *étrennes*). Ils consistaient en figues, dattes, miel, etc. On portait aussi des étrennes aux magistrats et aux empereurs.

Les Grecs empruntèrent aux Romains l'usage des étrennes. Il passa aussi aux chrétiens malgré l'opposition et les conseils de la part des conciles et des pères de l'Église, qui le décrièrent comme un abus.

Cependant il est passé dans nos mœurs, et cet usage subsiste encore. CLOUZET aîné.

ANA (bibliographie) [terminaison du nominatif pluriel neutre d'adjectifs latins en *anus*, ajoutée à divers noms propres]. — Titres de recueils de pensées détachées, de traits d'histoire, de bons mots, etc., tels que le *Ménagiana*, l'*Encyclopédiana*, etc. On doit à Peignot une notice bibliographique des livres en ana, publiée dans son répertoire de bibliographies spéciales, in-8°, 1810. — Le premier ouvrage qui ait porté ce titre est le *Scaligeriana* (1666), composé d'observations sur des écrits recueillis dans les œuvres de Scaliger. L'infatigable Cousin d'Avallon a publié au commencement de ce siècle un nombre prodigieux de recueils de ce genre. En 1843, parut

Fig. 2. — Anabas.

l'*Encyclopédiana*, recueil d'anecdotes anciennes, modernes et contemporaines, tirées : 1° De tous les recueils de ce genre publiés jusqu'à ce jour; 2° de tous les livres rares et curieux touchant les mœurs et les usages des peuples ou la vie des hommes illustres; 3° des relations de voyages et des mémoires historiques; 4° des ouvrages des grands écrivains; 5° de manuscrits inédits; 6° de la chronique quotidienne. C'est une vaste collection de pensées, maximes, sentences, adages, préceptes, jugements, etc.; anecdotes et traits de courage, de bonté, d'esprit, de sottise, de naïveté, etc.; saillies, reparties, épigrammes, bons mots, etc.; traits caractéristiques, portraits, etc. Promptement épuisé, l'*Encyclopédiana* s'est réimprimé en 1856. 1 vol. in-8°, Paris, Jules Laisné.

ANABAINE (botanique) [du grec *ánabainô*, monter]. — Végétal de la tribu des nostocinées, qui avait d'abord été placé par les naturalistes au rang des zoophytes. Ce sont, en effet, des êtres qui servent de

transition entre les végétaux et les animaux, et qui participent de ces deux grandes divisions naturelles. Ils sont caractérisés, selon Bory de Saint-Vincent, « par des filaments libres et simples, à double tube, dont l'extérieur est lisse et inarticulé, tandis que l'intérieur est composé d'articles ovoïdes, disposés comme les grains d'un collier. Ces êtres sont muqueux au tact. Ils ont un mouvement progressif semblable à la manière dont rampent les lombrics de terre. L'anabaine *fausse oscillaire*, d'un vert noir, semblable à des brins de ficelle, forme un tissu très-serré sur les plantes qui habitent les eaux pures stagnantes. L'anabaine *membranine* a des filaments plus fins que la précédente, d'un beau vert foncé, rampant sur les plantes des fossés tranquilles. L'anabaine *thermale* tapisse les bassins d'eau chaude. L'anabaine *impalpable* a ses filaments presque imperceptibles, et teint d'une couleur verte la surface de la vase. L'anabaine *lichéniforme* croît vers la fin de l'automne sur la terre grasse des jardins ombragés, dans les allées des potagers et les endroits nus des pelouses; elle y forme des taches luisantes d'un vert triste. » L'anabaine s'élève souvent à la surface de l'eau, d'où l'étymologie de son nom.

ANABAS (zoologie) [même étymologie]. — Genre de poissons de la famille des pharyngiens labyrinthiformes, ne renfermant qu'une seule espèce de la mer des Indes, qui peut vivre assez longtemps hors de l'eau, et monte même, dit-on, sur les plantes aquatiques (fig. 2). L'anabas est de couleur verte, sombre, quelquefois rayé de bandes transversales; sa chair est fade et désagréable. Ce poisson n'a pas plus de 15 centimètres de longueur.

ANABLEPS (zoologie) [d'*anablépô*, lever les yeux]. — Genre de poissons créé par Artedi et placé par Cuvier dans les cyprinoïdes. Considéré dans son ensemble, le corps de ce poisson est cylindrique et couvert de fortes écailles; sa tête est aplatie, son museau tronqué, sa bouche fendue transversalement, et ses mâchoires armées de dents faibles, mais bien visibles. On le trouve dans les rivières de la Guyane, où il est très-abondant; le plus souvent il se tient caché dans la vase; mais il peut aussi s'élever à la surface des eaux et y nager avec agilité; quelquefois il aime à faire sortir sa tête au-dessus des flots, pour attraper les insectes; on prétend même qu'il lui arrive assez souvent de s'élancer sur la grève, d'où il revient à l'eau en sautillant, lorsque ses branchies commencent à se dessécher, ou que quelque objet vient à l'effrayer. Les *anableps* sont vivipares comme les blennies; il paraît même que les petits sont assez développés au moment où ils sortent du corps de leur mère, ce qui les empêche d'être dévorés aussi facilement que la plupart des autres poissons; aussi sont-ils assez communs à Surinam : et ils le seraient encore davantage si les habitants ne leur faisaient pas une pêche assez active pour se nourrir de leur chair, qui est assez bonne à manger.

ANACALE (zoologie) [du grec *ana*, sur, *cholos*, estropié]. — Genre de coléoptères longicornes ayant pour type l'anacale noir de l'Amérique. Les anacales sont assez grands et ornés d'assez belles couleurs; leurs larves, pourvues de fortes mâchoires, attaquent l'écorce des arbres et même leur tronc, et peuvent faire ainsi un grand tort à l'agriculture.

ANACANTHE (zoologie) [du grec *a*, privatif, et *acantha*, épine]. — Genre de poissons de la famille des raies, dont l'espèce type est l'*anacanthe orbiculaire* de la mer Rouge. Ce genre est ainsi nommé de ce que les espèces qui le composent n'ont pas de nageoires dorsales ni d'aiguillons.

ANACARDIÉES (botanique). — Tribu de la famille des térébinthacées, dont le genre type est l'*anacardier*. (Voy. ce mot.)

ANACARDIER (botanique) [en grec *anacardion*, dérivé de *cardia*, cœur; en latin *anacardium*]. —

Fig. 3. — Anacardier.

Genre de plantes de la famille des térébinthacées, composé d'arbres de l'Amérique méridionale ou des Indes orientales, où ils se font admirer par la majesté de leur port et par l'élévation de leur taille, ainsi que par la beauté de leurs fleurs qui s'échappent en grappes de l'extrémité de leurs rameaux (fig. 3). On connaît trois espèces de ce genre: deux de l'ancien continent, dont les fruits en forme de cœur sont nommés *noix de marais*, et fournissent un vernis très-recherché à la Chine, et une du nouveau, qui est assez commune au Brésil. Cette dernière est appelée vulgairement *acajou*.

ANACHORÈTE [mot grec dérivé d'*ana*, à l'écart, et de *choréô*, je vais].—Religieux qui se retire dans un désert pour se consacrer à la prière et à des exercices de pénitence. Dans les premiers temps de l'Église, les anachorètes ont été très-nombreux en Orient. — Paul l'Ermite passe pour le premier anachorète (250), et l'on cite encore saint Antoine, saint Pacôme, saint Siméon Stylite, etc. — Voy. *Cénobites*.

ANACHRONISME [de la préposition grecque *ana*, au-dessus, et *chronos*, temps]. — Erreur de date, faute contre la chronologie. Un historien qui, en rapportant un événement, le place plus tôt qu'il n'est arrivé, ou fait vivre un personnage avant le temps où il a vécu, fait un anachronisme. Dans son poëme de *l'Énéide*, Virgile fait raconter par Énée, à Didon, reine de Carthage, les malheurs et la destruction de Troie; c'est un anachronisme. Didon quitta la ville de Tyr, sa patrie, pour se réfugier en Afrique trois siècles environ après la guerre de Troie. Ovide a fait le même anachronisme; ce qui ferait supposer que c'était une idée reçue chez les Romains.

Plusieurs auteurs anciens ont commis des anachronismes que les marbres d'Arundel ont redressés en rectifiant des dates indécises ou controuvées. Ces marbres fameux ont été trouvés dans l'île de Paros; ils représentent les événements les plus célèbres de la Grèce, gravés par époques, depuis Cécrops, fondateur du royaume d'Athènes, jusqu'à l'archonte Diognèse, et embrassent un espace de quinze cents ans environ. Ces marbres sont au nombre de soixante-dix-neuf; ils furent recueillis par le comte d'Arundel, et se trouvent à Oxford, sous la garde de la célèbre université de cette ville. Plusieurs commentateurs ont aussi commis un anachronisme en faisant Anacréon contemporain de Sapho. Sapho vécut du temps d'Alcée, et Anacréon est venu un demi-siècle après eux. Madame Dacier est, nous croyons, la première qui a relevé cette erreur.

L'acception du mot *anachronisme* a pris, par l'usage, une plus grande extension. On le dit de toute erreur qui a rapport aux coutumes, aux mœurs, aux costumes. Lorsque, par ignorance, on attribue contrairement les usages, les mœurs, le vêtement d'un peuple ou d'un personnage à un autre peuple ou à un autre personnage, on fait un anachronisme. Dans les galeries de Versailles, on voit plusieurs portraits de princesses avec les attributs de Cérès, de Diane, etc., etc.; ce sont autant d'anachronismes. Louis XIV, sur la place des Victoires, nous apparaît avec la perruque de l'époque et en costume romain; c'est un anachronisme. Napoléon, dans un bas-relief sur l'arc de triomphe de l'Étoile, a la chlamyde romaine; c'est encore un anachronisme. Bien que l'erreur soit volontaire, par la tendance que nous avons, dans certains arts, à imiter les Grecs et les Romains, nos maîtres, ce n'en est pas moins une faute, d'autant plus frappante que Louis XIV, sur les deux bas-reliefs du piédestal de sa statue, est dans son véritable costume, chapeau à plumes et bottes, et que sur l'arc de triomphe du Carrousel et sur la colonne de la place Vendôme, Napoléon est dans son costume historique.

Pendant longtemps il s'est fait, en France, dans l'art théâtral, un anachronisme des plus absurdes : les acteurs qui jouaient la tragédie représentaient les héros grecs et romains en habits à la mode du jour; de sorte que Polyeucte, Cinna, Néron, Mithridate, Oreste, Mahomet, étaient poudrés, portaient perruque, avec l'habit à la française et l'épée au côté. On sait que les deux tragédies d'*Esther* et d'*Athalie* furent composées pour Saint-Cyr [1]. Madame de Maintenon, par scrupule sans doute, ne voulut pas que les personnages de ces tragédies fussent représentés par ses jeunes élèves autrement qu'avec le costume adopté par les règlements de la maison; les rôles d'hommes furent remplis par des femmes.

Lekain, le fameux tragédien, fit ses débuts sur la scène française en se soumettant aux habitudes reçues; mais, aidé des conseils de Voltaire, il parvint à corriger cet abus, et désormais les Grecs et les Romains purent paraître sur la scène avec leurs costumes réels. Talma, sans contredit, le plus célèbre des tragédiens français, continua cette réforme, et, par ses études sévères, en détermina les règles rigoureuses en la rendant plus conforme aux temps et aux lieux. Cette réforme ne date seulement que de 1789, époque où elle fut complète.

RÉDAREZ SAINT-RÉMY.

ANAGALLIDE (botanique) [du grec *anagelaó*, éclater de rire; les anciens attribuaient à cette plante la faculté de guérir la mélancolie]. — Genre de plantes herbacées de la famille des primulacées, dont l'espèce la plus commune est l'*anagallide des champs*, vulgairement *mouron rouge*, à tiges faibles, un peu couchées et rameuses, à feuilles opposées, ovales, à fleurs ordinairement d'un rouge brique, variant quelquefois du blanc au bleu. Elle fleurit depuis mai jusqu'en octobre, et peut tuer les oiseaux auxquels on la donne à manger.

ANAGALLIDÉES (botanique). — Tribu de la famille des primulacées, dont le genre type est l'*anagallide*.

ANAGRAMME (littérature) [de la préposition grecque *ana*, qui, en composition, marque réduplication, et de *gramma*, lettre]. — Transposition des lettres d'un mot pour en former un autre qui ait une signification différente. En effet, dans l'anagramme, les lettres qui la composent sont répétées, mais de manière à leur donner un autre sens que dans le mot primitif, ce qui s'obtient en faisant subir à ces lettres un changement, une transposition. Des exemples rendront plus sensible le mécanisme de cette opération, qui n'est autre chose qu'un jeu d'esprit peu goûté des gens sérieux. Ainsi de *roc*, on fait *cor*, en plaçant la dernière lettre de *roc* la première, la pénultième la seconde, et la première ou l'antépénultième la dernière. De *rime* on fait *émir*; de *trace* on fait *écart*. C'est l'anagramme à rebours.

Par un autre procédé, de *arme* on fait *rame*; de *Rome*, *More*. Ici, l'arrangement est formé par la transposition des lettres sans s'assujettir à suivre un ordre quelconque.

Là ne se borne pas l'art, je ne dis pas la science, de faire l'anagramme, elle a la prétention de prendre des proportions plus grandes. On la fait parler, on lui fait dire des phrases entières; bien plus, on l'a presque élevée à la hauteur de poëme.

---

[1] Saint-Cyr, à cette époque, était une maison d'éducation pour les filles de gentilshommes.

Nous allons en rapporter quelques-unes qui ont eu une certaine célébrité.

L'assassin de Henri III était dominicain, du nom de *frère Jacques Clément*. Dans ces trois mots on trouve : *C'est l'enfer qui m'a créé*. On attribue cette anagramme aux auteurs de la *Satire Ménippée*.

Dans *Révolution française* on a découvert cette anagramme : *Un Corse la finira*, sans *veto*, coïncidence assez étrange, quand on sait que le *veto* fut accordé au roi par la constitution de 1791.

Dans *Marie Touchet*, maîtresse de Charles IX, on a trouvé : *Je charme tout*.

Dans *Pierre de Ronsard*, on a trouvé : *Rose de Pindare*. Le compliment est flatteur; mais s'il est dans le nom, on le chercherait en vain dans les écrits de cet auteur.

En voici une fort originale et peu connue. Quand on fonda au dernier siècle, à l'imitation des Anglais, une *Compagnie des Indes orientales*, elle fut l'objet des plus vives critiques; un plaisant trouva dans le titre de la nouvelle compagnie cette étonnante combinaison : *Atelier composé d'ânes indignes*.

Lors de l'élection du Président en 1848, on trouva dans *Louis-Napoléon Bonaparte* : *Bon élu proposé à la nation*.

Nous allons rapporter une anagramme en latin. Si l'on pouvait dire de l'anagramme ce que Boileau dit du sonnet,

Un sonnet sans défaut vaut, seul, un long poëme,

celle-ci mériterait incontestablement un pareil honneur.

Dans cette apostrophe de Pilate à Jésus-Christ : *Quid est veritas?* on trouve : *Est vir qui adest*. Il est impossible de rencontrer plus juste et en même temps plus vrai. Le hasard sert souvent merveilleusement; mais ici l'inspiration est des plus heureuses.

Nous en citerons une autre en latin, une variante, qui participe de la charade et de l'anagramme.

Un écolier envoie le *bonjour* à son ami en lui adressant ce vers :

Mitto tibi navem, prora puppique carentem.

Je t'envoie *navem* (vaisseau) manquant de proue et de poupe.

Ôtez la première lettre et la dernière de *navem*, il reste *ave*, *bonjour*.

L'ami répond, en le saluant, par le vers suivant :

Mitto tibi metulas, cancros imitare legendo.

Je t'envoie *metulas*; imite les écrevisses en lisant.

En effet, en lisant *metulas* à rebours, on trouve *salutem*, *salut*.

Nous allons en rapporter une dont le développement est toute une œuvre, où l'esprit s'est mis en frais, en appelant à son aide toute la magie de l'art; elle approche du poëme par la variété et l'élévation des idées. Voici à quelle occasion elle fut composée.

Le retour de Stanislas, palatin de Posnanie, à Lissa, après une longue absence, fut un sujet de fête dans la famille Leczinski. Le recteur du collége de Lissa, le savant Jablonski, prononça un discours pour complimenter le prince, après quoi les fêtes et les danses commencèrent. Il y eut surtout un ballet remarquable. Treize danseurs y figuraient en costume de guerriers antiques; chacun des danseurs tenait à la main un bouclier sur lequel était gravée en or l'une des treize lettres des deux mots *Domus Lecsinia*. A la fin de chaque figure, les danseurs se trouvaient groupés de manière à former, avec leurs boucliers, autant d'anagrammes différentes.

A la première figure, les boucliers formaient *Domus Lecsinia*
A la deuxième...................... *Ades incolumis*
A la troisième.... .... *Omnis es Lucida*
A la quatrième...................... *Mane sidus loci*
A la cinquième..................... *Sis columna Dei*
A la sixième....................... *I, scande solium*

Que l'on peut traduire ainsi :

   Race de Leczinski, que la gloire environne,
   Colonne du Dieu saint, digne de la couronne.

Cette dernière anagramme est d'autant plus remarquable qu'elle fut prophétique; car, Auguste II forcé d'abdiquer, Stanislas fut élu roi de Pologne, par l'influence de Charles XII.

Il y a d'autres sortes d'anagrammes : celle dont se servent les pseudonymes, qu'ils empruntent à leur nom. De Balzac s'appelait *Honoré*; il avait anagrammatisé ce dernier nom, et longtemps il s'est appelé *Baron de Rhooné*. Calvin, dans le titre de son *Institution*, imprimée à Strasbourg l'an 1539, se donne le nom d'*Alcuin*, qui est l'anagramme de son nom. Et enfin l'anagramme numérique, qui consiste à présenter une date, une époque, par un certain arrangement de lettres numérales ou chiffres romains. Cette anagramme est très-rare et demande beaucoup d'habileté et une grande patience.

L'anagramme a sans doute donné naissance à la *charade* ainsi qu'au *logogriphe*; ce qui découle naturellement de la décomposition des lettres d'un mot dans le but d'y trouver au hasard des pensées cachées, comme jadis les aruspices cherchaient à découvrir l'avenir dans les entrailles des victimes immolées aux dieux. Il est facile de s'en rendre compte. Par exemple, soit *orange* le mot choisi. D'abord deux idées se présentent à l'esprit : celle de l'*or* et celle d'*ange*. Quel est l'attribut des deux mots? Cette question posée, on se dit : l'*or* vient de la terre; *ange* est dans les cieux ; ce qui peut s'énoncer ainsi :

   Mon premier de la terre est un don précieux ;
      Mon second habite les cieux ;
   Et mon tout est un fruit délicieux.

Dans le même mot, on trouve *Orange*, ville de France; *Oran*, ville d'Afrique; *or, ange, on, orge, Garonne*. De cette décomposition de mots, avec leurs divers attributs, il est facile de former un logogriphe. Le voici versifié :

   Sans user du pouvoir magique,
   Mon corps, entier en France, a deux tiers en Afrique;

   Ma tête n'a jamais rien entrepris en vain;
      Sans elle, en moi tout est divin.
   Je suis assez propre au rustique,
      Quand on me veut ôter le cœur,
   Qu'a vu plus d'une fois renaître le lecteur.
   Mon nom bouleversé, dangereux voisinage,
   Au Gascon imprudent peut causer le naufrage.

Il existe bon nombre d'anagrammes latines; on se tromperait fort si l'on en inférait que les Romains s'amusaient à courir après ses frivolités. A l'époque où naquit l'anagramme en France, tout savant se drapait à la romaine, et la langue latine jouissait de la faveur la plus étendue. Il n'y a pas de langue qui ne possède des mots pouvant servir à des anagrammes, et la langue latine en a sans doute. Dans *Roma*, on trouve *amon, mora, maro*. Mais, quoi qu'en dise Aulugelle, aucun écrivain n'en a fait usage. La langue grecque en offre aussi; on en trouve même dans la langue hébraïque, principalement chez les cabalistiques.

Quant à la langue grecque, le commentateur de Lycophron, Canterus (Canter), met sur le compte de cet auteur deux anagrammes : la première, faite sur le nom de Ptolomée Philadelphe, roi d'Égypte, à la cour duquel il vivait. Le nom de ce roi, en grec, est *Ptolemaios*, où l'on trouve *apo melitos*, de miel, doux comme le miel. La seconde est faite sur le nom d'*Arsinoé*, sœur de Ptolomée Philadelphe, en grec *Arsinoé*, d'où l'on a tiré *ion Heras*, violette de Junon. La première est assez heureuse; la seconde est impropre. La violette n'est point la fleur de Junon. Ce serait donc Lycophron qui aurait donné l'idée de l'anagramme. Ce Lycophron est un écrivain tellement diffus, qu'il était même inintelligible pour ses contemporains; il n'est pas étonnant que son style entortillé ne l'ait fait considérer comme s'exprimant en logogriphes, et pour nous, nous aurions cru qu'il eût plutôt donné l'idée de l'énigme, si l'énigme n'eût pas été connue des Grecs et des Romains, témoins le sphinx du Cythéron, les oracles de Delphes et de Dodone et la sibylle de Cumes.

Tout le monde connaît la fameuse énigme proposée par le sphinx et qu'Œdipe devina [1].

Virgile nous fournit deux exemples d'énigmes dans la troisième églogue :

La première :

Dic quibus in terris, et eris mihi magnus Apollo,
Tres patent cœli spatium non amplius ulnas [2]?

La deuxième :

Dic quibus in terris inscripta nomina regum
Nascuntur flores, et Phyllida solus habeto [3] ?

Quoi qu'il en soit, l'inventeur de l'anagramme, en

---

[1] Nous la donnons pour ceux qui ne la connaîtraient pas. Cette énigme était ainsi conçue : « Quel est l'animal qui a quatre pieds le matin, deux à midi, et trois le soir? » Œdipe reconnut l'homme à ce portrait.

[2] Dis-moi, et tu seras pour moi un Apollon, en quel endroit de la terre l'espace du ciel n'a pas plus de trois coudées d'étendue? — On a cru reconnaître un puits.

[3] Dis dans quelle contrée naissent des fleurs sur les-

France, est un nommé Dorat, *Dauratus*, latinisé; il vivait au seizième siècle. Il avait mis l'anagramme tellement à la mode, que beaucoup de gens se faisaient une gloire d'en composer; c'était une fureur. Cependant elle ne fut point toujours du goût de tout le monde; car Colletet a dit contre les faiseurs d'anagrammes :

> Et sur Parnasse, nous tenons
> Que tous ces renverseurs de noms
> Ont la cervelle renversée.

Mais l'anagramme, de nos jours, est totalement tombée en discrédit, ou plutôt elle est morte et enterrée. Si le mot anagramme se trouve encore dans le *Dictionnaire de l'Académie*, ce n'est plus qu'en qualité de fossile, pour mémoire, comme ces grands débris d'animaux antédiluviens qui, pour attester leur antique existence, dorment au seuil de nos cabinets d'histoire naturelle. Mais si l'anagramme est morte, le rébus illustré est dans toute sa floraison. Sous ce rapport, le dix-neuvième siècle n'a rien à envier au seizième siècle; ce qui prouve qu'il y a eu et qu'il y aura toujours des enfants en France.

> Le Français, né malin, créa le vaudeville.

Il a créé aussi l'anagramme ou l'amalgame, le logogriphe, le calembour [1], la charade, le rébus illustré! quels plus beaux titres de gloire! Aussi le Français a-t-il su conquérir l'estime et l'admiration de tous les peuples; et si la langue française est adoptée, avec autant d'engouement, par toutes les nations, c'est bien plutôt à cause de la finesse de ses anagrammes et de l'esprit de ses calembours, si popularisés par M. de Bièvre et les auteurs de vaudevilles, que pour les œuvres du grand siècle de Louis XIV et de celui de Voltaire. Cependant, ce n'est point un crime, ni même un péché, de se récréer quelquefois l'esprit; cette distraction, à tout prendre, vaut bien celle de ce marquis de Molière qui, pour passer le temps, s'amusait à faire des ronds en crachant dans un puits. Ésope, après avoir travaillé à ses apologues, pour se donner de la distraction, jouait aux noix; nous pouvons bien jouer aux mots.   RÉDAREZ SAINT-RÉMY.

ANALEPTIQUE (matière médicale) [du grec *analepticos*, confortable]. — Substances toniques et nutritives destinées à rétablir les forces des individus épuisés ou convalescents. Fourcroy admettait deux classes d'analeptiques. Dans la première, il rangeait les substances qui, en portant un stimulus rapide aux principaux foyers de la vie, relèvent promptement les forces et augmentent l'énergie des mouvements vitaux; tels sont les vins les plus alcooliques, l'alcool chargé du principe des végétaux balsami-

ques, aromatiques et amers; dans la seconde, il comprenait les substances alimentaires contenant, sous un petit volume, beaucoup de principes réparateurs (substances azotées). M. Barbier d'Amiens regardait comme analeptiques les aliments très-nourrissants et en même temps chargés de principes stimulants. Enfin, le docteur Guersant partageait l'opinion de Fourcroy et rangeait parmi les analeptiques alimentaires les stimulants les plus énergiques de la matière médicale.

Quels sont les caractères qui constituent une substance analeptique? Serait-ce la faculté de stimuler, de produire un développement soudain de force? Non, certes : cet effet passager des stimulants ne peut leur mériter l'épithète d'*analeptiques*, puisque, au lieu d'être suivi d'une vigueur durable, d'une restauration véritable des tissus, il est suivi d'une faiblesse plus grande encore que celle qui existait avant leur ingestion. Le pouvoir de réparer promptement les pertes matérielles des organes et des tissus caractérise seul une substance analeptique. Nous ne pouvons donc, à l'exemple de M. Guersant, comprendre sous cette dénomination les racines de gingembre, de ginseng, de galanga, de serpentaire de Virginie, les écorces de canelle, de Winter, de cascarille, la muscade, le macis, le girofle, les baies de genièvre, de laurier, de piment. Nous n'accorderons pas davantage la dénomination d'*analeptiques* aux décoctions amères, regardées comme toniques par excellence. Ces médicaments peuvent, dans beaucoup de cas, disposer des estomacs frappés d'inertie à digérer des substances nutritives dont la chymification serait nulle ou imparfaite si une impression stimulante n'excitait les forces digestives; mais, dans un bien plus grand nombre de cas, ils ne font qu'augmenter le mauvais état de l'estomac. Dans presque toutes les circonstances, d'ailleurs, ils peuvent être efficacement suppléés par d'autres moyens plus propres à aider la digestion, comme le repos après le repas, l'air vif et sec, le soin extrême de ne prendre que peu d'aliments à la fois, etc. Enfin, dans aucun cas, les substances médicamenteuses énoncées ne méritent le titre d'analeptiques, puisqu'elles ne contiennent en réalité par elles-mêmes rien qui puisse réparer les forces perdues. S'il en était autrement, il faudrait ranger dans les analeptiques l'air, l'exercice du corps, le sommeil, etc., et il y aurait évidemment trop d'extension donnée au mot qui fait l'objet de cet article; tous ces agents, qui, en réalité, entrent dans le régime analeptique, ne sont, comme les médicaments, que les auxiliaires des analeptiques proprement dits.

Quelles sont maintenant les substances analeptiques? Quels sont leurs effets? Dans quels cas et comment doit-on les administrer? Les véritables analeptiques sont les aliments qui sont aptes à se convertir en un chyle abondant et réparateur; tels sont ceux qui sont rangés dans la classe des substances fibrineuses, gélatineuses albumineuses, féculentes préparées de manière que les aliments nutritifs ne soient pas dissipés par le mode de coction mis en usage. Ainsi, nous avons d'abord les viandes rôties et grillées, les

---

quelles sont écrits des noms de rois, et Phyllis t'appartient, à toi seul. — La fleur de jacinthe, sur laquelle on a cru voir les deux premières lettres du nom d'Ajax.

[1] Si le Français n'a pas inventé le calembour, il en a créé, Dieu merci, à lui seul, assez pour en fournir à tous les peuples du monde.

bouillons chargés des sucs des animaux adultes, les gelées animales, les œufs des gallinacées, les fécules torréfiées et qui n'ont subi que peu de fermentation. On joint à ces divers aliments les vins rouges vieux de Bordeaux, de Bourgogne, et même ceux plus excitants du midi de la France, selon les besoins et l'habitude de stimulation qu'ont les organes et particulièrement l'estomac. Viennent ensuite, et comme analeptiques du second ordre, les substances qui exigent un moindre déploiement des forces gastriques, et par lesquelles, pour cette raison, on peut débuter dans la prescription du régime analeptique. Ces substances sont les gelées de viandes blanches, les crèmes de riz, de fécules de pommes de terre, de sagou, le chocolat, les bouillons de poulet, de tortue, de grenouilles, et les décoctions de pain.

Les effets des analeptiques n'étant autres que ceux de certaines classes d'aliments, ont été décrits à l'article *Aliment*.

Les circonstances dans lesquelles les analeptiques sont indiqués sont toutes celles où il y a eu, par quelque cause que ce soit, déperdition de la matière animale qui compose nos tissus. La faiblesse et la maigreur ne suffisent pas pour exiger l'emploi des analeptiques. Il faut en général, pour que ceux-ci ne soient pas nuisibles, que ces deux états existent indépendamment de toute espèce d'irritation; sans cela les analeptiques, loin de fournir des matériaux réparateurs et des forces à l'économie animale, fournissent des matériaux au foyer d'irritation existant, et augmentent la faiblesse. Il est pourtant quelques cas où, malgré la persistance des irritations, en peut donner les analeptiques. Ces cas sont ceux où les malades sont désespérés, et où, quelque chose que l'on fasse, la destruction d'un organe est inévitable.

Le mode d'administration des analeptiques doit être tel qu'on procède par les plus doux, par ceux qui exigent le moins de la part de l'estomac. On les donne d'abord à très-petites doses; on augmente graduellement celles-ci, si le travail de la digestion n'est accompagné d'aucune sensation pénible. On suspend, au contraire, leur emploi pour laisser l'estomac se reposer si la digestion est accompagnée de pesanteur, de chaleur à l'épigastre, de rapport, de fatigue dans les membres, etc. On aide, avec des exercices appropriés à la faiblesse du sujet, l'action des divers analeptiques; ainsi, on seconde les analeptiques les plus doux et les premiers administrés, d'abord avec les exercices de la voix, qui renouvellent très-efficacement les besoins de l'estomac, et n'ont pas l'inconvénient de distraire la somme des forces que cet organe doit employer dans l'acte de la digestion; ensuite avec l'exercice de la voiture, puis avec celui du cheval; enfin, quand les forces gastriques permettent de passer aux analeptiques très-réparateurs, on fait arriver des matériaux nutritifs dans les différentes pièces de l'appareil locomoteur, et on y favorise l'assimilation et le développement de la force matérielle, par les exercices actifs qui emploient fortement les muscles, comme les armes en hiver, la natation en été, etc.

Il est une observation que nous pouvons faire ici, c'est que tous les exercices possibles ne contribuent aux bonnes digestions et ne favorisent l'assimilation que lorsqu'ils sont pris hors le temps où les aliments sont dans l'estomac. Cette règle est applicable au commencement de la convalescence comme dans la plénitude de la santé. Si l'individu qui entre en convalescence et commence à prendre des aliments veut donner quelques instants à une promenade, c'est avant le repas qu'elle doit être faite, et non immédiatement après. Les motifs de ce précepte seront exposés au mot *Exercice*.

L'air, le sommeil et les autres moyens propres à seconder le régime analeptique doivent également être appropriés à l'état du sujet. — Voyez les mots *Air*, *Sommeil*. (Ch. Londe.)

ANALOGIE [du grec *analogia*, rapport, proportion]. — Un ou plusieurs rapports de conformité ou de ressemblance entre les choses qui ont des points distincts et d'autres dissemblables, soit dans l'ordre physique, soit dans l'ordre intellectuel et moral. Ainsi, le pied d'une montagne a quelque chose d'analogue avec celui d'un animal, quoique ce soient des choses très-différentes. L'infinie variété de l'univers offre partout de ces rapports, relativement à la forme, à la couleur, à la densité, au ton, et en général à toutes les qualités physiques et métaphysiques. C'est à l'aide de ces rapports plus ou moins frappants que nous classons les êtres réels ou fictifs en groupes plus ou moins nombreux. C'est cette ressemblance qui fait que quiconque connaît un cheval connaît tous les chevaux. Il y a des analogies physiques, des analogies morales, des analogies de mœurs, des analogies d'action. L'analogie peut être plus ou moins claire, plus ou moins frappante.

Analogie désigne aussi la perception actuelle de la similitude ou de la conscience de deux ou de plusieurs choses présentes.

On désigne également sous ce nom l'action par laquelle notre esprit saisit les choses communes, les caractères semblables, les objets motivés, la corrélation de ceux-ci avec nos organes, de nos organes avec nos facultés.

Les scolastiques distinguaient trois sortes d'analogie : Une *analogie d'inégalité*, où la raison de la dénomination commune est la même en nature, mais non en degré et en ordre; en ce sens, *animal* est analogue à l'homme et à la brute; une *analogie d'attribution*, où, quoique la raison du nom commun soit la même, il se trouve une différence dans son habitude ou rapport; en ce sens, *salutaire* est analogue tant à l'homme qu'à un exercice du corps; enfin, une *analogie de proportion*, où, quoique les raisons du nom commun diffèrent réellement, toutefois elles ont quelque proportion entre elles; en ce sens, les arêtes des poissons sont dites analogues aux poumons dans les animaux terrestres.

En métaphysique, on appelle *analogie prochaine* la perception actuelle de la similitude, de la ressemblance de deux ou de plusieurs choses précédentes; et *analogie éloignée* celle par laquelle étant connu le rapport de deux faits, nous concluons l'existence de l'un de l'existence de l'autre. Par exemple : Je vois des fleurs sur un arbre, j'en conclus qu'il y aura des fruits. Je vois des êtres conformés comme moi, j'en conclus qu'au fond ils sont, comme moi, doués de facultés intellectuelles et morales, etc.

En mathématiques, l'analogie est l'égalité des rapports qui existent entre les choses comparées ; et raisonner par analogie, c'est tirer des conséquences fondées sur cette égalité des rapports, sur cette ressemblance des objets.

On fait, en physique, des raisonnements très-solides par analogie, ce sont ceux qui sont fondés sur l'uniformité commune qu'on observe dans les opérations de la nature.

Les raisonnements par analogie peuvent servir à expliquer et à éclaircir certaines thèses, mais non pas à les démontrer. Cependant, une grande partie de notre philosophie n'a point d'autre fondement que l'analogie. Son utilité consiste en ce qu'elle nous épargne mille discussions inutiles, que nous serions obligés de répéter sur chaque corps en particulier.

Une analogie tirée de la ressemblance extérieure des objets, pour en conclure leur ressemblance intérieure, n'est pas une règle infaillible, elle n'est pas universellement vraie ; elle ne l'est que dans la plupart des cas ; ainsi, l'on en tire moins une pleine certitude qu'une grande probabilité.

En matière de foi, on ne doit point raisonner par analogie ; on doit s'en tenir pleinement à ce qui est révélé, et regarder tout le reste comme des effets naturels du mécanisme universel dont nous ne connaissons pas la manœuvre. Par exemple, de ce que, d'après l'Évangile, il y a eu des démoniaques, je ne dois pas m'imaginer qu'un furieux que je vois soit possédé du démon ; car Dieu, comme auteur de la nature, agit d'une manière uniforme. Ce qui arrive dans certaines circonstances arrivera toujours de la même manière, quand les circonstances seront les mêmes ; et lorsque je ne vois que l'effet, sans pouvoir découvrir la cause, je dois reconnaître ou que je suis ignorant, ou que je me trompe, plutôt que de sortir de l'ordre naturel. Il n'y a que l'autorité de l'Écriture qui puisse faire recourir à des causes surnaturelles. Mais pour ceux qui ne croient pas à la révélation, tout s'explique par des causes naturelles.

Mais c'est surtout en matière de langage que l'analogie est d'un grand secours.

On appelle analogie, en littérature, l'accord de la pensée, qui est la première règle de l'art de parler et d'écrire. Il faut également observer l'analogie du style en lui-même, c'est-à-dire lui conserver l'unité de ton et de couleur, sans tomber pour cela dans la monotonie ; c'est dans la variété des mouvements et des images que consiste la variété du style.

Il y a, de plus, entre l'expression et la pensée, une autre espèce d'analogie, qui peut être donnée par la nature ou par l'habitude.

Quand la pensée exprime un objet qui, comme elle, affecte l'oreille, elle peut en imiter le bruit ou le mouvement, ou l'un et l'autre à la fois, comme nous avons fait en français en créant les mots *hurlement*, *gazouiller*, *mugir*, *siffler*, *souffler*, etc. C'est avec ces termes imitatifs que l'écrivain forme une succession de sons, qui, par une ressemblance physique, imitent. En voici quelques exemples, pris dans nos poëtes :

Soupire, étend les bras, ferme l'œil et s'endort.

(BOILEAU.)

Pour qui sont ces serpents qui sifflent sur vos têtes ?

(RACINE.)

L'essieu crie et se rompt.....

(RACINE.)

Mais les exemples de cette expression imitative sont rares, même dans les langues les plus poétiques.

La liaison entre les mots et les idées est plus ou moins étroite selon le degré d'habitude, et c'est de là que dépendent surtout la vivacité, la force, l'énergie de l'expression.

Toutes les fois qu'on veut dépouiller une idée d'un certain alliage qu'elle a contracté, dans son expression commune, en s'associant avec des idées basses, ridicules et choquantes, on fait bien d'avoir le mot propre, c'est-à-dire le mot d'habitude. Mais, lorsque, par des idées accessoires, on veut relever, ennoblir une idée commune, au lieu de son expression simple et habituelle, on a raison de recourir à la métaphore ou à la circonlocution.

Mais si le mot propre à l'avantage et ne peut être rejeté, c'est dans les choses de sentiment, à cause de son énergie, c'est-à-dire à cause de la promptitude et de la force avec laquelle il éveille l'impression de son objet.

Ce que je viens de dire peut s'appliquer également dans le style métaphysique, à l'analyse des images, soit avec la pensée, soit avec elles-mêmes.

Dans la grammaire proprement dite l'analogie est de la plus grande importance.

On appelle analogie le rapport de ressemblance ou d'approximation qu'il y a entre une lettre et une autre lettre, ou bien entre un mot et un autre mot, ou enfin entre une expression, un terme, une phrase et une autre pareille. Par exemple, il y a de l'analogie entre le B et le P, leur différence vient de ce que les lèvres sont moins serrées l'une contre l'autre dans la prononciation, et qu'on les serre davantage pour prononcer P. Il y a aussi de l'analogie entre le B et le V, le V et le T, le D et le T.

C'est l'analogie qui a présidé à la formation des mots dans toutes les langues. C'est l'ancienne loi que l'on suit encore aujourd'hui dans la création des mots nouveaux. Si de *passion* nous faisons *passionner*, l'analogie nous conduira à faire d'*affection*, *affectionner* ; d'*ambition*, *ambitionner*. Souvent, sans écrire un nouveau mot, on donne aux mots déjà reçus une acception nouvelle, toujours fondée sur l'analogie. C'est ainsi qu'après avoir dit une *feuille* d'arbre, on est arrivé à dire une *feuille* de papier.

Les peuples modernes, dans la création de leurs mots, s'écartent beaucoup plus des règles de l'analogie que les anciens, parce que nos langues se sont formées des débris et des mélanges d'autres langues, et que, depuis, les relations plus fréquentes des peuples ont encore contribué à augmenter le mal. Ainsi, des classes de mots présentant les mêmes idées sont empruntées à des sources différentes. Nous citerons *œil, œillade, oculaire, oculiste*, du latin *oculus*, *œil*, et *ophthalmie, ophthalmique*, du grec *ophthalmos*, signifiant également œil, tandis que l'analogie aurait exigé que tous ces mots eussent une origine commune. La même chose a lieu pour les mots *cheval, jument, poulain, pouliche ; bœuf, vache, génisse, taureau, veau ; homme, femme, enfant*, etc.

On remarque des choses semblables dans nos conjugaisons, nous disons *aller, j'irai, je vais*, etc.; *boire, buvant, je buvais*. Mais les enfants et les personnes peu familiarisées avec ces anomalies de l'usage, ne craignent pas de dire, conformément à l'analogie, *j'alle, j'allerai; j'allerais, je boivais, boivant*. |

Quand les anciens s'écartaient des lois de l'analogie, ils le faisaient souvent par euphonie, c'est-à-dire pour rendre la prononciation plus douce, plus agréable ; c'est souvent aussi le même motif qui nous a guidés en pareil cas. Mais il y a parmi nous une certaine quantité de barbares, qui introduisent sans motif des mots étrangers dont le seul mérite est l'étrangeté, mots tout à fait opposés au génie de notre langue, soit par le sens, soit par la forme, soit par la prononciation. C'est cette manie pour le hideux, pour l'horrible, qui nous a donné les mots *steeple-chase, rail-way, will-pow-will, arrow-root*, et des centaines d'autres expressions tout aussi ridicules, qui offensent autant les yeux que les oreilles. Quand on emprunte un mot à l'étranger, on devrait d'abord examiner s'il est utile, et, quand cette utilité serait bien constatée, il faudrait lui donner une physionomie française, comme nous l'avons fait pour redingote, formé de *reding-coat*, habit de cheval.

Il n'y a point d'analogie entre notre *on dit* (formé de homme dit) et le *dicitur* (il est dit) des Latins, ou le *si dice* des Italiens; ce sont là des façons de parler propres et particulières à chacune de ces langues, mais il y a de l'analogie entre notre *on dit* et le *men sagt* des Allemands.

Ce qui est tout aussi monstrueux, ce sont ces pluriels exotiques que l'on s'efforce d'introduire dans notre langue, et qui ne tendraient à rien moins qu'à en faire un patois informe, mélange indigeste de toutes les langues. Tels sont les mots *gentlemen, ladies, maxima, minima, dilettanti, quintetti, lazzaroni*, etc., que l'on donne comme les pluriels de *gentleman, lady, maximum, minimum, dilettante, quintette, lazzarone*, etc., parce que cela est ainsi pour l'anglais, le latin et l'italien. Si ces mots sont utiles, qu'on les orthographie à la française; s'ils sont inutiles, qu'on en débarrasse notre langue. Quelques écrivains sensés commencent à dire des *lazzarones*, des *quintettes*, des *maximums*, des *minimums*, etc.: il est à désirer qu'ils trouvent beaucoup d'imitateurs.

Pour le mot *errata*, l'absurdité est encore poussée plus loin; n'a-t-on à signaler qu'une faute, on emploie le mot *erratum*; mais veut-on en signaler plusieurs, on dit *errata*. D'un autre côté, le même mot *errata*, qui en ce dernier cas est un pluriel, devient un singulier si l'on veut signaler une liste de fautes avec leur rectification. Ainsi l'on dit un *errata*. Il redevient ensuite pluriel si l'on veut parler de plusieurs de ces listes ; on dit des *errata*, mais on se garde bien d'y mettre le pluriel, ce serait un crime de lèse-étymologie.

A ces anomalies dans la forme du mot on veut joindre l'anomalie de prononciation. C'est ainsi que l'on conseille de prononcer *violonchelle, vermichelle*, sous prétexte que les Italiens prononcent ainsi ces mots que nous leur avons empruntés ; mauvaise raison, car nous les avons francisés, et les gens raisonnables les prononcent aujourd'hui à la française ; et quand même nous ne l'aurions pas fait, la prononciation étrangère ne serait pas plus admissible, car nous ne pourrions prononcer que fort mal des mots d'une langue qui nous est inconnue ou que nous ne connaissons que d'une manière fort imparfaite. Quel est l'Anglais qui ne rirait en entendant prononcer *fashion* par une bouche française? Quel est le Français qui ne serait offensé en entendant la prononciation prétendue anglaise de ce mot par ces anglomanes renforcés, aussi ennemis de tout ce qui est Français qu'ignorants de la langue anglaise? Où s'arrêtera-t-on dans cette voie qui mène droit à la barbarie? Que fera-t-on pour s'opposer à cette nouvelle invasion de Barbares? Tous les écrivains qui tiennent à la pureté de notre belle langue devraient se liguer dans ce but.

Qui ne se rappelle encore les longues discussions auxquelles les clubs ont donné lieu à l'Assemblée nationale, après 1848 ? Chaque orateur prononçait ce mot à sa façon : *cleub, cloub, clobe*, etc. Un orateur plus timide, ou plus simple, ou plus prudent, n'osant choisir, employa de longues périphrases ; mais aucun d'eux ne songea à la seule prononciation raisonnable, simple et naturelle, à la prononciation française de ce mot, la seule admissible et la seule admise par les gens pour lesquels la raison a quelque autorité.

Une autre classe de barbares, qui détruisent aussi complètement l'analogie, ce sont les orthographistes, sous prétexte d'étymologie, et ils sont les premiers à violer les règles qu'ils ont établies. C'est ainsi que de *tiers* ils ont fait *tierce*, quoiqu'il dérive de *tercius*. L'analogie aurait commandé que l'on eût dit *tiers, tierse*.

La manie étymologique a fait faire quelquefois les bévues les plus grossières aux grammairiens étymologistes. C'est ainsi qu'à l'époque de la Renaissance, où les savants en *us* éprouvaient tant de satisfaction à surcharger les mots français d'une légion de lettres inutiles, il leur prit fantaisie d'écrire le mot *faubourg* avec ces diverses orthographes : *faulxbourg, fauxbourg* ou *faubourg* ; c'est de là que nous est venu *faubourg*, encore en usage aujourd'hui. Ils supposaient que ce mot tirait son origine du latin *falsus burgus*, bourg faux, tandis que c'était une contraction de *fors burg*, c'est-à-dire hors du bourg, les faubourgs sont en effet hors des limites du bourg, de la ville dont ils sont une dépendance. Si un néographe, ayant égard à cette origine, eût proposé d'écrire *fobourg*, de quelles injures, de quelles plaisanteries, n'aurait-il pas été accablé! Il aurait eu pour lui la raison, la prononciation et même l'étymologie, mais contre lui le pédantisme routinier. Malgré cela l'absurde orthographe de ce mot subsiste toujours, et malheur à l'audacieux qui proposerait de la changer.

L'analogie peut être très-utile pour étendre par des règles générales à tous les cas semblables les premières décisisions de l'usage, pour en compléter ou en arrêter les écarts, et réclamer hautement contre sa tyrannie, s'il s'obstine à quitter les voies lumineuses et simples de la raison pour se fourvoyer dans les sentiers obscurs et difficiles du caprice. Ces principes sont très-sages, très-sensés; mais s'il se trouvait un grammairien qui voulût les appliquer, on le dirait atteint et convaincu de folie. Quand, par hasard, il s'avance dans cette voie, ce n'est qu'avec la plus grande timidité et même la plupart du temps ce ne sont pas de vraies réformes, mais seulement des demi-réformes, comme on a fait pour l'orthographe connue sous le nom d'*orthographe de Voltaire*. Duclos avait proposé d'écrire le son *oi*, prononcé *ai*, par *è*. De ces deux propositions on accepta la moins raisonnable, il est même étonnant qu'on l'ait acceptée, car, en orthographe, on est toujours disposé à maintenir le *statu quo*, à moins qu'on ne fasse des progrès rétrogrades. Il est vrai que Nodier et son école ont toujours protesté et protestent encore contre une innovation aussi dangereuse.

Quand l'usage est partagé, c'est-à-dire quand il y a plusieurs manières de parler et d'écrire également usitées, l'analogie doit décider quelle est celle que l'on doit préférer. C'est ce que l'on devrait faire, mais c'est ce que l'on ne fait pas, car, en orthographe comme en morale, on voit le bien, mais on fait le mal.

Une analogie plus fréquente est celle du style, qui peint, non pas le bruit ou le mouvement, mais le caractère idéal ou sensible de son objet. Cette analogie consiste non-seulement dans l'harmonie, mais surtout dans le coloris. Alors le style n'est pas l'écho, mais l'image de la nature; il est doux et lent dans la plainte, impétueux dans la colère, rompu dans la fureur; il peint le trouble des esprits comme celui des éléments. Ce qui est doux à la vue nous est rappelé par des sons doux à l'oreille, et ce qui est riant pour l'âme nous est peint par des couleurs douces aux yeux.

L'analogie d'habitude est celle que des impressions répétées ont établie entre les signes de nos idées et nos idées elles-mêmes. Mais cette liaison, qui le plus souvent est commune à toute une filiation d'idées et de mots, est quelquefois aussi particulière et sans suite. On dit que le travail est *rude*, et on ne dit pas la *rudesse* du travail. On dit le *mystère* pour le *secret*, et l'on ne dira point le traducteur d'un poète allemand : les *myrtes mystérieux*, c'est-à-dire asiles de mystère. La femme d'un *homme public* n'est pas

une *femme publique*; un *courtisan* n'est pas le mari d'une *courtisane*; *garce* ou *garcette* n'est plus le féminin de *garçon*, excepté dans quelques campagnes. Quelquefois un simple déplacement des mêmes mots suffit pour changer complétement le sens. Tout le monde sait la différence qu'il y a entre une *sage-femme* et une *femme sage*, une *grosse femme* et une *femme grosse*. L'analogie des mots entre eux n'est donc pas une raison de les appliquer à des idées analogues entre elles.

ANALOGIE (mathématiques).—Synonyme de proportions. On appelle *analogie de Napier* quatre formules dues à ce géomètre pour la résolution des triangles sphériques, très-usitées dans les calculs trigonométriques; les voici :

$$\text{tang. } \tfrac{1}{2}(b+c) = \text{cot. } \tfrac{1}{2}a \times \frac{\text{cos. } 1/2\ (B-C).}{\text{cos. } 1/2\ (B+C).}$$

$$\text{tang. } \tfrac{1}{2}(b-c) = \text{cot. } \tfrac{1}{2}a \times \frac{\text{sin. } 1/2\ (B-C).}{\text{sin. } 1/2\ (B+C).}$$

$$\text{tang. } \tfrac{1}{2}(B+C) = \text{cot. } \tfrac{1}{2}A \times \frac{\text{cos. } 1/2\ (b-c).}{\text{cos. } 1/2\ (b+c).}$$

$$\text{tang. } \tfrac{1}{2}(B-C) = \text{cot. } \tfrac{1}{2}A \times \frac{\text{sin. } 1/2\ (b-c).}{\text{sin. } 1/2\ (b+c).}$$

ANALOGUE (grammaire). — Soumis à la même analogie, susceptible des mêmes formes, des mêmes procédés analogiques : *Des termes analogues*. Cette seconde phrase est *analogue* à la première.

Lettres analogues. — Lettres qui présentent du rapport pour le son. Le B est analogue au P, le V au F.

Termes analogues.—Ceux qui varient leur signification selon les sujets auxquels on les applique, c'est-à-dire qui n'expriment pas dans tous les sujets précisément les mêmes idées, mais du moins quelque idée qui n'a qu'un rapport de cause, ou d'effet, ou de ressemblance à la première. Les mots *sain*, *triste*, sont des termes analogues, parce qu'ils se disent des personnes et des choses : là comme qualité, ici comme cause de cette qualité. Nous disons : *Cet homme est sain, il a de la santé*, et, par analogie: *Cet air est sain*, c'est-à-dire cet air produit la santé. On dit de même : *Je suis triste, cette maison est triste.*

L'abbé Girard appelle *langues analogues* celles dont la syntaxe est soumise à l'ordre analytique, parce que la succession des mots dans le discours y suit la gradation analytique des idées : la marche de ces langues est donc effectivement analogue et en quelque sorte parallèle à celle de l'esprit même, dont elle suit pas à pas les opérations. Le français, l'italien, l'espagnol, sont des langues analogues. On les appelle aujourd'hui *langues analytiques*.

Ce mot s'emploie aussi substantivement pour désigner ce qui présente de l'analogie. *Ce mot n'a pas d'analogue en français.*

ANALYSE (didactique) [du grec *ana*, de nouveau; *luô*, je dissous].—L'analyse est en effet la résolution ou la décomposition d'un tout en ses parties, dans la vue

de mieux connaître ce tout au moyen de la connaissance détaillée de ses parties et de leurs combinaisons. C'est, en logique, la méthode par laquelle on
remonte des effets aux causes, ou des conséquences
aux principes, du particulier au général, du composé
au simple. On le dit aussi des choses morales et intellectuelles : L'analyse des facultés de l'homme ;
l'analyse du cœur humain; l'analyse des passions,
des sensations, des sentiments.

Suivant l'objet que l'on a en vue, il y a diverses
espèces d'analyses du discours, que nous allons examiner successivement.

ANALYSE RATIONNELLE. — Nom que donne Beauzée
à une analyse qui consiste à faire, dans un ouvrage,
un précis, un abrégé fidèle, capable de le faire connaître en raccourci. Il faut, pour y réussir, saisir
avec justesse le véritable esprit de l'auteur, exposer
fidèlement et avec clarté la manière dont il a traité
son sujet, développé son plan ; faire connaître l'ordre
qu'il a suivi, la disposition des parties, les rapports
des objets entre eux; mettre dans tout leur jour la
conduite de l'ouvrage, le but de l'auteur, et les
moyens qu'il a pris pour y parvenir. Beauzée en distingue de deux espèces, l'une qu'il appelle *didactique*,
et l'autre *critique*.

ANALYSE DIDACTIQUE. — Cette espèce d'analyse présente sèchement le sujet de l'ouvrage, le plan général de l'auteur, les divisions et sous-divisions, les
principes qu'il pose dans chaque partie, les conséquences qu'il en déduit, la nature de chacun de ses
raisonnements, et à mesure les différentes figures remarquables qui caractérisent le ton de chacune des
parties de l'ouvrage, les divers mouvements pathé-
tiques qui résultent de cette variété des tons et du
style, et enfin la manière dont l'ouvrage est terminé.

L'ANALYSE CRITIQUE a pour objet de juger l'ouvrage;
elle en examine le but, le plan, l'exécution, le style
même ; les analyses critiques de nos bons ouvrages, si
elles étaient bien faites, seraient de la plus grande
utilité pour former le goût des jeunes gens à la
composition.

ANALYSE GRAMMATICALE. — L'analyse grammaticale
considère les mots individuellement et un à un, en
indique la nature, l'espèce, les variations de genre,
de nombre et de personnes. Elle indique aussi le
rôle de chaque mot dans la phrase, c'est-à-dire si le
nom, le pronom, est employé comme sujet ou comme
modificatif, ou comme complément direct ou indi-
rect; si l'adjectif, si le verbe est pris substantivement, etc. L'analyse grammaticale fait aussi remarquer comment, dans une phrase, sont appliquées les
règles de la syntaxe, car elle explique les raisons
grammaticales pour lesquelles l'adjectif est au masculin ou au féminin, le substantif, le pronom, l'adjectif, au singulier ou au pluriel, le verbe à l'indicatif
ou au subjonctif, à la première, à la seconde ou à la
troisième personne du singulier ou du pluriel; pourquoi un participe passé s'accorde, et pourquoi il reste
invariable. L'analyse grammaticale est un exercice
utile, c'est une application continuelle des règles de

la grammaire. Mais, pour qu'elle produise de bons
résultats, il ne faut pas demander, dans le commencement, trop de détails à l'élève ; on ne lui donne
que de petites phrases proportionnées aux connaissances qu'il a acquises. C'est ainsi qu'il n'aura d'a-
bord à s'occuper que du substantif et de ses diverses
espèces, puis de ses modifications; ensuite il distinguera l'adjectif, puis il passera au pronom, aux verbes
et autres parties du discours. Arrivé à la syntaxe, il
aura alors à analyser des propositions complètes de
toutes sortes. Après avoir ainsi appliqué chaque règle,
d'un traité de grammaire, il est impossible que l'é-
lève ne l'ait pas compris, qu'il n'ait pas bien démêlé
la contexture de toutes les phrases, et qu'il ne soit
pas devenu apte à analyser ses idées et à les rendre
par écrit d'une manière intelligible.

ANALYSE LOGIQUE. — L'analyse logique décompose
chaque phrase en propositions, chaque proposition en
ses éléments, qui sont : le *sujet*, le *verbe* et l'*attribut* ; sujet et attributs qui peuvent être simples ou
composés, complexes ou incomplexes. La plupart des
traités d'analyse logique sont fort obscurs et peu à la
portée des élèves.

On a demandé si l'on devait commencer l'étude de
l'analyse par l'analyse logique ou par l'analyse grammaticale. Beaucoup de grammairiens ou de professeurs sont d'avis que c'est par l'analyse logique, opinion qui paraît peu fondée, car l'analyse logique, ne
s'occupant du discours qu'au point de vue de la proposition, est beaucoup moins accessible aux élèves,
et ils ne peuvent d'ailleurs s'en occuper que quand
ils ont étudié la syntaxe, tandis qu'ils peuvent commencer l'étude de l'analyse grammaticale aussitôt
après avoir appris les premières règles de la grammaire. En outre, l'analyse logique, quand il s'agit
d'expliquer certaines tournures, certains gallicismes,
présente de grandes difficultés, son but étant de réduire tout en propositions; certains idiotismes s'y
prêtent peu, souvent à cause d'ellipses, dont on ne
peut pas toujours combler les vides, ou dont on ne
le fait qu'arbitrairement. Que, dans l'analyse logique, on regarde les interjections comme des propositions implicites, je le veux bien, mais onne doit pas
analyser les mots dont on suppose qu'elles tiennent la
place. Dites, si vous voulez, que ce mot est une proposition implicite, et qu'elle tient lieu de : *Je ne veux
pas, je ne l'ai pas fait*, etc.; mais ne substituez pas
ces mots pour y chercher le sujet, le verbe et l'attribut, puisqu'il n'en existe pas de trace dans le discours. Est-ce faire une analyse logique sérieuse que
de substituer à ces phrases : *J'ai beau appeler, si j'é-
tais que de vous*, celles-ci : *J'appelle vainement, si
j'étais à votre place*, et d'analyser ces dernières?
Non, évidemment.

ANALYSE APPELLATIVE. — Nom donné par M. l'abbé
Vassart à une analyse qui, dit-il, sert à décomposer
une phrase pour faire juger si elle est bien construite,
ou à composer une phrase que l'on voudrait produire, en dirigeant sa construction. Une autre propriété de cette analyse consiste en ce que, par son
moyen, on peut placer les parties constitutives d'une

phrase que l'on veut construire, dans l'ordre convenable, dans le lieu qui leur appartient, et donner à cette phrase toutes les formes dont elle est susceptible. Enfin, dit l'auteur, elle donne une facilité étonnante à orthographier les mots de notre langue, et à appliquer les règles de notre grammaire. Cette analyse est nommée *appellative* par M. Vassart, parce qu'elle s'occupe spécialement des mots qui s'appellent les uns les autres, c'est-à-dire dont l'un nécessite la présence de l'autre. L'auteur désigne sous le nom d'*appelant* un mot qui, dans le discours, nécessite un autre mot après lui pour présenter une idée, et mot *appelé* celui qui en doit suivre un autre, près duquel le sens de l'idée exige qu'il soit placé. Le même mot peut être *appelé* relativement à un mot, et *appelant* relativement à un autre mot. Pour procéder à cette analyse, il faut d'abord séparer le morceau à analyser en phrases et en propositions, puis faire l'*appel* des mots, et les placer dans l'ordre que, d'après leurs rapports mutuels, ils doivent tenir entre eux.

ANALYSE ÉTYMOLOGIQUE.—Analyse des mots au point de vue de leur composition. On cherche dans un mot le radical, la terminaison, les affixes, les préfixes, les différentes inflexions qu'il subit pour exprimer le genre, le nombre, la personne, le mode, le temps, etc.

ANALYSE GÉNÉRALE. — Application des règles de l'analyse à toutes les langues.

ANALYSE DE LA PENSÉE. — La pensée est soumise à une analyse rationnelle dans les parties de sa compréhension, par les sons et les articulations qui donnent naissance aux mots. C'est ce qui a fait dire à M. Capella que *les langues sont des analyses d'analyses*.

ANALYSE RADICALE. — Nom que M. Letellier, auteur d'un ouvrage sur *la langue universelle*, donne à la recherche générale de l'idée exprimée par un mot, en faisant passer cette idée de la classe générale à laquelle elle appartient à la classe immédiatement inférieure, et successivement, jusqu'à ce qu'elle soit ramenée à une espèce suffisamment appréciable. L'analyse radicale est l'espèce de déduction que fait notre intelligence pour descendre d'une idée générale à l'espèce d'idée que nous voulons étudier.

J. B. PRODHOMME,
Correcteur à l'Imprimerie impériale.

ANALYSE (philosophie).— L'analyse est la séparation que l'esprit fait, soit entre des êtres qu'il considère à la fois comme différents entre eux et comme liés cependant dans l'harmonie générale du monde, soit entre des portions concrètes d'un même être. La *synthèse* est la contemplation simultanée de ces êtres, ou de ces portions d'un même être, pour saisir leurs rapports et leur harmonie. Le mot *analyse*, qui se trouve dans tous les ouvrages de science, présente toujours au fond une des significations que nous venons de donner. Son vrai sens, c'est *dissolution, décomposition*; la *synthèse*, au contraire, c'est l'*assemblage*, la composition.

Toutes nos sciences, dit P. Leroux, sont de continuelles analyses et de continuelles synthèses : car tout est lié, tout est enchaîné dans l'univers. Vous prenez une fleur, et vous la décomposez dans ses parties, vous la disséquez pour la connaître ; c'est-à-dire que vous l'analysez. Mais vous aurez beau l'analyser, vous ne parviendrez pas ainsi à la connaître : car son mystère, ce qui la constitue, ce qui est cause qu'elle vit, ou plutôt qu'elle vivait avant que votre scalpel ne la tuât, c'était l'harmonie de ces mêmes parties, le rapport dans lequel elles étaient, leurs mutuelles relations, ce *consensus* dont Hippocrate a dit que la vie consiste en ce que *tout consent et tout concourt*. Il en est de même, à plus forte raison, de l'anatomie des animaux. Y a-t-il, je le demande, vie du corps sans respiration, sans nutrition ? La vie du corps ne résulte-t-elle pas essentiellement d'une relation constante et d'une communion perpétuelle, quoique perpétuellement variable, avec l'univers extérieur ? en sorte que l'être que les physiologistes appellent un corps n'est qu'un cadavre aussitôt que cette communion cesse, et que ce qu'on devrait véritablement appeler un corps, ce serait ce corps, plus tous les milieux qui lui donnent la vie, qui répondent à sa vie, qui vivent avec lui, et avec qui il vit. Et de même pour la science de l'esprit, la psychologie : où nos psychologues modernes ont-ils pu trouver des raisons de s'imaginer qu'ils pouvaient étudier l'esprit indépendamment du corps, avec lequel il vit aussi intimement uni que le corps l'est au monde extérieur ? A un physiologiste qui rejetterait la communion du corps avec le monde extérieur, que resterait-il ? un cadavre. A des métaphysiciens qui rejettent de leur science la communion de l'esprit avec le corps, que devait-il rester ? Un cadavre aussi, la logique. Le physiologiste verrait des canaux, des nerfs, des muscles, du sang, tous les instruments et tous les produits de la vie, c'est-à-dire de la communion du corps avec le monde extérieur ; mais la vie aurait disparu. Et de même le psychologue rencontre les canaux de l'esprit, la sensation, l'attention, le jugement. La physiologie n'est plus que l'anatomie, la psychologie n'est plus que la logique. Voilà la véritable idée que nous devons nous faire de l'analyse et de la synthèse. Mais en dehors du monde réel, il y a le monde invisible que notre esprit construit d'après le monde réel, en percevant les rapports des êtres entre eux, et les rangeant dans un ordre différent de celui qu'ils occupent dans le monde réel. C'est le monde des genres et des espèces, des causes et des effets, des rapports, des analogies et des différences. De là une seconde espèce d'analyse et de synthèse, l'analyse et la synthèse logiques. Celles-ci reposent uniquement sur notre esprit ; elles n'ont pas d'autre consistance que la trame de nos idées faites ; elles se bornent à mettre en exercice un résultat déjà acquis ; elles se servent des idées que nous avons, pour ainsi dire, en magasin dans notre esprit. C'est par elles, par conséquent, que nous raisonnons ; nous ne pouvons pas raisonner sans elles : mais tant que nous nous y enfermons, nous ne sortons pas de nous-mêmes, et nous restons sur un terrain déjà parcouru.

ANALYSE (mathématiques).—Moyen de résolution des problèmes qui consiste à en rechercher les données et à les réduire en équation. « L'analyse mathématique consiste ordinairement à regarder les quantités qu'on cherche comme connues et à vérifier à l'aide de signes et de symboles, si en les soumettant aux conditions de la question, elles y satisfont, ou bien elle regarde comme certaine une proposition douteuse, suppose fait ce qui est encore à faire, et de cette proposition douteuse, de ce fait hypothétique elle marche, de conséquence en conséquence, jusqu'à ce qu'elle arrive à une conclusion qui est reconnue invinciblement pour vraie ou pour fausse. La principale méthode qu'emploie l'analyse est le calcul différentiel. En ce sens, *analyse* est synonyme d'*algèbre*. »

ANALYSE (chimie).— L'objet de l'analyse peut appartenir soit au règne animal, soit au règne végétal ou au règne minéral; la matière sur laquelle porte l'analyse peut être organique ou inorganique. L'opération analytique n'est point également facile dans l'un ou dans l'autre cas. En effet, la matière à analyser appartient-elle au règne minéral, en un mot, est-elle inorganique, l'analyse est, en général, facile pour celui qui a l'habitude des travaux de ce genre, et les résultats obtenus sont presque toujours sensiblement les mêmes. La matière à analyser appartient-elle, au contraire, au règne végétal ou au règne animal, l'analyse devient extraordinairement difficile; elle présente quelquefois des obstacles à celui-là même qui a la plus grande habitude de ces travaux, et les résultats obtenus ne sont pas constamment les mêmes. Ces difficultés tiennent principalement à l'instabilité ou à l'extrême mobilité des éléments. C'est ici le lieu de définir ce que c'est qu'un corps organisé et un corps organique, expressions qu'on a souvent confondues et que l'on confond encore l'une avec l'autre. Un corps organisé est celui dans lequel les différents organes destinés à l'entretien de la vie fonctionnent dans toute leur intégrité; en un mot, c'est un corps vivant; et tout corps organisé, dès que l'analyse cherche à l'attaquer, se détruit irrévocablement. Ainsi, le sang est un corps organisé tant qu'il coule dans les veines et dans les artères; mais, retiré de ces vaisseaux, il cesse instantanément d'être ce qu'il était, ses molécules prennent un autre arrangement, et semblent obéir à une autre force que celle de la vie. Cette tendance à la transformation ne s'arrête point, elle amène sans cesse d'autres phénomènes, elle va à l'infini; et ce corps auparavant organisé, et dans lequel la vie est maintenant éteinte, est ce qu'on appelle corps organique. En résumé, les corps organisés sont en quelque sorte en dehors du domaine de l'analyse; ils appartiennent à une sphère où il ne nous est pas permis d'opérer avec nos réactifs et nos agents ordinaires. Quant aux corps organiques, ils sont, il est vrai, accessibles à nos moyens d'analyse; mais les résultats qu'on obtient sont souvent défectueux, ce qui tient précisément à la grande mobilité des éléments de la matière organique On a distingué

l'analyse en *qualitative* et *quantitative*. L'analyse qualitative ne s'occupe que de constater simplement les différentes espèces de substances existant dans un composé donné. L'analyse quantitative a pour objet de constater la quantité ou le poids de chacune des substances indiquées par l'analyse qualitative.— Les principaux agents de l'analyse sont le calorique, l'électricité, et différents réactifs donnant naissance à des précipités insolubles ou du moins très-peu solubles, exactement connus et déterminés. Ainsi, par exemple, quand on veut doser l'acide sulfurique, on se sert d'une dissolution de baryte; le précipité qu'on obtient est du sulfate de baryte insoluble, qu'on ramasse sur le filtre; après l'avoir lavé et séché, on le pèse. Or, sachant que telle quantité de baryte neutre de baryte contient tant de baryte et tant d'acide sulfurique, on a nécessairement la quantité d'acide sulfurique qu'on cherche. Pour doser l'acide chlorhydrique, on se sert du nitrate d'argent; pour les sels de chaux, on emploie l'oxalate d'ammoniaque; pour les sels d'alumine, le sulfate de potasse, etc. Et si la baryte et le sel d'argent servent à doser l'acide sulfurique et l'acide chlorhydrique, ces deux acides servent réciproquement à doser l'un la baryte, l'autre l'argent. (Dr HŒFER.)

ANALYSE (droit).—L'analyse est souvent chose nécessaire à faire, notamment dans les actes et contrats qui contiennent transmission de biens susceptibles d'être hypothéqués ou affectation hypothécaire de biens immeubles dans les inventaires à l'occasion de la description des papiers, dans les actes de partage et autres actes concernant les immeubles. Dans les actes de vente et autres actes translatifs de propriété, il est précieux d'analyser ainsi les différents actes de propriété, en remontant au moins jusqu'à trente ans, et sans omettre d'énoncer comment les prix ont été successivement soldés. Ces deux circonstances sont d'autant plus utiles que, d'une part, la mouvance de propriété, remontant à trente ans, est au moins en harmonie avec le terme le plus long de la prescription en matière d'immeubles possédés par le public, et que, de l'autre, la preuve de la libération exacte, étant établie et reconnue entre les parties, il ne peut plus y avoir de doute ni de contestation à cet égard.

C'est particulièrement dans le notariat que l'analyse des actes et des titres relatifs se fait avec soin, dans les contrats, comptes, liquidations et partages. L'ordre chronologique doit être suivi pour l'analyse de plusieurs actes, en ne l'intervertissant qu'autant qu'un acte se lie à un précédent acte analysé. L'analyse d'un acte ou d'un titre est, pour ainsi dire, une attestation de son existence de la part du notaire instrumentaire, et dans l'acte nouveau qui la contient; mais lorsque le notaire ou une partie intéressée n'a pas vu et examiné l'acte qu'il est à propos d'analyser, il convient d'indiquer que l'analyse n'a été faite que sur la déclaration des parties ou de l'une d'elles.

Il est aussi des cas dans lesquels, pour fixer davantage l'attention sur une convention essentielle, et d'ailleurs ne pas en atténuer la force, il importe,

· au lieu d'analyser, d'énoncer littéralement cette convention dans sa forme et teneur.

Les notaires font quelquefois des extraits, sous forme d'analyse, des actes dont ils sont dépositaires légaux, et ces extraits se nomment *analytiques*. Cependant il faut reconnaître que l'extrait littéral est toujours préférable à l'extrait analytique, d'autant qu'on peut y oublier certaine partie ou certain fait nécessaire à connaître.   JEAN ÉTIENNE.

ANALYSE (mécanique). — Analyser un instrument ou une machine, c'est procéder (comme en chimie) à le décomposer et en séparer les parties constituantes ou éléments; recomposer toutes les parties de cet instrument ou de cette machine en partant des éléments, c'est la synthèse mécanique. Cette méthode d'investigation et de raisonnement, suivie dans toutes les branches des connaissances humaines, est devenue, pour les arts industriels et la mécanique, un moyen puissant d'expérience; cette manière de procéder, peu connue autrefois, a produit depuis la fin du dernier siècle les plus beaux résultats, grâce surtout au zèle des professeurs du Conservatoire des arts et métiers de Paris, des écoles d'arts et manufactures de France. Par l'analyse, l'étude de la mécanique est devenue facile, les enseignements fructueux; enfin cette méthode de démonstration fait constater tous les jours d'immenses progrès.

L'analyse appliquée à l'industrie nous promet également de précieux résultats, et l'on ne peut trop recommander aux ingénieurs et constructeurs contre-maîtres, constructeurs de machines, etc., de faire suivre à leurs élèves ou apprentis l'étude de l'analyse mécanique; de telle sorte que, lors même que la nature semblerait mettre des bornes insurmontables, ceux-ci conservent toujours l'espoir de les franchir. Analyser les constructions diverses et déjà si savantes de notre époque, c'est se mettre presque à la hauteur de celui qui les a inventées, et, pour peu que l'idée ne fasse pas défaut, on se sent aussitôt élevé au point d'améliorer encore, peut-être même d'arriver à des créations! Remonter des effets aux causes, afin d'en connaître l'ordre et la suite, c'est le plus sûr moyen d'agrandir sans cesse le domaine des sciences industrielles.

LARIVIÈRE.

ANANAS (botanique) [en latin *bromelia*]. — Genre type de la famille des broméliacées, dont les principales espèces sont: 1° l'ananas *oculeatus fructu pyramidato carne aurea*; 2° l'ananas *oculeatus maximo fructu conico*; 3° le gros ananas blanc, ananas *oculeatus fructu ovato, carne albita*; 4° l'ananas pomme de reinette, ananas *oculeatus fructu ovato carne aurea*; 5° l'ananas pitte, ananas *non oculeatus pitta dictus*: on confond cette espèce avec le caraguata; il est également bon à manger.

La première espèce est celle que l'on cultive par préférence; la racine en est grosse, fibreuse; elle pousse de son collet plusieurs feuilles semblables à celles du roseau, longues de deux à trois pieds (1 mètre), de couleur vert-gai, quelquefois parsemées de pourpre, fermes, creusées en gouttière garnie de dents aiguës, courtes et raides.

Du centre de ces feuilles s'élève une tige haute de 65 centimètres, de la grosseur du doigt, ferme, cassante et garnie de quelques feuilles pareilles à celles du buis, mais plus petites; cette tige soutient à son sommet une rose formée de plusieurs feuilles très-courtes et pointues, de couleur de feu ou de cerise, lesquelles cachent le fruit, qui grossit peu à peu, prend quelque temps après la forme du pin, et enfin se trouve chargée de plusieurs fleurs bleuâtres d'une seule pièce à trois pointes, et longues de 13 mill.; elles sont soutenues chacune par un embryon triangulaire qui ressemble à l'écaille d'une pomme de pin; cet embryon devient un fruit dont la chair est aussi ferme que celle d'un citron, jaune en dehors, blanchâtre en dedans, d'une odeur et d'un goût très-agréables, pareils à ceux du meilleur melon et de l'abricot le plus exquis; son suc est légèrement acide et

Fig. 4.—Ananas.

rafraîchissant, les semences qu'il renferme sont moitié plus petites que celle de la lentille; elles sont aplaties et roussâtres; ces embryons sont étroitement unis ensemble, et sont creusés légèrement à l'endroit où paraît la fleur; le sommet de ce fruit est garni d'un paquet de feuilles colorées qui, étant en terre, poussent et produisent une nouvelle plante.

Parmi les cultures forcées, dit Young, il y en a peu qui exigent autant de soins et d'habileté que celle de l'ananas. Mais aussi il y en a peu dans lesquelles l'art du jardinier ait si bien su triompher des obstacles de la nature. Comme cette plante ne donne pas ordinairement de graines dans nos climats, on la multiplie au moyen des œilletons qu'elle produit à son pied, le long de sa tige et sur sa couronne. Dans le cours de sa croissance artificielle, il lui faut une grande chaleur, beaucoup d'eau, et une terre assez substantielle. Elle peut supporter jusqu'à 40° de chaleur, et l'on fait en sorte qu'elle n'en ait jamais moins de 20°; pour cela on la place, après l'avoir mise en pot, dans une épaisse couche de fumier neuf et de feuilles qui sont recouverts de tannée, et qui s'échauffent par la fermentation; la couche elle-même est disposée dans une bache ou une serre-chaude, ou, plus économiquement, dans un châssis à panneaux de verre, qu'on recouvre de paillassons pour empêcher l'effet du froid pendant les nuits fraîches, ou pour briser les rayons du soleil quand ils deviennent trop ardents. On soutient aussi la chaleur au moyen de réchauds ou d'autres sources de calorique. Trois semaines après que le plant a été mis en terre, on commence les arrosements. qu'on multiplie en raison du développement que prennent les racines et de l'augmentation de la chaleur. On répand l'eau, déjà un peu échauffée, sous la forme d'une pluie fine, afin d'entourer la plante d'une atmosphère à la fois humide et chaude. Ce n'est que depuis le moment où le fruit a acquis toute sa grosseur que, dans la crainte de le rendre trop aqueux et de nuire à son parfum, on modère ou on cesse presque tout à fait les arrosements. Pour empêcher les racines de la plante d'être noyées dans l'eau dont on l'asperge si souvent, on met du sable fin au fond du trou où l'on dépose les œilletons, et du gravier à la partie inférieure du pot, qui lui-même est percé. Pendant les trois ans qui s'écoulent avant que l'ananas ne pousse sa tige et ne porte son fruit, on le transporte successivement dans de nouvelles couches, dans des châssis plus hauts, et dans de plus grands pots. On a essayé aussi de le mettre simplement en pleine terre, sous un châssis, à l'époque où il va fleurir, et l'on a obtenu de cette manière des fruits beaucoup plus beaux que ceux qu'on produit en suivant le procédé ordinaire.

Mentionné pour la première fois dans un voyage fait au Brésil (en 1555) par Jean de Léry, l'ananas fut importé en Angleterre sous Charles II par le jardinier Rose, on ne le connut que beaucoup plus tard en France. En 1733, Louis XV fit servir à Versailles les deux premiers ananas qui aient mûri dans notre climat.

On prépare avec le suc exprimé d'ananas une sorte de limonade dont l'usage est heureusement indiqué contre les fièvres putrides ou ataxiques[1]; coupé par tranches et saupoudré de sucre, ce fruit constitue dans cet état un aliment diététique très-convenable après les maladies graves et notamment les inflammations des voies digestives; il figure enfin sur nos tables en une sorte de salade, dans laquelle on substitue à l'eau-de-vie le vin blanc, et notamment celui de Champagne. Le suc d'ananas fermenté forme, dans les contrées où ce fruit est assez commun pour être mis à profit sous ce rapport, une boisson alcoolique très-suave et partant très-estimée.   J. W.

ANAPHRODISIE (pathologie). Voyez *Impuissance*.

ANARCHIE (politique) [du grec *a* privatif, et *arché*, pouvoir]. Désordre dans lequel tombe un état lorsque les lois sont violées impunément par tout le monde, et que personne n'a assez d'autorité pour les faire respecter; situation d'un état sans chef, sans gouvernement.

L'histoire offre de nombreux exemples de cet état funeste : « à Rome, dans le 1er siècle avant J. C., siècle marqué par les proscriptions de Marius, de Sylla, par les luttes et le triumvirat d'Octave, d'Antoine et de Lépide; aux 2e et 3e siècles, quand les prétoriens font et défont les empereurs; en France, sous les derniers Carlovingiens, époque où se dissout le lien féodal et où chaque seigneur se rend indépendant; pendant la démence de Charles VI; sous les règnes de Charles IX et de Henri III; dans les années 1793 et 1794, et dans les premiers mois qui suivirent la révolution de 1848; en Pologne, après l'extinction de la race des Jagellons et l'établissement de la royauté élective, etc. »

Des sophistes ont été jusqu'à présenter l'anarchie comme *l'idéal* de la société et comme pouvant exercer une influence intellectuelle et morale assez puissante pour agrandir les caractères, élever les esprits, ennoblir les âmes, et déterminer ces époques de gloire ou de bonheur qui n'apparaissent qu'une fois pour chaque nation.

ANARNAK (zoologie) [Mot groënlandais qui exprime que la chair de ce poisson est un violent purgatif].— Genre de mammifères de l'ordre des cétacés dont l'espèce la plus connue fréquente les mers groënlandaises. « C'est un petit cétacé au corps arrondi, teint d'une couleur noire ou brun foncé. L'anarnak diffère peu des narvals. Aux deux nageoires pectorales des autres cétacés, il en joint une petite sur le dos. Il n'a qu'un orifice sur la tête, ou évent par lequel il rejette l'eau. Ses yeux et ses oreilles sont fort petits. Les navigateurs aperçoivent quelquefois à la surface de l'eau, où il vient respirer, la tête sombre de l'anarnak. Son corps plonge alors perpendiculairement, et, lorsqu'il disparaît, il ne montre jamais sa queue comme les autres cétacés. »

ANARRHIQUÉ (zoologie) [du grec *anarrhichomai*, grimper, parce qu'on croit que ce poisson grimpe sur les rochers sous-marins]. — Poissons de la famille des *gobioïdes*, qui se distinguent des blennies, auxquels ils ressemblent; par l'absence de nageoires ventrales, et par l'énergie de leur système dentaire, ainsi que par la brièveté de leur canal intestinal. Cette dernière circonstance rend les *anarrhiques* extrêmement voraces, carnassiers, et leur penchant pour la chair, secondé par la force de leurs dents et de leurs mâchoires, et par leur taille considérable, les rend si redoutables qu'on les a surnommés *loups de mer* ([1]) Ils dévorent tout ce qui vient à leur rencontre, les poissons, les crabes et même les coquillages, qu'ils avalent ordinairement tout entiers. Leur taille, qui atteint 2 mètres 70 cent., dans les plus petites espèces, va, dans les plus grandes, jusqu'à trois mètres et même davantage. Aussi, quoique leur chair ne soit pas mauvaise et qu'on puisse tirer parti de leur peau, nos pêcheurs ne recherchent pas ces pois-

---

[1] Dr Couverchel.

[1] Salacroux.

sons, parce qu'ils brisent leurs filets, et même les mordent avec fureur et leur font des blessures dangereuses. Il paraît cependant que les Groënlandais ne les craignent pas autant; il les prennent avec des filets formés de lanières de cuir assez solides pour résister à leurs efforts, et, après s'en être ainsi rendus maîtres, il les égorgent ou les assomment à coups de perches. Mais il faut, en les approchant, user de précaution; on a vu quelquefois ces poissons saisir dans leur gueule le coutelas avec lequel on voulait les achever, et le briser en éclats avec autant de facilité que s'il eût été en bois, malgré l'affaiblissement qu'ils devaient éprouver par suite des blessures qu'ils avaient déjà reçues. On connaît de ce genre deux ou trois espèces dont la principale est le *loup* ou *chat de mer*, qui est la plus grande de toutes. On le trouve dans les mers du nord, d'où il descend jusque sur nos côtes. Quoiqu'il se rencontre quelquefois des *anarrhiques* en pleine mer, ces poissons se tiennent de préférence près des rivages, le long desquels ils nagent en serpentant, comme les anguilles, pour trouver plus facilement leur proie.

ANASARQUE (pathologie) [du grec *a* privatif et *asarcos*, maigre].— Intumescence générale de toute la surface extérieure du corps, produite par la sérosité infiltrée dans le tissu cellulaire. C'est une véritable hypropisie du tissu cellulaire, principalement dans sa partie sous-cutanée, qui commence ordinairement par les membres inférieurs et se montre d'abord autour des malléoles. Dans l'anasarque, le corps acquiert quelquefois un volume énorme. Les parties tuméfiées sont dures; la peau est mince, luisante et d'un blanc mat. Les causes directes sont; 1° *l'augmentation de la sécrétion normale du tissu cellulaire*; 2° *la diminution ou la cessation de l'absorption cellulaire ou de la perspiration*. Nous renvoyons au mot *hydropisie* et *Œdème* pour les considérations générales que demande l'étude de ces phénomènes. Voici les symptômes, les causes occasionnelles et le traitement de l'anasarque, tels que M. le professeur Bouillaud les a décrits [1].

Symptômes de l'anasarque. — Le symptôme caractéristique de l'*anasarque active* consiste dans la tuméfaction, la bouffissure de toute l'habitude extérieure du corps, coïncidant avec l'absence de douleur, de chaleur et de tout autre signe de phlegmasie. Si l'on comprime les parties infiltrées de sérosité, elles se laissent assez facilement déprimer, et conservent pendant quelques instants l'impression du corps comprimant. Il est rare que le gonflement se manifeste simultanément et également dans les diverses parties du corps. Les paupières, les lèvres, les membres inférieurs, les organes génitaux externes sont, de toutes les régions extérieures, celles que l'infiltration envahit de préférence, et où la sérosité s'accumule en plus grande abondance; ce qui s'explique, d'une part, par la laxité du tissu cellulaire, et de plus, pour les membres inférieurs et les organes génitaux, par l'influence de la pesanteur.

[1] Dict. de méd. et de chirurg. pratique.

Dans l'anasarque, ainsi que nous l'avons déjà dit, la blancheur de la peau devient très prononcée, cette membrane est sèche, légèrement luisante, demi-transparente. Lorsque l'anasarque est très-considérable, les malades sentent que le poids de leur corps est augmenté; leur marche est alors lente, pénible comme s'ils portaient un pesant fardeau; en même temps, la respiration est sensiblement gênée. Ces phénomènes se remarquent surtout quand à l'anasarque s'ajoutent des hydropisies intérieures.

Les autres symptômes que l'on observe chez les leuco-phlegmatiques dépendent des diverses maladies dont l'anasarque peut être accompagnée.

L'anasarque dite *symptomatique* ou *consécutive* est ordinairement le résultat d'une maladie de cœur ou des gros vaisseaux. Il ne faudrait pas, à l'exemple de certains auteurs, rapporter à cette hydropisie les symptômes qui dépendent de cette dernière maladie. L'erreur serait ici d'autant plus grossière que non-seulement les symptômes dont il s'agit, tels que l'orthopnée, l'anxiété, les irrégularités du pouls et des battements du cœur, diverses congestions sanguines, etc., ne dépendent pas de l'anasarque, mais que celle-ci, au lieu de constituer une véritable cause, n'est qu'un effet de celle qui détermine les autres symptômes indiqués plus haut. Il n'existe donc, entre l'anasarque et ces symptômes, qu'un rapport de coïncidence, de simultanéité, et non de *causalité*.

De même que l'infiltration générale est souvent l'effet d'une affection des organes centraux de la circulation, ainsi certaines infiltrations locales dérivent d'un obstacle à la circulation veineuse des parties où elles se manifestent. Or, dans ce dernier cas, il faut bien se garder aussi de rapporter à l'infiltration partielle divers phénomènes qui dépendent essentiellement de l'affection vasculaire, dont elle est elle-même le résultat.

Il importe de ne pas perdre de vue les idées que nous venons de présenter. Il est clair, d'ailleurs, que l'anasarque peut être compliquée d'une foule d'autres affections qui n'ont avec elle aucun rapport nécessaire. Il suffit d'énoncer ce fait, que nous ne pourrions développer sans entrer dans des détails que ne comporte pas cet article, et qui appartiennent à ceux qui seront consacrés à la pathologie générale.

Des causes de l'anasarque. — Les causes principales de l'anasarque *active* sont les suivantes: L'action prolongée de l'humidité atmosphérique, la suppression brusque d'une transpiration cutanée abondante, l'usage immodéré de boissons aqueuses froides. L'anasarque, en effet, est très-commune dans les pays à la fois habituellement humides et froids. On la voit également survenir avec une grande facilité chez les individus qui, convalescents d'une maladie éruptive, telle que la rougeole et la scarlatine, s'exposent imprudemment à l'influence d'un air froid ou de l'humidité. On la voit assez fréquemment aussi se manifester chez les sujets depuis longtemps affectés de fièvres intermittentes, comme si la période de froid par laquelle débutent les accès de ces maladies déterminait une sorte de reflux du liquide de la transpiration cutanée dans les aréoles du tissu cellulaire. Quoi qu'il en soit de cette hypothèse, ce qu'il y a de bien certain, c'est qu'il existe entre les diverses sécrétions qui appartiennent à une même classe une sorte de solidarité, en vertu de laquelle l'une d'elles étant diminuée, les autres augmentent en proportion, comme pour rétablir l'équilibre. Sans la connaissance de cette loi physiologique, il serait difficile de se rendre compte d'une foule de maladies, produites, comme l'anasarque active, par une augmentation de sécrétion.

Les causes de l'anasarque *passive* diffèrent essentiellement des précédentes, puisque, au lieu d'augmenter la sécrétion de la sérosité, elles s'opposent à la libre et facile absorption de ce liquide. Les auteurs qui ont considéré cette absorption comme étant sous la dépendance exclusive de ce qu'ils appellent la force vitale, ont été conduits à placer, parmi les causes de l'anasarque passive, toutes les influences débilitantes auxquelles l'économie peut être soumise, sans en excepter celles de l'ordre moral. Quant à nous, nous rejeton absolument cette explication des partisans du vitalisme, nous pensons que l'absorption étant un acte plus physique encore que vital, ses dérangements doivent le plus souvent reconnaître pour principe des causes physiques ou mécaniques. Aussi, est-ce un fait bien connu des bons observateurs, que tout ce qui tend à gêner le retour du sang vers le cœur, comme les compressions, les ligatures appliquées sur les membres, de manière à intercepter plus ou moins complètement la circulation veineuse de ces parties, produit ou tend à produire des collections séreuses dans les parties situées derrière le point où s'exercent les causes indiquées. C'est de la même manière qu'agissent les oblitérations morbides des grosses veines, le rétrécissement des orifices du cœur, etc. Il est vrai que ce sont là des causes plus ou moins éloignées de l'anasarque passive, et qu'il reste maintenant à déterminer, d'une part, s'il existe des causes de même espèce dans les agents immédiats de l'absorption, et si, d'un autre côté, en admettant cet ordre de causes, il n'en existerait pas d'un ordre différent, c'est-à-dire des causes vitales. Comme les faits manquent pour résoudre la dernière partie de ce problème, nous nous contenterons de l'avoir posé.

Pronostic de l'anasarque. — Cette maladie, quand elle est exempte de complication, et qu'elle ne résulte pas d'une affection intérieure, de la nature de celles que nous avons indiquées, est généralement peu grave. Elle ne tarde pas à se dissiper sous l'influence des moyens que l'art peut lui opposer, ou même quelquefois sans le secours de la médecine, et par le seul bienfait de la nature. Ce n'est pas ici le lieu de s'occuper du pronostic des lésions qui peuvent produire ou simplement compliquer l'anasarque.

Du traitement et de la guérison spontanée de l'anasarque. — 1° *Traitement de l'anasarque active.* — Deux indications principales se présentent ici : premièrement, combattre la modification organique d'où provient l'augmentation de la sécrétion; secondement, évacuer le liquide épanché dans les aréoles

cellulaires, ou bien en déterminer la résorption. Il n'est pas besoin d'ajouter que, dans cette maladie, comme dans toutes les autres, il faut commencer par éloigner les causes sous l'influence desquelles elle a pu se développer. Plusieurs moyens ont été employés pour remplir les deux indications que nous venons de signaler. Comme la modification organique qui préside à la production de l'anasarque active paraît se rapprocher de celle qui constitue les congestions phlegmatiques, la méthode antiphlogistique a été proposée et employée avec succès pour satisfaire à la première de ces indications. Les émissions sanguines ont le double avantage de diminuer la congestion qui peut exister, et de favoriser la résorption de la sérosité épanchée. La phlébotomie est en général bien préférable aux saignées capillaires. Celles-ci conviendraient plus spécialement, si l'infiltration, au lieu d'être universelle, était bornée à une partie du corps, à un membre, par exemple. Nous avons vu l'œdème des femmes en couches céder à l'application des sangsues et des topiques émollients. Il est vrai que, dans cette maladie, l'infiltration dépend le plus ordinairement d'une phlegmasie des agents de l'absorption et spécialement des veines, phlegmasie dont un des effets est de produire la coagulation du sang que contiennent ces vaisseaux, et, partant, l'oblitération plus ou moins complète de leur canal. Or, dans ce cas, les saignées locales agissent spécialement contre la phlegmasie dont l'infiltration est un effet médiat. Nous croyons d'ailleurs que l'anasarque, indépendante de toute lésion des troncs veineux et lymphatiques, est une maladie fort rare.

Des moyens assez nombreux ont été mis en usage pour remplir la seconde indication. Nous venons de voir que les émissions sanguines, par cela seul qu'elles désemplissent en partie le système sanguin, favorisent la résorption de la sérosité. On a cherché à produire le même résultat en administrant des moyens qui excitent certaines sécrétions, tels que les diurétiques, les vésicatoires, les sudorifiques, les purgatifs. Cette médication compte de nombreux succès en sa faveur, et nous pourrions expliquer son efficacité, en rappelant que, de même que nous voyons certaines sécrétions augmenter, par cela seul que d'autres sont diminuées, ainsi l'augmentation de certaines sécrétions doit produire la diminution de celles dont elles sont pour ainsi dire congénères. C'est une conséquence de cette loi de solidarité que nous avons indiquée plus haut. Ce n'est pas toujours l'art qui provoque les sécrétions abondantes qui sont suivies de la disparition de certaines congestions séreuses. On a vu ces sécrétions survenir naturellement, comme spontanément et produire une guérison solide. On leur donne alors le nom de *crises*, et celui de *nature médicatrice* à la force qui les produit, laquelle n'est autre que cette tendance à l'*équilibre* qui s'exerce incessamment dans les corps vivants, et qui constitue une de leurs lois primordiales. Nous serons obligés de revenir sur l'emploi des sudorifiques, des purgatifs, des diurétiques, et d'en indiquer les diverses espèces, en traitant des hydropisies en général. Pour éviter des répétitions, nous devons nous borner ici à signaler ce mode de traitement, renvoyant pour de plus amples détails au mot Hydropisie.

Quant à l'évacuation directe de la sérosité, dont il sera parlé ci-dessous, elle n'est nullement indiquée dans l'anasarque *active*.

2° *Traitement de l'anasarque passive.* — Les auteurs qui ont considéré cette maladie comme étant le résultat de l'*atonie* des vaisseaux absorbants, ont mis les divers agents désignés sous le nom de *toniques* au rang des principaux moyens capables d'en procurer la guérison. Mais une telle opinion nous paraît trop vague pour qu'on puisse la faire servir de base à un traitement rationel. Il est évident que dans l'anasarque passive, produite par un obstacle physique ou mécanique au cours de la sérosité et du sang veineux, le premier soin du médecin doit être d'enlever cet obstacle, quand l'art lui en offre les moyens. La cause étant détruite, l'effet ne tarde pas ordinairement à disparaître. Si la sérosité infiltrée dans le tissu cellulaire des membranes n'était pas résorbée par les seuls efforts de la nature, lorsque l'obstacle dont il s'agit a cessé d'exister, il faudrait donner issue au liquide, en pratiquant des mouchetures ou des scarifications sur différentes régions de la peau. On pourrait aussi employer les diurétiques, les sudorifiques ou les purgatifs, lesquels ont pour effet de avoriser la résorption de la sérosité épanchée, à l'instar de la saignée elle-même, c'est-à-dire en diminuant la quantité des liquides contenus dans le système vasculaire. Quant aux mouchetures et aux incisions pratiquées pour guérir l'anasarque, elles sont indiquées par la même raison que l'on fait une ponction dans les cas d'hydrocèle, la parencentèse dans certaines ascites et l'opération de l'empyème dans quelques hydrothorax. On conçoit que dans les cas nombreux où la sérosité, accumulée au sein du tissu cellulaire des membres, n'est autre chose que le symptôme d'une maladie dite organique du centre circulatoire ou de quelque gros vaisseau, l'évacuation du liquide ne constitue nullement un moyen de guérison radicale.

La sérosité se reproduit en effet au bout d'un temps très-court. Il n'est pas rare, dans ce cas, que les mouchetures ou les incisions donnent lieu à des ulcérations que l'on ne peut parvenir à cicatriser, à des inflammations érysipélateuses et même à de véritables gangrènes. Aussi ne doit-on recourir à ces opérations qu'avec beaucoup de réserve. On préviendra, autant que possible, les fâcheux accidents que nous venons d'indiquer en se servant d'instruments aigus pour pratiquer les mouchetures. notre savant ami, le docteur Roche, emploie avec avantage, dans les cas dont il s'agit, les aiguilles acupunctures.

Les frictions, soit simples, soit faites avec diverses substances aromatiques, spiritueuses, les bandages compressifs, les vésicatoires volants, ont été employés avec quelques succès.   Dr BOUILLAUD.

ANASTOMOSE (anatomie) [du grec *anastomosis*, ouverture, abouchement]. — Réunion de deux vaisseaux qui s'ouvrent l'un dans l'autre, et, par exten-

sion, tronc qui, dans certains cas, va de l'un à l'autre. « C'est par les anastomoses que sont formés les réseaux artériels, veineux et lymphatiques. Le but principal des anastomoses semble être de multiplier les voies de communication, et de suppléer ainsi aux obstacles que les liquides peuvent éprouver dans leur cours. En effet, si on lie l'artère principale d'un membre, la circulation se rétablit bientôt entre la partie inférieure et la ligature, et les petits vaisseaux de communication se développent d'une manière extraordinaire, afin de prendre un volume en rapport avec leurs nouvelles fonctions. »

ANATIDÉS (zoologie). — Famille de palmipèdes qui a pour type le genre *anas* ou *canard*. Cette famille des anatidés se divise en nombreuses espèces dont les principales sont les cygnes, les oies, les canards et les céréopsis.

ANATIFE (zoologie). — Genre de mollusques de la famille des cirrhopodes pédiculés, dont les coquilles ont plusieurs valves régulièrement disposées, et dont les côtés du corps sont garnis de six paires de cirrhes : ils sont soutenus par une espèce de tube ou de pied qui ressemble à un doigt, ce qui leur a fait donner le nom de *pouce-pieds*. « C'est sur ce pédicule que roulent tous les mouvements de l'animal ; par lui, ce mollusque imprime à son corps un mouvement circulaire qui produit, comme les tentacules des brachiopodes, un tournant d'eau dont l'effet est d'attirer dans sa bouche les particules de matière animale qui flottent dans la mer.

» Les *anatifes* sont très-communs sur toutes les côtes de la France, et surtout dans les endroits battus par les flots. Fixés aux rochers marins les plus exposés aux mouvements des vagues, on dirait qu'ils bravent la fureur des tempêtes. Quoique la chair de ces mollusques ne soit pas délicate, on en mange plusieurs espèces en certains endroits ; on observe que la cuisson leur communique une couleur rouge comme aux écrevisses. »

ANATOMIE [du grec *tomé*, section, dissection].— Branche des sciences naturelles qui nous apprend à connaître l'organisation des êtres vivants ; elle étudie les organes comme des instruments passifs. — La *physiologie*, au contraire, enseigne l'usage des différents organes et la manière dont ils agissent pour produire les phénomènes propres aux êtres organisés ; c'est, en un mot, la science de la vie.

Suivant que l'anatomie a pour objet les animaux ou les plantes, elle prend l'épithète de *zoologique* ou de *végétale*.

L'anatomie animale se divise en :

A. *Anatomie générale* ou *histologie*, lorsqu'elle ne s'occupe que des divers éléments qui entrent dans la composition des organes. L'illustre Bichat en comparait l'étude à celle de l'architecte qui, avant de construire une maison, cherche à connaître en détail toutes les parties isolées qu'il doit employer.

B. *Anatomie descriptive*, lorsqu'elle s'occupe des propriétés physiques des organes, telles que le volume, la situation, la forme, les couleurs, la direction, les rapports, etc.

C. *Anatomie comparative,* quand elle étudie toute la série des animaux en examinant comparativement ces mêmes organes dans les diverses espèces.—Voy. *Anatomie comparée.*

D. *Anatomie spéciale,* lorsqu'elle se borne à l'étude d'une seule espèce animale; mais alors elle prend le nom de l'espèce qu'elle a pour objet. Ainsi l'on dit *anatomie humaine,* aussi appelée *anthropotomie* ou *anthropographie,* quand elle étudie l'organisation de l'homme; *anatomie du cheval* ou *hippotomie,* lorsqu'elle a pour objet le quadrupède, et ainsi de suite pour les autres espèces animales.

E. *Anatomie vétérinaire,* lorsqu'elle s'occupe des animaux domestiques.

F. *Anatomie des régions,* aussi appelée *topographique, chirurgicale* ou *appliquée,* lorsqu'une région du corps étant donnée, elle a pour but de déterminer les parties qui correspondent à certaines profondeurs et l'ordre de leur superposition. Citons un exemple, et prenons la région du pli du coude, vulgairement appelée *pli de la saignée.* En procédant de la peau vers les os, c'est-à-dire de la superficie à la profondeur de cette région, on trouve par couches successives : 1° la peau ; 2° le tissu cellulaire graisseux, les veines, les vaisseaux lymphatiques et les nerfs superficiels, qui sont, en allant du dehors en dedans, du pouce vers le petit doigt, la veine radiale *antérieure,* la *céphalique médiane,* accompagnée par le *nerf musculo-cutané* ; la *basilique médiane,* également avoisinée par le *nerf brachiale cutané* interne, et enfin la *cubitale* antérieure ; 3° l'aponévrose brachiale ; 4° trois éminences musculaires, dont deux latérales, *externe* et *interne,* et la troisième *médiane.* Celle-ci est formée par les muscles biceps et brachial antérieur; le nerf radial la sépare de l'éminence musculaire externe, qui est composée par les muscles épicondyliens, tandis que le nerf médian et les vaisseaux huméraux (artère et veine) la séparent, en dedans, de l'éminence musculaire interne, qui comprend les muscles épitrochléens (voy. *Myologie);* 5° enfin, au-dessous de toutes ces parties se trouvent les extrémités, *inférieure* de l'humérus (os du bras) et *supérieure* du cubitus et du radius (os de l'avant-bras), recouvertes par le ligament antérieur de l'articulation cubito-humérale.

G. *Anatomie des peintres,* lorsqu'elle ne s'occupe que des formes extérieures.

H. *Anatomie physiologique,* quand elle a pour objet les organes sains.

I. *Anatomie pathologique,* lorsqu'elle les étudie à l'état morbide.

K. *Anatomie microscopique,* lorsqu'elle étudie en quelque sorte la structure moléculaire des organes à l'aide du microscope.

L. Enfin, l'anatomie est dite *transcendante* ou *philosophique* lorsqu'elle a pour but de ramener les diversités à l'unité, par la détermination scientifique des similitudes les plus positives; c'est ainsi, par exemple, que l'on démontre l'analogie de l'aile des oiseaux et du membre thoracique des mammifères, par le rapprochement comparatif des éléments anatomiques qui constituent essentiellement la structure de l'une et de l'autre de ses parties. C'est encore d'après ces mêmes principes que M. Geoffroy de Saint-Hilaire a démontré que les quatre *osselets* que l'on trouve dans l'oreille des mammifères, des oiseaux et des reptiles, ne sont, au fond, que les analogues de quatre *opercules* qui, chez les poissons, recouvrent les *outes* ou *branchies.*

En définitive, l'anatomie philosophique est la science des *analogies* et *homologies* organiques. Mais si l'anatomie est la science de l'organisation et la physiologie celle des phénomènes vitaux, comment parvient-on à les apprendre? Voici la réponse à cette question : De même qu'un mécanicien, pour se faire une idée exacte d'une machine et en connaître le mécanisme, la démonte, en isole toutes les pièces, les examine une à une, en étudie la forme, les rapports qu'elles ont entre elles, cherche à en connaître les usages, puis en rapproche de nouveau toutes les parties, en rétablissant leurs rapports mutuels, et leur rend ainsi leur mouvement et leur jeu ; de même le naturaliste, pour apprendre l'organisation d'un animal, le dissèque, c'est-à-dire examine l'intérieur de son corps ; il isole les divers organes, étudie leur forme, leurs rapports, leur nature, etc. Malheureusement, l'anatomiste ne peut faire tout ce que fait le mécanicien : il peut détruire, mais il ne saurait reconstruire ce qu'il a décomposé, et rendre le mouvement aux organes qu'il avait séparés pour en étudier la structure. Toutefois, si, au lieu de se borner aux simples investigations anatomiques, le naturaliste étudie le jeu des organes pendant la vie, et fait des expériences physiologiques pour s'éclairer sur leurs usages, il arrive à connaître le mécanisme de l'organisation animale, il satisfait son esprit, et reste frappé d'admiration à la vue de cette machine si compliquée, et la plus belle des merveilles du Créateur.

Utilité de l'anatomie. — Tous les êtres vivants sont soumis aux lois physiques qui régissent la matière et aux lois vitales qui luttent incessamment contre les premières. Cette lutte, c'est la vie; par cela même, le triomphe des lois physiques sur les lois vitales, c'est la mort; mais de cette lutte incessante résultent des dérangements organiques et fonctionnels qui constituent les maladies, d'où l'importance pour le médecin de bien connaître l'anatomie, qui est la base fondamentale de la science médicale. Mais l'anatomie ne fournit pas des lumières seulement à la médecine et à la chirurgie, elle en fournit aussi à l'histoire naturelle et aux beaux-arts. En effet, si le médecin ne peut se dispenser de posséder surtout l'anatomie descriptive, et le chirurgien l'anatomie topographique, car le premier a besoin de voir, qu'on nous passe l'expression, avec les yeux de l'esprit, les organes intérieurs à travers les parois des cavités splanchniques, et le second les parties plus profondément situées et les mieux cachées d'une région dans laquelle il veut plonger un instrument; si le vétérinaire ne saurait se dispenser de connaître l'organisation des espèces animales domestiques, auxquelles il est appelé à donner ses soins, le naturaliste pourrait-il faire un pas dans l'étude de la zoologie sans avoir, au préalable, pris connaissance de l'organisation des animaux qu'il veut étudier? Et enfin, le peintre et le sculpteur pourraient-ils posséder leur art à fond s'ils n'étudiaient avec le plus grand soin les moindres détails des formes extérieures, les enfoncements sous-cutanés, les saillies musculaires dans les diverses attitudes, etc.?

HISTORIQUE.—Les anciens firent peu de progrès dans l'anatomie, parce qu'un préjugé religieux ne permettait pas la dissection des cadavres humains. Apis passait pour avoir enseigné l'anatomie aux Égyptiens, plutôt pour perfectionner l'art des embaumements que comme moyen de guérir les maux de l'humanité. Les Ptolomées furent, dit-on, les premiers rois qui en encouragèrent la pratique sous le rapport médical.

Chez les Grecs, dit Boquillon, l'anatomie fut presque toujours considérée comme une profanation. Acméon, disciple de Pythagore, est le premier qui ait disséqué des animaux (VIme siècle avant Jésus-Christ). Du temps d'Aristote, bien qu'Hippocrate eût déjà fondé sa doctrine (Vme siècle avant Jésus-Christ), on n'avait pas encore porté le scalpel sur un cadavre humain; aussi les notions d'anatomie, transmises par Aristote, ne sont-elles tirées que de l'analogie; mais Érasistrate, son petit-fils, et Hérophile, médecin carthaginois, donnèrent bientôt dans l'excès contraire; ils disséquèrent des criminels vivants. On doit à Érasistrate la découverte des valvules du cœur et des mouvements de systole et de diastole (IVme siècle avant Jésus-Christ).

Gallien, le plus grand anatomiste de l'antiquité, créa une école nouvelle qui forma la seconde époque de la science. Ses découvertes jetèrent un grand jour sur plusieurs branches de l'anatomie, et particulièrement sur le système nerveux. Il ne confondit plus, comme ses prédécesseurs, ce qu'ils nommaient les parties blanches, les tendons, les ligaments et les nerfs; il reconnut la texture de ces derniers, et établit d'une manière précise leur connexion avec la moëlle épinière et l'encéphale (IIme siècle).—Un intervalle de onze cents ans ne fournit pas un seul anatomiste. Parut alors Jean de Concorrigio, qui tenta, non sans succès, quelques expériences secrètes. Vinrent ensuite Mondini, Achillini, Benedetti, Beringario, Massa et Dubois, plus connu sous le nom de Sylvius, qui a laissé son nom au canal qui fait communiquer le troisième et le quatrième ventricules du cerveau.—Enfin brilla Vesale, chef de l'école moderne. Bravant les préjugés de son siècle, il osa publiquement rechercher, sur des cadavres insensibles, les moyens de secourir l'humanité souffrante; il eut la gloire de relever les erreurs de Gallien (XVIme siècle). L'école d'Italie, dont il fut le flambeau, compte encore au nombre de ses plus illustres fondateurs, Eustachi, qui découvrit la trompe gutturale du tympan; Fallope, dont le nom se rattache particulièrement à l'étude de l'oreille interne et de l'utérus (1); Colombo; Fabrice,

dit *Aquapendente*; Ingrassia, Varoli et plusieurs autres, qui ont découvert et nommé quelques parties. A la même époque brillaient en France, mais au second rang, Dulaurens; en Angleterre, Cowper; en Allemagne, Alberti, Bauhin, Plater et Fuchs : en Hollande, Paaw; en Danemark, Gaspard Bartholin.

Le XVIme siècle fut signalé par la découverte de la circulation, par Harvey (1619), et celle des vaisseaux chylifères, par Aselli (1622). Ces deux découvertes répandirent une immense clarté sur l'anatomie physiologique, qui s'enrichit encore des belles injections de Ruysch et de l'application du microscope à l'étude des tissus. — Il nous est impossible, dans cet ouvrage, de suivre les progrès de l'anatomie depuis l'époque où Winslow, créant une méthode descriptive, exacte et lumineuse, ouvrit la carrière à cette foule d'anatomistes distingués, parmi lesquels nous ne mentionnerons que Haller, Sœmmering, Scarpa.. enfin, l'illustre Bichat, de l'école duquel sont sorties la plupart des illustrations anatomiques de notre époque.

ANATOMIE GÉNÉRALE. — Dans le corps des animaux, on trouve des éléments chimiques et organiques. Les *éléments chimiques* sont : l'oxygène ; l'hydrogène, le carbone et l'azote ; plus, du soufre, des sels et des métaux (fer et manganèse) en très-petite proportion.

Les *éléments organiques* sont au nombre de quatre, savoir : la gélatine, la fibrine, l'albumine et la graisse.

Gélatine.—C'est une substance visqueuse, collante, de couleur gris-jaunâtre, d'une saveur fade, se dissolvant dans l'eau, et se prenant en gelée par le refroidissement. Elle est très-abondante dans les tissus musculaire, fibreux et osseux.

Fibrine. — C'est une matière blanche, insipide, se coagulant par le refroidissement, et prenant une consistance tenace par la dessiccation. Elle existe dans le tissu musculaire et le caillot du sang.

Albumine. — C'est un fluide visqueux, incolore, coagulable par la chaleur et l'action des acides azotique, chlorhydrique, etc.; on la trouve dans la sérosité, le mucus, etc., et accidentellement dans le sérum du sang, les urines. C'est elle qui constitue le blanc des œufs et le mucilage dans les graines des végétaux.

Graisse.—C'est une substance jaunâtre, insoluble dans l'eau, formant avec les alcalis une matière savonneuse. On la trouve dans le tissu cellulaire et dans l'intérieur des os. Dans ce dernier cas, elle prend le nom de *moëlle* et de *suc médullaire*.

De la combinaison de ces divers éléments résultent les liquides et les solides dont est composé le corps de l'homme et celui de tous les êtres organisés. Et, chose qui surprend au premier abord, c'est que les premiers sont aux derniers comme 7 ou 9 est à 1. En

_____

(1) Comme Érasistrate et Hérophile, Fallope disséqua

des criminels vivants. On a tenté de le justifier, mais la phrase suivante, extraite de ses ouvrages, ne laisse aucun doute: *Princeps jubet ut nobis dent tominem quem nostra modo interficimus, et illum anatomisamus.*

voici la preuve : Qu'on laisse dessécher dans un four un cadavre dont on connaît le poids à l'avance, et en supposant qu'il soit de 100 livres, par exemple, ou trouvera, après la dessication, c'est-à-dire lorsque les liquides se seront évaporés, qu'il ne pèse plus que 11 à 12 livres.

Des liquides qui entrent dans la composition des corps.—Ils se divisent en deux classes, savoir : 1° Les uns sont communs à toutes les parties du corps, et sont constamment en mouvement, tels que le sang et la lymphe; 2° les autres sont propres à certaines parties et ne sont pas soumis à ce mouvement continuel; ce sont : l'urine, le sperme, la bile, la salive, la sérosité, exhalée soit dans l'intérieur des membranes séreuses, soit dans les aréoles du tissu cellulaire; et enfin, la matière de la transpiration cutanée et pulmonaire.

Parties solides.—Elles se divisent en parties *dures*, comprenant les *os* et les *cartilages*; et en *parties molles*, qui sont les *vaisseaux*, les *nerfs*, les *muscles*, les *viscères*, les *aponévroses*, la *peau*, etc.

Des tissus divers qui entrent dans la composition des parties solides. — Ils se rangent en deux catégories, savoir :

1° Les tissus généraux, qui existent partout et apparaissent les premiers; tels sont les tissus cellulaire, vasculaire et nerveux;

2° Les tissus qui n'existent que dans certaines parties du corps; ce sont les tissus osseux, médullaire, fibreux, cartilagineux, fibro-cartilagineux, musculaire, muquéux, séreux, synovial, glandulaire et dermoïde.

Quant à l'épiderme, aux poils, aux ongles et aux cornes, ce ne sont point des tissus, ce sont des produits de sécrétions appartenant à la peau.

PREMIÈRE CATÉGORIE.

Tissu cellulaire. — C'est le véritable tissu primitif ou générateur de l'économie. Il est formé de lames ou lamelles extensibles, jaunâtres, s'entre-croisant dans différents sens, pour former des vacuoles ou aréoles, communiquant toutes ensemble, et dans lesquelles il s'opère une exhalation permanente de sérosité et une absorption réciproque. Lorsque, par une cause quelconque, que nous n'avons pas à examiner ici, l'équilibre entre ces deux fonctions vient à être rompu, il en résulte accumulation d'eau dans le tissu cellulaire; tel est le *mécanisme de l'hydropisie par infiltration*. Ce tissu existe partout; il sert à isoler nos organes, il entre dans leur composition et en forme la trame.

Tissu vasculaire. — Il comprend :

1° Les artères, qui charrient le sang rouge;

2° Les veines, dans lesquelles circule le sang noir;

3° Les vaisseaux lymphatiques, qui contiennent le chyle et la lymphe et les versent dans les veines sous-clavières.

Tissu nerveux. — Le système nerveux se compose :

1° D'une portion centrale (cerveau, cervelet, protubérance annulaire et moëlle épinière) ou masse

pulpeuse et molle renfermée dans la boîte osseuse vertébro-crânienne;

2° D'une portion périphérique ou cordons nerveux qui en partent pour aller se distribuer aux diverses parties du corps, et leur transmettre la sensibilité et la mobilité que leur envoie la portion centrale. Les nerfs sont de véritables organes de transmission; ils sont au cerveau et à la moëlle épinière ce que les fils métalliques conducteurs de l'électricité sont à la pile électrique.

Il y a dans l'économie animale deux ordres de nerfs. L'un, appelé *système nerveux de la vie de relation*, est presque exclusivement destiné à animer les muscles extérieurs du squelette, qu'il tient sous sa domination.

L'autre se nomme *système nerveux de la vie nutritive* ou *végétative*; il est destiné aux muscles intérieurs du squelette, c'est-à-dire à ceux qui entrent dans la composition des parois des viscères qui ne sont plus sous l'influence de la volonté. Il y a pourtant quelques organes, tels que le rectum, la vessie et l'utérus, qui, recevant des nerfs des deux systèmes nerveux, sont et ne sont pas, qu'on nous passe cette expression, soumis à cette puissance. En effet, on peut bien, pendant un certain temps, maîtriser le besoin d'aller à la selle ou d'uriner; mais lorsqu'il devient trop impérieux, la volonté ne peut plus rien.

DEUXIÈME CATÉGORIE.

Tissu osseux. — C'est le tissu le plus dur de tous ceux qui entrent dans la composition du corps; il forme une charpente solide qui soutient toutes les autres parties.

Les os sont formés de deux éléments : l'un organique, qui leur donne de la vie et de la flexibilité, c'est la *gélatine*; l'autre inorganique ou chimique, qui les rend durs et solides, mais plus cassants, c'est le *phosphate de chaux*. Le premier prédomine dans l'enfance; le contraire a lieu dans la vieillesse.

Si, après avoir mis à nu le phosphate calcaire par la calcination, c'est-à-dire après avoir brûlé la gélatine, on vient à toucher l'os, il tombe en poussière; par contre, si l'on fait tremper un os pendant un certain temps dans un acide fort, tel que l'acide azotique (eau forte du commerce), on dissout toute la partie terreuse, on met à nu la gélatine, et l'os devient flexible, de dur et cassant qu'il était avant cette opération. Du mélange de ces deux éléments résultent deux substances osseuses de trame différente :

1° La *substance compacte* à mailles très-serrées et où le phosphate calcaire prédomine sur la gélatine; elle a peu de vitalité, partant, elle est souvent atteinte de nécrose ou mort de l'os, principalement dans une certaine maladie constitutionnelle invétérée;

2° La *substance aréolaire* ou *spongieuse* à mailles très-lâches et dans laquelle la gélatine prédomine sur la partie inorganique, d'où la vitalité plus grande que dans la substance compacte; aussi est-elle fréquemment atteinte de carie ou ulcère de l'os dans la maladie scrofuleuse. Cette substance prend le nom de *tissu réticulaire* dans le canal médullaire des os longs.

Les os sont recouverts d'une toile fibreuse qu'on appelle *périoste*, peu adhérente dans l'enfance, tandis qu'elle l'est beaucoup chez l'adulte, et cela d'autant plus que l'animal est plus âgé. Cela tient à ce que primitivement les moyens d'union entre cette membrane et les os sont essentiellement vasculaires, et que plus tard les vaisseaux *ostéo-périostiques* venant à s'oblitérer au fur et à mesure qu'on avance en âge, ils deviennent fibreux.

En ayant égard aux trois dimensions : *longueur, largeur* et *épaisseur*, les os ont été divisés en longs, larges ou plats et courts.

Os longs. — Ce sont ceux où la longueur l'emporte sur les deux autres dimensions; exemple, le *fémur*, os de la cuisse. Ils sont généralement prismatiques et triangulaires, creusés d'un canal médullaire à leur centre, et se divisant en corps ou partie moyenne (diaphyse) essentiellement formée de tissu compacte, et en deux extrémités articulaires qui sont surtout formées de tissu spongieux. En général, ces os appartiennent aux membres.

Os plats. — Ce sont ceux dont l'épaisseur est moindre que la longueur et la largeur surtout; exemple, l'*omoplate*, os de l'épaule. Ils sont formés de trois lames osseuses superposées; deux compactes *superficielle* et *profonde*, et une spongieuse *intermédiaire* aux deux autres. En général, ces os concourent à former les cavités splanchniques.

Os courts. — Ce sont ceux dont les trois dimensions sont à peu près égales; exemple, les *vertèbres*, l'*astragale*, etc. Leur structure est la même que celle des extrémités des os longs. Ils constituent la charpente de la colonne vertébrale, et en grande partie celle des pieds et des mains. Aussi la carie s'observe-t-elle surtout sur les os du tarse, du carpe, de la colonne vertébrale et les extrémités des os longs; tandis que la nécrose atteint de préférence le corps des os longs et les os plats. Nous ferons connaître plus loin la division du *squelette*.

Tissu médullaire. — C'est un lascis vasculaire à mailles très-déliées qui tapisse : 1° les cellules du tissu spongieux des extrémités des os longs, où il exhale un suc huile appelé *suc médullaire*; 2° l'intérieur du canal de ces mêmes os, où il prend le nom de membrane médullaire, qui sécrète une espèce de *graisse* dite *moëlle des os*. Cette membrane fournit aux couches profondes de l'os qu'elle tapisse des vaisseaux qui leur apportent les matériaux de nutrition; tandis que les couches superficielles reçoivent leur nourriture du périoste. Cela explique la nécrose isolée du centre ou de la superficie de l'os, suivant qu'il y a décollement de la première ou de la dernière de ces deux membranes.

Tissu cartilagineux. — Les cartilages sont des substances blanchâtres, souples, élastiques, moins dures que les os; mais plus dures que toutes les autres parties du corps. Il y en a trois variétés, eu égard à leurs usages, savoir :

1° *Cartilage d'incrustation* des surfaces articulaires et des coulisses dans lesquelles glissent les tendons des muscles;

2° *Cartilage interarticulaire*, aussi appelé ménisque ou sémilunaire, parce qu'en général il a la forme d'un croissant. Il fait office de coussinet élastique et n'existe que dans quelques articulations, telles que : *fémorotibiale sterno-claviculaire* et *temporo maxillaire*;

3° *Cartilage pariétal*, lorsqu'il concourt à former les parois d'un organe creux ou d'une cavité splanchnique; exemple, ceux qui forment la charpente du *larynx*, organe de la voix, et ceux qui prolongent les *côtes.*

Tissu fibreux. — Intermédiaire aux muscles et aux os; il est presque partout continu avec lui-même et se présente sous diverses formes. Ainsi, tantôt il est arrondi en cordon (tendons); tantôt disposé comme des toiles (aponévroses); tantôt sous forme de manchon fibreux ou sac à deux ouvertures (capsules fibreuses des articulations arthrodiales); tantôt, enfin, sous forme fasciculée (ligaments).

Ce tissu est en général inextensible, et l'ébullition prolongée le fond presque complétement en gélatine.

Tissu fibro cartilagineux. — Par sa structure et sa consistance, il tient le milieu entre les tissus fibreux et cartilagineux. C'est celui qui constitue l'*épiglotte* et la charpente du *pavillon* de l'oreille.

Tissu musculaire. — Organes actifs de la locomotion, les muscles ou chair des animaux sont de deux sortes. Les uns, situés à l'extérieur du squelette, de couleur rougeâtre, appartiennent à la vie de relation, et sont soumis à l'empire de la volonté. Les autres, situés à l'intérieur du squelette, concourent à former les parois des viscères creux, comme le cœur, le tube digestif, la vessie, etc.; de couleur ordinairement pâle (excepté pour le cœur), ils appartiennent à la vie de nutrition, et ne sont point sous l'influence de la volonté. Un seul muscle intérieur au squelette fait exception à la règle; il est rouge, et obéit à cette puissance; c'est le *diaphragme*, qui forme cloison entre la *poitrine* et l'*abdomen*.

Tissu muqueux. — Les membranes muqueuses qui tapissent les cavités ouvertes à l'extérieur, se confondent au niveau des orifices naturels avec la peau; elles sont rouges, villeuses, renfermant dans leur épaisseur des grains glanduleux isolés ou groupés, nommés cryptes muqueux, qui secrétent un liquide visqueux transparent (mucus) destiné à lubréfier leur surface interne, et à favoriser ainsi le cours des matières avec lesquelles elles sont en contact.

Le tissu muqueux comprend deux divisions, savoir :

Le *système muqueux gastro-pulmonaire* qui tapisse les surfaces occulo-palpébrales, lacrymales, nasales, pulmonaires et digestives.

Le *système muqueux génito-urinaire* qui tapisse les voies urinaires dans les deux sexes, c'est-à-dire les calices, les bassinets, les uretères, la vessie et l'urètre; de plus, chez l'homme, il tapisse le canal éjaculateur, les vésicules séminales et les canaux différents; et chez la femme, la trompe de Fallope, la cavité utérine, le vagin et la vulve.

Tissu séreux. — Il se présente sous forme de sacs membraneux, sans ouverture, tapissant les cavités dans lesquelles ils sont enfermés (feuillet pariétal) et recouvrant les viscères sans les contenir dans leur cavité, puisqu'ils ne les touchent que par leur surface extérieure (feuillet viscéral).

Pour se faire une idée de la disposition d'une membrane séreuse, nous ferons une comparaison triviale, mais que tout le monde pourra comprendre. Supposons un bonnet en coton blanc, appliqué sur la tête, et par-dessus celui-ci un chapeau. Ce dernier représentera une *cavité splanchnique*, la tête un organe (viscère) et le bonnet tricoté une membrane séreuse. Or, qui ne sait que pour coiffer cette espèce de bonnet, qui représente une poche ovoïde ou sac sans ouverture, il faut rentrer l'une des moitiés dans l'autre, de telle sorte que la portion là plus profonde touche et recouvre la tête par sa surface extérieure, tandis que la plus superficielle tapisse l'intérieur du chapeau et que les deux moitiés se touchent par leur surface interne? La partie qui touche la tête représente donc exactement le feuillet viscéral, et celle qui est en contact avec le chapeau, le feuillet pariétal d'une membrane séreuse.

Les deux lames d'une membrane séreuse sont toujours en contact avec elles-mêmes, et exhalent, par leur surface interne, une humeur séreuse qui leur permet de glisser l'une sur l'autre; aussi ces espèces de sacs membraneux ont-ils pour usage de permettre le jeu ou le mouvement des organes qu'ils recouvrent.

Les membranes séreuses de l'économie sont : l'*arachnoïde*, les *plèvres*, le *péricarde*, le *péritoine*, les *tuniques vaginales des testicules*, auxquelles il faut ajouter les *membranes synoviales des articulations* et celles qui tapissent les *coulisses des tendons*.

Tissu glanduleux. — Les glandes, très-différentes les unes des autres par leur mode d'organisation, ont cependant pour usage commun de prendre dans le sang les matériaux des liquides plus ou moins dissemblables qu'elles sont chargées de sécréter. Des vaisseaux sanguins et lymphatiques des nerfs, du tissu fibreux le plus souvent, les radicules des canaux excréteurs, le tout uni par du tissu cellulaire, telle est d'une manière générale la structure des glandes.

A part les amygdales, les follicules mucipares et sébacés qui appartiennent aux muqueuses et à la peau, les glandes de l'économie sont : les glandes *salivaires* qui sécrètent la salive, le *foie* qui sécrète la bile, le *pancréas* qui sécrète le suc pancréatique, les *testicules* qui forment le sperme, et les ovaires qui fournissent l'ovule ou germe femelle. A ce nombre, nous pourrions ajouter la *prostate*, les *glandes de Cowper de Méry*, etc.

ORGANOLOGIE.

Les êtres organisés seuls vivent, car les corps inorganiques, comme les pierres et les métaux, ne vivent pas. Or, les divers phénomènes par lesquels la vie se manifeste sont toujours produits par une partie quelconque du corps vivant, et ces parties, que l'on peut regarder comme autant d'instruments, portent le nom d'*organes*.

Lorsque plusieurs organes concourent à produire le même phénomène, cet assemblage d'instruments se nomme *appareil*; tandis qu'on appelle fonction, l'action ou l'usage de l'un de ces organes ou de tout l'appareil. Ainsi, on dit *appareil de la locomotion* pour désigner l'ensemble des organes qui servent à transporter l'animal d'un lieu dans un autre; partant, le résultat produit par ces organes se nomme *fonction de la locomotion*.

Avant de faire connaître la classification des appareils organiques, nous allons donner une idée générale du corps de l'animal.

A. A l'extérieur, le premier objet qui frappe nos sens, c'est la *peau*, enveloppe générale, résistante, douée de sensibilité, qui se moule sur les diverses parties, et qui, au niveau des ouvertures naturelles, se replie sur elle-même en se modifiant, pour aller former les membranes muqueuses, espèce de tégument interne, ainsi que nous l'avons déjà vu ailleurs.

B. Sous cette enveloppe cutanée existe une couche de *tissu cellulaire graisseux* qui remplit les vides et concourt aux formes arrondies, et dans laquelle se trouvent des *vaisseaux* et des *nerfs superficiels*. Chez l'homme, au cou et à la face seulement, la peau est doublée par une lame charnue, appelée muscle *peaucier*, tandis que chez les grands animaux, tels que le bœuf, le cheval, etc., ce muscle existe partout, et prend alors le nom de *panicule charnu*; c'est à lui qu'est due la possibilité du glissement de la peau, en tous sens, sur le corps de l'animal, quand il se sent piqué par une mouche.

C. Les *aponévroses d'enveloppe*, espèces de toiles résistantes qui engaînent toutes ces parties et qui, par leur face profonde, envoient des prolongements qui vont s'incérer aux os pour isoler et retenir ces diverses couches musculaires, et même les muscles en particulier.

D. Sous ces toiles fibreuses se voient les *muscles* ou *chair des animaux* et les gros troncs vasculaires et nerveux qui avoisinent les os.

E. Enfin, on trouve les os eux-mêmes, dont la réunion constitue le squelette.

Telle est d'une manière générale la structure des membres. Mais si l'on porte le scalpel sur le torse, avec cette même disposition anatomique, plus profondément que les os, on trouve des cavités que ceux-ci forment en s'aplatissant et en se contournant sur eux-mêmes : ces cavités prennent le nom de splanchniques, et sont au nombre de trois, savoir : la *cavité vertébro crânienne*, la *cavité thoracique* et la *cavité abdominale*. Elles sont destinées à loger et protéger les organes intérieurs appelés viscères.

CLASSIFICATION DES APPAREILS.

Sous le rapport physiologique ou fonctionnel, tous les appareils de l'économie animale se rangent en deux groupes : l'*un* a pour but la conservation de l'individu, et comprend les *appareils de relation* et de *nutrition*, et l'*autre*, la conservation de l'espèce. est représenté par les *organes sexuels* répartis sur deux individus (mâle et femelle).

APPAREIL DE RELATION. — Il a pour but de mettre l'individu en rapport avec les objets extérieurs, et comprend les *appareils des sensations* et de la *locomotion*.

Appareil des sensations. — Il est constitué 1° par les organes des sens au nombre de cinq (tact ou toucher, ouïe, vue, odorat et goût) chez l'homme et la plupart des animaux; 2° par le cerveau, le cervelet, la moëlle épinière et les nerfs.

Mais, d'abord, qu'est-ce qu'un sens? On entend par ce mot les facultés par lesquelles les animaux reçoivent l'impression des propriétés physiques des corps dont ils sont entourés. Tous les animaux n'ont pas des sens aussi nombreux que l'homme. Exemple, l'*huître*, qui n'en possède que deux : le sens du goût et du tact.

Le *toucher* et le *goût* ne peuvent s'exercer que sur les corps qui sont en contact immédiat avec les organes dans lesquels siègent ces deux sens.

L'*odorat*, l'*ouïe* et la *vue* fonctionnent sans le contact immédiat des corps, et nous font connaître certaines propriétés des objets situés à distance de nous.

Du sens du toucher. — C'est un sens qui nous avertit du contact des corps étrangers avec nos organes. La *sensibilité tactile* réside dans la peau, et peut être perçue dans toute l'étendue de cette enveloppe générale; dans ce cas, la fonction s'exerce d'une manière passive et conserve le nom de tact; mais lorsque la peau, devenant en quelque sorte mobile, se moule sur la superficie des corps pour en apprécier, à l'aide d'une opération de l'esprit, le volume, la forme, les inégalités, la consistance, la température, etc., le tact devient actif, et prend spécialement le nom de *toucher*. La main est l'organe du toucher. — Voy. *Peau*.

DU SENS DE L'OUIE. — C'est un sens qui nous permet d'entendre les sons, c'est-à-dire les vibrations sonores.

L'appareil de l'ouïe se nomme *oreille*; il est double, et situé dans l'épaisseur de la base du crâne, dans le *rocher* où il est à l'abri des lésions extérieures. Cet appareil est très-compliqué. Il se compose de trois parties principales : l'*oreille externe*, l'*oreille moyenne* et l'*oreille interne*.

Oreille externe. — C'est ce que le vulgaire croit être toute l'oreille; elle se compose de deux parties : l'une évasée, c'est le *pavillon*; l'autre rétrécie, c'est le *conduit auditif externe*. Les deux réunies représentent un véritable cornet acoustique destiné à colliger et diriger les ondes sonores vers l'oreille moyenne.

Oreille moyenne ou *caisse du tympan*. — C'est une cavité irrégulière située dans l'épaisseur de la base du rocher, en dedans du conduit auditif, et fermée à son point de jonction avec celui-ci par une membrane fibreuse, parcheminée, appelée *membrane du tympan*, et qui, par son état de tension ou de relâchement, augmente et diminue, au besoin, l'intensité des sons. L'oreille moyenne communique avec le

pharynx par un canal qu'on nomme *trompe d'Eustachi*. Cette cavité renferme quatre petits os, appelés *osselets de l'ouïe* : le *marteau*, l'*enclume*, l'*os lenticulaire* et l'*étrier*.

Oreille interne ou *labyrinthe*. — Elle se compose de trois parties : 1° les *canaux demi-circulaires* au nombre de trois, dont deux verticaux et un horizontal; 2° le *limaçon* ou *cochlée*; 3° le *vestibule* ou portion intermédiaire aux deux autres.

Le vestibule seul avec le nerf accoustique constituent la partie essentielle de l'appareil auditif; toutes les autres parties sont destinées à perfectionner cet appareil, car elles peuvent être détruites, même dans l'espèce humaine, sans abolir complétement le sens de l'ouïe, et elles manquent chez un grand nombre d'animaux. Ainsi 1° les oiseaux n'ont pas de pavillon; 2° les reptiles manquent de pavillon et de conduit auditif; 3° chez les poissons, il n'y a ni oreille externe ni oreille moyenne; enfin, chez l'écrevisse, il n'existe plus qu'une espèce de vésicule semblable au vestibule.

DU SENS DE LA VUE. — C'est un sens qui fait connaître la forme, la couleur, le volume, la position, etc., des objets qui nous environnent. Il est situé à la partie supérieure de la face, dans les cavités orbitaires, d'où il peut exercer au loin ses fonctions exploratrices. L'appareil de la vision, qui est double, se compose du *globe oculaire*, véritable instrument d'optique, et des organes accessoires ou protecteurs (*tutamina oculi*).

Les organes protecteurs de l'œil se divisent en :

1° *Organes de recouvrement* (cavités orbitaires, paupières, cils et sourcils);

2° *Organes irrigateurs* ou de *lubréfaction* (glandes lacrymales et glandes de Meïbomius);

3° *Organes locomoteurs* ou muscles de l'œil (au nombre de six, dont quatre droits et deux obliques ou rotateurs. Ce sens a pour nerf spéciale le *nerf optique*.

DU SENS DE L'ODORAT. — Il est situé dans les fosses nasales, à l'entrée des voies respiratoires; il nous avertit de l'existence des odeurs, et nous en fait en même temps apprécier les qualités. Il a pour nerf spécial le *nerf olfactif*.

DU SENS DU GOUT. — C'est un sens qui nous fait connaître les saveurs des corps; il a son siège dans la bouche, mais surtout sur les bords et la pointe de la langue et aussi sur la voûte du palais. Il a pour nerf spécial le nerf *lingual*, fourni par la cinquième paire des nerfs crâniens.

Quant au cerveau, au cervelet et à la moëlle épinière, qui complètent l'appareil des sensations externes, il en a déjà été parlé à l'occasion des tissus généraux.

APPAREIL DE LA LOCOMOTION. — Il se compose 1° des os, organes passifs qui représentent de véritables leviers. Nous en avons déjà fait connaître les caractères.

2° Des *muscles*, organes actifs qui font mouvoir ces leviers. Ils ont déjà été de notre part le sujet de quelques considérations à l'occasion des tissus; nous ajouterons ici que les muscles se composent de deux parties distinctes : l'une est rouge et *contractile*, c'est la *fibre charnue*, la seule agissante; l'autre est blanchâtre et fibreuse, celle-ci est tout à fait passive dans l'action musculaire; elle est disposée tantôt sous forme de cordons (tendons), tantôt sous forme de lames (apnévroses); elle a pour usage, en s'attachant aux os, de leur transmettre l'action de la fibre charnue pour en opérer le déplacement. — Voyez *Myologie.*

APPAREIL DE NUTRITION. — Il a pour but le travail vital par lequel les diverses parties du corps des êtres

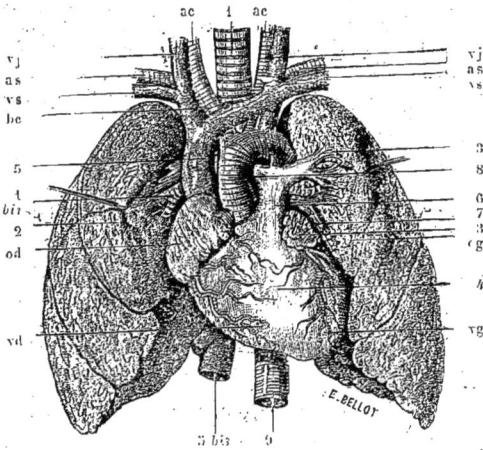

Fig. 5. — POUMONS, CŒUR ET GROS VAISSEAUX. — (Disposition respective de ces organes. Les poumons, qui doivent cacher en avant le cœur presque tout entier, sont écartés au moyen de deux étignes pour découvrir l'organe central de la circulation.) — 1. Trachée-artère : les bronches qu'elle forme en se divisant, sont cachées par les vaisseaux.—2. Poumon droit.—3. Poumon gauche. —4. Cœur.—5. Veine cave supérieure, formée par *vs*, *vs*, les veines sous-clavières, et *vj*, *vj*, les veines jugulaires. — 5 *bis*. Veine cave inférieure. Les deux veines caves aboutissent à *od*, l'oreillette droite, laquelle communique avec *vd*, le ventricule droit.—6. Artère pulmonaire, naissant du ventricule droit et se subdivisant dans les poumons.—7, 7. Veines pulmonaires, se rendant à *og*, l'oreillette gauche, qui communique avec *va*, le ventricule gauche.—8. Artère aorte, naissant du ventricule gauche et fournissant, à sa crosse : *bc* l'artère brachio-céphalique, laquelle se divise presque aussitôt en : *as*, artère sous-clavière, et *ac*, artère carotide; *av'*, artère carotide gauche; *as'*, artère sous-clavière gauche.—9. Aorte descendante.

organisés renouvellent les matériaux dont ils se composent. Il comprend les appareils : 1° de la digestion, 2° de l'absorption, 3° de la respiration, 4° de la circulation 4° de l'excrétion.

APPAREIL DIGESTIF. — Il se compose d'un long tube et d'annexes glanduleux.

Le *tube digestif* se divise en deux portions : *susdiaphragmatique* et *sousdiaphragmatique.*

A la première appartiennent la *bouche*, le *pharynx* ou *arrière-bouche* et l'*œsophage.*

La deuxième comprend 1° l'*estomac*, l'*intestin grêle*, qui se subdivise en *duodénum*, *jéjunum* et *iléon*; 2° le gros intestin, qui comprend le *cœcum*, le *colon ascendant* ou lombaire droit, le *colon trans-*

verse ou arc du colon, le *colon descendant* ou lombaire gauche, l'*S iliaque du colon* et le *rectum.*

Les annexes du tube digestif, pour la portion susdiaphragmatique, sont : les *glandes salivaires*, au nombre de trois paires (parotides, sous-maxillaires et sublinguales), les *glandes buccales* et les *amygdales.*

Le foie, organe sécréteur de la bile, et son appareil excréteur, *canal hépatique*, *vésicule biliaire*, *canal cystique*, *canal cholédoque*, le pancréas et la rate, constituent les annexes glanduleux de la portion diaphragmatique.

Appareil d'absorption.—Il est composé des veines des vaisseaux lymphatiques et chylifères. Ceux-ci prennent le produit de la digestion (le chyle) dans

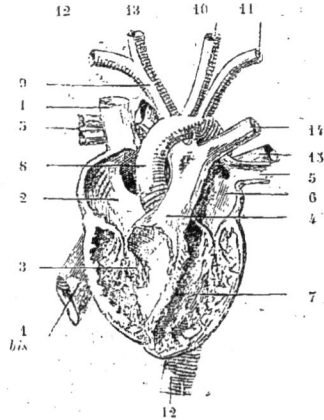

Fig. 6.—ORGANE CENTRAL DE LA CIRCULATION OU CŒUR.—(Le cœur est coupé perpendiculairement par la moitié. On voit l'intérieur des oreillettes et des ventricules. L'artère pulmonaire et l'aorte sont ménagées.)—1. Veine cave supérieure.—2. Intérieur de l'oreillette droite.—3. Intérieur du ventricule droit.—4. Artère pulmonaire. — 5, 5. Veines pulmonaires.—6. Intérieur de l'oreillette gauche. —7. Intérieur du ventricule gauche. — 8. Aorte.—9. Tronc brachio-céphalique. — 10. Artère carotide primitive gauche. — 11. Artère sous-clavière gauche. — 12. Sous-clavière droite. — 13. Artère carotide primitive droite. — 14. Branche gauche de l'artère pulmonaire.—15. Veines pulmonaires gauches.

l'intestin grêle, pour le porter dans le torrent circulatoire, à l'aide du canal thoracique, qui va s'ouvrir dans la veine sous-clavière gauche.

APPAREIL DE LA RESPIRATION.—Il est composé de trois sortes d'organes, savoir :

1° Des deux poumons, organes membraneux, spongieux, élastiques, situés dans la cavité de la poitrine, et dans lesquels le sang veineux vient se mettre en contact avec l'air, pour y être revivifié, c'est-à-dire transformé en sang rouge ou artériel (fig. 5.);

2° Un conduit aérifère, constitué par les *bronches*, la *trachée artère*, le *larynx*, le *pharynx* et les *fosses nasales*;

3° Enfin, une espèce de soufflet, destiné à opérer le vide, pour déterminer l'entrée de l'air dans les poumons, représenté par la cage thoracique, dont les parois sont mobiles.

Appareil de la circulation.—Il comprend :

1° Le *cœur*, organe essentiellement charnu, organe d'impulsion du sang, et agissant à la manière d'une machine à double pompe *aspirante* et *foulante* ;

2° Les *artères* qui en naissent, et se distribuent à toutes les parties du corps, pour leur transmettre les matériaux nutritifs ;

3° Les *veines*, qui naissent par des radicules très-déliées, là où se terminent les artères. Elles se réunissent ensuite de manière à former deux troncs principaux : les veines caves *supérieure* et *inférieure*, qui rapportent au cœur le sang noir ou veineux, et les matériaux de décomposition qu'elles absorbent dans les tissus.

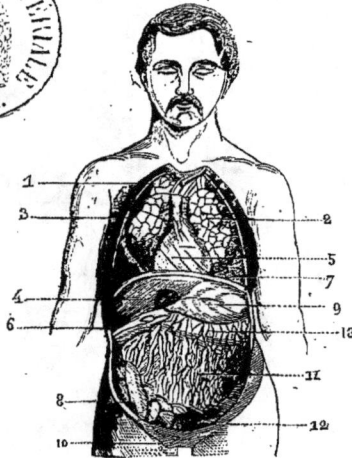

Fig. 7. Organes intérieurs du corps.

N° 1. Gros Vaisseaux qui vont au cœur et en partent. — 2. Poumon gauche, plus long et moins large que le droit. — 3. Poumon droit, plus court et plus large que le gauche : ces organes, de structure spongieuse, molle, flexible, compressible, dilatable, remplissent exactement la cavité de la poitrine, et sont séparés l'un de l'autre par le *médiastin* et le cœur. — 4. Foie, organe sécréteur de la bile, qui occupe presque tout l'espace connu sous le nom d'*hypochondre droit*, s'étend même un peu vers l'hypochondre gauche, et recouvre en partie l'estomac. C'est la plus volumineuse de toutes les glandes ; son poids, assez variable, est ordinairement, chez l'homme, de près de deux kilogrammes. — 5. Cœur renfermé dans son enveloppe (le péricarde) : c'est un muscle creux et charnu, qui, par le moyen des artères, envoie le sang jusqu'aux extrémités du corps, d'où il lui est rapporté par les veines. — 6. Vésicule biliaire, réservoir membraneux logé dans un enfoncement superficiel de la face inférieure du lobe droit du foie, et qui reçoit une partie de la bile que sécrète celui-ci, pendant l'état de vacuité de l'estomac. — 7. Muscle diaphragme, qui sépare la poitrine de l'abdomen. — 8. Paquet intestinal. — 9. Estomac, organe principal de la digestion. — 10. Lambeau de la peau du ventre. — 11. Epiploon, repli du péritoine, situé au-devant des intestins. — 12. Vessie, réservoir de l'urine. — 13. Colon transverse, partie du gros intestin.

Appareil d'excrétion.—Cet appareil a pour usage d'extraire du sang, et de porter au dehors : 1° Les vieux matériaux provenant de la décomposition du mouvement nutritif ; 2° les principes délétères acci-

dentellement introduits dans ce liquide vivant. Cette fonction s'exerce surtout dans les organes urinaires, mais aussi sur la peau et la muqueuse pulmonaire ou bronchique.

Appareil qui a pour but la conservation de l'espèce. — Il est constitué par les organes sexuels différents chez l'homme et chez la femme.

Chez le premier, il se compose : 1° Du *testicule*, organe sécréteur du sperme ou fluide fécondant ; 2° d'un canal excréteur, appelé *canal déférent* ; 3° d'un réservoir ou *vésicule séminale*, dont le canal excréteur se réunit au précédent pour former 4° le canal *éjaculateur*, qui va s'ouvrir dans l'urètre ; 5° du *pénis*, ou organe copulateur, destiné à porter le fluide fécondant dans les parties génitales de la femme.

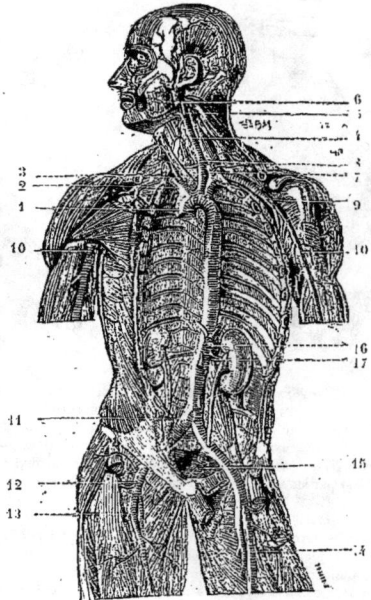

Fig. 8. Artères.

Artères vues dans leur ensemble. — (Sur cette figure, les artères principales sont seules représentées ; mais il faut admettre, par la pensée, des divisions et subdivisions sans nombre de ces vaisseaux.) — 1. Aorte, formant la crosse. — 2. Artère ou tronc brachio-céphalique. — 3. Carotide primitive droite, naissant du tronc brachio-céphalique. — 4. Carotide primitive gauche, naissant de la crosse de l'aorte. — 5. Carotide externe.—6. Carotide interne. — 7. Sous-clavière gauche, naissant de l'aorte. — 8. Vertébrale, naissant de la sous-clavière. — 9. Axillaire.—10. Humérale ou brachiale. — 11. Artère iliaque primitive.—12 et 14. Artère crurale — 13. Artère fémorale profonde. — 15. Artère hypogastrique.— 16. Tronc cœliaque, duquel naît : 17. l'Artère hépatique.

Chez la femme, les organes sont : 1° l'*ovaire*, analogue au testicule, c'est-à-dire que c'est l'organe formateur du genre femelle ; 2° la *trompe de Fallope*, analogue au canal déférent, destinée à prendre l'ovule dans l'ovaire pour le transporter dans l'utérus ;

II.

l'*utérus*, organe de la gestation, ayant pour usage de loger, de protéger et de nourrir le produit de la conception pendant la grossesse ; 4° le *vagin*, organe copulateur, destiné à transmettre au dehors le produit de la conception lors de la parturition, et périodiquement le fluide menstruel ou cataménial; 5° Enfin, les *parties génitales externes* ; il est bien entendu que le corps de l'animal étant symétrique, les organes sécréteurs et excréteurs sont doubles dans les deux sexes.

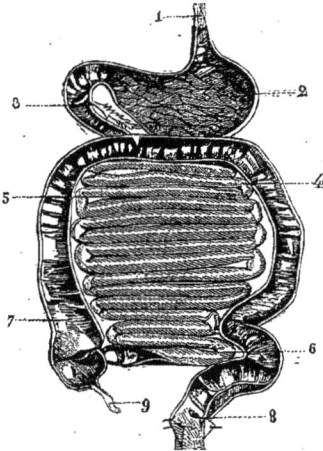

Fig. 9. Appareil de la digestion.

N° 1. Œsophage, conduit musculo-membraneux qui s'étend de l'extrémité inférieure du pharynx ou gosier à l'orifice supérieur de l'estomac. — 2. Estomac, réservoir musculo-membraneux qui présente deux orifices : le supérieur est nommé *cardia*, l'inférieur *pylore*. — 3. Duodenum, partie de l'intestin grêle qui suit immédiatement l'estomac, et communique avec lui par le *pylore* : c'est dans le duodenum que commence la séparation des substances nutritives et excrémentitielles. — 4, 5 et 6. Intestin grêle. — 7. Intestin colon, qui se divise en *colon iliaque droit, colon lombaire gauche, colon transverse* et *colon iliaque gauche* ou S du colon. Sa fonction est de ralentir le cours des matières stercorales, et de préparer leur excrétion, après qu'elles ont été dépouillées de toute substance nutritive. — 8. Rectum, dernière portion du gros intestin, qui reçoit les matières fécales avant qu'elles soient chassées par l'acte de la défécation. — 9. Appendice cœcale, communiquant avec le *cœum*, première portion du gros intestin.

Division du squelètte. — Les os forment un tout, ou un système dont les différentes parties sont contiguës entre elles. Leur assemblage constitue le squelette ou espèce de charpente solide qui soutient tout l'édifice animal. Il existe chez les mammifères, les oiseaux, les reptiles et les poissons, mais il manque complétement chez un grand nombre d'animaux des classes inférieures.

Division.— Le squelette est dit *naturel* lorsque les diverses pièces qui le composent sont unies par leurs ligaments préparés et desséchés ; il prend, au contraire, le nom d'*artificiel* quand ces os sont unis par des liens artificiels, tels que des fils métalliques, des cordes à boyaux, etc.

Le squelette se divise en *tronc* et en *membres* ou *appendices.*

Le tronc se subdivise en : extrémité *supérieure* ou tête (fig. 10 *a*), extrémité *inférieure* ou bassin (*f*), et partie *moyenne*, constituée par le thorax et la colonne vertébrale.

La tête comprend le crâne et la face. Le crâne (*a*), qui contient le cerveau, le cervelet et leurs enveloppes (dure-mère, arachnoïde et pie-mère), se divise en *voûte* ou partie supérieure, et en *base* ou partie inférieure.

Il se compose de huit os, dont quatre impairs et médians ; ce sont : en haut et en avant, le *frontal* ou coronal; en haut et en arrière, l'*occipital* ; en bas et en avant, l'*ethmoïde*, qui concourt aussi à la for-

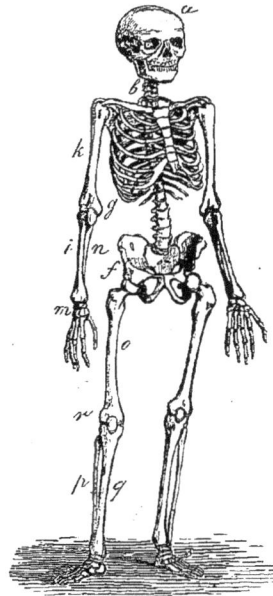

Fig. 10. Squelette humain.

mation de la face; en bas et au milieu, le *sphénoïde*, qui sert en quelque sorte de coin à tous les autres.

Quatre pairs ou latéraux; ce sont : en haut, les deux *pariétaux*, et en bas les deux *temporaux*. Il existe, en outre, dans leurs articulations, de petits os surnuméraires qu'on nomme *os vormiens.*

La face, qui présente cinq grandes cavités, destinées à loger les organes de la *vision* (fosses orbitaires), de l'*olfaction* (fosses nasales), et de la *gustation* (bouche), est composée de quatorze os, et se divise en mâchoires *supérieure* et *inférieure.*

L'os maxillaire inférieur, disposé en forme de fer à cheval, constitue à lui seul la mâchoire inférieure.

La mâchoire supérieure se compose donc de treize

os, savoir : les *os maxillaires supérieurs*, qui sont les plus volumineux, et sur lesquels viennent appuyer tous les autres; les os de la *pommette*, qui forment la partie saillante des joues, les os *palatins*, les os propres *du nez* ou *nasaux*, les os *unguis* ou *lacrymaux*, les cornets *inférieurs* et le *vomer*, qui est impair, et forme avec la lame perpendiculaire de l'hethmoïde la cloison des fosses nasales. On l'a comparé au soc de la charrue.

Bassin.—Il termine au bas le tronc, et se compose de quatre os, qui sont : 1° En arrière, et sur la ligne médiane, le *sacrum*; 2° au-dessous du sacrum, le *coccyx*; 3° en avant, et sur les côtés, les deux os *iliaques* ou *coxaux* (*f*); chez l'enfant, ces os présentent plusieurs pièces : ainsi, l'os coxal en a trois, le sacrum cinq, et le coccyx trois ou quatre. Ce dernier, qui est en quelque sorte à l'état rudimentaire chez l'homme, prend un grand accroissement chez certains animaux, et constitue, chez eux, la *queue*.

Le bassin renferme et protège surtout le *rectum*, la *vessie* et les *organes génitaux* internes.

Colonne vertébrale. — La colonne vertébrale, vulgairement appelée *échine*, est une espèce de tige osseuse, située sur la ligne médiane postérieure et intermédiaire à la tête et au bassin. Elle est creusée dans son épaisseur et dans toute sa longueur d'un canal (canal vertébral), qui se continue par le trou occipital, avec la cavité crânienne, et en bas avec le canal sacré, qui est dans l'épaisseur du sacrum. La colonne vertébrale est destinée à loger et à protéger la moelle épinière et ses enveloppes membraneuses, qui sont la continuation de celles du cerveau. De chaque côté, elle présente une série de trous (trous de conjugaison), qui livrent passage aux nerfs qui naissent de la moelle.

Cette tige osseuse se compose de vingt-quatre pièces, qu'on nomme vertèbres, et que l'on divise en trois régions : cervicale, dorsale et lombaire. La plupart des naturalistes en comptent cinq, parce qu'ils rangent à la colonne vertébrale les régions sacrée et coccygienne. La région cervicale a sept vertèbres (*b*), la région dorsale douze, et la région lombaire cinq.

La poitrine ou *thorax.* — C'est une espèce de cage osseuse (*g*), destinée à contenir le cœur et les poumons; elle est formée :

1° En arrière et sur la ligne médiane, par les douze *vertèbres dorsales*;

2° En avant et sur la ligne médiane, par le *sternum* et son *appendice xiphoïde*;

3° Latéralement, par les *côtés* et leurs *cartilages de prolongement*, au nombre de douze de chaque côté.

Membres.— On les distingue en *supérieurs* ou *thoraciques*, et en *inférieurs* ou *pelviens*.

Les membres supérieurs comprennent : 1° L'épaule, composée de deux os, *clavicule* et *omoplate*; 2° le bras, qui n'a qu'un seul os, l'*humérus* (*k*); 3° l'avant-bras, qui est composé de deux os : le *radius*, qui est au dehors (*n*), et le *cubitus*, qui est au dedans (*i*); 4° la main, qui est formée de vingt-sept os, et subdivisée en trois parties : *carpe*, *métacarpe* et *doigts*.

Le *carpe* (*m*) a huit os, disposés sur deux rangées, *supérieure* et *inférieure*. La première contient quatre os : le *scaphoïde*, le *semi-lunaire*, le *pyramidal* et le *pisiforme*; la deuxième rangée en possède quatre aussi : le *trapèze*, le *trapézoïde*, le *grand os*, et l'*os crochu*.

Le *métacarpe* est composé de cinq os, placés parallèlement les uns à côté des autres. On les distingue par leur nom numérique : 1er, 2e, 3e, 4e et 5e, en commençant par celui du pouce.

Les *doigts* ont pour charpente trois petits os, articulés à l'extrémité les uns des autres, et nommés *phalanges*. La première, c'est-à-dire la plus grande, et qui s'articule supérieurement avec le métacarpe, s'appelle *phalange proprement dite*; celle qui vient immédiatement après prend le nom de *phalangine*, et la troisième celui de phalangette ou phalange inguéale, parce qu'elle supporte l'ongle. Le pouce n'a que deux phalanges.

Membres inférieurs. — Comme les membres thoraciques, ils se divisent en quatre parties, savoir :

1° La *hanche*, qui est l'analogue de l'épaule; elle n'a qu'un seul os qui fait partie du bassin, c'est l'os *coxal*;

2° La *cuisse*, qui est l'analogue du bras; elle n'a qu'un seul os qui s'appelle *fémur* (*o*);

3° La *jambe*, qui représente l'avant-bras; elle est formée essentiellement de deux os fortement unis entre eux. L'un, placé en dedans, plus gros que l'autre, s'appelle *tibia* (*q*), le deuxième, situé en dehors, se nomme *péroné* (*p*);

A ces deux os il faut en ajouter un troisième qui est placé au-devant de l'articulation tibio-fémorale, et qui, en réalité, appartient plutôt au genou qu'à la jambe; c'est la *rotule* (*r*).

4° Le *pied*, qui est l'analogue de la main, et se compose de vingt-six os comme celle-ci; il se partage en trois régions : *tarse*, *métatarse* et *orteils*.

Le *tarse* (*s*), qui est l'analogue du carpe, renferme sept os disposés sur deux rangées : *postérieure* et *antérieure*.

La rangée postérieure n'a que deux os : l'*astragale*, qui seul s'articule avec les deux os de la jambe, et le *calcaneum*, qui, en arrière du pied, forme une saillie considérable connue sous le nom de talon.

La deuxième rangée se compose du *cuboïde* en dehors, du *scaphoïde* en dedans, et au-devant de celui des trois *cunéiformes*, distingués en grand, moyen et petit.

Le *métatarse*, qui est l'analogue du métacarpe, se compose comme lui de *cinq os* que l'on distingue en premier, deuxième, troisième, quatrième, cinquième, en commençant par le gros orteil.

Nous ferons observer ici que ce qui est interne pour le pied est externe pour la main, l'un étant étudié dans la pronation, et l'autre dans la supination.

Quant aux orteils, ils ont le même nombre de phalanges, et comportent les mêmes divisions que les doigts; en un mot, tout ce que nous avons dit à l'occasion de ces derniers est applicable aux premiers.

Situation générale des os. — La situation d'un os se détermine en comparant la place qu'il occupe avec celles qu'occupent d'autres pièces du squelette. Pour rendre cette comparaison possible, on suppose le squelette entouré de six plans auxquels on donne les noms suivants :

1° *Plan antérieur.* Celui qui passe au-devant de la poitrine, de la face, de l'abdomen, des jambes et des orteils. 2° *Plan postérieur.* Celui qui passe derrière l'occiput, le dos et les talons. 3° *Plan supérieur.* Celui qui passe horizontalement au-dessus de la tête. 4° *Plan inférieur.* Celui qui passe horizontalement au-dessous des pieds. 5° *Plans latéraux, droit et gauche,* ou *externe* et *interne,* par rapport à la ligne médiane. Ces deux plans complètent sur les côtés l'espèce de boîte dont on suppose que le squelette est circonscrit. Enfin, le squelette étant symétrique, c'est-à-dire divisible par la pensée en deux moitiés égales et semblables, on admet un septième plan : *plan médian ;* on lui donne aussi le nom de plan *interne,* par rapport aux deux latéraux droit et gauche, déjà appelés externes. Si, maintenant, faisant une application de la connaissance de ces divers plans, nous prenons pour exemple l'*omoplate,* qui a appartient à l'épaule, nous dirons que cet os est situé à la partie supérieure et externe du dos, et obliquement dirigé d'arrière en avant, et de dedans en dehors (1).

Dr Mercé,
Professeur d'anatomie et d'accouchement.

ANCRE (marine). — Voy. *Mouillage.*

ANDANTE (terme de musique) [participe du verbe italien *andare,* aller]. — Mouvement gracieux et modéré, plus animé que l'*adagio* et plus lent que l'*allegro.* C'est celui qui caractérise ordinairement les airs que l'on désigne par le titre de *cantabile.* On le prend quelquefois substantivement pour indiquer un morceau de musique qui a ce caractère ; on dit un *andante,* un *bel andante.* L'*andantino* est un diminutif de l'andante, dont le mouvement est un peu plus vif. Giovi.

ANDALOUSITE (minéralogie). — Substance que l'on a crue longtemps originaire de l'Andalousie, bien qu'elle ne se trouve point dans cette province de l'Espagne, et qu'elle soit, au contraire, très-commune dans celles de Tolède et de Castille, et dans un grand nombre de localités de la France, de l'Allemagne et de l'Écosse.

L'andalousite, dit Le Play, se présente communément en prismes droits à base carrée, dont les faces sont brun peu éclatantes ; sa couleur la plus ordinaire est le brun passant au rouge et au violet. Sa grande dureté l'avait d'abord fait comparer au corindon ; elle raie le quartz, et même quelquefois le spinelle. Sa pesanteur spécifique est 3,1 ; elle est inattaquable par les acides, et absolument infusible, sans addition, au chalumeau ordinaire. L'andalousite est com-

posée principalement de silicate d'alumine combiné avec un silicate multiple de potasse de chaux, de magnésie et des autres bases isomorphes. L'analyse chimique a indiqué dans une variété qui se trouve à Lisens, en Tyrol :

Silice................	0,340	Oxygène 8
Alumine..............	0,557	— 12
Potasse..............	0,020	
Chaux...............	0,021	
Magnésie............	0,004	— 1
Oxyde de fer.........	0,034	
Oxyde de manganèse....	0,036	

L'andalousite appartient exclusivement aux terrains de cristallisation, dans lesquels elle ne se présente qu'accidentellement. La France, le Tyrol, la Bavière, l'Espagne, sont les principales contrées où on l'a rencontrée jusqu'à ce jour. Dubocage.

ANDRÉE (botanique) [*andrœa*].—Genre de plantes de la famille des mousses, dont les espèces, remarquables par leur petitesse, se rencontrent sur les montagnes et dans les régions les plus froides de l'Europe, et qui ont pour caractères : une capsule à quatre valves réunies au sommet par un petit opercule persistant, soutenu par une apophyse, et dont la coiffe se rompt irrégulièrement. J. W.

ANDRÈNE. — Insecte hyménoptère, de la famille des mellifères, dont l'espèce la plus commune, l'andrène des murs (*andrena flessœ*), Panzer., est longue de 15 millimètres, d'un noir bleuâtre avec des poils blancs sur la tête, le corselet, les bords latéraux des derniers anneaux de l'abdomen et aux pieds. Suivant Réaumur, la femelle creuse dans les enduits de sable gras des trous au fond desquels elle dépose un miel de la couleur et de la consistance du cambouis.

ANDROGYNE (anthropologie). — Voy. *Hermaphrodite.*

ANDROÏDE [d'*aner,* homme, et *eidos,* forme ; qui ressemble à l'homme]. — Automate à figure humaine qui, au moyen de ressorts habilement disposés à l'intérieur, exécute plus ou moins bien les mouvements de l'homme. On connaît le flûteur de Vaucanson, le joueur d'échecs de Kempelen, etc. Voici un procédé curieux pour se procurer un androïde qui, sans mouvement et sans ressort mécanique, paraît répondre aux questions qu'on lui fait. L'expérience est simple et d'une exécution facile.

On élève verticalement un miroir concave de 65 centimètres de diamètre et d'une courbure telle, que le point de réunion des rayons qui y tombent parallèlement soit 35 à 40 centimètres de sa surface réfléchissante. Ces miroirs peuvent être faits de carton doré ou de fer-blanc, cette récréation n'exigeant pas des miroirs bien parfaits. On élève sur un piédestal une petite figure dont la tête se trouve placée directement au foyer de ce miroir. On observera que ce miroir soit posé à une distance de deux mètres, ou même plus, d'une cloison parallèlement opposée à sa surface. On pratiquera à cette cloison une ouverture de même grandeur, et couverte d'une tapisserie légère, afin que le son y puisse facilement pénétrer. Derrière, et à un mètre de cette cloison,

(1) Dans le mot *Anatomie,* p. 27, lig. 42, au lieu de : accidentellement dans le sérum du sang, les urines... lisez : accidentellement dans les urines.

l'on placera un autre miroir concave, de même forme, de même grandeur, et en face du premier.

Lorsqu'une personne, placée au foyer, et le visage tourné du côté d'un de ces miroirs, parlera même à voix basse, une autre personne, placée au foyer du miroir opposé, entendra très-distinctement toutes les paroles qu'elle prononcera; et cet effet aura lieu malgré l'interposition de la tapisserie placée entre elles. Si donc on veut s'amuser de cette expérience, une personne intelligente ira se cacher derrière la cloison, et tiendra l'oreille vers le foyer du miroir. Pendant ce temps, on proposera à quelqu'un de la compagnie de parler bas à la petite figure, en approchant sa bouche de la tête de la figure; on le préviendra qu'elle va lui répondre; la personne cachée, entendant les paroles prononcées, y répondra sur-le-champ. Cette réponse sera entendue de celui qui a parlé le premier; ce qui causera d'autant plus d'étonnement, qu'il lui semblera que ces paroles sortent de la figure même. Veut-on cacher entièrement ce qui produit cet effet singulier, on peut déguiser la forme circulaire donnée au miroir concave, et le couvrir d'une gaze qui n'empêchera en aucune façon que le son se réunisse réciproquement d'un foyer à l'autre de ces deux miroirs.   Reitcher.

ANDROMÈDE (botanique). — Genre de bruyères de la famille des éricacées, composé d'arbrisseaux s'élevant quelquefois à une grande hauteur, ayant les feuilles alternes ou opposées, et les fleurs en grappes ou en épis.

On connaît une quarantaine d'espèces d'andromèdes, dont une quinzaine environ appartiennent à l'Amérique septentrionale, huit à l'Amérique méridionale et la Jamaïque, une à la Nouvelle-Zélande, deux ou trois aux îles de France et de Mascareigne, et les autres au nord de l'Europe et de l'Asie. Ce sont, en général, des plantes ligneuses dont le port est agréable, et dont la taille, humble comme celle des mousses dans quelques espèces (*andromeda hypnoides, andromeda lycopodioides*), s'élève dans d'autres jusqu'à celle de l'arbre. Leur aspect n'est pas le même sur les montagnes et dans les plaines; ici, elles se rapprochent davantage des arbousiers, mais ne changent pas leurs capsules pour les baies de ces derniers. Elles sont l'ornement des plages désertes, des lieux humides, des rochers stériles. C'est à cette circonstance que Linné fait allusion quand, pour justifier le nom qu'il leur a donné, il représente dans une charmante allégorie l'espèce dite *andromeda polifolia* sous la forme d'Andromède attachée au pied d'un rocher baigné par les eaux et exposée aux attaques du dragon. L'espèce dont parle Linné est la seule qui croisse naturellement en France dans quelques localités, telles que les environs de Rouen, les Vosges et le Jura; elle est cultivée comme plante d'ornement. Douze à quinze autres espèces d'andromèdes contribuent aussi à l'embellissement de nos jardins, entre autres l'andromède en arbre (*andromeda arborea*), la plus grande de toutes; l'andromède du Maryland (*andromeda mariana*), dont les fleurs blanches, et plus grandes que celles des

autres espèces, naissent quatre à huit ensemble, par petits bouquets, tantôt dans les aisselles des feuilles, tantôt sur un rameau nu, et forment alors une sorte de grappe terminale et unilatérale; l'andromède à feuilles de cassiné (*andromeda cassinefolia*); l'*andromeda speciosa*, etc. Toutes se cultivent en platebande comme les bruyères, quoiqu'elles soient moins délicates; elles se multiplient de semence, de marcottes ou d'éclat.   (Young.)

ANDROPOGON (botanique) [d'*aner*, homme; *pogon*, barbe, c'est-à-dire barbe d'homme]. — Genre de graminées, ainsi nommé à cause de ses racines touffues, a pour caractères: épillets géminés et ternés, celui du centre sessile, hermaphrodite, uniflore; fleurs en épis. Les principales espèces sont l'*andropogon nard*, dont la racine (*nard indien*) a des propriétés stimulantes; l'*andropogon schœnanthus*, aussi originaire des Indes et de l'Arabie, exhalant une odeur de citron; ses fleurs se prennent en infusion comme le thé; l'*andropogon caricosum*, qui sert de chaume pour couvrir les maisons à l'île de Java. Les racines de l'*andropogon squarrosus* ont reçu le nom de *Vétiver*, parce qu'elles exhalent une odeur aromatique qui aurait la vertu de préserver les vêtements des ravages des teignes.

ANE (zoologie) [du latin *asinus*]. — Mammifère du genre cheval, se distinguant par une tête plus grosse et moins allongée, des oreilles plus longues, une queue garnie de poils à son extrémité seulement, des épaules plus étroites, traversées, chez le mâle, d'une ligne noire qui se croise avec une autre ligne de même couleur tracée le long de l'échine, par un dos plus tranchant, par une croupe moins carrée, enfin par un cri différent.

L'histoire de l'âne, depuis les temps anciens, est vraiment intéressante à connaître; nous l'empruntons à M. Bourjot de Saint-Hilaire:

L'âne ne doit pas être considéré dans nos climats pour être pris à sa juste valeur, sous le rapport des formes et de son mérite intrinsèque. Il faut se reporter par la pensée aux contrées asiatiques, où l'âne conserve encore, dans les individus restés sauvages, le type de sa beauté originelle. Aussi en Perse, où l'on a des étalons de cette race primitive, l'âne est une monture de luxe: les grands seigneurs ne dédaignent pas de se faire porter par des montures de ce genre richement harnachées, et dressées aux plus douces allures. Certains peuples de la Caramanie, au dire de Strabon, conduisaient des ânes à la guerre. Les Grecs et les Perses les employaient dans les armées, à leurs convois militaires. Leur voix bruyante a plus d'une fois servi pour ruse de guerre: abandonnés au camp, les ânes des convois faisaient retentir l'air de leurs clameurs, et l'ennemi ne s'apercevait pas du départ de l'armée.

Un âne qui venait de la campagne à la ville se mit fortement à braire: cette ville, Delphes, était alors assiégée par les Thessaliens; ceux-ci, effrayés, et se croyant pris en queue, lèvent précipitamment le siège de la place.

L'âne, chez les Orientaux, a toujours été en

estime comme bête de somme, et les patriarches arabes de la descendance d'Abraham, issus de la Mésopotamie, l'ont toujours eu en grand honneur. La richesse de ces princes pasteurs se mesurait d'après le nombre des chameaux, des brebis, bœufs et ânes qu'ils possédaient. Job, cet opulent habitant de la terre de Hus, comptait dans ses troupeaux cinq cents ânesses et de nombreux ânons. Jacob offre à Ésaü, pour apaiser sa colère, vingt ânesses et dix ânons. — Anna, fille d'Ésaü, laisse se mêler dans le désert les cavales et les ânes de son père; du mélange de ces deux espèces naissent les premiers mulets (voy. ce mot). Le triomphe plein de douceur du Christ, entrant à Jérusalem monté sur un jeune ânon, au milieu des acclamations du peuple qui crie : « Hosannah au fils de David ! » nous montre que cette monture était en honneur chez les habitants de la Palestine. Au contraire, les Égyptiens avaient l'âne en exécration : ils s'en servaient pour figurer Typhon, le dieu du mal. Ces mêmes Égyptiens payè-rent bien cher quelques plai-santeries qu'ils se permirent en confondant dans une rail-lerie amère l'â-ne et les rois persans Arta-xercès, Ochus et Cambyse. Ils a-vaient, dans une sorte de carica-ture, représenté un âne jouant de la flûte au milieu d'une troupe de sin-ges, et avec dé-rision ils en-censaient un âne, par allu-

Fig. 11. Ane domestique.

sion à l'adulation des courtisans de la Perse vis-à-vis de leurs satrapes. Les Persans, irrités de cet affront fait à leur personne sous l'emblème de celle de l'âne, fort révéré parmi eux, jurèrent de se venger et de détruire Apis et son culte; ils tentèrent même de substituer l'âne au bœuf sacré dans la religion du pays, et lui firent rendre les honneurs divins. Mais les Perses ayant été chassés de l'Égypte, l'âne paya cher cette réaction religieuse, et il fut encore ignominieusement banni; il ne rentra sur la terre des Pharons que sous la protection des Arabes, ses premiers maîtres, et il n'a plus cessé d'y demeu-rer avec eux, mais non plus avec des autels et des temples; ces temps sont passés pour lui comme pour Apis, son compétiteur.

L'âne, en Égypte, sert à tous les usages de la vie rustique; au Caire, à Alexandrie, les Arabes tiennent tout sellés des ânes de louage pour l'utilité des promeneurs. Lorsque l'expédition française se précipita sur cette autre Chersonèse à la conquête des sciences et des monuments de la vieille Égypte, les savants que l'armée renfermait dans son sein suivaient nos bataillons dans toutes les excursions les plus lointaines et les plus périlleuses. Ces Argonautes scientifiques avaient adopté, dans ces marches au milieu des sables brûlants, la monture des prophètes et des patriarches; sur leurs ânes ils affrontaient les fatigues du désert. Nos soldats, fiers de veiller sur des savants dont ils comprenaient le mérite ! voyaient-ils pour eux le danger d'être harcelés par les Arabes, ils criaient de loin : « Les *ânes* au centre, au centre les ânes ! » et les savants académiciens attendaient, au milieu des carrés, la fin d'une charge et d'un combat souvent terrible. Ainsi, pour la pre-mière fois, par une figure piquante, le nom d'âne avait changé d'acception.

L'histoire de l'âne se lie d'une manière étroite à celle de tous les peuples de l'Orient. Chez les Juifs il est souvent question des ânes : la mâchoire d'âne de Samson, qui lui servit à com-battre les Phi-listins, et plus tard à étancher sa soif par l'eau qui en découla, paraît n'avoir été qu'un quar-tier de roche dont il se serait fait une arme terrible, et à la place duquel il avait découvert une source d'eau vive. L'â-ne de Balaam, de ce prophète récalcitrant, se refuse de pren-dre la route qu'il indique, et lui reproche, en parlant, son obstination contre les ordres du Seigneur. Chez les Grecs, les ânes de l'Arcadie étaient renommés; ils se vendaient fort cher. Les Romains, au dire de Varron, donnèrent beaucoup de soin à l'é-ducation des bonnes races d'ânes. Un sénateur romain paya une ânesse d'une beauté rare plus de deux mille francs de notre monnaie; et, dans les marchés, on vit des ânes payés quatre-vingts fois le prix ordinaire d'un esclave. Ce ne fut que plus tard que cet animal s'introduisit en France, où il est même peu commun, en Bretagne et dans tout le Nord, en Allemagne, en Angleterre, en Suède, où il est encore à peine connu. Respecté et bien traité chez ses premiers maîtres, l'âne est devenu, chez ceux qui l'ont été depuis, un serviteur malheureux et bien souvent un instrument d'opprobre. A Cumes, on promenait sur un âne la femme convaincue d'in-fidélité conjugale; dans le moyen âge, Andronic

Comnène, frère de l'empereur Manuel, usurpateur de la couronne de son neveu Alexis, et plongé dans tous les crimes, fut vaincu et pris par le roi Guillaume de Sicile : d'abord promené par la ville sur un âne, avec un œil crevé et le poing coupé, il resta abandonné à toute la fureur du peuple, qui le mit à mort. L'impératrice Augusta, fille d'Ænobarbus, ayant pénétré à Milan pour connaître cette ville, fut prise par les Milanais, qui la promenèrent avec ignominie sur un âne : elle fut vengée de cette insulte par le sac de la ville. Le moyen âge vit une fête ridicule et superstitieuse nommée la Fête de l'âne : on habillait un âne en prêtre, on le promenait par la ville, et on le plaçait ainsi vêtu jusque sur les degrés de l'autel.

Telle est l'histoire de l'animal, qui n'est plus chez nous qu'un travailleur condamné aux plus durs travaux, et qui se trouve solidairement uni à la misère du paysan pauvre et exigeant.

Ce n'est pas dans l'écurie que nous pouvons connaître l'âne. Autant il a l'air stupide et lourd en domesticité, autant il paraît fin et souple à l'état sauvage. Au lieu de ces formes pesantes, de ces grosses jambes, de ces énormes oreilles, de cette mine ignoble qui ne nous inspirent que du dégoût et

Fig. 12. Ane sauvage, ou onagre.

du mépris pour la plupart des individus domestiques, l'onagre ou l'âne sauvage, dit Salacroux, a le corps bien proportionné, les jambes fines, les oreilles grandes mais bien droites, l'air vif et dégagé, en un mot presque toutes les qualités que nous admirons dans un beau coursier. Mais il se distingue du cheval par sa queue qui n'a qu'un bouquet de crins courts à son extrémité, et par son pelage qui présente sur un fond presque fauve une bande longitudinale sur toute l'épine, et une transversale sur chaque épaule, premier indice des rayures qui caractérisent les espèces suivantes (zèbres, etc.). Quoique cet animal se fasse bien à la vie domestique, il est moins complétement dompté que le cheval ; il conserve toujours plus de raideur et d'opiniâtreté dans le caractère, et il reste dans les grands déserts de l'intérieur de l'Asie beaucoup d'individus qu'on ne peut pas soumettre au joug, et dont les habitudes sont à peu près celles des chevaux sauvages. Défiants et timides

à l'excès, ils prennent l'alarme au moindre bruit et s'enfuient au loin avec la rapidité de l'éclair. Au reste, leur défiance n'est que trop fondée ; les Perses leur font une guerre très-active. Il paraît que la chasse de l'onagre a pour eux les mêmes attraits que celle du cerf et du sanglier pour les Européens. Elle est aussi amusante sans offrir les mêmes dangers, et sous le rapport du produit, il est aussi le même, car la chair de l'onagre est aussi bonne au moins que celle du sanglier. — Comme le cheval, l'âne nous rend aussi des services; mais ils sont moins importants, parce qu'il est moins fort et plus rétif; ses formes sont aussi moins agréables à la vûe, ce qui le fait dédaigner des gens riches. Aussi peut-on le regarder comme le cheval du pauvre. Chacun sait comme il est sobre et patient; une poignée de chardon suffit pour satisfaire ses besoins, et avec une assez chétive nourriture il travaille toute la journée, avec lenteur, il est vrai, mais avec persévérance. Il est d'ailleurs doué d'une excellente mémoire, et se rappelle parfaitement les chemins qu'il a une fois parcourus ; il a seulement le défaut d'être timide, capricieux et têtu, ce qui le rend plus difficile à conduire que le cheval.

L'âne vit dans nos climats de 15 à 16 ans. Accouplé à la jument, il donne le mulet. Son cri, peu harmonieux pour nos oreilles, a reçu le nom de braiment. En médecine, on prescrit le lait d'ânesse dans les affections de la poitrine, des voies digestives et de la vessie : ce lait est à peu près de la même densité que le lait de vache; il renferme moins de beurre et beaucoup plus de sucre de lait. Cependant, tous les estomacs ne le digèrent pas. Il faut alors le couper avec des boissons aqueuses, et surtout avec des eaux minérales, telles que celles de Vichy, Spa, Baréges, Eaux-Bonnes, etc.

Le lait d'ânesse passait chez les dames romaines pour entretenir la souplesse et la blancheur de la peau. Poppée, femme de Néron, si célèbre par sa beauté, se faisait suivre par cinq cents ânesses, destinées à fournir le lait de ses bains cosmétiques. Juvénal, dans un accès de satirique humeur, souhaite à l'épouse de Domitius et aux ânesses ses compagnes un rigoureux exil sous les glaces du pôle.

L'âne est encore utile après sa mort : sa peau solide donne ce parchemin très-ferme destiné aux tambours, aux notes de portefeuilles, à la confection des cribles, etc. Les Arabes nomades se servent de peaux d'ânes pour faire des tentes; et les anciens employaient les os des ânons à fabriquer les corps de flûtes, qui rendaient, dit-on, des sons excellents.

A. DUBOCAGE.

ANÉLECTRIQUE (physique) [du grec *a* privatif, et *électron*, électricité].— Nom donné anciennement aux corps non susceptibles de dégager de l'électricité par le frottement. Les substances analectriques étaient les métaux et l'eau. Les progrès de la science ont démontré aujourd'hui que tous les corps sont électriques par le frottement; mais l'eau, les métaux, et tous les corps bons conducteurs ont besoin d'être isolés pour conserver l'électricité que leur a communiquée le frottement.   Dr ADRIEN.

ANÉMIE (pathologie) [du grec *a* privatif, et *aima*, sang]. — Diminution des globules du sang, survenant quelquefois sans cause appréciable, ou pouvant être le résultat immédiat de causes morbides, telles que la privation des aliments nécessaires, l'usage de substances peu nutritives, des évacuations abondantes, etc. Cette affection ne doit être considérée que comme un symptôme commun à une foule d'états morbides dépendant de causes différentes. Nous allons présenter, d'après une leçon faite en 1856, par le docteur Becquerel, à l'hôpital Lariboissière, les caractères du sang dans l'anémie, et le tableau des différences et analogies qui peuvent exister dans l'anémie et la chlorose; enfin, le traitement de l'anémie[1].

État du sang dans l'anémie. — Pour faire comprendre quel est l'état du sang dans l'anémie, il faut rappeler ici quelques notions relatives à la composition du sang à l'état normal.

Sur 1,000 parties de sang :

La quantité d'eau est comprise entre les chiffres............................ 830 et 770

La proportion des globules est comprise entre...................... 140 et 120

La quantité de fibrine entre........ 2 et 3

Sur 1,000 parties de sérum :

La quantité d'albumine est comprise entre................................ 70 et 80

La matière extractive, sels, matière graisseuse, etc...................... 8 et 12

Voici maintenant les modifications que l'anémie fait éprouver à ces chiffres :

La quantité d'eau s'élève au-dessus du chiffre 830, et peut aller jusqu'à 880. La proportion des globules peut descendre de 120 à 40. Sous ce rapport, nous admettons trois degrés dans l'anémie :

1er degré (anémie peu considérable), globules compris entre 100 et 120 ;

2° degré (anémie notable), globules compris entre 80 et 100 ;

3° degré (anémie considérable), globules au-dessous de 80.

[1] *Gazette des Hôpitaux*, 1856.

La proportion de fibrine varie très-peu. On la voit cependant représentée par le minimum physiologique 2, dans quelques cas d'anémie profonde.

La quantité d'albumine contenue dans 1,000 parties de sérum varie également très-peu. Cependant, toutes les fois que l'anémie est considérable, il y a un léger degré d'abaissement de ce principe, qui peut descendre jusqu'à 65. Lorsqu'il en est ainsi, on voit les matières extractives, les sels, etc., augmenter et atteindre le maximum physiologique. L'albumine peut diminuer d'une manière notable en même temps que les globules; mais alors c'est un autre état morbide qui constitue une complication.

Nous résumerons dans le tableau suivant les différences et les analogies qui peuvent exister dans ces deux états divers :

ANÉMIE.	CHLOROSE.
1° Synonyme de diminution de proportion des globules. — C'est donc un symptôme commun à beaucoup d'états morbides et dépendant de causes bien diverses.	1° Chlorose est une maladie dont l'évolution et les caractères sont nets et tranchés.
2° Constitue tout le symptôme et est la cause de tous les symptômes qu'on peut observer.	2° Souvent, et même presque toujours, existence simultanée de la diminution de proportion des globules. Ce n'est qu'un élément et non la maladie tout entière.
3° Altération du sang constante.	3° Altération du sang non constante.
4° Diminution des globules. — Diminution consécutive, dans beaucoup de cas, de l'albumine. — Augmentation des matières extractives; maladie mesurée par le degré de diminution des globules.	4° Diminution des globules.—Pas de diminution de l'albumine. — Plutôt augmentation de la fibrine. —Diminution des globules non en rapport avec l'intensité de la maladie.
5° Causes palpables, évidentes, toujours connues. On peut les produire à volonté. Le degré de l'anémie est en rapport avec l'intensité de la cause.	5° Causes la plupart du temps inconnues.
6° Symptômes surtout dans l'appareil circulatoire. — Phénomènes nerveux, rares, peu caractéristiques. Peau décolorée simplement, troubles menstruels nuls ou peu importants.	6° Symptômes résidant et dans l'appareil circulatoire et surtout dans le système nerveux et les fonctions génitales. Peau décolorée et verdâtre.
7° Symptômes souvent mêlés ou combinés à ceux des maladies qui ont causé l'anémie.	7° Symptômes seuls isolés et caractérisant bien la maladie.
8° Pronostic, durée et terminaison subordonnés	8° Pronostic, durée et terminaison ne concer-

à la persistance, à la durée et à la terminaison des causes productrices.

nant que la chlorose seule.

9° Double indication pour le traitement : 1° traiter la cause de l'anémie ; 2° traiter l'anémie.

9° Traitement reposant sur une seule indication, qui est la nature de la maladie elle-même.

TRAITEMENT. — Le traitement de l'anémie n'est pas aussi simple qu'on pourrait le croire *à priori*. Il est aisé de s'en convaincre en songeant aux nombreuses circonstances et aux états morbides très-divers que l'anémie vient compliquer, et à la suite desquels elle se développe. On peut toutefois poser à cet égard quelques règles générales. Il faut établir une triple distinction :

1° La diminution des globules ; l'anémie est le seul phénomène persistant, toute trace de sa cause productrice a disparu ;

2° L'anémie est encore seule ; mais les maladies ou les causes qui l'ont produite ont laissé quelques traces dans l'organisme, et en particulier une grande susceptibilité des organes précédemment atteints ;

3° La maladie qui a produit l'anémie existe encore.

Avant d'examiner ces trois cas, il importe de remarquer que, lorsqu'on a à combattre une anémie, la première chose à faire, c'est de détruire la cause productrice.

Ainsi, s'agit-il d'une circonstance hygiénique, telle qu'un vice dans l'alimentation, le défaut d'air, de lumière, etc., il est incontestable que tant que les individus y resteront exposés, aucun traitement ne saurait réussir, parce que la cause, se renouvelant sans cesse, reproduirait la diminution des globules à mesure qu'on les réparerait par des agents convenables. La première chose à faire est donc de soustraire la cause.

Quant aux maladies qui ont produit l'anémie, c'est à elles qu'il faut d'abord s'adresser, sans s'occuper autrement de l'anémie que comme d'une contre-indication formelle à certaines médications. Vouloir combattre une anémie tandis que la maladie qui l'a produite existe encore, c'est s'exposer à voir rester ses efforts sans succès.

Voyons maintenant les trois cas :

1° L'anémie est le seul phénomène restant, la cause productrice a disparu.

En pareil cas, il suffit presque toujours d'un simple traitement hygiénique ; les globules se refont seuls sous son influence, et, dans l'immense majorité des cas, l'emploi des médicaments est parfaitement inutile.

Ce traitement hygiénique consiste dans l'emploi des moyens suivants :

L'habitation à la campagne, dans un lieu sec, aéré, sain, peu humide ; la lumière solaire directe. Si l'on ne peut remplir ces conditions, on s'en rapprochera autant que possible.

L'exercice modéré et sans fatigue ; plus tard, s'il y a possibilité de le faire, l'exercice à cheval.

Une alimentation saine, une nourriture substan-

tielle, facilement digestible, et consistant surtout en bouillons, potages gras, viandes rôties ; des vins généreux mélangés à l'eau.

Si l'on trouve que l'anémie tarde trop à disparaître, on emploiera le traitement pharmaceutique que nous indiquons pour la *chlorose* (voy. ce mot), et particulièrement le quinquina et le fer. Constatons seulement un fait : c'est que dans les anémies symptomatiques, et qui sont la suite de maladies très-diverses, le fer, sous ses différentes formes, réussit beaucoup moins bien que dans la chlorose.

2° L'anémie est le seul phénomène morbide ; la cause productrice a disparu, mais il reste une grande susceptibilité.

Les moyens hygiéniques que nous avons indiqués doivent être seuls employés, et encore avec beaucoup plus de réserve que dans le cas précédent ; il faut beaucoup de temps et beaucoup de prudence.

Quant aux préparations de fer et de quinquina, elles réussissent encore beaucoup moins bien que dans le cas précédent, et si l'on se décide à y avoir recours, elles doivent être employées à de faibles doses et avec beaucoup de précautions.

3° La cause productrice existe encore.

Ici l'indication est formelle. A moins que l'anémie ne soit profonde, l'organisme fortement altéré et la débilité extrême, c'est la maladie qu'il faut traiter et non l'anémie symptomatique. Cette dernière, toutefois, pèsera d'un grand poids dans la balance ; elle s'opposera à toute thérapeutique ayant pour objet une déperdition de liquide, telle que des émissions sanguines, ou purgatifs un peu énergiques. Si l'on est obligé d'y avoir recours, il faudra les employer avec beaucoup de ménagement.

Dans les cas de diminution considérable des globules et d'anémie profonde, il faudra, nonobstant les maladies primitives, employer quelques préparations de fer et de quinquina. Il faut cependant faire une exception : lorsque l'anémie est la suite soit des phegmasies chroniques de l'utérus, soit d'hémorrhagies utérines abondantes, il faut, autant que possible, essayer de la combattre sans employer les préparations ferrugineuses, attendu que chez un certain nombre de femmes elles congestionnent l'utérus, exaspèrent la phlegmasie chronique, ou font reparaître les hémorrhagies.   Dᴿ BECQUEREL.

ANÉMOMÈTRE [du grec *anemos*, vent, et *metron*, mesure]. — Instrument ou appareil propre à indiquer la direction ou l'intensité du vent. La girouette est un anémomètre simple qui n'indique que la direction du vent.

Les anémomètres dont on a fait usage jusqu'à présent ne donnent que très-imparfaitement la vitesse du vent, soit à cause de la difficulté de les exposer bien directement à son action, soit à cause des frottements et surtout des tourbillons et remous du fluide qui ont lieu près de ces appareils, dont le système moteur est en général disposé en ailes de moulins.

Ils offrent, en outre, l'inconvénient de présenter des résultats peu comparables entre eux, et, dès lors, de ne point permettre de vérifier la justesse de leurs indications. Un moyen aussi simple que facile, et en même temps sensiblement exact, de mesurer la vitesse du vent, a été proposé par M. Chazallon, ingénieur hydrographe de la marine : « Concevons, dit-il, » un petit ballon en équilibre dans l'atmosphère; il » est clair qu'il se mouvra de la même manière que » le milieu dans lequel il se trouve, car rien ne peut » ralentir ou accélérer son mouvement. Mesurant » l'*espace* parcouru par ce petit aérostat et le *temps* » employé à le parcourir, on en déduira la *vitesse* » du vent. » Partant de ce principe, on choisit un endroit où les vents ont un libre accès, et l'on y plante un mât de sept à huit mètres de haut; à son extrémité supérieure est une espèce de girouette portant un ressort à boudin, terminé par un anneau large et poli, dans lequel passe un cordon de soie attaché à l'aérostat. Un ballon de quatre décimètres de diamètre, rempli de gaz hydrogène, ferait équilibre à quarante grammes, et supporterait facilement le poids du fil de soie qui le retiendrait, surtout si on lui laissait une légère force d'ascension. Supposons que le cordon soit divisé en mètres et décamètres, et que le ballon soit amené dans un point déterminé : au moment où on le lâchera, il suivra l'impulsion du vent et parcourra, dans un certain temps, une distance qui, divisée par le temps employé, donnera la vitessse. — L'invention de l'anémomètre est due à Regnier, en 1797.   E. BOURGAIN.

Moyen de connaître le vent sans sortir de son appartement. — Il est sans doute agréable de savoir, sans sortir d'un appartement, quel est le vent qui souffle au dehors. Pour cet effet, il faut attacher au plancher, au manteau de la cheminée, ou à une muraille, un grand cercle divisé en trente-deux degrés, marqués chacun du nom d'un des trente-deux vents les plus connus; en sorte que le nord et le sud répondent à la ligne méridienne; ce qu'on pourra facilement obtenir par le moyen d'une boussole. Il faut que le cadran dont on veut faire usage ait une aiguille mobile à son centre, comme les cadrans des horloges ordinaires, et que cette aiguille soit attachée à un essieu perpendiculaire à l'horizon, essieu qui puisse se mouvoir facilement au moindre vent, et cela par le moyen d'une girouette qui doit être placée au-dessus du toit de la même chambre; car le vent faisant tourner la girouette, fera aussi tourner son essieu, auquel elle doit être solidement attachée, et en même temps l'aiguille qui tient à cet essieu montrera sur le cadran le vent qui souffle.

Cette construction toute simple, lorsque le cadran est placé horizontalement au plancher, et directement au-dessous de la girouette, est un peu plus compliquée lorsque le cadran est adossé perpendiculairement à une muraille ou au manteau d'une cheminée. La mécanique n'en est cependant pas bien difficile à comprendre. L'essieu de la girouette, terminé par le bas en pointe, repose sur un carré d'acier, frappé d'un coup de poinçon pour le recevoir; en sorte que cette verge de fer, n'étant portée, pour ainsi dire, que sur un point, puisse se mouvoir avec beau-

coup de facilité et au moindre vent. Elle est soutenue en haut par une main de fer ou pièce carrée de fer, posée horizontalement pour l'empêcher de vaciller. Autour de cette tige, et derrière la muraille, est un pignon à seize ailes, cannelées et égales, pour les principaux vents. On fait engrener dans les ailes les dents d'un rouet au nombre de seize, qui, mis en mouvement par la girouette, fait aussi tourner son essieu parallèle à l'horizon, à l'extrémité duquel est attachée l'aiguille du cadran. Il est visible que le vent faisant tourner la girouette, elle entraîne avec elle le grand essieu, qui fait aussi tourner le pignon auquel engrènent les dents du rouet. Ce rouet fait tourner son axe, qui fait faire les mouvements à l'aiguille. Par le moyen de cette machine cachée derrière le mur auquel est adossé le cadran, on sait le vent qui règne, sans sortir de sa chambre.

Quand le lieu où l'on veut placer le cadran est un peu éloigné du haut de la maison, où doit être toujours placée la girouette, on peut allonger le grand axe au moyen de vis, et même faire faire des renvois par des pignons et des roues : c'est ainsi que nous a paru construit celui que nous avons vu à l'Observatoire.

Si l'on veut mesurer la force du vent, on fait faire un châssis, au haut duquel seront percés deux trous, pour recevoir dans l'épaisseur des deux montants un axe, qui doit porter 1° d'un côté, et en dehors du montant, une roue à vent, garnie de ses ailes; 2° entre les deux montants, une poulie; 3° de l'autre côté, et aussi en dehors du montant, un cadran attaché ferme audit montant, et divisé en trente-deux parties, et à son centre percé comme le montant, et traversé par l'essieu : au-dessous de l'axe, et assez bas, sont deux traverses, toutes deux percées à plomb sous le creux de la poulie, avec cette distinction, que la traverse la plus basse est percée d'un plus grand trou; on fera passer un tuyau dans les trous des traverses, pour faire tourner librement le châssis sur le tuyau. On arrêtera bien le tuyau sur l'endroit exposé au vent; l'on attachera une corde à la poulie ci-dessus, laquelle passera dans le tuyau, jusqu'à ce qu'elle vienne joindre et tourner sur une autre poulie, dont l'essieu portera l'aiguille du cadran; le reste de cette corde sera chargé de plusieurs petits poids en chapelets, et posé sur un plan horizontal.

Quand le vent soufflera, la première poulie enlèvera les petits poids à la violence du vent. Cette corde ainsi tirée fera tourner l'aiguille, et marquera le degré du vent. On attachera au haut d'un des montants une espèce de girouette qui fera tourner les ailes de la roue à vent du côté convenable.

     REITCHER.

ANÉMONE (botanique) [d'*anémos*, vent, parce que cette fleur se plaît en plein vent]. — Genre de plantes de la famille des renonculacées, de la tribu des anémonées, qui se compose de végétaux vivaces, à tige droite et robuste, haute d'environ trente centimètres, à feuilles d'un vert foncé, découpées, à fleurs doubles, dont les couleurs sont magnifiques et variées. La grandeur, l'élégance, la richesse, la disposition et la vivacité des fleurs de l'anémone ont fait occuper à ce genre un rang distingué comme plantes d'ornement. Parmi les nombreuses espèces d'anémones, nous citerons l'anémone des jardins (*anemone hortensis*) et l'anémone à couronnes (*anemone coronaria*), qui sont remarquables par leurs couleurs émaillées; elles ont fourni plus de cent cinquante variétés. L'anémone hépatique (*anemone hepatica*), originaire des montagnes de l'Europe et de l'Amérique, charmante plante dont la fleur blanche, rose ou bleue, dure près d'un mois; l'anémone pulsatille (*anemone pulsatilla*), aux grandes fleurs bleu-violet, s'agitant au moindre vent, ainsi que l'anémone œil-de-paon (*anemone pavonina*), qui porte une infinité de pétales d'un cramoisi clair et vif, contrastent agréablement avec l'anémone sylvie (*anemone nemorosa*), sortie de nos forêts pour multiplier en touffes charmantes dans les jardins paysagers. On cultive encore l'anémone arborescente (*anemone arborea*) et l'anémone de l'Apennin (*anemone apennina*). « L'une, originaire de la Chine ou du Népaul, a été apportée en France en 1826, où elle a fleuri dès la première année; sa fleur, composée de quinze à seize pétales disposés sur deux rangs, a les six pétales extérieurs de couleur purpurine claire, tandis que les autres sont entièrement blancs. La seconde, connue des botanistes du moyen âge, a été retrouvée dans les montagnes de nos Alpes. Elle donne une fleur d'un bleu superbe. » Les anémones n'ont pas d'odeur suave; elles aiment une terre légère, mais substantielle. Elles fleurissent au commencement du printemps. On les multiplie par le moyen de leurs nombreuses semences nues, ou par la séparation de leurs racines tubéreuses. J. W.

ANÉMONÉES (botanique) [d'*anémone*].—Tribu de la famille des renonculacées, dont l'*anémone* est le genre type.

ANENCÉPHALES (tératologie) [du grec *a*, privatif *en*, dans, et *képhalé*, tête]. — Monstres qui n'ont ni cerveau ni moelle épinière. L'anencéphalie est exclusivement ou presque exclusivement propre à l'espèce humaine. Les fœtus ainsi conformés naissent avant le terme régulier de la grossesse, vers le septième ou le huitième mois, et meurent en naissant ou peu de temps après la vie extra-utérine. — Voyez *Monstre*.

ANESTHÉSIE (pathologie) [du grec *a*, privatif, et *aisthésis*, sensibilité]. — Privation générale ou partielle de la sensibilité. Ce symptôme est assez ordinaire chez les enfants qui naissent après être restés longtemps au passage; on le voit également survenir chez ceux qui se sont trouvés exposés au froid; il est l'état précurseur de l'asphyxie que la congélation amène; il est propre à certaines fièvres putrides, au typhus et à quelques états fébriles dans lesquels les malades insensibles à tout laissent échapper, malgré eux, leur urine et leurs excréments. L'insensibilité peut être bornée à quelques-uns des organes des sens; elle peut aussi s'étendre à tous, et c'est particulièrement celle-ci qu'on doit regarder comme symptôme morbifique général. L'insensibilité a,

comme les autres symptômes dont il a déjà été fait mention, ses divers degrés, qui sont plus ou moins graves, selon sa durée, son étendue et le genre de désordre survenu toujours alors dans le principal organe de la sensibilité.

Pour se former une idée aussi exacte qu'on puisse l'avoir sur les phénomènes morbifiques qui ont rapport à cet article, comme sur ceux qui caractérisent le spasme, il faut nécessairement admettre une différence de fonctions dans les nerfs qui se distribuent aux organes des sens et ceux qui vont se porter aux instruments du mouvement. Quoique la dissection n'en manifeste aucune entre ces deux classes de nerfs, néanmoins comme les phénomènes sont pour elle, et qu'elle aide singulièrement à éclaircir la théorie des symptômes nerveux, nous croyons devoir l'adopter. Ainsi, comme nous avons vu que la faiblesse et le spasme provenaient, l'une de la rémission ou de la suspension, et l'autre de l'augmentation ou de l'irrégularité de l'influence nerveuse vers les instruments du mouvement, de même la douleur et l'insensibilité peuvent dériver, le premier d'une accélération forcée et réitérée, le second d'une diminution et même d'une suspension dans les actions qui préviennent l'âme de la cause de ses sensations. Quand ce symptôme est local, on peut, en suivant le trajet du nerf, découvrir sa cause, qui ordinairement est apparente, et semble agir en comprimant assez fortement les nerfs pour empêcher le cours de leur fluide; mais, quand il est général, on présume alors avec raison que sa cause réside dans le cerveau. Les ouvertures de cadavres, en pareil cas, ont constaté souvent la présence d'une sérosité, d'un sang épanché dans les ventricules du cerveau, ou entre le crâne et ce viscère, une dilatation ou un engorgement des sinus ou des vaisseaux sanguins qui comprimaient la partie médullaire du cerveau de manière à empêcher la libre distribution de l'influx nerveux et peut-être de toute sécrétion.

Quelquefois l'anesthésie est générale, sans que la force des muscles éprouve de la diminution, comme on l'observe dans la catalepsie, maladie singulière où ceux qui en sont affectés paraissent indifférents à l'impression que font sur eux les objets extérieurs, quoique les muscles supportent le poids du corps et que les membres conservent la situation dans laquelle on les place. Mais, en général, les nerfs destinés aux instruments du mouvement sont toujours plus ou moins affectés quand ceux du sentiment deviennent incapables de remplir leurs fonctions, et alors les muscles sont convulsés ou paralysés, selon les circonstances, comme on l'observe dans l'apoplexie, l'hémiplégie et l'épilepsie, maladies où l'anesthésie est toujours accompagnée d'atonie ou de spasme. La faiblesse est communément avec un certain degré d'anesthésie à la suite des fièvres malignes qui tirent à leur fin, notamment lorsque les vaisseaux du cerveau sont trop surchargés. (P. RADEL.)

On donne le nom d'*anesthésiques* aux substances qui, comme le chloroforme, l'éther et les divers liquides éthérés, ont la propriété d'affaiblir la sensibi-

lité et même de suspendre tout à fait son action. On y recourt depuis quelques années pour annuler la douleur dans les opérations chirurgicales importantes.
— Voy. *Chloroforme*. Dr HEINRIECH.

ANETH (botanique) [du grec *anethon*, fenouil odorant]. — Plante aromatique annuelle, de la famille des ombellifères. On la trouve dans nos départements du midi, en Espagne et en Italie. Elle s'élève à quarante et soixante centimètres. Son odeur est assez agréable, son goût âcre et piquant. Ses graines servent dans l'art culinaire; on en exprime une huile essentielle, autrefois très-recherchée par les gladiateurs, à cause de la propriété qu'on lui attribuait d'augmenter singulièrement les forces. La médecine en faisait aussi usage. Aujourd'hui, les semences seules sont regardées comme stimulantes, carminatives, mais rarement administrées, quoique conseillées dans l'atonie du tube digestif. Les confiseurs les emploient en guise d'anis. Les anciens Romains se couronnaient d'aneth dans leurs festins; cette plante était pour eux le symbole de la joie et du plaisir.

J. W.

ANÉVRISME (chirurgie) [du grec *aneurusma*, dilatation]. —Mot consacré pour désigner toute tumeur formée par la dilatation partielle ou générale des parois artérielles (anévrisme *vrai*); mais on l'a aussi appliqué aux tumeurs formées par du sang épanché dans le tissu cellulaire à la suite d'une déchirure, d'une plaie des tuniques interne et moyenne de ces parois (anévrisme *faux*), plus particulièrement encore, ainsi que nous le dirons, aux dilatations des cavités du cœur.

Les anévrismes artériels doivent être distingués en spontanés, en traumatiques et en variqueux [1].

Anévrismes spontanés. — On appelle improprement *spontanées* les dilatations artérielles qui ne sont provoquées par aucune cause externe, comme blessure, contusion ou effort. Ces dilatations, qui constituent les anévrismes *vrais*, se produisent sous l'influence de causes à peu près inconnues. On les attribue cependant le plus souvent à l'inflammation qui, en effet, ramollit les parois artérielles, les rend friables. Quoi qu'il en soit, le point le moins résistant du canal cède aux efforts incessants du sang que chasse le ventricule gauche, efforts qui se font sentir, comme on le sait, jusque dans les petits vaisseaux. Or, dans les progrès de leur dilatation, les tuniques interne et moyenne s'érodent, se rompent, et il n'y a plus que l'externe ou la celluleuse qui s'oppose à ce que le sang ne s'extravase dans les tissus. Cette tunique externe résiste pendant un temps plus ou moins long; mais elle finit elle-même par se rompre tôt ou tard; alors la tumeur anévrismale se vide, soit dans une cavité ou dans l'intérieur d'un parenchyme, soit, et le plus souvent, dans le tissu sous-cutané à la surface de la peau, qui s'enflamme et s'amincit peu à peu sous l'influence des progrès de la maladie. Tel est le mécanisme de l'anévrisme artériel et de sa rupture.

[1] Extrait de notre *Anthropologie*, t. II, p. 445.

Mais à quels signes le reconnaître? Le voici : la tumeur est située sur le trajet d'une artère (et nous devons dire que ce sont les plus grosses, telles que l'aorte, les sous-clavières, les carotides, etc., qui en sont le plus fréquemment le siége); elle est indolente, sans changement de couleur à la peau lorsqu'elle soulève celle-ci, et son volume est en rapport avec son ancienneté et le calibre de l'artère; elle diminue sous la pression, mais reparait aussitôt après; elle est le siége de battements isochrones à ceux du pouls, battements qui cessent lorsqu'on comprime l'artère entre le cœur et l'anévrisme, parce qu'on fait cesser la circulation; enfin, elle fait entendre à l'oreille qui l'ausculte un bruit de souffle dû à l'entrée du sang dans son intérieur et à sa sortie. Ces phénomènes sont rarement réunis; souvent même aucun n'est franchement dessiné ni propre à asseoir un diagnostic, car les abcès, les kystes, les tumeurs de différentes sortes, peuvent simuler l'anévrisme, si l'on est peu attentif.

Quoi qu'il en soit, la tumeur anévrismale augmente peu à peu de volume; elle déplace, distend, désorganise même les parties qui lui font résistance ou qui se trouvent en rapport avec elle : de là diverses lésions de fonctions qu'il nous est impossible de signaler. Le sang contenu dans la poche est en partie liquide, en partie coagulé, et les caillots sont d'autant plus anciens et fermes qu'ils se trouvent plus près de la périphérie de la tumeur. Celle-ci finit tôt ou tard par s'enflammer et s'ouvrir, d'où les accidents des hémorrhagies traumatiques.

L'anévrisme artériel est donc une maladie grave, grave par elle-même et par l'opération qu'elle exige. Cette opération, qui consiste à intercepter le cours du sang dans le vaisseau malade au moyen d'une ligature, présente en effet des dangers, tant sous le rapport de la plaie qu'on est obligé de faire, et des accidents qui peuvent la compliquer, que sous celui des conséquences que peut avoir l'oblitération du canal principal qui porte le sang, la vie aux organes, conséquences qui se résument en ce mot : *gangrène*. En effet, la gangrène est inévitable lorsque la circulation est interrompue dans une partie; mais ce qui fait qu'après la ligature d'une artère cet accident n'a pas toujours lieu, c'est que la nature, toujours vigilante, toujours plus puissante que l'art, trouve moyen de rétablir la circulation au moyen d'anastomoses ou de petits vaisseaux nés au-dessus de l'endroit lié, et qui prennent un développement extraordinaire. — Quant à savoir où et comment il faut procéder à l'opération, cela sort de notre sujet, et nous renvoyons le lecteur au mot *Ligature*.

Anévrisme traumatique. — Ce que nous avons désigné plus haut sous le nom d'anévrisme *faux* est proprement l'anévrisme traumatique, c'est-à-dire une tumeur formée par du sang échappé d'une artère ouverte par suite d'une blessure, d'un effort, d'un accident quelconque. Comme cette tumeur s'étale ordinairement au milieu des tissus qui se prêtent plus ou moins à l'infiltration sanguine, l'anévrisme est appelé *diffus*; il est *circonscrit* lorsque la cause vulnérante n'a divisé que la tunique externe, ou a divisé l'externe ou la moyenne, l'interne se distendant et faisant hernie à travers l'ouverture des deux autres en forme de poche remplie de sang. La ligature est encore, dans ces deux cas, le seul remède à employer.

L'anévrisme faux est souvent la suite d'une saignée malheureuse dans laquelle l'artère a été lésée. — Lorsque cet accident survient, il est annoncé par un jet saccadé de sang rouge, rutilant, bien différent du sang que donne l'ouverture de la veine, lequel est plus foncé en couleur et s'échappe en jet continu ou en bavant. La seule chose à faire tout d'abord, c'est d'exercer une compression sur la plaie au moyen d'une compresse épaisse et de tours de bande.

Dans les blessures d'artères, la plaie cutanée, ainsi que celle de la veine, si elle a lieu, se cicatrise; mais la blessure de l'artère reste ouverte; elle ne se guérit point, pour deux raisons, qui sont l'effort continuel du sang contre ses parois, la texture comme cartilagineuse et peu vitale de la membrane moyenne, qui, par conséquent, n'a que peu de tendance à la cicatrisation. Le sang s'infiltre donc dans les tissus, forme une tumeur anévrismale, qu'on reconnaît aux pulsations et au bruissement obscur qui s'y manifestent. Ce liquide se coagule en partie; il agit bientôt comme corps étranger; et, provoquant de l'irritation, il devient cause d'abcès, dont l'ouverture, inévitable tôt ou tard, offre des dangers, tant à cause du contact de l'air dans le foyer de suppuration que par l'hémorrhagie qui survient. En sorte que, pour obtenir la guérison, il faut nécessairement pratiquer la ligature, soit de l'artère lésée, soit du tronc artériel qui lui donne lieu, et encourir les dangers de cette opération.

Aévrisme variqueux. — Cette espèce d'anévrisme résulte d'une double plaie faite en même temps à une veine et à l'artère collatérale, plaie qui permet au sang artériel de passer directement dans la veine, au lieu de s'épancher dans les parties voisines. Cependant, il peut exister une tumeur anévrismale, due à l'infiltration du sang dans le tissu environnant. Cette maladie est encore fréquemment la suite d'une saignée malheureuse. On ne s'aperçoit pas de l'accident au moment de la blessure : la plaie cutanée et l'ouverture de la paroi veineuse qui lui est contiguë se cicatrisent; mais la double blessure qui fait communiquer l'artère avec la veine reste béante. Cet anévrisme donne lieu à peu près aux mêmes symptômes que le précédent; mais il est infiniment moins grave, car il peut rester stationnaire toute la vie.

ANÉVRISMES DU CŒUR (hypertrophie et atrophie du cœur). — Les anévrismes du cœur étant presque toujours l'effet de l'*hypertrophie* ou de l'*atrophie* des parois de cet organe ou même étant constitués par elles, c'est sous ces dénominations qu'on les désigne généralement. C'est donc de l'hypertrophie et de l'atrophie du cœur que nous allons parler. Cependant, nous devons faire remarquer qu'il existe quelquefois une dilatation partielle, limitée, d'une des cavités

cardiaques, qui mérite réellement le nom d'anévrisme (anévrisme vrai).

Hypertrophie du cœur. — Cette lésion consiste dans un épaississement des parois du cœur. Cette affection est générale, ou bornée à une ou plusieurs parois de l'organe. Elle est beaucoup plus fréquente sous cette dernière forme. L'hypertrophie se montre dans le ventricule gauche plus souvent que dans le droit; mais, dans l'un et l'autre cas, la cavité cardiaque reste ou à l'état normal sous le rapport de sa capacité, ou est diminuée, ou enfin augmentée : de là les expressions d'hypertrophie *simple*, *concentrique* ou *excentrique*.

L'hypertrophie avec dilatation ou excentrique est la plus fréquente; c'est l'*anévrisme actif* des auteurs; elle donne lieu à des palpitations fortes, à des battements de cœur intenses, dont les bruits, plus ou moins sourds et obscurs, ne s'accompagnent pas de bruit de *soufflet*, ce qui les distingue de ceux des rétrécissements. Quelquefois on remarque une voussure de la région précordiale; la percussion rend un son mat, etc.

On peut constater par des symptômes particuliers si l'altération occupe le ventricule gauche ou le droit. En effet, quand il s'agit de l'hypertrophie du ventricule gauche, les battements sont plus profonds, plus sourds, et ils s'entendent davantage du côté gauche; le pouls est vibrant, dur, étendu; la face est colorée, il y a souvent de la céphalalgie, des étourdissements, des rêves pénibles, des saignements de nez, des crachements de sang, par la raison que le sang artériel des parties supérieures reçoit plus directement l'impulsion du ventricule malade.

L'hypertrophie du ventricule droit produit une gêne plus grande de la respiration, parce que les poumons reçoivent trop de sang noir dans un temps donné, d'où réplétion des vaisseaux de retour, dilatation des veines jugulaires et *pouls veineux*, coloration bleuâtre de la face interne des lèvres, des joues, lorsque la dyspnée est très-prononcée; les battements du cœur se font sentir sous la partie inférieure du sternum.

Les causes de l'hypertrophie du cœur sont peu connues. On n'ignore pas assurément que tout ce qui tend à activer l'action du cœur, comme inflammation de l'endocarde, pléthore, émotions vives, ou à accumuler le sang dans cet organe, comme rétrécissements valvulaires, efforts, etc., favorise le développement de cette affection; mais combien de fois ne la rencontre-t-on pas chez des individus qui n'ont pas été soumis à de telles influences? Il faut donc encore ici admettre la prédisposition, ou avouer notre ignorance.

L'hypertrophie est très-fréquente chez les enfants, où elle ne paraît consister qu'en un manque d'équilibre entre le développement du cœur et celui des autres muscles; car elle disparaît le plus souvent d'elle-même au fur et à mesure que l'âge apporte plus de pondération entre tous les systèmes de l'économie.

Atrophie du cœur. — Elle consiste dans une diminution du volume et du poids de l'organe. Elle est générale ou partielle, *simple* ou avec *dilatation* des cavités. Les individus qui sont atteints de cette espèce d'anévrisme, qu'on nomme *passif*, ont des battements de cœur petits, faibles, dont les bruits sont clairs plutôt que sourds et l'impulsion peu forte; le pouls est mou, sans résistance. Lorsque la dilatation occupe les cavités droites, on observe de la bouffissure à la face, les lèvres sont bleuâtres, il se forme de l'œdème aux malléoles, plus tard des hydropisies, effets de la gêne de la circulation veineuse.

C'est à l'aide des symptômes que nous venons de résumer, aidés des signes fournis par la percussion, laquelle rend un son mat dans une étendue plus ou moins grande, suivant le volume du cœur, qu'on diagnostique les diverses affections des cavités du cœur. Mais il ne faut pas croire que ce diagnostic soit facile, même pour le médecin exercé; et comme les palpitations, qui constituent un des phénomènes les plus communs, peuvent exister sans altération organique de l'organe central de la circulation, nous ne saurions trop prémunir les personnes pusillanimes et disposées à s'exagérer leurs sensations internes, contre la tendance qu'elles ont à se croire atteintes de toutes les maladies dont elles lisent l'histoire.

L'hypertrophie à un degré peu prononcé n'est pas une affection très-grave, surtout quand les malades sont d'un âge peu avancé; dans les circonstances contraires, elle est au-dessus des ressources de l'art, quoique sa marche soit souvent très-lente et sa durée longue. Mais on conçoit qu'une foule de causes hygiéniques et pathologiques peuvent hâter ou retarder les progrès de cette maladie.

Traitement. — Toutes les maladies du cœur exigent le repos, l'éloignement des causes d'excitation, des excès de quelque nature qu'ils soient, de toute circonstance capable d'augmenter l'effort du cœur ou de gêner le cours du sang. Ainsi il faut bannir, s'il est possible, les préoccupations morales, les travaux pénibles ou trop prolongés, les aliments et boissons stimulants; il faut éviter la constipation, les efforts de défécation, les repas copieux.

Dans les cas d'*hypertrophie*, on a recours à la saignée ou aux sangsues à l'anus, qui diminuent la dyspnée, les palpitations, et produisent un prompt soulagement. Les purgatifs sont également très-avantageux : on y aura recours de temps en temps, et l'aloès sera considéré comme le plus convenable. Viennent ensuite les sédatifs de la circulation, tels que la digitale, le laurier cerise, le sirop de pointes d'asperges. La digitale est surtout efficace en ce qu'elle ralentit les battements du cœur et qu'elle agit comme diurétique, ce qui contribue à retarder l'apparition des hydropisies consécutives; on administre la poudre fraîche à la dose de 1 centigramme à 1 décigramme chez les enfants, et de 5 centigrammes à 1 gramme progressivement chez les adultes.

Lorsqu'il s'agit d'une *atrophie* avec dilatation du cœur, les débilitants et les sédatifs sont peu utiles; il faut même les proscrire tout à fait quand on a affaire à un sujet âgé, et les remplacer par les amers,

les ferrugineux, les bains salés ou sulfureux. Cependant quelques sangsues à l'anus de temps en temps, ainsi que des laxatifs et des boissons diurétiques, produisent de bons effets.   · Dr Bossu.

ANGE (religion) [du grec *angelos*, envoyé, messager]. — Êtres purement spirituels et intelligents, tenant le premier rang parmi les créatures de Dieu. « La croyance aux anges est une des croyances sur lesquelles la tradition générale de l'humanité montre le plus d'accord. Les trois centres principaux du monde antique, savoir l'Inde, la Chine et l'Égypte, ont admis dans leurs théories religieuses l'existence de cet ordre de créatures. Dans l'Inde, les Védas, les lois de Manou et les grands poëmes héroïques font à chaque instant mention de la population céleste. Les Chinois, depuis un temps immémorial, rendent un culte particulier aux génies qui sont censés protéger chacun d'eux, et pour lesquels ils ont une dévotion constante. Le dogme égyptien consacrait aussi la création de puissances mitoyennes de cette sorte : Plutarque le constate dans son traité d'Isis et d'Osiris, et Firmicus Maternus rapporte qu'il existait un ouvrage étendu d'Hermès Trismégiste sur cette matière. Enfin, s'il est vrai qu'une partie de la tradition de l'Égypte ait étendu son influence jusqu'à nous par le canal de la réformation du peuple juif, on retrouverait encore quelque trace de cette croyance parmi ce que contiennent à ce sujet les livres de Moïse. Il faut remarquer cependant qu'un des soins principaux de ce grand instituteur a été d'écarter tout ce qui pouvait jeter quelque trouble dans l'adoration directe du Dieu unique et suprême, et arrêter ainsi le peuple dans l'idolâtrie des choses secondaires; c'est peut-être là ce qui fait que les anges jouent un si faible rôle dans tout le Sepher. Il n'en est jamais question que fort accidentellement, comme des messagers de Jehovah. — Les théologiens divisent les anges en trois hiérarchies, et chaque hiérarchie en trois ordres. La 1re comprend les *Séraphins*, les *Chérubins* et les *Trônes*; la 2e les *Dominations*, les *Vertus* et les *Puissances*; la 3e les *Principautés*, les *Archanges*, à la tête desquels on place saint Michel, et les simples *Anges*, dont le nom s'est étendu à tous; ces derniers sont attachés spécialement aux hommes. Les catholiques rendent un culte aux anges (fête des saints anges gardiens), mais les protestants ne reconnaissent pas ce culte. Les pères de l'Église ne sont pas complétement d'accord sur la nature des anges.

ANGE (zoologie). — Genre de poisson de la famille des plagiostomes, créé par M. Duméril, et semblant établir le passage des *squales* aux *raies*. « Les pectorales sont larges, elles présentent en avant une forte échancrure, au fond de laquelle s'aperçoivent les fentes branchiales. La tête est arrondie, et la bouche fendue à son extrémité, et non en dessous, comme dans les squales et les raies. Ces poissons ont des évents et manquent de nageoires de l'anus, caractère qui leur est encore commun avec certains squales. Les deux dorsales naissent en arrière des ventrales, et sont fort rapprochées l'une de l'autre. Des principales espèces connues qui appartiennent à ce genre, deux se pêchent sur nos côtes : l'une, *squatina angelus* (Cuv.), arrive à deux mètres cinquante centimètres de longueur ; toute la partie supérieure de son corps est couverte d'une peau extrêmement rude et d'un gris roussâtre. Le mâle, comme celui de la raie ronce, a de petites épines au bord des pectorales. L'autre, *squatina aculeata* (Dum.), porte le long du dos une rangée de fortes épines. »

ANGÉLIQUE, ANGELICA (botanique). — Genre de plantes de la famille des ombellifères, caractérisées par des pétales lancéolés, recourbés par son fruit ovoïde, contenant deux graines relevées de cinq côtes ; l'involucre a de une à cinq. folioles (quelquefois il est nul), l'involucelle en a jusqu'à huit. Toutes les angéliques sont bisannuelles ou vivaces, leurs feuilles grandes, souvent deux fois ailées, les ombelles à rayons nombreux.

De neuf ou dix espèces décrites, dit Lallement, la plus belle et la plus intéressante est *angelica archangelica*, indigène en France et dans le nord de l'Europe ; la culture a doublé ses propriétés aromatiques et médicales ; ses tiges, confites dans le sucre, font des conserves très-recherchées ; sa racine, dont on tire une liqueur spiritueuse, est employée comme diurétique, emménagogues et carminative ; ses feuilles peuvent être utiles à l'hygiène de la bouche ; enfin, ses graines, réduites en poudre, sont vermifuges. C'est surtout dans la ville de Niort que se prépare l'angélique du commerce ; il y a plus de trois cents ans qu'elle y est cultivée. L'angélique sauvage) *angelica sylvestris*) a les mêmes qualités à un degré inférieur ; elle est commune dans les endroits marécageux.

ANGELUS (reliques) [ainsi nommé du premier mot qui commence cette prière]. — Prière en l'honneur de la sainte vierge Marie. Elle est composée de trois versets, suivis chacun d'un *Ave Maria*, ou salutation angélique, et d'une oraison par laquelle on demande à Dieu la grâce et le salut éternel.

ANGINE (pathologie) [de *angere*, étrangler]. — On donnait autrefois ce nom à toute affection caractérisée par une douleur de la gorge, accompagnée d'une difficulté d'avaler et de respirer ; ce mot a été conservé, mais en le faisant suivre d'un qualificatif de sa nature et du siège de l'organe malade. Voici les principales espèces d'angines :

1° L'*angine gutturale*, ou inflammation de toutes les muqueuses qui s'étendent de l'arrière-bouche à une portion assez profonde du pharynx. Elle reconnaît pour causes les variations atmosphériques, un refroidissement subit. Elle est caractérisée, au début, par un sentiment de gêne, de douleur à la gorge et de difficulté d'avaler : la muqueuse du fond de la gorge est sèche, rouge, luisante ; plus tard, une matière filante forme quelquefois une couche grisâtre, surtout sur les amygdales ; parfois nausées, amertume de la bouche, soif et fièvre ; le pronostic n'est pas grave ;

2° L'*angine pharyngée*, qui a son siège au bout du tube supérieur par lequel les aliments descendent dans l'estomac ou *pharynx* : ici l'action d'avaler est moins difficile, mais une toux pénible provoque l'expulsion d'un mucus tapissant la paroi postérieure de l'arrière-bouche. Elle n'offre pas non plus de gravité ;

3° L'*angine tonsillaire* (voy. *Amygdalite*) ;

4° L'*angine couenneuse* (maligne), qui a pour caractère spécial la formation et le développement sur le voile du palais, les amygdales et le pharynx, de concrétions d'un blanc grisâtre ou jaunâtre dues à exsudation particulière de la muqueuse qui tapisse ces organes ; il y a en même temps douleur, fétidité de l'haleine, fièvre, etc. Cette affection, qui est quelquefois épidémique chez les enfants, se termine souvent par la mort, à moins de secours prompts. Elle complique quelquefois aussi la scarlatine. Il est prudent d'éloigner les enfants et les malades de ceux qui sont atteints de cette espèce d'angine ;

5° L'*angine gangréneuse*, qui ne nous paraît guère qu'une terminaison de l'angine couenneuse, et dans laquelle les membranes sont ramollies et souillées d'une sanie fétide, de taches livides, noirâtres au fond de la gorge ; elle est précédée ou accompagnée de symptômes généraux graves, et se termine presque toujours par la mort. Elle est épidémique dans les contrées malsaines, et susceptible de se propager par contagion.

Il est souvent imprudent d'entreprendre le traitement des angines sans consulter un médecin ; ce traitement est en général celui des inflammations aiguës, mais varie selon l'espèce. — Voy. *Amygdalite, Croup, Laryngite.*   B. LUNEL.

ANGINE DE POITRINE (pathologie).—Maladie nerveuse des organes pectoraux, caractérisée par une vive douleur située derrière le sternum, d'où elle s'irradie vers le côté gauche, et par une grande gêne de la respiration qui revient par accès en produisant un état d'angoisse inexprimable. Considérée comme une névrose ou une névralgie des nerfs propres aux poumons et au cœur, cette affection est peu connue dans ses causes et ses caractères anatomiques. On pense qu'elle est quelquefois *essentielle*, mais le plus souvent on doit la considérer comme symptomatique de certaines lésions, telles que l'hypertrophie du cœur, l'anévrisme de l'aorte, les ossifications des artères coronaires, etc. Les hommes y sont plus exposés que les femmes, surtout ceux de 50 à 70 ans et doués d'embonpoint. Les vicissitudes atmosphériques paraissent avoir une grande influence dans le retour des accès.

L'angine de poitrine débute tout à coup par une douleur vive, déchirante, constrictive, qui, née à la partie inférieure du sternum, se propage du côté gauche, au cou et au bras. Cette douleur n'augmente ni par les mouvements, ni par la pression. Elle est accompagnée d'un sentiment d'angoisse ; le malade est pâle, saisi d'épouvante, comme s'il prévoyait sa fin prochaine ; quelquefois il éprouve des syncopes. Ces phénomènes se dissipent au bout de quelques minutes ou d'un quart d'heure, laissant après eux des éructations et de la courbature. Tantôt le malade recouvre une santé parfaite après l'accès, tantôt il conserve une douleur qui rend la marche pénible, surtout après le repas. Les fonctions digestives se conservent intactes; les battements du cœur sont à l'état normal, même pendant les crises, excepté les cas de complication du côté de cet organe. Ces crises sont plus ou moins rares ou fréquentes; elles finissent le plus souvent par emporter le malade, après s'être montrées plus longues et plus violentes. Lorsque, au contraire, elles s'éloignent les unes des autres, et qu'il n'existe aucune lésion du cœur ni des poumons, on peut espérer que la guérison s'opérera; mais le pronostic est généralement très-grave.

Traitement. — Un accès d'angine de poitrine doit être combattu par des sangsues ou des ventouses scarifiées sur le thorax, surtout lorsque la douleur est vive, déchirante; par des révulsifs externes (cataplasmes sinapisés, frictions avec le liniment ammoniacal), des frictions laudanisées sur la région sternale ou cardiaque, et une potion antispasmodique et calmante (tilleul, éther et sirop diacode). — Pour prévenir les accès, on conseille les purgatifs répétés, les narcotiques, le sulfate de quinine quand il y a intermittence et régularité dans leurs retours; les exutoires, l'électricité sous toutes les formes (plaques aimantées, cataplasme galvanique, etc.), et surtout les précautions hygiéniques. Malheureusement, on ne peut fonder un grand espoir sur l'emploi des moyens.

Dr A. Bossu,
Médecin de l'infirmerie Marie-Thérèse.

ANGIOLOGIE (anatomie) [du grec *aggeios*, vaisseau, *logos*, discours]. — Partie de l'anatomie qui traite des vaisseaux du corps humain ou des animaux, c'est-à-dire des canaux (artères, veines, etc.) dans lesquels circulent les divers fluides de l'économie animale.

ANGLAISE (LANGUE linguistique). — La langue anglaise n'est autre chose que l'anglo-saxon profondément modifié par l'idiome normand-français. Du cinquième au onzième siècle, l'anglo-saxon domina seul dans les plaines bretonnes, sans être altéré pendant les soixante ans que dura la domination danoise, la langue scandinave de ces nouveaux conquérants étant sœur de l'anglo-saxon; mais lorsque Guillaume, avec ses barons depuis longtemps francisés, vint à envahir le sol de l'Angleterre, il imposa le patois normand-français aux vaincus, qui acceptèrent une masse de mots étrangers, mais en les prononçant, en les construisant à leur façon, sans altérer le fond de la langue. Les guerres qui éclatèrent bientôt entre l'Angleterre et la France décidèrent seules les chevaliers normands à abandonner la langue de leurs anciens frères d'armes du continent pour parler celle du peuple qu'ils avaient conquis. La réforme fut lente : ce n'est guère que sous Édouard Ier, à la fin du treizième siècle, qu'elle devient sensible, appréciable; sous Édouard II, les ménestrels se montrent; enfin, sous le glorieux Édouard III, la langue française fut exclue des tribunaux par acte du parlement, et la langue anglaise fut reconnue comme langue légale. Au quinzième siècle, la lutte, continuant plus acharnée que jamais entre les deux peuples, développa cette haine nationale qui a fini par passer en

proverbe et par creuser un abîme entre les mœurs, la langue et la littérature de la France et de l'Angleterre.

Sous Henri VIII, la langue anglaise commença à prendre une forme réglée, savante, et s'enrichit d'une foule d'expressions grecques et latines; l'accentuation devint plus nette, on fit de grands changements dans la prosodie, à l'imitation du rhythme italien, plus approprié que les mètres antiques au génie de la langue anglaise par sa précision et sa souplesse. Depuis Chaucer (1330), personne ne se montra jusqu'à Spencer et Shakspeare pour manier la langue. Plus tard, Cromwell et ses partisans parlent un langage mystique et burlesque; mais Milton n'en tient compte et enrichit la construction par des inversions hardies; Waller et Dryden commencèrent à la polir, à lui donner un vernis d'élégance; Swift, Addison, Pope, Steele, groupés autour de la reine Anne, furent remarquables par le bon ton, la grâce et l'esprit de leurs vers et de leur prose. Pendant le dix-huitième siècle, la langue anglaise puisa des locutions nouvelles dans les débats du parlement, et se développa prodigieusement avec l'industrie et les relations commerciales. Elle emprunta à toutes les langues de l'Europe; mais elle sut fondre, absorber, amalgamer ses emprunts, de manière à faire toujours prédominer la partie saxonne de la langue. Sous le rapport de la prononciation, l'anglo-saxon était beaucoup plus sonore que l'anglais moderne. Telle qu'elle est cependant, cette langue est riche, flexible, vigoureuse, à grands et beaux caractères. C'est une langue de commerce, de tribune et de voyageurs.

ANGLAISE (littérature). — Les anciennes ballades et les chants guerriers des Saxons représentent l'élément germanique à l'origine de la littérature anglaise; les romans de chevalerie, les poëmes épiques, les fabliaux, les légendes, représentent l'élément normand-français. Sous Édouard Ier paraît la chronique rimée de Robert de Glocester, ouvrage véritablement de source anglaise, mais d'un mérite poétique tout à fait nul; sous Richard II, on fait des vers latins et anglais; sous Édouard III, Chaucer, pompeusement surnommé *l'Étoile du matin*, habille à l'anglaise la poésie française de son siècle; puis, pendant tout le quinzième siècle l'art du style rétrograde; mais au seizième a lieu la renaissance littéraire. Howard, comte de Surrey, sir Thomas Wyat et Philippe Sidney, préludent à Spencer, élève indépendant de l'Arioste; John Bole, Preston, Edward, Lillo, Kid, Gascoigne, Marlow, annoncent le célèbre Shakespeare, qui fait vivre et agir l'Angleterre tout entière dans ses pièces historiques, et qui élargit la route où marchent après lui Ben-Johnson, Beaumont, Fletcher, Massinger, Chapman, Heywood et Rouley. John Doune et Joseph Hall développent la satire et l'églogue; Michel Drayton fait naître la poésie descriptive; sir Walter Raleigh se distingue dans le genre lyrique, et écrit en bonne prose son histoire universelle. Bacon fonde la philosophie expérimentale; l'éloquence tribunitienne prend son premier essor.

Au dix-septième siècle, Waller et Cowley, le premier dans la poésie de boudoir, le second dans l'ode, commencent l'époque de transition qui aboutira au siècle de la reine Anne; Milton, interprète du mouvement puritain et révolutionnaire, donne une magnifique épopée à sa patrie; Butler se signale dans la satire; nous sommes sous le règne de Charles II. Dryden pose les règles de la critique anglaise, et se distingue comme poëte par un tact fin et exquis; Steele et Addison fondent les premières feuilles périodiques; Pope suit le chemin de Dryden, mais avec plus de philosophie et de portée morale; Thompson publie le poëme descriptif des *Saisons*. La comédie se développe avec une effroyable licence; Farquhar, Etherege, le duc de Buckingham, Wycherley, Congrève, et deux femmes, Aphra Behn et Suzanna Centlivre, sont des auteurs indécents; Vanbrugh et Cibber sont un peu plus châtiés; John Swift, dans un style pur et spirituel, compose des romans satiriques. La prose historique n'a pas de développements bien rapides; Burnet seul écrit une histoire contemporaine, un peu à la manière d'Hérodote; Baker, Tyrrel, Échard et Thomas Sprat ne sont pas sans mérite, mais ne préparent que des matériaux pour leurs successeurs. La philosophie expérimentale se continue avec Locke; l'idéalisme, avec Berkeley et lord Bolingbroke. — La tribune grandit avec Robert Walpole, Pulteney, Shippen, Bernard, Chesterfield, Hardwich; Tillotson, Sherlock, illustrent la chaire évangélique; Collier, Shaftesbury, Addison et Johnson, le critique par excellence, établissent les vrais et judicieux principes du beau et du bon. Le dix-huitième siècle en est à sa seconde moitié. L'imagination anglaise veut se donner carrière. Alors Richardson invente le roman sérieux, Fielding en relève le côté comique, et Sterne, unissant les deux genres, se crée une individualité tellement propre, que tous ses imitateurs ont échoué. Olivier Goldsmith, par un seul ouvrage, se place à côté de ces grands romanciers. Dyer, Akenside, Armstrong, Mason, Darwin, Hayley, cultivent la poésie élégiaque; Young, homme de génie, est à leur tête; par opposition, Shenstone, Gray, Hammond, Collin, Bruce, Beattie, Percy, reviennent à l'ancienne ballade, aux vieilles chansons naïves; Glover ranime le genre épique, dans lequel brille Chatterton et l'auteur des chants apocryphes d'Ossian. L'art théâtral avançait à grands pas avec Colman, Murphy, Cumberland et Shéridan; ce dernier surtout également célèbre comme orateur politique. Hume, Robertson, Gibbon, écrivent admirablement l'histoire; et derrière eux se tiennent à distance Ferguson, Gillies, Mitford et Roscoe. Adam Smith fonde la science nouvelle de l'économie politique. Reid se lance dans la psychologie expérimentale; Burns donne à ses chansons un coloris vigoureux et frais; Cowper imprime à sa poésie descriptive un caractère austère, individuel, maladif; Wordsworth et Coleridge chantent les lacs du nord de l'Angleterre; Thomas Moore compose d'admirables mélodies irlandaises; George Crabbe chante les hôpitaux, les prisons, les cabarets, les contrebandiers, en étonnant psycho-

logue; le roman est tombé dans la main des femmes, miss Burney, Charlotte Smith, Anne Radcliffe, lady Morgan, etc.

Le dix-neuvième siècle est ouvert; alors surgissent les deux rois de l'imagination anglaise, le romancier Walter Scott, le poëte lord Byron; tous les deux font école en Europe. Cooper, l'Américain, les Irlandais Griffith et Banim, l'Écossais John Galt, les Anglais Horace Smith, Grattan, etc., etc., imitent Scott; tous les esprits ulcérés, sceptiques, révolutionnaires, vont à la suite de lord Byron. La poésie dramatique est peu abondante, peu élevée, même celle de Byron. Quant aux autres sortes de productions poétiques, Samuel Rogers, Leig Hunt, Barry-Cornwall, James Hogg, etc., etc., Marie Howitt, Félicie Hemans, Lætitia Landon, etc., se font un nom recommandable. Dans les sciences historiques, il ne se présente pas d'hommes pour marcher de pair avec Hume, Robertson et Gibbon. L'histoire impartiale d'Angleterre est encore à écrire. Les mathématiques transcendantes sont peu cultivées en Angleterre; en revanche, on y cultive beaucoup les mathématiques appliquées. Les sciences naturelles ont fait beaucoup de progrès, surtout la géognosie, la zoologie et la botanique. La jurisprudence est stationnaire; la théologie anglicane ne manifeste point de tendance scientifique. La philosophie dominante est toujours expérimentale. Les sciences politiques sont un puissant objet d'étude, surtout l'économie politique. Les sciences philologiques ne sont pas en faveur, à l'exception des langues orientales. — L'Angleterre est le terrain classique des encyclopédies et des revues, parmi lesquelles on distingue : l'*Encyclopedie métropolitaine*, l'*Encyclopédie britannique*, l'*Encyclopédie d'Edimbourg*, etc.; la *Revue d'Edimbourg*, la *Revue de Westminster*, etc. (Bescherelle.)

ANGLE (géométrie) [en latin *angulus*]. — *Ouverture* plus ou moins grande de deux lignes qui se rencontrent en un point. La grandeur d'un angle ne dépend pas de la longueur de ses côtés, mais bien de leur écartement. Les lignes ou les surfaces qui forment l'angle sont les *côtés* de l'angle; leur point de rencontre est le *sommet*. Lorsque les côtés sont des droites, l'angle est dit *rectiligne*; quand ce sont des courbes, il prend le nom de *curviligne*; il s'appelle *mixtiligne* quand l'un des côtés est droit et l'autre courbe. — On nomme : 1° *angles droits* les angles formés par deux lignes perpendiculaires entre elles; 2° *angles obtus*, les angles plus grands; 3° *angles aigus*, les angles moindres qu'un angle droit; 4° *angles correspondants*, les angles dont les côtés sont situés dans le même sens, l'un en dedans, l'autre en dehors de deux parallèles, et tous deux du même côté de la sécante; 5° *angles internes*, les angles qui sont compris en dedans de deux parallèles coupées par une sécante; 6° *angles externes*, les angles en dehors de ces parallèles; 7° *angles alternes internes*, les angles situés en dedans de deux parallèles, d'un côté différent de la sécante; 8° *angles alternes externes*, les angles situés en dehors de ces parallèles et d'un côté différent de la sécante; 9° *angles adjacents*, ceux qui sont formés par la rencontre de deux lignes et qui ont un côté commun; 10° *angles opposés*, deux angles qui se touchent par le sommet et dont les côtés de l'un sont formés par le prolongement des côtés de l'autre; 11° *angles dièdres*, les portions de l'espace indéfini comprises entre deux plans qui se coupent; 12° *angles polyédres* ou *angles solides*, les angles formés par trois ou plusieurs plans dont les intersections vont se réunir en un même point. — La *bissectrice* d'un angle est la droite qui partage cet angle en deux angleségaux.—La théorie des angles est l'une des parties les plus importantes de la géométrie. Voici l'énonciation des propositions les plus intéressantes concernant cette théorie : 1° La grandeur d'un angle ne dépend point de la grandeur de ses côtés. 2° Les angles droits sont tous égaux entre eux. 3° Toute ligne droite qui en rencontre une autre forme avec celle-ci deux angles adjacents dont la somme est égale à deux angles droits. 4° Si deux angles adjacents valent ensemble deux angles droits, les côtés extérieurs sont en ligne droite. 5° Quand deux droites se coupent, elles forment des angles opposés au sommet qui sont égaux deux à deux. 6° Les angles qui ont les côtés parallèles ou perpendiculaires l'un à l'autre sont égaux. 7° Quand deux lignes parallèles sont coupées par une droite, les angles correspondants sont égaux, les angles alternes-internes sont égaux, les angles alternes-externes sont égaux, les angles internes ou externes d'un même côté de la sécante sont égaux à deux droits, les figures semblables ont leurs angles homologues égaux. 8° Dans les triangles, les angles opposés aux côtés égaux sont égaux. 9° La somme des trois angles d'un triangle équivaut à deux angles droits. 10° La somme de tous les angles intérieurs d'un polygone équivaut à autant de fois deux angles droits qu'il y a de côtés moins quatre angles droits. — Voy. *Anglométrie* pour la mesure des angles.

ANGLE FACIAL (physiologie). — Angle formé par la réunion de deux lignes idéales dont le degré d'ouverture indiquerait d'une manière assez exacte le développement de l'intelligence chez l'homme et chez les divers animaux vertébrés.

Vers la dernière moitié du siècle dernier, dit A. Duponchel, la Hollande possédait un anatomiste célèbre dont elle cite encore aujourd'hui le nom avec orgueil : c'était Pierre Camper. Après avoir étudié la médecine et la chirurgie, après les avoir enseignées pendant quelques années, Camper, quittant la carrière du professorat, se consacra tout entier aux sciences qu'il affectionnait le plus, à l'anatomie pathologique et à l'anatomie comparée; ce fut alors qu'il publia un mémoire sur les organes auditifs des poissons ; on lui dut, plus tard, un travail sur le cal. Précurseur de Cuvier, il composa deux discours sur l'analogie qu'il y a entre la structure du corps humain et celle des quadrupèdes; puis il découvrit que les os longs du squelette des oiseaux sont creusés de cavités dans lesquelles l'air peut s'introduire, parce qu'elles communiquent avec l'organe pulmonaire. Après avoir disséqué des crânes

d'orangs-outangs, de baleines, de rhinocéros et de quelques autres animaux; après avoir étudié comparativement, et avec un grand soin, les différentes variétés de l'espèce humaine, l'illustre anatomiste ayant conclu de cette étude que l'intelligence de l'homme et des animaux vertébrés dépend du volume de leur cerveau, imagina un moyen des plus simples pour évaluer ce volume. Deux lignes partant, l'une du front, l'autre du trou occipital, pour se couper

Fig. 13.— Tête d'Européen. — L'angle facial a de 80 à 85 degrés.

à l'extrémité des dents incisives supérieures, forment un angle qui est d'autant plus ouvert que le crâne est plus ample, plus avancé, que la face est plus petite et moins saillante, et qui est d'autant plus aigu que le crâne a moins de capacité. Or, le volume du cerveau étant en raison de la dimension de la boîte osseuse qui le contient, et l'ouverture de l'angle dépendant de la capacité du crâne, il en résulte que cet angle, auquel Camper a donné le nom

Fig. 14. — Tête de Mongol. — Angle facial de 75 degrés.

de *facial*, peut servir à apprécier le volume de la masse cérébrale. L'homme est de toutes les créatures celle dont l'angle facial est le plus ouvert; plus on s'éloigne de lui, plus l'acuité de cet angle se prononce : ainsi, chez les reptiles et chez les poissons, la tête est formée, presque en totalité, par les deux mâchoires devenues à peu près horizontales, et l'angle est à peine appréciable.

Daubenton modifia l'angle facial de Camper en

prenant pour base la position du trou occipital, qui
est, en effet, d'autant plus reculé que l'encéphale est
plus petit et que l'animal est moins intelligent;
mais cette modification, déjà importante pour la
science, dut céder devant le moyen indiqué par Cuvier, lequel consiste à comparer à la face, abstraction faite du maxillaire inférieur, l'étendue interne
du crâne, en mesurant comparativement, dans une
coupe verticale et longitudinale de la tête, les aires
des deux surfaces. — Voy. *Homme.*

Jusqu'ici, dit le docteur Lagasquie, on n'a considéré l'angle facial que comme mesure du développement du front, et comme indice des facultés intellectuelles qui d'ordinaire y correspondent : car la
phrénologie de ce siècle n'a fait, en ce point, que
corroborer une observation déjà établie. Mais il suffit d'y réfléchir un instant pour comprendre quelle
variété d'expression doit en tirer la physionomie,
puisqu'à proportion que cet angle se rétrécit, nous
voyons le front se déprimer, les mâchoires faire
saillie, et le visage se rapprocher graduellement de
celui du nègre, de l'idiot, du singe, et d'animaux en-

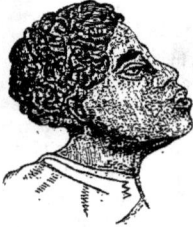

Fig. 15. — Tête de nègre.— Angle facial de 70 à 72 degrés.

core inférieurs. Aussi Camper semble-t-il s'être particulièrement attaché au point de vue physiogno-
monique, ainsi que l'annonce son œuvre posthume,
traduite du hollandais et intitulée : *Dissertation sur
les variétés naturelles qui caractérisent la physionomie des hommes des divers climats et des différents
âges.*—Il nous semble cependant que l'angle facial
n'en représente qu'une base essentielle, et que la
conformation naturelle ou l'expression acquise des
parties molles qui ne se moulent pas exactement sur
le système osseux, comme les yeux, le nez, les lèvres,
les joues, le menton, varient la physionomie d'une
manière extrêmement notable. Cette dernière observation n'avait pas échappé à Aristote, et Lavater
surtout en a fait son profit.

Chez l'Européen, l'angle facial est de 80 à 85 degrés ; chez les nègres, de 70 à 72; de 75 chez les
Mongols.   B. LUNEL.

ANGLETERRE (géographie). — Royaume du
Nord de l'Europe, formant aujourd'hui, avec l'Écosse
et l'Irlande, un seul et même État sous le nom de
Royaume uni de la Grande-Bretagne et de l'Irlande.

Prise isolément, l'Angleterre ne comprend que la
partie méridionale de la grande île jusqu'aux frontières d'Écosse; le pays de Galles se trouve compris
dans ces limites. Elle est séparée de la France par le
détroit du Pas-de-Calais, et forme, avec l'Écosse, une
île qui s'étend entre le 50e et le 59e degré de latitude
septentrionale. Avec l'Irlande, située à l'ouest, elle
s'étend du 1er au 13e degré de longitude à l'ouest du
1er méridien. La superficie de l'Angleterre seule est
de 50,387 milles carrés anglais, et de 57,812 avec le
pays de Galles.

Les montagnes de cette contrée ne présentent que
peu d'élévation au-dessus du niveau de la mer; ce
sont plutôt des pics isolés qu'une chaîne continue;
cependant on peut en former deux groupes principaux : les monts *Chiviot*, qui séparent l'Angleterre
de l'Écosse, et la *chaîne centrale,* qui renferme
toutes les montagnes du Cumberland, du comté
d'York, du Lancaster et du pays de Galles. Le climat
de l'Angleterre est excessivement variable, et cette
variation peut être attribuée aux vapeurs qui s'élèvent sans cesse du sein de l'Océan à l'ouest, et aux
vents secs qui viennent à l'est du continent oriental.
L'humidité continuelle qui y règne entretient cette
brillante végétation qu'on trouve difficilement dans
d'autres pays. Mais aussi elle est cause de nombreuses
maladies qui se terminent en général par des affections de poitrine. En définitive, l'Angleterre a quatre
mois d'été et huit mois d'hiver.

En 1828, on comptait en Angleterre 12,422,700
habitants; en 1840, 17 millions; en 1856, près de
20 millions.

La religion dominante est l'*anglicane* (voy. ce mot);
le gouvernement est une monarchie constitutionnelle.

L'Angleterre se divise en 52 comtés. Les principales
villes de ce pays sont :

Londres, capitale; York, Cambridge, Cantorbery,
Bristol, Liverpool, Manchester, Birmingham, Douvres, etc.

Rivières, canaux et chemins de fer.—La principale
rivière est la Tamise, sur laquelle Londres se trouve
située, à environ 20 milles de son embouchure, et
qui contribue à rendre cette capitale la ville la
plus commerçante du monde. La Medway, qui se
jette dans la Tamise à Sheerness, est navigable pour
les plus grands vaisseaux jusqu'à Chatham. La Se-
vern est la rivière qui est la seconde en rang par son
importance : après avoir reçu plusieurs affluents, elle
va se rendre dans le canal de Bristol près de Kings-
road, où les vaisseaux qui ne peuvent remonter jusqu'à Bristol jettent l'ancre. Il y a plusieurs autres
rivières inférieures qui contribuent à la navigation
intérieure de l'Angleterre, conjointement avec le
grand nombre de canaux dont elle est traversée en
tous sens.

Canaux. — La plupart des canaux de l'Angleterre
ont été construits depuis le milieu du dernier siècle.
Le premier et le plus ancien est le canal Sankey, qui
n'a que 12 milles de long depuis le Mersey jusqu'à
Liverpool : le fameux canal de feu le duc de Bridge-

water est d'une plus grande importance, et sa construction a surmonté des difficultés incroyables : il
est destiné au transport des marchandises de Manchester à Liverpool. Le grand Trunk, ou le canal de
Staffordshire, établit une communication entre les
mers du nord et d'Irlande; il a 99 milles de long,
près de 10 mètres de large, et 1 mètre 60 centimètres
de profondeur. Le Braunston, ou grand canal de
jonction, ainsi appelé parce qu'il réunit la navigation
intérieure des comtés du centre, se prolonge depuis
la Tamise à Brentford jusqu'au canal de Coventry à
Braunston, dans le Northamshire. On a construit un
grand nombre d'autres canaux, tels que le canal de
Lancastre, un canal de Liverpool à Lees, qui a
117 milles de long; le canal d'Halifax à Manchester,
qui a 31 milles de long ; le canal de Basingstoke à la
Tamise et à Weybridge ; un autre canal depuis Anda-
ver jusqu'à la rivière près de Southampton, et un
grand nombre d'autres formant ensemble une
étendue de 2,174 milles (plus de 700 lieues) ; des rivières navigables ayant un cours de 1,820 milles (plus
de 600 lieues) ; des canaux commencés, de 40 milles ;
des chemins de fer finis (entre autres celui de Manchester à Liverpool, celui de Londres à Birmingham) de
500 milles (170 lieues), etc., etc. Quant aux routes ordinaires, elles sont toutes construites d'après le système
de Mac-Adam, c'est-à dire garnies en cailloux brisés,
et aussi unies qu'un plancher. De nombreux chemins de fer existent ou existeront bientôt dans le
plus grande partie de ce royaume, en sorte que les
transports, soit par eau, soit par terre, s'opèrent avec
la plus grande facilité et la plus grande économie.

Nous allons présenter, d'après Mac-Culloch, Montbrion, Young, Pebrer, etc., quelques détails sur les
productions, l'industrie, le commerce et les manufactures de l'Angleterre [1].

Productions. — Les productions naturelles de
l'Angleterre peuvent se diviser en deux grandes
classes : productions végétales et minérales.

1. PRODUCTIONS VÉGÉTALES. — Les grains occupent
une place importante. Suivant Young, elle produit
annuellement en

Froment et seigle...... 9,198.585 quarters.
Orge................ 11,595,792
Avoine............. 10,285,690

La plupart des comtés d'Angleterre sont très-fertiles en blé : l'on en exportait autrefois une assez
grande quantité; mais la population s'étant augmentée rapidement, malgré les progrès de l'agriculture
la quantité récoltée ne peut plus fournir aux besoins :
en sorte qu'on en importe tous les ans une quantité
plus ou moins considérable, suivant les prix plus ou
moins élevés, et que la loi sur les céréales permet
alors d'introduire pour la consommation. Il en est de
même des farines que l'Angleterre ne peut plus
fournir à aussi bon marché à ses colonies des Indes
occidentales que les Américains.

Comme la consommation de la bière en Angleterre

[1] *Dict. du Comm.*, de Montbrion.

est immense, le malt, le houblon et les grains qui
entrent dans sa composition forment autant d'articles
d'un commerce intérieur fort considérable. On sait
que le malt est le grain germé et légèrement torréfié
qu'on destine à faire de la bière. On estime qu'il
s'emploie dans toute l'Angleterre 50 millions de bois-
seaux de grains, tant pour la bière double que pour
la distillation. La consommation du houblon dans
les brasseries n'est pas moins importante, et s'élève à
une quantité énorme qui est le produit du sol, principalement du comté de Kent : ces deux productions
payent des droits considérables.

Chanvre et lin. — Ils forment des articles importants, dont le gouvernement a autrefois encouragé
la culture par des primes : le seul comté de Norfolk
en produit de grandes quantités ; on en cultive aussi
dans d'autres comtés; mais cette culture s'est surtout
étendue en Écosse et en Irlande. Cette production,
quelque considérable qu'elle soit, ne suffit pas encore
à beaucoup près à la grande consommation qu'en fait
la marine, et l'Angleterre est obligée d'en tirer tous
les ans de l'étranger pour une somme de 4 à 5 millions de livres sterling.

Tabac. — La culture du tabac, en raison du monopole que le gouvernement s'est approprié, a subi bien
des modifications, et elle est encore très-limitée,
comme en France; mais comme l'usage s'en est augmenté, au lieu d'en propager la culture, on a préféré l'importer des colonies de l'Amérique et des
États-Unis, qui en produisent des quantités immenses : l'on estime à 150,000 boucauts la quantité de
tabac qui est importée tous les ans en Angleterre.

Safran. — Le safran, dont l'Angleterre fait une
grande consommation, se cultive avec beaucoup de
succès dans plusieurs comtés, surtout dans ceux
d'Essex et de Norfolk, auprès de Walsingham, dans
le Wiltshire, le Cambridgeshire et plusieurs autres
contrées; en sorte qu'on importe très-peu de safran
étranger.

Bestiaux. — L'élève des bestiaux forme un objet
de l'économie rurale plus considérable que celui
même des grains en l'Angleterre, par la grande consommation qui s'en fait, soit dans l'intérieur, soit
pour l'approvisionnement de la marine. Young estimait à 16 millions sterling le revenu total que les
propriétaires retiraient annuellement de leurs bestiaux, ce qui représentait un capital de 36,480,000
livres sterling en fonds de bestiaux; depuis cette
époque, il a considérablement augmenté.

Chevaux. — Les chevaux anglais sont renommés
et réputés les meilleurs de l'Europe ; dans aucun
pays du monde on n'en prend un plus grand soin et
ils ne se sont autant multipliés, soit pour le besoin de
l'agriculture et de la vie civile, soit pour le luxe ;
aussi le nombre des chevaux est immense : on l'évalue à plus d'un million ; ils forment l'objet d'un commerce considérable, tant à l'intérieur qu'avec l'é-
tranger.

Les laines de l'Angleterre, surtout les laines longues pour peigner, les plus renommées, sont celles
des comtés de Lincoln et de Leicester, qui ont l'avan-

tage sur toutes les autres pour la longueur, la finesse, la douceur et le brillant : ces laines servent aux manufactures, et ne suffisent pas à leur consommation; on en importe une grande quantité, principalement d'Espagne et de la Saxe, qui sont réputées les meilleures de toute l'Allemagne. On évalue à 6 millions le nombre des moutons qui existent en Angleterre.

Beurre et fromage. — Le beurre et le fromage, les suifs et viandes salées peuvent être mis au nombre des productions dont l'Angleterre elle-même fait une grande consommation, tant à l'intérieur que pour sa marine, et qui, malgré la grande quantité qui s'en prépare, ne suffisent pas à la consommation : ce qui fait qu'on importe une grande quantité de beurre et de fromage de la Hollande, de suifs de la Russie et de viandes salées du nord de l'Europe, et surtout de l'Irlande.

II. Productions minérales.—*Houille.*—Il y a peu de pays aussi riches en minéraux que l'Angleterre, et qui possèdent des mines aussi abondantes; on doit mettre en première ligne celles de houille, si nécessaires à toutes les machines à vapeur.

Sel. — Le sel est une autre production d'une grande abondance, dont les plus riches mines se trouvent dans le comté de Chester, aux environs de Norwich; on le raffine pour en former du sel blanc, dont on exporte une grande quantité en Irlande et aux colonies, ainsi que dans le Nord.

Cuivre. — Le cuivre forme un objet très-important de l'exploitation d'un grand nombre de mines de l'Angleterre; c'est une des plus grandes richesses minérales du pays.

Étain. — Quant à l'étain, les fameuses mines de Cornouailles étaient déjà connues du temps des Phéniciens, et, jusqu'en 1240, l'Angleterre f t considérée comme le seul pays qui eût des mines de ce métal; mais, à cette époque, on commença à en exploiter en Allemagne, et en particulier en Bohême. L'Angleterre n'en continua pas moins de fournir à toute l'Europe la plus grande partie de l'étain qu'elle consommait.

Plomb.—Les mines de plomb sont en grand nombre dans les comtés de Cumberland et ailleurs, surtout dans le pays de Galles, qui en fournit une grande quantité.

Fer. — Les mines de fer sont très-abondantes, et il en existe une grande quantité dans un certain nombre de comtés, où l'on entretient des hauts fourneaux qui livrent une quantité de fer énorme, mais qui ne suffit pas encore à la consommation, qu'on estimait, dans le siècle dernier, à 30,000 tonneaux (de 1,000 kilog. chaque), mais qui s'est beaucoup augmentée depuis cette époque, ce qui oblige d'en importer une assez grande quantité de l'étranger, surtout de la Suède et de la Russie.

Jusqu'à présent, on n'a trouvé aucune mine proprement dite d'or ou d'argent; ainsi ces précieux métaux, qui sont en immense quantité en Angleterre, y ont été introduits de toutes les parties du monde par le commerce.

Vitriol ou *couperose.* — Le vitriol ou couperose d'Angleterre y est un objet de commerce considérable, tant dans l'intérieur que pour l'étranger; il s'en exporte une grande quantité pour la teinture. Cette substance se tire d'une pyrite qu'on trouve dans le comté d'Essex et dans le Hampshire, où on l'appelle *gold stone* (pierre d'or), à cause de sa couleur.

Alun. — Les mines d'alun d'Angleterre sont dans les provinces d'York et de Lancaster, où l'alun est plus ou moins beau, selon qu'il est bien ou mal purifié.

Terre à foulon. — La terre à foulon est considérée par les Anglais comme une production très-précieuse pour l'apprêt des étoffes de laine; on en trouve près de Maidstone, dans le comté de Kent, et dans plusieurs autres comtés.

Terre à pipe.—La terre à pipe est employée à faire ces fameuses poteries ou faïences anglaises, qui ont des formes si élégantes, et qui sont à si bon compte qu'on en exporte des quantités considérables dans toutes les parties du monde: la meilleure vient de Northampton et de l'île de Wight.

Marbres, albâtre cristal, amiante. — L'Angleterre produit encore des marbres, dont il existe des carrières dans le Sommersetshire et ailleurs; de l'albâtre du Rutlandshire; du cristal du roc Saint-Vincent, près de Bristol; de l'amiante qu'on tire de l'île d'Anglesey; des pierres blanches et de la terre à pipe, qui est si belle dans l'île de Portland; de l'ardoise, dont on exporte une assez grande quantité; de l'émeri, espèce de minerai de fer propre à polir l'acier, et que fournit l'île de Guernesey.

Industrie et manufactures.—Le produit annuel des pêcheries était estimé, par M. Pebrer, à 3,400,000 liv. st.; celui du cabotage à 3,550,000 liv. st.; celui des transports maritimes, sur tous les points du globe, à 34,398,039 liv. st.; celui de la banque, ou transports des valeurs numéraires, des négociations de billets et de papiers de crédit dans toutes les parties du monde, et réciproquement, s'élèvent à 9,000,000 liv. st. On évalue à 16,200,000 liv. st. les profits annuels et l'intérêt du capital de 350,000 familles de marchands détaillants tenant boutiques.

La richesse manufacturière, quoique menacée sur plusieurs points par la concurrence continentale, tend toujours à s'accroître, grâce au perfectionnement des machines à vapeur et au bas prix du combustible.

Au premier rang figurent la filature et le tissage de coton, dont le produit annuel s'élève à plus de mille millions de francs. En faisant la déduction de 6 millions st. pour l'achat de la matière brute, restent 31 millions st. (775 millions de francs) pour la main-d'œuvre et les bénéfices des fabricants et commerçants. Cette industrie occupe 830,000 tisserands, fileurs, cardeurs, etc., dont les salaires, à 24 liv. st. par an, font 2 millions, et, en comptant 3,330,000 liv. st. pour 11,118 directeurs, mécaniciens, charpentiers et autres, font ensemble 5,530,000 liv. st., qu'il faut encore déduire des 31 millions; reste un bénéfice de 25,670,000 liv. st. (641,750,000 fr.), produit par l'industrie, à l'aide d'un capital d'environ 75 millions sterl. (1875 millions de francs).

Les produits bruts de la quincaillerie, y compris tous les articles fabriqués à Birmingham et la coutellerie de Sheffield, etc., peuvent être évalués à plus de 500 millions de francs.

La préparation des cuirs, pelleteries, etc., donne un produit brut de 15 millions st. (375 millions de francs).

Le produit des verreries est de 2 millions 1/2 st. (62 millions 1/2 de fr.); celui des poteries, faïenceries, etc., de 6 millions st. (150 millions de fr.); celui de la joaillerie et de l'orfévrerie, de 3,400,000 liv. st. (87 millions de francs). Enfin, la fabrication du papier, l'imprimerie sur coton et sur papier, les presses, les gravures, les instruments de physique et de mathématiques, offrent ensemble un autre produit de 31 millions st. (775 millions de francs).

En résumé, les recherches de M. Pebrer, principalement basées sur les documents parlementaires, portent le chiffre de tous les produits du travail appliqué à l'agriculture, au commerce et à l'industrie, à la somme énorme de 514,823,059 livres sterling, ou 12,870,476,373 fr.

Progrès des manufactures d'Angleterre.—L'exposé suivant peut donner une idée du point où est poussée, en Angleterre, l'industrie manufacturière. On évalue à 58,000 le nombre des métiers à tisser le coton mis en mouvement par les machines hydrauliques ou la vapeur. Le produit moyen de chacun de ces métiers étant, par jour, de 32 verges carrées (la verge est de 3 pieds anglais), ce qui fait 1,254,000 aunes par jour (ou 1,741 par minute), 7,524,000 par semaine, 31,300,000 par mois, et 316,200,300 par an; dans la supposition que chaque individu consomme annuellement 6 aunes de tissus de coton, la quantité précitée fournirait à la consommation de 62,700,000 personnes; elle couvrirait 62,700 acres de terre; en longueur, elle dépasserait 71,250 lieues, c'est-à-dire plus de 71 fois la largeur de l'océan Atlantique.

L'Angleterre a offert le phénomène d'un peuple tout à la fois manufacturier, agricole, commerçant, et même conquérant dans l'Inde, qui, dans le court espace de cinquante ans, a vu quadrupler sa richesse; mais on demandera si c'est aux manufactures, à l'agriculture ou au commerce que la Grande-Bretagne a été redevable de son étonnante prospérité? On pourrait répondre : C'est au concours de ces trois industries; mais celle qui y a eu la plus grande part est sans contredit l'industrie manufacturière, comme on peut s'en convaincre par l'exposé qui précède.

Tout ce qui peut favoriser le travail, en Angleterre, y est admis au plus bas prix possible; il y a plus, en examinant ses tarifs, on reconnaît qu'ils sont réglés en raison directe de la somme du travail productif que l'article importé peut procurer à ses habitants. C'est à ce système salutaire qu'il faut attribuer le développement immense qu'ont reçu toutes les branches de son industrie, l'exploitation de ses mines,

sa marine et son commerce, qui peuvent agir sur des masses de matières premières dix fois et vingt fois plus fortes que celles mises en œuvre par la France. Comme l'Angleterre peut encombrer de ses produits manufacturés tous les marchés de l'univers, la richesse publique du pays se trouve accrue de toute la masse qui représente la main-d'œuvre sur les quantités exportées chaque année. Nous en avons une preuve dans le mouvement commercial de plus de 300 millions de francs opéré sur les sucres, tant à l'importation qu'à l'exportation, qui, en 1834, en y comprenant le raffinage, ont donné un bénéfice réel de 10,800,000 francs ajoutés à la fortune publique. Les manufactures de coton ont pareillement procuré un bénéfice de 354,093,538 fr. à l'avantage de l'Angleterre.

Commerce de l'Angleterre.—L'Angleterre est la première puissance commerçante et maritime du monde: ses nombreux vaisseaux vont chercher dans les pays les plus éloignés le superflu, et y transportent les produits de ses manufactures, qui ont acquis une si grande perfection, qu'ils n'ont plus de concurrents ou de rivaux à craindre dans les deux hémisphères : sa navigation s'étend dans toutes les parties de l'univers, et 3 millions de tonneaux forment le moyen tonnage des vaisseaux annuellement employés par le commerce extérieur; en y comprenant le cabotage, ce nombre s'élèverait à plus de douze millions de tonneaux par an.

Cabotage.—Le commerce du cabotage est immense et surpasse celui de toute autre puissance de l'Europe. « Ce commerce, a dit un savant homme d'État, M. Huskisson, l'Angleterre peut le conserver exclusivement, ainsi que le commerce des colonies. » Cette importante navigation a toujours occupé une moyenne de 8 à 9 millions de tonneaux.

L'Angleterre a réuni à son immense commerce actif celui d'expédition et de transit, ainsi que le commerce des denrées coloniales : ces différents commerces embrassent toutes les parties du globe où elle possède des ports importants, qui consolident sa prépondérance sur toutes les mers. Dans la Méditerranée, elle possède Gibraltar, Malte, et les îles Ioniennes dans l'Archipel, qui sont en même temps des entrepôts pour son commerce et des refuges assurés pour ses flottes. Le cap de Bonne-Espérance, les îles Sainte-Hélène et de Ceylan lui garantissent le monopole du riche commerce des Indes orientales, où elle règne sans rivale, ainsi que celui de la Chine; elle possède sur les côtes d'Afrique des établissements qui lui ouvrent le commerce lucratif de cette partie du monde. Il en est de même en Amérique, où la majeure partie des Antilles qui composent les Indes occidentales sont au nombre de ses colonies. C'est ainsi qu'elle s'est approprié le commerce du monde entier, et qu'elle exerce la plus grande influence sur l'industrie et la richesse de tous les peuples, qu'elle ne laisse participer qu'autant qu'il lui convient au commerce et à la navigation de toutes les parties du globe.

Cependant, comme l'Angleterre, malgré ses avantages naturels et ceux de ses capitaux importants, avait à lutter contre ceux des pays voisins, elle a senti qu'elle ne pouvait continuer de soumettre à des perceptions onéreuses les navires étrangers qui venaient mouiller dans ses ports, surtout si dans d'autres parties du continent on avait ouvert aux étrangers, sans en exiger de droits aussi exorbitants, des marchés pour le moins aussi bien situés pour les y attirer, comme Anvers. D'ailleurs, par la crainte de ces droits énormes, les navires étrangers qui traversaient la Manche n'osaient même pas, en cas de détresse, relâcher dans un port anglais, pour éviter les frais ruineux d'une relâche forcée. On est redevable à M. Huskisson d'avoir modéré ces droits d'après un système de réciprocité sagement combiné.

HISTORIQUE DE L'ANGLETERRE. — Nous empruntons à M. B. Barbé la plus grande partie des faits historiques qui se rattachent à l'Angleterre [1].

Ce pays, dit-il, était connu des Grecs et des Romains sous le nom de *Bretagne*. Il était pour eux un pays situé aux extrémités de la terre et habité par un peuple sauvage. Jules César l'envahit cinquante-cinq ans avant notre ère. Il la trouva en effet habitée par un peuple demi-sauvage, divisé en une multitude de petites nations indépendantes appelées *clans*. Ces peuples opposèrent une résistance héroïque à la conquête romaine. Cassibelau, Caractacus, Baodicea attachèrent leurs noms à cette noble défense de la patrie. Malgré la discipline et l'invincible persévérance des Romains, la Bretagne ne fut jamais entièrement soumise par eux. Cependant, sous le règne de Domitien, Agricola en soumit la plus grande partie. Ce fut le sort de cette terre de passer trop souvent sous la domination des peuples envahisseurs. Après les Romains, ce furent les Angles et les Saxons, dont la conquête fut plus radicale que celle des Romains, car ils imposèrent à la Bretagne leur nom et leur langue. Le mot *Angleterre*, comme celui d'*England*, signifie littéralement *terre des Angles*. Puis ce fut le tour des Danois, enfin celui des Normands de France. C'est là que s'arrête ce mouvement envahisseur. Parmi ces peuples, il en a deux qui ont fourni le plus d'éléments au peuple anglais d'aujourd'hui : les Saxons et les Normands; le peuple anglais est saxon, son aristocratie est normande; la langue anglaise porte ces deux éléments dans la même proportion : le saxon y forme la majeure partie des mots. Il y a plus, la langue du peuple est presque toute saxonne; celle de l'aristocratie, c'est-.-dire la langue politique et littéraire, est un mélange en proportions égales de français-normand et de saxon. Les mœurs des Anglais ne sont pas moins empreintes de cette différence. Les hautes et les basses classes n'y ont presque rien de commun : soins, occupations, manières de vivre, amusements, tout chez eux est si distinct, qu'on peut les prendre avec raison pour des nations différentes que le hasard a jetées sur le même sol et que leurs institutions et leur génie ont empêchées de se mêler et de se confondre; de même que

la loi mosaïque a empêché les Juifs de se perdre dans le monde chrétien ou musulman. C'est à la conquête normande que commence véritablement l'histoire de l'Angleterre, parce que c'est cette conquête qui fait entrer cette île isolée dans le mouvement de la civilisation européenne, et qui constitue son unité politique. Trois grands faits dominent cette histoire vraiment intéressante : cette même conquête normande, la rivalité de la France et de l'Angleterre, et la réforme religieuse du seizième siècle. L'avidité, l'esprit de conquête et de domination, ont toujours été le partage des Normands. Établis en France et en face de l'Angleterre, ils devaient naturellement l'envahir. C'est ce qui arriva en 1066. Guillaume, suivi d'une nombreuse noblesse normande et française, sous promesse de partage des terres des vaincus, aborde en Angleterre, rencontre à Hastings le roi saxon Harold, le bat, et marche vers Londres, qui lui ouvre ses portes et le fait couronner roi. Rien ne saurait donner une idée de l'oppression que les durs vainqueurs firent peser sur les vaincus : la spoliation la plus complète fut leur lot. Guillaume retint pour sa part les trésors des anciens rois, l'orfévrerie des églises et ce qu'on trouva de plus précieux chez les marchands. Une part de butin fut envoyée au pape, avec l'étendard de Harold ; les églises normandes furent dotées aux dépens des églises saxonnes; enfin les terres furent partagées entre les chevaliers et les soldats. Puis cette violente conquête dut se maintenir par une domination plus violente encore. Soulèvements des vaincus, extermination de la part des vainqueurs, c'est tout ce que présente cette domination qui devait être durable. Deux faits nouveaux se présentent alors : 1° la féodalité est introduite en Angleterre avec la noblesse normande, qui, riche et puissante, se révolte souvent contre ses rois, et jette les bases du gouvernement représentatif qui existe encore en Angleterre, d'où il a passé dans le reste de l'Europe; 2° les rois d'Angleterre, comme ducs de Normandie, deviennent suzerains des rois de France. Ces deux faits expliquent toute l'histoire intérieure et extérieure de l'Angleterre. Au douzième siècle, pendant que l'Angleterre, par la conquête, par la guerre, s'organise féodalement, la France s'occupe, au contraire, à détruire la féodalité, par la grande révolution communale, marchant ainsi en avant de l'Angleterre et de l'Europe entière dans la conquête de l'égalité civile. Nous avons dit que les rois anglais avaient un pied en France; ils devaient tendre naturellement à y agrandir leurs possessions pour deux raisons : d'abord pour fondre en un seul et même peuple les Saxons et les Normands, en les réunissant contre la France, et ensuite pour s'affranchir eux-mêmes d'une vassalité qui les humiliait depuis qu'ils portaient une couronne royale. Henri II, en épousant Éléonore de Guyenne, femme divorcée de Louis VII, roi de France, agrandit énormément ces possessions sur le continent; mais elles furent plus tard arrachées à l'imprudence de son fils Jean par le vaillant et habile Philippe-Auguste. Les guerres de France ne devaient avoir d'importance que sous le règne d'E-

[1] *Dict. univ.* de Lachâtre.

douard III et de Henri V. A la mort de Louis le Hutin, Edouard III, qui avait des droits au trône de France par sa mère, disputa la couronne à Philippe VI de Valois; alors commença cette lutte meurtrière des deux nations qui devait durer cent ans et plus, qui, à l'Écluse, à Crécy, à Poitiers, à Azincourt, devait exterminer presque toute la noblesse française, faire voir un roi de France prisonnier des Anglais, et les rois anglais couronnés rois de France, tandis que le véritable roi, renié par sa mère et par une moitié de son peuple, était fugitif dans son royaume. A la fin, secondé par les communes et par une vierge guerrière, Charles VII reprend l'avantage, et les Anglais sont repoussés à jamais du continent. Malheureuse dans les guerres de France, l'Angleterre, rentrée en elle-même, n'y devait pas trouver le repos. Elle devait se déchirer dans la guerre des Deux Roses pour les maisons rivales de Lancastre et d'York, et déverser sur elle-même la rage qu'avaient allumée les guerres étrangères. Cette guerre civile dura trente ans, coûta la vie à quatre-vingts princes, et extermina l'ancienne noblesse du royaume. Elle se termine à la mort de Richard III, assassin des enfants d'Edouard IV, et par l'avénement de Henri Tudor, qui unit les prétentions des deux maisons. Le véritable vaincu fut l'aristocratie anglaise, décimée dans les batailles, décimée par les proscriptions; le véritable vainqueur fut la royauté, qui va devenir, entre les mains des Tudors, la plus puissante de l'Europe. L'Angleterre, ce pays de la liberté, en haine de l'anarchie des roses, accorda un pouvoir absolu aux rois de la maison des Tudors. Henri VII la mène contre la France, contre l'Écosse, partout où il veut. Henri VIII répudie et assassine juridiquement ses femmes; il change par un décret la religion du pays; il fait couler pendant quatorze ans sur l'échafaud, sous différents prétextes, le sang le plus précieux de la nation. Édouard VI confirme la révolution religieuse. Marie fait décapiter Jane Grey, ferme les temples, rouvre les églises et allume les bûchers; enfin Élisabeth fait rouvrir les temples et fermer les églises, tue Marie Stuart, fait la guerre à l'Espagne, secourt Henri IV de son argent et de ses soldats, et la nation, résignée, obéissante, enthousiaste même, subit tout, approuve tout, loue tout; ceux même qui allaient mourir par les ordres du roi ou de la reine criaient sur l'échafaud : Vive le roi! vive la reine! Mais la monarchie absolue ne pouvait s'établir en Angleterre. Le peuple laissa faire d'abord; mais quand les Stuarts, succédant aux Tudors, voulurent régner de par le droit divin et opprimer la nation, la nation se montra et brisa ses despotes. L'histoire de Jacques Ier et celle de Charles Ier ne sont que le développement de cette lutte entre le peuple et la royauté, lutte qui brisa la royauté en faisant tomber la tête de Charles Ier, et qui établit la république en Angleterre, où elle fut confisquée au profit de l'ambitieux Cromwell, qui sut gouverner toutefois, maintenant le calme au dedans, et le respect au dehors. Le règne du protecteur Cromwell ramena les esprits aux idées monarchiques, et, après sa mort, son fils, n'ayant

rien de ce qui avait servi le père, se vit forcé de résigner le protectorat, et Charles II, ramené par les intrigues de Monk, rentrait dans la capitale de l'Angleterre et reprenait possession de la couronne britannique. Élevé en France, il voulut régner comme Louis XIV, dont il subissait l'influence. Quant à la religion, il s'en moquait; on n'a jamais pu savoir s'il en avait une. Mais ce dédain de la religion, la corruption de sa cour, ses liaisons avec Louis XIV, lui aliénèrent la nation. Les bourgeois, fanatiques de protestantisme, les grands, jaloux d'avoir part au gouvernement, tous amoureux de la liberté et de la dignité du pays, détestaient un roi qui subissait l'influence du représentant du catholicisme et de l'absolutisme en Europe. Ils entretenaient des rapports avec le stathouder de Hollande, comme Charles en entretenait avec Louis XIV. Enfin Charles mourut, et son fils, Jacques II, plus soumis encore à Louis XIV, commença la restauration du catholicisme, restauration qui devait perdre, en Angleterre, et le catholicisme et les Stuarts. En effet, le prince d'Orange, gendre de Jacques, aborda dans cette île à la faveur du parti national. Il s'y présenta comme le défenseur du peuple. Jacques II s'enfuit, et le prince d'Orange et sa femme Marie signèrent la fameuse *déclaration des droits* de la nation que venait de promulguer un parlement assemblé révolutionnairement, et montèrent sur le trône d'Angleterre. En vain Louis XIV prit-il la défense de Jacques et du droit divin contre Guillaume et la souveraineté nationale, Jacques mourut dans l'exil, ainsi que son fils Jacques III. Guillaume III régna et obtint tout ce qu'il voulut d'un peuple souverainement ennemi de Louis XIV, protecteur des Stuarts. L'Angleterre fit d'enthousiasme la guerre à la France, ou plutôt à son gouvernement; la mort de Guillaume et l'avénement d'Anne ne la suspendit point. Sous ce règne, les exploits de Marlborough faillirent anéantir notre nation. La chute du parti populaire entraîna celle de Marlborough. La paix d'Utrecht fut signée avec la France. La révocation de l'édit de Nantes, la protection accordée par Louis XIV à des rois antipathiques à leur nation, coûtèrent à la France, outre des flots de sang et des richesses immenses, la baie et le détroit d'Hudson, Saint-Christophe, l'Acadie, Terre-Neuve, cédés à l'Angleterre. Celle-ci y gagna en outre Gibraltar, dix vaisseaux et les gallions, chargés des trésors de l'Inde, conquis sur l'Espagne; des priviléges commerciaux exorbitants, et Dunkerque démantelé. Anne morte, le trône échut à un autre prince, appelé par la loi de succession comme petit-fils de Jacques Ier, l'électeur de Hanovre, George Ier, que l'Angleterre accueillit avec joie, parce qu'avec lui, protestant et prince d'Allemagne, elle échappait encore au papisme et mettait un pied sur le continent. Les règnes de George Ier, George II et George III, qui tous embrassent le parti wigh, se confondent avec l'histoire de notre nation, dont ils ne sont qu'un développement parallèle. Dans cette lutte, l'Angleterre s'éleva au plus haut degré de puissance où soit jamais arrivée une nation :

toutes nos possessions d'Amérique et des Indes devinrent sa proie. C'est Pitt, c'est lord Chatam qui la fit ainsi grande, ainsi puissante. Mais le vaste corps de ses possessions devait se démembrer. L'acquisition de ses possessions des Indes et de l'Amérique du nord avait grevé sa dette de quatre milliards. Pour alléger cette dette, l'Angleterre frappa ses possessions de taxes arbitraires; ses colons américains en refusèrent le payement, organisèrent la résistance, proclamèrent la guerre de l'Indépendance, s'affranchirent, à l'aide de la France, et se constituèrent en États-Unis d'Amérique. Le parti qui était aux affaires lorsque l'Angleterre perdait tant de vastes possessions en Amérique, était le parti tory, le parti conservateur et catholique. Il dut céder la place aux wighs; mais ceux-ci, au lieu de continuer la lutte, signèrent la paix de Versailles et reconnurent l'indépendance des États-Unis; ils tombèrent à leur tour du pouvoir. Alors éclata la révolution française....... William Pitt, craignant aussi pour son avenir politique, aidé d'Edmond Burke, célèbre parlementaire, réveilla les vieilles haines de l'Angleterre contre la France : c'est le point de départ des guerres de la république et de l'empire....... Aujourd'hui, tout est changé : les vieilles haines paraissent effacées, et les deux nations ont combattu vaillamment côte à côte dans la guerre de Crimée. (Voy. ce mot.)

RENATO DE ROSSI.

ANGLICANE (ÉGLISE) (dite aussi *Haute Eglise, Eglise épiscopale*). — C'est l'Eglise d'Angleterre qui a adopté en grande partie les dogmes du *calvinisme* (voy. ce mot), mais qui soutient encore l'institution divine des évêques et de la hiérarchie des prêtres. Le roi d'Angleterre est le chef de cette Église, bien qu'il reste étranger au dogme et à la discipline.

ANGLICANISME. — Religion dominante de la Grande-Bretagne, spécialement autorisée par les lois de l'État, telle qu'elle fut établie par l'*acte d'uniformité* rendu en 1562, sous le règne d'Élisabeth.

ANGLOMANE. — Qui est imbu d'anglomanie, qui a pour les Anglais et tout ce qui les concerne une admiration exclusive avec ou sans fondement. « L'*anglomane* cite à tout propos l'exemple de l'Angleterre, se sert dans son langage de mots empruntés à la langue de ce pays, s'habille à l'anglaise, marche à l'anglaise, c'est-à-dire avec cette raideur et cette gravité que l'on remarque jusque chez les enfants de cette nation. L'anglomane croirait encore offenser le pays de son admiration s'il ne mangeait ou buvait à la mode d'Angleterre. Roast-beef, beefsteaks, plumpuddings, ale, porter, ginger-beer, voilà les aliments habituels de l'anglomane. »

ANGLOMANIE [du latin *anglus*, anglais, et du grec *mania*, manie]. — Admiration immodérée, exclusive pour les Anglais, pour leurs usages, leurs mœurs, leurs modes, leurs institutions. Ce sentiment, dit B. Barbé, a été véritablement épidémique chez une partie de notre nation à certaines époques, tandis que le sentiment contraire est profondément enraciné dans le peuple ouvrier et paysan. L'anglomanie a été d'abord introduite chez nous par Voltaire

et Montesquieu, admirateurs d'une nation qui savait être libre. Elle se fortifia et s'augmenta par les guerres d'Amérique. Refoulée pendant les guerres terribles de la Révolution et de l'Empire, elle reparut avec la Restauration et le régime représentatif. Aujourd'hui, l'anglomanie, maltraitée en tous lieux, s'est réfugiée dans le jockey-club. Là, elle règne en souveraine, et, véritable déesse, elle y reçoit un culte des plus orthodoxes. Jamais ses oreilles n'y sont blessées d'un mot véritablement français. Jockey-club, stud-book, ridind-stick, turf, plate, stakes, sweepstakes, cheval thoroug-bred, startes, etc., sont les mots sacramentels qui chatouillent ses oreilles divines au milieu d'un langage d'ailleurs anglo-français, et que, pour la plus grande commodité des anglomanes novices, nous définirons d'après les ouvrages anglais les plus compétents sur cette matière.

ANGLOMÉTRIE (trigonométrie) [du latin *angulus*, angle, et du grec *métron*, mesure]. — Théorie et pratique de la mesure des angles. On se sert de la mesure des angles pour évaluer les surfaces et les solides dans leurs divers rapports. « Mais ici, ce n'est point la mesure des arcs traduits en nombre par la recherche de leur commune mesure qui peut être de quelque utilité, puisque cette mesure changeant avec les angles ne saurait être une unité à laquelle tous les calculs étant rapportés offrent des résultats comparables. C'est le rayon de la circonférence que l'on a pris comme unité constante, en remplaçant les arcs, mesure des angles, par des lignes droites évaluées en parties de rayon, et ayant des rapports communs avec ces arcs. Ce sont les *sinus* et les *cosinus*, les *tangentes* et *cotangentes*, les *sécantes* et *cosécantes*. »

ANGLO-SAXONNE (LANGUE) ou **ANGLO-SAXON**. — Langue parlée sur le sol de la Grande-Bretagne par les peuples d'origine germanique qui l'envahirent et qui, fondue ou mêlée dans la suite avec le normand-français, a formé la langue anglaise. Les trois peuplades germaniques qui envahirent la Grande-Bretagne furent les Saxons, les Jutes et les Angles. Chacune de ces nations devait parler un dialecte particulier de la langue teutonique, et celui des Angles, qui, par leur situation géographique, étaient placés entre les Saxons et les Jutes, dans la mère-patrie, devait participer des dialectes de ces deux derniers. Il servit donc d'intermédiaire sur la terre conquise et hâta la fusion des trois idiomes en un seul, l'anglo-saxon. Amené promptement à une grande régularité, l'anglo-saxon fut pendant six siècles employé par une foule de chroniqueurs, de poètes, de théologiens. Leurs nombreux écrits, avec les lois saxonnes que l'on a conservées, forment une collection précieuse. Il est facile d'y suivre les développements de cet idiome, qui est pour l'anglais moderne ce que le latin est pour l'italien et l'espagnol. L'anglo-saxon était plus harmonieux, plus sonore que l'anglais. Il a perdu ces qualités depuis l'introduction du normand, jargon barbare, dur, irrégulier et surtout indécis et sourd. La versification anglo-saxonne ne consistait ni dans la quantité syllabique, ni dans la rime, mais dans l'allitération, caractère commun à toutes les poésies gothiques primitives. On divise quelquefois cette langue en *anglo-saxon* proprement dit, en *anglo-danois* et en *anglo-normand*. Cette division est peut-être un peu arbitraire quant à l'anglo-danois; car des deux invasions faites par les Danois et par les Normands, la dernière seule en modifia assez le caractère pour que l'anglo-saxon changeât de nom. Les Danois parlaient une langue très-rapprochée de l'anglo-saxon, et nous voyons dans l'histoire que ces farouches adorateurs d'Odin comprirent parfaitement les chants de l'Anglo-Saxon Alfred, qui vint déguisé en barde jusqu'au milieu de leur camp. On voit encore que, sous la domination de la dynastie danoise, l'anglo-saxon continua d'être la langue des lois et du gouvernement. Il n'en fut pas de même sous les Normands, dont la conquête et la domination furent radicales. Guillaume procéda même à l'abolition de la langue des vaincus. Le français devint la langue des affaires et des établissements publics, et il fut défendu d'apprendre à lire aux enfants des Anglo-Saxons dans leur langue maternelle. L'anglo-saxon fut donc forcément modifié; cependant il resta purement la langue du peuple, tandis que le français était celle des grands jusqu'à ce que les guerres de la France amenassent la fusion entre les deux races et entre les deux langues. Néanmoins, l'antipathie éternelle entre les vaincus et les vainqueurs, entre le peuple et l'aristocratie, entre les whigs et les tories, s'est perpétuée à travers les siècles et s'est profondément tracée dans le langage. Le peuple, les poètes du peuple, le démocrate et puritain Milton surtout, affectent les formes et les mots anglo-saxons; les grands, les aristocrates et leurs poètes affectent les formes françaises, les formes du Midi. (LACHATRE, *Dict. univ.*)

ANGORA (zoologie). — Nom donné à une race de chats, de lapins et de chèvres à poil soyeux et long, originaire d'Angora, province de la Turquie asiatique, dans l'Anatolie. C'est improprement qu'on les appelle *angola*.

ANGUILLE (zoologie) [du latin *anguilla*, radical *anguis*]. — *Muræna* de Linnée. — Genre de poissons de la famille des anguilliformes, dont les principaux caractères sont : « corps allongé, arrondi vers la poitrine et comprimé vers la queue, avec deux nageoires pectorales paires, trois nageoires verticales réunies entre elles, vers la queue; une nageoire dorsale incomplète, point de nageoires ventrales; la peau brune sur le dos, blanchâtre sous le ventre, couverte de petites et nombreuses écailles fortement attachées, enduite d'une mucosité abondante, qui fait glisser le poisson dans la main. »

La principale espèce de ce genre, dit G. Bibron, est l'anguille commune (*Muræna anguilla* Linnée), répandue abondamment dans toute l'Europe et qu'on trouve aussi en Amérique et dans l'Inde. Tout le monde connaît ce poisson à corps souple et gluant, dont les couleurs varient suivant la qualité de l'eau dans laquelle il vit; ainsi les eaux limoneuses produisent des individus dont la partie supérieure du corps est noirâtre foncé, et la partie inférieure jaunâtre, tandis que ceux qu'on pêche dans les eaux limpides présentent sur le dos un beau vert olive à reflets dorés, et sous le ventre un blanc argenté magnifique. Les anguilles peuvent atteindre jusqu'à deux mètres de longueur. Pendant le jour, elles se tiennent le plus ordinairement cachées dans la vase; mais la nuit, elles vont à la recherche de leur nourriture, qui consiste en vers et en petits poissons. On prétend aussi qu'on en a vu s'élancer sur de très-jeunes canards qu'elles submergeaient en les saisissant par les pattes pour les dévorer ensuite. Mais ce qui est plus extraordinaire, c'est qu'il leur arrive quelquefois d'abandonner les eaux dans lesquelles elles vivaient habituellement pour aller en chercher d'autres, souvent à des distances assez considérables, en rampant sur la terre comme les serpents. Outre le brochet, qui leur fait une guerre incessante, elles ont encore tout à craindre des loutres parmi les mammifères, des grues et des cigognes parmi les oiseaux. La pêche des anguilles se fait avec des hameçons suspendus à des lignes de fond ou avec la seine. On en prend aussi dans des nasses et avec la fouenne. Quant à leur mode de reproduction, quoique rien de bien positif ne soit connu à cet égard, l'opinion la plus généralement répandue est qu'elles sont ovovivipares, c'est-à-dire que les œufs éclosent dans le corps de la mère. L'anguille est un poisson dont la chair est fort estimée.

Les anguilles sont, dans certains pays, d'un rapport prodigieux. Le marché de Londres est fourni par deux compagnies hollandaises qui disposent de dix vaisseaux toujours en mouvement, et dont chacun reçoit jusqu'à 20,000 kilogr. d'anguilles vivantes. Les lagunes salées de Commachio, en Italie, fournissent en trois mois jusqu'à 880,000 kilogr. d'anguilles, qui alimentent les marchés de l'Allemagne et de l'Italie.

ANGUILLIFORMES (zoologie). — Famille de poissons, formée par Cuvier dans l'ordre des malacoptérygiens apodes, composé de poissons manquant de nageoires ventrales, ayant le corps allongé, couvert d'une peau épaisse et gluante, les écailles peu visibles, une vessie natatoire de forme variable et singulière. A cette famille appartiennent les genres *anguille* (genre type), *murène*, *ophisure*, *gymnote*, etc.

ANGUILLULE (zoologie) [diminutif d'anguille].— Genre de vers nématoïdes anciennement confondus avec les infusoires et qui se rapprochent beaucoup, par leur forme, des acaridiens et des oxyures. « Les anguillules les plus connues sont celles qui se développent dans le vinaigre et la colle de farine; mais les plus curieuses sont celles qui se trouvent dans le blé niellé, où elles pullulent en amas si considérables, qu'elles remplacent entièrement la fécule. Elles sont surtout remarquables par la propriété qu'elles ont de se dessécher entièrement sans perdre la vie, qu'elles reprennent sous l'influence de l'humidité. D'autres anguillules se trouvent dans le corps des lombrics, dans l'intestin des limaces, des chenilles et autres insectes. Ces animaux sont vivipares et ont les sexes séparés. »

ANGUINE (botanique) [du latin *anguis*]. — Genre de plantes de la famille des cucurbitacées, ainsi nommées parce que la première espèce connue porte des fruits longs, minces et contournés en serpent. La seule espèce intéressante est l'*anguine trichosanthe* ou *à fleurs chevelues*, qui se cultive dans les départements voisins de Paris pour ses fruits, que l'on cueille à demi mûrs pour manger en salades.

ANGUIS (zoologie) [mot latin signifiant *serpent*]. — Famille de reptiles à corps cylindrique, dépourvu de membres apparents, et dont l'organisation intérieure se rapproche de celle des lézards. Leur bouche est petite, à peine dilatable; leurs dents nombreuses, serrées; le corps revêtu d'écailles uniformes, lisses, etc. L'*anguis* se nourrit de petits insectes et est vivipare. Sa longueur est de quarante à cinquante centimètres. Une autre espèce, l'*anguis fragile* ou *serpent de verre*, est ainsi nommée à cause de la facilité avec laquelle il se brise entre les doigts. Il est inoffensif et habite les bois sablonneux de l'Europe. Sa couleur varie d'un blanc argenté au brun fauve ou grisâtre. On le nomme vulgairement *orvet*, *envoye*, *aveugle*.

ANGUSTURE (botanique) [du lat. *angostura*]. — Écorce usitée en médecine, ainsi nommée de la ville de ce nom en Guyane, où on l'a connue pour la première fois. Il en existe deux sortes, qu'il est important de distinguer. Le docteur Foy leur assigne les caractères suivants :

Angusture vraie. — Morceaux variables dans leurs formes, leur grosseur et leur longueur; amincis sur leurs bords, très-fragiles, peu épais, d'une texture peu serrée, plus ou moins chargés de lichen, etc.; d'une odeur désagréable, un peu animalisée, et d'une saveur extrêmement amère.

Angusture fausse. — Morceaux généralement plus forts, non amincis sur les bords, non fragiles, pesants, compacts, à surface grisâtre et verruqueuse, ou couleur de rouille et non verruqueuse; inodores, très-amers, etc.

L'angusture fausse est un poison dangereux, qu'il faut bien se garder d'administrer en médecine. L'angusture vraie, trop peu usitée aujourd'hui, a été longtemps employée contre les fièvres et la dyssenterie, et surtout contre la fièvre jaune.

L'angusture vraie est fournie par le *cusparia febrifuga* de Humboldt, famille des rutacées de Jussieu; l'angusture fausse est due à un *strychnos* encore inconnu. Le *cusparin* et la *brucine* sont deux principes actifs de l'angusture : le cusparin, qu'on retire de l'angusture vraie, est inusité en médecine; la brucine, qu'on obtient de la fausse angusture, de la noix vomique, de la fève de saint Ignace, etc., est un poison irritant; elle jouit de propriétés analogues à la strychnine, mais à un plus faible degré; aussi convient-elle dans la paralysie, l'atrophie des membres, certaines amauroses, la chorée, l'épilepsie, etc.—B. L.

ANHÉLATION (pathologie générale) [du latin *anhelare*, vulgairement *essoufflement*]. — La respiration devient d'autant plus fréquente que la circulation est plus accélérée. Or, l'accélération des battements du cœur ayant lieu dans la fièvre, quelles que soient la nature et la cause de celle-ci, il en résulte que les mouvements inspiratoires s'accélèrent proportionnellement, afin d'opérer l'hématose du sang qui arrive en plus grande quantité aux poumons. Dans l'état physiologique, au contraire, la respiration augmente de fréquence après un exercice trop prononcé, des émotions vives, etc., attendu que la circulation s'accélère également. Cette fréquence physiologique se nomme *anhélation*, et l'on appelle *dyspnée* (voy. ce mot) la précipitation morbide de cette fonction.

A. B.

ANHINGA (zoologie) [nom brésilien de cet oiseau]. —*Plotus* de Linnée. —Genre d'oiseaux palmipèdes totipalmes, remarquables par la longueur de leur cou, qui surpasse celle de leur corps entier, par leur queue, qui est large et arrondie, par leur tête petite, et par leur bec droit, grêle, pointu et finement dentelé sur les bords. Du reste, leurs pieds, leur face et leur gorge, sont comme ceux des cormorans.

Par un privilège qui est commun à ces animaux, dit Doyère, les anhingas se perchent, et comme la petitesse de leurs jambes rend leur démarche chancelante et pénible, on les rencontre rarement à terre, et c'est sur les arbres les plus élevés qu'ils établissent leurs nids, grossièrement construits avec quelques bûchettes. Souvent on les voit, de l'extrémité d'une branche avancée, se laisser tomber, plonger, et ressortir un poisson dans le bec, qu'ils retournent dépecer sur leur arbre; mais cette patience, dont on fait une de leurs vertus, aurait souvent pour résultat une tempérance forcée, et nous ne pouvons nous empêcher de penser qu'un oiseau aussi bon plongeur, nageur excellent, armé comme le sont peu d'oiseaux pêcheurs, et à besoins sans cesse renouvelés par une digestion active, doit savoir utiliser ses armes et son adresse, et ne pas s'en remettre entièrement du soin de sa nourriture à la main souvent parcimonieuse du hasard. Selon quelques-uns, avec cette résignation qui leur fait attendre le menu fretin que le ciel leur envoie, les anhingas ont l'habitude de ne s'en emparer qu'en le perçant de leur bec comme d'un dard; ce qui est beaucoup plus merveilleux, sinon plus sûr, que de le saisir comme tout le monde saisit sa proie, en ouvrant les mandibules et les refermant à propos; et si Dieu leur a donné un bec effilé et aigu comme une alêne, ce n'était que pour voir se répéter chaque jour sous ses yeux ce tour d'adresse renouvelé des Grecs, et de cet homme auquel Alexandre fit donner un tonneau de petits pois. Malgré tout le respect que nous professons pour les causes finales, il nous semble que c'est donner à ces pauvres oiseaux une besogne bien inutile, et dont nous leur faisons volontiers grâce. Après cette explication d'ailleurs, que ferions-nous de leurs dentelures rebroussées comme les dents du brochet? L'anhinga est un animal timide et rusé. Tous les chasseurs parlent de la difficulté de les atteindre, de la prestesse avec laquelle ils s'enfuient de leur arbre, ou disparaissent sous l'eau comme les plongeons, dès qu'ils sont menacés, et des longs circuits qu'ils y parcourent; toutefois ils ne les citent que comme un triste gibier, qui le dispute en méchanceté avec le cormoran, le goëland et la mouette. Comme ces oiseaux ont le vol très-soutenu, et pourraient au besoin se reposer sur les eaux, on trouve l'espèce tout autour du globe, au Brésil, au Paraguay, à la Guyane, aux Florides, à Java, à Ceylan, à Madagascar, chez les Hottentots et au Sénégal. Chaque naturaliste ayant décrit comme une espèce à part l'individu qu'il avait entre les mains, chaque localité s'est bientôt trouvée avoir la sienne, avec un nom grec ou latin fabriqué tout exprès. M. Tanninck, qui les a réduites à deux, l'une de l'ancien, l'autre du nouveau continent, n'a pas mieux réussi, si l'on en juge par les sept sujets authentiques que possède le Muséum, et que nous avons eus entre les mains. Le plumage des anhingas, comme celui de presque tous les oiseaux d'eau, doit varier avec le sexe, l'âge, le climat, le régime, et même avec les différentes saisons de l'année; et ce ne sera qu'après des observations bien précises que l'on en pourra tirer quelques inductions. Quelquefois la poitrine et la gorge sont d'un beau blanc argenté; chez d'autres, d'un noir de corbeau ou d'un brun très-foncé. Le dessus du corps et la tête paraissent offrir constamment des couleurs sombres, le brun ou le noir, quelquefois le roux par pinceaux, le plus souvent avec des taches ou mouchetures blanches sur les scapulaires. Quant aux formes et aux proportions, elles sont partout identiquement les mêmes, aux accidents près. La longueur totale est d'environ trente pouces. L'ongle du milieu est pectiné, c'est-à-dire que de son arête supérieure se détache une sorte d'écaille dentelée qui se recourbe en dedans, en recouvrant l'ongle. Ce caractère leur est d'ailleurs commun avec plusieurs oiseaux d'eau de la même famille, et avec d'autres encore. (DOYÈRE.)

ANHYDRE [du grec *an*, privatif euphonique, et *hydor*, eau; ne contient pas d'eau]. — En chimie, ce mot se dit d'un sel, d'un acide, d'un corps quelconque qui ne contient pas d'eau étrangère à sa composition intime, tels que les sels auxquels on a enlevé leur eau de cristallisation, les acides très-concentrés.

ANHYDRITE [du grec *anhydos*, sans eau]. — Espèce de minéral cristallin de la famille des roches à base de sulfate de chaux, formée de chaux, d'acide sulfurique, sans eau de composition, tantôt grenue, tantôt compacte, quelquefois l'une et l'autre à la fois, ordinairement blanche, bleuâtre ou même rougeâtre, quelquefois grise et sombre, par suite de la présence de quelques matières bitumineuses. Cette roche, qu'on croyait jadis restreinte à l'étage des grès bigarrés, figure aussi dans quelques terrains primordiaux. L'anhydrite est susceptible de s'hydrater à la longue; alors elle se désagrège, devient spongieuse, et finit par se convertir en gypse. (CH. D'ORBIGNY.)

ANI, dit aussi CROTOPHAGE (zoologie) [le premier est un nom de pays; le second vient du grec *krotos*, tique, vermine; *phagos*, mangeur]. — Genre d'oiseaux grimpeurs de la famille des coucous, composé d'espèces particulières au nouveau monde.

D'après Azzara, « les anis sont très-nombreux dans les contrées chaudes de l'Amérique méridionale : on les trouve également aux Antilles, volant par troupes de dix à douze, quelquefois de vingt-cinq à trente, toujours serrées et compactes. On voit parfois quelques couples se détacher des autres; mais il est extrêmement rare de rencontrer des individus isolés. La brièveté de leurs ailes et la faiblesse de vol qui en est le résultat s'opposent à ce qu'ils fassent de longues migrations, et les laissent sans défense contre les ouragans de ces contrées, qui en font périr un grand nombre. Aussi, bien qu'on les voie souvent à terre, et dans les terrains découverts, où ils cherchent leur nourriture, ou posés sur quelques branches d'un arbre, où ils se serrent les uns contre les autres, comme s'ils ne pouvaient supporter même un instant le poids de la solitude, c'est dans les buissons et les halliers qu'ils se retirent de préférence, et qu'ils établissent leurs nids, grossièrement mais solidement construits, avec des bûchettes, des herbes et des plantes filamenteuses, des feuilles sèches ou promptements desséchées, et plus ou moins grands, suivant le nombre des femelles. On en a vu qui avaient jusqu'à 50 centimètres de diamètre et contenaient plus de trente œufs. Ce sont, au reste, des oiseaux timides et qui se laissent difficilement approcher : pris jeunes, ils s'apprivoisent bien, et apprennent, dit-on, à parler avec la même facilité que les perroquets, bien qu'ils aient la langue aplatie et terminée en pointe. Leur cri naturel est une sorte de gazouillement désagréable qui s'entend de fort loin, surtout lorsqu'ils sont menacés de quelque danger. »

Les principales espèces d'ani sont :

1° L'*ani des palétuviers*, grand comme un geai, qui habite les palétuviers et les terrains secs : son plumage est d'un noir foncé avec des reflets irisés violets, ou d'un vert brillant.

2° L'*ani des savanes*, qu'on trouve dans les savanes et les lieux voisins des eaux, et qui s'y tient constamment : son plumage est moins brillant, et le violet y domine plus que le vert.

ANILIDES (chimie) [du portugais *anil*, indigo]. — Terme générique employé pour désigner une classe de composés découverts en 1846 par M. Gerhardt. Ces composés diffèrent des sels d'aniline par les éléments de l'eau, mais peuvent se convertir en ces sels en s'assimilant ces éléments.

ANILIDE [même étymologie]. — Alcaloïde huileux, très-âcre, d'une odeur aromatique, composé de carbone, d'hydrogène et d'azote, dans les rapports suivants : $C^{12}H^7N$. Le chimiste Fritzsche l'a découvert en distillant l'indigo avec la potasse; on le rencontre en abondance dans l'huile du goudron de houille. Il forme avec les acides des sels cristallisables, qui se colorent en violet avec le chlorure de chaux. Il jaunit à l'air et se change en une matière résineuse.

ANIMAL [du grec *anémos*, vent, souffle; d'où en latin *anima*, principe de la vie, que les anciens plaçaient dans le souffle de la respiration]. — *Etre plus ou moins doué d'instinct, d'intelligence, de sensibilité, de contractilité et de volonté, servi par un système d'organes nommés corps, et dont l'existence plus ou moins limitée se manifeste à nous par le développement, la conservation et les fonctions de ce corps.* Les facultés de l'animal, plus ou moins appréciables pour nous, sont toujours proportionnées à ses besoins. « Par son instinct et son intelligence, il connaît son existence et ses nécessités. Par la sensibilité, il se met, à l'aide de certains organes, en communication avec le monde, et par sa volonté, à l'aide d'autres organes, il agit sur la matière pour l'approprier à ses usages. La conception et la mort sont les limites extrêmes entre lesquelles se développent tous les phénomènes qui constituent sa vie organique. »

Une des plus grandes difficultés qui aient de tous temps arrêté les naturalistes dans l'étude du règne animal, c'est la définition même du mot *animal*, définition qui les caractérise tous d'une manière satisfaisante et les rattache ou les sépare nettement des règnes voisins, *végétaux* et *minéraux*.

Linnée a dit, dans son style aphoristique, à la fois énergique et concis :

> Mineralia crescunt;
> Vegetabilia crescunt et vivunt;
> Animalia crescunt et vivunt et sentiunt.

VIVRE *distingue donc les animaux des minéraux qui n'ont d'autre propriété générale que celle de s'*ACCROITRE; SENTIR *les place à une distance énorme des végétaux, qui possèdent comme eux l'*ACCROISSEMENT *et la* VIE. Ajoutons à ces premiers caractères la faculté de SE MOUVOIR, l'existence au moins apparente de la spontanéité, la présence d'une cavité intérieure (intestin) propre à contenir les aliments, et nous aurons la définition de l'animal tel que la plupart le conçoivent. Cette définition renferme, il est vrai, dans peu de mots les facultés principales qui établissent la supériorité du règne animal sur les deux autres règnes; mais elle est beaucoup trop large, et de moins en moins exacte à mesure que nous nous éloignons des types supérieurs qui ont servi à l'établir, pour nous rapprocher des limites qui partagent en deux la grande série des corps vivants.

De tous les phénomènes dont l'étude doit occuper le naturaliste, la vie est le premier et le plus important, parce qu'il résume tous les autres, et résulte de leur ensemble. Si, pour nous faire une idée juste de son essence, dit Cuvier, nous la considérons dans les êtres où ses effets sont les plus simples, nous nous apercevrons promptement qu'elle consiste dans la faculté qu'ont certaines combinaisons corporelles de durer pendant un certain temps et sous une forme déterminée, en attirant sans cesse dans leur composition une partie des substances environnantes, et en rendant aux éléments des portions de leur propre substance. La vie est donc un tourbillon plus ou moins rapide, dont la direction est constante, et qui entraîne toujours des molécules de même sorte, mais où ces molécules entrent et d'où elles sortent conti-

nuellement, de manière que la forme du corps lui est plus essentielle que sa matière.

La vie des animaux étant beaucoup plus compliquée que celle des plantes, leurs organes ont été plus nombreux, leurs fonctions plus variées. Dans un grand nombre d'animaux, on trouve, comme chez l'homme, trois grandes classes de fonctions : fonctions de *relation*, de *nutrition* et de *reproduction*. (Voy. *Fonctions*.)

Tout s'enchaîne, tout concourt, tout conspire dans les fonctions pour former la vie, comme dans les organes pour composer les corps vivants. Un estomac et des sexes séparés, la digestion et l'accouplement, a dit un physiologiste, nécessitent des muscles, du sentiment et du mouvement. Se nourrir, engendrer, sentir et se mouvoir, tout cela marche ensemble : la sensibilité est liée à la nutrition par la faim, comme à la génération par l'amour. Il en est ainsi de toutes les fonctions principales; voilà pourquoi chacune d'elles a son sens propre : la digestion a le sens du goût; la vue est celui des mouvements; le toucher est le sens général : c'est le sens commun, le sens de l'existence; l'ouïe est le sens de la voix, comme l'odorat est le sens de la respiration. — On ne voit pas d'abord quel rapport il peut y avoir entre le tympan, des nerfs olfactifs et des poumons; cependant ces rapports sont réels. Il en existe d'analogues entre tous les organes et toutes les fonctions : des agents respiratoires circonscrits nécessitent un cœur qui puisse y verser et y puiser du sang. Avec un cerveau, il faut des nerfs qui l'avertissent, des muscles qui lui obéissent. Une matrice suppose des mamelles, un ombilic, un canal artériel; et l'un de ces organes ou de ces caractères suffit pour attester l'existence de tous les autres. Il est aisé d'apprécier les motifs de ces coexistences; mais il en est d'autres dont le but est beaucoup moins évident. On ignore, par exemple, pourquoi l'on retrouve un foie partout où il existe un cœur; pourquoi les animaux privés de dents canines sont les seuls animaux pourvus de cornes; pourquoi les insectes orthoptères, animaux herbivores et sauteurs, ont le front couvert d'une large plaque. Au reste, peu importe que l'on conçoive l'enchaînement de tous ces faits, l'essentiel est d'en avoir saisi la simultanéité. Quant aux lois qui ont présidé à la création des animaux, elles sont admirables, sublimes comme leur Auteur! Nous allons d'ailleurs les exposer d'après les méditations du savant Lamarck. Peut-être, au premier abord, ces lois ne sembleront-elles pas d'une vérité frappante; mais étudiées avec soin, placées en regard des faits et des choses, elles devront être jugées autrement; car, fortes d'évidence et de vérité, elles ne tarderont point à apparaître à l'esprit comme la plus belle manifestation de la connaissance intime de la nature des êtres.

« 1° Nulle sorte ou nulle particule de matière ne saurait avoir en elle-même la propriété de se mouvoir, ni celle de vivre, ni celle de sentir, ni celle de penser ou d'avoir des idées; et si, parmi les corps, il y en a qui soient doués, soit de toutes ces facultés, soit de quelques-unes d'entre elles, on doit considérer alors ces facultés comme des phénomènes physiques que la nature a su produire, non par l'emploi de telle matière qui posséderait elle-même telle ou telle de ces facultés, mais par l'ordre et l'état de choses qu'elle a institués dans chaque organisation et dans chaque système d'organes particulier.ᴱ

» 2° Toute faculté animale, quelle qu'elle soit, est un phénomène organique, et cette faculté résulte d'un système ou appareil d'organes qui y donne lieu, en sorte qu'elle est nécessairement dépendante.

» 3° Plus une faculté est éminente, plus le système qui la produit est composé, et appartient à une organisation compliquée ; plus aussi son mécanisme devient difficile à saisir. Mais cette faculté n'en est pas moins un phénomène d'organisation, et est en cela purement physique.

» 4° Tout système d'organes qui n'est pas commun à tous les animaux donne lieu à une faculté particulière à ceux qui le possèdent ; et lorsque le système spécial n'existe plus, la faculté qu'il produisait ne saurait plus exister, ou s'il n'est qu'altéré, la faculté qui en résultait l'est pareillement.

» 5° Comme l'organisation elle-même, tout système d'organes particulier est assujetti à des conditions nécessaires, pour qu'il puisse exécuter ses fonctions ; et parmi ces conditions, celle de faire partie d'une organisation dans le degré de composition où on l'observe est au nombre des essentielles.

» 6° L'irritabilité des parties souples, quoique dans différents degrés suivant leur nature, étant le propre des animaux, et non une faculté particulière, n'est point le produit d'aucun système d'organes particulier dans ces parties ; mais elle est celui de l'état chimique des substances de ces êtres, joint à l'ordre de choses qui existe dans le corps animal pour qu'il puisse vivre.

» 7° Tout ce qui a été acquis dans l'organisation d'un individu par l'influence des circonstances est transmis, par la génération, à celui qui en provient, sans qu'il ait été obligé de l'acquérir par la même voie, en sorte que de la réunion de cette cause à la tendance de la nature à compliquer de plus en plus l'organisation, résulte nécessairement la grande diversité qu'on observe dans la production des corps vivants.

» 8° La nature, dans toutes ses opérations, ne pouvant procéder que graduellement, n'a pu produire tous les animaux à la fois ; elle n'a d'abord formé que les plus simples, et, passant de ceux-ci jusqu'aux plus composés, elle a établi successivement en eux différents systèmes d'organes particuliers, les a multipliés, en a augmenté l'énergie, et, les cumulant dans les plus parfaits, elle a fait exister tous les animaux avec l'organisation et les facultés que nous leur observons. »

Différence des corps organisés (animaux et végétaux) *et des corps bruts* (minéraux). — Sept principaux rapports unissent les animaux et les végétaux, et servent à les distinguer des minéraux.

Les corps organisés ont 1° une structure hétérogène ; 2° une activité qui leur est propre ; 3° ils naissent d'êtres semblables à eux ; 4° ils se nourrissent en introduisant dans leur intérieur des substances étrangères qu'ils s'incorporent ; 5° ils ont une forme et un volume déterminés ; 6° ils ont une durée limitée et sont sujets à la mort ; 7° ils peuvent jusqu'à un certain point se soustraire aux lois de la physique générale.

1° Les minéraux, au contraire, ont une structure homogène ; 2° ils sont inertes ; 3° ils sont formés en vertu des lois de l'affinité ; 4° ils s'accroissent, par cristallisation ou par agrégation, en recevant à leur surface des molécules homogènes ; 5° ils ont une forme et un volume indéterminés ; 6° ils ont une durée illimitée et sont impérissables ; 7° ils sont complétement soumis aux lois de la physique générale.

Différences des animaux et des végétaux. — Par cela même que les animaux et les végétaux ont été nommés *corps organiques*, ils doivent présenter entre eux de grandes analogies et de notables différences. Aussi a-t-il fallu pour faciliter leur étude en former deux grandes classes distinctes (zoologie, botanique). Nous venons de voir que la limite entre les corps organisés et les corps bruts n'était nullement difficile à établir ; malheureusement il n'en est pas de même des caractères qui distinguent et séparent les animaux des plantes. Ces deux grandes classes, dit Decandolle, ou, comme on les nomme, ces deux règnes (les animaux et les végétaux) ont entre eux des rapports si intimes, qu'ils semblent formés sur un plan analogue ; les uns et les autres sont composés de parties, les unes agissantes, les autres élaborées ; les unes plus ou moins solides, les autres généralement liquides : dans les deux règnes, on remarque, tant que la vie dure, une tendance énergique pour résister à la putréfaction ; dans les deux règnes, on trouve des composés particuliers que la synthèse chimique ne sait imiter : dans l'un et l'autre règne, les matières qui doivent servir à la nutrition passent, avant d'en être susceptibles, par une série de phénomènes analogues ; dans tous les deux, on distingue des sécrétions et des excrétions variées : dans les deux règnes, les lois de la reproduction offrent une similitude frappante ; dans tous deux, les individus nés d'un être quelconque lui ressemblent dans toutes les parties essentielles ; et la réunion de tous ces individus, qu'on peut supposer originairement sortis d'un seul être, constitue une espèce.

Malgré cette confusion apparente, il n'est pas impossible d'exposer d'une manière approximative les nuances qui différencient les animaux des végétaux. Le tableau comparatif suivant, dû au savant Achille Comte, le prouve :

TABLEAU COMPARATIF
DES RÈGNES ANIMAL ET VÉGÉTAL.

Animaux.	Plantes.
Ils ont des organes , ou parties, qui, dans leur disposition particulière ,	Elles ont des organes remplissant les mêmes fonctions.

Animaux.   *Plantes.*

remplissent chacune un emploi spécial, et dont l'ensemble agissant donne pour résultat l'existence du tout.

Ils vivent, et la force vitale paraît résulter chez eux de l'irritabilité de leurs parties, qui sont susceptibles de se contracter par le contact de certains stimulants.

L'azote, le carbone, l'hydrogène, l'oxygène, des sels alcalins et des oxydes métalliques, forment la base des substances animales.

Les animaux meurent; c'est-à-dire que les molécules qui étaient unies sous l'empire de la vitalité, pour constituer les différents organes, se désunissent, et ne tardent pas à se combiner, d'après les lois de l'affinité et de l'attraction.

Les animaux résistent aux forces extérieures qui tendent à les détruire, et réparent leurs parties lésées par une blessure.

Ils rejettent les substances inutiles ou nuisibles à leur nature, et s'approprient celles qu'ils peuvent s'assimiler; quand cette préférence n'est pas l'effet d'une impulsion instinctive, elle a pour cause une sorte d'affinité chimique qui préside à l'assimilation. Ce mouvement continuel de composition et de décomposition est soustrait à l'empire de la volonté, et s'exerce par l'influence des *nerfs* de la *vie organique.*

Les animaux ont des sexes.

On trouve quelques animaux hermaphrodites qui se fécondent et se reproduisent sans le secours d'un individu de leur espèce : exemple, la moule et beaucoup d'autres mollusques acéphales.

Les hélices et autres coquillages sont androgynes, c'est-à-dire que, quoique pourvus chacun d'organes mâles et d'organes fe-

---

L'irritabilité et la contraction paraissent d'une manière énergique dans les fleurs du vinetier, de la rue, d'un cactier; dans les feuilles et les rameaux de la sensitive, etc.

Il en est de même dans les plantes ; seulement dans celles-ci le carbone domine, et l'azote ne se rencontre que très-rarement, excepté dans quelques produits que l'on appelle animalisés, tels que le *gluten*, etc.

La même chose arrive pour les plantes.

Les plantes résistent également, et cicatrisent leurs blessures.

Les plantes agissent absolument de la même manière; leurs tiges, principalement leurs racines, se détournent par un mouvement qui paraît presque volontaire : les premières pour abandonner les ténèbres et aller chercher la lumière, les secondes pour abandonner un sol sec et stérile, et aller chercher une terre humide plus nutritive. Les plantes absorbent les fluides qui leur conviennent, et rejettent au dehors les sécrétions inutiles ou nuisibles.

Les plantes ont des sexes distincts.

La plus grande partie des plantes est hermaphrodite.

Le mûrier et beaucoup d'autres plantes monoïques sont dans le même cas.

Animaux.   *Plantes.*

melles, ils sont obligés de s'accoupler avec d'autres individus semblables, pour reproduire leur espèce.

Presque tous les animaux n'ont qu'un sexe, et ont besoin d'un autre individu du sexe différent pour se reproduire.

Généralement les animaux se fécondent par un rapprochement et contact qui amènent la vivification de l'ovule de la femelle par le suc prolifique du mâle.

Le rapprochement, dans la plupart des oiseaux, consiste en un simple contact; l'effet de ce contact est la vivification de l'ovule, qui peut exister sans cette circonstance, mais qui ne peut être le siège du développement d'un petit animal.

Lorsque la femelle d'un triton (*salamandre aquatique*) est à l'époque de la reproduction, elle s'élève près de la surface des eaux, et nage avec une espèce d'inquiétude remarquable; le mâle vient nager autour d'elle, et verse dans les eaux une liqueur bleuâtre qui la féconde.

Lorsque la plupart des poissons frayent, les femelles déposent leurs œufs sur le sable; les mâles laissent couler dans les lieux voisins leur liqueur fécondante, qui, entraînée par les eaux, féconde les œufs qu'elle rencontre.

Beaucoup d'animaux sont vivipares, c'est-à-dire

Toutes les plantes dioïques sont dans ce cas.

A l'époque de la fécondation de quelques conferves, deux tubes, qui sont les organes sexuels de la plante, se rapprochent et s'accouplent par emboîtement l'un dans l'autre; le suc prolifique passe dans le tube, s'y coagule, et forme un globule qui, au bout d'un temps déterminé de gestation, sort, en déchirant le sein de sa mère, pour former une nouvelle plante.

Lorsque la parnassie ouvre sa corolle, les étamines sont éloignées du pistil; lors de la fécondation, une seule anthère s'approche du stigmate, le touche, le presse, le couvre de pollen, et se retire ensuite; quelques instants après, une autre prend sa place, agit de même, et se retire à son tour; puis une troisième s'approche, une quatrième, et ainsi de suite, jusqu'à ce que toutes aient concouru à la fécondation.

A une époque favorable, les pédoncules de la valisnérie, roulés en spirale, se développent, et permettent à la fleur femelle de venir épanouir sa corolle à la surface des eaux; les fleurs mâles, naissant près des racines de la plante et n'ayant que des pédoncules fort courts, s'en séparent spontanément, montent à la surface des ondes, nagent autour de la fleur femelle, la fécondent, et sont entraînées par les courants.

Les individus mâles des plantes dioïques lâchent leur pollen dans les airs, et c'est le vent qui est chargé de les porter sur les ovaires des fleurs femelles, pour les féconder.

Quelques graminées, des lis, des aulx, au lieu

Animaux.

qu'ils font leurs petits vivants.

Quelques animaux, quoique pourvus d'organes reproducteurs, sont scissipares, c'est-à-dire qu'ils se reproduisent le plus ordinairement par boutures ; tels sont les polypes, etc.

Beaucoup d'animaux sont ovipares, c'est-à-dire qu'ils se reproduisent par des œufs.

Les animaux, lors de l'acte de la fécondation, donnent des signes plus ou moins énergiques de sensibilité.

Quelques zoophytes se multiplient par de petits individus qui se forment comme des gemmes ou des tubercules autour de leur mère. Celle-ci les alimente de sa propre substance, jusqu'à ce qu'ils aient atteint un développement convenable ; alors ils se détachent, et pourvoient seuls aux nécessités de l'animalité.

Les pucerons naissent fécondés pour plusieurs générations, et peuvent se reproduire longtemps sans rapprochement.

On peut greffer deux polypes l'un sur l'autre, même d'espèces différentes, et ils ne font plus qu'un seul individu.

Si l'on arrache la patte d'une écrevisse, si l'on coupe celle d'une salamandre aquatique, si l'on tranche la tête d'une hélice, ces parties repoussent en plus ou moins de temps, suivant la saison, et les animaux se retrouvent bientôt après entiers et complets.

La plus grande partie des zoophytes ne sont formés que d'une substance molle et gélatineuse, sans la plus légère apparence d'appareils digestifs, de vaisseaux propres à la circulation, de fluides, de muscles, de nerfs, ni d'un centre commun de sensibilité.

Tous les insectes, les

Plantes.

de produire des graines, produisent de petites plantes toutes formées.

Un grand nombre de plantes agames sont dans le même cas ; les lichens, qui ne fructifient jamais, sont ceux qui sont ordinairement les plus communs.

Une graine n'est rien autre chose qu'un œuf végétal.

Dans le moment de la fécondation de l'arum, la fleur acquiert une chaleur brûlante qui dure quelques minutes ; pendant ce court intervalle, la petite colonne qui la surmonte devient noirâtre, de verte ou blanchâtre qu'elle était.

Beaucoup de plantes se multiplient de rejetons et de caieux. Les conferves n'ont pas d'autre mode de reproduction que celui de ces polypes. La cardamine des prés, dans de certaines circonstances, se régénère par de petits gemmes tuberculeux qui croissent sur ses feuilles.

Les épinards produisent des graines fertiles sans fécondation.

On sait comment on greffe les végétaux.

On sait que les branches d'un végétal se reproduisent quand elles ont été coupées.

Tels sont aussi les végétaux dont l'organisation nous paraît la plus simple, par exemple les nostochs.

Les arbres, dans nos

Animaux.

reptiles, et même quelques mammifères, restent engourdis plus ou moins longtemps par le froid, sans donner le moindre signe de vie.

Tous les animaux changent plusieurs fois de peau pendant le cours de leur vie, soit qu'elle tombe par grands fragments, comme dans les crustacés, les serpents, etc., soit qu'elle se détache d'une manière presque imperceptible, et sous la forme d'une poussière écailleuse, comme dans l'homme.

Les animaux se nourrissent de fragments d'animaux et de végétaux, qui se décomposent dans leurs sacs digestifs, et leur fournissent des fluides qui se combinent avec leur propre substance, ainsi que de quelques substances minérales pures, par exemple l'eau ; ou combinées, les sels terreux, les oxydes métalliques, etc.

Dans les insectes, les fluides nourriciers traversent les parois d'un long tube intestinal, abreuvent les tissus organiques, et s'élaborent au contact de l'air, qui s'introduit par des stigmates ou pores respiratoires placés le long du corps, et qui circule dans toutes les parties de l'animal.

D'autres animaux, parmi les zoophytes, ne se nourrissent que par une absorption des fluides, qui s'opère par toute leur surface.

Les animaux respirent ; si on les plonge quelque temps dans un gaz pur, excepté l'oxygène, ils périssent asphyxiés : ils respirent de l'oxygène, et expirent de l'acide carbonique.

Plantes.

climats, cessent de végéter pendant l'hiver.

Les arbres renouvellent plusieurs fois leur écorce pendant le cours de leur vie, soit par grands fragments : les liéges, bouleaux, platanes ; soit par petites parcelles : les poiriers, les pommiers, etc.

Les plantes se nourrissent des fluides résultant de la décomposition des animaux et des végétaux, et des substances minérales pures ou combinées, comme l'eau, les sels terreux, les oxydes métalliques, etc.

Dans les plantes, les fluides nourriciers ou la séve circule dans les longs tubes qui forment le végétal, en abreuve toutes les parties, et se porte dans les feuilles ou à la superficie des autres organes, où, se trouvant en contac, avec l'air et la lumière au moyen des pores dont un végétal est criblé, elle se combine et s'identifie avec la substance de la plante.

Beaucoup de plantes sont absolument dans le même cas, et se nourrissent plutôt par imbibition que par la succion de leurs radicules ; exemple : les lichens épilithes, etc.

Les plantes respirent ; si on les plonge quelque temps dans un gaz pur, autre que l'acide carbonique ou l'oxygène, elles meurent asphyxiées : elles s'approprient le carbone et expirent de l'oxygène.

Il ressort de la comparaison que nous venons de faire entre les végétaux et les animaux que ces êtres sont étroitement unis par les caractères essentiels de leur organisation, qu'il semble impossible de les distinguer par un trait prononcé qui appartienne exclusivement aux uns ou aux autres ; que les analogies de ces deux groupes d'êtres organisés se montrent surtout dans les espèces les moins parfaites; que les différences deviennent plus tranchées à mesure qu'on s'éloigne de ce point de départ, et qu'enfin le *règne végétal* et le *règne animal* forment, en quelque sorte, deux chaînes ascendantes qui partent l'une et l'autre d'un anneau commun, et s'écartent à mesure qu'elles s'élèvent.

De la méthode en histoire naturelle. — Le nombre des corps terrestres étant immense, il serait impossible à la mémoire la mieux exercée non-seulement d'étudier leurs propriétés, mais encore de les distinguer nominativement les uns des autres. Il a donc fallu classer tous les êtres connus dans une série plus ou moins régulière ou naturelle, selon que les espèces rapprochées ont plus ou moins d'analogie entre elles. Le professeur Salacroux résume ainsi les trois principaux procédés par lesquels les naturalistes ont cherché à obtenir la classification la plus parfaite.

Dans le premier procédé, on se contente de comparer une seule partie des êtres qu'on veut classer, et d'après les différences qu'elle offre, on forme des divisions en général faciles à reconnaître; c'est ainsi que Linnée distribua les végétaux en classes, d'après la seule considération de leurs étamines. Ce procédé porte le nom de *système, méthode systématique* ou *artificielle*. Il est en général d'une application aisée, puisqu'il suffit de considérer, parmi toutes les parties qui composent un corps, celle que l'on trouve la plus facile à observer et à comparer; mais aussi cette façon d'agir a le grave inconvénient de réunir ensemble des êtres qui n'ont que fort peu de rapports, et d'en séparer d'autres qui ont de nombreuses et d'évidentes analogies. Ce résultat est facile à expliquer : en effet, s'il est vrai de dire, d'une manière générale, que les corps de la nature se dégradent, ou plutôt se modifient insensiblement, de manière à offrir une structure d'autant moins compliquée qu'ils s'éloignent davantage de l'homme, et que par conséquent ils forment une espèce de *série* ou *d'échelle*, il n'est pas moins certain que cette dégradation ou cette modification, bien que réelle et incontestable quand on considère chaque corps dans son ensemble, n'existe nullement quand on n'examine qu'une seule de ses parties. Ainsi, on trouve des êtres dont l'ensemble est évidemment très-imparfait, tandis qu'une de leurs parties est presque aussi compliquée que dans les espèces les plus rapprochées de l'homme. Les *oursins* ou *châtaignes de mer*, par exemple, sont des animaux très-inférieurs sous tous les rapports; et cependant, la partie qui leur sert à prendre et à broyer leurs aliments est presque aussi compliquée que celle d'êtres beaucoup plus parfaits à tous les autres égards. Si donc on basait une classification sur les modifications que présente cette partie, des êtres qui sont très-différents se trouveraient réunis dans une même classe; tandis que d'autres espèces très-rapprochées par l'ensemble de leur organisation seraient placées dans des classes éloignées.

Dans le second procédé, que l'on désigne sous le nom de *méthode naturelle*, ou même simplement de *méthode*, on étudie toutes les parties des corps qu'on veut classer, ou du moins le plus grand nombre possible d'entre elles; et sur une comparaison raisonnée de toutes les parties étudiées, on établit les divisions et les subdivisions. On sent qu'un procédé semblable ne peut présenter le grave inconvénient que nous avons signalé dans le précédent. Mais aussi combien cette manière d'agir est-elle plus difficile! Pour qu'elle pût amener le résultat qu'elle semble annoncer, c'est-à-dire le rapprochement des êtres les plus ressemblants, elle exigerait d'abord une connaissance à peu près complète de tous les corps de la nature; et ensuite il faudrait apprécier et comparer l'importance des diverses parties de chaque corps pour former les divisions principales d'après le degré de cette importance. Or, Dieu seul possède cette connaissance, qui est au-dessus de la capacité intellectuelle de l'homme.

Observons cependant qu'il existe pour nous un moyen d'approcher de cette perfection, sans qu'il soit absolument indispensable de connaître toutes les parties de tous les corps de la nature. L'expérience prouve que ces corps ont certaines parties essentielles, dont les modifications ont une influence très-marquée sur toutes les autres, qui, par conséquent, leur sont *subordonnées*, de sorte qu'il suffit, jusqu'à un certain point, de connaître et de comparer les variations de ces parties dominantes pour se faire une idée de celles des autres parties accessoires. C'est sur cette donnée qu'est basé le principe de la *subordination des caractères*, principe éminemment fécond, puisque son application bien entendue nous fait trouver, dans une seule observation, une multitude de faits anatomiques et physiologiques dont la connaissance aurait exigé un temps considérable et des observations nombreuses. Les naturalistes doivent donc tendre à distinguer dans chaque être ses parties importantes; et c'est à quoi l'on s'est spécialement attaché, depuis que l'on a senti la nécessité d'une bonne méthode pour étudier avec fruit *l'histoire naturelle*. C'est là que l'on doit puiser les *caractères dominateurs*, qui servent à former les grandes divisions des corps de la nature. Il ne faut pas cependant négliger entièrement les parties accessoires; elles peuvent fournir d'excellents *caractères*, qui, pour être moins importants, n'en sont pas moins utiles pour conduire à une bonne classification; mais il ne faut y avoir recours que pour les divisions inférieures, parce qu'elles ne peuvent fournir que des caractères de second ordre.

Le troisième procédé, que l'on désigne sous le nom d'*analyse*, de *méthode analytique*, de *système dichotomique*, est une sorte de classification mixte, partie naturelle, partie artificielle, et tenant par conséquent du système et de la méthode. Elle a été employée d'abord pour la botanique par l'illustre Delamarck; ensuite elle fut adaptée à la distribution des espèces animales, par le professeur Duméril dans sa *Zoologie analytique*. Elle consiste à trouver un caractère bien tranché et facile à observer, et à s'en servir pour diviser les corps que l'on étudie en deux groupes, dans chacun desquels ce caractère est différent. Si, par exemple, il s'agit de classer les animaux, on peut très-bien les diviser en deux sections parfaitement distinctes, en examinant s'ils ont une *colonne vertébrale* (échine), ou s'ils en sont dépourvus. Cette considération donnera lieu à la division des animaux en *vertébrés*, c'est-à-dire ayant une colonne vertébrale, et en *invertébrés*, c'est-à-dire n'ayant pas cette colonne. Pareillement, si l'on voulait diviser à leur tour les animaux vertébrés, on parviendrait facilement à en former deux sections, dont l'une renfermerait les vertébrés pourvus de mamelles ou *vivipares*, et l'autre les espèces privées de mamelles ou *ovipares*. On pourrait aisément pousser cette classification plus loin, et l'étendre à tous les animaux vertébrés et invertébrés.

Cette manière de distribuer les êtres en deux groupes de plus en plus restreints, à mesure que l'on en a moins à classer, est, comme on voit, d'une simplicité et d'une application très-facile, si l'on en excepte quelques divisions particulières, entre lesquelles il est quelquefois difficile de trouver un seul caractère bien distinct. De plus, on peut la rendre aussi naturelle que la méthode elle-même, en ayant soin de n'employer, pour distinguer les groupes supérieurs et les plus importants, que des caractères dominateurs, c'est-à-dire de ceux qui exercent une grande influence sur toute l'existence des êtres qu'il s'agit de classer. C'est ce que nous avons fait dans les deux exemples que nous venons de citer dans l'alinéa précédent. Il n'en aurait pas été de même, si nous avions eu recours à des caractères moins essentiels : si, par exemple, nous eussions divisé les animaux d'après la présence ou l'absence de dents à la bouche, en espèces *dentées* et espèces *édentées* ; car dans cette manière de procéder, nous aurions mis les oursins avec les singes, les crocodiles et les carpes, animaux qui ont en effet tous des dents; et nous eussions placé les oiseaux avec les vers de terre, les insectes, les huîtres, etc., qui sont dépourvus de ces sortes d'organes.

On voit, d'après ce qui précède, que c'est seulement à la *méthode* où l'*analyse raisonnée* que les naturalistes doivent avoir recours pour classer les corps terrestres d'une manière convenable et conforme à leurs rapports. Cette manière de procéder a plusieurs avantages très-importants. D'abord, elle abrège considérablement l'étude de l'histoire naturelle, en faisant connaître une fois pour toutes, dans l'étude de chaque groupe, les propriétés communes à tous les êtres qu'il renferme; propriétés que, sans cet artifice, il aurait fallu répéter en faisant l'histoire de chacun de ces êtres. Le résultat de ce procédé est d'aider puissamment la mémoire, et de faciliter la transmission de la connaissance des faits observés. Le second avantage est d'éviter l'ennui qu'entraîne nécessairement la répétition des mêmes faits et des mêmes phénomènes, ennui qui serait inévitable si l'on n'employait pas de méthode ou si l'on se servait d'une

mauvaise. Un troisième avantage que l'on n'apprécie pas ordinairement dans la méthode, c'est qu'elle s'applique aux études les plus étrangères à l'histoire naturelle. Toute discussion qui suppose un classement de faits, dit Cuvier, toute recherche qui exige une distribution des matières, se fait d'après les mêmes lois ; et tel jeune homme, qui n'avait cru faire de cette science qu'un objet d'amusement, est surpris lui-même, à l'essai, de la facilité qu'elle lui a procurée pour débrouiller tous les genres d'affaires.

On ne concevrait pas, d'après cela, comment Buffon, avec son esprit juste et son génie observateur, a pu attaquer les méthodes en histoire naturelle : on ne saurait se persuader qu'il n'en ait pas apprécié les avantages évidents. Mais il est une cause qui explique sa manière de voir à cet égard. Linnée, son contemporain et son rival en cette science, était un esprit tellement méthodique, qu'il attachait beaucoup plus d'importance à une bonne classification des êtres qu'à la description particulière des espèces. Buffon, au contraire, méprisant ou plutôt affectant de mépriser ce qu'il appelait les *nomenclateurs*, c'est-à-dire les naturalistes qui se servaient d'une méthode, ne s'occupa que de la description des espèces dans laquelle il se complaisait à déployer la magnificence du style, la noblesse des idées, la grandeur des images et la richesse de l'expression.

Au reste, malgré cette affectation de mépris de la méthode, Buffon en confessa implicitement l'utilité et même la nécessité, en l'employant, dans ses ouvrages, pour ainsi dire malgré lui. N'a-t-il pas en effet distingué les mammifères des oiseaux? et dans la description des espèces, n'a-t-il pas réuni ensemble celles qui offraient des rapports tellement évidents qu'il ne pouvait les méconnaître? A-t-il séparé les unes des autres les diverses espèces de *chauves-souris*, de *phoques*, d'*aigles*, de *vautours*, de *mouettes*, etc., etc.? N'a-t-il pas décrit d'une manière générale les quadrupèdes carnassiers, les oiseaux aquatiques et ceux de rivage? Si donc il n'a pas été partout méthodique, c'est qu'il n'a pas toujours pu trouver une bonne méthode. Ajoutons à cet argument en faveur de ce procédé les écrits mêmes de l'éloquent écrivain, lorsqu'il n'était pas entraîné par sa prévention et, tranchons le mot, par sa jalousie pour Linnée. « Il y a dans l'étude de l'histoire naturelle, dit-il (*Disc. sur la manière d'étudier l'histoire naturelle*), deux écueils également dangereux : le premier de n'avoir aucune méthode, le second de vouloir tout rapporter à un système particulier. » On voit que cet aveu est explicite, et il a d'autant plus de poids, qu'il lui est échappé dans un endroit où il se déchaîne contre les classifications.

Il nous semble tout à fait inutile d'insister plus longtemps sur les avantages de la méthode, dont tous les bons esprits reconnaissent et reconnaîtront toujours l'indispensable nécessité.

CLASSIFICATION DES ANIMAUX.

Aristote avait divisé les animaux en deux coupes

principales, savoir : les animaux ayant du sang et les animaux exsangues (privés de sang). La première coupe, dont la subdivision n'est point exprimée en termes exprès dans l'*Histoire des animaux* du philosophe grec, comprend les quadrupèdes vivipares, les quadrupèdes ovipares, les cétacés, les oiseaux, les poissons et les serpents, dans un ordre confus et mal déterminé ; mais la seconde coupe est nettement partagée en quatre subdivisions, les mollusques (nos *mollusques nus*), les crustacés, les testacés (nos *mollusques testacés* et nos *échinodermes*), et les insectes.

SYSTÈME DE LINNÉE.

Linnée divisa les animaux en six classes qu'il caractérise ainsi qu'il suit :

MAMMIFÈRES, animaux vivipares ; les femelles munies de mamelles et allaitant leurs petits.

OISEAUX, animaux ovipares, sans mamelles ni lait, pourvus de plumes et d'ailes propres au vol.

AMPHIBIES, ovipares, sans mamelles ni lait, ni plumes ni poils.

POISSONS, respirant par des branchies, sorte de poumons externes, ovipares, pourvus de nageoires, d'écailles, de téguments, muets, habitant l'eau.

INSECTES, munis d'antennes, respirant par des stigmates latéraux.

VERS, munis de tentacules, point de pieds ni de véritables nageoires.

Lamarck, le premier, distingua les animaux d'après leurs nerfs et leur squelette, sous les noms de vertébrés et d'invertébrés. Le tableau suivant donne l'aperçu le plus exact des belles idées de ce savant naturaliste :

SÉRIE DES ARTICULÉS.	SÉRIE DES INARTICULÉS.

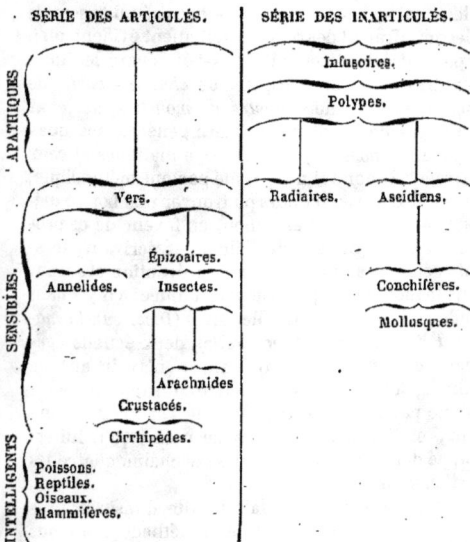

MÉTHODE DE M. DE BLAINVILLE.

On doit aussi à Blainville une classification des animaux, qui est aujourd'hui véritablement classique.

Elle est établie en règnes, sous-règnes, types et classes, comme il suit :

CLASSIFICATION DE M. DE BLAINVILLE.

Règnes.	Sous-Règnes.	Types.	Classes.
Animaux.	Zygomorphes.	Ostéozoaires.	Pilifères. Pennifères. Ptérodactyles. Sculifères. Ichthyosauriens. Nudipellifères.
		Entomozoaires.	Branchifères. Hexapodes. Octopodes. Décapodes. Hétéropodes. Tétradécapodes. Myriapodes. Chétopodes. Malentomopodes. Malacopodes, apodes.
		Malacozoaires.	Céphalés. Céphalidés. Acéphalés.
	Actinomorphes.	Actinozoaires.	Arrhodermaires. Arachnodermaires. Zoanthaires. Polypiaires. Zoophytaires.
	Hétéromorphes.	....	Théthydes. Spongités.

CLASSIFICATION DE CUVIER.

Cuvier essaya de répartir plus également le règne animal, en le distribuant, d'après la considération des nerfs et des fonctions principales, en quatre grands embranchements :

1° Les *animaux vertébrés*, 2° les *animaux mollusques*, 3° les *animaux articulés*, 4° les *animaux rayonnés*.

Ces quatre grands embranchements ont été subdivisés en plusieurs classes, dont voici le tableau :

1er ORDRE. — ANIMAUX VERTÉBRÉS.

A SANG CHAUD.	1re CLASSE. MAMMIFÈRES. Vivipares.	Bimanes (*Hommes*). Quadrumanes (*Singes*). Chéiroptères (*Chauves-souris*). Digitigrades (*Chat, Lion*). Plantigrades (*Ours, Hérisson*). Pédimanes (*Dasyures*). Rongeurs (*Lièvre, Castor*). Édentés (*Fourmiliers*). Tardigrades (*Paresseux*). Pachydermes (*Éléphant, Cochon*). Ruminants (*Bœuf, Chameau*). Solipèdes (*Cheval*). Amphibies (*Phoque*). Cétacés (*Baleine*).
	2e CLASSE. OISEAUX. Ovipares.	Rapaces (*Vautour*). Passereaux (*Corbeau, Hirondelle*). Grimpeurs (*Perroquet, Coucou*). Gallinacés (*Poule, Pigeon*). Échassiers (*Cigogne, Bécasse*). Palmipèdes (*Cygne, Frégate*).
A SANG FROID.	3e CLASSE. REPTILES. (respirant par des poumons.)	Chéloniens (*Tortue*). Sauriens (*Crocodile, Lézard*). Ophidiens (*Serpent*). Batraciens (*Grenouille*).
	4e CLASSE. POISSONS. respirant par des branchies.	Trématopnés (*Lamproie, Raie*). Chismopnées (*Baudroie*). Eleuthéropodes (*Esturgeon*). Téléobranches (*Hérisson de mer*). Holobranches (*Anguille, Brochet*). Sternoptix (*Saumon*). Cryptobranches (*Stylephores*). Ophichthyctes (*Murenophis*).

2e ORDRE. — ANIMAUX INVERTÉBRÉS. — MOLLUSQUES.

A VAISSEAUX SANS NERFS.	5e CLASSE.	Céphalopodes (*Seiche*). Ptéropodes (*Hyale*). Gastéropode (*Limace*). Branchiopodes (*Orbicule*). Acéphales (*Huître*).

3ᵉ ORDRE. — ARTICULÉS.

SANS VAISSEAUX, DES NERFS, DES MEMBRES.	6ᵉ CLASSE. INSECTES. (Antennes. Cœur nul.)	Coléoptères (Hanneton). Orthoptères (Grillon). Névroptères (Fourmi). Hyménoptères (Abeille). Hémiptères (Punaise). Lépidoptères (Papillon). Diptères (Cousin). Aptères (Pou).
XI ANTENNES NI BRANCHIES.	7ᵉ CLASSE. ARACHNIDES.	Pulmonaires (Araignée). Trachéennes (Faucheur).
VAISSEAUX, VAISSEAUX PAS DE NERFS ET MEMBRES MEMBRES	8ᵉ CLASSE. CRUSTACÉS. (Sang blanc.)	Astacoïdes (Écrevisse). Entomostracés (Monocle).
	9ᵉ CLASSE. ANNÉLIDES. (Sang coloré. Sans cœur.)	Brachiodèles (Néréide). Endobranches (Sangsue).

4ᵉ ORDRE. — RAYONNÉS.

SANS VAISSEAUX NI NERFS NI MEMBRES	10ᵉ CLASSE. ZOOPHYTES.	Echinodermes (Étoile de mer). Intestinaux ou Helminthes (Ver solitaire). Acalèphes ou Malacodermes (Méduse). Polypes { Solides ou Lithophytes (Madrépores). Flexibles ou Cératophytes (Éponges). } Infusoires ou Microscopiques (Vibrions).

Dans l'*Encyclopédie nouvelle*, M. le professeur Requin, que nous nous honorons d'avoir eu pour maître, donne le tableau synoptique et analytique suivant, et expose ainsi les divers degrés de l'organisation animale:

SYNOPSIS DU RÈGNE ANIMAL.

à forme rayonnée				1 Actinozoaires.
non articulés				2 Mollusques.
sans membres				3 Annélides.
articulés	membres	Antennes; point de branchies.		4 Insectes.
		point d'antennes		5 Arachnides.
		antennes; branchies.		6 Crustacées.
sans poumons; branchies.				7 Poissons.
poumons.	sans mamelles	sans plumes.		8 Reptiles.
		plumes.		9 Oiseaux.
mamelles				10 Mammifères.

1° Les *actinozoaires* ressemblent, par la disposition radiaire de leur corps, à ces polypes que nous avons relégués dans le règne psychodiaire; mais ils se distinguent de ces êtres insensibles, et purement irritables, par les vestiges rudimentaires des organes de locomotion et de sensation. Le docteur Spix, médecin bavarois, démontra le premier, dans l'*astérie rouge* et dans les *actinies* (voyez ces mots), un système nerveux composé de ganglions blanchâtres et mous, et de filets déliés qui mettent ces ganglions en communication, ou qui se distribuent aux tentacules, à la peau, et à la surface interne du tube digestif. On trouve aussi un rudiment d'appareil musculaire, c'est-à-dire quelques filaments rougeâtres ou blanchâtres, extrêmement irritables et contractiles, dans

le sens où doivent avoir lieu les mouvements, et surtout dans les tentacules, qui cumulent les fonctions locomotrices et sensitives. Ce sont ces tentacules qui s'emparent du corps étranger qu'elles rencontrent, l'introduisent dans le sac intestinal, où il est digéré, et d'où il est rejeté, soit en totalité, soit en partie, suivant sa nature: ce qui ne semble pas indiquer une forte dose de discernement gustatif de la part de ces mêmes tentacules. Il ne paraît donc pas que les actinozoaires aient aucun sens spécial, bien qu'ils se montrent sensibles à la lumière, au bruit, etc.; mais sans doute ces excitants n'agissent sur de tels animaux que par de simples impressions tactiles. Chez les espèces les plus inférieures de cette classe, comme, par exemple, les actinies et les astéries, la cavité digestive n'a qu'une seule ouverture, qui sert à la fois de bouche et d'anus. Mais chez les espèces plus élevées (oursins, holothuries, etc.), cette cavité a deux orifices, et commence d'ailleurs à se compliquer et à se replier en spirale; l'orifice buccal s'arme d'un cercle de pièces osseuses, et même

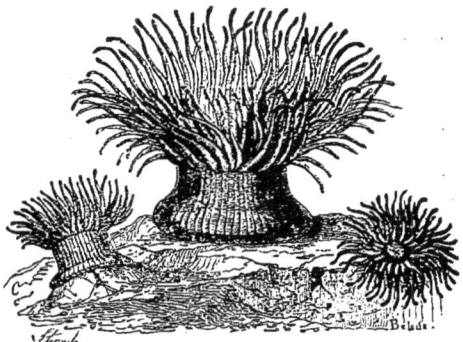

Fig. 16. — Actinozoaire.

de dents, pour l'office de la mastication. Remarquons en outre que déjà, chez les astéries, apparaît un rudiment d'appareil respiratoire; l'absorption aérienne, condition nécessaire de toute vie, n'a plus lieu indistinctement par tous les points de la surface du corps; il y a des canaux béants au dehors, des *trachées*, par où l'eau aérée s'introduit et va exercer son action vivifiante dans l'intérieur de l'économie. Il en est de même chez les oursins. Bien plus, chez les holothuries, il y a un organe spécial de respiration, en forme d'arbre creux, très-ramifié, qui aboutit en dedans du canal intestinal tout près de l'anus, et qui se remplit ou se vide d'eau à la volonté de l'animal. Chez les actinozoaires, nous retrouvons des exemples de génération fissipare; car leur organisme est, pour ainsi dire, peu centralisé, peu individualisé, et jouit d'une grande force de régénération: ainsi, par exemple, les astéries non-seulement reproduisent les rayons qui leur sont enlevés isolément, mais un seul rayon conservé avec le centre peut repousser **tous** les autres; les actinies reproduisent également toutes les parties qu'on leur coupe, et peuvent être multipliées par la division. Mais la génération ordinaire est gemmipare interne : les ovaires produisent un amas de bourgeons, ou corpuscules reproductifs, qui se développent sans fécondation proprement dite, et qui sont excrétés par la bouche ou par l'anus, quelquefois même après être parvenus au dernier terme de leur évolution, et à l'état d'animal parfait (comme chez l'actinie, qu'on peut véritablement dire vivipare). Chaque individu est *femelle* (s'il est permis d'employer cette dénomination sexuelle dans le cas de l'absence des sexes), et se suffit à lui-même pour la reproduction de son espèce. Chez les seules holothuries, on soupçonne, au dire de Tiedemann, l'existence d'un appareil mâle, c'est-à-dire destiné à fournir une liqueur pour la fécondation des germes. Ces animaux seraient donc hermaprodites, et établiraient à ce titre la transition aux classes immédiatement supérieures, comme ils le font déjà sous tant d'autres rapports, et en particulier par leur forme, qui, tout en demeurant rayonnée, devient oblongue et cylindroïde; configuration que nous retrouvons chez les annélides, et par laquelle la nature semble avoir ménagé le passage gradué de la forme radiaire à la forme paire.

Au delà des actinozoaires, nous ne voyons plus en effet que cette dernière forme, plus ou moins exactement prononcée. Mais les animaux à forme paire, ou *animaux artiomorphes* (Blainville, du grec *artios*, pair, et *morphé*, forme), offrent deux grandes sections, savoir : les invertébrés et les vertébrés. Ceux-là ont été nommés et groupés par opposition à ceux-ci, en raison d'une considération toute négative : ils n'ont point, comme eux, de colonne vertébrale, de squelette osseux et intérieur, et partant, ce qui en est une conséquence anatomique, point de cerveau et de moelle épinière, à proprement parler : quelques-uns d'entre eux possèdent bien des parties dures qui servent de points d'appui à leurs muscles; mais ces parties sont à l'extérieur et de nature cornée.

Les artiomorphes invertébrés se divisent en deux types, savoir : les articulés, dont le corps est partagé en plusieurs anneaux ou articulations, et les mollusques, qui n'offrent pas cette disposition. A vrai dire, il n'y a pas de supériorité incontestable de l'un de ces types sur l'autre. Les mollusques ont toujours un appareil circulatoire et un organe de respiration, ce qui manque dans un grand nombre d'animaux articulés; mais ceux-ci ont en général l'avantage, sous le rapport de l'animalité proprement dite, par les nombreux ganglions de leur cordon nerveux, par les merveilles de leur instinct et par l'activité de leurs mouvements. Aucun mollusque n'est comparable, sous ce triple point de vue, à l'abeille, à la fourmi, à l'araignée, etc. Le type des articulés doit donc être le plus haut placé dans l'échelle zoologique ; bien entendu qu'il faut le considérer en masse; car il n'est pas douteux que tel mollusque ne soit réellement supérieur à tel articulé : citons, par exemple, le colimaçon en regard du lombric, ou ver de terre. Aussi, tout en mettant les mollusques au second échelon, nous reconnaissons que la nature n'a point établi une série unique, mais deux embranchements qui divergent à partir des actinozoaires pour converger vers les vertébrés.

2° Les *mollusques*, pour leur part, offrent des degrés très-différents d'organisation depuis certains acéphales, fort peu distants des actinozoaires, jusqu'aux céphalopodes (seiches, argonautes, etc.), qui par la structure de leur tête se rattachent à la classe des poissons. Leur système nerveux se compose: 1° d'un petit ganglion, improprement nommé cerveau, situé vers la bouche, au-dessus de l'œsophage; 2° de filets plus ou moins nombreux, qui partent de ce ganglion et se distribuent aux divers organes, mais qui n'offrent dans le trajet aucun renflement, aucune nodosité: aussi l'industrie fort médiocre de ces animaux répond-elle à la simplicité de cet appareil. La peau, dépour-

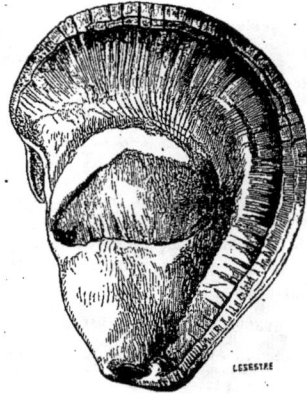

Fig. 17. — Mollusque acéphale.

vue qu'elle est d'épiderme, est extrêmement sensible. La bouche possède très-probablement le sens du goût. L'odorat, sens encore plus relevé, se manifeste d'une manière évidente, quoique l'organe n'en ait pas été reconnu; il se pourrait que toute la peau en fût le siége, car elle ressemble beaucoup à une membrane pituitaire. Tous les acéphales, et même une grande partie des espèces pourvues de tête, n'ont pas d'yeux : le reste de la classe en est pourvu, et les céphalopodes surtout en ont d'aussi compliqués que les animaux vertébrés; ce sont les seuls aussi chez qui l'on ait découvert un rudiment d'oreille. La locomotion des mollusques s'accomplit à l'aide de muscles adhérents à la peau; elle est, en général, fort bornée et fort lente: quelques espèces même sont immobiles, et passent leur vie sur le rocher où elles sont nées, comme les huîtres, qui ne font qu'entr'ouvrir ou fermer leur coquille. Chez les mollusques, l'appareil digestif ne se compose pas seulement d'un tube intestinal complet, avec bouche conforméé en trompe ou armée de mandibules, et avec anus; mais, de plus, on trouve toujours un foie considérable, et le plus souvent des glandes salivaires. Et le fluide nutritif, qui résulte de l'élaboration des aliments, ne pénètre plus l'économie par une sorte d'imbibition capillaire, mais il circule en quantité appréciable, sous forme de sang blanc ou bleuâtre, dans un système vasculaire, qui le porte dans un appareil respiratoire, et qui le distribue ensuite dans toute l'économie; cette circulation est favorisée par l'action d'un ventricule charnu, ou *cœur*, qui pousse le fluide dans le dernier sens; et même, chez les céphalopodes, il y a encore deux autres ventricules, isolés l'un de l'autre, lesquels poussent le sang vers les branchies, ou organes respiratoires. La génération est toujours sexuelle, mais avec beaucoup de variété. Plusieurs mollusques offrent un hermaphroditisme absolu : ils se fécondent eux-mêmes; les germes, sortis de l'ovaire, sont rencontrés par le fluide de l'organe mâle avant d'être excrétés par l'anus; chez d'autres, l'hermaphroditisme est incomplet : les escar-

Fig. 18. — Mollusque.

gots, par exemple, quoique pourvus de l'un et de l'autre sexe, ont besoin de s'accoupler; chaque individu remplit à la fois, dans cette double fécondation, le rôle de mâle et le rôle de femelle: beaucoup ont les sexes séparés; par exemple, les céphalopodes. Les uns sont vivipares, les autres ovipares. L'organisme chez les mollusques est encore peu centralisé, et jouit d'une grande force de régénération ; les escargots, par exemple, vivent plusieurs mois après qu'on leur a enlevé la tête, et beaucoup de leurs parties repoussent après avoir été coupées. (Voy. *Limaçons.*)

Venons maintenant aux animaux *articulés*, qui se distinguent essentiellement des mollusques, non-seulement par la forme extérieure d'où ils ont reçu leur dénomination classique, mais encore, chose bien plus importante, par la structure plus compliquée de leur système nerveux. Ce système, en effet, se compose: 1° d'un *cerveau*, ou ganglion sus-œsophagien, qui envoie des nerfs aux diverses parties de la tête; 2° de

deux cordons formant un collier autour de l'œsophage, puis se continuant au-dessous du tube digestif, en se réunissant d'espace en espace par des nœuds ou ganglions, qui fournissent les nerfs du tronc et des membres, et qui, après la division de l'animal, suffisent isolément quelque temps à la sensibilité et

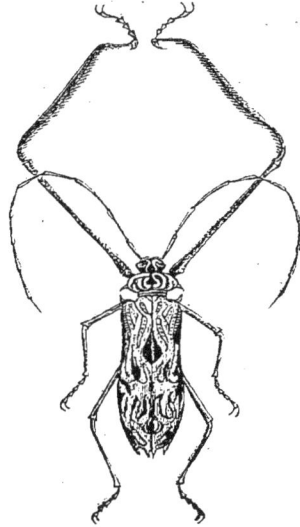

Fig. 19. — Acticulé.

à la vie de leurs articulations respectives. Cependant il ne faut pas croire que la nature n'ait établi aucune transition entre les mollusques et les articulés: le premier type semble se lier avec le second par les cirrhopodes, qui se rapprochent beaucoup des crustacés.

3° Les *annélides* (vers de terre, sangsues, etc.) nous paraissent devoir être considérés comme les plus inférieurs des animaux articulés : leur forme extérieure les lie aux actinozoaires par les holothuries. Leur tête (c'est ainsi qu'on nomme l'anneau terminal où se trouve la bouche) n'est point séparée des autres anneaux du corps par un étranglement, et elle en diffère à peine, si ce n'est quelquefois par la présence de barbillons destinés à palper, et peut-être aussi à goûter, et de deux points noirs latéraux qu'on prend pour des yeux. Nul autre organe sensitif n'a été découvert, quoique ces animaux soient bien manifestement sensibles au bruit et aux odeurs. Par le défaut de membres, la locomotion consiste dans une lente reptation. Peu importe, après cela, que les annélides aient tous un système vasculaire complet, où circule un sang rougeâtre (cas unique chez les invertébrés, dont toutes les autres classes ont le sang blanchâtre); qu'ils aient pour la plupart un appareil respiratoire, et qu'ils soient ainsi supérieurs aux insectes sous le rapport de la vie végétative; ils leur cèdent de beaucoup sous le rapport

plus important de la vie animale. Ils sont généralement hermaphrodites, mais quelques-uns ont besoin
d'un accouplement réciproque. Leur vie est extrêmement peu centralisée; les anneaux enlevés repoussent
presque constamment.

4° Viennent alors les *insectes*, qui présentent un
progrès manifeste sous le point de vue de l'animalité proprement dite. Leur tête, parfaitement
distincte, contient un ganglion nerveux (*cerveau*)
assez considérable; les cornes ou antennes qu'elle
porte, et les palpes ou anten-
nules qu'elle offre près de la
bouche, sont des instruments
délicats de toucher, peut-être
aussi de goût, et d'autres sensations : il y a toujours des yeux.
Mais où est le siège précis de
l'ouïe et de l'odorat? L'anatomie
ne peut le démontrer, quoique
l'observation des actes de l'ani-

Fig. 20. — Insecte.

mal doive faire admettre ces sens. La plupart des insectes ont attiré l'attention des naturalistes et des philosophes par une industrie merveilleuse, qui suppose-
rait une intelligence étendue, si les actes n'étaient pas
constamment les mêmes, et ne paraissaient pas être
plutôt le résultat invariable d'une impulsion instinctive, que le produit de combinaisons intellectuelles,
toujours sujettes à une extrême variété: c'est d'ailleurs un grand problème que nous ne voulons qu'indiquer ici sans le discuter (voir *Instinct*). Les insectes
ont une locomotion fort étendue; leurs muscles trouvent d'excellents points d'appui à la partie interne

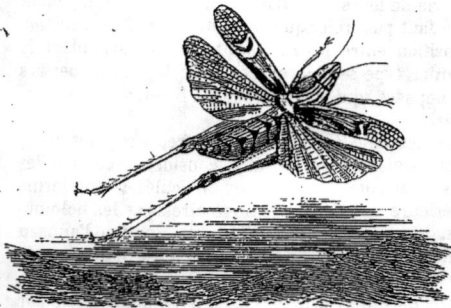

Fig. 21. — Insecte.

de la peau, qui forme une espèce d'étui corné, excepté aux articulations, où elle devient ténue et souple: on trouve ici, comme parmi les vertébrés, la
marche, la course, le saut, la natation, le vol. Mais,
sous le rapport de la vie organique, les insectes ressemblent aux animaux les plus inférieurs par le défaut de circulation, et par la dissémination de l'absorption aérienne. C'est par une sorte d'imbibition
de proche en proche que le fluide nutritif s'étend
du tube digestif à toutes les parties du corps. Il ne

peut donc pas y avoir un appareil isolé où ce fluide
vienne s'oxygéner; mais l'air, ou l'eau aérée, pénètre
dans l'économie par des trous extérieurs, ou *stigmates*, et se répand partout par des canaux élastiques, ou *trachées*. A partir des insectes, les sexes
sont toujours distincts, et isolés sur des individus différents. Mais ce qu'il y a de particulier chez ces animaux, et ce qui constitue en eux autant de marques
d'infériorité, c'est qu'ils n'engendrent qu'une seule
fois dans le cours de leur vie, et meurent peu de
temps après l'accouplement et la ponte; c'est que
chez certaines espèces (les pucerons, par exemple),
un seul accouplement suffit pour féconder cinq à six
générations de femelles; c'est qu'enfin la plupart
naissent sous forme de vers (larves ou chenilles),
et n'arrivent à l'état d'insecte parfait que par une
suite de notables métamorphoses après l'éclosion de
l'œuf. Les insectes se rattachent donc très-naturelle-
ment aux annélides par cet état primitif d'organisation vermiculaire.

5° Les *arachnides* (araignées, scorpions, fau-
cheurs, etc.) ressemblent, sous une foule de rapports,
aux insectes, d'avec lesquels nous les distinguons,
par l'absence, ou plutôt l'avortement des antennes.
Mais ce qui est plus important, c'est que dans cette
classe se fait le passage
de la respiration *tra-
chéenne*, ou disséminée, à
la respiration locale, et
chez les espèces qui ont
reçu ce mode plus élevé
de respiration, il y a par
conséquent aussi un ap-
pareil circulatoire. De
plus, les arachnides s'accouplent et pondent plu-
sieurs fois dans le cours
de leur vie: elles ont, dès
leur naissance, leur forme
définitive et complète;
on ne les voit plus dès lorsque croître, mais non
se métamorphoser.

Fig. 22. — Arachnide.

6° Les *crustacés* (crabes, écrevisses, langoustes,
crevettes, etc.), très-semblables aux deux classes
précédentes, et groupés, non sans raison, avec elles
par Linnée sous le nom commun d'*insecta*, ont tous
une circulation complète, et une respiration locale à
l'aide de branchies. Ils ont un foie annexé au canal
digestif. Rien sur leur génération, que nous n'ayons
dit en parlant de celle des arachnides. C'est dans
quelques-unes de leurs espèces seulement que l'on
trouve les premiers rudiments d'une oreille, c'est-à-
dire un sac rempli d'une lymphe gélatineuse, où
vient baigner un nerf acoustique.

Dans ces trois classes supérieures d'animaux articulés, la vie commence à être plus centralisée que
chez les annélides: il n'y a que les pattes et autres
appendices, et non pas les anneaux mêmes du corps,
qui puissent se régénérer après leur ablation.

Nous voici enfin parvenus aux *vertébrés*, au type
desquels la nature semble avoir établi une double

transition par les espèces les plus élevées du type mollusque et du type articulé. Tous sont évidemment formés sur un plan commun. Tous ont une colonne vertébrale, qui renferme un cordon nerveux, appelé *moelle épinière*, et qui se continue en avant avec le crâne, où loge le cerveau, continu lui-même avec la moelle épinière : ce système nerveux cérébro-spinal leur est particulier; c'est lui qui, chez eux, préside aux cinq sens et à la locomotion; car le système nerveux gan-

glionnaire, qui existe chez eux comme chez les invertébrés, ne sert plus qu'à exercer une influence nécessaire et positive, mais géné-

les vertébrés dans les premiers temps de la vie. Chez les poissons l'anus est encore l'orifice d'une cavité commune, nommée *cloaque*, où viennent aboutir, non seulement le tube digestif et la terminaison des organes génitaux, mais encore les conduits urinaires. La respiration s'opère sur l'eau aérée, à l'aide de branchies, vulgairement nommées *ouïes* : comme ce mode de respiration n'est pas fort énergique, la chaleur du sang ne s'élève guère au-dessus de la température du milieu ambiant ; aussi le dit-on froid. La circulation est simple : un cœur annexé au seul système veineux pousse aux branchies

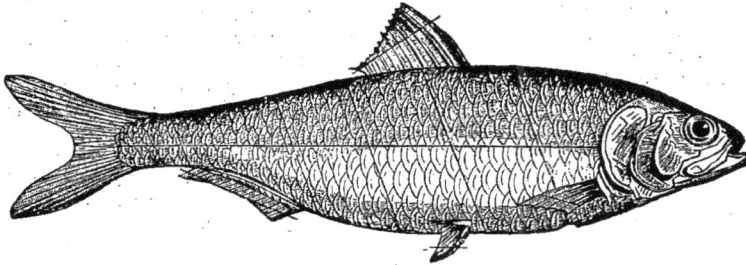

Fig. 23. — Poisson.

ralement involontaire et inaperçue, sur les organes de la vie végétative. L'axe osseux que nous avons signalé, et ses appendices, constituent le squelette, ou ensemble de parties dures intérieures, où le système musculaire prend désormais ses points d'appui. Tous les vertébrés ont le sang rouge, une respiration locale, un système d'artères et de veines avec un cœur plus ou moins compliqué, et, en plus, un système de vaisseaux chylifères et lymphatiques, qui portent, les uns le chyle, les autres la lymphe, dans le système veineux. Tous ont des glandes salivaires et un foie; tous, en outre, ont un appareil urinaire, nouvel instrument de sécrétion, qui sert d'émonctoire aux matériaux trop animalisés; tous, enfin, ont les sexes séparés. Voilà les caractères communs : voyons comment ce type général se perfectionne de classe en classe.

le sang qui revient de toutes les parties du corps, puis ce sang, revivifié par la respiration, se distribue par les artères dans tout le corps sans l'impulsion d'aucun cœur. La génération a lieu, en général, sans accouplement; la femelle pond une masse d'œufs que le mâle féconde ensuite en y versant la liqueur de sa laitance. Cependant quelques espèces s'accouplent, et sont vivipares; ce sont les raies, les requins, etc.

8° Les *reptiles* ont encore un fort petit cerveau qui ne remplit pas la totalité du crâne, et, partant, leur intelligence est très-bornée. Dès cette classe, on voit s'adjoindre à la colonne vertébrale quatre appendices ou membres, qui manquent néanmoins encore dans un ordre entier (celui des ophidiens, ou serpents). Nous rencontrons donc divers modes de progression : la marche, le saut, la nage, la

7° Les *poissons* occupent, sans contredit, le rang le plus inférieur. Leur crâne, tout petit qu'il est, n'est pas encore entièrement rempli par le cerveau ; aussi leur intelligence est-elle fort bornée. On peut douter qu'ils soient pourvus d'odorat. Leur squelette n'est pas toujours osseux; comme si la nature s'essayait, pour ainsi dire, à ce mode d'organisation, le squelette est resté cartilagineux en un grand nombre de genres, ainsi qu'il se montre d'abord chez tous

Fig. 24. — Reptile.

reptation : quelques espèces même voltigent; tel est le dragon, tel était le ptérodactyle, lézard des époques antéhistoriques. Il y a encore un cloaque, terminaison commune des appareils digestif, génital et urinaire. Mais voici en quoi les reptiles se distinguent nettement des poissons, et méritent un rang plus élevé : c'est qu'ils respirent, non plus l'eau aérée, mais l'air en nature, à l'aide du poumon. Il y a néanmoins transition douce et ménagée ; car, dans l'ordre le plus inférieur, qui est celui des batraciens (grenouilles, salamandres, etc.), le jeune animal, sous la forme de têtard, est d'abord un véritable poisson, et respire par des branchies; et il y a même deux ou trois espèces qui, comme frappées d'un arrêt de développement, conservent toujours ce mode inférieur de respiration; tel est le protée, qui, jusqu'à sa mort, reste semblable à une larve de salamandre. Quant à l'appareil circulatoire des reptiles, il est construit de telle façon, que la totalité du sang n'est point envoyée au poumon à chaque tour, et que la portion de sang revivifiée par l'air revient se mêler à celle qui ne l'a pas été. Aussi, en raison de cette faible quantité de respiration, et de ce mélange des sangs artériel et veineux, les reptiles méritent encore le nom d'animaux à sang froid. Cependant chez les crocodiles, qui constituent les genres les plus élevés de la classe, le docteur Martin Saint-Ange a découvert que du sang artériel pur se distribue à la tête et aux membres antérieurs, et qu'il n'en arrive de mélangé qu'au

à ne considérer seulement que la forme extérieure de leur corps et les plumes qui les revêtent: aussi, est-ce de temps immémorial qu'ils ont été groupés tous ensemble sous un même nom et isolés des autres animaux. Nous venons de voir néanmoins que la nature semble avoir préludé à leur organisation par les reptiles volants quant au mode de progression, et surtout par les crocodiles quant à la circulation; et nous verrons bientôt qu'aujourd'hui les monotrèmes comblent à peu près la lacune qui existait avant leur découverte entre la classe des oiseaux et celle des mammifères. Quoi qu'il en soit, les oiseaux sont un des groupes les plus naturels, et montrent à peu près tous le même progrès de l'organisation animale. Leur cerveau, d'un volume assez notable, remplit entièrement la capacité du crâne. Le membre thoracique est devenu chez eux une AILE pour servir au vol, qui est leur mode le plus ordinaire de progression. C'est chez eux que se rencontrent pour la première fois les organes de la voix. Leurs poumons, très-

Fig. 25. — Reptile.

Fig. 26. — Oiseau.

tronc, aux membres abdominaux et à la queue: nouvelle combinaison, qui sert ainsi de prélude à la séparation complète de la circulation des deux sortes de sang chez les vertébrés supérieurs. Sous le rapport de la génération, les batraciens ont encore un caractère intermédiaire; ils établissent la transition de la fécondation sans accouplement à celle par accouplement: le mâle se cramponne et s'attache à la femelle, et féconde les œufs au fur et à mesure qu'ils sortent de l'anus: l'œuf fécondé produit d'abord un têtard, qui devient ensuite batracien parfait; c'est là, dans notre échelle ascendante, le dernier exemple de métamorphose au dehors de l'œuf. Dans les autres ordres de reptiles il y a un véritable accouplement: l'œuf éclot tantôt hors de la mère, tantôt dans son sein même. La vie des reptiles est encore peu centralisée, et la force de régénération est aussi assez remarquable. Une tortue vit plusieurs mois après la décapitation; les membres et la queue des têtards se régénèrent; la queue des lézards repousse.

9° Les *oiseaux* forment une classe bien tranchée,

volumineux, sont adhérents aux parties latérales de la poitrine, et percés de trous par où l'air se répand dans presque tout le corps, dans l'intérieur des grands os et dans le tuyau des grandes plumes; ce qui produit une grande légèreté. Tout le sang passe par les poumons: aussi a-t-il une température d'environ 40° cent. Il y a deux cœurs, l'un poussant le sang veineux au poumon, l'autre envoyant à tout le corps le sang qui vient de s'artérialiser dans le poumon; mais ces deux cœurs, sans se communiquer, sont accolés l'un à l'autre, et ne forment, pour ainsi dire, qu'un seul organe. Les organes génitaux se terminent encore dans un cloaque, et la génération est encore ovipare. Mais cet œuf a besoin d'éprouver une chaleur d'environ 40° pour que l'embryon qu'il contient puisse se développer; et les parents pourvoient en général à cette condition par l'incubation; par l'instinct de la *philogéniture*, ou amour des petits, est très-énergique dans cette classe. La vie chez les oiseaux s'est enfin centralisée; et la force régénératrice se borne, comme dans la classe suivante, à la reproduction des parties épidermiques et cornées (plumes, poils, cornes, etc.), et à la guérison des plaies par la formation de cicatrices.

10° Vient enfin la classe la plus élevée du règne animal, celle des *mammifères*, où l'on observe encore une gradation progressive, depuis les familles les plus inférieures jusqu'à l'homme, qui se montre même hors de rang à cause de l'extrême supériorité de son

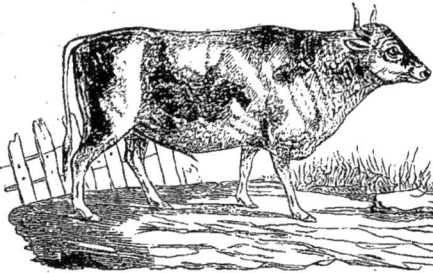

Fig. 27. — Mammifère.

intelligence et de cette merveilleuse faculté de la parole départie à lui seul. Mais les mammifères ont comme les oiseaux une respiration complète, une circulation double, et par conséquent le sang chaud; avec cette différence néanmoins que les poumons ne sont point adhérents, et que la poitrine, domicile propre de ces organes ainsi que du cœur, est séparée de l'ABDOMEN (voyez ce mot) par un diaphragme

Fig. 28. — Mammifère.

complet. Tous, à l'exception de deux genres (l'échidné et l'ornithorhynque), qui forment cet ordre intermédiaire des monotrèmes, ont pour les organes génitaux et urinaires une issue distincte de l'anus. Tous sont vivipares, sauf peut-être ces deux mêmes genres, car sur ce point la controverse n'est pas encore terminée. Tous, sans exception (et c'est ce qui constitue leur caractère classique), ont des mamelles

rudimentaires chez les mâles, complétement développées chez les femelles: les nouveau-nés sont allaités, quoique d'une manière tout à fait particulière, chez les cétacés et les monotrèmes; la question est aujourd'hui résolue, quant à l'essence de la fonction, par des renseignements positifs et par des pièces anatomiques.

De ce tableau comparatif des animaux distribués conformément à leurs rapports naturels, il résulte bien évidemment qu'il y a, de classe à classe, et dans chaque classe même, une gradation progressive de l'organisation, et une augmentation proportionnée des fonctions et des facultés. Plus on observe la nature, plus on est obligé de reconnaître cette même gradation de famille à famille, de genre à genre, et même d'espèce à espèce. De l'aveu des naturalistes les plus instruits, les espèces, dans diverses portions de la série générale, se fondent à tel point les unes avec les autres, qu'il est presque impossible d'en déterminer par le langage les minutieuses différences; et là, où les espèces nous paraissent très-distinctes et tout à fait isolées, l'analogie conduit à supposer l'existence actuelle ou passée d'espèces intermédiaires qui n'ont pas encore été recueillies, ou dont les dépouilles ont peut-être disparu. Les animaux constituent donc, non pas une série simple et partout également nuancée, mais une série rameuse qui n'a point de discontinuité, ou plutôt n'en a pas toujours eu, et dont chaque rameau tient, au moins d'un côté, à la chaîne générale des êtres!   B. LUNEL.

ANIMALCULES (zoologie) [diminutif d'animal]. — Nom de ces myriades d'animaux qu'on ne peut

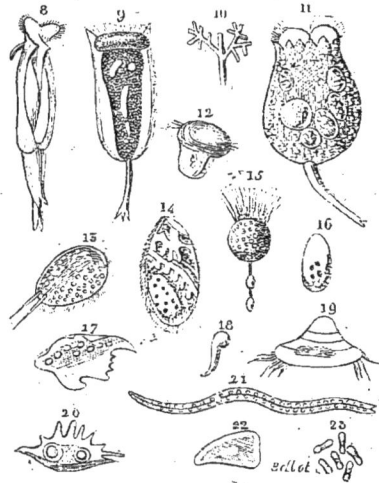

Fig. 29. — Nos 8 à 23, Animalcules.

apercevoir qu'au microscope. On les appelle particulièrement *infusoires zoophytes* (voy. ces mots). « Ce furent Hartzœker et Leuwenhoek qui les premiers découvrirent et étudièrent les *animalcules*. Ils remarquèrent surtout dans la semence des animaux et dans les infusions des graines et des plantes. Ces découvertes si curieuses et leurs observations occupèrent l'attention du monde savant. Buffon nia que ce fussent de vrais animaux. Il regarda ces corps mouvants dans les liquides comme les molécules organiques des végétaux. Depuis, des observations plus attentives ont confirmé tout ce qu'avait constaté Leuwenhoek, et aujourd'hui personne ne nie que ce soient des animaux. On les étudie, on les classe avec la même facilité que les animaux les plus appréciables à l'œil nu. Le savant Lamarck, l'immortel Cuvier, ont attaché leur nom à des travaux sur les *animalcules*. D'après eux et d'après des travaux plus récents de Bory de Saint-Vincent, on peut les caractériser ainsi : les *animalcules* ou *microscopiques* sont des animaux invisibles à l'œil nu, plus ou moins translucides, dépourvus de membres et dans lesquels on n'a pas encore aperçu d'yeux véritables, même rudimentaires. Ils sont contractiles en tout ou en partie, doués du sens du tact, et se nourrissent exclusivement par absorption; chez eux, la génération paraît s'opérer par section ou par omission de gemmules, quand elle n'est pas spontanée. » On voit les animalcules, à l'aide d'un bon microscope, s'agiter en tous sens dans une goutte d'eau pour fuir un péril ou pour attaquer une proie. Ils ont la surface extérieure assez sensible pour s'apercevoir s'ils se trouvent dans un endroit où le liquide s'évapore et où ils sont en danger d'être bientôt à sec; dans ce cas, ils se hâtent de gagner une eau plus profonde pour prolonger leur existence; car aucun de ces animaux ne peut vivre hors de cet élément. Dès qu'ils en sont sortis, ils se dessèchent et perdent tout espèce de mouvement, et, quoiqu'on ait avancé le contraire, ils ne reviennent pas à la vie après en avoir été privés. Ces animaux sont tellement petits, que des naturalistes ont estimé que plusieurs millions réunis tiendraient sur la pointe d'une aiguille !

DUBOCAGE.

ANIMALITÉ (physiologie). — Ensemble des facultés et des attributs qui sont propres à l'animal. Voici, d'après Lamarck, neuf caractères auxquels on reconnaît l'animalité : 1° tous les animaux, et seulement les animaux, ont des parties instantanément contractiles sur elles-mêmes, ce qui leur donne la faculté de se mouvoir subitement et itérativement; 2° ils peuvent se déplacer et agir à volonté, sinon complétement et dans toutes leurs parties, du moins dans une certaine étendue et selon une volonté marquée; 3° ils n'exécutent aucun mouvement, total ou partiel, qu'à la suite d'excitations qui provoquent ces mouvements, et peuvent répéter ceux-ci autant de fois que l'agent excitateur les peut provoquer; 4° ils n'offrent aucun rapport saisissable entre les mouvements qu'ils exécutent et la cause qui produit ces mouvements; 5° leurs fluides participent aux mouvements vitaux; 6° ils se nourrissent de matières à eux étrangères déjà composées et digèrent ces matières pour se les assimiler; 7° ils offrent entre eux une immense disparité dans la composition de leur organisation et dans les facultés qui résultent de cette

organisation, depuis les plus simples jusqu'aux plus compliquées, de manière que leurs parties ne sauraient se transformer les unes dans les autres; 8° ils peuvent agir dans l'intérêt de leur conservation. Ce caractère est le plus définitif de tous. On ne saurait concevoir un animal sans l'instinct de ses besoins et la crainte qui le pousse à la conservation de son existence; 9° ils n'ont aucune tendance, dans le développement de leurs corps, à s'élancer perpendiculairement au plan de l'horizon, ni aucun parallélisme dominant dans les canaux qui contiennent leurs fluides.

ANIMATION (physiologie) [du latin *anima*, vent, souffle, âme]. — Action, mouvement qui témoigne de l'activité, de la vie. L'animation, dit Virey, est le phénomène le plus général, le plus incontestable de l'univers. L'animation est dans tout et partout, dans les végétaux, dans la matière inorganique même, et loin de la terre que nous habitons; elle est dans les astres qui roulent dans les cieux, elle est dans tout l'univers. On peut dire qu'elle est une et qu'elle est multiple; qu'elle est partout à la fois et à la fois dans chaque chose. C'est cette animation universelle qui fait graviter les astres entre eux; c'est elle qui répand partout la lumière; elle est le seul témoignage, mais un témoignage irrécusable de la vie; on pourrait dire que l'animation est la vie vivante. Sans doute il existe dans la nature un système de puissances actives qui meuvent et gouvernent tout avec un ordre admirable, ce qui a fait penser, dès les plus anciens âges, que tout est vivant, depuis l'atome de poussière jusqu'aux soleils immenses. On en a conclu que notre vie et celle des plantes et des animaux n'étaient qu'une dépendance nécessaire de cette animation universelle.

Dans un sens plus particulier, l'animation est l'action par laquelle Dieu communique l'âme à l'embryon humain; c'est le moment même où cette action a lieu. On comprend que, dans des vues coupables, il a importé à certains individus, qui voulaient alléger leur conscience d'un crime, de connaître l'époque où le germe humain que porte une femme peut être vivant. Dans un siècle où les opinions de Malthus font tant de ravages, dit B. Barbé, il n'est pas indifférent de savoir quelque chose à ce sujet, quand ce ne serait que de savoir qu'on n'en sait rien. De graves savants, des philosophes, des théologiens, se prononcèrent sur cette matière obscure et mystérieuse. Platon a dit que l'animation commençait, après la naissance, avec la respiration; Aristote, au quarantième jour après la conception, pour les garçons, et pour les filles au vingt-deuxième. C'est aussi le sentiment de saint Augustin et de saint Thomas d'Aquin. En 1640, toutes les universités, excepté celle de Coïmbre, rejetèrent l'opinion d'Aristote et assignèrent l'époque de l'animation au moment de la conception; si elles avaient contre elles saint Augustin et saint Thomas, elles avaient pour elles saint Basile. Leuwenhoek et son école prétendirent que l'animation précède la conception; que l'homme est en germe vivant dans la semence de l'homme. Aujourd'hui, les plus sages avouent leur ignorance à cet égard ; mais les esprits les plus vulgaires pensent que la force intérieure et active qui meut les parties du germe, pour si petit qu'il soit, est absolument la même force qui doit le mouvoir dans tous les temps ; les enfants mêmes savent que tuer la chrysalide, c'est tuer le papillon.

ANIMAUX DOMESTIQUES (histoire naturelle). — Animaux que l'homme parvient à asservir pour son usage en les faisant passer du premier état libre et naturel à l'état forcé de l'assujettissement et de la captivité. D'après l'étymologie latine *domus*, maison, cette dénomination comprend les animaux qui, soumis par l'homme à son empire, se trouvent réduits à des demeures habituelles et artificielles, telles que les écuries, les toits à porcs, les haras, les ménageries, les chenils, les parcs, les garennes, les volières, les basses-cours, les étangs, les coconnières, les ruches, etc. Elle s'étend aux bipèdes comme aux quadrupèdes, aux carnivores comme aux herbivores, aux ovipares comme aux vivipares, aux animaux aquatiques comme aux animaux terrestres ; mais elle s'applique plus particulièrement aux mammifères (voy. *Bétail*), aux oiseaux (coq, oie, cygne, etc.), que nous sommes parvenus à apprivoiser, à multiplier, à élever, afin de nous procurer plus abondamment leur chair, leurs œufs, leurs plumes, etc. ; enfin, à quelques insectes que nous renfermons, que nous multiplions (abeille, ver à soie, cochenille). Chaque partie du monde a des animaux domestiques qui lui sont particuliers et qui pourraient être importés et acclimatés dans celles qui ne les possèdent pas.

De l'acclimatation des animaux domestiques (Analyse du cours professé en 1856 par M. Geoffroy Saint-Hilaire). — Il est dans les sciences deux extrêmes dont on doit se garder. Le premier, c'est de ne concevoir la science qu'au point de vue de l'utilité immédiate à l'homme ; le second, celui de dédaigner la pratique, de ne s'attacher qu'à la théorie. Si l'on adoptait la première manière de voir seulement, les sciences ne tarderaient pas à s'arrêter dans leur mouvement. Il est certain que ce qui fait leur développement, leur vie, leur grandeur, c'est l'habitude des recherches théoriques ; car c'est par des efforts semblables que l'on s'ouvre dans les sciences des voies nouvelles.

D'un autre côté, la théorie est utile à la pratique en ce que le théoricien, dans le silence de son cabinet, prépare, par les idées qu'il conçoit, des travaux que l'avenir seul pourra exécuter. Condorcet a dit quelque part, avec raison, que, lorsque dans une navigation difficile, un calcul bien fait de longitudes sauve le navire, le véritable sauveur n'est pas le capitaine, mais un sage de la Grèce qui, deux mille ans auparavant, a résolu des problèmes de géométrie.

Il y a beaucoup d'esprits qui dédaignent la théorie parce qu'ils ne la comprennent pas ; à chaque nouvelle découverte faite dans ce sens, ils opposent leur argument sempiternel : à quoi bon ? ils croient qu'il faut récolter aussitôt que l'ensemencement est fait.

A côté de cet extrême se trouve celui d'être trop exclusivement frappé de la beauté de la science et de ne regarder la science pratique que comme une étude que l'on doit laisser à des travailleurs de seconde main. Cet excès est aussi funeste que le précédent ; car la grande œuvre, lorsque les découvertes sont faites, que les faits sont mis en lumière, la grande œuvre, disons-nous, est de voir ce qui peut sortir de là comme utilité immédiate. Ces idées sont longtemps restées en dehors de la zoologie. Cette science a été d'abord une science de faits ; puis, par des travaux qu'il serait superflu de signaler ici, la philosophie s'est emparée de la zoologie et en a reculé les limites. Le moment est aujourd'hui venu où les applications de la zoologie à l'agriculture prennent place à côté de celles qui, de tout temps, ont été réservées à la médecine.

Voyons donc ces doubles applications :

1° *La médecine* se sert de l'histoire naturelle en général pour connaître les plantes et les animaux qui sont utiles à la guérison des maladies. Elle s'en sert au point de vue du développement de la science elle-même. L'homme ne peut pas voir sur lui-même tout ce qui lui est nécessaire pour bien connaître son organisation et ses fonctions ; il prend des animaux pour faire sur eux des expériences, pour y examiner des organes analogues aux siens, mais seulement beaucoup plus grands. A ce point de vue, l'histoire naturelle est à la médecine d'une utilité immédiate, et il y a longtemps qu'on a poursuivi cette série de recherches. Depuis la Renaissance jusqu'au dix-huitième siècle, tous les naturalistes, à l'exception de Buffon, furent en même temps de grands médecins. Tels sont Gessner, l'héroïque médecin ; l'illustre Haller ; Linnée, qui fut le principal médecin de son époque.

2° *L'agriculture* reçoit, elle aussi, des applications de l'histoire naturelle ; mais prenons ce mot *agriculture* comme signifiant l'art de tirer du globe le plus de produits possibles, car on peut toujours rapporter à l'agriculture des progrès dont elle est l'origine.

Le champ est donc vaste, et même il l'est encore plus que celui exploité par l'histoire naturelle dans ses rapports avec la science médicale.

Faisons remarquer d'abord que les animaux se présentent à nous dans deux conditions :

1° Dans l'état où la nature les a créés ;

2° Dans des conditions spéciales, c'est-à-dire étant plus ou moins complètement sous l'empire et en la possession de l'homme. On reconnaît à ces deux caractères les animaux sauvages et les animaux domestiques.

Mais la distinction n'est pas si nette dans la nature. Pour les animaux *sauvages* il faut distinguer deux catégories :

1° Ceux qui sont bien réellement dans l'état de nature. Tels sont les animaux qui existent dans des pays habités par des peuples barbares ou à plus forte raison par des peuples sauvages, parce qu'ils n'ont pas beaucoup de moyens pour saisir ces animaux et les soumettre à leur puissance, et de plus parce que la population humaine est assez rare dans ces pays.

2° D'autres animaux, quoique sauvages, ne sont cependant pas tout à fait dans l'état de nature. Ainsi, il y avait autrefois dans l'Europe et même dans les Gaules un bœuf de grande taille, d'une structure particulière, nommé Aurochs et mentionné par Jules César. Depuis cette époque, l'Europe s'est civilisée, la population est devenue plus considérable, mieux armée, et alors l'Aurochs a été en grande partie détruit, il n'en reste plus que quelques troupeaux en Pologne et en Lithuanie, où des lois spéciales s'opposent à sa destruction complète.

Voyons maintenant les animaux qui subissent l'influence de l'homme. A l'extrême des animaux sauvages, se trouvent les animaux *domestiques*; mais ne prenons pas ce mot dans le sens indiqué par son étymologie, car il signifierait alors animaux de la maison. L'usage a modifié ce terme; aussi maintenant n'appelle-t-on pas *domestiques* les animaux sauvages que l'on élève dans une maison, mais ceux que l'homme cultive et qu'il a cultivés dans le but de s'en rendre maître, de manière à ce qu'il pût posséder non-seulement un individu, mais la race entière.

A côté de ces animaux, sont ceux sur lesquels l'homme a un empire moins absolu. Quelques-uns sont nés sauvages, mais ils ont été *dressés*, et par suite sont devenus familiers. C'est ainsi que, dans l'Inde aujourd'hui, et autrefois en Afrique, on dressait des éléphants. Nous dirons que ces animaux sont simplement *privés*.

Que faut-il donc pour domestiquer une espèce? Il faut obtenir la reproduction habituelle de cette espèce. En un mot, il faut que l'homme possède *la race*. Etablissons bien la distinction entre un animal privé et un animal domestique. Au bout d'un certain temps, le premier meurt, et il faut de nouveau *priver* un autre animal de la même espèce. De plus, l'animal n'est conservé que pour le lieu où il a été dressé; si on le change de climat, il pourra périr. L'homme, dans ce cas, n'a donc travaillé *que pour lui dans un moment de l'espace et un moment du temps*.

Voyons, au contraire, les animaux domestiques! Quel témoignage de la puissance humaine! Ces animaux se reproduisent dans la demeure de l'homme, qui a donc accompli un travail pour *plusieurs générations d'hommes*. De plus, on peut répandre l'animal domestique, petit à petit, sur toutes les parties du globe. Si l'essai primitif réussit, l'acclimatation sera dès lors accomplie; si elle ne réussit pas, on pourra recommencer l'épreuve dans des conditions plus favorables. C'est ce qui a été fait pour le chien, la poule, la chèvre, le pigeon.

Il y a encore un autre point de vue. Non-seulement l'homme qui a domestiqué une espèce a conquis la race pour toujours, mais encore il s'est mis en possession de la faculté de la perfectionner, de la plier à tous ses besoins, et même à tous ses caprices.

Ainsi donc, pour l'animal privé, il faut toujours recommencer, et aucun progrès ne s'accomplit; pour l'animal domestique, on augmente peu à peu les modifications, et comme on peut les déplacer, on peut ajouter à l'action du changement de nourriture et du genre de vie celle du changement de climat. Enfin, comme il fait partout varier ces espèces, il peut sur tous les points se trouver en possession d'un grand nombre d'animaux. De telle sorte, comme l'a dit M. Richard du Cantal, que l'on peut juger de la civilisation d'un peuple par la quantité et la qualité des animaux domestiques qu'il possède. Remarquez ici que n'importe l'espèce domestique, bœuf, mouton, etc., elle est beaucoup plus importante que tous les autres gibiers.

Nous diviserons les animaux domestiques en : 1° *auxiliaires*, 2° *alimentaires*, 3° *industriels*, 4° *accessoires*.

1° Les animaux domestiques auxiliaires sont ceux dont l'homme se sert, non-seulement comme d'une machine à produire de la viande et de la laine, mais encore comme de serviteurs; ceux enfin dont il a conquis non-seulement le corps, mais encore les instincts qu'il a tournés à son profit. Ces animaux auxiliaires rendent à l'homme les services les plus importants, et j'oserai même dire les plus nobles. Les uns lui prêtent leur force, ce sont le bœuf et le cheval; les autres, leurs instincts, leur industrie, leur ruse, ce sont le chien, le chat et le furet. A l'exception de ce dernier, qui est fort peu important à cause de sa petite taille, de son genre de vie, de l'odeur désagréable qu'il répand, tous les animaux auxiliaires sont en même temps alimentaires et industriels. En effet, toutes les fois qu'un animal est auxiliaire, il rend de si grands services qu'on le multiplie, et que chacun d'eux, lorsque ses forces sont épuisées, renferme en lui une masse de produits que l'homme cherche à utiliser.

Le cheval et le chien, qui paraissent faire une exception à cette règle, servent encore de nourriture dans certains pays, et l'on sait qu'autrefois on mangeait du cheval dans toute l'Europe. Ces deux animaux sont aussi industriels, car ils laissent, après leur mort, de la chair, des os, du sang, du cuir, etc.

2° Les animaux domestiques alimentaires sont ceux qui fournissent à l'homme la viande, le lait, les œufs, le miel, dont il se nourrit. L'homme en fait des troupeaux. Ces animaux sont en outre industriels.

3° Les animaux domestiques industriels sont ceux qui fournissent des produits à l'industrie; ils sont très-nombreux, et se trouvent surtout dans les animaux de petite taille, qui, pour ce dernier motif, ne peuvent servir d'aliments.

Ce sont, en grande partie, les insectes, qui inspirent un sentiment de dégoût naturel, et qui d'ailleurs sont insignifiants au point de vue de la nourriture.

4° Les animaux domestiques accessoires sont pour ainsi dire une catégorie négative; elle renferme des animaux inutiles ou à peu près. C'est là que se trouvent les animaux d'agrément, tels que le faisan, le poisson rouge, etc.

La part de chacune des catégories que nous venons d'énumérer varie suivant les temps et les lieux; un animal peut, d'après les circonstances, passer d'une catégorie dans une autre. Sur certains monuments égyptiens, vous voyez le bélier attelé à la charrue. Ainsi, l'animal qui est aujourd'hui alimentaire était autrefois auxiliaire. Les espèces ovine et caprine sont auxiliaires dans la haute Asie. Ainsi, la chèvre cachemire apporte dans les vallées la riche toison dont on l'a dépouillée sur les montagnes. En Amérique, et avant l'arrivée des Européens dans cette partie du monde, le lama était partout un animal auxiliaire; mais, aujourd'hui, il y a des pays où il a été remplacé par le cheval, l'âne et le mulet, et où il est devenu alimentaire et industriel.

Voyons maintenant quelles sont les classes du règne animal qui fournissent aux quatre catégories:

La première est presque entièrement composée de mammifères, et surtout de ceux qui ont une grande taille. Elle se recrute avec raison dans cette classe où se trouvent des animaux doués d'intelligence. La classe des oiseaux fournit un seul animal auxiliaire: c'est le pigeon, dont on se sert quelquefois pour le transport des dépêches.

Dans la seconde catégorie se rangent les classes des mammifères, oiseaux, poissons. Les premières fournissent le bœuf, le mouton, le porc, le lapin. Les secondes fournissent la poule, le dindon, quelques gallinacées et quelques oiseaux d'eau. Parmi les poissons, il n'y a que la carpe.

La catégorie des animaux industriels se recrute dans la classe des insectes: ce sont le ver à soie, l'abeille, la cochenille.

La quatrième catégorie comprend en grande partie les oiseaux, à cause de leurs magnifiques couleurs et de la beauté de leur chant, et en outre le cochon d'Inde et le poisson rouge.

Il résulte donc de tout cela que, sur vingt-quatre classes d'animaux, il n'y en a que quatre à l'état de domesticité, et que, sur cent quarante mille espèces animales, quarante-trois seulement sont en la possession de l'homme. Quel champ immense s'ouvre pour les nouvelles conquêtes de l'homme sur la nature!

Indiquons sommairement combien ce champ est vaste, en donnant quelques résultats statistiques. Considérons d'abord les espèces domestiques au point de vue géographique:

Il y a cinq parties du monde, y compris l'Europe, dont nous ne parlerons pas. L'*Amérique* a fourni quatre espèces domestiques: le dindon, le canard musqué, l'oie du Canada et le cochon d'Inde. L'*Australie* n'a rien fourni. L'*Afrique* a donné la pintade et quelques autres (et encore nous ne parlons que de la vallée du Nil et des bords de la Méditerranée). L'*Asie* est la contrée qui a fourni le plus d'animaux utiles. On peut dire qu'elle est le berceau des animaux domestiques actuels.

Ajoutons un dernier fait, et nous aurons marqué alors la pauvreté relative de ce que nous possédons. Nous n'avons, en France, que trente-trois animaux domestiques. Il y en a dix d'étrangers, et ils se partagent en deux groupes:

1° Les bombyciens (voyez ce mot), dont il y a trois espèces;

2° Les ruminants, qui comprennent: le renne, que l'on ne pourra jamais faire vivre en France, du moins avec profit; le buffle, qui, de l'Inde, s'est propagé jusqu'en Italie; l'yack, dont M. de Montigny a récemment introduit un troupeau en France; le chameau et le dromadaire, qu'il ne paraît pas utile d'acclimater dans notre pays; enfin, le lama et l'alpaca, qui sont destinés à prendre place parmi nos plus utiles animaux domestiques. (C. DESVAILLE.)

DES MÉTHODES DE PERFECTIONNEMENT DES ANIMAUX DOMESTIQUES. — Les aliments, les climats et les lieux agissent sans cesse, et selon leur nature, sur l'organisation des animaux, en modifient le type espèce, et produisent les races naturelles; mais l'homme usant et quelquefois abusant de l'influence que lui donne la domesticité, en forme un très-grand nombre en les mêlant, souvent sans discernement et sans goût. Pour créer les races, comme pour les perfectionner, on use de trois méthodes principales, savoir: *le croisement, la consanguinité, l'appareillement.*

Le *croisement* ou *métissage* consiste dans l'accouplement de deux individus de race différente, et dont l'une est destinée à perfectionner l'autre. Ainsi, on accouple l'étalon arabe avec la jument auvergnate ou limousine, pour donner au produit plus d'élégance et de grâce. On allie le bélier mérinos avec la brebis bérichonne, pour raffiner la laine. L'animal améliorateur mâle ou femelle doit toujours être un pur sang.

Le premier produit du croisement s'appelle premier métis ou demi-sang. Accouplé avec un pur sang, le premier métis donne le deuxième; le deuxième, toujours avec un pur sang, donne le troisième; le troisième, le quatrième, et ainsi de suite; de telle sorte qu'en suivant cette méthode pendant plusieurs générations successives, on substitue une belle et bonne race à une race commune. Mais cela demande du temps et des soins bien entendus. On conçoit aisément les avantages que l'on peut tirer du croisement. Par lui, les animaux domestiques ne sont plus, pour ainsi dire, qu'une pâte molle, que l'homme façonne à son gré et sa volonté. Ainsi, il modifie, perfectionne les formes des animaux de travail ou de luxe, développe les parties charnues aux dépens des os dans ceux de boucherie; il raffine les laines, les allonge selon ses besoins, et crée des races spéciales aux convenances des lieux, de l'agriculture, du commerce, de l'industrie.

La nature n'a fait que quelques races domestiques concentrées dans les contrées qui leur étaient propres; mais l'homme, par son influence et son action, les a multipliées à l'infini et transportées sous tous les climats. Poussant même plus loin l'ardeur de ses investigations, et cédant à ce besoin d'innover, de découvrir, qui le dévore, il a croisé les espèces; mais il n'a obtenu fort heureusement pour résultat que des mulets, c'est-à-dire des individus inféconds; sans cela les espèces auraient été bientôt mêlées, brouillées comme les races, et nous aurions abouti au chaos. Singulière destinée, qui, partout, dans l'ordre des choses, a placé le bien si près du mal, l'abus si près de la puissance. Ainsi, les croisements, lorsqu'ils sont mal conçus, mal dirigés, déforment, anéantissent les races, au lieu de les perfectionner. Il faut se garder, dit Huzard, d'attaquer à la fois, par le croisement, tous les défauts d'une race existante. On doit s'en prendre d'abord au principal, et les passer successivement en revue les uns après les autres, par des reproductions de races différentes, s'il le faut, mais ayant tous les qualités des défauts qu'on veut faire disparaître. Quelque prompts que soient les résultats du croisement, il ne faut pas s'attendre à avoir, dès la première génération, des animaux perfectionnés; ils sont, au contraire, généralement disproportionnés, décousus. Le sang des deux races n'ayant pas encore eu le temps de se fusionner complètement, les produits offrent l'amalgame incohérent des qualités et des défauts du père et de la mère. Il faut donc *trois ou quatre* générations au moins pour bien juger des effets d'un croisement. C'est à l'éleveur à savoir attendre. Buffon et Bourgelat, nos maîtres, grands promoteurs des croisements, ont prétendu qu'ils étaient indéfiniment nécessaires pour balancer l'influence des lieux et maintenir une race croisée. Cette opinion est trop exclusive. Des faits nombreux ont démontré, qu'après huit ou dix générations consécutives et bien dirigées, la race améliorée pouvait se maintenir seule, sans l'introduction de nouveaux reproducteurs, pourvu que l'appareillement et le régime fussent bien entendus.

Malgré les incontestables avantages des croisements, ils ne sauraient satisfaire tous les hommes. Il suffit peut-être même que tous les hippiatres et naturalistes, depuis Varron jusqu'à Bourgelat et Buffon, les aient préconisés à l'encontre des alliances de famille, pour que les Anglais aient fait de ces dernières une règle de perfectionnement. Ils ont donné à cette méthode le nom de propagation en dedans (*breding in and id*). Nous l'appelons consanguinité. La *consanguinité* consiste dans l'accouplement d'individus de la même famille, du père avec la fille, de la mère avec le fils, du frère avec la sœur.

Malgré les résultats obtenus par le célèbre Backewel, le créateur de la race des moutons Dislhey, et par quelques autres éleveurs anglais, la consanguinité est loin d'obtenir les suffrages des hommes compétents. Elle a, en effet, des inconvénients si graves, si profonds, qu'elle ne saurait être acceptée et suivie sans danger. Les résultats de Backewel et de ses imitateurs ne sauraient être considérés que comme des exceptions dues, peut-être, plutôt à la localité, aux soins infinis, à l'hygiène, qu'à la consanguinité. Dans toutes les races comme dans toutes les espèces, l'expérience des siècles établit que les alliances de famille tendent au dépérissement, à la dégénération, à la stérilité des races, partant à leur anéantissement!

Dans l'espèce humaine, les lois sociales et religieuses de tous les peuples les ont proscrites comme une monstruosité. On les proscrit en horticulture à l'égard des plantes. Les animaux feraient-ils seuls exception à la règle? Nous ne le pensons pas. D'ailleurs, les prétendus perfectionnements anglais ne seraient-ils pas plutôt un étiolement? Ne consistent-ils pas, en effet, dans le développement excessif des parties molles et charnues, et n'a-t-on pas accusé Backewel d'avoir systématisé la pourriture?

Nous n'admettons la consanguinité que dans des cas exceptionnels, lorsque, par exemple, deux individus d'une même famille offrent des beautés et des qualités si extraordinaires, si remarquables, que l'on puisse craindre de les perdre en les isolant, et qu'on veuille tenter de les imprimer plus vigoureusement dans le sang, en accouplant ces individus ensemble, pour former un type nouveau. Mais il ne faut pas aller trop loin dans cette alliance incestueuse, si l'on ne veut perdre tout le fruit de sa tentative.

On appelle *méthode de progression* l'introduction, dans un pays donné, de mâles et de femelles d'une race étrangère.

Ceci étant une importation, ou plutôt une substitution de race, et non un mode de perfectionnement, nous ne nous en occuperons pas; nous dirons seulement que ce moyen est fort dispendieux, et ne donne presque jamais les résultats que l'on en attend, parce que les aliments et les climats, agissant sur ces nouveaux venus, les modifient, les transforment en peu de temps; et, au lieu d'avoir une race amélioratrice, on a une race dégénérée.

A quelque méthode que l'on donne la préférence pour perfectionner les races, il importe d'abord de faire un bon appareillement.

En thèse générale, *appareiller*, c'est réunir deux choses ou deux individus aussi semblables que possible. L'identité parfaite constitue l'appareillement parfait. Ainsi, on appareille deux chevaux pour la voiture, deux bœufs pour le labour, comme on appareille un mâle et une femelle pour les faire reproduire.

En restreignant ce mot à ce dernier sens, l'appareillement est une règle générale qui consiste dans le choix judicieux et raisonné des mâles et des femelles destinés à s'accoupler pour se reproduire, au lieu de livrer cet acte important au hasard.

On doit déjà sentir l'importance de l'appareillement pour l'amélioration des races, car il ne suffit pas d'introduire de bons reproducteurs, il faut encore les choisir convenablement. On emploie l'appareillement comme méthode pour maintenir et conserver les bonnes races existantes. Il consiste alors dans le choix des plus beaux mâles et des plus belles femelles de ces races, que l'on accouple ensemble et dont on soigne particulièrement les produits pour les accoupler à leur tour et progressivement. Il est presque toujours plus sûr d'agir ainsi que de vouloir brusquer le perfectionnement et le porter tout à coup à l'idéal par l'emploi des races étrangères trop supérieures.

Que de belles et bonnes races ont perdu à l'abandon de ce principe! C'est ainsi que l'on a détruit ou gravement compromis, dans nos chevaux, les races limousine, navarraise, auvergnate, etc., en les croisant avec des étalons anglais, et que l'on perdra peut-être la bretonne, la percheronne, la normande. Mieux vaut garder ce que l'on a de bon, de certain, de positif, que de tenter un vain perfectionnement par des croisements problématiques; l'appareillement leur est cent fois préférable.

Les règles de l'appareillement ressortent de ce principe, que les produits ressemblent aux parents. D'où il suit que l'on doit choisir, pour types améliorateurs, les individus qui réunissent les qualités que l'on désire introduire ou développer dans la race nouvelle. Seulement, au lieu d'attaquer tous les défauts à la fois, il est mieux de les poursuivre un à un. On divise le travail pour ne pas en être accablé.

LAVIGNE, *médecin vétérinaire.*

ANIMAUX DOMESTIQUES (commerce des). Les animaux domestiques sont l'objet d'un commerce considérable, dans tous les pays où l'on s'occupe de leur éducation avec plus ou moins de succès. Il consiste principalement en bêtes à cornes, moutons, porcs et chevaux; les premiers fournissent la viande de boucherie nécessaire à la subsistance, et les seconds servent aux usages domestiques et agricoles. Ces animaux vivants, ou, comme l'on dit, sur pieds, se trouvent en grand nombre dans les marchés et les foires, où ils font le principal article du commerce. Il serait difficile d'évaluer le nombre des animaux domestiques d'un pays, parce qu'il varie sans cesse; mais il est partout fort considérable, parce qu'on a reconnu, en fait d'économie rurale, l'avantage d'élever un grand nombre d'animaux domestiques au moyen des prairies artificielles, qu'on a multipliées dans certains pays (en Angleterre) aux dépens des terres arables, parce qu'elles exigent moins de dépenses pour la culture, et que leurs produits donnent plus de profits.

Le commerce des animaux est sujet à bien des fraudes, surtout celui des chevaux, qui met l'acheteur le plus expert à la merci du vendeur, tandis que ce devrait être le contraire. « Ce que nous nous proposons de dire sur la manière dont se fait le commerce de chevaux, dit M. Huzard, fera voir combien il est nécessaire de se prémunir contre les spéculations et les manœuvres de certains marchands. Les marchands achètent la plupart de leurs chevaux en foire, et ils les achètent jeunes; il leur est impossible, dans ce cas, de connaître leurs qualités; ils ne connaissent que leur tournure, leur taille, leur démarche; et comme sur le nombre qu'ils achètent ils doivent s'attendre à en avoir de bons, de médiocres et de mauvais, ils ne les payent qu'en raison de la chance qu'ils ont à courir. Si, plus tard, arrivés au moment de revendre ces animaux, ils les classaient par catégories de bons, de médiocres et de mauvais, ils ne feraient que ce qui serait juste pour ne tromper personne. Mais ils n'agissent pas ainsi; en fait de commerce, chacun prend son avantage : dans ce cas, ils vendraient à trop bas prix ceux de la seconde qualité, et ils ne vendraient point du tout ceux de la troisième; pour obvier à cet inconvénient, ils prennent le parti de les revendre presque tous comme s'ils devaient être bons, sans avoir pu s'assurer s'ils l'étaient réellement. Même dans le cas où l'acheteur désire de jeunes chevaux, il peut être trompé par un vendeur qui ne connaît pas bien sa marchandise, ou qui peut être de mauvaise foi. Combien encore n'est-on pas exposé à être trompé lorsqu'un acheteur s'adresse à un de ces marchands qui font le métier d'acheter des chevaux usés, tarés, et qui, après les avoir refaits, abusant de leur bon état factice, les revendent comme s'ils étaient bons!

Dans le commerce de toute denrée, il s'élève de temps en temps des contestations, soit sur les conditions du marché, soit sur le bon ou le mauvais état des marchandises. Dans ce dernier cas, le vendeur, qui souvent a possédé la marchandise longtemps avant de s'en défaire, a dû en connaître l'état, tandis que l'acheteur, qui ne l'a vue qu'un instant, qui quelquefois même l'a achetée sans la voir, sur des écrits ou d'après des promesses, a pu être trompé par un vendeur imprévoyant ou de mauvaise foi.

Dans le commerce des animaux plus que dans tout autre, l'acheteur a ses chances défavorables à courir; souvent l'animal qui paraît dans le meilleur état est affecté de vices ou de maladies que l'œil de la personne la plus exercée ne peut reconnaître, à moins qu'elle n'ait étudié la médecine vétérinaire. Il est même des circonstances où le vétérinaire le plus instruit ne peut juger tout de suite de l'existence de ces vices ou maladies; enfin, quelquefois le vendeur lui-même les ignore, et il est trompé le premier sur l'état réel de l'animal; combien donc, à plus forte raison, peut se tromper sur cet état quelqu'un qui n'est ni vétérinaire ni marchand, et qui achète l'animal parce qu'il en a besoin!

Aussi, tandis que les difficultés, dans les autres branches du commerce, sont ordinairement relatives aux conditions de la vente, c'est presque toujours sur la qualité de la marchandise que s'élèvent les contestations dans le commerce des animaux domestiques.

Pour faciliter toute espèce d'achat, et par conséquent le commerce surtout des animaux, en diminuant la crainte que l'acquéreur peut avoir d'être trompé sur la qualité de la marchandise, même lorsqu'il a à traiter avec un vendeur de bonne foi, le législateur a presque partout imposé au vendeur certaines obligations; ce vendeur a été obligé, par exemple, de garantir à l'acheteur qu'il ne serait pas troublé dans la jouissance de la chose vendue; ensuite que la chose vendue n'avait pas certains défauts. Telle est la garantie que la loi accorde aux achats des animaux domestiques, surtout des chevaux, et qui était d'autant plus nécessaire, que, dans les marchés où les foires, l'acquéreur n'a pas le temps d'examiner le cheval qu'il veut acheter, et que la loi doit dans ce cas lui offrir une garantie lorsque sa confiance a été trompée par supercherie.

Les vices ou défauts que le vendeur est tenu de garantir ont été appelés *vices rédhibitoires*, c'est-à-dire vices qui donnent lieu à la résiliation du marché ou à la *rédhibition*.

Chaque province de France avait une coutume spéciale bien différente souvent de celle de la province limitrophe; chacune avait ses vices rédhibitoires particuliers à peu près invariables, en sorte que telle maladie qui n'était point vice rédhibitoire dans une province, donnait lieu à la rédhibition dans une autre. Par exemple, dans la Normandie, pour les chevaux, les ânes et les mulets, la morve, la pousse et la courbature étaient rédhibitoires; pour les vaches, la pommelière et l'hydropisie de poitrine; pour les moutons, le claveau; tandis qu'à Cambrai, la morve et la pousse étaient seules dans ce cas à l'égard du cheval; à Douai, on y joignait le cheval *rebous* et *fellé* de la dent, c'est-à-dire qui mord. La même variation se rencontrait à l'égard de la durée de la garantie.

Comme la législation nouvelle a apporté un grand changement dans les coutumes et usages anciens, comme aussi c'est sur la garantie des défauts de la chose vendue, ou vices rédhibitoires, que s'élèvent presque toutes les contestations relatives au commerce des animaux, le paragraphe du Code qui traite cet objet mérite de fixer spécialement l'attention de ceux qui se livrent à ce commerce.

De la garantie des défauts de la chose vendue.

Art. 1641. Le vendeur est tenu de la garantie à raison des défauts cachés de la chose vendue, qui la rendent impropre à l'usage auquel on la destine, ou qui diminue tellement cet usage, que l'acheteur ne l'aurait pas acquise, ou n'en aurait donné qu'un moindre prix, s'il les avait connus.

C'est ainsi que dans le commerce des animaux, et principalement des chevaux, la garantie spécifiée dans l'article est un droit que la loi accorde à tout acheteur de demander la résiliation du marché lorsque l'animal a des vices ou des défauts que le vendeur est tenu de garantir; ces vices ont été appelés *vices rédhibitoires*, c'est-à-dire vices qui donnent lieu à la *rédhibition*. La garantie relative à la possession de la chose vendue n'avait et ne peut avoir de terme; elle existe tant que la possession doit durer. Mais la garantie pour les vices rédhibitoires a toujours eu un temps limité; c'est ce temps qui forme la durée de la garantie. Il devait être en effet limité, pour que l'acheteur ne pût pas détériorer la chose vendue, et ensuite dire qu'elle était détériorée avant la vente. C'est sur les vices de la chose vendue, qui doivent être regardés comme rédhibitoires, et sur la durée de la garantie, que roule presque tout le droit vétérinaire commercial en ce qui concerne le commerce des chevaux.

L'application du principe établi par l'art. 1648, où il est question de la durée de la garantie, n'est pas aussi facile que les autres articles concernant la nature de cette garantie, surtout à l'égard du commerce des animaux; le principe qui s'y trouve établi étant exprimé en termes vagues, peut donner lieu à des discussions difficiles à résoudre. Voici cet article :

Art. 1648. L'action résultant des vices rédhibitoires doit être intentée par l'acquéreur dans un bref délai, suivant la nature des vices rédhibitoires et l'usage du lieu où la vente a été faite.

Mais les usages des lieux relatifs à la durée de la garantie n'étant souvent pas en rapport avec la nature du vice, l'on risque ou de ne pas suivre l'usage du lieu où la vente a été faite, si l'on ne consulte que la nature du vice, ou de n'être pas en harmonie avec la nature du vice, si l'on ne consulte que l'usage du lieu où la vente a été faite. Il aurait fallu spécifier les vices rédhibitoires pour toutes espèces d'objets d'échange, ce qui aurait été presque impossible; mais le principe annoncé dans le plus bref délai est surtout applicable aux vices rédhibitoires pour le commerce des animaux domestiques, dont la nature est extrêmement variable, et pour lesquels, par ce motif, la durée de la garantie doit être la plus courte possible.

Si, d'après l'art. 1649 du Code, la garantie n'a pas lieu dans les ventes faites par autorité de justice, il ne résulte pas pourtant de cet article que l'on puisse vendre par autorité de justice toute espèce d'animaux : ceux qui sont attaqués de maladies contagieuses ne peuvent être mis en vente.

Dans le commerce des animaux domestiques, dit M. Huzard (*De la Garantie et des Vices rédhibitoires dans le commerce des animaux domestiques*), l'acheteur n'est pas toujours rassuré par la garantie légale relative aux défauts cachés, même apparents, qui lui échappent, et il demande au vendeur de lui garantir particulièrement que l'animal n'a pas tel défaut, il lui demande même qu'il ait telle qualité dont le vendeur lui avait parlé. Ces transactions ou conventions, qui modifient la garantie légale, sont appelées garanties conventionnelles; elles doivent être rédigées par écrit entre les parties pour plus de sûreté. Cette garantie n'exclut pas les autres vices rédhibitoires, au contraire, elle en augmente le nombre.

Il existe une autre garantie conventionnelle tacite dans les marchés dits de *confiance*, c'est-à-dire où l'acheteur n'a pas vu l'objet du marché, et où il s'en rapporte à la bonne foi du vendeur pour lui procurer un animal capable de remplir un but déterminé. Le vendeur devient alors responsable de tous les défauts ou vices visibles ou non visibles qui empêchent l'animal de remplir le but pour lequel il a été demandé, ou qui diminue beaucoup le prix dont on était convenu. Le vendeur qui a abusé de la confiance qu'on lui témoignait doit aussi porter la peine de cet abus de confiance.

Cependant le vendeur qui ne veut pas se soumettre à la garantie en est le maître, en prévenant l'acheteur de son intention ce qui est confirmé par l'article 1643 du Code civil. Mais dans le commerce des animaux, une circonstance arrête l'effet de cette non-garantie, c'est dans le cas où les animaux vendus sont attaqués de maladies contagieuses. Une loi spéciale (*arrêt du Conseil d'Etat du roi pour prévenir les dangers des maladies des animaux, et particulièrement de la morve, du 16 juillet 1784, § VII*) défend de vendre des animaux atteints ou seulement suspectés de maladies contagieuses. Cette clause ressortit encore des articles 459, 460 et 461 du Code pénal, qui prescrivent des peines correctionnelles, non-seulement contre ceux qui auraient laissé communiquer leurs animaux infectés de maladies contagieuses avec d'autres, mais encore qui n'auraient pas prévenu l'autorité qu'ils avaient des animaux soupçonnés d'être infectés de ces maladies.

De ces lois qui ont cherché à prévenir tout commerce d'animaux atteints, et même seulement suspectés de maladies contagieuses, il résulte évidemment que si le vendeur, quel qu'il soit, vend des animaux sans garantie, cette non-garantie ne peut s'appliquer aux maladies contagieuses ; par conséquent, que les animaux qui en sont affectés sont toujours dans le cas de la rédhibition.

Voici enfin la loi du 20 mai 1838 sur les vices rédhibitoires :

Art. 1er. Sont réputés vices rédhibitoires, et donneront lieu seuls à l'action résultant de l'article 1641 du Code civil, dans les ventes ou échanges des animaux domestiques ci-dessous dénommés, sans distinction des localités où les ventes et échanges auront eu lieu, les maladies ou défauts ci-après.

Savoir :

POUR LE CHEVAL, L'ANE ET LE MULET.

La fluxion périodique des yeux,
L'épilepsie ou mal caduc,
La morve,
Le farcin,
Les maladies anciennes de poitrine ou vieilles courbatures,
L'immobilité,
La pousse,
Le cornage chronique,
Le tic sans usure des dents,
Les hernies inguinales intermittentes,
La boiterie intermittente pour cause de vieux mal.

POUR L'ESPÈCE BOVINE.

La phthisie pulmonaire ou pommelière,
L'épilepsie ou mal caduc,
Les suites de la non-délivrance,
Le renversement du vagin ou de la matrice. } après le part chez le vendeur.

POUR L'ESPÈCE OVINE.

La clavelée. — Cette maladie reconnue chez un seul animal entraînera la rédhibition de tout le troupeau ; la rédhibition n'aura lieu que si le troupeau porte la marque du vendeur.

Le sang de rate. — Cette maladie n'entraînera la rédhibition du troupeau qu'autant que, dans le délai de la garantie, la perte constatée s'élèvera au quinzième au moins des animaux achetés.

Dans ce dernier cas, la rédhibition n'aura également lieu que si le troupeau porte la marque du vendeur.

Art. 2. L'action en réduction du prix autorisée par l'article 1644 du Code civil ne pourra être exercée dans les ventes et échanges d'animaux énoncés dans l'article 1er ci-dessus.

Art. 3. Le délai pour intenter l'action rédhibitoire sera, non compris le jour fixé pour la livraison, de trente jours pour le cas de fluxion périodique des yeux, et d'épilepsie ou mal caduc ; de neuf jours pour tous les autres cas.

Art. 4. Si la livraison de l'animal a été effectuée, ou s'il a été conduit, dans les délais ci-dessus, hors du domicile du vendeur, les délais seront augmentés d'un jour par cinq myriamètres de distance du domicile du vendeur au lieu où l'animal se trouve.

Art. 5. Dans tous les cas, l'acheteur, à peine d'être non recevable, sera tenu de provoquer, dans le délai de l'art. 3, la nomination d'experts chargés de dresser procès-verbal : la requête sera présentée au juge de paix du lieu où se trouvera l'animal.

Ce juge nommera immédiatement, suivant l'exigence des cas, un ou trois experts qui devront opérer dans le plus bref délai.

Art. 6. La demande sera dispensée du préliminaire de la conciliation, et l'affaire instruite et jugée comme matière sommaire.

Art. 7. Si, pendant la durée des délais fixés par l'art. 3, l'animal vient à périr, le vendeur ne sera pas tenu de la garantie, à moins que l'acheteur ne prouve que la perte provient d'une des maladies spécifiées dans l'article 1er.

Art. 8. Le vendeur sera dispensé de la garantie résultant *de la morve et du farcin*, pour le cheval, l'âne et le mulet ; *de la clavelée* pour l'espèce ovine, s'il prouve que l'animal, depuis la livraison, a été mis en contact avec des animaux atteints de ces maladies.

D'après un arrêt de la Cour de cassation (1840), le vendeur doit être assigné dans le délai de la garantie : l'action introductive d'instance doit suivre la constatation du vice. (MONTBRION.)

ANIMAUX (droit). — En droit, on comprend sous le terme d'*animaux* les différents êtres vivants et sensibles, l'homme excepté. Les jurisconsultes distinguent des animaux *sauvages*, *domestiques* et *privés*. On nomme animaux sauvages ceux qui vivent dans leur indépendance naturelle, ou qui, du moins, sont censés conserver le désir d'y vivre. Tels sont, dans nos climats, le lion, l'ours, le loup, le lièvre, etc. Les animaux domestiques sont ceux qui ont contracté l'habitude de vivre dans nos maisons, comme le cheval, le bœuf, le chien, la poule, etc. Les animaux privés tiennent en quelque sorte le milieu entre les deux genres précédents. Accoutumés à vivre dans la maison, et à y revenir quand ils en sont sortis, ils conservent néanmoins la faculté de vivre sans peine dans leur état naturel. Tel est le pigeon du colombier, l'abeille de la ruche, le cerf apprivoisé. La plupart des animaux sauvages ne sont à personne, et celui qui en est saisi en perd la propriété dès qu'il les laisse échapper. Les autres animaux appartiennent tous à leur maître; mais les lois ont voulu que la propriété des animaux domestiques passât plus difficilement d'une personne à l'autre, dans certains cas, que celle des animaux seulement privés. Ainsi, Justinien refuse l'action en revendication au maître d'un essaim d'abeilles quand il l'a une fois perdu de vue et que la recherche en serait difficile; et il décide que des pigeons qui ont perdu l'habitude de revenir au colombier sont au premier occupant. Il veut, au contraire, que, si des poules ou des oies effarouchées passent d'une maison dans une autre, celui à qui ces animaux appartiennent puisse les revendiquer, en quelque lieu qu'ils se soient retirés, même hors de la vue du maître (*Nouv. Denisart*). Tout cela est conforme à nos lois actuelles. (Voy. Abeilles, Accession, Colombier, Épaves, Étang, Garenne.) Ces distinctions sont également utiles sous le rapport de la propriété et des dommages. (V. Dommage, Propriété.)

Le Code civil, en comprenant divers animaux sous la dénomination de *bestiaux*, a voulu distinguer ceux qui servent à faire valoir les terres, et qui, en même temps, sont susceptibles de croît ou de profit pour l'agriculture et le commerce. (C. civ., 1064, 1766, 1800, 1801 et 1804; — v. Bail d'animaux, Bail à cheptel et Bail partiaire.) Dans le sens des lois sur la police rurale, on n'entend par bestiaux que les animaux quadrupèdes.

Les animaux peuvent être *meubles* ou *immeubles* suivant leur destination et les conventions. (V. Meubles-Immeubles.)

« Les bestiaux servant au labourage ne peuvent être saisis pour contributions arriérées. (L. 6 sept.-2 oct. 1791.) Les créanciers n'ont droit de les faire saisir que dans certains cas et sous des restrictions établies. (C. pr. 592 et 593; — v. Insaisissable.) »

D'après l'art. 524 du Code civil, les animaux attachés à la culture sont immeubles par destination quand ils ont été placés par le propriétaire pour le service et l'exploitation du fonds : il en est de même des pigeons des colombiers, des lapins des garennes, des ruches à miel, des poissons des étangs. La loi les déclare insaisissables, si ce n'est pour aliments fournis à la partie légalement saisie, pour sommes dues aux vendeurs desdits animaux ou à celui qui a spécialement prêté des fonds pour les acheter, pour fermages et moissons des terres à la culture desquelles ils sont employés, pour loyers des manufactures, moulins, pressoirs, usines, dont ils dépendent, pour loyers des lieux servant à l'habitation personnelle du débiteur. En cas de saisie pour les causes ci-dessus, le juge de paix peut, sur la demande du saisissant, le propriétaire et le saisi entendus ou appelés, établir un gérant à l'exploitation. (C. pr., 592 à 594.) Hors les cas prévus par ledit article 524, les animaux sont regardés comme meubles par leur nature. (Ibid., 528, 2279 et 2280.) V. Meubles.

Le vol de bestiaux, dans les champs, est puni correctionnellement. (C. pén., 388.) Sont également punis de peines correctionnelles ceux qui auront empoi-

sonné ou tué, sans nécessité, des animaux privés, placés sous la puissance de l'homme. (C. pén., 452 à 454.) Ceux qui leur auront fait des blessures, même par imprudence, seront punis de peines de simple police. (Ibid., 479 et 480.)

Le propriétaire d'un animal, ou celui qui s'en sert pendant qu'il est à son usage, est responsable du dommage qu'il a causé, soit qu'il fût sous sa garde, soit qu'il se fût égaré ou échappé. (C. civ., 1885). Sont passibles de peines de simple police ceux qui auront fait passer leurs bestiaux dans les bois taillis ou sur des terrains ensemencés ou chargés de récoltes.

La loi a aussi pris des mesures, dans l'intérêt public, relativement aux animaux malfaisants. Elle charge expressément l'autorité locale d'obvier et de remédier aux accidents que pourraient occasionner les chiens enragés, errants ou suspects.

L'intérêt général et l'intérêt particulier d'une foule de communes situées dans les pays boisés sollicitent vivement la destruction des animaux malfaisants. C'est ce qui a déterminé le gouvernement à donner des primes, afin d'encourager, par exemple, la destruction des loups; savoir : 18 fr. pour une louve pleine, 15 fr. pour une louve non pleine, 12 fr. par loup, et 3 fr. par louveteau. La présentation du loup détruit doit être faite au maire de la commune, qui en dresse procès-verbal constatant le nom du destructeur, l'âge, le sexe et l'état de l'animal tué, et la qualité de la prime méritée, laquelle est payable dans la huitaine de la déclaration.

Le législateur a dû aussi empêcher que la maladie ou la mort des animaux ne devint une cause de contagion pour les autres animaux, ou une cause d'altération de la salubrité publique; et c'est ainsi que le Code pénal, dans ses art. 459, 460 et 461, a prévu et puni les différents cas relatifs aux faits d'incurie et d'imprévoyance de la part des détenteurs ou gardiens d'animaux ou de bestiaux soupçonnés d'être infectés de maladie contagieuse, sans préjudice de l'exécution des lois et règlements relatifs aux maladies épizootiques, et de l'application des peines y portées.

La loi du 6 octobre 1791, art. 13, ordonne, dans l'intérêt de la salubrité publique, à tout propriétaire de bestiaux morts, de les enfouir dans la journée, à quatre pieds de profondeur (1 m. 30 c.) et dans son terrain, ou de les transporter à l'endroit qui aurait été désigné par la municipalité, pour y être également enfouis, le tout sous peine d'amende.

Qu'ici il nous soit permis de dire qu'une sage mesure devrait être prise relativement à tous les bestiaux et animaux quelconques qui viendraient à mourir de maladie contagieuse ou épizootique, en prescrivant qu'ils soient enfouis dans la terre avec leurs peaux entières, sauf à indemniser, en conséquence, les propriétaires et les détenteurs. A part même la grande raison de moins d'insalubrité, plusieurs motifs puissants sont à invoquer en faveur de cette mesure et dans l'intérêt de l'agriculture. Il en est deux principalement qui méritent une attention particulière : l'un, que généralement la peau et le poil des bestiaux et animaux morts de maladie, surtout de maladie contagieuse, sont de mauvaise qualité, d'un travail et d'un usage souvent fort dangereux, et, en tout cas, de courte durée, et que, dans le commerce des tissus et des peaux, il en provient de graves inconvénients, des tromperies et des fraudes sur la qualité et la valeur des marchandises confectionnées; — l'autre, que, notamment dans les cantons ruraux, lorsque les maladies épizootiques viennent à sévir, la fâcheuse industrie des écorcheurs, des équarrisseurs et des petits marchands de peaux, qui les obtiennent alors à bon marché, en se transportant de ferme en ferme, fait qu'assez fréquemment la malveillance et la cupidité viennent ajouter au désastre de l'épizootie, par l'emploi de certains moyens désastreux, tels que des gobbes, surtout pour les moutons, les chèvres et les vaches. Nous avons vu, dans le Perche, de ces gobbes, composées de bourre recouverte de poix, puis enduites de miel, et jetées çà et là dans les herbes, le long des haies et sur le passage ordinaire des troupeaux. Nous en avons même vu de cette composition (bourre et poix), qu'on avait retirées du corps des moutons, qui en étaient nécessairement morts; et nous savons par expérience personnelle qu'une longue enquête judiciaire avait eu lieu, avant 1830, dans le canton de la Loupe (Eure-et-Loir), en faisant déposer, comme témoins appelés, des cultivateurs dont les troupeaux avaient beaucoup souffert, et des écorcheurs et marchands de peaux du pays, qui avaient eu à exercer leur profession. S'il n'est pas résulté la preuve évidente contre quelques-uns de ces derniers, qu'ils étaient coupables du crime imputé à la malveillance humaine, au moins il a été bien remarqué que pendant les trois ou quatre années qui ont suivi, on n'a plus retrouvé de gobbes dans les champs ni dans les haies. Ce fut là un grand enseignement; et en quelque sorte le but de l'enquête se trouvait atteint, à savoir qu'à côté du fléau de l'épizootie il y en avait un autre, celui de la malveillance cupide de certains industriels de bas étage. Telles sont les raisons pour lesquelles il nous paraîtrait désirable que désormais les bestiaux et animaux morts de maladie, même non contagieuse, fussent enterrés sans être dépouillés ni dégarnis en rien, dût-on indemniser largement les propriétaires, cultivateurs ou autres détenteurs.

On a prétendu, quelquefois, que les animaux de la race ovine n'avalaient pas les gobbes préparées, mais qu'ils se gobbaient eux-mêmes, suivant une expression des campagnards; c'est-à-dire qu'ayant certaine maladie de peau, ils se léchaient le corps, et d'ailleurs perdaient plus facilement leur laine, qui s'attachait aux buissons, où ils allaient ensuite brouter, et avalaient quelques parties de laine, lesquelles, réunies dans leur estomac, formaient bientôt des espèces de gobbes qui s'y fixaient et occasionnaient la mort. Ce fait est également exact, et il faut même reconnaître que c'est ainsi que meurent le plus grand nombre de moutons atteints de maladie de peau; mais aussi il est avéré et bien connu des cultivateurs que, pour ainsi dire, en tout temps, dans quelques contrées boisées ou garnies de haies, comme le Perche, des gobbes préparées et déposées dans certains lieux, par des personnes intéressées à faire le mal, provoquent et assurent fatalement le résultat cherché. Nous parlons plus spécialement du Perche, où le cultivateur n'est pas toujours heureux, parce que là sévissent plus fréquemment les maladies épizootiques des races ovines, bovines, chevalines et porcines, soit dans les années pluvieuses et à cause de l'habitude ou plutôt de la nécessité, à défaut de provisions utiles, d'envoyer, presque en toutes saisons, les bestiaux paître dans les champs clos ou le long des bois, soit encore, en ce qui regarde les moutons particulièrement, parce qu'étant amenés, en bonne partie, de contrées moins humides et moins boisées, comme la Beauce, le changement d'existence, d'air et d'alimentation exerce une fâcheuse influence sur leurs organes. Ajoutons à cela que, dans le Perche, il y a trop de malheureux, de moissonneurs par profession, de vieux bergers sans ressources, d'écorcheurs et d'anciens marchands de bestiaux et de peaux qui courent les marchés des hameaux et les fermes, sous différents prétextes de commerce, et que ces hommes, généralement mal famés, inspirant même de la crainte, de la terreur aux cultivateurs et aux fermiers, sont la plaie d'un pays de médiocre culture, d'un sol humide et peu productif, à défaut d'ameublissement de la terre arable et des bienfaits du drainage.

A l'égard des volailles, le fait de les laisser à l'abandon sur la propriété d'autrui est punissable aux termes de la loi du 23 thermidor an IV, de la peine de trois journées de travail ou de trois jours d'emprisonnement. (C. cass., 10 nov. 1836.)

Une loi du 6 octobre 1791 défend d'introduire les troupeaux dans les champs moissonnés avant qu'il se soit écoulé deux jours depuis l'entier enlèvement des récoltes. Cette disposition a pour but de protéger le droit des glaneurs, des pauvres, qui vont recueillir les parcelles de récolte, qui demeurent et sont abandonnées sur le sol, et, par conséquent, le propriétaire du fonds doit la respecter comme les étrangers. (C. cass., 19 oct. 1836.)

Nous devons parler ici de la loi d'humanité, dite loi de Grammont, d'après laquelle, depuis plusieurs années, il est défendu, sous peine d'amende, de maltraiter à outrance les animaux domestiques. Cette loi était d'autant plus utile, dans l'intérêt même des propriétaires et pour la conservation de ces animaux, que fréquemment des serviteurs à gages, pris de vin, ont blessé ou estropié des bêtes de trait et de somme, qu'ils ne savaient pas conduire. Il était nécessaire que ce triste spectacle ne fût plus permis, d'abord dans les lieux publics, et, quant aux chevaux de troupe, afin que les contrevenants fussent punis d'une manière légale.

Une loi de 1855 a établi un impôt sur les chiens, impôt lucratif aux communes, d'où il est résulté qu'un grand nombre de chiens inutiles, et quelquefois dangereux, ont été détruits, ce qui tend aussi à diminuer certaine consommation des céréales, au profit de l'alimentation générale.

On ne s'occupe pas toujours assez de certains animaux domestiques, dans la manière de les élever, de les soigner et de les nourrir, notamment des porcs, dont l'élevage, dans certains bourgs et faubourgs, n'est ni salubre pour la population, ni convenable pour produire une viande saine, chose très-sérieuse. La race porcine, surtout, a besoin de vivre au grand air et de prendre de l'exercice, pour produire une chair substantielle.

« Déjà, du temps de saint Louis, une ordonnance de 1191 défendit d'élever des porcs dans la ville; Charles V étendit cette défense aux pigeons par un édit de 1368; et, enfin, une ordonnance du prévôt de Paris, rendue en 1302, proscrivit les oies et les lapins, sous peine d'amende. Cette défense d'élever des oies fut surtout motivée par la consommation prodigieuse qui s'en faisait alors, et qui avait fait donner aux rôtisseurs le nom d'*oyers*. Mais, plus tard, une sentence du prévôt de Paris, du 18 juin 1523, ayant accordé aux *poulaillers* établis dans les faubourgs de Paris la permission de nourrir telle quantité d'oisons que bon leur semblerait, on ne tarda pas à recueillir les fruits de cette tolérance; les nourrisseurs en élevèrent des quantités incroyables, et se rapprochèrent successivement du centre de la ville, de sorte que, dit un auteur, Paris devint *un vaste et infect poulailler*. Les immondices de ces animaux, jointes à celles des rues, dont on n'avait pas tout le soin possible, répandaient partout l'infection et occasionnaient des maladies contagieuses. Aussi, dans le but de détruire de graves inconvénients, François 1er rendit, en novembre 1539, un édit défendant à toutes personnes de *tenir, faire tenir, ni nourrir, en quelque lieu que ce soit, en la ville et faubourgs de Paris, aucuns pourceaux, truies, oisons, pigeons,* etc., sous peine de confiscation et de punition corporelle. Cet édit fut renouvelé depuis par de fréquentes ordonnances; et, aujourd'hui, l'ordonnance de police, en date du 3 décembre 1829, rendue pour Paris seulement, a reproduit une partie de ces dispositions. Des règlements analogues existent dans quelques autres villes de France. » (TRÉBUCHET, *ancien chef de la Salubrité.*)

Les viandes de boucherie, qui font de plus en plus défaut à la consommation, doivent être l'objet de soins particuliers de la part des cultivateurs et des éleveurs. Il est devenu indispensable d'augmenter le nombre des animaux des races bovine, ovine et porcine; et, pour cela, il faut d'abord une plus grande quantité de prés et de prairies artificielles. Le drainage du sol, pratiqué dans de bonnes conditions, vient en aide à la culture des prés et à l'établissement de prairies nouvelles. On ne saurait trop s'appesantir sur ce fait capital que, s'il importe d'augmenter l'élève des bestiaux, de manière à pouvoir bientôt livrer à la consommation de jeunes bœufs de deux à trois ans, comme en Angleterre, les travaux du drainage sont on ne peut plus favorables pour obtenir du sol arable des fourrages abondants et sains, et, par suite, des fumiers nombreux qui fertilisent les terres labourées. Là est toute une question grave d'actualité et d'avenir pour notre alimentation, afin d'obtenir enfin des aliments dans les meilleures conditions de bon marché et de saine qualité.   JEAN ÉTIENNE.

ANIMISME (physiologie, philosophie) [formé de *anima*, âme]. — Doctrine médicale qui explique les phénomènes de la vie chez l'homme par l'action immédiate et directe de l'âme sur les organes dont l'ensemble constitue le corps humain.

En 1684, Stahl, professeur à l'Université de Hall, voyant les abus dans lesquels étaient tombés les médecins qui prétendaient expliquer les phénomènes de la vie par les lois de la mécanique et de la chimie, fit revivre une doctrine fort ancienne qui établit que la vie est le résultat de l'action sur les organes d'un *principe immatériel*, unique dans l'homme, qui n'est autre que l'*âme*.

Appuyé sur un principe vrai et incontestable, le célèbre professeur eut bientôt renversé les fausses théories de ses adversaires les *iatro-mécaniciens* et les *iatro-chimistes* de son temps; mais il dépassa les limites de la vérité en donnant au principe immatériel qui constitue la vie une action intelligente dans la manifestation des phénomènes vitaux.

Hippocrate, ce génie sublime de la science, avait reconnu dans l'homme l'existence d'un principe immatériel qui anime les organes et produit la vie; il l'avait désigné sous le nom d'*Enormon*. L'*impetum faciens* de Galien est le même principe, et le médecin de Pergame nous a laissé une admirable théorie de l'action de ce principe comme force ou puissance vitale.

Au moyen âge, cette théorie médicale se fait encore jour à travers les ténèbres de l'astrologie et de la nécromancie; elle devient entre les mains de Paracelse et de Wanhelmont, son disciple, un *arcane* secret et cabalistique de la vie qu'ils désignent sous le nom d'*archée*.

Dans tous les siècles, les bons esprits ont reconnu que la vie ne peut s'accomplir sous l'empire des lois physiques; mais qu'elle est, au contraire, soumise à des lois constamment en opposition avec les lois physiques et chimiques; que les *lois vitales* placent le corps organisé vivant dans un *état fixe* qui l'empêche de subir les décompositions et les transformations auxquelles la nature inorganique est soumise.

L'action des lois vitales n'est autre que la lutte constante et incessante de la vie contre la mort; et, après l'extinction de la vie, tout corps organisé retombe sous l'empire des lois physiques et subit les transformations de la matière.

L'animisme tient au *vitalisme* et conduit au *spiritualisme* (voy. ces mots). Il est le chaînon qui doit réunir un jour tous les esprits dans la vérité, parce qu'il est la lumière de la science qui vient de Dieu, auteur et principe de la vie. Nous allons essayer de faire comprendre notre pensée.

L'âme est un principe immatériel, simple et unique pour chaque organisme qu'elle anime. L'âme et le principe vital sont donc une seule et même chose. Il ne peut y avoir dans l'homme deux principes d'action. L'homme n'a pas deux âmes; il n'en a qu'une.

L'âme humaine, plus parfaite que celle des animaux les plus élevés dans l'échelle des êtres, fait fonctionner l'organisme humain, qu'elle développe et qu'elle anime sous l'empire des lois éternelles établies par Dieu.

Elle préside à l'accomplissement des fonctions organiques comme *force aveugle* inhérente aux organes pour l'entretien et la conservation de la vie; c'est la force ou *puissance vitale* des médecins vitalistes. Le résultat de son action, c'est l'animation du corps organisé, en un mot, c'est *la vie*.

Elle préside aux facultés sensitives, instinctives et intellectives chez l'homme à l'état normal; elle y préside comme *force intelligente et libre*. C'est l'*âme* proprement dite, telle que la comprennent les philosophes, les théologiens et les médecins spiritualistes. Le résultat de son action, c'est la manifestation des facultés supérieures de l'*intelligence* et du *sens moral*, qui sont : la *raison*, la *conscience*, le *libre arbitre*, facultés qui élèvent l'homme au sommet de la création et le rapprochent de son Auteur.

Sous le rapport des phénomènes de la vie organique, le principe animateur qui, chez l'homme, constitue la force vitale est, avons-nous dit, une puissance aveugle dont l'action incessante tend constamment à maintenir l'équilibre ou l'harmonie entre toutes les fonctions, ce qui constitue la *santé*; ou bien elle tend à rétablir cet ordre, cette harmonie lorsque, par l'action des causes physiques ou morales, cet équilibre, cet ordre, cette harmonie, ont été momentanément intervertis ou dérangés, ou même lorsque la vie est menacée immédiatement et directement de s'éteindre. Ainsi, cette force ou puissance aveugle qui émane du principe animateur, de l'âme, en un mot, dans la manifestation des phénomènes de la vie organique, agit incessamment, et sans que l'individu à l'état normal ait aucunement conscience des opérations synergiques qui s'accomplissent dans son être.

Elle est *conservatrice* dans l'état de *santé*.

Elle est *médicatrice* dans l'état de *maladie*.

Nous ne développerons pas ici les caractères de cette faculté de l'âme humaine, considérée comme force conservatrice ou médicatrice[1].

On accuse assez généralement les médecins, et c'est bien à tort, d'être matérialistes, parce qu'ils expliquent les phénomènes de la vie par ce mot la *nature*. — C'est la *nature*, dit-on souvent dans le langage médical, qui *guérit les maladies*. — C'est la *nature* qui préside aux besoins organiques ou instinctifs. — Les passions, dit-on aussi, ont leur source dans la *nature* de l'individu qui les présente.

Ce que les médecins entendent par la *nature*, c'est la *force vitale en action* présidant aux *besoins organiques* et aux *facultés instinctives*. Donc, ils admettent un principe vital, et ils sont par conséquent

[1] Voir notre *Traité d'Hygiène*.

vitalistes; mais si le principe vital n'est qu'une faculté de l'âme humaine, ils seront par conséquent à la fois *vitalistes* et *animistes*. Cela est incontestable : quand même ils ne le voudraient pas, ils le sont, car quiconque admet l'un admet l'autre. Maintenant il s'agit de prouver qu'ils sont aussi *spiritualistes*; c'est ce que nous allons faire.

Il n'y a plus aujourd'hui, ou presque plus, de médecins qui ne reconnaissent et n'admettent que les phénomènes de la vie s'accomplissent sous l'empire des lois vitales. Personne aujourd'hui n'explique la circulation du sang par les lois de l'hydraulique; les mouvements et la locomotion par les lois de la mécanique et de la statique exclusivement; les phénomènes de la digestion par les lois de la chimie; de la respiration, de la nutrition et des sécrétions, par les lois de l'endosmose et de l'exosmose (voy. ces mots). Tous, au contraire, voient dans chaque organisme vivant et fonctionnant un *principe animateur* étranger à la matière qui préside comme *cause essentielle* aux phénomènes de la vie.

Les longues discussions qui se sont élevées pendant le cours de l'année 1855, dans le sein de l'Académie impériale de médecine, ont fait ressortir ceci : Que la vraie science en médecine conduit au vitalisme, que le vitalisme conduit à l'animisme, et que de l'animisme au spiritualisme il n'y a qu'un pas. Aussi, à cette occasion, l'un des professeurs éminents de la faculté, M. le professeur Bouillaud, a-t-il dit que la science de l'homme, comprise dans son ensemble, se rattache, par des liens plus ou moins étroits, à la philosophie, à la psychologie et même à la théologie.

Il y a actuellement une tendance presque générale des esprits sérieux vers le spiritualisme, parce que le spiritualisme bien compris leur apparaît évidemment comme étant l'expression de la vérité. En effet, cette doctrine scientifique, dégagée des systèmes et dès mystères dont on l'a trop souvent enveloppée, apparaît aujourd'hui aux hommes sérieux radieuse comme le soleil. C'est la lumière de la vérité qui vient de nouveau éclairer le monde savant, c'est un rayon divin qui vient réchauffer le cœur humain et rappeler l'humanité dans les voies de Dieu.

Tous les penseurs, médecins, philosophes ou théologiens, admettent que l'âme humaine est un rayon ou plutôt une émanation de l'intelligence créatrice. Tous admettent également que Dieu est l'auteur et le principe éternel de la vie.

L'humanité procède donc de sa puissance créatrice. C'est cette puissance qui préside à la procréation de chaque individu pris isolément, comme elle préside à la reproduction incessante de tous les règnes de la nature. Tous ce qui a *vie* a donc une *âme*, et l'âme, quel que soit l'organisme qu'elle anime, est un *principe immatériel* émanant de la puissance créatrice de Dieu.

C'est donc l'âme qui organise les corps vivants. Elle organise la matière qui compose les organes dont l'ensemble constitue chacun des êtres organisés, aussi bien dans le règne végétal que dans le règne animal; elle anime chacun de ces corps, et la vie, nous le répétons, n'est que le résultat de son action; elle est l'effet et non la cause du principe immatériel; elle est la manifestation la plus évidente de l'existence de l'âme dans les organismes qui sont doués de la vie.

Mais le principe immatériel qui produit et développe la vie est plus ou moins parfait, et son ascension progressive, dans le monde des esprits, se traduit par la perfection de l'organisme qu'elle anime et par la manifestation des facultés inhérentes à sa nature.

Le principe animateur dont chaque organisme est doué est régi par les lois éternelles de l'auteur de la vie. Dieu, qui est tout amour, a donné à chaque être organisé vivant le pouvoir de transmettre la vie dans des organismes nouveaux qui procèdent de lui-même, mais seulement dans des conditions absolument identiques à sa propre nature. Ce serait supposer une perturbation profonde dans la *loi de vie* que d'admettre, par exemple, que la race humaine, telle que nous la connaissons, aurait eu pour origine le monstre qui serait né de l'accouplement du plus parfait des singes avec une femme nègre ou hottentote!

Chaque individu, par la loi d'amour, ne peut absolument reproduire qu'un sujet de son espèce, et un accouplement anormal qui donne naissance à un monstre ne produit qu'un individu isolé qui ne peut ni se reproduire ni constituer une race nouvelle. S'il en était autrement, les monstres se multiplieraient à l'infini, et les races naturelles disparaîtraient. Ce serait le renversement des lois harmoniques de Dieu, ce serait le chaos de la nature vivante, et Dieu lui-même n'existerait plus!

Dans le règne végétal, le principe animateur est borné aux propriétés végétatives. Il a pour support un organisme simple comme lui, qui présente une trame celluleuse imparfaite et un système vasculaire très-incomplet. La plante croît et végète. Chez elle, le principe immatériel constitue l'*âme végétative.*

Dans le règne animal, le principe immatériel s'élève en raison de la perfection de l'organisme qu'il produit et qu'il anime. Les caractères physiques de l'animalité sont un système cellulaire et vasculaire plus complet et un système nerveux très-imparfait. Les propriétés vitales sont bornées à la nutrition et à la sensibilité obscure jointe à une contractilité très-bornée. L'animal le plus bas dans l'échelle croît, se développe; il sent et se contracte par la sensation. Le support du principe immatériel dans le règne animal c'est le système nerveux, et ce principe constitue l'âme végétative et sensitive.

A mesure que l'on s'élève dans l'échelle animale, on trouve progressivement des organismes plus parfaits, et au haut de l'échelle, les mammifères présentent un système nerveux complet composé de deux ordres de nerfs : 1° les nerfs cérébro-spinaux; 2° les nerfs ganglionnaires ou sympathiques.

Ces deux systèmes nerveux, très-distincts chez les animaux supérieurs comme chez l'homme, ont aussi des fonctions spéciales. Le système cérébro-spinal est l'organe de l'intelligence et du mouvement volontaire. Le système sympathique est le siége du sentiment intérieur ou du sens moral, il est l'organe affecté à l'instinct. Les passions ont leur source en lui [1]. Chez les animaux les plus élevés, ce dernier, le système ganglionaire, prédomine constamment sur l'organe cérébral, et le cerveau est toujours incomplet, même chez les animaux les plus intelligents; aussi dans le règne animal, l'instinct est la faculté dominante, et chez eux l'action du principe immatériel est toujours bornée à la sphère d'activité de leurs besoins organiques ou de leurs appétits instinctifs. Ainsi, l'âme des animaux supérieurs est donc seulement douée des facultés végétatives sensitive et instinctive.

L'homme, placé à la tête de la création sur notre globe, a seul reçu du *Créateur* une âme intelligente et libre, capable d'apprécier la valeur morale de ses actes et de comprendre les merveilles de la création. — En le créant, Dieu a imprimé à sa nature une loi morale imprescriptible et inexorable. Cette loi, c'est la loi de justice et d'amour. Elle a pour but de maintenir au sein de l'humanité l'harmonie (voyez *Harmonie, Progrès*) qui est le but de la création.

Cette loi de justice et d'amour est gravée en caractères ineffaçables dans la conscience de chaque homme, et elle est indéniable pour tous. Elle n'est autre que la loi naturelle. Sur elle reposent à la fois la santé individuelle, la famille, la société.

L'homme connaît cette loi morale par la raison, faculté supérieure de son âme dont sont privés les animaux même les plus intelligents. — Mais, en vertu de son *libre arbitre*, autre faculté supérieure de l'âme humaine, l'homme est libre d'accomplir cette loi de justice ou de s'en affranchir, mais il ne peut pas se soustraire aux conséquence de ses infractions à ces lois établies par Dieu. Cette conséquence, c'est pour lui la maladie et la mort prématurée. — Pour la famille, c'est la désunion du lien moral sur lequel elle repose. — Pour la société, c'est le désordre, c'est l'anarchie, c'est la destruction des nations.

L'âme humaine possède donc trois facultés supérieures qui la caractérisent, ce sont : la raison, la conscience, le libre arbitre. Et l'homme seul possède une *âme* qui est à la fois *végétative, sensitive, instinctive* et *intellective* ou *raisonnable.*

Telle est la gradation progressive que la science découvre dans la nature du principe immatériel qui anime les êtres organisés dans les trois règnes *végétal, animal* et *hominal* [2].

Cette loi de la création qui donne au principe immatériel la puissance d'organiser la matière dans les limites tracées par le Créateur est le chaînon qui, ce nous semble, doit un jour réunir tous les savants dans une même pensée, et nous espérons que les

[1] Voy. *l'Ami des Hommes*, traité d'hygiène du docteur Pétron, pages 29 et 269.

[2] Une si grande distance sépare l'homme le plus stupide de l'animal le plus intelligent, que nous croyons qu'on doit créer pour lui un règne particulier, que nous nommons *règne hominal.*

temps ne sont pas éloignés où, mettant de côté l'amour-propre et les discussions, tous les médecins seront à la fois vitalistes, animistes et spiritualistes, et, alors, ils donneront la main aux savants, aux philosophes et aux théologiens pour se confondre dans la vérité de la science qui vient de Dieu.

Dᵣ PÉTRON.

ANIMOSITÉ (philosophie, morale). — Violent dépit, vif ressentiment, haine prononcée, désir de vengeance, qui anime contre quelqu'un et porte à lui nuire : telle est la définition la plus complète de ce mot, qu'il ne faut pas confondre cependant avec ceux qu'il renferme en lui, c'est-à-dire avec *dépit*, *ressentiment*, *haine* et *vengeance*.

En effet, le *dépit* résulte de l'impossibilité où l'on est de faire quelque chose ou de réussir dans quelque chose, malgré les efforts que l'on emploie ; le *ressentiment* ne veut que la vengeance de l'injure ; la *haine* dure quoique la chose soit détruite : c'est un mouvement aveugle qui anéantit tout raisonnement ; la *vengeance* châtie l'être qui nous a offensé ou fait éprouver un dommage ; l'*animosité* veut le mal de la personne sous tous les rapports.

L'animosité vient le plus souvent d'une injure grave, d'un affront, d'une trahison dont nous avons été l'objet. Par exemple, est-il rien de plus déplorable que de voir des hommes, animés d'un faux semblant d'amitié, parvenir à captiver la confiance, à découvrir les secrets les plus intimes d'un ami, d'une famille, et chercher ensuite, par tous les moyens possibles, à nuire à cette famille, à cet ami ? De tels hommes sont les fléaux de la société. N'en voit-on pas encore qui cherchent à flétrir l'honneur de personnes irréprochables ; qui, sans honte, sans pudeur, dévoilent ce qui leur a été confié ? N'est-ce point aussi un sacrilège de ternir la réputation des hommes de mérite qui parviennent aux honneurs et aux dignités, et de chercher à les précipiter du piédestal où la gloire les a placés ? Après de telles monstruosités, que peuvent attendre ces ennemis du bien ? Sans nul doute, celui qui se voit outragé de la sorte étouffe en lui tous les bons sentiments ; il ne peut pardonner, parce que l'offense est grave, et il voit l'aversion pénétrer dans son cœur. Alors l'animosité, sa compagne inséparable, se manifeste dans toutes les circonstances : il ne rencontrera jamais son ennemi sans lui jeter à la face le fiel de son indignation, et, à moins d'être doué de cette vertu sublime qu'on appelle grandeur d'âme, l'animosité, portée à son paroxysme, pourra se changer en haine profonde. Dès lors, plus de pardon, plus de réconciliation possible ! La fièvre délirante de la haine brûle et consume jusqu'aux portes du tombeau !

Disons cependant que le degré d'animosité se modifie selon le tempérament de l'individu outragé. Le sanguin, par exemple, au caractère franc, enjoué, léger et inconstant, oublie vite l'injure ; son imagination ardente la lui fait sentir dans le premier moment, mais peu de temps après il en conserve à peine le souvenir. — Il n'en est pas de même du tempérament nerveux, naturellement triste, méfiant, jaloux

et très-susceptible d'animosité ; mais les individus qui le possèdent sont rarement capables d'aller jusqu'à la vengeance. — Le bilieux, au contraire, hardi, téméraire, ne craindra pas de sacrifier son existence pour se venger de la personne qui est l'objet de son ressentiment. S'exagérant même l'insulte qu'il a reçue, il ne retarde l'accomplissement de sa vengeance que parce que l'occasion n'est point propice ; mais l'arme homicide est suspendue sur la tête de sa victime ! Témoin le cocher Collignon, qui tue une personne à laquelle l'autorité le forçait de restituer une faible somme d'argent, et porte ainsi sa tête sur l'échafaud pour venger l'affront qu'il a reçu !

Que de maux l'animosité et les vengeances particulières n'ont-elles pas causés dans les familles, dans la société même ! Si les hommes, éclairés au flambeau de la raison, n'étaient point réfractaires à l'observation des lois du Créateur, comme ils pourraient vivre heureux en déracinant de leur cœur ces haines profondes qui les portent sans cesse à faire le mal ! Mais la raison de l'homme est faible ; la vengeance lui paraît être de droit naturel, parce qu'elle semble remettre les choses dans l'ordre, et il répond : Le mal vient du mal ; on m'a fait souffrir, je veux me venger ! Cruelle idée, qui vient troubler la tranquillité et le bonheur de l'homme ! qu'il serait plus heureux s'il éloignait de son esprit ce serpent hideux qui l'enlace, le subjugue, le presse de ses mille replis ! Si la vengeance est le plaisir des dieux, il ne leur fait pas honneur, et les hommes n'ont que trop su les imiter, car il y en a bien peu qui aient assez d'empire sur eux-mêmes pour préférer l'oubli d'une injure à la satisfaction de se venger. Aussi approuvons-nous fort les âmes généreuses qui supportent avec une résignation admirable les maux inséparables de la vie, en songeant que les peines et les douleurs doivent avoir un jour leur récompense, et que Dieu seul, étant la souveraine justice, est aussi le seul maître de frapper les méchants !

Mᵐᵉ LUNEL, *mère*.

ANIS (botanique). — Plante de la famille des ombellifères, que l'on cultive en grand aux environs d'Angers, de Bordeaux, en Espagne, à Malte et aux échelles du Levant. Elle est annuelle, originaire de l'Égypte, et appelée par les botanistes *Pimpinella anisum*. En Italie et en Allemagne on mêle ses semences avec le pain. Les dragées d'anis de la ville de Verdun sont très-renommées ; la liqueur d'anis (anisette de Bordeaux) jouit d'une haute réputation. La culture de l'anis demande une terre légère, sablonneuse, et cependant bien amendée, et une exposition très-chaude.

On appelle ordinairement *anis âcre* le cumin ; *anis de Paris*, une variété de fenouil dont on mange les racines et une portion de la tige ; *anis étoilé*, la badiane. — Voy. ces mots.

L'anis, cette plante aromatique, qui tonifie l'intestin en sollicitant sa contraction, a une renommée populaire dans le cas de flatuosités ; mais nous devons dire que son administration ne devrait avoir lieu que d'après les conseils du médecin, qui bien souvent, malgré l'idée du malade, emploie des moyens tout à fait différents, selon les circonstances qui se présentent. Combien de fois n'avons-nous pas vu des malades faire un usage intempestif de l'anis, lorsqu'ils nous accusaient une douleur vive au *creux de l'estomac*, de la soif, de la chaleur à la peau ? L'anis, cette substance irritante, aggravait des symptômes qui cessaient en peu de temps par une médication bien entendue et un régime approprié.

ANKYLOSE (pathologie) [du grec *agkylos*, courbé]. — Diminution ou impossibilité absolue des mouvements d'une articulation naturellement mobile : elle est *vraie* ou *complète* si les mouvements sont définitivement perdus; *fausse* ou *incomplète* lorsque les surfaces articulaires exécutent encore quelques mouvements les unes sur les autres. L'ankylose suppose toujours que la partie où elle a lieu est restée longtemps immobile, comme il arrive à la suite de toutes les affections des os (fractures, luxations, tumeurs blanches, etc.).

L'ankylose, dit Martin Saint-Ange, n'est point, à proprement parler, une maladie; elle n'est qu'une suite d'autres affections, toutes celles, par exemple, qui détruisent quelqu'une des conditions sans lesquelles une articulation ne peut se mouvoir. Ainsi tout ce qui peut altérer le poli des surfaces articulaires, faire cesser la sécrétion de la *synovie* (voyez ce mot), diminuer la souplesse des parties molles qui environnent une articulation, ou empêcher les surfaces articulaires de glisser l'une sur l'autre, sont des causes qui déterminent l'ankylose. — On rapporte que les fakirs indiens, qui, dit-on, se condamnent, par esprit de pénitence, à rester immobiles dans certaines attitudes, quelquefois pendant plusieurs années, se trouvent, au bout de ce temps, avoir les membres ankylosés dans la position où ils ont été maintenus. Au reste, il n'est point nécessaire de laisser longtemps une articulation sans mouvement pour qu'elle puisse s'ankyloser, on voit souvent cet accident arriver aux personnes dont la fracture d'un membre a nécessité seulement deux à trois mois d'inaction; cela arrive souvent aux personnes scrofuleuses et à celles qui ont été atteintes du virus syphilitique. De toutes les ankyloses, celle de l'articulation de la mâchoire inférieure, heureusement assez rare, est la seule qui puisse offrir quelque gravité sous le rapport de la difficulté de la mastication et de la préhension des aliments; cependant j'ai eu occasion de voir un cas analogue chez une femme très-avancée en âge, qui depuis plusieurs années avait perdu toute espèce de mouvement de la mâchoire.

On appelle *ankylose générale* celle qui affecte toutes les articulations du corps. Il existe un exemple fort curieux d'ankylose générale, et qui, est peut-être le seul dont les annales de la médecine fassent mention, « c'est celui d'un officier mort à Metz, en 1802, à l'âge de cinquante ans, qui, après avoir fait la guerre dans un lieu où toutes les conditions étaient réunies pour lui faire contracter un violent rhumatisme, vit se développer en lui une série d'ankyloses qui frappèrent tour à tour chaque

articulation. Cet officier fut tellement soudé dans tous les intervalles osseux qu'il ne pouvait même éloigner les deux mâchoires l'une de l'autre pour avaler : on fut obligé de lui arracher deux dents incisives afin d'introduire par là des crèmes ou des aliments liquides. » Nous avons aussi connu un jeune sujet chez lequel l'ankylose complète s'est étendue à tous les membres. — L'ankylose vraie est au-dessus des ressources de l'art; la fausse ankylose se traite au moyen de bains émollients longtemps répétés, d'embrocations huileuses, et par l'usage des eaux thermales de Bourbonne, de Baréges, prises en bains, douches et boissons. Aussitôt que les parties molles commencent à être relâchées, on fait exécuter des mouvements gradués à l'articulation malade.   B. LUNEL.

ANNALES [du latin *annales*, radical; *annus*, année]. — *Relation simple des faits dans l'ordre où ils se sont passés* : ce sont les éléments de l'histoire. Dans une acception plus large, les annales sont les matériaux dont se compose une histoire quelconque. « Les annales du genre humain, a dit Benjamin Constant, ne sont pas seulement les écrits des hommes publics ou privés, ce sont encore les monuments que le temps a respectés, ou les produits des arts que la terre a gardés dans son sein. Les annales de la création, ce sont ces débris fossiles que recèle le globe dans ses couches superposées comme les feuilles d'un livre où la main de Dieu a écrit de cinquante en cinquante mille ans, en caractères éternels, l'histoire de quelque grand cataclysme. » Chez les Juifs, Moïse établit des écrivains ou scribes chargés d'écrire les *annales* de la nation. Les prêtres égyptiens et les prêtres persans étaient également chargés de la rédaction des *annales*. Chez les Romains, c'était encore le grand prêtre qui, d'après la loi, écrivait les *annales* de la république. D'après la même loi, les pontifes devaient communication des *annales* à tous les citoyens; ce qu'ils ne faisaient pas toujours. Les plus anciennes annales connues sont celles de la Chine. Elles remontent jusqu'à près de trois mille ans avant l'ère chrétienne.

ANNEAU [du latin *annulus*, petit cercle, diminutif de *annus*, dont le sens primitif est *cercle*]. — Signe d'ornement et de distinction qui remonte à la plus haute antiquité. On voit, dans la Bible, Judas donner son anneau à Thamar, sa bru, pour obtenir ses faveurs. Pharaon mit un anneau au doigt de Joseph, comme signe de la puissance dont il l'investissait. Chez les Grecs, suivant Aulugelle, on portait l'anneau au quatrième doigt de la main gauche, parce qu'on supposait entre ce doigt et le cœur une sympathie résultant d'un petit nerf inconnu aux anatomistes modernes. Selon Pline, les Romains portaient des anneaux d'abord au quatrième doigt, puis à l'index, puis au petit doigt, enfin à tous les doigts, excepté à celui du milieu : ils en portaient même aux pieds, comme font les Turcs. Chez les Français, on ne fit longtemps usage que d'un seul anneau, puis on en porta à chaque jointure. On se servit aussi d'anneaux de jonc pour les mariages, lorsque les conjoints avaient eu commerce ensemble avant la cérémonie. En Angleterre, un anneau de jonc donné à une jeune fille était considéré comme des espèces de fiançailles. A Rome, le triomphateur portait un anneau de fer au doigt, pour lui rappeler qu'il aurait pu tomber dans l'esclavage. Les Germains portaient un anneau de fer, jusqu'à ce qu'ils eussent tué un ennemi de la nation. Dans les siècles superstitieux, on portait aussi un anneau de fer par dévotion à un saint, et en signe de servitude volontaire à son église. Les bracelets n'ont pas d'autre origine que celle de désigner un esclavage amoureux. Le chaton des anneaux varia presque toujours suivant la mode ou le caprice de l'ouvrier; souvent il est orné de pierres précieuses; chez plusieurs peuples, il servait de cachet. On croit que ce sont les Lacédémoniens qui en ont fait usage les premiers.   Boquillon.

ANNEAUX COLORÉS (optique). — Série de cercles de teintes variées, analogues à celles du spectre solaire, que produisent les rayons de la lumière, réfléchis ou émergents en traversant deux lames minces de corps solides, que l'on presse l'une contre l'autre de manière à ce qu'elles se touchent en certains points et non en d'autres. On observe ce phénomène d'optique dans les bandes de verre soufflées à la lampe et gonflées jusqu'au point d'éclater, dans les lames de clivage des cristaux, dans les bulles de savon ou dans les gouttes d'huile qui s'étalent sur l'eau. Il se produit également dans les métaux polis, comme le fer et l'acier, sous l'action de la chaleur et au contact de l'air; il est dû, dans ce cas, à une légère pellicule d'oxyde. C'est Newton qui reconnut le premier le phénomène des anneaux colorés.

Il est difficile, dit le docteur Hœfer, de distinguer les couleurs des anneaux dans ceux qui sont le plus rapprochés du centre, car les couleurs se mêlant ensemble s'affaiblissent mutuellement, et forment en quelque sorte de nouveaux anneaux, dont les diamètres suivent une progression particulière: ainsi, le rouge le plus extérieur, les confins du rouge et de l'orangé, les confins de l'orangé et du jaune, les confins du jaune et du vert, les confins du vert et du bleu, etc., sont comme les différences de longueur du monocorde qui forme, dans une octave, les sons: *sol, la, fa, sol*, etc., c'est-à-dire comme les nombres $\frac{1}{9}, \frac{1}{10}, \frac{1}{12}$, etc. Newton calcula dans cette hypothèse quel doit être le rapport des diamètres des cercles formés par le rouge le plus extérieur et par le violet également le plus extérieur, et il trouva que ce rapport est comme 3 à 2, semblable à celui qu'il avait trouvé en observant et en calculant les rayons colorés vus à travers les deux objectifs; car il s'assura que les anneaux, dans l'exemple cité, étaient produits par des couleurs réfléchies, renvoyées sous divers angles du miroir sur le carton. Enfin, il enleva l'amalgame d'étain appliqué sur la surface convexe du miroir: le phénomène se produisit, bien que plus faible; un miroir métallique ne produisait pas d'anneaux. Newton conclut de cette circonstance que ces anneaux ne provenaient pas d'une seule surface spéculaire, mais qu'ils dépendaient des deux surfaces de la plaque de verre dont le miroir est formé, et de l'épaisseur du verre entre ces deux surfaces. En effet, deux miroirs du même foyer, mais d'épaisseurs différentes, produisirent des anneaux dont les diamètres n'étaient pas égaux: le miroir le moins épais donnait naissance aux plus grands anneaux. Dans toutes ces expériences, la couleur jaune est toujours la partie la plus brillante des anneaux composés de toutes les couleurs. Si l'on veut avoir les diamètres des anneaux formés par la lumière de toutes les autres couleurs simples, on les trouvera facilement en admettant que ces diamètres sont, au diamètre formé par le jaune éclatant, en proportion sous-doublée des intervalles des accès des rayons donnés de ces couleurs; c'est-à-dire en admettant que les diamètres des anneaux que les rayons forment dans les dernières bornes de ces sept couleurs (rouge, orange, jaune, vert, bleu, indigo et violet) sont proportionnés aux racines cubiques des nombres $1, \frac{8}{9}, \frac{5}{6}, \frac{3}{4}, \frac{2}{3}, \frac{3}{5}, \frac{9}{16}, \frac{1}{2}$, qui expriment les longueurs d'un monocorde dans lequel sont produites les notes d'une octave. Depuis la découverte de la polarisation de la lumière, et l'impulsion donnée depuis quelques années aux recherches de la physique, de nouvelles expériences ont fait découvrir que, dans beaucoup de circonstances, il se forme non-seulement des anneaux colorés, mais aussi des *bandes* colorées diversement, ou d'une seule couleur partagée par des intervalles obscurs.

ANNEAU DE SATURNE (astronomie). — La planète Saturne, qui a huit satellites, est entourée d'un anneau composé lui-même de deux anneaux concentriques séparés par un vide, découvert en 1556 par Huygens. En 1850, M. Bond, de Cambridge (États-Unis), a découvert un troisième anneau autour de la planète Saturne; cet anneau est intérieur aux deux autres, et, par conséquent, doit être très-rapproché de la planète. — Voy. *Planète*.

ANNÉE [du latin *annus*; même étymologie qu'anneau]. — Durée de la révolution du soleil dans le zodiaque pour ramener les saisons, révolution qui s'exécute en 365 jours 5 heures 48 minutes 51 secondes et 6 tierces. C'est l'*année solaire*, que l'on peut considérer sous le rapport astronomique et sous celui de la chronologie civile. « L'année *astronomique* est celle qui se tire rigoureusement d'une révolution accomplie. Il y a plusieurs années astronomiques: l'année tropique, l'année sidérale, l'année anomalistique et l'année synodique. L'*année tropique* est le temps que le soleil met à revenir au même point de l'équateur; elle dure 365 jours 5 heures 48' 51" 6'''. L'*année sidérale*, espace de temps que le soleil met à faire sa révolution apparente autour de la terre et à revenir à une même étoile, = 365 jours 6 heures 9' 11" 1/2. L'*année anomalistique* est celle qui résulte du temps que la terre met à rejoindre le lieu de son apogée, 365 jours 6 heures 13" 58 8'''. L'*année synodique* est celle qui comprend le temps qu'une planète quelconque met à revenir à la même distance du soleil, par exemple, en conjonction ou en opposition. L'*année civile*, c'est l'année sidérale appropriée aux besoins de l'agriculture, du commerce, de l'industrie, c'est-à-dire réduite à un nombre exact de jours. Comme les hommes ne peuvent, dans la pratique, prendre pour mesure du temps un nombre aussi compliqué que celui que donne la révolution du soleil dans le zodiaque, ils ont été conduits à adopter l'un des trois modes suivants pour composer les années civiles : 1° former leurs années d'un nombre arbitraire de jours, sans avoir égard à la marche du soleil ; 2° se rapprocher de la marche du soleil en faisant l'année civile de 365 jours, sans considérer l'erreur de près de 6 heures qui résulte de cette supposition ; 3° suivre cette dernière marche, modifiée par des intercalations qui détruisent les erreurs commises en négligeant la fraction. »

Les années furent d'abord lunaires, et seulement d'un mois, parce que les hommes avaient remarqué que les mouvements des phases de la lune s'achèvent à peu près en quatre semaines, et qu'alors cette planète réparaît telle qu'on l'a vue à sa première apparition. Plus tard, les différentes saisons, leurs diverses productions, ont fait employer une période plus longue qu'une révolution lunaire. On donna le nom d'année à chaque saison ; puis, s'apercevant que douze révolutions de la lune ramenaient sensiblement les mêmes saisons et la même température, les hommes furent conduits à l'année lunaire complète, c'est-à-dire de 354 jours : les Turcs s'en servent encore aujourd'hui. Enfin, comme la différence entre l'année lunaire et l'année solaire est tellement considérable qu'en moins de dix-sept ans l'ordre des saisons se trouve interverti, on finit par adopter l'année solaire, plus ou moins exacte ; car, chez tous les peuples, on fut obligé, à différentes époques, de réformer le calendrier (voy. ce mot). Si l'on en croit quelques historiens, ce fut Cyrus qui la fixa, chez les Babyloniens, à 365 jours ; mais on a lieu de croire que les Égyptiens avaient déjà adopté cette période. Quelques auteurs attribuent aux Héliades, descendants d'Hypérion, roi de Rhodes, le partage de l'année en saisons, vers l'an 1800 avant J.-C.   Boquillon.

ANNÉLIDES (zoologie) [d'*annelus*, petit anneau]. — Classe d'animaux mous, allongés en forme de vers ; nus ou habitant dans des tubes où ils n'adhèrent pas. Les principaux caractères sont : « corps muni de segments ou de rides transversales, souvent sans tête, sans yeux et sans pattes articulées ; bouche subterminale variable ; quelquefois des antennes ; une moelle longitudinale noueuse avec des nerfs pour le sentiment et le mouvement ; sang rouge circulant dans des artères et dans des veines. La respiration s'opère par des branchies. Les annélides sont hermaphrodites et probablement ovipares. » Les animaux qui composent cette classe étaient confondus par Linnée avec les mollusques et les vers ; Bruguière les sépara des mollusques, mais les laissa réunis aux vers. Ce n'est qu'en 1798 que Cuvier établit, avec les animaux qui nous occupent, une classe qu'il nomma *vers à sang rouge*, pour la distinguer des vers intestinaux, dont l'organisation, bien inférieure, les lui fit placer, dans son *Règne animal*, à la suite des animaux rayonnés. Lamarck adopta ce que Cuvier avait fait, mais changea le premier nom en celui d'annélides, qui a été généralement conservé.

Milne-Edwards fait des annélides sa première classe des animaux annelés ou vers, qu'il place après les insectes, les arachnides et les crustacés, et qu'il fait suivre des rotifères que Cuvier avait placés dans les infusoires, et des vers intestinaux.

La classification des *annélides* est fondée sur la présence ou l'absence des branchies, des soies et du tube calcaire dans lequel leur corps se trouve renfermé. D'après cela, on divise ces animaux en trois ordres : les *tubicoles*, les *dorsibranches* et les *abranches* (voy. ces mots). C'est à la classe des annélides qu'appartiennent la *sangsue*, les *lombrics* (vers de terre), les *néréides*, etc.

ANNEXE (droit) [du latin *annexus*, formé de *ad*, à ; *nectere*, lier ; ce qui est joint à une chose principale]. — Pièce ou titre joint à un acte en minute dans lequel il en est fait mention spéciale ; c'est aussi l'action même de l'annexion, de la jonction, en matière de dépôt. Néanmoins, il y a cette différence, entre le *dépôt*, proprement dit en droit, et l'*annexe*, qu'on dépose un contrat, un titre ou une pièce entre les mains d'un notaire, soit pour en assurer la conservation, ou pour lui attribuer le caractère authentique, s'il s'agit d'un acte sous signatures privées, soit pour en avoir des expéditions ou même des ampliations, s'il s'agit d'une grosse (voy. Ampliation et Grosse) ; tandis que l'annexe se fait par des raisons différentes : par exemple, un acte, un titre ou une pièce quelconque sont annexés à un acte notarié ou autre pour servir de renseignement, de preuve à l'appui ou de justification nécessaire, et, encore, pour se conformer au vœu de la loi. Le dépôt doit donc être constaté par un acte spécial, en minute, aux termes de l'art. 43 de la loi du 22 frimaire an VII ; et il n'y a d'exception que pour les testaments olographes. (voy. Dépôt de pièces et Testaments.) Mais l'annexe est suffisamment constatée par l'énonciation qui en est faite dans l'acte auquel les pièces sont jointes et annexées, et en outre par les mentions particulières qui doivent être faites sur ces pièces annexées.

L'annexe est obligatoire dans plusieurs cas, et particulièrement à l'égard de certains actes. Les notaires doivent, sous peine d'amende, annexer à la minute du contrat les procurations des contractants. (Loi organique du notariat du 25 vent. an XI, art. 13). Néanmoins, si la procuration relative existe en minute dans l'étude du notaire, y a été déposée ou même annexée à un acte antérieur, l'énonciation du fait peut remplir le même but, ainsi qu'il est consacré par l'usage et par des décisions ministérielles. Cependant, une exception existe à cet égard, en ce qui concerne la procuration consentie par un majeur, à l'effet d'accepter une donation entre vifs ; cette procuration doit être notariée et en minute, et il faut que l'expédition en soit jointe soit à la minute de la donation, soit à celle de l'acceptation, qui serait faite postérieurement et par acte séparé. (C. civ., 933.)

Les auteurs ont pensé que lorsqu'un acte est passé en vertu d'une procuration générale qui n'est pas dans les minutes du notaire instrumentaire, il suffisait d'annexer un extrait énonçant les pouvoirs généraux ou spéciaux à l'effet de ce nouvel acte, mais que, dans ce cas, l'extrait littéral était toujours préférable à l'extrait analytique.

Les procurations des héritiers absents sont à annexer, non au procès-verbal de levée de scellés dressé par le juge de paix et son greffier, mais à l'inventaire que dresse le notaire, et qui a toujours été considéré comme un acte indicatif des qualités des parties ou de leurs droits héréditaires. (Décision du ministre de la justice du 3 avril 1827.

L'autorisation donnée par le mari à sa femme pour contracter, en ce qui regarde ses biens propres, et en l'absence de ce mari, doit de même être annexée, ainsi que tous consentements, les expéditions de délibération de conseil de famille, les grosses de jugements d'homologation ou autres pièces contenant autorisation suffisante, relativement aux actes des tuteurs et autres administrateurs, pour ce qui dépasse les bornes de leur administration autorisée, et même toutes approbations des préfets pour les baux des biens des hospices, les ordonnances des juges et grosses de jugements concernant les adjudications, partages et autres actes, de même que les pièces justificatives des annonces et publications. (V. Partage, Vente judiciaire.)

Sont également annexés aux donations et contrats de mariage les états de dettes et d'effets mobiliers; puis aux inventaires et partages les ordonnances commettant un notaire à l'effet de représenter les absents, et aux partages et autres actes déclaratifs de propriété, les demandes d'origine et les pièces justificatives des droits et des qualités des cohéritiers, ce qui sert à leur délivrer, au besoin, des certificats de propriété par les notaires dépositaires.

Il est d'usage et de saine raison que non-seulement les pièces annexées à tout titre en minute soient revêtues de la mention du fait de l'annexe, ainsi que de la signature de l'officier public instrumentaire ou de telle autre autorité compétente chargée de la rédaction, mais qu'encore les pièces annexées soient certifiées véritables par les parties, surtout dans certains cas; par exemple, quand il s'agit d'écrits sous seings privés et d'actes passés à l'étranger, parce qu'alors le certificat est une garantie de la sincérité des signatures et du mérite des titres annexés. Cependant aucune loi, jusqu'à ce jour, ne prescrit l'accomplissement de ces formalités, ni même la lecture aux parties des différentes pièces dont l'annexion est ainsi faite dans la forme authentique. Nous savons bien que l'usage et la pratique ont généralement obvié, en France, à l'utilité de suppléer au silence de la loi. Cependant, il devrait, à notre avis, en être autrement, c'est-à-dire que cette lacune serait à réparer légalement, et à peine d'amende à la charge de tout contrevenant.

Il est un autre doute qu'il nous semblerait également utile de lever, et qui subsiste encore dans la délivrance nécessaire, par les dépositaires réguliers, des extraits et expéditions de toutes pièces annexées aux actes et titres en minute. Il serait à propos de fixer ce qu'il convient de faire ou de ne pas faire, à cet égard, et la difficulté serait entièrement levée en décidant que tout dépositaire, régulièrement constitué, est autorisé à délivrer aux parties intéressées, mais seulement sur leur demande précise, en tout état de cause, les extraits et expéditions de toutes espèces de pièces annexées, à moins, toutefois, que la minute de ces pièces n'existe au dépôt d'un autre officier public, d'un greffe ou d'une autorité spéciale, qui résiderait dans la même commune; cas auquel il appartiendrait à ces derniers seuls de délivrer les nouveaux extraits et expéditions requis. L'intérêt des parties et la plus prompte expédition des affaires viennent militer en faveur de ces dispositions législatives, dont l'opportunité est facile à comprendre.

JEAN ÉTIENNE.

ANNIHILATEUR DU FEU (chimie). — Composition chimique qui intercepte tout contact entre la flamme d'un incendie et les gaz qui l'alimentent. On le produit par le procédé suivant : on met dans une bouteille de l'acide sulfurique, et dans une fiole un mélange de potasse et de sucre, et une brique composée de charbon de bois, de nitrate de potasse et de sulfate de chaux, le tout mêlé ensemble avec de l'eau. La composition est placée au centre de deux cylindres emboîtés l'un dans l'autre et percés de trous pour le dégagement des gaz, puis renfermée dans une double boîte cylindrique. Les deux couvercles cylindriques de l'appareil ont une ouverture qui donne issue à la vapeur. En pesant sur un ressort, les fioles se brisent, et ces divers ingrédients, mis en contact, produisent l'ignition. Dès que la brique a pris feu, des gaz se dégagent, et, passant à travers des cylindres, vont agir sur le réservoir d'eau et produisent la vapeur, laquelle, mêlée aux gaz, s'échappe avec eux rapidement par l'orifice de l'appareil en se répandant sous forme de nuage dans l'atmosphère du feu, et l'éteint presque instantanément. Cette vapeur peut être respirée impunément. Mais si le feu a pris un trop grand développement, l'emploi de l'eau devient nécessaire comme accessoire. »

ANNONCE (droit). — L'annonce est un avis au public, verbal ou écrit. Verbale et à son de caisse ou de trompe, l'annonce se pratique encore ainsi dans les rues et sur les places publiques de beaucoup de villes, et particulièrement dans les bourgs et les villages, afin de publier les ventes volontaires ou autres, les adjudications, et, d'ailleurs, tous les avis relatifs aux affaires civiles, au commerce et à l'industrie, ainsi que les décisions, ordonnances et règlements de l'administration et de l'autorité. A cet effet, des fonctions spéciales, pour annoncer, sont attribuées à un homme par chaque centre de population, et cet homme, qui, pour le droit, paye quelquefois une redevance annuelle à l'administration municipale, ou qui au moins fait gratuitement toutes les annonces administratives, est indemnisé, pour chaque autre annonce, par les personnes qui l'en ont chargé. Il fait souvent plusieurs annonces à la fois, surtout dans les jours fériés, et le public a l'habitude de s'approcher de lui, sur son appel par la caisse, afin de mieux entendre. C'est, dans les petites villes, les bourgs et les villages, un bon moyen de publicité et qui se répand le plus vite dans la population entière. — Voy. *Affiche*.

Dans l'industrie, l'annonce est un avis par lequel on fait savoir quelque chose au public, soit verbalement, soit par écrit, avis qu'on fait insérer dans les journaux pour donner de la publicité à un fait quelconque.

Ce n'est que longtemps après la découverte de l'imprimerie, dit M. Ch. Nisard[1], que l'annonce commença à s'introduire. Elle alla se placer timidement à la fin des livres, sous forme de catalogue, usage encore adopté aujourd'hui; et, vers le milieu du dix-huitième siècle, peut-être même plus tôt, ces annonces ou catalogues étaient rédigés avec un charlatanisme qui pourrait en apprendre même aux plus habiles d'aujourd'hui. Il nous en venait bon nombre de la Hollande; mais on voyait bien à la rédaction que la fabrique en était à Paris. Toutefois l'annonce n'a vécu d'une vie véritable et conquis en quelque sorte une position sociale que depuis qu'elle a élu domicile à la quatrième page des journaux. C'est là qu'elle tend ses filets, qu'elle brave le fisc et se dérobe aux exigences du timbre, lequel n'atteint l'annonce que quand elle est volante, c'est-à-dire imprimée à part et en forme de prospectus. C'est là qu'elle se déroule en grandes et petites capitales, en gros et petit-romain, en cicéro, en saint-augustin, en mignonne ; que tantôt elle s'allonge en lignes de toute la largeur de la page, tantôt elle se raccourcit jusqu'à ne plus occuper que la moitié de cette largeur, puis le quart, puis le cinquième, puis enfin le sixième. Puis elle prend pour enseigne des vignettes ; plus loin elle est encadrée entre quatre bandes noires. Un jour elle suit la ligne horizontale, demain elle prend la verticale, et va de la verticale à la diagonale. Le cercle, l'ovale, le rhomboïde, sont de temps en temps essayés : il y en a des exemples. Un volume ne suffirait pas à décrire toutes ces sortes d'annonces. La principale est l'annonce des libraires; elle est le plus souvent la plus longue, la plus importante, la plus chère et la moins malhonnête; elle a presque toujours la place d'honneur dans le journal, et toutes les autres lui cèdent le pas. Elle est à la fois littéraire et mercantile; mais le caractère mercantile domine, et les éloges ont quelque chose de l'éloquence du concurrent marchand. A la vérité, il en est qui ne paraissent pas vouloir duper l'acheteur; elles disent tout simplement les choses, sourtout si les livres dont il est question se recommandent d'eux-mêmes. S'agit-il, au contraire, de la deuxième édition d'un livre dont la première ne s'est pas vendue, du dernier roman d'un auteur qui s'épuise et qui vieillit, d'un fonds de magasin accumulé depuis les temps où la librairie a emménagé, l'annonce sort en grand équipage, étale toutes ses pompes et fait sonner toutes ses trompettes.

[1] *Compl. de l'Encyclop. moderne.*

L'annonce, dans les journaux, se fait ordinairement à la quatrième page, que l'on appelle pour cette raison *page d'annonces*. Chaque ligne coûte en général 1 fr. à 1 fr. 25 c., et cet impôt exorbitant ne profite guère qu'aux fermiers des annonces, car, à l'exception des gens désœuvrés, il est peu de personnes qui lisent les annonces insérées dans les feuilles politiques. Quant aux annonces dans les petits journaux de province, elles sont d'une nullité absolue.

J. ÉTIENNE.

ANNUEL (botanique). — On nomme *plantes annuelles*, par opposition à *plantes vivaces*, celles qui croissent, se développent et meurent dans l'année. Le blé et toutes les graminées sont des *plantes annuelles*. — Voy. *Plante*.

ANNUITÉ (droit, finances, crédit foncier et agricole) [du latin *annuitas*, radical *annus*, année]. — Mode de remboursement d'un capital emprunté.

« Lorsqu'il s'agit d'un emprunt public, dont le capital doit être remboursé par fractions à des échéances déterminées, on donne le nom d'annuité à l'engagement mis en circulation par le Trésor, et payable à l'une des échéances fixées. Cet engagement produit des intérêts semestriels. (V. L. 8 mars 1821.)

» Entre particuliers, l'annuité est un véritable contrat commutatif, tantôt pur et simple, tantôt aléatoire. Il est pur et simple quand l'emprunteur s'oblige à rendre, chaque année, une portion du capital emprunté, avec l'intérêt du capital restant à payer; en sorte qu'après un temps déterminé, le capital et les intérêts sont acquittés en totalité. Il est aléatoire quand l'obligation de l'emprunteur consiste à payer chaque année, pendant sa vie, une somme fixe au prêteur, qui ne conserve aucuns droits contre les héritiers de l'emprunteur. »

Les annuités à vie diffèrent de la rente viagère en ce que la rente s'éteint avec la vie du débiteur et non du créancier.

Le contrat d'annuité à vie, usité en Angleterre (V. *Blacktone*, Comment., liv. 2, chap. 3) ne s'est pas encore introduit dans nos mœurs, mais il serait sans doute valide en France, comme le pense Roullier, t. 6, n° 182, qui est d'avis que ce contrat est tout à fait licite et même utile; d'ailleurs, l'art. 1964, C. civ., est évidemment énonciatif et non limitatif des contrats aléatoires.

L'annuité est une rente qui n'est payée que pendant quelques années, et combinée de telle sorte qu'à l'expiration de cette durée le débiteur ne doive plus rien, ni capital, ni intérêts. « Pour que cette rente éteigne la dette au bout d'un certain temps, il faut naturellement qu'elle excède plus ou moins l'intérêt du capital. En effet, cet excès de la rente sur l'intérêt forme un à-compte qui diminue chaque année d'autant le capital, et conséquemment l'intérêt lui-même; en sorte qu'à chaque payement de la rente, son excès sur l'intérêt s'accroît, tandis que le capital diminue en proportion jusqu'à complet remboursement. Ce mode d'emprunt est très-peu usité en France, et cependant il est éminemment avantageux à l'industrie, qui peut fonder de grands établissements avec des fonds d'emprunt ; il est non moins avantageux à l'agriculture , au commerce, et même aux spéculateurs qui veulent agrandir leurs entreprises avec des capitaux étrangers, parce que, le remboursement s'opérant peu à peu, on se trouve libéré de toutes dettes sans avoir tout d'un coup de grandes sommes à payer. Il serait même aisé de prouver qu'il est, en général, dans l'intérêt des capitalistes, qui s'assurent ainsi des rentrées certaines; mais, que le capitaliste y consente ou non, une fois l'emprunt fait, le débiteur peut constituer une annuité. Rien ne l'empêche en effet, en payant les intérêts, de mettre de côté, pour la placer, une certaine somme qui, se multipliant par le nombre des années, et s'augmentant à mesure de ses intérêts , formera un capital égal, en définitive, lors du terme pour le payement, à la quotité de la somme empruntée. Plusieurs problèmes assez importants se résolvent par la théorie des annuités. Toute question sur cette matière doit présenter ces différents éléments : un capital à éteindre ; le taux de l'intérêt, l'annuité ou somme fixe, donnée ou reçue comme à-compte; le temps que dure l'annuité. Étant donné, un problème dans lequel l'un de ces éléments est inconnu et les autres connus, l'algèbre enseigne à le trouver facilement. En voici la formule : Soit x le montant de l'annuité ; — c le capital prêté ; — i l'intérêt de 100 fr. pour l'unité de temps (un an , un mois, un trimestre); — n le nombre des annuités; si 100 fr. rapportent i, c fr. rapportent $\left(\frac{ci}{100}\right)$; en sorte qu'après la première unité de temps, l'emprunteur doit $\left(c+\frac{ci}{100}\right)$ ou $c\left(1+\frac{i}{100}\right)$, ou bien , en faisant, pour abréger $\left(1+\frac{i}{100}\right)$, égal à q, $c\left(1+\frac{i}{100}\right)=cq$. Cela étant, il paye x, et cq devient $cq-x=c'$. Après le deuxième terme, le payement de la même somme x diminue encore le capital restant c', qui devient $(c'q-x)=c''$. Ainsi, après la première annuité, c égale cq; après la seconde, c' égale $cq-x$; après la troisième, $c''=cq^2-qx-x$; après la quatrième, $c'''=cq^3-q^2x-qx-x$; après la cinquième, $c''''=cq^4-q^3x-q^2xqx-x$, etc. Enfin, après n années, il ne reste plus à payer, pour éteindre le capital, que : $c^{(n)}=cq^n-x\left(q^{n-1}+q^{n-2}+q^{n-3}+q^{n-4}\ldots+q+1\right)$. Or, la progression contenue entre parenthèses équivaut à $\left(\frac{q^n-1}{q-1}\right)$, et ainsi $c^{(n)}=cq^n-x\left(\frac{q^n-1}{q-1}\right)$. Si , maintenant, nous nous supposons arrivés au terme de l'opération, le premier membre de l'équation sera réduit à zéro, et t, nombre de payements, sera égal à n, nombre des annuités. Ainsi, $o=cq^t-\frac{q^t-1}{q-1}x$: d'où $x=cq^t\times\frac{q-1}{q^t-1}$. Si l'on regarde comme inconnues les autres quantités c, t, q (ou i), on peut les tirer de la formule obtenue. Ainsi : 1° $t=\dfrac{\log x-\log\left(x-\frac{ci}{100}\right)}{\log\left(1-\frac{1}{1000}i\right)}$;

2° $c=\frac{x}{q^t}\left(\frac{q^t-1}{q-1}\right)$. » Les problèmes dans lesquels q est l'inconnue se présentent très-rarement, et leur solution appartient à la plus haute algèbre.

J. ÉTIENNE.

ANODINS (matière médicale) [du grec a privatif, et $odyné$, douleur]. — Médicaments qui ont la pro-

priété de calmer et même quelquefois de faire cesser entièrement une douleur. Ce mot est aujourd'hui synonyme de *narcotique*. (Voy. ce mot.)

ANODONTE (zoologie) [d'a privatif, et $odous$, *odontos*, dent].—Genre de coquilles de la famille des mytilacées, dont les caractères sont : « Coquille équivalve, inéquilatérale, transverse; charnière linéaire, sans dents; une lame cardinale, glabre, adnée, tronquée ou formant un sinus à son extrémité antérieure, termine la base de la coquille ; deux impressions musculaires écartées, latérales, subgéminées; ligament linéaire, extérieur, s'enfonçant à l'extrémité antérieure dans la lame cardinale. Ces coquilles sont en général minces et fragiles, leur test est composé d'une nacre assez belle, argentée et irisée sur quelques parties, recouverte d'un épiderme d'un beau vert dans le jeune âge, et d'un vert foncé, presque noir, à l'état vieux. »

L'anatomie de l'anodonte a été faite par Cuvier et lui a présenté deux phénomènes curieux. Le premier est que le rectum passe à travers le cœur; le second, que les poumons ou lames des branchies servent de matrice. Cuvier trouva dans l'épaisseur des branchies des milliers de petites moules vivantes et recouvertes de leur coquille, et découvrit ainsi que l'anodonte est vivipare.

Lamarck décrit quinze espèces d'anodontes, au nombre desquelles deux fort connues vivent dans nos rivières et dans nos étangs. La plus remarquable est l'anodonte dilatée (A. *cycnea*), dont les habitants des campagnes se servent pour écrémer leur lait. Cette espèce atteint une taille de 20 centimètres. Une autre est l'anodonte des canards (A. *anatina*), qui ne diffère de la première que par une taille plus petite et moins dilatée postérieurement.

ANOLIS (zoologie) [nom indigène]. — Genre de reptile saurien de l'Amérique et des Antilles , de la famille des lézards ignaniens de Duméril.

Les anolis ont le corps épais et un peu comprimé latéralement ; leur queue est fort proportionnellement davantage, et forme ordinairement plus de la moitié de la longueur totale de l'animal. Dans quelques cas, sa moitié antérieure est surmontée d'une crête assez élevée, formée par un repli de la peau, lequel est soutenu par les apophyses supérieures des vertèbres caudales. La tête est de forme pyramidale, un peu concave en dessus, et partout garnie de petites écailles, excepté sur le bord des lèvres, où il existe de petites plaques rectangulaires; les yeux sont saillants, beaucoup plus rapprochés de l'occiput que de l'extrémité antérieure de la tête; les paupières, larges, à peu près égales, offrent une ouverture transversale, il est vrai, mais assez étroite pour que leur ensemble rappelle quelque chose de la conformation externe des yeux des caméléons. Le tympan forme une ouverture ovalaire; les orifices externes des narines sont dirigés en arrière, et situés de chaque côté et à l'extrémité du museau. La bouche des anolis est fendue jusque sous les yeux; tantôt les os palatins sont garnis de dents, tantôt ils en sont complètement dépourvus; celles qui garnissent les mâchoires sont nombreuses, serrées, presque égales, coniques et pointues antérieurement, comprimées de dehors en dedans et tricuspides sur les côtés. La langue de ces sauriens offre beaucoup d'épaisseur; elle est spongieuse, avec son extrémité faiblement échancrée et couverte de petites papilles convexes. Les membres sont bien développés, surtout les postérieurs, et les uns et les autres se terminent par cinq doigts grêles, tous ornés d'ongles, et dont l'avant-dernière phalange, pour les quatre externes, se trouve élargie de manière à représenter une plaque discoïdale dont la surface est plissée transversalement, ce qui aide admirablement bien ces reptiles dans l'action de grimper. Les anolis ont la faculté de changer de couleur aussi promptement que les caméléons. Ils passent la plus grande partie de leur vie sur les arbustes ou les buissons, chassant les insectes de toute espèce; on prétend qu'ils recherchent également les baies et les fruits. (BIBRON.)

ANOMALIE [du grec *a*, privatif, et *omalos*, régulier]. — L'état d'un être qui s'éloigne dans son essence ou dans sa conformation de ceux de son espèce. Un animal qui naît sans bras ou avec trois ou quatre bras est une *anomalie*. *Anomalie* est donc synonyme de *monstruosité*.

Les naturalistes ont étudié les anomalies, dont l'ensemble forme une science très-importante, la *tératologie*, qui a pour but de rechercher les causes qui président à la production des anomalies. — Voy. *Tératologie*.

M. Isidore Geoffroy Saint-Hilaire distribue les anomalies en quatre classes ou grands embranchements: I. HÉMITÉRIES ou demi-monstruosités (du grec *hémi*, demi, et *teras*, monstre), anomalies simples, peu graves sous le rapport anatomique, appelées *variétés* si elles ne nuisent à aucune fonction ou ne produisent aucune difformité, *vices de conformation* dans le cas contraire : ce sont, par exemple, les insertions insolites des rameaux vasculaires ou nerveux, l'augmentation et la diminution du nombre des vertèbres, des côtes ou des doigts, l'existence de trois mamelles au même plus, les *nœvi materni*, l'albinisme, le pied-bot, l'imperforation de l'anus, etc. II. HÉTÉROTAXIES (*heteros*, autre, *taxis*, ordre), anomalies complexes, c'est-à-dire constituées par la coexistence de plusieurs anomalies simples; mais, malgré cette complexité et cette gravité apparente sous le rapport anatomique, incapables de mettre obstacle à l'accomplissement d'aucune fonction, et ne produisant aucune difformité extérieure : tel est le *situs inversus*, ou transposition complète des viscères, que nous avons déjà cité dans le précédent paragraphe. III. HERMAPHRODISMES, anomalies complexes, presque toujours extérieures, et consistant dans la présence simultanée des deux sexes, ou de quelques-uns de leurs caractères. IV. MONSTRUOSITÉS, anomalies très-complexes, très-graves, apportant un obstacle, sinon absolu, du moins fort notable à l'accomplissement d'une ou plusieurs fonctions essentielles, ou bien produisant une conformation extrêmement différente de la conformation normale :

c'est le cas des acéphales et des anencéphales, des cyclopes, des êtres à deux têtes, etc., etc.

Cette classification, dit Requin, qui, comme tout classement, offre quelques inconvénients de détail, nous paraît toutefois, dans son ensemble, plus naturelle que tous les cadres tératologiques jusqu'à ce jour indiqués plutôt que remplis par divers anatomistes. Elle introduit dans le dictionnaire de la science deux mots nouveaux : *hémitérie* et *hétérotaxie*. Mais ce sont deux mots très-bien faits et devenus nécessaires. — Voy. *Tératologie*.

ANOMIE (zoologie) [d'*a*, privatif, et *nomos*, règle, irrégulier]. — Genre de coquilles de la famille des ostracés, à deux valves inégales. Le mollusque de ces coquilles a un pied petit comme celui des peignes; il se glisse entre l'échancrure et la plaque qui la ferme et sert à faire arriver l'eau vers la bouche, qui en est voisine.

Toutes les espèces qui constituent ce genre, dit Duclos, sont irrégulières et en général minces et translucides. Elles sont unicolores; mais leur couleur, d'un jaune plus ou moins foncé, est toujours fort vive. Ces coquilles s'attachent sur les corps marins comme les huîtres, avec lesquelles elles ont beaucoup d'analogie; on en trouve même sur des crustacés et sur différentes coquilles. Leurs valves sont inégales; celle qui est percée et qui adhère aux corps étrangers est appelée valve inférieure, tandis que dans les huîtres cette même valve est la supérieure. L'espèce la plus commune habite la Méditerranée, la Manche et l'océan Atlantique; elle est connue sous le nom de *pelure d'oignon*. Les habitants des côtes la mangent et la préfèrent aux huîtres; c'est la plus grande du genre.

ANONACÉES (botanique) [d'*anone*, genre principal]. — Famille de plantes dicotylédones polypétales, renfermant des arbrisseaux ou des arbres étrangers, à rameaux nombreux, à feuilles simples et alternes, à fleurs placées à l'aisselle des feuilles ou des rameaux, sans stipules. Le genre type est l'*anone*.

ANONE (botanique) [nom indigène]. — Genre type de la famille des anonacées, composée d'arbrisseaux de la zone équatoriale, dont on compte une quarantaine d'espèces, la plupart remarquables par la beauté de leurs fruits. C'est le fruit de l'anone épineuse que les créoles des Antilles mangent avec tant de plaisir sous le nom de *cachiman* ou de *pomme cannelle*. On retire de l'écorce d'anone un astringent employé, dit-on, avec succès contre la dysenterie; mais les semences de cette plante passent pour vénéneuses.

ANONYME (SOCIÉTÉ ou COMPAGNIE). —Dans les siècles précédents, le commerce des Indes orientales et occidentales, et des autres parties du monde, principalement des colonies, avait donné naissance au système des compagnies privilégiées qui en avaient le monopole; et, malgré cet avantage, les vices de leur organisation ou administration avaient causé la ruine du plus grand nombre. La compagnie anglaise des Indes orientales est presque la seule qui ait survécu, parce qu'elle était plus fortement constituée que toutes les autres. Les progrès et les besoins du commerce, qui donnaient un plus grand développement à l'esprit d'association, mirent en vigueur une autre espèce de compagnie, à peu près semblable pour la constitution, mais dont le but était plus spécialement du ressort d'une entreprise particulière exigeant des capitaux considérables; et le nom qu'elle prenait en désignait l'objet, suivant la définition de l'article 29 du Code de commerce, qui porte : *La société anonyme n'existe pas sous un nom social.* Art. 30 : *Elle n'est désignée par le nom d'aucun des associés; elle est qualifiée par la désignation de l'objet de son entreprise.*

Les compagnies anonymes qui se sont établies en France d'après ces articles du Code de commerce, trop peu développés, ont fait de grands progrès, nécessités par les besoins toujours croissants du commerce et de l'industrie. Elles ont formé de vastes entreprises, telles que celles des canaux, des chemins de fer, de l'exploitation des mines, des usines, etc., pour lesquelles il fallait la réunion de capitaux immenses. La faculté que possèdent ces compagnies d'émettre des actions négociables à la Bourse, en faisant un appel aux capitaux, a beaucoup contribué à leur succès. Chaque actionnaire a compris qu'il pouvait faire fructifier son avoir d'une manière avantageuse, pour lui-même et pour la société, par l'intérêt qu'il prenait dans une entreprise qui donnait les plus belles chances de succès. D'ailleurs, l'avantage qu'il avait de pouvoir réaliser son capital quand il lui plairait, par la voie de la négociation, qui lui était toujours ouverte, devait l'engager à s'y intéresser.

La société anonyme a pris son origine de la société en participation, qui a été, de temps immémorial, en usage dans le commerce de tous les peuples, et qui consiste à faire quelque entreprise ou spéculation en commun, à laquelle un ou plusieurs négociants prennent un intérêt stipulé d'avance, en fournissant chacun le capital dont ils sont convenus, pour en partager le profit ou la perte entre eux dans les proportions de leur mise de fonds, c'est-à-dire de la part d'intérêt qu'ils ont prise dans l'opération. Les compagnies anonymes ont la même base, elles sont seulement formées sur une plus grande échelle, soit pour les capitaux, soit pour le nombre des intéressés ou participants qu'on appelle actionnaires. Mais elles ont un autre avantage, c'est de pouvoir émettre des actions qui peuvent être mise en circulation et faire partie des fonds publics dont le cours est publié à la Bourse. Elles participent aussi de l'avantage que présente la société en commandite, en ce que chaque actionnaire n'est participant et responsable que pour le montant de son action, dont la valeur réelle varie à la Bourse suivant la situation plus ou moins favorable de la compagnie et de son entreprise.

Comme ces compagnies embrassent une sphère immense, et ont pour objet des entreprises qui sont pour la plupart publiques et intéressent l'État, elles sont de nature à exiger une surveillance active de la part du gouvernement; aussi ne peuvent-elles s'établir sans son autorisation, d'après l'article 37 du Code de commerce, qui porte : *La société anonyme ne peut existe qu'avec l'autorisation du souverain et avec son approbation, pour l'acte qui la constitue; cette autorisation doit être donnée dans les formes prescrites pour les règlements d'administration publique.*

Une instruction du ministre de l'intérieur, du 31 décembre 1807, indique les formalités à remplir pour obtenir cette autorisation du gouvernement :

« Art. 1er. Les individus qui voudront former une *Société anonyme* seront tenus de se conformer au Code de commerce, et, pour obtenir l'autorisation du gouvernement, ils adresseront au préfet de leur département, et à Paris, au conseiller d'État, préfet de police, une pétition signée de ceux qui veulent former la société.

» 2. La pétition contiendra la désignation de l'affaire ou des affaires que la société veut entreprendre, le temps de sa durée, le domicile des pétitionnaires, le montant du capital que la société devra posséder, la manière dont ils entendent former ce capital, soit par souscriptions simples ou par actions, les délais dans lesquels le capital devra être réalisé, le domicile choisi où sera placée l'administration, le mode d'administration, et enfin l'acte ou les actes d'association passés entre les intéressés.

» 3. Si les souscripteurs de la pétition ne complètent pas eux seuls la société qui doit être formée; s'ils déclarent avoir l'intention de la compléter lorsque seulement ils auront reçu l'autorisation du gouvernement, ils devront, dans ce cas, composer au moins le quart en somme du capital, et s'obliger à payer leur contingent aussitôt après l'autorisation donnée.

» 4. Les préfets des départements et le préfet de police à Paris feront, sur la pétition à eux adressée, toutes les informations nécessaires pour vérifier les qualités et la moralité, soit des auteurs du projet, soit des pétitionnaires; ils donneront leurs avis sur l'utilité de l'affaire, sur la probabilité du succès qu'elle pourra obtenir; ils déclareront si l'entreprise ne paraît point contraire aux mœurs, à la bonne foi du commerce et au bon ordre des affaires en général; ils feront des recherches sur les facultés des pétitionnaires, de manière à s'assurer qu'ils sont en état de réaliser la mise pour laquelle ils entendent s'intéresser.

» Les pièces et l'avis du préfet seront adressés au ministre.

» 5. Le ministre, après avoir examiné la proposition, la soumettra au souverain, en son conseil d'État, qui statuera sur son admission ou son rejet.

» 6. Il ne pourra rien être changé aux bases et au but des sociétés anonymes après l'approbation, sans avoir obtenu, dans les formes prescrites par la présente instruction, une nouvelle autorisation du gouvernement, et ce à peine de l'interdiction de la société. »

Pour former une compagnie ou une société anonyme en France, il faut par conséquent commencer par rédiger les statuts sur l'objet de l'entreprise, sur le capital nécessaire à leur exploitation; le nombre des actionnaires et des actions, ainsi que leur quotité, qui doivent être mises en circulation; il faut ensuite avoir l'autorisation du gouvernement, et même l'approbation des statuts, auxquels on ne peut ensuite rien changer.

Il ne s'agit plus, après toutes ces formalités remplies, que de former l'administration, qui est, pour ainsi dire, le pouvoir exécutif d'une compagnie anonyme : mais la gestion de ce pouvoir, qui peut être bien ou mal dirigée, n'a point été réglée par la loi; les administrateurs ne sont assujettis à aucune responsabilité spéciale; c'est une lacune qui existe dans le Code de commerce, et qui a été la cause de la ruine de plusieurs compagnies mal administrées. Cet inconvénient se fait d'autant plus sentir que, depuis le commencement de ce siècle, ces sortes de sociétés se sont beaucoup multipliées et ont fait des entreprises d'une haute importance, où la fortune d'un grand nombre d'actionnaires se trouve intéressée.

Cependant, en Angleterre, pays de liberté commerciale et industrielle, il existe encore moins de formalités à remplir qu'en France pour l'établissement des compagnies anonymes ou par actions, que les Anglais appellent en général stock's-company; l'autorisation du gouvernement n'est pas nécessaire, il n'existe aucun règlement qui en détermine la nature et l'action : tout est laissé à la convenance des principaux intéressés qui forment le projet d'une pareille entreprise, qui en ont aussi l'administration, et qui sont, pour la plupart, des personnes riches et honorables, jouissant d'une réputation de probité prouvée par leurs antécédents : à eux se joignent leurs amis et bientôt un nombre d'actionnaires suffisant pour commencer l'entreprise et en assurer le succès. L'esprit d'association qui règne en Angleterre, plus que dans tout autre pays de l'Europe et du monde entier (excepté aux États-Unis) a propagé ces compagnies d'une manière prodigieuse, et il en existe un grand nombre pour toute sorte d'objets d'utilité publique, soit pour les canaux, pour les chemins de fer, pour l'exploitation des mines, pour les paquebots à vapeur, pour la distribution des eaux dans Londres, pour les docks, pour les assurances maritimes et contre les incendies, pour la construction des ponts, pour l'éclairage par le gaz, et pour le commerce de plusieurs parties du globe, etc. Enfin, il n'existe pas une entreprise un peu considérable qui ne soit exploitée par une compagnie anonyme. Il en est de même aux États-Unis de l'Amérique, où toutes les grandes entreprises se font par de semblables compagnies; la France a suivi cet exemple, et l'esprit d'association si nécessaire à l'extension du commerce et de l'industrie, a fait depuis quelque temps de grands progrès; ce qui a donné lieu à l'établissement d'un bon nombre de compagnies anonymes qui se sont chargées d'entreprises généralement utiles et favorables au commerce.

Nous voyons le même esprit prendre, depuis quelques années, un grand développement en Allemagne, où il s'est formé plusieurs compagnies pour la construction de nouveaux canaux et des chemins de fer, qui donneront une plus grande activité au commerce, en facilitant les communications et les transports de ses produits agricoles et industriels.

(MONTBRION.)

ANOPLOTHÉRIUM (paléontologie) [du grec anoplos, sans armes; thérion, animal].—Mammifère fossile de l'ordre des pachydermes, restitué par Cuvier d'après des débris trouvés dans des carrières à plâtre (f. 30).

M. Bourjot

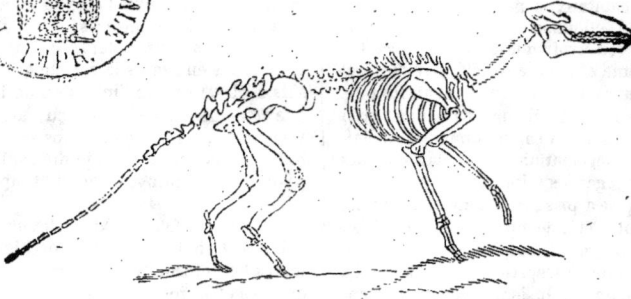

Fig. 30. Squelette de l'Anoplothérium commun.

Saint-Hilaire rappelle ainsi cette découverte. Cet animal fossile fut trouvé en 1806 dans la grande carrière de Montmartre. La taille du squelette égale celle d'un petit cheval; les morceaux de la gangue qui le renfermaient étaient au nombre de cinq, rapprochés : ils comprennent une partie de la queue, le bassin, les côtes, les deux tiers d'un fémur et quelques os du pied de derrière. Le squelette ne conserve ses os que d'un seul côté, l'autre aura été sans doute arraché par les courants, tandis que le flanc sur lequel l'animal mort sera tombé se sera incrusté dans la pâte du fond vaseux, avec lequel il aura depuis fait corps. On peut présumer que la même cause violente a séparé les membres antérieurs, si l'on n'aime mieux croire que des animaux voraces les ont déchirés. Cet animal portait quarante-quatre dents à chaque côté; ses canines rases créent un rapport entre lui et le chameau, qui montre aussi des canines saillantes ou crochets en haut et en bas.—

Un rapport analogue existe, comme on l'a dit, entre les pieds de l'un et de l'autre dans les deux genres; ils approchent du type le plus voisin, celui des chameaux, avec cela de remarquable cependant, que les os métatarsiens et métacarpiens ne se soudaient pas en un seul os ou canon solide, ce qui devait imprimer à la marche de ces animaux une grande incertitude : aussi ne sommes-nous pas encore à cette époque de la succession des âges où pour les espèces animales la course était facile sur un terrain partout solide et résistant. L'élargissement possible des deux grands doigts des anoplothériums augmentait pour eux la base de sustentation sur un terrain mouvant et mal affermi. Cuvier décrit cinq espèces dans le genre anoplothérium; ce sont: le *commun*, le *secundarium*, le *gracile*, le *mimimum* et le *leporinum*, ainsi nommé à cause de sa petite taille, égalant celle du lièvre, et de ses formes plus légères. L'anoplothérium tenait dans le monde ancien une place intermédiaire entre les pachydermes actuels et les ruminants du type chameau. On peut déduire de ces faits que cet animal, maintenant complètement effacé du monde terrestre, recherchait les racines succulentes des terrains récemment submergés, et avait l'estomac divisé des ruminants; sa taille, alourdie par le poids d'une énorme queue, qui n'avait pas moins de vingt-deux vertèbres et prenait racine sur un sacrum de cinq vertèbres de la plus forte dimension, indique encore des habitudes pesantes au milieu des marécages, mais déjà dans une période où le sol commençait à se raffermir.

Les principales espèces de ce genre étaient : l'*anoplothérium commun*, de la taille d'un ânon, amphibie herbivore, au poil lisse et court, et ressemblant à la loutre, et l'*anoplothérium moyen*, de la taille et de la forme d'une gazelle, herbivore et n'habitant pas les lieux humides.

Voici ce que dit Cuvier de l'anoplothérium moyen: « Autant les allures de l'anoplothérium commun étaient lourdes, autant celles du moyen avaient de grâce et d'agilité. Léger comme la gazelle et le chevreuil, il courait rapidement autour des marais et des étangs où nageait la première espèce. Il y paissait les herbes aromatiques des terrains secs et broutait les pousses des arbrisseaux. Sa course n'était point embarrassée par une longue queue. Animal craintif, de longues oreilles mobiles l'avertissaient du moindre danger ; son corps était couvert d'un poil ras. Il ne nous manque que sa couleur pour le peindre tel qu'il animait jadis cette contrée, où il a fallu en déterrer après tant de siècles de si faibles vestiges ! » C'est de la découverte de l'anoplothérium que datent les grands travaux de Cuvier ; c'est de cette époque mémorable pour l'histoire naturelle que ce grand génie a démontré qu'il existait des débris de races d'animaux inconnus jusqu'à ce jour dans la nature vivante. B. LUNEL.

ANOREXIE (pathologie générale) [du grec *a*, privatif, et *orexis*, appétit]. — Perte d'appétit ; symptôme qui accompagne les fièvres, et, en général, toutes les affections aiguës un peu intenses. Lorsque l'anorexie survient dans le cours d'une maladie chronique, elle est due le plus souvent à une mauvaise digestion, à un embarras gastrique ou intestinal, aux progrès de l'affaiblissement du malade, enfin à une surexcitation quelconque.

Les causes de l'anorexie sont nombreuses et variées. « Les individus faibles, délicats, les femmes nerveuses, qui mènent une vie sédentaire et oisive, les hommes mélancoliques, les vieillards, y sont très-sujets. Beaucoup de personnes ont pu constater sur elles-mêmes que les travaux excessifs de l'esprit, les profondes méditations, l'application attentive et prolongée, les passions énergiques, gaies ou tristes, ont fréquemment amené la perte de l'appétit ; et l'on sait également qu'une nouvelle inattendue nous en prive souvent tout à coup. L'usage des boissons tièdes, fades, abondantes, celui des remèdes dans lesquels entrent l'opium et ses préparations, ne tardent pas non plus à éteindre en nous le sentiment de la faim. Les Turcs et la plupart des peuples mahométans, qui ont habituellement recours à cette substance, pour se procurer d'indicibles extases, passent des jours entiers, et quelquefois même plusieurs, sans penser à manger. Il est encore reconnu que la vue ou seulement le souvenir d'un objet qui nous a causé une vive et profonde répugnance, suffit bien souvent pour nous faire éprouver sur-le-champ, et au moment de nous mettre à table, l'aversion la plus prononcée pour toutes espèces de mets, pour ceux mêmes qui flattaient le plus notre sensualité l'instant d'auparavant. »

Le défaut ou le manque d'appétit n'étant qu'un symptôme de maladie, on comprend qu'on ne puisse rappeler l'appétit qu'en combattant les causes directes ou sympathiques qui produisent l'anorexie. Ainsi, s'il y a *inflammation*, la diète, le repos, les boissons délayantes, quelquefois les antiphlogistiques, seront ordonnés. (Voy. *Gastrite*.) Y a-t-il *atonie?* on conseillera un régime analeptique, tonique, le vin d'absinthe, de quinquina, etc. Enfin, s'il y a *névrose*, *préoccupation*, les distractions, les voyages, les bains frais, les eaux de Vichy, de Spa, amèneront de bons résultats.

Dr HENRIECH.

ANOSMIE (pathologie générale) [du grec *a*, priv., et *osmé*, odeur]. — Affaiblissement ou perte de l'odorat : le rhume de cerveau, la fièvre ataxique et l'hystérie présentent quelquefois ce phénomène. Plusieurs auteurs attribuent l'anosmie soit à l'abondance et à l'altération du mucus nasal, soit à la sécheresse de la membrane muqueuse des fosses nasales. Les individus qui vivent dans une atmosphère chargée de substances très-odorantes (parfumeurs, droguistes), et les ouvriers qui respirent journellement des vapeurs irritantes, sont sujets à l'anosmie.

Le traitement consiste à réveiller l'action du nerf olfactif (ammoniaque, vératrine, poudres sternutatoires, électricité). B. L.

ANOURE (zoologie) [du grec *a*, privatif, et *oura*, queue]. — Nom donné par Duméril à une famille de batraciens qui, dans l'âge adulte, n'ont point de queue : tels sont les *grenouilles*, *crapauds*, etc. Ces reptiles offrent des caractères qui leur sont particu-

liers. Leur corps est trapu, sphéroïde; les fosses cotyloïdes sont rapprochées l'une de l'autre jusqu'au
point de contact, de sorte que la cavité du bassin
n'existe pas, et que la direction des mouvements im-
primés au tronc par les membres postérieurs est peu
propre à la marche ordinaire; les extrémités abdominales sont très-développées chez les anoures; leurs
doigts allongés sont plus ou moins réunis par des
membranes intermédiaires, et leurs muscles fléchis-
seurs sont forts et renflés en forme de mollets; cette
disposition spéciale les rend singulièrement aptes à
la natation et au saut; aussi ne se servent-ils guère
que de ces deux modes de progression. Leur cloaque
a un orifice extérieur circulaire; le mâle aide la
sortie des œufs et la féconde seulement au moment
de la ponte, qui se fait en un seul temps; ces œufs,
agglutinés diversement selon les espèces, donnent
naissance à
un tétard
d'abord dé-
pourvu de
pieds et muni
d'une queue
comprimée
latérale-
ment; ce sont
les membres
postérieurs
qui, plus
tard, appa-
raissent les
premiers. La
bouche, à
cette époque,
est munie
d'une lèvre
coriace, peu
fendue, ter-
minée en
avant par un
crochet au
moyen du-
quel l'animal
se suspend

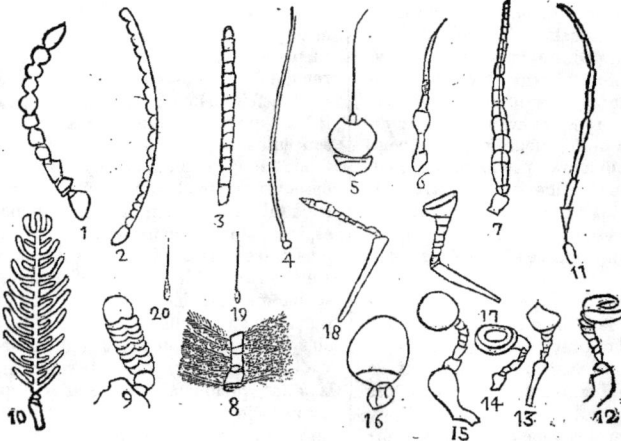

Fig. 31. Antennes. — 1. Antennes monoliformes. — 2. Antennes dentées. — 3. Antennes fusiformes.
— 4. Antennes capillaires. — 5. Antennes globifères. — 6. Antennes séliformes. — 7. Antennes
ensiformes. — 8. Antennes bipectinées. — 9. Antennes dentées. — 10. Antennes bipectinées. —
11, 12, 13, 14, 15, 16. Antennes en massue. — 17, 18. Antennes brisées. — 19, 20. Antennes
droites.

pendant le sommeil; les branchies sont rentrées dans
un sac de la peau, et ne communiquent à l'extérieur
que par un trou placé sur tel ou tel côté du cou, selon l'espèce. A une certaine époque du développement, les anoures, d'abord aquatiques, éprouvent,
comme la plupart des batraciens, une métamorphose
dans leur manière d'être : ils deviennent terrestres;
c'est alors qu'ils perdent leur queue et qu'ils revêtent
les caractères généraux de structure et d'habitude
des autres membres de la famille (T. Cocteau). D'après
les organes masticateurs et locomoteurs des batraciens anoures, on peut les diviser en quatre genres :
les *grenouilles*, les *rainettes*, les *crapauds* et les
pipas. — Voy. ces mots.

ANSÉRINE (botanique) [d'*anser*, oie, parce que
cette plante a des feuilles en forme de patte d'oie, en
latin *chenopodium*]. — Genre type de la famille des
chénopodées, dont les principaux caractères sont : tige
cannelée, feuilles alternes, fleurs verdâtres, peu apparentes et disposées en petits paquets à l'extrémité
des rameaux. Les feuilles de l'*ansérine verte* se mangent comme les épinards; l'*ansérine pourprée* se cultive dans les jardins, et la médecine emploie l'*ansérine vermifuge* et l'*ansérine fétide*.

ANSÉRINÉES (botanique) [du genre *ansérine*].—
Tribu de la famille des chénopodées, dont l'ansérine
est le principal genre.

ANTAGONISME (anatomie et physiologie) [du
grec *anti*, contre, et *agonizomai*, lutter].—Résistance
que s'opposent deux puissances contraires. L'*antagonisme des muscles* est l'action de deux muscles dont
l'un tend à imprimer un mouvement contraire à celui qui résulte de l'autre. L'*antagonisme des fonctions*
est l'opposition fonctionnelle entre différents organes,
comme entre
le cerveau et
l'estomac,
entre le sys-
tème ner-
veux et le
système
musculaire.

**ANTÉ-
DILUVIEN**
(géologie et
zoologie) [du
latin *ante*,
avant, *dilu-
vium*, délu-
ge]. En géo-
logie, la dé-
nomination
d'*antédilu-
viennes* s'ap-
plique aux
formations
alluviales
qu'on sup-
posé avoir
précédé le
déluge uni-
versel. En zoologie, le nom d'*antédiluviens* se donne
aux animaux qui se trouvent dans les terrains de
transport appelés diluviens, tels que les mastodontes,
éléphants, tapirs, etc. Quelques-uns de ces animaux
ont disparu du continent européen; quelques autres
appartiennent à des genres perdus pour la nature
vivante.

ANTENNES (anatomie comparée) [en latin *an-
tenna*]. — Organes appendiculaires mobiles, composés d'un plus ou moins grand nombre d'articles,
de formes variées, situés sur la tête des animaux
articulés, excepté chez les arachnides (fig. 31).

« Le nombre des articles dont sont composées les
antennes varie de deux ou trois jusqu'à deux cents,
et au delà; elles atteignent, sous ce rapport, leur
maximum chez les crustacés, ainsi qu'il est facile de
s'en assurer en examinant celles d'une écrevisse, et

surtout d'une langouste. Parmi les insectes, il n'y a guère que les lépidoptères, les orthoptères et les hémiptères, chez qui les articles sont également très-multipliés; dans les autres ordres, ils paraissent soumis, à cet égard, à des lois dont ils s'écartent peu. Chez un coléoptère, par exemple, on en compte rarement au delà de onze; mais au-dessous de ce nombre, il existe toutes les différences imaginables. Ce n'est pas la quantité d'articles qui détermine la longueur absolue de l'antenne, mais l'allongement de chacun d'eux en particulier, beaucoup d'insectes ayant des antennes composées d'un grand nombre d'articles, et très-courtes, et vice versâ. Ces articles, qui ont une forme plus ou moins tubulaire, et qui s'articulent les uns avec les autres par un ligament membraneux, jouissent d'un mouvement propre, et permettent à l'antenne de se fléchir dans tous les sens. Ces organes n'offrent pas moins de différence dans leur situation; ils sont tantôt placés au-dessus de la bouche, entre les yeux, et à découvert; tantôt sous un rebord de la tête, et ainsi cachés en partie; très-rapprochés ou écartés à leur base, libres ou reçus au repos dans une rainure du thorax; entourés par les yeux à leur naissance, ou placés en dehors, etc. Quant aux formes qu'ils affectent, il serait à peu près impossible d'en donner une idée par une simple description, et il est nécessaire pour cela de recourir aux figures. »

On a pensé que les sens de l'odorat et de l'ouïe résidaient dans les antennes des animaux qui en sont pourvus; peut-être aussi sont-elles le siège d'un sens qui nous est inconnu.

L'anatomie philosophique, dit T. Lacordaire, peut encore envisager les antennes sous un point de vue plus élevé, et se demander si ces organes sont une création nouvelle propre aux seuls articulés, ou s'ils ont leurs analogues dans les autres séries du règne animal. Néanmoins, on n'a pas encore tenté, que nous sachions, de rechercher quelles pièces des vertébrés ou des inarticulés elles représentent; mais en comparant les articulés entre eux sous ce point de vue, on arrive à des résultats assez importants. On voit, par exemple, que dans les arachnides, qui n'ont point d'antennes, ces organes n'ont pas disparu complétement, mais se sont modifiés pour faire partie de la bouche, où ils jouent le rôle de mandibules. Suivant cette comparaison chez les crustacés et les insectes, quelques entomologistes ont cru reconnaître dans les antennes des premiers les ailes dont ils sont constamment dépourvus, et chez les seconds des appendices de la partie inférieure du corps, ou, en d'autres termes, des pattes qui, transportées à la partie supérieure, se sont modifiées pour remplir de nouvelles fonctions. Mais on sent que la preuve de pareilles spéculations ne peut tomber sous les sens, et que la question finit par se réduire à une pure dispute de mots.

ANTÉOCCUPATION (littérature) [du latin *ante*, avant, *occupatio*, occupation]. — Figure de rhétorique plus connue sous le nom de *prolepse*, et qui consiste à aller au devant d'une objection pour la détruire.

ANTHOLÉGIE (littérature) [d'*anthos*, fleur, et de *elego*, *elegein*]. — Mot employé au figuré et donné comme titre à un recueil de poésies ou d'épigrammes de divers auteurs grecs. C'est à tort que la plupart des dictionnaires ont substitué à ce mot celui d'*anthologie* qui, dérivé d'*anthos*, fleur et de *logos*, discours, n'a d'autre signification que celle de *discours* ou *traité sur les fleurs*, titre d'un livre de Pontederat de Pise, professeur de botanique à Padoue, et dans lequel (*Anthologia, sive de floreâ naturâ libri tres*) il combat le système sexuel des fleurs. L'abus de la substitution faite à ce mot de celui d'*anthologie* vient probablement de ce que leurs auteurs, trompés par l'emploi qu'en a fait le premier le Grec Méléagre, se sont faussement imaginé que ce poëte y avait attaché le sens de *choix*, qu'il n'a pas; avec un peu plus d'attention, ils auraient vu que Méléagre, en le donnant pour titre à son recueil, n'avait fait que suivre naturellement l'idée qui lui était venue de comparer les poésies à des fleurs. C'est ainsi, par exemple, qu'abstraction faite de toute idée de choix, on a donné, en théologie grecque, le nom d'*anthologie* à un recueil des principaux offices en usage dans l'Église grecque.

Méléagre, dont nous venons de parler, né à Gadare, ville de Syrie, et qui vivait sous Séleucus, dernier roi de Syrie, est le premier qui ait fait un recueil d'épigrammes grecques qu'il nomma anthologie, — non pas comme le prétendent, d'après Rollin [1], les savants auteurs de la grande *Encyclopédie de Diderot*, parce que, ayant choisi ce qu'il trouva de plus brillant et de plus fleuri parmi les épigrammes de quarante-six poëtes anciens, il regarda son poëme comme un bouquet de fleurs, — mais bien parce qu'ayant comparé ces épigrammes à des fleurs, il eut naturellement recours à la plus fidèle expression de l'idée de sa comparaison qu'il traduisit d'une manière plus sensible encore en attribuant une fleur à chacun de ces poëtes : le lis à Anytes, la rose à Sapho, etc. — Après lui, Philippe de Thessalie fit, du temps de l'empereur Auguste, un second recueil tiré seulement de quatorze poëtes. Strabon, de Sardes, en fit un troisième dans le troisième siècle. Agathias un quatrième sous Justinien; Constant Céphalas au dixième siècle. Enfin, Planude, moine de Constantinople, qui vivait au quatorzième siècle, fit le cinquième, qu'il divisa en sept livres. Celle de Saumaise, qui a appartenu à Ménage, fait partie de la Bibliothèque impériale de Paris. L'anthologie, telle que nous l'avons aujourd'hui, renferme plusieurs épigrammes de fort bon goût, mais d'autres fort obscènes. J. BÉCHERAND.

ANTHELMINTIQUE (matière médicale). — Voyez *Vers intestinaux*.

ANTHERE (botanique) [du grec *anthéros*, fleuri]. — Partie membraneuse, dans l'étamine, de couleur jaune ou rougeâtre, de forme ovoïde ou parrallélogrammique, où se trouve réunie la poussière fécon-

[1] V. Rollin, *Histoire ancienne*, tome 3, page 81, édition Krabbe.

dante ; elle est ordinairement portée par le filet (sessile dans le cas contraire).

Les anthères sont attachées au filet par leur base, leur dos ou leur sommet ; dans ce dernier cas, on les appelle *pendantes* ; elles affectent une grande variété de formes, d'où les épithètes de *globuleuses*, *tétragones*, *sagittées*, etc. Quant à leur disposition sur la fleur, elles sont, dans la plupart des plantes, libres et sans adhérence entre elles, quelquefois soudées et confondues avec le pistil (orchis) (fig. 32).

L'anthère reste parfaitement close jusqu'à l'épanouissement de la fleur ; à ce moment, la poussière fécondante étant formée, une déhiscence a lieu dans l'organe : le pollen sort à mesure que de petites plaques ou valves s'enroulent lent du bas au sommet des loges. Aucune de ces opérations n'a lieu sans le contact de l'air et la présence de la lumière. — Voyez *Pollen*.

ANTHÈSE (botanique) [du grec *anthesis*, floraison]. — Nom de l'ensemble des phénomènes qui accompagnent l'épanouissement des fleurs. L'anthèse est soumise à l'influence du climat, de la chaleur, de la lumière, des saisons, etc.

ANTHOLOGIE (botanique) [d'*anthos*, fleur et *logos*, discours]. — Traité, discours sur les fleurs, titre bien désigné d'un *traité* de Pontedera, dans lequel il combat le système sexuel des fleurs. C'est donc à tort que, par une fausse application de la véritable étymogie de ce mot, la plupart des dictionnaires lui donnent la signification littéraire d'*anthologie*, en lui faisant désigner un *recueil* ou *bouquet de fleurs*, expression faussement figurée d'un choix d'épigrammes des divers auteurs grecs, qui nous paraît devoir être d'autant plus justement remplacée par celle d'*anthologie*, que nous lui substituons, que celle-ci s'accordera mieux avec sa sœur la latine *anthologium* ou *florilegium* généralement admise.

En conséquence, renvoyant au mot *anthologie* (voy. ce mot) pour la définition de sa signification littéraire, nous dirons de l'anthologie, expression selon nous purement scientifique, qu'elle a pour objet l'étude de l'ensemble des organes du végétal qui concourent à la fécondation et de ceux qui les entourent et les protègent. Aux personnes qui croiraient devoir nous opposer la raison de l'origine de l'emploi de ce mot par le poëte grec Méléagre, nous répondrions qu'elle ne prouve nullement que ce poëte ait attaché au mot *anthologie* le sens de choix qu'il n'a pas, mais bien qu'ayant comparé ses pièces à des fleurs, il a pu prendre ce mot pour titre de son recueil. C'est, en effet, ainsi qu'en théologie grecque, on a donné le nom d'*anthologie* à un recueil des principaux offices. — Voy. *Anthologie*.

Un véritable traité des fleurs au langage scientifique et descriptif duquel s'entremêleraient l'élégance du style de l'auteur du poëme des *Saisons*, la richesse à la fois poétique et champêtre des *Pallantes Violas* du modèle, assez mal imité, de l'auteur en manchettes et poudré du poëme des *Jardins*, la spirituelle et séduisante animation du franc parler des *Fleurs animées* de Granville, le charme ravissant de la naïve et touchante simplicité de l'aimable *Souvenez-vous de moi*, d'Aimé Martin, le naturel et la facilité, enfin , du gracieux abandon de l'auteur trop peu connu du poëme des *Plantes* (René-Richard Castel), un pareil traité serait une œuvre d'autant plus utile, que, comme le dit le dernier auteur que nous venons de citer :

Le port des végétaux , leur
    [grâce naturelle,
Aux arts dans tous les temps
    [ont servi de modèle.

J. Bécherand.

ANTHRACITE (minéralogie) [du grec *anthrax*, charbon]. — Vulgairement *houille éclatante*, *charbon incombustible*. — Substance noire, d'un éclat métalloïde, friable, brûlant lentement et avec difficulté, sans répandre ni fumée ni d'odeur. Elle est composée de carbone presque pur, de 3 à 5/100 de matière terreuse et de quelques traces d'hydrogène, etc. Les principales localités où se trouve cette substance sont les Alpes du Dauphiné, les Pyrénées, la Savoie, la Saxe, la Bohème, l'Espagne, l'Angleterre, etc.

L'anthracite, dit Ch. D'Orbigny, par suite de la difficulté qu'on éprouve à l'allumer, a été pendant longtemps considéré comme incombustible ; mais M. Brard a démontré que cette matière, mêlée d'abord, soit qu'elle s'enflamme plus facilement, soit avec du bois, soit avec de la houille, n'a besoin que d'une très-*grande quantité* d'air pour produire, en brûlant, un degré de chaleur beaucoup plus consi-

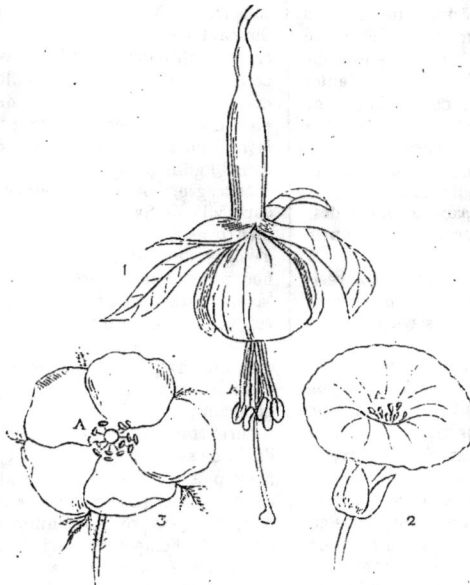

Fig. 32. Anthères. — 1. Anthères de *flexis*. — 2. *Convolvulus*. — 3. *Rose*.

dérable que celui qu'on obtient avec les autres combustibles. Ce savant a employé l'anthracite, avec un succès très-remarquable, à de nombreux usages, et entre autres au traitement métallurgique des minerais extrèmement réfractaires. On s'en sert maintenant avec avantage dans un assez grand nombre de fonderies, et surtout dans les grandes opérations pour lesquelles on a besoin d'une température très-élevée. Mais, comme il est presque impossible de parvenir à allumer une petite quantité d'anthracite, et que d'ailleurs cette matière a l'inconvénient de s'éteindre totalement dès qu'on l'éloigne d'un brasier où la combustion est en pleine activité, il en résulte qu'on ne peut en faire usage dans les appartements. Certaines variétés, étant exposées à la chaleur, ont de plus la fâcheuse propriété de se réduire, en pétillant, en une sorte de poussière qu'il n'est plus possible d'allumer et dont il devient alors nécessaire de débarrasser les fourneaux. C'est avec l'anthracite pulvérisé, uni à de la houille et à une petite quantité d'argile, qu'on forme les bûches économiques que beaucoup de personnes placent dans le fond de leur cheminée.

ANTHRAX (chirurgie) [du grec *anthrax*, charbon]. —Tumeur inflammatoire de la peau et du tissu cellulaire sous-cutané, dont on distingue deux espèces :

1° L'*anthrax bénin*, qui se montre particulièrement à la nuque, sur le cou, sur le dos, sur les membres. La tumeur est dure, rouge, très-bien limitée; elle donne lieu à une douleur excessive, à une chaleur brûlante. Au point le plus élevé, s'élèvent une ou plusieurs vésicules, au-dessous desquelles se trouve une tache noire, entourée d'un cercle luisant et d'un rouge brun. Cette tache s'élargit et s'ouvre au bout de quelques jours. Quelquefois les tissus qui sont sous la peau tombent en gangrène, et laissent voir à nu les muscles, les tendons et les gros vaisseaux. — Le traitement consiste dans l'application d'un grand nombre de sangsues, de cataplasmes émollients, et surtout du débridement de la tumeur au moyen d'une large incision en croix. On expulse ensuite, par des pressions méthodiques, le pus et les matières détachées, et l'on panse avec des plumasseaux de charpie enduits d'onguent détersif, par-dessus lesquels on met des cataplasmes émollients.

2° L'*anthrax malin*, ou *charbon*, qui se développe le plus souvent par contagion chez les individus exposés au contact des animaux morts de charbon. Il peut aussi résulter d'une alimentation malsaine, de l'habitation dans les lieux bas, humides, etc. On l'observe souvent vers les lèvres ou les joues chez les enfants, mais il peut se développer sur presque toutes les parties du corps. « Presque toujours le développement du mal est indiqué par des symptômes qui prennent au milieu d'une bonne santé l'individu qui a été exposé à la contagion; il sent de l'abattement, du malaise, de la prostration; il a des nausées, de la douleur de tête, d'estomac, des vomissements; il tombe rapidement dans un état d'affaissement profond. Il survient de la fièvre, et la tumeur qui fait le caractère de la maladie se développe alors avec une telle

rapidité qu'on peut à peine en suivre la marche : le malade meurt souvent au bout de quelques heures. Cette tumeur est une plaque saillante, très-dure, fort douloureuse, le plus souvent recouverte de quelques vésicules qui contiennent un liquide noirâtre, d'un noir grisâtre, charbonnée au milieu, rouge, luisante et tendue à sa circonférence; les parties voisines deviennent à leur tour grisâtres et tombent en gangrène. Le mal est beaucoup plus étendu, plus large dans la profondeur des tissus qu'à la surface de la peau. La douleur est excessive; il y a une chaleur brûlante. Avant de se gangrener à leur tour, les parties qui entourent le mal sont énormément gonflées et distendues; quand c'est le cou qui en est le siége, quelquefois il atteint un tel volume, que la tête, le cou et le tronc semblent confondus dans une même masse. »

Dès que le caractère de cette redoutable affection est reconnu, il faut inciser la tumeur, enlever les parties gangrenées et cautériser profondément la plaie. Des antiseptiques (quinquina, chlorures, etc.) seront employées ensuite, en même temps qu'un traitement interne, variable selon l'intensité du mal.

B. LUNEL.

ANTHRAX (zoologie) [même étymologie]. —Genre d'insectes diptères dont les caractères sont : palpes

Fig. 33. — Anthrax.

intérieurs et trompe peu saillante, antennes ayant le premier article plus long que le suivant, celui-ci en forme de poire, terminé par une longue alêne, munie d'une soie.

« Ces insectes ont un faciès très-reconnaissable; leurs ailes sont presque deux fois aussi longues que le corps, portées latéralement, même dans le repos, composées de parties transparentes, et d'autres la plupart du temps noires qui les font paraître comme en deuil; leur tête est globuleuse, et les yeux en occupent la plus grande partie; le corps est oblong, nu, plat, toujours velu. Ces insectes volent rapidement, en planant longtemps à la même place avant de se fixer; ils se posent souvent à terre en plein soleil, c'est là qu'on les trouve fréquemment; ce genre est assez nombreux en espèces, celles étrangères à notre pays présentent absolument la même apparence. On ne connait pas leurs larves ni par conséquent leurs métamorphoses. »

ANTHRÈNE (zoologie). — Genre de très-petits coléoptères pentamères qui n'ont rien de commun avec les guêpes, dont ils portent le nom grec : cet insecte, dont la larve fait beaucoup de tort aux collections d'histoire naturelle, contrefait le mort au moindre danger.

ANTHROPOLITHE (paléontologie) [du grec *anthropos*, homme, et *lithos*, pierre]. — Mot qui signifie *homme de pierre*, et par lequel on désigne un fossile humain ou cadavre d'homme pétrifié. « On trouve dans le sein de la terre des débris d'animaux et de plantes fossiles qui témoignent des grandes révolutions qu'a subies le globe, mais pas un fossile d'homme, pas un anthropolithe! Néanmoins, ce nom a été donné à de prétendus fossiles humains, qui se sont trouvés être ici dès ossements d'éléphant, là des restes de la grande salamandre. A la Guadeloupe, cependant, on a découvert plusieurs anthropolithes véritables. L'un d'eux a été apporté à Londres, où on le voit, suivant la méthode anglaise, moyennant une rétribution, et un autre a été envoyé à Paris, où on le voit, mais sans rétribution. Ces prétendus contemporains du déluge ne sont que des fossiles de formation récente, des cadavres d'anciens habitants de l'île, que la mer aura noyés ou enveloppés dans des substances calcaires, comme l'attestent les tombes naturelles de coraux que la nature leur a faites. » L'existence de l'homme, dit Boblaye, est, sans aucun doute, très-récente en Europe; mais est-elle postérieure à la dernière grande catastrophe? C'est un point qui ne nous semble pas démontré, et sur lequel l'observateur doit suspendre son jugement, ne fût-ce que pour se prémunir contre les idées préconçues. Considéré *à priori*, ce fait de la coexistence de l'homme aux espèces de l'époque alluviale ancienne n'a rien d'improbable, et la découverte en Europe des débris d'une race équatoriale ne serait qu'un fait de plus ajouté à l'ensemble des observations sur la faune et la flore de cette époque, qui annoncent encore le climat des tropiques. S'il n'existe pas d'anthropolithes ou d'hommes pétrifiés, la surface de la terre et le bassin des mers se couvrent depuis plusieurs milliers d'années d'anthropoïdes et de tous les débris de l'industrie humaine, fossiles caractéristiques de notre époque; ils s'enfouissent dans des dépôts de même nature que ceux qui renferment les ossements des races perdues, et se conserveront comme eux, signalant une époque plus grande encore dans l'ordre moral que dans l'ordre physique. Supposons, ce qui n'a rien d'impossible, qu'un soulèvement mette à découvert le bassin de la Méditerranée : on trouvera, sur ce théâtre de tant de naufrages, de tant de combats, les types de toutes les races qui l'ont parcouru et les archives de leur histoire et de leur industrie. De semblables soulèvements ont eu lieu dans ce

même bassin et à une époque *géologique* très-récente; car nous avons trouvé sur les côtes de la Sicile et de la Grèce des dépôts entièrement formés des coquilles qui peuplent la Méditerranée; cependant rien n'y annonce encore l'existence de l'homme.

ANTHROPOLOGIE [du grec *anthropos*, homme, et *logos*, discours].—Science universelle de l'homme, comprenant, s'il est considéré comme individu, l'anatomie, la physiologie, la psychologie, la morale et la théodicée, et, s'il est considéré comme espèce, l'étude des races vivant en société et se perfectionnant par la civilisation. Nulle science n'est plus vaste que l'anthropologie, a dit un auteur; elle embrasse tout l'homme, qui comprend tous les mondes par son organisation physique et par la triple faculté de son âme : sensibilité, intelligence et volonté. Chaque branche de l'anthropologie constitue à elle seule une science assez étendue; chacune de ces branches a été étudiée avec soin et développée par des esprits éminents, mais personne n'a encore exposé en un corps de doctrine cette science si grande, si importante de l'anthropologie. Ce serait une grave erreur de croire que, pour la créer, il suffit de réunir dans l'ordre naturel les traités épars qui en composent les différentes divisions. Ces traités, tout éminents qu'ils peuvent être, ayant été faits par différentes classes de savants, et partant toujours de principes opposés ou exclusifs, ne pourraient former qu'un tout hétérogène. L'homme de génie, la vaste intelligence qui doit mettre d'accord l'anatomie, la physiologie et la psychologie, c'est-à-dire qui doit donner au monde une anthropologie complète, est encore à trouver. C'est de l'Allemagne qu'il sortira probablement, car depuis longtemps elle s'occupe de l'étude de l'homme sous ce point de vue si vaste et si unitaire. — Les auteurs ont beaucoup varié sur le sens qu'ils attachaient à ce mot. Platner, qui publia, sous le titre d'*Anthropologie*, un livre célèbre (Leipzig, 1772), s'en sert pour désigner la psychologie ou la science qui traite de l'intelligence humaine, des facultés qui distinguent particulièrement l'homme des autres animaux. Burdach entend par *anthropologie* l'ensemble des connaissances anatomiques, chimiques, physiologiques et psychologiques relatives à l'homme.

M. le docteur Antonin Bossu, médecin de l'infirmerie Marie-Thérèse, a publié récemment un ouvrage intitulé *Anthropologie, ou étude des organes, fonctions et maladies de l'homme et de la femme*, et a ainsi démontré que la médecine est la partie pratique par excellence de l'anthropologie.

B. LUNEL.

ANTHROPOMORPHISME [du grec *anthropos*, homme; *morphé*, forme]. — Tendance inhérente à notre esprit qui nous porte à attribuer à Dieu la forme, les actes, les passions et les sentiments de l'espèce humaine. « Cette tendance, qui arrive à un résultat si faux, si absurde, est pourtant si naturelle, que tous les peuples sont tombés dans l'anthropomorphisme, fait immense qui prouve bien que le consentement général, tant invoqué par certains dialecticiens, est un assez mauvais argument. L'*anthropomorphisme* est, en effet, inhérent à la nature de notre esprit. Nous n'existons que par nos facultés, et nos facultés n'ont de rapport qu'avec l'espace, la matière, le temps. Toutes nos idées sont des notions sensibles, des images, et il nous est impossible de concevoir autre chose que des images : or, l'image est ce qui convient le moins pour représenter la Divinité, qui ne peut être qu'une essence spirituelle, c'est-à-dire quelque chose qui échappe à notre appréciation, mais dont nous sommes forcés d'admettre l'existence. » L'*anthropomorphisme* fut l'élément essentiel du paganisme. Cette erreur fut également professée dans les premiers siècles du christianisme par des hérétiques que saint Épiphane, Origène et saint Augustin combattirent.

ANTHROPOPHAGIE [d'*anthropos*, homme, et *phagô*, je mange]. — Action habituelle de manger la chair humaine. Il paraît incontestable que l'anthropophagie a été un temps, une époque, dans le mouvement de la perfectibilité humaine. Et, d'après ce que nous pouvons remarquer chez les peuples *historiques*, il semblerait que cette époque est celle qui précéda à peu près immédiatement l'invention de l'écriture. Il paraît que cette coutume, qui aurait été une des phases de la civilisation, aurait eu elle-même ses périodes et ses diversités. Il ne faut pas, en effet, la regarder comme le produit constant et uniforme du besoin ou de la fureur. L'antiquité nous parle d'un peuple de l'Inde qui mangeait les vieillards, et même les morts de tout sexe et de tout âge, au lieu de se débarrasser de leurs cadavres par une autre sorte de sépulture. Marc Paul, au onzième siècle, dit que chez les Tartares, les criminels condamnés à mort sont mangés par les prêtres; et telle a peut-être été l'habitude d'un grand nombre de peuples où régnait l'usage des sacrifices humains. Pour nous expliquer un peu l'anthropophagie, qui nous semble si bizarre, il est essentiel de nous rappeler que rien n'est plus variable que les rapports des hommes entre eux; car la variation de ces rapports constitue à peu près le développement humanitaire, que nous appelons perfectibilité. Si, remontant en esprit vers le passé, nous suivons la décroissance successive de cette idée de fraternité, d'identité humaine, fondée par le christianisme et la philosophie moderne, et si nous considérons en passant la période de l'esclavage, nous verrons qu'il a bien pu exister un système d'idées dans lequel l'homme n'aurait conçu aucun rapport, aucune *langue* commune avec l'homme, et dans lequel il l'aurait exactement regardé comme une des bêtes qu'il poursuivait à la chasse. Cette opinion pourra paraître moins singulière si l'on se rappelle les sentiments des Canadiens pour les bêtes qu'ils chassent, tuent et mangent. Ils ne semblent pas douter qu'elles n'aient de l'intelligence et qu'elles ne les comprennent comme des hommes, et ils ne se gênent pas plus pour manger les uns que les autres. Une fois établie, on sent que l'anthropophagie peut et doit changer de forme; on sent qu'elle peut aller diminuant et se soutenir par le respect attaché au passé, longtemps après que la civilisation l'a dépas-

sée. Nul doute qu'Orphée ne parût un audacieux novateur, un corrupteur des bonnes vieilles mœurs, pour les anciens Thraces habitués à vivre parmi les générations anthropophages. Il serait difficile et toujours incertain de suivre les variations successives de cette coutume, de la voir exister à la guerre après que le langage a réuni les hommes ; de voir comment elle se mêle à la justice et à la religion dans les sacrifices humains, et chez ces peuples où nous la voyons remplacer l'enterrement. Il serait curieux d'étudier son existence chez un peuple agriculteur et guerrier, comme les Nouveaux-Zélandais, et de la voir s'y mêler aux idées d'avenir et de vie ultérieure. En effet, Dumont d'Urville assure que ces peuples supposent qu'en mangeant un guerrier vaincu on acquiert ses qualités, sa force, son courage, sa ruse ; et l'un des officiers de l'*Astrolabe* nous dit que les idées religieuses des Nouveaux-Zélandais leur font désirer cet honneur pour les chefs qui ont succombé dans le combat. Cette identification non-seulement du corps, mais encore de la vie et des qualités de celui qui est mangé serait donc avantageuse à lui et à celui qui le mange ; ce serait une espèce de métempsycose profitable à l'un et à l'autre. Mais, pour bien comprendre l'anthropophagie, comme chacun des usages des différentes époques, des différents peuples, il faudrait connaître tout le système d'idées, toute la civilisation de ces époques et de ces peuples. Or, les peuples anthropophages n'ont point laissé de monuments ; pour eux les souvenirs ne remontent pas au delà de la vie et de quelques traditions devenues plus tard intelligibles ; et les vestiges des races chez lesquelles règne encore cet usage disparaissent rapidement chaque jour, sans pouvoir être étudiés par les historiens ou les philosophes dans le court intervalle d'un voyage rapide. Heureusement que cette étude curieuse pour les spéculations de la philosophie et pour le rétablissement conjectural des premiers anneaux de la chaîne historique, ne saurait présenter de grands enseignements pour l'avenir, et que son inutilité rend son impossibilité moins regrettable. (J. REYNAUD).

ANTIAPHRODISIAQUE (matière médicale) [du grec *anti*, contre, et de *aphrodité*, Vénus]. — Substances regardées comme propres à modérer les désirs vénériens, telles sont le *camphre*, le *nénufar*, l'*agnus castus*. — Voy. ces mots.

ANTICHRÈSE (droit). — L'antichrèse est un contrat par lequel le débiteur remet à son créancier, en nantissement d'une dette, une chose immobilière, un immeuble (C. civ. 2071 et 2072). L'antichrèse ne s'établit que par écrit, et le créancier n'acquiert, par ce contrat, que la faculté de percevoir les fruits de l'immeuble, à la charge de les imputer annuellement sur les intérêts s'il lui en est dû, et ensuite sur le capital de la créance (*ibid.* 2085). Le créancier est tenu, s'il n'en est autrement convenu, de payer les contributions et les charges annuelles de l'immeuble. Il doit également, sous peine de dommages-intérêts, pourvoir à l'entretien et aux réparations utiles et nécessaires de l'immeuble, sauf à prélever sur les fruits toutes les dépenses relatives à cet objet (C. civ. 2086). Le débiteur ne peut, avant l'entier acquittement de la dette, réclamer la jouissance de l'immeuble qu'il a remis en antichrèse ; mais le créancier qui veut se décharger des obligations exprimées en l'art. 2086 peut toujours, à moins qu'il n'ait renoncé à ce droit, contraindre le débiteur à reprendre la jouissance de son immeuble (ibid. 2087). Lorsque les parties ont stipulé que les fruits se compenseront avec les intérêts, ou totalement, ou jusqu'à une certaine concurrence, cette convention s'exécute comme toute autre qui n'est point prohibée par les lois (ibid. 2089). Ces diverses conventions ne peuvent, du reste, porter préjudice aux droits que des tiers pourraient avoir sur le fonds de l'immeuble objet de l'antichrèse, et si un créancier a sur ce fonds des priviléges et hypothèques légalement établis et conservés, il les exerce à son ordre et comme tout autre créancier (ibid. 2091).

La cour de Bourges, par son arrêt du 24 juillet 1828, a décidé que, dans le cas d'expropriation, le droit du créancier antichrésiste subsistait jusqu'à dénonciation de la saisie aux saisis; que, dans le cas de vente volontaire, l'antichrèse subsiste jusqu'à la dénonciation, par l'acquéreur, de l'acte de vente aux créanciers inscrits, ou de la sommation qu'ils lui ont faite de la notifier; que l'antichrèse n'est pas résolue par le seul fait de la vente volontaire ou forcée de l'immeuble donné à ce titre; que le créancier continue à jouir de l'exécution de ce contrat vis-à-vis de l'acquéreur ou de l'adjudicataire, sauf les droits des créanciers inscrits antérieurement à la constitution de l'antichrèse; mais que, dans tous les cas, la vente ait lieu volontairement ou par expropriation, l'antichrésiste a droit aux frais jusqu'au moment des actes qui les immobilisent, ou qui les font courir au profit des autres créanciers.

Le créancier antichrésiste ne devient point propriétaire de l'immeuble par le seul défaut du payement de sa créance au terme convenu; toute clause contraire est nulle : en ce cas, il peut poursuivre l'expropriation de son débiteur par les voies légales (ibid. 2088). Mais si le débiteur a consenti formellement à ce que son créancier, en cas de non payement à l'échéance, fit vendre aux enchères, devant notaire, l'immeuble hypothéqué, sans suivre les formes de l'expropriation, cette clause est valable et peut être exécutée, suivant trois arrêts de la Cour de cassation rendus le 20 mai 1840.

Les dispositions des articles 2077 et 2083 s'appliquent à l'antichrèse comme au gage (ibid. 2090); c'est-à-dire que l'antichrèse peut être donnée par un tiers en faveur du débiteur, et qu'elle est indivisible.

Le créancier qui détient un immeuble à titre d'antichrèse est tenu, comme tout autre possesseur, de l'administrer en bon père de famille.

Si, avant l'acquittement de la première dette, le débiteur en a contracté une seconde envers le même créancier, ce dernier ne saurait prolonger le bénéfice de l'antichrèse jusqu'au payement de la nouvelle créance, à moins d'un nouveau contrat d'antichrèse.

Cette opinion, quoique contestée par M. Duranton, ne paraît pas être douteuse. Néanmoins, il a été jugé par un arrêt de la cour de Bruxelles, du 25 juin 1806, que le créancier, continuant à détenir l'immeuble après l'échéance du terme stipulé, peut invoquer cette continuation de jouissance comme établissant la prescription à son égard. JEAN ÉTIENNE.

ANTICHRÉSISTE (droit). — C'est le créancier au profit duquel un contrat d'antichrèse a été consenti par son débiteur aux termes des articles 2071, 2072, 2085 et suivants du Code civil. — Voy. Antichrèse. J. E.

ANTICIPATION (droit). — Ce mot a différentes significations. D'abord, en matière de payement, payer avant le terme convenu, c'est régler par anticipation, par exemple, en matière de loyers, de fermages, de rentes, de capitaux dus, etc.

On nomme également anticipation l'action d'empiéter sur un terrain voisin; mais cette anticipation, qui est variable et quelquefois insensible, ne peut être regardée comme une cause, un fondement de possession publique, et même, suivant la jurisprudence et les auteurs, elle ne peut servir de base à la prescription, en présence surtout de titres exacts énonciatifs des contenances. Elle ne peut donc donner naissance à une action possessoire, et, dès lors, celui sur lequel le voisin a anticipé doit agir par réintégrande, et non en complainte, ce qui l'obligerait à faire la preuve de sa possession annale. Toutefois, il pourrait aussi procéder par la voie de l'action en bornage : mais, dans aucun cas, il ne peut se faire justice à lui-même. — Voy. Bornage.

Les empiétements sont devenus d'autant plus nombreux et multipliés que le sol a été plus divisé et morcelé. De là des procès détestables et coûteux entre les propriétaires voisins auxquels il importerait, au contraire, d'être en bons rapports et de se prêter mutuellement assistance dans leurs travaux. Le morcellement indéfini n'est pas seulement une plaie pour les petits cultivateurs, il est encore destructif de la propriété, en ce sens particulièrement qu'il nuit à un assolement uniforme, qu'il s'oppose aux moyens soit d'améliorer l'agriculture par un changement de direction des sillons, soit de protéger un écoulement modéré des eaux pluviales par des fossés établis selon le besoin des lieux et des pentes, ou par le drainage, afin d'éviter les torrents et les ravinages, puis les inondations; qu'enfin il est contraire à l'utile irrigation des eaux, ainsi qu'aux travaux d'un drainage convenable et à l'établissement de prairies nouvelles pour une plus grande production du sol et des aliments. Le morcellement est, à notre avis, une plaie telle pour la bonne agriculture et l'utile emploi des eaux, qu'il serait désirer, dans l'intérêt général, qu'on ne pût plus procéder à la division d'une pièce de terre si une partie quelconque, qui en résulterait, présentait moins de cinquante ares de largeur ou en carré. Pour cause d'utilité publique on exproprie, et c'est nécessaire souvent; pour cause d'intérêt général, ne convient-il pas de s'opposer à la destruction de la propriété rurale et même à la non-production qui serait le fait des propriétaires? Ailleurs, nous continuerons ces études, au point de vue du drainage, de ses conséquences sur l'assolement et de l'opportunité de l'abornement des champs drainés à l'effet d'éviter aux petits cultivateurs de nouveaux procès, frais, discussions et inimitiés, avec la perte d'un temps précieux.　　　　JEAN ÉTIENNE.

ANTIDATE, ANTIDATER (droit). — Date antérieure à la véritable date d'un écrit.

Pour éviter les effets d'une antidate, d'une fausse date, le législateur a voulu que les actes sous seing privé n'eussent de date certaine, à l'égard des tiers, que du jour où ils ont été enregistrés, du jour de la mort de l'un de ceux qui les ont signés, ou du jour où leur substance était constatée dans des actes dressés par des officiers publics. (C. civ., 1328.)

Il est défendu, à peine de faux, d'antidater les ordres écrits sur un billet de change. (C. comm., 139, au titre *De l'endossement.*)

Antidater, c'est mettre une date à un acte, à une lettre de change, à un endossement antérieure à celle qui devrait s'y trouver, ce qui arrive lorsqu'un acte a été dressé à l'avance ou que la négociation d'une lettre de change n'a été faite que quelque temps après qu'elle a été tirée. Cet abus a longtemps régné dans le commerce, dans l'usage où l'on était de laisser les ordres en blanc au dos des lettres de change, pour donner la facilité aux négociants qui faisaient faillite de recevoir sous des noms empruntés, ou de donner en payement à des créanciers qu'ils voulaient favoriser, ces lettres de change dont l'ordre était en blanc, et qui pouvaient recevoir une date bien antérieure à la faillite, pour éviter le rapport à la masse.

L'ordonnance du commerce de 1673 a voulu remédier à ces fraudes en exigeant que les signatures de lettres de change ne serviraient que d'endossement, et non d'ordre, si l'ordre n'est daté et ne contient le nom de celui qui aura payé, valeur en argent, marchandises ou autrement, et que l'on ne pourra *antidater* les ordres à peine de faux.

Le Code de commerce a confirmé cette décision en défendant d'antidater les ordres des billets ou lettres de change, également à peine de faux. Mais cet abus ne continue pas moins d'exister, sans néanmoins l'intention de nuire de la part de ceux qui le pratiquent, et voici comment cela a lieu le plus ordinairement : un négociant, ou celui qui est le porteur d'une lettre de change, donne un effet à négocier à un agent de change qui, ne sachant quel jour et à qui il pourra la transmettre, la reçoit avec l'endossement en blanc, avec la date écrite seulement du jour où il la reçoit, pour qu'elle soit valable, mais qui n'est pas celle du jour même où la négociation a effectivement lieu. Il arrive aussi qu'on date un compte courant ou une facture du jour, qu'on le remet pour l'examiner, sans signature, laquelle n'est apposée le plus souvent que quelque temps après, lorsque la vérification en a été faite, et que les parties, d'un commun accord, le signent réciproquement, par duplicata pour en avoir chacune une copie, ce qui a lieu sans porter aucun préjudice à personne. Mais, dans ce cas, on doit mettre au bas : *Arrêté un tel jour*, en y apposant la véritable date, ce qui est plus conforme, à la vérité et à la loi qui défend d'antidater aucun acte.

　　　　J. ÉTIENNE.

[ANTIDOTE ou **CONTRE-**poison (matière médicale) [du grec *antidotos*, donné contre]. — On appelait ainsi autrefois un grand nombre de substances médicamenteuses dont les vertus, complétement illusoires, se sont éclipsées devant les investigations des expérimentateurs modernes. En revanche, les progrès de la chimie nous ont fait découvrir quelques antidotes véritables, c'est-à-dire susceptibles de décomposer certains poisons, ou de se combiner avec eux de manière à donner naissance à un nouveau produit qui n'exerce aucune influence délétère sur l'économie. — Mais le nombre des médicaments auxquels on attribue la propriété de prévenir ou de combattre les effets d'un poison est plus restreint que ne le croit le vulgaire, qui regarde comme antidote le lait, l'huile, les boissons mucilagineuses et émollientes. Ces moyens adoucissants doivent suivre l'emploi des autres antidotes; mais il faut bien se garder de croire que le

Fig. 21. — Antilope.

lait, par exemple, puisse jamais servir de contre-poison pour quelque empoisonnement que ce soit. Du reste, il ne peut exister d'antidote universel; le remède varie selon la cause du mal, et c'est à l'article *Empoisonnement* qu'il faut chercher son antidote.   B. LUNEL.

ANTIENNE (liturgie catholique) [par contraction du latin *antiphona*]. — Chant exécuté par deux chœurs qui se répondent alternativement. Aujourd'hui, « la signification du mot *antienne* est restreinte à certains passages courts, tirés de l'Écriture, s'appliquant au mystère, à la vie ou à la dignité du saint dont on célèbre la fête, et précédant les psaumes et les cantiques, soit dans le chant, soit dans la récitation de l'office. Le nombre des antiennes varie suivant la solennité plus ou moins grande des offices. L'intonation de l'antienne doit toujours régler celle des psaumes. Les premiers mots de l'antienne sont adressés par un choriste à quelque personne du clergé, qui le répète; c'est ce qui s'appelle imposer et entonner l'antienne. Dans l'office romain, après l'imposition de l'antienne, le chœur poursuit et la chante tout entière avant le psaume, et, après le psaume, tout le chœur la répète. »

ANTILAITEUX (matière médicale). — C'est une erreur de supposer qu'il y ait des remèdes propres à faire passer le lait, comme on le dit vulgairement, ou à guérir les maladies nommées improprement *laiteuses*. La matière médicale ne nous offre point d'*antilaiteux* dans l'acception qu'on donne à ce mot, les purgatifs, diurétiques et sudorifiques, se chargeant de ce soin, en portant leur action sur l'intestin, les reins ou la peau, et débarrassant ainsi l'économie des *humeurs laiteuses* qu'elle pourrait renfermer. — Voy. *Lait répandu*.   B. L.

ANTILOPE (zoologie) [par corruption du nom d'*antholops*, donné par Eustathe à un animal à longues cornes dentelées]. — Genre de mammifères ruminants, de la famille des tubicornes, qui se place entre les cerfs et les chèvres (fig. 34, pag. 106).

Les antilopes forment un genre extrêmement nombreux et très-rapproché de celui des cerfs par « l'élégance de leurs formes, par la finesse de leurs jambes, par l'agilité de leurs mouvements, par leur naturel paisible et sociable, et par la structure de l'os de la corne, lequel est compacte et sans pores intérieurs. La plupart ont aussi des *larmiers* et un *mufle* plus ou moins large. Il est, par conséquent, difficile de distinguer ces deux genres de ruminants autrement que par la nature de leurs cornes, qui sont nues, solides et caduques chez les cerfs; creuses, persistantes et revêtues d'une substance élastique dans les antilopes. Mais, comme les cornes manquent souvent aux femelles des uns et des autres, il est important d'avoir d'autres caractères pour les distinguer. Les femelles des antilopes ont assez souvent des cornes : sur une cinquantaine d'espèces de ce genre qu'on connaît, plus de vingt-cinq en ont dans les deux sexes; celles qui n'en ont pas se reconnaîtront soit à leurs *pores* [1]

inguinaux, soit à leur queue allongée et terminée par un bouquet de poils, soit enfin aux brosses ou touffes de poils qui se remarquent à leur poignet ou joint de la jambe. » Ces animaux sont remarquables par leur vue perçante, la finesse de leur ouïe et de leur odorat; ils sont timides, paisibles, sociables, et vivent ordinairement en troupes. On les trouve principalement dans l'Afrique centrale; cependant il en existe aussi plusieurs espèces en Asie, et on en a même trouvé en Europe et en Amérique.

On partage le genre antilope en quatre sections :

1° Les *antilopes à cornes droites*, habitant toutes les contrées de l'Afrique.

2° Les *antilopes ordinaires*; elles passent chaque année d'Asie dans le nord de l'Europe, où l'on en trouve des troupeaux de dix mille individus; à ce genre appartient le *saïga*, qui se fait remarquer par sa taille assez grande et ses cornes jaunâtres et un peu transparentes.

3° Les *gazelles*. — Voy. ce mot.

4° Les *antilopes à cornes lisses*, comprenant le *chamois, le nyl-gau, le gnou*, etc.   DUBOCAGE.

ANTIMOINE (minéralogie) [*antimonium, stibium*]. — Métal d'un blanc bleuâtre, brillant, lamelleux, se rapprochant beaucoup de l'arsenic, avec lequel il est souvent mêlé, d'une densité d'environ 6,73, fusible à près de 480°, se volatilisant au rouge blanc et brûlant au contact de l'air en répandant d'abondantes vapeurs blanches d'*oxyde d'antimoine*, qui se condensent sur des corps froids en petits cristaux blancs et brillants, appelés autrefois *fleurs* ou *neige d'antimoine*. — L'antimoine se trouve rarement dans la nature à l'état métallique (*régule d'antimoine*); ou l'extrait du *sulfure* (stibine, antimoine cru); qui se trouve en masses fibreuses ou grenues, de couleur grise. On rencontre le sulfure d'antimoine dans les terrains anciens : en France, dans le Puy-de-Dôme, le Gard, l'Ariége et la Vendée; en Angleterre, en Saxe, en Suède, au Hartz, en Hongrie, au Mexique, en Sibérie, aux Indes orientales, à Martaban, au Pégu, à Bornéo, etc.

Voici, d'après le docteur Hœfer [1], les principales espèces de minerais d'antimoine.

L'antimoine natif est très-rare. Il est d'un blanc d'argent lamellaire, et clivable en octaèdres réguliers. Le *sulfure* est le minerai d'antimoine le plus abondant et le plus exploité : on le rencontre dans beaucoup de pays.

L'*oxysulfure* ou le *hermès natif* est rare, et paraît provenir de l'altération du sulfure naturel.

Haindingérite. Sulfure double d'antimoine et de fer, trouvé à Chazelles (Puy-de-Dôme).

Oxyde d'antimoine. Il est rare, et accompagne l'antimoine natif.

Les acides antimonieux et antimonique accompagnent quelquefois le minerai du sulfure.

Le sulfure d'antimoine naturel se transforme, par le grillage, en oxyde mêlé de sous-sulfure, avec dégagement d'acide sulfureux. En chauffant le résidu

---

[1] On nomme ainsi de petites poches formées par des replis de la peau des aines.

[1] *Dict. de Chimie*.

du grillage avec trois parties de nitre et huit parties de tartre (flux noir), on obtient, au fond du creuset, de l'antimoine métallique recouvert de scories composées de carbonate et de sulfate de potasse, de sulfure de potassium et de sulfure d'antimoine. Ainsi obtenu, l'antimoine n'est jamais pur. Pour préparer l'antimoine pur, il faut calciner l'émétique à une température élevée. Il se produit une sorte d'alliage de potassium et d'antimoine, car la potasse se réduit par le carbone de l'acide tartrique, surtout en présence d'un métal avec lequel le potassium est susceptible de se combiner. Le résultat de cette calcination est une masse noire très-divisée, pyrophorique, qui produit dans l'eau une vive effervescence. Dans cette action, le potassium décompose l'eau, se transforme en potasse qui se dissout, et en antimoine insoluble qui se précipite.

L'antimoine est un corps assez anciennement connu; les alchimistes lui attribuaient des propriétés merveilleuses.

L'antimoine, combiné avec le plomb, est employé dans la composition des caractères d'imprimerie. L'antimoine diaphorétique, obtenu en précipitant l'antimoniate de potasse par l'acide nitrique, a été employé dans le traitement des maladies cutanées. Le verre d'antimoine, le kermès, le safran des métaux (sulfure), et même l'antimoine métallique, sont employés comme émétique.

Oxydes d'antimoine. L'antimoine peut se combiner avec l'oxygène dans trois proportions différentes. Les proportions d'oxygène sont entre elles comme les nombres 3, 4, 5. Voici les formules de ces trois corps composés : $Sb\,O^3$ oxyde d'antimoine (acide antimonieux), $Sb\,O^4$ acide antimonieux (acide antimonique), $Sb\,O^5$ acide antimonique (acide perantimonique).

Le sous-oxyde de Berzelius, comme en général tous les prétendus sous-oxydes, n'est qu'un mélange de protoxyde et de métal.

L'oxyde d'antimoine ($Sb\,O^3$), obtenu en décomposant le chlorure d'antimoine par le carbonate de potasse, se présente sous forme de poudre blanche, un peu soluble dans l'eau, et se réduisant facilement par le charbon. Porté à une température élevée, il brûle comme de la tourbe en se suroxydant. Il forme des sels assez stables. Il se comporte avec les alcalis comme un acide faible; c'est pourquoi il conviendrait mieux de l'appeler *acide antimonieux*. Dans les antimonites, l'oxygène de la base est égal au tiers de la quantité d'oxygène que renferme l'acide. Combiné avec le bitartrate de potasse (crème de tartre), il constitue l'émétique (tartre stibié), fréquemment employé en médecine. — Pour ce qui concerne les acides *antimonieux* et *antimonique*, voyez ces mots.

Sulfures d'antimoine. Le sulfure d'antimoine s'obtient directement en chauffant le soufre avec l'antimoine ou avec l'oxyde d'antimoine. Dans ce dernier cas il se dégage de l'acide sulfureux. Le sulfure d'antimoine est d'un gris foncé et d'une cassure fibreuse. Chauffé dans des vaisseaux clos, il distille sans s'altérer. Il peut se combiner avec le sulfure de potassium, et donner un sulfosel dans lequel le

soufre de la potasse est au soufre de l'antimoine comme 1 est à 3. L'acide chlorhydrique le dissout à l'aide de la chaleur : il se dégage en même temps de l'hydrogène sulfuré. Cette dissolution, faite à chaud, laisse, par le refroidissement, déposer une masse d'un brun rougeâtre qui porte dans le commerce le nom de *kermès minéral*; c'est un oxysulfure d'antimoine. D'après des recherches récentes, on peut préparer le sulfosel d'antimoine et de potasse en chauffant, dans un creuset, un mélange formé d'une partie de carbonate de potasse et de trois parties de sulfure d'antimoine réduit en poudre. Une partie de potasse dissout l'oxyde d'antimoine formé aux dépens d'une autre partie de potasse qui, étant réduit à l'état de potassium, se combine avec le soufre de l'antimoine. Il se produit donc un sulfure double de potassium et d'antimoine, qui, par le refroidissement ou par l'addition d'une certaine quantité d'eau, laisse déposer le kermès.

Le sulfhydrate d'ammoniaque convertit l'oxyde d'antimoine en sulfure, à la température ordinaire. Avec les acides antimonieux et antimonique, il faut opérer à chaud; il se dégage de l'hydrogène sulfuré, et l'on obtient un mélange d'antimonite d'ammoniaque et de sulfure d'antimoine, qui, précipité par un acide, donne du *soufre doré d'antimoine*. On se servait autrefois du sulfure d'antimoine comme d'une espèce de fondant, ce qui lui a valu le nom de *lupus metallorum* (loup des métaux). Fondu dans un creuset et chauffé jusqu'au rouge, il donne une masse brune, à cassure vitreuse, connue sous le nom de *verre d'antimoine*. La couleur de ce verre peut prendre différentes nuances, suivant les différents degrés d'oxydation de l'antimoine, du plomb et du fer, etc., qui peuvent s'y trouver. Le verre d'antimoine, mis en contact avec les acides, donne, à la longue, un précipité appelé safran d'antimoine. Il y a encore d'autres sulfures d'antimoine, mais leur étude offre peu d'intérêt.

Chlorure d'antimoine. Le chlorure d'antimoine ($Sb\,Cl^3$) de tous les sels antimoniaux, à peu près le seul qui intéresse le chimiste, et auquel s'appliquent les caractères des sels d'antimoine. Le chlorure d'antimoine (beurre d'antimoine) est acide et très-caustique. On s'en sert quelquefois en médecine pour cautériser les plaies causées par la morsure des serpents venimeux. Il est soluble dans l'eau; en y ajoutant une plus grande quantité d'eau, il se forme un précipité blanc d'oxychlorure d'antimoine, qui porte le nom de *poudre d'Algaroth*, et qu'on employait autrefois pour exciter le vomissement. La liqueur qui surnage portait anciennement le nom d'esprit de vitriol des philosophes. Cette liqueur, abandonnée quelque temps à l'air, se transforme entièrement en protoxyde d'antimoine. Quand on y ajoute préalablement un acide organique, tel que l'acide tartrique, l'eau ne précipite plus le chlorure d'antimoine; l'acide végétal s'empare de l'oxyde d'antimoine, pour former un sel soluble.

La potasse ou la soude, versée dans le chlorure d'antimoine, donne un précipité blanc d'oxyde d'antimoine, soluble dans un excès de potasse ou de soude. Les carbonates solubles y produisent également un précipité blanc, mais qui est insoluble dans un excès de précipitant. Il se dégage en même temps de l'acide carbonique ; car l'oxyde d'antimoine n'est pas susceptible de se combiner avec l'acide carbonique pour former un carbonate ; et l'excès de carbonate alcalin ne redissout pas l'oxyde d'antimoine, parce que celui-ci, étant une fois précipité, n'est pas assez fort pour chasser l'acide carbonique du carbonate alcalin. L'hydrogène sulfuré précipite le chlorure d'antimoine en jaune orangé. En employant ce réactif, il faut préalablement ajouter de l'acide tartrique au chlorure, afin d'empêcher la formation d'un oxychlorure insoluble que l'eau de l'hydrogène sulfuré tendrait à produire ; car, en règle générale, les réactifs attaquent plus facilement les corps dissous que les corps non dissous. Le cyanure double de fer et de potassium précipite les sels d'antimoine en blanc. Le fer, le zinc, l'étain, le cuivre précipitent l'antimoine de ses dissolutions sous la forme d'une poudre grise qui, séchée au feu, est pyrophorique et s'enflamme spontanément à l'air.

Le chlorure d'antimoine peut s'obtenir directement, en dissolvant l'antimoine métallique dans l'eau régale. On peut encore le préparer en chauffant, dans une cornue de grès, de l'oxyde d'antimoine, du sel marin et de l'acide sulfurique. Le chlorure d'antimoine passe à la distillation, et l'on a pour résidu du sulfate de soude.

Lorsqu'on fait brûler de l'antimoine dans le chlore, on obtient, non pas du protochlorure d'antimoine, mais du perchlorure, qui est liquide, légèrement jaunâtre, très-volatil, cristallisable, attirant l'humidité de l'air, et se décomposant en acide antimonique par l'addition de beaucoup d'eau. Sa formule est $Sb\ Cl^5$. Le brome, l'iode et le fluor se comportent avec l'antimoine à peu près comme le chlore.

Hydrogène antimonié (hydrure d'antimoine). L'hydrogène antimonié est un gaz incolore et inodore découvert par Pfaff. Il est décomposé par la chaleur en hydrogène et en antimoine, qui se dépose sur les parois du tube avec l'éclat qui le caractérise. Il brûle avec une flamme blanche tirant sur le jaune ; il est peu soluble dans l'eau. Sa dissolution aqueuse se trouble peu à peu à l'air, se décompose, et laisse déposer l'antimoine. Il a beaucoup de ressemblance avec l'hydrogène arsenié. Il est précipité en jaune par l'hydrogène sulfuré ; comme l'hydrogène arsenié, il produit en brûlant une tache noirâtre sur une capsule de porcelaine. On distingue la tache antimoniale de la tache arsenicale, en ce que la première ne se dissout point dans l'acide nitrique, qu'elle ne colore point en rouge le nitrate d'argent, et qu'étant humectée par l'eau régale, elle se colore en rouge par l'acide sulfhydrique, tandis que ce même réactif communique à la tache arsenicale, mouillée par l'eau régale, une belle couleur jaune citron. On prépare l'hydrogène antimonié en faisant agir l'acide sulfurique affaibli sur du zinc et de l'oxyde d'antimoine. On recueille le gaz, comme l'hydrogène. La flamme de l'hydrogène antimonié, à laquelle on présente une capsule de porcelaine, sert à constater des traces d'émétique (médecine légale). Sa formule ($Sb\ H^3$) est analogue à la formule de l'hydrogène arsenié ($As\ H^2$) et à celle de l'hydrogène phosphoré ($Ph\ H^3$). — Alliages d'antimoine (voy. *Plomb* et *Bismuth*). — Les *oxysels d'antimoine* sont mal déterminés ; ils sont incristallisables, de manière qu'on peut, en quelque sorte, en nier l'existence. Ils sont à peu près tous insolubles dans l'eau, excepté ceux qui sont tirés du règne végétal. L'acide tartrique, en se combinant avec l'oxyde d'antimoine et la potasse, donne un sel double qui est employé en médecine sous le nom d'*émétique*. — Les antimonites et les antimoniates solubles sont précipités en blanc par les acides minéraux.

M. Le Play décrit ainsi le mode des préparations de l'antimoine :

L'antimoine métallique, ou régule, s'extrait toujours de l'antimoine sulfuré, seul minerai que son abondance dans la nature rende propre à cet usage. Ce minerai est ordinairement mélangé de substances stériles, dont on pourrait le séparer par des préparations mécaniques analogues à celles que l'on emploie pour les minerais de plomb et de cuivre. Cette méthode, qu'on appliquerait avec avantage à des minerais pauvres, n'est point usitée pour les minerais riches que l'on a presque toujours à traiter, et l'on sépare communément l'antimoine sulfuré de sa gangue par une véritable liquidation : cette opération s'exécute par des procédés plus ou moins perfectionnés, dont nous n'indiquerons ici que le principe. Le minerai est placé dans des vases en terre que l'on chauffe extérieurement : le sulfure d'antimoine, qui est très-fusible, se sépare des gangues, sur lesquelles le feu est sans action, et se rassemble, à l'état de pureté, dans d'autres vases placés au-dessous des premiers. Ce moyen de purification est, au reste, beaucoup plus efficace que les procédés mécaniques pour écarter certaines substances métalliques, telles que la blende et la pyrite de fer, qui se trouvent souvent associées au minerai d'antimoine. On extrait l'antimoine du minerai purifié par des procédés dont les manipulations sont assez variées, mais qui consistent essentiellement à transformer le sulfure en oxyde pour le réduire par le charbon, ou bien à le décomposer directement par le fer, qui absorbe le soufre en mettant l'antimoine en liberté. En France, où le premier procédé est seul employé, on grille d'abord le sulfure pulvérisé sur la sole d'un four à réverbère : cette opération se pratique à une douce chaleur, afin que le minerai n'entre point en fusion et conserve la forme pulvérulente, sans laquelle on ne peut renouveler exactement les surfaces et produire un grillage complet. La matière ainsi obtenue est de l'oxyde d'antimoine retenant une petite quantité de sulfure et de substances terreuses entraînées dans la liquation : on la mélange avec du tartrate de potasse, et on la chauffe dans des creusets placés dans un fourneau de fusion. On obtient, au fond du creuset, un culot d'antimoine métallique provenant de la réduction de l'oxyde par le charbon, et au-dessus une scorie alcaline qui retient le sulfure d'antimoine, les substances terreuses et l'excès de charbon. Le métal ainsi obtenu est purifié par une seconde fusion. Le procédé métallurgique fondé sur la décomposition de l'antimoine sulfuré par le fer métallique a été pratiqué avec avantage dans une usine située sur la rive droite du Rhin, à Lintz, un peu au-dessous de Coblentz. On réduisait en une seule opération le minerai obtenu par triage, et retenant encore une partie de sa gangue : après l'avoir mélangé de petits fragments de fer métallique, on chauffait toute la masse jusqu'à un état de fusion pâteuse, dans un four à réverbère. L'antimoine se séparait de cette masse, par liquation, sans entraîner une quantité notable de fer. Le métal était ensuite raffiné par une seconde fusion avec des matières alcalines. Dans les laboratoires, on prépare l'antimoine par le procédé du grillage et de la réduction, mais d'une manière beaucoup plus expéditive que dans les usines. On fait un mélange intime de sulfure d'antimoine, de nitrate et de tartrate de potasse, puis on le projette, par parties, dans un creuset de terre chauffé au rouge. Cela fait, on couvre le creuset, on l'expose à une haute température, et l'on obtient un culot d'antimoine recouvert d'une scorie. Il est aisé de concevoir que, par la première impression de la chaleur sur le mélange, le nitre réagit sur le sulfure et le grille presque instantanément : par l'action prolongée de la chaleur, le tartre réduit ensuite l'oxyde d'antimoine comme dans le procédé métallurgique. On emploie dans les arts plusieurs combinaisons d'oxyde et de sulfure d'antimoine ; on les obtient en grillant le sulfure jusqu'à un certain degré, et d'autant plus longtemps que la combinaison doit contenir plus d'oxyde : on chauffe ensuite jusqu'à fusion le produit du grillage. Ces produits peuvent être également obtenus par la combinaison directe de l'oxyde et du sulfure.

L'antimoine est d'un grand usage dans les arts et l'industrie. Combiné avec l'acide tartrique et la potasse, il constitue l'*émétique* (à l'état d'hydrosulfate, il fournit encore à la médecine d'autres médicaments : *soufre doré*, *kermès*, *tartre stibié*). Combiné avec la potasse, il donne l'*antimoine diaphorétique*, auquel on attribue des propriétés sudorifiques, et qui sert aussi dans la peinture et dans la fabrication des émaux : il entre dans la composition du jaune de Naples, et c'est au moyen de cette préparation qu'on obtient le beau *jaune de paille* employé à peindre la porcelaine ; avec le chlore, il fournit le *baume d'antimoine*, employé en médecine, et qui sert aussi pour bronzer les métaux, surtout le fer ; à l'état de sulfure, il entre dans la composition des crayons communs de graphite, improprement appelés crayons de mine de plomb ; enfin, à l'état métallique, il entre dans la composition de plusieurs alliages. Avec le plomb, il est employé à fabriquer des caractères d'imprimerie et des robinets de fontaines ; enfin, avec l'étain, qu'il rend plus dur, on en forme des planches dont se servent les graveurs de musique. DUBOCAGE.

ANTIMONIATE (chimie) [d'*antimoine*, et de *ate*, terminaison qui indique un sel]. — Sel produit par la combinaison de l'acide antimonique avec une base salifiable. Les antimoniates sont peu connus ; l'*antimoniate de potasse* seul offre d'ailleurs quelque intérêt.

ANTIMONIQUE (acide, chimie). — Acide qu'on obtient en grillant le sulfure d'antimoine ou en traitant le métal par l'acide nitrique et en évaporant jusqu'à siccité. Chauffé dans un vase clos avec de l'antimoine métallique, il passe à l'état de protoxyde en oxydant l'antimoine aux dépens de son oxygène. Il forme des antimonites en se combinant avec les alcalis.

ANTIMONITE (chimie) [du latin *antimonium*, antimoine, et de la terminaison *ite*, désignant un sel]. — Sel qu'on obtient par la combinaison de l'acide antimonieux avec une base salifiable. « Les antimonites sont difficiles à distinguer des antimoniates : les uns et les autres sont précipités par un acide, et le précipité devient rouge orangé par l'acide sulfhydrique. Traités à chaud par la crème de tartre, puis par l'acide chlorhydrique, ils laissent précipiter l'antimoine en poudre noire par l'action d'une tige de fer poli plongée dans la liqueur. »

ANTINOMIE (droit). — L'antinomie signifie la contradiction, qui est réelle ou apparente, entre deux lois d'un même pays ou entre deux décisions souveraines.　　　　　　　　　　　　　J. E.

ANTIPATHIE [du grec *anti*, contre, et *pathos*, affection, aversion]. — Aversion que l'on a pour un objet, et qui est quelquefois si grande, que si les sens en sont frappés, l'on perd connaissance, ou l'on est saisi d'horreur. Il y a des *antipathies* fondées, d'autres qui sont chimériques ; les premières sont celles qu'inspirent des objets nuisibles, ou qui affectent les sens d'une manière désagréable ; les autres sont toutes celles que l'on a pour des objets que l'on ne voit pas réellement, mais dont on a l'idée frappée. Ce sentiment peut être de deux sortes : ou il naît de l'épreuve que nous avons faite, de l'expérience acquise, d'une espèce de prévision de résultats fâcheux que nous voulons éviter ; ou bien il n'a point de cause déterminée, il nous domine malgré nous, et il reste toujours pour nous aussi inexplicable que la prédilection que nous ressentons souvent pour des individus qui ne le méritent pas. On ignore si l'*antipathie* doit être regardée comme fondée sur la constitution de l'âme ou sur celle du corps ; mais le fait est que, sans motifs, nous éprouvons une vive répulsion pour tout être que la nature a traité en marâtre ; la faiblesse de notre raisonnement ne nous laisse entrevoir que l'écorce disgracieuse qui a frappé nos regards, et nous ne cherchons pas à pénétrer au delà pour découvrir le diamant qu'elle dérobe souvent à notre vue. Du reste, l'antipathie ne raisonne point. Nous éprouvons de l'attraction, de la répulsion pour tel être ou pour tel objet, et la cause de cette opposition de goût et de penchant, qui a sa source dans le tempérament, est presque un secret pour nous. Qu'on regarde même les jeunes enfants : leur discernement naturel ne leur fait accorder un sourire qu'aux personnes qui leur plaisent; on ferait de vains efforts pour le faire donner à une personne qui n'est pas de leur goût; preuve incontestable que leur jeune cœur apprécie déjà ce qui leur est agréable ou nuisible.

Toutes les antipathies cependant ne sont point imaginaires. La ressemblance d'un individu avec celui qui nous a fait souffrir sufît pour nous inspirer de l'aversion pour cet individu; c'est que la douleur morale est sœur de la mélancolie; elle provoque en nous un état particulier d'autant plus pénible que nous sommes doués d'une plus grande sensibilité. Aussi l'image qui nous retrace de tristes souvenirs fait-elle naître en nous, et malgré nous, un sentiment d'éloignement et de répulsion.

Quoi qu'il en soit, il est généralement reconnu que les causes de nos *antipathies* ne restent le plus souvent inexplicables que parce que le jugement se confond avec le sentiment, et que nous évitons de rechercher le pourquoi de notre manque d'affection, nous contentant de dire avec le poëte : *Je le déteste parce que je le déteste.*

Il y a des antipathies qui sont bizarres. La princesse de Lamballe s'évanouissait à l'odeur des roses; un gouverneur de ville frontière tombait en convulsion à la vue des œufs de carpe ; une dame était sujette à la même incommodité à la vue d'une écrevisse cuite. Érasme, qui était né à Rotterdam, avait tant d'aversion pour le poisson, qu'il n'en pouvait même sentir sans avoir la fièvre ; et Ambroise Paré rapporte qu'une personne fort considérable ne voyait jamais d'anguille dans un repas qu'elle ne tombât en défaillance. Jamais Joseph Scaliger ne but de lait, ce qui lui fut commun avec Pierre d'Apono. Cardan avait horreur des œufs, Jules-César Scaliger du cresson; Uladislas Jagellon, roi de Pologne, des pommes; et si l'on en faisait sentir quelqu'une à Du Chesne, secrétaire de François Ier, il lui sortait une prodigieuse quantité de sang par le nez. Henri III ne pouvait demeurer dans une chambre où était un chat; le maréchal duc de Schomberg, gouverneur du Languedoc, avait la même aversion. L'empereur Ferdinand fit voir à Insprûck, au cardinal de Lorraine, un gentilhomme qui avait tellement peur des chats qu'il saignait du nez en les entendant seulement de loin. M. de Lancre, conseiller au parlement de Bordeaux, témoigne, dans son *Tableau de l'inconstance des démons,* qu'il avait connu un fort honnête homme si effrayé à la vue d'un hérisson, qu'il crut plus de deux ans que ses entrailles étaient mangées par cet animal, et qu'il avait vu un gentilhomme fort brave qui ne l'était point assez pour oser attendre, l'épée à la main, une souris. Jules-César Scaliger, dans ses *Exercitations contre Cardan,* dit qu'un gentilhomme gascon craignait tellement le son de la vielle, qu'il ne pouvait jamais l'entendre sans une envie extraordinaire d'uriner. On en fit faire l'expérience par un joueur de vielle que l'on fit cacher sous une table [1];

[1] Voir dans le *Dictionnaire de la Conservation de l'homme,*

et il ne commença pas plus tôt à jouer que l'on s'aperçut de l'imperfection du gentilhomme. Croirait-on qu'il existe des hommes qui ont de l'antipathie pour le *beau,* c'est-à-dire pour ce qui plaît à la vue, à l'ouïe, à l'esprit ou au cœur, par des formes agréables, élégantes, gracieuses? N'en voit-on pas qui assurent qu'une belle femme leur déplaît et qu'ils ne pourraient jamais s'y attacher? Nous pensons que c'est faire injure au Créateur de repousser la beauté, qui n'est estimable d'ailleurs et ne mérite notre attention qu'autant qu'elle est unie à la vertu. Nous savons que les personnes que la nature semble avoir négligées sous le rapport physique sont souvent douées d'esprit et de grâces et possèdent des qualités aussi solides que la beauté l'est peu; néanmoins, on ne peut s'empêcher de rendre hommage à la beauté quand elle renferme en elle une belle âme; car elle est un parfum délicieux qui charme le regard et enivre le cœur.

C'est particulièrement dans la première éducation qu'il faut chercher à garantir les enfants des antipathies. Ce n'est point en les brusquant, en leur donnant des ordres sévères qu'on y parviendra ; c'est en s'y prenant adroitement, en leur donnant l'exemple de ce qu'ils doivent faire et en raisonnant avec eux qu'on y arrivera plus sûrement. Quand les antipathies sont trop fortes, il faut attendre tout de l'âge, de l'expérience et de la raison. Mme LUNEL, *mère.*

ANTIPHLOGISTIQUE (matière médicale) [du grec *anti*, contre, et *phlox, phlogos,* inflammation]. — Médicaments propres à combattre l'inflammation; tels sont les saignées générales ou locales, la diète, les boissons délayantes, les fomentations émollientes, les contro-stimulants et les bains. — Voy. ces mots et *Inflammation.*

ANTIPHRASE (littérature) [du grec *anti*, contre, et *phrazó,* parler]. — Figure de rhétorique par laquelle on emploie une locution, une phrase, dans un sens contraire à sa signification ordinaire et à la pensée même de celui qui parle. C'est par antiphrase que les Grecs nommaient les Furies *Euménides* ou bienveillantes. Il se mêle donc à l'antiphrase, qui suppose dans une nation un certain développement intellectuel, un mélange d'ironie.

ANTIPODES (géographie) [d'*anti enantios,* contraire, et de *pous, podos,* pied]. — Ce mot, qui exprime l'idée d'un rapport d'opposition, sert en géographie à désigner les peuples qui, occupant une partie du globe diamétralement opposée, ont une différence de longitude de 180 degrés et une même latitude, mais opposée, c'est-à-dire nord pour les uns et sud pour les autres. En effet, ces peuples ne pouvant avoir une différence de longitude de 180 degrés qu'à la condition d'être distants les uns des autres de l'étendue de toute la moitié d'un grand cercle de la terre, il en résulte que ceux qui sont sur des parallèles à l'équateur également éloignés de ce cercle, les uns du côté du midi, les autres du côté du nord, qui, de

publié par mon fils, M. B. LUNEL, quelques faits curieux d'antipathie qu'il a observés pendant sa pratique médicale.

plus, ont le même méridien et sont sous ce méridien à la distance les uns des autres de 180 degrés, sont antipodes et ont, par conséquent, les pieds diamétralement opposés. Il résulte aussi de cette position renversée des antipodes que les pieds des uns sont directement opposés aux pieds des autres, puisqu'ils occupent une position diamétralement contraire sur la terre. Quand les uns ont l'été et les longs jours, les autres ont l'hiver et les jours courts; ceux-ci ont minuit quand les autres ont midi, et ainsi des autres heures. De telle sorte que l'on voit que 1° l'opposition des heures du jour pour les uns avec les heures de nuit pour les autres vient de l'opposition des méridiens sous lesquels les uns sont par rapport aux autres; 2° que celle de la longueur des jours en opposition pour les uns avec leur brièveté pour les autres, vient de ce qu'ils habitent dans des parallèles et sur des méridiens opposés; 3° enfin, que les antipodes ayant leurs pôles également élevés, comme étant à une égale distance de l'équateur, l'opposition de leurs saisons a pour cause celle de leur latitude, d'où leur vient, en un mot, leur nom d'antipodes, qui veut dire antipied, ou pied contre pied.

L'admission de la possibilité des antipodes [1] ne date que de Platon, qui passe pour l'avoir imaginée le premier et pour être l'inventeur de ce nom.

Les plus graves et les plus sérieuses querelles s'élevèrent parmi les chrétiens au sujet de la question des antipodes. Les mathématiques et la géométrie elles-mêmes étaient condamnées à se taire devant l'absurdité des négations des docteurs mêmes les plus célèbres d'alors; et il n'est pas jusqu'à ceux mêmes [2] qui tenaient d'une main justement orgueilleuse et fière le flambeau des lumières du temps qui n'aient à mériter le reproche d'en avoir laissé ternir l'éclat par l'obscurité nébuleuse des ombres que se plut à y projeter la résistance aveugle et obstinée des plus illustres d'entre eux. Le grand saint Augustin lui-même, dans son admirable livre de la Cité de Dieu, après s'être demandé s'il est vrai qu'il y ait des pygmées, des cyclopes, se demande, au sujet des antipodes, s'il est vrai que la partie inférieure de la terre soit habitée. Si, disent les auteurs de la grande Encyclopédie, Diderot, d'Alembert, etc., « nous en croyons Aventinus, Boniface, archevêque de Mayence et légat du pape Zacharie, dans le huitième siècle, déclara hérétique un évêque de ce temps, nommé Virgile, pour avoir osé dire qu'il y avait des antipodes. »

La démonstration évidente et sensible de cette incontestable vérité était réservée à l'immortel Génois

[1] Le chef de l'école ionienne, Thalès de Milet (690 ans avant J. C.), à son retour d'Égypte, où il avait étudié, enseigna la sphéricité de la terre, l'obliquité de l'écliptique et les vraies causes des éclipses du soleil et de la lune. Son disciple, le célèbre fondateur de l'école italique, Pythagore de Samos, instruit à l'école des bramines qu'il avait été visiter, ajouta à l'enseignement de son maître celui de deux mouvements de la terre, l'un sur son axe et l'autre autour du soleil.

[2] Voy. Lucius Cœlius Firmianus Lactance, Institutes, traduites par René Famé, liv. III, ch. 24.

Christophe Colomb, qui, comme on vient de le voir, eut à lutter contre des difficultés d'autant plus grandes, qu'indépendamment de la ténacité des aveugles préventions qui s'opposaient à l'accomplissement de ses projets, il vit bientôt se liguer et se soulever contre lui toutes les haines de la jalousie et de l'envie. Fort de ses connaissances et de son opinion, il conclut habilement de la sphéricité connue de la terre, de la grandeur de son volume, alors assez exactement déterminée, et de la juste déduction qu'il sut tirer du mode d'équilibration présumable de sa masse, comme aussi de la sagesse et de la bienfaisance de l'Auteur de la nature, qu'il était impossible d'admettre que le vaste espace, jusque-là demeuré inconnu fût entièrement couvert des eaux d'un stérile océan, sans aucune terre habitée par l'homme. La suite de son histoire nous apprend de quelle manière ses prévisions se sont réalisées, en même temps qu'elle fait de l'époque du savant et immortel navigateur, injustement déshérité d'une partie de sa gloire par Améric Vespuce, la date précise de la solution de l'importante question des antipodes, si longtemps méconnue [1] et obstinément contestée.

J. BÉCHERAND.

ANTIQUAIRE [du latin antiquarius, radical antiquus, ancien]. — Savant qui s'adonne à l'étude des monuments de l'antiquité, de quelque espèce qu'ils soient, sous quelque rapport qu'ils soient considérés, et qui, réunissant à un goût exquis une profonde érudition, cherche avec ardeur à reculer les limites de la science. Les Grecs et les Romains donnaient le nom d'antiquaires à ceux qui remplissaient les fonctions de démonstrateurs des anciens monuments auprès des étrangers admis à les visiter. Il ne faut pas confondre, dit Bescherelle, les antiquaires éclairés avec les amateurs de l'antiquité. Il y a une grande différence entre les uns et les autres, car on ne donne ce dernier nom qu'à ceux qui, le plus souvent sans goût et sans discernement, presque toujours sans études préparatoires, par singularité ou par ostentation, se font des collections de fragments, de médailles, de monnaies, d'objets de tout genre qu'on leur vend pour antiques, ou qu'ils jugent tels parce qu'ils sont mutilés ou couverts de rouille.

ANTIQUITÉ [en latin antiquitas, radical, antiquus, vieux, ancien]. — Ensemble des hommes qui ont vécu dans les temps très-éloignés de nous, surtout avant la grande invasion des Barbares aux quatrième et cinquième siècles. Tout se tient et s'enchaîne dans le temps par des réseaux serrés et des traditions continues, comme tout se tient et s'enchaîne dans l'espace par des parentés naturelles et des dégradations insensibles. Les divisions que notre esprit peut établir dans les phénomènes de l'humanité sont aussi artificielles et aussi imparfaites que celles que nous avons l'habitude de faire des grands continents où elle demeure; ce que nous nommons Europe tient à l'Asie aussi étroitement que ce que nous nommons

[1] Plutarque. De Facie in orbe lunæ, Pline, liv. II, ch. 45.

l'Inde; et ce que nous nommons l'Afrique ne s'en détache que par une mer bien plus guéable que les sables que nous donnons à ce pays. N'essayons donc pas de tracer dans le passé des symétries impossibles. Un jour, peut-être, l'humanité, parvenue à une sorte d'unité moins complexe, et étalant avec orgueil, aux yeux du monde, la riche alliance de tous ses peuples, ostensiblement attachés l'un à l'autre en vue d'un développement commun, un jour, peut-être, l'humanité, élevée à une essence de vie plus subtile, montrera-t-elle des phénomènes généraux s'accomplissant du même coup dans toutes ses parties à la fois. Mais jusqu'ici rien de pareil ne s'est montré dans l'histoire. Nous croyons l'humanité bien vieille, parce que nous voyons que parmi ses nations il y en a plus d'une de décrépite, et un grand nombre déjà qui comptent comme mortes; mais ses annales sont tout autres que celles des nations : ces nations ne sont que des nuances locales et passagères dont les accidents se jouent et se renouvellent sur sa vivante figure. Il n'y a en elle ni décrépitude, ni mort! Au lieu d'être ancienne comme les peuples qui ne sont plus, elle est jeune, et les crises qui nous épouvantent ne sont que les crises de l'enfance. Loin de nous étonner d'être nés dans des époques si avancées, nous aurions bien meilleur droit de nous étonner d'être nés dans des époques encore embryonnaires, pour ainsi dire, et encore toutes voisines du jour de l'origine. En considérant les choses avec sagesse et en vue de l'horizon, nous pouvons nous apercevoir que nous sommes encore dans le pays des sources, là où les nombreux filets, qui seront un jour le grand fleuve, épars et désunis, chacun dans leurs ravins, bien que marchant tous au même but et sur la même pente, s'étendent et se ramifient sur le sol comme les racines de la tige. Ni cascades, ni ralentissements, ni tourbillons, qui se laissent ranger par tant de ruisseaux divers dans un même niveau; ils suivent chacun leur fortune isolée, jusqu'à tant qu'à force de descendre ils finiront par se rapprocher et par se mettre l'un dans l'autre. L'Europe, d'un millier de bouches différentes, n'est déjà plus qu'un seul courant; mais dans le reste du monde, bien des courants, petits et grands, suivent leur chemin, sans se détourner pour venir se confondre avec elle. Même pour les événements de notre temps, l'histoire universelle est donc une histoire multiple, et de laquelle aucune chronologie ne serait en état de découper équitablement des segments (J. REYNAUD.)

ANTISCIENS [d'*anti*, en opposition; *skia*, ombre]. — Peuples situés sur un même demi-cercle de longitude et ayant une latitude égale, les uns au-dessus et les autres au-dessous de l'équateur. Les uns et les autres voient passer le soleil au méridien dans le même instant, mais ceux-ci en été, ceux-là en hiver; s'ils regardent le soleil à midi, ils se trouveront en face l'un de l'autre, et leurs ombres seront opposées.

ANTISCORBUTIQUE (matière médicale). — Médicaments regardés comme efficaces dans le scorbut, tels que le cresson, la racine de raifort, le cochléaria

et la plupart des plantes crucifères, mais qui sont bien rarement d'utiles auxiliaires pour combattre cette maladie. — Voy. *Scorbut*.

ANTISCROFULEUX (matière médicale). — Médicaments qui paraissent modifier avantageusement l'état de l'économie dans l'affection dite scrofuleuse: tels sont les amers, les toniques, les stimulants, et surtout l'iode et ses préparations. — Voy. *Scrofules*.

ANTISEPTIQUE (matière médicale) [du grec *anti*, contre, et *sepsis*, putréfaction]. — Médicaments donnés dans le but de combattre la tendance des humeurs et des solides à la putréfaction, tels que le quinquina, le camphre, le chlorure de sodium, le vin aromatique, la serpentaire de Virginie, etc. — Voy. ces mots.

ANTISPASMODIQUE (matière médicale). — Médicaments regardés comme propices à calmer, guérir ou prévenir les mouvements convulsifs des muscles appelés *spasmes*, tels que l'assa fœtida, le musc, la gomme ammoniaque, la valériane, le camphre, les différentes espèces d'éthers, etc. — Voy. ces mots.

ANTITHÈSE (littérature) [du grec *antithésis*, opposition]. — Figure de rhétorique par laquelle on oppose, dans une période, des choses contraires, soit par les pensées, soit par les termes, afin de saisir l'imagination par un rapprochement ingénieux d'images différentes, et de produire une impression plus profonde. En voici plusieurs exemples :

Ils font des vœux pour nous qui les persécutons.

Faire des vœux est opposé à *persécuter*.

« On nous maudit, s'écrie saint Paul, et nous bénissons; on nous persécute, et nous souffrons la persécution; on blasphème contre nous, et nous répondons par des prières. »

L'antithèse se trouve ici dans *maudire* et *bénir*, *persécuter* et *souffrir*, *blasphème* et *prières*.

Sous les ordres d'un roi, aussi pieux que puissant, l'un faisait prospérer les *armes*, l'autre étendait la *religion*. L'un *abattait* des remparts, l'autre *redressait* des autels; l'un *ravageait* les terres des Philistins, l'autre *portait l'arche* autour des pavillons d'Israël. On trouve beaucoup d'antithèses dans Fléchier; on pourrait peut-être dire avec justice que cet auteur se laisse trop apercevoir à la recherche de cette sorte de figure, que la trop grande profusion des antithèses dépare son mérite, ou plutôt rend son style un peu trop uniforme. J. M. RAVEAUD.

ANTONOMASE (littérature) [du grec *anti*, contre; *onoma*, nom]. — Figure de rhétorique par laquelle on substitue un nom propre à un nom commun, une qualité à un nom, un nom à un adjectif. Ainsi, pour désigner un prince cruel, on dit : C'est un *Tibère*, c'est un *Néron*; si l'on veut faire entendre qu'un homme est grand orateur, c'est un *Démosthène*; pour parler d'un bon ou d'un mauvais critique, c'est un *Aristarque*, c'est un *Zoïle*.

On dit aussi par antonomase l'*orateur romain*, pour parler de Cicéron; le *destructeur de Carthage et de Numance*, pour désigner Scipion.

Boileau se sert de cette figure dans les deux vers suivants :

> Et déjà vous croyez dans vos rimes obscures
> Aux *Saumaises* futurs préparer des tortures.

Saumaise était un critique distingué du dix-septième siècle. J. M. RAVEAUD.

ANUS (anatomie) [du latin *annus*, anneau, cercle]. — Mot latin conservé en français pour désigner l'ouverture du tube digestif opposé à la bouche et destiné à donner passage aux *féces* chez l'homme et chez les animaux. Chez les mammifères, ainsi que chez l'homme, l'*anus*, à très-peu d'exceptions près, s'ouvre extérieurement ; mais il a, chez les animaux, une direction horizontale, au lieu que, chez l'homme, elle est perpendiculaire, conformément au mode différent de station.

Le muscle de l'anus, chez l'homme (le *sphincter*), que quelques auteurs ont considéré comme double, est la partie la plus essentielle de l'ouverture anale ; c'est sa faculté contractile, soumise en partie à l'empire de la volonté, qui empêche les excréments de s'échapper involontairement. Les artères de l'anus portent le nom d'artères *hémorrhoïdales inférieures*. Les veines nombreuses font partie du système de la veine-porte ; aussi lorsqu'on veut combattre, par une émission sanguine, l'inflammation de l'un des organes contenus dans l'intérieur de l'abdomen, c'est à l'anus qu'on applique les sangsues : ces veines se réunissent un grand nombre de fois entre elles et forment un lacis nommé *plexus hémorrhoïdal*. — Voy. *Hémorrhoïdes*.

Les maladies de l'anus sont nombreuses, quelquefois graves ; ce sont les fistules, les fissures, les rhagades et autres excroissances, la chute de l'anus, des vers, etc. — Voy. ces mots.

ANUS ARTIFICIEL, *anormal, contre nature*. — Ouverture qu'on pratique, dans certains cas, pour donner issue aux matières fécales. On pratique, autant que possible, l'anus artificiel dans la partie la plus voisine de l'obstacle, afin de ne rien perdre de la longueur de l'intestin ; c'est surtout à la portion lombaire du colon, dans le point où elle est, en quelque sorte, en dehors de la cavité péritonéale, que l'on fait l'ouverture qui doit servir d'anus artificiel.

AORTE (anatomie) [mot grec de même signification], dite aussi *grande artère, vaisseau dorsal*, principale artère du corps destinée à porter le sang rouge dans tous les organes. Elle naît de la base du ventricule gauche du cœur, et présente à son orifice trois valvules sigmoïdes, comme l'artère pulmonaire. Elle est située à la partie postérieure de la poitrine et de l'abdomen. Elle s'étend depuis le cœur jusqu'à la quatrième ou la cinquième vertèbre lombaire. A son origine, l'aorte, cachée par l'artère pulmonaire, se porte bientôt en haut et à droite, au-devant de la colonne vertébrale ; ensuite elle se recourbe de droite à gauche et de devant en arrière, jusqu'à la hauteur de la seconde vertèbre du dos, en formant une courbure nommée *crosse de l'aorte*, qui se termine sur le

côté gauche du corps de la vertèbre suivante. Plus bas, l'aorte descend sur la partie antérieure gauche du corps des autres vertèbres dorsales, passe entre les piliers du diaphragme, continue sa route sur les vertèbres des lombes, jusqu'à l'union de la quatrième avec la cinquième, où elle se termine en se divisant en deux grosses branches, qui sont les artères iliaques primitives. L'aorte est le tronc commun de toutes les artères du corps ; les branches qu'elle fournit naissent 1° à son origine, 2° à sa crosse, 3° dans la poitrine au-dessous de la crosse, 4° dans l'abdomen, 5° à sa bifurcation. — Voy. *Artères*.

AOUT (calendrier) [par corruption d'*Augustus*, Auguste]. — Huitième mois de l'année dans le calendrier grégorien. Lorsque Octave, dit un auteur, devenu le maître du monde, eut reçu du sénat le nom d'Auguste, on voulut lui rendre le même honneur qui avait été déjà accordé à Jules César en donnant son nom à un des mois de l'année. On proposa d'abord de choisir le mois de septembre, pendant lequel Auguste était né ; mais l'empereur préféra le mois *sextilis*, parce qu'il était immédiatement voisin du mois de juillet, ainsi nommé d'après Jules César, et par d'autres raison que Macrobe a rapportées dans ses *Saturnales*, et que le décret du sénat prit en considération : c'est en effet dans ce mois-là qu'Auguste avait été revêtu pour la première fois de la dignité consulaire, que trois fois il était entré en triomphe dans la ville, qu'il avait reçu la soumission des soldats qui occupaient le Janicule, qu'il avait subjugué l'Égypte et mis fin à la guerre civile. Le mois *sextilis* fut donc choisi pour s'appeler le mois d'Auguste, et, en changeant de nom, il acquit un jour de plus : il avait eu trente jours au temps de Romulus ; Numa l'avait réduit à vingt-neuf ; César lui en avait rendu trente ; Auguste lui en donna trente et un, qu'il a toujours gardés depuis. En vain Commode ordonna que son nom serait substitué à celui d'Auguste et donné au mois d'août ; son décret ne lui survécut pas.

APANAGE [du bas latin *apanare*, approvisionner de *pain*, doter]. — Espèce de dot, en terres ou en revenus, que l'on donne aux princes d'une famille régnante, pour qu'ils puissent vivre d'une manière conforme à leur rang.

Les priviléges attachés aux anciens apanages, dit M. Lachâtre, étaient très-grands et très-nombreux : ils donnaient le droit de lever des tailles et des taxes diverses, de battre monnaie, de nommer aux abbayes, prieurés et à tous les bénéfices consistoriaux (excepté aux évêchés), d'accorder des lettres de grâce, de sauvegarde et de privilége. Les princes apanagistes avaient aussi le droit d'entretenir des troupes et de faire la guerre ; la justice émanait d'eux, et était rendue en leur nom ; enfin ils possédaient la plupart des droits régaliens. Mais ces avantages ne furent accordés que successivement et subirent diverses modifications. De Hugues Capet à Philippe-Auguste (987-1180), les apanagistes ont la propriété absolue de leurs domaines ; ils peuvent les transmettre par succession à tous leurs héritiers, fils, filles, collatéraux, ou à leurs ayants cause ; mais ils n'ont pas le droit de souveraineté. De Louis VIII à Philippe le Bel (1233-1285), les collatéraux sont exclus de la succession aux apanages dans la concession du comté de Clermont faite par Louis VIII à son frère Philippe, déjà comte de Boulogne, et dans les donations diverses que fit Louis IX. Une autre restriction est apportée durant cette période à la transmission des apanages : l'apanage doit se réunir à la couronne par l'avénement du prince apanagé. En 1285, Philippe le Bel prononce l'exclusion des filles à la succession apanagère. En 1461, sous Louis XI, la transmission en ligne directe seulement et le retour à défaut d'enfants mâles devint le droit commun des apanages. En 1790, l'Assemblée nationale unit irrévocablement au domaine de l'État le patrimoine des rois; elle décida que toutes les concessions d'apanages étaient révoquées; qu'il n'en serait plus concédé à l'avenir; que les fils puînés de France et leurs enfants et descendants seraient entretenus aux dépens de la liste civile jusqu'à leur mariage, ou jusqu'à ce qu'ils eussent atteint l'âge de vingt-cinq ans, et qu'il leur serait alors assigné sur le trésor national des rentes apanagères dont la quotité devait être déterminée à chaque époque par la législature en activité. Mais bientôt la royauté étant tombée, la Convention supprima les rentes apanagères. L'empereur Napoléon, par le sénatus-consulte du 28 floréal an XII, et celui du 30 janvier 1810, les rétablit en faveur des princes Joseph et Louis-Napoléon, des fils puînés naturels et légitimes de l'empereur régnant ou du prince impérial décédé, et des descendants mâles de ces princes, s'il n'a pas été accordé d'apanage à leur père ou aïeul. Sous la restauration, en 1825, une loi consacra l'apanage du duc d'Orléans, le seul qui subsistât alors. Après la révolution de juillet, on substitua aux apanages des douaires, des dotations, des rentes viagères. Une loi, en date du 2 mars 1832, en régla les principes et détermina les cas dans lesquels la nation aurait à doter des princes, princesses ou principicules. En 1842, une loi accorda une rente de 300,000 fr. à la veuve du duc d'Orléans. La révolution de février 1848 maintint cette rente.

APÉRITIFS (matière médicale) [du latin *aperire*, ouvrir, qui ouvre le passage]. — Médicaments qu'on croyait propres à rétablir la liberté des voies digestives, biliaires, urinaires, etc., tels que les sels purgatifs à petites doses, les laxatifs, les substances toniques et amères, divers ferrugineux, etc.

APÉTALE (botanique) [du grec *a*, privatif, et *pétalon*, pétale, feuille]. — Qui n'a pas de pétales, qui manque de corolle. Ce mot se dit encore 1° des fleurs dont les pétales sont peu apparents et plus courts que le calice, comme dans une espèce de lichnide et une mésembrianthème; 2° d'une classe de plantes renfermant des arbres dont les fleurs sont dépourvues de corolle.

APHÉLIE (astronomie). — Point de l'orbite d'une planète ou d'une comète où elle se trouve à la plus grande distance du soleil. C'est l'une des extrémités du grand axe de l'ellipse que décrit la planète autour de cet astre. Dans ce siècle, la terre se trouve dans

son périhélie vers les derniers jours de décembre, pendant que le soleil passe verticalement sur le 23° de latitude méridionale. Il est démontré par le calcul que, par la combinaison des forces du monde, le point de périhélie avance sans cesse, c'est-à-dire que la terre ne porte pas, tous les ans, son périhélie au même point, qu'il s'en faut de 1' 2" d'un degré de l'écliptique, ce qui fait 1° 43' par siècle, un signe ou 30° en 1744 ans, un quart de cercle en 5233 ans, et le tour entier de l'écliptique en 20931 ans. L'aphélie est le point diamétralement opposé au périhélie.

APHIDIENS (zoologie) [du grec *aphis*, puceron]. — Famille d'insectes de l'ordre des hémiptères, section des homoptères, établie par Latreille, qui a pour type le genre puceron. Ces petits insectes, ordinairement mous, vivent sur les végétaux, dont ils pompent les sucs au moyen de leur trompe (voy. *Puceron*). On nomme *aphidiphages* une famille de coléoptères, de la section des trimères, qui vivent presque exclusivement de ces insectes : tels sont les *coccinelles*, etc. (Voy. ce mot.)

APHONIE (pathologie) [du grec *a* priv., et *phoné*, son, voix]. — Privation de la voix et dans lequel le malade ne peut produire aucun son. Cette affection résulte naturellement des lésions affectant les organes vocaux, telles que « l'inflammation aiguë ou chronique de la membrane muqueuse du larynx et des autres parties des voies aériennes, la bronchite et l'angine gutturale, le croup, l'œdème de la glotte, la phthisie laryngée, les ulcères syphilitiques; elle reconnaît aussi pour causes l'action subite du froid, les efforts de chant, de déclamation, les cris répétés, la frayeur, la colère, l'ivresse, certaines névroses, etc. » Le traitement de l'aphonie varie d'après les causes. En général, il consiste dans l'emploi des gargarismes émollients, l'inspiration de vapeurs émollientes et sédatives, les cataplasmes autour du cou, les sangsues et ventouses scarifiées au cou, à la nuque, les pédiluves sinapisés, les purgatifs, la cautérisation de la muqueuse laryngée, etc. B. L.

APHORISME [du grec *aphorizo*, je sépare, je choisis, je fixe]. — Proposition qui présente en peu de mots ce qu'il y a de plus important à connaître sur une chose. Ce mot se dit guère en médecine et en jurisprudence. Les *aphorismes d'Hippocrate*; les *aphorismes de Boerhaave*; les *aphorismes de droit de Godefroy*. Il ne faut pas confondre *aphorisme* avec *apophthegme, axiome, maxime, sentence*. L'*aphorisme* est un enseignement doctrinal qui porte en peu de mots un grand sens, avoué par la raison et confirmé par l'expérience; l'*apophthegme* exprime plus particulièrement les sentences des hommes respectés par leur rang ou par leur doctrine; l'*axiome* est une vérité capitale; la *maxime*, une instruction majeure faite pour guider les hommes dans la vie; la *sentence*, une espèce d'oracle qui apprend ce qu'il faut faire ou ce qui se passe dans la vie.

APHRODISIAQUE (matière médicale) [du grec *aphrodité*, Vénus]. — Nom donné en médecine aux moyens employés pour rétablir les forces épuisées par l'usage immodéré des plaisirs de l'amour. Un grand nombre de substances, la plupart aromatiques, excitantes ou toniques, sont employées dans ce but, mais ne doivent l'être que sur l'indication du médecin, afin de ne point porter dans l'économie une excitation dangereuse , qui serait bientôt suivie de maladies graves et même de la mort, comme on l'a vu trop souvent chez des individus qui n'avaient demandé à ces remèdes que des forces passagères et factices pour en faire un nouvel abus. L'honorable mission du médecin ne saurait dans ce cas s'associer au vice, en lui fournissant les moyens de prolonger sa durée. Les hommes de l'art se rappellent trop les funestes effets produits par l'abus des pastilles érotiques : la fin malheureuse du Provençal cité par le chirurgien Cabrol, et l'exemple de cet abbé, dont parle Ambroise Paré, qui, pour se distinguer dans les jeux de Vénus, fit usage d'un aphrodisiaque qui lui causa une hématurie mortelle. **B. L.**

APHRODITE (zoologie) [du grec *aphrodité*, Vénus]. — Famille d'annélides errantes créée par Linnée. Les animaux qui composent ce genre ont un corps généralement aplati, pourvu de deux rangées longitudinales de longues écailles membraneuses, qui existent seulement sur le dos, et sous lesquelles sont les branchies en forme de crêtes charnues. Des poils qui sortent de dessous ces mêmes écailles et qui luisent des plus belles couleurs, telles que l'or et l'argent, rendent ces animaux très-brillants. La bouche, formée par une trompe cylindrique qui est fendue transversalement à son extrémité, est munie de quatre mâchoires cartilagineuses, ou cornées, qui se meuvent dans le sens vertical; leur tête est ornée de deux ou quatre yeux, et de deux à cinq antennes, mais dont deux ne manquent jamais.

Le corps, composé de vingt-cinq segments, qui sont plus courts que dans les autres annélides, est pourvu, dans son intérieur, d'un canal intestinal droit garni de nombreux cœcums, de vaisseaux sanguins dans lesquels circule un fluide rougeâtre, et d'un système nerveux composé d'un cordon médullaire renflé à chaque anneau. On n'a pu encore découvrir l'appareil générateur de ces animaux. On pense qu'ils ont les sexes séparés et qu'ils sont ovipares. Nos mers paraissent seules contenir les aphrodites, qui sont très-communes sur nos côtes, où elles vivent toujours enfoncées dans la vase. (L. ROUSSEAU.)

APHTHES (pathologie) [de *ophtein*, enflammer, brûler]. — Éruption de petites vésicules blanchâtres se développant dans l'intérieur de la bouche ou du tube digestif, devenant pustuleuses et se transformant après deux ou trois jours en ulcérations douloureuses, qui se terminent ordinairement par cicatrisation. Les aphthes sont *discrets* ou *confluents*; dans le premier cas, ils constituent une affection légère, fréquente surtout dans l'enfance et la jeunesse. La succion ou la mastication est gênée, mais la guérison s'opère facilement; — dans le second, la maladie est précédée et accompagnée de fièvre, de diarrhée, de vomissements même : c'est que l'éruption s'étend jusqu'au canal intestinal. Quand elle se complique d'accidents typhoïdes ou secondaires, les aphthes sont le symp-

tôme d'un état général plus ou moins grave. Cette affection s'observe à tous les âges de la vie, et quelquefois même chez les nouveau-nés.

Les aphthes simples et discrets guérissent le plus souvent sans traitement. Cependant, on peut employer les boissons adoucissantes et laxatives (eau d'orge, eau de veau, petit lait). Swediaur touchait les ulcères avec un mélange de borax en poudre et de miel rosat. Dans notre pratique, nous touchons les aphthes avec l'azotate d'argent en crayon, et nous obtenons ainsi une prompte cicatrisation. Quant aux aphthes confluents, fort rares d'ailleurs en France, outre l'emploi des astringents, des caustiques, etc., le médecin doit encore combattre l'état général par les moyens appropriés. **B. LUNEL.**

APHYE (zoologie) [du grec *aphye*, loche, petit poisson]. — Frai des poissons du genre *athérine*, qu'on pêche sur le littoral de la Méditerranée, où on le prépare avec du lait comme une bouillie ou en friture. Les crieurs les vendent sous le nom de *nonnats* (non nés), croyant que ces amas de poissons si petits, qui proviennent de générations spontanées, ne sont que des fœtus non nés d'autres poissons qui leur ressemblent. Le nom d'*aphye* a encore été donné à une espèce de gobie du genre des ables.

API [d'*appianum malum*, pomme d'Appius, Romain qui, au rapport de Pline, obtint ces pommes par la greffe]. — Nom vulgaire d'une variété de pommier dont le fruit est assez estimé, et surtout recherché par sa belle couleur rouge. — Voy. *Pommier*.

APIAIRES [d'*opis*, abeille]. — Tribu d'insectes hyménoptères mellifères, section des porte-aiguillons.

La forme des apiaires, dit A. Percheron, ne diffère pas d'une manière très-sensible de celle des autres hyménoptères porte-aiguillons; leur tête est triangulaire, verticale, avec les yeux entiers et trois yeux lisses situés sur le vertex; les antennes sont de douze articles dans les femelles et de treize dans les mâles. Elles sont courtes, coudées après le premier article, filiformes; les mandibules, sur lesquelles repose presque toute l'industrie de ces insectes, varient beaucoup de forme; tantôt elles sont terminées simplement en pointe, tantôt, dans les espèces qui coupent le bois, elles sont en forme de cuiller; elles deviennent plus larges et font les fonctions de ciseaux dans les espèces coupeuses de feuille; enfin, dans les abeilles maçonnes, elles deviennent une espèce de truelle : les ailes ont deux ou trois cellules cubitales complètes et deux nervures récurrentes; l'abdomen est toujours ovoïde et composé de six segments dans les femelles et de sept dans les mâles; il est attaché au corselet par un pédicule très-court; les pieds sont en général remarquables par une grande dilatation et par les poils raides et nombreux dont ils sont munis. Ces insectes volent avec rapidité de fleur en fleur, pour recueillir le miel dont ils se nourrissent, eux et leur larves. En approchant de la fleur qu'ils veulent attaquer, ils redressent leur trompe et la plongent jusqu'au fond du calice; ils continuent de fleur en fleur, et ramassent aussi avec leurs pattes, et souvent avec les poils attachés à leur abdomen, le pollen des fleurs, qui entre aussi dans la composition de la pâtée qu'ils préparent pour leurs petits; l'accouplement s'opère sur les fleurs et souvent dans l'air; dès qu'il est terminé, la femelle avise au moyen de construire le nid qui doit receler sa postérité, et c'est là qu'elle déploie tout l'instinct dont la nature l'a pourvue. Comme ces nids sont très-variés dans leur structure, et dans les moyens employés pour parvenir à leur construction, nous en parlerons à chaque genre en particulier. Toutes les femelles des apiaires n'ont pas été douées par la nature des organes propres à recueillir la nourriture qui doit élever leur progéniture; elle leur a indiqué un autre moyen qui leur épargne la peine, au prix de quelques dangers; ces espèces, appelées parasites, parce qu'elles vivent aux dépens des autres, vont pondre leurs œufs dans le nid d'autres apiaires, et leurs larves se nourrissent de la pâtée destinée à l'enfant de la véritable propriétaire du nid; comme elles éclosent avant et prennent leur accroissement plus vite, celui aux dépens de qui elles ont vécu meurt ordinairement de faim, à moins qu'il n'y ait surabondance de nourriture.

Les larves de tous les apiaires sont de petits vers blancs un peu courbés, rétrécis par les deux bouts, ayant la tête armée d'une bouche écailleuse où se trouve une filière. Après avoir pris leur accroissement, elles filent une coque où s'opère leur métamorphose en nymphe et ensuite en insecte parfait; mais, quoique ces différents passages soient assez courts, l'insecte parfait ne sort souvent de son nid qu'au printemps de l'année suivante, quand les fleurs dont il doit se nourrir sont écloses. Les apiaires sont divisées en *apiaires solitaires* ou *parasites* et en *apiaires sociales*; les abeilles proprement dites sont un des genres principaux de cette tribu.

APICULTURE [d'*apis*, abeille, et de *cultura*, culture]. — Partie de l'agronomie qui traite de l'éducation des abeilles.

APIOL (matière médicale) [d'*apium*, nom latin de l'ache, genre d'ombellifère auquel appartient le persil]. — Produit pharmaceutique que les docteurs Joret et Homolle ont fait connaître en 1855 dans un mémoire couronné par la société de pharmacie de Paris. Cette substance, extraite des graines de persil (*apium petroselinum*), est un fébrifuge employé comme succédané du quinquina; de là l'épithète de *pro-quinine* que M. F. Plée a proposé de lui donner. On l'obtient en traitant par l'alcool de 70 à 80 degrés la graine de persil pulvérisée. L'apiol est un liquide jaunâtre, oléagineux, d'une odeur spéciale, quelque peu styptique comme celle de la graine pulvérisée elle-même; sa saveur est âcre, piquante, et dégoûterait inévitablement le malade, si l'on ne prenait soin d'enfermer le principe dans des capsules de gélatine; on l'administre en sirop aux enfants, qui le prennent alors sans aucune répugnance.

L'apiol est employé avec succès dans les fièvres intermittentes quotidiennes, tierces et quartes. Il est résulté des observations faites sur différents points par des médecins des hôpitaux, que ce médicament

peut parfaitement remplacer, dans nos climats, le quinquina, qui, comme on le sait, tend à disparaître chaque jour. De plus, on a reconnu que la guérison des fébricitants avait été, en moyenne, de 86 pour 100 dans nos contrées et de 50 pour 100 dans les contrées méridionales. L'apiol est aussi un puissant emménagogue, qui a été employé avec un égal succès dans les névralgies intermittentes.   LÉON GOUAS.

APION (zoologie) [du grec *apion*, poire, à cause de la forme de ces insectes]. — Genre d'insectes coléoptères tétramères de la grande famille des curculionites, comprenant 198 des plus petites espèces, dont les plus remarquables sont l'*apion rouge*, l'*apion des vergers*, l'*apion bronzé* et l'*apion bleu*. Les larves de ces insectes font beaucoup de tort à nos vergers. Les apions sont de petite taille; ils ne dépassent guère 4 à 5 millimètres.

APIS (bœuf, mythologie). — Célèbre divinité égyptienne, adorée spécialement à Memphis, comme l'image, l'incarnation même d'Osiris. « Après l'assassinat de cette divinité, les Égyptiens crurent que son âme était passée dans le corps d'un taureau qui n'avait pas été engendré par les voies ordinaires, mais qui était né par l'opération du feu céleste. Ils croyaient aussi qu'au moment où ce taureau cessait de vivre, l'âme d'Osiris s'envolait dans un taureau tout à fait semblable. Le bœuf Apis devait être noir partout sur le corps, excepté sur le front, marqué d'une tache blanche carrée. Suivant Élien, il devait porter vingt-neuf signes, dont la réunion était regardée comme miraculeuse : les plus remarquables de ces signes étaient la figure du croissant lunaire sur l'épaule gauche de l'animal, et un scarabée sur la gorge. Les poils de sa queue étaient doubles. »

On offrait au bœuf Apis en certaines circonstances des sacrifices pompeux, et ce qu'il y a d'étrange, c'est que des bœufs même lui étaient immolés, ceux du moins qu'on avait, après examen, jugés purs et dignes de ce privilége. Plusieurs fêtes étaient consacrées en son honneur; la plus solennelle était l'anniversaire de sa naissance : ces fêtes s'appelaient *Theophania* (apparition du dieu), et duraient sept jours. On les commençait, au rapport de Pline, en jetant dans un lieu du Nil, appelé *Phiala* (coupe), un vase d'or et d'argent; et pendant les sept jours que duraient les fêtes, les crocodiles ne nuisaient à personne, mais le huitième, à midi, ces animaux reprenaient toute leur férocité.

Cependant cette existence d'Apis, à laquelle le peuple attachait tant de prix et de si grandes solennités, était limitée à un nombre d'années qu'il ne lui était pas permis de franchir. Ce temps paraît avoir été fixé à vingt-cinq ans; et quelles que fussent alors les forces vitales d'Apis, les prêtres le noyaient dans un lieu secret du Nil, ou dans un puits affecté à cet usage et dont l'emplacement n'était connu que d'eux seuls; c'est ce dont témoignent entre autre les vers de Stace, qui prie à Isis d'enseigner Metius Celer :

Quos dignetur agros aut quo se gurgite Nili
Mergat adoratus trepidis pastoribus Apis.

Les prêtres persuadaient alors au vulgaire qu'Apis avait de lui-même mis fin à son existence en se noyant dans la *fontaine sacrée*, bien que les mieux informés n'ignorassent pas que la chose se passait autrement; mais révéler un pareil mystère eût été, suivant Arnobe, s'exposer aux plus graves punitions. Saumaise place aux confins de l'Egypte, entre Syène et Eléphantine, ce puits que Pline appelle *fontaine sacerdotale*; mais cette opinion, dépourvue de toute vraisemblance, a été complétement réfutée par Jablonski : comment d'ailleurs rendre secrets les embarras et l'objet d'un pareil déplacement? Ce n'est donc que dans le voisinage (ou dans l'enceinte même) du temple d'Apis que ce puits devait se trouver; et Jablonski pense qu'il ne faut pas chercher ailleurs que dans les ruines de Memphis, parmi les puits dont la plaine de Saccarah est remplie, les vestiges de cet usage. Paul Lucas dit en effet avoir trouvé parmi ces ruines, dans de magnifiques catacombes où l'on descendait par des puits, des caisses peintes et dorées avec soin, et renfermant la momie d'un bœuf embaumé dans des aromates précieux. S'il est permis dans cette circonstance d'ajouter foi au récit du voyageur, on peut croire que cette momie était celle d'un Apis, et que le lieu dont il parle dut être la tombe assignée à tous les animaux de cette espèce. En admettant, d'un autre côté, comme vraie la circonstance de la mort violente et de l'inhumation secrète de ceux qui avaient vécu jusqu'à leur vingt-cinquième année, on peut supposer avec toute vraisemblance que des passages secrets conduisaient du temple dans l'hypogée commune, et que c'est par là qu'on y transportait les Apis noyés et embaumés clandestinement. Ces considérations s'accordent d'ailleurs avec les récits des anciens, qui rapportent qu'il y avait à Memphis, ou du moins dans la nécropole de cette ville, un temple très-ancien et dont l'entrée n'était permise ni aux étrangers ni aux prêtres eux-mêmes, si ce n'est lorsque Apis devait être enseveli. Ce temple était connu sous le nom de Sérapis, et nous ferons observer en passant que l'étymologie toute égyptienne de ce mot vient offrir à ce sujet un précieux éclaircissement : Pausanias explique le nom de Sérapis par le grec *Soro-Apis* (tombeau d'Apis), et cette vague traduction peut donner la mesure du degré de confiance que méritent les explications des Grecs, lorsqu'il s'agit surtout de la langue et des dogmes de

Fig. 35. — Bœuf Apis.

l'Egypte, étrangers aux leurs, et dont ils comprenaient si peu l'esprit. (N. LHOTE.)

APLYSIE [du grec *aplysia*, saleté, à cause de son odeur nauséabonde]. — Genre de mollusques gastéropodes, voisin des limaces, dont le corps est charnu, oblong, allongé ou arrondi, bombé en dessus, plat en dessous, sans coquille. On les trouve sur presque toutes les côtes, habitant les plages vaseuses ou sablonneuses. On les appelle aussi *lièvres marins*, sans doute à cause de leurs tentacules antérieures, longues comme les oreilles du lièvre.

« Les pêcheurs paraissent avoir eu de tout temps la manie, qu'ils conservent même de nos jours, d'attribuer des qualités malfaisantes aux animaux marins qui ne servent point à la nourriture de l'homme. On sait que les livres des naturalistes ne sont encore que trop remplis des rapports de ces hommes ignorants, sur les orties de mer, sur les étoiles et sur d'autres productions semblables, quoique l'observation en ait depuis longtemps démontré la fausseté. Ces contes se multiplient et augmentent en merveilleux lorsque la figure, la couleur ou l'odeur de l'animal ont quelque chose d'extraordinaire ou de rebutant, comme il arrive dans le lièvre marin; aussi trouvons-nous une longue liste des propriétés pernicieuses et étonnantes de cet animal : non-seulement sa chair et l'eau dans laquelle on la fait infuser sont vénéneuses, et font mourir au bout d'un nombre de jours parfaitement égal à celui qu'a vécu l'individu dont on a mangé, ou pris l'infusion, mais sa vue seule peut empoisonner. Une femme qui aurait voulu cacher sa grossesse ne peut résister à l'aspect d'un lièvre marin femelle; des nausées et des vomissements subits la trahissent, et elle ne tarde pas à avorter, à moins qu'elle ne place dans sa manche un lièvre marin mâle, desséché et salé ; car c'est là aussi une des idées superstitieuses répandues de tout temps parmi le peuple, que chaque espèce malfaisante porte en elle-même le remède propre aux maux qu'elle cause. Il y a dans cette application-ci un embarras particulier : c'est que tous les individus des lièvres marins réunissent les deux sexes. Si les lièvres marins d'Italie sont si funestes à l'homme, c'est tout le contraire pour ceux de la mer des Indes : c'est l'homme qui est funeste à ceux-ci; et il ne peut les prendre vivants, parce que son seul contact les fait périr. »

Quoi qu'il en soit de ces préjugés absurdes, il est certain que les aplysies rejettent, lorsqu'on cherche à les prendre, une liqueur infecte que l'on a prise à tort pour un venin mortel, et qui entrait jadis dans les poisons des Romains. Cuvier croit que cette liqueur, qui est rouge foncé, n'est autre que la pourpre des anciens.

Toutes les aplysies sont herbivores et carnivores; leurs mouvements sont très-lents, et elles se tiennent tapies sous des pierres ou dans des trous de rochers. Selon Cuvier, ces mollusques pullulent d'une manière si prodigieuse, que la mer, à certaines époques de l'année, en est remplie.

L'espèce type du genre, très-commune sur les côtes de la Méditerranée et même de l'Océan, est l'aplysie dépilante (*aplysia depilans* de Linnée), ainsi nommée parce qu'on croyait que la liqueur qu'elle lance fait tomber le poil des parties du corps qu'elle touche. C'est la même que l'*aplysia fasciata* que Poiret a trouvée sur les côtes de Barbarie. Sa couleur est d'un noir plus ou moins bleuâtre, avec les bords d'une belle couleur rouge. DUBOCAGE.

APOCALYPSE [du grec *apocalupsis*, révélation]. — Dernier livre du Nouveau Testament, contenant la révélation des destinées de l'Eglise faite à saint Jean l'évangéliste pendant son exil à Pathmos (fin du premier siècle de notre ère). C'est une prophétie si élevée et en même temps si obscure, que tous ceux qui ont entrepris de l'expliquer y ont échoué. Saint Basile, saint Amphiloque, saint Grégoire de Nazianze, saint Grégoire de Nysse, saint Cyrille de Jérusalem et le concile de Laodicée n'ont point mis l'Apocalypse au nombre des écritures canoniques. Néanmoins, saint Justin, saint Irénée, Tertullien, saint Denis d'Alexandrie, Origène, saint Cyprien, saint Augustin et les anciens écrivains ecclésiastiques assurent que ce livre est réellement inspiré. Quel est l'auteur du livre de l'*Apocalypse?* « Quelques anciens l'avaient d'abord attribué à Cérinthe, dont il semblait favoriser les erreurs. D'autres avaient prétendu qu'il pouvait être d'un auteur nommé Jean, mais non de saint Jean apôtre et évangéliste; mais depuis longtemps l'Apocalypse est insérée dans les Bibles sous le nom de saint Jean, auteur d'un évangile et de trois épîtres. Les plus savants critiques protestants seuls élevé et élèvent encore des doutes multipliés contre l'authenticité de l'Apocalypse. Les commentaires sur l'Apocalypse sont très-nombreux. Grotius, Bossuet, dom Calmet, Abauzit, Newton, Voltaire, Dupuis, etc., ont commenté l'Apocalypse, chacun à son point de vue : les uns avec ironie, les autres avec vénération. L'un des plus savants et des plus récents commentaires sur l'Apocalypse est celui du président Agier, publié à Paris en 1823. De nos jours, les commentateurs de l'Apocalypse sont devenus très-rares. Dans tous les siècles, les écrivains catholiques ont témoigné de leur respect et de leur admiration pour l'Apocalypse. C'est, selon eux, un livre sublime et saint par excellence, même pour ceux qui avouent n'y rien comprendre du tout. « Je ne mesure pas sur ma faible raison des choses aussi

sublimes, dit saint Denis d'Alexandrie, et je me garde de les mépriser parce que je ne saurais les comprendre : au contraire, je les admire d'autant plus que je les comprends moins. » Un autre Père de l'Eglise, appliquant à l'Apocalypse le mot de Socrate sur un livre du philosophe Héraclite, dit : « Ce que je puis entendre est fort, et j'aime à croire qu'il en est de même de ce que je n'entends pas : mais il faudrait ici un habile plongeur. » Bossuet lui-même, après avoir déclaré que ce livre est très-obscur, ajoute que : « Malgré ses obscurités, on ressent, en le lisant, une impression si douce et tout ensemble si magnifique de la majesté de Dieu, il y paraît des idées si hautes des mystères de Jésus-Christ, de si nobles images de son jugement, que l'âme en est émue et toute pénétrée. Toutes les beautés de l'Ecriture sont ramassées dans ce livre. Tout ce qu'il y a de plus touchant, de plus vif et de plus majestueux dans la loi et les prophètes, y reçoit un nouvel éclat. »

APOCYN (botanique)[du grec *apo*, loin, et *de kyon*, chien; plante dont les chiens doivent s'éloigner]. — Genre de plantes type de la famille des apocynées, comprenant des herbes vivaces de l'Amérique et l'Asie boréales, très-rares dans l'Europe australe. Une des espèces, nommées vulgairement *gobe-mouches*, se cultive dans les jardins : « c'est une plante traçante qui s'élève à un demi-mètre en buisson d'une jolie forme; les rameaux se terminent par des bouquets ou ombelles formés de petites fleurs d'un rouge pâle qui se referment en grelots comme celles du muguet; les nectaires qui entourent le pistil sécrètent une liqueur sucrée, abondante, qui attire les mouches, lesquelles, enfonçant leurs trompes dans ces cavités perfides, les font se replier sur elles-mêmes et sont ainsi retenues prisonnières. » Une autre espèce a reçu le nom de *fleur de Savana*, à cause de sa fleur, fort large, d'un jaune brillant qui a une belle apparence, surtout dans les endroits où les plantes croissent naturellement; on la trouve surtout à la Jamaïque. Enfin, on cite encore l'*apocyn velu*, originaire du Mexique, qui se distingue par les plumets cotonneux de ses graines, dont le duvet (*flouette*) sert à garnir les coussins de fauteuils.

APOCYNÉES (botanique). — Famille de plantes dicotylédones, dont les caractères principaux sont : corolle hypogyne, monopétale, à cinq lobes; étamines insérées sur le tube de la corolle et alternant avec ses lobes; pollen granuleux; ovaire double, surmonté d'un ou deux styles; fruit composé de deux carpelles s'ouvrant d'un seul côté dans leur longueur; plantule droite placée dans un périsperme charnu; feuilles presque toujours opposées et entières, fermes, persistantes et dépourvues de stipules; graines planes, imbriquées, souvent couronnées par une houppe de poils.

APODES (zoologie) [du grec *a*, privatif, et *pous*, *podos*, pied; sans pied]. — Mot employé par les naturalistes pour désigner des animaux dépourvus de pieds, des poissons sans nageoires ventrales, enfin une foule d'êtres organisés privés d'appendices locomoteurs.

APOGÉE (astronomie) [du grec *apo*, loin de, et de *gê*, terre]. — Point où une planète se trouve à la plus grande distance de la terre. La lune est le satellite de la terre; elle décrit autour d'elle une ellipse. Le point de cette ellipse où la lune est le plus près de la terre se nomme *périgée*; celui où elle est le plus loin s'appelle *apogée*. Par exemple, la lune étant plus éloignée de nous dans son apogée, son diamètre apparent est alors le plus petit, il est de 29′ 1/2 seulement; quatorze jours après, il paraît sous un angle de 33° 1/2 lorsque la lune est au périgée.

APOGON (zoologie) [de *a*, privatif, et de *pogon*, barbe]. — Genre de poissons de la famille des percoïdes, à deux dorsales distinctes, ayant beaucoup d'affinité avec les perches, et s'en distinguant surtout par la double crête qui existe le long du bord horizontal du préopercule, et par l'absence de dents. Les apogons sont de petite taille, et abondent dans la Méditerranée, dans la mer des Indes, dans la mer Rouge et dans celle des Moluques.

L'apogon commun, que l'on nomme vulgairement *roi des rougets*, habite, pendant la plus grande partie de l'année, des profondeurs inaccessibles. Ce n'est qu'à l'époque du frai, époque qui arrive aux mois de juin, juillet et août, qu'on en prend, même en très-grande abondance. La chair en est délicate et agréable au goût.

APOLOGÉTIQUE (littérature) [du grec *apò*, de, et de *logos*, discours]. — Qui contient une apologie; qui est écrit à la louange de quelqu'un. Avant Tertullien, dit l'abbé Martin, et dès le deuxième siècle de l'Église, des voix éloquentes s'étaient déjà élevées pour la défense de la foi chrétienne; et plus tard, l'auteur de l'*Apologétique*, le Bossuet africain, comme le nomme Châteaubriant, trouva de nombreux imitateurs. Au nombre de ces courageux *apologistes*, nous citerons Quadratus, évêque d'Athènes; Méliton, évêque de Sardes; Apollinaire, évêque d'Hiéraples : leurs ouvrages ne nous sont pas parvenus, mais nous avons les deux *Apologies* de Justin, qui scella par son martyre la sincérité de sa foi; la satire contre les philosophes païens, par Hermès; l'*Apologie* adressée par Athénagoras aux deux empereurs Marc-Aurèle et Lucius Verus; les trois livres de saint Théophile, évêque d'Alexandrie; l'exhortation de saint Clément d'Alexandrie aux païens; la Dispute d'Arnobe contre les païens; le Dialogue de Minutius Félix; les huit livres d'Origène contre Celse; les Institutions divines de Lactance; la Thérapeutique de Théodoret; les deux Lettres de saint Cyrille contre Julien, et le Discours de saint Grégoire de Nazianze contre le même empereur; les nombreux écrits de saint Cyprien, de saint Jean Chrysostome, de saint Augustin, et de tant d'autres beaux génies qu'il serait trop long de nommer.

Dans les temps modernes, lorsque le déisme philosophique et l'athéisme employèrent, contre la religion, le premier, la calomnie et le mensonge, le se-

cond, les supplices et la mort, de nouveaux apologistes se montrèrent, qui, non moins courageux que les premiers, ne luttèrent point toujours avec succès : tels furent quelques-uns de ceux qui combattirent Voltaire, et qui, malgré toute la bonté de leur cause, furent écrasés par la mauvaise foi de leur adversaire et par son habileté à manier le ridicule, arme terrible à laquelle, chez nous, rien ne peut résister. Châteaubriant, plus éloquent, et surtout plus heureux, arriva à une époque où tous les esprits, fatigués de la tourmente révolutionnaire, cherchaient un port contre l'orage; aussi sa belle apologie du christianisme fut-elle accueillie avec transport.

APOLOGUE (littérature) [du grec *apó*, loin de; *logos*, discours; discours détourné]. — Fait inventé et raconté dans le but de donner une leçon, de développer une vérité morale ou philosophique.

Bien que le monde où ce genre de fiction transporte notre esprit soit purement imaginaire, bien que les événements qui s'y déroulent sous la baguette magique du poëte soient purement fabuleux, il ne faut pas se hâter de conclure de là que toute vérité est étrangère à l'apologue, et que toute vraisemblance en est bannie. Loin de là; il y a une espèce de vérité et une sorte de vraisemblance propres à ce poëme, qui en font le plus grand charme, et dont il ne saurait plus se passer depuis que la Fontaine a écrit. Il n'est pas vrai, dit-on, que les animaux parlent, et il n'est pas vraisemblable qu'ils aient jamais parlé : nul ne le contestera dans notre siècle sans foi, où les petits enfants eux-mêmes commencent à ne plus croire en la Fontaine; mais l'art doit-il et peut-il être fidèle à la vérité réelle dans toutes ces peintures? Certes, il n'est pas vrai que les héros de l'antiquité aient parlé en alexandrins français : en a-t-on moins de plaisir à entendre s'exprimer ainsi, dans Racine et dans Corneille, Achille ou Pompée, Agamemnon ou César? Il n'est pas rigoureusement vraisemblable qu'un homme passionné, au milieu des plus violents transports de l'amour, de l'ambition ou de la jalousie, ne s'exprime jamais qu'en chantant : à l'Opéra pourtant, loin d'être choqué d'entendre Othello chanter en rugissant de fureur jalouse, sans détonner jamais, et Desdémona, échevelée et tremblante, demander la vie en chantant jusque sous le poignard, on ne se lasse pas de les applaudir. C'est qu'après tout, le monde de l'art n'est pas la nature, pas plus que le poëte n'est Dieu. C'est que chacun sent bien que tout art, pour nous plaire, nous émouvoir ou nous exalter, a besoin d'un ensemble de moyens, plus ou moins factices, qu'il faut toujours lui accorder avec quelque complaisance, sous peine de n'être ni charmé, ni ému, ni exalté. Il faut donc se garder de demander à l'artiste une œuvre tellement conforme à la réalité qu'elle puisse se confondre presque avec elle; car, pût-il atteindre à l'imitation exacte de la nature réelle, et, pour ainsi dire, à l'identité de son œuvre et de la nature, il ne devrait pas le tenter : et à quoi bon le tenter, en effet? Le principe de l'art n'est pas, ne peut pas être l'imitation inutile d'une nature banale et vulgaire qui est

sous les yeux de tous; c'est, au contraire, la transfi-
guration de la vie réelle en l'idéal de vie rêvé par
tous et par chacun; c'est, pour ainsi dire, l'incarnation humaine de la nature et de Dieu : par l'art,
l'homme s'élève à Dieu, en élevant la nature à lui.
Ne demandez donc pas à l'artiste un calque fidèle de
la réalité; demandez-lui plutôt d'idéaliser sans cesse
cette réalité pour réaliser ensuite son idéal, et le rendre sensible à tous. De même que chaque art a un
ensemble de moyens qui lui sont propres, qui constituent sa puissance, et dont il faut bien lui accorder
la légitimité, si l'on veut jouir des effets qu'il en peut
tirer; de même, dans le domaine de la poésie proprement dite, chaque genre a pour base une donnée
fondamentale, une fiction qui en fait le charme, et
sur laquelle ce genre repose. Il faut accepter cette
fiction avant tout, comme on se place au point de
perspective pour jouir d'un tableau, comme on consent à fermer un œil pour regarder dans une longue-
vue. La donnée fondamentale de l'apologue, c'est que
les bêtes, les plantes, les arbres, etc., vivent d'une
vie semblable à la nôtre, c'est-à-dire qu'ils ont nos
idées, qu'ils sont animés de nos passions, et qu'ils
agissent pour des intérêts en tout semblables aux
nôtres. Acceptons cette donnée, et prêtons-nous de
bonne grâce à l'illusion; nous aurons le droit de rejeter ensuite l'apologue, s'il ne sait pas nous plaire
et nous instruire; car pour avoir obtenu de nous cette
concession première, le poète est loin d'être affranchi
de toute loi, de tout devoir envers nous; au contraire,
plus ses moyens sont factices, plus sa donnée est mensongère, et plus il doit s'attacher à la vérité morale,
profonde et intime.

La vérité propre à l'apologue consiste à ne faire
dire aux animaux, ou aux êtres matériels qu'il met
en scène, que ce que diraient ceux dont ils ne sont
que l'image; de telle sorte que l'allégorie, par la justesse et l'unité de ses rapports, conduise directement
au sens moral qu'il se propose d'atteindre. Ainsi,
lorsque le loup tient à l'agneau le langage que le
puissant tient tous les jours au faible pour colorer
de prétextes hypocrites son injuste rapacité, bien que
les loups ne parlent pas, la vérité poétique du genre
n'en est pas moins admirablement observée.

(J. AICARD.)

APONÉVROLOGIE (anatomie) [du grec *apó*, de,
sur; *neuron*, nerf, et *logos*, discours]. — Partie de
l'anatomie qui traite des *aponévroses*. — Voy. ce mot.

APONÉVROSE (anatomie) [du grec *apó*, de, sur;
neuron, nerf, parce que les anciens regardaient les
aponévroses comme des expansions nerveuses]. —
Toile organique et membraneuse que forment les
fibres tendineuses entrelacées ou réunies parallèlement entre elles par une trame cellulaire d'une force
et d'une épaisseur variant suivant les individus. Les
aponévroses ont pour fonctions de servir d'enveloppe
aux membres, de gaîne aux muscles, aux vaisseaux;
elles forment le périoste, unissent les os aux muscles,
les os entre eux, renferment les parois de l'abdomen
et constituent la partie résistante des enveloppes du
cœur et du cerveau. On les divise en *aponévroses d'in-*

sertion si elles sont à l'extrémité des muscles (ex. : les
grand et petit oblique de l'abdomen); *aponévroses
d'intersection* si elles interrompent la continuité du
muscle (ex. : le muscle droit abdominal), et se continuent des deux côtés avec des fibres musculaires;
aponévroses générales, *d'enveloppe* ou *capsulaires*, qui
ont la forme des membres, dont elles maintiennent
les muscles et recouvrent les parties.

APOPHTHEGME (littérature) [du grec *apophthe-
gomai*, parler avec emphase]. — Voy. *Aphorisme*.

APOPHYSES (anatomie) [du grec *apophysis*, rejec-
ton]. — Éminences naturelles des os qu'on divise en
apophyses d'articulation et *apophyses d'insertion musculaire*. Elles ont reçu des noms suivant leur forme :
c'est ainsi qu'on dit *apophyses odontoïde, coracoïde,
styloïde, mastoïde*, etc., pour exprimer qu'elles sont
en forme de dent, de bec de corbeau, de style, de
mamelon, etc. Elles reçoivent aussi quelquefois le
nom de l'anatomiste qui les a le premier dénommées.
Telle est l'*apophyse d'Ingrassius* (petites ailes du
sphénoïde).

APOPLEXIE (pathologie) [du grec *apoplesso*, je
frappe violemment ou subitement, comme la foudre].
— Maladie du centre nerveux *céphalorachidien*, caractérisée surtout par une paralysie subite spontanée, plus
ou moins intense, du mouvement et du sentiment,
accompagnée ou non de perte de connaissance.

Variétés. — En ayant égard à la cause immédiate
qui lui a donné naissance, cette maladie présente
trois variétés, savoir :

A. L'*apoplexie sanguine*, lorsque les symptômes
apoplectiques se rattachent à une hémorrhagie cérébrale.

B. L'*apoplexie séreuse*, lorsque ces mêmes symptômes sont liés à l'accumulation rapide de sérosité
dans les ventricules cérébraux ou dans la grande cavité de l'arachnoïde. — Voy. *Hydrocéphale aiguë*.

C. L'*apoplexie nerveuse*, lorsque les phénomènes
morbides qui caractérisent une attaque d'apoplexie
se montrent indépendamment de toute lésion anatomique appréciable à nos sens. Tous les auteurs
n'ont pas admis cette variété, mais les annales de la
science en possèdent actuellement des exemples assez
nombreux.

Ajoutons enfin que par analogie, à cause de l'ins-
tantanéité des symptômes, on a donné le nom d'*apoplexie* à des épanchements de sang qui se forment
spontanément dans le parenchyme des poumons,
du foie, de la rate, etc., d'où les apoplexies *pulmonaire, hépatique, splénique*, etc. Nous décrirons seulement dans cet article l'hémorrhagie des centres
nerveux, qui est généralement regardée comme synonyme d'apoplexie cérébrale.

Hémorrhagie cérébrale. — Elle consiste dans la
rupture des vaisseaux et l'extravasation du sang dans
la pulpe nerveuse qui s'est déchirée pour le recevoir; ce qui la distingue de la simple congestion dans
laquelle le sang se porte subitement avec abondance
(coup de sang) vers la tête, engorge les vaisseaux,
mais ne le quitte pas; celle-ci précède la première,
mais ne l'occasionne pas toujours.

Avant d'aller plus loin, nous croyons devoir nous arrêter un instant sur le cerveau et ses dépendances.

Centre nerveux céphalo-rachidien. — Sous ce nom, on désigne cette masse nerveuse, molle et pulpeuse renfermée dans le crâne et le canal vertébral. Il comprend quatre parties principales, qui sont : le *cerveau*, le *cervelet*, la *protubérance annulaire* ou *méso-céphale* et la *moelle épinière.*

Cerveau. — Organe de l'intelligence, de la sensibilité et de la motilité, le cerveau est la partie la plus volumineuse des centres nerveux ; il occupe environ les quatre cinquièmes supérieurs et antérieurs de la cavité crânienne; il est incomplétement divisé sur la ligne médiane en deux moitiés latérales (droite et gauche) appelées hémisphères, subdivisées elles-mêmes sur leur face inférieure par deux fentes transversales en trois lobes : *antérieur, moyen* et *postérieur.* Cet organe présente, dans son épaisseur des cavités qu'on nomme *ventricules.*

Cervelet. — Moins volumineux que le cerveau, mais plus gros que les deux autres portions du centre nerveux céphalo-rachidien, le cervelet occupe les fosses occipitales inférieures de la base du crâne; il est aussi divisé sur la ligne médiane en deux moitiés latérales (droite et gauche), que l'on nomme *lobes.* Ses fonctions sont à peu près les mêmes que celles du cerveau; disons pourtant que, d'après les recherches de MM. Foville et Pinel-Grandchamp sur le siége spécial des différentes fonctions du système nerveux, le cervelet serait le foyer de la sensibilité, et le cerveau celui de l'intelligence et de la motilité.

Protubérance annulaire. — C'est un noyau de substance nerveuse qui réunit, à l'aide de quatre prolongements appelés pédoncules, le cerveau et le cervelet à la moelle épinière; elle est située à la base du crâne.

Moelle épinière. — C'est une espèce de tige nerveuse renfermée dans le canal vertébral, excepté son extrémité supérieure, qui repose sur la gouttière basilaire du crâne. Cette extrémité est renflée et porte le nom de moelle allongée. Elle reçoit des prolongements du cerveau qui s'entrecroisent dans la protubérance annulaire, de telle sorte que les fibres qui se rendent à la moitié gauche de la moelle épinière viennent de l'hémisphère droit, et réciproquement, celles qui se portent dans la moitié droite de cet organe sont fournies par l'hémisphère gauche; de là l'effet croisé des fonctions sensitive et motrice du cerveau. La moelle épinière donne naissance, de chaque côté, à des cordons (nerfs) qui sortent du canal vertébral par des trous latéraux, et vont se distribuer aux muscles et aux autres organes pour leur transmettre le mouvement et le sentiment qu'ils reçoivent de la moelle, qu'elle tient elle-même du cerveau et du cervelet.

Phénomènes vitaux. — L'excitation cérébrale occasionne des désordres dans les facultés motrices et sensoriales (délire, exaltation des organes des sens et convulsions); la compression et la désorganisation de la pulpe nerveuse entraînent la perte du sentiment, du mouvement et de la connaissance, si ces états morbides sont portés assez loin. L'expérience suivante fera mieux comprendre ce que nous avançons.

Lorsque sur un animal vivant, un chien, par exemple, après avoir enlevé une portion des parois du crâne par une couronne de trépan, on comprime, avec le bout d'un doigt, un des hémisphères à travers ses enveloppes membraneuses, on diminue ou l'on abolit entièrement la motilité et la sensibilité dans les membres du côté opposé à l'hémisphère comprimé, c'est-à-dire que si la compression est légère, les membres faiblissent seulement; si elle est plus forte, ils sont complétement paralysés et l'animal tombe sur le côté; et quand enfin on la porte assez loin, il est plongé dans la stupeur; mais dès l'instant où l'on cesse de comprimer le cerveau, pourvu qu'on n'ait pas déterminé de lésions matérielles, tous ces désordres fonctionnels disparaissent et l'animal revient à lui, se relève et marche.

Ces données anatomiques et physiologiques étant posées, nous revenons à notre sujet.

Siéges des hémorrhagies cérébrales.—Elles peuvent survenir dans les différentes parties de l'encéphale ; ainsi on a observé des épanchements de sang dans :

1° La substance même des hémisphères;

2° Les cavités ventriculaires de cet organe ;

3° Le cervelet;

4° La protubérance et ses prolongements pédonculaires ;

5° L'extrémité supérieure de la moelle épinière (moelle allongée);

6° Dans la grande cavité de l'arachnoïde (apoplexie méningée);

7° Entre la dure-mère et le feuillet pariétal de l'arachnoïde (hémorrhagie enkystée).

Mais les hémorrhagies les plus fréquentes sont celles qui arrivent dans les couches *optiques*, les corps *striés* et les *environs*, c'est-à-dire dans cette portion des hémisphères qu'on appelle *centre ovale de Vieussens.*

D'où provient le sang dans les hémorrhagies des centres nerveux?—Exceptionnellement, ce liquide est fourni par des veines encéphaliques qui se rompent par suite d'un état variqueux. Ordinairement, le sang provient des artères, soit des capillaires artériels (rarement), soit des troncs vasculaires, du premier ou du second ordre, qui se rompent parce qu'elles sont malades; en général, ils offrent un état crétacé.

Qu'est-ce qu'un foyer apoplectique? — On désigne sous ce nom la partie du cerveau dans laquelle se fait l'épanchement de sang, et qui s'est déchirée pour le recevoir. Son volume varie depuis la grosseur d'une aveline jusqu'à celle d'un œuf de poule, et même celle du poing; ordinairement le foyer est unique, mais quelquefois aussi il est multiple.

Division de l'apoplexie. — Comme le plus souvent les hémorrhagies cérébrales ont leur siége dans l'épaisseur des hémisphères, et qu'alors l'intensité des symptômes qui caractérisent l'attaque est en rapport avec la quantité de sang épanché, l'apoplexie a été divisée en *faible, moyenne* et *forte*, suivant que le foyer hémorrhagique est *petit, de moyenne grosseur* ou *très-volumineux*. Toutefois, il faut tenir compte du siége. En effet, un épanchement de la grosseur d'une noisette, situé dans le centre ovale de Vieussens, en dehors des couches optiques, n'entraîne pas la perte de connaissance, ni l'abolition de la marche, et constitue, en un mot, une des attaques faibles; tandis qu'un foyer hémorrhagique du même volume (celui d'une noisette) siégeant dans le méso-céphale ou dans la moelle allongée, occasionne une paralysie complète et ordinairement générale, le coma, la respiration stertoreuse, et une mort plus ou moins prompte.

Caractères anatomiques. — Suivant que la mort est survenue à une époque rapprochée ou plus ou moins éloignée de l'attaque, et en y comprenant les traces des foyers apoplectiques après la guérison, l'anatomie pathologique peut être divisée en trois périodes.

Dans la première, c'est-à-dire lorsqu'on examine les lésions anatomiques peu de temps après l'attaque, la mort ayant été prompte, on trouve le sang du foyer apoplectique coagulé et séparé en deux parties : l'une, séreuse, est située à la circonférence; l'autre, solide, occupant le centre; c'est le caillot, qui est d'une couleur noirâtre et encore mou; la substance nerveuse qui l'entoure est injectée et ramollie. Si la mort est survenue un peu plus tard, le caillot est déjà décoloré et un peu durci, parce qu'il s'est transformé en masse fibrineuse; en d'autres termes, on peut dire que le sang épanché est d'autant plus noir et plus mou que la mort a suivi de près l'attaque, *et vice versâ*; il est d'autant plus décoloré et dur ou fibrineux, qu'il y a plus longtemps que l'hémorrhagie a eu lieu lorsque l'apoplectique a succombé. Quelquefois le sang, dans les hémorrhagies capillaires, est infiltré dans la pulpe cérébrale au lieu d'être réuni en foyers. Dans d'autres cas enfin, ce liquide est épanché dans les ventricules cérébraux, et provenant, soit d'un foyer hémorrhagique qui s'est ouvert dans ces cavités, soit d'une exhalation qui s'est opérée à la surface des parois ventriculaires. Ajoutons enfin qu'avec les désordres matériels que nous venons de signaler, il existe un engorgement sanguin des sinus de la dure-mère, et une injection de la pie-mère, du côté malade.

Dans la deuxième période, c'est-à-dire quand on a à faire l'autopsie, la mort ayant été tardive, on trouve le foyer hémorrhagique entouré d'un kyste et contenant encore du sang très-décoloré et de la sérosité, ou bien de la sérosité seulement.

Dans la troisième période, qui correspond à la guérison, et qu'on n'observe que lorsque le malade est mort d'une nouvelle attaque, on trouve à la place du foyer une véritable cicatrice qui n'est ordinairement complète que du troisième au quatrième mois. Le nombre en est au moins égal à celui des attaques antérieures, car il y a des personnes qui ont eu plusieurs apoplexies faibles avant de succomber à une plus forte.

Symptomatologie. — Dans certains cas, l'attaque d'apoplexie est annoncée par quelques symptômes avant-coureurs, tels que douleur ou pesanteur de tête, éblouissements, tintements d'oreilles, un état d'hébétude, de la somnolence, etc.

Symptômes de l'attaque. — Nous allons les passer isolément en revue, puis nous les réunirons, en les examinant dans les différents degrés de la maladie.

De la paralysie. — C'est le symptôme caractéristique de l'apoplexie, et cela est si vrai, que les personnes étrangères à la médecine, pour annoncer que quelqu'un a été frappé d'apoplexie, disent : *Il est tombé en paralysie.* Elle peut porter isolément ou simultanément sur la motilité, la sensibilité et l'intelligence. Elle consiste dans la diminution, à différents degrés, ou l'abolition totale de l'une de ces facultés ou de toutes les trois en même temps.

Motilité. — La paralysie du mouvement est la plus commune ; elle est tantôt générale, c'est-à-dire qu'elle atteint les quatre membres, tantôt partielle, c'est le cas ordinaire, et alors elle peut se borner à un œil, à une moitié de la face ou de la langue, à un seul membre supérieur ou inférieur; mais le plus fréquemment elle porte sur toute une moitié du corps (hémiplégie) et du côté opposé à l'hémisphère où s'est fait l'hémorrhagie, même pour la face, quoique le nerf facial qui donne le mouvement à cette région se détache de la septième paire des nerfs crâniens avant l'entrecroisement des pyramides. Disons pourtant qu'il existe actuellement un certain nombre de faits exceptionnels dans lesquels non-seulement la paralysie de la face, mais encore l'hémiplégie a eu lieu du côté de l'épanchement.

La paralysie du mouvement varie en intensité, depuis le simple engourdissement dans un ou plusieurs membres, ou la difficulté plus ou moins grande de marcher, jusqu'à l'abolition complète de cette faculté, et cela suivant que l'hémorrhagie est faible ou forte, et suivant aussi son siége, comme nous l'avons fait connaître précédemment.

La paralysie des quatre membres est sous la dépendance :

1° De l'hémorrhagie du méso-céphale ou de la moelle allongée ;

2° De l'hémorrhagie simultanée des deux hémisphères cérébraux ou d'un seul, mais lorsque l'épanchement est tellement considérable que l'augmentation du volume de l'hémisphère hémorrhagié amène la compression de celui du côté opposé, ou bien encore lorsque ce liquide, après avoir déchiré les parois du foyer, a fait irruption dans les ventricules.

La paralysie des quatre membres peut se transformer en hémiplégie au bout de vingt-quatre heures, ou rester générale jusqu'à la mort. Suivant MM. Fovelle et Pinel-Grandchamp, la paralysie des membres supérieurs serait liée à l'hémorrhagie des couches optiques, et celle des membres inférieurs à l'épanchement de sang dans les corps striés. M. Bouillaud rattache l'abolition de la parole à l'apoplexie des lobes antérieurs du cerveau.

Paralysie de la face. — Elle se manifeste par la déviation des lèvres, qui sont entraînées du côté opposé par les muscles sains.

Paralysie de la langue. — Il est rare que dans une attaque d'apoplexie, même faible, la parole ne soit pas embarrassée, parce que la langue est paralysée d'un côté et déviée.

Sensibilité. — La paralysie du sentiment n'est pas toujours aussi prononcée que celle du mouvement; il n'est pas rare, en effet, de voir un membre complétement immobile dont la peau qui le recouvre conserve encore de la sensibilité, car si on la pince un peu fort, l'apoplectique se plaint ou fait la grimace.

Intelligence. — Lorsque l'hémorrhagie est faible, le malade ne perd pas connaissance; mais si l'apoplexie est intense, il est plongé dans un coma plus ou moins profond.

Circulation. — La face est quelquefois pâle; ordinairement elle est injectée, rouge ou violacée; le pouls est à l'état de fréquence normale ou ralenti, mais il est fort; dans certains cas pourtant il est accéléré.

Respiration. — Elle reste libre dans les attaques faibles, mais elle s'embarrasse et devient même bruyante ou *stertoreuse* dans les attaques fortes, principalement quand l'hémorrhagie siége dans la protubérance annulaire ou dans la moelle allongée.

Rectum et vessie. — Lorsque l'apoplexie est grave, ces organes sont troublés dans leurs fonctions.

Si, maintenant que nous avons étudié tous ces désordres fonctionnels isolément, nous les groupons pour en former un tableau de la maladie dans ses divers degrés, nous dirons :

A. Dans l'apoplexie non comateuse qui n'entraîne pas la perte de connaissance, il y a plusieurs nuances qui se rattachent toutes à deux degrés principaux, savoir : ou bien l'attaque n'abolit pas la marche, ou bien cette faculté est entièrement anéantie.

Dans le premier cas, les symptômes se bornent à une paralysie soudaine et incomplète des muscles, soit d'un œil ou d'une moitié de la face (d'où déviation de ces parties); soit d'une moitié de la langue (d'où embarras dans la parole); soit d'un membre ou de la face et d'un membre, soit enfin de toute une moitié du corps (hémiplégie), et cette paralysie consiste tantôt dans un simple engourdissement, tantôt dans une diminution plus ou moins grande de la contraction des muscles des parties affectées.

Dans le second cas, la motilité est totalement abolie dans ces parties paralysées, et avec cela la parole est embarrassée, et le malade présente ordinairement un air d'hébétude.

B. Dans l'apoplexie qui entraîne la perte de connaissance, l'apoplectique est plongé dans un coma plus ou moins profond. La face, quelquefois pâle, est ordinairement rouge ou violacée; le pouls est lent et fort; la motilité est complétement anéantie sur un des côtés du corps ou sur les quatre membres; et si, après avoir soulevé ces organes, on les abandonne à leur propre poids, ils retombent comme des machines inertes; la bouche et la langue sont de travers; de temps en temps la joue paralysée se laisse distendre par de l'air qui s'accumule dans la bouche,

puis, réagissant sur ce gaz par l'élasticité des tissus qui la composent, elle le chasse avec bruit par la commissure correspondante des lèvres. Pour exprimer l'idée de ce phénomène, on dit que l'apoplectique *fume la pipe.* La respiration est tantôt libre, tantôt gênée et stertoreuse; les fonctions de la vessie et du rectum sont souvent troublées. Ainsi, l'expulsion des matières fécales et l'émission des urines sont empêchées dans certains cas, et devenues involontaires dans d'autres.

Des fois l'apoplexie occasionne (rarement) des convulsions qui siégent soit sur les membres paralysés, soit sur ceux qui sont malades, alternant avec la paralysie ou coïncidant avec elle, et alors elles se montrent sous forme de rigidité tétanique, avec cette différence pourtant qu'elle cède à de faibles efforts de flexion; ce qui n'a pas lieu dans le tétanos.

Terminaisons. — Si l'apoplexie est faible ou moyenne en intensité, un grand nombre de malades guérissent sous l'influence d'un traitement approprié; si elle est forte, c'est-à-dire si elle occasionne du coma prolongé, quelques individus guérissent, mais la majeure partie succombent.

Lorsque l'attaque doit avoir une issue favorable, on observe une diminution graduelle dans les symptômes; la perte de la connaissance est le premier accident qui se dissipe, et alors les malades reviennent à eux du premier au cinquième ou sixième jour; mais ils conservent un peu d'étonnement, souvent accompagné de mal ou de pesanteur de tête. La paralysie musculaire est beaucoup plus tenace que celle de l'intelligence ; rarement a-t-elle complétement disparu avant quatre mois, et encore cette terminaison prompte ne s'observe-t-elle que chez les sujets jeunes; car presque tous les paralytiques au-dessus de quarante ans conservent une faiblesse plus ou moins grande dans les membres qui maigrissent, et une diminution dans la sensibilité tactile. Il y a aussi des malades qui, après avoir échappé à la mort dans un cas d'apoplexie grave, vivent longtemps, mais restent paralysés toute leur vie, et tombent souvent dans un état d'enfance; ils pleurent ou ils rient sans motifs quand on leur adresse la parole.

Lorsque la maladie doit se terminer d'une manière fâcheuse, tous les symptômes vont en augmentant, et la mort survient du troisième au huitième jour. Ce n'est que très-exceptionnellement que le patient succombe peu après l'apparition des accidents. Dans ce cas, la maladie prend le nom d'*apoplexie foudroyante.*

Pronostic de la maladie. — Il est variable suivant l'intensité de l'attaque, l'âge, la force des sujets, et une foule d'autres circonstances. Tout en tenant compte de ces considérations, nous croyons pouvoir dire que l'apoplexie est par elle-même une maladie fâcheuse et souvent grave.

Elle est *fâcheuse* en ce sens que les personnes qui en guérissent sont très-sujettes aux rechutes, et qu'il leur reste fréquemment de la faiblesse musculaire et de la perte de la mémoire, et, chose digne de remarque, c'est surtout la mémoire des noms qui est en défaut.

Elle est grave, parce que l'apoplexie intense entraîne le plus souvent la mort, ou laisse quelquefois les individus paralysés toute leur vie.

Pronostic d'une attaque forte. — En face d'un cas pareil, que doit répondre le médecin à la question que ne manquent pas de lui faire les parents du malade, ou les personnes qui l'entourent, sur l'issue probable de la maladie? Dans cette occurrence, laissons l'homme ignorant, qui ne doute de rien, trancher la question, sauf à être bientôt démenti par l'événement; mais que le praticien instruit soit très-circonspect, et ne se prononce pas d'une manière absolue; qu'il se guide sur la gravité des symptômes présents, tout en tenant compte de l'âge, de la force du sujet, etc., pour former son jugement. Toutefois, si le malade est plongé dans un coma profond avec respiration stertoreuse, si les matières fécales et les urines sont expulsées involontairement, et si surtout, en même temps, la paralysie est générale, il pourra déclarer la mort presque inévitable.

Diagnostic différentiel. — L'apoplexie comateuse peut à la rigueur être confondue avec la congestion cérébrale rapide et violente, vulgairement appelée *coup de sang*. Voici d'abord les symptômes caractéristiques de ce dernier : Après un étourdissement de courte durée, l'individu tombe brusquement sans connaissance, avec abolition dans l'action musculaire; la face est fortement colorée, et souvent d'un rouge cramoisi; les yeux sont gros et injectés, les artères carotides battent avec force, le pouls est fort et la peau chaude; la respiration est quelquefois stertoreuse, et les fonctions de la vessie et du rectum peuvent être troublées.

Ainsi donc : 1° Dans le coup de sang, comme dans l'apoplexie, l'individu qui en est atteint tombe brusquement sans connaissance.

2° Dans la congestion rapide et violente, comme dans l'hémorrhagie intense, il y a abolition des mouvements volontaires.

3° Dans l'une comme dans l'autre, la respiration est souvent stertoreuse. Mais dans le coup de sang, l'abolition porte généralement sur les quatre membres, tandis que dans l'apoplexie elle siège sur une des moitiés du corps; quelquefois seulement sur les deux.

Dans le coup de sang, les accidents se dissipent promptement, surtout sous l'influence de la saignée; tandis que ceux de l'apoplexie, principalement la paralysie musculaire, persistent, et à plus forte raison quand l'hémorrhagie est assez grave pour entraîner la paralysie générale.

On distinguera encore l'apoplexie du ramollissement cérébral, quelquefois très-rapide, à ce que, dans la première, la paralysie est brusque et sans phénomènes précurseurs sur les membres atteints; dans le ramollissement cérébral, au contraire, l'abolition de l'action musculaire est précédée de fourmillement, de rigidité ou de contracture dans ces parties. Toutefois, on cite quelques cas exceptionnels d'hémiplégie qui s'est montrée brusquement à la suite d'un ramollissement blanc.

Apoplexie du cervelet. — Elle est rare et coïncide le plus souvent avec celle du cerveau; partant les symptômes qui lui sont propres se confondent avec ceux de cette dernière. Néanmoins nous dirons que :

1° Dans un relevé statistique des observations d'hémorrhagies du cervelet puisées dans les différents auteurs et quelques-unes prises dans sa propre pratique, M. Andral a conclu que l'apoplexie cérébelleuse a des effets croisés, et que, comme dans l'apoplexie cérébrale, les désordres portent sur la motilité, la sensibilité et l'intelligence, ce qui est en contradiction avec les recherches de MM. Foville et Pinel-Grandchamp sur les fonctions spéciales des diverses parties de l'encéphale que nous avons déjà fait connaître.

2° Dans la plupart des observations publiées, les symptômes étaient semblables à ceux d'une apoplexie grave du cerveau.

3° L'appareil génital a été modifié dans certains cas, et n'a rien présenté de particulier dans d'autres.

Apoplexie du méso-céphale et de la moelle allongée. — Elle occasionne ordinairement une paralysie générale, du coma, de l'insensibilité, une respiration stertoreuse, et la mort en peu de temps.

Apoplexie de la moelle épinière. — Comme toutes les lésions organiques de la moelle, quand elle siège au-dessous de la naissance des nerfs phréniques, l'hémorrhagie entraîne la paralysie des parties (droite et gauche) du corps situées au-dessous du foyer hémorrhagique, et prend alors le nom de *poraplexie*. Toutefois, lorsque le foyer est petit et borné à une des moitiés latérales de la moelle, la paralysie peut ne porter que sur un seul côté, celui qui correspond à l'épanchement.

Causes de l'apoplexie. — Elles sont les unes prédisposantes, et les autres efficientes.

Dans les premières, nous noterons : 1° l'âge de trente-six à soixante ans; mais surtout de quarante à cinquante (il est bien entendu qu'on peut l'observer à toutes les époques de la vie); 2° le sexe masculin; 3° une grosse tête supportée par un cou très-court; 4° un cœur volumineux; 5° une constitution pléthorique; 6° l'hérédité; 7° une nourriture trop succulente, la goutte, etc.

Dans la deuxième catégorie viennent se ranger tous les stimulants gastriques : l'abus des boissons alcooliques, partant l'ivrognerie; les émotions morales vives, les accès de colère, l'hypertrophie du ventricule gauche du cœur qui chasse le sang avec trop d'énergie vers la tête, les grands efforts, les accouchements laborieux, les deux extrêmes de la température, le travail intellectuel prolongé, le travail digestif; on voit en effet très-fréquemment l'apoplexie survenir pendant ou peu de temps après le repas.

Traitement. — Il comprend trois indications correspondant à trois époques différentes. La *première* a pour but de prévenir la maladie et constitue le *traitement préventif*; la *deuxième* consiste à combattre l'attaque dès qu'elle s'est manifestée; c'est le *traitement* dit *curatif*; la *troisième*, enfin, s'occupe de favoriser la cicatrisation de la pulpe nerveuse déchirée et la disparition de la paralysie consécutive; nous l'appellerons traitement *adjuvant ou consécutif.*

Traitement préservatif. — Aux personnes fortement constituées et sanguines, arrivées à l'âge de trente-six à quarante ans, au moins, il faut leur conseiller d'observer les règles de l'hygiène, de se soumettre à un régime alimentaire doux, c'est-à-dire plutôt végétal qu'animal, de s'abstenir de café et des liqueurs spiritueuses, ou du moins n'en prendre que très-rarement, d'éviter les émotions morales vives, de ne point rester renfermées dans un endroit très-chaud; leur prescrire de temps à autre un purgatif, une petite saignée, ou une application de quelques sangsues à l'anus, et ces derniers moyens devront être incontinent mis en pratique chez ceux qui éprouveront quelques-uns des phénomènes suivants, tels que : étourdissements, bouffées de chaleur vers la tête, éblouissements, tintements dans les oreilles, engourdissement passager dans les membres, somnolence permanente, etc.; ajoutons enfin que, si la personne qui éprouverait ces symptômes avait été sujette d'autres fois à un flux hémorrhoïdal actuellement supprimé, il faudrait chercher à le rétablir.

TRAITEMENT CURATIF OU TRAITEMENT DE L'ATTAQUE.

En arrivant près d'un malade apoplectique, il faut :

1° Le débarrasser des vêtements qui pourraient gêner la respiration, et partant embarrasser la circulation;

2° Le faire coucher la tête très-élevée, et, s'il est possible, le soustraire au bruit et à une lumière vive;

3° Si l'attaque est survenue pendant ou peu après le repas, lui prescrire immédiatement un vomitif pour débarrasser l'estomac des aliments qu'il contient, parce que l'état de plénitude de cet organe favorise l'hémorrhagie; mais s'abstenir de ce moyen dans toute autre circonstance, attendu qu'il pourrait être plus nuisible qu'utile, en imprimant au sang des secousses violentes;

4° Pratiquer une saignée et la renouveler plus ou moins pendant deux à trois jours, suivant l'intensité de l'attaque, l'âge et la force du sujet, etc.; et cela dans le but d'arrêter l'hémorrhagie, de favoriser l'absorption du sang épanché, et de prévenir l'inflammation de la substance cérébrale déchirée;

5° Prescrire des purgatifs si le malade n'a pas perdu connaissance et peut avaler; ou des lavements purgatifs dans le cas contraire;

6° Enfin, si, malgré l'emploi de tous ces moyens, le malade reste dans un état de stupeur, promener des sinapismes sur les membres inférieurs et appliquer des vésicatoires à la nuque et derrière les oreilles.

Il va sans dire que le patient doit être soumis à la diète et aux boissons délayantes.

TRAITEMENT ADJUVANT OU CONSÉCUTIF.

Celui-ci a pour but, avons-nous dit ailleurs, de favoriser la cicatrisation du foyer et la disparition de la paralysie qui persiste après l'attaque.

Première indication. — Malheureusement la médecine est impuissante à favoriser la cicatrisation de la pulpe cérébrale; toutefois, on peut aider les efforts de la nature, qui seule est chargée de ce travail réparateur, en conseillant aux malades un genre de vie calme, et, s'il est possible, exempt d'inquiétudes et d'émotions, de se soumettre à une alimentation peu substantielle, de s'abstenir de toute occupation intellectuelle, de prendre un léger exercice et de changer d'air s'il y a possibilité.

Deuxième indication. — Lorsque déjà depuis longtemps les accidents de l'apoplexie sont passés, moins la paralysie, on peut essayer contre elle :

1° L'électricité et le galvanisme, dont on obtient quelquefois un beau résultat;

2° L'administration de la noix vomique, de la strychnine et de la brucine;

3° Des frictions soir et matin sur les membres paralysés, soit avec un liniment camphré, soit avec une mixture à la teinture des cantharides, etc.;

4° Des vésicatoires volants;

5° Un exercice communiqué ou spontané des membres paralysés;

6° Enfin, prescrire de temps en temps un purgatif, une petite saignée ou quelques sangsues à l'anus.

Tels sont les moyens que l'on peut mettre en usage pour combattre la paralysie musculaire qui persiste après une attaque d'apoplexie.

Sous l'influence de la strychnine administrée pendant plusieurs mois, secondée par l'usage des frictions diverses, des vésicatoires, des purgatifs, de la saignée et de l'exercice journalier des membres paralysés, communiqué d'abord, puis spontané, nous avons déjà obtenu plusieurs succès; et M. Bricheteau a guéri, dans l'espace de trois mois, des hémiplégies dues à l'apoplexie, avec la brucine, en portant la dose de ce médicament successivement jusqu'à soixante-douze centigrammes par jour, après avoir commencé par celle de deux centigrammes.

DE L'APOPLEXIE DES NOUVEAU-NÉS. — *Causes.* — L'état apoplectique des nouveau-nés s'observe:

1° Dans les accouchements longs et difficiles, et dans ceux surtout où les eaux s'écoulent prématurément;

2° Dans les présentations de la face;

3° Et principalement lorsque les enfants viennent au monde avec des circulaires du cordon autour du cou ;

Symptômes. — Le fœtus qui naît apoplectique a la surface du corps comme tuméfiée et d'une couleur bleuâtre ou noirâtre, notamment au visage; ses membres sont sans mouvements, flexibles et se laissant aller comme des machines inertes; les pulsations du cordon, le pouls ou les battements du cœur sont obscurs ou même insensibles.

Anatomie pathologique. — A la nécropsie, on trouve les vaisseaux encéphaliques gorgés de sang; d'autres fois ce liquide est épanché, soit à la surface des membranes, soit dans la pulpe cérébrale elle-même, et, exceptionnellement, dans les ventricules. Les poumons présentent également un engorgement sanguin très-prononcé.

Pronostic. — Si l'état apoplectique est dû à une simple congestion cérébrale, il n'est pas grave; au contraire, il est généralement mortel quand il tient à un épanchement. Dans tous les cas, comme il n'y a pas de signe qui établisse ces différences; il faut agir promptement et de la même manière.

Thérapeutique. — Aussitôt que l'enfant est né, on doit :

1° Couper le cordon ombilical et laisser couler quelques cuillerées de sang ;

2° Introduire le petit doigt dans la gorge pour débarrasser l'orifice supérieur du larynx des mucosités qui l'obstruent quelquefois et qui s'opposeraient à l'établissement de la respiration ;

3° Chatouiller les narines avec les barbes d'une plume ;

4° Fouetter l'enfant, c'est-à-dire frapper avec la main sur le siége, et ne pas craindre de cingler un peu fort ;

5° Faire des frictions sur la région du cœur, et exercer des pressions sur les parois de la poitrine;

6° Plonger l'enfant dans un bain tiède, ou l'exposer à un feu clair pour le réchauffer ;

7° Enfin pratiquer au besoin l'insufflation pulmonaire, soit directement, la bouche de l'accoucheur étant appliquée exactement sur celle de l'enfant; soit indirectement, avec le tube laryngien de Chaussier. Pendant l'insufflation directe, pour empêcher l'air de ressortir par les fosses nasales, et, partant, le forcer à s'engager dans le larynx, il faut pincer les narines de l'enfant avec le pouce et l'index d'une main, et une fois qu'on a poussé une certaine quantité d'air dans les poumons, provoquer un mouvement d'expiration en exerçant des pressions sur la poitrine.

A l'aide de ces moyens, quelques secondes ou quelques minutes suffisent souvent pour rappeler les enfants à la vie. D'autres fois on est obligé d'insister pendant longtemps sur l'emploi de ces moyens pour arriver au même résultat. Nous ajouterons même, à cette occasion, qu'on ne saurait être assez persévérant, car l'expérience a démontré que des enfants ont pu être ranimés au bout de plusieurs heures. Pour notre part, nous avons eu plusieurs fois à nous louer de cette conduite. Nous nous bornerons à citer l'exemple suivant : En 1840, à onze heures du soir, nous reçûmes un enfant dans un état apoplectique, et qui, malgré nos soins les plus empressés, ne commença à se ranimer que vers deux heures du matin, et quatre heures avaient sonné avant qu'il poussât des cris.   Dr MERCÉ, *professeur.*

APOPLEXIE NERVEUSE. — Les annales de la science renferment peu de cas bien caractérisés d'apoplexie nerveuse, nous allons présenter ici l'observation publiée par nous dans le tome XII de *l'Abeille médicale,* année 1855.

Si les partisans de l'école anatomique semblent révoquer en doute l'existence de la maladie que nous allons décrire, c'est que la plupart des auteurs modernes, donnant une signification vicieuse au mot *apoplexie,* veulent trouver dans cette affection et dans la paralysie qui en est la suite, une lésion organique proprement dite: *hémorrhagie cérébrale, ramollissement,* etc.

Nous allons prouver que dans certaines circonstances, un ensemble de symptômes apoplectiformes existent, avec état paralytique même, sans que ces symptômes puissent être rattachés à un état organique du système cérébro-spinal.

Le 17 juin 1855, vers cinq heures du matin, je fus appelé en toute hâte pour me rendre chez madame Gobillon, rue de la Tonnellerie, n° 17, femme âgée de quarante-quatre ans, qui venait d'être indisposée subitement. Lorsque j'arrivai, voici l'état dans lequel je trouvai la malade : Suspension du mouvement et du sentiment, pâleur de la face, déviation de la langue, pouls irrégulier, petit ; paralysie de tout le côté gauche du corps. Plus de doute pour moi, j'avais affaire à une *apoplexie.* Cependant, en présence d'un sujet encore jeune, d'une constitution lymphatique, en voyant surtout la pâleur du visage et des lèvres, la petitesse et l'intermittence du pouls, je n'osais pratiquer une saignée; car quelque chose me disait qu'il s'agissait ici d'une de ces névroses de l'encéphale encore contestées par des praticiens distingués. Je prescrivis donc des sinapismes aux mollets, des frictions réitérées sur la poitrine, les bras, les jambes, etc., avec un liniment fortement ammoniacal, et j'ordonnai une potion éthérée, en attendant que quelque nouveau phénomène vînt donner du poids à mon diagnostic. En continuant l'examen de ma malade, je remarquai que toute la partie du corps paralysée ne donnait point de pulsations artérielles sensibles au toucher : ainsi, absence de pulsations du côté gauche aux artères radiale, humérale, temporale; à la carotide, à la crurale, etc.

Pendant que je me renseignais sur l'état ordinaire de la malade, qu'on me dit être d'une constitution faible, sujette à des migraines intenses, à des crampes d'estomac, à des *maux de nerfs* (sic), et sur les causes qui avaient pu amener cet accident, l'action des révulsifs réveillait la sensibilité nerveuse, et la malade commençait à recouvrer connaissance et à reconnaître ceux qui lui prodiguaient des soins. A l'hémiplégie succédèrent bientôt des mouvements convulsifs qui durèrent une partie de la journée, et dont les antispasmodiques triomphèrent peu à peu. Le lendemain, la malade était très-faible et se plaignait de douleurs dans les membres; quelques mouvements convulsifs eurent encore lieu pendant six à sept jours, et ce ne fut guère qu'après ce temps que le pouls, dont les battements avaient diminué successivement chaque jour de quatre par minute, ne marquait plus que cinquante-cinq à soixante pulsations. Toutefois, un état de faiblesse très-grand se manifestait encore, et il fallut douze à quinze jours pour que la malade pût se lever et faire quelques pas dans sa chambre. Sous l'influence d'une médication tonique et de l'emploi de l'électricité, les fonctions se rétablirent peu à peu, et les pulsations artérielles reparurent dans le côté qui avait été atteint de paralysie, mais dans un degré de force moins élevé.

Réflexions. — Nous savons tous qu'on donne le nom de *névroses* à cette grande classe de maladies caractérisées par des troubles nerveux, variables à l'infini, et ne se rattachant le plus souvent à aucune lésion appréciable. Puisqu'on reconnaît des *névroses cérébrales* affectant les sens (amauroses, surdité), le mouvement (crampes, chorée, etc.), l'intelligence (manie, démence, etc.), les penchants (nymphomanie, satyriasis); — des *névroses rachidiennes* (tétanos, etc.); — des *névroses des nerfs* (névralgies proprement dites); — des *névroses ganglionnaires* (viscéralgies, syncopes, etc.),—pourquoi se refuserait-on à admettre une *apoplexie nerveuse?* Moulin, Abercrombie, Lobstein, Andral, etc., n'en parlent-ils pas dans leurs ouvrages? Rochoux, dans ses *Recherches sur l'apoplexie,* dit que *l'absence de la paralysie sert principalement à faire reconnaître les apoplexies nerveuses;* mais la paralysie, au contraire, est le seul symptôme de cette affection qui soit constant et qui permette de lui conserver le nom d'apoplexie. Seulement, cette paralysie dure ordinairement peu, cesse même quelquefois en *un jour,* en *quelques heures.* Or, nous le demandons de bonne foi, pense-t-on qu'une compression assez forte pour produire l'hémiplégie puisse disparaître dans l'espace d'un jour? Nous adressons cette question aux organiciens, dont les travaux d'anatomo-pathologie n'ont guère éclairé le diagnostic des maladies nerveuses.

Puisque sur le cadavre des individus qui succombent à l'apoplexie nerveuse on ne trouve dans le cerveau, à sa surface, dans les membranes, la boîte osseuse, etc., aucune lésion organique correspondante au temps de l'apoplexie, étudions ce sujet difficile sur le vivant, et pour cela, présentons le *tableau différentiel* des causes, des symptômes, etc., de *l'apoplexie sanguine* et de *l'apoplexie nerveuse.*

APOPLEXIE SANGUINE. *Causes.*	APOPLEXIE NERVEUSE. *Causes.*
Tempérament sanguin, alimentation excitante, abus des alcooliques, constriction du cou par la cravate.	Tempérament nerveux, lymphathique; nourriture peu substantielle, impression violente, écarts de régime.
Compression mécanique. *Symptômes.*	*Atonie de la fibre nerveuse.* *Symptômes.*
Perte plus ou moins complète de l'intelligence, du sentiment et du mouvement, sans que la respiration et la circulation soient suspendues.	Idem.
Face rouge, turgescente; conjonctives injectées, lèvres cyanosées.	Face pâle, conjonctives blanches, lèvres pâles.
Pouls plein et dur, ou large et mou, quelquefois petit et résistant.	Pouls petit et affaissé, souvent intermittent, inégal.
Paralysie durant longtemps.	Paralysie durant peu de temps, quelquefois un jour, quelques heures.

Pronostic.	*Pronostic.*
Peut tuer subitement ou dans les premiers jours; si les malades guérissent, ils ne se rétablissent que lentement, car il faut que le liquide épanché se résorbe, qu'une fausse membrane s'organise, qu'une cicatrice se fasse.	Moins grave, quoique l'apoplexie nerveuse puisse tuer presque subitement. La guérison est souvent si rapide qu'elle étonne le médecin : c'est que nul épanchement n'ayant lieu dans la pulpe cérébrale, il n'y a pas de liquide à résorber, de fausse membrane à organiser, de cicatrice à se faire.
Prédispose aux récidives.	Prédispose moins aux rechutes.
Résultat : Paralysie.	Résultat : Pas de paralysie.

Diagnostic.	*Diagnostic.*
L'ivresse, le narcotisme, l'asphyxie, l'hystérie, la syncope, la fièvre pernicieuse, l'indigestion, et surtout le ramollissement du cerveau, peuvent en imposer pour l'apoplexie sanguine : le médecin doit se tenir en garde contre chacun de ces états morbides.	La maladie a toujours été précédée de causes débilitantes, d'émotions morales vives, d'écarts de régime; on ne peut d'ailleurs confondre l'affection avec l'hystérie, l'asphyxie, la syncope, car dans ces maladies il n'y a jamais de paralysie, même partielle.

On comprend, d'après cet exposé, que le traitement des apoplexies nerveuses diffère beaucoup de celui des apoplexies sanguines. Ici, les antiphlogistiques sauvent presque toujours; dans l'apoplexie nerveuse ils peuvent tuer : *l'état adynamique du cerveau ne pouvant qu'augmenter par la déplétion subite des vaisseaux.* Quant aux autres moyens, on ordonne, selon les symptômes qui se présentent, les potions éthérées, les stimulants diffusibles, etc.

Nous sommes ici parfaitement de l'avis du docteur Sandras, qui veut qu'après avoir pourvu par le régime et par une hygiène bien entendue au rétablissement de la santé détériorée, on ait recours à l'usage de l'électricité pour achever de ranimer les membres lorsqu'ils conservent quelques traces de la paralysie ou de l'engourdissement dont certaines parties auraient été frappées au moment de l'apoplexie. B. LUNEL.

APOSTASIE [du grec *apostasia,* défection]. — Abandon public d'une religion pour une autre. On distingue trois sortes d'apostasies : 1° *l'apostasie de perfidie,* qui est celle d'un fidèle qui quitte la foi catholique; 2° *l'apostasie de désobéissance,* qui est, à proprement parler, le schisme; 3° *l'apostasie de religion* ou d'irrégularité qui se commet par deux sortes de chrétiens, par des religieux ou des clercs séculiers : 1° par les religieux, quand, après avoir fait des vœux dans un ordre approuvé, ils quittent la vie et l'habit religieux; 2° par les clercs séculiers, dans les ordres sacrés, qui se rendent coupables de ce crime en quittant l'habit et les fonctions de leur état. — Le mot *apostasie* signifie encore une renonciation volontaire, délibérée, à une opinion politique, à une doctrine, à un parti auquel on était attaché. Les apostasies n'ont guère lieu qu'aux époques des grands changements politiques, qu'aux temps de révolutions. Il est des esprits si singulièrement organisés, qu'ils ne voient pas le moindre scandale dans leur apostasie. On me reproche jusqu'à six apostasies, dit Sérapius : qu'est-ce que cela veut dire? Des partis différents et ennemis se sont tour à tour enlevé le pouvoir; sous chacun d'eux j'ai servi ma patrie en bon et digne citoyen; le chef du gouvernement a changé, je suis demeuré fidèle à mon pays; hommes et choses, tout a tourné autour de moi; mais je suis resté immobile. Fallait-il déserter mon poste parce que les systèmes d'un jour passaient comme la tempête? et devais-je préférer des hommes à l'État? — Dans l'ancien droit canonique, l'apostat était frappé de diverses peines, telles que l'excommunication, la privation de juridiction, des droits de cité, etc. L'apostat qui rentrait dans le sein de l'Église avait à subir les plus dures pénitences.

APOSTILLE (droit).—Addition ou annotation qu'on fait à la marge d'un écrit, d'un acte quelconque.

Dans le notariat ce mot est l'équivalent de *renvoi*, suivant l'art. 15 de la loi du 25 ventose an II.

Des apostilles se font en marge des actes notariés, dans les cas de délivrance d'expéditions, de grosses ou d'extraits et de remboursement.   J. E.

APOSTROPHE [du grec *apostréphô*, détourner]. — Figure oratoire, hardie, par laquelle l'orateur détourne son discours de l'objet auquel il est consacré, pour adresser tout à coup la parole à une personne ou à une chose quelconque, soit pour l'invoquer en témoignage, soit pour lui faire des reproches. On trouve des exemples admirables d'apostrophes dans Corneille, Bossuet, Voltaire, Racine, Fléchier, etc. L'apostrophe, dit J. Proudhon, est la plus vive, la plus efficace de toutes les figures; mais plus l'effet en est puissant et quelquefois terrible, plus il doit être ménagé avec art. Au reste, cette figure ne semble pas également propre à toutes les langues, à toutes les littératures, à toutes les nations. Chez les peuples primitifs et encore placés sous le règne de l'imagination, elle ne peut régner dans toute sa puissance et sa splendeur qu'à la faveur de certaines circonstances de temps, de langue, de croyance et de civilisation. — L'apostrophe semble être le dernier terme d'éloquence auquel puissent recourir les passions tumultueuses et violentes, qui, après s'être exhalées vainement, et ne sachant plus à qui adresser leurs plaintes, se créent, dans l'excès de leur délire, des confidents muets de leurs peines, des témoins absents de leurs douleurs; elle a des grâces touchantes dans la tendresse, et par ses mouvements impétueux ne convient pas moins à l'expression des sentiments héroïques qu'à la peinture du désespoir et de la rage. (DUPATY.) — Le prophète Ézéchiel adressa au glaive cette apostrophe éloquente : « O épée vengeresse, sors de ton fourreau pour briller aux yeux des coupables, et pour leur percer le cœur!

APOSTROPHE (grammaire) [du grec *apo*, loin de; *strephô*, je tourne, je détourne, j'ôte]. — Espèce de petite virgule que l'on emploie dans l'écriture et dans l'impression pour marquer l'élision ou suppression d'une voyelle. Beaucoup de langues en font usage; quelques-unes ne s'en servent pas. Je ne donnerai pas la liste de chacune d'elles; je présenterai seulement quelques exemples de l'usage que

l'on en fait dans quelques-unes de ces langues. En français, l'*a* ne se retranche que dans *la*, article, et *la*, pronom. Cependant, si ce dernier est placé après le verbe, il n'y a pas d'élision : *laissez-la en ces lieux, mettez-la en réserve*. L'élision n'a pas lieu non plus devant *onzième* et *ouate*; on dit : *la onzième, la ouate*; on dit de même : *le onze, le onzième*. L'*i* se retranche dans *si*, mais seulement devant *il, ils* : *s'il vient, s'ils y consentent*. L'*e* muet est la voyelle qui se retranche le plus souvent; cette suppression se fait surtout dans les monosyllabes, *je, me, te, se, ne, de, que, le* ou *ce*, devant une voyelle ou un *h* muet. Néanmoins, quand *le* est placé après un verbe, il n'admet pas l'élision : *amenez-le ici*. Il en est de même de *ce* placé après une préposition : *moyennant ce, il consentira*. L'élision n'a jamais lieu quand le mot qui admet ordinairement l'apostrophe est considéré au point de vue grammatical. Le est notre article masculin; *la* est notre article féminin. L'*e* de *jusque* se retranche devant une voyelle : *jusqu'à Paris, jusqu'ici*. Quelquefois, cependant, pour éviter l'élision, on termine *jusque* par un *s* : *jusques au ciel, jusques à quand*. L'*e* final de *entre* s'élide dans les composés de ce mot : *entr'acte, s'entr'aider*, etc.; mais dans tous les autres cas on n'emploie pas l'apostrophe : *entre eux, entre elles, entre autres, entre onze heures et midi*. Mais *contre* ne s'élide pas, même en composition; on écrit *contre-ordre*, et non *contr'ordre*. *Presque* ne perd son *e* final que dans son composé *presqu'île*; mais on écrit : *presque usé, presque achevé*. On supprime l'*e* de *lorsque, puisque* et *quoique*, devant *il, elle, ils, elles, un, une, on* : *lorsqu'on vous appellera, puisqu'ils le veulent, quoiqu'il soit pauvre*. Dans tout autre cas, on laisse l'*e* dans ces mots. L'*e* final de *quelque* ne s'élide que devant *un, une*; *quelqu'un, quelqu'une*. On écrit avec l'apostrophe *va-t'en, procure-t'en*, etc., parce que le *t* n'est autre chose que le pronom *te* dont l'*e* est supprimé. Mais c'est une faute d'écrire *viendra-t'il, parle-t'on*, parce que *t* n'est pas ici le pronom, ce n'est qu'une lettre euphonique. L'*o*, l'*u* et l'*y* ne s'élident jamais.

Nous n'employons pas seulement l'apostrophe pour marquer la suppression d'une voyelle finale placée devant un mot commençant par une voyelle, nous nous en servons aussi dans le mot *grand*, même quand il est placé devant un mot commençant par une consonne. C'est ainsi que nous disons : *grand'mère, grand'tante, grand'outre, grand'croix* (dignité), *grand'chambre* (du parlement), *grand'chose, grand'garde, grand'messe, grand'repasse, grand'rue, grand'voile, grand'peine, grand'peur*. Voilà, si je ne me trompe, toutes les expressions dans lesquelles *grand* prend une apostrophe; mais on dirait sans apostrophe *ma mère grand*. Dans toute autre circonstance, *grand* prend un *e* au féminin : *grande armée, grande nation, grande mer, grande tente, grande voix, grande chambre*, etc. D'où peut venir un usage aussi extraordinaire, que beaucoup de grammairiens regardent comme une singularité inexplicable? Ce n'est pas par euphonie; car on dit une *grande tente*, une *grande croix* de bois, la *grande chambre* d'une maison, etc., dont la prononciation est exactement la même que celle des expressions dans lesquelles l'élision a lieu. Ce n'est donc qu'un vieil usage que l'on a respecté dans ce petit nombre d'expressions, la plupart du langage vulgaire; mais c'est un reste d'un usage plus général, qui consistait à ne pas donner la marque du féminin à tous les adjectifs français dérivant d'un adjectif latin n'ayant qu'une même terminaison pour le masculin et le féminin. Tel est notre mot *grand*, dérivé du latin *grandis*. Ce n'est que par ignorance que nous employons ainsi une apostrophe pour tenir lieu d'un *e* dont nos aïeux ne se servaient jamais dans ce cas. Il serait donc convenable de supprimer cette apostrophe, qui n'a pas de raison d'être, ou, mieux encore, de suivre l'opinion de Boinvilliers, qui conseille de soumettre ces expressions à la règle générale et dire : la *grande* tante, la *grande* route, la *grande* messe, etc. Serons-nous assez raisonnables pour suivre un conseil aussi sage? Je le désire plutôt que je ne l'espère.

L'emploi de l'apostrophe est aussi très-fautif dans les mots *aujourd'hui*, *prud'homme*, depuis plusieurs siècles réduits à l'état de mots, et, par conséquent, dont les parties ne sont plus distinctes. On devrait donc supprimer ce signe orthographique, tout à fait inutile dans ces deux mots.

Il n'y a pas plus de raison de l'employer devant le nom de quelques-unes de nos consonnes : l'*f*, l'*h*, l'*l* l'*m*, l'*n*, l'*r*, l'*s*, l'*x*, surtout depuis que chaque lettre est du genre masculin et est toujours suivie d'un *e* muet. Ainsi l'on dit et l'on dira le *f*, le *h*, le *l*, le *m*, le *n*, le *r*, le *s*, le *x*, que l'on prononce le *fe*, le *he*, le *le*, le *me*, le *ne*, le *re*, le *se*, le *te*, le *xe*. N'est-il pas ridicule, en effet, de placer une apostrophe devant une consonne?

Quelquefois nos anciens ne craignaient pas de supprimer une syllabe qui les gênait pour la mesure, et ils l'indiquaient par une apostrophe: Dieu vous *gard'*. De même on supprime encore aujourd'hui, dans le langage poissard et dans le style grivois, les nombreuses syllabes que suppriment les classes populaires dans la conversation. C'est ainsi que l'on écrit : *not' père*, *vot' enfant*, *mam'selle*, *m'sieu*, etc.

Les Latins ne se servaient pas d'apostrophe. Cependant, on trouve, dans quelques éditions, *men'* pour *mene*, *tanton'* pour *tantone*, *viden'* pour *videsne*, *ain'* pour *aisne*, *dixtin'* pour *dixtine*.

Le grec fait un très-grand emploi de l'apostrophe en prose ainsi qu'en vers, surtout pour éviter les hiatus ou rencontres désagréables des voyelles. Il écrit *ap' emou* pour *apo emou*, etc.

Les langues sémitiques, telles que l'hébreu, l'arabe, etc., ne peuvent faire usage d'apostrophe, puisqu'elles n'écrivent pas les voyelles.

L'allemand se sert de l'apostrophe pour supprimer non-seulement la voyelle finale, mais même la voyelle initiale du mot suivant, *er sprach 's* pour *er sprach es*.

Les Anglais font usage de l'apostrophe pour supprimer une voyelle et même une consonne, soit au commencement, soit au milieu, soit à la fin des mots : *'re* pour *are*, *o'er* pour *over*, *ha'* pour *have*. Ils l'emploient aussi dans quelques noms propres : *O'Connel*, *M' Culloch* pour *Mac-Culloch*. Le plus grand emploi qu'ils en font est dans l'espèce de génitif usité pour marquer la possession : *Peter's book* : le livre de Pierre.

Les Espagnols ne se servent pas de l'apostrophe.

La langue italienne emploie ce signe pour marquer l'élision des voyelles *e*, *i*, à la fin ou au commencement de certains mots. Ces voyelles ne se suppriment dans les mots terminés en *ce*, *ci*, *ge*, *gi*, que devant les mots qui commencent par *e*, *i*; autrement la prononciation serait altérée. Par la même raison, le déterminatif *gli* ne peut perdre sa finale que lorsque le mot suivant commence par un *i* : *gl' imperj* pour *gli imperj*. Mais on dit *gli amori*. Les déterminatifs *dello*, *alla*, *dallo* et autres semblables, peuvent perdre leur voyelle finale devant toute voyelle initiale des mots suivants. C'est une élégance d'élider la finale du déterminatif féminin *la*, comme *l'innocente donzella* pour *la innocente donzella*, *l'errante famiglia*, pour *la errante famiglia*. Cependant, si l'élision rendait obscur ou équivoque le rapport du nom, elle ne se pratiquerait pas. Ainsi, il faudra dire : *la innocente soffre per voi*, au lieu de *l'innocente soffre per voi*. Sous cette forme, il se confondrait avec le féminin *lo*, qui s'élide toujours. Les voyelles accentuées ne peuvent pas être élidées, parce que toute voyelle accentuée suppose déjà un retranchement fait. Le mot *che*, et ses composés *benché*, *perché*, etc., sont exceptés, parce que cet accent ne se trouve sur l'*e* final que pour marquer la place de l'accent tonique. Si, au lieu d'élider la dernière voyelle d'un mot, on élide la première du mot suivant, l'apostrophe se place au commencement du second mot; mais cette élision ne peut encore avoir lieu que dans le cas où le mot précédent se termine par une voyelle. Ainsi, l'on écrit et l'on prononce : *tutto l' mondo*, *basso 'nferno*, pour *tutto il mondo*, *basso inferno*. Les poëtes et les orateurs italiens pratiquent à la fin des mots des élisions de syllabes entières, que l'on n'indique pas toujours par l'apostrophe. Ainsi, dans tous les noms terminés en *e*, *o*, précédés de *l*, *m*, *n*, *r*, on peut retrancher la voyelle finale et écrire *vuol*, *siam*, pour *vuole*, *siam*, *gran*, *quel*, *bel*, pour *tanto*, *grande*, *quello*, *bello*. Ces retranchements n'ont pas lieu si le mot suivant commence par un *s* suivi d'une consonne. Il se fait des retranchements plus considérables que l'on note par l'apostrophe, tels que *bei* ou *be'* pour *begli*, *quei* ou *que'* pour *quegli*, *vo'* pour *vogli*, *me'* pour *mezzo* ou *meglio*, *e'* pour *egli*, *qua'* pour *quali*, *te'* pour *tieni*, *re'* pour *rege*, etc. D'autres fois, ces retranchements ne sont pas marqués par l'apostrophe, comme *amaron*, *amaro*, *amar*, pour *amarono*, *dan* pour *danno*, etc.

La suppression d'une ou de plusieurs lettres, qu'elle soit ou non marquée par l'apostrophe, s'appelle *élision*. L'élision non marquée par l'apostrophe sera l'objet de l'article *Élision*.

Dans la poésie française, les *e* muets finaux s'élident quand le mot suivant commence par une voyelle ou un *h* muet, mais cette élision n'est jamais marquée par l'apostrophe. Quelquefois l'*e* muet est supprimé dans le milieu du mot, mais alors cette suppression est indiquée généralement par un circonflexe; d'autres fois, aucun signe n'indique la suppression.

Les Latins, étant privés de l'apostrophe, n'indiquaient pas les élisions qui se pratiquent dans leur versification, ce qui fait que les modernes, en lisant leurs vers, n'en sentent plus la mesure; ainsi, *fata aspera* devra se lire *fat' aspera*, sans quoi on aura une syllabe de plus. De même, dans ce vers de Virgile :

Monstrum horrendum, informe, ingens, cui lumen ademp-
[tum,

si l'on veut que la mesure subsiste, il faut lire :

Monstr' horrend' informe, ingens cui lumen ademptum.

On prétend que l'apostrophe a pour but l'euphonie. Cependant l'emploi en est trop arbitraire pour qu'il en soit ainsi, car on dit *s'il*, qui est plus harmonieux que *si il*; mais, d'un autre côté, l'on dit *si elle*, qui n'est pas beaucoup plus agréable à l'oreille. On pourrait citer bien d'autres exemples semblables dans toutes les langues qui admettent l'apostrophe. Concluons donc que le caprice a été le seul guide dans toutes ces circonstances.   J. B. PRODHOMME,
Correcteur à l'imprimerie impériale.

APOTHÉOSE [du grec *apothéosis*, divinisation]. — Cérémonie par laquelle les anciens plaçaient un homme illustre au rang des dieux. Dans les premiers temps, chez les païens, les bienfaiteurs de leurs semblables, les législateurs, les fondateurs de villes, les guerriers célèbres, récompensés pendant leur vie par l'estime et l'admiration publique, l'étaient après leur mort par les honneurs accordés à leur mémoire. On donnait à leurs tombeaux des places distinguées : on les décorait avec un soin religieux, on les couvrait de fleurs et d'offrandes; on s'assemblait autour de ces monuments respectables, pour rendre un hommage réel à ceux dont les cendres y reposaient. Cette coutume, en dégénérant, produisit l'apothéose; et comme la flatterie avait souvent transformé les hommes en héros, la superstition transforma les héros en dieux.

L'apothéose était donc une cérémonie religieuse, par laquelle les anciens mettaient les grands hommes au rang des dieux. Les Grecs, non contents de leur faire de magnifiques funérailles, de leur élever de superbes tombeaux, leur rendaient encore les honneurs divins; ils leur dressaient des autels, et leur immolaient des victimes. Souvent même ils leur bâtissaient des temples, établissaient des jeux solennels, des sacrifices annuels, et célébraient des fêtes en leur honneur. (*Virg. Æneid.*, l. 5.)

Les apothéoses ou déifications passèrent des Grecs aux Romains. Le premier qu'on mit au rang des dieux à Rome, après sa mort, fut Romulus. La chose se fit sans beaucoup de cérémonie. On se contenta pour cela du serment d'un sénateur appelé *Julius Proculus*, qui assura l'avoir vu monter au ciel. Il n'en fallut pas davantage; on déclara Romulus ou Quirinus dieu tutélaire de Rome, on lui bâtit un temple, on lui dressa des autels, et on célébra des fêtes en son honneur. (*Tite-Liv.*, lib. 1, n° 16.)

Depuis Romulus jusqu'à Auguste, les Romains ne firent point d'apothéose : ce fut Auguste qui eut l'idée de la rétablir en faveur de Jules César, son père adoptif, avec toutes les cérémonies observées depuis, et décrites fort au long par Hérodien. Dans la suite, les Romains, par une flatterie outrée, mirent tous leurs empereurs au rang des dieux. Voici la cérémonie de l'apothéose des empereurs romains décrite par Hérodien (liv. 4) :

On commençait à faire autoriser la consécration par un décret du sénat, qui mettait l'empereur au rang des dieux, ordonnait qu'on lui bâtirait des temples, qu'on lui offrirait des sacrifices, et qu'on lui rendrait les honneurs divins. Aussitôt que l'empereur était mort, toute la ville prenait le deuil, car cette cérémonie était un mélange de tristesse, de joie et de culte divin; ensuite on ensevelissait le corps du défunt à la manière ordinaire, avec une grande pompe. Après cela on faisait une image de cire tout à fait ressemblante à celui qui venait de mourir, mais avec un air pâle, comme s'il était encore malade : on la plaçait à l'entrée du palais sur un grand lit d'ivoire fort élevé, que l'on couvrait d'une étoffe d'or. Le sénat, en robe de deuil, restait rangé au côté gauche du lit de parade pendant une grande partie du jour, et au côté droit étaient les dames et les filles de qualité revêtues de grandes robes blanches toutes simples, sans colliers et sans bracelets. On gardait le même ordre sept jours de suite, pendant lesquels les médecins s'approchaient de temps en temps pour considérer le prétendu malade, et trouvaient toujours qu'il baissait de plus en plus, jusqu'à ce qu'enfin ils prononçaient qu'il était mort.

Alors, les chevaliers romains les plus distingués, et les plus jeunes sénateurs, chargeaient sur leurs épaules le lit de parade, et le portaient le long de la rue, qu'on nommait *Sacrée*, jusqu'à l'ancien marché où se trouvait une estrade de bois peint : sur cette estrade était construit un péristyle enrichi d'ivoire et d'or, sous lequel on posait le brancard et la statue de cire. Les magistrats et les sénateurs s'asseyaient dans la place, tandis que deux chœurs de musique chantaient sur des airs lugubres l'éloge du défunt. Ensuite le nouvel empereur faisait l'éloge de son prédécesseur. Après quoi l'on emportait au champ de Mars le brancard avec la figure. Là, on trouvait un bûcher de charpente tout dressé. C'était un carré en forme de pavillon, de quatre à cinq étages, qui allaient toujours en diminuant comme une pyramide. Le dedans était rempli de matières combustibles, et le dehors revêtu de drap d'or, de compartiments d'ivoire, et de riches peintures. Chaque étage était, en forme de portique, soutenu de colonnes; et sur le faîte de l'édifice était ordinairement placé le char doré dont avait coutume de se servir l'empereur défunt.

Ceux qui portaient le brancard où reposait la figure de cire le remettaient entre les mains des pontifes, qui le plaçaient au second étage du bûcher. Autour de ce lit, on entassait toutes sortes de parfums, d'essences, de fruits, d'herbes odoriférantes. Cependant des cavaliers préparés pour cette fête couraient dans un bel ordre autour du bûcher, faisaient des voltes en cadence, qui imitaient celles des danses pyrrhiques. On faisait aussi courir des chars, sur lesquels étaient les images des Romains qui s'étaient distingués dans les armes ou dans le gouvernement de l'empire. Les conducteurs de ces chars avaient des robes de pourpre.

Les courses achevées, le nouvel empereur, une torche à la main, mettait le feu au bûcher. Les premiers magistrats faisaient de même. La flamme prenait en même temps de tous côtés, et gagnait promptement tout l'édifice. Alors on voyait sortir du faîte du bûcher un aigle, qui, s'élevant très-haut au milieu d'un tourbillon de feu et de fumée, allait, à ce que croyait le peuple, porter au ciel l'âme du défunt; et depuis ce jour, on lui rendait le même culte qu'aux autres dieux. Selon cette description d'Hérodien, il paraît qu'on ne portait sur le bûcher que la figure de cire de l'empereur, et qu'on brûlait le corps séparément et sans cérémonie. Cependant Dion-Cassius, décrivant l'apothéose d'Auguste, assure que le corps était sur le même lit, mais caché sous une couverture de pourpre brodée en or, et que l'on ne voyait que la figure en cire, posée sur le devant du lit. (*Rec. des Antiq. grecq. et rom.*)

APOTHÉOSE DE NAPOLÉON. — On se rappelle la réception magnifique faite par la population de la France aux restes mortels de l'empereur Napoléon, le 15 décembre 1840. Le cercueil impérial fut débarqué par les marins de *la Belle-Poule*. Arrivé à l'arc de triomphe de l'Étoile, le char de l'illustre mort s'était arrêté. Sur le sommet de l'arc, on voyait figurée l'*apothéose de Napoléon*. L'empereur, revêtu du grand costume impérial comme au jour de son sacre, était debout devant son trône; à ses côtés étaient les deux génies de la Guerre et de la Paix; le tout orné de guirlandes, de trophées d'armes rappelant les batailles et les victoires; à chacun des angles était un énorme trépied d'où jaillissaient des flammes de couleur; enfin, aux angles extrêmes du monument étaient quatre Renommées à cheval. L'*apothéose* était sous la voûte, apothéose éclatante et soudaine, qui frappait tous les yeux et remuait tous les cœurs. (*Moniteur.*)

APOTRES (religion chrétienne) [du grec *apostolos*, fait d'*apostello*, j'envoie]. — Nom qualificatif des douze disciples de Jésus-Christ, dont la mission était d'aller, après la mort de leur maître, prêcher l'Évangile dans tout l'univers. Ces douze apôtres sont : saint Pierre ou Simon, saint André, son frère, saint Jacques le Majeur, saint Jacques le Mineur, saint Philippe, saint Simon le Chananéen, saint Thomas, saint Barthélemy, saint Jude, saint Jean l'évangéliste, saint Mathias l'évangéliste, et Judas Iscariote (remplacé par Mathias après sa trahison). Par la suite, on a étendu

le nom d'apôtre à tout prédicateur qui, le premier, a porté la foi dans un pays, dans une contrée. Saint Denis fut l'apôtre des Gaules, de Paris; saint Boniface, l'apôtre de l'Allemagne; le moine Augustin l'apôtre de l'Angleterre; François Xavier l'apôtre des Indes.

L'abbé DELAMARCHE.

APOZÈME (matière musicale) [du grec *apozéma*, décoction]. — Décoction ou infusion d'une ou de plusieurs substances végétales à laquelle on ajoute divers médicaments, tels que sirops, teintures, etc. Les apozèmes étant toujours très-composés, et inspirant par là même le plus grand dégoût aux malades, ne sont plus guère employés par les médecins de notre époque. Voici un exemple d'apozème purgatif : Follicules de séné, 15 grammes; coriandre, 4 grammes; eau bouillante, 500 grammes. Faites infuser, passez et ajoutez : sirop de chicorée, 30 grammes.

APPAREIL (physiologie) [du latin *apparare*, préparer]. —Ensemble des organes qui concourent à une fonction. Les appareils de l'homme sont fondés sur les fonctions qu'ils sont appelés à remplir. Ils sont divisés en trois classes. La première comprend les organes qui servent à établir ses *relations* avec tous les êtres environnants; la deuxième traite de ceux qui concourent à la *nutrition* du corps, à son accroissement et à la réparation de ses pertes; la troisième fait connaître les organes de la *génération*, qui ont pour but la reproduction de l'individu et la conservation de l'espèce. L'ensemble des fonctions qui appartiennent à chacune de ces classes d'organes constitue un mode particulier d'existence, et porte le nom de *vie*. (Voy. ce mot.)

Les organes de la première classe, ou de la *vie de relation*, forment cinq appareils, qui sont : l'appareil sensitif externe, l'appareil sensitif interne, l'appareil conducteur du sentiment et du mouvement, l'appareil locomoteur, et l'appareil vocal.

Ceux de la deuxième classe, ou de la *vie de nutrition*, comprennent cinq appareils, savoir : l'appareil digestif, l'appareil respiratoire, l'appareil circulatoire, l'appareil absorbant et l'appareil sécrétoire.

La troisième classe est partagée en appareil génital de l'homme, appareil génital de la femme, et en appareils qui sont le produit de l'union des deux sexes.

Le tableau suivant présente, d'un coup d'œil, cette division des appareils, ainsi que les organes dont chacun d'eux se compose :

PREMIÈRE CLASSE.

APPAREILS DE LA VIE DE RELATION.

I. Appareil sensitif externe	1° L'œil.
	2° L'oreille.
	3° Le nez et les fosses nasales.
	4° La langue.
	5° La peau.
II. Appareil sensitif interne	L'encéphale et ses membranes.
III. Appareil conducteur du sentiment et du mouvement	1° Les nerfs encéphaliques.
	2° Les nerfs des ganglions.

IV. Appareil locomoteur... { 1° Les os et leurs dépendances. 2° Les muscles et leurs dépendances.

DEUXIÈME CLASSE.

APPAREILS DE LA VIE DE NUTRITION.

I. Appareil digestif...... { 1° La bouche. 2° Le pharynx. 3° L'œsophage. 4° L'estomac. 5° Les intestins grêles. 6° Les gros intestins. 7° Le péritoine et les épiploons.

II. Appareil respiratoire.. { Les poumons et leurs dépendances.

III. Appareil circulatoire.. { 1° Le cœur. 2° Les artères. 3° Les veines.

IV. Appareil de l'absorption.......... { 1° Les vaisseaux lymphatiques. 2° Les glandes ou ganglions lymphatiques.

V. Appareil sécrétoire. .. { 1° La glande et les voies lacrymales. 2° Les glandes salivaires. 3° Le foie. 4° Le pancréas. 5° Les reins et les voies urinaires. — La rate.

TROISIÈME CLASSE.

APPAREILS DE LA GÉNÉRATION.

I. Chez l'homme........ { 1° Testicules et cordons spermatiques. 2° Vésicules séminales. 3° Pénis.

II. Chez la femme........ { 1° Les mamelles. 2° La vulve et le vagin. 3° L'utérus et les ovaires.

III. Produit de l'union des deux sexes.... .... { 1° Les membranes du fœtus et le placenta. 2° Le fœtus.

En chirurgie, on appelle *appareil* l'assemblage méthodique de tous les instruments et objets nécessaires pour un pansement, pour maintenir une fracture, etc. (Dr BAYLE.)

APPARITIONS SPONTANÉES DES VÉGÉTAUX (botanique, agriculture). — Les faits d'apparitions spontanées des végétaux sont peut-être moins rares qu'on le suppose ; mais, quelque étranges et bizarres qu'ils nous paraissent, ils existent, et, partant, nous prouvent que nous sommes encore bien éloignés de saisir toutes les lois de la physique générale. C'est pourquoi l'observateur attentif doit non-seulement réunir des faits, mais encore les examiner sous toutes ses faces, les discuter sans prévention, les comparer avec une sage critique, et leur donner la garantie morale nécessaire pour déterminer de nouvelles recherches, des études plus approfondies. M. Thiébaud de Berneaud a envisagé le premier,

sous le double point de vue de l'agriculture et de l'histoire naturelle, le phénomène de l'apparition spontanée des végétaux, et nous extrayons de l'article qu'il a publié sur ce sujet[1] le résultat de ses recherches.

Il paraît démontré, dit-il, que les terrains qui, pendant un laps de temps plus ou moins long, ont porté de grands végétaux d'une famille, en produisent ensuite spontanément d'autres de familles étrangères à la première, lorsque les précédents sont détruits par des accidents ou qu'ils tombent de vétusté. Ce phénomène est, du moins, fondé sur des observations étudiées avec soin, sans idée préalable, et recueillies avec la plus grande fidélité et les précautions les plus rigoureuses.

I. En 1746, des pâtres causèrent involontairement un immense incendie dans la forêt de Château-Neuf, aujourd'hui département de la Haute-Vienne. L'essence de cette forêt était en hêtre, qui, comme on le sait, donne rarement du recru de souche. Le propriétaire en fit exploiter les débris, et résolut d'abandonner à la nature les cinq hectares et demi de bois que le feu avait entièrement consumés. Bientôt le sol se couvrit de broussailles, à travers lesquelles s'élevèrent, quelques années plus tard, une infinité de petits chênes. Jusque-là, aucun arbre de ce genre n'avait été vu dans la forêt de Château-Neuf, et ce qui n'est pas moins étonnant, c'est qu'il n'en existait aucune tige dans les environs à plusieurs myriamètres à la ronde.

II. Pendant l'année 1799, les bois de Lumigny et partie de ceux de Crécy, département de Seine-et-Marne, ayant été exploités, le hêtre y fut remplacé, sans le concours de l'homme, par des framboisiers, des groseilliers, des fraisiers, et par l'espèce de ronce qui donne la mûre ; à leur tour, ces humbles plantes ont cédé la place à des chênes aujourd'hui en pleine végétation.

III. La grande forêt de Chambiers près Durtal, département de la Sarthe, que la tradition orale et les documents écrits attestent avoir été couverte, jusqu'en 1800, de chênes magnifiques, n'en possédait plus un seul pied vingt-trois ans après lorsque nous la visitâmes ; l'on a vainement essayé d'en semer ou d'en planter, aucun n'a réussi. L'essence du chêne a été naturellement remplacée par des bruyères, des ajoncs, des genêts, des ronces. Le hêtre a refusé d'y croître ; les arbres verts, auxquels on a eu recours en dernier lieu, sont les seuls qui aient pris racine ; ils y prospèrent aujourd'hui merveilleusement, et, dans deux ou trois siècles, le bouleau remplacera les arbres verts, ou bien le chêne reparaîtra nombreux et brillant.

IV. Une semblable remarque a été faite, à des époques différentes, dans les forêts qui couronnent les bords escarpés du Dessombre, petite rivière, dont les eaux vont se perdre dans le Doubs à Saint-Hippolyte. Ces forêts sont composées d'arbres de haute futaie, principalement de hêtres ; elles s'étendent sur

[1] *Dict. pitt. d'Hist. nat.*, t. 1er.

un espace assez considérable, et alimentent en partie les usines du pays et le foyer des habitants. Lorsqu'une coupe a été faite, on voit bientôt l'emplacement découvert s'orner d'une infinité de framboisiers qui fournissent, pendant trois ou quatre ans, une abondante récolte de leurs fruits succulents. A ces arbrisseaux succèdent des fraisiers, et à ceux-ci la ronce bleue; enfin, les pousses du nouveau bois mettent un terme à cette succession de rosacées.

V. Après toutes les coupes de forêts de hêtres qui ont eu lieu sur le Jura, particulièrement au revers du mont d'Or, sur l'un des points les plus élevés de cette chaîne de montagnes, les groseilliers paraissent les premiers et donnent un fruit aussi bon et tout aussi beau que celui des groseilliers cultivés; mais la croissance de ces petits arbrisseaux non épineux est limitée à certaines localités, principalement aux sols frais sans être humides, et consistants sans être argileux. Les framboisiers occupent ensuite le sol pendant trois ou quatre ans, puis les fraisiers deux années, et la ronce bleue de huit à dix ans; enfin revient l'essence de hêtre et de chêne.

VI. Dans les forêts d'arbres résineux, on ne trouve point, après la disparition des pins ou sapins, de framboisiers, mais seulement quelques fraisiers et beaucoup de ronces, comme on le voit aujourd'hui sur plusieurs points, surtout à Malbuisson, près de Pontarlier, département du Doubs.

VII. Trois espèces de coupes se succèdent dans le même triage de la forêt de Belesme, située près de Mortagne, département de l'Orne, quand on y fait une exploitation. La première coupe a lieu sur un taillis de vingt ans, essence de chêne et de hêtre; trente ans après, on pratique sur les mêmes souches une seconde coupe dite taillis sous futaie, et qui ne donne encore que du hêtre et du chêne; la troisième succède sur l'ancienne souche après un siècle de végétation, c'est ce qu'on appelle la coupe de haute futaie. Les souches existantes depuis un siècle et demi périssent alors, et on les voit remplacées, sans semis ni plantations, et même sans voisinage immédiat, par des tiges de bouleau, qui, après avoir à leur tour donné trois coupes successives d'environ vingt ans chacune, périssent et cèdent elles-mêmes la place à des chênes nouveaux. Ce fait a été observé dans le canton de la forêt de *Vallée du Creux*; la coupe en futaie de chênes a eu lieu en 1800; vingt-trois ans après nous y avons vu le bouleau très-abondant et en pleine végétation; maintenant il s'éclaircit et le hêtre lui succède; les triages du Gué de *la pierre*, de la *Piponnerie*, de la *Galipotte*, du *Piébiard*, du *Parc-à-la-Braine* et du *Chêne galant* sont dans le même cas. En quelques-unes de ces localités se mêle au bouleau une espèce de tremble, dans les lieux marécageux de l'aune, mais toujours et seulement lorsqu'on a entièrement rasé la futaie de chênes et de hêtres.

VIII. Aux bois assis sur le territoire de Haute-Feuille, arrondissement de Coulommiers, département de Seine-et-Marne, c'est le tremble qui remplace spontanément les vieilles souches de chênes. On y trouve

aussi, suivant les localités, beaucoup d'ajoncs, quelques faibles traces de saule marceau, et surtout une grande quantité d'alisiers et de pruniers épineux.

A ces faits recueillis en France, nous en ajouterons quelques autres pour les corroborer et ouvrir un plus vaste champ à l'examen critique des phénomènes des apparitions spontanées de végétaux.

IX. L'antique forêt de Sauvabelin, située dans le canton de Vaud, en Suisse, présente en plusieurs endroits le même phénomène, sans cette transition générale et pour ainsi dire nécessaire, lorsque l'essence du bois passe des hêtres aux chênes. Ce point de vue nouveau n'est pas sans intérêt. En 1820, l'essence de là forêt était en chêne. Cet arbre y était fort ancien, partout il se couronnait et portait les livrées d'une vieillesse extrême, disons mieux, agonisante. Sous ces tiges séculaires, au pied de ces troncs d'une grosseur peu commune et que la foudre a tant de fois sillonnés, malgré les glands dont le sol était couvert chaque année, on ne vit plus germer aucun jeune chêne, mais bien des hêtres nombreux; les uns naissaient, les autres étaient déjà parvenus à un certain degré de développement, et cela dans les parties de la forêt où il ne se trouvait aucun hêtre ayant atteint l'âge de la reproduction.

X. A la Guyane, quand on a abattu des forêts dites *bois vierges*, le terrain se couvre d'arbres et de plantes dont les congénères n'existent nulle part dans les forêts primitives ou grands bois. Dans les bois revenus, appelés *niamans*, croissent en énorme quantité deux espèces de palmistes, l'aoura et le maripa des Karaïbes, le bois puant, l'acasson, le bois d'Artic, etc., qu'on ne rencontre jamais dans les grands bois.

XI. En 1666, à la suite de l'incendie qui consuma la majeure partie de la cité de Londres, on vit paraître sous les débris des édifices détruits une quantité prodigieuse de sisymbre raide, *symbrium strictissimum*, plante rare, inconnue dans cette ville ainsi que dans les environs, et dont les germes, conservés intacts depuis longtemps, trouvèrent alors les circonstances favorables à leur parfait développement.

XII. Sur les bords de l'Oder, au nord de l'Allemagne, des portions de marais ayant été mises en culture, en 1796, il s'y fit remarquer tout à coup une foule de tiges de moutarde blanche, *sinapis arvensis*, dont les graines, longtemps ensevelies dans le limon, ont reçu l'impulsion végétative par l'action de l'air et de la chaleur, etc.

Quelle explication donner du phénomène qui nous occupe? Aura-t-on recours à la voie de la dissémination? Mais les cantons voisins n'offraient point les types générateurs; la stabilité dans la succession variée de deux ou trois genres de plantes absolument différents, et la constance des produits, que l'on voit toujours les mêmes, du moins en France et sur notre vieil hémisphère, rendent ici de plus en plus inapplicables les lois ordinaires de la dissémination. Dira-t-on que les arbres nouveaux étaient des rejetons, des boutures, des fragments d'anciens arbres coupés, dont les racines sommeillèrent, restèrent en un état d'inertie complète pendant que le sol était occupé par d'autres végétaux ligneux? Mais pourquoi ces rejetons, que nous admettons réduits à des molécules très-petites, contenant toutes les parties de la plante mère, n'ont-ils pas fourni des pousses lorsque, tous les trente ans, on faisait, de temps immémorial, une coupe réglée et même à blanc-étoc ou à blanc-être? Comment, dans les forêts incendiées, ces mêmes rejetons ont-ils pu résister à la puissance des flammes, qui, après avoir dévoré les arbres, couvrit le sol de charbons ardents, puis d'une cendre brûlante, qui consument d'ordinaire non-seulement les dépouilles végétales, mais jusqu'à la terre à plusieurs décimètres de profondeur? Assurera-t-on que les semences des arbres qui devaient remplacer ceux tombés de vieillesse ou détruits par le feu, se trouvaient cachées dans les fissures des rochers ou sous tout autre abri quelconque, et que là elles ont, longtemps engourdies, attendu que leur époque fût arrivée? Cette faculté générative de la semence nous semble embrasser une série infinie d'années, une masse de circonstances si différentes, qu'elle peut bien attester la puissance de la nature sans satisfaire les lois connues du raisonnement. Nous concevons qu'un taillis, acquérant de la force et de l'élévation, fasse périr subitement les groseilliers, les framboisiers, les fraisiers et les ronces, que nous venons de voir jouer un rôle intermédiaire dans le phénomène des apparitions spontanées; nous voulons encore que certaines semences, transportées par les vents, les oiseaux, par les pieds des animaux, se réfugient sous la couche végétale produite par le détritus annuel et successif des feuilles, des jeunes rameaux, qu'elles s'y cachent et qu'elles lèvent, croissent en abondance, montent avec vigueur aussitôt que les rayons solaires viennent les frapper directement, leur imprimer le mouvement, donner de l'énergie au principe vital; mais en est-il de même pour le gland, pour la faîne, pour la graine des pins, qui sont recherchés avec une sorte de fureur par les sangliers, les porcs, les cerfs, l'écureuil, la loxie à bec croisé, plusieurs autres espèces d'oiseaux et par de nombreuses larves? Nous savons par expérience que les semences enfermées dans des vases tenus en lieu parfaitement sec conservent longtemps leur propriété germinatrice; mais nous ignorons si le résultat est le même pour des semences plus ou moins enterrées. Nous en doutons : d'une part, l'évolution qui détermine cette germination y est incessamment favorisée par l'humidité du sol, par la douce chaleur dont elle est pénétrée, et surtout par l'obscurité si nécessaire à l'embryon et à la formation de l'acide carbonique qu'il lui faut pour opérer son premier développement. D'autre part, la multiplicité des ronces, leurs racines traçantes et nombreuses, la force végétative que toutes les parties de la plante mettent en jeu, et la rapidité avec laquelle elles augmentent leurs tiges et couvrent une étendue de terrain très-considérable, sont autant de causes pour arrêter la marche, pour empêcher la conservation de tous les végétaux qui pousseraient auprès d'elles. Verra-t-on ici la preuve de ces opé-

rations, dont la simple énonciation implique contradiction aux yeux de certains naturalistes? Nous n'osons l'affirmer positivement. Voilà l'état de la question, nous appelons les observateurs à sa solution. (THIÉBAUT DE BERNEAUD.)

APPARTENANCES ET DÉPENDANCES (droit). — Expressions qui indiquent tous les accessoires incorporés avec la chose principale. Ces accessoires sont déterminés par la loi, par l'usage ou la destination du père de famille. Ainsi, la vente, le legs ou la donation d'un château, avec ses appartenances et dépendances, comprennent les avenues, les parcs et jardins, les maisons d'exploitation, etc., qui y sont attachés; ceux d'un domaine, comprennent toutes les terres qui sont régies par la même exploitation.

APPEAU [d'appel]. — Sifflet d'oiseleur qui sert à contrefaire le cri des oiseaux pour les attirer dans un piége. Les animaux sont naturellement si jaloux de leur liberté, et, par une suite nécessaire, si farouches, qu'il faut employer la ruse pour les prendre. L'amour et le besoin les conduisent presque toujours aux piéges. La présence de leurs semblables leur inspire une sécurité qui les trahit; c'est pour cela que l'on élève des oiseaux auxquels on donne le nom d'appeaux, et que l'on place près des piéges pour attirer ceux qui passent.

L'appeau de l'oiseleur étant un sifflet avec lequel il attrape les oiseaux, en contrefaisant leur chant, il en faut, par conséquent, d'un grand nombre d'espèces : avec un bouton de cuivre rond percé, on imite la perdrix grise; l'appeau de la perdrix rouge n'est pas le même, parce que son chant est articulé un peu différemment. Celui de la caille est fait avec l'os de la jambe d'un héron, disposé en sifflet et attaché à un petit sac de cuir bien rempli de crin. Celui pour le petit tetras se fait avec un os de l'aile de l'autour, qu'on remplit en partie de cire, en ménageant des ouvertures propres à rendre le son demandé. Celui pour le râle de terre consiste à passer une lame de couteau sur un os dentelé. En terme d'oiseleur, le pipeau est un bâton moins gros que le petit doigt, long de dix centimètres, fendu par le bout pour y mettre une feuille de laurier, et contrefaire le cri ou pipi de plusieurs oiseaux. Pour appeler les cerfs et les renards, on fait des anches semblables à celles de l'orgue, qui ont différents effets, suivant les petites boîtes qui les renferment. Avec des brins d'herbe dans la bouche, il y a des gens qui savent imiter le cri de la chouette, et attirer ainsi les autres oiseaux. On est sûr d'appeler le rouge-gorge si l'on forme par sifflement le son uip uip en suçant le doigt. On trouvera dans le troisième volume de l'Encyclopédie de Diderot, article Chasse, planche XV, des tons notés pour appeler les pluviers, les guignards, les courlis, les guignettes et les vanneaux. Mais, en général, il est difficile de se servir utilement des meilleurs appeaux si l'on n'a une connaissance parfaite du son de voix de l'animal qu'on veut tirer. On peut consulter, sur les différentes espèces d'appeaux, le Traité des Chasses aux piéges, de M. Kresz.

APPEL (droit). — L'appel est une voie de recours

ouverte devant un tribunal supérieur contre un jugement d'un tribunal inférieur. On fait en conséquence un acte d'appel dans les formes voulues par la loi. C'est le moyen légal de faire réparer l'erreur ou l'injustice d'une première décision. On nomme *appelant* celui qui demande la réformation du jugement rendu, et intimé celui qui défend sur l'appel. L'appel est *principal* ou *incident*. Il est principal quand il est interjeté par la partie qui se plaint, la première, du jugement rendu, et incident parce qu'il est fait ensuite par la partie adverse, contre le même jugement ou à cause de quelque chef de la décision rendue.

On peut appeler des jugements des tribunaux de paix, des tribunaux civils, de simple police, ou de commerce, et des tribunaux correctionnels, dans les circonstances suivantes :

1° De tout jugement contradictoire rendu en premier ressort, qui n'a pas acquis force de chose jugée, et alors même qu'il aurait été, mais à tort, qualifié en dernier ressort, s'il a été rendu par des juges qui ne pouvaient prononcer qu'en première instance (C. proc. 443 et 453);

2° Des jugements par défaut rendus dans les mêmes conditions, mais seulement lorsqu'on ne peut plus les faire réformer par la voie de l'opposition;

3° Dans tous les cas, de la disposition du jugement qui prononce la contrainte par corps;

4° De même de celle qui est relative à la compétence;

5° Enfin des ordonnances de référé, quand il s'agit d'une somme de plus de 1,500 fr.

Le délai dans lequel on doit former appel est, en matière civile et commerciale :

1° De trois mois pour les peines contradictoires, à dater de leur signification (*ibid.* 443; C. comm. 645);

2° De trois mois également pour les jugements par défaut, et à dater du jour où l'opposition n'est plus recevable;

3° De trois mois aussi pour les jugements interlocutoires et préparatoires. Il court avec celui des jugements définitifs, bien que l'appel des premiers et des jugements de provision puisse être formé avant le jugement définitif. Ce délai de trois mois doit être augmenté de certains délais, pour les distances, comme celui de l'ajournement.

4° De quinze jours à dater de la signification pour les ordonnances de référé.

Le délai ordinaire est abrégé quand il s'agit de contributions, de matières de justice de paix, d'ordre, de récusation, de renvoi pour cause de parenté, de saisie immobilière, etc.

Les délais sont suspendus par le décès de la partie condamnée. Ils ne recommencent à courir qu'après une nouvelle signification faite aux héritiers et ayants cause.

En matière de simple police, le délai de l'appel est de dix jours, à dater de la signification du jugement.

En matière de police correctionnelle, il est également de dix jours, à dater de la condamnation si elle est contradictoire, et de six jours après l'assignation, si elle est par défaut.

L'appel des jugements des juges de paix est porté, en matière civile, devant le tribunal de l'arrondissement; en matière de simple police, devant le tribunal correctionnel.

L'appel des jugements des tribunaux civils et de commerce est porté devant la cour d'appel du ressort.

Les appels des jugements rendus en police correctionnelle sont portés des tribunaux d'arrondissement au tribunal du chef-lieu du département, et dans quelques départements du chef-lieu judiciaire légalement établi.

Les appels des jugements rendus en police correctionnelle, au chef-lieu du département ou au chef-lieu judiciaire établi dans une autre ville, seront portés au tribunal du chef-lieu du département voisin quand il sera dans le ressort de la même cour d'appel, sans néanmoins que les tribunaux puissent, dans aucun cas, être respectivement juges d'appel de leur jugement. Il existe d'ailleurs un tableau des tribunaux de chefs-lieux auxquels les appels doivent être portés (voir ci-après).

Dans le département où siége la cour d'appel, les appels des jugements rendus en police correctionnelle seront portés à cette cour. Seront également portés à ladite cour les appels des jugements rendus en police correctionnelle dans le chef-lieu du département voisin, lorsque la distance de cette cour ne sera pas plus grande que celle du chef-lieu d'un autre département.

En matière civile et commerciale, l'appel est formé par un acte contenant assignation devant le tribunal ou la cour qui est appelée à prononcer.

En matière correctionnelle, l'appel est formé par déclaration faite au greffe du tribunal qui a rendu le jugement.

En matière civile, l'appel des jugements est ordinairement suspensif, en ce sens qu'on ne peut procéder à l'exécution avant que l'appel en soit vidé. Néanmoins, dans certains cas, l'exécution provisoire est valablement ordonnée, avec ou sans caution.

En matière commerciale, l'appel n'est pas également suspensif, du moins en principe, non plus qu'en matière administrative.

Lorsque l'exécution provisoire a été ordonnée, hors les cas prévus par la loi, la partie condamnée peut obtenir, du tribunal d'appel, des défenses à l'exécution; de même, lorsque l'exécution provisoire a été refusée à tort, l'intimé pourra la faire ordonner par le tribunal d'appel, avant le jugement du fond.

L'appelant d'un jugement de justice de paix, qui succombe, est condamné à une amende de cinq francs; celui d'un jugement civil ou de commerce, à celle de dix francs.

L'appel incident peut être fait en tout état de cause, même à l'audience où doit être jugé l'appel principal.

En matière civile, la procédure doit avoir toujours lieu par le ministère d'un avoué.

En matière correctionnelle, les avoués peuvent représenter aussi les parties, mais elles doivent se présenter elles-mêmes toutes les fois que le délit poursuivi peut être puni de l'emprisonnement.

On ne peut, en appel, former aucune demande nouvelle, principale; on ne peut réclamer, en dehors de ce qui a été soumis au premier juge, que les choses accessoires à l'objet principal.

Lorsque les tribunaux d'appel infirment un jugement interlocutoire, et que le procès est suffisamment instruit, lorsque encore ils infirment un jugement définitif pour vice de forme ou pour toute autre cause, ils ont le droit d'évoquer le fond et de prononcer sur le tout par un seul et même jugement ou arrêt.

Enfin, le droit d'appeler d'un jugement n'appartient qu'à ceux qui y ont été parties, ou qui sont les représentants ou ayants cause de l'une des parties (C. proc. 456). Toutes autres personnes n'ont que la voie de la tierce opposition ou de l'intervention dans certains cas prévus par la loi (*ibid.* 466). — Voy. *Jugement.*

On entend par le *délai de trois mois*, en matière d'appel, quatre-vingt-dix jours entiers, à partir de celui de la signification du jugement à chaque adversaire, et si le dernier jour de ces quatre-vingt-dix est un jour férié ou réputé tel, reconnu légalement (voy. *Jour férié*), ce délai est augmenté d'un jour et même de deux, dans le cas où un autre jour férié suit le précédent.

Tout jugement qui prononce légalement l'exécution provisoire n'ôte point à l'appelant, au profit duquel il a été rendu, le droit de recevoir la somme ou l'objet qui lui a été attribué provisionnellement; mais comme appelant ou devant appeler, que son acte d'appel soit ou non signifié, il doit, dans la quittance qu'il donne, faire réserve expresse de son droit d'appelant ou de se pourvoir en appel. Ce serait bien à tort qu'il y aurait doute à cet égard pour certains praticiens. L'exécution provisoire n'est, en effet, ordonnée qu'à cause de l'urgence et en vertu de la loi qui en a consacré le principe. Dès lors, la loi, bien que muette sur ce point, n'a pu vouloir que la personne en faveur de laquelle une prompte exécution a été ordonnée, avec ou sans caution, n'ait pas le droit, en recevant la somme ou l'objet déterminé, d'interjeter appel si elle se croit lésée ou insuffisamment indemnisée.

En général, il ne faut se pourvoir en appel qu'avec un sage discernement, après avoir mûrement réfléchi; et en usant des moyens utiles d'arrangement amiable ou de transaction régulière, d'autant que les frais et honoraires sont alors plus onéreux. Comme on n'est pas toujours bon juge dans sa propre cause, il peut être utile d'en référer aux hommes compétents aux avoués et avocats, lesquels sont souvent disposés à prêter leur concours à un arrangement convenable. Pour ou contre l'appel, les avocats et avoués sont d'autant plus de bon conseil que l'affaire est mieux connue dans ses détails, et que la question se trouve réduite, par les termes du jugement rendu, au fait de peser sérieusement l'appréciation plus ou moins

motivée ou erronée des premiers juges. En matière civile, un plaideur dont la demande a été écartée en première instance, qui en a été débouté ou qui a succombé sur les différents chefs, a toujours contre lui une forte présomption, et, dans ce cas, à moins d'erreur évidente ou de fausse application de la loi, la cour est naturellement disposée à maintenir une première condamnation. Il serait donc mal avisé d'interjeter appel celui qui, bien que créancier en apparence, aurait été débouté pour ne pas avoir rempli lui-même tous les engagements qu'il s'était imposés au profit de son adversaire. En matière commerciale, cette considération est encore plus puissante, et souvent on a vu maintenir un premier jugement ou une sentence arbitrale parce que le commerçant appelant, après avoir eu l'intimé pour commis ou pour commissionnaire, avec remise sur le prix des marchandises vendues, ne lui avait pas réglé le montant de sa remise, alors que lui-même s'était mis en retard d'effectuer les livraisons voulues, et bien que l'intimé, pour ses besoins d'existence et de voyage, eût agi d'une manière illicite en réalisant et se procurant des fonds avec des marchandises dont légalement il n'avait pas à disposer ainsi en sa faveur. Toutefois, en cour d'appel surtout, le choix d'un avocat capable peut être pour beaucoup dans le gain d'un procès, en raison des moyens qu'il sait faire valoir ou des erreurs qu'il signale avec l'autorité de l'expérience acquise et de l'appréciation utilement motivée. Or, comme dans notre pays les honoraires des avocats restent toujours à la charge de leurs clients, et que ces honoraires sont plus ou moins élevés selon le talent où la réputation de l'avocat, il n'y a pas toujours parité dans le mérite des plaidoiries, ni quelquefois, au moins on le suppose, autant de chances favorables, de part ou d'autre, pour le résultat espéré d'un procès quelconque. Bref, nous laisserons à de plus habiles le soin de chercher et de provoquer le remède à ce défaut, par trop invétéré, qui s'attache encore au malheureux sort des déshérités de la fortune.

L'origine des appels paraît fort ancienne : « il est probable que l'usage en fut introduit à Rome par les premières lois royales. Selon le récit de Tite-Live, le dernier des trois Horaces, meurtrier de sa sœur, et condamné à mort par les décemvirs, sur le conseil du roi Tullus Hostilius, en appela au peuple : cet appel le sauva. Dès cette époque le droit d'appel au peuple était donc établi ou fut fondé sur cette concession de Tullus. Moins libéraux que lui les rois qui lui succédèrent évoquèrent tous les appels à eux seuls; les consuls voulurent en faire de même après l'expulsion des rois : mais le consul Valérius Publicola fit consacrer par une loi formelle (*Lex Valeria de provocatione*) le droit d'appeler au peuple de toute sentence des consuls portant condamnation à la peine de mort ou des verges. » Sous la République, il n'y eut point d'appel proprement dit, mais recours aux tribuns du peuple. Sous l'Empire, les appels devinrent très-communs. Dans les premiers siècles de la monarchie française, nous voyons par les capitulaires, notamment par ceux de Charlemagne, que les rois des deux premières races faisaient surveiller les tribunaux de leurs États par des envoyés (*missi dominici*). Sous la féodalité, les seigneurs, hauts justiciers, abolirent le droit d'appel; ils s'érigèrent en juges souverains. Peu à peu, néanmoins, le droit d'appeler, en matière de jugement, se rétablit.

Avant 1789, dit Ariste Boué, l'institution des appels, donnée aux justiciables comme un secours et une garantie, était devenue la source de déplorables abus. On pouvait être condamné à subir jusqu'à six degrés de juridiction pour obtenir réparation de la vexation la plus criante. Justice basse et moyenne, haute justice, prévôtés royales, vigueries, bailliages, cours souveraines: tel était le cercle que plus d'une fois un misérable plaideur fut obligé de parcourir à la poursuite de la fraude et de la chicane.

L'autorité royale avait souvent songé à restreindre cette multiplicité onéreuse de degrés de juridiction; on avait cherché à atteindre ce but par les grandes ordonnances d'Orléans et de Blois, l'établissement des présidiaux, et l'édit d'avril 1749. Mais le principe de la patrimonialité des justices seigneuriales avait toujours été un insurmontable obstacle; le roi ne pouvait opérer que par voie de réunion ou de suppression de siéges royaux. Il fallut l'écroulement du régime féodal, et la suppression des justices seigneuriales, qui en fut la conséquence, pour donner au législateur la faculté de déblayer le sol des anciens matériaux que le temps y avait accumulés, et d'y élever à la place un nouvel édifice, plus simple et mieux entendu.

Le décret du 1er mai 1790, la loi du 16-24 août de la même année, la loi du 27 ventôse an VIII, sur laquelle repose notre organisation judiciaire actuelle, enfin notre Code de procédure civile (nous ne parlons en ce moment ni des cas exceptionnels, ni des matières criminelles), réduisirent à deux le nombre des degrés de juridiction, qui depuis n'a plus varié.

On a déjà pensé et dit, avec quelque raison, que les limites de 50 fr., dans le principe (depuis de 100 fr.), et de 1,000 fr., au-dessus desquelles les juges de paix et les tribunaux de première instance ne jugent qu'à la charge d'appel, ont été fixées trop bas, et que, si l'on procédait à la révision, si nécessaire, du Code de procédure civile, il y aurait, en matière d'appels surtout, d'utiles et importantes modifications à y introduire. Néanmoins, tout le monde ne partage pas cet avis, en présence de l'organisation, des préventions et des erreurs humaines; et le gouvernement lui-même, en n'étendant que la compétence des juges de paix, par la loi du 25 mai 1838, a donné la mesure de son sentiment à cet égard. Il a compris que, dans ce temps, où les affaires et les valeurs sont plus communes, cette juridiction contentieuse, modérée dans ses frais, devait s'appliquer à toutes actions purement personnelles ou mobilières, en dernier ressort jusqu'à la valeur de 100 fr., puis, à charge d'appel, jusqu'à la valeur de 200 fr., et dans certains cas, déterminés avec précision par cette loi, soit jusqu'au taux de la compétence en dernier ressort des tribunaux de première instance, soit à quelque valeur que la demande puisse s'élever, le tout à raison de faits et de circonstances plus spécialement relatifs aux localités, aux états exercés et à la connaissance qui en est mieux acquise sur les lieux. — Voy. *Compétence*.

Ce n'est pas toutefois que, dans l'intérêt du justiciable et pour simplifier davantage les nombreuses contestations soumises aux tribunaux, notamment à titre d'appel, il n'y ait pas encore quelque chose à faire; et d'abord, pour que les formes de la justice soient moins sévères et d'abord moins onéreux. Autant la juridiction et les frais préalables de la justice de paix ont été établis paternels et doux (et, avec un juge de paix capable, que de procès heureusement évités dans nos cantons ruraux!), autant la rigueur et le défaut de simples avis semblent reprochables dans les tribunaux supérieurs. En justice de paix, on prévient, on appelle et l'on concilie sans frais; on prévient encore pour le payement de certains frais; et le receveur d'enregistrement lui-même, en ce qui le regarde dans cette juridiction, donne amiablement avis au débiteur, avant de la poursuivre, de venir payer ce que ce dernier sait très-bien avoir à lui verser pour amende ou autrement; mais, quand il s'agit d'amendes et de frais résultant de jugements ou d'arrêts de tribunaux supérieurs, le débiteur, qui ne sait souvent où aller payer, se trouve quelquefois dans la fâcheuse position d'être, sans avis préalable, poursuivi dans ses biens et même dans sa personne, en payement d'une somme qu'il n'a pas toujours pu apprécier exactement, et dont quelquefois il ne lui est pas possible de disposer sur-le-champ. Pourquoi, d'une part, tant de convenable paternité, d'ailleurs prescrite par des lois nouvelles, eu égard, sans doute, à ce qui a pu se pratiquer autrefois, sous l'empire de sages coutumes et d'usages locaux, et, d'un autre côté, tant de rigorisme dans certaines poursuites, rigorisme qui n'est point intentionnel et qui tient plutôt au défaut d'habitude contracté de prévenir utilement? En toutes circonstances, à moins de suspicion légitime, il nous semble que les avertissements sans frais devraient faire l'objet, comme en justice de paix, de mesures officieuses de la part de l'autorité. C'est, en général, une triste chose que les procès, et particulièrement à cause des frais excessifs, devant les juridictions supérieures et d'appel; mais aussi les modifications à introduire devraient tendre essentiellement à favoriser les justiciables dans leurs démarches, dans leurs soins, dans leurs dépenses et dans le payement des frais et amendes. Il faut en conclure, comme il a déjà été dit, que, par la pratique, on a pu se faire une idée plus juste de nos lois, et qu'assurément il y a lieu de désirer une sage révision de nos Codes.

Toutefois, en ce qui est relatif aux appels de jugements des tribunaux correctionnels, une loi de 1856 a apporté des modifications au Code d'instruction criminelle. Voici cette loi, qui dispose particulièrement qu'à l'avenir tous les appels, en cette matière, seront portés à la cour impériale:

APP

Article 1er.

Les articles 189, 201, 202, 204, 205, 207, 208, 209, 210, 211, 212, 213, 214, 215 et 216 du Code d'instruction criminelle sont modifiés ainsi qu'il suit :

Art. 189. La preuve des délits correctionnels se fera de la manière prescrite aux art. 154, 155 et 156 ci-dessus, concernant les contraventions de police. Le greffier tiendra note des déclarations des témoins et des réponses du prévenu. Les notes du greffier seront visées par le président, dans les trois jours de la prononciation du jugement. Les dispositions des art. 157, 158, 159, 160 et 161 sont communes aux tribunaux en matière correctionnelle.

Art. 201. L'appel sera porté à la cour impériale.

Art. 202. La faculté d'appeler appartiendra :

1° Aux parties prévenues ou responsables;

2° A la partie civile, quant à ses intérêts civils seulement;

3° A l'administration forestière;

4° Au procureur impérial près le tribunal de première instance;

5° Au procureur général près la cour impériale.

Art. 204. La requête contenant les moyens d'appel pourra être remise dans le même délai au même greffe; elle sera signée de l'appelant ou d'un avoué, ou de tout autre fondé de pouvoir spécial.

Dans ce dernier cas, le pouvoir sera annexé à la requête.

Cette requête pourra aussi être remise directement au greffe de la cour impériale.

Art. 205. Le procureur général près la cour impériale devra notifier son recours, soit au prévenu, soit à la personne civilement responsable du délit, dans les deux mois à compter du jour de la prononciation du jugement, ou, si le jugement lui a été également signifié par l'une des parties, dans le mois du jour de cette notification; sinon, il sera déchu.

Art. 207. La requête, si elle a été remise au greffe du tribunal de première instance, et les pièces seront envoyées par le procureur impérial au greffe de la cour, dans les vingt-quatre heures après la déclaration ou la remise de la notification d'appel.

Si celui contre lequel le jugement a été rendu est en état d'arrestation, il sera, dans le même délai et par ordre du procureur impérial, transféré dans la maison d'arrêt du lieu où siége la cour impériale.

Art. 208. Les arrêts rendus par défaut sur l'appel pourront être attaqués par la voie de l'opposition, dans la même forme et dans les mêmes délais que les jugements par défaut rendus par les tribunaux correctionnels.

L'opposition emportera de droit citation à la première audience; elle sera comme non avenue si l'opposant n'y comparaît pas. L'arrêt qui interviendra sur l'opposition ne pourra être attaqué par la partie qui l'aura formée, si ce n'est devant la cour de cassation.

Art. 209. L'appel sera jugé à l'audience, dans le mois, sur le rapport d'un conseiller.

Art. 210. A la suite du rapport, et avant que le

rapporteur et les conseillers émettent leur opinion, le prévenu, soit qu'il ait été acquitté, soit qu'il ait été condamné, les personnes civilement responsables du délit, la partie civile et le procureur général, seront entendus dans la forme et dans l'ordre prescrits par l'art. 190.

Art. 211. Les dispositions des articles précédents, sur la solennité de l'instruction, la nature des preuves, la forme, l'authenticité et la signature du jugement définitif de première instance, la condamnation aux frais, ainsi que les peines que ces articles prononcent, seront communes aux arrêts rendus sur l'appel.

Art. 212. Si le jugement est réformé parce que le fait n'est réputé délit ni contravention de police par aucune loi, la cour renverra le prévenu et statuera, s'il y a lieu, sur ses dommages-intérêts.

Art. 213. Si le jugement est annulé parce que le fait ne présente qu'une contravention de police, et si la partie publique et la partie civile n'ont pas demandé le renvoi, la cour prononcera la peine et statuera également, s'il y a lieu, sur les dommages-intérêts.

Art. 214. Si le jugement est annulé parce que le fait est de nature à mériter une peine afflictive ou infamante, la cour décernera, s'il y a lieu, le mandat de dépôt ou même le mandat d'arrêt, et renverra le prévenu devant le fonctionnaire public compétent, autre, toutefois, que celui qui aura rendu le jugement ou fait l'instruction.

Art. 215. Si le jugement est annulé pour violation ou omission non réparée de formes prescrites par la loi à peine de nullité, la cour statuera sur le fond.

Art. 216. La partie civile, le prévenu, la partie publique, les personnes civilement responsables du délit, pourront se pourvoir en cassation contre l'arrêt.

Article 2.

Sont abrogés : l'art. 200 du Code d'instruction criminelle, le second alinéa de l'art. 40 de la loi du 20 avril 1810, l'art. 10 du décret du 18 août 1810, sur l'organisation des tribunaux de première instance, et toutes les dispositions contraires à la présente loi.

Assurément ainsi la justice pourra être mieux rendue, à raison de la haute capacité, de l'expérience, de l'âge et du nombre des conseillers de chaque cour; cependant aussi il y aura presque toujours augmentation de frais, de soins et de démarches, soit à cause du plus grand éloignement de la résidence des justiciables, soit parce que, afin de plaider devant la cour, il peut en coûter davantage pour honoraires des avocats. Il sera moins facile aux personnes peu à l'aise de se pourvoir en appel; et bien que, dans le fond, cette mesure semble utile, sous plusieurs rapports, il n'est pas moins vrai de dire qu'à l'égard de bon nombre d'appelants peu aisés, il serait à désirer que l'appel leur fût facultatif, soit devant la cour, soit devant le tribunal institué ad hoc, au chef-lieu judiciaire du département, suivant l'ancien ordre de choses. Il y a même de petites villes de nos départements, dites chefs-lieux judiciaires, qui souffriront de ce changement, qui en subiront quelque perte, en raison surtout de l'absence d'un certain nombre de plaideurs et de témoins d'autres localités, et de la réduction tant du personnel que des affaires judiciaires devant le tribunal du lieu.   JEAN ÉTIENNE.

APPEL (marine). — Direction donnée à un câble, à une manœuvre, à un grelin, prêts à fonctionner. Ce terme est fort usité en marine. Dans un évitage, un bâtiment vient à l'appel de sa chaîne, c'est-à-dire qu'il suit le mouvement que lui imprime le vent ou la marée sans que son câble cesse de venir droit de l'avant au point de son mouillage.— Cette expression est également employée à l'égard de toutes les manœuvres du bord. Une poulie vient à l'*appel* d'une autre poulie ; dans ce cas, la force produite est beaucoup plus grande, par la raison qu'elle agit directement. C'est surtout dans l'opération du gréement d'un bâtiment qu'il faut veiller à la bonne disposition des appels. Tout appui en dehors du point d'appel peut altérer la direction et faire naître des difficultés. La tension des haubans de bas mâts peut donner une idée de la force qu'il est souvent nécessaire de produire.

L'*appel au quart* est un ordre donné aux hommes de se rassembler sur le pont pour qu'on puisse s'assurer de leur présence à leur poste. La quantité d'hommes désignée par le commandant s'appelle division de quart. Au mouillage, aussi bien qu'à la mer, il existe une division de quart. Cette division est augmentée en temps de guerre, la surveillance devant naturellement être plus active ; il ne s'agit plus, en effet, d'éviter seulement les événements de mer, il faut encore songer à l'ennemi.

Il existe d'autres *appels* en dehors de celui que nous venons de citer : ce sont les appels faits soir et matin, au branlebas, par le capitaine d'armes, en présence de l'officier de service. Après ces appels. qui sont une mesure d'ordre, soit pour la délivrance ou la mise des hamacs dans les bastingages, appels qui se font dans la batterie, l'équipage monte sur le pont pour y entendre réciter la prière. A bord des vaisseaux, et à cause de la grande quantité d'hommes, les appels et la prière se font dans les batteries ; l'équipage ne monte pas sur le pont.

Il y a encore un appel général qui se fait au moment du départ d'un bâtiment de l'État, soit d'un port de France, soit d'une rade étrangère. Ce soin est confié à l'officier d'administration du bâtiment. L'appel est fait sur le rôle d'équipage, dont la tenue lui est dévolue ; il est assisté de l'officier commandant en second. L'absence d'un ou plusieurs hommes est immédiatement signalée par lui à l'autorité compétente. En guerre, les appels peuvent devenir plus fréquents ; ainsi, après un combat naval, ou bien lorsque des hommes sont détachés d'un bâtiment pour servir des batteries à terre.   H. LANGLOIS.

APPELER (marine). — Des signaux télégraphiques se font à bord des bâtiments, à l'aide de plusieurs séries de pavillons ; on se sert de ces signaux

pour transmettre des instructions aux commandants réunis sous un même guidon, ou pour les *appeler* à l'ordre. On *appelle* un pilote, un canot ou un agent quelconque. *Appeler* se dit aussi des manœuvres. Une manœuvre appelle *droit* ou en *étrive* : droit, lorsqu'elle produit une force directe ; en étrive, lorsqu'elle rencontre un point d'appui qui change sa direction.   H. LANGLOIS.

APPELANTS. — Nom donné, dans le dernier siècle, à ceux qui, en 1717, interjetèrent *appel* au futur concile de la bulle *Unigenitus*, par laquelle Clément XI avait condamné un livre du P. Quesnel intitulé : *Réflexions morales sur le Nouveau Testament.* « Le pape prétendait que ce livre était entaché de l'hérésie de Jansénius. Les évêques de Mirepoix, de Montpellier, de Boulogne et de Senez, ne considérant pas le pape comme infaillible en matière de foi, appelèrent de sa décision. Le cardinal de Noailles, archevêque de Paris, et l'Université, accédèrent à l'opinion des quatre prélats ; mais, en 1739, l'Université rétracta son adhésion. Les appelants prétendaient que la bulle renfermait plusieurs décisions dont le sens était équivoque. Les appelants avaient sans doute raison ; mais ils eurent le tort d'oublier qu'avant tout, ils étaient et devaient être des hommes de discipline, et que la moindre opposition à l'infaillibilité du pape pouvait avoir des conséquences fâcheuses pour l'Église. »

APPENDICES (histoire naturelle) [de *ad, à*, et *pendere, pendre*]. — Ce mot se dit de toute partie extérieure d'un corps qui, bien que faisant un tout avec lui, semble cependant y avoir été ajoutée, et, principalement en *stéréotomie* animale, des diverses sortes de membres qui sont ajoutés aux anneaux du corps des animaux articulés intérieurement ou extérieurement ; ce qui a servi pour séparer en deux embranchements ces animaux : *vertébrés* et *articulés*. « Dans les premiers, les appendices sont pairs ou bilatéraux, et constituent les membres qui ne dépassent jamais quatre, ou ils sont impairs et placés alors sur la ligne médiane du corps, comme les nageoires impaires des poissons. Une troisième sorte d'appendices se forme des pièces de chaque articulation annulaire du corps des vertébrés, qui partent de la pièce médio-infère ou médio-supère, telles sont les mâchoires ou appendices des vertèbres de la tête. Dans les articulés, on comprend sous le terme d'*appendices céphaliques* la mandibule, la mâchoire, la lèvre inférieure. Les ailes des insectes hexapodes sont des appendices de l'arceau supérieur ; les pattes, les mâchoires, les fausses pattes abdominales, dépendent de l'arceau inférieur. Dans les vers, les appendices sont composés de trois parties, l'une sensoriale, l'autre respiratrice, et la troisième locomotrice. Les appendices céphaliques sensoriaux (antennes, pédoncules des yeux) sont considérés comme des appendices particuliers. Les *appendices médians* existent rarement chez les articulés, seulement à la partie antérieure du corps, comme l'antennule impaire de quelques néréides, ou à la partie postérieure, comme la tarière, l'aiguillon. Dans les mollusques et les zoophytes, les appendices sont de simples pincements ou lobes de la peau, tels sont les tentacules, le pied ou le tube des mollusques; ou des papilles érectiles, comme les cirrhes des échinodermes. » — En botanique, on donne le nom d'*appendices* aux petits prolongements qui garnissent la corolle de certaines borraginées, ainsi que les écailles qui entourent l'ovaire des graminées et la partie supérieure de la squamme de certaines synanthérées : on appelle *appendice terminal* le petit filet qui se prolonge au-dessous de l'anthère; *appendices basilaires* les petits prolongements qui se trouvent à la partie inférieure des loges de l'anthère.

APPÉTIT (physiologie, hygiène, médecine). — Sentiment instinctif qui préside à l'accomplissement des fonctions organiques chez les êtres doués de la vie.

L'appétit, quel que soit sa nature, est un besoin organique qui se rattache à la vie individuelle. C'est une sentinelle vigilante que le Créateur a placée dans chaque organisme pour veiller à la conservation de son œuvre; c'est une action providentielle qui s'exerce incessamment envers chaque être vivant.

Ce sentiment se rattache à la loi harmonique de la création. Nul être vivant ne peut se soustraire à son influence sans troubler cette harmonie fonctionnelle qui constitue la santé.

L'appétit, considéré comme besoin organique, est purement instinctif; on l'observe même dans la plante à l'état obscur; elle fuit l'ombre et recherche le soleil; ses racines se dirigent constamment vers la bonne terre. Mais c'est surtout dans le règne animal que les appétits instinctifs s'observent dans leur plus grand développement. Ainsi, à mesure qu'on s'élève dans l'échelle animale, on le voit s'accroître en raison des besoins qui se rattachent à la vie individuelle et à la propagation de l'espèce. — Chez l'animal, ses appétits étant purement instinctifs ne sont pas subordonnés à la raison qu'ils ne possèdent pas; aussi sont-ils, chez eux, la seule règle de leurs actes et de leur existence. L'animal vit par l'instinct et satisfait à ses besoins par l'instinct (voy. *Instinct*). Il accomplit ainsi à son insu la loi harmonique de la création; telle fut dès le commencement la volonté de Dieu. Nous n'avons donc pas à nous occuper ici des appétits qui appartiennent à l'animalité. — Chez l'homme, au contraire, Dieu a voulu que les appétits instinctifs fussent soumis à l'empire de la raison. Ainsi, en vertu de sa conscience et de son libre arbitre, facultés supérieures de son intelligence, il peut se rendre compte de la nature de ses appétits instinctifs et les subordonner aux besoins de sa santé ou de la vie individuelle, de la famille, de la société.

S'il nous était permis de faire une excursion dans le domaine des sciences morales et politiques, nous ferions ressortir toute l'influence des appétits instinctifs qui se rattachent à la vie sociale et à la vie de famille lorsqu'ils sont réglés par la raison, c'est-à-dire selon la pensée harmonique du Créateur; mais cela nous entraînerait trop loin, nous y reviendrons à l'occasion des mots *Famille*, *Société*, *Harmonie*, *Progrès*. Nous ne devons nous occuper ici que des appétits instinctifs qui se rattachent à la conservation de la vie individuelle.

Considérés d'une manière générale, les appétits organiques peuvent être compris dans deux catégories : ceux qui ont pour objet la conservation de la vie, et ceux qui ont pour but la propagation de l'espèce.

La première catégorie nous présente quatre genres d'appétits très-distincts : 1° appétits nutritifs, 2° appétits sécréteurs et excréteurs, 3° appétits sensitifs, 4° appétit vital.

1° *Appétits nutritifs.* — L'appétit qui préside à l'accomplissement des fonctions nutritives et assimilatrices se manifeste par les sensations de la *faim* et de la *soif* (voy. ces mots); elles avertissent le sujet qui les éprouve de la nécessité qu'il y a pour la conservation de sa vie de reposer ses forces par l'alimentation, et la perte des fluides par les boissons.

2° *Appétits sécréteurs et excréteurs.* — Les premiers sont obscurs, ils ne sont pas ordinairement perçus par le centre pensant; mais les besoins d'excrétion se manifestent par des sensations particulières qui avertissent du besoin d'expulser au dehors les résidus des substances alimentaires qui ont servi à la nutrition. Ces besoins sont la *défécation* et la *miction* ou l'émission de l'urine. (Voy. ces mots.)

3° *Appétits sensitifs.* — Les sensations qui sollicitent l'accomplissement des fonctions des sens de la vue, de l'ouïe, de l'odorat, du goût et du toucher, ont pour but, d'une part, de faire rechercher par l'individu qui les éprouve les *stimulus* naturels de ces organes, afin de satisfaire aux besoins naturels de la vie. — D'autre part, ils sont destinés à lui faire fuir ou éloigner de lui les agents capables de nuire à son bien-être ou à son existence. — Les appétits qui sollicitent l'accomplissement de ces fonctions sont en grande partie soumis à l'empire de la volonté, et l'homme peut s'y soustraire ou les satisfaire dans la mesure relative aux besoins de la vie individuelle et de la vie sociale.

4° *Appétit vital.* — En outre de ces appétits instinctifs qui sont soumis à l'empire de la volonté, il existe des appétits ou besoins organiques auxquels l'homme ne peut se soustraire par la seule puissance de sa volonté. Ce sont ceux qui président à l'accomplissement des grandes fonctions sur lesquelles repose la vie, de ces fonctions que Bichat, d'après Hippocrate et Galien, a désignées sous le nom de *fonctions vitales*. Ce sont la *respiration*, la *circulation* et l'*innervation* (voy. ces mots). Chacune de ces fonctions préside immédiatement et directement à l'entretien de la vie. — Une seule sensation perçue par le centre pensant avertit l'individu de la nécessité de leur accomplissement incessant; c'est la sensation du besoin organique qui préside à la respiration. Nul être vivant ne peut se soustraire à l'accomplissement de ce besoin instinctif, et nul n'a reçu le pouvoir d'arrêter sa respiration par la seule action de sa volonté. — Sur lui repose l'accomplissement incessant des trois importantes fonctions que l'on a si bien désignées sous le nom de *trépied vital*, et sur lui seul aussi repose la conservation immédiate de la vie individuelle, qui est l'œuvre de Dieu ; et c'est la preuve la plus évidente que Dieu réprouve le suicide. A lui seul appartient le pouvoir de donner la vie, lui seul peut aussi la retirer quand il lui plaît.

La deuxième catégorie renferme seulement l'*appétit générateur* ; ce besoin purement instinctif qui, selon l'heureuse expression d'Alibert, a été donné à l'homme par le Créateur afin de perpétuer son œuvre par une continuelle transmission de la vie. (Voyez *Instinct génésique*.)

Chez l'homme, ce besoin organique, tout-puissant qu'il est, est néanmoins soumis complétement à l'empire de la raison. A l'état normal, il ne dépasse jamais les limites relatives à la santé, et la nature prévoyante permet à l'homme de s'y soustraire dans certaines conditions, lorsque les lois morales imposent à sa conscience l'obligation de s'abstenir de la fonction qu'il sollicite.

Cependant, nous devons le dire, une *abstention complète* paraît aujourd'hui, à tous les penseurs qui observent les lois harmoniques de la création, un *contre-sens moral*, parce qu'elle est tout à fait opposée à la loi de vie et d'amour dont Dieu est le principe et la fin.

Comme nous venons de le voir, tous les besoins organiques qui constituent les appétits fonctionnels ont leur source dans l'instinct qui se rattache à la conservation et à la transmission, et, comme nous l'avons dit, ce sont des sentinelles vigilantes qui veillent incessamment à la perpétuité de la création.

Cependant, la plupart de ces appétits instinctifs étant, chez l'homme, soumis à l'empire de la volonté, il suit de là qu'ils sont subordonnés au pouvoir de l'habitude. Ainsi, l'habitude exerce sur leur développement une immense influence, et c'est au point de produire des effets qui peuvent compromettre la santé et même la vie. (Voy. *Habitude*.)

L'influence de l'habitude sur les appétits instinctifs peut produire trois effets différents qui constituent des états anormaux, ce sont : l'extinction, l'exagération et la perversion des fonctions organiques auxquelles ils se rattachent. Nous allons étudier rapidement ces trois effets sous le rapport de l'hygiène.

1° *Extinction*. — L'extinction naturelle des appétits instinctifs ne s'observe guère que dans l'appétit génésique (voy. *Aphrodisie*), car les appétits sensitifs, nutritifs et excréteurs, bien que soumis à la volonté et au pouvoir de l'habitude, ne s'éteignent pas physiologiquement ; ils se pervertissent, c'est-à-dire que la sensation qu'ils produisent à l'état normal se traduit par une sensation anormale qui est déjà une expression *morbide*. Il ne pouvait en être autrement, car si l'homme avait le pouvoir d'éteindre à son gré les appétits organiques en les réduisant au silence par l'empire de la volonté, il lui serait donné de s'ôter ainsi la vie. Mais Dieu n'a pas voulu que son œuvre fût soumise à la volonté arbitraire ou dépravée de l'homme ; il a voulu que son action providentielle, qui soutient l'harmonie de la vie, fût directe et incessante, afin que l'homme, averti des be-

soins qui s'y rattachent, satisfasse à l'exercice normal des fonctions sur lesquelles elle repose. Toutefois, l'homme peut, par sa négligence ou par sa volonté, se soustraire à l'accomplissement des fonctions qui sollicitent les appétits qu'il ressent ; mais alors ils se pervertissent, et leur perversion entraîne le désordre ou le trouble de ces mêmes fonctions, qui peut aller jusqu'à l'extinction de la vie. C'est là, selon nous, une punition de Dieu envers l'homme qui refuse de se soumettre à ses lois harmoniques et sages. Notre ouvrage, *l'Ami des hommes*, a pour but de faire comprendre toute l'importance de cette vérité.

2° *Exagération*. — Tous les appétits fonctionnels, à l'exception de celui que nous avons désigné sous le nom d'appétit vital, sont susceptibles d'un développement exagéré par l'effet de la répétition des actes fonctionnels qu'ils sollicitent, et cela parce qu'ils sont soumis à la volonté et à l'empire de l'habitude. Dans ces cas, les besoins organiques dont ils sont l'expression se font sentir plus vivement, et ils entraînent souvent la volonté d'une manière subite et irrésistible ; alors ils sollicitent impérieusement l'individu qui les éprouve à l'accomplissement des actes propres à satisfaire le besoin réel ou factice qu'ils expriment ; de là nécessité de raisonner les impressions et les sensations, afin de se rendre compte si les actions qu'elles sollicitent sont en harmonie avec les lois de la santé, de la famille et de la société. C'est ainsi qu'on parviendra toujours à établir la prédominance de la raison sur l'instinct.

Ce n'est que par degré que les appétits instinctifs deviennent supérieurs à la raison. Ils constituent alors les *passions* (voy. ce mot), et c'est par la répétition fréquente des besoins factices qu'ils sollicitent qu'ils deviennent nuisibles à la santé. Toutefois, les appétits exagérés, qui sont la source des passions, se réduisent à deux : les appétits nutritif et génésique. Leur exagération est d'ailleurs favorisée par les sens de la vue, de l'ouïe, de l'odorat, du goût et même du toucher, dont les sensations exaltent l'imagination ; c'est ainsi que les sens deviennent, comme l'a très-bien dit un ancien, les portes de l'âme par lesquelles s'introduisent les passions. De là la nécessité de veiller sur les sens pour éviter les écueils où conduisent les passions.

L'exagération de l'appétit nutritif, sollicitée par l'imagination, exaltée par les sens, conduit à la *gourmandise* et à l'*ivrognerie*, passions qui produisent une foule de maladies très-diverses, dont les plus fréquentes sont l'*apoplexie*, les *paralysies*, les *inflammations*. L'exagération de l'appétit génésique conduit au *libertinage*, à l'*onanisme*, au *satyriasis* et à la *nymphomanie* (voy. ces mots), dont les effets sont si souvent funestes aux individus qui abusent des bienfaits providentiels du Créateur. Nous avons, dans notre traité d'hygiène intitulé *l'Ami des hommes*, donné le critérium à l'aide duquel on pourra connaître les causes des passions et en même temps indiquer les moyens de les prévenir. Nous allons ici les résumer en quelques lignes : c'est, avons-nous dit, de se créer avant tout de *bonnes habitudes*, et cela, dès l'enfance et pendant la jeunesse, car ce sont elles qui font la *bonne santé*. Ainsi, habitudes de sobriété et de tempérance, de sagesse et de continence, tel est l'unique moyen de prévenir une foule de maladies qui assiégent la vie, l'épuisent et l'éteignent beaucoup avant les temps marqués par Dieu.

3° *Perversion*. — Les appétits fonctionnels sensitifs, nutritifs, sécréteurs, excréteurs, de même que l'appétit génésique, sont susceptibles de se pervertir par l'exagération ou par la diminution de leur exercice physiologique naturel.

Dans ces cas, les *sensations naturelles* par lesquelles l'individu est averti du besoin organique qu'elles manifestent, se transforment en d'autres *sensations anormales*, qui constituent, pour la plupart, des états morbides. Toutefois, cette perversion n'a lieu qu'après un temps plus ou moins long de l'exercice anormal de la fonction qu'ils sollicitent.

Cependant, cette perversion des appétits fonctionnels, comme leur exagération, peut tenir à des états pathologiques très-divers, agissant comme cause indépendante de la volonté, qui, dans ces cas, est entraînée irrésistiblement. C'est ainsi que l'exagération de l'appétit nutritif se rattache à la présence du ténia; sa perversion est souvent un symptôme de la chlorose. La présence des ascarides dans le rectum provoque ordinairement l'exagération de l'appétit génésique, et, par suite, son extinction, etc. Nous n'avons pas à nous en occuper ici; nous parlons seulement des effets produits par les aberrations de la volonté sur les fonctions dont le Créateur avait confié la garde aux appétits instinctifs. Nous allons analyser rapidement ces effets de la volonté sur les besoins naturels dans la perversion des fonctions sensitives, nutritives, ainsi que sur les fonctions d'excrétion et de reproduction.

L'aberration des fonctions des sens produit des lésions fonctionnelles de la vue, de l'ouïe, de l'odorat, du goût et du toucher, qui peuvent exalter d'abord leur sensibilité, puis produire le trouble et la diminution des fonctions sensoriales, et conduit graduellement à leur extinction, qui constitue la paralysie des sens.

La perversion de l'appétit qui préside à l'accomplissement des fonctions nutritives et réparatrices se traduit par une sensation anormale de débilité, de faiblesse, de tiraillement à l'estomac, qui peut aller jusqu'à la douleur (voy. *Gastralgie*). Ces sensations anormales remplacent la faim, qui ne se fait plus sentir, et alors les fonctions digestives et assimilatrices sont également perverties. Cette perversion entraîne à sa suite des lésions organiques et à des maladies diverses qui conduisent à l'extinction de la vie.

La perversion des fonctions sécrétoires ou dépuratrices se traduit par des sensations anormales très-diverses, qui, pour la plupart, s'accompagnent d'un sentiment pénible, qui peut aussi aller jusqu'à la douleur. Elle détermine d'abord une altération dans les fluides sécrétés, puis l'altération de l'organe sécréteur lui-même, laquelle peut devenir une lésion organique mortelle.

Quant aux fonctions d'excrétion, l'oubli ou la négligence à satisfaire le besoin organique qui les sollicite peut avoir les suites les plus graves; c'est ainsi que la constipation s'établit le plus ordinairement, et nous avons tracé ailleurs les conséquences funestes qu'elle peut entraîner à sa suite, ainsi que les moyens d'y remédier.

L'appétit ou l'instinct génésique peut également être perverti par l'abus ou bien s'éteindre complétement. (Voy. *Onanisme*.) Cette perversion est le plus ordinairement produite par les écarts d'une imagination en délire. Les sensations qui se rattachent à cet appétit ne subissent pas une altération dans leur nature, mais elles sollicitent l'individu qui s'y laisse entraîner à des actes dépravés que réprouvent les lois morales, et qui renversent l'harmonie établie par Dieu. La perversion de l'instinct génésique signale, chez les individus qui se rendent coupables de telles actions, une profonde dépravation, qui les abaisse beaucoup au-dessous des conditions de l'animalité; car l'animal suit ses instincts naturels; il ne s'en écarte pas, c'est la loi de sa nature; tandis que l'homme créé à l'image de Dieu, par l'abus qu'il fait de sa raison, s'abaisse et se dégrade au point d'oublier sa nature et de méconnaître la voix de son Créateur.

Dr PÉTRON.

APPLICATION [du latin *applicatio*, dérivé de *applico*, formé de *ad* et de *plico*, s'incliner, s'attacher, se plier à, ou vers quelque chose]. — Nouvel emploi d'un passage, soit de prose, soit de poésie. Plus le nouveau sens ou le nouveau rapport que l'application donne au passage est éloigné de son sens primitif, plus l'application est ingénieuse, lorsqu'elle est juste. Madame Dudefland entendant raconter que saint Denis, après qu'on lui eut coupé la tête, la porta dans ses mains à deux lieues de distance : *Je n'ai pas de peine à le croire*, dit-elle, *il n'y a que le premier pas qui coûte*.

En mathématique, on définit le mouvement, l'*application* successive d'un corps aux différentes parties de l'espace. — En géométrie, c'est par *application* ou superposition que l'on démontre plusieurs propositions fondamentales de la géométrie élémentaire.

L'*application* d'une science à une autre est l'usage qu'on fait des principes et des vérités qui appartiennent à l'une, pour perfectionner et augmenter l'autre. C'est ainsi qu'on dit : l'*application* de l'algèbre ou de l'analyse à la géométrie, et réciproquement; car quoique l'une soit plus ordinaire que l'autre, il est cependant des cas où l'on applique la géométrie à l'algèbre, en représentant par des lignes les grandeurs numériques que des lettres expriment; ce qui est quelquefois nécessaire pour résoudre certains problèmes avec plus de facilité.

APPOGGIATURE (musique) [de l'italien *appoggiare*, appuyer]. — Nom donné à une petite note de musique sur laquelle on appuie légèrement avant d'attaquer la note principale. L'appoggiature peut se placer au-dessus ou au-dessous de cette note. Sa durée est ordinairement celle de la moitié de la note suivante et se prend sur la valeur de celle-ci. L'appoggiature est *préparée* lorsqu'elle est précédée d'une note située au même degré qu'elle-même.

APPOINT (droit). — Monnaie de billon qui est donnée, dans un payement, afin de compléter ce qui ne peut être fourni en monnaie d'argent.

Aux termes de la loi du 22 avril 1791, art. 7, c'est le débiteur qui doit faire l'appoint, et, dès lors, il ne peut contraindre son créancier à se procurer de quoi lui rendre.

D'après un décret du 18 août 1810, la monnaie de cuivre ne pourra être imposée, contre le gré de celui qui reçoit, que pour faire l'appoint d'une pièce de cinq francs.

La monnaie de cuivre est, en quelque sorte, une fortune locale et permanente, surtout dans les contrées où, comme en Lorraine, on a fait, obtenu et conservé considérablement de sous. Il en résulte que, même comme appoint, on en reçoit plus qu'ailleurs. Là les ouvriers et les petits marchands sont réglés principalement en sous, ce qui ne nuit pas à leurs intérêts; les propriétaires et les maîtres peuvent s'en procurer avec quelque bénéfice, en échange des monnaies d'or et d'argent, et les petits et gros sous sont devenus l'objet d'un commerce utile et constant. Ainsi subsistent des usages locaux qui sont fort licites, et qui assurent davantage la conservation d'une valeur réelle, d'une fortune exacte, dans un pays de médiocre culture et de peu d'aisance, ou encore de fabriques et d'usines. Il conviendrait donc que, dans le renouvellement des monnaies de cuivre, on prît en sérieuse considération ces usages déjà anciens, et qui, à plusieurs titres, sont profitables à une population nombreuse. C'est une habitude bien acquise et qu'il doit paraître à propos de maintenir, surtout avec une nouvelle monnaie de billon qui serait d'une valeur intrinsèque réduite et dès lors d'un poids moins lourd. JEAN ÉTIENNE.

APPOINTEUR (droit) [de *apponctare*, régler par un appointement en justice]. — Juge qui appointe ou qui retarde une affaire pour l'étudier ou pour favoriser une partie. Juge qui fait appointer pour prévariquer. Se dit aussi du juge qui concilie les parties.

APPONTEMENT (marine). — Se dit d'une contruction en bois représentant un quai, et ayant pour but de faciliter le chargement et le déchargement d'un navire, ou devant aider à son armement ou à son désarmement. C'est une sorte de pont en madriers avec plate-forme en planches, fixe ou flottant. S'il est fixe, les madriers qui soutiennent la plate-forme reposent sur le fond ; son érection exige alors un travail important : il faut chasser des pieux à une profondeur de deux et quelquefois trois mètres, et ne construire, sur ces espèces de fondations, que lorsque le fardeau de la chèvre employée ne peut plus les faire céder. A l'aide de ces appontements, qui sont en général construits avec soin, on peut embarquer sur nos bâtiments les poids les plus considérables.

Des appontements fixes existaient à Kamiesch, quelques-uns même avaient une extrême longueur. La baie de Kamiesch, l'une des plus profondes parmi celles qu'on trouve dans cette partie de la côte de Crimée, ne permettait pas aux navires de s'approcher assez de ses bords pour accomplir leurs opérations. Le génie fut alors chargé, secondé par les charpentiers de la flotte, d'établir des appontements qui, pendant la guerre, rendirent les plus grands services. Les projectiles et munitions de toute espèce furent embarqués et débarqués avec promptitude et facilité, l'embarquement des troupes, l'évacuation des blessés purent se faire sans le secours des embarcations et chalans. Ces constructions existaient non-seulement à Kamiesch, mais encore dans la baie de Kasatch, occupée par la flotte anglaise, dans la baie de Streleska, située entre Sébastopol et Kamiesch, et dans la baie de la Quarantaine; sur tous les points enfin offrant un refuge à nos bâtiments de guerre ou du commerce.

Les appontements flottants consistent en tréteaux d'une grande dimension, supportant une plate-forme et reposant sur des radeaux. Ces radeaux sont en général composés de tonneaux liés ensemble par de forts madriers. Ces appontements ne manquent pas de solidité et offrent l'avantage de pouvoir se transporter d'un point sur un autre; mais ils ne pourraient supporter des fardeaux aussi pesants que les appontements fixes. On leur donne aussi pour base des bateaux plats retenus entre eux par des chaînes. *Appontement* a pour synonymes *embarcadère* et *débarcadère*. H. LANGLOIS.

APPORT (droit). — Ce mot se dit généralement des biens, tant meubles qu'immeubles, que les époux apportent en mariage et pour en supporter les charges, sous quelque régime que l'apport ait lieu. Un sens plus spécial est attaché aux clauses d'apport et de reprise d'apport. — Voy. *Communauté de biens.*

On dit aussi l'apport des minutes en parlant de la représentation ou du dépôt des minutes d'actes authentiques au greffe d'un tribunal. — Voy. *Minute.*

APPOSITION DE SCELLÉS (droit). — Acte ou action du magistrat constatant qu'il a apposé son sceau sur les ouvertures d'un appartement ou d'un meuble, pour empêcher d'y pénétrer contre ce qui y est renfermé, en faveur de ceux qui y ont un droit. C'est l'acte purement conservatoire par lequel, notamment, le juge de paix constate qu'il a apposé son cachet sur les ouvertures de meubles ou de chambres, afin d'empêcher qu'on y pénètre et de conserver ce qui y est contenu dans l'intérêt des ayants droit.

L'apposition de scellés a lieu ainsi, par les soins du juge de paix du lieu ou du canton, ou par un de ses suppléants, dans les six cas ci-dessous :

1° Après la mort naturelle ou civile (C. proc. civ. 907) ;

2° En cas de faillite ou banqueroute;

3° Quand un individu disparaît et que personne n'est autorisé à la conservation de ses biens, effets et papiers;

4° Lors d'une demande faite en interdiction et qu'il n'y a personne près du défendeur ou de l'interdit pour veiller à la conservation de ses droits;

5° En cas de saisie ou exécution, quand il est trouvé des titres et papiers en la demeure du saisi absent;

6° Dans le cas de demande en séparation de biens ou de corps.

On appose plus particulièrement les scellés sur des objets de prix dont on a à craindre la soustraction, comme bijoux, argenterie, titres, papiers et petits meubles. Quant aux gros meubles, s'ils ne contiennent rien de précieux, il suffit d'une description dans le même procès-verbal. S'il n'y a aucun effet mobilier, ou si les effets mobiliers sont en petit nombre, le juge de paix, en les décrivant, en dresse procès-verbal, qui est un acte de carence s'il n'y a pas d'effets ni de papiers, sauf prisée d'inventaire, suivant qu'il y a lieu.

Le juge de paix, dans ces cas, procède à l'apposition des scellés d'office ou sur réquisition. L'apposition des scellés peut d'ailleurs être requise, savoir :

1° Par tous ceux qui prétendent avoir droit dans la succession ou dans la communauté;

2° Par tous les créanciers fondés en titre exécutoire, ou autorisés par une permission, soit du président du tribunal civil de première instance, soit du juge de paix du canton où le scellé doit être apposé (C. civ. 820);

3° En cas d'absence, soit du conjoint, soit des héritiers ou de l'un d'eux, par les personnes qui demeureraient avec le défunt, par ses amis, ses serviteurs et domestiques (ibid. 909).

4° Par le ministère public sur la déclaration du maire de la commune.

Le scellé doit, autant que possible, être apposé avant l'inhumation et le corps étant encore présent. Lorsque le scellé est apposé après l'inhumation, le juge de paix doit constater le moment où il a été requis de l'apposer et les causes qui ont retardé l'apposition. Quant aux autres formalités à remplir par le juge de paix et son greffier, elles sont établies aux articles 907 et suivants du Code de procédure, par l'arrêté des consuls du 13 nivôse an X, et par le décret du 10 brumaire an XIV.

Pour la levée des scellés, avec les formalités voulues, le juge de paix ou son suppléant, après avoir reconnu que les scellés sont sains et entiers, ou, dans le cas contraire, après avoir constaté leur état, les rompt successivement afin de remettre les effets et objets à la disposition des ayants droit, opération qui ne peut avoir lieu que trois jours après l'apposition si le scellé a été apposé auparavant, et trois jours après l'apposition si elle a été faite après l'inhumation, à peine de nullité et de dommages intérêts. (C. proc. 928.)

En général, les personnes qui ont le droit de faire apposer les scellés ont aussi le droit d'en requérir la levée (voir toutefois C. proc. art. 909, 3°, comme exception).

Le bris des scellés est puni sévèrement par les lois.

Pour ne dire qu'un seul mot du tarif, trop ancien, des droits et honoraires, en ce qui concerne les greffiers de justice de paix, nous devons exprimer le désir, dans l'intérêt même des parties, que ce tarif soit revu et mis en harmonie avec les nécessités actuelles. Le meilleur moyen d'éviter les exactions des officiers publics ministériels est de leur allouer légalement des droits et honoraires qui répondent à la dignité de leur caractère et aux besoins de leur condition. Si on ne leur attribue point assez, ils cherchent à obtenir davantage, à multiplier les frais, et, en cas de plainte, le juge est lui-même moins sévère quelquefois, parce qu'il comprend que les temps sont changés. Il importe qu'une loi d'émoluments soit précise, équitable et suffisante, pour qu'on puisse en exiger sérieusement l'exécution; et il serait désirable que des tarifs réguliers puissent être établis légalement dans tous les cas, afin que chacun sût d'avance à quoi il est tenu de faire face, quels sont les engagements qu'il a à remplir ou à acquitter.

JEAN ÉTIENNE.

APPRENTI, APPRENTISSAGE (droit) [radical *apprendre*].—On donne le nom d'*apprenti* à celui qui apprend un métier, un art ou un état. Avant que les maîtrises et les jurandes aient été supprimées, par l'effet de la loi des 2-17 mars 1791, chaque corps de métier ou communauté avait ses règles particulières pour l'apprentissage. Cette matière a été réglée d'une manière générale par la loi du 22 germinal an XI.

Le contrat qui intervient entre un maître et son apprenti se nomme *brevet d'apprentissage*, et cet acte, qui détermine les obligations respectives, est devenue la loi des parties. Ces contrats ne peuvent être résolus, d'après la loi, que dans les cas d'inexécution des engagements de l'une des parties, de mauvais traitements de la part du maître, d'inconduite de l'apprenti, et stipulation d'un temps de travail dont la valeur serait jugée dépasser le prix ordinaire des apprentissages par rétribution pécuniaire.

D'après la loi du 25 mai 1838, art. 5, les juges de paix connaissent, sans appel, jusqu'à la valeur de 100 fr., et à la charge d'appel, à quelque valeur que la demande puisse s'élever, des contestations qui sont relatives aux engagements et devoirs respectifs des maîtres et de leurs apprentis. L'apprenti qui se rend coupable d'un vol dans l'atelier ou le magasin de son maître, peut encourir la peine de la réclusion. (C. pén., 386.) Le maître est responsable du dommage causé par ses apprentis pendant le temps qu'ils sont sous sa surveillance. (C. civ., 1384.) L'action des maîtres, pour le prix de l'apprentissage, se prescrit définitivement par un an. (C. civ., 2272.)

Il y a lieu de croire que, malgré certains progrès de fabrication ou de confection, l'apprentissage ne se fait pas aujourd'hui aussi bien qu'autrefois, alors surtout que les maîtrises et les jurandes existaient en vertu de la loi. L'apprenti n'est plus autant en présence du maître, de l'homme le plus habile et le plus intéressé à lui apprendre son état : le maître généralement travaille moins qu'il y a cinquante ans; il s'occupe davantage de la comptabilité, des relations et des rapports à l'extérieur : souvent même il ne connaît guère son état, sa profession, ou il n'est qu'un entrepreneur de travaux, un spéculateur, ayant acquis un fonds d'industrie, avec des outils, des machines et des ouvriers qui font toute la besogne. De là moins de soin, de surveillance et de moralité, en faveur de l'apprenti, qui est trop exclusivement à là discrétion des ouvriers, dont il ne reçoit d'utiles enseignements et avis qu'autant qu'il sait mériter leurs égards ou fixer leur attention. Il faut en inférer aussi que, généralement, les apprentis et les ouvriers emploient un plus long temps pour devenir capables, puisqu'ils ne pratiquent souvent qu'une des parties de leur profession, à l'exclusion des autres, qu'ils n'ont pu apprendre. Ils y attachent d'autant moins d'importance, qu'ils n'espèrent guère parvenir à la position de maîtres ou de chefs d'établissement, en remarquant que maintenant la condition principale n'est pas, pour se faire entrepreneur ou maître, de connaître parfaitement sa profession, mais bien d'avoir assez d'écus pour acheter un fonds achalandé ou monter une maison. La faculté que chacun a d'acquérir tel ou tel établissement, voire même une boulangerie, sans en avoir jamais exercé l'état, fait nécessairement que le prix en est plus élevé et que les acheteurs ne sont guère des ouvriers d'élite. Les ouvriers les plus capables, qui arrivent actuellement à la position de maître, ont d'autant plus de difficultés à vaincre, qu'ils sont obligés de créer lentement un établissement nouveau, en passant par les degrés de contre-maîtres, d'ouvriers en chambre et de marchandeurs ou de sous-traitants, à des prix réduits. De là encore les associations d'ouvriers, provoquées ou autorisées par les événements ou les circonstances critiques, et qui, en travaillant forcément à bas prix, n'ont pas du tout prospéré, et sont même tombées en partie, tandis que leur chétive existence était une cause nécessaire de pertes et de mécomptes pour les maîtres établis, pour les ouvriers et pour les apprentis.

. L'apprentissage des jeunes gens des deux sexes devrait être l'objet d'une sollicitude toute particulière, d'une surveillance constante, de la part de la corporation ouvrière régulièrement constituée ou représentée, de certains juges ou de l'autorité. Il pourrait y avoir des bases mieux établies et surveillées, notamment sur le mode, le temps, les jours et les heures de travail; et, par exemple, pour plus de repos, de sûreté et de moralité, l'apprenti devrait être dispensé de travailler le dimanche. Il conviendrait surtout qu'un maître d'établissement ne pût avoir d'apprentis qu'à la condition de bien connaître lui-même son état, et d'employer au moins un jour ou quelques heures de la semaine pour donner ou faire donner, sous ses yeux, des leçons pratiques ou théoriques à ses différents apprentis. Dans ces conditions, faire des ouvriers convenables, c'est également les porter à être plus studieux, plus empressés, plus sages et plus dociles, et, par-dessus tout, leur inculquer l'amour de leur profession, point essentiel pour assurer leur capacité plus grande et leur avenir industriel. La société éprouve le besoin de se moraliser ainsi, et en commençant dès le bas âge, à cet instant de la vie où le premier pas est à faire pour entrer

dans un genre quelconque de travail et marcher avec précision vers un but déterminé, qui est la garantie de l'avenir, de l'existence et de la moralité de l'homme. Dans les professions ordinaires, il y a beaucoup d'ouvriers, mais il n'y a pas trop, on peut même dire pas assez de bons ouvriers. Il en est qui ont jusqu'à deux et trois états, sans certainement être bien capables dans aucun, et dès lors sans être à même de gagner assez pour faire quelques économies. Les causes du mal sont assez connues : il en est une principalement qu'il serait heureux de détruire, et par plus d'une considération puissante; c'est cette déplorable disposition des jeunes gens à quitter leurs foyers, à partir des villages et des bourgs pour se rendre dans les villes et de là dans les grands centres industriels, où ils végètent presque toujours et se démoralisent le plus souvent. Ils ont généralement ébauché un état, commencé à apprendre un métier, une profession, autre que celle de cultivateur; ils ont parcouru le temps d'un apprentissage, sans pour ainsi dire avoir rien appris de solide; et comme le maître de leur localité ne leur offre que 1 fr. 25 c. ou 1 fr. 50 c., au plus, par jour, pour leur travail d'ouvrier, ils ne tardent pas à se rendre dans une grande ville, où, obtenant, après bien des démarches et pertes de temps, 2 fr. ou 2 fr. 50 c. pour une journée plus longue ou plus pénible, ils sont en définitive moins bien soignés, couchés et nourris, puis plus sujets aux maladies, au chômage et aux mésaventures que précédemment, alors qu'ils se trouvaient dans leurs familles auprès de leurs parents et amis. Dans leur intérêt particulier, comme dans l'intérêt général, il y aurait sans doute à prendre quelque sage mesure, afin d'éviter, pour les jeunes hommes surtout, ce mouvement, trop prononcé en France, de déplacement de la population vers les villes et les grands centres de commerce et de fabrication. En ce qui regarde les jeunes ouvriers sortant d'apprentissage, il serait à désirer qu'ils ne fussent autorisés à quitter leurs foyers que dans certaines conditions d'âge, de capacité et de moralité. Les grandes villes ont déjà assez de leurs propres charges et infirmités, et elles reçoivent, sans cela, trop d'individus d'un certain âge et de tous les états, dont la position n'a pu se faire dans les cantons ruraux ou dans les petites villes, à défaut d'ordre, d'économie, de travail ou de capacité relative, quelquefois de probité ou de moralité. La plaie est ainsi devenue trop large pour ne pas chercher, par tous les moyens utiles, à prémunir de son contact les jeunes hommes qui entrent dans la vie active et laborieuse, et qui souvent veulent s'éloigner de leurs pénates, malgré l'avis de leurs parents, quelquefois pour les désobliger, ce qui est le comble de l'erreur, de la stupidité. C'est dire que le temps est venu où les jeunes apprentis, sans expérience, devraient être l'objet d'une sollicitude toute particulière, et d'abord dans les soins et les besoins de leur apprentissage.

L'apprenti et l'apprentissage sont actuellement sous l'application de la loi des 22 janvier-22 février 1851, loi qui embrasse 1° la nature et la forme du contrat ou brevet d'apprentissage; 2° les conditions de ce contrat; 3° les devoirs des maîtres et des apprentis; 4° les cas de résolution de ce contrat; 5° et la compétence entière dont sont saisis les conseils des prud'hommes, les maîtres étant leurs justiciables, et, à défaut, les juges de paix des cantons. Cette loi a sans doute comblé une grande lacune; et cependant, bien qu'il reste encore quelque chose à faire en faveur des apprentis, pour leur instruction et leur moralisation, c'est le cas de reconnaître que les dispositions législatives qui touchent d'aussi près à de nombreux intérêts industriels sont fort difficiles à exécuter, comme à faire adopter. Afin qu'une loi de cette nature reçût une convenable exécution, il faudrait, à notre avis, qu'il existât une autorité intermédiaire chargée, dans certaines conditions, des pouvoirs et des droits qui étaient conférés aux maîtrises et aux jurandes anciennes. Il faudrait que cette organisation fût telle que l'apprenti pût être surveillé, contrôlé et secondé, au besoin, dans le travail utile auquel il doit se livrer, et de manière à ce qu'il ne perde pas trop de temps. Il est aussi des professions auxquelles il est devenu, pour ainsi dire, impossible aux apprentis des deux sexes de s'initier, si leurs parents n'ont pas le moyen de payer un prix en argent; et là encore se fait sentir l'absence d'une institution protectrice ou d'un établissement spécial dans lequel il soit possible aux apprentis dévoués et intelligents d'apprendre avec fruit ou de se perfectionner dans la pratique de l'industrie manuelle, à peu de frais et sans trop s'éloigner du pays natal.

JEAN ÉTIENNE.

APPRÊT [d'apprêter, dérivé de l'italien *appres-tare*, préparatif, préparation, manière d'apprêter.] — En littérature, *apprêt* se dit au figuré du style, de l'esprit, des manières, pour désigner un peu d'affectation : *Un esprit plein d'apprêt; il y a trop d'apprêt dans son style; l'apprêt de ses manières fatigue.* En technologie, *apprêt* se dit de la manière dont on apprête les étoffes, les toiles, les draperies, etc. « Pour les étoffes de lin ou de chanvre, l'apprêt consiste dans un mélange d'amidon et d'azur; quand elles ont reçu cet apprêt, on les déplisse, on les calandre, et enfin on les met à la presse. — Pour les étoffes de coton, on les apprête avec de l'amidon bien épuré, puis on les fait passer entre deux cylindres chauffés qui lustrent à la fois l'endroit et l'envers. — Pour les draperies, l'apprêt s'effectue à l'aide d'une pression plus ou moins forte; cette pression peut être combinée ou non avec l'action de la chaleur, d'où deux sortes d'apprêts, le *cati à chaud* et le *cati à froid*. » — Voy. *Cati*.

APPRÊT (beaux-arts). — Possède-t-on les secrets de préparation que les anciens ont fait subir aux substances sur lesquelles ils ont peint? Nous l'ignorons; cependant, cette étude, faite sur les fragments qui nous restent, et qui ont traversé tant de siècles, serait d'une utilité réelle pour les peintures de l'ornementation de nos monuments. Aujourd'hui on peint sur toile, sur taffetas, sur bois, tôle, cuivre, carton, papier, pierre, marbre, plâtre, velours, verre, porcelaine et faïence. La plupart de ces substances demandent des préparations spéciales dont nous aurons à nous occuper en traitant de la peinture sur ces différentes matières; nous ne nous arrêterons ici qu'à l'apprêt à faire subir au bois, à la toile et aux murs pour les recouvrir de peinture à l'huile.

La toile et le bois (voy. *Tableau* et *Panneau*) ont reçu des préparations analogues aux premiers jours dits de la *Renaissance*. Quand les artistes grecs quittèrent Constantinople pour se réfugier en Italie, l'apprêt était une couche de détrempe recouverte d'une légère dorure, qui servait à donner de l'animation aux carnations, et qui, en même temps, tenait lieu du champ du fond. Insensiblement les peintres ont étendu derrière leurs personnages un fond peint, sans songer à se dispenser de la dorure que ce fond recouvrait.

Nous sommes heureux de trouver ici l'occasion de combattre une erreur généralement accréditée parmi les artistes, que si l'on peint sur un fond d'or, c'est-à-dire sur le métal même, la couleur doit immanquablement noircir. Bien loin de là, il est constaté, par ce qui existe encore des anciennes peintures exécutées de la sorte, que l'or, comme d'autres dessous, ne force pas la couleur à changer, qu'au contraire il lui conserve une chaleur et une grande transparence. Nous avons fait de longues recherches sur les tableaux mêmes et dans de nombreux manuscrits afin de reconnaître quels sont les apprêts sur lesquels les artistes ont déposé leur travail, et nous avons pu nous convaincre qu'avant et même pendant une partie du quinzième siècle, l'impression se faisait avec de la craie délayée dans de la colle animale, quelquefois dans de l'amidon, et que le plus souvent, au lieu de craie, on se servait de plâtre éteint; qu'ensuite toute cette préparation était recouverte d'une couche de dorure qui servait immédiatement, comme nous venons de le dire, de dessous à la peinture. Faisant remonter nos recherches jusqu'au treizième siècle, jusqu'à Cimabué, qui est né en 1240, eh bien, les tableaux de cet artiste ne nous ont laissé aucun doute sur l'emploi de l'or sous la peinture; on peut s'en convaincre à la seule inspection de sa grande composition qui est dans les galeries du Louvre : *la Vierge et des Anges*. Nous avons retrouvé les mêmes conditions dans l'apprêt du tableau du Giotto : *Saint François recevant les stigmates*; ce produit est d'une couleur transparente que le temps n'a presque pas altérée, malgré que l'or perce dans de nombreuses parties que le frottement a usées. Parmi les peintres des quatorzième et quinzième siècles dont les tableaux ont un apprêt d'or, nous citerons seulement Orcagna, qui fut peintre, sculpteur et architecte; Roselli, que le pape Sixte IV fit venir de Florence pour décorer sa chapelle de peintures mélangées de dorures; enfin le Perrugin, le Giorgion, Jean Holbein et Lucas de Leyde, qui est mort en 1533. Le musée du Louvre possède trois tableaux de ce dernier, tous fort remarquables comme couleur, surtout celui qui représente une *Descente de croix*; il est impossible de voir un tableau d'une conservation aussi parfaite et cependant il est peint sur un fond d'or, qui s'aperçoit sous toute la couleur et lui donne une chaleur au moins égale aux productions des plus grands coloristes; et nous ferons remarquer que, contrairement à la manière large de peindre de ces derniers, le tableau de Lucas de Leyde est léché et d'un travail pénible.

D'autres artistes n'ont employé l'apprêt d'or que dans des portions de leurs tableaux qu'ils voulaient faire ressortir. Raphaël en a fait placer sous des parties des ailes de *saint Michel terrassant le Démon*; Rembrandt, dans les portions frappées par le soleil de ses deux tableaux *le Philosophe en méditation* et *le Ménage du Menuisier*, tableaux qui sont au Louvre. De nos jours, des peintres, dans la décoration de nos églises, font placer de l'or comme fond, et nullement sous leurs figures; cela produit le plus mauvais effet, les chairs devenant lourdes et mates. Dans l'apprêt à l'huile, qui a succédé à celui en détrempe, on place un enduit de colle de gants tiède, en se servant d'un couteau à manche coudé, dont on promène le tranchant émoussé et droit à la surface de la toile, fortement tendue; de la sorte, cette couche devient lisse et parfaitement égale. Quand cet encolage est sec, on ponce, et l'on applique de la même manière une couche de blanc de céruse, que l'on ponce elle-même à son tour. On peut placer, suivant les mêmes procédés, deux, trois, et même quatre couches, ce qui permet d'obtenir un grain fin et serré. On mêle quelquefois au blanc de céruse du noir, du brun rouge ou de l'ocre jaune, suivant le coloris du sujet que l'on veut traiter. Le Poussin peignait ordinairement sur des apprêts rouges; cela est on ne peut plus visible dans son tableau *le Jeune Pyrrhus*. Prud'hon a réalisé son *Christ en croix* sur un apprêt de terre de sienne calcinée, peignant les clairs en grisailles, et laissant l'apprêt pour la couleur des ombres; puis il a glacé le tout, ce qui lui a permis d'obtenir des tons qu'on ne peut copier quand on n'a pas une toile apprêtée de même. Le *Portrait de Jeanne d'Aragon, vice-reine de Sicile*, par Raphaël, a pour apprêt plusieurs couches d'ocre jaune.

L'apprêt pour peindre sur les murs est ordinairement un ciment composé de chaux vive et de sable très-fin; de la brique pilée est quelquefois substituée au sable. Pour rendre cette préparation plus solide, il conviendrait d'y mêler encore de l'huile de lin, observant que cette huile devrait être extrêmement visqueuse pour l'empêcher de couler et ne pas entraver l'emploi du ciment. Quelquefois on compose l'apprêt de deux parties de cire sur trois d'huile, et d'un dixième du poids total de litharge. Cet enduit s'applique chaud sur la muraille.

THÉNOT, *professeur.* .

APPROBATION (droit). — On nomme ainsi le consentement donné à l'exécution d'un acte, d'un contrat.

L'approbation des préfets est nécessaire pour rendre définitifs certains actes passés devant notaire, tels que les baux des biens des hospices et autres établissements de bienfaisance ou d'instruction publique (décret du 12 août 1807, art. 5, nomb. 29 sup.); ceux des biens des communes, fabriques, etc., et les adjudications de travaux à faire pour des établissements publics. Les notaires ne devant pas se dessaisir de leurs minutes d'actes, il a été décidé, par M. le garde des sceaux, le 18 novembre 1828, que l'approbation des préfets pouvait être donnée soit sur une copie certifiée par le membre de la commission de l'hospice ou autre fonctionnaire présent à l'adjudication, ou par un arrêté, ou bien par un acte de ratification qui doit être annexé au procès-verbal d'adjudication. — Voy. *Approbation d'écriture.*   J. E.

APPROBATION D'ÉCRITURE (droit). — On désigne ainsi le *bon* ou *l'approuvé* qui doit être apposé, dans différents cas, au bas des billets ou des promesses sous seing privé.

D'après l'art. 1326 du Code civil, il faut absolument, à moins que l'acte n'émane de marchands, artisans, laboureurs, vignerons, gens de journée et de service, que le billet ou la promesse sous seing privé, par lequel une seule partie s'engage envers l'autre à lui payer une somme d'argent ou une chose appréciable, soit écrit en entier de la main de celui qui le souscrit, ou, du moins, qu'outre sa signature, il ait écrit de sa main un *bon* ou un *approuvé* portant en toutes lettres la somme ou la quantité de la chose. — Ces dispositions ont leur origine dans la déclaration du 22 septembre 1833.

Les billets à ordre et les lettres de change souscrites par des filles ou femmes non marchandes publiques ne valent à leur égard que comme simples promesses (C. comm. 112). La forme commerciale de ces effets ne peut les dispenser de la formalité de l'approbation. De même le billet qui aurait été souscrit conjointement et solidairement par le mari et sa femme serait nul à l'égard de cette dernière s'il ne contenait pas de sa main le *bon* (en toutes lettres) prescrit par l'art. 1326 du Code civil, à moins qu'elle ne soit elle-même marchande, faisant un commerce séparé (Cass. 22 juillet 1828). Lorsque la somme exprimée au corps de l'acte est différente de celle exprimée au *bon*, l'obligation est présumée n'être que la somme moindre, lors même que l'acte, ainsi que le bon, sont écrits en entier de la main de celui qui s'y est obligé, à moins qu'il ne soit prouvé de quel côté est l'erreur (C. civ. 1327).   J. E.

APPROCHES (mécanique) [du latin barbare *appropiare*]. — La courbe aux *approches égales*, demandée aux géomètres par Leibnitz, est fameuse par la difficulté qu'ils eurent à en trouver l'équation. Voici la question : « Trouver une courbe le long de laquelle un corps descendant par l'action seule de sa pesanteur approche également de l'horizon en temps égaux. » Bernouilli, Varignon, Maupertuis, en ont trouvé la solution.

Dans l'art militaire, *approches* est le nom général sous lequel on comprend tous les travaux que les troupes qui assiègent une place font pour en approcher, tels que les tranchées, les batteries, les sapes, les logements sur les glacis, les galeries pour le passage des fossés, les épaulements, etc.

APT

APPROXIMATION (algèbre) [du latin *appropin-quo*, approcher, formé de *ad* et de *proximus*, *ad proximum ire*, approcher]. — Opération par laquelle on trouve d'une manière approchée la valeur d'une quantité qu'on ne peut pas trouver rigoureusement. Cette opération est d'usage pour les racines des nombres qui ne sont pas des puissances parfaites, pour trouver la valeur approchée de l'inconnue dans une équation qu'on ne peut pas résoudre exactement.

APPULSE (astronomie) [du latin *appulsus*, abord]. — Mot par lequel on désigne le passage de la lune très-près d'une étoile. Il se dit, en général, du mouvement d'une planète approchant de sa conjonction avec un autre corps céleste. Quand on observe avec soin les *appulses*, elles servent à corriger les erreurs de longitude ou des tables astronomiques.

APRE [du latin *asper*, rude, raboteux et désagréable au toucher; rude, piquant et désagréable au goût]. — En anatomie, la ligne *âpre* du fémur est une ligne saillante et inégale, située environ vers le tiers supérieur du corps du fémur, et donnant attache à des muscles voisins.

En physique, l'*âpreté* des corps est une chose relative : les corps qui nous paraissent avoir la surface la plus unie, étant vus au microscope, ne sont plus qu'un tissu de rugosités et d'inégalités. D'après ce que Boyle rapporte de Vermosen, aveugle, très-fameux par la délicatesse et la finesse de son toucher, il paraîtrait que chaque couleur a son degré ou son espèce particulière d'*âpreté*. Le noir paraît être la plus rude, de même qu'il est la plus obscure des couleurs; mais la plus rude n'est pas toujours celle qui est la moins éclatante : le jaune est plus rude que le bleu, et le vert, qui est la couleur moyenne, est plus rude que l'une et l'autre.

En botanique, une plante *âpre* est celle dont la surface a sous le tact une aspérité, qui, insensible en quelque sorte à la vue, est due à de très-petits poils, courts, raides, et ordinairement inclinés et recourbés.

APRON (zoologie) [du latin *asper*, rude]. — Genre de poissons de la famille des percoïdes, distingué des perches par les deux dorsales, qui ne se touchent pas, et par le museau saillant et caverneux. L'*apron commun* est verdâtre, habite le Rhône, le Danube et leurs affluents; sa longueur est de 15 à 18 centimètres. Sa chair est blanche et agréable au goût, et les habitants de Lyon ne le connaissent que sous le nom vulgaire de *sorcier*. Une autre espèce d'apron, appelée aussi *cingle* ou *zingel*, atteint jusqu'à 40 centimètres, et ne se trouve pas en France. Son corps est gris-jaunâtre, avec quatre bandes noires longitudinales, et sa chair, qui est aussi agréable que celle de l'apron commun, le fait rechercher des gourmets.

APTÈRES (zoologie) [du grec *a* privatif, et *ptéron*, aile]. — Nom donné aux animaux articulés dépourvus d'ailes. Linnée comprenait sous cette dénomination les crustacés, les arachnides, les myriapodes, les parasites, etc., en un mot tous les animaux articulés n'acquérant jamais d'ailes, et il en formait un ordre du règne animal. Lamarck conserva ce nom;

mais il ne s'applique plus aujourd'hui qu'à un groupe d'insectes comprenant des espèces assez différentes par leur organisation et par leurs mœurs.

La plupart des aptères vivent en parasites sur le corps d'autres animaux, dont les humeurs servent à les nourrir, et dont les téguments les garantissent des intempéries de l'air. Cependant un petit nombre d'espèces se tiennent à terre, se cachent sous les pierres, le bois pourri, et viennent jusque dans l'intérieur de nos appartements chercher un asile dans nos armoires.

Les *aptères* se divise en trois ordres :

1° Les *thysanoures*, dont les principaux genres sont les *lepismes* et les *podures*.

2° Les *parasites*, auxquels appartiennent les *poux* et les *ricins*.

3° Enfin, les *siphonaptères*, qui ne se composent que du genre *puce*.

APTÉRODICÈRES (zoologie) [du grec *aptéros*, sans ailes, et *dikéros*, à deux cornes]. — Insectes sans ailes et qui ont deux antennes. Ce mot désigne encore les aptères qui ne subissent point de métamorphoses (thysanoures et parasites), et qui ont deux antennes et six pieds.

APTÉRONOTES (zoologie) [du grec *aptéros*, sans ailes, et *notos*, dos]. — Genre de poissons malacoptérygiens apodes, sur le dos desquels est un filament charnu et mou, couché dans un sillon qui se prolonge jusqu'à la queue. On ne connaît encore de ce genre qu'une seule espèce : l'*aptéronote à front blanc*.

Ce poisson, dit Bibron, n'a point le corps cylindrique et en apparence privé d'écaille; il est, au contraire, très-aplati latéralement, et revêtu partout, excepté sur la tête, dont la peau est nue, de téguments squammeux assez dilatés. A partir de la ligne des pectorales, qui est l'endroit où il offre le plus de hauteur, le corps va toujours en diminuant jusqu'à la queue, laquelle, par conséquent, est pointue. La tête n'est pas moins comprimée que le reste de l'animal; elle est obtuse en devant et moitié moins élevée qu'en arrière. On n'aperçoit les yeux qu'au travers de la peau, mince il est vrai, qui les recouvre, ainsi que les opercules et les rayons branchiaux. Les branchies elles-mêmes ne communiquent avec le dehors que par une très-petite fente en croissant située à la base de chaque pectorale. Sur toute la région antérieure de la tête il existe une multitude de très-petits pores, destinés sans doute à sécréter une humeur visqueuse pour en enduire le corps de l'animal, ainsi qu'on l'observe chez presque tous les autres poissons de la famille des anguilliformes. La bouche de l'aptéronote est grande; il a la mâchoire supérieure garnie tout autour d'une lèvre épaisse et pendante, sous laquelle, lorsque ces mâchoires se rapprochent, l'inférieure, qui se relève latéralement en une sorte de crête cartilagineuse, se trouve en grande partie cachée. Il y a des dents en velours, d'une finesse extrême, sur le maxillaire inférieur, comme sur le maxillaire supérieur. L'un des deux orifices nasaux est petit, tubuleux, et situé presque à l'extrémité du museau;

l'autre est grand et ovalaire : on le voit plus en arrière que le premier, mais toujours sur la même ligne que lui. Si l'aptéronote n'a point de nageoire dorsale, il est muni d'une anale qui est bien étendue, puisqu'elle occupe toute la partie inférieure du corps depuis la gorge, où vient aboutir le tube digestif, jusqu'à l'origine de la nageoire caudale. C'est du milieu de l'espace compris entre les nageoires de la poitrine et le dos que naît la ligne latérale, laquelle marche parallèlement à celui-ci jusqu'à la queue. — L'aptéronote se trouve à Surinam, et n'atteint guère plus de 35 à 40 centimètres de longueur.

APTÉRYGIENS (zoologie) [d'*a* privatif, et *ptéryx*, nageoire]. — Animaux qui manquent d'organe spécial pour nager. On divise les mollusques en deux classes principales : les *ptérygiens*, qui ont un pied, et les *aptérygiens*, qui manquent de cet organe.

APTÉRYX (zoologie) [même étymologie]. — Nom d'un oiseau singulier de la Nouvelle-Zélande, que quelques naturalistes placent dans la famille des nullipennes. Cet animal, de la taille d'une oie, a les plus grands rapports avec l'autruche, mais en diffère par ses jambes, qui sont celles d'un gallinacé. Son plumage est d'un brun ferrugineux; ses ailes, impropres au vol, sont terminées par un ongle (fig. 36).

Fig. 36. — Aptéryx.

Dans un rapport présenté à l'Académie des sciences (5 mai 1836) par M. Dareste, ce savant a communiqué une note sur l'encéphale de l'aptéryx. La galerie d'anatomie comparée du Muséum, dit l'auteur, possède deux cerveaux d'aptéryx provenant de la mémorable expédition de Dumont d'Urville au pôle austral. Ces cerveaux, qui n'ont pas encore été décrits, m'ont présenté une particularité fort remarquable. Les lobes optiques, organes dont la conformation et la position forment le trait le plus remarquable du type encéphalique des oiseaux, sont rudimentaires chez l'aptéryx, et à peine visibles à l'extérieur, tandis que dans toutes les autres espèces ils ont un très-grand volume, et se présentent sous l'aspect de deux grosses éminences occupant les parties latérales et inférieures de l'encéphale. Cette modification du type primitif, très-remarquable dans une classe dont toutes les espèces sont liées entre elles par les affinités les plus intimes, trouve son application dans les conditions toutes spéciales des organes des sens dans l'aptéryx.

Cet oiseau, que nous ne connaissons encore que d'une manière très-imparfaite, a, comme un certain nombre d'autres espèces de la même classe, des habitudes nocturnes, mais qui sont le résultat d'une disposition des organes des sens, très-différente à beaucoup d'égards.

L'organe de la vue, très-développé chez les oiseaux, est surtout considérable chez les oiseaux de nuit, les hiboux, les engoulevents, etc. Dans l'aptéryx, au contraire, l'œil est très-petit, beaucoup plus que chez aucun autre oiseau. Il est, de plus, moins complétement organisé.

Les expériences physiologiques de M. Flourens ont prouvé depuis longtemps qu'il existe chez les oiseaux une lésion physiologique entre les lobes optiques et l'organe de la vue, et que la vision est détruite par les lésions du lobe optique. Magendie a confirmé les résultats obtenus par M. Flourens, en montrant que l'atrophie du lobe optique se produit fréquemment après l'ablation de l'œil; que, par conséquent, ces deux organes ne sont pas uniquement liés par les fonctions qu'ils remplissent, et qu'il y a de plus entre eux une véritable relation anatomique, puisque la destruction de l'organe de la vue amène des altérations consécutives dans les lobes optiques. La disposition anatomique que nous signalons dans l'aptéryx nous conduit, par une voie très-différente, à un résultat semblable, et nous montre le même fait sous une autre forme.

APUS (zoologie) [du grec *a* privatif, et *pous*, pied]. — Genre très-remarquable de crustacés branchiopodes, section des aspidiphores de Cuvier. Le nom d'apus, dit le naturaliste Lucas, avait d'abord été employé spécifiquement par Frisch, et a été érigé depuis par plusieurs auteurs en un genre compris dans les monocles de Linnée, dans les binocles de Geoffroy, et dans les limules de Muller et de Lamarck. Le corps de ces animaux est allongé, formé d'une quarantaine de segments étroits, dont les sept ou huit derniers (formant la queue) ne portent point de pattes. La tête est toujours confondue avec le corps et est recouverte comme lui par un vaste bouclier membraneux, qui est formé de deux lames adhérentes entre elles dans toute leur étendue, ainsi qu'à la tête et au corps en dessus, mais seulement en avant : ce bouclier, qui est bombé, caréné dans son milieu et échancré postérieurement, porte en avant trois yeux simples, dont les deux antérieurs, plus grands, sont très-rapprochés, et le troisième, très-petit, est ovale et placé en arrière de ceux-ci. Le chaperon forme en dessous et en avant du test une large surface à peu près triangulaire, sur le milieu du bord postérieur de laquelle est attachée une lèvre supérieure, grande, carrée dans son contour, et légèrement bombée dans son milieu. La bouche est composée d'un labre carré et avancé; de deux fortes mandibules, ventrues inférieurement, comprimées et dentelées à leur extrémité, sans palpes; d'une grande languette profondément échancrée; de deux paires de mâchoires appliquées l'une sur l'autre, dont les supérieures épineuses et ciliées au bord interne, et dont les inférieures, presque membraneuses, semblables à de petites fausses pattes; elles se terminent par un article allongé, et se prolongent extérieurement à leur base en une espèce d'oreillette portant un appendice d'un seul article, que l'on peut considérer comme une sorte de palpe. La languette offre, suivant M. Savigny, un canal cilié qui conduit droit à l'œsophage. Les antennes sont très-courtes, insérées près des mandibules, formées de deux articles, dont le second, plus long que le premier, est terminé par trois soies très-petites. Les pattes de la première paire (antennes, selon quelques auteurs) sont grandes, pourvues de quatre soies articulées, dont les deux premières sont très-longues; les suivantes, au nombre de soixante paires environ, diminuent graduellement de grandeur, sont assez compliquées dans leur forme, ont leur base ciliée, et une grande lame brachiale sur un de leurs côtés, avec un sac ovalaire, vésiculeux en dessous; celles de la onzième paire sont pourvues d'une capsule à deux valves renfermant les œufs, qui ressemblent à de petits grains d'un rouge très-vif. La queue est terminée par deux longs filets sétacés et multi-articulés. Telles sont jusqu'à présent les connaissances acquises sur l'organisation externe de ce genre singulier; l'anatomie des parties internes et l'étude des fonctions n'ont pas conduit à des résultats aussi satisfaisants, et, sous ce rapport, il n'y a, pour ainsi dire, rien de fait. Shoeffer est encore celui qui jette le plus de jour sur ces deux points; il a reconnu et figuré le canal intestinal, le cœur, les principaux vaisseaux, les œufs dans l'abdomen, et les deux oviductus qui les transmettent au dehors; il n'a pu reconnaître les différences sexuelles, et ses travaux nous laissent dans l'ignorance sur le phénomène extrêmement curieux de fécondation. Cependant il a suivi ces crustacés dans leur premier âge, et nous a appris qu'ils se distinguaient alors des individus à l'état adulte par un abdomen nul, par des bras poilus au nombre de quatre, et par la présence d'un seul œil. Ce n'est qu'après la huitième mue qu'ils ont atteint leur entier accroissement. Les apus sont des crustacés aquatiques qui habitent les fossés, les mares, les eaux dormantes, et presque toujours en sociétés innombrables. Ils paraissent se nourrir de têtards et d'animalcules. Leur développement est très-rapide : tous paraissent pourvus d'œufs, et la distinction de leurs sexes n'a pas encore été faite; aussi quelques naturalistes pensent-ils que ces animaux sont hermaphrodites. Les œufs paraissent se conserver pendant de longues années à sec sans périr, car l'on ne saurait expliquer autrement l'apparition de ces crustacés dans les lieux où on les voit tout à coup en très-grand nombre, qu'en supposant que leurs germes existaient dans le sol, et qu'ils ne se sont développés qu'à la suite du séjour de l'eau pluviale.

MM. Audouin et Valenciennes ont été à même, il y a quelques années, de faire l'observation suivante : la Seine ayant débordé dans les champs de la plaine d'Ivry, ils se transportèrent sur les lieux quelques jours après qu'elle se fut retirée, et ils les trouvèrent jonchés d'une quantité prodigieuse d'apus. Huit jours après, l'un d'eux visita les mêmes lieux, et, bien qu'il y eût encore de l'eau, il ne put découvrir un seul individu vivant.

Les espèces de ce genre décrites jusqu'à présent sont peu nombreuses; les principales sont : l'apus prolongé (*monoculus apus*, de Linnée), et l'apus cancriforme (*apus cancriformis*, ou le binocle à queue en filet de Geoffroy).

APYRE (minéralogie) [du grec *a*, privatif, et *puir*, feu, infusible]. — Nom donné à un minéral rapproché d'abord des feldspaths, mais dont on a fait depuis une espèce d'*andalousite* (voy. ce mot). Le mot *apyre*, adjectif, qualifie les substances qui résistent à l'action du feu, qui ne s'y altèrent pas, en un mot, qui sont infusibles : c'est ainsi qu'on dit *le cristal de roche*, l'*amiante*, sont *apyres*. On doit établir une différence entre les mots *apyre* et *réfractaire*. Un corps *apyre* n'éprouve de la part du feu ni fusion ni changement; pour qu'on puisse qualifier un corps de *réfractaire*, il suffit qu'il résiste à l'action du feu, qu'il soit infusible, malgré les altérations considérables qu'il peut éprouver.   DUBOCAGE.

APYREXIE (pathologie générale) [du grec *a* privatif, et *pyr*, feu]. — Cessation du mouvement fébrile. Nom donné dans les fièvres intermittentes à l'intervalle des accès.

AQUARELLE (beaux-arts). — La peinture à l'eau, que par cette raison on désigne sous le nom d'*aquarelle*, est de tous les modes de peinture le plus simple, et le plus facile à pratiquer, lorsqu'on a appris à distinguer la beauté et la bonté des matériaux qu'on doit employer, et surtout qu'un maître savant et consciencieux a démontré par principes les moyens manuels et toutes les ressources d'exécution que comporte cette spécialité. Mais si aujourd'hui nous sommes riches en matériaux et en moyens pratiques extrêmement simplifiés, il n'en a pas été toujours ainsi. Il y a fort peu de temps encore que les artistes, même les plus habiles en ce genre, ne pouvaient réaliser leur pensée qu'en surmontant une foule de difficultés qui tenaient : 1° au papier ; 2° aux couleurs, dont le nombre extrêmement restreint offrait fort peu de ressources de palette, et ne permettait pas d'obtenir la vigueur comme les heureux empâtements qui contrastent si bien avec la transparence des teintes ; 3° aux moyens d'exécution, qui se réduisaient à quelques-uns, et ne comportaient qu'une pratique lente, difficile, incapable de produire les heureuses dégradations, les mélanges si limpides des couleurs et des nuances entre elles, qui s'observent dans les produits de nos artistes, même les plus secondaires.

Le *papier* que l'on préfère pour réaliser une peinture à l'aquarelle est celui de Whatman ; ce papier anglais porte en transparent ce nom : *Turkey-Mil*. Malheureusement, il y a dans le commerce des contrefaçons, et le papier contrefait ne vaut rien. Quand on se sert de papier français, on peut le bonifier en passant dessus une couche d'encollage. Le papier étant tendu sur un carton fort ou sur une planche, on fait son esquisse, légèrement, avec du crayon de mine de plomb, qui ne soit ni trop dur ni trop tendre. Nous préférons le n° 3 de Gilbert ou de Conté. L'esquisse terminée, on place les teintes (voyez *Lavis*), les superposant les unes sur les autres jusqu'à réussite complète ; il arrive quelquefois qu'on est obligé de rattraper des clairs, cela s'obtient facilement. Voici comme on procède : la teinte sur laquelle on veut opérer étant parfaitement bien sèche, on touche, avec la pointe d'un pinceau humectée d'eau, la place que l'on veut enlever, laissant séjourner l'humidité suffisamment pour qu'elle pénètre la couleur et l'épiderme du papier ; alors on frotte, avec un mouchoir ou de la gomme élastique, jusqu'au moment que la place soit redevenue parfaitement blanche. On peut retravailler cet endroit comme auparavant. Deux pinceaux sont suffisant : l'un est de petit-gris, sa grosseur doit égaler celle d'une plume ordinaire ; l'autre est de martre, et plus petit. La condition expresse est qu'ils ne fassent pas le ventre, et que leur pointe soit bien fine.

L'aquarelle est le mode de peinture le plus anciennement pratiqué par l'homme, soit pour distinguer par la couleur le degré de hiérarchie des dieux, soit pour orner les temples qui leur étaient consacrés. On a retrouvé en Égypte, sur des fragments de monuments antérieurs à l'invasion des Pasteurs, une ornementation des plus riches, exécutée purement à l'eau. L'absence de pluie et d'atmosphère humide dans ces merveilleuses contrées a laissé cette peinture, si fragile dans nos tristes climats, traverser le cours des siècles et arriver jusqu'à nous.

Malgré la variété des modes de peinture mis en usage, et même portés à la perfection, l'aquarelle n'a cessé d'être pratiquée. Les manuscrits du moyen âge lui doivent leurs splendides illustrations, et au commencement du seizième siècle, quand la peinture à l'huile et aux vernis avait déjà atteint aux dernières limites du progrès, Raphaël ne se servit pas moins

du concours de l'aquarelle pour réaliser les magnifiques arabesques de l'ornementation du Vatican. Passons sous silence une foule d'artistes supérieurs qui ont pratiqué l'aquarelle depuis cette époque jusqu'à la nôtre, qui a été si féconde en résultats dans ce mode de peinture. Vers 1810, deux artistes se partageaient le sceptre de ce genre : en France, Thibault, le savant professeur de perspective, et en Suisse, Topfer, le père de l'auteur du *Voyage en Zigzag*. Autour de ces deux véritables aquarellistes venaient se grouper Constant Bourgeois, Thiénon, dont les aquarelles cotonneuses furent copiées par l'impératrice Marie-Louise, dont il était professeur ; Storelli, qui enseigna ce genre à une élève distinguée, Mme la duchesse de Berry ; le comte de Clarac, qui étudia et pratiqua ce genre au milieu des forêts vierges du Brésil ; Baltar, dont les monuments aquarellés étaient souvent rehaussés des spirituelles figures de son ami, Jean Isabey, et enfin Redouté, qui a fait éclore sous son pinceau tant de si ravissantes fleurs qui ont été gravées et se trouvent aujourd'hui dans des recueils très-recherchés. Mais tous ces maîtres ignoraient complètement les ressources d'exécution qui depuis ont été créées ; leurs couleurs ne pouvaient produire ni la vigueur ni la transparence que l'on obtient avec celles d'aujourd'hui : cependant, avec des couleurs imparfaites et des moyens d'exécution limités, ils atteignirent à des effets qui, de tout temps, seront admirés. Ils ne se servaient pour effacer ni de l'éponge, ni du mouchoir, ni de la gomme élastique, qui défigure le grain du papier, pas même du grattoir pour rattraper des clairs ; en un mot, ils ne se faisaient aucune idée des ressources merveilleuses que procure un pinceau légèrement humecté pour modeler les couleurs dans une teinte fraîchement disposée ; toute leur richesse d'exécution se résumait dans l'art de savoir déposer franchement et spirituellement une teinte, et dans la science d'attaquer ces teintes, comme valeur relative, suivant le plan qui leur était assigné. On peut dire que tous les aquarellistes d'alors ne semblaient tendre qu'à un but, celui de produire des effets doux, suaves, harmonieux ; ils laissaient à la peinture à l'huile, si riche en procédés, et les effets pittoresques aux vigueurs outrées, et les puissants reliefs qui ne peuvent s'obtenir que par un travail opiniâtre et habilement combiné. Ce ne fut que vers 1818 que l'aquarelle entra dans une phase nouvelle, et voici à quelle occasion. Dès que la paix fut consolidée, les beaux-arts prirent tout à coup une impulsion qui se propagea rapidement et devint si irrésistible, qu'en peu de temps la pratique de la peinture se répandit et se vulgarisa. — L'aquarelle, ce mode si prompt à fixer la pensée, contribua beaucoup à cet élan. Il faut avoir vécu à cette époque pour se représenter l'enthousiasme général dont les esprits s'enflammaient pour les arts. Des amateurs zélés, Dusommerard, Debez, de Vèze et Panckoucke, dans des soirées intimes qui se répétaient à jours fixes, conviaient les artistes et les réunissaient à l'élite de la société, et au milieu de leur salon se trouvaient des tables chargées de tout ce qu'il fallait d'ustensiles pour la confection du lavis et de l'aquarelle. Les pinceaux et les cartons tendus étaient là comme de séduisantes invitations au talent et à la complaisance. Ces réunions portèrent leurs fruits. La concurrence et l'émulation produisirent des aquarellistes remarquables. D'abord, ce furent Atoch, Bouton, Brune, Daguerre, Duval-le-Camus et Johannot; puis Charlet nous montra des aquarelles dont la franchise et la fougue de l'exécution étaient admirables. Bonnington, Perrot, Gudin et Mozin appliquèrent ce mode à la marine; et dans le paysage, brillèrent Jules Coignet, Sapito, Cicéri père, Siméon-Fort et Watelet, dont les aquarelles n'étaient autres que de charmants petits tableaux. Dans la figure vinrent se placer, en tête des aquarellistes en progrès, Allaux, Bérume, Bellanger, Decamps, Devéria, Gavarni, Grénier, Guët et Horace Vernet. Nous avions alors une école d'aquarellistes très-distingués. Ce fut alors que surgirent les novateurs et les imitateurs des talents des étrangers. L'exposition universelle de 1855 nous a révélé des talents supérieurs parmi les Anglais; citons seulement les principaux : MM. Hagha, Haag, Corbould, Wehnert, Richardson et Fielding. Quant aux aquarelles venues d'Allemagne, les plus belles étaient de MM. Biermann et Hildebrandt. THÉNOT, *professeur.*

AQUA-TINTA (beaux-arts) [en latin, *aqua*, eau, et *tinta*, colorée]—Genre de gravure sur cuivre qui imite les dessins faits à l'encre de Chine, au bistre ou à la sépia. «On grave d'abord à l'eau forte les contours de la figure; on couvre ensuite d'un vernis noir impénétrable à l'acide nitrique les parties de la planche où il ne doit y avoir ni traits ni ombre; puis l'on répand sur la planche de la colophane réduite en poudre très-fine, et on l'expose à une chaleur ardente jusqu'à ce que la résine soit fondue; par ce moyen, il se forme de petits espaces par lesquels l'acide nitrique peut s'insinuer. L'acide est alors versé sur la planche, et on l'y laisse cinq minutes, temps suffisant pour que l'acide puisse mordre. On renouvelle l'opération plusieurs fois pour tracer les ombres les plus fortes.» L'*aqua-tinta*, bien moins estimée que la gravure au burin, est parvenue à un haut degré de perfection, et a pu reproduire à très-bon compte une grande partie des bons tableaux de l'époque. En Angleterre surtout, ce genre de gravure est fort estimé.

AQUA-TOFANA [en italien *eau de Tofana*, dite aussi *àquetta di Napoli*]. — Poison très-subtil, qu'on regarde aujourd'hui comme une solution étendue d'acide arsénieux, mêlée à d'autres substances qui avaient pour but d'en déguiser la saveur.

Ce fut, dit-on, une Sicilienne de Palerme, nommée Tofana ou Tofanina, qui la première mit ce poison en usage. On ne sait pas précisément l'époque à laquelle elle débuta dans son affreux métier; il paraît toutefois que ce fut vers 1659. Elle distribuait généreusement son eau, surtout aux jeunes femmes fatiguées de leurs maris; et pour mieux en dissimuler la nature, elle la mettait dans de petites fioles portant d'un côté cette étiquette : *Manne de saint Nicolas de Bari*, et de l'autre une image du saint; l'*aqua-tofana* passait ainsi pour une liqueur qui s'écoulait de la tombe même de saint Nicolas. Ce ne fut qu'en 1709, que le vice-roi de Naples eut connaissance de ce détestable commerce. La Tofanina s'enveloppa dès lors dans le plus profond mystère, elle changea fréquemment de demeure; mais enfin, elle fut trahie, et bien qu'elle se fût retirée dans un couvent, elle fut saisie et conduite au château de l'Œuf. On dit que le cardinal Pignatelli, indigné de la violation du lieu saint, menaça d'excommunier la ville si la coupable n'était remise entre ses mains; le vice-roi fit alors répandre le bruit que cette femme et ses complices devaient empoisonner toutes les fontaines de la ville, ainsi que les fruits portés au marché; et quand la populace en fureur vint réclamer à grands cris le châtiment de l'empoisonneuse, par une sorte de compromis entre les deux autorités, temporelle et spirituelle, elle fut étranglée en prison, et son corps fut porté de nuit dans la cour du couvent. Cependant Garelli, dans une lettre à Hoffmann (1718), affirme qu'elle était emprisonnée; et Keysler, qui visita Naples en 1730, annonça qu'elle existait encore, et que peu d'étrangers quittaient la ville sans aller la voir dans sa prison. Peu de temps après que la Tofanina eut mis au jour son horrible invention, il se forma à Rome, pour l'exploiter, une société de jeunes femmes présidée par une Sicilienne, du nom d'Hiéronima Spara, qui tenait le secret de la Tofanina elle-même. Découvertes, elles furent rigoureusement punies, et leur présidente Spara fut pendue avec la Gratiana, son aide. L'*aqua-tofana* fut apportée à Paris vers la fin du dix-septième siècle. Cette époque fut signalée par les crimes de la Brinvilliers, et par une progression si effrayante d'empoisonnements, que des lettres patentes du 7 avril 1679 établirent, pour en connaître, la chambre royale de l'Arsenal, qu'on appela la *chambre des poisons*. (A. Marceau.)

AQUEDUC [du latin *aquæ ductus*, conduite d'eau]. — Canal construit en pierres ou en briques, élevé sur un terrain inégal pour ménager la pente de l'eau et la *conduire* dans un lieu qui en est dépourvu. On cite l'aqueduc de Sésostris, en Égypte; celui de Babylone, attribué à Sémiramis, et celui de Salomon. Le premier aqueduc qui ait été construit à Rome, le fut vers l'an 442 de la fondation de cette ville, par les soins du censeur Appius Claudius, qui lui donna son nom. Ses eaux, quoique abondantes, étaient loin de suffire aux besoins d'une nombreuse population; elles n'étaient d'ailleurs pas assez élevées pour alimenter tous les quartiers de la ville. D'autres aqueducs furent successivement établis; et au temps de l'empereur Nerva on en comptait jusqu'à neuf, conduisant l'eau à différentes hauteurs, et présentant un développement total de plus de cent lieues, dont un dixième environ était élevé sur arcades. Le volume d'eau qu'ils fournissaient était de 14,018 *quinaires* (mesure romaine), ce qui équivaut, d'après l'estimation de M. de Prony, à 787,000 mètres cubes par 24 heures. Parmi les aqueducs que les Romains construisirent dans les provinces, les plus célèbres assurément sont ceux de Nîmes ou pont du Gard, de Metz, d'Arcueil, etc. Ces monuments gigantesques de la puissance romaine sont restés sans imitateurs.

En France, dit Reynaud, nos principaux aqueducs modernes sont : celui de Montpellier, qui a un kilomètre de longueur; celui de Bucy, près de Versailles; et celui de Maintenon, l'une des plus vastes entreprises du règne de Louis XIV, qui fut abandonnée après avoir coûté près de neuf millions. On s'attache maintenant, quand on exécute des travaux pour amener de l'eau dans les villes, à utiliser le cours ou la chute de cette eau, pour les besoins du commerce ou de l'industrie. C'est ainsi que le canal de l'Ourcq, qui doit fournir 80,000 mètres cubes d'eau par jour à la ville de Paris, sert à la navigation; et c'est ainsi qu'à Grenoble comme en Angleterre, la chute des eaux qu'on y a conduites est employée à mettre en jeu de nombreuses usines. Mais dans la plupart des cas, lorsque la quantité d'eau dont on a besoin n'est pas très-considérable, on trouve plus avantageux de l'élever au moyen de machines. On épargne ainsi des dépenses considérables, et l'on peut donner à l'industrie une direction plus profitable; si nos campagnes ne sont plus sillonnées par de pittoresques arcades, elles sont, en revanche, parées de tous côtés de routes et de canaux de navigation, qui, outre les besoins auxquels ils satisfont, sont la source de nouvelles prospérités et de nouvelles richesses, et exercent une puissante action civilisatrice. Faire atteindre à plusieurs buts avec une même quantité d'efforts, ou au même but avec moins d'efforts, tel est le résultat du progrès des sciences et de l'industrie.

AQUEDUC (droit). — On appelle *droit d'aqueduc* la servitude, continue et apparente, qui consiste à faire traverser par le fonds d'autrui l'eau qu'on fait amener sur sa propriété, ou l'eau que l'on en fait sortir. — Voy. *Drainage.* J. E.

AQUIFOLIACÉES (botanique) [du latin *aquifolium*, espèce de houx]. — Famille de plantes dont le houx est le genre type, mais plus connues sous le nom d'*illicinées*.

AQUILAIRE (botanique) [en latin *aquilaria*]. —

Grand arbre des Indes-Orientales, de la famille des aquilarinées, dont on tire le bois d'*aigle* ou d'aloès, bois pesant, résineux, d'une odeur aromatique lorsqu'on le brûle. Les Indiens l'emploient pour désinfecter et parfumer l'air de leurs maisons.

ARA (zoologie) [en latin *Macrocercus*]. — Espèce de beaux perroquets, de l'Amérique méridionale, séparés par Cuvier des perroquets proprement dits, et dont Lacépède fit un genre distinct, dont voici les principaux caractères : « Queue plus longue que le corps, étagée et aiguë ; joues ou tempes entièrement dépourvues de plumes ; la membrane qui les recouvre est généralement blanche ; elle se prolonge sur la base de la mandibule inférieure, ce qui donne à la physionomie des aras un air dédaigneux et désagréable ; la langue est épaisse et charnue ; le bec, dont la mandibule supérieure est mobile, est fort et crochu. »

Il est assez facile, dit M. Gervais, d'apprivoiser les aras lorsqu'on les a pris jeunes; on leur apprend même à prononcer quelques paroles, mais ils ne le font qu'avec difficulté; le mot *ara*, qu'ils répètent habituellement, est devenu leur nom. Les espèces d'aras ne sont pas très-nombreuses ; on en connaît une dizaine environ : quelques-unes se voient assez souvent en Europe, où il est facile de les conserver en les garantissant du froid, qui leur est très-nuisible. Dans ces derniers temps, on en a vu procréer dans nos climats; ainsi Lamouroux a fait connaître avec détail le résultat des pontes d'une paire d'aras bleus

Fig. 37. — Ara bleu.

qu'il a observés à Caen. Les principales espèces sont : 1° l'ARA MACAO, remarquable par sa grande taille, il a un mètre depuis le bec jusqu'à l'extrémité de la queue; 2° l'ARA ARACANGA, de Linnée, que Buffon ne considère que comme une variété du précédent. Cette espèce en diffère par une taille plus petite et parce qu'elle est d'un rouge moins foncé; 3° l'ARA TRICOLORE, qui est un peu plus petit, mais qui n'est pas moins bien paré; 4° l'ARA BLEU OU ARARAUNA (fig. 37 et 38), est un de ceux que l'on voit le plus souvent en France, où il a produit en domesticité. La tête, le dos, le derrière du cou, les ailes et le dessus de la queue sont d'un bleu d'azur éclatant, la poitrine et tout le dessous du corps d'un jaune brillant;

l'espace nu des joues est considérable et de couleur rosée, avec trois petites lignes horizontales de plumes noires; la gorge est entourée d'un collier verdâtre. Sa longueur totale est de 86 centimètres au moins.

ARABESQUES (beaux-arts). — Ce sont des ornements d'un usage fréquent dans l'architecture mauresque ou des Arabes, à qui l'on en a attribué pendant longtemps l'invention. Les arabesques sont un composé d'entrelas, de rinceaux, de palmes, de fleurs, de fruits, de mascarons, et même de figures et d'animaux véritables ou imaginaires, agencées d'une manière fantasque; on y fait entrer aussi des draperies, des rubans, des coraux, des coquilles, toutes sortes de représentations des productions de la terre et des eaux. De cet assemblage d'objets bizarres et incohérents, mais assortis, contrastés, groupés ou enlacés avec art, il est résulté souvent des effets fort agréables, les artistes en ayant tiré un merveilleux parti. La sculpture et la peinture s'en servent, comme l'architecture, pour décorer des murs, des panneaux, des montants de portes, des pilastres, des frises, et quelquefois même des voûtes et des plafonds. Quelques auteurs ont cherché l'origine de cette ornementation dans les décorations composées de feuilles et de fleurs, dont les Grecs et même les Égyptiens ont parfois cherché à embellir leurs édifices; cependant on ne la trouve pas dans les anciens monuments de la haute Égypte, non plus que dans les monuments primitifs de l'ancienne Grèce, et l'on sait, à l'égard des Juifs, quelles furent les prescriptions de Moïse pour la construction de l'arche et du tabernacle. Ce ne fut que plus tard que des ornements capricieux entrèrent dans l'architecture de ces deux peuples, c'est-à-dire au fur et à mesure que l'art des Grecs et des Juifs s'éloigna de la source égyptienne qui leur est commune. On présume que l'idée des arabesques pouvait avoir été suggérée aux Grecs par les tapisseries orientales qu'ils aimaient beaucoup, et sur lesquelles étaient peintes, tissées ou brodées les compositions les plus bizarres de plantes et d'animaux. Mais il n'est guère possible de dire avec certitude si les Grecs ont employé une ornementation dans le goût des arabesques, d'abord comme encadrement des

Fig. 38. — Ara bleu.

peintures des murs dans l'intérieur des appartements, ensuite comme ouvrage de sculpture pour orner l'extérieur de leurs édifices. Cette dernière opinion est la plus vraisemblable, par la raison que les édifices qui datent de la meilleure époque de l'art, tels que le temple de l'Apollon Didyméen, près de Millet, recèlent une semblable décoration. Ainsi, la frise de ce temple est ornée de plantes et de griffons, et l'on y voit des chapiteaux et des pilastres qui possèdent tantôt des acanthes entrelacées avec infiniment de goût, tantôt des génies qui sortent de ces mêmes acanthes. Si l'extérieur et l'intérieur des bâtiments étaient ornés de ces mêmes arabesques, on doit supposer que, pour encadrer les peintures des murs de l'intérieur, les artistes pouvaient se permettre plus de variété que dans les ornements de sculpture placés en dehors, et auxquels on sait qu'ils donnaient un plus grand degré de simplicité. On sait aussi qu'à partir du siècle de Périclès, les arabesques furent répandues à profusion sur les monuments des colonies grecques en Italie. Quant aux Juifs, on trouve dans leurs livres un passage des *Paralipomènes* qui semblerait presque déjà indiquer une dérogeance aux lois de Moïse dans la construction du temple de Salomon. Flavius Josèphe ne laisse aucun doute à cet égard dans la description qu'il nous a donnée de ce temple, rebâti par Hérode, fils d'Antipater. Les colonnes, dit-il, ont des chapiteaux corinthiens, et une tapisserie, suspendue au linteau de la porte principale, contient des colonnes brodées, sous les chapiteaux desquelles s'étend une vigne d'or aux grappes pendantes. La suite de la description nous montre des fleurs de couleurs de pourpre, des lambris et des plafonds sculptés et ornés sous toutes sortes de formes, ce qui ne pouvait être que des arabesques. Du reste, Hérode, en élevant des temples à Auguste, en restaurant celui d'Apollon, à Rhodes, en construisant des amphithéâtres et des odéons à Jérusalem, ne craignait pas de blesser les mœurs juives, car il contrevenait aux lois de leur législateur.

Les Romains, ayant emprunté les arabesques aux Grecs, trouvèrent d'abord peu de place sur leurs monuments, dont la plupart étaient toscans, pour faire une fructueuse application de cette ornementation capricieuse. Ce ne fut que plus tard, lorsqu'ils estimèrent l'art, pour avoir l'occasion de montrer leurs richesses et de satisfaire leur penchant pour la magnificence, qu'ils introduisirent peu à peu les arabesques dans leur architecture, qui devint plus riche et plus variée. Cette ornementation était déjà fort goûtée, comme peinture de décoration des maisons et des palais, quand Vitruve se plaignit amèrement de ce qu'on abandonnait la méthode des anciens pour ces ornements, qu'il appelle *monstra* et *falsa*. Cependant, malgré la censure de Vitruve et de Pline, les arabesques se soutinrent à Rome; il nous en reste de cette époque qui sont conçues avec goût : ce sont des plantes et des feuillages enlacés d'une manière légère et agréable; d'autres fois on y voit une figure sortir du calice d'une fleur, un animal qui serpente dans les ornements, ou un temple qui s'élève sur des colonnes minces et faibles; ou bien, c'est encore un léger édifice soutenu par des végétaux. Enfin on trouve à Rome des vestiges d'arabesques jusque dans les derniers monuments du Bas-Empire. Les édifices gothiques, les vitraux, les mosaïques et les pavés en sont encore remplis. Les Arabes, en les adoptant spécialement, en en formant un genre à part, qui depuis a toujours pris leur nom, ont propagé les arabesques et les ont portées, dans ces temps de barbarie, à toute la perfection dont alors ils étaient susceptibles. Nous ferons remarquer que les imitations des Arabes s'éloignent infiniment des arabesques des anciens. Ce n'est plus la même simplicité, la même unité s'harmonisant à merveille avec l'ordre entier du bâtiment. Sous le génie arabe, comme sous celui des architectes gothiques, les arabesques sont des exagérations qui manquent de la gaieté de ce que nous ont laissé les Grecs et les Romains.

Après toutes sortes de formes transitoires, l'architecture antique en revêtit une nouvelle, mieux appropriée au point de vue chrétien; au commencement du treizième siècle apparut le véritable style catholique, dont la synthèse fondamentale n'admettait l'ornementation qu'autant qu'elle était, dans les détails, l'interprétation de la pensée générale formulée par la masse du monument. Dans cette architecture majestueuse, les arabesques n'avaient aucune place préparée; toutes les formes les plus pittoresques, les plus variées dans une capricieuse apparence, étaient cependant soumises aux mêmes lois génératrices que l'enceinte monumentale et la physionomie architecturale de l'église. Mais cette unité entre la masse et les détails, même les plus accessoires, ne dura qu'un temps; avec la foi religieuse se perdit l'intelligence de l'harmonie, et les arabesques, ou plutôt des ornements qui n'avaient d'autres règles que le caprice individuel, étendirent leur richesse d'emprunt sur une architecture qui n'exprimait déjà plus le sentiment religieux, qui n'était qu'une formule plus ou moins élégante du goût individuel des architectes contemporains de la réforme. Nous devons faire remarquer ici qu'au fur et à mesure que les architectes de la fin du quinzième siècle et du commen-

cement du seizième abandonnaient la tradition nationale et chrétienne en rétrogradant vers le passé, les arabesques acquéraient d'autant plus d'importance dans la décoration des monuments; il en résulta qu'au milieu de la période désignée sous le nom de la Renaissance, les lignes architecturales furent totalement subordonnées à l'ornementation. Cependant, dans toutes les époques organiques de l'architecture et dans toutes les architectures originales, la décoration n'a jamais rempli qu'un rôle, qu'une fonction secondaire. Cette erreur dans les principes fondamentaux a conduit tout naturellement à une absurdité; celle d'appliquer à l'ornementation des édifices chrétiens des arabesques ridicules par leurs mélanges inconvenants de sujets saints et païens; aussi sont-ils tombés promptement dans le discrédit, et peut-être auraient-ils disparu de l'Italie sans les découvertes qu'on fit alors d'arabesques de bon goût, de modèles parfaits qu'on trouva dans les ruines antiques, et surtout sans Raphaël, qui sentit tout le parti que son génie créateur pouvait tirer de pareilles trouvailles. Ce grand artiste fit donc renaître cette ornementation de l'aridité, de la monotonie et des lieux communs dans lesquels elle était tombée, en lui communiquant ses élans spirituels et son tact parfait. Aussi, quand on a visité, comme nous l'avons fait, les grands palais qu'il a illustrés de ces capricieuses mais rationnelles compositions d'arabesques, on se croit en droit d'assurer qu'aucun autre peintre n'a poussé aussi loin que lui, et ses principaux élèves, ce goût exquis qui fait de cette ornementation une des plus belles parties des beaux-arts. Raphaël, comme tout génie créateur, avait conçu, pour ses compositions d'arabesques, un plan qui se rattachait intimement au sujet principal, et par cette raison ne faisait que l'illustrer; nous citerons comme exemple son allégorie des *Saisons*, charmante arabesque qui retrace *les âges de la vie* sous la forme des Parques. Ce travail est un des plus heureux modèles que l'on puisse proposer en ce genre. C'est, du reste, une application qui paraît toute différente de ce que nous a laissé l'antiquité. Aux gracieuses légèretés, aux badinages grotesques et infiniment spirituels de Raphaël et de ses disciples, succéda tout à coup le goût de décoration dont Michel-Ange a donné les modèles gigantesques dans la chapelle Sixtine; mais ceux des artistes qui voulurent imiter la majesté imposante des productions de ce géant novateur ne comprirent pas le grandiose de ses pensées; ils tombèrent dans l'exagéré, et les arabesques dégénérèrent en Italie, malgré les nouvelles découvertes en ce genre faites à Herculanum et à la villa Negroni. Ce fut en France et sous les auspices du Rosso et du Primatice, que François 1er avait appelé pour orner son palais de Fontainebleau, que les arabesques reprirent une certaine énergie. Plus tard nous en retrouvons de fort belles à Versailles, au Louvre et aux Tuileries, dans l'exécution desquelles Lebrun et Mignard se sont distingués. Audran en a peint avec habileté dans les châteaux de Sceaux, de Meudon et de Chantilly; cependant le goût des arabesques épurées ne devint pas général; il changea même de sentiment et d'aspect réalisé par les pein- tres et les sculpteurs de l'école du laisser-aller et de l'afféterie. Berin, Gillot, Wateau, Boucher donnèrent aux arabesques une tournure toute nouvelle dans ce qu'ils en ont confectionné pour les fabriques des Go- belins et de la Savonnerie, et d'après lesquelles ces établissements ont fait pour les appartements royaux des tapisseries de paravents, de portières et d'autres meubles de cette espèce. Si, sous l'influence bienfai- sante de Louis David, les arabesques étaient redeve- nues imitation de l'antique, cette influence est depuis longtemps disparue, et, aujourd'hui, les arabesques sont entrées jusque dans notre industrie, où chaque fabricant les traite à sa guise ; du reste, on les trouve là, comme ailleurs, plutôt comme enjolivement que comme partie intégrante de l'objet même dont ils font partie.   Thénot.

ARABETTE (botanique) [du grec *arabéo*, je fais du bruit]. — Genre de plantes de la famille des cru- cifères, dont les espèces sont herbacées, annuelles ou vivaces, à fleurs petites, blanches, rarement roses, peu apparentes en général et presque toutes inodores. On les trouve en Europe ou dans les climats ana- logues, et on les cultive aisément en pleine terre, où elles se multiplient de semences et de drageons. Parmi les espèces nombreuses de ce genre, nous citerons : 1° l'arabette des Alpes (*arabetta Alpina*, L.), qui forme des touffes toujours vertes, et se couvre, dès la fin de mars, de fleurs blanches, légèrement odo- rantes, qui lui ont mérité une place distinguée dans les jardins ; 2° l'arabette petite tour (*arabetta turrita*, L.), qui s'élève à un mètre de haut, et dont le sommet des tiges est terminé par un épi cylindrique de fleurs blanches, qui s'épanouissent à la fin du printemps ; 3° l'arabette rameuse (*arabetta thaliana*, L.), dont la présence sur un terrain prouve qu'il est très-aride et peu propre à la culture ; 4° l'arabette du Caucase (*arabetta Caucasica*, Wild.) a été jusqu'ici mal dé- crite, tantôt confondue avec l'arabette des Alpes, tan- tôt donnée pour une giroflée, sous la dénomination de *cheiranthus mollis* (Horneman).

Cette belle espèce, dit M. Thibaut de Berneaud, se fait remarquer autant par la précocité de sa floraison que par les touffes veloutées de ses feuilles. Dès la fin de février, elle étale ses fleurs blanches, qu'elle re- nouvelle successivement jusqu'à la fin d'avril. Elles répandent une odeur suave, et sont deux et même trois fois plus grandes que celles de l'arabette des Alpes. Les tiges sont ascendantes, simples, arrondies, couvertes, dans leur jeune âge, ainsi que les pédon- cules, d'un duvet cotonneux très-serré, qui s'éclaircit peu à peu, à mesure que la plante s'élève. Les feuilles inférieures, réunies par paquets, sont de forme obo- vée, atténuées vers la base en pétiole ; elles sont d'une consistance épaisse, veloutées et marquées à chaque bord de deux ou trois dents exactement opposées l'une à l'autre ; au-dessous de la dent supérieure, elles se rétrécissent en sommet obtus ; quant aux feuilles caulinaires, elles sont lancéolées, également dentées et cotonneuses ; elles embrassent la tige par leur base cordiforme, sagittée, et perdent, en se dé-

veloppant, une partie du blanc qui les couvrait d'a- bord ; cependant, il faut le dire, elles demeurent toujours tomenteuses, ainsi que le calice. L'arabette du Caucase est de pleine terre, et produit un effet fort joli dans les plates-bandes.

ARABIE (géographie). — Vaste péninsule située entre l'Asie et l'Afrique, limitée au nord par la Sy- rie et la Mésopotamie, à l'orient par le golfe Persique, au midi par la mer des Indes, à l'occident par la mer Rouge et l'isthme de Suez. Elle s'étend du midi au nord du 12e au 34e degré de latitude, et de l'est à l'ouest du 30e au 57e de longitude. Selon Ptolémée, elle se divise en Arabie *Pétrée*, en Arabie *Déserte* et en Arabie *Heureuse* ; mais les géographes arabes indi- quent six divisions principales : 1° le *Berr Abad* ou Berryâh, désert intérieur, ancienne capitale l'étra, dont les ruines se retrouvent près du village d'El-Gy ; 2° le *Hedjaz*, qui s'étend entre la côte de la mer Rouge et les montagnes ; villes principales, la Mecque et Médine ; 3° l'*Yémen*, au sud du Hedjaz ; c'est l'A- rabie Heureuse des anciens ; villes principales Moka et Sanâh ; 4° l'*Oman*, qui occupe le sud de l'Arabie ; chef-lieu, Maskat, port fréquenté par les Européens ; 5° le *Bahreyn* ou *El-Hassa*, ou *Hedjr*, plage sablon- neuse ; chef-lieu, El-Kathif, port très-important ; 6° le *Nedjed*, ou Arabie centrale ; capitale Dezayeb. Ce dernier pays est devenu fameux depuis un demi- siècle par l'apparition du célèbre Abd-el-Waheb, chef d'une secte religieuse et militaire qui, sans l'inter- vention de Méhémet-Ali, vice-roi d'Égypte, aurait peut-être triomphé de l'islamisme. L'Arabie n'a point de grandes rivières ; ses cours d'eau sont des torrents dont les plus considérables vont se jeter dans la mer des Indes. — On peut ramener à deux systèmes les montagnes qui couvrent une partie du pays. Les unes, embranchement du Liban, appartiennent au groupe tauro-caucasien ; les autres, s'étendant en tous sens, forment la chaîne maritime et la chaîne centrale. La végétation est riche sur les bords de la mer, les pentes des montagnes et dans les vallées. Le sol est couvert de dattiers, bananiers, citronniers, figuiers, vignes, etc. La population est de 12,000,000 d'habit.

Peuple arabe. — Trois familles différentes parais- sent avoir peuplé l'Arabie dès les temps voisins du déluge. Les enfants de Cusch, fils de Cham, peu- plèrent primitivement les deux rivages de la mer Rouge ; Jarab, fils aîné de Jectan, de la race de Sem, s'établit dans l'intérieur et les contrées méridionales de l'Arabie, et donna son nom à tout le pays depuis le mont Shéfar, dans le désert, jusqu'à l'embouchure de l'Euphrate. Toutes les familles issues de ces deux races forment, à proprement parler, la nation arabe pur sang ; les descendants d'Ismaël, quoique deve- nus dans la suite les plus puissants du pays, ne sont regardés que comme Arabes d'origine étrangère.

Mœurs arabes. — Les Arabes sont grands, bien faits, vigoureux, sobres et frugaux, endurcis au tra- vail et à la fatigue. Ils montrent une gravité triste, une indifférence fatale, un égoïsme insensible. La cruauté entretenue par le fanatisme fait le fond de leur caractère ; malgré cela, ils sont hospitaliers et fidèles à remplir leurs engagements. Les Bédouins des déserts mènent la vie nomade et ont conservé les mœurs primitives ; les Arabes des villes se ressentent un peu des bienfaits de la civilisation et du contact des Européens. Ils emploient des tuniques pour couvrir leurs corps. Chez eux, la polygamie est permise, et le divorce a lieu pour le moindre prétexte ; la vie des femmes est dépendante, pénible et laborieuse. Les Arabes ne reconnaissent pour nobles de race que les descendants de Mahomet et des *scheiks* ou seigneurs. Les arts sont peu estimés, si ce n'est la fabrication des arcs, des javelots et des cimeterres. Il y a des contrées où l'agriculture et le commerce sont en honneur, etc.

Religion arabe. — Les anciens Arabes adoraient les astres, qu'ils se glorifiaient de bien connaître. Certains écrivains, jaloux de l'honneur de leur nation, ont prétendu que cette adoration n'était pas exclusive de l'idée d'un Dieu créateur, et que les astres n'étaient regardés que comme des divinités subal-

Fig. 39. — Type arabe.

ternes. Ils avaient des notions du judaïsme ; le christianisme même n'y fut pas inconnu, puisqu'à l'époque où Mahomet s'annonça comme prophète d'une religion nouvelle, il y avait en Arabie beaucoup d'ariens, de nestoriens et de jacobites. Pour les détails sur la religion qu'y fonda Mahomet, voyez *Islamisme*. Nous disons seulement ici que l'islamisme a produit deux sectes principales qui se subdivisent elles-mêmes en plusieurs autres, celle des *sunnites*, c'est-à-dire ceux qui admettent les traditions orales du prophète, et celles des *schyites*, qui rejettent les traditions orales pour ne suivre que les traditions écrites. Les Turcs, les Égyptiens, les Arabes eux-mêmes sont tous sunnites ; les Persans, au contraire, regardant comme intrus les premiers califes jusqu'aux Abbassides, sont schyites.

Langue arabe. — Les racines de la langue arabe sont les mêmes que celles du syriaque, de l'hébreu et des autres langues *sémitiques*. Elles sont ordinairement de trois lettres, qui, modifiées par la pronon-

ciation ou par l'adjonction d'autres lettres au commencement et à la fin, forment tous les mots qui peuvent servir à exprimer la pensée. La langue est riche, abondante, harmonieuse, pleine d'images, mais peu propre à exprimer les nuances légères. Elle a été presque universelle en Asie et en Afrique depuis Mahomet jusqu'au dixième siècle. Ce n'est plus qu'en Égypte, en Arabie, en Syrie et sur la côte septentrionale de l'Afrique que l'arabe est la langue vulgaire. En Turquie, on parle turc, quoique le Coran, les traditions, les traités de médecine, d'astronomie, de philosophie, soient écrits en arabe. On trouve plusieurs dialectes de la langue arabe, même en Arabie ; le plus pur passe pour être celui de la Mecque. L'étude de cette langue est aujourd'hui très-recommandée aux philosophes et aux littérateurs, surtout en France, en Allemagne, en Hollande et en Angleterre.

Littérature arabe. — Les Arabes sont naturellement orateurs et poètes. Leur littérature a commencé à prospérer sous les Abbassides, et principalement sous le règne d'Haroun al-Raschid, qui fit traduire en arabe les meilleurs ouvrages des Grecs, pour répandre dans ses États l'amour des lettres, les règles du goût. Les califes d'Orient et les Ommeyas d'Espagne rivalisèrent de zèle et de sollicitude pour la propagation des lumières. Dans le dixième siècle, les Arabes cultivaient à la fois, et avec un égal succès, la philosophie et la médecine, la géographie et l'histoire, et surtout la physique, les mathématiques et l'astronomie. Ils ont eu beaucoup d'historiens et d'annalistes célèbres, dont le style est simple, correct, mais dépourvu d'élégance et de mouvement. L'anthologie arabe, sous le titre de grande et petite *Hamasah*, contient plusieurs poëmes où se révèle et se développe tout le génie oriental. Vers le onzième siècle, la poésie devint mystique et vaporeuse ; ce fut une époque de décadence, dont l'idiome se ressentit. Les Arabes n'ont point composé de drames, mais ils ont inventé la romance sentimentale et chevaleresque.

Philosophie arabe. — Avant Mahomet, la philosophie arabe était nulle, d'après le témoignage même des écrivains de la nation, qui s'accordent à nommer *temps d'ignorance* celui qui précéda la venue de leur prophète. Depuis cette époque, les philosophes arabes ont eu pour modèle et pour patron le célèbre Aristote, dont Avicenne à l'orient et Averroès à l'occident furent les disciples, les prôneurs et les imitateurs avoués. Les *vrais croyants*, ceux qui s'attachent à la lettre du Coran, regardent Avicenne et Averroès comme entachés d'hérésie. Les principales sectes philosophiques des Arabes sont celle des *ascharites*, qui reconnaissent pour maître Aboul-Hassan al-Aschâri, et admettent un fatalisme absolu, regardé maintenant comme opinion orthodoxe ; et celle des *motazalites*, qui admettent en faveur de l'homme le libre arbitre. On cite encore les philosophes *contemplatifs* ou *idéalistes*. (*Bescherelle*.)

Arabie (productions de l'). — L'Arabie n'a jamais été entièrement conquise ; il est vrai qu'aucun pays n'était moins fait pour tenter la cupidité d'avides conquérants. La plus grande richesse de ses habitants consiste dans leurs troupeaux et dans trois sortes de productions, sans lesquelles cette région, malgré la beauté de son climat, aurait été, pour ainsi dire, inhabitable. Ces productions sont le café, les dattes, la gomme et l'encens; mais le café, qui est d'une qualité supérieure et d'un parfum exquis, ne croît pas partout dans la presqu'île. Il n'y a que l'Yémen, les côtes méridionales et orientales, en remontant jusqu'au Bahrein, qui possèdent cette précieuse production. Le Nadsched en est dépourvu aussi bien que le Hedchas, de même que cette partie de la côte orientale qui s'étend entre Bahrein et Bassora. Cette culture a principalement lieu dans ce qu'on appelle les montagnes à café, sur la haute terrasse de l'Yémen, dans les districts d'*Udden*, *Schedi*, *Kusma* et *Kataba*.

Animaux domestiques. — L'éducation des troupeaux est d'une si grande importance, qu'elle seule peut fournir les moyens de faire subsister une population considérable, sur un territoire sablonneux et aride, où la végétation est aussi stérile que dans les déserts des pôles du monde. Le chameau est pour l'Arabe ce qu'est le renne pour les Lapons. Les Arabes ont raison de l'appeler le vaisseau du désert, puisque sans lui les vastes déserts de sable de l'Arabie, ainsi que ceux de l'Afrique, seraient inabordables. Il supporte longtemps la soif, et traverse sans presque aucune provision cet immense océan de sable. Tout est utile dans cet animal; sa chair et son lait servent d'aliment : de son poil (laine de chevron) on fait des tapis, des sacs, et de sa peau des semelles de souliers, des outres pour conserver l'eau, et des espèces de caisses pour le transport du beurre et d'autres matières semblables. On en fait aussi des réservoirs pour contenir l'eau pour l'abreuvage des bestiaux, et les boyaux servent à faire des cordages. Enfin, il n'y a pas jusqu'à son fumier qui ne soit employé comme combustible lorsqu'il est séché au soleil; son urine n'est pas moins utile pour la composition du sel ammoniac. Les chameaux sont aussi des bêtes de somme indispensables dans un pays sablonneux qui n'a ni routes artificielles ni charrois. Ils forment ces caravanes qui vont à des distances immenses en traversant des déserts effroyables; ils transportent les tentes et tout le bagage des Bédouins. Le dromadaire sert dans leurs courses rapides et vagabondes au milieu du désert, où ils s'approprient tout ce qu'ils trouvent comme un droit qui leur appartient. Le nombre de chameaux est plus considérables que celui des chevaux dans le Nadsched et l'Hedchas.

Chevaux. — Les chevaux arabes sont depuis longtemps considérés comme la plus belle et la meilleure race qui existe dans le monde entier. Il faut convenir qu'il y a peu de pays où l'on prenne un aussi grand soin d'en conserver la race pure et sans mélange. L'Arabe ne se sert de ce noble animal que pour monture; il l'aime comme son enfant; il en conserve soigneusement la généalogie sur des tables où est

inscrite chaque race. Mais cependant il ne l'amollit point. Il y en a deux classes principales, dont l'une, d'après l'opinion des Arabes, vient originairement des cinq juments qui ont été montées par Mahomet; l'autre race tire principalement son mérite de ce qu'elle s'est conservée intacte pendant un grand nombre de siècles. La première classe est fort estimée et même révérée par les musulmans, plus à cause de sa valeur religieuse que pour la beauté des individus qui la composent. On partage aussi, dans l'Yémen, les chevaux en deux races principales : celle appelée *kadischi* et celle nommée *kochluni*, dont on fait monter l'origine à plus de deux mille ans. Suivant Seetzen, la plupart des chevaux viennent du Nadsched; et suivant Ali, bey de l'Yémen et des environs de l'Euphrate, on en exporte un grand nombre qui se vendent jusqu'à 25,000 fr.

Il y a aussi un grand nombre d'ânes, qui sont d'une grande espèce, avec une raie sur le dos. On s'en sert pour monture, et ils courent très-vite : les mulets qui en proviennent sont fort estimés. Il y a aussi une autre espèce d'ânes d'une grandeur moyenne, à peu près comme celle d'Europe, et dont on se sert pour les travaux les plus communs. Les autres quadrupèdes sont des bœufs, buffles, chèvres et moutons, dont les Arabes ont de nombreux troupeaux.

Cette péninsule possède plusieurs productions précieuses; les habitants de l'Arabie Heureuse cultivent avec le plus grand soin le caféier, qui paraît y être indigène, pour se procurer d'abondantes récoltes, qui font la principale richesse du pays; indépendamment de la consommation intérieure, il s'en exporte annuellement plus de 800,000 quintaux : en 1828, Beitel-Fakil seul, d'après les registres de la douane, exporta par Djedda 609,000 quintaux, dont 8,000 en Perse, et le reste en Afrique, en Europe et dans l'Inde, ce délicieux café étant recherché également dans tous les pays. D'autres productions pourraient y être cultivées avec succès, telles que l'indigo, qui y vient à l'état sauvage, de même que l'arbre qui donne le précieux baume de la Mecque, qui croît en grand nombre autour de Médine, ainsi que l'*alhenna*, dont la feuille donne ce fard si renommé dans tout l'Orient; le *tamerisque alhoul*, qui produit la manne; l'olivier, dont on néglige entièrement la culture, ainsi que celle du cotonnier, qu'on cultive seulement un peu sur la côte orientale.

Les épices précieuses, pour lesquelles l'Arabie était anciennement si renommée, telles que la myrrhe, l'encens, le benzoë, la gomme arabique, ne sont pas, à proprement parler, des productions du territoire, quoiqu'on en trouve en plusieurs endroits. L'Arabie les reçoit encore comme autrefois de l'intérieur de l'Afrique; cependant l'aloès y croît en abondance, ainsi que la coloquinte, les feuilles de séné, la canne à sucre; on cultive aussi les pavots pour en extraire l'opium. On récolte toutes sortes de fruits des tropiques, parmi lesquels le dattier, qui donne une nourriture aussi saine qu'abondante, occupe le premier rang par son utilité et son importance; car sans le palmier, qui donne les dattes, plusieurs contrées de l'Arabie seraient inhabitables. Suivant Ebn Batula, il croît sur la côte méridionale de l'Hadramant du bétel, des cocotiers palmiers, des arbres de noix muscades et des bananes; dans l'île de Haszek, de l'encens.

INDUSTRIE ET MANUFACTURES. — On doit penser que chez un peuple aussi sobre, et dont les mœurs sont encore patriarcales, où la beauté et la douceur du climat dispensent d'un grand nombre de besoins, l'industrie manufacturière doit se réduire à bien peu de chose; on n'y trouve même aucun établissement en grand dans ce genre. Les villes possèdent bien les artisans nécessaires aux besoins de la société; mais ces artisans, qui sont de la caste des *hadhesi* ou habitants des villes, ne travaillent que d'après d'anciennes routines, et se soucient peu de perfectionner leurs professions ou les arts mécaniques ou manuels auxquels ils se sont consacrés. Les Benjanes, qui sont des commerçants originaires de l'Inde, ont commencé à faire venir des artisans des côtes du Malabar dans le Yémen, où ils ont établi plusieurs fabriques d'étoffes grossières de coton, lesquelles ont fort bien réussi. On fait aussi, dans la campagne, des tissus d'étoffes grossières de coton qu'on emploie comme chemises. Les femmes arabes savent préparer les peaux de chèvre pour leurs tentes, mais elles ne savent pas tisser des étoffes de coton. Elles ne connaissent que l'art de préparer les couleurs, avec lesquelles elles se fardent le visage et le corps.

L'Arabie dépend entièrement de l'Hindoustan pour ce qui concerne les étoffes qui servent de vêtement. C'est la Perse et la Turquie d'Asie qui lui fournissent des armes. On tire de l'Europe tous les objets de luxe. On fabrique bien de la poudre à canon avec le soufre et le salpêtre indigènes, mais elle est si grossière, qu'elle ne peut pas servir à l'usage des fusils arabes.

COMMERCE DE L'ARABIE. — Malgré la beauté de son climat, l'immense étendue de son territoire, les diverses productions précieuses qui pourraient y être cultivées avec succès, l'Arabie, favorisée de la nature, n'est pas un pays riche. Les articles d'exportation de son cru se bornent au café, aux dattes sèches, aux peaux, aux chevaux, aux chameaux, aux feuilles de séné, au baume, à l'encens, à l'indigo. Les autres objets sont peu importants.

Le café à lui seul tient le premier rang, et forme les onze douzièmes de toute la valeur des exportations. Les 7 à 800,000 quintaux qu'on exporte annuellement coûtent, sur les lieux mêmes, 8 millions 400 mille piastres. Les principaux marchés de cette précieuse production sont *Beit-el-Fakih*, *Moka*, *Lohela*, *Hodeida*. Cette valeur n'a rapport qu'à la quantité qui s'expédie par ces entrepôts. En comprenant ce qui en sort par *Aden*, *Djedda* et *Mascate*, la valeur totale de l'exportation du café peut bien alors être évaluée à 10 millions de piastres de Turquie, qui, à 3 fr. 50 c., font 35 millions de francs. C'est avec cette somme, principalement, que l'Arabie doit acquitter ses importations, qui sont considérables, puisque, suivant M. Cloupet, Moka seul reçoit trente

cargaisons et Djedda cinquante, de Surate et de Bender-Abassi, qui importent pour la valeur de 40 millions de francs de marchandises. A quoi il faut encore ajouter ce qui arrive par mer à Aden, à Mascate et dans d'autres ports, et ce que les caravanes de la Mecque introduisent dans le pays.

L'Arabie ne serait pas en état de soutenir longtemps une balance de commerce aussi défavorable si la plus grande partie des marchandises importées de l'Hindoustan, de la Perse et d'ailleurs, n'était exportée en Afrique et même en Égypte, en échange desquelles l'Arabie reçoit de la gomme, du benzoë, de l'encens, de la myrrhe et d'autres épices, qu'elle vend avec avantage aux commerçants étrangers, qui en chargent leurs vaisseaux en retour.

Les marchandises que l'Hindoustan expédie en Arabie consistent en mousseline, étoffes de coton et de soie, épices de toutes sortes, cardamomes, gingembre, safran, benzoë, sucre candi, cassonade, bois d'aigle des Maldives, de Sumatra et de Bornéo.

Les Américains des États-Unis (*Anglo-Américains*) apportent du lin, du fer en barres, de l'acier, du cuivre, de l'étain ouvré et du plomb en saumon. Les Anglais importent de la quincaillerie, et les nombreux produits de leurs manufactures. Les caravanes apportent une grande quantité d'objets de la Turquie d'Asie.

Mascate seule fait le commerce avec l'Hindoustan et les Anglais qui y sont établis. Aden n'est fréquenté que par des navigateurs anglais et africains. *Beit-el-Fakih* est le grand entrepôt du café dans l'intérieur, et le marché le plus renommé de l'Yémen. C'est là que les commerçants de la Turquie et de la Perse font emplette de la provision dont ils ont besoin. La qualité moyenne, qui est au meilleur marché, est souvent la plus recherchée. Les Européens s'y rendent pareillement pour en acheter; c'est au mois de mai qu'on expédie la meilleure qualité de café. Le bar de café, qui pèse 740 livres, coûte ordinairement 89 piastres de Turquie (de la valeur de 3 fr. 50 c. chacune).

La gomme est, après le café, l'article dont le commerce est le plus considérable; elle a une valeur presque égale à celle du café; mais comme elle fait plus de volume, le fret est beaucoup plus élevé, et le débit en Europe en est moins facile, attendu qu'il en arrive une grande quantité directement d'Afrique.

Le commerce de l'Yémen et de Mascate est entièrement entre les mains des Benjanes de Guzurate (dans l'Hindoustan), qui de père en fils se succèdent dans le commerce de l'Arabie, et qui se sont rendus maîtres non-seulement du commerce en gros, mais aussi de celui en détail. Cependant, ils ont été contraints de partager ce dernier avec les Juifs, qui ne possèdent pas de capitaux assez considérables, et qui d'ailleurs n'entretiennent aucune relation commerciale hors de l'Arabie. Les Arabes ont en général une certaine répugnance pour le commerce, et les Arméniens sont en trop petit nombre pour s'en approprier une partie considérable. (*Montbrion*.)

ARABINE (chimie) [du latin *arabina*].—Matière qui constitue en grande partie la gomme arabique pure. Elle est incolore, insipide, inodore; elle se ramollit à 182 degrés, se laisse tirer en fils et se détruit à une température plus élevée. Sa densité varie de 1,3 à 1,4. L'arabine se dissout dans l'eau froide; sa solution concentrée présente un mucilage gluant; elle est précipitée sous forme de flocons blancs par l'alcool concentré. Exposée à l'air, la solution aqueuse d'arabine se couvre de moisissures et acquiert une réaction acide. Maintenue pendant quelque temps en ébullition dans l'eau mêlée d'acide sulfurique, elle se convertit en sucre de raisin (*Biot*, *Brugnatelli*, *Persoz*). La gomme arabique est un produit de sécrétion de plusieurs espèces d'acacias (*acacia vera*, *acacia arabica*, *acacia senegalensis*, *acacia tortilis*, etc.). Suivant les analyses faites par MM. Gay-Lussac, Thénard et Berzelius, l'arabine, desséchée à 100 degrés, a pour composition $C^{12} H^{11} O^{11}$. C'est aussi la composition du sucre de canne. (*Hœfer.*)

ARACARI (zoologie) [le *pteroglossus* d'Hilger].— Espèce de toucan originaire du Brésil, seulement un peu plus gros qu'un merle (voy. *Toucan*). Le nom d'aracari lui a été donné par Buffon pour rappeler son cri.

ARAC, ARAK ou **RAK**. — Ce mot est arabe, et signifie proprement *eau-de-vie* ou toute liqueur distillée à la force de l'eau-de-vie ou de l'esprit de vin. L'usage de ce mot est fort étendu chez les Orientaux et les Africains; les eaux-de-vie de France sont appelées en Barbarie *araki*. L'arac que les Anglais font venir de Batavia, où il s'en fabrique une immense quantité, qui de là se répand dans toutes les contrées de l'Inde, est de trois sortes, et extraite du cocotier, du riz ou du sucre. La première est la meilleure, et aussi la plus recherchée.

On tire aussi beaucoup d'arac de cocotier et de riz de Goa et de Batavia, qui en sont les principaux marchés dans l'Inde. Il y en a à Goa de trois espèces, suivant le degré de la distillation. Mais le plus estimé est toujours celui de Batavia. On en fait aussi à Madras, à Colombo et à Quilone; quoique plus fort, il n'a pas la même renommée. Il se fait un grand commerce d'arac dans tout l'Orient, et l'on en apporte aussi en Europe. Celui de Goa, comme celui de Colombo, est fait invariablement avec le jus appelé *toddy*, qui coule par incision de l'arbre de la noix de coco (*coco nut tree*), *cocoa nucifera*. Après la fermentation, on distille et rectifie le jus; il produit ordinairement environ un huitième d'esprit rectifié; mais l'arac de Batavia ou de Java s'obtient par la distillation de la mélasse et du riz avec une très-petite quantité de toddy.

L'arac bien préparé est d'une couleur claire et transparente; mais généralement il a une légère teinte de paille. Il a une saveur particulière, provenant du mélange des différentes matières dont il est composé, et aussi du soin plus ou moins grand qu'on a pris dans sa fabrication. En Angleterre, on en fait rarement usage, si ce n'est pour donner un goût particulier au punch.

ARACÉES ou **AROÏDÉES** (botanique) [d'*arum*, nom latin du *gouet*, genre type]. — Famille de plantes monocotylédones, établie par M. Schott, d'après les aroïdées de A. L. de Jussieu, et adoptée par M. Ad. Brongniart à l'École de botanique du Muséum.

La famille des aracées renferme des plantes ligneuses ou herbacées grimpantes ou arborescentes, à tige souterraine généralement tubéreuse et charnue, à feuilles radicales, à nervation le plus souvent composée; l'*acorus calamus* ou jonc odorant, qui est naturalisé dans quelques mares de la forêt de Marly, fait exception en présentant des feuilles à nervures simples. L'inflorescence est en *spadice*, c'est-à-dire que les fleurs naissent directement sur un axe ou pédoncule commun, épaissi, et où elles sont comme incrustées. Ce spadice est plus ou moins enveloppé par une sorte de feuille qui est une spathe quelquefois très-développée et qui varie de forme suivant le genre et les espèces. Les fleurs du plus grand nombre des aracées sont unisexuées, c'est-à-dire que les sexes ne sont pas réunis dans la même fleur. Une seule tribu de la famille possède des fleurs hermaphrodites.

Dans ces plantes, il n'y a généralement ni calice ni corolle. La belle espèce de calla, le *calla œthiopica*, que l'on rencontre souvent dans les jardins et sur nos marchés, est munie d'une spathe en forme de cornet évasé et colorée du blanc le plus pur; aussi beaucoup de personnes prennent-elles cette spathe pour la fleur elle-même, tandis que le spadice des véritables fleurs est renfermé dans son intérieur.

Le genre *arum* ou gouet est aussi dépourvu d'enveloppes florales; celles-ci ne sont complètes que dans un très-petit nombre de genres. L'*acorus calamus*, entre autres, possède un calice double qui présente quelque analogie avec celui des joncs. Les fleurs sont *monoïques* (femelles et mâles sur le même individu), comme dans le *colocasia*, l'*arum*; le spadice du premier porte à son sommet des fleurs mâles avortées, représentées seulement par des étamines stériles; plus bas, vers la partie moyenne, des fleurs fertiles; puis enfin, tout à fait au bas, sont les fleurs femelles. Le fruit est le plus souvent charnu, comme dans l'arum, quelquefois capsulaire à une seule graine, comme dans le *pistia*.

Les aracées sont à peu près répandues sur tous les points du globe, et principalement entre les tropiques. Au point de vue de l'utilité, ces plantes sont peu remarquables; elles contiennent un suc laiteux, âcre et brûlant, que l'on peut facilement faire disparaître par la coction. C'est ainsi que les racines de quelques-unes d'entre elles, de plusieurs espèces d'arum, par exemple, qui renferment une grande quantité de fécule, deviennent alimentaires après certaines préparations, telles que la torréfaction et l'ébullition. Il y a dans le tissu cellulaire de petits cristaux en faisceaux de fines aiguilles, qui ont reçu le nom de *raphides* (de *raphis*, aiguille). Lorsque l'on casse une tige et que ces cristaux viennent à sauter aux yeux, ils y produisent une très-douloureuse irritation. La variété d'odeurs que dégagent les plantes de cette famille forme des contrastes assez frappants : à côté de l'odeur suave du *calla œthiopica*, on rencontre chez certains *arum* une odeur extrêmement fétide et analogue à celle de la viande en putréfaction ; aussi attire-t-elle les mouches comme le ferait un cadavre corrompu.

N'oublions pas de signaler un fait très-curieux qui se rattache exclusivement à quelques plantes de la famille des aracées. A l'époque de la fécondation, le spadice du gouet maculé (*arum maculatum*), que chacun peut se procurer en mai aux environs de Paris, dégage une chaleur assez intense. Le gouet d'Italie (*arum italicum*) a présenté une élévation de température de 10 à 12 degrés au-dessus de la température ambiante.   LÉON GOUAS.

ARACHIDE (botanique). — Genre de plante de la famille des légumineuses-césalpiniées : c'est une plante annuelle qui rampe en couvrant le sol comme d'une épaisse chevelure, et produit un grand nombre de longues gousses dites *pistaches de terre*, renfermant des espèces d'amandes de la grosseur d'une petite aveline. Ces avelines, fraîches ou cuites sous la cendre ou dans l'eau, offrent un aliment agréable : on en extrait une huile limpide, claire, inodore, moins grasse que l'huile d'olive, à laquelle on dit supérieure, et qui rancit difficilement. L'espèce la plus utile à cultiver est l'*arachide hypocarpogée*, indigène à l'Afrique occidentale et à l'Amérique. Cette plante, qui a toute l'utilité de l'olive et de la pomme de terre à la fois, n'est bien connue que depuis 1798, qu'elle a été décrite par le docteur Bodart le Jacopierre. On la trouve aujourd'hui en Chine, au Japon, à Macassar, et même en Amérique ; elle prospère en Italie, en Espagne, et même dans le midi de la France ; on l'a récemment importée avec beaucoup de succès en Algérie ; mais les essais faits pour son acclimatation dans le climat de Paris n'ont pas réussi ; sans doute parce qu'on n'avait pas respecté, à son égard, les lois imprescriptibles de la naturalisation.

ARACHNIDES [du grec *arachné*, araignée]. — Seconde classe des animaux articulés, dont les caractères sont : « une tête confondue avec le thorax, qui forme ainsi un ensemble inséparable nommé *céphalothorax* ; une bouche en forme de suçoir, se composant de deux mandibules, qui se meuvent de haut en bas, d'une languette fixée entre les mâchoires et placée au-dessous des mandibules, d'une paire de mâchoires supportant chacune un palpe souvent très-développé, et d'une lèvre supérieure formée par un prolongement du sternum. Les yeux sont petits et simples ; le corps est divisé en anneaux peu nombreux, et présente à sa surface des ouvertures destinées à donner passage à l'air. Les pattes sont au nombre de huit et par paires. » Les *arachnides* n'ont pas d'ailes, et ne subissent pas de métamorphoses ; leur abdomen est très-mou et peu garni de poils protecteurs. Ils sont ovipares ; la plupart se nourrissent d'insectes qu'ils saisissent vivants ; d'autres se fixent sur les autres animaux, y vivent en parasites, et s'y multiplient quelquefois en grand nombre ; il en est

cependant quelques-uns qui vivent sur les végétaux et différentes autres substances.

On les divise en deux familles : les *arachnides fileuses* ou *aranéides*, dont les mandibules sont terminées par un onglet mobile, replié inférieurement, et les *arachnides pulmonaires*, caractérisées par un corps revêtu d'un derme assez solide, et des palpes fort grands terminés en pinces ou en griffes ; on les nomme aussi *pédipalpes*.   B. L.

ARACHNOIDE (anatomie) [du grec *arachné*, toile d'araignée]. — Membrane séreuse, très-ténue, qui enveloppe l'encéphale sans le contenir dans sa cavité. Intermédiaire à la dure-mère et à la pie-mère, elle est en rapport avec celle-ci du côté de l'encéphale, et avec celle-là du côté des parois du crâne. Formée de deux feuillets qui représentent un sac sans ouverture, elle se réfléchit sur les vaisseaux et nerfs dans le crâne et le canal vertébral, ne contenant dans sa cavité que de la sérosité qui facilite les glissements de ses parois superposées. Le feuillet en rapport avec l'encéphale pénètre dans le ventricule moyen, dans les ventricules latéraux, dans celui du cervelet ou quatrième ventricule, et tapisse l'intérieur de ces cavités. — Voy. *Méninges*.

ARACHNOIDITE (pathologie). — Inflammation de l'arachnoïde. — Voy. *Méningite*.

ARACHNOLOGIE (histoire naturelle) [du grec *arachné*, araignée, et de *logos*, discours]. — Partie de l'histoire naturelle qui traite des *arachnides*. — Voy. ce mot.

ARAGONITE (minéralogie) [de la découverte, en 1775, de ce minéral dans l'Aragon, province d'Espagne]. — Carbonate de chaux naturel, cristallisé dans le système prismatique rectangulaire, non susceptible de clivage ; l'aragonite se rencontre sous forme coralloïde ou en petites masses bacillaires ou fibreuses, blanches ou jaunâtres, dans les gîtes de minerais de fer, dans les fentes des dépôts basaltiques et des roches serpentineuses, dans les argiles gypseuses des dépôts salifères. Certains tufs calcaires, tels que ceux de Vichy, sont entièrement à l'état d'aragonite.

ARAIGNÉE (zoologie) [en latin *aranea*]. — Genre de la famille des aranéides, sous lequel on a longtemps désigné toutes les espèces d'araignées ; maintenant il n'est plus que le mot générique servant à spécifier l'*araignée domestique* et congénères, que Latreille, et d'après lui Walckenaër avaient classées sous le nom de tagenaires. Ce genre a pour caractères : « filières supérieures notablement plus longues que les autres, huit yeux disposés sur deux lignes transverses, les quatre du milieu plus écartés entre eux dans la hauteur que ceux de l'extrémité des lignes. »

Le nom d'*araignée*, dit A. Percheron[1], est devenu, pour beaucoup de monde, un mot de proscription ; aussi voyez quel effet leur vue produit sur les dames : une araignée vient-elle à courir sur elles, s'il y a du monde présent, on se trouve mal : je ne sais pas ce que l'on

[1] *Dict. pitt. d'Hist. nat.*

fait quand il n'y a personne; peut-être se contente-t-on de la chasser; pourquoi cette frayeur d'un si petit animal? Les araignées, dit-on, sont sales, hideuses, dégoûtantes, venimeuses, etc. Voilà de bien grandes accusations que l'on répète sans savoir pourquoi et sans vouloir examiner si le fait est vrai. J'avoue que les araignées, du moins pour la plupart, n'ont pas un aspect très-agréable : des couleurs sombres, un corps velu, un caractère sauvage, tout cela n'est pas fort engageant; mais cependant, en quoi sont-elles plus sales que beaucoup d'autres animaux?... Elles ont du poil... Elles ont de grandes pattes... Mais tous les jours on caresse un chat qui a bien autrement de poil que les araignées, et dont les pattes, sans être à proportion aussi longues, sont armées de griffes bien autrement redoutables que celles que les araignées peuvent avoir. *Les araignées sont venimeuses; on a vu des personnes mourir pour avoir été piquées par des araignées...* et là-dessus l'on ne manque jamais de raconter fort au long l'histoire lamentable et surprenante arrivée au maréchal de Saxe, qui fut obligé de coucher dans une hôtellerie où il n'y avait qu'un lit de libre, lit dans lequel mouraient tous les voyageurs qui osaient y coucher, sans que l'on pût savoir pourquoi; que le maréchal, qui, comme tout le monde le sait, n'était pas poltron, se coucha, et fit coucher dans un fauteuil à côté de lui son domestique; que celui-ci, au bout de quelque temps, fut tout étonné et tout effrayé de voir son maître pâlir... pâlir... pâlir, et avoir l'air de se mourir sans rien dire, ce qui en effet était fort extraordinaire; qu'en essayant d'éveiller son maître et de le faire revenir, il leva son drap, et vit sur sa poitrine une grosse araignée toute noire (car remarquez que plus une araignée est noire, plus elle est méchante), toute noire, dis-je, qui lui suçait le sang, ce qui faisait que *le maréchal se mourait!* Mais tranquillisez-vous, âmes sensibles, le maréchal n'en mourut pas. Il est vraiment dommage qu'on n'ait pas fait une complainte en une trentaine de couplets, avec une belle image au-dessus, sur ce sujet véridique, qui heureusement, pour la moralité des araignées, n'est pas vrai. Et cependant que d'autres histoires du même genre ne raconte-t-on pas, et qui ne le sont pas davantage! *Les araignées ont-elles donc un venin?* oui, elles en possèdent un, mais qui n'a d'action que relativement à l'animal qu'elles attaquent; une mouche piquée par une araignée plus petite qu'elle périt en quelques instants; il en est de même de tous les insectes; leur mort est plus ou moins prompte, selon que leur proportion est moindre de celle de l'araignée qui les attaque; mais un homme piqué par une araignée, même grosse, des environs de Paris, je suppose, n'en éprouvera aucun accident; peut-être surviendra-t-il une légère enflure comme dans une piqûre de cousin. Dans les climats plus méridionaux, où ces animaux acquièrent une plus grande taille, les accidents peuvent être plus graves; il peut survenir des inflammations locales, qui, si le sujet est sain, n'auront aucune suite; mais si l'individu a une disposition aux plaies, s'il

néglige de se soigner, ces différents antécédents, joints à la chaleur du climat, développent des accidents plus ou moins graves, et qui, dans certains cas, pourront amener la mort; mais elle serait survenue de même par la morsure de tout autre animal qui ne serait pas venimeux. — Un des accidents sur lesquels on a le plus écrit est la morsure de la tarentule, espèce de l'Italie méridionale, mais dont on trouve des espèces congénères dans nos départements méridionaux; on ne connaissait d'autre remède que la danse poussée à l'extrême; c'est la première fois peut-être que les idées populaires s'étaient trouvées d'accord avec la raison sur les remèdes à offrir à des malades; et en effet, si cette araignée avait introduit dans l'économie animale un venin quelconque, la danse amenait des sueurs, et les sueurs sont un des moyens curatifs recommandés en pareil cas. Mais depuis longtemps on n'entend plus parler d'accidents produits par la tarentule, parce qu'on n'y croit plus; ce qui prouve que cette maladie ne survenait qu'à des fripons qui exploitaient la crédulité publique, ou à quelques esprits faibles qui, comme l'on en voit partout, croient toujours être atteints des maladies dont ils entendent parler. Le véritable inconvénient des araignées, c'est de faire partout des toiles, et d'exiger un soin continuel pour pouvoir être débarrassé de la présence de ces hôtes peu agréables. — Toutes les araignées n'ont pas des teintes sombres; beaucoup ont des formes très-singulières et sont ornées de couleurs très-jolies; aussi tout le monde n'a pas pour elles la même antipathie, et, sans parler des naturalistes qui, par état, trouvent toutes les créations de la nature, on a vu des personnes, poussées par un goût dépravé, en manger souvent, sans qu'il en fût jamais résulté pour elles aucun inconvénient[1], et l'on sait que les oiseaux insectivores en sont très-friands; d'autres personnes se contentent de les observer et d'en tirer des pronostics plus ou moins justes; aux uns elles servent de baromètre an-

---

[1] L'astronome Delalande avait la manie de poursuivre partout les araignées, de les prendre, de les croquer et de s'en régaler avec volupté. Il les recherchait comme les enfants recherchent les bonbons. M. Delambre, son biographe, dit en propres termes : « Il affectait de manger avec délices des araignées et des chenilles. » Croirait-on qu'il fut imité dans cette singulière dépravation de goût par une de ses élèves de prédilection, Mme le Paute, qu'il parvint à guérir de l'horrible frayeur qu'elle avait des araignées? C'est sans doute à cause de cela que, dans une pièce de vers, la seule qu'il ait faite, notre mathématicien qualifie cette dame de *sinus* des grâces et de *tangente* de nos cœurs. Ce qu'il y a de certain, c'est qu'il portait toujours sur lui une jolie bonbonnière pleine de ces insectes et se faisait honneur devant les dames d'en puiser quelques-uns dans cette boîte élégante, de les porter délicatement à sa bouche, de les savourer et de les avaler avec sensualité. Il appelait cela se mettre au-dessus des préjugés. Il dit un jour à Mme de Condorcet qu'il trouvait à ce mets singulier un goût de noisette : « Oui, répondit spirituellement cette dame, comme on peut trouver à l'athéisme une odeur de philosophie. » Le mot était heureux et assez bien appliqué.

nonçant la pluie ou le beau temps, à d'autres elles servent de présage : *Araignée du matin, chagrin; araignée du soir, bon espoir*, dit-on. Le premier de ces présages peut donner des résultats justes, mais le second fait nombre dans la foule des superstitions ridicules. — La nature n'a rien fait en vain : elle a créé les araignées pour nous délivrer d'une immense quantité d'insectes importuns, comme mouches, cousins, etc., qui sans elles nous tourmenteraient continuellement ; en faveur des services qu'elles nous rendent, fermons les yeux sur leur aspect peu agréable ; ne les redoutons pas, puisqu'elles ne peuvent faire aucun mal, et que même les plus grosses connues sont des animaux timides qui ne cherchent qu'à fuir ; si leur vue n'a rien de bien attrayant, examinons si leurs mœurs ne méritent pas notre attention, et si l'industrie dont elles font preuve ne vaut pas mieux qu'une belle figure ; il ne faut pour cela que la volonté, puisque la plupart travaillent sous nos yeux. Il est probable que nos peines et notre attention seront récompensées. (*A. Percheron.*)

D'après Latreille et Duméril, les caractères suivants sont assignés aux araignées : pieds au nombre de huit, tête confondue avec le thorax, abdomen pédiculé, arrondi à l'extrémité ; mâchoires en crochets portant près de leur base des tarses de cinq articles ; six à huit yeux placés sur le devant et sur les côtés du thorax ; palpes filiformes chez les femelles, renflés dans les mâles et portant à leur extrémité l'organe copulateur, renfermé ordinairement dans une petite excavation ; les organes sexuels des femelles s'ouvrent, au contraire, sous le milieu du ventre. Abdomen terminé par six mamelons donnant issue à une liqueur qui se concrète par le contact de l'air et forme des fils soyeux (*toile d'araignée*, servant aux araignées à envelopper leurs œufs, à tapisser leur demeure, à surprendre des insectes, etc. On faisait autrefois, avec des toiles d'araignée, de la suie, du sel et du vinaigre, des cataplasmes qu'on plaçait aux poignets pour combattre la fièvre quarte ; on se servait aussi de cette toile pour arrêter les hémorrhagies. Les flocons blancs et soyeux qui voltigent dans les airs au printemps et à l'automne, et qu'on a décorés du nom poétique de *fils de la Vierge*, ne sont que des fils d'araignées, formés par des espèces des genres *épeire et thomise*. La soie des araignées a été utilisée ; on en a fabriqué des bas et des gants ; Louis XIV en avait fait faire un habit ; et M. Al. d'Orbigny s'en était fait confectionner un pantalon qu'il a porté souvent.

L'accouplement des araignées et de tous les aranéides a lieu d'une manière curieuse : ce n'est qu'avec les plus grandes précautions que les mâles viennent visiter leur femelle, parce qu'ils craignent d'être dévorés par elles. Nous empruntons à MM. Lyonnet et Degeer, deux observateurs distingués, le récit suivant de leurs amours : « C'est un spectacle fort amusant que de voir faire l'amour aux araignées. L'une et l'autre s'approchent avec circonspection et à pas mesurés. Placées sur leurs tapis, elles allongent les jambes, secouent quelques fils, semblent

s'interroger et se tâtonner du bout du pied comme n'osant s'approcher. Après s'être touchées, souvent la frayeur les saisit, elles se laissent tomber avec précipitation et demeurent quelque temps suspendues à leurs fils ; le courage ensuite leur revient, elles remontent et poursuivent leur premier manége ; après s'être tâtonnées assez longtemps avec une égale défiance de part et d'autre, elles commencent à s'approcher davantage, à se familiariser. Alors les approches mutuelles deviennent de plus en plus fréquentes et plus hardies ; toute crainte cesse, et enfin de privautés en privautés, le mâle parvient à être prêt à conclure..... Enhardi à achever sa besogne, le mâle se met en position convenable, et de manière

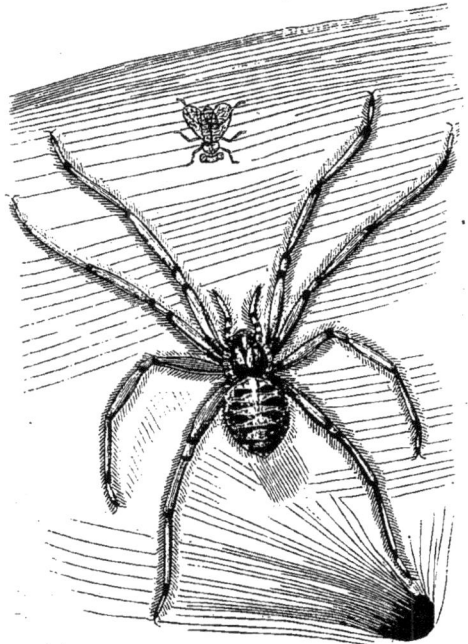

Fig. 40. Araignée domestique.

que son ventre se trouve à peu près vis-à-vis de celui de la femelle, et leur tête dirigée du même côté. C'est alors qu'on voit sortir de la masse du palpe et de la fente qui s'y observait, un petit corps charnu, blanchâtre, humide ; bientôt il porte brusquement cette extrémité du palpe vers la vulve de la femelle et l'y plonge, l'y laisse tranquillement pendant quelque temps, comme immobile... L'affaire achevée, le mâle quitte brusquement sa femelle, et se trouve alors suspendu à un fil qu'il a eu la précaution de dévider et d'attacher quelque part pour lui servir de soutien à l'instant où il croirait nécessaire de s'éloigner : ce qu'il fait au plus vite, aussitôt qu'il a rempli sa fonction. »

Les araignées sont susceptibles d'une espèce d'éducation. Un fabricant d'étoffes, qui avait entrepris de faire des bas avec leur soie, en nourrissait un grand nombre qui s'approchaient de lui lorsqu'il entrait dans la chambre où elles étaient. Pélisson, renfermé à la Bastille pendant quatre ans pour n'avoir point voulu révéler les secrets du surintendant Fouquet, son ami, avait tellement familiarisé une araignée, qu'elle accourait au son de la musette, et qu'à un certain signal, elle quittait sa toile pour venir chercher une mouche. Un barbare geôlier priva

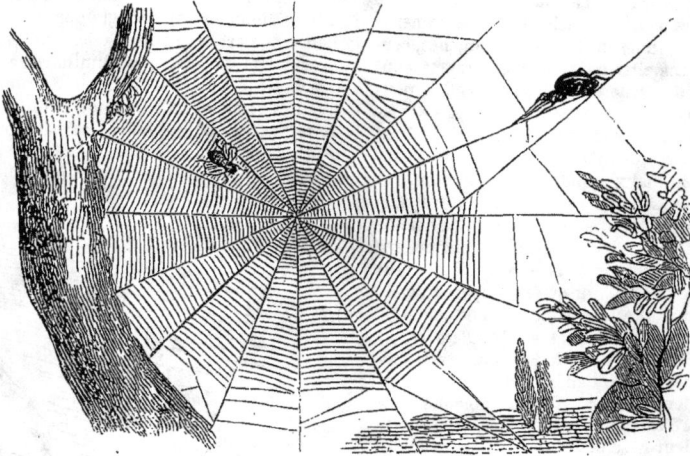

Fig. 41. Araignée des jardins.

Pélisson de l'insecte sensible à la captivité du prisonnier! Une autre particularité curieuse de l'histoire des araignées, c'est la faculté reproductrice au moyen de laquelle elles réparent les membres qu'elles ont perdus. Nous nous en sommes assuré nous-même par des expériences bien suivies dont nous avons rendu compte à plusieurs sociétés savantes en 1842.

Parmi les espèces de ce genre, nous citerons :

1° L'*araignée domestique*, qui se construit, dans l'intérieur de nos habitations, à l'angle des murs surtout, sur les haies au bord des chemins, une toile très-grande, à peu près horizontale, à la partie supérieure de laquelle se trouve une espèce de tube où elle se tient immobile. On la re-

connaît à son abdomen ovale, noirâtre, avec deux lignes longitudinales de taches fauves sur le milieu du dos.

2° L'*araignée diadème*, qui se trouve communément dans les jardins, et dont la toile présente un plan orbiculaire et vertical, formé d'un fil en spirale et croisé par d'autres fils qui partent en rayonnant du centre commun. Cette espèce d'araignée a l'abdomen ovale, allongé, rougeâtre, brunâtre ou noirâtre, offrant une ligne longitudinale de points jaunes ou blancs, coupée dans sa longueur par trois lignes transversales semblables.

3° L'*araignée aquatique*, qui a la faculté de se construire au fond de l'eau une retraite *aérienne* où elle respire librement, bien qu'organisée pour respirer dans l'air. Ce curieux animal, qui nage dans une position renversée, a le corps tout brun, avec une tache oblongue et quatre points marqués sur cette tache. Cette espèce se trouve en Europe, et en particulier dans les environs de Pa-

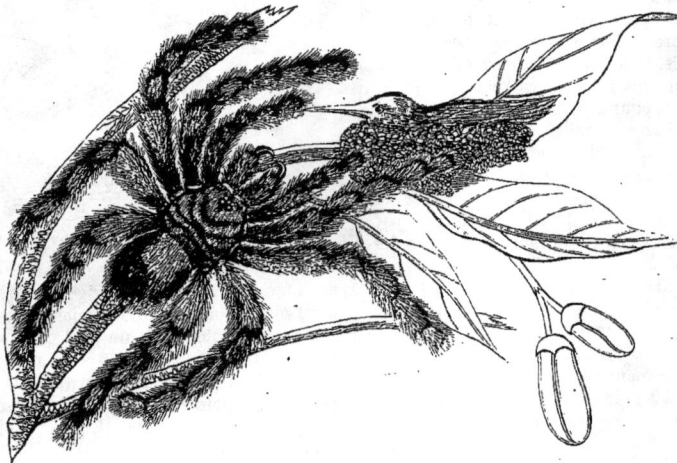

Fig. 42. Araignée mygale, attaquant un oiseau mouche.

ris. Nous en avons vu en grande quantité dans les mares de Gentilly (Seine).

4° La *tarentule*, sur laquelle on a débité une foule de contes entretenus par l'ignorance et le charlatanisme. (Voy. *Tarentisme* et *Tarentule.*) — Parmi les plus grosses espèces d'araignées, nous citerons les *mygales*, qui se trouvent dans toutes les parties du globe. Une espèce, la *mygale aviculaire*, s'attaque même aux petits oiseaux (fig. 42), tels que colibris, oiseaux mouches, etc.— (Voy. *Mygale.*)

B. LUNEL.

ARALIACÉES. — Famille de végétaux dicotylédones polypétales, à étamines épigynes, composée de plantes herbacées et d'arbrisseaux exotiques très-voisins des ombellifères. Le type de cette famille, qui comprend quatre-vingts espèces environ, réunies en douze genres assez mal déterminés, est l'aralie.

ARALIE (botanique). — Genre de plantes, type de la famille des araliacées, comprenant huit espèces

Fig. 43. — Aralie.

d'arbrisseaux et deux ou trois espèces de plantes herbacées, propres à l'Amérique ou à l'Inde, et offrant, pour caractères communs : des fleurs jaunâtres ou blanchâtres, très-nombreuses, mais petites et peu brillantes, disposées en ombelles rameuses, un ovaire et une baie à cinq loges, et un nombre égal de graines (akène), de styles, d'étamines, de pétales à la corolle et de dents au calice. L'*aralie épineuse*, vulgairement appelée *angélique épineuse*, est indigène des États-Unis. Elle doit ce surnom aux épines acérées dont ses feuilles sont munies. Ses fleurs sont blanches et ont l'odeur du lilas.

ARANÉIDES (zoologie). — Famille du premier ordre des arachnides pulmonaires. Ce sont les araignées proprement dites de Linnée; mais la grande quantité d'espèces disparates qu'il avait renfermées

sous le même nom ayant nécessité la création de beaucoup de genres et tribus, son genre a été élevé au rang de famille, comme offrant les caractères communs suivants : des filières à l'anus, dans les deux sexes; serres frontales à deux articles; palpes renfermant, dans les mâles, les organes de la génération.

Le professeur Salacroux fait ainsi connaître l'organisation et les mœurs de cette famille d'arachnides. On sait peu de chose, dit-il, sur les sens de ces animaux; on ne connaît pas le siége de ceux de l'ouïe et de l'odorat. Celui du goût réside probablement dans la bouche, et le toucher a pour organe toute l'enveloppe cutanée, et surtout celle du tarse et des mamelons sétipares, qui reçoivent une très-grande quantité de filets nerveux. Quant à la vue, les organes en sont admirablement disposés pour suppléer à l'imperfection de tous les autres sens. Comme les yeux et la tête sur laquelle ils sont placés ne jouissent d'aucune mobilité, les aranéides n'auraient la facilité de porter leur regard sur un objet déterminé qu'en déplaçant la totalité de leur corps, si la nature n'avait compensé cet inconvénient en multipliant les organes de la vision, et en les distribuant de manière que, dans quelque position que l'animal se trouve, il puisse voir tout ce qui se passe autour de lui. Mais les mesures ont été si bien prises à cet égard, qu'il est impossible d'approcher d'une aranéide sans en être aperçu longtemps d'avance. Et ne sait-on pas d'ailleurs avec quelle sagacité ces animaux découvrent et atteignent leur proie?

Le *canal intestinal* des aranéides est extrêmement court, comme il convenait à des animaux exclusivement carnassiers. Leur bouche, dont nous connaissons les principaux organes, renferme des glandes analogues à celles qui produisent la salive, mais qui en diffèrent en ce que, au lieu de s'ouvrir dans la cavité buccale, elles versent le fluide qu'elles sécrètent dans le canal percé dans l'intérieur de la mandibule, qui elle-même le porte dans la plaie qu'elle fait aux insectes dont ces animaux se nourrissent. Il paraît que cette espèce de salive n'est pas seulement destinée à faciliter la digestion des aliments, mais encore à hâter la mort de l'insecte qui doit les fournir. Le reste du canal digestif offre peu de particularités à noter; la plus remarquable est la position des vaisseaux biliaires, qui versent leur produit presque à l'extrémité de l'intestin, fait qui, du reste, s'observe également chez les punaises de la classe des insectes.

On trouve chez toutes les aranéides un *cœur* en forme de vaisseau placé sous le dos; mais la disposition des autres organes circulatoires est si peu connue, qu'il est encore douteux qu'il y ait chez elles une véritable *circulation.*

Pour la *respiration*, on leur trouve deux sortes d'organes : des poumons logés dans une cavité particulière de l'abdomen, et des trachées qui se ramifient dans toutes les parties du corps. Cette particularité d'organisation pourrait expliquer pourquoi les aranéides n'ont pas de circulation.

La *génération* des aranéides est toujours ovipare; elles placent leurs œufs, à mesure qu'elles les pondent, dans un *cocon* ou bourse de soie, que la femelle emporte avec elle toutes les fois qu'elle quitte son nid, et qu'elle n'abandonne qu'à la dernière extrémité, c'est-à-dire lorsqu'elle voit sa vie compromise. Relativement à l'appareil de cette fonction, il consiste, pour les *femelles*, en deux ovaires tubuleux, qui débouchent dans une cavité analogue au cloaque des oiseaux et des reptiles, dont elle diffère cependant en ce qu'elle n'est destinée qu'à la génération, tandis que le cloaque sert de réservoir aux excréments et aux urines aussi bien qu'aux œufs. Cette cavité offre souvent une disposition remarquable : elle est divisée en quatre compartiments disposés comme le cœur d'un animal à sang chaud, c'est-à-dire qu'il n'y a point de communication de droite à gauche, tandis qu'il en existe une entre l'antérieur et le postérieur. Il résulte de cette disposition que les aranéides peuvent éprouver une véritable superfétation et faire plusieurs pontes séparées par un assez long intervalle.

Quant à l'appareil du mâle, il ressemble pour la forme à celui des femelles, et consiste en deux tubes plus ou moins longs placés à l'abdomen.

On sait que, dans cet ordre, les mâles sont plus petits que les femelles, et que ces dernières, une fois qu'elles n'ont plus de désirs, se mettent à dévorer celui qui les a satisfaits, s'il n'a la précaution de se retirer à temps.

Une des particularités les plus intéressantes de l'histoire des *aranéides*, c'est la propriété qu'elles ont de filer ces toiles qu'elles tendent partout et jusque dans nos appartements; ce qui les fait appeler aussi *arachnides fileuses*. Elles doivent cette faculté à un appareil glanduleux placé dans l'abdomen, et produisant une liqueur gluante susceptible de se tirer en longs fils, et de se dessécher dès qu'elle est en contact avec l'air. Cet appareil communique au dehors par les mamelons que nous avons dits être placés à la partie postérieure de l'abdomen. La nature leur a donné cet appareil dans le double but de leur fournir le moyen de s'emparer de leur proie, et de former pour leurs œufs une enveloppe protectrice dans laquelle ils puissent se développer.

Les *mœurs* des aranéides sont extrêmement curieuses : soit qu'elles errent au gré de leur caprice sans se construire d'habitation fixe, soit que, plus sédentaires, elles se fassent une toile au centre de laquelle elles établissent leur demeure, elles méritent également notre intérêt par la sagacité qu'elles déploient pour surprendre leur proie, et excitent notre admiration par l'instinct merveilleux dont elles font preuve dans le choix de l'endroit le plus convenable au but qu'elles se proposent. Mais c'est surtout à l'époque de la reproduction, et au moment qui précède et accompagne l'accouplement, que notre admiration redouble à la vue des précautions que le mâle emploie pour s'approcher de la femelle. Lorsque, pressé par le besoin impérieux de se reproduire, il découvre celle qui peut le satisfaire, il s'en approche lentement,

et, après plusieurs hésitations, il se hasarde de la toucher de loin avec l'une de ses pattes de devant; cette première avance faite, il recule avec précipitation et se laisse tomber à une certaine distance; cependant si la femelle ne fait aucun mouvement hostile, le mâle, encouragé, revient quelques instants après, et recommence à l'agacer, mais toujours avec précaution. Si ses caresses plaisent à la femelle, elle ne tarde pas à y répondre, en le tâtant à son tour avec ses pattes. Alors les palpes du mâle se dressent subitement et comme par ressort; et devenu plus hardi par un premier succès, il se hasarde à les rapprocher de l'abdomen de son amante, et enfin à les introduire rapidement dans la vulve. Dès ce moment la fécondation est opérée, et le mâle se retire avec promptitude. Mais si la tâche de ce dernier est finie, celle de sa compagne ne fait que commencer. Peu de temps après, en effet, son abdomen se gonfle, et le besoin de le débarrasser des œufs qu'il contient se fait vivement sentir. Elle se met alors à filer son cocon qu'elle compose de deux couleurs bien distinctes, l'une extérieure, solide et résistante; l'autre intérieure, plus moelleuse et comme duvetée. La ponte terminée, la femelle meurt, ou, si elle survit, elle se prépare un abri pour passer l'hiver. A cet effet, elle cherche un endroit bien caché, et se file une espèce de manteau dans lequel elle s'enveloppe, et où elle passe la mauvaise saison dans l'engourdissement.

Nous ne terminerons pas ces généralités sur les *aranéides* sans dire quelque chose sur le développement de leurs *œufs*, que la transparence de leur enveloppe a permis de suivre dans toutes ses phases. Au moment de la ponte, l'*œuf* de ces animaux est à peu près globuleux ou légèrement ovale, et renferme, comme celui des oiseaux, le *germe* ou rudiment de la jeune aranéide, le *vitellus* ou jaune et l'*albumen* ou blanc. Ces diverses parties sont d'abord parfaitement distinctes; mais lorsque le germe commence à se développer, elles se mêlent en partie, de manière à former autour de lui comme un point nuageux qui s'accroît rapidement, et dans lequel on ne tarde pas à distinguer deux taches séparées par un étranglement. La première représente la tête avec les organes buccaux, et la seconde le thorax avec ses pattes qui ne sont marquées que par des lignes transversales plus foncées que le reste du corps. Mais à mesure que les membres se dessinent mieux, et que la partie abdominale se montre, la tête et le thorax se rapprochent et finissent par se réunir; de sorte que lorsque le moment de l'éclosion approche, on aperçoit, à travers la membrane qui l'enveloppe, la jeune aranéide toute formée et prête à paraître à la lumière. Ce moment arrivé, la pellicule qui l'entoure se rompt et l'animal sort de sa prison; cependant il ne peut pas encore faire usage de ses membres; mais dès qu'il a subi une première mue, il quitte non-seulement la coque de l'œuf, mais encore le cocon dans lequel il était enfermé. Cette série de changements qu'éprouvent les *aranéides* durent environ quinze jours, lorsque le temps est favorable; mais pour peu que la température soit trop basse, le développement du germe est considérablement retardé ; de sorte qu'il n'est pas rare de voir des œufs pondus vers la fin de l'été demeurer inactifs jusqu'au retour du printemps suivant. (*Salacroux.*)

ARANÉOLOGIE ou ARACHNOLOGIE. — Voy. ce mot.

ARBALÈTE (antiquité militaire). — Arme de jet, arme composée, au moyen de laquelle on lance des flèches ou autres projectiles avec plus de force et de justesse qu'avec l'arc ordinaire. Cette arme était inconnue des anciens, quoique la *baliste à main* ou *manibaliste* des Romains pût être considérée comme une forte arbalète. Déjà connue en France, sous Louis le Gros, l'arbalète fut l'arme des corps d'infanterie et de cavalerie créés à la fin du règne de Philippe-Auguste. Ce ne fut que longtemps après l'adoption des armes à feu, c'est-à-dire au seizième siècle, que l'arbalète disparut de l'Europe.

ARBALÉTRIER (zoologie). — Nom vulgaire de l'oiseau appelé *martinet noir* par les naturalistes. — Voy. *Martinet.*

ARBITRE-ARBITRAGE (droit). — On nomme *arbitres* de simples particuliers investis, soit par la volonté libre des parties, soit en vertu de la loi, du droit de prononcer sur une contestation.

L'arbitrage est aussi une juridiction conférée par les parties ou par la loi à de simples particuliers pour juger une contestation spéciale.

Cette matière est réglée par la disposition du Code de procédure, 1003 à 1028, et du Code de commerce, 51 à 64 ; articles abrogés par modification à l'art. 631, suivant une loi de 1856.

De sa nature, le choix des arbitres est entièrement libre. Néanmoins, il y a des incapacités légales ou physiques qui ne permettent pas à certaines personnes d'en remplir les fonctions. Ainsi, ceux qui ne sont pas citoyens, comme les domestiques à gages, les faillis non réhabilités, les condamnés à une peine infamante, le mort civilement, de même que les interdits et les fous, et, dans certaine limite, le sourd, le sourd-muet, celui qui ne sait pas écrire, celui qui ne connaît pas la langue des parties, sont incapables d'être arbitres. Telle est du moins l'opinion de la plupart des auteurs.

Les mineurs et les étrangers peuvent être arbitres s'ils ont été acceptés ou choisis volontairement par toutes les parties, en connaissance de cause : mais une seule partie peut s'opposer à leur nomination. Leur incapacité, a dit Merlin, *Questions de droit*, v° *Arbitrage*, art. 4 et 5, n'est pas absolue ; elle ne résulte que d'une présomption à laquelle on est libre de renoncer.

Aucune loi expresse n'exclut les femmes : toutefois, plusieurs arrêts du parlement, sous l'ancienne jurisprudence, ont consacré le principe de leur incapacité à cet égard, et les auteurs modernes sont de cet avis ; mais aussi il y avait, à cette époque déjà reculée, dont on a trop voulu signaler et redresser les imperfections coutumières, les maîtrises et les jurandes, régulièrement constituées, dont la mission était de prévenir, de simplifier et de juger, à peu de frais, les discussions, les contestations et les procès qui étaient de leur compétence sage, paternelle et éclairée, particulièrement pour ce qui dépendait du commerce, de la fabrication et de l'industrie.

Tel est, à notre avis un non-sens, une erreur actuelle, qu'il importerait de réparer, en ce qui regarde la femme, à laquelle une procuration peut être valablement donnée par son mari et même par tout autre individu majeur, et qui aurait donc caractère suffisant pour être mandataire générale d'un tiers, mais non pour être désignée par le tiers comme son arbitre. Et comment, en effet, pourrait-on concevoir que, dans le temps présent, la femme, marchande publique, confectionnant elle-même, autorisée par son mari, et quelquefois patentée personnellement (laquelle est devenue si habile dans certains commerces de confection, de goût, de détail et de vente), ne fût pas l'arbitre le plus compétent et le plus capable dans les contestations et les discussions relatives aux affaires de son négoce ou de sa fabrication ? Il paraît, au contraire, fort déplacé qu'un tribunal quelconque désigne ou admette comme arbitre un homme qui a sans doute sa confiance, mais qui, assez souvent, est entièrement étranger à l'état ou à la profession, cause ou objet du litige, du procès intenté. Il faudrait, avant tout, que chaque arbitre désigné, n'importe par qui, fût bien reconnu, vérification faite ou par un titre acquis, avoir la connaissance parfaite du genre de travail ou de la nature de la chose qui a motivé ou engendré la contestation sur laquelle il s'agit de prononcer un jugement. On comprend d'autant plus cette nécessité, pour la bonne distribution de la justice, que les frais d'arbitrage sont presque toujours très-dispendieux, souvent même d'autant plus considérables que les arbitres appartiennent à un ordre ou à une classe plus élevée, et qu'assez fréquemment le rapport ou la décision des arbitres pèche par le défaut de capacité relative, sinon autrement. — Nous avons dit un *non-sens*, parce qu'il y a des professions pour lesquelles les femmes ont d'une spécialité marquée ; par exemple, en ce qui regarde presque tous les articles d'habillement, de vêtement, de lingerie et de mode, propres à leur sexe et en partie aux hommes, professions dans lesquelles leurs maris s'effacent entièrement ou sont positivement inhabiles, s'occupant d'ailleurs de toute autre chose ; et néanmoins, il peut se faire, il est même fréquemment arrivé que le mari, parce que mari, et non la femme, en réalité seule habile, mais réputée incapable en matière d'arbitrage, soit légalement, lui, mari inhabile, désigné comme arbitre-rapporteur, comme arbitre judiciaire, comme arbitre amiable compositeur, comme arbitre-juge, ou encore comme tiers arbitre, par cette espèce de raison que son épouse exerce et connaît particulièrement, pour ne pas dire seule, la partie commerciale dont il est question, relativement à laquelle il y a contestation entre plusieurs plaideurs. C'est le non-sens le mieux caractérisé, d'autant que l'arbitre ne peut pas ostensiblement avoir, dans une réunion obligée, son épouse près de lui pour le renseigner au besoin : et cependant ce n'est point encore là le vice le plus sérieux qu'on ait à reprocher à différentes opérations d'arbitrage, surtout en matière commerciale.

A part le peu de capacité de certains arbitres sur tel ou tel objet en discussion, et leur défaut de saine judiciaire, d'indépendance ou de prévention humaine, il y a d'autres abus attachés aux opérations et aux actes d'arbitrage, surtout dans les grandes villes. Il en est un bien connu et qu'on peut signaler ici sans crainte d'être démenti, c'est que l'arbitrage, qui se pratique fort lentement, est beaucoup trop surchargé de frais divers d'autant plus élevés, que l'on doit presque toujours payer d'avance pour accélérer ou afin de ne pas nuire à la cause par de nouveaux retards, etc.

Il serait prudent, en attendant que les modifications désirées fussent introduites dans notre législation, — et l'on a déjà dit assez que, notamment, cette partie de la matière commerciale, telle qu'elle est spécialisée aux articles 51 à 64 du Code de commerce, a besoin d'être élaborée (une loi récente, de 1856, vient d'abroger ces articles, par une modification à l'article 631), d'autant mieux que l'organe du ministère public n'a rien à y voir, dans l'intérêt de la loi, pas plus que dans les autres procédures de la juridiction commerciale, s'il n'y a point appel ; — il serait prudent, disons-nous, que des honoraires, légalement attribués aux · arbitres-juges, et d'ailleurs à tous autres arbitres quelconques, sans excepter les arbitres-rapporteurs (voy. ce mot), fussent taxés dans d'utiles limites, sans pouvoir jamais dépasser un maximum fixé, ni, en tous cas, le cinquième du chiffre ou de la valeur de l'objet ou de la répétition qui forme le corps du procès, et avec obligation aux arbitres de faire taxer tout mémoire par le juge compétent, puis d'en donner quittance à la partie intéressée.

Ce n'est pas ici le lieu d'entrer dans de plus longs détails sur la jurisprudence si ardue de l'arbitrage, en matière civile et commerciale, en France, ce qui a d'ailleurs été parfaitement traité par différents auteurs, devant lesquels nous n'avons qu'à nous incliner, tels que Merlin, Toullier, Rogron, etc., et en dernier lieu par Barots, dans son *Dictionnaire du Droit français*. Néanmoins, nous avons pensé qu'une critique mesurée, résultant de l'expérience et de la pratique, ne paraîtrait pas déplacée dans cette œuvre encyclopédique, où les progrès et les améliorations espérés doivent avoir leur indication et leur place, aussi bien que ceux réellement acquis. — V. *Compromis.*   Jean Étienne.

ARBITRAGE du conseil des prud'hommes (volontaire, amiable composition, arbitrage officieux). — L'institution des arbitres amiables est un droit naturel qui naquit sans doute avec les premiers degrés de civilisation des sociétés.

De nos jours, l'arbitrage est un droit de juridiction sans caractère public, conféré à de simples particuliers, par la volonté des parties, pour juger les contestations sur lesquelles les parties peuvent compromettre, et dont la connaissance a été attribuée par la loi à des arbitres.

Dans ce cas, il est de l'intérêt des parties de choisir des hommes honorables, indépendants, et ayant des connaissances spéciales aux affaires. Tels sont les prud'hommes, dont la sagesse, la probité, l'impartialité et la modération sont proverbiales. Ces éminentes qualités offrent tant de garanties recommandables à l'estime publique, qu'ils sont reconnus et fréquemment appelés comme arbitres pour se prononcer sur un grand nombres d'affaires industrielles en contestation. Leurs bons offices évitent toujours les procès onéreux, lorsque l'esprit des parties, sans passion, est assez sage pour se soumettre à leur conciliation. Les tribunaux, les lois et décrets consacrent leur bienfait désintéressé, qui ne fait jamais défaut.

Les prud'hommes, dans leurs attributions officielles ou comme arbitres amiables, sont des juges de paix des métiers et de l'industrie, avec cette différence de double garantie que les justiciables les ont déjà élus comme juges et librement choisis pour arbitres particuliers, et presque toujours armés de connaissances spéciales sur les sujets en litige.

L'arbitre amiable-compositeur est investi d'une sorte de judicature qui, bien que temporaire, le place néanmoins au rang du juge, puisqu'en effet il statue comme lui sur le fond de la contestation, et que ses décisions sont sans appel.

Les arbitres ainsi investis de la confiance des parties et de l'autorité de juges soit par un compromis écrit indiquant les objets en litige, ou verbal, et signé au registre d'audience du conseil des prud'hommes, soit enfin par un mandat émanant d'un des bureaux du conseil, ont toujours des pouvoirs absolus.

Dans leurs missions, les arbitres doivent autant que possible maintenir les parties dans de bons rapports, en détournant toujours les germes d'irritation; ils examineront loyalement les affaires qui leur seront soumises; ils chercheront à approfondir le sujet des contestations, s'efforceront de découvrir la vérité, et par de sages observations, s'il se peut, concilier les parties, en leur faisant connaître les motifs qui ont déterminé leurs opinions sur leurs droits respectifs; puis, dans un procès-verbal détaillé, bien motiver les jugements ou sentences, et conclure franchement, en faisant la part de chacun avec équité.

Cette voie de conciliation, aujourd'hui largement ouverte par le besoin d'obtenir justice sans frais, peut, étant comprise, produire des résultats immenses, soit qu'on l'envisage au point de vue de la moralité, ou au point de vue des intérêts matériels. Aussi ne croyons-nous pouvoir faire mieux qu'en mettant sous les yeux des lecteurs quelques extraits de différentes lois et décrets en vigueur, conférant aux prud'hommes les qualités d'arbitres.

Les prud'hommes concilient ou jugent à titre d'arbitre volontaire les parties qui ne sont pas leurs justiciables. (Décret du 3 août 1810, titre Ier, art. 1er.)

Les parties (en contestation industrielle) pourront toujours se présenter volontairement devant les prud'hommes pour être conciliées par eux, en déclarant, par un compromis, soit écrit ou verbal, les choisir pour se prononcer arbitralement sur leurs différents. (Décret du 11 juin 1809, art. 58.)

Les conseils de prud'hommes ne connaîtront que comme arbitres des contestations entre fabricants ou marchands, dans les difficultés survenues entre un fabricant et ses contre-maîtres relativement aux opérations industrielles de la fabrique. (Décret du 11 juin 1809, art. 12.)

Le conseil de prud'hommes est arbitre pour constater la propriété des modèles et dessins de fabrique. (Loi du 18 mars 1806, art. 14, 15, 16, 17, 18 et 19.)

Les conseils de prud'hommes réunis sont arbitres de la suffisance et insuffisance de différences entre les marques de fabrique adoptées et les nouvelles qui seraient proposées, ou même entre celles déjà existantes. (Décret du 11 juin 1809, art. 6, 7, 8 et 9, et décrets des 5 septembre 1810, entier ; 1er avril 1811, 18 septembre 1811, 22 septembre 1812, 8 août 1816 et 17 août 1825.)

Le conseil de prud'hommes, en bureau général ou particulier, nomme des arbitres pris dans son sein ou en dehors, pour juger les affaires de sa compétence, et sur le procès-verbal d'arbitrage, le bureau général en ordonne l'exécution par un jugement. (Décret du 11 juin 1809, titre IX, art. 48, 49, 50, 51, 52 et 53.)

La loi du 18 mars 1806, titre IV, art. 30 et 32, s'exprime ainsi à l'égard de leurs ministères :

Toutes les fonctions des prud'hommes et de leur bureau seront entièrement gratuites vis-à-vis des parties, etc.

De cet exposé, nous devons reconnaître combien ont été sages et prévoyants les législateurs en accordant aux parties qui sont en opposition sur leurs droits le choix de leurs juges et la faculté de nommer des arbitres, surtout pour les petits différends qui s'élèvent journellement dans l'industrie ; à ceux-ci surtout ils ont voulu épargner les lenteurs et les frais considérables que les formes judiciaires entraînent avec elles, et rendre plus rapide la décision de ces sortes d'affaires, qui, malheureusement, se compliquent fort souvent et deviennent peu faciles à terminer devant les hauts tribunaux.

Aussi ceux qui désirent véritablement éviter les inquiétudes et les embarras inséparables d'un procès toujours dispendieux, doivent nécessairement essayer de l'arbitrage avant d'avoir recours aux voies judiciaires.   LARIVIÈRE.

ARBITRE-RAPPORTEUR (droit). — On appelle ainsi l'expert, les experts ou commissaires qui sont nommés d'office ou dont les parties sont convenues à l'audience, et devant lesquels les tribunaux civils et de commerce renvoient fréquemment les parties, afin de les concilier sur leurs différends ou sur l'objet d'un procès intenté, ou encore pour établir une estimation d'ouvrages, de marchandises et d'outils ; puis, à défaut de conciliation, dresser un rapport et donner leur avis sur l'affaire ou la chose. Ce renvoi est autorisé par l'art. 429, C. pr.

Ce rapport fait par l'expert ou les trois experts, désignés nommément, d'après les comptes, pièces et registres, ou bien après avoir visité et estimé les ou-

vrages ou les marchandises, doit être dressé sur papier timbré, puis enregistré.

Suivant l'art. 431, C. pr., le rapport des arbitres et experts doit être déposé au greffe du tribunal, et il est d'usage de le faire notifier, entre parties, avec assignation en ouverture devant ce tribunal, lequel prononce sur l'affaire en litige, sans, du reste, être lié par les conclusions dudit rapport. Ce rapport n'est donc qu'un mode d'instruction pour éclairer la conscience du juge, et, pris ou non en sérieuse considération, ce moyen de procéder, de verbaliser, est souvent trop dispendieux et trop long pour les petites affaires et dans les grandes villes surtout.

La récusation des arbitres et experts ne pourra être proposée que dans les trois jours de leur nomination. (C. pr., 430.) Les motifs peuvent être pris dans les faits ou circonstances de nature à servir de base aux reproches des témoins ou à la récusation des experts ou d'un expert.

Les parties sont ordinairement convoquées devant les arbitres par un simple avis : cependant, en cas d'abstention ou de refus de comparaître, elles pourront être appelées par une sommation d'huissier.

JEAN ÉTIENNE.

ARBITRE (LIBRE) (métaphysique). — Voy. *Liberté.*

ARBORICULTURE [du latin *arbor*, arbre, et *cultura*, culture]. — Mot nouveau employé pour désigner la culture des arbres, et principalement celle des arbres fruitiers et d'ornement. Cette partie de l'agriculture traite des soins généraux applicables à ces espèces d'arbres, c'est-à-dire du choix et de la préparation des terrains, des modes de reproduction par semis, drageons, marcotte, bouture, greffe, etc.

ARBORISATION (minéralogie). — Disposition particulière qu'affectent, dans certaines circonstances, les molécules cristallines d'un métal, de manière à leur donner l'apparence de petits arbres ou de plantes incrustées dans une roche quelconque. Dans le langage scientifique, les arborisations sont appelées *dendrites*. On les nomme aussi *herborisations* lorsqu'elles ont l'apparence d'herbes ou de petites mousses.

Les rameaux élégants qui couvrent nos vitres pendant l'hiver, et qui ne sont que le résultat de la cristallisation des molécules d'eau vaporisée, répandue dans l'air plus ou moins humide qui remplit l'intérieur de la chambre, peuvent donner une idée de l'aspect que présentent les arborisations minérales, et jusqu'à un certain point de la manière dont elles se forment. C'est le *fer* et plus ordinairement le *manganèse* qui, à l'aide d'un liquide, donnent lieu aux arborisations : elles sont très-fréquentes dans certains calcaires, dans quelques marnes, dans du grès d'ancienne formation et dans les agates. Les marnes qui alternent avec les couches de gypse à Montmartre sont couvertes de ces dendrites. Quelquefois ces arborisations ne sont que *superficielles*, c'est-à-dire que, dans les fissures de la roche où elles se sont formées, le liquide métallifère s'est légèrement imprégné sur les deux surfaces en contact ; d'autres fois elles sont *profondes*, c'est-à-dire qu'elles pénètrent dans l'intérieur de la roche, qu'il faut alors tailler dans le sens où elles s'étendent, pour pouvoir les faire voir dans toute leur beauté. On exploite dans les environs de Florence un calcaire marneux compacte, qui est recherché pour les accidents d'arborisation qu'il présente. (*Huot.*)

ARBOUSIER (botanique).— Genre de plantes de la famille des bruyères, dont M. Thiébaut de Berneaud décrit ainsi les principales espèces.

L'ARBOUSIER COMMUN ou des Pyrénées (*A. unedo*, L.). Bel arbrisseau, qui monte depuis deux et quatre mètres et demi jusqu'à sept à dix, croît spontanément dans nos forêts du Midi, en Italie, en Espagne, et particulièrement sur les dunes et la mer de sables qui s'étend de l'embouchure de la Gironde au pied

Fig. 44. — Arbousier.

des Pyrénées. Son tronc se divise en rameaux irréguliers, nombreux, d'un beau rouge, et forme des taillis du plus bel aspect, surtout lorsqu'ils sont chargés de fleurs et de fruits. Il est impossible d'en voir des massifs plus élégants que sur le cratère éteint de Valcrose, près de Murviel, département de l'Hérault. Le beau feuillage dont l'arbousier est orné persiste l'hiver; il est alterne, ovale-oblong, denté; d'un vert brillant, sur lequel tranche agréablement le pétiole, qui est rouge. En septembre, puis en février, il est couvert de fleurs blanches ou roses, simples ou doubles, suivant la variété, disposées en grelots et en grappes pendantes, axillaires ou terminales. Le fruit qui leur succède est semblable à la fraise de nos jardins, d'où l'arbousier a reçu le nom vulgaire d'ar-

bre aux fraises et *fraisier en arbre*. Il est très-sucré, d'une couleur rouge vif à l'époque de sa maturité, c'est-à-dire à l'entrée de l'hiver. Les oiseaux le dévorent; quelques personnes en mangent, quoique son goût âpre et son astringence aient été cause du nom spécifique *unedo* que porte l'arbousier, et qui, abrégé de *unum edo*, signifie *j'en mange assez d'un*. Quoi qu'il en soit, on retire de sa pulpe jaune, mucilagineuse, un sucre liquide, prêt à se cristalliser, et de l'alcool de seize à vingt degrés. Il est essentiel de n'opérer que sur les fruits d'une parfaite maturité; on recueille d'abord ceux tombés par l'effet du vent ou par suite de légères secousses de la main; puis ceux qui cèdent sans efforts au simple toucher, et après les avoir pressés dans des sacs sous l'action de la meule, on les traite comme le moût du raisin dont on veut obtenir du sucre. L'eau-de-vie d'arbouse, comme celle du raisin, est le produit de la fermentation spiritueuse et de la distillation. Cette double découverte date de l'année 1807, et appartient à l'espagnol Juan Armesto. L'arbousier se multiplie de graines semées en temps sec, au mois de mars, et de marcottes. Cultivé sous la climature de Paris, il demande à être couvert de litière pendant l'hiver; durant les grands froids, il faut quelquefois le rentrer dans l'orangerie. On en possède une variété panachée.

Trois autres espèces méritent de trouver ici une mention.

L'andrachné ou ARBOUSIER A PANICULES (*A. andrachne*, L.), originaire du mont Ida, de l'Anatolie et des îles de la Grèce, subsiste très-bien en pleine terre dans le midi de la France; mais plus haut il est sujet à périr de froid. C'est un arbrisseau faisant naturellement pyramide; son écorce, lisse, d'un rouge brun, tombe chaque année au plus fort des chaleurs; ses feuilles sont plus larges, plus luisantes que celles du précédent: ses fleurs, constamment blanches, et en panicules, s'épanouissent en mars. Sa culture est difficile, je devrais dire très-exigeante.

L'ARBOUSIER DES ALPES (*A. alpina*) est, avec la ronce arctique, le dernier arbuste à fruits comestibles que l'on rencontre sur les plus hautes montagnes de l'Europe. Sa tige rampante est garnie de feuilles oblongues, dentées, ridées, ciliées; ses baies noirâtres sont d'un goût agréable, et très-précieuses pour les Lapons, les Samoïèdes, les Kouriles, et autres peuples du cercle polaire.

L'ARBOUSIER RAISIN D'OURS (*A. uva ursi*) a bien, comme la précédente espèce, la tige étalée sur le sol, et pour habitation les monts les plus élevés; mais il en diffère d'abord par ses feuilles, assez voisines de celles du buis, ce qui le fait appeler quelquefois *busserolle*, qui sont petites, éparses, luisantes, et par ses baies d'un beau rouge, en grappes et peu agréables à manger; les ours en font leurs délices.

Les feuilles des diverses espèces d'arbousiers contiennent une grande quantité de tannin et d'acide gallique, ce qui les fait rechercher pour le tannage des cuirs. On leur donne aussi des propriétés médicinales, surtout contre la gravelle; mais nous avouons que ces propriétés sont plus que contestables.

ARBRE (botanique) [du latin *arbor*].— Nom sous lequel on désigne vulgairement tous les végétaux ligneux dont les racines subsistent un grand nombre d'années, dont la tige est épaisse, élevée, nue à la base, chargée de branches et de feuilles au sommet.

« Les arbres, dont la réunion constitue ce qu'on nomme forêt, sont non-seulement un des plus beaux ornements de la terre, mais ils servent encore à sa fertilité. En effet, le voisinage d'une forêt, surtout sur le penchant d'une colline, entretient dans les plaines qui l'environnent une humidité salutaire qui favorise singulièrement les phénomènes de la végétation. Les arbres doivent être considérés comme autant de siphons qui tirent de la terre une énorme quantité d'eau, qu'ils versent ensuite dans l'atmosphère par la transpiration de leurs feuilles; ils empêchent le soleil de dessécher la terre, tempèrent les chaleurs de l'été et diminuent l'intensité du froid; leurs débris réparent constamment l'humus ou terre végétale; enfin, ils exercent une attraction électrique très-puissante sur les nuages, les fixent au sommet des montagnes, et les forcent d'y verser leurs eaux. Les cimes élevées des forêts appellent les nuages et les brouillards, les retiennent et alimentent ainsi les sources et les ruisseaux. C'est surtout dans les pays que l'on défriche que l'influence salutaire des forêts se fait le plus clairement apercevoir. Tant que l'on conserve celles qui couvrent les lieux élevés, la terre étonne par sa fécondité; mais si le défrichement envahit les collines, les sources et les ruisseaux se tarissent, la terre devient sèche et aride, et perd pour jamais sa fertilité. » Voy. *Végétaux*.

Nous allons présenter, d'après le savant Young[1], les caractères différentiels des *arbres*, *arbrisseaux*, *arbustes*, *sous-arbrisseaux*, et les faire suivre des considérations générales de cet habile horticulteur.

Tous les végétaux compris sous ces différentes dénominations ont une tige ligneuse, et cette tige, sauf un très-petit nombre de cas, ne périt pas après une seule floraison. Tels sont les caractères qu'ils présentent en commun et qui les séparent des herbes; voici maintenant ceux qui servent à les distinguer entre eux. Les sous-arbrisseaux (*suffrutices*) ont une tige *demi-ligneuse*, c'est-à-dire dont la base seule est dure et persiste hors de terre un grand nombre d'années, tandis que les rameaux et les extrémités des branches périssent et se renouvellent tous les ans: tels sont le thym, la rue, la sauge. Les autres végétaux ligneux, au contraire, le sont dans toute la longueur de leur tige, si ce n'est à son sommet extrême. Les arbustes (*frutices*) se ramifient dès leur base et ne portent pas de bourgeons. Les arbrisseaux (*arbusculæ*) sont ramifiés à leur base et portent des bourgeons. Enfin, les arbres ne se divisent en branches qu'à la partie supérieure de leur tronc, et par conséquent s'élèvent généralement plus que tous les autres végétaux. Ainsi la distinction des plantes arborescentes et des herbes

---

[1] *Encyclopédie nouvelle*, t. 1er.

repose sur leur degré relatif de dureté et de durée, et les divisions établies entre les premières dépendent principalement de leur grandeur. Pour les usages habituels ces classements populaires sont commodes et suffisants; mais, quoiqu'ils semblent très-naturels au premier coup d'œil, ils n'ont aucune précision, parce qu'ils ne tiennent pas compte de la structure anatomique. Aussi, après avoir servi de base aux classifications des anciens botanistes, jusqu'à Tournefort, qui admettait encore, pour catégories fondamentales de sa méthode, les arbres et les herbes, ils ne sont maintenant plus d'usage dans la classification. Il existe des familles très-naturelles, par exemple les légumineuses et les rosacées, dans lesquelles de grands arbres sont réunis avec de chétives herbes, et dans un grand nombre d'autres les espèces frutescentes coexistent avec les espèces herbacées.

Cette diversité se remarque même parmi les genres et les espèces; certaines fougères herbacées et vivaces sous notre ciel deviennent arborescentes dans les régions tropicales, et s'élèvent alors à la hauteur des palmiers; le ricin ordinaire forme dans l'Inde et l'Afrique un arbre dont le tronc ligneux s'élève quelquefois à 10 et à 13 mètres; en Europe, au contraire, il n'est plus qu'annuel et herbacé; dans les plaines, on voit les saules et les bouleaux élancer dans les airs une haute cime, tandis que sur les pointes des Alpes le saule herbacé (*salix herbacea*) et le bouleau nain (*betula nana*) élèvent à peine de quelques pouces au-dessus du sol leurs tiges débiles. Voici, au reste, une petite statistique des familles des plantes, sous le rapport de la végétation herbacée et de la végétation ligneuse. Si l'on admet, avec M. A. Richard, cent soixante de ces familles, et qu'on en exclue une dizaine dans lesquelles la distinction entre les deux degrés de consistance n'est pas nette, on en trouve environ trente-cinq uniquement composées d'herbes, quarante formées d'herbes et de sous-arbrisseaux ou d'arbustes, dix-huit où tous les degrés de consistance, de durée et de hauteur se rencontrent, dix-sept entièrement constituées par des arbustes ou des arbrisseaux, trente-deux par des arbrisseaux et des arbres, huit par des arbres seulement. En général, plus on s'élève dans l'échelle de composition végétale, plus les familles à espèces ligneuses, qui n'existaient pas dans les premiers degrés, augmentent en nombre, de sorte que la croyance populaire, qui regarde les arbres comme les plus parfaits des végétaux, n'est pas au moins dans un complet désaccord avec les résultats des recherches scientifiques.

Dans l'étude et la classification des végétaux ligneux, ce qu'il y a de plus important, c'est la structure anatomique et l'accroissement de leurs tiges, et c'est au mot TIGE qu'on trouvera exposés ces points essentiels pour la connaissance des arbres. Présentons ici quelques généralités sur leurs dimensions, leur durée, leur distribution géographique, leur utilité, et sur quelques circonstances historiques qui s'y rattachent.

Dimensions des arbres. — Les limites supérieures de la grandeur des plantes sont placées plus haut que ne le sont celles qui bornent la taille des animaux.

Sous le rapport de la longueur, les plus grandes baleines n'approchent de la taille ni de ces *araucaria* qui, dans les forêts du Chili, s'élèvent, dit-on, jusqu'à la hauteur de 80 mètres, ni de *l'eutassa heterophylla*, qui, suivant Salisbury, acquiert 73 mètres de hauteur dans l'île de Norfolk, ni des palmiers appelés *oreodoxa sancona* et *ceroxylon andicola*, dont la tige, d'après le récit de Humboldt, a une longueur de 50 à 60 mètres. Ces colosses du règne végétal sont, en général, répandus dans la zone torride; mais dans nos climats mêmes on peut citer des exemples d'énormes dimensions acquises par des arbres isolés. On voyait naguère, sur la montagne d'Endzon, dans le Valais, un mélèze qui, selon M. Baudrillart, élevait à 50 mètres son tronc dégarni de branches; et Pline rapporte que Tibère fit exposer sur le pont des Naumachies, à Rome, une poutre de mélèze de 40 mètres de long sur deux d'équarrissage d'un bout à l'autre, ce qui, suivant le calcul de Duhamel, suppose à l'arbre d'où elle avait été extraite une longueur absolue de 73 mètres. Les exemples d'un aussi grand allongement sont rares, il est vrai, chez nous; mais c'est chose assez commune que de voir des chênes ou des conifères de 40 à 45 mètres de haut. Dans les arbres dicotylédons, une énorme largeur répond ordinairement à une hauteur démesurée : ainsi, par exemple, la tige du mélèze d'Endzon pouvait à peine être embrassée par sept hommes; mais tel n'est pas le cas des monocotylédons, dont la tige n'a souvent pas plus de 30 à 60 centimètres de diamètre, avec une hauteur de plus de 33 mètres, et, parmi les dicotylédons mêmes, la plupart de ceux qui sont devenus fameux par leur grosseur ne l'ont pas été par leur hauteur. Les plus célèbres de tous, les baobabs du Cap-Vert avaient, lorsque Adanson les mesura, jusqu'à 30 mètres de circonférence à la base de leur tronc, qui lui-même ne s'élevait qu'à 4 mètres avant de se ramifier. On aime à citer aussi pour sa grosseur seulement le châtaignier du mont Etna; mais il est difficile d'ajouter une entière confiance aux récits extraordinaires et souvent contradictoires des voyageurs qui nous le dépeignent. Quelques-uns assurent qu'il avait une circonférence de 53 mètres; un d'eux la porte même à 68 mètres, tandis que d'autres la réduisent à 25 ou même à 20; suivant une version, son tronc avait été creusé, et l'on y avait construit une habitation, même un four, qu'on chauffait avec le bois de l'arbre; d'après une autre relation, c'était un berger qui s'y mettait à couvert avec tout son troupeau. Ce qu'il y a de constant, c'est qu'on l'appelait *l'arbre aux cent chevaux*, parce que, disait-on, cent cavaliers pouvaient s'abriter sous ses branches. Les botanistes qui ont admis le récit le plus approchant du merveilleux, l'ont expliqué en disant que cet énorme végétal était composé de plusieurs troncs soudés en un seul; mais, suivant d'autres physiologistes, la circonstance des cavités pratiquées dans son intérieur éloigne cette supposition. Quoi qu'il en soit, à ces exemples de grosseurs monstrueuses on peut ajouter les cèdres de Chiloé, qu'on nous représente comme ayant 8 mètres de diamètre; les plata-

nes de l'Ohio, qui en ont 5, ainsi que ces chênes, ces ormes, ces tilleuls, ces ifs, ces saules, ou même ces poiriers et ces pommiers, qui, dans nos contrées, acquièrent quelquefois 10 à 13 mètres de tour.

On ne doit voir dans ces exemples de dimensions colossales des arbres que l'influence de circonstances particulières aux individus. Sous le point de vue général, on peut dire avec M. A. Richard que les arbres sont d'autant plus forts et plus élevés, que le sol, le climat et la situation dans lesquels ils se trouvent sont plus convenables à leur nature et plus favorables à leur végétation. Une certaine humidité, jointe à un degré de chaleur assez considérable, paraît être la circonstance la plus propre à leur développement; aussi est-ce dans les régions qui présentent ces conditions atmosphériques qu'ils acquièrent la hauteur la plus grande. Les forêts de l'Amérique méridionale sont peuplées, en général, d'arbres qui, par leur port, leur taille élevée, la beauté de leur feuillage et de leurs fleurs, l'emportent de beaucoup sur ceux de nos climats tempérés.

Durée des arbres. — Il faut plus ou moins de temps aux arbres pour arriver aux limites de développement que leur a posées la nature, et pour clore le cercle de leur existence. La plupart des arbustes et des arbrisseaux cessent de croître et meurent au bout de quelques lustres. Les arbres, au contraire, comptent les siècles par périodes de leur vie. L'olivier peut exister pendant trois cents ans; le chêne parvient jusqu'à l'âge de six cents ans environ; les cèdres du Liban paraissent en quelque sorte indestructibles. Deux ou trois siècles avant qu'Adanson arrivât aux îles du Cap-Vert, deux voyageurs avaient gravé leurs noms sur les troncs des deux baobabs qui y végétent; Adanson, connaissant cette circonstance, rechercha les noms inscrits, les trouva ensevelis sous une certaine épaisseur de nouveau bois; et, de la différence des diamètres aux deux époques, il put conclure que la naissance de ces arbres remontait à cinq mille ans. Quelque surprenante que paraisse une telle longévité, elle s'explique, lorsqu'on réfléchit qu'il n'y a, pour ainsi dire, pas d'unité de vie dans l'arbre; que les plus vieilles de ses couches ligneuses se rapprochent de la manière d'être des substances inorganiques par leur passage à l'état de bois parfait; que, par conséquent, d'un côté, elles se dérobent aux causes d'altération qui affectent particulièrement la vie organique, et que, de l'autre, elles se trouvent toujours préservées de l'action destructive des circonstances extérieures; enfin que, pendant la métamorphose de ces couches ainsi séparées de l'action végétative, la vie s'alimente sans cesse par la formation des couches nouvelles et des bourgeons.

Distribution géographique des arbres. — C'est dans les chaudes régions du globe que les espèces ligneuses sont les plus nombreuses, forment les groupes les plus serrés, et atteignent à la plus grande hauteur; au contraire, ces espèces se rabougrissent et s'isolent d'autant plus qu'elles se rapprochent des cercles polaires. Suivant Sprengel, les chênes, les hêtres, les frênes, les tilleuls, les érables, les coudriers disparaissent à 64° de latitude en Suède; au delà les pins et les sapins restent rassemblés en forêts jusqu'à 69°; à cette latitude on trouve encore des aunes et des saules; les bouleaux persistent en groupes jusqu'à 71°. Dans l'hémisphère austral le continent ne s'étend que jusqu'à 55°; mais comme à cette limite la température correspond à celle de notre cercle polaire, les groupes d'arbres deviennent aussi plus rares, et les arbres restent nains. Des *wintera aromatica*, des épines-vinettes, des andromèdes et des arbousiers de la longueur du doigt ou d'un empan sont les seuls végétaux arborescents de l'île de Fer. On remarque un décroissement correspondant lorsqu'au lieu de se diriger vers les pôles, on s'élève à la limite des neiges sur les montagnes; mais les zones dans lesquelles les espèces sont confinées sont ici infiniment plus étroites. Les Andes, sous l'équateur, offrent souvent des arbres à 100 mètres au-dessous de la ligne des glaces: à 4900 mètres on y voit encore le palmier porte-cire, plusieurs cinchona, des wintera, des espeletia et des escallonia. A 30° de latitude nord, où les neiges éternelles commencent sur l'Himalaya, entre 4300 et 4330 mètres d'élévation, il y a encore, à 4000 mètres de hauteur, des groupes de chênes et de pins. A Mexico, entre 25 et 28° de latitude nord, on trouve le pin occidental à 4000 mètres, les chênes et l'aune de Jorullo à 3000 mètres. Dans les Alpes de l'Europe moyenne, la croissance des arbres cesse à une hauteur de 1666 mètres; sur le Riesengebirge elle cesse à 1260 mètres. Dans les montagnes d'Allemagne, ce sont les pins et les bouleaux nains qui atteignent la région la plus haute parmi les espèces arborescentes; dans les Alpes et les Pyrénées, c'est le *daphne cneorum*, qui, sur le mont Blanc, se montre encore à 3560 mètres, et sur le mont Perdu à 3000 mètres d'élévation; les chênes et les sapins disparaissent sur les Pyrénées à 2000 mètres; le pin, sur le Sulitelma en Laponie, par 68° de latitude, s'arrête à 200 mètres, tandis que le bouleau apparaît encore 200 mètres plus haut.

Utilité des arbres.— Il n'y a pas une seule espèce d'arbre qui ne soit utile ou agréable à l'homme par le bois qu'elle lui fournit, par l'ombrage dont elle l'abrite, par la verdure dont elle récrée sa vue, et la plupart d'entre elles lui ayent le tribut des fruits et des produits les plus précieux et les plus variés. Nous ne saurions énumérer ici tout le détail des biens que l'on en retire, ce sujet trouvera sa place dans les articles spéciaux. Nous ne pouvons pas davantage nous étendre sur leur admirable rôle dans les effets de paysage et dans l'ornement de nos jardins; ce serait quitter le domaine de la science pour celui de l'art. Sous un autre rapport les arbres sont encore un bienfait pour l'humanité par l'influence qu'ils exercent sur l'électricité, et sur les vapeurs atmosphériques quand ils sont rassemblés en forêts.

Arbres considérés sous le point de vue historique.— Les anciens peuples, obéissant à l'impulsion de leur imagination enfantine, durent vénérer plus que nous ne le faisons les arbres, qui, lorsque la surface de la terre était presque toute en friche, jouaient un plus grand rôle et devaient produire un effet plus impo-

sant dans la nature; aussi se plurent-ils de bonne heure à regarder les bois comme les lieux que préféraient leurs divinités, à y célébrer leur culte, à y placer leurs temples et leurs oracles, et même à considérer les arbres isolés comme des représentants, des emblèmes, des manifestations de l'essence divine: le frémissement du feuillage, les voix des oiseaux qui s'y jouaient, furent des signes qui annoncèrent la présence des dieux, et l'émotion religieuse les interpréta comme des réponses à ses transports, les accepta comme des ordres. De là, les autels que l'on dressa à leur pied, les encens que l'on y fit fumer, les victimes qu'on immola sous leur ombrage, les danses qu'on célébra autour de leurs troncs. Bientôt, l'imagination des poëtes et la superstition attachant des fables à ces vagues sentiments de vénération, chaque espèce d'arbre fut mise en relation avec une divinité particulière: le chêne fut consacré à Jupiter et à Cybèle ou Rhéa; le pin à la même déesse, à Bacchus et à Pan; l'olivier à Minerve; le laurier à Apollon; le myrte à ce même dieu, à Vénus et aux divinités telluriques, surtout à Déméter; le cyprès à Pluton, le frêne à Mars, le peuplier à Hercule, l'aune à Sylvain et aux Euménides, le cèdre également aux Euménides, le palmier aux Muses, l'érable aux Génies. Par une association d'idées qu'il n'est pas toujours facile de saisir, mais qui semble avoir pour fondement la coïncidence de certaines phases de la végétation avec les différentes époques de la marche apparente du soleil, plusieurs arbres furent attribués aux constellations: l'olivier fut affecté au Bélier, le myrte au Taureau, le laurier aux Gémeaux, le coudrier au Cancer, le chêne vert au Lion, le buis à la Balance, le cornouiller au Scorpion, le palmier au Sagittaire, le pin, les olives, les glands au Capricorne, la ronce au Verseau; d'autres plantes herbacées étaient aussi consacrées à la plupart de ces signes astronomiques. La doctrine religieuse des anciens Scandinaves rapporte l'origine de l'homme au frêne et à l'aune, et elle fait sentir l'éternelle dépendance où est l'humanité par rapport aux dieux dans la tradition du chêne sacré. Beaucoup d'autres peuples du nord de l'Europe ont eu le culte des arbres. On connaît le grand Chêne au Tonnerre (*Donnereiche*) que les anciens habitants de la Hesse honoraient par des sacrifices, et que saint Boniface fit abattre sous Charles-Martel. Le pin, le tilleul et le chêne paraissent avoir surtout attiré les hommages des anciens Germains et des Gaulois; le chêne et le gui qui s'y cramponne sont particulièrement célèbres dans la religion des Druides. Mais, depuis l'établissement du christianisme, les arbres ont perdu tout sens religieux; et s'ils ont été quelquefois des points de couvergence pour les sentiments communs à toute une masse d'hommes, c'est simplement comme monuments durables d'un événement historique dont ils étaient destinés à perpétuer la mémoire. Les Suisses avaient élevé un tilleul sur la place où l'on dit que Guillaume Tell, par l'ordre de Gessler, abattit la pomme placée sur la tête de son fils; ils en plantèrent également un sur la place de Morat, en mémoire de leur vicioire sur Charles le Téméraire. Dans la guerre de l'indépendance américaine comme dans les révolutions françaises, on a érigé des arbres, principalement des peupliers, comme de glorieux témoignages des grands événements de ces époques. (*Young.*)

ARBRE (*beaux-arts*). — Les arbres jouent un rôle trop important dans les beaux-arts pour que nous négligions d'en parler ici ; aussi, nous allons résumer les conditions dans lesquelles il faut qu'ils se trouvent pour être fructueusement utilisés par les peintres. *Rien n'est beau que le vrai*, on ne peut douter de cela, mais seulement quand ce vrai est véritablement vrai, qu'il se trouve dans des conditions que nous allons énumérer. Les arbres sont comme les hommes, il y en a de beaux et de très-laids ; celui-ci a des formes harmonieuses, celui-là est estropié. Est-ce qu'un bossu et un cul-de-jatte plaisent autant, par leur aspect physique, que le Germanicus, qui n'est pourtant pas aussi parfait dans ses formes que l'Apollon du Belvéder? Eh bien! dans les arbres il y en a plus de mutilés et de difformes que de ceux qui ont été livrés à eux-mêmes, que de ceux qui n'ont pas subi l'injure de la scie, de la serpette et des ciseaux. Un arbre dont la forme résulte de la mode ou du caprice de l'esprit humain ne peut être regardé comme étant aussi vrai que celui qui est l'œuvre vierge sortie des mains du Créateur.

Les arbres ne sont réellement beaux que lorsqu'ils croissent en toute liberté, qu'ils se trouvent dans des conditions qui leur sont les plus favorables : tels se voient encore quelques vétérans qui tiennent le premier rang à la lisière de nos forêts. Quand les poëtes ont fait entrer des arbres dans leurs descriptions, c'est parmi ces arbres qu'ils ont choisi leurs types. Les grands peintres ont fait comme les poëtes : ce sont ceux-là qu'ils ont préférés. Mais avec des modèles choisis parmi les plus parfaits, le peintre a dû encore déployer les ressources de son art à la beauté du contour, à la disposition de la lumière et des ombres ; il a dû se servir de son habileté de la science de la *perspective* (voy. ce mot) pour leur donner encore plus de grandiose qu'ils n'en avaient. *Le Paradis perdu*; le *Diogène* du Poussin, et le tableau d'*Un soir d'une belle journée* près d'un pont, par Claude le Lorrain, sont les modèles les plus parfaits en ce genre qu'on puisse consulter. Dans les parcs de Trianon on trouve souvent de beaux arbres. La raison en est simple : là, ils se trouvent protégés contre les mutilation que l'homme est heureux de faire subir à la nature qui se trouve à sa discrétion. Il arrive parfois que les arbres mis dans les parcs ne se plaisent que médiocrement dans une nature de terrain qui n'est pas complétement en harmonie avec les conditions qu'imposent leurs essences ; tout beaux qu'ils soient, leur aspect offre un air d'étrangeté. On peut dire que les arbres des parcs ont trois physionomies successives : lorsqu'ils viennent d'être plantés, ils paraissent dépaysés ; arrivés dans toute la force de l'âge, leurs beautés sont moins caractérisées dans l'état de liberté que lorsqu'ils sont nés et existent à la place même où la graine a germé et s'est développée. Le

troisième état d'un arbre de parc est la décrépitude, qui arrive promptement et prend un caractère particulier ; il semble que certains arbres des parcs et jardins de Versailles, par exemple, ressemblent à de vieux courtisans tombés en ruines avant le temps voulu ; ils étalent des restes de leur luxuriante splendeur auprès des infirmités qui ne s'attachent pas à l'homme qui toute sa vie a joui de l'air et de la lumière.

Examinez ces arbres de parc ; avant la vieillesse, ils sont tous couverts de mousse, de lichen et d'une multitude de plantes parasites ; pour eux ce sont des maladies qui leur occasionnent des plaies, des gourmes, des difformités. Qu'il y a loin de ce recouvrement aux belles mousses, aux beaux lichens vigoureux, aux liens coquets qui recouvrent avec sobriété de légères portions de l'arbre des bois, qui n'a pas été déplanté ni contrarié dans la distribution de sa séve! Dans ce cas, les parasites ne peuvent attaquer que des portions très-limitées. Certes, nous n'avons pas voulu dire dans ces lignes qu'en dehors de ce que nous venons de constater il ne peut y avoir de beautés ; chaque espèce d'arbres en a qui lui sont particulières. Ruisdael a préféré les arbres noueux, rabougris, mal peignés, émondés ; avec eux il a réalisé des chefs-d'œuvre variés ; mais Ruisdael était un artiste savant, plein de bon goût, qui savait choisir ceux dont le caractère pittoresque était le mieux caractérisé. Léonard de Vinci, le Pérugin et Raphaël n'ont créé leurs conceptions qu'avec des rameaux légers ; leur but, en préférant de jeunes arbres, était d'éviter les masses prononcées qui auraient pu distraire du sujet principal ; en agissant de la sorte ils n'ont fait que l'orner.   THÉNOT.

ARBRE MÉTALLIQUE. — Les alchimistes donnaient le nom d'*arbres métalliques* à certaines cristallisations métalliques. Les principales sont l'*arbre de Diane* et l'*arbre de Saturne*, que l'on voit souvent exposées chez les pharmaciens. 1° L'*arbre de Diane* ou *arbre philosophique*, amalgame d'argent, cristallisé en petites houppes brillantes et réunies sous forme de végétations, qu'on obtient en abandonnant pendant quelques jours du mercure dans une dissolution un peu concentrée de nitrate d'argent. C'est Eck de Sulzbäck qui, dans le quinzième siècle, a fait la première mention de l'arbre de Diane. (Voy. Hœfer, *Hist. de la Chimie.*) 2° L'*arbre de Saturne*, dépôt de plomb métallique et cristallisé, qui se produit sous forme de végétation lorsqu'on abandonne une lame de zinc dans une solution d'acétate de plomb.

ARBRE (droit). — Le législateur a dû s'occuper des arbres sur pied sous le double rapport du droit de propriété et des servitudes ou obligations qui peuvent naître de leur situation. Ils sont censés être la propriété de celui sur le terrain duquel ils sont plantés (C. c., 553), et même par l'effet du droit d'accession résultant de l'art. 546 C. c. Toutefois, lorsque la plantation a été faite par un tiers, il peut avoir droit à une indemnité, dont le principe varie selon qu'il est reconnu être de bonne ou de mauvaise foi (*ibid.*, 555).

Les arbres qui se trouvent sur la ligne de séparation de deux héritages, comme dans une haie mitoyenne, appartiennent, par moitié, à chacun des deux propriétaires, s'il n'y a titre explicitement contraire. Ils jouissent en commun des fruits, et chacun peut cueillir ceux qui sont attachés aux branches pendantes de leur côté ou qui tombent sur leur propriété. Chacun d'eux, au reste, s'il ne veut point de cette jouissance commune, a le droit d'exiger que les arbres soient abattus (art. 673, C. c.). — Néanmoins M. Toullier pense que cette règle générale souffre exception dans le cas où l'un des voisins a prescrit le droit exclusif d'émonder les arbres et d'en recueillir les fruits; mais cette prescription de la propriété des arbres plantés en alignement, entre deux terrains, ne donne pas la propriété des espaces intermédiaires, et elle ne peut commencer à courir que du jour où l'un des deux propriétaires a eu la jouissance exclusive de l'arbre ou des arbres.

Pour juger la question de propriété d'un arbre placé comme dessus, il faut s'occuper uniquement de la situation du tronc, eu égard à la ligne directe de séparation, sans porter attention aux branches ni aux racines.

Quand un arbre tient lieu de borne, on ne peut en demander l'abattage.

Il n'est permis de planter des arbres à haute tige qu'à la distance prescrite par les lois et les règlements particuliers à chaque localité. A défaut de règlements et usages, cette distance doit être de deux mètres de la ligne séparative des héritages pour les arbres à haute tige, et d'un demi-mètre pour les autres (C. c. art. 671). Cette distance, comme le fait remarquer Duranton, n° 388, doit être celle qui avait été observée lors de la plantation, sans égard à la grosseur que l'arbre prend ensuite.

Au cas d'inobservation de ces dispositions, le voisin a le droit de demander que les arbres soient arrachés. Si les branches avancent sur sa propriété, il peut toujours, même après trente ans, contraindre leur propriétaire à les couper, mais sans pouvoir les couper de ses mains; et si ce sont les racines qui avancent sur son héritage, il a le droit de les couper lui-même. (C. c., 672, et jurisprudence des arrêts rendus.)

Lorsque le propriétaire voisin a laissé exister sans réclamation, pendant trente ans, des arbres plantés à une distance illégale, il a perdu, par prescription, la faculté de les faire abattre. (C. cass., 21 mai 1832). Cette servitude peut également s'établir par la destination du père de famille, par acte de partage et par tout autre titre.

L'art. 150 du Code forestier porte que les propriétaires riverains des bois et forêts ne peuvent se prévaloir de l'art. 672 du Code civil, pour l'élagage des lisières de ces bois et forêts, si les arbres des lisières ont plus de trente ans.

Les arbres peuvent faire l'objet d'une action possessoire, devant le juge de paix, lorsque le trouble ou l'usurpation ne remonte pas à plus d'un an (C. pr., 3 et 38).

La destruction des arbres ou la mutilation capable de les faire périr est punie d'un emprisonnement de six jours à six mois, par chaque pied d'arbre abattu ou mutilé, sans que cet emprisonnement puisse excéder cinq ans (C. pén., 445 et 446). Il y aurait aggravation de peine si les arbres étaient plantés sur les places, routes ou voies publiques quelconques (ibid 448).

Les fermiers, locataires ou propriétaires, qui ont négligé d'écheniller les arbres qui sont sur un héritage, sont passibles des peines portées par l'art. 471 du Code pénal, et doivent être poursuivis devant le tribunal de simple police.

D'après la loi du 15 août 1790, art. 8, les arbres plantés le long des chemins publics, sur les terrains acquis par des propriétaires, pour agrandir les chemins et les embellir, sont toujours la propriété de ceux qui les ont plantés ou de leurs héritiers et successeurs, et ils peuvent les abattre et les renouveler. Les arbres plantés sur les chemins vicinaux, avant ladite loi, sont la propriété du riverain, à moins que les communes ne justifient en avoir acquis la propriété par titre ou possession (Loi du 18 août 1792). Les plantations faites sur les chemins vicinaux, depuis ces lois de 1790 et 1792, sont, jusqu'à preuves contraires, la propriété de ceux qui les ont faites ou sont présumés les avoir faites (Isambert, De la Voirie, n°s 576 et 578; Garnier, Des Chemins, n° 342).

Le décret du 16 décembre 1811 veut qu'on demande une autorisation pour l'élagage des arbres plantés sur les grandes routes. D'après la disposition de l'art. 14 de la loi du 18 août 1792, les mêmes principes seraient applicables aux arbres plantés dans les rues des villes, bourgs et villages (Isambert, n° 679).

L'art. 1er de la loi du 12 mai 1825 porte que la propriété des arbres existant sur le sol même des routes doit être attribuée à ceux qui les ont plantés. Toutefois, cette loi dispose qu'ils ne pourront être élagués ou abattus qu'avec la permission de l'administration des ponts et chaussées, et dans le cas où ils offriraient des signes de dépérissement.

Les contestations auxquelles donnent lieu les arbres plantés sur le sol des routes sont du ressort des tribunaux civils. Celles relatives aux arbres plantés sur les fossés des routes sont portées aux conseils de préfecture, qui sont seuls compétents, par voie administrative, sur la réparation des dégradations faites (L. 29 flor. an 10, et décret du 15 avril 1811).

Quant aux arbres des bois et forêts, et d'après le Code forestier, voir Bois et forêts.   JEAN ÉTIENNE.

ARBRE (technologie). — Axe de fonte, primitivement de bois, d'une très-grande résistance, servant à transmettre un mouvement de rotation. Les supports d'un arbre s'appellent paliers, et sont construits de façon à atténuer le frottement en empêchant toute déviation ou déplacement de l'arbre. Les machines de l'Exposition universelle de 1855 étaient toutes mises en mouvement au moyen de poulies de renvoi et de courroies sans fin, par un seul arbre auquel deux puissantes machines à vapeur imprimaient un mouvement uniforme de rotation.   (Ferd. Lagarrigue.)

ARBRISSEAU (botanique). — Voy. *Arbre*.

ARBUSTE (botanique). — Voy. *Arbre*.

ARC (antiquité). — La plus ancienne de toutes les armes et encore aujourd'hui le principal moyen d'attaque et de défense des sauvages. L'Écriture sainte fait mention de cette arme, que les Grecs attribuaient à Mercure, vers l'an 1846 avant J. C., et la fable à Apollon. L'arc subsista très-probablement chez toutes les nations civilisées jusqu'à l'invention de la poudre, et ce ne fut qu'en 1481 que Louis XI en abolit l'usage dans les armées françaises, en supprimant les corps d'archers, qui étaient alors très-nombreux.

ARC (géométrie). — Portion de courbe, d'un cercle ou d'une ellipse. La *rectification* d'un arc consiste à construire une ligne droite qui lui soit exactement égale. Mais la solution rigoureuse de ce problème n'est possible que pour un petit nombre de courbes; et, par exemple, elle ne l'est pas à l'égard du cercle, la plus usuelle de toutes les lignes courbes; car on ne peut pas construire une ligne droite qui soit égale à la circonférence entière, ou à une portion de la circonférence. Toutefois la géométrie algorithmique a des procédés généraux pour, étant donnée l'*équation* d'une courbe, calculer, au moins approximativement, la longueur d'un arc compris entre deux points déterminés de cette courbe (voy. *Courbe*). Les arcs de cercle, à cause de l'uniformité de leur courbure, sont d'un très-grand usage dans les considérations géométriques. Nous avons déjà vu au mot *Angle* qu'ils fournissent un moyen très-simple de mesurer les grandeurs angulaires. Sur une circonférence dont le rayon est connu, la grandeur d'un arc résulte du nombre de degrés, minutes, secondes, etc., qu'il contient; car ce nombre exprime le rapport de l'arc à la circonférence entière. Lorsque deux arcs, pris sur des circonférences de rayon inégal, ont la même mesure, c'est-à-dire le même nombre de degrés, etc., on les appelle *semblables*. De tels arcs sont entre eux dans le même rapport que les rayons de leurs circonférences respectives; les secteurs circulaires qui leur correspondent sont comme les carrés de ces rayons; et les angles au centre de ces secteurs sont égaux entre eux. La *corde* d'un arc est la ligne qui joint ses extrémités. Il résulte de la symétrie du cercle que, dans un même cercle, tous les arcs égaux ont des cordes égales, et réciproquement. La perpendiculaire abaissée du centre sur la corde partage à la fois la corde et l'arc par la moitié. On déduit de cette propriété un moyen géométrique extrêmement simple de diviser tout arc de cercle en *deux* parties égales; et, par suite, en *quatre*, *huit*, etc., parties égales. Mais la division d'un arc en toute autre proportion est impossible par les moyens de la géométrie élémentaire. (*Transon*.)

ARC-EN-CIEL ou **IRIS** (physique, météorologie). — Phénomène produit par réfraction et la réflexion de la lumière en traversant les gouttes de pluie : il présente une couronne colorée comme le spectre solaire et composée de deux arcs concentriques. L'ordre des couleurs, en partant de l'intervalle compris entre les deux anneaux et se dirigeant vers le centre pour l'anneau intérieur et en s'en éloignant pour l'arc extérieur, est celui-ci : rouge, orangé, jaune, vert, bleu, indigo, violet. L'arc-en-ciel peut s'observer sur les nuages qui se résolvent en pluie, les cascades, les jets d'eau, etc., lorsque l'observateur tourne le dos au soleil et que l'angle des lignes menées des gouttes observées au soleil et à l'œil de l'observateur est d'environ 45°.

On conçoit qu'en voyant cet arc d'un si grand rayon aux couleurs si vives et nuancées de mille teintes se perdant les unes dans les autres, nos pères aient immédiatement rattaché à la Divinité cette brillante apparition. Ils avaient devant eux un spectacle indépendant de la puissance humaine, et dont la présence ne pouvait être expliquée que par la volonté immédiate de Dieu dont il signalait la puissance.

Pour les peuples qui, comme les Grecs, se rendaient compte des phénomènes de la nature ou du jeu de leurs pensées par de poétiques fictions, l'arc-en-ciel, précurseur d'un message céleste, était la robe ou la ceinture d'Iris, messagère des dieux, et les modernes nomment objet *irisé* celui qui présente sur ses bords par une illusion d'optique les couleurs de l'arc-en-ciel ou de spectre solaire.

Chez les Hébreux habitués sous un esclavage rigoureux aux privations et aux désastres, courbés sous la main de Dieu dont le châtiment suivait de près les fautes, inquiétés par le souvenir des inondations, paraissant à la fin des grands et tumultueux orages qui fondaient sur leur contrée au moment où les derniers nuages, lançant leurs derniers éclats de foudre, semblaient laisser le champ libre au soleil qui reparaissait plus brillant et plus radieux, l'arc-en-ciel semblait ramener le calme dans la nature en même temps que dans le cœur timoré du peuple. Celui-ci voyait dans ce signe une marque de miséricorde de la part de son Dieu jaloux et irrité, qui donnait ainsi le sceau et le gage de sa réconciliation.

Maintenant que nous savons décrire l'arc-en-ciel, on peut se rire de l'illusion des Grecs et des Hébreux qui ne connaissaient pas la physique; mais devons-nous nous réjouir d'avoir dévoilé ce petit mystère de la nature aux dépens de la satisfaction de l'imagination? Il n'en serait pas ainsi si ce premier voile soulevé n'offrait au scalpel infatigable de la science de nouveaux mystères à approfondir, de nouvelles ténèbres à dissiper.

Descartes, le premier, détermina par des calculs la marche des rayons solaires à travers les gouttes d'eau, et s'il ne donna pas une explication complète du phénomène que nous étudions, c'est qu'il ignorait l'inégale réfrangibilité des rayons lumineux.

Voici l'explication donnée par Newton et vérifiée d'ailleurs rigoureusement par l'expérience :

Considérons un seul rayon de lumière SA (fig. 45 et 46) arrivant sur une goutte d'eau sphérique. Au point d'incidence A, une partie du rayon sera réfléchie suivant AB, et l'autre partie réfractée en AC; au point C, nouvelle réfraction suivant CE et réflexion suivant CD. Par une série d'opérations analogues, il parviendra affaibli à l'œil d'un observateur placé en O. Si nous considérons maintenant un faisceau de rayons lumineux homogènes, chacun éprouvera une série analogue de réflexions et de réfractions; mais comme les angles d'incidence ne sont pas les mêmes, ils ne resteront pas parallèles dans leur trajet, et la rétine ne sera pas affectée par eux. Le parallélisme ne sera sensible que pour les rayons très-rapprochés du rayon incident, qui fait avec le rayon émergent l'angle maximum. C'est en effet une propriété commune à toutes les qualités qui passent par une limite de varier très-peu aux environs de cette limite. Donc, dans le faisceau considéré, les rayons réfractés se disperseront dans tous les sens, excepté ceux qui correspondent au maximum de déviation. Ces derniers seront seuls appréciables à l'œil, et s'appellent pour cela *rayons efficaces*. Si la lumière, au lieu d'être homogène, comme nous l'avons supposé, est blanche ou complexe comme pour le soleil, elle se comportera comme elle le fait en passant à travers un prisme, et les rayons réfractés se rangeront par ordre de réfrangibilité. Un calcul assez simple fait connaître les résultats suivants :

Pour que les rayons rouges soient efficaces, avec une seule réflexion intérieure (fig. 45) :
L'incidence doit être de. . . .
         59° 30′
Déviation correspondante,
         42° 1′
Avec deux réflexions intérieures (fig. 46) :
Incidence. . . . .
         71° 50′
Déviation correspondante. . .
         50° 58′

Pour que les rayons violets deviennent efficaces, avec une seule réflexion intérieure :

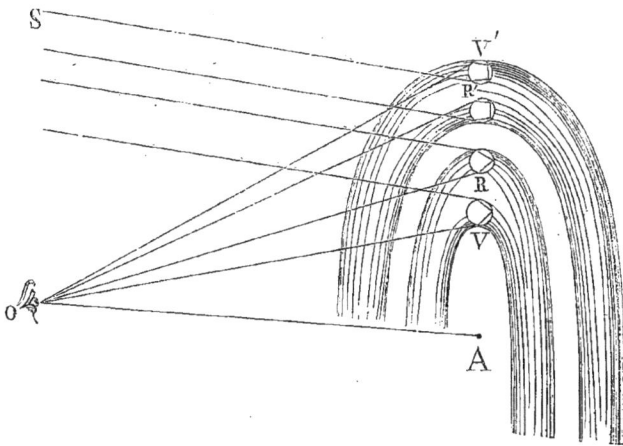
Fig. 45.

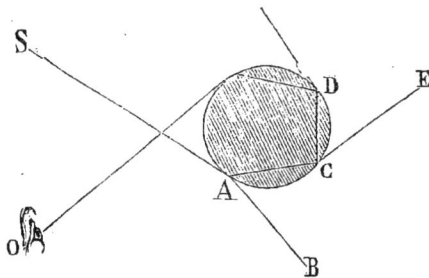
Fig. 46.

L'incidence doit être de. . . . . 58° 40′
Déviation correspondante. . . . . . . 40° 17′

Avec deux réflexions intérieures :

Incidence. . . . . . 71°
Déviation correspondante. . . . . 54° 9′

Les gouttes de pluie qui se succèdent et se remplacent rapidement dans l'air produisent le même effet que si elles étaient immobiles.

Si nous supposons un observateur en O (fig. 47) et les rayons visuels OV OV′ faisant, avec OA, qui donne la direction des rayons solaires, des angles de 40° 17′ et 54° 9′, les gouttes d'eau placées dans ces directions enverront à l'œil, les premiers par une seule réflexion, les seconds par deux, des rayons violets.

Si les rayons visuels sont inclinés comme OR et OR′ de 42° 1′ ou de 50° 58′, l'œil recevra un faisceau de rayons rouges, et, dans les intervalles de R à V et de R′ à V′, apparaîtront les couleurs dont la réfrangibilité est moyenne entre celles du violet et du rouge. Les arcs seront donc les bases de cônes dont le sommet est à l'œil du spectateur, dont la direction des rayons solaires serait l'axe et dont l'angle générateur varierait de 40° 17′ à 42° 1′ pour l'arc intérieur, et de 50° à 54° 9′ pour l'arc extérieur.

L'arc intérieur est plus apparent, car ses rayons arrivent à l'œil après une seule réflexion. Pour l'arc extérieur, au contraire, ils éprouvent deux réflexions; le soleil n'étant pas réduit à un seul point brillant, chacun de ses points doit produire le phénomène de l'arc-en-ciel, en sorte que l'image produite par toutes

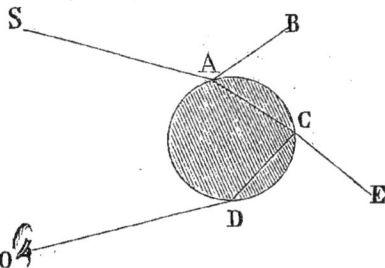
Fig. 47.

ces images superposées perd en netteté ce qu'elle gagne en étendue.   FERDINAND LAGARRIGUE.

ARC-EN-TERRE (physique). — Phénomène analogue à l'arc-en-ciel, et qui est produit sur la terre par l'effet de la rosée ou de la pluie. — Voy. *Pluie* et *Rosée.*

ARC SÉNILE (pathologie). — Obscurcissement de la vue causé par une espèce de nuage ou d'ombre circulaire, qui ne se développe qu'avec beaucoup de lenteur, et sans trace d'inflammation, autour de la cornée. Cet accident n'a guère lieu que chez les vieillards et dépasse rarement la circonférence de la cornée.

ARC DE TRIOMPHE. — Monument triomphal formé de grands portiques cintrés, placés à l'entrée des villes, sur des ponts, à l'entrée des rues ou des chemins publics, et ornés de statues, de bas-reliefs et d'inscriptions, pour conserver le souvenir d'un événement mémorable. C'est aux Romains qu'on attribue la pensée politique des arcs de triomphe. « Les plus célèbres de ces monuments sont : l'*Arc de Constantin*, haut de 16 m., élevé à Rome à l'occasion des victoires que Constantin remporta sur Maxence ; l'*Arc de Septime Sévère*, au pied du Capitole ; l'*Arc de Gallien*, élevé vers l'an 260 de notre ère ; l'*Arc de Titus*, érigé à l'occasion de la prise de Jérusalem : les bas-reliefs qui décorent cet arc en font un monument précieux pour l'histoire de l'art ; l'*Arc de Bénévent*, élevé en l'honneur de Trajan : ce n'est qu'une copie de l'arc de Titus ; l'*Arc d'Ancône*, en marbre blanc, dédié aussi à Trajan ; l'*Arc de Rimini*, dédié à Auguste, et le plus ancien des arcs élevés par les Romains ; l'*Arc de Suze*, au pied du mont Cénis, dédié à Auguste ; ceux de Carpentras, d'Aix, d'Arles, d'Autun, de Cavaillon, du pont de Saint-Chamas, de Saint-Remi (B.-du-Rhône), d'Orange, le plus antique que la France possède ; celui de Reims ; celui de Djimilah en Algérie, qui tous sont l'œuvre des Romains. Paris possède quatre arcs de triomphe : celui de la *Porte Saint-Denis*, élevé en 1673, aux frais de la ville, à l'occasion du passage du Rhin par Louis XIV ; celui de la *Porte Saint-Martin*, dédié à Louis XIV après la conquête de la Franche-Comté ; celui du *Carrousel*, érigé à la gloire de Napoléon et des armées françaises en 1806 ; celui de l'*Étoile*, dit spécialement l'*Arc de Triomphe*, œuvre de Chalgrin et Huyot, commencé en 1806 et terminé en 1835 ; c'est le plus colossal de tous les arcs de triomphe (il a 45 mètres de haut); sa position est magnifique. »

ARCHAISME [pr. *arcaïsme* ; du grec *archaios*, ancien]. — Emploi par affectation ou par négligence de mots ou de phrases qui ont vieilli. L'archaïsme n'est pas absolument un défaut, mais il n'est pas non plus une qualité de style : il demande beaucoup de tact ; La Fontaine a beaucoup risqué en ce genre, et toujours avec un rare bonheur.

ARCHANGE (histoire religieuse). — Voy. *Ange.*

ARCHÉOLOGIE [du grec *archaios*, antique, et *logos*, discours]. — Science qui a pour objet l'étude de l'antiquité. Il n'en est guère dont le domaine soit aussi vaste et aussi varié. Par l'étude des monuments, des habitations, des médailles, des dessins,

des ustensiles, l'archéologie nous fait connaître le degré de civilisation des peuples, leur langue, leur costume, leurs mœurs, leurs usages et leurs croyances; elle nous initie à leur vie intime, à leurs cérémonies privées et publiques, et nous donne, beaucoup mieux que la tradition, la cause et la date précise des faits, ainsi que leur juste importance, en faisant revivre pour nous les peuples chez lesquels ils se sont accomplis, et en fournissant à l'histoire les matériaux les plus précieux, lorsqu'elle ne la remplace pas tout à fait. Ainsi, c'est dans l'archéologie seulement que l'on peut trouver l'histoire des siècles qui ont précédé Homère et celle des peuples qui habitaient l'Amérique longtemps avant sa découverte. Si quelquefois les monuments contredisent l'écrivain, ils le condamnent comme coupable d'erreur ou de mensonge. Tantôt l'archéologie nous intéresse en nous mettant en contact presque immédiat avec les grands hommes et les grands peuples de l'antiquité, et en nous permettant d'apprécier les progrès de l'esprit humain ; tantôt elle nous élève jusqu'à la Divinité en nous montrant la puissance de l'homme sur la terre et les étonnantes productions de son travail et de son génie, tantôt elle nous abaisse pour nous faire voir le néant de ces mêmes productions et l'inutilité de nos efforts pour atteindre à la suprême perfection. Science éminemment philosophique, l'archéologie nous donne les plus grandes leçons d'humilité en mettant à découvert à nos yeux les squelettes de villes si riches et si belles autrefois, centres de domination et de commerce, peuplées de savants et d'artistes, de puissants et de faibles, de riches et de pauvres, maintenant ruinées, gisantes, pour ainsi dire, sur le sol et n'offrant, au lieu de leur opulence antique, qu'une pauvreté hideuse ! Les monuments grecs nous font deviner le sentiment artistique de ce peuple éminemment libre qui ne pouvait se soumettre qu'aux harmonieuses règles du beau. La hardiesse de nos cathédrales gothiques, qui, appuyées sur de légères colonnes, élèvent vers le ciel leurs flèches à ogives, dénote chez le peuple ignorant et opprimé qui les édifiait une foi ardente qui suppléait chez lui à l'étude et enfantait le génie; mais les labyrinthes, les temples et les pyramides de l'Égypte, dans leur massive structure, attestent bien moins le génie d'un peuple opulent que la servitude d'une nation tourmentée par le caprice de ses maîtres. Alors, comme Volney, « on accorde moins de pitié à ces ruines, et tandis que l'amateur des arts s'indigne devant Alexandrie de voir scier les colonnes des palais pour en faire des meules de moulin, le philosophe ne peut s'empêcher de sourire à la justice secrète qui rend au peuple ce qui lui coûta tant de peine, et qui soumet au plus humble de ses besoins l'orgueil d'un luxe inutile. »

L'archéologie est un bienfait de la Renaissance, qui remplaça l'architecture gothique par les principes de l'architecture grecque et romaine, et brilla du plus grand éclat dans la coupole de Saint-Pierre de Rome et dans les galeries du Vatican.

Dante et Pétrarque, en recherchant les vieux manuscrits et les vieilles inscriptions, donnèrent la première impulsion ; puis Raphaël et Michel-Ange, à qui la découverte du Laocoon et de quelques autres chefs-d'œuvre venait de révéler les beautés de la statuaire antique, recueillirent des débris précieux pour l'étude de la sculpture, de la peinture, de la gravure et de l'architecture. Protégée par les Médicis à Florence, la science nouvelle prospéra en Italie, où elle trouvait de nombreux sujets d'exploration. Des collections riches et nombreuses se formèrent de toute part ; les travaux de Vinckelmann, de Grovius, de Gruter, de Muratori, bientôt publiés, poussèrent jusqu'à l'enthousiasme le goût de semblables recherches ; il s'ensuivit d'abord de fausses théories que de nouvelles découvertes vinrent bientôt rectifier. Don Martin expliqua la religion des Gaulois, Branter les antiquités britanniques, etc. La découverte de Pompéi, de Portici et d'Herculanum, puis les travaux de l'abbé Barthélemy, qui, dans le *Voyage d'Anacharsis*, réédifiait la Grèce antique, vinrent jeter un nouveau jour sur l'histoire et sur les mœurs du monde ancien.

Le dix-huitième siècle, tout occupé de l'élaboration d'idées nouvelles et travaillé par une désorganisation sociale, abandonna un instant l'étude de cette science ; mais l'invasion de l'Égypte par une armée de soldats et de savants français commença avec éclat une nouvelle série d'études non interrompues, dont le résultat a été pour nous l'acquisition de nombreux monuments historiques et la connaissance, par la lecture des hiéroglyphes des obélisques, de faits nouveaux relatifs à ce peuple et de ses rapports avec les Chaldéens et les Hindous.

L'archéologie peut se diviser en quatre branches principales : l'archéologie proprement dite, qui s'occupe des monuments d'architecture ; la *numismatique*, qui traite des médailles et des monnaies anciennes ; la *glyptique*, qui recherche et étudie les pierres fines gravées, et la *paléographie*, qui lit et explique les anciennes inscriptions. Dans ce cadre rentrent la *plastique* ou art de model ou l'*iconographie* ou étude des images et des portraits historiques, la *céramique*, branche importante au point de vue de l'art, de l'industrie et de la vie intime, qui s'occupe de la fabrication des poteries. (Voy. ces mots.)

Sans entrer sur l'histoire de l'architecture, qui est aussi du domaine de l'archéologie, dans des détails qui trouveront leur place ailleurs, nous citerons les principaux monuments qui peuvent servir de types pour l'architecture ou la civilisation des peuples et les débris les plus célèbres et les plus explorés.

Les pyramides, les obélisques et les mausolées de l'Égypte, ses sphinx et ses palais aux proportions gigantesques et aux formes massives, les ruines de Palmyre, de Balbek, de Ninive et de Persépolis en Asie, annoncent une magnificence et une civilisation éteintes depuis bien des siècles.

Le Parthénon ou temple de Minerve, les propylées de l'Acropolis d'Athènes ou vestibule de la citadelle, le temple de Neptune et de Thésée, celui de Jupiter Olympien, monuments assez bien conservés malgré le temps, les combats, la pauvreté des habitants,

l'avidité des spéculateurs et celle non moins redoutable des archéologues, excitent toujours chez les visiteurs la surprise et l'admiration.

Le Panthéon et le Colisée ou amphithéâtre, le plus grandiose monument de Rome ancienne, nous ont été conservés par la religion, qui fait servir le premier à son culte et qui se rappelle par le second la fermeté de ses premiers martyrs.

L'arc de triomphe de Titus, le temple de la Paix, la colonne Trajane, ont servi de modèle à des édifices dont la destination était analogue à Paris [1]. Enfin nous devons mettre au rang des plus beaux monuments romains l'amphithéâtre et le pont du Gard à Nîmes, élevés par l'empereur Adrien, et les nombreux ponts, aqueducs, routes, canaux ou palais, dont les vestiges couvrent les contrées de l'ancien monde, et qui, en rappelant la grandeur du peuple romain, attestent la bienfaisante influence de son passage.

L'antiquaire trouve une mine inépuisable de recherches et de jouissances dans la contemplation des ruines de Pompéi et d'Herculanum, qui lui offrent l'image d'une civilisation ensevelie vivante sous une éruption du Vésuve, et rappelée à la lumière après plus de dix-sept siècles.

Les monuments celtiques, étudiés par une foule de savants, parmi lesquels il faut citer de Gaujal pour les antiquités du midi de la France et en particulier de l'Aveyron, et de Caumont pour celles du nord, de la Normandie et de la Bretagne surtout, nous intéressent au plus haut degré, sinon par l'art qui préside à la construction des dolmen, peulven, menhir, kromlechs, alignements, trilithes, allées couvertes, etc., du moins par le voile encore impénétrable qui recouvre leur origine et leur destination et qui les présente à nos yeux comme les seuls témoins des sombres et terribles mystères de la religion des druides.

Est-il besoin de parler des monuments d'architecture gothique dont la France est si riche et si fière ? Longtemps méconnues, nos admirables basiliques ont enfin pris dans notre admiration le rang qu'elles n'auraient jamais dû perdre, et tous les efforts des peuples et des gouvernements tendent à réparer celles qui tombent en ruines, à compléter d'une façon intelligente celles qui sont en partie détruites ou inachevées et à conserver les intactes.

L'archéologie, nous l'avons dit, n'est pas une

---

[1] La colonne élevée par l'armée française à Boulogne-sur-Mer a été faite sur les dessins de la colonne Trajane. La construction en fut mise au concours par l'Empereur Napoléon, qui nomma M. B. Lunel, père du rédacteur en chef de cette Encyclopédie, entrepreneur général des travaux. L'architecte Labarre fournit le plan de cette colonne, qui a 50 mètres de hauteur. Commencée en 1804, le monument Napoléon, souvent interrompu, ne fut terminé qu'en 1841. L'architecte Labarre, mort en 1832, n'eut pas la satisfaction de voir terminer l'œuvre qu'il avait commencée, et l'entrepreneur général, mort en 1840, ne vit point non plus terminer le monument. Mais par un décret de l'Empereur Napoléon, 12,000 francs de gratification avaient été accordés à M. B. Lunel, en récompense de ses travaux honorables.

science de pure spéculation. Auxiliaire puissante et même indispensable de l'histoire, elle se propose de tracer le tableau de l'état des peuples par les monuments des vieux âges. C'est ainsi que les monuments de Palenque au Mexique sont venus démontrer une grande vérité historique et détruire une grave erreur. Longtemps on a cru que l'Amérique, à l'époque de sa découverte, était un pays nouvellement sorti du sein des eaux, et sans comprendre ni expliquer comment il avait été peuplé, on croyait jeunes les populations qui l'occupaient. Le capitaine espagnol Antonio del Rio découvrit le premier, en 1787, non loin de Palenque, dans une forêt vierge du Yucatan et sous les débris d'une végétation qui renaissait depuis un nombre incalculable de siècles de ses propres ruines, les vestiges d'une ville de huit lieues carrées, entourée de murailles, renfermant des palais et des temples somptueux, des pyramides, des ponts, des aqueducs et des tombeaux. Elle fut explorée depuis par des savants de tous les pays, et notamment par M. de Humboldt, à qui nous empruntons quelques détails.

Au milieu de la ville s'élève un temple aux proportions gigantesques, tel que ceux que l'on voit en Égypte, mais avec des particularités qui indiquent que nous ne devons en rien préjuger sur l'origine de ses auteurs ; ainsi, les hiéroglyphes qui le couvrent en partie sont en saillie au lieu d'être en creux comme dans les monuments de l'Égypte, et leur forme est toute différente de celle de ces derniers. Ils ne ressemblent non plus en aucune façon aux hiéroglyphes des Aztèques (voy. ce mot), peuples de Montézuma, qui eurent aussi une grande importance et qui semblent postérieurs aux fondateurs des cités découvertes. Les portes et les fenêtres du temple, ainsi que celles des autres habitations, sont dénuées de ferrures ou fermetures ; enfin des bas-reliefs et des statues, qui annoncent le degré de perfection dans les arts auquel était parvenu ce peuple, ornent encore cet édifice recouvert de lianes et de ronces et habité seulement par des oiseaux de proie. Bien d'autres monuments dans cette cité sont dignes de fixer l'attention et mériteraient une complète description ; mais un fait qui a lieu de surprendre, c'est que la croix se trouve représentée comme emblème religieux sur un grand nombre de bas-reliefs. Quel était ce culte et quelle en était l'origine ? Sur ce point encore on en est réduit aux suppositions. Le type de la nation, à en juger par les objets d'art qui nous restent, médailles, sculptures ou statues, ne ressemble à aucun des types connus, malais, asiatique ou africain ; l'inspection de ses monuments et les conjectures que l'on forme sur l'époque de son existence la font croire antérieure aux Égyptiens. Les monuments de Palenque ne sont pas les seuls de ce genre que nous offre l'Amérique. Le Guatélama en contient de très-remarquables, ainsi que le Pérou et la Colombie ; mais le voile qui couvre ce point de l'histoire du nouveau monde ne sera levé que lorsqu'un autre Champollion aura donné la clef de cette nouvelle écriture hiéroglyphique. J. LAGARRIGUE (de Calvi),

Membre correspondant de la Société archéologique de Sens.

ARCHER. — Soldat armé d'arc et de flèches, soit à pied, soit à cheval. Chez les anciens, les Scythes, les Crétois, les Parthes, les Thraces passaient pour d'excellents archers : l'histoire a conservé les noms d'Aster, d'Amphipolis, qui perça l'œil droit de Philippe, et de Ménélas, qui, au rapport de Zozime, lançait avec un seul arc trois flèches à la fois, et frappait trois buts différents. Chez les modernes, les archers anglais étaient renommés par leur adresse. Les Grecs et les Romains avaient des troupes légères d'archers. En France, il existait de nombreux corps d'archers : Charles VII établit un corps de *francs-archers*, les uns à pied, les autres à cheval, ainsi nommés parce qu'ils étaient francs ou exempts de tout impôt ; ils étaient tirés du corps de la noblesse ou conféraient la noblesse : Louis XI les supprima en 1481. On nommait *archers de la connétablie* les officiers chargés d'exécuter les sentences des lieutenants des maréchaux de France ; ils avaient le droit d'exploiter partout le royaume, et de mettre à exécution les arrêts de toute espèce de juges ; — *archers de la garde*, des gardes du corps armés d'un arc ou d'une arbalète. »

ARCHET (musique). — Baguette de bois dur et flexible aux deux extrémités de laquelle sont adaptés des morceaux de crins de cheval, d'égale longueur et tendus à l'aide d'une vis. L'extrémité inférieure ou manche de l'*archet*, que le violoniste tient de la main droite, s'appelle *talon*, et l'extrémité supérieure s'appelle *pointe*. Les premiers *archets* furent de simples morceaux de bois taillés à dents, à peu près semblables à ceux de certains histrions de nos jours, ou bien encore des lames ou bâtons de fer ou d'acier taillé en forme de scie, à l'aide desquels on raclait sur des morceaux de même métal préparés en conséquence. CH. SOULLIER.

ARCHEVÊQUE (histoire ecclésiastique) [du grec *archiépiscopos*, composé de *arché*, principe, commandement, et de *épiscopos*, évêque : supérieur à un évêque]. — Ce titre fut inconnu à la primitive Église. On le donna vers le milieu du quatrième siècle à quelques évêques recommandables par leur piété et leurs lumières ; ensuite à ceux des villes les plus distinguées, notamment à l'évêque d'Alexandrie, qui s'en servit pour faire reconnaître sa supériorité sur les évêques de sa province. Depuis ce moment, le titre d'archevêque, ses distinctions et ses prérogatives furent restreints aux métropolitains qui avaient des suffragants. L'Église d'Afrique avait proscrit ce titre comme plein de faste et d'orgueil ; mais le temps fit disparaître tout ce qu'il pouvait avoir d'odieux, et les Églises d'Orient et d'Occident l'adoptèrent comme un terme propre à exprimer le degré d'honneur et de juridiction dans l'épiscopat, qu'ont les métropolitains sur leurs suffragants. Cependant les Églises de France n'avaient pas encore adopté ce titre au commencement du septième siècle, et il n'y devint familier que sur la fin du neuvième.

ARCHI [du grec *arché*]. — Terme emprunté du grec qui signifie principe, primauté, commandement, puissance. Il n'a, par lui-même, aucune signification déterminée ; mais, placé au commencement d'un mot, il marque une primauté, une prééminence, comme dans *archevêque, archiduc, archidiacre*; un très-haut degré ou un grand excès, comme dans *archifou, archifripon.*

ARCHIATRE [du grec *arché*, premier, grand, et *iatros*; médecin]. — Ce mot a fait beaucoup de bruit dans la médecine, et l'on a discuté longtemps sur la question de savoir si *archiâtre* signifiait le prince des médecins ou le médecin du prince. La question n'a pas été décidée; mais il est résulté des raisons apportées de part et d'autre , qu'il y avait des archiâtres du palais, qui ne servaient que dans la cour des empereurs, et des archiâtres appelés populaires, dans les villes de Rome et de Constantinople, salariés aux dépens du public, et qui étaient obligés de voir indifféremment tous les malades, sans rien exiger d'eux; de sorte que cette dispute, oiseuse dans son motif, a au moins servi à faire connaître le but d'une excellente institution.

ARCHIDIACRE [du grec *arché*, principal, et de *diakonos*, diacre]. — Nom que l'on donnait autrefois au premier ou au chef des diacres. Saint Augustin fait remonter ce titre à saint Étienne, parce que saint Luc le nomme le premier des sept diacres. Il n'y avait d'abord qu'un diacre qui pût le porter, et il le perdait dès qu'il se faisait prêtre; mais dans la suite on donna aussi ce titre à des prêtres.

ARCHIDUC [du grec *arché*, principe, grand, supérieur, et du latin *dux*, duc]. — Prééminence sur les autres ducs. Le premier qui crut augmenter le lustre de la qualité de duc par un nouveau titre fut Bruno, archevêque de Cologne, qui, l'an 959, se décora du titre d'archiduc. Ce titre fut affecté à la maison d'Autriche, exclusivement, par l'empereur Frédéric III, en 1453. La cour de Russie a adopté le titre de grand-duc pour désigner les princes de la famille impériale.

ARCHIPRÊTRE. — Dans l'ancienne Église, on donnait ce nom à un prêtre qui exerçait sur tous les autres prêtres un droit de surveillance attaché à sa charge, la première après celle de l'évêque, qu'il remplaçait en cas d'absence.

ARCHITECTE (droit). — L'architecte est celui qui fait profession de dresser des plans, devis, pour des travaux de construction dont il dirige l'exécution.

Lorsque les architectes se chargent de l'exécution des travaux, ils sont alors entrepreneurs et leurs fonctions se bornent à dresser les plans et devis des travaux dont ils dirigent et surveillent l'exécution. Lorsqu'il est entrepreneur, l'architecte représente le propriétaire; il a donc la responsabilité des ordres qu'il donne et des commandes qu'il fait.

Dans l'usage, il est chargé de régler les mémoires présentés par les entrepreneurs ou par les ouvriers. A la rigueur, ces mémoires ne devraient être payés qu'après la confection des travaux et après le règlement de l'architecte qui les dirige; mais l'on a coutume de donner des à-comptes fixés par lui sur des états de situation : ces à-comptes sont évalués et payés dans le rapport de l'avancement des travaux.

Si l'édifice construit à prix fait périt en tout ou en partie par le vice de la construction, même par le vice du sol, l'architecte et l'entrepreneur en sont solidairement responsables pendant dix ans (C. civ., art. 1792). Ce laps de dix ans court à compter de la réception des travaux, et non à compter de la perte de l'édifice ou de la manifestation des vices de construction arrivés dans les dix ans (Paris, 15 nov. 1836; S. 37, 2, 257).

Il est même responsable des travaux dont il a donné le plan et surveillé l'exécution, s'ils périssent pour cause des vices de ce plan (C. cass., 20 nov. 1817. S. 19, 1re part., p. 102).

Lorsqu'un architecte s'est chargé de la construction à forfait d'un bâtiment, d'après un plan arrêté et convenu entre lui et le propriétaire, il ne peut demander aucune augmentation de prix, ni sous le prétexte d'augmentation de la main-d'œuvre ou des matériaux, ni sous le prétexte de changements ou augmentations faits sur ce plan, si ces changements ou augmentations n'ont pas été autorisés par écrit, et le prix convenu avec le propriétaire (C. civ., art. 1793).

Les architectes ont un privilège sur les constructions qu'ils ont faites, pourvu qu'ils aient eu soin : 1° de faire constater par un procès-verbal l'état des lieux et les ouvrages que le propriétaire aura déclaré avoir dessein de faire ; 2° de faire recevoir les ouvrages, dans les six mois de leur confection, par un expert nommé par le tribunal (C. civ., art. 2103).

L'action des architectes en payement de leurs fournitures ou honoraires se prescrit par six mois (C. civ., art. 2271).

Les honoraires des architectes doivent être réglés de gré à gré avec les parties ; la loi ne les a déterminés que pour le cas où ces architectes sont employés comme experts. Pour la taxe de ces honoraires, voir le décret du 16 février 1807.

Le contrat de louage d'ouvrage est dissous par la mort de l'architecte (C. civ., 1795); mais le décès du propriétaire qui fait construire ne dissout pas le contrat.   J. E.

ARCHITECTURE (beaux-arts). — C'est l'art de composer, par le moyen du dessin, c'est-à-dire par les plans, les élévations et les coupes, l'ensemble d'un monument que l'on veut élever, puis d'en effectuer la construction d'après toutes les données de solidité possibles. Pour plus de développement, disons : L'architecture est un art et une science capables de réaliser des constructions nécessaires aux besoins physiques, politiques ou religieux, dans les meilleures conditions que l'on puisse imaginer. C'est un art de l'imagination et une science positive que l'on divise en trois branches principales : 1° l'*architecture civile*, 2° l'*architecture militaire*, 3° l'*architecture navale*.

On désigne sous le nom d'architecture civile celle qui a trait à la création des édifices à l'usage de la vie et du commerce, c'est-à-dire suivant les besoins de la société dans l'état de paix; mais comme cette branche a pris un développement extraordinaire par rapport aux besoins multipliés qui s'y rattachent, on l'a subdivisée de manière qu'elle se rapporte à des parties spéciales, qui sont : la construction des chaussées, des ponts, des aqueducs, des chemins de fer, des usines, des ports, des quais et de toute la portion hydraulique. La plupart de ces différents sujets sont à la discrétion d'un corps de constructeurs qui a pris le titre d'*ingénieurs* des ponts et chaussées ; l'*architecture hydraulique* est celle qui s'applique à des édifices dont les fondations sont sous les eaux, ou qui servent à élever, distribuer, conduire, mouvoir, retenir les eaux, en un mot à les utiliser de la façon la plus favorable.

L'architecture militaire s'applique à fortifier les villes, à réaliser les travaux d'attaque et de défense en usage durant la guerre, à disposer les camps ; les hommes spéciaux affectés à l'étude de ces travaux prennent les noms d'ingénieurs militaires, d'officiers du génie, etc.

L'architecture navale s'occupe de la construction des navires et des améliorations à apporter à la flotte de guerre. Elle prend la désignation d'*architecture maritime* quand elle s'applique aux jetées et autres travaux qu'on exécute dans les eaux de la mer.

L'architecture proprement dite, comme on la comprend aujourd'hui, est celle qui se compose des ordres constitués par les Grecs et les Romains, ou bien dont les mêmes ordres servent de termes de comparaison (voyez *Ordres*). Toute la théorie de l'architecture, suivant les principes de Vitruve, peut être ramenée aux cinq conditions suivantes : l'*ordonnance*, la *disposition*, l'*eurythmie* ou *proportion*, la *bienséance* et la *distribution*.

L'ordonnance d'un bâtiment consiste dans la meilleure division de l'emplacement qu'on lui destine, de manière que chacune des parties ait précisément la grandeur la plus convenable à l'usage qui lui est destiné, et que toutes ces parties réunies se trouvent parfaitement proportionnées avec l'ensemble général de l'édifice.

La *disposition* est l'arrangement convenable de toutes les parties.

L'*eurythmie* ou *proportion* consiste dans les proportions les mieux assorties ou les plus agréables à l'œil, qui existent entre la hauteur, la largeur et la profondeur d'un édifice, c'est-à-dire la beauté de l'assemblage de toutes les parties entre elles et dans leurs rapports avec l'ensemble ou l'unité. Suivant les lois de la beauté reconnue en architecture, on peut encore résumer cette condition dans le parallèle suivant : la mesure d'un membre de l'homme bien fait doit donner celle de tout son corps, et la proportion d'une seule des parties d'un édifice doit donner la mesure de toutes les autres.

La *bienséance* est ce qui fait que l'aspect de l'édifice est tellement correct qu'il n'y a rien qui puisse choquer les yeux et qui ne soit fondé sur quelque autorité ; c'est-à-dire que la beauté soit uniforme entre les diverses parties extérieures et intérieures d'un même monument.

Le *caractère*, en architecture, s'entend d'un édifice dont l'aspect, fortement prononcé, fait plaisir et le fait remarquer en première ligne.

C'est surtout sous ce rapport qu'il faut toujours entendre qu'un édifice a du *caractère* ; mais lorsqu'on dit qu'il a bien *son caractère*, c'est tout différent : on entend par cette qualification que seulement son aspect est bien approprié à sa destination. Plus de développements seraient ici superflus, nous y reviendrons en parlant des édifices les plus remarquables, de même que des principaux membres de l'architecture ; nous allons donc parcourir l'histoire de cette science-art, qui est la partie la plus importante des beaux-arts, ne nous arrêtant qu'aux faits principaux, qu'à ceux qui ont un caractère bien déterminé.

« La nécessité de se garantir des intempéries des saisons, des agressions des animaux sauvages, força les premiers hommes à se créer des refuges ; plus tard, lorsque, réunis en société, ils eurent une notion distincte de la propriété, un nouveau besoin se fit sentir, celui de renfermer, de protéger ce que chacun possédait, etc. » Tel est le commencement de toutes les histoires de l'architecture ; il ne peut en être autrement ; aucun document authentique ne nous étant parvenu sur l'origine de l'art de bâtir, on se trouve dans la nécessité de recourir aux hypothèses quand on veut remonter aux premiers siècles de la civilisation. Si l'espèce humaine, avant d'habiter des cabanes, s'est réfugiée dans les grottes, les excavations des rochers, même dans des terriers, peut-on supputer combien il s'est passé de siècles entre la première cabane et un temple réalisé, et combien d'autres siècles se sont encore écoulés depuis la réalisation de ce temple à des édifices solidement établis suivant des données scientifiques et des règles certaines basées sur l'observation d'une pratique suffisante? car nous ferons remarquer que l'architecture, n'ayant point pour base, comme les autres arts du dessin, l'imitation de la nature, doit être naturellement traditionnelle. Mais à quelle nationalité faut-il accorder la primauté en fait d'architecture véritablement constituée? Est-ce aux Indiens, aux Chaldéens, aux Égyptiens? Notre opinion bien arrêtée est tout à fait en faveur de ce dernier peuple, qui avait déjà réalisé en architecture deux des sept merveilles du monde avant qu'il fût constaté par l'histoire qu'aucun autre monument important eût été élevé sur d'autres parties du globe. En effet, car selon l'*historiographe* de Ptolémée Philadelphe, la fondation de la pyramide de Chéops remonte à l'an 4975 avant notre ère, en comptant, comme les Égyptiens, par années vagues de 365 jours justes ; et nous savons que la fondation de Babylone par Nemrod, l'Évéchios des Chaldéens, est postérieure de 2300 ans à cette fameuse pyramide. La seconde merveille du monde, le lac Mœris, remonte à une date approximative qui se trouve entre 3516 et 3489 avant Jésus-Christ. Chose des plus curieuses, l'inspection attentive que les savants ont faite des grandes pyramides leur a donné la preuve que ces monuments sont d'une époque à laquelle les arts avaient déjà atteint l'apogée de la perfection dans l'exécution matérielle ! Les hiéroglyphes incrustés sur les parois des pyramides et ceux qui sont gravés sur le cercueil de Mycérinus, trouvé dans la troisième, qui remonte à 4849 ans avant notre ère, sont exécutés avec une précison et une pureté de contours qui depuis n'ont pas été surpassées. Cela se conçoit quand on a étudié et comparé les textes de Platon, Diodore de Sicile, Manéthon, le Syncelle, et le précieux ouvrage de M. Lesueur, l'architecte de l'Hôtel de Ville de Paris, intitulé : *Chronologie des rois d'Égypte*, ouvrage qui a été couronné, en 1846, par l'Académie des inscriptions et belles-lettres de l'Institut de France.

Platon s'exprime ainsi : « Il n'était permis, en Égypte, ni aux peintres, ni à aucun de ceux qui pratiquaient les arts du dessin, de rien innover au delà des habitudes nationales. Cette interdiction subsiste encore, et s'étend même à la musique tout entière ; à l'appui de cela, vous observerez, en Égypte, des peintures et des sculptures de *dix mille ans en çà* quand je dis *dix mille ans*, ce n'est pas une façon de parler, c'est dans l'exacte vérité), qui ne sont ni plus belles ni plus laides que celles que l'on fait maintenant. » Une citation analogue de Diodore de Sicile, vient à l'appui de l'attestation du prince des philosophes : « L'Hercule grec, dit-il, est né d'Alcmène, plus de *dix mille ans* après l'Hercule égyptien. » Celi constate les dates ; car l'on sait que l'Hercule égyptien était le monarque kai qui régnait en 11215 avant notre ère ; que peu de temps après, en 10376, monta sur le trône le roi Thoth, le quatrième Hermès, le successeur immédiat d'Horus, fils d'Osiris ; qu'alors la civilisation égyptienne et les beaux-arts avaient acquis toute la perfection désirable. Comme cette dernière date se rapporte particulièrement au passage de Platon, on ne doit pas être étonné de la pureté et de l'habileté que l'on rencontre dans l'exécution de l'inscription du cercueil de Mycérinus et dans les hiéroglyphes des grandes pyramides. Près du lac Mœris était le fameux labyrinthe fondé par Lacharès, le successeur du grand Sésostris, en l'an 3341 avant notre ère ; puis, deux siècles après, s'élevait l'obélisque d'Héliopolis, le plus ancien de ceux qui sont parvenus jusqu'à nous. L'obélisque était un symbole qu'on n'élevait que devant les temples consacrés à la divinité ; et comme les Pharaons se disaient fils du soleil, qu'ils étaient les représentants naturels du dieu, ils habitaient ces splendides temples-palais.

Plusieurs auteurs s'accordent à constater que les premières colonnes remontent à cette même époque de l'apparition des obélisques, ne voulant pas donner ce nom à des piliers carrés soutenant, depuis des temps inconnus, les portiques des plus anciens temples, qui étaient périptères. C'est cependant ces piliers carrés qui durent amener l'idée des colonnes octogonales, puis de celles à seize pans. Lorsque celles-ci furent constituées, pour donner plus de vivacité aux arêtes, on imagina de creuser légèrement les seize pans, qui devinrent ainsi de véritables cannelures. Aussi Champollion le jeune a-t-il eu parfaitement raison de les qualifier de *proto-doriques*, car c'est effectivement le nombre et la forme exacte des

cannelures observées aux plus anciens temples grecs. Le fût de ces colonnes est coiffé d'un simple tailloir ; mais, en Égypte, après avoir agi de même et les avoir recouverts d'hiéroglyphes, on imagina un chapiteau imitant le bouton du lotus, plante très-vénérée dans toute l'antiquité ; enfin, la colonne étant ronde, se couronna de la forme gracieuse de la même fleur épanouie. Un tel chapiteau est le prototype du chapiteau corinthien. Nous n'entrerons pas dans les détails des monuments qui suivirent immédiatement cette époque, car leur nombre est prodigieux ; généralisant et ces édifices et ceux qui leur sont bien antérieurs, puisqu'il est démontré que, bien des siècles avant le temps où nous sommes parvenus (l'apparition des obélisques), d'antiques monuments avaient été bâtis avec les débris d'autres constructions tombées de vétusté, ce qui indique deux ères de monuments, peut-être deux espèces d'architecture. Cela se comprend lorsqu'on sait que l'Égypte est la source de toute philosophie, le berceau des sciences et des arts ; que de tout temps ce pays a été célèbre par ses institutions sociales, par ses profondes conceptions religieuses, emblèmes symboliques de la nature divinisée, et par cette multitude de monuments mystérieux et gigantesques, chargés d'emblèmes et d'images de tous genres, dont le nombre des temples, des palais et des tombeaux a été si considérable, que partout le sol en est encore recouvert et comme pavé des plus précieux débris. — On s'étonne de la proportion énorme que possédait l'enceinte des saints lieux, dont les moindres dimensions dépassent de beaucoup les dimensions de nos monuments les plus étendus. L'esprit s'effraye de la longueur des siècles, de la persévérance qu'il a fallu à plusieurs générations pour tailler, sculpter et polir le granit des temples, pour façonner avec tant d'ensemble et de précision d'innombrables rangées de sphinx, de statues symboliques à tête d'animaux, et ces colosses de 70 pieds de hauteur, dont le travail est d'un fini précieux et l'expression du plus haut style artistique ! Faisons d'ailleurs remarquer ici que les blocs, d'un poids gigantesque, qu'il a fallu déplacer et élever souvent à des hauteurs considérables, n'ont pu être transportés et mis en place *que par le secours de machines puissantes et les plus hauts calculs de la science de la mécanique*. Dans ces temps si reculés, les prêtres de l'Égypte, dépositaires de toutes les connaissances acquises, étaient si avancés en géométrie et en mécanique, que peut-être nous ne parviendrons jamais à les égaler. — Voy. *Colosse*.

Vingt fois envahie par les peuples pasteurs, par les Perses, par les Grecs, par les Romains, l'Égypte, après avoir donné des lois au monde, fut réduite à la condition de province romaine, et, plus tard, inondée de flots barbares qui sans cesse poussaient sur elle le flux et le reflux de la civilisation ; elle a vu peu à peu s'éteindre et se perdre son antique supériorité. C'est surtout des invasions successives des Perses que ce pays fécond a eu le plus à souffrir : selon Diodore de Sicile, Cambyse, à la tête d'une armée formidable, couvrit de sang et de ruines les deux rives du Nil. Excités au meurtre et au pillage par ce prince violent et vindicatif, les Perses ravagèrent, incendièrent les palais et les temples. L'or, le bronze, l'ivoire, les pierres précieuses, les vases sacrés, et tous les ornements qui les décoraient, devinrent la proie de ses avides soldats. Des colosses, des obélisques furent mutilés, renversés de leurs bases et coupés ou brisés en morceaux ! Vingt-trois siècles après ces horribles ravages, — suivis de nouvelles conquêtes et de nouvelles spoliations, même de la part des nations modernes les plus civilisées, qui ne se sont pas fait faute d'enlever tout ce qu'elles ont trouvé bon à former des musées, — on voit encore debout des colosses, des obélisques, des temples et des palais qu'habitaient autrefois, avec les Pharaons, les congrégations religieuses, auprès desquelles Hérodote, Solon, Platon, et tous les grands philosophes de l'antiquité, allèrent puiser des leçons de science, de morale et de sagesse. On dirait que ces chefs-d'œuvre d'architecture, qui, par leur nombre, leurs proportions et la difficulté de leur exécution, semblent nous accuser de faiblesse et d'impuissance, ont lassé le génie dévastateur des conquérants; que leur masse indestructive, comme l'a dit Delille, ait fatigué les efforts du temps !

Après avoir récapitulé bien sommairement pour un aussi magnifique sujet l'architecture des plus belles époques de l'art égyptien, parlons de sa décadence, c'est-à-dire des temps où le génie d'autres nationalités est venu lui faire perdre sa physionomie primitive.

C'est sous la domination des Grecs, sous le règne des Lagides, qu'ont été introduits, dans l'architecture égyptienne des chapiteaux si variés qui sont composés de branches de palmier, de fleurs, dont celle du papyrus a été le plus souvent préférée, et ceux qui sont ornés de la tête de la déesse Isis et Hathor, la Vénus égyptienne. Dans cette période, comme dans celle de la souveraineté des Romains, l'influence des artistes grecs, seuls chargés d'élever les temples de l'Égypte, se fit on ne peut plus sentir; et ce fut la dernière phase de cette architecture modèle. Ceux qui ont écrit que l'architecture est un art chiffré ont avancé qu'un peuple qui assujettissait à des règles fixes la peinture et la sculpture devait, à plus forte raison, avoir imposé des lois infranchissables aux architectes chargés de la construction de ses monuments religieux. Il existait dans l'architecture égyptienne une variété de proportions extrêmement étendue, et une grande liberté dans la composition des plans. Ce qui étonne le plus, dans cette architecture grandiose, c'est que les colonnes les plus gracieuses, les plus sveltes, comme les ensembles les plus majestueux et les lignes les plus harmonieuses, sont des plus anciennes époques, comme les proportions lourdes et les moins caractérisées sont les produits de la décadence de cet art. Maintenant, pour suivre l'architecture colossale ou des temps primitifs dans ses développements, passons à l'empire des Assyriens, et remontons à la fondation de Babylone, qui eut lieu l'an du monde 2676 avant J. C.,

c'est-à-dire à peu près un siècle après celle de la ville de Tyr.

Une des plus anciennes civilisations après celle de l'Égypte, semble être celle de la Chaldée, car bien des peuples se rattachèrent longtemps par un lien commun de vénération à Babel, qui avait dès les premiers âges une grande portée politique et religieuse: là se trouvait avant tout un centre commun de religion de la plus grande partie de l'Asie; si bien que les tribus, même les plus éloignées, honoraient d'une sorte de suprématie les chefs de Sennaar; du reste, cette domination des Chaldéens n'était réellement qu'une puissance patriarcale. Mais après la ruine de cette tour, réelle ou symbolique, dont le front, dit la Génèse, ch. XI, fut frappé de la foudre et le reste détruit par les éléments, le trop plein des populations qui se trouvaient agglomérées à Babel, et les excursions et la conquête qu'en firent les Assyriens, forcèrent les soixante et douze nations des écritures hébraïques à se séparer et à émigrer. Quelle forme architecturale avait Babel? et quel fut le caractère dominant des édifices élevés à Babylone? Ce caractère devait être grandiose et splendide, car les chefs-d'œuvre réalisés par les Pharaons n'eurent jamais, dans l'ancien monde, le retentissement de ceux qu'ont fait bâtir Nemrod, Ninus et Sémiramis. La célébrité de ces monuments, qui se retrouve encore aujourd'hui attachée à tous les produits d'architecture extraordinaire, a fait dire, avec raison, que la destinée de Babylone a rempli l'esprit humain d'images de grandeur dans sa prospérité comme après sa chute. Babylone était située sur les bords de l'Euphrate, qui, par son cours, la divisait en deux parties égales. Les murs de son enceinte, hauts de 350 pieds, formaient, selon Hérodote, un carré de 480 stades de tour. Diodore dit que Sémiramis fit bâtir au milieu de la ville un pont de 30 pieds de large et 5 stades de long. Ce pont consistait en plusieurs gros piliers sans arches, élevés de distance en distance, d'énormes pierres liées ensemble au moyen du fer et du plomb fondu. Un plancher mobile de cèdre et de cyprès était posé pendant le jour sur des poutres de palmier. Vers les deux extrémités de ce pont se trouvaient deux beaux palais, mis en communication par une galerie construite sous le lit du fleuve. (Les auteurs qui constatent ce premier tunnel sont: Hérodote, Diodore et Philostrate.) En étudiant attentivement ces auteurs, les rapprochant des descriptions données par les Hébreux, on peut conclure que l'architecture des palais de Babylone, de la tour de Bélus, des jardins suspendus, et d'une foule d'autres merveilles, devait avoir pour base l'architecture de l'Égypte, mélangée d'autres éléments qui se retrouvent dans les plus anciens temples de l'Inde. Malgré nos laborieuses recherches, nous ne pouvons nous prononcer avec certitude sur le caractère bien déterminé de l'architecture si gigantesque et si pittoresque des périodes qui ont vu dominer tour à tour les Indiens, les Assyriens, les Mèdes, les Parthes et les Perses. Les découvertes faites de nos jours par MM. Botta et Layard nous donneraient quelques éclaircissements si l'on était certain de la date de ces antiquités et du nom exact des villes qui les ont recélées; ce sont les débris de Ninive, nous assure-t-on. Tous les auteurs de l'antiquité que nous avons consultés à ce sujet nous permettent de croire le contraire. D'abord, si le style de l'architecture offre des portions purement égyptiennes, la sculpture est d'un caractère barbare, indiquant une époque de dégénérescence des arts, et si les figures sont mouvementées, elles le sont beaucoup moins que celles dites historiques, qui se remarquent sur quelques monuments élevés par Rhamsès le Grand, et bien moins encore que celles décrites par Hérodote, et qui ornaient le grand temple de Bélus. Des ornements grecs, le rudiment du chapiteau ionique, qui se trouvent incrustés sur les parois des salles nos 7 et 8, de même que la représentation curieuse d'un temple primitif des Romains, salle n° 13, indiqueraient que toutes ces antiquités ont été réalisées à une époque qui se rapprocherait beaucoup de notre ère. Mais, pour en finir avec cette première manifestation de l'architecture, qui semble avoir voulu défier les efforts de toute destructions, disons que l'architecture des Israélites offrait le plus grand rapport avec l'architecture de l'Égypte, qui avait été pour un moment leur patrie. Cette influence existait encore quand le Pharaon Psousennès donna sa fille en mariage à Salomon (1025 ans avant notre ère); et si dans le temple de Jérusalem, tel qu'il est décrit par les auteurs de cette nation, on trouve, avec le grandiose et l'immense étendue égyptienne, des dispositions qui ont un autre caractère, il ne faut pas oublier que ces édifices si somptueux ont été élevés par des architectes et des ouvriers tyriens, et avec des bois fournis par ce peuple. Mais abordons l'architecture grecque, qui a eu aussi dans des temps plus rapprochés de nous son influence sur l'architecture des Juifs.

Née de l'architecture de l'Égypte, celle des Grecs dut, dans son origine, avoir un caractère tout à fait semblable; mais ce caractère ne tarda pas à se modifier; deux causes en furent la conséquence, la mobilité du caractère grec et l'emploi du bois, que les architectes utilisèrent avec intelligence et habileté. Des variations et des différences notables surgit un changement total, un caractère tout particulier qui n'a rien de commun avec ce qui l'a précédé et qui depuis a eu une influence des plus marquées sur toutes les architectures qui lui ont succédé.

Pausanias prétend que le plus ancien temple dont il est fait mention dans l'histoire grecque a été érigé à Argos par Danaüs, et nous trouvons dans Vitruve que, cinq générations après, s'élevait dans la même ville un temple consacré à Junon : « Les colonnes de ce temple, dit-il, étaient dans le genre de celle que nous appelons dorique. » Mais bientôt le chapiteau *dorique* se dessina plus purement, son profil prit une forme plus gracieuse, et, pour compléter l'ordre d'idées qui commençait à avoir cours, on lui adjoignit deux nouvelles manifestations en architecture : le chapiteau *ionique* et le *corinthien*. Alors l'architecture grecque était tout à fait créée, il

fallut s'appliquer à la régulariser, ce qui s'effectua au moyen de lois générales, ou, pour mieux dire, des principes de proportion et d'harmonie, basés autant que possible sur les observations faites au sujet des ouvrages de la nature même. De ce moment, les artistes grecs établirent en architecture une corrélation des parties avec le tout et du tout avec chaque partie; ils parvinrent par ce moyen à une telle perfection, que le moindre fragment d'un édifice dut suffire pour faire connaître le mode, la forme et les dimensions de l'ensemble. Mais dès que cette vertu proportionnelle fut introduite dans les membres et les parties essentielles, on comprit que, par une sorte de puissance attractive, il fallait que l'ornementation se soumît à l'ordre et à l'accord communs, et les choses furent poussées à cet égard à un point de perfection tel, qu'un détail isolé de décoration ne peut renier son origine : l'homme de l'art dut reconnaître de suite à quelle colonne, à quel entablement et à quel mode d'ordonnance il appartenait (voy. *Ordres*). Dans la Grèce, comme dans l'Égypte, l'architecture considérée dans son principe était éminemment religieuse, vouée au culte de la Divinité; tous ses efforts tendaient constamment à se rendre digne du sujet auquel elle se trouvait consacrée : la grandeur de la majesté du dieu, son pouvoir et ses attributs, étaient autant de conditions auxquelles elle s'efforçait de se soumettre. Vitruve consacre deux chapitres à ce beau sujet, dans lesquels il cherche à nous initier aux principes qui ont dirigé les artistes dans la réalisation de l'élévation des temples de Jupiter, Minerve, Apollon, Diane, Cérès et Vénus. Pour suffire à l'ornementation de temples offrant à tant de diversité, il n'était point de plante, de fleur, de fruit qui, examinés et décomposés, ne fournissent à l'artiste d'admirables modèles en différents genres. C'est à cette source intarissable qu'ont puisé les Grecs inventeurs, et que nos architectes et nos sculpteurs semblent avoir méconnue lorsqu'ils copient servilement les ornements grecs ou romains sans en rechercher le type dans la nature.

Les Grecs n'excellaient pas moins dans le choix des sites de leurs édifices : « La plupart des promontoires du Péloponèse, de l'Attique, de l'Ionie et des îles de l'Archipel, dit Chateaubriand dans son *Voyage de Paris à Jérusalem*, étaient marqués par des temples, des trophées ou des tombeaux. Ces monuments, environnés de bois et de rochers, vus dans tous les accidents de la lumière, tantôt au milieu des nuages et de la foudre, tantôt éclairés par la lune, par le soleil couchant, par l'aurore, devaient rendre les côtes de la Grèce d'une incomparable beauté. »

Les auteurs ont partagé l'histoire de l'architecture grecque en cinq périodes. La première, presque constamment formée d'éléments égyptiens et de temples bien autrement étendus que ceux qui suivirent, embrasse les temps héroïques et mythologiques. La seconde période s'étend jusqu'au siècle de Périclès, et a vu se constituer tout à fait l'art grec et prendre le cachet qu'il n'a plus quitté. La troisième, qui est la plus sublime et renferme les ouvrages les plus parfaits en architecture, tels que le Parthénon d'Athènes, les Propylées, le temple de Minerve Poliate, a été illustrée par Phidias, Ictinius, Callicrate, Hippodamus, Polyclètes et Satyrus, tous architectes du plus grand mérite. Cette période s'étend jusques et y compris le règne d'Alexandre le Grand. La quatrième, qui fait présager la dégénérescence de l'art, commence à la mort d'Alexandre et se prolonge jusqu'au siècle d'Auguste. Dans ces temps malheureux pour la Grèce, c'était à Alexandrie, alors gouvernée par les Lagides, que se trouvaient les plus habiles artistes. La dernière période commence à Auguste et se termine à la décadence de la civilisation, c'est-à-dire à l'irruption des Barbares. Pendant tout ce temps, les Grecs construisirent en bois, en pierres, en briques et en marbre. Dans les temps les plus reculés de la première période de leur bâtisse, ils employèrent des pierres non taillées d'une grandeur extraordinaire. Les monuments confectionnés de la sorte ont pris le nom de travaux cyclopéens; puis ils façonnèrent ces pierres, les taillant à trois, quatre, cinq et six côtés, qu'ils savaient joindre avec la plus grande exactitude. Chandler a découvert des murs ainsi construits près d'Épidaure et d'Éphèse, et Pococke dans l'île de Métylène. Enfin ils employèrent la pierre de taille rectangulaire, sans ciment, et toujours si bien ajustée, que la solidité et la précision sont deux qualités qui brillent au premier rang des constructions de ce peuple. Le marbre acquit les mêmes qualités et servit à la confection des temples, ou seulement de leur revêtement Pausanias assure que les Grecs élevèrent aussi des bâtiments en bronze.

L'*architecture des Romains* doit s'être manifestée d'abord par une simplicité extraordinaire. Nous croyons avoir découvert ses premiers rudiments dans une planche de M. Botta, qui fait partie de l'ouvrage qu'il a intitulé *les Monuments de Ninive*. Celle qui a trait à l'ornementation de la salle n° 13 contient un temple formé de piliers rectangulaires, sur lesquels se trouvent des cercles ou peut-être des boucliers; le toit, en forme de fronton, est couronné par une lance, qui, chez les Romains les plus près de la fondation de Rome, était le symbole de leur dieu *Quirinus*. Devant la porte de ce temple se trouvent deux factionnaires, ou plutôt deux lévites romains, tenant chacun une lance, et qui rappellent les obélisques disposés de la sorte en Égypte devant les édifices sacrés. Ce temple est donc, à notre avis, parfaitement en rapport avec les premières données que nous possédons de l'architecture romaine primitive. « Sous les premiers rois, les temples bâtis étaient des édifices petits, carrés et *couverts de roseaux*, dans lesquels on pouvait souvent à peine placer la statue du dieu à qui le temple était consacré. Les habitations du peuple n'étaient alors que de misérables cabanes. » Mais le contact des Romains et de leurs voisins, avec lesquels ils étaient continuellement en guerre, développa les idées qu'ils avaient de l'architecture, si bien qu'après deux siècles d'existence ils élevaient des monuments plus remarquables par leur caractère de solidité que par leur élégance, mais dont la sévérité

convenait parfaitement à l'austérité de leurs mœurs. Ils avaient, il est vrai, employé à ces travaux des architectes étrusques, ce qui nous permet de dire quelques mots de l'architecture de ce peuple.

La population de l'Étrurie était une agglomération d'indigènes et de nombreux émigrants de la Grèce, dont la plupart avaient pour origine le trop plein de l'Égypte. Ces Gréco-Égyptiens, en venant se fixer sur le sol de l'Italie, y avaient apporté une architecture qui était un mélange des idées de la Grèce et du caractère de l'Égypte; de ces deux éléments confondus sortit une architecture particulière, dont la rudesse, l'énergie, la grandeur et la solidité étaient la physionomie distinctive. On peut dire que les œuvres d'architecture qu'ont produites les Étrusques étaient l'exagération de la forme vigoureuse et des détails robustement accentués. Aussi, lorsqu'aux plus belles époques de Rome, le caractère sauvage de l'architecture des Étrusques se modifia dans celui si gracieux de l'architecture des Grecs, il en résulta une physionomie sévère et de la plus grande beauté.

Bien des auteurs se sont demandé pourquoi l'art des Étrusques était demeuré stationnaire, tandis qu'il avait pris un si brillant essor dans la Grèce? L'histoire se charge de la réponse. Deux siècles de guerres opiniâtres et dévastatrices précédèrent la destruction du royaume des Étrusques, et ce fut un an après la mort d'Alexandre le Grand que toute la nation subjuguée disparut dans l'empire romain. Ces deux siècles de guerre, qui durent empêcher tout développement des beaux-arts chez les Étrusques, correspondent à la plus belle période de l'art chez les Grecs.

Parmi les plus étonnants ouvrages de l'art des Étrusques, nous devons citer le grand cloaque de Rome et l'emissario d'Albano, qui font encore aujourd'hui l'admiration des architectes; puis les débris de l'enceinte du temple de Jupiter Latial, au mont Albain, et diverses constructions de l'antique ville de Tusculum récemment découvertes au-dessus de Frascati, et surtout les fragments d'enceintes des villes étrusques même, telles que Cortone, Fiésole et Volterre, qui subsistent encore en grande partie. Dans ces restes, les murs sont établis avec des pierres de dimensions prodigieuses, assemblées sans ciment et taillées rectangulairement, mais non en assises régulières, en quoi ils diffèrent des *murs dits cyclopéens*, qui sont construits de blocs irréguliers. Les voûtes parfaitement cintrées qu'on trouve encore à quelques édifices, par exemple à une magnifique porte à Perugia, sont construites parallèlement sans ciment, mais avec une justesse et une précision d'appareil admirables; c'est surtout devant les premiers cloaques de la ville de Rome, qui remontent, suivant Tite-Live et Pline, au temps de Tarquin, qu'il faut aller juger de l'esprit et de l'énergie des artistes de l'Étrurie. Est-ce aux architectes de ce peuple, ou bien au génie des Romains, qu'il faut attribuer d'avoir imaginé bien des nouveaux monuments d'utilité publique et qu'avaient négligés les Grecs, c'est-à-dire les cloaques, les aqueducs, les canaux, les voies publiques, les arcs de triomphe, etc.? Tout ces travaux, ressuscités ou créés, étaient d'une trop grande utilité aux vues dominatrices et vaniteuses des Romains pour ne pas avoir été envisagés sur d'immenses échelles. Cela dit, et pour compléter le coup d'œil rapide que nous voulons jeter sur l'architecture romaine, constatons qu'après les sept rois de Rome, dont Tarquin fut le dernier, on continua de bâtir dans le goût étrusque, et que l'embellissement des temples consistait à les orner, le plus souvent sans goût, des statues et des objets précieux qu'on avait emportés des pays conquis; ce ne fut que quatre-vingt-six ans avant notre ère, quand Sylla eut massacré les Athéniens, qu'il eut dépouillé et ruiné leurs monuments et les temples de Delphes, d'Épidaure et d'Élis, que le goût de l'architecture grecque s'introduisit dans Rome. Auguste sut avec habileté utiliser les artistes de la Grèce que le sort des armes avait forcés de chercher un refuge en Italie; il les employa à embellir pompeusement sa capitale et bien d'autres villes; et certes, avec les hommes de talent qu'il avait réunis et les encouragements tout particuliers qu'il ne cessait de donner à l'architecture, il aurait fait atteindre celle-ci à l'apogée du beau et du noble si, en changeant les institutions du pays, en corrompant les mœurs, il n'avait donné une fâcheuse direction à l'art en y introduisant trop de luxe et trop de richesses dans l'ornementation des monuments. Aussi Vitruve s'en plaint-il amèrement; il attaque surtout avec véhémence les ornements désignés sous le nom d'*arabesques* (voy. ce mot), qui ne signifiaient plus rien, qui ne s'appuyaient même plus sur la probabilité, ce qui faisait le plus grand tort à l'architecture.

Nous sommes parvenus à une époque de l'histoire de l'architecture qui nous permet de constater une opinion depuis longtemps émise, et que nous partageons; cette opinion, nous la trouvons toute formulée dans une lecture faite par M. Lesueur à la séance publique annuelle des cinq académies, le 25 octobre 1849, et intitulée *Recherches sur l'origine de l'art*. « Ce que je viens de dire sur la liberté laissée aux architectes égyptiens s'applique aussi aux architectes grecs et romains. Il n'est pas exact de dire que l'architecture soit un art chiffré. Les règles données par Vitruve ont été imaginées, à l'époque des sophistes, par des esprits systématiques. Mais on ne les trouve point observées dans les chefs-d'œuvre de l'antiquité, et c'est fort heureux; car, au lieu de ces nuances infinies de style, toutes de la plus suave harmonie, nous n'aurions qu'une répétition monotone et fatigante. »

Tibère, Caligula et Claude, malgré leur passion pour les grands monuments, virent entrer l'architecture dans une ère de décadence; c'est de leur temps qu'on ajouta aux ordres grecs et à l'ordre *toscan*, le seul, pour ainsi dire, dont s'étaient servis les Romains pendant la durée de leur république, un nouvel ordre composé de l'ionique et du corinthien, et qu'on désigna sous le nom d'ordre composite. Après l'incendie de Rome, sous Néron, l'architecture, voulant réparer les dommages, éleva plusieurs édifices dont la somptuosité et la richesse n'étaient pas le moindre mé-

rite. De ce nombre était le palais Doré, qui surpassait en luxe tout ce qu'on connaissait. Mais, cependant, l'architecture, comme tous les arts, offrait une décadence complète; des auteurs du temps assurent que la richesse de la matière, dans les statues, était préférée à la science, au talent d'exécution, et même à la ressemblance. Vespasien, Titus, Trajan et Adrien cherchèrent à redonner quelque splendeur à l'architecture, dont les beautés s'affaiblissaient de plus en plus; ils parvinrent à faire élever de bons ouvrages, et, cependant, il est facile de s'assurer, rien qu'à leur inspection, que les artistes qu'ils employèrent manquaient complétement de l'inspiration religieuse: s'étant faits chrétiens, ils n'avaient plus foi aux dieux du paganisme, aussi la plupart subirent-ils le martyr.

Il est fort difficile aujourd'hui de se faire une opinion bien arrêtée sur la valeur réelle des architectes de ces époques éloignées, car nous connaissons, du temps d'Adrien et de ses successeurs, d'excellents produits qu'on peut encore se proposer comme modèles; mais à côté se trouvent aussi le mauvais goût et la faiblesse. Les contrastes les plus opposés s'expliquent quand on sait que, sous le règne de la plupart de ces empereurs, le mérite et le talent n'étaient plus une recommandation aux yeux du maître et de ses ministres. L'intrigue, l'adulation et la délation étaient souvent les premiers titres aux faveurs, et les commandes étaient faites sans discernement, sans opinion arrêtée sur la valeur artistique de l'homme que l'on gorgeait de nombreuses entreprises d'ouvrages au détriment de ses confrères. C'est autant à cette circonstance qu'il faut attribuer la perte de l'architecture qu'aux invasions des Barbares du cinquième siècle. Pour passer de plain-pied à cette époque d'envahissement de l'ignorance aux périodes qui suivirent, constatons que, lorsque les chefs barbares eurent assuré leurs conquêtes dans l'Italie comme dans les Gaules, pour y régner à leur guise, ils fondèrent la société féodale, qui fut la source de tant de malheurs et de calamités pour les peuples. Du sixième siècle au règne de Louis XI, il s'éleva de tous les points de la France autant de forteresses qu'il y avait d'habitations seigneuriales; partout on ne voyait plus que châteaux forts, flanqués de tours crénelées et fortifiées de meurtrières, de machicoulis et d'autres inventions défensives. Cet imposant appareil de l'architecture militaire de la France et de bien d'autres nationalités était accompagné de fossés, ponts-levis, palissades, etc., toutes choses indispensables, car les seigneurs laïques et ecclésiastiques d'alors étaient sans cesse en guerre les uns contre les autres; ils n'avaient plus foi dans l'esprit de justice, qui semblait avoir complétement disparu de la terre. Aussi, sans prétexte, on se permettait d'envahir les domaines de ses voisins, de détruire leurs récoltes, de brûler leurs villages et d'en exterminer les habitants. Pour continuer de vivre impunément dans un tel désordre, il était indispensable d'avoir derrière soi un de ces lieux de refuge qui étonnait et arrêtait les assaillants, et permettait souvent à celui qui le possédait de déjouer et de braver les vains efforts du génie militaire le plus expérimenté.

Nous ne nous figurons rien de plus admirablement combiné pour une défense désespérée que ces monuments de la féodalité, dont l'aspect imposant et les savantes dispositions particulières n'ont eu aucun rapport avec les monuments semblables de l'antiquité ; on peut dire que cette architecture avait une science spéciale parfaitement appropriée à l'époque pour laquelle elle avait été créée.

Près de cette architecture militaire se trouvait l'architecture religieuse, dont nous allons nous occuper.

Les derniers temples italiens sont pour nous la transition de la physionomie de l'architecture païenne à celle du christianisme, par la raison que les premières pratiques de ce culte se firent dans des basiliques romaines, dont la forme était si favorable à cela. Jusqu'au quatrième siècle, jusqu'au moment que Constantin transféra le siége de l'empire à Byzance, ces basiliques subirent peu de modifications ; la plus importante des innovations fut l'apparition des transepts, c'est-à-dire l'élargissement que l'on donna au vaisseau entre l'abside et les nefs, de manière à donner au plan de l'édifice la forme d'une croix. Mais à partir de cette époque, on se trouva dans la triste nécessité, conséquence de l'état déplorable dans lequel les beaux-arts étaient tombés, d'employer à la construction des monuments nouveaux les débris des monuments anciens ; de la sorte furent dispersés les restes de l'architecture romaine : les plus belles colonnes, les fragments les plus précieux ne furent plus que des matériaux entre les mains des Barbares, et ce qui échappa à leurs mains sacriléges, de même qu'aux invasions des Goths, des Vandales et de tant d'autres peuples, fut abandonné sans protection aux intempéries des saisons et à la dent dévastatrice du temps. Cet emploi de fragments anciens à des constructions pour lesquelles ils n'avaient point été destinés, amena nécessairement une incohérence qui conduisit à d'autres règles et à d'autres proportions. Cependant, malgré le bouleversement des idées et le manque d'architectes habiles, l'esprit de routine n'en conserva pas moins aux nouveaux monuments de l'Italie un certain air de l'architecture romaine, mais cet air n'était le plus souvent que grossièrement imité.

Ce fut en France et en Allemagne que la physionomie de l'architecture religieuse prit un tout autre caractère, dont l'extérieur ne ressemblait plus aux basiliques de Rome. Ce caractère, qui s'était propagé vers le cinquième siècle, se développa sous le règne de Clovis et de ses enfants ; il nous en reste un échantillon à Paris dans la tour de l'église Saint-Germain-des-Prés. Eh bien, cette architecture devient de plus en plus massive, tout en tendant à se rapprocher du caractère de l'architecture romaine abâtardie, et cela jusqu'à la fin du huitième siècle. Il fallut toute la force du génie de Charlemagne pour arrêter un moment la dégénérescence qui avait fait des pas effrayants ; bien plus, sous ses heureuses inspirations, l'architecture

put reconquérir quelques splendeurs ; mais cet élan fut de courte durée ; la puissance de la féodalité et les guerres civiles qui suivirent le règne de ce grand monarque annulèrent les progrès qui venaient d'être réalisés. Jusque vers le onzième siècle, les églises et les monastères avaient beaucoup de ressemblance avec les châteaux fortifiés ; il leur fallait présenter, de toute rigueur, des masses d'une solidité capable d'une résistance telle, qu'avec quelques défenseurs déterminés ils puissent défier toute surprise de la part de leurs voisins, de même que de ces Normands qui venaient tous les ans pour piller, ravager et brûler.

Maintenant, comment désigne-t-on toute cette architecture religieuse ? Sous le nom d'architecture *romane*, par la raison que son style n'était le plus souvent autre chose que l'application des anciens errements aux besoins religieux de l'époque ; que, quel que soit le parti qu'on avait été obligé de prendre, le tout découlait naturellement de l'architecture romaine extrêmement dégénérée. D'autres désignations lui ont été cependant aussi données : elles sont la conséquence du caractère bien prononcé que l'esprit de certains peuples lui ont imprimé. Ainsi on dit : l'architecture *lombarde, saxonne, normande,* et *gothique ancienne*. Mais, après avoir examiné attentivement toutes ces variétés, on peut conclure qu'elles ont une même source, qu'elles se rattachent à une seule unité.

Un immense mouvement s'opéra au commencement du onzième siècle ; l'architecture romane se trouva tout à coup modifiée par le contact de l'architecture orientale ; de ce choc jaillit un nouveau style, qui prit le nom de style *byzantin* et se développa dans l'empire d'Orient, dont Byzance était la capitale. Quelques auteurs prétendent que dès le sixième siècle, des architectes grecs avaient élevé dans ce style des édifices dans l'exarchat de Ravenne ; d'autres disent que la physionomie byzantine se retrouve dans les églises construites par Charlemagne sur les bords du Rhin, et notamment à Aix-la-Chapelle. Nous sommes loin de nier ces faits, mais nous n'y voyons que des essais partiels, car ce ne fut réellement qu'au onzième siècle que l'association du style byzantin avec l'architecture romane devint générale, et qu'on l'appliqua presque partout à la forme des anciennes basiliques. Le style byzantin apporta une innovation importante : il substitua des voûtes aux plafonds plats des églises primitives ; mais comme ces voûtes de pierres se trouvèrent d'un poids autrement considérable que les plafonds de bois, il fallut inventer autre chose que les colonnes pour les supporter ; on imagina donc des piliers d'une force convenable, auxquels on ajouta, comme simples ornements, des colonnes et des colonnettes ; les colonnes détachées ne furent conservées qu'autour du chœur. Mais toutes ces colonnes n'avaient qu'un égal diamètre dans toute leur étendue ; elles n'offraient pas, comme celles de l'antiquité, cet heureux renflement qui se trouve vers le tiers de leur hauteur. Quant aux chapiteaux, ils étaient d'aspects les plus variés ; tantôt simples, lisses sur toutes leurs faces, dépourvus de tout ornement, ils contrastaient avec ceux qui étaient garnis de feuillages, de cannelures, de cônes renversés et de formes dans le goût de la décoration des chapiteaux corinthiens. Le plus grand nombre possédait des monstres, des têtes bizarres, des dragons, des serpents enlacés et une foule d'autres figures qui semblaient diaboliques, et qui cependant tenaient à l'astronomie, aux superstitions religieuses, aux traditions populaires et peut-être avant tout à l'imagination artistique des architectes et des sculpteurs.

Constatons que le trait le plus saillant du style byzantin est l'emploi constant de l'arc surélevé qui permet plus d'élévation au vaisseau des églises ; disons en plus que le style byzantin paraît avoir suivi des règles constantes, car tous les édifices où il règne paraissent avoir été élevés presque sur un même plan. S'il y a des différences, elles ne sont que dans la dimension du tout et la perfection des détails ; on peut certifier que jusqu'au douzième siècle cette belle architecture fit des progrès étonnants ; les rapports que les croisades établirent entre l'Orient et l'Occident vinrent contribuer à son perfectionnement, et l'on peut conclure que de son originalité et de ses dispositions principales découla tout naturellement l'architecture ogivale qui lui succéda. Mais avant d'aborder cette belle architecture, voyons celle dite des *Arabes*, appelée *sarrasine* et *mauresque*.

Les personnes qui ont visité l'Égypte, la Syrie et l'Espagne ont trouvé dans ces contrées une foule de monuments de l'architecture sarrasine. Cette architecture, qui date du temps de l'islamisme, à peu près du septième siècle de notre ère, de l'époque où les traditions du monde ancien se perdaient dans le monde nouveau, soumise aux dogmes d'une religion sévère, elle dut rompre avec le passé et se créer un type qui n'empruntat rien au culte des images. Brillante tour à tour par la grandeur et la grâce de ces monuments, la délicatesse et l'exubérante richesse de ses détails, elle est encore aujourd'hui l'ornement de l'Afrique, de Byzance et des Espagnes, et partout elle a laissé une haute idée de la grandeur et de la puissance du peuple arabe. Ceux de ces conquérants qui avaient suivi les étendards du calife Omar, successeur d'Abubeker, après la prise de Jérusalem, s'emparèrent de l'Égypte, et de là, s'avançant le long des côtes de l'Afrique, ils vinrent s'établir dans l'Espagne, qu'ils remplirent de palais enchantés. C'est donc au règne d'Omar qu'il faut faire remonter l'introduction de cette architecture dans cette contrée, dont « l'Alhambra, a écrit Chateaubriand, est le chef-d'œuvre, comme le Parthénon est le miracle du génie de la Grèce. » Et plus loin, dans son *Itinéraire de Paris à Jérusalem*, il ajoute : « Les monuments vraiment arabes ne sont pas, comme on l'a cru jusqu'ici, le fruit du talent particulier des Maures de l'Andalousie, puisque j'ai trouvé les modèles de ces monuments dans l'Orient. Cela prouvé, continue-t-il, j'irai plus loin : je crois apercevoir dans l'architecture égyptienne, si pesante, si majestueuse, si vaste et si durable, le

germe de cette architecture sarrasine, si légère, si riante et si fragile : le minaret est l'imitation de l'obélisque, les mauresques (arabesques) sont des hiéroglyphes dessinés au lieu d'hiéroglyphes gravés ; quant à ces forêts de colonnes, qui composent l'intérieur des mosquées arabes et qui portent une voûte plate, les temples de Memphis, de Dendérah, de Thèbes, de Méroué, offriraient encore des exemples de ce genre de construction. Placés sur la frontière de Metzraïm, les descendants d'Ismaël ont eu nécessairement l'imagination frappée des merveilles des Pharaons ; ils n'ont rien emprunté des Grecs, qu'ils n'ont point connus, mais ils ont cherché à copier les arts d'une nation fameuse qu'ils avaient sans cesse sous les yeux. Peuples vagabonds, conquérants, voyageurs, ils ont imité en courant l'immuable Égypte ; ils ont fait des obélisques de bois doré et des hiéroglyphes de plâtre, qu'ils pouvaient emporter, avec leurs tentes, sur le dos de leurs chameaux. »

Tout en adoptant l'opinion si pittoresquement émise de Chateaubriand, nous ne sommes pas d'avis que cette « architecture du désert, enchantée comme les oasis, magnifique comme les histoires contées sous la tente, » soit purement d'origine égyptienne ; sans doute elle a puisé là ses premiers rudiments ; mais nous pensons, comme d'Agincourt et de la Borde, l'auteur du *Voyage en Espagne*, que l'architecture grecque a eu la plus heureuse influence sur le style, s'harmonisant admirablement avec la délicatesse du génie arabe. L'architecture sarrasine se distingue particulièrement par l'élévation et la hardiesse de ses voûtes, la forme de leurs cintres, la légèreté des colonnes, la variété des chapiteaux et la multitude prodigieuse des ornements, qui offrent un brillant assemblage de frises, de mosaïques, de rinceaux et d'entrelacs, d'appuis évidés en forme de dentelle, de fleurons et de feuillages distribués avec art et le plus heureux goût. L'architecture des Sarrasins d'Égypte et de Syrie se distingue de celle des Maures d'Espagne par la forme des cintres : ceux des premiers se rapprochent un peu de la forme de l'ovale et de l'ellipse ; quelquefois ils ont au milieu une espèce de rentrée, tandis que les cintres des Maures forment un cercle plus parfait ; mais dans l'application de ce cercle, ils l'ont étendu plus qu'au demi-cercle, ils ont poussé son développement jusqu'aux deux tiers d'un cercle régulier, ce qui, dans son originalité, semble nuire à l'idée de la solidité, et rend difficile à concevoir comment la colonne peut soutenir la voûte convenablement. Ce qui reste de l'architecture sarrasine, en Égypte, constate qu'elle n'a pas atteint, dans ce pays, ni la richesse, ni la légèreté, ni l'élégance de l'architecture mauresque d'Espagne. On retrouve encore en Égypte, dans ce caractère bien prononcé, les murailles d'Alexandrie, ces arcades de l'aqueduc de cette ville, qui sont reconnaissables à la bigarrure de leurs chapiteaux ; les portes du Caire et une foule d'habitations particulières. En Syrie, citons seulement les mosquées d'Alep, de Jérusalem, puis celles de Constantinople. Les plus beaux exemples de l'architecture des Maures d'Espagne se voient dans l'Alhambra de Grenade et la grande mosquée de Cordoue, qui est devenue une cathédrale chrétienne. Ce style a étendu son empire fort longtemps sur les constructions réalisées en Espagne et en Portugal par les chrétiens ; nous pouvons citer comme exemple les églises de Séville, Tolède, Ségovie, Burgos, Oviédo et Lisbonne. Mais revenons à l'*architecture* ogivale, à laquelle toutes les autres architectures semblent avoir concouru pour lui donner un caractère particulier, empreint de solidité, de majesté, de beauté, d'élégance et de légèreté ; car toutes ces qualités précieuses se retrouvent dans ses produits. C'est dans le treizième siècle que cette architecture, au style véritablement catholique, apparut, grandit et se perfectionna, et il est à remarquer que du moment qu'elle fut définitivement constituée, à l'exemple de l'architecture sarrasine, elle s'appuya sur une synthèse fondamentale qui n'admettait l'ornementation, quelle qu'elle soit, qu'autant qu'elle était, dans ses détails, l'interprétation de la pensée générale formulée par la masse du monument. Aussi, dans cette belle et religieuse architecture ogivale, les décorations, qui, jusqu'alors, avaient été employées à profusion, et suivant les caprices individuels, n'avaient aucune place préparée ; toutes les formes les plus pittoresques et les plus variées, dans une capricieuse apparence, étaient cependant la conséquence naturelle de l'ensemble, elles se trouvaient soumises aux mêmes lois génératrices que l'enceinte monumentale et toute la physionomie architecturale de l'Église ; en un mot, il y avait unité parfaite entre la masse et les détails, même les plus accessoires. Que dirons-nous davantage de cette belle architecture ? La suivrons-nous pas à pas dans toutes ses variétés et les modifications importantes et successives qu'elle a subies pour attendre au temps dit de la renaissance ? Cette tâche, nous ne pouvons l'accomplir ici, car des limites nous sont imposées, chaque art chaque science et chaque industrie devant trouver place dans l'ensemble de cette publication. En attendant que nous puissions développer les parties importantes de l'architecture dans des articles généraux, contentons-nous de généraliser, et constatons d'abord que l'architecture ogivale est une des plus sublimes manifestations du génie humain.

On a prétendu que c'était dans le Nord qu'elle avait pris naissance ; rien ne nous est venu du Nord, hors le fer et la dévastation. On ne doit attribuer l'origine de l'architecture ogivale qu'aux grandes écoles d'architecture religieuse, desquelles sont sortis comme architectes distingués tant d'abbés, qui, réunissant leurs efforts dans un but commun, parvinrent à conduire promptement le style byzantin à la perfection. N'est-ce pas ce style qui a apporté, toutes perfectionnées, à l'architecture ogivale ses plus importantes dispositions ? D'abord les voûtes surélevées et les piliers capables de les soutenir, auxquels on avait adossé des demi-colonnes, c'est la première idée qui a conduit à recouvrir de faisceaux de colonnes ces lourds piliers, qui, par là, ont acquis plus de grâce et plus de légèreté. Dans le style byzantin, ne retrouve-t-on pas, quelquefois,

ces étages de colonnes placées les unes sur les autres, et dont le style ogival a su tirer si bon parti ? Mais c'est au style mauresque qu'il a emprunté ces longues colonnes qui, partant du bas de l'église, s'élèvent jusqu'à son sommet. Les chapiteaux des grosses colonnes, de celles qui sont minces et allongées et des colonnettes, qui ont du rapport avec ceux de l'ordre corinthien, se rencontrent fréquemment en remontant jusqu'au sixième siècle.

Dans les premiers temps du style ogival, les fenêtres, très-allongées et dénuées d'ornements, sont tellement étroites, qu'elles permirent de les réunir deux à deux dans les grands monuments, et de les encadrer dans une arcade commune ; mais, au quatorzième siècle, les fenêtres prirent une largeur plus étendue, et plusieurs divisions devinrent nécessaires dans ce sens. C'est alors que s'introduisit aussi l'usage de couronner quelquefois les arcades ogives des portes d'entrées d'espèces de frontons décorés intérieurement de *crochets*, et dont le sommet est surmonté d'un piédestal destiné à recevoir la statue de Jésus-Christ, de la Vierge ou d'un saint ; au lieu d'être formé de lignes droites, le plus souvent il est limité par des courbes qui, se relevant subitement, accompagnent gracieusement l'ogive principale et s'élancent à une hauteur telle, qu'elle leur permet de former à leur sommet une pointe très-aiguë.

A propos des frontons, plaçons ici une remarque très-importante pour les artistes, et qui a rapport aux temps que nous venons de parcourir. Les édifices égyptiens, comme tous ceux des temps primitifs, qui ont été réalisés à Babel, Babylone, Tyr, Jérusalem, Ninive, etc., etc., sont terminés par des plates-formes et des lignes droites placées horizontalement. Ce sont les Grecs qui, après avoir imité cette architecture et en avoir réalisé une à leur usage, ont inventé les frontons ; ils les ont faits bas, comme, sans doute, les Égyptiens les auraient conçus s'ils avaient pu se permettre une semblable innovation. A Athènes, cette ville où le bon goût était si populaire, la hauteur totale du fronton des temples était à peu près égale au septième de la largeur de ce même fronton ; tandis qu'à Rome, et dans toute l'architecture romaine, cette partie triangulaire avait souvent pour hauteur jusqu'à la moitié de sa largeur. Cette proportion si différente de la hauteur des frontons grecs et romains donne un caractère tout différent à ces deux architectures, et les peintres doivent s'y conformer. Quant à l'architecture ogivale, elle a poussé la hauteur des frontons à des dimensions telles, que la hauteur égale quelquefois deux, trois et quatre largeurs. Si les Grecs ont obtenu la beauté gracieuse de leurs édifices par des frontons dont le sommet forme un angle entièrement ouvert, le même résultat a été réalisé dans l'architecture ogivale par le moyen tout contraire, c'est-à-dire en donnant aux frontons un angle tellement aigu au sommet, qu'il entre en harmonie avec les clochetons, effilés comme des flèches, dont les cathédrales se trouvaient ornées. On ne peut se lasser d'admirer la construction des voûtes des douzième et treizième siècles ; quelquefois elles ne présentent que six pouces d'épaisseur et sont formées de petites pierres mêlées à un ciment d'une dureté telle, qu'il offre plus de résistance que la pierre même. Les arceaux des voûtes sont parallèles ou se coupent en arête; dans ce dernier cas, les arêtes se réunissent à angle droit, et quelquefois se subdivisent en plusieurs angles aigus. Aux intersections intermédiaires pendent des fleurons, dont celui de l'intersection principale est le plus apparent; avec le temps, celui-ci prit des proportions tellement considérables, qu'on le désigna sous le nom de *clef pendante*. Paris en possède de magnifiques exemples à Saint-Étienne du Mont, et surtout à Saint-Gervais. Dans les commencements de l'art ogival, les *culs-de-lampes* ou *consoles* étaient de véritables chapiteaux, soutenus par des têtes gracieuses ou grimaçantes, par de petites cariatides accroupies; ils ont à peu près disparu au commencement du dix-septième siècle.

Les armées d'imagiers ou tailleurs d'images qui ont illustré les édifices religieux au style ogival étaient des artistes d'une habileté et d'un goût exquis; leur ciseau était d'une flexibilité et d'une pureté délicate qu'il serait fort difficile aujourd'hui d'égaler. Toutes les fois que nous allons parcourir la cour de l'École des Beaux-Arts, des Petits-Augustins, pour y étudier les précieux débris de l'architecture ogivale et de celle des premiers temps de la Renaissance, nous nous en retournons persuadé que l'époque dont nous nous occupons renfermait une ornementation aussi riche, aussi rationnelle et d'aussi bon goût que toutes celles réalisées par les Grecs, par les Romains et par les Maures d'Espagne.

Aux formes arrondies des treizième et quatorzième siècles succédèrent, au quinzième, des formes rectilignes et prismatiques, et parfois la combinaison des plans arrondis et prismatiques, ce qui permit aux sculpteurs d'atteindre dans leurs décorations à une finesse et à une délicatesse extrêmes. Que d'ornements en rosaces, fleurons, trèfles, quatre-feuilles, tourelles, pyramides, gargouilles, figurines et statues, ciselés avec amour, recèlent cette riche architecture!

Pour en finir avec cette période de l'art chrétien, considérons un moment les tours, appendice indispensable aux cathédrales comme aux simples églises. Le besoin d'appeler les fidèles aux cérémonies du culte nécessita, dès le cinquième siècle, l'emploi de tours ou clochers pour y déposer les cloches; mais l'addition de cette construction fut d'abord peu volumineuse; ce ne fut que vers le huitième siècle que les clochers prirent de la consistance. Il est rapporté par Anastase le Bibliothécaire qu'en l'année 770, le pape Étienne III fit bâtir une tour sur l'église Saint-Pierre, à Rome, dans laquelle il plaça trois cloches pour indiquer le moment des offices. En France, nous ne trouvons pas de clochers avant le neuvième siècle; le premier exemple constaté se voit encore sur le transept de l'église de Saint-Martin d'Angers. Ce clocher, dont la tour est peu élevée et carrée, est terminé par un toit pyramidal obtus et quadrilatère. Comme les tours des clochers, même au dixième siècle, étaient peu apparentes, quand ils n'offraient pas une lourde masse à côté de l'édifice, bien des auteurs se sont demandé si ce ne serait pas les élégants minarets des musulmans qui auraient donné aux chrétiens l'idée de tourelles plus ornées et plus élégantes, telles que les gracieux campaniles de l'Italie, auxquels ils ressemblent si fort. On cite comme exemple la mosquée de Berkouk, qui a deux minarets qui font absolument l'effet de deux tours ou des clochers d'une église. On s'appuie encore sur ceci, que les murs de cette mosquée, comme ceux de bien des édifices élevés en Égypte par les Sarrasins, sont formés par des assises blanches et rouges alternativement superposées; que cette disposition a pu donner l'idée d'une superposition analogue d'assises blanches et noires qu'on remarque dans plusieurs églises italiennes, à Gênes et à Pistoja. Quatremère de Quincy est de la même opinion quand il dit : « Ce goût oriental d'arabesques, de mosaïques, de revêtements de marbre, et cette disposition de petites coupoles qu'on retrouve dans les ouvrages des Sarrasins, les Vénitiens rapportèrent tout cela d'Alexandrie. » Effectivement, les mosaïques et les coupoles de Saint-Marc rappellent en grand celles que l'on voit au Caire aux tombeaux des califes. Bien certainement il y a de l'arabe dans l'église byzantine de Saint-Marc, comme il y a du byzantin dans les mosquées arabes du Caire. Cela dit, revenons aux tours des édifices religieux; voyons celles si gigantesques qui accompagnent les cathédrales ogivales. Prenons pour exemple les tours de Notre-Dame de Paris, qui mesurent, depuis le sol jusqu'à leur terrasse supérieure, 68 mètres. Lorsqu'on se place à une certaine distance de ce monument, sur le quai Saint-Michel, par exemple, de cet endroit, les petits détails disparaissent pour ne laisser voir que la masse qu'ils forment; si le soleil vient à éclairer le tout, on aperçoit brillamment éclairés, sous la galerie à jour qui couronne l'édifice, à la place où se trouvent les machicoulis des forteresses, des espèces de pistils simples et mouvementés avec goût, qui s'élancent et dont l'aspect régulier rappelle tout à fait ces rangées de serpents Urus qui s'observent autour de bien des temples de l'Égypte. Quant à la forme générale des tours, elle est loin d'être lourde, massive, comme beaucoup de celles qui les ont précédées; l'architecte a rompu avec habileté la masse des surfaces planes et rectangulaires en faisant disparaître les arêtes vives pour les remplacer par des espèces de tourelles polygonales aux facettes extrêmement multipliées. Il résulte de l'ensemble de cette ornementation, travaillée à l'excès par une sorte de fantaisie qui se rattache cependant intimement à une unité qui est la pensée première, que les tours rectangulaires reprennent, vues de loin, l'aspect de tours carrées. Certes, si le génie religieux de l'architecte chrétien ne s'est pas éloigné des types de simplicité quant à l'ensemble de ces tours, son talent a brodé avec une richesse exquise toute l'ornementation, dont les rudiments pourraient trouver leurs sources dans les types mauresques qui se voient encore à Grenade, l'Athènes des musulmans, dans l'Alhambra et le Généralif.

Toutes les courbures que l'architecture ogivale n'a pas utilisées se sont trouvées employées dans l'époque de transition qui a conduit au style dit de la Renaissance. Pendant cette phase intermédiaire bien des chefs-d'œuvre ont été créés; ils tiennent au style ogival, mauresque, byzantin, et à ceux des vieilles traditions grecques et romaines. Citons entre autres le château Gaillon, bâti en 1500 pour le cardinal Georges d'Amboise, et qu'on présume avoir été élevé d'après les dessins de Jean Joconde de Vérone. Si dans ce monument on a supprimé les ogives pour les remplacer par d'autres courbes habilement appropriées, du moins l'influence ogivale se manifeste-t-elle dans toutes les parties, dans la forme même des principales portions de l'ornementation. Les fragments antiques, imités et ajustés avec un talent supérieur, ne sont pas encore de l'antique pur, par la raison qu'ils ne sont assujettis à aucune des proportions imposées aux ordres grecs et romains, et que les ornements dont ils sont ornés leur donnent un tout autre caractère. Le château d'Anet, bâti en 1548 par Philibert Delorme et Jean Goujon, par ordre de Henri II, et pour Diane de Poitiers, rentre plus dans les données antiques; il est presque affranchi de l'influence du style ogival. Aussi, en considérant cet ouvrage, on n'a pas reproché à Delorme, ainsi qu'on l'a fait à Pierre Lescot, et en général aux architectes de cette époque, d'avoir abusé de la richesse d'ornementation, d'avoir par cet effet nui à la grandeur de l'ensemble. Ces artistes, architectes et sculpteurs, n'envisageaient pas assez l'unité; le plus souvent ils sacrifiaient à la recherche et au fini de la sculpture la simplicité et la dignité de l'architecture.

Pour résumer cette époque toute transitoire, disons que de François Ier à Louis XIV, la plupart des architectes connaissaient les monuments antiques de l'Italie; ils les avaient étudiés, mesurés, mais peut-être sans entrer dans l'esprit qui les avait inspirés; ils les avaient vus, ainsi que s'exprime Chambrai, avec des yeux encore gothiques. Les accessoires ou les détails, toujours motivés chez les anciens comme dans l'art ogival, devenaient, chez ces architectes sans vocation, le principal, et faisaient disparaître, en les morcelant, les grandes parties et les belles proportions de l'ordonnance; on peut dire qu'ordinairement il n'y avait plus d'espace vide où l'œil pût trouver du repos.

Pendant le règne de Louis XIII, les architectes, voulant éviter la prodigalité de l'ornementation, tombèrent dans un excès contraire; ils firent des monuments d'une simplicité par trop rudimentaire; leurs frontons, leurs corniches et leurs moulures à l'état d'ébauches semblent attendre que le sculpteur les façonne et les amincisse; telles sont les façades principales des églises de Saint-Roch, des Pères de l'Oratoire et de Saint-Gervais. Cependant c'est dans cette période, qui affichait en architecture une austérité par trop rustique, que s'éleva une des plus

heureuses additions du Louvre, la tour de l'Horloge et son dôme, dont l'accord de toutes les parties se trouve dans une parfaite harmonie. La façade sur laquelle cette tour fut ajoutée avait été construite par Pierre Lescot d'une même hauteur d'un bout à l'autre; mais au temps de Louis XIII l'usage fit comme une loi d'établir, au milieu des résidences royales, un pavillon beaucoup plus élevé que le reste de l'édifice. Lemercier, chargé de la réalisation de cette idée, agit avec beaucoup de goût et de convenance, car il se régla autant que possible sur les plans et le travail de Pierre Lescot; il entra tellement dans l'esprit du modèle que, jusqu'à l'ornementation, toute son addition est dans le caractère de la façade entière. Plusieurs ouvrages d'architecture ont blâmé Lemercier d'avoir outré l'élévation de ce pavillon, écrasant, y dit-on, les deux corps de logis qu'il dépasse : les auteurs de ces écrits n'ont pas compris qu'en agissant de la sorte Lemercier devait avoir en vue la réunion certaine, dans un temps donné, du Louvre et des Tuileries. Son pavillon, comme celui des Tuileries, était destiné à augmenter pour l'œil l'étendue qui les sépare. Nous sommes persuadé que c'est pour se renfermer dans cette pensée qu'en 1806 Percier et Fontaine ont eu soin de disposer leur projet de réunion du Louvre aux Tuileries de manière à faire ressortir ces pavillons, qui, dans une vue d'ensemble, devaient seuls attirer les regards.

Personne n'ignore qu'au moment où Louis XIV monta sur le trône, l'engouement qui existait, au moins depuis un siècle, pour les vieilles traditions romaines, dont on s'efforçait d'exhumer les documents écrits et d'étudier les monuments figurés, avait apporté de notables améliorations dans l'imitation de l'architecture des temps reculés; il y avait progrès en ce sens. Aussi quelques créations architecturales furent-elles dignes de la majesté de ce siècle. Nous nommerons, comme témoignage, l'hôtel des Invalides, sublime conception de Mansart; l'aspect du dôme de cet édifice, dont la silhouette est des plus élégantes, complète merveilleusement le tout, et en fait un morceau empreint de noblesse et de grandeur. A côté de ce chef-d'œuvre, nous devons placer la colonnade du Louvre par Perrault, car la disposition de l'ensemble fait le plus grand effet. Pour se rendre compte du talent que cet habile architecte a su y déployer, il faut étudier attentivement la beauté des profils, la pureté des galbes des colonnes, la magnificence des chapiteaux et la finesse et la richesse des détails. De la mort de Louis XIV à l'avénement de Louis XVI, c'est-à-dire pendant le temps que Louis XV parcourait son règne de plaisir, l'afféterie et le retour à une ornementation capricieuse jeta quelques troubles dans l'architecture. Cependant quelques artistes ingénieux tirèrent, en les épurant, un bon parti de créations qui affichaient une prétention à la naïveté. Bien certainement, les styles rococo et *Pompadour* ont apporté et fait éclore des idées nouvelles qui ont provoqué des décors peints et sculptés et des ameublements qui, ne manquant pas de piquant et d'originalité, devaient donner à l'ensemble des salons et des boudoirs des heureux d'alors, un certain parfum de bon goût, comme on l'entendait, et surtout une physionomie pittoresque qui s'harmonisait à merveille avec les volumineuses coiffures si excentriques de perruques poudrées et ornées de rubans, de roses et de diamants. Malgré les séductions de la fantaisie qui était à l'ordre du jour, il s'éleva quelques monuments importants et d'une certaine sévérité, tels que le principal portail de l'église Saint-Sulpice par Servandoni, et la fontaine de la rue de Grenelle-Saint-Germain, pour laquelle Girardon a déployé tant de talent. C'est aussi du temps de Louis XV que fut élevée la place qui porte son nom. Nous pourrions encore citer bien des monuments réalisés pendant les règnes de Louis XVI, la République, Napoléon Ier, Louis XVIII, Charles X et Louis-Philippe; mais nous pensons devoir arrêter ici notre résumé de l'histoire de l'architecture, dans la crainte de tomber dans des redites. Nous terminons par un mot d'éloge adressé à la mémoire de Percier et Fontaine, ces grands architectes de notre époque, qui ont concouru, par un zèle infatigable et par les plus heureux exemples, à ramener l'architecture dans les données si précieuses de beauté et de simplicité. C'est de l'école de Percier et Fontaine que sont sortis la plupart des architectes distingués de nos jours, dont la France aura, nous n'en doutons par, à s'enorgueillir.

THÉNOT, *professeur*.

ARCHIVES [du grec *archeion*]. — Collection de titres, de chartes et autres actes importants. Il se dit également du lieu où l'on garde ces sortes de documents.

La création des archives devint une nécessité chez tous les peuples de l'antiquité et des temps modernes dès qu'il y eut des affaires réglées, soit de nation à nation, soit entre des particuliers, par des actes écrits; car il fallut, dès lors, assurer la conservation des documents relatifs à ces transactions. De là l'origine des dépôts publics ou privés, qui constituent de nos jours les archives de l'État, celles des grandes corporations, des familles ou des simples particuliers.

Il y eut donc des archives partout où l'écriture fut en usage, et ces dépôts furent plus riches et plus considérables à mesure que les peuples furent plus cultivés et plus policés; car l'écriture est le grand élément de la civilisation et de l'ordre social, l'agent essentiel de tous les intérêts pour les nations comme pour les citoyens. Cependant, il nous est parvenu bien peu de renseignements sur les archives des nations asiatiques. L'état de la civilisation assyrienne, indienne, etc., ne permet pas de penser que ces peuples ne possédèrent pas des dépôts consacrés et protégés par la loi, et destinés à recevoir les actes de l'autorité souveraine et les documents publics. Les archives de Médie, de Babylone, celles des Phéniciens, des Chaldéens et des Tyriens, sont mentionnées dans le livre d'Esdras, dans les ouvrages de Tertullien et dans l'historien Josèphe. On cherche surtout dans les livres sacrés de l'Asie les traces des institutions civiles qui durent régir les peuples anciens.

Il n'en fut pas ainsi en Égypte. Toute l'antiquité classique témoigne que ce peuple célèbre posséda des archives nationales aux époques les plus reculées de sa civilisation. Ceux des anciens qui se sont occupés des annales égyptiennes déclarent qu'ils ont travaillé sur des documents authentiques, conservés dans les archives; tel est Manéthon, dont une foule de témoignages parvenus jusqu'à nous ont constaté la véracité. Ces archives étaient déposées dans les temples; la caste sacerdotale, qui était réellement la classe lettrée de la nation, et non pas une corporation occupée seulement du culte des dieux, avait la garde de ces archives. Elles ne pouvaient être ni secrètes ni abandonnées à une influence arbitraire, en ce qui concernait l'histoire nationale, puisque cette histoire était écrite au grand jour, sur les monuments publics qui ornaient en si grand nombre toutes les villes principales de l'Égypte. Les bas-reliefs et les inscriptions historiques qui couvraient les surfaces extérieures ou intérieures de ces monuments étaient en effet un complément et comme les pièces justificatives des annales écrites sur les registres sacrés déposés dans les temples. On comprend dès lors comment cette multiplicité de documents a pu faire parvenir jusqu'à nous si entiers et si authentiques les fastes de la nation égyptienne. De plus, les écrivains grecs purent consulter ces archives égyptiennes, et les monuments encore subsistants corroborent à nos yeux leurs assertions, leurs données historiques, et nous font partager leur admiration pour un peuple qui fut à la fois si puissant et si sage. Il nous reste des pièces historiques originales, trouvées en Égypte, dont la date remonte au dix-septième siècle *avant* Jésus-Christ; des monuments avec des inscriptions historiques antérieurs à ce même siècle; enfin, les listes des dynasties égyptiennes, depuis le commencement de la monarchie des Pharaons. Sans les soins attentifs et non interrompus que les Égyptiens donnèrent à la conservation et à l'accroissement successif de ces archives publiques, cette grande renommée, qui, dès les plus beaux temps de la Grèce, s'attache au nom égyptien, serait aujourd'hui reléguée dans le domaine des conjectures.

Les Hébreux rassemblèrent leurs archives d'abord dans l'arche et le tabernacle, puis dans le temple de Jérusalem, celles-ci furent en partie détruites pendant le siége de cette ville par Vespasien. Le livre de Josué mentionne également une ville de Canaan nommée *Carsat-Sepher*, c'est-à-dire la ville des livres ou des archives; mais c'est à Samarie que l'on conserve encore de nos jours les archives de ce peuple et les textes primitifs de la Bible, ceux surtout qui ont le moins subi de modifications résultant des circonstances exceptionnelles qui pesèrent à diverses époques sur la destinée du peuple d'Israël.

Les temples, chez les Grecs, furent aussi le lieu de dépôt des archives de chaque ville; on y conservait non-seulement les actes d'un intérêt général ou utiles aux familles, mais encore les lois en original et les ouvrages même des poëtes qui honoraient la patrie par des productions recommandables; les poésies d'Hésiode furent déposées dans un temple des Muses en Béotie. Au dire de Pausanias et selon Tacite, on aurait retrouvé, du temps de Tibère, dans certaines archives de la Grèce, des documents qui remontaient à mille ans au delà.

Comme les Grecs, les Romains réunirent d'abord dans les temples et dans les palais de leurs rois les monuments écrits de leur histoire; mais plus tard Valérius Publicola fit transporter les archives dans le temple de Saturne; ceux de Jupiter Capitolin, d'Apollon, de Vesta et de Junon, à Rome, servirent également pour ces dépôts historiques et judiciaires. Mais par l'ordre d'Antonin le Pieux, chaque province eut ses archives spéciales; des fonctionnaires étaient commis à leur garde. Elle était dans les attributions des consuls pendant la république; les empereurs la déléguèrent aux préfets du trésor, en plaçant toutefois auprès d'eux des officiers dont les fonctions avaient pour objet l'examen et la conservation des actes publics. Ces dépôts portaient le nom de *archivium, tabularia, tablina, cartularia, chartaria, graphiara*. Dans les derniers temps de l'empire romain, un comte avait la surveillance des archives; et des décisions de l'autorité publique, sous les rois goths d'Italie, les premiers rois de France, et dans d'autres États, pourvurent à l'établissement et à la conservation des archives, au dépôt régulier qui devait y être fait des actes d'un intérêt général, et à leur communication aux personnes qui avaient intérêt à y recourir.

L'autorité pontificale établit, dès le troisième siècle, des archives ecclésiastiques; elles renfermaient à la fois les livres saints, les lettres des évêques, les actes des conciles et les titres de propriété; un chancelier en avait la direction. Les évêques, les monastères, les églises, suivirent cet exemple; les actes qui les concernaient étaient soigneusement rangés dans un lieu sûr. Les archives ecclésiastiques renfermaient aussi beaucoup de pièces relatives aux intérêts civils et à l'ordre judiciaire, ce qui a fait dire des monastères de l'Allemagne, qu'ils étaient les véritables archives de l'histoire. On peut appliquer ce jugement à presque toutes les maisons religieuses des autres pays.

ARCHIVES GÉNÉRALES DE FRANCE (à Paris, hôtel Soubise). — C'est au commencement de la seconde race des rois de France qu'on rapporte, et sur des témoignages authentiques, l'établissement des archives royales qui conservèrent jusqu'à nos jours le nom de *Trésor des chartes* (voy. ce mot). Mais, en 1790, lorsqu'on supprima les grandes corporations, les archives qui leur appartenaient furent portées dans des dépôts provisoires, et heureusement il se trouva, à Paris, des hommes très-savants, appelés aux premières fonctions de l'État, qui usèrent alors de leur autorité pour protéger ces dépôts littéraires, jusqu'à ce que des décrets, rendus par des assemblées réunissant alors tous les pouvoirs, assurèrent leur conservation régulière. Ce fut en effet un décret de la Convention, du 26 messidor an II de la République (14 juillet 1794), qui institua à Paris

des *archives nationales*, comme dépôt central pour toute la France; mais le 8 prairial an VIII (28 mai 1800), un arrêté des consuls modifia complétement ces archives et créa un établissement spécial dont ils réglèrent l'administration. Ces décisions sont encore en vigueur de nos jours, sauf quelques légères modifications rendues nécessaires par les lois nouvelles de finance et la centralisation administrative. Les documents historiques et des archives entières, enlevés des pays étrangers conquis par les armées françaises, étaient envoyés dans ce même dépôt, établi à l'ancien hôtel de Rohan-Soubise. On y vit arriver successivement les archives du Piémont, de l'Espagne, celles de divers pays du Nord et les archives pontificales. Celles-ci surtout furent l'occasion de beaucoup de recherches, parce qu'elles étaient secrètes à Rome. La partie relative aux missions dans le Levant renfermait une foule de documents et de pièces imprimées ou manuscrites du plus haut intérêt. Lorsqu'elles possédaient toutes ces richesses, les archives nationales étaient classées en *divisions française, italienne, espagnole* et *allemande*. Quand l'inconstance de la victoire obligea la France à des restitutions, tout ce qui était venu de l'étranger lui a été rendu, et les archives furent réduites à ce qui appartenait en propre à la France.

Les archives générales de l'empire sont aujourd'hui divisées en six sections, contenant chacune une certaine nature de documents. En donnant la nomenclature de ces divisions, on pourra apprécier la richesse de ce dépôt, le plus important et le plus complet qui existe en Europe, en même temps qu'elle servira de guide à ceux qui ont des recherches à faire dans cet établissement.

Section législative. — Elle se compose de la collection des lois, — des procès-verbaux des assemblées nationales, des minutes de ces procès-verbaux et des pièces qui y sont annexées, — des rapports et documents relatifs aux missions des députés ainsi que des missions des comités, — enfin des versements opérés tous les ans par le ministère de la justice.

Section administrative. — Elle comprend les anciens papiers du conseil du roi. — Conseil de Lorraine. — Secrétariat de la maison du roi. — Maison du roi, écuries. — Garde-meuble, etc.

Personnel de l'administration générale de la France et des départements. — Les papiers de l'administration des préfectures et des communes. — Comptabilité générale, départementale et communale. — Police générale et sanitaire. — Affaires militaires. — Agriculture. — Subsistances. — Commerce. — Travaux publics. — Ponts et chaussées. — Mines. — Hospices et secours. — Prisons et mendicité. — Instruction publique. — Imprimerie et librairie. — Cultes. — Statistique. — Papiers des ministères autres que celui de la justice.

Liquidation des dettes de l'État. — Ferme générale. — Régie des aides. — Eaux et forêts. — Loterie. — Amirauté. — Succession Law et ancienne compagnie des Indes.

Administrations locales. — Alsace, Amiens, Artois, etc. — Papiers de la secrétairerie d'Etat. — Papiers de la liste civile.

Section domaniale. — Cartes et plans. — Chambres des comptes. — Titres domaniaux, domaines des princes. — Biens des corporations supprimées. — Séquestres, deshérences. — Vente des biens nationaux et titres anciens et modernes relatifs à ces ventes.

Section judiciaire. — Matières de jurisprudence. — Grande chancellerie et conseils. — Secrétaires du roi. — Prévôté de l'hôtel du roi. — Requêtes de l'hôtel. — Conseil privé du roi ou conseil des parties. — Commissions extraordinaires du conseil. — Conseils supérieurs. — Conseil souverain de Dombes. — *Parlement de Paris.* — Registres. — Olim. — Juges. — Conseils et plaidoiries. — Conseil secret. — Ordonnances des rois de France. — Tournelle criminelle. — Procès intentés aux grands du royaume. — Conclusions des procureurs généraux. — Saisies réelles. — Grands jours. — *Minutes.* — Juges. — Conseils. — Plaidoiries. — Conseil secret. — Patentes. — Dépens. — Remboursements. — Tournelle criminelle. — Requêtes du palais. — Baillage du palais. — Chancellerie du palais. — Accords et rouleaux. — Communauté des procureurs. — Greffe des dépôts. — Pièces déposées au Parlement.

Châtelet. — Livre de couleur du Châtelet. — Bannières du Châtelet. — Publications d'ordonnances. — Avis de parents et tutelles. — Défauts aux ordonnances. — Dépens. — Communauté des procureurs au Châtelet. — Présidial du Châtelet. — Chambre civile du Châtelet. — Référés. — Chambre des auditeurs. — Chambre du conseil. — Chambre du procureur du roi. — Chambre de police. — Petit criminel. — Grand criminel. — Pièces déposées. — Commissaires au Châtelet. — Chambre des commissaires. — Greffiers à la peau. — Prévôté de l'Isle.

Cours et juridictions diverses. — Cour des aides. — Cour des monnaies de Paris et de Lyon. — Prévôté générale des monnaies. — Connétablie et maréchaussée de France.

Amirauté de France. — Maîtrise des eaux et forêts de Paris. — Juridiction de la table de marbre des eaux et forêts de France.

Bureau des finances. — Juridiction de l'élection de Paris. — Bureau de la ville de Paris.

Prévôté de l'Ile-de-France. — Chambre de la liquidation des dettes de l'État. — Chambre des bâtiments. — Greffier des bâtiments. — Juridiction du grenier à sel de Paris.

Chambre de la marée. — Baillage de l'Arsenal. — Chambre pour la réformation des hôpitaux. — Officialité de Paris. — Chambre ecclésiastique. — Barre du chapitre de Paris.

Baillage de la varenne du Louvre. — Justices seigneuriales.

Minutes judiciaires. — Minutes des notaires. — Maison du roi ou cent-suisses. — Tribunaux criminels pendant la révolution.

Cet ensemble de documents est placé sous l'autorité d'un directeur général. Les règlements permet-

tent de délivrer des copies authentiques des pièces déposées aux archives. Une décision ministérielle a réglé les droits à payer pour ces expéditions. Les archives générales de l'empire sont dans les attributions du ministère d'État.

Indépendamment du vaste établissement dont nous venons de donner une idée sommaire, il existe à Paris des collections spéciales de documents au ministère de la guerre connues sous le nom d'*archives historiques militaires, bureau des lois et archives* et *dépôt des fortifications*, et au ministère de la marine un dépôt de papiers historiques anciens et modernes relatifs à la marine; enfin, au ministère des affaires étrangères, une collection spéciale de documents relatifs à la diplomatie française.

ARCHIVES DÉPARTEMENTALES. — Peu de pays étaient aussi riches en archives que la France; car, à l'exemple de la couronne, tous les grands établissements publics s'occupèrent de la recherche, de la conservation et de la mise en ordre des documents qui les intéressaient. Un travail général, fait en 1782, dans toutes les provinces de la France, procura une liste des archives ou dépôts de documents existant alors dans chaque généralité, les subdélégations, villes, communes, corporations et châteaux. L'état dont nous parlons porte le nombre de ces dépôts à douze cent vingt-cinq; mais, en 1793, les archives en France eurent beaucoup à souffrir des événements politiques. Des lois promulguées aux époques les plus orageuses en assurèrent cependant la possession à l'État et la conservation dans chaque chef-lieu des nouvelles circonscriptions administratives adoptées pour la France. Ces archives, échappées aux mesures de suppression ordonnées par la Convention contre les titres dits féodaux, ont donc été recueillies avec le plus grand soin; elles se trouvent aujourd'hui dans des dépôts placés sous la surveillance des préfets et sous la direction administrative du ministère de l'intérieur, qui en ordonne le classement et en autorise la communication, en vertu des lois du 12 septembre 1791, 7 messidor an II, 5 novembre 1790 et 5 brumaire an V. Mais ces belles collections historiques et domaniales restèrent longtemps oubliées et parfois trop abandonnées; ce ne fut qu'à partir de l'année 1838 que le gouvernement s'occupa sérieusement d'organiser ce service administratif, après avoir obtenu des chambres législatives la loi du 10 mai 1838, qui rendit obligatoire, pour les départements, les frais de conservation de ces titres anciens. Dès lors, chaque département fut obligé d'affecter un local convenable pour placer les archives de sa circonscription. Une commission, composée d'hommes très-compétents, reçut la mission de rédiger une méthode de classement des documents, dont l'application fut faite uniformément à tous les dépôts. Le premier travail exigé consista à séparer entièrement les actes ayant appartenu à l'ancienne monarchie et à l'ancienne administration, c'est-à-dire tous ceux antérieurs à l'année 1790, d'avec les pièces qui portaient une date plus récente. Ces documents, antérieurs à 1790, furent ensuite assemblés par collections provenant d'un même individu, d'une même corporation ou du même établissement; ces collections furent réparties par séries ayant pour titre : 1° Actes du pouvoir souverain; 2° cours et juridiction; 3° administrations provinciales ; 4° instruction publique; 5° communes, bourgeoisie et familles. Les archives ecclésiastiques formèrent deux séries : celle du clergé séculier et celle du clergé régulier.

Le ministre de l'intérieur ordonna la rédaction des inventaires analytiques de chacune des pièces formant les collections de ces dépôts. Les instructions dont nous venons de parler portent la date du 24 avril 1841 et donnèrent de très-beaux résultats; mais leur application à toutes les archives de France paraissait devoir exiger beaucoup de temps avant de faire connaître ceux des dépôts départementaux qui offraient le plus de ressources pour l'histoire. Une mesure transitoire fut alors proposée et adoptée le 20 janvier 1854; son but était de faire rédiger rapidement un inventaire sommaire de chaque dossier dont se composait une collection, en indiquant la date du plus ancien et du plus récent document qu'il contenait, les personnes et les affaires auxquelles les documents se rapportaient. Ces dernières instructions ont été publiées par la Revue archéologique de 1854. Appliquées depuis moins de trois années, elles ont permis d'apprécier la richesse des dépôts des préfectures et combien ils offraient de ressources précieuses pour notre histoire nationale.

Le choix des archivistes fixa aussi l'attention du gouvernement, qui ordonna, le 4 février 1850, de les prendre de préférence parmi les élèves de l'École des chartes, à défaut de candidats de cette école, parmi des personnes jeunes ayant subi un examen de capacité devant une commission nommée par le ministre. Chaque année, au moment de la réunion des conseils généraux, les archivistes rendent compte aux préfets des travaux exécutés dans l'intervalle des sessions, et le préfet, après en avoir donné connaissance au conseil général, adresse au ministre un rapport sur les résultats obtenus. Les inventaires rédigés dans les départements sont communiqués au même ministre, qui en fait examiner la rédaction, et, après l'avoir approuvée, en ordonne le dépôt à son ministère.

Un règlement général pour les archives départementales avait été mis en vigueur dès le 6 mars 1843, et une circulaire publiée le 24 juin 1844 donna aux préfets les instructions concernant la suppression et la vente des papiers inutiles, parmi lesquels, toutefois, il ne doit jamais se trouver de pièces provenant d'une administration antérieure à 1790.

Les archives des communes ont été également l'objet des investigations de l'administration supérieure. Toutes les mesures propres à assurer leur mise en ordre et leur conservation se trouvent indiquées dans une circulaire qui porte la date du 16 juin 1842. Les préfets sont chargés de les faire rigoureusement exécuter.

Les établissements de bienfaisance passaient aussi pour posséder, surtout dans le nord de la France, des archives historiques assez importantes. Le ministre de l'intérieur voulut compléter l'ensemble des mesures prises par lui pour assurer la régulière conservation de toutes les archives de France en prescrivant d'en rédiger des inventaires sommaires. Des instructions furent également adressées dans ce but aux préfets le 10 juin 1854. La surveillance des différentes branches de ce service administratif fut alors confiée à un bureau spécial du ministère de l'intérieur.

En général, les documents que l'on remarque en plus grand nombre dans les divers dépôts des départements sont des chartes, dont quelques-unes remontent à la seconde race de nos rois, des cartulaires d'abbayes, des livres terriers, etc. Les papiers des administrations anciennes s'y retrouvent presque entièrement; pour la partie judiciaire, on conserve les actes provenant des bailliages, des sénéchaussées, des cours des aides, des cours des comptes, des cours des monnaies. L'ancienne administration y est représentée par les papiers des intendances, des élections, des bureaux des finances, des états provinciaux, des universités, colléges. Enfin, on y trouve aussi des titres de famille, les registres des anciens notaires, les titres de propriété des communes. Les plus anciens documents proviennent en général des archevêchés ou évêchés, des chapitres métropolitains, des abbayes, des prieurés et autres maisons religieuses.

La section des archives qui comprend les documents modernes, depuis 1790 jusqu'à nos jours, est classée de manière à répondre aux principales branches des services publics, afin de pouvoir plus facilement retrouver les pièces nécessaires pour les affaires non encore terminées. On remarque surtout dans cette section les papiers provenant des anciens émigrés et des domaines vendus nationalement. L'État, les familles et les communes y puisent également de précieuses notions pour les droits de propriété qu'ils ont à défendre ou à revendiquer.

Peu de gouvernements en Europe pourraient présenter un ensemble aussi complet d'archives anciennes et modernes.   AIMÉ CHAMPOLLION-FIGEAC.

ARCHONTE [du grec archon, gén., archontos, qui signifie commandement, autorité]. — Magistrat des républiques grecques, notamment de la république d'Athènes.

Codrus, pour obéir à l'oracle qui, dans la guerre avec les Doriens, avait annoncé que l'avantage resterait à celui des deux peuples dont le chef serait tué, se dévoua magnanimement pour le salut de la patrie en se jetant au milieu de la mêlée pour y chercher la mort. Les Athéniens, ne jugeant personne digne de lui succéder au trône, décrétèrent la fin de la royauté, et conférèrent l'autorité suprême à des chefs qu'ils nommèrent archontes. Telle est l'origine de l'archontat à Athènes, qui eut lieu sans violence et sans révolution.

Les archontes étaient au nombre de neuf. Ils devaient être fils et petits-fils de citoyens d'Athènes, et avoir porté les armes pour le service de la patrie. On exigeait qu'ils fussent riches, pensant que la richesse les rendrait inaccessibles à la corruption. En un mot, par leurs mœurs et leur vie sans reproche, ils étaient unanimement reconnus pour les plus honorables citoyens. Ils juraient de respecter les lois. A la fin de leur charge, qui durait un an, ils rendaient compte de leur gestion, et si leur administration avait été juste et sage, ils étaient appelés à faire partie de l'aréopage.

Les archontes se divisaient entre eux les affaires de la république. Le premier archonte s'appelait *Eponyme*, parce qu'il donnait son nom à l'année, et que les actes publics et les décrets étaient rendus en son nom. Ses fonctions étaient principalement de veiller sur les veuves et sur les orphelins. Le second archonte, appelé *Basileus*, roi, présidait aux cérémonies religieuses; le troisième archonte, appelé *Polémarque*, ou généralissime, commandait les armées de la république; les six derniers, appelés *Thémostètes*, ou gardiens des lois, surveillaient les magistrats, maintenaient l'ordre et la tranquillité dans la ville, et présidaient à l'élection de plusieurs magistratures subalternes.

La distinction des archontes, lorsqu'ils siégeaient à leur tribunal, était une couronne de myrte dont ils ornaient leur tête. Leur personne était sacrée. Ils disparurent en même temps que l'aréopage, lorsque Périclès concentra en ses mains tous les pouvoirs de la république.   RÉDAREZ SAINT-RÉMY.

ARÇON (équitation) [du latin *arcus*]. — L'une des pièces de bois courbées en cintre qui servent à faire le corps de la selle d'un cheval, avec deux bandes de fer qui les joignent l'une à l'autre. *Perdre les arçons, vider les arçons*, sont des façons de parler par lesquelles on entend qu'un cavalier a désarçonné ou renversé de son cheval.

En agriculture, *arçon* signifie le sarment long de six à huit yeux, et même plus, qu'on laisse sur le cep lors de la taille, dans le pays où le cep et le sarment sont accolés contre des échalas.

En technologie, les chapeliers, les arçonneurs et les marbriers stucateurs donnent le nom d'arçon à l'espèce d'archet qui leur est propre.

ARCTIQUE (astronomie) [du grec *arctos*, ourse]. —Epithète que l'on a donnée au pôle septentrional ou pôle arctique, parce que la dernière étoile, située dans la queue de la petite ourse, en est très-voisine. Le cercle polaire *arctique* est un petit cercle de la sphère parallèle à l'équateur, et éloigné du pôle arctique de 23 degrés 28 minutes. Il prend son nom du pôle arctique.

ARDISIACÉES (botanique). — Famille de plantes établie par Jussieu, et que l'on désigne aujourd'hui sous le nom de *Myrsinées*.

ARDISIE (botanique). —Genre de plantes de la famille des Myrsinées, composé d'arbres ou arbrisseaux exotiques, à feuilles alternes, à fleurs glanduleuses, disposées en panicules ou en faisceaux. Leurs caractères botaniques sont: « un calice monosépale, à quatre ou cinq divisions, ainsi que la corolle, qui est monosépale; cinq étamines à anthères conniventes;

un stigmate sessile; un ovaire libre, à une seule loge; une baie pyriforme, polysperme. »

On compte, dit Lallemant, une vingtaine d'espèces d'*ardisies*; parmi celles qui sont cultivées dans nos orangeries, nous citerons: l'*ardisia solanacea*, arbrisseau de la côte de Coromandel, à feuilles ovales, entières, à fleurs purpurines, disposées en corymbes; l'*ardisia crenata*, à feuilles bordées de crénelures glanduleuses; ses fruits, rouges et nombreux, sont d'un effet agréable; enfin, l'*ardisia paniculata*, arbrisseau vigoureux, à feuilles fasciculées à l'extrémité des rameaux et très-longues; les fleurs, d'un rose violacé, forment une belle panicule terminale.

ARDOISE (minéralogie). — Schiste de la nature de l'argile, de couleur bleue, grise ou rousse, se divisant en lames minces, plates, unies, que l'on emploie à couvrir les édifices et pour faire des tablettes à dessiner, à écrire, à compter. La pierre d'ardoise doit remplir plusieurs conditions importantes; elle doit se diviser en feuillets très-minces, afin que les toits d'ardoise possèdent cette légèreté qui est leur principal avantage, et qui manque complétement aux couvertures en tuile; il est important que le grain de la pierre soit très-serré, afin qu'elle n'absorbe pas l'humidité, sans quoi sa cohésion serait bientôt détruite par l'action de la gelée. Pour éprouver sous ce rapport la qualité de la pierre, il suffit de voir si son poids augmente d'une manière notable par une immersion prolongée dans l'eau; la contexture serrée de l'ardoise doit se manifester aussi par une certaine sonorité. La feuille d'ardoise doit être tenace et résister fortement au choc quand on essaye de la casser en travers; enfin elle doit être homogène et absolument exempte de corps étrangers. On rencontre dans les deux formations du terrain de transition, et dans ce groupe de roches dites primitives qui forment le passage des terrains stratifiés cristallins aux terrains de sédiment, plusieurs espèces de pierres qui remplissent ces diverses conditions; mais le schiste argileux, vu son abondance dans certaines contrées, est à peu près le seul qui soit l'objet de grandes exploitations. Les schistes exploités pour ardoises possèdent tous, outre les propriétés qui viennent d'être énumérées, une couleur intermédiaire entre le gris et le bleu foncé; c'est pourquoi l'ardoise sert ordinairement de type pour caractériser cette sorte de nuance. Les grandes masses de schiste argileux appartiennent exclusivement, ainsi qu'on l'a dit, aux terrains de transition; aussi une carte géologique de l'Europe, sur laquelle seraient figurés ces terrains, donnerait un aperçu assez exact de la répartition de l'industrie qui a pour objet l'exploitation des ardoises. Dans quelques contrées, et par exemple dans le Mansfeld, dans la Thuringe et dans l'est de la France, on exploite, à la vérité, pour ardoises quelques couches fissiles des terrains secondaires inférieurs; mais les produits de cette industrie ont peu d'importance. (*Le Play.*)

Les principales ardoisières de la France sont: celles d'Angers et de Charleville. On peut citer encore celles de Saint-Lô et de Cherbourg, de Redon et autres lieux sur les bords de la Vilaine, des environs de Grenoble, de Traversac et de Villac, près de Brives (départements de la Dordogne et de la Corrèze), de Blamond, près Lunéville, et une multitude d'autres, servant à la consommation locale dans toutes les régions occupées par le terrain schisteux.

Les ardoisières d'Angers sont ouvertes sur une couche de schiste argileux, d'une grande épaisseur, que l'on peut considérer comme se prolongeant à peu près de l'est à l'ouest jusqu'à Châteaulin, à l'extrémité de la Bretagne, où elle donne lieu à de très-grandes exploitations. A Angers, on a poussé les excavations jusqu'à cent mètres au-dessous de la surface du sol, et la qualité de l'ardoise s'améliore toujours à raison de la profondeur. Ces ardoises sont bien connues des naturalistes par les impressions du trilobite auquel Guettard donna le nom d'Ogygie. Les ardoisières de Charleville s'étendent de cette ville jusqu'à Fumay, en suivant les bords de la Meuse. La princi-pale exploi-tation est à Rimogne; la couche est inclinée à l'horizon, et on l'attaque par des rampes et gale-ries souter-raines qui s'enfoncent jusqu'à cent trente mè-tres. Ici, et dans les Ar-dennes en général, les ardoises vio-lettes et ver-dâtres sont

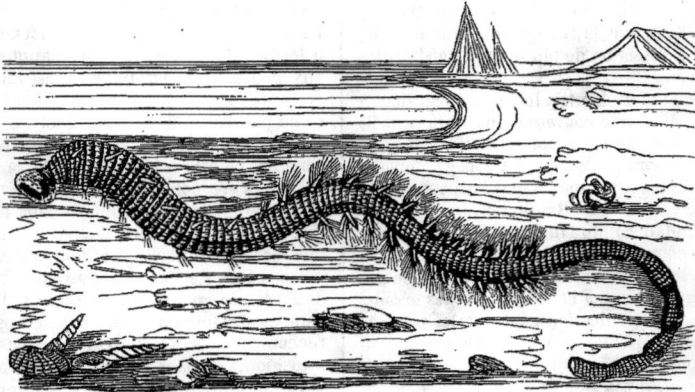

Fig. 48. — Arénicole.

beaucoup plus abondantes que les ardoises bleues.

En Angleterre, les ardoisières les plus renommées sont celles du Westmoreland dans le Derbyshire, l'ardoise y est bleue; elle est rouge pourpre dans l'île d'Anglesey. Celles qu'on emploie généralement à Londres viennent de Bangor dans le pays de Galles, elles sont grisâtres. Nous devons citer, dans le pays de Gênes, les grandes exploitations de Chiavari, dans les communes de Lavagna et de Cogorno; en Suisse, celles du Platsberg dans le canton de Glaris, ardoises que l'on emploie aux usages les plus variés, et que l'on exporte dans une grande partie de l'Europe comme tablettes à écrire. (*Boblaye.*)

ARÈNE. — Voy. *Amphithéâtre*.

ARÉNICOLES [d'*arena*, sable, et *colere*, habiter].
— Genre d'annélides errantes, renfermant des vers qui habitent dans le sable sur le bord des mers d'Europe.

Les animaux qui forment ce genre, dit L. Rousseau, ont un corps allongé, mou, fusiforme, plus gros au milieu qu'aux deux extrémités; leur partie antérieure est terminée par une tête peu distincte, pourvue d'une bouche rétractile qui ne supporte point de mâchoires, et la partie postérieure par un anus de forme arrondie, situé au bout d'une sorte de queue formée par tous les anneaux qui suivent le vingtième : les pieds sont dissemblables, et les branchies, au nombre de treize de chaque côté, correspondent à la septième paire de pieds et aux suivantes, jusques et compris la dix-neuvième, et manquent dans tout le reste du corps; le canal intestinal est droit; l'œsophage, joint avec l'estomac, offre deux poches membraneuses dont on ignore l'usage, et l'estomac, plus épais que le reste de l'intestin, est oblong et dilaté transversalement. Cinq bourses noirâtres, que l'on suppose être les testicules, sont situées à la partie antérieure, et les œufs, semblables à des grains jaunâtres, sont répandus dans l'intérieur du corps. Ces singuliers animaux habitent sur les bords de toutes les mers d'Europe; ils forment des tubes quelquefois très-profonds dans le sable, et les tapissent d'une membrane très-peu épaisse. Tous les pêcheurs de nos côtes et principalement ceux du Havre, où ces animaux sont en très-grande abondance, s'en servent pour la pêche du poisson. Ce n'est qu'à la marée basse, quand les sables sont à découvert, que des hommes armés de bêches vont aux endroits qu'ils habitent et creusent quelquefois jusqu'à 1 mètre à 1 mètre 30 de profondeur pour les atteindre. La seule espèce qui compose ce genre est l'arénicole des pêcheurs (*arenicola piscatorum*, Lam.; *lumbricus marinus*, Lin.), longue de six à dix pouces, d'une couleur cendrée, rougeâtre ou brune, avec les soies d'un brun doré éclatant et les branchies rouges quand elles sont pleines de sang.

ARÉOMÈTRE ou PÈSE-LIQUEUR (physique). — Instrument destiné à mesurer la densité ou la pesanteur spécifique comparative des fluides. Il est composé de trois parties distinctes, dont la réunion forme un tout d'une seule pièce. C'est un tube de verre cylindrique d'un très-petit diamètre, dont la partie supérieure n'a que 12 à 15 centimètres de hauteur, fermée hermétiquement. Cette partie, nommée *tige*, est divisée par degrés parfaitement égaux. La partie inférieure de cette tige présente à l'œil un petit globe de verre creux dont le diamètre, s'opposant à l'immersion de la tige, dans les fluides, la maintient dans une position verticale. Au-dessous se trouve un petit prolongement du tube qui se termine par un second globe de verre, dans lequel est renfermé du mercure qui sert de lest à l'instrument, qui prend le nom d'*aréomètre* lorsqu'il est destiné à déterminer les degrés de légèreté de l'eau-de-vie et de l'alcool. Il prend le nom d'*oinomètre*, ou *pèse-vin*, lorsqu'il doit servir à mesurer les degrés de légèreté des différentes espèces de vin, ou leur pesanteur spécifique, et celui de *pèse-acide*, *pèse-sel* et *pèse-sirop*, lorsqu'il s'agit de connaître la densité de ces trois sortes de fluides.

La pesanteur spécifique des liqueurs, quelles qu'elles soient, se mesure par la comparaison que l'on en fait avec l'eau. Il a fallu déterminer la pesanteur spécifique de ce fluide, et pour qu'elle fût exacte, on s'est servi de l'eau distillée pour comparaison. On a construit les aréomètres de manière que, par le poids de leur lest, ils plongeassent dans l'eau distillée verticalement, et marquassent, soit pour la légèreté, soit pour la densité, constamment le nombre 10 à la température de 10 degrés au thermomètre de Réaumur.

Une des conditions nécessaires, lorsqu'on veut faire usage de l'aréomètre, c'est qu'il soit bien sec et bien lisse, afin qu'en plongeant dans le liquide il ne soit retenu par aucun obstacle. Il peut faire connaître la pesanteur spécifique des fluides; tous les degrés que l'instrument laisse apercevoir au-dessous de 10 indiquent la pesanteur spécifique et leur différence de pesanteur. Si, au contraire, le fluide dans lequel on plonge l'aréomètre est spécifiquement plus léger, tel que le vin, l'eau-de-vie, l'alcool, l'instrument descendra dans ce fluide, et les degrés qu'il marquera au-dessus de 10 seront autant de degrés de légèreté.

On doit à M. Gay-Lussac, de l'Académie des sciences, un instrument qu'il a inventé en 1824, et dont la forme ressemble beaucoup à l'aréomètre que nous venons de décrire. Ce savant lui a donné le nom d'*alcoolomètre centésimal*. Etant plongé à la température de 15° centigrades dans un liquide spiritueux, il fait connaître la densité d'alcool qu'il contient. L'échelle se divise en 100 degrés, représentant chacun une centième partie d'alcool. La division 0° correspond à l'eau pure, et la division 100° à l'alcool *anhydre* ou absolu. L'instrument est gradué à la température de 15°. L'auteur de cet instrument ingénieux a calculé des tables pour le mouillage des liquides spiritueux, opération qu'on nomme réduction dans le commerce des eaux-de-vie, et qui consiste à réduire ces liquides à des degrés inférieurs, soit par le mélange avec une certaine quantité d'eau, soit en y introduisant un autre fluide spiritueux d'un degré plus faible.

L'aréomètre de Beaumé est ordinairement le seul employé pour les liquides plus pesants que l'eau; pour les liqueurs plus légères que l'eau, on emploie celui de Beaumé ou celui de Cartier : ce dernier étant l'aréomètre *légal*, voici leur concordance, et le degré de densité des liquides en regard.

BEAUMÉ.	CARTIER.	DENSITÉ.
10	10,00	1,000
11	10,92	0,993
12	11,84	0,986
13	12,76	0,979
14	13,67	0.973
15	14,59	0,966
16	15,51	0,960
17	16,43	0,953
18	17,35	0,947
19	18,26	0,941
20	19,18	0,935
21	20,10	0,929
22	21,02	0,923
23	21,94	0,917
24	22,85	0,911
25	23,77	0,905
26	24,69	0,900
27	25,61	0,894
28	26,53	0,889
29	27,44	0,883
30	28,38	0,878
31	29,29	0,872
32	30,31	0,867
33	31,13	0,862
34	32,04	0,857
35	39,96	0,852
36	33,88	0,847
37	34,80	0,842
38	35,72	0,837
39	36,63	0,832
40	37,55	0,827
41	38,46	0,823
42	39,40	0,818
43	40,31	0,816
44	41,22	0,809
45	42,44	0,804
46	43,06	0,800
47	43,98	0,795
48	44,90	0,791

On doit à M. Gay-Lussac un aréomètre centésimal dont voici le rapport avec le pèse-liqueur de Cartier :

Centésimal.	CARTIER.	Centésimal.	CARTIER.
10	0,2	28	74,0
11	5,1	29	76,3
12	11,2	30	78,4
13	18,2	31	80,5
14	25,2	32	82,6
15	31,6	33	84,4
16	36,9	34	86,2
17	41,5	35	88,0
18	45,5	36	89,6
19	49,1	37	91,2
20	52,5	38	92,7
21	55,6	39	94,1
22	58,7	40	95,4
23	61,5	41	96,6
24	64,2	42	97,7
25	66,9	43	98,8
26	69,4	44	99,8
27	71,8		

Un point essentiel à observer, lorsqu'on veut s'assurer des degrés de force de l'eau-de-vie ou de l'esprit au moyen du pèse=liqueur, c'est' que la température influe sur l'effet que produit ce liquide à l'égard du pèse-liqueur ; car toutes les fois que le thermomètre est monté à 10 degrés au-dessus de 0, le pèse-liqueur, plongé dans l'eau-de-vie, enfonce d'un degré de plus par chaque 5 degrés de chaleur ; en sorte que si l'eau-de-vie est juste à 22 degrés et que le thermomètre marque 15 degrés de chaleur, le pèse-liqueur, au lieu de se tenir à 22 degrés, descendra à 23 ; et si le thermomètre marque 20 degrés de chaleur, le pèse-liqueur de Cartier, le plus généralement employé, marquera 24 degrés., qu'il ne faut compter que pour 22, et ainsi de suite.

ARÉOPAGE (histoire) [des deux mots grecs *arés*, gén. *aréos*, Mars, et *pagos*, colline, ce qui semble indiquer que l'aréopage s'assemblait, pour prendre ses délibérations, sur une colline appelée la colline de Mars, ou consacrée à Mars, parce que ce dieu y avait un temple]. — Telle est l'étymologie probable du mot *aréopage*. Quant à son origine, il est dit que Minerve institua l'aréopage à l'occasion du meurtre commis par Oreste sur sa mère Clytemnestre pour venger la mort d'Agamemnon, son père, qu'elle avait fait mourir afin d'épouser Egisthe. Pour juger un tel parricide, Minerve forma un grand conseil qui fut appelé aréopage; mais les voix, au moment de la condamnation, se partagèrent, et la déesse, se rangeant du côté des voix qui s'étaient déclarées pour Oreste, fit pencher la balance en sa faveur, et Oreste fut acquitté.

De là, lorsqu'il y avait partage de voix dans un jugement, l'accusé était acquitté, parce qu'il était admis que les dieux se déclaraient pour lui.

Pensée sublime et profonde qui mettait le sort de l'accusé entre les mains de la Divinité, qui ne pouvait lui être que propice! Cette coutume semble encore survivre de nos jours. Dans les jugements par le jury, lorsque le nombre de voix, pour la condamnation, n'atteint pas la majorité selon la loi, les juges peuvent se ranger du côté des voix favorables à l'accusé et entraîner son acquittement. Les juges se substituent à la Divinité. Rôle magnifique, et qui fait honneur à l'humanité.

L'aréopage était un tribunal suprême à Athènes, qui, par ses hautes attributions et le caractère de ses membres, jouissait de la plus grande vénération. Les jugements qui émanaient de cette respectable assemblée étaient considérés comme des décrets célestes, et chacun se faisait un devoir d'y obéir et d'en rendre l'exécution facile.

Il était composé de sénateurs, d'archontes qui avaient accompli le temps de cette charge éminente, et de citoyens tirés parmi tout ce qu'il y avait de grand, de noble et de vertueux.

Il connaissait de tous les crimes, des abus et des vices ; il veillait sur la religion et ses cérémonies, ainsi que sur l'administration publique. Il fut chargé du maintien des mœurs par Solon. Ainsi, à lui seul, il était le pouvoir régulateur de tout ce qui constitue moralement un État.

Son pouvoir était sans bornes. La loi lui conférait le droit, lorsqu'il le jugeait nécessaire, de pénétrer dans l'intérieur des maisons pour y faire la police et pour s'enquérir si tel citoyen remplissait ses devoirs envers la famille, la société et la patrie ; il s'assurait si la dépense n'excédait pas les revenus. Cette mission délicate était toujours remplie avec tant de prudence et d'impartialité, que, malgré son apparence d'inquisition, l'aréopage ne cessa jamais d'être honoré et aimé.

Lorsqu'il siégeait comme tribunal, dans la crainte de se laisser entraîner par un geste pathétique ou par une attitude suppliante, l'aréopage tenait ses séances pendant la nuit. La personne de l'orateur disparaissait dans les ténèbres aux yeux des juges, et il lui était interdit de s'animer, d'employer les artifices de l'éloquence ; en un mot, il devait énoncer toutes les circonstances de la cause avec gravité, sans ornement de style et sans avoir recours à aucun éclat qui frappe l'imagination. Hélas! que nous sommes loin de cette coutume! Si de telles obligations étaient imposées à nos avocats, que resterait-il alors du métier? Il paraît qu'il n'en était pas de même lorsqu'il s'agissait des intérêts de la patrie, et que lorsque Athènes se débattait sous les serres de Philippe, Démosthènes, en plein jour, faisait entendre sa tonnante voix au peuple assemblé dans l'Agora.

Deux urnes recevaient les suffrages des aréopagites : l'une destinée à la condamnation, et l'autre à l'acquittement. La condamnation s'exprimait en déposant des cailloux noirs ; l'acquittement en déposant des cailloux blancs.

Cette institution, qui rendit de si éclatants services pendant son existence, ne dura guère qu'un siècle. Périclès, après avoir vaincu ses plus redoutables rivaux, Cimon et Thucydide, et abaissé l'insolence des Eupatrides, ne rencontra plus d'obstacle à son ambition. L'aréopage était encore debout. Périclès, jaloux d'une puissance qui lui portait ombrage, parvint à enchaîner son autorité, qui déjà s'affaiblissait, car les lois de Solon n'avaient plus le pouvoir d'opposer un frein à la licence des mœurs. En perdant de son importance, cette institution disparut.

De nos jours, la Grèce est sortie de ses cendres, et avec elle l'aréopage a ressuscité, mais de nom seulement, car ses attributions sont loin d'être ce qu'elles étaient jadis. La juridiction, d'après la nouvelle constitution du royaume, équivaut à celle de notre cour de cassation.

Le nom d'aréopage a reçu une plus grande extension. Métaphoriquement, on donne le nom d'aréopage à toute assemblée délibérante, politique ou non, composée de personnages éminents et recommables par leur sagesse et leur probité. Il s'applique aussi en ce sens à tout tribunal appelé à juger une cause quelconque. En un mot, aréopage, figurément et familièrement, se dit de toute assemblée de juges.

RÉDARÈZ SAINT-RÉMY.

ARÉQUIER (botanique). — Genre de plantes de la famille des palmiers dont les espèces principales sont :

1° L'*arec catechu* ou cachou de l'Inde, arbre couronné à son sommet par six ou huit feuilles très-longues, et dont le fruit, gros comme un œuf de poule, contient une chair fibreuse et succulente appelée *pinangue* par les Indiens;

2° L'*aréguier d'Amérique* ou chou palmiste, dont la tige est couronnée par un faisceau de feuilles avec

Fig. 49. — Aréquier.

un bourgeon terminal au milieu. Le fruit, de la grosseur d'une olive des Antilles, est bai bleuâtre; le bois est presque incorruptible.

ARÊTE [du latin *arista*, que quelques-uns croient venir du mot celtique *ar*, qui signifie pointe]. — En agriculture, arête est ce qu'on appelle vulgairement *barbe* du seigle, de l'orge et autres graminées, c'est-à-dire ce filet grêle, sec et plus ou moins raide, qui part de la base, du dos ou sommet des écailles, ou

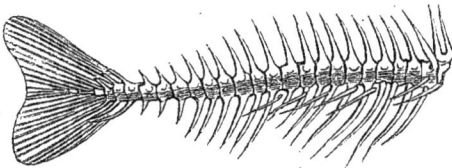

Fig. 50. — Arête.

paillettes florales de ces plantes. L'arête est encore toute espèce de pointe ou corps mince qui, par sa position ou sa structure, ressemble plus ou moins à l'arête ci-dessus définie.

En architecture, c'est par analogie que les architectes ont donné ce nom à l'angle saillant que for-

ment deux faces droites d'une pièce de bois, d'une pierre, etc.; à la pièce de bois qui forme l'angle des toits en croupe ou en pavillon; à un enduit de plâtre ou de mortier sur un toit couvert de tuiles. Ces deux derniers se nomment l'un *arestier*, et l'autre *arestière*.

En zoologie, c'est encore par analogie qu'on nomme arête ce qui, dans le corps des poissons, sert à soutenir leur chair, comme les os soutiennent la chair des animaux. La colonne vertébrale des poissons, armée de longues apophyses épineuses, est la *grande arête*; leurs côtes nombreuses, soudées avec les apophyses transversales sont les *arêtes proprement dites*; on donne encore le nom d'*arêtes* aux rayons ou petites pièces osseuses qui soutiennent les nageoires, ainsi qu'aux stylets allongés qui, dans certaines espèces de poissons, partent des vertèbres des côtes et soutiennent les chairs.

Enfin en technologie, il est peu d'arts ou de métiers qui n'emploient le mot arête pour désigner quelque partie de leurs travaux qui a de la ressemblance avec l'*arête proprement dite*.

ARÉTHUSE (botanique). — Genre de plantes vivaces de la famille des orchidées, originaire de la Virginie, dont une espèce, l'*aréthuse bulbeuse*, produit au printemps de grandes fleurs roses.

ARÉTHUSÉES (botanique). — Tribu de plantes de la famille des orchidées ayant pour type le genre *aréthuse*, qui se compose d'une seule espece, l'*aréthuse bulbeuse*. Cette tribu comprend les *gastrodiées*, les *exaréthusées* et les *vanillées*.

ARGÉMONE (botanique) [du grec *argema*, maladie de l'œil contre laquelle cette plante était employée]. — Genre de plantes de la famille des papavéracées, dont on ne connaît que trois ou quatre espèces bien caractérisées, originaires de l'Amérique et de l'Asie équatoriale. Le suc propre de ces plantes est âcre, drastique, et passe pour un antidote contre la morsure des serpents. On cultive dans les jardins l'*argémone commune*, l'*argémone du Mexique*, celle à *fleurs blanches* et celle à *grandes fleurs*.

ARGÉMONÉES (botanique). — Tribu de la famille des papavéracées dont l'*argémone* est le genre type.

ARGENT [du grec *argos*, blanc]. — Métal blanc, d'une pesanteur spécifique de 10,40, un peu plus élastique et plus sonore que l'or; fusible à 1000°. C'est, après l'or, le plus inaltérable et le plus ductile des métaux; on peut le réduire en feuilles si minces que 8,000 de ces feuilles n'ont pas l'épaisseur de 2 millim. 1/2, et qu'un gramme peut être tiré en un fil de 2540 à 2550 mètres de longueur.

Les mines d'argent sont nombreuses dans toutes les parties du monde; mais les plus productives sont celles d'Amérique. Le Pérou en renferme plus de sept cents, et le Mexique en fournit annuellement pour plus de cinquante millions. Viennent ensuite celles de Suède et d'Allemagne; on a retiré d'une de ces dernières un bloc pesant quatre cents quintaux. Nous en avons aussi en France, à Sainte-Marie, dans le département des Vosges, dont on extrait assez souvent des masses de cinquante à soixante livres. Toutes ces mines fournissent de l'argent pur ; mais on le trouve également combiné avec d'autres substances, telles que l'antimoine, qui le rend cassant, le soufre, qui le ramollit assez pour qu'on puisse le couper au couteau, etc. Les usages de l'argent sont extrêmement variés ; le principal est de servir à la fabrication des monnaies et de la vaisselle plate ; dans ce cas, il a besoin d'être allié avec un peu de cuivre (environ un dixième), afin qu'il ait la consistance nécessaire pour conserver les empreintes qu'on lui donne. Sa ductilité le rend susceptible d'être réduit en feuilles très-minces, avec lesquelles on couvre différents objets auxquels on veut donner de l'éclat sans en porter la valeur trop haut ; mais, comme il est plus altérable que l'or, il s'emploie moins que ce dernier sous cette forme.

Voici, d'après le docteur Hœfer, les composés de l'argent dont les usages sont nombreux dans les arts, la médecine, etc.

Composés oxygénés. — L'argent a, comme tous les métaux *nobles*, très-peu d'affinité pour l'oxygène. On ne connaît qu'un oxyde d'argent rigoureusement défini ; l'existence d'un peroxyde d'argent à proportions définies, obtenu par Ritter sous forme de longues aiguilles, en décomposant, par la pile, une dissolution étendue d'azotate d'argent, est au moins douteuse.

Oxyde. — Il est pulvérulent et de couleur olive foncée. Il est un peu soluble dans l'eau ; sa dissolution a une réaction légèrement alcaline. L'oxyde d'argent est une base puissante ; il se rapproche, sous ce rapport, des alcalis et du protoxyde de plomb. Il est fusible, et attaque, comme la litharge, les silicates et les vases de grès. La simple chaleur suffit pour le réduire. Déjà la lumière du soleil le noircit, et le change en partie en argent métallique avec dégagement d'oxygène, ce qui prouve que l'oxyde d'argent est peu stable à l'état isolé. Il est très-soluble dans l'acide azotique et dans l'ammoniaque. Sa dissolution ammoniacale, abandonnée pendant plusieurs mois à elle-même, laisse déposer de l'argent métallique, avec dégagement d'une certaine quantité d'azote provenant de la décomposition de l'ammoniaque. L'acide chlorhydrique décompose l'oxyde d'argent, et le transforme partiellement en chlorure d'argent insoluble. L'oxyde d'argent se combine avec plusieurs oxydes métalliques, tels que les oxydes de cuivre, de fer, de manganèse ; il devient alors très-stable, et cesse d'être complètement réductible par la chaleur.

Composition : Ag O = 1351,607 (Ag)

$$100 \qquad (O)$$

$$1451,607 = 1 \text{ équiv. d'ox. d'arg.}$$

On le prépare en précipitant l'azotate d'argent par la potasse ou la soude. On dessèche le précipité, avec beaucoup de précaution, au-dessous de la chaleur rouge.

Composés chlorés. — Comme tous les métaux *nobles*, l'argent a beaucoup d'affinité pour le chlore.

Il forme avec ce gaz un chlorure correspondant à l'oxyde.

Chlorure. — Obtenu par voie de précipitation, il est blanc, caillebotté et très-lourd. Quand on agite, pendant quelques minutes, le vase contenant le précipité de chlorure d'argent, il se forme bientôt, pendant le repos, deux couches bien distinctes, dont l'inférieure est formée par tout le chlorure d'argent qui s'y trouve, et que l'on peut ainsi séparer sans avoir recours au filtre (Gay-Lussac). Cette circonstance a été mise à profit dans les essais des monnaies d'argent par *voie humide*. Le chlorure d'argent, exposé à la lumière directe ou diffuse du soleil, bleuit devient violet et même noir. La présence d'une très-petite quantité de chlorure de mercure s'oppose à la production de ce phénomène. Le chlorure d'argent est le plus insoluble de tous les composés métalliques ; il faut peut-être plus de cent millions de parties d'eau pour en dissoudre une partie (Gay-Lussac). Cette circonstance est éminemment précieuse dans les analyses, en ce qu'elle permet de doser l'argent, à l'état de chlorure, avec une très-grande exactitude. Exposé à une température élevée, le chlorure d'argent fond avant la chaleur rouge, et donne, par le refroidissement, une masse demi-transparente, perlée et flexible comme de la corne, ce qui lui a valu le nom d'*argent corné*. La chaleur blanche ne l'altère point, il ne se décompose même pas lorsqu'on le calcine avec du charbon ; mais il est facilement réduit par un courant d'hydrogène, ainsi que par toutes les substances organiques hydrogénées : il y a formation d'acide chlorhydrique. Il se réduit encore très-facilement quand on le chauffe avec de la chaux ou de la potasse ; c'est par ce moyen qu'on peut préparer de l'argent chimiquement pur. Presque tous les métaux, et particulièrement le cuivre, le fer et le zinc, peuvent servir à réduire le chlorure d'argent.

Le fer et le cuivre le réduisent à sec et à la température ordinaire. La réduction est beaucoup plus prompte lorsqu'on le mouille avec une dissolution de sel marin. Si l'argent est allié avec un métal étranger, la lame de cuivre ou de fer ne précipitera d'abord que l'argent parfaitement pur, et sans aucun mélange de métal étranger. Le chlorure d'argent est insoluble dans les acides azotique, chlorhydrique et sulfurique. Il est insoluble dans les alcalis fixes et très-soluble dans l'ammoniaque. Sa dissolution ammoniacale, exposée à l'air, laisse déposer, à la longue, de petits cristaux cubiques de chlorure d'argent, à mesure que l'ammoniaque s'évapore ; à la température de l'ébullition, elle laisse déposer un produit fulminant. Le chlorure d'argent est très-fusible avec la litharge, la galène, et avec beaucoup d'autres sulfures.

Les chlorures alcalins dissolvent, à chaud, une certaine quantité de chlorure d'argent, et donnent, par le refroidissement, des composés cristallins. Le chlorure d'argent, récemment préparé par la voie humide, se dissout dans tous les hyposulfites solubles.

On peut employer le chlorure d'argent pour argenter certains métaux. Avec 8 parties de ce chlorure, 3 parties de potasse ordinaire, 1 partie de craie et 1 partie de sel marin, on fait une poudre propre à argenter le cuivre et le laiton. On frotte le métal avec le doigt ou avec un bouchon de liége. L'opération se fait à froid.

Formule : Ag CI.

Le meilleur moyen de préparer le chlorure d'argent consiste à précipiter l'azotate d'argent par une dissolution de sel marin.

Bromure. — Il est tout à fait analogue au chlorure. Comme celui-ci, il noircit à la lumière, il est insoluble dans l'eau et dans l'acide azotique; cependant il est un peu moins soluble dans l'ammoniaque que le chlorure.

Iodure. — Il est analogue au précédent. Il est insoluble dans l'eau, et exige 2500 fois son poids d'ammoniaque pour se dissoudre. Il noircit également au contact de la lumière. C'est l'iodure d'argent qu'on emploie dans le procédé photographique de M. Daguerre. Le chlorure et le bromure peuvent, jusqu'à un certain point, remplacer l'iodure.

Fluorure. — Il est déliquescent et soluble dans l'eau.

Composés sulfurés. — Le soufre se combine très-facilement avec l'argent : la vaisselle d'argent noircit au contact de l'hydrogène sulfuré, ou de toutes les substances qui, comme les œufs, les choux, les cheveux, contiennent du soufre.

Sulfure. — Il est d'un gris noirâtre et très-fusible. Chauffé au contact de l'air, il se réduit en argent métallique avec dégagement d'acide sulfureux. Beaucoup de métaux le réduisent à l'aide de la chaleur; le mercure le réduit par trituration à la température ordinaire. Fondu, il s'unit avec l'argent en toutes proportions.

Composition : Ag S, analogue à celle de l'oxyde (Ag O).

On peut l'obtenir en combinant directement, à l'aide de la chaleur, le soufre avec l'argent.

Séléniure. — Il est d'un gris blanc, fusible, et du reste entièrement semblable au sulfure.

Le *phosphore* peut se combiner directement avec l'argent, à l'aide de la chaleur; mais, à mesure que la température s'abaisse, l'argent abandonne presque la totalité du phosphore.

Arséniure. — Il est d'un gris foncé, et prend, par le frottement, l'éclat de l'argent. Il est très-fusible et stable. On l'obtient en faisant fondre un mélange d'argent réduit en poudre, d'acide arsénieux et de flux noir.

Sels d'argent, caractères généraux. — Ils sont incolores lorsque l'acide est lui-même incolore. Ils sont en général parfaitement neutres; leur saveur est astringente et métallique. La lumière les noircit en les réduisant en partie.

1° Les alcalis y produisent un précipité brun olivâtre (oxyde), soluble dans l'ammoniaque.

2° Le cyanoferrure les précipite en blanc (1 équivalent de cyanure de fer + 2 équivalents de cyanure d'argent).

3° L'acide chlorhydrique et les chlorures solubles y forment un précipité blanc, caillebotté, insoluble

dans l'eau et dans les acides (l'acide chlorhydrique très-concentré en dissout une petite quantité), et éminemment soluble dans l'ammoniaque. Le précipité exposé à la lumière devient d'un violet foncé. L'hyposulfite d'argent seul n'est pas précipité par le chlorure de sodium, car l'hyposulfite de soude qui se forme dissout le chlorure d'argent.

4° Les arséniates alcalins les précipitent en brun chocolat, et les arsénites en jaune.

5° Les phosphates alcalins les précipitent en jaune serin, et les pyrophosphates en blanc.

6° Les chromates alcalins les précipitent en rouge intense.

Le fer, le cuivre, l'étain, le plomb, etc., précipitent l'argent de ses dissolutions. — Les principales espèces de sels d'argent sont :

Azotate. — Il cristallise en lames minces, rhomboïdales, transparentes, complétement anhydres. Il est soluble dans son poids d'eau froide et dans une proportion moindre d'eau chaude. Il fond très-facilement, et se prend, par le refroidissement, en une masse cristalline à laquelle on a donné le nom de *pierre infernale.* Dans cet état il est journellement employé comme caustique. Cet azotate d'argent, destiné aux usages de la médecine, est ordinairement noir, particulièrement à sa surface; ceci tient à ce qu'une partie de l'azotate a été réduite par le métal (fer) de la petite lingotière dans laquelle on coule la pierre infernale. La coloration grisâtre de la pierre infernale tient surtout à ce qu'on prépare celle-ci avec l'argent du commerce, qui n'est jamais pur et qui contient le plus ordinairement du cuivre. Pendant la fusion, l'azotate de cuivre se réduit en oxyde de cuivre d'un brun foncé, qui est entraîné par l'azotate d'argent fondu. Pour faire de la pierre infernale blanche et de bonne qualité, il faut chauffer l'azotate d'argent fait avec de l'argent ordinaire, puis le laisser refroidir lentement; de cette manière l'oxyde de cuivre gagne le fond du vase et s'y dépose. On reprend l'azotate d'argent qui se trouve au-dessus de l'oxyde de cuivre, et on le fait fondre et refroidir de nouveau. L'azotate d'argent déflagre sur les charbons ardents; mêlé avec du soufre et du phosphore, il détonne sous le choc du marteau. Lorsqu'on verse du protochlorure d'étain dans une dissolution étendue d'azotate d'argent, on obtient, après l'addition de quelques gouttes d'acide sulfurique affaibli, un précipité pourpre, mais qui n'a pas, comme le pourpre de Cassius, la propriété de colorer les verres. En précipitant l'azotate d'argent par l'eau de chaux, exempte de chlorure, on obtient un précipité brun qui, repris par l'ammoniaque, donne, après la dessiccation, une poudre fulminante (*argent fulminant*).

L'azotate d'argent noircit à la lumière. Il tache la peau en violet foncé. Cette coloration ne disparaît qu'après la destruction complète de l'épiderme. Appliqué sur les étoffes de nature organique, il les noircit également. Cette propriété a été mise à profit pour teindre et marquer le linge; la tache est ineffaçable. L'azotate d'argent se réduit, quand on le fait bouillir avec du charbon ou du phosphore.

Formule : Ag O, NO^5.

On le prépare en dissolvant l'argent par l'acide azotique, en évaporant et en reprenant l'azotate par l'eau bouillante; les cristaux se déposent par le refroidissement.

Sulfate. — Il cristallise en prismes blancs et brillants. Il est anhydre et soluble dans cent parties d'eau. Il est très-soluble dans l'acide sulfurique concentré; c'est ce qui permet de séparer de l'argent des quantités d'or très-petites. Les anciennes monnaies d'argent, les monnaies de la république et de l'empire, contiennent environ un millième d'or. On ne connaissait alors aucun moyen propre à séparer complétement l'argent de l'or. On sait aujourd'hui qu'en attaquant l'alliage d'argent aurifère par l'acide sulfurique concentré en excès et à chaud, on dissout tout l'argent; lorsque la liqueur est très-étendue, le sulfate d'argent reste seul en dissolution, tandis que l'or se dépose.

Phosphate. — Il est d'un beau jaune serin, noircissant promptement à la lumière. Il est insoluble dans l'eau, et soluble dans un excès de son propre acide. On l'obtient par voie de double décomposition.

Chlorate. — Il cristallise en prismes carrés qui noircissent à la lumière. Il déflagre sur les charbons ardents et se transforme en chlorure. Il détonne facilement par le choc. La détonation est des plus terribles, lorsqu'on mêle préalablement le chlorate avec du soufre ou avec du phosphore.

L'*iodate* et le *bromate* d'argent sont à peu près analogues au chlorate.

ARGENT (*alliages*). — L'argent fournit de nombreux alliages. Le *chrôme*, le *fer* et le *cobalt* ne paraissent pas pouvoir s'allier avec l'argent; car lorsqu'on les chauffe avec ce métal, quelle qu'en soit la proportion, on obtient une masse hétérogène, dans laquelle l'argent se trouve disséminé sous forme de grenailles.

Le nickel a plus d'affinité pour l'argent que le cobalt. L'alliage, composé de 0,865 d'argent et de 0,135 de nickel, est d'un blanc grisâtre et très-magnétique. Le *zinc* donne des alliages d'un blanc ductiles et malléables. Lorsqu'on les soumet à l'action de la chaleur, le zinc se volatilise, et entraîne avec lui une quantité très-notable d'argent.

Les alliages de *platine* et d'argent sont moins blancs et moins ductiles que l'argent lui-même; l'acide azotique les attaque et dissout presque tout le platine en même temps que l'argent, tandis que cet acide n'attaque point le platine isolément.

Le *mercure* s'amalgame très-bien avec l'argent, mieux à chaud qu'à froid. Les amalgames qui contiennent un excès de mercure ont une consistance butyreuse; l'excès de mercure s'écoule quand on comprime ces amalgames dans une peau de chamois ou dans des vases de bois poreux. Lorsqu'on mêle ensemble dans un vase 3 parties d'une dissolution saturée d'azotate d'argent et 2 parties d'une dissolution saturée d'azotate de mercure, et que l'on place au fond du vase un amalgame fait avec 7 parties de mer-

cure et 1 partie d'argent, on remarque qu'au bout de deux à trois jours, tout l'argent est précipité à l'état d'amalgame solide, composé de petits grains cristallins groupés en forme de ramifications. Les anciens connaissaient cet amalgame sous le nom d'*arbre de Diane* (voy. ce mot). — Quant aux alliages de cuivre et d'argent, voyez *Monnaies*.

ARGILE (minéralogie). — Terre grasse, tenace et ductile lorsqu'elle est humectée, durcissant à mesure qu'elle se sèche, et prenant au feu une consistance solide. En géologie, *argiles* se dit « des roches meubles à parties submicroscopiques, indépendantes, mécaniquement mélangées, dont les principaux éléments sont des sous-hydrates de silice et d'alumine, des silicates d'alumine plus ou moins hydratés, parfois des sous-hydrates de magnésie, de l'hydrate de fer, de la silice et de l'alumine en particules excessivement ténues. A ces parties élémentaires se joignent souvent des parties arénacées, communément quartzeuses, moins atténuées, mais toujours presque microscopiques : de là ces caractères si variés des *argiles* et les emplois si différents dont elles sont l'objet dans les arts. On trouve de l'*argile* blanche, jaune, grise, rousse, bleue, noire, veinée comme du marbre. On en fait des vases de toute sorte, des tuiles, des briques, des carreaux, des modèles de sculpture, de la porcelaine, des crayons rouges et noirs; elle est aussi employée dans les fabriques de lainage pour le dégraissage des étoffes. C'est avec l'*argile* que se fait le pyromètre de Wedgewood, à l'aide duquel on mesure les plus hautes températures des hauts fourneaux. Toute autre matière céderait à l'action du feu et se fondrait. L'*argile* se vitrifie aussi lorsque le feu est poussé assez loin. Cette substance si utile se rencontre dans la terre à des profondeurs inégales, quelquefois à la surface du sol, d'autres fois à la base des rochers. La transformation de l'*argile* en verre a fait penser qu'elle n'était que du verre décomposé. Les géologues prétendent qu'elle est produite par la décomposition de substances volcaniques ou de divers minéraux, tels que le porphyre, le granit, le basalte. »

ARGONAUTE (zoologie) [du grec *argonautês*, par allusion à l'instinct navigateur de cet animal, *nautilus* des anciens]. — Genre de mollusques céphalopodes, à coquille mince, blanche, demi-transparente, qui a un peu la forme d'une nacelle. Il a autour de la bouche huit pieds portant chacun deux rangs de ventouses, et sa bouche est armée d'un bec noirâtre, corné. L'animal ne tient à sa coquille par aucun ligament, et peut même la quitter dans le danger. Aristote, Élien, Appien et Philès ont beaucoup parlé de l'industrie de ce singulier animal. Les poëtes de l'antiquité ont chanté les merveilles de sa navigation, et ne forment pas de doute que ce soit à lui que les hommes sont redevables des premiers principes de cet art. Aristote paraît être le premier qui ait décrit les manœuvres à l'aide desquelles il vogue sur la surface des eaux, et cette description, parfaitement faite, a été copiée presque littéralement par Pline. Tous ces auteurs des temps anciens ont publié, sur cet animal, des fables de tous genres qui, à notre grand étonnement, ont été adoptées par un grand nombre de naturalistes modernes : la plus absurde voulait que cet animal fût un hôte étranger à cette coquille et qu'il vînt s'y loger comme font les *pagures*, connus sous le nom de *Bernard l'Hermite*, pour toutes les coquilles qu'ils rencontrent et dont ils ont véritablement besoin. Pline, enchérissant toujours sur les Grecs, dit positivement que l'animal du nautile quitte sa coquille pour venir paître à terre ; opinion qui a dû prendre naissance de la grande ressemblance qu'ont ces animaux avec les poulpes, dont certains rivages sont souvent garnis. Des observations récentes ont fait justice de toutes ces absurdités, et ce céphalopode est aujourd'hui connu avec détail sous le double rapport de ses mœurs et de son organisation. (*Thiébaut de Berneaud.*)

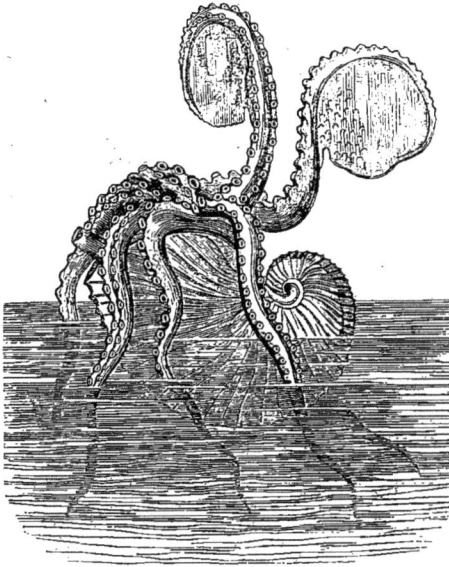

Fig. 51. — Argonaute.

Le genre argonaute est composé de six espèces environ, toutes d'une fragilité extrême. L'argonaute papyracé, souvent cité par les Grecs et les Romains *nautilus argo*), est sans contredit la plus grande espèce ; il est fort mince, très-blanc, sauf la partie postérieure de la carène, qui est d'un roux brûlé. Il est garni sur les côtés d'une multitude de rides ou côtes serrées, transverses, très-lisses et fourchues du côté de la carène. Cette coquille, qui a jusqu'à vingt-quatre centimètres de diamètre, n'est pas rare.

ARGOT. — Langage de convention en usage parmi les malfaiteurs, les vagabonds et autres gens qui ont intérêt à se communiquer leurs pensées sans être compris du vulgaire. L'origine de ce langage doit donc remonter à la formation même des sociétés, c'est-à-dire à l'époque où l'on a établi la distinction de la propriété. Aussi, dans tous les temps et dans tous les pays, il s'est pour ainsi dire greffé comme une ente sauvage sur le tronc de la mère langue. Dès qu'il y eut des corporations de voleurs et d'assassins, elles eurent nécessairement un langage à elles ; mais nous n'avons aucun renseignement sur cet argot primitif.

Quant à l'argot français moderne, il paraît remonter aux quatorzième, quinzième et seizième siècles, époque où des associations de mendiants et de gens de mauvaise vie infestaient la ville de Paris et trouvaient dans les ruelles sombres et étroites, alors nommées cours des miracles, un asile assuré. Quelques auteurs prétendent qu'on ne peut rien découvrir relativement à l'argot avant l'année 1427, époque de la première apparition des bohémiens à Paris, et ils en concluent que ce sont eux qui en ont fourni les premiers éléments. Sauval assure que c'est à des écoliers et à des prêtres débauchés que l'on doit la fondation du langage argotique. D'autres prétendent que ce langage était le même que celui dont convinrent entre eux les marchands colporteurs qui couraient les foires du Poitou, mais qu'il ne tarda pas à être enrichi et perfectionné par les voleurs et filous. Quoique son origine ne soit pas parfaitement constatée, il est cependant prouvé que primitivement l'argot était plutôt en usage parmi les mendiants que parmi les voleurs. Ces derniers ne commencèrent guère à en faire usage que vers le milieu du dix-septième siècle. La langue argotique s'enrichit beaucoup dès qu'ils l'eurent adoptée, car, ayant de nouveaux besoins, ils furent obligés de créer un grand nombre de mots.

Si l'on n'est pas d'accord sur l'origine de l'argot, on ne l'est pas beaucoup plus sur l'étymologie de ce mot. Furetière le fait venir de la ville d'Argos, parce que, dit-il, la plus grande partie de ce langage est composée de mots tirés du grec ; cette opinion est évidemment erronée, car on n'y trouve qu'un très-petit nombre de mots d'origine grecque, et d'ailleurs, pourquoi aurait-on plutôt pris le nom de la ville d'Argos que celui de toute autre ville de la Grèce? M. Clavier l'emprunte à l'*ergo* des écoles, opinion qui est peut-être encore moins soutenable que la précédente. La plus vraisemblable est celle de Le Duchat, qui, dans ses notes sur Rabelais, fait dériver le mot *argot*, par une légère transposition de lettres, du nom de Ragot, célèbre argotier qui vivait du temps de Louis XII.

L'argot est désigné par ceux qui le parlent sous les noms de *bigorne, arguche, jar*. Créé par des hommes vivant en dehors de la société, en révolte ouverte avec les lois et les mœurs, doués d'une grande force de caractère et souvent d'esprit et d'intelligence, l'argot brille par le pittoresque, par une énergie sauvage; mais, comme les extrêmes se touchent, à côté de ces expressions effrayantes d'énergie, on en trouve d'autres charmantes de douceur et de grâce : c'est le carnaval de la pensée. Ces hommes, habitués à mépriser la mort, à laquelle ils s'exposent sans cesse, en font l'objet continuel de leurs railleries. Ainsi, autrefois, la potence était appelée la *veuve* être pendu, c'était *épouser la veuve*), de même que dè nos jours, la guillotine est nommée l'*abbaye de monte-à-regret*, expression qui avait déjà été employée pour désigner la potence. La mort est la *camarde*, la *carline*; un mort, un *refroidi*; le sang, du *raisiné*. Tuer quelqu'un, c'est l'*étourdir*; assassiner un homme sur la grande route, c'est *faire suer un chêne sur le grand trimar*. L'habitude du crime a étouffé en eux le remords, aussi appellent-ils la conscience la *muette*; mais, par un caprice inexplicable, la cour d'assises, leur ennemie naturelle, est nommée la *juste*. Cependant, pour l'ordinaire, les personnes ou les choses qui peuvent leur nuire dans l'exercice de leur profession sont l'objet de leur mépris : par exemple, la lune est la *moucharde*; l'avocat général, le ministère public, est le *grand bécheur*; un argousin, *rien*. Mais ce qui étonne de la part de gens de cette espèce, c'est la création d'expressions qui supposent des pensées plus profondes que celles qui les occupent ordinairement; en voici quelques exemples : la tête, le siége de la pensée, tant qu'elle est sur les épaules, s'appelle la *sorbonne*, mais dès qu'elle est séparée du corps, ce n'est plus qu'une *tronche*, qu'un corps inerte comme un tronc d'arbre. Les argotiers appellent les savates des *philosophes*, et la misère, la *philosophie*. La satire perce souvent aussi dans leurs discours : *menteuse* est un des noms de la langue en argot; *tour de Babel* désigne une chambre des députés. Est-il quelque chose de plus expressif que ce mot *suce-larbin* (*larbin* signifie domestique), employé pour désigner les directeurs de bureaux de placement, qui enlèvent jusqu'au dernier sou des domestiques ou ouvriers qui ont le malheur de s'adresser à eux pour trouver de l'occupation? Le mot *ogre* n'est-il pas aussi admirablement choisi pour désigner un agent de remplacement, un usurier, un escompteur? On en peut dire autant du mot *ogresse*, dont se servent les filles publiques pour désigner les revendeuses qui leur louent la pièce qui manque à leur toilette, ou même tout leur habillement. Mais ce qui abonde surtout dans ce langage, c'est le sens figuré. La poche ou la cave, c'est la *profonde*; les dents sont des *dominos*; un matelas, une *galette*; le juge d'instruction, un *curieux*; les épingles, des *piquantes* ou des *têtues*; le cœur, le *palpitant*; la clef, une *tournante*; les bottes, des *tuyaux de poêle*; les jambes, des *fils de fer*, des *quilles*; la paille, de la *plume de Beauce*; la plume, une *brodeuse* ou une *babillarde*; la montre, une *toquante* ou une *bogue*; une plaie, un *abreuvoir à mouches*; le mélange de toutes sortes de mets, un *arlequin*.

Pour les mots de cette espèce, il n'est pas difficile d'en découvrir l'origine. Un certain nombre de termes sont des mots de l'ancien français; tels sont *flamberge*, pour épée; *mion*, pour garçon. On trouve aussi des onomatopées, comme *fafiat*, pour papier. Certains mots paraissent empruntés à des noms propres, probablement les noms de ceux qui ont inventé un procédé particulier pour s'approprier le bien d'autrui; comme *Philibert*, qui sert à désigner une sorte d'escroc; *sauter à la Capahut*, assassiner un complice pour lui enlever sa part de butin, comme faisait un voleur appelé Capahut. Quelques expressions doivent leur origine à un jeu de mots ou à un calembour, comme *aller à Niort*, pour nier. Un assez grand nombre de mots français sont employés, en argot, dans un sens détourné, et l'analogie n'est pas toujours bien sensible, ou du moins est assez éloignée, comme *cribler*, pour crier; *lance*, pour eau; *limace*, pour chemise. On y trouve des mots français dont la terminaison est altérée, comme *boutanche*, pour boutique; qui ont été tronqués, comme d'*autor*, pour d'autorité; ou qui ont été allongés, comme *toutime*, pour tous. Un certain nombre ont été créés de toutes pièces, comme *satou*, pour bois; *tirou*, pour chemin; il serait peut-être plus exact de dire qu'on en ignore l'origine. Le latin et le grec n'ont laissé que de faibles traces dans ce langage; on rapporte au latin le mot *affurer*, gagner, de *fur*, voleur; et au grec les mots *ornichon*, poulet, *ornie*, *ornion*, chapon, de *ornis*, oiseau. Une recherche attentive en ferait peut-être découvrir quelques autres. On pourrait même y reconnaître des étymologies italiennes, allemandes, espagnoles, basques, bretonnes et bohémiennes; car les argotiers, venus de tous les pays, ont dû puiser à toutes les sources les éléments de leur langage.

L'argot est une langue excessivement pauvre; il ne peut exprimer qu'un nombre d'idées très-restreint. On en augmente un peu le nombre en ajoutant la terminaison *mare* à quelques mots français que l'on syncope; ainsi, veut-on désigner un épicier, un perruquier, on les nomme *épicemare*, *perruquemare*, si l'argot n'a pas de mot pour les désigner.

Les noms propres de villes sont presque toujours conservés sans altération; cependant quelques-uns sont changés : ainsi Paris s'appelle *Pantin*; Rouen, *Arnelle*; Caen, *Canelle*; Arpajon, *Arpagar*; Beaucaire, *Boccari*; Guibray, *Giberne*.

Mais ce qui diminue encore le nombre d'idées que l'argot peut exprimer, c'est la grande quantité de synonymes qu'il renferme; car la plupart de ces mots ne désignent pas une nuance d'idée différente, mais sont à l'usage d'une classe différente de personnes : les voleurs, les assassins, les filles publiques, les marchands colporteurs, etc. Par exemple, l'argent monnayé porte en même temps les noms de *braise*, de *carle*, de *cercle*, de *bille*, de *poussier*, de *beurre*, d'*auber*, de *pèze*, de *plâtre*; assassiner s'exprime par *escaper*, *escarper*, *escapoucher*, *fourlourer*, *escoffier*, *sabler*. Cependant quelques-uns de ces synonymes présentent des différences de signification : ainsi une fille est une *macque*; une jeune fille, une *gosseline*; la femme légitime d'un voleur, une *macque de cé*; la maîtresse d'un adroit voleur, une *marquise*; une femme entretenue, une *calége*; une femme de mauvaise tournure, laide et sale, une *panade*, une *punaise*; une femme aimable, une *girofle*; une femme publique, une *pontonnière*, une *dossière*, une *pierreuse*, une *ponante*, une *rutière*, suivant les lieux où elle exerce son ignoble industrie.

L'argot est riche quand il s'agit d'exprimer des crimes, de mauvaises actions, comme tuer, voler, etc.;

alors les synonymes abondent; il a même des mots pour exprimer des crimes contre nature, dont on a de la peine à supposer la possibilité. Mais s'agit-il de parler de vertu, d'action honorable, il manque de tout, ou il n'en parle qu'avec mépris. Ainsi, *goupiner, goupineur,* c'est travailler honnêtement, c'est l'ouvrier honnête; mais le véritable travail pour l'argotier, c'est le vol, c'est l'assassinat, voilà ce qu'il appelle *travail, travailler*. Veut-il, par hasard, désigner quelques cérémonies religieuses, il est obligé de recourir à des périphrases, et encore ne réussit-il pas toujours: *avaler le luron* se dit pour communier; le baptême, c'est le *truc de la morgane et de la lance,* c'est-à-dire la cérémonie du sel et de l'eau.

Pour tous les mots qui n'existent pas en argot, on est obligé de recourir à la langue française. La syntaxe de ce singulier langage ne diffère pas de celle du français; ainsi cette phrase: L'inspecteur général des prisons de Paris est entré dans ma chambre, doit se traduire ainsi: *Le grand Condé des colléges de Pantin est enquillé dans ma tolle*. Cette autre phrase: La guillotine m'attend, qu'on me coupe le cou; j'ai assassiné sur le grand chemin, s'exprimerait par les mots suivants: *L'abbaye de monte-à-regret m'attend, qu'on me fauche le colas; j'ai fait suer le chêne sur le grand trimar.*

Malgré sa grande pauvreté, l'argot a cependant une littérature assez originale; elle remonte jusqu'à Villon, ce poëte voleur, vanté par Boileau. Rabelais n'a pas dédaigné d'emprunter à ce pittoresque langage ce qu'il y trouvait de réjouissant et de caractéristique. Cette littérature s'est conservée jusqu'à nos jours. Maurice a été surnommé par ses admirateurs le *Béranger des bagnes*. On a aussi recueilli les poésies françaises et argotiques de Lacenaire, le poëte assassin. On doit penser qu'une semblable littérature n'a pas une grande variété de genres; tout se borne à quelques chansons d'un style plus ou moins élevé, et à quelques fragments de prose répandus dans quelques romans ou pièces de théâtre.

Quoique l'argot français ne soit pas une langue bien ancienne, il a déjà éprouvé d'assez notables changements. En effet, Villon n'est plus compris de nos jours, et il paraît qu'il avait vieilli assez vite, car Marot, qui vint peu de temps après lui et qui a publié une édition de ses œuvres, le trouvait déjà inintelligible, puisqu'il dit, dans sa préface, que les poésies intitulées *Jargon* ne sont guère compréhensibles que pour les successeurs de Villon en l'art de la pince et du croc*. Un assez grand nombre des mots qui figurent dans les dictionnaires d'argot sont tombés en désuétude, et très-peu ont une origine récente; cependant, j'en ai trouvé un qui ne peut pas remonter au delà du règne de Louis-Philippe, c'est *juilletiser,* pour détrôner.

Pendant longtemps l'argot a été une langue mystérieuse, exclusivement à l'usage de l'écume de la société, des habitants des cours des miracles; mais dès que la force publique eut été régulièrement organisée, la magistrature et les employés de la police sentirent le besoin d'étudier ce langage dans l'intérêt de la bonne administration de la justice. Ce fut l'Allemagne qui en donna l'exemple; la France ne marcha sur ses traces que beaucoup plus tard. Au moyen de communications volontaires des voleurs ou de l'achat de leur secret, on composa des espèces de vocabulaires, qui s'augmentèrent progressivement; ce ne fut que bien longtemps après que le public fut initié à ces mystères. Mais c'est surtout depuis la lutte élevée entre les classiques et les romantiques que l'argot est devenu populaire. Le romantisme, qui avait entrepris la réhabilitation du laid, de l'horrible, du monstrueux, semblait se plaire à choisir pour héros des forçats, des prostituées, et à décrire les bagnes, les prisons et les maisons de tolérance. En chantant les exploits de telles gens, il fallait bien parler leur langage; aussi nos romans, nos drames, nos mélodrames, étaient-ils farcis de termes empruntés à l'argot. La vogue en devint si grande, qu'on s'arrachait les romans où se trouvaient décrites ces mœurs infâmes, qu'on applaudissait avec frénésie les pièces de théâtre du même genre. Si bien que le gouvernement crut de son devoir d'interdire de tels spectacles; mais il était trop tard, le mal était fait. L'étrangeté de ces expressions les fit adopter avec empressement par les classes populaires; l'habitude de s'en servir devint même si forte chez quelques ouvriers, qu'il s'en trouve encore aujourd'hui qui en font un usage habituel et ne les distinguent plus du français. Vidocq dit même que cette invasion de l'argot ne s'arrêtera pas là, qu'il pénétrera jusque dans les salons; je ne le crois pas. Bien que le nivellement opéré par les révolutions que notre pays a éprouvées n'ait pas été favorable au règne du bon goût, je ne puis m'imaginer que l'on en viendra à préférer la langue des bagnes à la langue de Racine, de Fénelon, de Voltaire. S'il nous manque une expression pour une pensée, et que l'argot l'exprime par un terme énergique, prenons-la, comme Virgile, qui savait *retirer les perles du fumier d'Ennius*; mais n'allons pas au delà.

Lorsque les voleurs virent que le langage qu'ils avaient adopté était, pour ainsi dire, connu de tout le monde, ils en restreignirent l'usage; ils ne s'en servirent plus que pour converser entre eux. Mais ils imaginèrent pour leur correspondance un langage de convention, dont voici quelques exemples.

PREMIÈRE LETTRE.	TRADUCTION.
Monsieur,	Monsieur,
Ayant des travaux importants à faire, je m'adresse à vous pour vous prier de me dire s'il ne vous serait pas possible de me procurer de bons et loyaux ouvriers. Comme il s'agit de machines, il est nécessaire que l'on puisse compter sur la dis-	Ayant à faire un chauffage qui doit être productif, je m'adresse à vous pour vous prier de me dire s'il ne vous serait pas possible de me procurer de bons et loyaux compagnons. Comme nous serons peut-être forcés de tuer, il faut que l'on

crétion de ces hommes. Il m'en faut dix pour l'usine de M. Pipé, et trois de plus pour la maison de M. Garnafier, dont l'établissement est plus considérable. Qu'ils ne s'embarrassent pas d'outils, ils trouveront ici tout ce dont ils auront besoin. Le prix de la journée sera bon ; ils s'entendront à ce sujet avec M. Fadar, chargé de la direction des travaux. Je suis, etc., etc.

DEUXIÈME LETTRE.

Monsieur,

Lorsque vous nous écriviez, le 20 courant, vous vous étonniez de n'avoir pas, comme les années précédentes, rencontré à la foire de Beaucaire MM. Suage et compagnie. C'est avec douleur que nous vous apprenons que M. Suage est tombé subitement malade deux jours avant l'époque de son départ. Le médecin que nous avons appelé nous a annoncé qu'il craignait la fièvre cérébrale. Il a ordonné les sangsues et une saignée, ce qui d'abord a beaucoup calmé le malade. Le mieux s'est maintenu deux jours ; mais l'arrivée inopinée de M. Duval, son parrain, a produit en lui une telle sensation, qu'il a éprouvé un redoublement de fièvre. Le mal est devenu si intense, qu'il bat la campagne. Nous sommes désolés ; nous craignons que cette maladie, qui présente les mêmes symptômes que celle qui nous a ravi son malheureux frère, ne lui fasse perdre la tête. Aussi nous avons réuni les trois plus fameux médecins du pays ; ces messieurs ont tous été

puisse compter sur la discrétion des hommes. Il m'en faut dix pour un château, et trois de plus pour une ferme, dont le personnel est beaucoup plus considérable. Il n'est pas nécessaire que ces hommes se munissent d'armes et d'instruments, ils trouveront ici tout ce dont ils auront besoin. Il y a beaucoup d'argent à gagner dans cette affaire, et le partage du butin sera fait avec loyauté. Je suis, etc.

TRADUCTION.

Monsieur,

Lorsque vous nous écriviez, le 20 courant, vous vous étonniez de n'avoir pas, comme les années précédentes, rencontré à la foire de Beaucaire MM. Suage et compagnie. C'est avec douleur que nous vous apprenons que votre compagnon a été arrêté deux jours avant l'époque fixée pour son départ. L'avocat que nous avons consulté nous a annoncé qu'il craignait que la position de l'accusé ne fût désespérée, et il a cru que le meilleur système de défense possible était de se renfermer dans une entière dénégation. Ce système a d'abord réussi ; mais l'arrivée inopinée de M. Duval, témoin à charge, a donné naissance à une nouvelle accusation. Et maintenant le prisonnier ne sait plus que dire pour sa défense, et nous craignons que, si votre compagnon passe en jugement, il ne soit condamné à mort, d'autant plus que son affaire est absolument semblable à celle de son malheureux frère. Nous avons réuni les trois plus fameux avocats du pays ; ces mes-

du même avis : ils ont reconnu le danger imminent du malade, et, en dernière analyse, ils nous ont conseillé de tenter l'emploi de la méthode du sieur Caval, célèbre docteur allemand, qui ne prend pas moins de mille francs pour une cure. C'est, pour guérir l'infortuné M. Suage, le seul remède qu'il nous reste à essayer, et nous sommes disposés à tout sacrifier pour sauver la vie d'un aussi brave homme. L'oncle de votre ami nous a promis sa protection ; il nous aidera. Vous devez vous imaginer combien cette cruelle maladie nous dérange ; il nous est impossible de travailler convenablement, car presque tous nos moments sont consacrés à ce malheureux. La gêne dans laquelle nous allons nous trouver pendant le traitement du docteur Caval nous force à vous prier de nous prêter, jusqu'à ce que M. Suage soit convalescent, votre commis, M. Gré. Il est actif, jeune et leste ; il nous sera très-utile.

Nous comptons sur votre obligeance et sur l'arrivée très-prochaine de M. Gré, que nous attendons avec la plus vive impatience.
Recevez, etc.

sieurs ont tous été du même avis : ils ont reconnu qu'il n'y avait rien à espérer, et, en dernière analyse, ils nous ont conseillé de tenter de faire évader le prisonnier. Il nous en coûtera au moins mille francs pour cela. C'est, pour sauver l'infortuné M. Suage, le seul moyen qu'il nous reste à essayer, et nous sommes disposés à tout sacrifier pour sauver la vie d'un aussi brave garçon. Le geôlier nous a promis sa protection ; il nous aidera. Vous devez vous imaginer combien cette arrestation nous dérange ; il nous est impossible de faire des vols importants et en quantité suffisante, car tous nos moments sont consacrés à ce prisonnier. La gêne dans laquelle nous allons nous trouver pendant l'évasion de M. Suage, et jusqu'à ce qu'il soit à l'abri des poursuites, nous force à vous prier d'avoir la bonté de nous envoyer le plus tôt possible un bon cheval ; il nous sera très-utile.

Nous comptons sur votre obligeance et sur l'arrivée prochaine de ce cheval, que nous attendons avec la plus vive impatience.
Recevez, etc.

On croirait d'abord, en lisant ces lettres, qu'il est question de choses fort innocentes ; mais quelques mots placés çà et là indiquent de quoi il s'agit. Par exemple, dans la première lettre, l'usine de M. Pipé signifie un château (*pipé*, en argot, veut dire château) ; M. Garnafier est un fermier (*garnafier*, fermier) ; M. Fadar est chargé de la direction des travaux (*fade* veut dire partage entre voleurs). Il est facile de faire de semblables observations sur la seconde. Comme on le voit, l'expression de ce langage est susceptible de varier à l'infini ; et chaque individu pouvant se faire un vocabulaire à son usage particulier, il devient très-difficile de toujours le comprendre ; mais cependant la position de celui qui écrit une lettre semblable aux modèles que je viens de citer doit servir à leur intelligence.

Une révolution analogue s'est également opérée dans le langage des voleurs élégants qui exploitent l'Opéra, la Bourse, Tortoni, etc. Pimpants, musqués, gantés, frisés, ils affectent le parler du jour et dédaignent le langage classique des argotiers vulgaires.

Maintenant, pour donner une idée de la poésie argotique, je citerai une parodie des commandements de Dieu et de l'Église, trouvée dans les papiers d'un voleur célèbre, et pour qu'on saisisse mieux le rapport qui existe entre l'argot et le français, j'en donne la traduction interlinéaire. Il ne faut pas s'attendre à trouver dans les produits de ces écrivains une grande moralité ; leurs pensées doivent se trouver en rapport avec leurs actions.

PARODIE DES COMMANDEMENTS DE DIEU.

Un seul sentiment t'animera ;
Un seul sentiment t'animera ;
Celui de grinchir gourdement.
Celui de voler beaucoup.

Jorne et sorgue tu poisseras
Jour et nuit tu voleras
Boucart et baise chenument.
Boutique et chambre adroitement.

Le morceau tu ne mangeras,
Tu n'avoueras rien,
De peur de tomber au plan.
De crainte d'être mis en prison.

Chenâtre fourgat litreras,
Un bon receleur tu choisiras,
Afin de sollir sûrement.
Afin de vendre sûrement.

Du grand pré tu te cramperas,
Du bagne tu te sauveras,
Pour rabattre à Pantin lestement.
Pour revenir à Paris lestement.

Cambriolle tu maquilleras
Une chambre tu voleras
Par carouble et esquintement.
Par fausses clefs ou enfoncement de la porte.

La raille, maron, te serviras
Le mouchard te serviras en flagrant délit,
Pour un deuxième gerbement.
Pour un second jugement.

Dans le nez toujours tu auras
Tu détesteras toujours
Macarons et cabestans.
Dénonciateurs et officiers de police.

Pour grinchir tu préféreras
Pour voler tu préféreras
Les fêtes aux turbinements.
Les jours de fête aux jours de travail.

Jamais tu ne rengracieras ;
Jamais tu ne quitteras le métier de voleur ;
Plutôt caner en goupinant.
Plutôt mourir en volant.

PARODIE DES COMMANDEMENTS DE L'ÉGLISE.

Les fêtes tu t'empoivreras,
Les fêtes tu t'enivreras,
Avec ta largue, au tapis-franc.
Avec ta femme, au cabaret des voleurs.

Les dimanches tu grinchiras,
Les dimanches tu voleras,
Dans les toles, bogues et ployants.
Dans les maisons, montres et portefeuilles.

Paumé, point tu mangeras,
Arrêté, tu n'avoueras rien,
Dans le taffe du gerbement.
De peur d'un jugement.

Mercure seul tu adoreras,
Mercure seul tu adoreras,
Comme dabe de l'enrollement.
Comme dieu du vol.

En bachasse tu pegrenneras,
Aux galères tu mourras de faim,
Jusqu'au jour du décarement.
Jusqu'au jour de l'évasion.

Tous les reluis tu poisseras,
Tous les jours tu voleras,
Pour vivre et picter chenûment.
Pour vivre et boire bien.

L'argot a été l'objet de travaux intéressants au point de vue linguistique, non-seulement en France, mais dans les autres pays de l'Europe.

Ce que j'ai dit de l'argot français peut s'appliquer à l'argot anglais, allemand, bohémien, etc.

L'argot bohémien, que l'on croit enté sur la langue des Hindous, semble n'appartenir à aucun idiome, parce qu'il appartient à tous.

L'argot allemand est appelé *rothwelsch*. Ce mot signifie-t-il welche rouge ou welche corrompu (*rotto*)? ou vient-il, selon une opinion plus probable, de *roth*, expression argotique qui signifie mendiant, et *wœlsch*, étranger? Les voleurs de ce pays l'appellent *kokamloschen*, c'est-à-dire langue adroite, des mots hébreux *hanam*, sage, adroit, et *loschen*, langue. C'est un mélange de haut allemand vulgaire, d'allemand judaïque, et surtout d'expressions et de tournures de phrases empruntées à l'hébreu tel que le parlent les Juifs illettrés, ce qui démontre d'une manière à peu près certaine que les Juifs en sont les auteurs. Mais il s'y rencontre tant d'idiotismes allemands, détournés de leur signification originelle, tant de diminutifs et de mots défigurés et fabriqués à plaisir, qu'il serait difficile de rétablir leur prononciation et leur orthographe primitives, et plus difficile encore de les écrire convenablement. Il résulte du rapprochement et de la combinaison des différents termes d'argot, d'après des bandes de voleurs qui exploitaient l'Allemagne, qu'il y a un argot du Nord et un argot du Midi ; ce pays se divise donc par ce moyen en deux grandes et bien distinctes provinces de voleurs.

L'argot anglais se nomme *cant*.

On a transporté, par extension, cette appellation d'argot du langage des voleurs à cette phraséologie particulière, plus ou moins

Fig. 52. — Argus (*Phasianus argus*).

technique, plus ou moins riche, plus ou moins pittoresque, dont se servent entre eux les gens exerçant le même art et la même profession. Ainsi il y a l'argot des coulisses, l'argot de la Bourse, etc. De tous ces argots, le plus barbare, le plus grotesque, est le cacophonique baragouin en usage dans les courses de chevaux. Ce n'est ni du français ni de l'anglais ; c'est un je ne sais quoi qui n'est pas compris même par la plupart de ceux qui le parlent. Mais on aurait tort de donner ce nom aux termes techniques propres à chaque profession. Ce qui constitue l'argot, c'est l'emploi d'expressions qui ont un équivalent dans la langue générale, tandis que les mots techniques n'en ont pas. Ainsi, par exemple, dans les imprimeries, on appelle les compositeurs des *singes*, les imprimeurs des *ours*; ces deux mots font partie de l'argot de l'imprimerie. Mais le mot *labeur*, qui sert à désigner un travail d'une certaine étendue, l'impression d'un volume, est un terme technique ; car le français n'a pas d'autre mot pour exprimer cette idée, et ne pourrait le faire qu'en recourant à une périphrase.

J. B. Prodhomme,
Correcteur à l'Imprimerie impériale.

Fig. 53. — Argus.

ARGUMENT (logique) [d'*arguere*, accuser, convaincre]. — Preuve employée pour établir une proposition, pour attaquer ou réfuter un adversaire ; c'est un raisonnement exprimé. On en distingue de plusieurs sortes : « sous le rapport de la forme, les principaux arguments sont le syllogisme, le prosyllogisme, l'enthymème, l'épichérème, le dilemme, le sorite, l'exemple, l'induction; sous le rapport de la méthode de démonstration, les arguments sont dits *à priori* ou *à posteriori*, selon qu'ils sont déduits d'axiomes, de vérités précédemment démontrées, ou qu'ils s'appuient sur l'expérience; sous le rapport du genre de certitude qu'ils comportent, ils sont *apodictiques* ou *dialectiques*, selon qu'ils reposent sur des vérités nécessaires et absolues ou sur des propositions d'une vérité contingente ou relative. = On appelle *argument ad hominem* celui qui s'adresse directement à l'adversaire en se servant contre lui de ses propres concessions. Les scolastiques avaient poussé l'art jusqu'à l'abus. Aujourd'hui encore, on s'exerce à l'argumentation dans les cours de philosophie, surtout dans les écoles ecclésiastiques. »

ARGUS [du nom d'un personnage mythologique qui fut changé en paon]. — Ce nom a été donné à des animaux de natures fort différentes. Dans la classe des oiseaux, l'*argus* est une espèce du genre faisan (*phasianus argus*), qu'on trouve à Java et à Sumatra, et dont la chair est très-délicate. Son nom lui vient du grand nombre d'yeux répandus sur son plumage. Dans la classe des poissons, deux animaux ont reçu le nom d'*argus* : l'un, de la famille des leptosomes, est remarquable par ses vives couleurs ; l'autre est un *pleuronecte* ou poisson plat, et présente, comme les soles, les limandes, etc., deux yeux placés d'un même côté de la tête. Dans la classe des reptiles, une cou

leuvre et une espèce de lézard portent le nom d'argus. Dans les insectes, c'est une espèce de papillon
diurne dont les ailes sont d'un beau bleu et tachetées
(fig. 53, p. 211); il voltige sur les bruyères et les prairies. Enfin, dans les coquilles, on nomme *argus* une
espèce du genre *porcelaine*, qui porte sur la coquille
des taches qui sont sem-
blables à des yeux.

ARGYNNE (zoologie).
— Genre de lépidoptères
diurnes composé de beaux
papillons des bois se laissant très-difficilement approcher.

Les espèces de ce genre
sont très-communes en
France; leur taille est généralement plus petite
que grande, et leurs cou-
leurs sont rarement écla-
tantes; cependant les teintes sont assez variées,
ainsi que leurs dessins.
Leurs ailes présentent
presque toujours, sur un
fond jaune ou orangé,

Fig. 54. — Argynne.

des points ou des taches noires assez serrées pour
imiter la table d'un damier.

ARHIZES [de *a*, priv., et *rhiza*, racine].—Le professeur Richard désigne sous ce nom des plantes
acotylédones, plantes qui sont dépourvues d'embryon,
et par conséquent de radicule.

ARION
(zoologie). —
Genre de li-
mace rouge
avec un pore
muqueux à
l'extrémité
du corps. Ce
mollusque
est commun
dans les lieux
humides de
la France et
de l'Allema-
gne. — Voy.
Limace.

ARISTO-
CRATIE (po-
litique) [du
grec *aristos*,
meilleur, et
crateia, pou-
voir].— For-

Fig. 55. — Arion, espèce de limace.

me de gouvernement où l'autorité est exercée par les
nobles ou par les personnes les plus considérables
d'un État, à l'exclusion de tous les autres citoyens.
« Le premier des gouvernements a été démocrati-
que. Lorsque la république devint trop nombreuse
pour que tous les citoyens prissent part à son admi-

nistration, ils se déchargèrent de ce soin sur quelques-uns d'entre eux, et, posant de justes bornes à
leur autorité, ils leur remirent le droit de les gouverner. Le nom de sénat et celui de sénateurs, donnés, dans les républiques, aux chefs du gouvernement et à leur conseil, prouve que le choix du peuple
tomba d'abord sur les
personnages les plus sa-
ges et les plus respecta-
bles par l'âge. (*Senatus*,
sénat, vient de *senex*,
vieillard, c'est-à-dire l'assemblée des vieillards.)
On se plut à leur déférer
le respect, les honneurs
qui accompagnent tou-
jours la puissance, et des
prérogatives pour récom-
pense de leurs services;
on les appela *aristoi*, ou
les *grands*, les *principaux*, les *seigneurs*, d'où
l'on donna à leur admi-
nistration le nom d'aris-
tocratie ou de gouverne-
ment des grands. Mais
bientôt ce pouvoir, ces honneurs, ces priviléges devinrent héréditaires; un peuple entier se trouva soumis à quelques familles dont les membres apportaient en naissant le droit de gouverner. Ainsi l'a-
ristocratie, instituée d'abord par le peuple et pour le
peuple, parut n'avoir été établie que pour l'avantage
de quelques
citoyens seu-
lement. Elle
apprit aux
hommes
créer entre
eux des dis-
tinctions.

Avant la
révolution
de 1789, le
gouverne-
ment fran-
çais pouvait
être consi-
déré comme
une véritable
aristocratie;
le roi sem-
blait n'être le
chef que
pour donner
à ce gouver-
nement le nom de monarchie; mais l'autorité résidait réellement dans la main des nobles; eux seuls occupaient toutes les premières charges de l'État. Le
peuple était soumis à l'aristocratie et à la volonté
du roi. Aujourd'hui, tous les citoyens sont égaux devant la loi, tous ont les mêmes droits, tous peuvent

prétendre aux charges de l'État, ou y parvenir s'ils en sont dignes. » — Voy. *Gouvernement*.

ARISTOLOCHE [en grec *aristochéia*, d'*aristos*, excellent, et *lochéia*, accouchement, parce que cette plante passait, chez les anciens, pour faciliter les accouchements]. — Genre type de la famille des aristolochiées, composé d'herbes ou arbrisseaux à tige faible ou couchée, souvent grimpante, variant en longueur de trente centimètres à huit mètres; à feuilles alternes, entières ou lobées. Les fleurs, qui naissent à l'aisselle des feuilles, présentent une organisation fort singulière, qui ne permet pas de les méconnaître : le calice, monosépale, est coloré, tantôt droit, tantôt recourbé en siphon, ou bien tronqué obliquement et terminé en languette. Il n'y a point de corolle. L'ovaire porte un stigmate presque sessile,

Fig. 56. — Aristoloche.

divisé en six parties, au-dessous desquelles s'insèrent un nombre égal d'anthères; le fruit est une capsule à six loges polyspermes. Les différentes espèces d'aristoloches, au nombre d'environ cinquante, jouissent, pour la plupart, de propriétés médicales énergiques; leurs racines sont âcres, amères; en Amérique, beaucoup sont indigènes, on les regarde comme souveraines contre les morsures de serpents. Nous citerons d'abord l'*aristolochia sipho*, originaire de Virginie, fort cultivée dans nos jardins, où ses tiges atteignent dix mètres le long des murs ou des treillis, qu'elles recouvrent de leurs belles et larges feuilles arrondies en cœur; on connaît la bizarre structure de ses fleurs, qui sont recourbées en forme de pipe turque, et semblent coiffées d'un chapeau à trois cornes. C'est le lieu de rappeler un récit de M. de Humboldt, qui a vu, à la Nouvelle-Grenade, des nègres

se servir, en guise de bonnet, d'une espèce d'aristoloche. On cultive l'*aristolochia tribola*, l'*aristoloche*, *grandiflora*, l'*aristolochia puber*, etc. La *serpentaire*, *de Virginie*, dont la racine s'emploie en médecine comme sudorifique et excitante, est une espèce d'aristoloche; on la vante dans le pays contre la morsure des chiens enragés. Les aristoloches *longa* et *rotunda* jouissent des mêmes propriétés. (*Lallement*.)

ARITHMÉTIQUE [du grec *arithmos*, nombre, et *techné*, science]. — L'arithmétique est donc la science des nombres. C'est, en effet, l'idée de nombre qui fournit à l'arithmétique tous ses matériaux.

L'origine de cette science se perd dans la nuit des temps, mais il nous paraît certain qu'elle a dû prendre naissance avec les premières sociétés ; car si le savant abbé Maret a pu dire récemment dans ses cours : « L'homme a parlé le premier jour de la création, » il nous semblera aussi raisonnable d'affirmer qu'il a calculé aussitôt qu'il s'est trouvé constitué en société. D'ailleurs le besoin et l'intérêt l'auront bientôt obligé d'imaginer les premiers éléments du calcul, mais ce n'est que la suite des siècles qui a pu donner à la science tout son développement.

Dans l'enfance de l'art de calculer, l'homme a nécessairement compté sur ses doigts. Le système décimal qui s'est produit chez tous les peuples de la terre est là pour le prouver, car il n'y a que les Chinois qui, autrefois, ont adopté le système binaire ou la progression de deux, et une peuplade obscure de Thrace, dont parle Aristote, qui formait son échelle numérique quatre par quatre. La base de ce système nous paraît si naturellement résulter du nombre de nos doigts que nous n'hésitons pas à penser que si la nature nous en eût donné six à chaque main, le système duodécimal eût infailliblement prévalu; mais la difficulté de pouvoir se mettre d'accord avec les autres nations l'a définitivement fait rejeter. Un fait non moins remarquable, c'est de retrouver chez toutes les nations du monde les mêmes expressions d'unité de mesure, telles que la *brasse*, la *coudée*, le *pas*, la *main*, le *pouce*, le *doigt*, etc. Il était donc aussi naturel à l'homme de prendre ses premières unités en lui-même que d'en faire le dénombrement sur soi.

Mais bientôt on sentit le besoin de rassembler les quantités d'une manière visible, et l'on s'est servi de petits cailloux rangés sur le sol d'une certaine manière; cette opération a pris chez les Romains le nom de *calculus*. Les Grecs disaient *pséphisein*, de *pséphos*, petite pierre. Ainsi voilà les premiers éléments du calcul des anciens âges.

Nous ne donnerons ici qu'un détail succinct de la formation des *noms de nombres*. Ce développement trouvera sa place à l'article *numération*. Disons seulement que le premier élément de la numération est l'*unité*; que l'unité ajoutée neuf fois à elle-même donne une *dizaine*; que celle-ci ajoutée aussi neuf fois à elle-même donne une *centaine*.

Pour former tous les noms de nombres possibles on a inventé une petite quantité de mots qui se groupent toujours avec ces trois éléments principaux :

unités, dizaines, centaines, et qui se reproduisent constamment dans le même ordre. Ils viennent par leur agrégation successive former les noms de nombre *mille, dizaines de mille, centaines de mille* et enfin les *millions,* les *billions,* les *trillions,* les *quatrillions,* etc.

La nomenclature de tous les nombres étant établie d'après un principe méthodique qui permettait de pouvoir toujours ajouter une nouvelle unité, et par suite un nouvel échelon à cette graduation, on essaya d'effectuer le calcul de ces quantités; mais comment s'y prendre pour faire des agrégations et des multiplications de mots? Le calcul était impossible.

Naturellement il vint à la pensée de reprendre tout le système de numération parlée, et l'on tâcha de l'exprimer dans ses parties élémentaires par un seul signe. C'est ce qui a donné naissance aux signes représentatifs appelés *chiffres.* Mais les chiffres ne sont pas venus tout de suite satisfaire à ce besoin. On sait que les Hébreux, les Égyptiens, les Grecs, etc. se servaient des lettres de leur alphabet et que leurs calculs étaient très-bornés ou du moins très-difficiles. Les Romains, dont les chiffres nous sont bien connus, avaient un calcul encore plus défectueux; aussi étaient-ils d'une ignorance complète en arithmétique, même au temps de la plus grande splendeur de l'empire, puisque c'étaient des affranchis, qui portaient le nom d'*arinaires,* que l'État était obligé d'employer dans les hautes fonctions des finances.

Nous allons voir quel parti on a tiré des chiffres dits *arabes* qui ont été importés en Occident vers la fin du dixième siècle, mais qui n'y ont été vraiment vulgarisés qu'au commencement du treizième.

À l'aide de ces caractères on représente les neuf premiers nombres par

$$1 \quad 2 \quad 3 \quad 4 \quad 5 \quad 6 \quad 7 \quad 8 \quad 9$$

qui se prononcent respectivement :

un, deux, trois, quatre, cinq, six, sept, huit, neuf.

Puis, on est convenu tout d'abord qu'un chiffre quelconque placé à la droite d'un autre rendrait celui de gauche dix fois plus grand. De cette manière, les chiffres eurent immédiatement deux valeurs : la *valeur absolue* qui est celle que chacun d'eux représente par lui-même et la *valeur relative* que chaque chiffre acquiert par le rang qu'il occupe dans le nombre. Ainsi, en écrivant premièrement l'unité et mettant à sa droite, par exemple, le chiffre 2, l'unité valant dix, à cause du second rang qu'elle occupe dans ce cas, on a pu écrire le nombre *douze.* Mais pour écrire le nombre *dix,* une nouvelle difficulté s'est présentée. Alors on inventa un dixième caractère, qui n'a aucune valeur par lui-même, mais qui sert à conserver la valeur relative des autres chiffres. Avec ce nouveau caractère, qu'on appela zéro (0), on put écrire le nombre 10; conséquemment en mettant deux zéros à la suite de l'unité, on représenta dix dizaines ou une *centaine.*

Tout nombre un peu considérable renferme des *unités,* des *dizaines* et des *centaines,* qui, comme il a

été dit précédemment, se reproduisent constamment, ce qu'on indique, dans la numération écrite, par des virgules placées de trois chiffres en trois chiffres en commençant par la droite; la dernière tranche à gauche peut bien n'avoir que deux ou qu'un seul chiffre. Cette manière d'envisager les nombres les fait concevoir plus facilement. C'est ce qu'on a appelé l'*ordre ternaire.*

Ainsi, en se rappelant les principes qui précèdent, rien n'est plus facile que d'énoncer un nombre écrit quelque grand qu'il soit. Exemple :

Sextrillions	Quintrillions	Quatrillions	Trillions	Billions	Millions	Mille	Unités
27,	309,	615,	376,	401,	916,	115,	542.

On n'a plus qu'à prononcer isolément en commençant par la première tranche à gauche : 27,309,615, etc., en ayant soin, toutefois, d'ajouter à chaque expression ternaire le nom de l'espèce d'unité qu'elle représente; ainsi l'on dira :

Vingt-sept *sextrillions,* trois cent neuf *quintrillions,* six cent quinze *quatrillions,* trois cent soixante-seize *trillions,* quatre cent un *billions,* neuf cent seize *millions,* cent quinze *mille,* cinq cent quarante-deux *unités.*

L'énonciation de ce nombre comporte cinquante-neuf syllabes qui ont nécessité l'emploi de cent quatre-vingt-cinq lettres, et pourtant il n'a fallu que 23 chiffres pour l'écrire.

Une fois en possession des noms de nombre et des signes représentatifs des quantités, il a été possible d'effectuer les calculs.

On a d'abord procédé par *addition,* ensuite on est arrivé à la *multiplication,* qui a conduit à la formation des *puissances.* De là, trois algorithmes primordiaux qui forment les éléments constitutifs de l'arithmétique. Ces résultats obtenus, il a fallu les décomposer pour savoir ce qui s'était passé dans leur intérieur; c'est ce travail de décomposition qui a engendré d'autres algorithmes, qui, du reste, ne sont que la conséquence des trois premiers, et l'on est arrivé ainsi à la *soustraction* qui décompose l'addition, à la *division* qui décompose la multiplication, et enfin à l'*extraction des racines* qui décompose les puissances. — Voy. *Addition, Soustraction, Multiplication, Division, Puissances* et *Racines.*

Pour opérer d'une manière qui conduise le calculateur dans une voie sûre, on imagina des *signes* indicateurs des opérations qu'on se proposait de faire. Tels sont les signes + (plus), — (moins), × (multiplié par), = (est égal à, ou simplement égale).

De cette manière, on a pu construire ces expressions laconiques : (15 + 5 = 20), (20 + 8 — 3 = 25), (25 + 75 — 99 = 1), (12 × 5 = 60), (120 × 50 = 6000).

Pour la *division* on met deux points, 176 : 8 = 22, ou mieux, $\frac{176}{8} = 22$. Le nombre du haut s'appelle *numérateur* ou *dividende*; celui du bas *dénominateur* ou *diviseur*, et 22 prend le nom de *quotient*. La division présentée ainsi donne naissance aux *fractions ordinaires* (voy. ce mot). Il y a aussi les *fractions décimales*, qui ne représentent que des parties de l'unité de dix en dix fois plus petites. — Voy. *Fractions décimales*.

Pour la formation des puissances, au lieu d'écrire $5 \times 5 = 25$; $5 \times 5 \times 5 = 125$; $5 \times 5 \times 5 \times 5 = 625$, on met simplement : 5^2, 5^3, 5^4, et l'on prononce 5 puissance 2; 5 puissance 3; 5 puissance 4. Le petit chiffre placé à la droite du *facteur* et un peu au-dessus s'appelle l'*exposant*.

Il est quelquefois nécessaire d'indiquer une inégalité. On écrit alors ce signe $>$ ou $<$, en ayant soin de tourner l'ouverture du côté de la plus grande quantité. Ainsi, pour indiquer qu'une fraction est plus grande ou plus petite qu'une autre (ce qui n'est pas toujours perceptible à première vue dans les fractions ordinaires), on écrit dans ce cas $\frac{24}{25} < \frac{28}{25}$ ou $\frac{28}{25} > \frac{24}{25}$; ce qui s'énonce $\frac{24}{25}$ plus petits que $\frac{28}{25}$, ou $\frac{28}{25}$ plus grands que $\frac{24}{25}$. De même, s'il s'agissait d'une progression arithmétique ou géométrique, croissante ou décroissante, dont le premier terme est A et le dernier est B, dans l'une et l'autre, on écrira pour la première A $<$ B, et pour la seconde, A $>$ B; ce qui s'énonce A plus petit que B, et A plus grand que B.

Pour indiquer une racine à extraire on trace ce signe $\sqrt{}$, qui prend le nom de *radical*; au-dessous du trait horizontal on inscrit le produit à décomposer, et, dans l'ouverture du radical, on insère un petit chiffre appelé *indice*, qui indique en effet le degré qu'on se propose d'atteindre dans l'extraction.

Ainsi, $\sqrt{25} = 5$, $\sqrt[3]{125} = 5$, $\sqrt[4]{625} = 5$. Ces expressions signifient : la racine deuxième ou la racine carrée de 25 égale 5, la racine troisième ou la racine cubique de 125 égale 5, et enfin la racine quatrième de 625 égale 5. Dans la pratique, on n'insère jamais l'indice pour la racine carrée, la présence seule du radical indique ce degré. Pour tous les autres cas, on met l'indice.

En combinant ces divers signes pour les besoins du calcul, on peut arriver à ces expressions : $\left(\frac{3}{4}\right)^2 = \frac{9}{16}$; $\left(\frac{3}{4}\right)^3 = \frac{27}{64}$. C'est-à-dire : trois quarts puissance deuxième ou trois quarts élevés au carré égalent neuf seizièmes, et trois quarts puissance troisième ou trois quarts élevés au cube égalent vingt-sept soixante-quatrièmes. En décomposant, on a $\sqrt{\frac{9}{16}} = \frac{3}{4}$, $\sqrt[3]{\frac{27}{64}} = \frac{3}{4}$. Par multiplication, on arriverait à ces autres formules : $\left(\frac{3}{4}\right)^2 \times \left(\frac{3}{4}\right)^3 = \left(\frac{3}{4}\right)^5$, ou encore, $\left(\frac{3 \times 3}{4 \times 4}\right)^3 = \left(\frac{3}{4}\right)^6$; ce qui donnerait par décomposition : $\sqrt[2]{} \sqrt[3]{\left(\frac{3}{4}\right)^6} = \frac{3}{4}$. Cette dernière proposition s'énonce : La racine carrée de la racine cubique de trois quarts puissance sixième est égale à $\frac{3}{4}$.

Passons maintenant à la comparaison des nombres.

En arithmétique, ce nouveau point de vue donne lieu premièrement aux *rapports* par *différence* et aux *rapports* par *quotient*, qu'on appelle aussi *rapports arithmétiques* et *rapports géométriques*; ensuite

la comparaison des rapports eux-mêmes conduit aux *proportions*, lesquelles sont également par *différence* et par *quotient*, *arithmétiques* et *géométriques*, suivant la nature des rapports que l'on compare. Puis les proportions mènent aux *progressions*, entre lesquelles il faut toujours faire la même distinction. Et enfin la comparaison des progressions arithmétiques avec les progressions géométriques fournit une première notion des *logarithmes*, qui obtiennent par là une place légitime dans l'arithmétique, bien que leur déduction appartienne réellement à l'algèbre. (Voy. les mots *Rapports*, *Proportions*, *Progression* et *Logarithmes*.)

Arrivés à cette dernière expression de l'arithmétique, nous n'avons qu'à consigner ici quelques notes historiques sur les développements de cette science.

638 ans av. J. C., Thalès de Milet va en Égypte et y démontre l'art de mesurer la hauteur des pyramides. On le dit inventeur d'un casier arithmétique, dont les combinaisons sont maintenant inconnues.

584 ans av. J. C., Pythagore naît à Samos. Il inventa la table qui porte son nom, et à l'aide de laquelle on trouve immédiatement le produit de deux facteurs.

384 ans av. J. C., le fameux Aristote naît à Stagyre, en Thrace, et c'est lui qui, le premier, pose les bases d'un système de numération.

300 ans av. J. C., Euclide, d'Alexandrie, compose quatre livres sur l'arithmétique, lesquels servent encore de principe à l'étude de cette science. C'est lui qui, de plus, recherche les propriétés des *nombres incommensurables*. (Voy. ce mot.)

Dans le même temps, le célèbre Platon inscrivait au fronton de son académie qu'il fallait connaître les mathématiques pour y être admis. Il portait la science des nombres en si haute estime, qu'il supposait que Dieu lui-même s'en occupait sans cesse.

287 ans av. J. C., Archimède, natif de Syracuse, démontre enfin la possibilité de prononcer et d'écrire tous les nombres sans être arrêté par aucune limite. De plus, il nous révèle le calcul des progressions arithmétiques et géométriques.

276 ans av. J. C., Ératosthène naît à Cyrène. Il inventa le fameux crible qui porte son nom, à l'aide duquel on découvrait tous les nombres premiers; mais le texte en a été détruit dans l'incendie d'Alexandrie, dont il était bibliothécaire.

Vers la fin du deuxième siècle de notre ère, Diophante, d'Alexandrie, inventeur de la théorie des *nombres figurés*, jette les premiers fondements de l'algèbre.

Sur la fin du dixième siècle, Gerbert, qui devint pape sous le nom de Sylvestre II, et qui fut l'homme le plus savant de son temps, ne dédaigna pas de se coiffer du turban afin de pouvoir pénétrer dans les écoles mauresques de Séville et de Cordoue pour y étudier la science des Arabes, dont il nous rapporta les chiffres, en 968.

En 980, le célèbre Avicenne de Bokhara, en Turkestan, publia plusieurs traités d'arithmétique et découvrit les propriétés du nombre 9.

En 1460, Jean Muller, fameux mathématicien allemand, imagine les *fractions décimales*.

Enfin, Juste Byrge, ingénieux constructeur d'instruments de mathématiques et inventeur du compas de proportion, fit, vers la fin du dix-septième siècle, l'importante découverte des logarithmes. M. Jacomy-Régnier, savant publiciste, raconte, dans son *Histoire des Nombres*, que Juste Byrge confia son manuscrit au baron Néper, sa meilleure pratique, et que celui-ci ne tarda pas à publier, après l'avoir étudié, un livre intitulé : *Mirifici logarithmorum canonis Descriptio*.

On voit par là que Juste Byrge, ce Colomb des logarithmes, ne tarda pas à trouver son Vespuce dans la personne du haut baron écossais, qui se para d'une découverte qu'il n'avait pas faite.

Depuis cette époque jusqu'à nos jours, la science arithmétique n'a plus fait de découvertes bien remarquables pour trouver de nouveaux procédés qui indiquassent l'emploi de nouvelles formules sur les propriétés des nombres; mais l'idée s'est tournée vers les moyens mécaniques, lesquels tendraient à avoir le double avantage d'économiser le temps et de débarrasser l'esprit d'un travail fatigant.

ACHILLE SANDOZ.

ARITHMÉTIQUE ABRÉGÉE ou STÉNARITHMIE. — La pratique des calculs fait imaginer, à ceux qui s'en occupent beaucoup, des moyens de simplification qui réduisent considérablement le travail et le rendent plus sûr; mais peu de personnes communiquent leurs procédés, et il n'avait, pour ainsi dire, pas été fait de publication à ce sujet avant la *Sténarithmie* ou abréviation des calculs, éditée par Mallet-Bachelier en 1852 et 1853.

On donne dans cet ouvrage des méthodes réduites pour l'addition, la soustraction, la multiplication, la division, l'exaltation et l'extraction des racines de tous les degrés.

Dans l'ADDITION, les nombres complexes sont les seuls qui présentent quelques difficultés; et le moyen d'en faciliter le calcul consiste à former, au lieu de dizaines, des unités de l'espèce qu'on veut obtenir.

Voici un exemple composé de livres sterling, de schillings et de deniers.

	8 l. st.	15 sch.	11 d.	Preuve	5
	7	14	6		9
	6	10	9		3
Total	23	1	2		8

Au lieu de dire : 11 et 6 font 17, et 9, 26, on dit : 11 et 6 font 17; or, 17 deniers forment un schilling et 5 deniers, je dis : 1 et 5, puis 1,5 et 9 font 1,14; mais 14 vaut 1 schilling et 2 deniers; j'ai en tout 2 schillings et 2 deniers; je pose les 2 deniers et je retiens 2 schillings pour les joindre à la colonne suivante de cette manière : 2 et 15 font 17, 17 et 14 font 31; or, 31 schillings valent 1 livre 11 schillings, je transforme donc ces 31 schillings en 1 livre 11 schillings, et je dis : 1,11, puis 1,11 et 10 font

1,21; et transformant toujours en unités, 1,21 deviennent 2,1. Je pose 1 et retiens 2, etc.

La preuve par la somme des chiffres s'applique à tous les calculs de l'arithmétique. Dans l'exemple ci-dessus, pour la première somme, 8 livres valent 160 schillings; or, les chiffres de ce dernier nombre, additionnés ensemble, forment 7, qu'il faut joindre aux 15 suivants (ces 15 se réduisent à 6, puisque 1 et 5 font 6); or, 7 déjà trouvés et 6 font 13, et dans ces 13, 1 et 3 font 4. Ces 4 schillings, multipliés par 12 pour avoir des deniers, donnent 48 ou ($4 + 8 = 12$, $1 + 2 = 3$); ajoutant à ces 3 deniers le nombre 2 (qui provient de 11, dans lesquels $1 + 1 = 2$), on a 5, qu'on écrit à la suite du mot *preuve*. Opérant de la même manière pour la deuxième somme, en réduisant toujours les nombres à un seul chiffre, on trouve 9 deniers, qu'on écrit à la suite. La troisième somme fournit, par le même calcul, 3.

Le total des chiffres trouvés : $5 + 9 + 3 = 17$ ou $1 + 7 = 8$.

Si l'on réduit de même le total 23 l. st. 1 sch. 2 d. à un seul chiffre de deniers, on doit retrouver le même résultat 8, si l'addition est juste.

Cette preuve est remarquable par sa simplicité et la relation constante qu'elle présente entre les nombres et la somme de leurs chiffres.

Avant de faire la SOUSTRACTION, on peut remplacer par des zéros tous les chiffres de même valeur et de même rang qui se trouvent dans le minuende et dans le minuteur, et mettre également un zéro à la place du chiffre le plus faible de chaque terme, en diminuant d'autant le chiffre de même rang dans l'autre terme, et opérer ensuite comme à l'ordinaire.

Exemple : de	56,789
retrancher	36,198

On remplace ces nombres par

		Preuve	
	20,601		9
et	00,010		1
Reste	20,591		8

Le nombre 8, que donne la somme des chiffres du reste, ajouté au nombre 1, fourni par le minuteur, reproduit le 9 qui provient du minuende; on en conclut que le calcul est juste.

On peut retrancher plusieurs nombres d'un autre par une seule opération de la manière suivante :

De	240	Preuve	6
retrancher	89		8
et	78		6
Reste	73		1

8 et 9 font 17, ôtés de 20, il reste 3, qu'on écrit sous le 8, et on retient 2, qui, avec 7, font 9 et 8, 17, de 24, reste 7, qu'on écrit sous l'autre 7, et le reste est 73.

MULTIPLICATION. On sait qu'en ajoutant deux zéros à un nombre quelconque, il se trouve multiplié par cent; c'est là un principe de sténarithmie. Mais les traités d'arithmétique ne vont pas plus loin; ils ne développent pas toutes les applications qui en découlent, et qui, cependant, sont de la plus grande importance.

Ainsi, 123 avec deux zéros donne le produit de 123 par 100 ou 12,300. Il est évident que si à ce dernier nombre on ajoute 123, on aura le produit de 123 par 101, et que si on le retranche, au contraire, on obtiendra le produit de 123 par 99. Exemples :

123 avec deux zéros	12,300
plus	123
Produit de 123 par 101	12,423

En sténarithmie, au lieu de zéros, on ajoute des points, pour mieux reconnaître les facteurs.

123 avec deux points	12,3..
moins	123
Reste le produit de 123 par 99	12,177

On comprend que si à 123 avec deux points on ajoute deux fois 123, on obtiendra le produit de 123 par 102.

123 avec deux points	12,3..
plus	123
plus	123
Total, produit de 123 × 102	12,546

Et que si on les retranche, on aura le produit de 123 par 98.

123 avec deux points	12,3..
moins	123
moins	123
Reste, produit de 123 × 98	12,054

On multiplie un nombre par 50 en prenant la moitié après avoir ajouté deux points.

	12,3..
moitié	6,15.

S'il fallait obtenir le produit par 55, il suffirait d'ajouter le même nombre 615, en l'avançant d'un rang à droite.

	12,3..
moitié	6,15.
le même avancé	615
Total	6,765

Et pour avoir le produit par 155, on additionnerait le tout.

	12,3..
moitié	6,15.
le même avancé	615
Total	19,065

On trouverait le produit de 123 par 45 en retranchant, au contraire, cette moitié avancée de la première.

	12,3..
moitié	6,15.
moitié avancée	615
Reste	5,535

Au moyen de ces combinaisons et d'autres analogues, on peut réduire les multiplications à de simples additions ou à des soustractions.

DIVISION. On remplace avantageusement la division ordinaire, qui est embarrassante et fort compliquée, par les méthodes ci-après, qui ne présentent aucune difficulté et qui n'exigent que des multiplications.

En séparant par une virgule un, deux, trois chiffres à droite du dividende, il se trouve divisé par 10, par 100 ou par 1,000.

Ces divisions, fort simples, peuvent servir à trouver tous les quotients possibles.

Exemple : Diviser 252 par 9.

252 divisés par 10 donnent 25, 2, c'est-à-dire que 252 contiennent 25 fois 10 plus 2; or, 25 fois 10 égalent 25 fois 9 plus 25 fois 1; donc, 252 se composent de 25 fois 9 plus 25 plus 2, ou 25 fois 9 plus 27.

Opérant sur ces 27 comme on l'a fait sur 252, la division par 10 donne 2, 7, ou 2 fois 10 et 7 de reste; mais 2 fois 10 valent 2 fois 9 plus 2 fois 1, d'où il résulte que 27 contiennent 2 fois 9 plus 2 plus 7, ou 2 fois 9 plus 9, ou encore 3 fois 9. Ces 3 fois, ajoutées aux 25 trouvées primitivement, forment 28; ce dernier nombre est le quotient.

Opération. 252 à diviser par 9.

$$25, 2 + 25 = 27$$
$$2, 7 + 2 = 9$$
$$1$$
Quotient   28

Diviser 253 par 11.

$$25, 3 - 25 = -22$$
$$-2, 2 + 2 = 0$$
Quotient   23

Après avoir séparé par une virgule le dernier chiffre de 253, on trouve 25, 3, ou 25 fois 10 et 3 de reste; or, si 253 contiennent 25 fois 10, ils contiennent 25 fois 11 moins 25. Ces — 25 s'écrivent à la suite de 25, 3, et en retranchant ce reste 3, on a — 22. Opérant sur — 22 comme pour 253, on a — 2, 2, c'est-à-dire moins 2 fois 10 moins 2, qu'on écrit, avec son signe négatif, sous le premier quotient trouvé; mais en retranchant 2 fois 11 au lieu de 2 fois 10, on retranche 2 fois 1 de trop, et qu'il faut ajouter pour conserver l'équilibre. On a donc — 2, 2 + 2, et les restes — 2 + 2 se réduisent à 0; il faut donc retrancher 2 de 25. Il vient 23 pour le quotient, sans reste.

Diviser 555 par 99.

Opération. 5, 55 + 5 = 60
Quotient 5, reste 60.

En séparant les deux derniers chiffres par une

virgule, on a 5, 55, ou 5 centaines et 55 de reste; de ces 5 centaines pour en faire des 99aines, il faut y ajouter 5 unités, qui, avec les 55 qui restaient déjà, font 60.

Diviser 555 par 98.
Opération. 5, 55 + 10 = 65
Quotient 5, reste 65.

Les 5 centaines valent 5 fois 98 et 5 fois 2; or, 5 fois 2 font 10, qu'il faut ajouter au reste 55.

Diviser 555 par 97.
Opération. 5, 55 + 15 = 70
Quotient 5, reste 70.
Diviser 555 par 86.

Le complément de 86 est 14; c'est donc 14 qui sera le multiplicateur.

Opération.   5, 55 + (5 × 14) 70 = 125
             1, 25 + (1 × 14) 14 = 39
             ___
              6

Quotient 6, reste 39.

On peut prendre aussi d'autres compléments que ceux de 10, 100, 1,000. Ainsi, pour diviser 5,555 par 357, on diviserait par 400, avec le complément 43, ce dernier servant de multiplicateur.

Diviser 5,555 par 357.
Opération.   5,555
Diviser par 100   55, 55

Le 1/4   13, 355 + 520 + 39 = 914
Le 1/4 de 9, 14   2, 114 + 80 + 6 = 200

   Quotient   15   reste 200

Après avoir divisé par 100, en retranchant deux chiffres à droite, on prend le quart, ce qui donne le même résultat que si l'on avait divisé par 400; mais le quart de 55 est de 13, et il reste 3, qui sont des centaines; avec les 55 unités placées à droite de la virgule, cela fait 355. Or, au nombre 13, quotient de 400, il faut ajouter 13 fois 43 pour avoir le quotient de 357 : on multiplie d'abord 13 par 4, et on ajoute un zéro pour avoir le produit de 13 par 40, on trouve 520; puis on multiplie 13 par 3, unités du nombre 43, il vient 39. Ces trois restes 355, 520 et 39 forment 914, sur lesquels on opère comme pour 5,555, etc.

COMPLÉMENT INDÉFINI. Le complément d'un nombre, réduit en décimales, et pris successivement à la puissance 1, 2, 3, à l'infini, s'appelle complément indéfini.

Après avoir séparé du dividende, par une virgule, autant de chiffres qu'il y en a dans le diviseur, on le multiplie par le complément indéfini; la somme du dividende, ainsi modifié, et des produits, est le quotient.

Ainsi, au lieu de diviser par

2, on multiplie par 0,1   et par 0,8   à l'infini
3,   0,1   0,7

4,	0,1	0,6
11,	0,01	0,89
97,	0,01	0,03
995,	0,001	0,005

Exemple : Diviser 1,234 par 97.

1,234 × 0,01 = 12, 34
12,34 × 0,03 =   37 02
37 × 0,93 =   1 11
                   _____
   Total   12, 72

Donc le quotient est 12,72.

Les compléments indéfinis qui viennent d'être indiqués ne sont pas les seuls dont on puisse se servir, on en obtient de plus avantageux en déduisant successivement de ce complément le diviseur et en ajoutant autant de fois à lui-même le premier chiffre.

Pour le diviseur 24, par exemple, on peut prendre à volonté

0,01 × 0,76 × 0,76   ∞
0,02 × 0,52 × 0,52
0,03 × 0,28 × 0,28
0,04 × 0,04 × 0,04
0,05 × — 0,20 × + 0,20

Le diviseur 24 étant plus fort que le complément indéfini 0,04, la soustraction donne − 0,20 pour le nouveau complément indéfini; et ce dernier est alternativement négatif et positif, parce que − 0,20 × − 0,20 = + 0,20², et que + 0,20² × − 0,20 = − 0,20³, etc.

Le diviseur 49 se remplace par

      0,01 × 0,51 × 0,51
ou   0,02 × 0,02 × 0,02

Exemple : Diviser 5,555 par 49.

5,555 × 0,02 = 111, 10
     × 0,02 =   2, 222
     × 0,02 =   44 44
     × 0,02 =   88
              _____
   Quotient   113, 367 32

Il y a donc un choix à faire dans ces compléments indéfinis.

PUISSANCES ET RACINES. On facilite le calcul des carrés en augmentant une racine et en diminuant l'autre d'une quantité quelconque, et en ajoutant au produit le carré de cette quantité.

8 × 8 = (8 + 2) × (8 − 2) + (2 × 2) = 64
9 × 9 = (10 × 8) + 1 = 81
27 × 27 = 34 × 20 + 49 = 729
55 × 55 = 60 × 50 + 25 = 3,025
88 × 88 = 100 × 76 + 144 = 7,744
588 × 588 = 676 × 500 + 7,744 = 345,744

CALCUL DES RACINES. La théorie du binome est certes fort ingénieuse et très-utile aux mathématiciens; mais l'arithmétique peut s'en passer et la remplacer avantageusement par la méthode donnée dans la sténarithmie, et qui consiste simplement à diviser la puissance par un nombre quelconque pour trouver la racine que l'on cherche, à quelque degré qu'elle appartienne.

En effet, une puissance n'est pas autre chose qu'un produit; une racine est un facteur.

Et comme un quotient est aussi un facteur, il est évident que ce quotient peut également être une racine.

L'extraction des racines ne diffère donc de la division que parce que, dans celle-ci, un des facteurs est connu (le diviseur).

Mais, pour le carré, les facteurs sont égaux, de sorte que si le carré est divisé par un nombre plus petit que la racine, le quotient sera, au contraire, plus grand que cette racine; et réciproquement, quand le diviseur est plus fort que la racine, le quotient est plus faible.

Cette racine (dans certaines limites) est égale à la demi-somme du diviseur et du quotient.

En effet, si l'on divise 144 par 10, on trouve au quotient 14, et la demi-somme de ces deux derniers nombres est 12, racine de 144.

En divisant par 13, il vient 11 au quotient, et encore 12 pour la demi-somme.

Pour avoir la racine carrée de 1,550, on peut diviser par 40, qui doit approcher beaucoup de cette racine, car le carré de 40 est de 1,600, nombre peu différent de 1,550; or, le quotient 38, additionné avec 40, forme 78, dont la moitié, 39, est la racine cherchée.

Il faut toutefois remarquer que le reste de la division doit être au moins égal au carré de la moitié de la différence qui existe entre le diviseur et le quotient, sans quoi il faudrait diminuer le quotient d'une ou plusieurs unités, et augmenter en même temps le reste d'une ou plusieurs fois le diviseur, afin que ce reste remplisse la condition voulue.

Dans le cas, cependant, où l'on se serait servi d'un diviseur beaucoup trop fort ou beaucoup trop faible, on s'éviterait la peine de réduire le quotient en employant de nouveau, comme diviseur, la demi-somme du quotient et du diviseur dont on aurait fait usage.

RACINE CUBIQUE. La racine cubique s'obtient par la division tout aussi facilement que la racine carrée, à la différence qu'il faut diviser deux fois la puissance par un nombre qu'on évalue approximativement.

Le dernier quotient, additionné avec les deux diviseurs, donne au total le triple de la racine.

Pour la racine quatrième, on divise trois fois, et ainsi de suite pour tous les degrés.

Ce sujet, fort intéressant, exigerait des détails que ne comporte pas la nature de cet ouvrage; mais on trouvera dans la *Sténarithmie*, indiquée au commencement de cet article, tous les développements nécessaires. GOSSART.

ARMADILLE (zoologie). — Voy. *Cloporte*.

ARMATEUR (marine, commerce) — Ce terme, qui est en usage dans la marine et dans le commerce de mer, s'applique, soit à celui qui commande un bâtiment armé ou équipé en guerre pour courir la mer et faire des prises sur les ennemis de l'Etat, soit au négociant qui équipe un bâtiment pour le commerce.

L'armateur est un négociant qui fournit un vaisseau qui lui appartient, ou qu'il nolise avec tout ce qui est nécessaire pour un voyage de long cours, ou pour la pêche de la morue. On appelle aussi armateur le propriétaire d'un vaisseau marchand armé en temps de guerre pour courir sur les bâtiments de commerce des ennemis et s'en emparer. On donne à ces vaisseaux en course le nom de *corsaires*.

Tous les propriétaires de vaisseaux marchands sont en général des armateurs, puisqu'ils ne peuvent opérer leur affrétement qu'en les tenant en bon état, et équipés de tous les objets indispensables pour recevoir un chargement, et mettre en mer pour faire un voyage : c'est même une des principales conditions qui sont imprimées dans les *chartes-parties* ou contrat de nolisement. J. E.

ARMATURE (physique). — Voy. *Armure*.

ARMEMENT (marine). — Se dit de l'approvisionnement, de l'équipement et de tout ce qui est nécessaire à un vaisseau pour le mettre en mer. L'armateur, ou celui qui donne à fret ou nolise un bâtiment, est obligé, suivant les clauses de la charte-partie ou de l'affrétement, de le mettre en état de naviguer pour arriver à sa destination, ou entreprendre un voyage quelconque pour le transport de son chargement. En France, des inspecteurs sont nommés pour vérifier l'état d'un navire avant son chargement, et si rien ne manque à l'armement.

J. E.

ARME [du latin *armum*, usité seulement au pluriel *arma*, armes]. — Le mot *armus* (qui nous paraît dérivé de la racine inusitée *aram* dont des dérivés existent dans l'hébreu et autres langues sémitiques) signifie la jointure du bras et de l'épaule, et aussi *l'épaule*. Comme c'est sur cette partie du corps que portent principalement les coups des armes tranchantes et contondantes qui ont dû être d'abord en usage, on s'est préoccupé de la garantir au moyen d'une armure qui a reçu le nom d'*armum*, bouclier, lequel n'a plus été employé qu'au pluriel, lorsque l'armure s'est compliquée d'un grand nombre d'autres pièces. Ainsi, dans le principe, *arma* signifiait seulement *armes défensives*. C'est ce que Festus déclare expressément dans l'abrégé que Paul Diacre nous en a conservé. *Arma*, dit-il, *ab armis, id est humeris dependentia, ut scutum* (les armes sont ce qui pend aux épaules, comme le bouclier); et il ajoute que les armes offensives portaient le nom de *tela*. Plus tard, il est vrai, cette distinction a complétement disparu, même dans les meilleurs auteurs du siècle d'Auguste; on la retrouve cependant dans Tite-Live, Cicéron, et notamment dans Suétone parlant de Domitien.

Aujourd'hui la confusion est complète, et le mot *arme* a même acquis un grand nombre de sens nouveaux. Nous indiquerons seulement les principaux.

ARME DÉFENSIVE. — La première fut le bouclier, nous l'avons dit, et la pratique des peuples sauvages le démontre. Cette arme a, du reste, l'avantage de pouvoir se déplacer et de garantir à volonté toutes les parties du corps. Le casque vint ensuite, puis la cuirasse, enfin les brassarts, les cuissarts et les jambières, qui complètent l'armure. Il serait assurément impossible et fastidieux de décrire les formes diverses que ces appareils ont prises dans la longue suite des temps ; le cuivre d'abord, le fer ensuite, par exception l'or et l'argent, y ont été employés. Elles ont servi parfois à l'infanterie, mais rarement, en raison de la difficulté des mouvements ; et elles ont été, au contraire, d'un grand usage dans la cavalerie, soit à cheval, soit montée sur des chars. Au moyen âge, elles étaient devenues si complètes qu'il fallait assommer l'homme pour le tuer, si lourdes que le chevalier renversé à terre ne pouvait plus se relever ! Les chevaux avaient aussi leur armure, dont on voit, au musée d'artillerie, un beau spécimen provenant du maréchal de Boucicaut. L'opinion générale attribue à l'invention de la poudre la décadence des armes défensives ; mais l'auteur des *Études sur le passé et l'avenir de l'artillerie* (l'empereur actuel) pense avec plus de raison que cette modification est due aux progrès de la tactique et de la stratégie qui exigent avant tout la parfaite mobilité des troupes. C'est pour ce motif que les armes défensives conservées malgré la poudre et l'artillerie sont aujourd'hui consacrées aux seules troupes de réserve de la cavalerie, savoir : les carabiniers et les cuirassiers, qui portent casque et cuirasse. Le casque est aussi donné aux dragons, qui viennent immédiatement après la cavalerie de réserve et chargent à la pointe.

ARMES OFFENSIVES. — Dans les premiers temps, dit Lucrèce, tout a servi d'armes, les mains, les ongles, les dents, et les fragments des forêts :

Arma antiqua, manus, ungues, dentesque fuerunt,
Et lapides, et idem sylvarum fragmina, rami.

Depuis lors, l'esprit de destruction n'a point cessé de se montrer inventif, et ce serait une rude entreprise que de mentionner tous les engins de ce genre qui ont été en usage.

Armes contondantes. — Depuis le bâton jusqu'au casse-tête, ces armes ont beaucoup varié ; les plus connues sont le maillet, le marteau et la masse d'armes, fort employés au moyen âge. Charles Martel s'en servait, et, à la bataille de Bouvines, on a vu un évêque, Philippe de Preux, assommant ainsi l'ennemi, afin de ne pas répandre le sang, parce que, *a sanguine abhorret Ecclesia*, l'Église a horreur du sang. Les armes étaient employées surtout à achever les chevaliers désarçonnés, et il y avait à la suite des armées des varlets n'ayant pas d'autre besogne. Le bâton des constables de Londres est une arme contondante. Inutile de faire observer que la tactique moderne ne peut tirer aucun parti de ce moyen d'attaque.

Armes d'estoc ou de pointe. — En première ligne il faut placer l'épée. C'est, en effet, l'arme par excellence, celle qui donne les coups les plus sûrs, et qui sert, en même temps, à la parade ou défense. Son nom paraît venir du celtique *spatha*, désignant une épée large, analogue à l'arme des dragons, à la *latte*, qui est encore l'arme dans laquelle le Français excelle. Les historiens latins nous apprennent que les Gaulois portaient des épées longues et flexibles ; les Romains, au contraire, avaient des sortes de larges poignards semblables au briquet de l'infanterie. Actuellement, l'épée proprement dite, longue, triangulaire et rainée, est réservée aux officiers supérieurs ou d'armes spéciales et à certains dignitaires civils.

La lance a été aussi d'un grand usage. Quoique plus spéciale à la cavalerie, elle en avait été abandonnée pendant le dix-huitième siècle, à raison de l'emploi du pistolet. Napoléon Ier restaura les corps de lanciers, dont l'utilité est incontestable comme arme de ligne destinée à attaquer de front l'infanterie et à enfoncer les carrés.

Dans l'infanterie, la lance porte plutôt le nom de pique. La phalange macédonienne en portait d'extrêmement longues, et au seizième siècle, les piques atteignaient à des dimensions de douze à quinze pieds. Elles avaient diverses formes, dont une seule est restée, la hallebarde, qui fait l'ornement des suisses et bedeaux. Cette arme a été avantageusement remplacée par la baïonnette, ainsi nommée parce qu'on en fabriquait à Bayonne dès le milieu du dix-septième siècle, mais qui paraît avoir été en usage auparavant. C'était d'abord un poignard à manche de bois introduit dans le mousquet et qu'il fallait ôter pour faire le coup de feu. Le colonel Martinet, inspecteur d'infanterie sous Louis XIV, inventa la douille, et donna ainsi à la baïonnette toute sa supériorité.

Enfin, dans le nombre des armes d'estoc, il ne faut pas oublier le javelot, *hasta*, arme de bois à pointe de fer, retenue par une courroie, et au moyen de laquelle les Romains sont devenus les maîtres du monde.

Armes de taille. — Nous ne parlerons que du sabre. La chose est ancienne, et de tout temps on s'en est servi sous le nom d'épée, espadon, cimeterre, etc. ; mais le nom est récent et paraît avoir été importé par les Suisses au service des rois de France (*saebel*). Le sabre est l'arme de la cavalerie légère, à laquelle il sert pour poursuivre l'ennemi en déroute. Les officiers d'infanterie portent aussi le sabre.

Armes de trait. — Les flèches, lancées soit par des arcs, soit au moyen d'arbalètes, ont été longtemps les seules armes de trait, la fronde n'ayant eu qu'une faveur très-restreinte en raison de son peu d'effet. Les anciens et surtout les Romains se servaient aussi de grandes machines, balistes, catapultes, etc., affectées plus spécialement aux attaques des villes ou à leur défense, et qui faisaient pleuvoir des projectiles de toute sorte. Ces moyens, continués pendant le moyen âge, ont nécessairement disparu par suite de l'adoption de la poudre à feu.

Armes à feu. — Elles sont portatives ou d'artillerie.

Comme elles forment le fond de la tactique contemporaine, nous nous proposons de faire de chacune d'elles l'objet d'un article spécial auquel nous renvoyons.

ARME, au point de vue de l'*organisation de l'armée*. — On désigne sous le nom d'*arme* l'ensemble des troupes qui sont armées d'une même manière et ont une même destination. Ainsi l'on dira l'arme de l'infanterie, de la cavalerie, de l'artillerie, etc.; mais il y a une certaine confusion à cet égard, car on dit aussi l'arme des dragons, celle des hussards et même celle des chasseurs, bien qu'entre hussards et chasseurs il y ait peu de différence, sauf l'uniforme.

ALPH. CASTAING.

ARME A FEU (invention des). — L'incertitude la plus complète règne sur cette invention : on place généralement en 1350 celle de la poudre à canon, par le moine Berthold Schwartz, de Fribourg; et, cependant, l'établissement des fonderies de canons, en France, remonte à l'an 1338, ainsi qu'il résulte des registres de la chambre des comptes de cette année. D'un autre côté, quelques auteurs avancent que Constantin Ancthzen, de Fribourg, inventa le canon en 1330, tandis que d'autres n'en placent l'époque qu'à l'année 1436, quoiqu'il soit constaté que les Anglais en firent usage à la bataille de Créci, en 1346, et que les Maures s'en sont servi, en 1341, au siége d'Algésiras. On rapporte aussi qu'en 1366 les Vénitiens employèrent, au siége de Claudia-Possa, de petits canons de tôle, cerclés comme des tonneaux, que leur avaient procurés les Allemands. Enfin quelques autres citent les *Instituts* de Menou, législateur indien, qui vivait plusieurs siècles avant J. C., et dans lesquels on trouve la défense de porter des armes à feu en public. Philostrate, écrivain du troisième siècle, rapporte que les brachmanes et les sages de l'Inde combattaient de loin avec les éclairs et la foudre. Enfin, un auteur chinois, qui vivait 200 ans avant J. C., parle aussi des armes à feu d'après les mémoires des *anciens guerriers*.   BOQUILLON.

ARMÉE. — Nous pensons que ce mot vient de l'adjectif féminin latin *armata*, armée, employé substantivement dans la basse latinité, par ellipse, pour *turma armata*, ou *manus armata*, troupe armée, troupe de gens armés. L'opinion générale en fait cependant un dérivé de l'italien *armata*, employé dans le même sens, et qui se serait introduit en France à la suite de nos guerres de la fin du quinzième siècle et du commencement du seizième, en Italie. C'est, en effet, de cette époque seulement que date l'usage du mot armée, que l'on trouve, pour la première fois, dans Philippe de Clèves, dont l'ouvrage date de 1520; précédemment, on disait *ost* ou *host*, et quelquefois *exercite*, du latin *exercitus*.

Le mot armée a plusieurs sens : les deux principaux sont ceux qui désignent soit l'ensemble des forces agissant sous un chef en campagne, soit l'ensemble des troupes composant la force militaire d'un pays. Nous diviserons donc cet article en deux sections : armée *en campagne*, armée *permanente*.

ARMÉE EN CAMPAGNE. — C'est dans ce premier sens que le mot armée a été employé; car, au seizième siècle, il n'y avait pas, à proprement parler, d'armée permanente.

On peut définir une armée : la réunion, sous un seul chef, de forces militaires comprenant l'ensemble des ressources qui doivent concourir au succès d'une campagne. Néanmoins, nous sommes loin de prétendre résoudre ainsi toutes les objections, et nous avons averti que l'abus que l'on a fait de l'expression ne permet pas d'en fixer exactement le sens.

En ce qui concerne l'antiquité, l'on peut dire que les historiens donnent généralement le nom d'armée à toute troupe considérable qui se trouve réunie sous un même chef; et le vague de cette dénomination se continue nécessairement à travers le moyen âge et les temps modernes jusqu'au temps de Louis XIV et même plus tard, faute d'une organisation bien entendue des choses et d'une connaissance suffisante des institutions. Aujourd'hui, une troupe de moins de douze mille hommes se nomme *colonne expéditionnaire*, *brigade expéditionnaire*; à douze mille hommes, c'est une *division*; avec deux divisions, c'est un *corps expéditionnaire*; enfin, on réserve le nom d'armée à la réunion comprenant deux ou plusieurs corps.

Une armée en campagne n'est pas distincte de l'armée permanente; elle en fait partie à titre de détachement.

La force des armées a toujours varié, et elle n'a pas dépendu seulement du plus ou moins de ressources des États, mais aussi des progrès de la tactique. Nous ne nous occuperons pas du premier motif, qui est tout de fait; quant au second, il est bon d'observer que la tactique paraît tendre à réduire le chiffre de l'effectif des armées agissantes plutôt qu'à l'exagérer. Thucydide et Xénophon, dont la compétence est incontestable, ne voient dans les grandes armées que des causes de ruine, et réservent pour les petites toute leur admiration. Machiavel fixe à trente mille hommes le chiffre qu'une armée ne doit pas dépasser; Montecuculli adopte le même nombre; Maurice de Saxe et Moreau n'y veulent que quarante mille hommes, et Turenne considérait comme non maniable une réunion de cinquante mille. Cette limite a été dépassée cependant, même sous de grands capitaines, tels que Luxembourg, Frédéric et Napoléon; mais, outre que ces deux derniers étaient des souverains, pouvant assumer plus facilement la responsabilité de pertes énormes, il est certain que les principes de la tactique et ceux de la stratégie ont eu à souffrir énormément de cet excès d'agglomération. Il suffit, pour s'en convaincre, de lire les mémoires de Napoléon, publiés par *le Moniteur*, il y a quelques années, et où ce grand capitaine proclame la nécessité de dispositions stratégiques telles que la fortification de campagne et l'organisation du service de campement, auxquelles les circonstances l'ont presque toujours obligé de renoncer. D'un autre côté, en présence d'un ennemi nombreux, la division de l'effectif en plusieurs armées, comme on la pratiquait au commencement de la république, peut présenter des inconvénients au point de vue de l'unité.

Le général Lloyd définit ainsi l'action des armées : « L'armée est une machine destinée à opérer les mouvements militaires; comme les autres machines, elle se compose de parties différentes; leur bonne composition et leur convenable arrangement font sa perfection. Leur objet commun doit être de réunir, comme propriétés essentielles, la force et l'agilité. » La mobilité, tel est, en effet, tout le secret de la guerre; c'est à ce but qu'ont toujours tendu les efforts de la tactique et ceux de la stratégie, et c'est aussi dans la réalisation de ce but que l'empereur Napoléon III (*Études sur l'Artillerie*) voit percer et s'étendre les progrès de l'art militaire.

C'est aux armées françaises depuis Louis XIV que sont dues les plus importantes améliorations que l'art de la guerre ait subies. Napoléon avait en vue des projets d'une haute portée, dont quelques-uns ont été réalisés; et postérieurement à lui, le progrès n'a cessé de se faire, en ce qui concerne l'organisation et la stratégie. Quant à la tactique, c'est une affaire de circonstances, subordonnée toujours aux grandes règles; et Napoléon estimait que le système devait en être modifié environ tous les dix ans. Sous ces réserves, c'est toujours en France qu'il est le plus facile de former tout d'abord une armée agissante; et comme ses procédés sont généralement adoptés par les autres nations, nous donnerons l'idée d'une armée en général en décrivant une armée française.

Le commandant en chef, suivi de son état-major particulier.

L'état-major général, comprenant : les chef et sous-chef d'état-major général; les commandants de l'artillerie et du génie; l'intendant militaire; le grand prévôt; l'aumônier; les officiers du corps d'état-major, d'artillerie et du génie; les fonctionnaires de l'intendance.

Les corps d'armée, divisés en deux ou plusieurs *divisions,* chaque division ayant un état-major particulier. Deux brigades, comprenant chacune deux régiments de ligne et des troupes légères par bataillons ou escadrons; des détachements d'artillerie, du génie, de gendarmerie.

Les réserves et parcs de l'artillerie.

Les réserves et parcs du génie.

Les services administratifs, savoir : le service de santé, comprenant le corps médical, le personnel de santé des hôpitaux, le personnel administratif des hôpitaux; les bureaux de l'intendance, des subsistances, de l'habillement et du campement; les troupes d'administration.

La force publique, composée de gendarmerie.

Enfin, *les employés civils* du trésor, des postes, etc.

Ainsi composée, une armée présente l'organisation la plus parfaite qui se puisse trouver dans une agglomération d'hommes aussi considérable, non-seulement au point de vue des opérations tactiques, mais encore sous le rapport des nécessités de la vie ordinaire.

Ceux-là se trompent étrangement qui s'imaginent que la mission d'une armée consiste à tuer beaucoup d'ennemis, à piller, détruire ou ruiner un pays; ce sont là des moyens que les circonstances rendent plus ou moins nécessaires, mais que le militaire de cœur et d'esprit élevés est le premier à déplorer, et dont il n'use qu'avec la plus grande circonspection. La mission d'une armée est de prendre position; s'il s'agit d'un passage de rivière, d'un emplacement en rase campagne ou sur des hauteurs, défendus par l'ennemi, on s'efforce de le déloger; si l'on est en présence d'une place forte, on essaye de la prendre. Les escarmouches, les guerres de partisans et de tirailleurs, les piéges, embûches, mines et autres moyens destructifs, qui ont le privilége de flatter principalement l'imagination populaire, sont des ressources de peu de portée et dont les résultats, toujours indirects et fort restreints, influent médiocrement sur le succès des opérations. Un général qui se respecte et qui a le sentiment élevé de l'art militaire n'a recours à de pareils moyens qu'autant qu'il le faut pour inquiéter l'ennemi et pour entretenir dans ses propres troupes la surexcitation qui fait surmonter, aux grands jours, les obstacles insurmontables; mais il ne les autorise en aucun cas, s'ils ont pour effet d'aliéner l'esprit des populations et de relâcher parmi ses soldats les liens de la discipline et ceux de la hiérarchie, qui sont les vrais fondements de la force d'une armée.

Aux époques où l'art militaire a été appliqué dans toute la rigueur de ses principes, sous Xénophon, dans la retraite des dix mille, sous Montecuculli et sous Turenne, les armées en campagne ont toujours campé dans une enceinte fortifiée; Napoléon, que les circonstances ont obligé de bivouaquer, a proclamé la supériorité de l'autre système et recommande la fortification de campagne.

Ce principe est toujours mis en pratique dans la guerre de siége, où l'oubli qu'on en ferait pourrait avoir les plus graves conséquences. Les opérations de siége étant surtout l'œuvre du génie et de l'artillerie, le choix des troupes n'y est pas aussi décisif que dans la guerre de campagne, et les soldats d'élite n'y sont guère nécessaires qu'au moment de l'assaut. Mais ce qui est important, beaucoup plus que dans la guerre de campagne, c'est le chiffre de l'effectif. Vauban estimait que le nombre des assiégeants devait être de six à sept contre un; mais Napoléon pensait que cette proportion pouvait être réduite jusqu'à quatre contre un. On a même des exemples d'un nombre plus faible; mais il n'est pas démontré que le prompt succès des travaux n'ait pas été considérablement retardé par une semblable circonstance. Quand une armée entreprend une série de siéges successifs, elle reçoit le nom d'armée *d'opérations.*

On appelle armée *d'observation* une réunion de troupes ayant pour mission de surveiller des forces étrangères et de protéger par sa présence le territoire sur lequel elle est établie.

ARMÉE PERMANENTE. — Ensemble des forces destinées à concourir à la défense d'un État, à son action extérieure en cas de guerre, et, enfin, au maintien de la sécurité intérieure. Elle comprend deux grandes divisions : l'armée active et l'armée sédentaire.

L'*armée active* comprend tous les corps de troupes destinés à être mobilisés en cas de guerre, les troupes sédentaires ne recevant cette destination que par exception.

L'*armée sédentaire* se compose des troupes chargées de la police intérieure, des vétérans, invalides, des gardes-côtes, de la garde nationale, etc.

Les documents que nous possédons sur l'antiquité ne nous permettent pas de nous rendre un compte exact de la première organisation des armées permanentes. Cependant, la Bible nous en représente auprès des Pharaons, des rois d'Assyrie et de Perse. Philippe de Macédoine établit la même institution, et chez les Romains, Auguste créa cette force redoutable qui disposa de l'empire pendant plusieurs siècles. Pendant le moyen âge, c'est seulement en Italie que l'on peut voir quelque chose d'analogue.

En France, Charlemagne paraît avoir eu l'intention de former une organisation de ce genre ; mais, après lui, tout disparut, et l'on put dire que si les rois de la seconde race et les premiers Capétiens eurent parfois des troupes soldées en temps de paix, ils ne possédèrent jamais le *cadre*, qui est l'essence de l'armée permanente. Quant aux troupes féodales, on n'y saurait voir, avec le colonel Carrion, « qu'une multitude confuse, marchant, poussée comme un troupeau par les seigneurs, qui souvent ne marchaient pas de meilleure grâce, et la ramenaient ou la voyaient dispersée après quelques jours d'un mauvais service, et au moment, quelquefois, le plus décisif d'une campagne. » Saint Louis créa la solde, Philippe le Bel y assura le produit des impôts et fit des règlements militaires, et Charles VII, par l'édit du 2 novembre 1430, créa une armée qui se désorganisa sous les Valois faute de subsides et d'administration.

Henri IV et Sully eurent les premiers le mérite de commencer l'organisation qui s'est conservée et améliorée jusqu'à nos jours. Mais la première grande armée permanente des temps modernes fut celle de Louis XIV, et, depuis son époque, elle n'a cessé d'exister sur un pied respectable. Toutes les grandes puissances ont imité la France. Nous n'essayerons pas de retracer les diverses phases par lesquelles cette organisation a passé ; les renseignements tout historiques que nous donnerions à cet égard trouveront place dans les articles relatifs aux diverses armes ou agrégations de milice. Nous nous bornerons à indiquer la composition actuelle de l'armée française.

L'armée active comprend (outre la maison militaire de l'Empereur, celle des princes, le ministère de la guerre, pour les officiers qui en font partie, et l'hôtel des Invalides) :

L'*état-major général* de l'armée, comprenant actuellement neuf maréchaux, les officiers généraux en activité et en disponibilité, le corps d'état-major, l'intendance militaire, les états-majors des divisions territoriales et actives, l'état-major des places.

La garde impériale : États-majors.—Gendarmerie : 1 régiment à pied, 1 escadron à cheval.—Infanterie : grenadiers, 3 régiments ; voltigeurs, 4 régiments ; chasseurs à pied, 1 bataillon ; zouaves, 1 régiment. — Cavalerie : cuirassiers, 2 régiments ; dragons, lanciers, chasseurs, guides, 1 régiment de chaque. — Artillerie : 2 régiments, l'un à pied, l'autre à cheval. — Génie : 2 compagnies. — Train des équipages : 1 escadron.

L'infanterie : de ligne, 100 régiments ; légère, 20 bataillons ; zouaves, 3 régiments ; légère d'Afrique, 3 bataillons ; compagnies de discipline, 6 de fusiliers, 2 de pionniers ; étrangers, 2 régiments ; tirailleurs algériens, 3 régiments.

La cavalerie : Carabiniers, 2 régiments ; cuirassiers, 10 régiments ; dragons, 12 régiments ; lanciers, 8 régiments ; chasseurs, 12 régiments ; hussards, 8 régiments ; chasseurs d'Afrique, 3 régiments ; spahis, 3 régiments.

L'artillerie : État-major ; troupes à pied, 5 régiments ; pontonniers, 1 régiment ; montés, 7 régiments ; à cheval, 4 régiments ; ouvriers, 12 compagnies ; armuriers, 2 compagnies.

Le génie : État-major ; troupes, 3 régiments ; ouvriers, 2 compagnies.

Les troupes d'administration : Équipages militaires, 5 escadrons et 4 compagnies d'ouvriers ; ouvriers d'administration, 14 sections.

Les services administratifs : Services de santé, des hôpitaux, de l'habillement et du campement, des subsistances militaires et du chauffage, des bureaux de l'intendance, de la justice militaire, du recrutement, les vétérinaires, le service de la remonte.

A cette nomenclature il faut ajouter le personnel de divers établissements de l'artillerie, du génie, des écoles et de l'administration.

L'*armée sédentaire* comprend :

La Gendarmerie : Légions départementales, 25 ; légion d'Afrique, 1 ; coloniale, 1 ; garde de Paris, 2 bataillons, 4 escadrons ; sapeurs-pompiers.

Les vétérans : Sous-officiers, 2 compagnies ; fusiliers, 3 compagnies ; canonniers, 4 compagnies ; gendarmes, 1 compagnie.

Les gardiens de batteries, 300.

Ce qui précède est la base du *cadre de l'armée*, dans lequel sont indiquées les subdivisions des corps, et, par suite, les emplois d'officiers attachés à chacun d'eux. Le *cadre* est fixe en ce sens que ses divisions et subdivisions sont permanentes ; mais il est élastique, si l'on considère que le nombre des soldats peut être augmenté ou diminué, selon les besoins, dans une proportion qui peut être évaluée sur l'ensemble, comme représentant la moitié de l'effectif.

Le chiffre de l'armée permanente a varié selon les circonstances. En temps de guerre, il est nécessairement plus élevé ; ainsi, on le voit de :

236,000 hommes en 1640
446,000 — 1691

400,000 hommes en 1742
600,000   —   1793
1,100,000   —   l'an III
1,200,000   —   1813
517,000   —   1848

Sur le pied de paix, les époques principales à citer donnent les chiffres suivants :

100,000 hommes en 1635
125,000   —   1659
138,000   —   1678
140,000   —   1748
162,000   —   1787
138,000   —   1792
118,000   —   1810
227,000   —   1827
272,000   —   1830
311,000   —   1836

Depuis le nouvel empire, l'effectif était calculé à environ 320,000 hommes sur le pied de paix, et 550,000 hommes sur le pied de guerre; mais il ne faut pas oublier que ces chiffres sont toujours approximatifs.

Les dépenses d'une armée permanente sont généralement calculées à raison de 1,000 francs par homme présent; dans ce chiffre sont comprises toutes les fournitures de matériel, de projectiles, d'approvisionnements et de travaux; mais le général Bardin pense que cette proportion a été de beaucoup dépassée autrefois, tandis que, de nos jours, les derniers budgets justifient une pareille évaluation. Il est vrai de dire que l'administration des armées possède aujourd'hui bien des ressources qui lui faisaient défaut auparavant. Au surplus, il est toujours facile de réduire les dépenses de l'armée; il suffit de ne se préoccuper que du strict nécessaire. Des gens qui se croient très-avancés parce qu'ils critiquent l'administration, ne manquent pas de recommander les économies de ce genre et la réduction des armées permanentes. Ce dernier système, pratiqué en grand chez les Anglais et chez les Américains, n'est pas un progrès, c'est un pas en arrière; on sait ce qu'il a produit : au moment d'agir, l'Angleterre, avec des dépenses égales à celles de la France, n'a pu réunir les mêmes moyens; hommes et matériel, rien n'était préparé d'avance, et l'on dit, avec quelque raison, que ces prétendues économies y ont été englouties; du reste, l'Angleterre n'a qu'à vouloir pour réparer l'erreur des dernières années; les éléments ne lui manquent pas, et le noyau existe. Quant aux États-Unis d'Amérique, c'est le colosse aux pieds d'argile, élevé en dépit de toutes les règles du bon sens et en violation de tous les principes; ce pouvoir peut séduire de loin, mais il n'est pas organisé pour supporter les fortes épreuves qui ont fondé la puissance des peuples, fils de la civilisation.

Dans ses rapports avec la population, l'armée a pour mission d'assurer l'ordre intérieur, et l'on est heureux de constater que, si, à d'autres époques, elle a pu soulever des haines ou justifier des plaintes par quelques excès, l'armée donne aujourd'hui l'exemple de l'esprit le plus sincère d'abnégation et de tolérance. C'est l'un des fruits de la discipline, c'est aussi celui d'un meilleur mode de recrutement, qui, en créant au militaire de nouveaux devoirs, lui laisse le culte des anciens souvenirs, et le désir, en même temps que l'espoir, de retourner dans ses foyers, après avoir accompli, dans des conditions fort supportables d'ailleurs, le sacrifice passager que la loi lui a imposé.   ALPH. CASTAING.

ARMES (droit). — Ce terme désigne les divers instruments et objets qui servent à attaquer et à se défendre. L'intérêt de la sûreté publique et particulière a dû attirer l'attention des législateurs et du gouvernement. Par l'art. 471 du Code pénal est puni de peines de police celui qui a laissé dans les rues, sur les chemins et dans les champs des armes ou instruments que les malfaiteurs pourraient prendre et employer. Suivant l'art. 314 dudit Code, tout individu qui aura fabriqué ou débité des stylets, tromblons ou autres armes prohibées par la loi ou par des règlements d'administration publique, sera puni d'un emprisonnement de six jours à six mois. Celui qui sera porteur desdites armes sera puni d'une amende de seize francs à deux cents francs. Dans l'un et l'autre cas, les armes seront confisquées; le tout sans préjudice de plus fortes peines, s'il y échet, en cas de complicité de crime. Un décret du 2 nivôse an XII a rangé les fusils et pistolets à vent parmi les armes prohibées. Une des lois les plus importantes sur cette matière est celle du 24 mai 1834.

On considère aussi comme armes prohibées les poignards, les couteaux sous forme de poignards, les cannes à lance ou à dard et généralement toutes armes cachées ou secrètes. On avait étendu la prohibition aux pistolets de poche, mais la cour de cassation ayant décidé que ces armes n'étaient pas défendues, une ordonnance du 23 février 1837 a déclaré de nouveau que les pistolets de poche sont prohibés.

Toute personne, excepté les vagabonds et gens sans aveu, a le droit, pour sa défense particulière, de porter des armes autres que celles dont la prohibition est établie par les lois et les règlements de l'administration publique, comme le porte l'avis du conseil d'État du 10 mai 1811. Néanmoins, en ce qui concerne la chasse, l'usage des armes est soumis à des règles et conditions spéciales.

La profession d'armurier est particulièrement soumise à certaines conditions qui sont énoncées, en grande partie, dans une ordonnance du 24 juillet 1816.

L'article 1er de la loi du 24 mai 1834 a reçu assez souvent une application qui a paru rigoureuse à l'égard de celui qui était porteur ou plutôt trouvé nanti, à son domicile, d'une arme, comme d'un vieux sabre de garde national ou d'une ancienne épée du grade qu'on avait eu, et la condamnation correctionnelle à l'amende et aux frais a été fréquemment prononcée, en vertu de l'article 4, pour détention d'armes de guerre; mais, en cour d'appel, le rigorisme n'a pas été aussi loin, et par plusieurs arrêts rendus, ont été considérées comme armes ou souvenirs de famille seulement, des épées et autres armes anciennes qui décoraient le domicile du prévenu. La législation laisse encore à désirer sur ce point.   JEAN ETIENNE.

ARMILLAIRE (astronomie) [du latin *armilla*, bracelet, ce qui ressemble à un bracelet]. — Sphère artificielle, composée de plusieurs cercles de métal ou de bois, qui représentent différents cercles de la sphère du monde, mis ensemble dans leur ordre naturel. La sphère armillaire sert à aider l'imagination pour concevoir l'arrangement des cieux et le mouvement des corps célestes.

ARMILLES (astronomie) [du latin *armilla*, bracelet]. — Les *armilles* d'Alexandrie, célèbres par les observations de Tymocharès et d'Erasthotènes, consistaient en deux cercles de cuivre fixés dans le plan de l'équateur et du méridien, et peut-être en un troisième cercle mobile, à peu près comme l'astrolabe que Ptolémée décrit dans l'almageste. Tycho-Braché avait aussi des armilles ou des cercles mobiles, les uns dans les autres, pour observer les positions des astres.

ARMISTICE [du latin *armistitium*, contraction de *armis sistendis*]. — Suspension d'armes, trêve fort courte entre des combattants ou entre deux armées conformément aux conventions des généraux qui font la guerre. Autrefois l'armistice était publié en présence des troupes par un héraut d'armes ; aujourd'hui il est dénoncé par un ordre du jour du général en chef, ou de l'officier chargé de consentir cette suspension d'armes.

ARMOIRIES [de *arma*, armes]. — Emblèmes de noblesse figurés autrefois sur les drapeaux et les armures, sur les sceaux et les monuments publics et privés, et qui, depuis longtemps, n'existent guère que sur les cachets, les livrées, les équipages, etc. La classification des armoiries et le langage mystérieux qui sert à les décrire constituent l'art du *blason*. — Voy. ce mot.

ARMOISE (botanique) [par corruption d'*artémisia*, nom latin de cette plante]. — Genre de plantes de la famille des composées dont les principales espèces sont l'*armoise absinthe* et l'*armoise commune* ou *herbe de saint Jean*. L'armoise a pour caractères : « Fleurs réunies en capitules ovoïdes allongés ; réceptacle nu ; involucre formé d'écailles imbriquées, obtuses, scarieuses sur les bords, parfois colorées ; fleurons hermaphrodites au centre, tubuleux, à cinq dents égales et réfléchies ; fleurons femelles à la circonférence, peu nombreux, subulés, entiers ; anthères imparfaitement soudées, style saillants, stigmate à deux branches recourbées et obtuses ; fruit renflé à sa partie supérieure, sans aigrette. »

Nous citerons, d'après M. Lallement, les espèces d'armoises les plus intéressantes par leurs propriétés.

L'*armoise commune* (*artemisia vulgaris*) possède à un degré un peu plus faible les propriétés toniques et excitantes de l'absinthe. On la reconnaît à ses tiges cannelées, rameuses, rougeâtres ; à ses feuilles découpées, vertes en dessus, blanches et tomenteuses en dessous ; à ses fleurs en panicules terminales, un peu cotonneuses. Elle se trouve aux environs de Paris, dans plusieurs contrées et au Japon, où, selon Haller, on brûle sa moelle en moxa sur les membres douloureux de ceux qui souffrent de la goutte.

L'*armoise de Judée* (*artemisia judaïca*) et l'*armoise de Perse* (*artemisia contra*) fournissent au commerce la poudre vermifuge connue sous le nom de *semencine*, *barbotine*, ou *semena contra*. Ce sont de petits arbrisseaux à tiges et feuilles cotonneuses ; celui de Perse se distingue par l'agglomération de ses fleurs en petits épis ovales, alternes, épars sur des rameaux assez simples, réunis en panicule.

L'*artemisia abrotanum*, arbrisseau originaire de l'Orient et des contrées méridionales de l'Europe, se cultive dans nos jardins sous le nom d'*aurone* ou *citronelle*, qu'il doit à l'odeur suave de ses feuilles ; ses fleurs sont jaunâtres et ont leur calice couvert de duvet ; sa tige a de deux à trois pieds.

L'*estragon*, dont les feuilles aromatiques et piquantes forment un assaisonnement bien connu, est une armoise (*artemisia draconculus*) originaire de Tartarie ; ses fleurs sont jaunâtres, fort petites, et dispersées en petites grappes axillaires ; on a remarqué que ses premières feuilles sont souvent découpées en trois lobes, tandis que les suivantes sont simples et entières.

On cultive encore dans les jardins une armoise de Madère, à laquelle l'aspect blanchâtre de ses feuilles a fait donner le surnom d'*argentea*.

ARMORACIE ou ARMORICIE (botanique). — Genre de plantes de la famille des crucifères, ayant pour type l'*armoracie rustique*, herbe vivace dont la racine charnue a une saveur analogue à celle de la graine de moutarde, et qui sert aux mêmes usages comme assaisonnement.

Dans un mémoire lu à l'Académie des sciences, M. Thiébaut de Berneaud a prouvé, par le rapprochement des textes de Théophraste, de Pline, de Dioscoride, de Columelle et de Palladius, que l'*armoracia* des Romains est la même plante que le *kéras* des Grecs, notre *cranson rustique* ou *cochléaria armoracia* de Linnée.

ARMORIAL (blason) [formé de *armoiries*]. — Livre ou catalogue contenant les armes ou armoiries de la noblesse d'un royaume, celles d'une province, d'une ville, d'une famille, dessinées, peintes ou seulement décrites. « Le plus ancien armorial non suspect se trouve à la bibliothèque impériale à Paris ; il renferme les armoiries de tous les barons et chevaliers qui partirent pour la première croisade, en 1096. Mais l'écriture du manuscrit est évidemment du quatorzième siècle. Vers la même époque, au commencement du quatorzième siècle, on chercha à établir des tables armoriales dans chaque province ; mais la plupart des recueils qui avaient été dressés furent détruits par les guerres civiles ou par les Anglais, partout où ils pénétrèrent. Charles VIII rétablit les armoriaux et créa même un maréchal d'armes, en 1487 ;

sous les règnes si agités de Louis XII et de François Ier, le maréchal d'armes ne put remplir ses fonctions, et les usurpations de titres et d'armoiries continuèrent. En 1614, Louis XIII créa la charge de juge général des armes et blasons, qui fut occupée d'abord par François de Cherrier, après lequel elle devint héréditaire dans la famille d'Hozier, qui la posséda jusqu'en 1790. Ces juges généraux ont publié dix volumes in-folio, de 1738 à 1768, contenant un armorial presque complet, mais où l'on trouve, dit-on, un certain nombre d'armoiries fausses qu'on obtenait à prix d'argent. Charles d'Hozier était capable, suivant Boileau, de trouver cent aïeux dans l'histoire, à quelqu'un qui désirait s'anoblir. L'armorial général de la bibliothèque impériale est divisé en deux parties, l'une contenant les armes que d'Hozier a reçues directement des familles, et l'autre des armes qu'il a fabriquées pour les absents. »

ARMURE [radical *arma*, armes]. — Armes défensives qui garantissent le corps et les membres des guerriers. Une armure au quinzième siècle était composée d'un *bouclier*, d'un *casque* avec *visière*, d'un *hausse-col*, d'une *cuirasse*, d'*épaulettes*, de *brassards*, de *gantelets*, de *tassettes*, de *cuissards*, de *grèves* ou armure des jambes et de *genouillères*. Les *goussets* pour couvrir les aisselles quand l'homme d'armes levait les bras furent ajoutés ensuite. Cette armure étant à l'abri de toute atteinte, les fantassins s'attachaient à blesser et à tuer d'abord le cheval, afin de renverser le cavalier, de sorte qu'on eut l'idée de couvrir aussi d'une armure la tête et la poitrine du cheval.

ARMURE ou ARMATURE (physique). — Plaques de fer doux qui sont mises en contact avec un aimant, pour en maintenir l'activité par la décomposition magnétique qu'elles éprouvent. Pour armer des barreaux aimantés, on les dispose parallèlement, de manière que les pôles contraires se correspondent, et l'on ajoute transversalement aux deux extrémités deux prismes quadrangulaires de fer doux. Chacune de ces pièces de fer devient ainsi un aimant qui réagit sur les barreaux pour y fixer les fluides décomposés. — Voy. *Aimant* et *Aimantation*.

ARNICA (botanique). — *Tabac* ou *bétoine* des Savoyards. Genre de plantes de la famille des composées, section des Corymbifères, distinct des *Doronics* par l'aigrette simple qui couronne toutes ses graines, et par les cinq filaments stériles de ses demi-fleurons. Ses caractères génériques sont « un involucre à folioles égales, disposées sur un ou deux rangs; un réceptacle nu; des fleurs radiées, à fleurons hermaphrodites, quinquéfides, et demi-fleurons en languette lancéolée, munie de trois dents et de cinq filaments stériles. »

Les différentes espèces d'*arnica* se trouvent dans les diverses contrées du globe; leurs fleurs sont jaunes, leurs feuilles opposées ou alternes, radicales ou caulinaires. La plus intéressante est l'*arnica montana*, que l'on trouve en France, dans les lieux plats aussi bien que sur les montagnes. Cette plante a des propriétés toniques et stimulantes énergiques: ses

effets immédiats sont de produire une irritation plus ou moins vive des voies digestives, tandis que ses effets secondaires déterminent une stimulation du système nerveux. Les fleurs pulvérisées sont un sternutatoire violent dont on s'est servi dans l'amaurose, la paralysie, la goutte, les rhumatismes chroniques; sa racine est excitante, antiseptique et quelquefois vomitive : c'est le quinquina des pauvres. Cette plante n'est nullement efficace, comme on le croit vulgairement, contre les coups, les chutes et les commotions cérébrales.　　　　　　　　　　　　J. W.

AROIDÉES (botanique). — Famille de monocotylédones, à étamines hypogynes dont les caractères sont : une spathe qui renferme un spadice ou corps pyramidal, sur lequel s'élèvent les organes de la fructification; étamines et pistils, définis ou indéfinis; un calice uni et formant plusieurs parties; des pistils mêlés avec les étamines ou séparés; une baie ou une capsule; des feuilles radicales ou alternes sur une tige grimpante et sarmenteuse, qui s'élève, à l'aide des végétaux ligneux, à une très-grande hauteur. Les racines des *aroides* sont remplies de fécules, et peuvent servir à la nourriture de l'homme, lorsqu'elles ont été dépouillées du principe âcre qu'elles contiennent, par la dessiccation, la torréfaction, la fermentation, l'ébullition ou des lavages répétés. Les principales espèces qu'on emploie comme aliment sont : la *calla palustris*, dans la Laponie; l'*arum colocasia*, dans l'Égypte et dans l'Inde; l'*arum vulgare* ou *maculatum*, appelé *gouet* ou *pied-de-veau*, et qui fleurit en avril et en mai dans les lieux humides et les haies des environs de Paris; le *caladion comestible* et le *caladion à feuilles en fer de lance*, qui sont employés comme légumes dans les Indes, où l'on mange ces feuilles sous le nom de *chou caraïbe*.

AROMATES. — Ce sont des racines, des bois, des écorces, des feuilles, des fruits, des gommes résineuses d'une qualité odoriférante et savoureuse.

Les *aromates racines* sont la galangue ou gualangua, le gingembre, le zédoaire, le calamus aromaticus, l'acorus, le cyperus et l'iris de Florence.

Les *aromates bois* sont l'aloès ou calenbac, le bois de Rhodes, le santal citrin et le sassafras.

Les *aromates écorces* sont la cannelle ou cinnamome, la casse ligneuse, le macis, la magelanique, l'orange et le citron.

Les *aromates herbes* ou *feuilles* sont la sauge, le thym, le romarin, la lavande, la marjolaine, l'origan, le calament, le serpolet, la sarriette, le pouliot, l'hysope, le basilic, la menthe, la mélisse, le marum; on peut y ajouter le malabathrum ou plante indigne, qui est la feuille d'une espèce de cinnamome, et celle du laurier.

Les *aromates fleurs* sont celles de stochas, de romarin, de roses, d'œillets, de safran, de sauge.

Les *aromates fruits* et semences sont le girofle, la muscade, le poivre, le cardamome, les cubèbes, la coriandre, le cumin, l'anis, le daucus, le fenouil, les baies de laurier, etc.

Les *aromates gommes* ou *résines* sont le storax ou styrax calamite, le benjoin, la myrrhe, l'encens, le mastic, le galbanum, le baume de la Mecque ou de Galaad, le camphre, le baume du Pérou, l'ambre gris, le musc, etc.

Les uns se tirent de l'Orient et des Indes, les autres de diverses parties de l'Europe. Ils font une portion très-considérable du commerce des droguistes et des épiciers.

AROME [du grec *aroma,* bonne odeur]. — Principe ou composé subtil et volatil qui s'exhale de lui-même des végétaux, et qui, porté par l'air sur le nerf olfactif de l'homme et des animaux, produit en eux la sensation de l'odeur.

Il y a autant d'*aromes* que de plantes différentes, et chaque *arome* varie dans la même plante, suivant les circonstances.

On obtient l'*arome* des plantes en les distillant à une chaleur douce, et on les condense dans l'eau, qui prend l'odeur de la plante; mais le principe de cette odeur est si subtil et en si petite quantité, que si on échauffe tant soit peu cette eau, et si on la laisse seulement exposée à l'air, il se dissipe entièrement, sans que l'eau perde sensiblement de son poids.

Le meilleur moyen de conserver l'*arome* est de l'enchaîner dans de l'esprit-de-vin ou dans des huiles essentielles. Si on fait digérer l'esprit-de-vin avec une plante aromatique, il se charge de son *arome* et de son huile essentielle. Si on enlève l'huile à l'esprit-de-vin, en y versant de l'eau, l'arome reste alors lié à l'esprit-de-vin, qui en conserve l'odeur. De même, si on distille l'alcool avec une eau aromatisée, il se charge de l'*arome* que l'eau contenait, et elle devient inodore. C'est sur cela qu'est fondé tout l'art de faire *les ratafiats,* qui ne sont qu'un esprit-de-vin ou alcool étendu d'eau, chargé de la partie aromatique d'une plante et adouci avec du sucre. On trouve toujours l'arome dans les huiles essentielles qui ont l'odeur de la plante; aussi, en dissolvant ces huiles dans l'alcool, on captive doublement l'*esprit recteur.*

ARPÉGE (musique) [de l'italien *arpeggio;* radical *arpa,* harpe].—Manière de frapper successivement et rapidement tous les sons d'un accord, au lieu de les frapper à la fois. « Ce procédé s'applique particulièrement aux instruments dont on frappe les cordes avec l'archet, tels que le violon, l'alto, le violoncelle, la basse, et sur les instruments à vent, dont on ne peut en aucun cas tirer que des sons isolés. L'arpége du violon et des instruments analogues ne peut être composé que de quatre sons, puisque ces instruments n'ont que quatre cordes, et que chaque corde ne rend qu'un son. L'arpége s'exécute d'un seul coup d'archet, qui commence sur la grosse corde et finit sur la chanterelle, d'où l'archet retourne sur la grosse corde. Il faut que les doigts se trouvent rangés sur les quatre cordes. S'ils ne se rangeaient que successivement, ce ne serait plus un arpége, mais une succession rapide de sons. On arpége sur la harpe, afin que les sons parviennent à l'oreille avec assez de vitesse pour que l'impression causée par le son grave qu'on frappe le premier dure encore lorsqu'on arrive sur le son aigu. On arpége aussi sur le piano. Les arpéges sur le piano et sur la harpe peu-

vent varier à l'infini et parcourir plusieurs octaves. Sur les instruments à archets, les arpéges sont de quatre notes. Parmi les instruments à vent, il n'y a guère que la flûte et la clarinette qui permettent à l'artiste de lier entre elles les notes de l'arpége. »

ARPENT [du latin *arvus,* champ; *pendere,* évaluer; d'où *arvipendium,* et en français *arpent*].—Ancienne mesure de surface contenant 100 perches, ou 30 toises carrées et 900 toises de superficie. L'arpent de Paris contenait 34 ares 19 centiares. L'arpent des *eaux et forêts* avait aussi 100 perches, mais la perche avait 4 pieds de plus que celle de Paris, ce qui donnait à l'arpent une superficie de 1,344 toises. L'arpent *commun,* employé dans le Gatinais, le Poitou, l'Orléanais, etc., était composé de 100 perches de 20 pieds de côté, ou 40,000 pieds carrés.

Le tableau suivant donne la valeur de ces trois sortes d'arpents en mesures actuelles:

NOMBRE D'ARPENTS.	VALEURS EN HECTARES, ARES ET CENTIARES		
	DES ARPENTS des eaux et forêts.	DES ARPENTS communs.	DES ARPENTS de Paris.
	H A C	H A C	H A C
1	0 51 07	0 42 21	0 34 19
2	1 02 14	0 84 42	0 68 38
3	1 53 22	1 26 62	1 02 57
4	2 04 29	1 68 83	1 36 75
5	2 55 36	2 11 04	1 70 94
6	3 06 43	2 53 25	2 05 13
7	3 57 50	2 95 46	2 39 32
8	4 08 58	3 37 67	2 73 51
9	4 59 65	3 79 87	3 07 70
10	5 10 72	4 22 08	3 41 89

ARPENTAGE [radical *arpent*]. — Art d'évaluer et de mesurer les surfaces. Il comprend la *mesure* et le *partage* des terrains, le *levé* et le *lavis* des plans.

1° *Mesures des surfaces.* — Mesurer une surface, c'est chercher combien de fois elle en contient une autre prise pour unité. Dans les petites surfaces, on prend ordinairement le mètre carré pour unité; mais dans les superficies des champs, des prés, des

Fig. 57.

vignes, on prend l'*are,* qui est un carré de dix mètres de chaque côté.

Pour arpenter, il suffit d'être muni d'un décamètre dit *chaîne d'arpenteur,* de dix *fiches,* de quelques *jalons* et d'une *équerre*, et être accompagné d'un *porte-chaine.*

Avant de mesurer une ligne, il faut la jalonner, surtout lorsqu'elle est tracée sur un terrain inégal, comme la ligne AB (fig. 57). Pour cela, l'arpenteur, placé au point A, envoie planter au point B un jalon ou une perche surmontée d'un linge blanc, selon qu'il l'aperçoit ou non, ou il envoie une seconde personne au point le plus élevé, E, en planter un qui s'aligne avec A et B. Il est facile ensuite de placer autant de jalons intermédiaires que l'on voudra. Ces jalons doivent être placés bien verticalement et se confondre en une seule ligne. Alors, appuyant l'une des extrémités de la chaîne contre le jalon A, il dirige sur le point E ou B le porte-chaîne, qui enfonce une première fiche lorsque la chaîne est suffisamment tendue et continue son chemin dans l'alignement. — Après chaque distance de 100 mètres, l'arpenteur remet au porte-chaîne les dix fiches, qu'il a ramassées, et note sur son carnet cette longueur, appelée *portée.*

Pour arpenter un polygone quelconque, il suffit de le décomposer en rectangles, triangles, trapèzes, qu'on mesure séparément et dont on réunit ensuite les surfaces pour avoir la superficie totale (fig. 58).

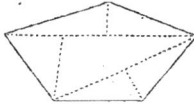

Fig. 58.

Rappelons succinctement que *la surface d'un carré, d'un rectangle, est égale au produit de la base par la hauteur.* On appelle *hauteur* la distance perpendiculaire d'un point pris hors d'une ligne à cette ligne.

Le *parallélogramme,* équivalant à un rectangle de même base et de même hauteur, *a la même mesure.* — Le *triangle,* n'étant que la moitié d'un parallélogramme de même base et de même hauteur, *a pour mesure la moitié du produit de sa base par sa hauteur.*

La surface d'un trapèze est égale à la demi-somme de ses bases multipliée par sa hauteur.

Soit proposé de mesurer le champ ABCDEF (fig. 59), qu'on suppose pouvoir parcourir. On pourrait le

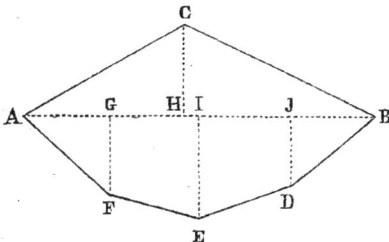

Fig. 59.

partager en triangles, trapèzes, rectangles, comme à la fig. 2; mais il existe un moyen plus expéditif, qui consiste à choisir une *base* ou *directrice* sur laquelle,

avec l'équerre, on abaisse des perpendiculaires de tous les sommets. On fait préalablement le tour de la propriété, en mettant un jalon à chaque sommet d'angle, c'est-à-dire aux points A, B, C, D, E, F, et on choisit pour directrice AB, la plus grande ligne qui traverse le polygone; puis, partant du point A, on chaîne jusqu'au C, pied de la perpendiculaire GF, qu'on trouve lorsqu'en regardant à travers les pinnules adjacentes de l'équerre placée sur AB, on aperçoit les jalons B et F. On note la distance AG sur un canevas; on mesure GF, qu'on note de même, et on revient au point G, où l'on a dû laisser l'équerre. On continue ainsi son chemin sur la directrice, en ayant soin d'abaisser et de mesurer les perpendiculaires CH, EI, DJ à mesure qu'elles se présentent. Il n'y a plus qu'à évaluer séparément les surfaces des triangles et trapèzes AGF, AHC, GIEF, etc., dont la somme donne la superficie demandée.

Soit proposé de mesurer un terrain en partie curviligne (fig. 60). Pour cela, on rend les lignes droites

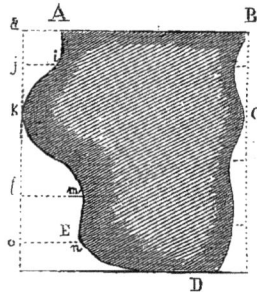

Fig. 60.

par la méthode des *compensations,* c'est-à-dire en laissant du champ donné autant qu'on en prend du champ voisin; les personnes exercées font ces compensations avec beaucoup d'exactitude. On peut encore diviser les lignes courbes en partie assez petites pour qu'elles puissent être regardées comme droites.

Pour mesurer la superficie d'un terrain où on ne peut pas parcourir, tel que bois, marais, étang, on l'enveloppe dans une figure géométrique que l'on mesure et dont on déduit les parcelles ajoutées en trop.

Par exemple, soit à mesurer l'étang ABCDE. On prolonge la ligne AB, sur laquelle on élève les perpendiculaires *ab* et B*f*, touchant au bord de l'étang; on élève aussi *bf* sur *ab*. On a ainsi un rectangle qui renferme l'étang, plus les parties A*ija*, *ijk*, *klm*, etc., qu'il faut retrancher de la surface du rectangle.

Pour avoir la surface d'un triangle dont on connaît les trois côtés seulement, on fait la somme de ces trois côtés, on en prend la moitié; de cette moitié, on retranche successivement les trois côtés; on multiplie les trois restes entre eux, et le produit par la demi-somme des trois côtés : la racine carrée du résultat donne l'aire du triangle.

Jusqu'ici nous avons supposé planes les figures que nous avons arpentées; mais il arrive souvent que le terrain est en pente, et comme il est prouvé que le terrain incliné ne produit pas plus que sa projection horizontale, on ne tient compte que de cette dernière. Il faut donc avoir soin, en mesurant un plan incliné, de tenir la chaîne *horizontale*, ce qui est facile lorsque la personne qui se trouve au bas élève la chaîne, tandis que l'autre la baisse. Si la pente était très-sensible, il faudrait ne se servir que de la moitié de la chaîne, ou moins encore s'il est besoin. — Voy. *Cercle, Ellipse, Ovale, Parabole.*

2° *Le partage des propriétés* est une opération qui exige de l'habileté et une grande loyauté; car il s'agit moins de faire des parts égales en surface qu'égales en valeur.

Pour partager un parallélogramme, un rectangle, en un certain nombre de parties égales, il suffit de diviser la hauteur en autant de parties, et, par les points de division, de mener des parallèles à la base.

S'il s'agit d'un triangle, on divise la base en autant de parties égales que l'on veut faire de parts, et on tire des droites du sommet à tous les points de division.

Soit proposé de faire un jardin triangulaire de 22 ares 86 cent. sur une base de 108 mètres 80 cent., quelle hauteur faut-lui donner?

Puisque 22 ares 86 cent. est le produit de la base 108 mètres 80 cent. par la moitié de la hauteur, si l'on divise ce produit par le facteur connu, la base, on aura au quotient l'autre facteur, la moitié de la hauteur, c'est-à-dire 21 mètres, ou 42 mètres de hauteur.

Mais dans la pratique, il arrive le plus souvent que la surface du champ à diviser est irrégulière, que le terrain n'y est pas partout de la même qualité, ou que les copartageants veulent que leurs parts viennent toutes aboutir à un même point. — Supposons, par exemple, que quatre héritiers veulent se partager le champ ABCDE (fig. 61), de manière que chaque

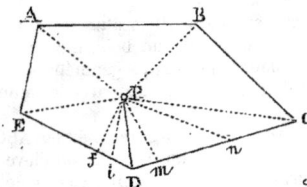

Fig. 61.

part touche à un point P, situé au milieu. Soit 24 ares la surface de ce champ; chacun d'eux aura 6 ares. Après avoir joint le point P avec les sommets A, B, C, D, E, on mesure le triangle APE, dont la surface est 4 ares 28 cent.; il faut donc entrer de 1 are 72 cent. sur le triangle PED pour avoir la part de l'un. Pour cela, on abaisse la perpendiculaire P*f*, dont on mesure la longueur, supposée de 17 mètres

20 cent., et on divise 1 are 72 cent. par 8 mètres 60 cent. (moitié de 17 mètres 20 cent.); le quotient 20 mètres indique qu'il faut prendre cette distance sur la base ED, c'est-à-dire venir jusqu'à I. On mesure les triangles IPD et DPC, supposés de 7 ares 4 cent., ce qui indique qu'il faut reprendre 1 are 4 cent. sur le triangle PCD; ou le fait comme précédemment, en abaissant la perpendiculaire P*m*, qui, mesurée, est de 26 mètres. Divisant 1 are 4 cent. par 13 mètres (moitié de 26 mètres), on a 8 mètres, dont il faut rentrer de C en D, c'est-à-dire jusqu'à *n*. On suit absolument la même marche pour les deux autres. (Voy. *Bornage* et *Aménagement*.)

Les deux autres parties, le *levé* et le *lavis des plans*, seront traitées séparément à leurs noms.

L'arpentage, qui doit son origine au partage des terres, paraît avoir pris naissance chez les Égyptiens, dans les siècles les plus reculés. Déjà, dès le temps de Joseph, les terres des prêtres étaient distinguées de celles du peuple, et cette distinction suppose une connaissance pratique de l'arpentage. Quelques auteurs prétendent que les inondations du Nil ont nécessité l'arpentage des domaines après la retraite des eaux, et en attribuent l'invention à Siphoas, roi d'Égypte (1996 ans av. J. C.). Cette opinion, quoique vraisemblable, est rejetée par ceux qui, ayant étudié le génie industrieux des Égyptiens, pensent qu'ils ont dû savoir placer de bonne heure des bornes que l'inondation ne pouvait détruire ou déranger. Tout fait également présumer que c'est à la nécessité où se sont trouvés ces peuples d'employer l'arpentage qu'est due l'origine de la géométrie. DUPASQUIER.

ARPENTAGE, ARPENTEUR (droit).—L'opération de l'arpentage a lieu avant de procéder à un partage ou au bornage de propriétés voisines, ou à l'adjudication d'une coupe de bois, d'un champ, etc. On a recours à l'arpentage pour mesurer la superficie d'un terrain qu'on a acheté, pour régler des contestations et pour fixer les limites des propriétés.

Lorsque l'arpentage est ordonné par justice, l'arpenteur prend le nom d'expert, et alors il est soumis aux dispositions qui régissent les opérations et les salaires des experts.

Dans le cas de dol, l'arpenteur est passsible de dommages-intérêts; il répond aussi de ses fautes.

L'arpentage est surtout utile pour toutes les opérations relatives aux forêts à cause des coupes de bois vendues aux termes d'anciens règlements et ordonnances demeurés en vigueur. La loi du 29 septembre 1791 d'ailleurs établi dans chaque division forestière un certain nombre d'arpenteurs, qui font partie de l'administration des eaux et forêts. L'arpentage doit précéder l'adjudication des coupes de bois, et par l'instruction du 17 juillet 1817 et la circulaire du 5 juillet 1821, les rétributions et frais se trouvent fixés, à la charge des adjudicataires. De même lorsque la coupe appartient aux habitants d'une commune, par droit d'usage, la commune paye les frais.

L'instruction de l'administration des eaux et forêts du 3 novembre 1801 exige que les arpenteurs de cette administration n'entrent en fonctions qu'après avoir prêté serment au tribunal de première instance de l'arrondissement. Ils ne doivent se servir que des mesures légales et opérer avec les instruments accoutumés, dont ils ont à se pourvoir à leurs frais. Dans leurs opérations, ces arpenteurs ont le droit de dresser procès-verbal des délits et déplacements de bornes qu'ils découvrent. — L'action des arpenteurs pour réclamer le payement de leur salaire se prescrit par six mois.   JEAN ÉTIENNE.

ARPENTEUSE (zoologie). — Nom donné à toutes les chenilles qui n'ont que dix ou douze pieds, et qui, au lieu de marcher par ondulations, font des pas d'égale longueur, ce qui leur donne l'air de mesurer le chemin qu'elles parcourent. Ces chenilles, à l'état de repos, se tiennent ordinairement droites sur leurs jambes de derrière. Elles deviennent des papillons nocturnes, qui appartiennent tous à la tribu des phalénites.

ARQUEBUSE [de l'italien *arco*, arc, et *bujio*, troué]. — Ancienne arme à feu de la longueur d'un mousquet ou d'un fusil ordinaire, montée sur un long bâton servant à la soutenir. C'est la première espèce d'armes à feu qui ait succédé à l'arc des anciens. C'est au siège d'Arras, vers le commencement du quinzième siècle, qu'on en fit usage pour la première fois. Sous le règne de Henri IV, Marin, bourgeois de Lisieux, inventa l'arquebuse à vent. Ce bon roi eut la première arme de cette espèce.

ARRESTATION [du latin *ad*, auprès ; *restare*, rester]. — Action d'arrêter quelqu'un, de se saisir d'une personne et de l'emprisonner en exécution d'un ordre supérieur, d'un jugement, etc. On peut énumérer quatre espèces d'arrestations : 1° l'*arrestation pour crimes ou délits avant ou après le jugement*; 2° l'*arrestation pour trouble* dans le lieu des séances des autorités constituées; 3° l'*arrestation par suite de la puissance paternelle*; 4° l'*arrestation pour dettes*, lorsque les titres ou les obligations entraînent la contrainte par corps.

Pour que l'acte qui ordonne l'arrestation d'une personne puisse être exécuté, il faut : 1° qu'il exprime formellement le motif de l'arrestation, et la loi en exécution de laquelle elle est ordonnée; 2° qu'il émane d'un fonctionnaire à qui la loi ait donné formellement ce pouvoir; 3° qu'il soit notifié à la personne arrêtée, et qu'il lui en soit laissé copie. (Art. 77 de l'acte constitutionnel de l'an VIII.)

Un gardien ou geôlier ne peut recevoir ou détenir aucune personne qu'après avoir transcrit sur son registre l'acte qui ordonne l'arrestation : cet acte doit être un mandat donné dans les formes prescrites par l'article précédent, ou une ordonnance de prise de corps, ou un décret d'accusation, ou un jugement. (*Ibid.*, art. 78.)

Tous ceux qui, n'ayant point reçu de la loi le pouvoir de faire arrêter, donneront, signeront, exécuteront l'arrestation d'une personne quelconque; tous ceux qui, même dans le cas autorisé par la loi, recevront ou retiendront la personne arrêtée dans un lieu de détention non publiquement et légalement

désigné comme tel, ainsi que tous gardiens qui contreviendront aux articles précédents, seront coupables de détention arbitraire. (Acte constitutionnel de l'an VIII, art. 81.)

Toutes rigueurs employées dans les arrestations, détentions ou exécutions, autres que celles autorisées par les lois, sont des crimes. (*Ibid.*, art. 82.)

Seront punis de la peine des travaux forcés à temps ceux qui, sans ordre des autorités constituées et hors le cas où la loi ordonne de saisir des prévenus, auront arrêté, détenu ou séquestré des personnes quelconques. Ceux qui auront prêté un lieu pour exécuter la détention ou séquestration subiront la même peine. (Code pénal, art. 341.)

«Un homme arrêté n'est pas encore prisonnier. Dans les vingt-quatre heures de son arrestation, le juge doit l'interroger, et le constituer prisonnier s'il est coupable, sinon lui rendre sur-le-champ la liberté. »

Les maires et adjoints sont tenus, en leur qualité personnelle, de faire arrêter les individus qui se trouvent en contravention aux lois sur la police administrative. Tel est le cas déterminé, relativement aux individus voyageant sans passe-port, par les art. 6 et 7 du titre 5 de la loi du 10 vendémiaire an IV, et rappelés par l'article 8 de l'arrêté du 2 germinal suivant.

L'art. 5 de la loi du 4 vendémiaire an VI a enjoint à tout officier de police judiciaire de faire arrêter, en cas d'évasion de prisonniers, les huissiers, gendarmes, gardiens, concierges et tous préposés à leur garde ou conduite. Par une loi du 29 nivôse an VI, les maires des communes au-dessous de 5,000 habitants sont autorisés à décerner des mandats d'amener contre les prévenus de vols commis à force ouverte où par violence, sur les routes et voies publiques, et dans les maisons habitées, avec effraction extérieure ou escalade; d'avoir attaqué sur les routes les voitures publiques de terre ou d'eau, les courriers de la poste ou leurs malles, les courriers porteurs de dépêches du gouvernement, ou les voyageurs.

La liberté civile, a dit un auteur, est, après l'honneur, le bien le plus précieux de l'homme et du citoyen; il en résulte que l'arrestation est déjà par elle-même une peine très-sévère, indépendamment de ses résultats, et que le droit de l'ordonner ne saurait être trop mûrement examiné, trop exactement défini, trop régulièrement organisé par les lois, trop sévèrement contrôlé par l'opinion publique.
                    J. DUROZOY.

ARRÉRAGES (droit). — C'est ce qui est échu et encore dû d'un loyer, d'une rente ou de toute autre redevance : mais là signification de ce mot est devenue générale, et s'applique aux travaux à échoir comme aux termes échus, ainsi que l'expriment les art. 178, 140 et 1983 du C. civ.

Les arrérages étant des fruits civils, peuvent s'acquérir jour par jour, c'est-à-dire appartenir à l'usufruitier, à proportion de la durée de son usufruit. (C. civ.; art. 586.)

Les arrérages de rentes payables en grains, vins, foin, huile, etc., peuvent être exigés en nature dans le courant de l'année qui suit l'échéance ; mais après cette année, ils ne peuvent être demandés qu'en argent, et suivant les mercuriales du marché le plus voisin. Si la restitution en nature, pour la dernière année, est impossible, elle se fera comme pour les années précédentes. (C. proc., art. 129.)

Le créancier inscrit pour un capital produisant intérêts ou arrérages, a droit d'être colloqué pour deux années seulement, et pour l'année courante, au même rang d'hypothèque que pour son capital, sans préjudice des inscriptions particulières à prendre, portant hypothèque à compter du jour de la date pour les arrérages autres que ceux conservés par la première inscription. (C. civ., 2151.)

Les revenus ou arrérages échus produisent intérêt du jour de la demande en justice ou de la convention écrite. (Ibid., 1155.)

Les arrérages de rentes perpétuelles et viagères, ceux des pensions alimentaires, les loyers, les fermages, les intérêts des sommes prêtées, et généralement tout ce qui est payable par année, ou à des termes périodiques plus courts, se prescrivent par cinq ans. (Ibid., 2277.) J. E.

ARRÊT (droit). — C'est un jugement rendu ou par une cour impériale ou par une cour d'assises, ou par la cour des comptes ou la cour de cassation.

L'arrêt de réglement était autrefois le nom donné à des arrêts par lesquels les parlements et les cours souveraines statuaient par forme de disposition générale et réglementaire sur un point de jurisprudence ou de droit coutumier. Aujourd'hui il est interdit aux juges de prononcer de cette manière sur les causes qui leur sont soumises. (C. civ., 5.) J. E.

ARRÊT DE DÉVELOPPEMENT (physiologie). — Arrêt d'accroissement des corps organisés vivants. Voici sur cette intéressante question l'analyse d'une leçon professée en 1856 par M. Geoffroy Saint-Hilaire :

L'arrêt de développement est une explication qui a soulevé dans la science beaucoup de difficulté, éclairci bien des points obscurs, et qui, chaque jour, tend à faire dériver d'une même souche les divers peuples de la terre. Les caractères distinctifs de ces peuples semblent, au premier abord, très-tranchés ; la taille, par exemple, en est sans aucun doute le plus saillant. En effet, qu'y a-t-il de plus frappant que la différence qui existe entre le Lapon et le Patagon, considérés tous deux comme les exagérations de la race humaine, l'un par sa petitesse l'autre par sa hauteur? Mais si nous nous reportons à la naissance de ces deux mêmes individus, nous remarquons qu'ils ont la même taille. Puis, avec l'âge, le Patagon grandit, tandis que le Lapon reste à peu près stationnaire. Chez ce dernier, il y a donc arrêt de développement pur et simple.

La couleur, également, est un caractère différentiel si marqué, qu'elle nous fait distinguer immédiatement le Caucasien européen du nègre véritable : l'un est blanc, l'autre est noir. Mais ces deux mots, blanc et noir, ne sont cependant pas rigoureusement applicables aux deux grandes races éthiopique et caucasienne; car chez le blanc il n'y a pas absence complète de pigmentum, seulement il y entre en très-petite quantité. Le contraire a lieu chez le nègre; sa peau est abondamment pourvue de la matière colorante. A proprement parler, nous pouvons donc dire qu'il n'y a pas d'hommes blancs ; à peine existe-t-il quelques nègres véritablement noirs.

Ici encore, reportons-nous à la naissance du nègre et à celle du blanc : leur caractère distinctif, au point de vue de la couleur, est le même; tous deux sont blancs. Le nègre a bien, il est vrai, quelques parties de la peau noires, comme les ongles et le scrotum ; mais à l'état fœtal, ce dernier caractère différentiel est nul, le petit blanc et le petit nègre sont identiquement semblables. Plus tard, la peau du nègre s'est foncée de plus en plus ; celle du blanc, au contraire, est restée stationnaire. Il y a donc eu chez ce dernier arrêt de développement.

La forme de la tête, au point de vue intellectuel, est le caractère le plus important, car, dans ses modifications, elle entraîne celles du cerveau, le siége de toutes nos facultés.

Opposons une tête de Makoïa à une tête de Caucasien : pour l'angle facial de l'un nous trouverons 64 degrés; adulte, il mesurera 75 degrés; enfant, 82; fœtus, 85 ; — pour l'autre, cet angle sera de 82 degrés; enfant, il mesurera 87 degrés; fœtus, 89.

CAUCASIEN.		MAKOÏA.	
Fœtus.........	89 degrés.		
Enfant.........	87	Fœtus.........	85 degrés.
Homme.........	82	Enfant.......	82
		Adulte.......	75
		Homme......	64

Le tableau ci-dessus nous fait suffisamment voir qu'à un moment le Makoïa et le Caucasien ont eu le même angle facial ; et, tandis que celui de l'un est descendu jusqu'à 64 degrés, celui de l'autre est resté stationnaire. Il y a donc encore eu chez le blanc arrêt de développement.

De même, la différence qui existe entre la saillie nasale du Caucasien et celle du nègre trouve une explication satisfaisante dans l'inégalité de développement. Cette saillie, comme on le sait, est beaucoup plus prononcée chez le blanc que chez le noir : cela tient à ce qu'elle s'accroît chez l'un, tandis qu'elle reste stationnaire chez l'autre. Chez l'enfant blanc, la partie supérieure du nez est presque aplatie; ce n'est qu'avec l'âge qu'elle devient plus saillante.

Tantôt ces inégalités de développement sont en faveur d'une race, tantôt en faveur de l'autre.

S'il existe, comme on le prétend, des hommes à queue dans l'intérieur de l'Afrique, le prolongement caudal de cette espèce d'individus peut aussi trouver une bonne explication dans l'excès de développement des vertèbres. Chez nous, ne voyons-nous pas continuellement des hommes atteints d'un coccyx très-saillant ? Qu'y aurait-il donc de si étonnant que chez ce peuple africain cette anomalie fût plus marquée et plus fréquemment répétée? Après le rapide examen de toutes ces différences, qui tendent continuellement à éloigner les races humaines les unes des autres, nous pouvons dire qu'il n'y a pas un de ces caractères distinctifs qui ne puisse être ramené à l'inégalité de développement. (*Ch. Caillard.*)

ARRÊTÉ ADMINISTRATIF. — On donne ce nom aux décisions que rendent les conseils de préfecture, les préfets, les maires, et en général tous les fonctionnaires administratifs, sur les matières de leur compétence.

L'*arrêté du gouvernement* est un règlement qui était fait pour l'exécution d'une loi par le pouvoir exécutif, sous le gouvernement consulaire, ou encore une décision qui était rendue sur une affaire particulière. **J. E.**

ARRÊTE-BOEUFS (botanique) [ainsi nommé de ce que les longues et fortes racines de cette plante font obstacle à la charrue que traînent les bœufs lorsqu'on opère le labour]. — Nom vulgaire d'une espèce de *Bugrane*. — Voy. ce mot.

ARRHES (droit). — C'est ce que l'on donne pour assurer l'exécution d'une convention, et le plus souvent d'une vente ou d'une promesse de vente. On a toujours distingué deux espèces d'arrhes, qui sont encore en usage : les arrhes données en signe de marché conclu, et les arrhes données comme prix de la faculté de dédit que se réservent les parties ou l'une d'elles. Dans ce dernier cas, celui des contractants qui refuse d'accomplir le contrat doit, si c'est l'acheteur, perdre les arrhes qu'il a données, et si c'est le vendeur, en restituer le double. C'est en ce sens qu'a été rédigé l'art. 1590 du Code civil. Il s'agit, dans cet article, dit M. de Malville, d'arrhes données sur la simple promesse de vendre, et non de celles données, la vente une fois parfaite, car alors on n'est point libre de s'en désister en perdant ou en doublant les arrhes.

En jurisprudence commerciale, les arrhes sont un gage que l'acheteur donne au vendeur, soit en argent, soit en quelques autres objets, pour sûreté de l'achat qui a été fait ou pour tenir lieu d'un à-compte du payement du prix, ou bien aussi pour dommage et intérêt, faute par l'acheteur d'exécuter le marché et de prendre livraison.

Par conséquent, les arrhes doivent avoir leur effet, suivant les conditions du marché convenu ; mais elles ne doivent se donner que pour un marché conclu, et non point projeté, comme le prétend l'auteur du *Répertoire de Jurisprudence* ; car ce serait une grande imprudence de la part d'un commerçant d'aventurer des arrhes pour un projet dont l'exécution n'aurait peut-être pas son effet, et de se mettre ainsi dans le cas de les perdre sans aucun fruit ; en droit, celui qui rompt son marché perd les arrhes qu'il a données, ou, si c'est celui qui les a reçues, il rend les arrhes doubles ; mais dans ce cas, il faut qu'il y ait une convention écrite qui le prouve, ou, si c'est une petite somme, des témoins qui le certifient en cas de contestation.

En règle générale, si l'acheteur se dédit et ne prend point livraison de la marchandise, il en est quitte pour perdre ses arrhes : par conséquent, il est de l'intérêt du vendeur de se faire donner des arrhes suffisantes pour la sûreté de son marché.

L'*arrhement*, en matière de police du commerce, signifie l'achat que les marchands vont faire, sur les lieux ou sur les routes, de marchandises qui doivent être apportées au marché ; mais cette manœuvre est défendue, parce qu'elle fait hausser le prix des denrées en tenant le marché dégarni, et empêche ceux qui n'ont point donné d'arrhes de se pourvoir de ce qu'ils ont besoin, si ce n'est à des prix très-élevés. Il est encore défendu aux marchands de comestibles, légumes et autres articles, d'aller au-devant de ceux qui les apportent pour arrher les denrées ; elles doivent être apportées et vendues publiquement au carreau de la halle.

La question de savoir si les arrhes ont été versées comme preuve du contrat ou seulement comme prix du dédit est une question de fait que les juges sont appelés à apprécier d'après l'usage et les circonstances. C'est ainsi que les arrhes données par le voyageur sur le prix de sa place dans une voiture publique sont toujours considérées comme le prix d'une faculté de dédit qu'il a seul conservée et qu'il peut seul exercer. Le denier à Dieu est, au contraire, un signe d'engagement parfait après vingt-quatre heures. **JEAN ÉTIENNE.**

ARROCHE (botanique) [en latin *atriplex*]. — Genre de plantes de la famille des chénopodées, ayant pour type l'*arroche des jardins*, dont on mange les feuilles, comme celles de l'épinard. On l'appelle vulgairement *belle-dame, bonne-dame* ou *follette*, et l'on en cultive deux variétés très-recherchées comme ornements : la *rouge* et la *blonde.*

ARROSEMENT (horticulture) [radical *arroser*]. — Action d'humecter, de mouiller la terre, les plantes, etc., en versant de l'eau dessus. — L'arrosement est une opération d'horticulture ; lorsqu'il se pratique sur les prairies ou dans les champs, sur de grands espaces, avec de l'eau courante, il prend le nom d'*irrigation*. L'*arrosement par aspersion* se pratique à l'aide d'instruments d'autant plus parfaits qu'ils projettent l'eau de manière à la faire retomber en gouttes très-fines comme une pluie bienfaisante. On emploie les arrosoirs, les pompes portatives et l'écope. Il importe d'arroser non-seulement le pied de la plante, mais aussi les feuilles, pour les laver et les rafraîchir après une grande sécheresse. Il faut éviter d'affaisser les feuilles sous le poids de l'eau, et d'humecter la terre au point de la réduire en une sorte de boue, qui se tasse, et, une fois desséchée, ne permettrait plus à l'air de pénétrer dans le sol. L'horticulteur n'a besoin que d'eau, de soleil et d'engrais pour obtenir tous les fruits de la terre ; mais l'eau est indispensable. Aussi les arrosements souvent répétés deviennent-ils nécessaires lorsque les pluies font défaut. Dans la saison des grandes chaleurs, on arrose le soir après le coucher du soleil ; au printemps et en automne, on arrose au milieu du jour, parce que les nuits sont déjà froides. Les arrosements une fois commencés doivent être continués et se faire au moins trois fois par semaine. Le jardinier doit se rappeler que certaines plantes ne demandent que très-peu d'eau, que d'autres en exigent davantage; que les arbustes et les arbres à feuillage pérenne ont besoin d'arrosements fréquents ; que ceux qui perdent leurs feuilles de bonne heure n'en exigent aucun. Il doit régler la fréquence et la quantité de l'arrosement sur la saison, sur la qualité de la terre, sur la nature des plantes, et savoir que si les eaux des rivières et des ruisseaux sont toujours favorables, les eaux froides, marécageuses, acides ou visqueuses sont plus nuisibles qu'utiles. Il y a de grands avantages à laisser l'eau s'échauffer au soleil avant de l'employer pour l'arrosement. (*A. Lagrue.*)

ARROSOIR (zoologie). — Genre de mollusques acéphales, voisin des fistulanes, auxquelles Lamarque assigne les caractères suivants : Fourreau tubuleux, testacé, se rétrécissant insensiblement vers sa partie antérieure, où il est ouvert, et grossissant en massue vers l'autre extrémité; la massue ayant d'un côté deux valves incrustées dans sa paroi; disque terminal de la massue convexe, percé de trous épars, subtubuleux, ayant une fissure au centre.

Ces coquilles singulières, dit Duclos, présentent un tube testacé, rétréci vers le côté ouvert, grossissant vers l'extrémité opposée, où il est fermé par un disque de même nature, ayant la forme d'une calotte, dont la surface convexe est parsemée de petits tubes qui ne font qu'un seul corps avec elle, et bordée par d'autres tubes qui adhèrent les uns aux autres en forme de couronne; sur cette paroi, vers la massue, se trouve la coquille véritablement bivalve et équivalve. Elle complète, par ses deux valves ouvertes et enchâssées, une partie du tube qui contient l'animal. Une espèce fort belle habite la mer Rouge; elle porte à sa base des articulations foliacées imitant exactement une manchette, ce qui lui a valu le nom d'arrosoir à manchettes. Ce genre de coquille n'est composé que de quatre espèces à l'état vivant, savoir : l'*arrosoir de Java*, l'*arrosoir à manchettes*, l'*arrosoir de la Nouvelle-Zélande* et l'*arrosoir agglutinant*. Une espèce fossile a été depuis peu publiée par M. Hœninghaus de Crefeld, sous le nom d'*arrosoir leognanum*, parce qu'elle a été, dit-il, trouvée dans la localité de Leognan, près Bordeaux. L'examen attentif que nous avons fait de cette espèce nous porte à croire qu'elle n'est pas fossile.

ARROW-ROOT (botanique) [de l'anglais *arrow*, flèche, et *root*, racine, parce que les habitants des Antilles appliquent la racine du marante sur les blessures faites par les flèches]. — Nom donné par les Anglais à la fécule extraite de la racine du *marante* de l'Inde (*maranta arundinacea*, ammonées de Jussieu), plante des Indes orientales, cultivée à la Jamaïque. Cette fécule est moins blanche que l'amidon, mais plus fine au toucher; elle jouit des propriétés adoucissantes et est employée comme médicament dans les affections du tube intestinal, mais ne l'emporte pas sur la fécule de pomme de terre, avec laquelle on la falsifie souvent. L'arrow-root diffère de la fécule de pomme de terre, d'après M. Guibourt, en ce que, examinés au microscope, les grains sont

plus petits, plus translucides que ceux de la pomme de terre. D'après Pfaff, 50 centigrammes d'amidon ordinaire bouillis avec 30 grammes d'eau donnent une masse gélatineuse, tandis que la même quantité d'arrow-root ne fournit qu'un liquide mucilagineux.

ARSENAL (art militaire et marine) [du celtique *sanal*, grenier, magasin]. — Établissement destiné à la confection des armes et à la conservation du matériel des armées, sous la direction de l'artillerie.

Les arsenaux sont placés sous la direction de l'artillerie. Ils comprennent les usines destinées à la fabrication et à la réparation des armes blanches et des armes à feu, les fonderies de canon, les ateliers de vérification, etc.; en outre, les magasins dans lesquels sont rangés avec ordre les pièces d'artillerie, les projectiles, les armes, les objets d'équipement, les munitions, et en un mot tous les éléments d'un armement complet. Souvent des musées d'armes anciennes se trouvent joints à ces dépôts d'armes neuves ou disposées au service. Tantôt les divers corps de logis de l'arsenal se trouvent rapprochés de manière à ne former qu'un seul édifice; tantôt ils sont séparés et placés chacun à quelque distance, dans la situation qui lui convient le mieux. Leur ensemble administratif constitue l'arsenal.

Les arsenaux étant une des bases principales de la force militaire d'une nation, il est d'une haute importance de les mettre à l'abri des atteintes de l'ennemi. Aussi a-t-on soin de les établir dans des places fortes ou d'un accès difficile. Ils sont donc presque toujours situés sur la frontière, et bien qu'en apparence plus exposés par leur voisinage de l'étranger, ils sont cependant, par leur entourage, suffisamment garantis; et de plus il se trouve que, les hostilités commençant toujours à la frontière, le matériel se trouve tout rendu à son poste dès que la guerre commence.

En France, les arsenaux de première classe sont ceux de Paris, de Lille, de Metz, de Strasbourg, de Besançon et de Perpignan. En Autriche, les arsenaux sont à Budweis, à Prague et à Vienne. La Prusse a des arsenaux à Cologne, à Neiss et à Berlin. Le principal arsenal de la Russie est à Kief, et le principal arsenal de l'Angleterre est à Woolwich. Celui de Venise a été longtemps célèbre, mais il n'a plus aujourd'hui qu'une importance tout à fait secondaire.

Les arsenaux maritimes sont les lieux de dépôt de la marine d'un état. Les conditions nécessaires à leur établissement sont un port assez profond pour recevoir les bâtiments de guerre, et généralement aussi une rade suffisante pour une flotte. Le matériel d'un arsenal maritime est infiniment plus considérable que celui d'un arsenal militaire. On peut s'en rendre compte en songeant que les vaisseaux de guerre sont en quelque sorte des places fortes navales, et que c'est dans les arsenaux maritimes qu'ils sont confectionnés et déposés ainsi que tout leur attirail. Il faut donc y réunir tout ce qui est nécessaire pour construire, armer, réparer, conserver et entretenir les bâtiments de guerre de toute espèce; il y faut des casernes, des bassins, des ateliers de toute sorte. Les domaines de l'arsenal deviennent si étendus, que la place elle-même n'est plus, pour ainsi dire, qu'une de ses dépendances. La France possède trois arsenaux maritimes de première classe : ce sont ceux de Brest, de Toulon, de Rochefort; deux de second ordre, ceux de Lorient et de Cherbourg; et en outre, six d'un ordre inférieur : Dunkerque, le Havre, Saint-Servan, Nantes, Bordeaux et Bayonne. Ceux de l'Angleterre sont situés à Deptford, à Woolwich, à Chatam, à Sheerness, à Portsmouth et à Plymouth; elle en a, en outre, dans la Méditerranée, à Gibraltar, à Malte et à Corfou. La Russie en a deux sur la Baltique, Saint-Pétersbourg et Cronstadt, et un sur la mer Noire, Sébastopol; le Danemark, Copenhague; la Suède, Carlscrone; la Hollande, Flessingue et le Texel; l'Autriche, Trieste; la Turquie, Constantinople, et l'Égypte, Alexandrie. Ceux des États-Unis sont à New-York, Boston et Baltimore. (*J. Reynaud.*)

ARSENIC [du grec *arsen*, mâle; *nicao*, je tue]. — Métalloïde qui n'était pas connu des anciens, et qui paraît avoir été bien étudié pour la première fois par Brandt, vers 1733.

On trouve l'arsenic 1° à l'état natif, 2° à l'état d'acide arsénieux, 3° combiné avec le soufre et avec plusieurs métaux, 4° enfin à l'état d'arséniate.

L'arsenic est solide, très-fragile, d'une texture grenue et lamelleuse. Sa densité est de 5,189, d'une couleur gris d'acier et d'un aspect brillant quand il est récemment préparé; répandant une odeur légère et désagréable lorsqu'on le frotte entre les mains; sans saveur sensible d'abord, mais ne tardant pas à devenir sapide lorsqu'il est placé quelque temps dans la bouche. Exposé à la chaleur du rouge naissant, il se sublime sans fondre préalablement, et cristallise en tétraèdres réguliers sur les parois du vase. On ne peut le fondre que sous une pression plus forte que celle de l'atmosphère. Si on le chauffe au contact de l'air ou de l'oxygène secs, il passe à l'état d'acide arsénieux en absorbant le gaz, avec dégagement de chaleur et d'une lumière bleuâtre. Les vapeurs d'arsenic métallique, au moment où il passe à l'état d'acide arsénieux, exhalent une odeur d'ail si prononcée qu'elle en devient caractéristique. Ces vapeurs ne peuvent se respirer impunément.

Le soufre se combine avec l'arsenic en cinq proportions; deux seulement offrent quelque intérêt : ce sont le proto et le sesquisulfure.

Le sélénium s'unit facilement à l'arsenic. L'hydrogène s'unit à l'arsenic, et donne l'*hydrogène arsénié.*

Le chlore absorbe l'arsenic avec un grand dégagement de chaleur et de lumière; il se forme un chlorure qui apparaît d'abord sous forme de vapeurs blanches, qui se condensent bientôt en un liquide transparent, incolore, très-volatil et très-vénéneux.

L'iode et le brome s'unissent à l'arsenic avec dégagement de chaleur et de lumière, en donnant naissance à un iodure d'arsenic d'un beau rouge et à un bromure liquide et incolore.

Le phosphore chauffé avec l'arsenic en poudre à l'abri de l'air fournit un phosphure brillant et cassant, décomposable par l'air ou l'oxygène à une température élevée.

L'eau pure et privée d'air n'exerce aucune action à froid sur l'arsenic; on peut même le conserver avec tout son brillant sous une couche d'eau distillée et bouillie. L'eau bouillante, au contraire, est décomposée par ce corps; il se forme de l'acide arsénieux et de l'arséniure d'hydrogène solide sans dégagement d'hydrogène. L'arsenic entre dans la composition de plusieurs alliages, auxquels il communique des propriétés cassantes.

L'arsenic existe en petites masses bacillaires et fibreuses, ou mamelonnées à la surface, et composées de couches concentriques. C'est une substance assez commune, quoique peu abondante, qui se trouve dans les gîtes métallifères, principalement dans ceux de sulfure d'argent et d'oxyde d'étain. Mais on l'extrait principalement des minerais de cobalt, qui sont des arséniures de ces métaux. Par le grillage de ces minerais, une portion d'arsenic est oxydée, l'autre est réduite en vapeur et se sublime à l'entrée de la cheminée sous laquelle on opère. On recueille cette portion et on la sublime de nouveau dans des cornues de fonte. Dans les laboratoires, on peut l'obtenir par la calcination d'un mélange d'acide arsénieux, de charbon et de carbonate de potasse.

Le poids de l'équivalent de l'arsenic est de 470,12.

Allié au cuivre et au platine, l'arsenic sert à faire les miroirs de télescopes. Le *tombac blanc*, ou *argent haché*, est un alliage de cuivre et d'arsenic. Réduit en poudre et mêlé avec de l'eau aérée, il est employé pour tuer les mouches; dans ce cas, l'air contenu dans l'eau transforme le métal en acide arsénieux qui se dissout dans le liquide.

Composés d'oxygène et d'arsenic. — L'oxygène en s'unissant à l'arsenic donne naissance à trois produits différents qui sont : 1° l'oxyde noir d'arsenic, 2° l'acide arsénieux, 3° l'acide arsénique.

L'*oxyde d'arsenic*, admis par Berzelius, se forme toutes les fois que l'arsenic métallique réduit en poudre est exposé au contact de l'air humide.

Il est noir, pulvérulent, insoluble dans l'eau; il est transformé par la chaleur en acide arsénieux et en arsenic métallique.

Sa composition est encore peu connue; quelques chimistes pensent qu'il n'est qu'un mélange d'arsenic et d'acide arsénieux.

L'*acide arsénieux*, connu aussi sous les noms d'*arsenic blanc*, de *mort-aux-rats*, d'*oxyde blanc d'arsenic*, existe très-rarement à l'état de liberté; cependant on en trouve en Bohême à l'état de cristaux blancs, transparents, et en Hesse sous forme de poudre blanche. Celui du commerce est obtenu pendant la préparation du bleu d'azur avec les minerais de cobalt arsénifère. On l'obtient en grillant ces mines dans des fourneaux à réverbères munis de longues cheminées horizontales; l'arsenic s'oxyde, se convertit en acide arsénieux et vient se condenser en une masse blanche, demi-transparente, plus ou moins épaisse, sur les parois de ces cheminées. On le purifie en le sublimant de nouveau dans des marmites en fonte recouvertes de chapiteaux coniques, où il s'attache et se solidifie en une couche vitreuse, transparente comme du verre. C'est sous cet état qu'il est livré au commerce.

L'acide arsénieux se présente en masses blanches opaques ou vitreuses s'il est récemment fondu, demi-transparentes, inodores; il est jaune ou d'un jaune rougeâtre lorsqu'il contient du sulfure d'arsenic. Sa saveur est âcre avec un arrière-goût douceâtre; réduit en poudre, il ressemble assez au sucre pulvérisé. D'après M. Guibourt, son poids spécifique est de 5,7836 s'il est transparent, et de 3,695 s'il est opaque. Lorsqu'on le chauffe dans un matras de verre, il se volatilise et vient se condenser à la partie supérieure sous forme d'une croûte blanche ou de petits tétraèdres ou octaèdres. On l'a même trouvé cristallisé en tables hexagonales très-minces. C'est, dans ce cas, un nouvel exemple de dimorphie. (Voy. ce mot.)

A la température ordinaire l'air exerce une action remarquable sur l'acide arsénieux; à l'état vitreux, il lui fait perdre à peu près sa transparence et le rend laiteux à la surface; sous cet état, il est plus friable et devient plus soluble dans l'eau. Exposé sur des charbons ardents, il se décompose et fournit de l'arsenic métallique, qui se répand dans l'atmosphère sous forme de vapeurs épaisses, brunâtres, d'une odeur alliacée. Ces vapeurs, en absorbant l'oxygène de l'air, passent à l'état d'acide arsénieux *blanc*.

Si, au lieu de chauffer l'acide arsénieux sur des charbons ardents, on le chauffe dans un creuset, sur une lame de cuivre ou de fer que l'on a fait rougir, il se volatilise sous forme de vapeurs blanches, sans se décomposer, et n'exhale aucune odeur alliacée. Lorsqu'une lame de cuivre, convenablement décapée, est placée à quelques millimètres au-dessus du charbon rouge sur lequel on a mis de l'acide arsénieux, elle se recouvre d'une couche brune d'arsenic métallique; mais si, au contraire, la lame de cuivre est éloignée de 6 ou 8 centimètres du même charbon, la couche dont elle se recouvre est blanche et formée de l'acide arsénieux qui s'est produit par l'action de l'oxygène sur l'arsenic métallique.

Les propriétés ci-dessus énoncées sont fort remarquables et méritent la plus grande attention.

Le gaz hydrogène, à l'aide de la chaleur, décompose l'acide arsénieux en donnant pour produits de l'eau, de l'arsenic et de l'hydrogène arsénié. Réduit en poudre fine et mêlé avec son volume de charbon et de potasse, l'acide arsénieux se décompose facilement par la chaleur et donne l'arsenic métallique. L'expérience se fait dans un tube de verre long, effilé à la lampe par une de ses extrémités, de manière qu'il ne présente qu'une très-petite ouverture; l'arsenic métallique volatilisé vient adhérer aux parois du tube, à 4 ou 6 centimètres de son fond, en formant sur ce tube une sorte d'anneau ayant un bel éclat métallique. L'eau, à la température de 15° dissout les 96 dix millièmes de son poids de cet acide, tandis qu'à 100° elle peut en dissoudre dix fois plus, c'est-à-dire 968 dix millièmes.

La solution aqueuse d'acide arsénieux est incolore, inodore; sa saveur est âcre. *Caractères distinctifs :* 1° Elle rougit légèrement la teinture de tournesol; si la pâte avec laquelle on a préparé cette teinture contient beaucoup de chaux, il faut employer une grande quantité d'acide pour déterminer un changement de couleur.

2° Cette solution aqueuse d'acide arsénieux a encore la propriété de précipiter en blanc les eaux de chaux et de baryte.

3° Le gaz acide sulfhydrique pur, ou l'eau dans laquelle il est dissous jaunissent cet acide et en précipitent, au bout de quelques heures, du sulfure jaune d'arsenic soluble dans l'ammoniaque : ici, l'oxygène de l'acide arsénieux est combiné avec l'hydrogène de l'acide sulfhydrique pour former de l'eau, tandis que le soufre s'est uni au métal; on peut, à l'aide de ce réactif, découvrir l'acide arsénieux dans un liquide qui n'en contient que un dix millième; la précipitation a lieu instantanément lorsqu'on chauffe légèrement le mélange ou qu'on y ajoute une petite quantité d'acide chlorhydrique, d'acide azotique, sulfurique, etc.

4° Les hydrosulfates ne forment point de précipité dans cette solution; mais, si l'on y ajoute un acide, aussitôt il s'en précipite des flocons jaunes de sulfure d'arsenic. Le sulfate de cuivre ammoniacal, mis en contact avec cette solution, y développe sur-le-champ un précipité vert d'herbe qui est un arsénite de cuivre. Le nitrate d'argent, mêlé à cette solution saturée par la potasse, y produit un précipité jaune pâle; enfin en y plaçant une lame de zinc, et acidulant la solution par un peu d'acide sulfurique, l'arsenic est réduit et précipité en flocons noirs. La formule de l'acide arsénieux est à $AS^2 O^3$.

Usages. — On emploie l'acide arsénieux pour faire le vert de Scheele, pour purifier le platine. Quelquefois on s'en sert dans la fabrication du verre pour hâter la vitrification. Son emploi en médecine est très-fréquent, soit à l'état d'acide concentré, soit mélangé à diverses substances. Il est employé comme topique dans certaines maladies cancéreuses où il y a lieu de produire des eschares. Il a été fréquemment administré dans les maladies cutanées, soit à l'état liquide, soit sous la forme pilulaire. Dans les fièvres intermittentes il a été beaucoup employé par certains médecins qui en ont fait la base de leur traitement.

Les homœopathes emploient très-fréquemment cette substance, mais à des doses infinitésimales.

L'acide arsénique ne se trouve jamais pur dans la nature; il y existe combiné avec quelques oxydes métalliques à l'état d'arséniate. Il est solide, blanc, incristallisable, doué d'une saveur métallique, caustique, désagréable; il rougit fortement l'infusum de tournesol. Son poids spécifique est de 3,391.

Mis sur des charbons ardents il se boursoufle, perd son humidité et devient opaque; bientôt après il est décomposé par le charbon, qui lui enlève son oxygène et le fait passer à l'état d'arsenic qui se volatilise et répand une odeur alliacée.

S'il est traité par le charbon et la potasse, il donne de l'arsenic métallique comme l'acide arsénieux.

Tous les corps neutres non métalliques réagissent sur cet acide de la même manière que sur l'acide arsénieux.

L'acide arsénique se dissout très-bien dans deux parties d'eau froide ; le solutum rougit aussi la teinture de tournesol et le sirop de violette; il précipite encore les eaux de chaux, de strontiane et de baryte qu'il transforme en arséniates insolubles.

L'acide sulfhydrique agit sur lui, mais plus lentement que sur le solutum d'acide arsénieux, à moins qu'on ne chauffe, surtout après avoir ajouté deux ou trois gouttes d'acide sulfureux. Cet acide s'unit à la plupart des oxydes métalliques et forme des sels. Il est sans usage; son action sur l'économie est beaucoup plus énergique que celle de l'acide arsénieux. Sa formule est $As^2 O^5$. Il se prépare en mélangeant une partie d'acide arsénieux bien pulvérisé avec deux parties d'acide chlorhydrique liquide concentré, enfin avec quatre parties d'acide azotique à 34 degrés, que l'on fait chauffer dans une cornue de verre à laquelle on adapte un récipient bitubulé. L'acide arsénieux se dissout dans l'acide chlorhydrique, se divise, et peut alors être transformé en acide arsénique au moyen de l'oxygène de l'acide azotique. Lorsque la liqueur est presque en consistance sirupeuse, on l'évapore dans un creuset de platine; le produit solide que l'on obtient alors est l'acide arsénique.

COMPOSÉS D'ARSENIC.

Les voici tels que les présente M. le docteur Hœfer [1] :

Composés sulfurés de l'arsenic. — Les sulfures correspondant aux deux degrés d'oxydation de l'arsenic sont :

1° Le *sesquisulfure* (orpiment, auripigmentum).— On le rencontre cristallisé en masses feuilletées, jaune, d'un éclat nacré, en Hongrie, en Transylvanie, en Valachie, et dans toutes les mines riches en arsenic. On le prépare en chauffant un mélange d'acide arsénieux et de soufre au-dessous de la température de fusion de ces corps. Ainsi obtenu, il est d'un jaune orangé, d'un aspect de porcelaine, demi-transparent, non cristallisé, et presque toujours mêlé d'une certaine quantité d'acide arsénieux. Enfin on l'obtient par voie humide, en précipitant une dissolution d'acide arsénieux par l'hydrogène sulfuré. Il est vénéneux. Formule : $As S^3$, analogue à l'acide arsénieux.

On emploie l'orpiment dans les manufactures de toiles peintes. Il entre dans la composition du collyre de Lanfranc.

2° *Sulfure correspondant à l'acide arsénique.* — Il est pulvérulent, d'un jaune clair, fusible, volatil et très-soluble dans les sulfures alcalins, avec lesquels il forme des *sulfo-sels*, absolument comme l'acide arsénique produit des *oxy-sels* avec les *oxy-bases*.

Composition. — $As S^5$, analogue à l'acide arsé-

[1] *Dict. de Chim. et de Phys.*

nique. On l'obtient en précipitant une dissolution d'acide arsénique par l'hydrogène sulfuré.

Outre ces sulfures, on connaît :

Le *protosulfure* (réalgar, arsenic rouge, soufre de rubis). — On le trouve en cristaux demi-transparents, couleur d'aurore, en Chine, au Japon, en Bohême, dans des produits volcaniques, etc. Il est fusible et volatil; après avoir été fondu, il se prend, par le refroidissement, en une masse vitreuse, transparente et à cassure conchoïde. On le prépare en distillant un mélange d'acide arsénieux et de soufre. Formule : $As S^5$.

Mêlé avec trois fois et demi son poids de fleurs de soufre et douze parties de salpêtre, il sert à produire les *feux blancs*.

Hexa-sulfure. — Ce sulfure s'obtient en traitant le réalgar par la potasse caustique. Dans cette action, la potasse s'empare d'une partie de l'arsenic qu'elle dissout, tandis que l'autre partie se combine avec l'excès de soufre. Il est de couleur noirâtre, d'un éclat métallique, et, soumis à la distillation, il donne d'abord du réalgar, puis de l'arsenic. Formule : $As S^6$.

Ennéa-sulfure. — Ce sulfure est de couleur noire comme le précédent. Formule : $As S^9$.

Le soufre paraît être susceptible de se combiner en toutes proportions avec l'arsenic. Les sulfures d'arsenic se combinent, à leur tour, avec un grand nombre de sulfures métalliques, tels que les sulfures de cuivre, de plomb, d'antimoine, de cobalt, etc. Il n'est donc pas étonnant qu'on rencontre l'arsenic dans beaucoup de produits chimiques impurs.

Composés chlorés. — Le chlore gazeux se combine directement avec l'arsenic en poudre, pour produire un chlorure d'arsenic. L'action est accompagnée de chaleur et de lumière.

Chlorure (beurre d'arsenic). — Il se présente sous forme de fumée blanche, qui se condense en un liquide incolore, d'une densité de 6,300 et se congèle à 20 degrés. Dans l'eau, il se décompose en acide chlorhydrique et en acide arsénieux, qui se précipite d'abord, mais qui finit bientôt par se dissoudre dans l'eau, ainsi chargée d'acide chlorhydrique.

Formule : $As Cl^{3}/_{2}$, ou $As^2 Cl^3$, analogue à l'acide arsénieux. Si le chlore prédomine, on aura un chlorure (*chloride*) très-volatil, qui, par sa composition ($As Cl^5$), correspond à l'acide arsénique.

Le *brôme* se comporte comme le chlore.

Le *fluor* et l'*iode* donnent naissance à des composés analogues à ceux du chlore.

Hydrogène arsénié (hydrure d'arsenic, arséniure d'hydrogène). — L'hydrogène forme avec l'arsenic un composé gazeux acide, insoluble et inflammable. Ce composé brûle à l'air avec une flamme jaune en se transformant en eau et en un mélange grisâtre d'arsenic et d'acide arsénieux, qui se dépose sur les objets froids. L'hydrogène arsénié est d'une odeur nauséabonde rappelant l'odeur du phosphore. Sa densité est 2, 6 à l'état de pureté. Il est d'une densité moindre lorsqu'il est mélangé d'hydrogène, ce qui arrive presque toujours. Il a beaucoup de ressemblance avec l'hydrogène antimonié. A une température basse, l'hydrogène arsénié prend l'état liquide. En traversant un tube incandescent, il se décompose en hydrogène et en arsenic. C'est un gaz extrêmement vénéneux; respiré, même en petite quantité, il produit une assez vive constriction à la gorge et une constipation opiniâtre du bas-ventre.

Composition. — Cent parties d'hydrogène arsénié se composent de deux parties d'hydrogène et de quatre-ving-dix-huit parties d'arsenic. Sa formule est As H³, analogue à celle de l'acide arsénieux (As O³).

On prépare l'hydrogène arsénié en traitant une combinaison d'arsenic et de zinc par l'acide sulfurique étendu d'eau. L'appareil dans lequel on le prépare porte le nom d'appareil de Marsh. Cet appareil, au fond, n'est autre chose qu'un flacon auquel s'adapte un tube effilé, par lequel s'échappe le gaz hydrogène arsénié. Lorsqu'on allume ce gaz et qu'on présente à une distance convenable de la flamme une capsule de porcelaine, on obtient des taches brunes, miroitantes, non volatiles à froid, solubles dans l'acide nitrique, et colorant (ainsi dissoutes) le nitrate d'argent en rouge brique (arséniate d'argent). C'est à l'aide de la flamme du gaz hydrogène arsénié qu'on est parvenu à constater dans les cadavres les moindres traces d'arsenic, cause d'un empoisonnement.

Action toxique exercée par les arsénicaux sur l'organisme vivant. — L'action de l'acide arsénieux, que l'on peut prendre comme type des arsenicaux, présente des différences notables suivant la dose d'administration. A faible dose, il détermine une sensation de chaleur assez marquée dans l'œsophage et la cavité gastrique, et à l'épigastre un sentiment d'ardeur qui ne va pas ordinairement jusqu'à devenir douloureux. Jamais il ne survient de nausées, de vomissements ni de douleurs abdominales; bien que les évacuations alvines deviennent plus faciles et plus abondantes, elles sont rarement diarrhéiques. La soif et l'appétit augmentent. Une chaleur sèche part de la région épigastrique, et de là se propage à tout le corps, mais principalement au front. Il existe en même temps un état fébrile léger, et les urines deviennent plus abondantes qu'à l'état normal. Enfin, excitation notable du système nerveux, accroissement de la contractilité musculaire, absence de sommeil; tels sont les phénomènes les plus fréquents. A la dose d'un grain pour l'acide arsénieux, on voit apparaître tous les phénomènes qui accompagnent l'empoisonnement. On remarque les accidents suivants : saveur âcre et nauséuse, agacement des dents, fétidité de l'haleine, salivation, crachotements, constriction du gosier, hoquets, nausées, vomissements de matières brunâtres et sanguinolentes, anxiétés et ardeurs précordiales, défaillances fréquentes, inflammation des lèvres, des cavités buccale et pharyngienne et de l'œsophage; douleurs à l'estomac, selles noirâtres et très-fétides, pouls petit, fréquent, concentré et irrégulier, parfois, au contraire, lent et inégal; palpitations, syncopes, soif inextinguible, chaleur

vive sur tout le corps et quelquefois froid glacial, respiration gênée, sueurs froides, urine rare, rouge ou même sanguinolente; altération profonde des traits de la face, cercle livide autour des paupières, enflure de tout le corps, démangeaison sur tous les points de la surface cutanée, taches livides et parfois éruption miliaire sur la peau, abattement complet des forces, perte du sentiment, particulièrement aux mains et aux pieds; délire, mouvements convulsifs fréquemment accompagnés de priapisme, chute des cheveux, détachement de l'épiderme, mort.

Il est rare qu'un seul individu présente la réunion complète des phénomènes que nous venons d'analyser. Il arrive même, quoique bien rarement, qu'aucun de ces accidents ne se développe. Dans tous les cas, cet état de perturbation de l'économie ne peut durer plus de cinq à six heures.

Quant aux lésions de tissu produites par l'acide arsénieux, nous rapporterons fidèlement le texte de M. Orfila (*Traité des Poisons*, t. I, p. 397) : « Lorsque l'acide arsénieux a été introduit dans l'estomac à assez forte dose pour déterminer la mort, on peut remarquer que la bouche, l'estomac et les intestins sont phlogosés, trouver çà et là des ecchymoses, des escharres, des perforations; le velouté de l'estomac peut être comme détruit et réduit en une pâte d'une couleur brune rougeâtre. Il importe toutefois de noter que, dans un assez grand nombre de cas, les traces d'inflammation ne sont pas aussi profondes qu'on le croit ordinairement. On a même des exemples de mort produite par l'acide arsénieux sans qu'il ait été possible de découvrir la moindre lésion du canal digestif. »

Contre-poisons de l'arsenic et des arsenicaux en général. — Un grand nombre de substances ont été indiquées comme contre-poisons par différents médecins, et cependant la science n'est pas arrivée à des résultats complétement satisfaisants.

Les sulfures alcalins, prônés par certains médecins, ont été promptement abandonnés. Le charbon ou l'eau bouillie avec du charbon a été reconnue sans effet par Orfila.

Le même toxicologiste a regardé comme complétement inefficaces les décoctions de noix de galle et de quinquina Calyssaya.

En un mot, voici la marche à suivre : expulsion du poison par le vomissement ou au moyen d'une pompe ajustée à un conduit en gomme élastique ou en guttapercha que l'on introduit dans l'œsophage, absorption de boissons tièdes en très-grande abondance, et, plus tard, les antiphlogistiques et une diète sévère.

M. le docteur Bunsen a trouvé dans l'hydrate de tritoxyde de fer un antidote assuré contre l'empoisonnement par l'acide arsénieux. En se combinant, ces deux oxydes forment un composé salin dans lequel l'acide arsénieux joue le rôle d'acide, et il résulte de là un arsénite de peroxyde de fer ou peut-être un arsénite de protoxyde.

Pour neutraliser complétement une dose d'oxyde d'arsenic, il faut au moins douze parties de peroxyde de fer, et même peut-être vaut-il mieux en adminis-

trer encore une plus forte dose pour arriver à neutraliser complétement les effets du poison.

Les nombreux antidotes préconisés tour à tour
nous forcent à résumer les opinions des expérimentateurs qui ont approfondi sérieusement cette grande
question de toxicologie.

Voici le résumé des faits rapportés dans le mémoire
de MM. Soubeiran et Miquel :

« 1° L'opinion de M. Bunsen, qui considère l'oxyde
de fer hydraté comme un excellent contre-poison de
l'arsenic est exacte;

» 2° L'oxyde de fer hydrate doit être employé en
excès, par rapport à l'arsenic;

» 3° L'acide arsénieux en dissolution est instantanément neutralisé et précipité par l'oxyde de fer;

» 4° Tant que l'acide arsénieux pulvérisé est en la
présence de l'oxyde de fer hydraté délayé dans l'eau,
ses effets sont complétement neutralisés; mais il recommence à agir dès que l'oxyde de fer vient à
manquer;

» 5° L'hydrate d'oxyde de fer n'empêche pas la
mort, quand il y a longtemps que l'arsenic a été introduit dans l'estomac;

» 6° Tant que l'on peut croire qu'il y a encore de
l'acide arsénieux dans l'estomac, l'ingestion de l'hydrate de fer est avantageuse, non pour détruire les
effets déjà produits, mais pour arrêter l'aggravation
des accidents qui résulteraient de la présence du
poison. »

Ces deux toxicologistes ajoutent que s'ils avaient à
porter secours à un homme empoisonné, ils n'hésite-
raient pas à le gorger d'hydrate de peroxyde de fer
délayé dans l'eau pour arrêter immédiatement les
effets du poison ; enfin qu'ils laisseraient vomir le
sujet, et que même ils faciliteraient les vomissements
pour permettre à l'estomac de se débarrasser des parties d'acide arsénieux sur lesquelles l'hydrate n'aurait
pas agi immédiatement, et que même ils feraient
prendre au malade de l'hydrate d'oxyde de fer tant
qu'ils pourraient soupçonner la présence de l'acide
arsénieux. Il est bon de noter que l'hydrate de peroxyde de fer ne doit être donné que sous forme de
bouillie claire, car il a été remarqué que, lorsqu'il
avait été desséché antérieurement, il prenait de la
cohésion et se précipitait rapidement.

Ainsi donc, voici la marche à suivre dans le cas
d'empoisonnement par l'arsenic ou ses composés :
Administration rapide de l'hydrate de peroxyde de
fer délayé dans de fortes doses d'eau tiède, afin de
faciliter l'expulsion du poison. Ingestion réitérée du
contre-poison dans les mêmes conditions pharmaceu-
tiques. Injections répétées de lavements mucilagineux et salins. — Il est à noter que cette médication
devra être entreprise quel que soit le temps écoulé
depuis l'ingestion du poison.

Dès que les accidents primitifs énoncés plus haut
commencent à se calmer, il faut avoir recours à une
médication qui agisse sur tout l'organisme. Ainsi, les
bains, les boissons mucilagineuses, les lavements huileux, et même les antispasmodiques doivent être
employés. Enfin, les phénomènes inflammatoires,

antispasmodiques ou autres, doivent être traités séparément, comme dans les affections idiopathiques
simples.

Lorsque le malade entre en convalescence, il doit
être soumis à un régime sévère, car, dans bien des
cas, on a vu des sujets tourmentés pendant bien
longtemps par des manifestations morbides, suites
évidentes de l'empoisonnement.

L'école italienne a proposé aussi un traitement par
l'emploi de remèdes dynamiques destinés à agir en
un sens opposé à celui des arsenicaux. Elle a préconisé les alcooliques, l'hydrolat de cannelle et d'o-
pium, etc.; mais cette médication est peu ou point
suivie par les praticiens français.

*Recherche des composés arsenicaux dans les cas
d'empoisonnement.* — Voici les caractères chimiques
qui peuvent faire reconnaître l'acide arsénieux :

Avec l'azotate d'argent, il donne un précipité rouge
brique; avec le sulfate de cuivre ammoniacal, un
précipité vert; avec l'eau de chaux, un précipité
blanc, qui est soluble dans un excès d'acide arsénieux
et aussi dans le chlorhydrate d'ammoniaque. En présence de l'acide sulfhydrique, il donne une coloration
jaune rougeâtre, sans fournir aucun précipité; mais
si on ajoute à la liqueur quelques gouttes d'acide
chlorhydrique, il se produit immédiatement un précipité jaune soluble dans l'ammoniaque. Enfin, deux
ou trois gouttes de sa solution aqueuse introduites
dans un appareil de Marsh fonctionnant à blanc
donnent de l'arsenic métallique.

M. Devergie, dans sa *Médecine légale*, a classé les
réactifs en question d'après leur ordre de sensibilité
indiqué par des chiffres :

Eau de chaux s'arrête à.......	2,000
Sulfate de cuivre ammoniacal à	5,000
Acide sulfhydrique s'arrête à....	200,000
Nitrate d'argent ammoniacal à...	800,000
Appareil de Marsh à..........	1,000,000

L'acide arsénieux peut se trouver dessous ou mélangé avec des liquides ou des solides. Dans ces cas,
il faut l'isoler, et, pour cela faire, il y a diverses manières de procéder. En règle générale, il faut décan-
ter le liquide où l'on suppose l'existence du poison,
et si l'on trouve au fond du vase une poudre blanche,
il faut avoir bien soin de la mêler à du flux noir,
puis enfin de la chauffer dans un tube effilé pour
obtenir de l'arsenic métallique.

Lorsqu'il faut examiner la matière des vomissements et les aliments qui séjournent encore dans
l'estomac, on doit d'abord ouvrir ce viscère, et rechercher les petits grains d'arsenic qui pourraient s'y
trouver. S'il s'agit d'examiner les matières solides et
liquides contenues dans la cavité stomacale, on les
réunit aux eaux de lavage, et on y ajoute l'estomac
lui-même coupé en morceaux. Le tout est ensuite
soumis à l'ébullition, puis on filtre et on évapore jusqu'à siccité. Le résidu est alors mis dans l'eau distillée; on filtre le tout, et enfin on traite la liqueur
par l'acide sulfhydrique et on réduit le sulfure d'ar-

senic obtenu par le procédé indiqué plus haut. On a proposé, dans ces derniers temps, plusieurs procédés de carbonisation des substances à examiner. Voici le plus employé :

On place la matière organique dans une capsule de porcelaine, puis on ajoute environ un sixième de son poids d'acide sulfurique concentré, d'une grande pureté, et l'on chauffe successivement jusqu'à l'apparition des vapeurs d'acide sulfurique. Après s'être dissoute, la matière se charbonne pendant la concentration de la liqueur; on fait évaporer en ayant soin d'agiter incessamment avec une tige de verre. La carbonisation s'opère sans qu'il se manifeste de boursouflement; on continue de chauffer jusqu'à ce que le charbon paraisse friable et presque sec. Alors, on laisse refroidir la capsule; puis, au moyen d'une pipette, on ajoute une petite quantité d'acide azotique concentré chimiquement pur ou d'eau régale, avec excès d'acide azotique, qui produit la suroxydation et fait passer l'acide arsénieux à l'état d'acide arsénique, état dans lequel il est beaucoup plus soluble; on évapore de nouveau jusqu'à siccité, après quoi l'on reprend par l'eau bouillante. La liqueur, parfaitement limpide et quelquefois tout à fait incolore, est traitée par l'appareil de Marsh, dans lequel elle ne donne jamais de mousse.

Décrivons maintenant l'appareil de Marsh, qui joue un si grand rôle dans cette analyse.

Cet appareil se compose d'un flacon à col droit, à large ouverture, et fermé par un bouchon percé de deux trous. Par un de ces trous on fait descendre dans le flacon un tube droit d'un centimètre de diamètre environ; par l'autre trou, on introduit un tube plus mince, recourbé à angle droit. Ce tube s'adapte à un autre tube plus fort rempli d'amiante. Enfin, un autre tube plus mince est adapté à l'autre extrémité du tube qui contient l'amiante. Ce tube, long de vingt-cinq à trente centimètres, est effilé à son extrémité libre et est enveloppé d'une feuille de clinquant, sur une longueur de neuf à dix centimètres. Le flacon à col droit doit être choisi de manière à ce que les matières soumises à l'examen ne remplissent pas plus des quatre cinquièmes de sa capacité.

Le tube recourbé est terminé en biseau à l'extrémité qui plonge dans le flacon, et il porte une petite boule en un point quelconque de la branche verticale. Cette disposition est assez avantageuse, parce qu'elle condense et fait retomber dans le flacon toute l'eau entraînée.

Lorsque l'appareil est ainsi disposé, on introduit dans le flacon quelques lames de zinc, une couche d'eau pour fermer l'ouverture du tube droit, puis on y verse un peu d'acide sulfurique. Le gaz hydrogène qui se dégage chasse l'air du flacon. On porte au rouge la partie du tube qui est entourée de clinquant. On introduit ensuite le liquide suspect par le tube de sûreté au moyen d'un entonnoir effilé. Si le dégagement du gaz se ralentit après l'introduction de la liqueur, on ajoute une petite quantité d'acide sulfurique.

Si le gaz renferme de l'arsenic, celui-ci vient se déposer sous forme d'anneau en avant de la partie chauffée du tube. On peut mettre le feu au gaz qui sort de l'appareil et essayer de recueillir des taches sur une soucoupe de porcelaine.

On peut également recourber le tube et le faire plonger dans une dissolution de nitrate d'argent, afin de condenser les dernières portions d'arsenic.

Lorsque l'anneau est bien formé, on peut facilement examiner les différents caractères de l'arsenic. Ainsi d'abord :

1° Sa volatilité;

2° Sa transformation en une poudre blanche lorsqu'on chauffera le tube ouvert aux deux extrémités dans une position inclinée;

3° En chauffant un peu d'acide nitrique ou d'eau régale dans le tube, on fera passer l'arsenic à l'état d'acide arsénique très-soluble dans l'eau. Si la liqueur est évaporée, avec précaution, dans une capsule de porcelaine, on obtiendra un précipité rouge-brique lorsqu'on versera dans la capsule quelques gouttes d'une dissolution neutre de nitrate d'argent;

4° On peut encore isoler l'arsenic à l'état de métal. Pour cela il faut ajouter une petite quantité de flux noir dans la capsule qui contenait la dissolution de nitrate d'argent, on dessèche la matière après l'avoir introduite dans un tube de petit diamètre, et on soumet ce dernier à une chaleur rouge. L'arsenic passe alors à l'état métallique et vient former un anneau, même dans les cas où l'arsenic est en très-petite quantité.

En somme, l'importance de l'appareil de Marsh est basée sur la propriété que possède l'hydrogène de se combiner avec l'arsenic pour former du gaz hydrogène arsénié; enfin, sur la propriété qu'a ce gaz d'abandonner l'arsenic par l'action de la chaleur.

Cet appareil peut permettre de découvrir la présence de 1 millionième d'acide arsénieux.

Certaines personnes ont douté quelquefois de l'infaillibilité de l'appareil de Marsh. On a objecté que l'arsenic pouvait se trouver dans les matières recueillies par une cause étrangère à l'empoisonnement. On a dit d'abord que les taches pouvaient être produites par d'autres substances que l'arsenic[1]; que l'arsenic pouvait se trouver dans les préparations médicamenteuses administrées au malade; qu'enfin, ce poison pouvait se trouver dans le terrain du cimetière où le corps avait été inhumé. Enfin, certains chimistes ont

---

[1] Certaines taches dues à la présence de certains métaux, tels que le fer, surtout à l'état chlorure, se distinguent très-facilement des taches arsenicales. Ainsi, ces dernières se dissolvent instantanément et à froid dans quelques gouttes d'acide nitrique; la liqueur, évaporée, pour chasser l'acide nitrique en excès, puis traitée par le nitrate d'argent bien neutre, donne un précipité rouge-brique d'arséniate d'argent. Les taches *non arsenicales*, au contraire, ne se dissolvent que plus difficilement dans l'acide nitrique; il reste toujours quelques parcelles de matière charbonneuse brune qui ne disparaissent qu'en chauffant l'acide. Lorsque tout a été dissous, la liqueur évaporée de nouveau à sec et traitée par le nitrate d'argent donne un dépôt jaune de phosphate d'argent.

prétendu que l'arsenic se rencontrait normalement dans les organes de l'homme, bien que l'appareil de Marsh ne pût en indiquer la présence.

EXAMEN COMPARATIF

DES TACHES ARSENICALES ET ANTIMONIALES.

1° Le gaz hydrogène *arséniqué* donne, par la combustion, des taches arsenicales d'un brun fauve, miroitantes et excessivement brillantes quand le métal est en petite quantité, noirâtres et brillantes quand il est abondant.

1° Le gaz hydrogène *antimonié* donne, par la combustion, des taches d'une couleur plus foncée, ordinairement noires et moins brillantes que celles qui sont arsenicales ; elles n'offrent la teinte brune fauve qu'autant qu'elles sont formées par une couche d'antimoine fort mince.

2° Les taches fournies par la combustion de l'hydrogène arséniqué se volatilisent et disparaissent complétement dans l'espace d'une demi-minute à une minute, quelque épaisses quelles soient, lorsqu'on les soumet à l'action de la flamme du gaz hydrogène pur.

2° Les taches formée par la combustion de l'hydrogène antimonié ne disparaissent pas au bout de cinq ou six minutes, même lorsqu'elles sont minces, si on les soumet à l'action de la flamme du gaz hydrogène pur ; elles s'étendent d'abord, puis elles deviennent moins foncées, et il se produit de l'oxyde blanc d'antimoine qui se volatilise ; mais il reste toujours une tache moins volumineuse et d'un gris fauve.

3° Les taches laissées par le gaz hydrogène arséniqué se dissolvent aisément dans deux ou trois gouttes d'acide nitrique ; et, en dégageant l'excès de cet acide, on obtient un résidu blanc, ou blanc légèrement jaunâtre, d'acide arsénique et arsénieux, qui, par le nitrate d'argent, se colore en rouge brique, mêlé quelquefois de points jaunes.

3° Les taches laissées par le gaz hydrogène antimonié se dissolvent aisément dans deux ou trois gouttes d'acide nitrique ; et, en dégageant l'excès de cet acide, on obtient un résidu jaunâtre d'oxyde jaune d'antimoine, qui, par le nitrate d'argent, n'éprouve aucun changement.

4° Le produit blanc du traitement des taches arsenicales par l'acide nitrique répand une odeur alliacée lorsqu'on le projette sur des charbons ardents.

4° Le produit jaunâtre du traitement des taches antimoniales par l'acide nitrique ne répand point d'odeur alliacée lorsqu'on le projette sur des charbons ardents.

5° Le produit du traitement des taches arseni-

5° Le produit du traitement des taches antimo-cales par l'acide nitrique, coloré en rouge brique par le nitrate d'argent, devient d'un rouge plus clair si on le met en contact avec une goutte d'ammoniaque.

niales par l'acide nitrique mis en contact avec le nitrate d'argent, devient brun, et même noir, dès qu'il est touché avec une goutte d'ammoniaque.

6° Le produit du traitement des taches arsenicales, soumis à l'action de l'eau bouillante et à la filtration, donne un soluté qui fournit, avec l'acide sulfhydrique liquide et une goutte d'acide chlorhydrique, un précipité de sulfure d'arsenic jaune et volatil.

6° Enfin, le produit du traitement des taches antimoniales, soumis à l'action de l'eau bouillante et à la filtration, donne un soluté qui fournit, avec l'acide sulfhydrique liquide et une goutte d'acide chlorhydrique, un précipité orangé de sulfure d'antimoine non volatil, et qui prend une couleur grise par fusion.

LÉSIONS CADAVÉRIQUES.

Nous examinons en dernier lieu les lésions cadavériques que l'on doit rechercher avec le plus grand soin. — En examinant le canal digestif, et surtout l'estomac, on trouve son tissu enflammé, ecchymosé, ramolli ou durci, quelquefois même comme tanné. Il n'est pas rare non plus que l'on trouve des perforations en nombre assez considérable. En un mot, toutes ces recherches de médecine légale doivent être faites avec beaucoup de soin, et le chimiste doit tenter toutes les expériences et essayer, par chaque méthode d'analyse, d'arriver à la connaissance de la vérité.

ÉDOUARD VALLIN.

ARSENICOPHAGES ou MANGEURS D'ARSENIC. — Il y a déjà quelques années, M. Tschudi appelait l'attention sur un usage répandu dans certaines contrées de la basse Autriche et de la Styrie, usage qui consiste à manger de l'arsenic. De nouveaux faits, publiés en 1854, tendraient aussi à démontrer que les paysans des montagnes de l'Autriche, de la Styrie, et surtout à Salzbourg et dans le Tyrol, ingèrent jusqu'à 15 et 20 centigrammes d'acide arsénieux, et cela répété plusieurs fois par mois, dans le double but, qu'ils atteignent souvent, *de se donner de l'embonpoint et un air frais, et de faciliter la respiration pendant la marche ascendante.*

Selon M. Tschudi, non-seulement les arsenicophages ne présentent aucune trace de cachexie arsenicale, mais encore la suspension de l'usage de cette substance toxique est toujours suivie de phénomènes morbides, ressemblant à ceux produits par l'intoxication arsenicale à un faible degré. M. Tschudi cite un vieillard de soixante-trois ans qui faisait usage de l'arsenic depuis trente-quatre ans, et qui avait pris dans ce laps de temps plus de 600 grammes de cette substance, sans que la quantité épouvantable de ce poison ait produit autre chose qu'une altération avec rancité de la voix, phénomène très-fréquent chez les arsenicophages.

Malgré ce qui se passe pour l'opium en Orient, pour le bétel aux Indes et dans la Polynésie, pour le cocca au Pérou, etc., il nous est impossible d'accepter ces faits, non-seulement parce qu'ils répugnent à la raison, mais encore parce qu'ils sont en complet désaccord avec l'expérience acquise sur l'arsenic et ses effets sur l'homme et sur les animaux (voyez Arsenic). Il se peut que les paysans de la basse Autriche, de la Styrie, de Salzbourg et du Tyrol, dans le but de conserver la santé, ingèrent une substance inoffensive que des observateurs, trompés par la similitude de ressemblance, ont confondue avec l'acide arsénieux[1]; mais que l'arsenic véritable, l'une des substances les plus vénéneuses que la nature ait produites, et dont rien ne peut neutraliser les terribles effets, puisse être pris à une dose dangereuse, mortelle même, sans le moindre accident toxique, c'est ce que, pour notre part, il nous est impossible d'accepter, malgré les assertions prétendues concluantes du *Journal de Médecine de Vienne*, du *Wien. zeitschrift*, etc.   B. LUNEL.

ART [du latin *ars, artis*, contraction de *arheté*, vertu, industrie, force, adresse]. — Le mot *art* est peut-être un de ceux qui présentent à l'esprit, sinon le plus de sens divers, au moins le plus de nuances peu distinctes et souvent confondues. Aussi les définitions qu'on en a données sont-elles nombreuses, et, dans presque toutes, le point de départ varie.

Ne pourrions-nous pas, sans embrasser de système exclusif, envisager l'art sous trois grands points de vue, y reconnaître la cause même de cette diversité d'opinions, et rassembler ensuite, grouper autour d'eux ce qu'on peut appeler les diverses phases de l'art, et les conséquences de son essence multiple?

Et en effet, d'abord, l'art est partout dans la nature : il est né avec elle, il s'y renouvelle chaque jour; c'est là le principe.

En second lieu, l'homme cherche soit à imiter, en les spiritualisant, les types qu'il trouve autour de lui et qui frappent son imagination, soit à continuer la nature, et à s'en faire, après Dieu, comme le nouvel architecte, en prenant pour symbole ce qu'il a sous les yeux. C'est là le sens le plus large et aussi l'expression la plus ordinaire de l'art, celle qui comprend toutes les productions, toutes les aptitudes dont nous sommes fiers, et qui constitue en quelque sorte la part de l'humanité dans la création.

Enfin, en donnant aux types pris d'abord pour modèle une perfection idéale, l'homme arrive à créer un art qui, bien que puisé en principe dans la nature, en devient l'opposé et précisément le contraste. Ce n'est plus que de l'art, on se prend à regretter la nature; et, en effet, elle est certes plus artistique que cet art même; moins gracieuse, moins parfaite, elle est assurément plus poétique.

Reprenons un instant en les développant chacune de ces trois idées.

[1] On sait, du reste, que l'arsenic, à l'état de pureté métallique, ou d'alliage avec d'autres métaux, est inoffensif pour l'homme.

L'art, avons-nous dit, est dans la nature : où trouver en effet un spectacle plus émouvant et de plus sublimes harmonies?

Quand, par exemple, les nuages promènent leurs mouvants bataillons autour d'une montagne, ou plongent en se courbant entre ses cimes, qu'on suit l'ombre et la lumière, illuminant ou obscurcissant ses vallées, et qu'on entend les eaux jaillir de ses flancs, que de proportions, d'harmonie et de beauté dans ces tableaux! Partout, et chaque jour, ces scènes se renouvellent, et il suffit d'invoquer ici le témoignage de génies tels que Buffon et Rousseau, Fénelon et Bernardin de Saint-Pierre : tous partent de points de vue différents, se proposent un but à part, mais se rencontrent dans cette admiration de l'art éternel, qui déborde de toutes parts dans la création. C'est qu'aussi, à chaque pas, on y reconnaît une poésie qui élargit et élève les cœurs, qui étonne et domine les intelligences : tout paysage a des idées et fait penser; toute tempête a des menaces et des terreurs!

Maintenant, cette œuvre imposante, l'homme a pour mission de l'achever en y puisant une inspiration créatrice : « Dieu a fait l'homme à son image, » l'homme refait le monde à la sienne, et par conséquent à celle de Dieu[1]. » Ici commence le rôle de l'artiste : concevoir un idéal et le réaliser. Et d'abord, qu'est-ce que l'idéal? Écoutons Cicéron le définir en parlant d'un peintre : *Insidebat quippe animo species quœdam eximia pulchritudinis, ad quam intuens in eâque defixus ad ejus similitudinem manum artemque dirigebat.* (Il concevait en lui-même je ne sais quelle perfection de beauté exquise, et, l'esprit fixé, arrêté sur elle, il s'efforçait d'en reproduire sous ses doigts l'exacte ressemblance.)

L'idéal donné, plusieurs moyens s'offrent à l'exécution : et, d'abord, c'est la pierre, c'est la terre : ce sont les statues de Phidias et de Michel-Ange, auxquelles il nous faut aller demander le secret de l'artiste; ce sont ces cathédrales gothiques, reliques éloquentes de siècles laborieux, nobles idées traduites par des œuvres : puis viennent la peinture, cette magnifique écriture de la pensée, et la musique, langue universelle, harmonieux idiome qui établit la communion des âmes! Enfin, c'est la poésie, qui, elle, modeste et sans prestige, n'offre à ses initiés que l'instrument commun de tous, la parole!

Ainsi, tous ces enfantements de l'imagination, toutes ces expressions de l'idéal, c'est toujours la même langue, mais parlée différemment. Jusqu'au moment où la pensée passe dans son symbole, elle est une et semblable pour tous les artistes; et, dans ce sens général, on peut dire que l'artiste, c'est l'homme qui s'est élevé un instant jusqu'à la conception de l'esprit infini, jusqu'à la chaleur de ce foyer céleste, qui réside en Dieu seul, et dont quelques étincelles rejaillissent sur l'humanité; c'est celui qui a su s'élancer, pour ainsi dire, au delà des régions terrestres, pour aspirer quelques moments, dans un

[1] M. Demogeot.

16

monde meilleur, les vivifiantes émanations d'une atmosphère plus pure!

L'art, avons-nous dit enfin, est aussi regardé comme le rival de la nature; mais, prenons garde, il est alors bien près de devenir un défaut : souvent, éblouis des merveilles que nous créons, nous admirons de bonne foi notre habileté, et sommes fiers de cette irréprochable perfection; mais, à bien réfléchir, ce n'est là qu'une preuve de notre impuissance : nous ne savons pas faire aussi bien que la nature, alors nous faisons mieux qu'elle, sans nous avouer que c'était plus facile. Nous alignons des arbres, nous traçons des parcs et des allées; avons-nous jamais fait une forêt? Nous construisons des horloges qui marchent vingt-quatre heures chaque jour : la nature, elle, change tous les jours son pas, et arrive à temps : elle est encore assurément la plus habile.

En résumé, l'art pourra être à nos yeux l'expression réalisée d'un idéal, conçu dans l'âme de l'artiste et librement communiqué aux autres hommes sous l'inspiration du génie. Mais là, si le rôle de l'homme est grand et noble, il impose aussi des devoirs : ce n'est pas seulement une œuvre glorieuse et un plaisir, c'est une tâche laborieuse et utile. Aussi, que l'artiste craigne de s'égarer; qu'il ne cède pas facilement aux écarts de son imagination, qu'il n'aille pas, faux prophète dans la cité du Seigneur, pervertir l'art par le mauvais goût : sans doute alors, il ne trouverait à la fin que répulsion et insuccès; mais le mal sera fait, et aura pu jeter de profondes racines.

Un autre écueil est à redouter : c'est la passion exagérée de réussir, fléau de notre siècle trop avide de produits hâtifs : on veut rimer malgré Minerve, comme disait Boileau; on veut créer en dépit des muses. On *fait* de l'art, comme on ferait du métier; on crée l'inspiration au lieu de l'attendre. Et ainsi on nous trompe en flattant notre impatience : on nous donne des primeurs fades et d'une apparente maturité, quand il nous faudrait une nourriture réelle et de substantiels aliments!

Que l'artiste ait donc le courage et la franchise d'un travail réfléchi; car l'art, c'est la vie de la pensée : et comment prétendriez-vous y atteindre si votre pensée n'a pas en quelque sorte vécu son œuvre? Rappelons-nous toujours que les lentes croissances font les hommes forts et les œuvres qui durent.

D'ailleurs, justice est bientôt faite; l'art frelaté ne s'impose pas, il est trop vite reconnu et démasqué. Pour juger une œuvre, ne nous suffit-il pas de consulter l'impression qu'elle produit sur nous et sur notre vie? A-t-elle élevé et ennobli nos âmes, l'avons-nous sentie développer en nous l'amour du beau et le sentiment du vrai, soyons sûrs qu'elle est bonne et digne de nos suffrages. L'artiste a-t-il excité de nobles inspirations en nos cœurs ou forcé l'admiration de nos consciences? il a trouvé le secret du génie et payé son tribut au grand œuvre de la perfection humaine; car la pierre de touche de l'art, c'est la vertu, c'est le sentiment, c'est la vérité!

Alexis Bouillet.

ART MILITAIRE. — Sous ce nom, pris d'une manière générale, on comprend toutes les connaissances qui peuvent concourir à l'organisation et à l'emploi judicieux des forces militaires d'un pays. On dit plutôt *art de la guerre*, lorsqu'il s'agit de l'expérience nécessaire au chef d'une armée en campagne.

L'art militaire embrasse toutes les sciences, arts et métiers particuliers dont la connaissance est nécessaire dans les diverses situations où un militaire peut se trouver et pour l'exploitation des branches spéciales de l'administration. La nomenclature en serait trop longue. Quant à l'art de la guerre proprement dit, on peut le considérer comme fondé sur deux sciences distinctes : la *tactique* et la *stratégie*. Il arrive souvent aux personnes du monde de confondre ces deux ordres de connaissances, dont la distinction théorique ne date pas de loin, à vrai dire. Nous allons en établir ici le caractère spécial.

La *tactique* est la science de la manœuvre sur le terrain. Elle considère l'armée comme une force physique, un instrument, dont elle s'efforce de tirer matériellement le plus grand effet possible; c'est elle qui détermine les éléments d'action, dirige l'instruction des agents, hommes et chevaux, détermine les évolutions, la portée du tir, l'ordre de bataille, et régit enfin, au moyen de règles presque toujours mathématiques, le meilleur emploi des forces dont on dispose. A un point de vue plus restreint, la tactique est l'art de la disposition et de la manœuvre; elle varie suivant les armes, infanterie, cavalerie, artillerie, et se fonde sur les connaissances théoriques et pratiques que l'officier et le soldat acquièrent dans des études particulières nommées théories, et dans les petites et grandes manœuvres.

La *stratégie* est la science ayant pour objet l'ensemble des mesures de nature à assurer le succès d'une campagne, d'une guerre ou même de la guerre en général. A vrai dire, elle comprend implicitement la tactique; mais, pour plus de clarté, on en élimine cette dernière, et on laisse à la stratégie tout le surplus des connaissances utiles à l'homme qui commande à la guerre. Cet ensemble est presque incommensurable. Mais il se réduit de beaucoup lorsque le général en chef se trouve à la tête d'une armée bien disciplinée, fournie et renforcée, selon les besoins, par les ressources d'un État fortement organisé, pourvue de services administratifs bien entendus et bien exécutés, et de ressources matérielles et pécuniaires ne faisant jamais défaut. Elle comprend alors le choix du théâtre des opérations dans la mesure de la faculté qui en a été laissée au chef qui commande, le choix du moment, la bonne exécution des quatre services administratifs principaux : transports, subsistances, hôpitaux, habillement et campement; la formation des réserves d'armes et de projectiles, l'ensemble des mesures de nature à entretenir la santé, le bon état moral et la discipline dans la troupe; celles qui ont pour objet de gagner la sympathie des populations; enfin, toutes les dispositions ayant pour but de parer autant que possible au défaut des ressources qui peuvent venir à manquer.

Il n'est point facile de tracer historiquement les

commencements de l'art militaire. Dans les premiers temps, lorsque la guerre n'avait pas pour objet l'envahissement d'un pays, elle se bornait au pillage, et, comme on l'a dit depuis, la guerre nourrissait la guerre. On ne peut s'imaginer, néanmoins, qu'une armée aussi considérable que celle des Grecs ait pu demeurer plusieurs années devant Troie sans des services plus ou moins bien organisés, et précédemment l'expédition des Argonautes avait dû nécessiter des approvisionnements ménagés avec soin. Le siége de Ninive sous Sardanapale, ceux de Tyr et de Sidon par Nabuchodonosor, suggèrent les mêmes réflexions. Benhadad, roi de Syrie, contemporain de Josaphat, et Holopherne avaient des provisions considérables, et Xerxès trouva même un entrepreneur des vivres. Mais c'est chez les Grecs, dans Xénophon, que l'on trouve pour la première fois ces questions réduites en théorie, et tandis que Philippe de Macédoine, Alexandre et plusieurs de ses successeurs portaient l'art militaire à un haut point de splendeur, les Romains, de leur côté, adoptaient des principes de guerre qui ne cessèrent de s'améliorer jusqu'au moment où ils acquirent à ce peuple une domination incontestée.

Ces progrès furent anéantis par le retour de la barbarie, et pendant tout le moyen âge la force individuelle régna seule sur le champ de bataille; s'il y eût quelques exceptions, elles furent rares, et comme elles étaient dues à l'initiative de quelques chefs isolés, elles ne firent nulle part école, et furent sans utilité pour la science. L'adoption des armes à feu eut la plus heureuse influence sur l'état des choses : en enlevant à l'homme d'armes sa supériorité, elle amena, dit Napoléon III, l'adoption de la guerre de position. Dès lors, la tactique était près d'être retrouvée. Les petits États de l'Italie y firent des progrès qui ne devinrent définitifs qu'après qu'ils eurent été appliqués en France par Henri IV, et mis en pratique sur le champ de bataille par Gustave-Adolphe et quelques-uns de ses adversaires. Les guerres de Louis XIV marquèrent l'une des plus belles périodes de l'art; Montecuculli en traça les règles précises, et Turenne en fut le représentant le plus complet. La guerre de 1672 marque, dit Napoléon, une ère nouvelle. Depuis cette époque, bien des progrès ont été réalisés. Dans la première moitié du dix-huitième siècle, Puységur, Maurice de Saxe, et surtout Frédéric II, ont créé la manœuvre et principalement la mécanique de l'infanterie. Quelques généraux de la Révolution et de l'Empire ont eu d'heureuses inspirations; Napoléon a imprimé à l'art de la guerre un caractère tout particulier et mis au jour des principes de la plus grande portée; l'administration militaire a été créée, organisée, et son influence n'a cessé de rejaillir heureusement sur la composition et la direction des armées. Néanmoins l'abandon de certaines règles essentielles et l'emploi des grosses armées, toujours difficiles à manier, ont fait surgir dans la pratique de la guerre des obstacles nouveaux qu'on n'est pas arrivé à surmonter d'une manière satisfaisante Nous

n'en voulons d'autre témoignage que celui de Napoléon lui-même, le juge le plus compétent, défendant, avec toute l'autorité d'une raison supérieure et d'une expérience consommée, les vrais principes qu'il n'a pu appliquer comme il l'aurait voulu.

Rentrant en cela dans la règle générale qui domine toutes les productions de l'esprit humain, l'art militaire porte le caractère des époques qu'il traverse; mais il offre cette particularité remarquable, qu'il faut bien mentionner à son honneur, que c'est par lui que tout commence : la polique lui emprunte ses institutions, l'administration ses idées organisatrices, les lettres et les arts leurs caractères généraux. Ce serait une étude curieuse que de suivre la filiation de cette idée dans les temps de civilisation, ou même seulement aux grandes époques de Périclès, d'Auguste, du dix-septième siècle et de nos jours. Mais, outre que notre cadre est plein, un sujet analogue se présentera à nos recherches lorsque nous aurons à examiner l'influence de la guerre sur l'état de l'humanité.

Que la guerre fasse et défasse les empires, c'est une vérité vulgaire, c'est la donnée la plus commune de l'histoire; nous tenons à constater autre chose : le rapport de l'esprit militaire avec la prospérité générale d'un peuple. Où est le bon soldat, là est la grande nation; où est l'armée bien disciplinée, là est la puissance et l'avenir; mais où l'esprit militaire s'éteint, la ruine est proche. Sans remonter trop haut, la fortune éphémère de l'Espagne en est un exemple. A quoi la Prusse a-t-elle dû son élévation rapide? l'Autriche sa durée improbable? la Russie son influence dans le mode civilisé avec sa population barbare? la France enfin, la prépondérance morale qui fait sa gloire? La réponse est toute faite, nous nous en épargnons le soin.

Le nombre des écrivains qui ont traité de l'art de la guerre, sans compter les spécialistes, est très-considérable. Bardin en cite plusieurs centaines, et la bibliothèque de Sauvan et Liskenne a reproduit les principaux.

Nous bornerons notre bibliographie à l'indication des plus recommandables entre ces ouvrages.

XÉNOPHON (370 ans avant J. C.). — *Anabase* ou *Retraite des Dix mille*. C'est le travail le plus important que nous possédions sur la tactique grecque. Historien après avoir été général, Xénophon se montre partout également supérieur. Quant à la *Cyropédie*, histoire de Cyrus, Rollin en a démontré les erreurs.

ÉNÉE LE TACTICIEN (330 av. J. C.). — *Commentaire* ou *Traité sur les connaissances d'un général d'armée* Ouvrage consacré à la tactique, mais surtout à la poliorcétique.

POLYBE (150 av. J. C.). — *Fragments sur la tactique grecque et romaine*, comprenant cinq livres, reste d'un traité qui en comprenait quarante. « Grec par sa naissance, dit Carrion, Romain par ses affections, formé sur les leçons de Philopœmen, instituteur militaire de Scipion, il est difficile de réunir plus de titres pour parler de la guerre et être écouté. » Commenté par Folard en 1727.

CÉSAR (51 av. J. C.). — *Commentarii de Bello Gallico et civili.* C'est l'ouvrage le plus célèbre du genre ; littérairement parlant, il est du premier mérite ; au point de vue de la tactique, il apprend peu de choses exactes et ne commande pas toujours une confiance absolue ; mais il est curieux au point de vue des mœurs et de la poliorcétique.

ÉLIEN (70 de J. C.). — *Tactica, de instruendis aciebus.* Ouvrage dont le mérite a été jugé diversement, mais dont l'importance ne saurait être contestée, non plus que l'heureuse influence que les principes qu'il a conservés ont exercée sur la tactique moderne.

ARRIEN (110). — *Logos tacticos.* La tactique d'Arrien et l'histoire d'Alexandre, du même auteur, sont, dit Bardin, la principale source où l'on peut puiser des notions exactes sur la tactique grecque, sur la manœuvre de la cavalerie romaine, sur les machines de guerre, sur les siéges, etc. Le second ouvrage est considéré comme un traité du premier ordre.

VÉGÈCE (390). — *De Re militari.* Végèce n'était pas militaire, non plus qu'Élien et Arrien ; il écrivait dans un temps de décadence, mais son traité est le plus complet de tous ceux de l'antiquité, et peut-être le plus utile, quoique commandant la plus grande circonspection à raison des fautes et des erreurs dont il fourmille. C'est par l'étude de ce traité que la théorie de l'art s'est réveillée au moyen âge.

LÉON (900). — *Peri Taktikes kai Strategou.* Le livre de la tactique et du général tire son principal mérite des fragments d'auteurs anciens qu'il a conservés ; quant aux études contemporaines qui s'y trouvent, « les hommes pusillanimes, dit Hallam, étudient la tactique comme les malades étudient la médecine. »

MACHIAVEL (1510). — *Arte della Guerra.* Machiavel est un écrivain de génie qui, le premier, dans les temps modernes, a porté la philosophie dans l'histoire. Mais ses opinions politiques l'ont parfois égaré, et si, d'un côté, il prévoit toute la supériorité que doit acquérir l'infanterie, de l'autre il blâme les armées permanentes dans des vues que peut inspirer l'esprit d'économie ou l'amour de la liberté, plus ou moins bien compris, mais qui ne sauraient se concilier avec la saine intelligence des principes de l'art.

MONTECUCULLI (1670). — *Memorie. L'Art de la Guerre* (extrait des mémoires) est un traité fort concis et du plus grand mérite ; on peut lui reprocher un esprit de fourberie et d'inhumanité qui ne sont pas à l'honneur du général modenais ; mais Frédéric II le mettait au premier rang des tacticiens.

VAUBAN (1685). — L'illustre maréchal n'ayant rien publié de ses nombreux écrits, et plusieurs de ceux qui ont été donnés sous son nom étant sujets à contestation, nous nous bornons à les mentionner sommairement.

FOLARD (1727). — *Histoire de Polybe.* On l'a appelé le Jean-Jacques de l'art militaire : il ne méritait ni l'excès d'honneur ni l'indignité avec lesquels il a été traité. On ne peut nier que sa polémique n'ait contribué à attirer l'attention sur la science ; mais que penser d'un écrivain qui traite Machiavel de sot

et de filou ? En somme, il doit inspirer peu de confiance, ayant l'habitude d'arranger les choses selon son opinion.

PUYSÉGUR (1743). — *Art de la Guerre* (publié en 1748). Le maréchal de Puységur, dont la compétence a été contestée en ce qui concerne la cavalerie, a fait faire des progrès considérables à la tactique d'infanterie : le changement de front par mouvement central, le port d'armes vertical, le maniement de la baïonnette, l'ordre compact, l'accoudement, la marche en bataille, etc., lui sont attribués.

FRÉDÉRIC II (1760). — *L'Art de la Guerre.* C'est un poëme en vers français généralement médiocres, et il est à regretter que l'auteur ne se soit pas servi d'une forme où il aurait eu sans doute plus de latitude pour exprimer ses pensées. *Histoire de mon temps.* C'est le récit de ses campagnes accompagné de considérations sur les motifs de sa conduite politique.

LLOYD (1762). — *History of the War in Germany.* Cette histoire de la guerre de sept ans est un des écrits militaires où brille le plus l'esprit philosophique. « Lloyd, dit Carrion, peut être regardé comme ayant donné la solution la plus précise du problème des ordres tactiques, en découvrant et proclamant qu'il ne doit pas y avoir exclusivement d'ordre mince ou d'ordre profond, et que le mystère de la tactique consiste à les employer à propos. »

GUIBERT (1773). — *Essai général de Tactique. Défense du Système de guerre moderne.* Ce sont des ouvrages de premier ordre. A vrai dire, Guibert confond la tactique et la stratégie, et ne paraît pas posséder de saines doctrines sur cette dernière, notamment en ce qui concerne l'administration militaire, dont il raisonne avec passion et parti pris. La tactique a été traduite, même en persan.

JOMINI (1805). — *Traité de grande Tactique. Traité de grandes Opérations militaires. Histoire des Guerres de la Révolution,* etc. C'était d'abord une appréciation critique de la guerre de sept ans, mais ensuite Jomini entreprit les guerres de la révolution et de l'empire ; enfin l'auteur avait le projet fort louable, mais très-vaste, de rechercher le meilleur système de guerre applicable au meilleur système politique. Il a de belles études sur les ordres de bataille ; il a publié d'autres ouvrages moins importants.

CHARLES D'AUTRICHE (1818). — *Principes de la Stratégie,* traduit par Jomini. Cet ouvrage, doublement recommandé par le nom de l'auteur et l'approbation du traducteur, n'est pas à la portée de toutes les intelligences, car il est malheureusement fondé sur des formules géométriques, ce qui en restreindra énormément la lecture.

NAPOLÉON 1er (1823). — *Mémoires* publiés par le général Montholon. Une portion a été reproduite par le *Moniteur universel* à la fin de 1852. Napoléon s'y montre préoccupé des plus saines règles de la tactique et de la stratégie, et tout en procédant à l'examen de ses campagnes ou de celles des grands capitaines, ses devanciers, il développe les vrais principes de l'art avec la supériorité que l'on devait attendre de son génie.

BARDIN (1851). — *Dictionnaire de l'Armée de terre.*
Ce sont plutôt des matériaux qu'un ouvrage bien digéré; mais au milieu de la confusion et de l'abus de la nomenclature qui y règnent, on distingue des études très-étendues, un esprit droit et généreux, et c'est, en somme, l'ouvrage qui présente le plus de documents utiles, à condition de les soumettre à une critique éclairée.

NAPOLÉON III (1846-1856). — *Études sur le passé et l'avenir de l'Artillerie.* C'est l'histoire de l'arme depuis sa création, au milieu du quatorzième siècle jusqu'au milieu du dix-septième; mais c'est aussi un traité complet de l'art militaire à la même époque. A côté d'une érudition très-étendue, on y trouve des vues élevées, patriotiques, bien que toujours empreintes de cet esprit d'exactitude et d'impartialité qui fait l'autorité de l'histoire.

Nous n'avons cité que les principaux auteurs qui ont traité de l'art militaire. Bien d'autres sont également recommandables, soit par le mérite même de leurs œuvres, soit par celui de leurs autres travaux; les historiens généraux offrent aussi d'utiles renseignements; mais on ne saurait en accueillir le témoignage sans la plus grande circonspection; car, en général, ce n'est que dans les écrivains spéciaux que l'on peut espérer de trouver l'exacte exacte de la situation et la certitude d'appréciation, à défaut desquelles l'histoire flotte toujours entre le doute et l'erreur.   ALPH. CASTAING.

ARTÉMATOPE (zoologie) [du grec *artematos*, appendice, et *pous*, pied]. — Genre de coléoptères pentamère, dont l'*artematope longicorne*, du Brésil, est le type. C'est un coléoptère carnassier qui fait sa proie des autres insectes qu'il poursuit sur les branches mortes des arbres des forêts.

ARTÉMIE (zoologie). — Genre de crustacés branchiopodes, ressemblant beaucoup aux branchipes. On le trouve surtout dans les marais salants.

ARTÉMISE (botanique). — Synonyme du genre *armoise.* (Voy. ce mot.)

ARTÈRES (anatomie) [d'*arteria*, nom de la trachée-artère chez les Grecs]. — Vaisseaux qui, émanant du cœur par un tronc commun, se divisent et se subdivisent mille fois pour atteindre les points les plus éloignés du centre de la circulation et porter à toutes les parties le sang chargé des matériaux nécessaires à la nutrition et à l'accroissement du corps. Le système artériel comprend deux cercles circulatoire ou deux troncs artériels ramifiés : le premier est formé par l'artère pulmonaire, qui va du ventricule droit aux poumons; le second est constitué par l'aorte, qui part du ventricule gauche et envoie ses divisions partout. Trois membranes superposées composent les artères. L'extérieure est celluleuse; la moyenne, qui est la plus épaisse et la plus résistante, est fibro-cartilagineuse, d'un jaune fauve, et douée, selon quelques-uns, d'une certaine contractilité; l'interne est mince, comme séreuse, rougeâtre, couverte d'un vernis onctueux qui favorise la progression du sang. Les artères reçoivent la vie de petites artérioles, appelées *vasa vasorum*, vaisseaux des

vaisseaux. Leurs branches communiquent souvent entre elles, et ces anastomoses ont pour but de favoriser la circulation en multipliant les voies que le sang doit parcourir.

Voici le tableau synoptique des artères d'après le docteur J. Bayle. Comme, en général, le nom des artères indique les organes auxquels ils se ramifient, il est inutile de désigner ceux-ci dans ce tableau :

TABLEAU DES ARTÈRES.

§ Ier. ARTÈRE PULMONAIRE.
§ II. ARTÈRE AORTE.

Tronc commun de toutes les artères du corps, partagées en cinq portions.

I. *Artères que l'aorte fournit à son origine.*
1° Artère cardiaque antérieure;
2° Artère cardiaque postérieure;

II. *Artères que l'aorte fournit à sa crosse.*
La crosse de l'aorte donne à gauche deux troncs considérables, savoir : l'artère carotide primitive et l'artère sous-clavière, et à droite un seul tronc, plus volumineux, nommé *brachio-céphalique*, lequel se divise en artère carotide primitive et artère sous-clavière.

A. *Artère carotide primitive.*
Divisée en artères carotide externe et carotide interne.

Artère carotide externe.
Elle fournit : 1° l'artère thyroïdienne supérieure; 2° l'artère linguale, qui donne la *dorsale de la langue* et la *sublinguale*; 3° l'artère faciale ou maxillaire externe, qui fournit la *palatine inférieure*, la *sous-mentale, les coronaires supérieure et inférieure*; 4° l'artère occipitale, qui donne la *mastoïdienne postérieure*; 5° l'artère auriculaire postérieure, qui donne la *stylo-mastoïdienne*; 6° l'artère carotide externe se termine en se divisant en artère temporale et artère maxillaire interne.

1° *Artère temporale.*
Elle fournit la *transversale de la face*, les *auriculaires antérieures* et la *temporale moyenne*.

2° *Artère maxillaire interne.*
Elle fournit treize branches, savoir : la *méningée moyenne*, la *dentaire inférieure*, la *temporale profonde postérieure*, la *massétérine*, les *ptérygoïdiennes*, la *buccale*, la *temporale profonde antérieure*, l'*alvéolaire*, la *sous-orbitaire*, la *vidienne*, la *ptérigo-palatine* ou *pharyngienne supérieure*, la *palatine supérieure*, la *sphéno-palatine*.

Artère carotide interne.
Elle fournit : 1° l'artère ophthalmique, qui donne la *lacrymale*, la *centrale de la rétine*, la *sus-orbitaire* ou *sourcilière*, les *ciliaires postérieures*, les *ciliaires longues*, les *musculaires supérieure et inférieure*, les *ethmoïdales postérieure et antérieure*, les *palpébrales supérieure et inférieure*, la *nasale* et la *frontale*; 2° l'artère communicante de Willis; 3° l'artère choroïdienne; 4° l'artère cérébrale antérieure; 5° l'artère cérébrale moyenne.

B. *Artère sous-clavière.*
Elle fournit : 1° l'artère vertébrale, qui donne les

spinales antérieure et postérieure, la *cérébelleuse inférieure*, et forme, en se réunissant à celle du côté opposé, l'artère *basilaire*, divisée en *cérébelleuse supérieure* et *cérébrale postérieure*; 2° l'artère thyroïdienne inférieure, qui donne la *cervicale ascendante*; 3° l'artère mammaire interne, qui donne la *médiastine antérieure* et la *diaphragmatique supérieure*; 4° l'artère intercostale supérieure; 5° l'artère cervicale transverse; 6° l'artère scapulaire supérieure; 7° l'artère cervicale postérieure ou profonde; plus loin, l'artère sous-clavière se continue sous le nom d'*artère axillaire*.

Artère axillaire.

Elle fournit : 1° l'artère acromiale; 2° l'artère thoracique supérieure; 3° l'artère thoracique inférieure ou longue, ou mammaire externe; 4° l'artère scapulaire inférieure ou commune; 5° l'artère circonflexe postérieure; 6° l'artère circonflexe antérieure. Plus loin, l'artère axillaire se continue sous le nom d'*artère brachiale*.

Artère brachiale.

Elle fournit : 1° l'artère humérale profonde ou collatérale externe; 2° l'artère collatérale interne. Elle se divise ensuite en artère radiale et en artère cubitale.

1° Artère radiale.

Elle donne la *récurrente radiale*, la *dorsale du carpe*, la *dorsale du métacarpe* et la *dorsale du pouce*, et se termine en formant l'*arcade palmaire profonde*.

2° Artère cubitale.

Elle donne les *récurrentes cubitales antérieure et postérieure*, l'*inter-osseuse antérieure* et l'*inter-osseuse postérieure*, qui fournit la *récurrente radiale postérieure*. Elle se termine en formant l'*arcade palmaire superficielle*, qui donne les *collatérales des doigts*.

III. *Artères que l'aorte fournit dans le thorax.*

Ces artères sont :

1° Les artères bronchiques droite et gauche; 2° les artères œsophagiennes (au nombre de quatre, cinq ou six); 3° les artères médiastines postérieures; 4° les artères intercostales inférieures ou aortiques (au nombre de huit, neuf ou dix).

IV. *Artères que l'aorte fournit dans l'abdomen.*

Ces branches sont :

1° Les artères diaphragmatiques inférieures droite et gauche;

2° L'artère *cœliaque*, divisée en trois branches, savoir : l'artère coronaire stomachique; l'artère hépatique, qui donne la *pylorique*, la *gastro-épiploïque droite* et la *cystique*; enfin, l'artère splénique, qui donne la *gastro-épiploïque gauche* et les *vaisseaux courts*;

3° L'artère *mésentérique supérieure*, qui donne, par sa concavité, les *coliques droites supérieure, moyenne et inférieure*, et par sa convexité, quinze à vingt rameaux *intestinaux*;

4° L'artère *mésentérique inférieure*, qui donne les *coliques gauches supérieure, moyenne et inférieure*, et se divise en *hémorrhoïdales supérieures*;

5° Les artères capsulaires moyennes (au nombre de deux de chaque côté);

6° Les artères rénales ou émulgentes;

7° Les artères spermatiques;

8° Les artères lombaires (au nombre de quatre ou cinq de chaque côté).

V. *Artères qui résultent de la bifurcation de l'aorte.*

L'aorte donne, un peu au-dessus de sa bifurcation, l'artère sacrée moyenne, et se divise en artères iliaques primitives.

Artère iliaque primitive.

Divisée en artère iliaque interne et artère iliaque externe.

A. Artère iliaque interne.

Elle fournit : 1° l'artère ilio-lombaire; 2° l'artère sacrée latérale; 3° l'artère fessière ou iliaque postérieure; 4° l'artère ombilicale; 5° les artères vésicales; 6° l'artère obturatrice; 7° l'artère hémorrhoïdale moyenne; 8° l'artère utérine; 9° l'artère vaginale; 10° l'artère ischiatique; 11° l'artère honteuse interne, qui donne les *hémorrhoïdales inférieures*, l'*artère de la cloison*, la *transverse du périnée*, l'*artère du corps caverneux* et la *dorsale de la verge*.

B. Artère iliaque externe.

Elle fournit : 1° l'artère épigastrique; 2° l'artère iliaque antérieure ou circonflexe iliaque, et se continue ensuite sous le nom d'*artère crurale*.

Artère crurale.

Elle fournit : 1° l'artère sous-cutanée abdominale; 2° les artères honteuses externes superficielle et profonde; 3° l'artère musculaire superficielle; 4° l'artère musculaire profonde, qui donne les *circonflexes externe et interne*, et les trois perforantes, distinguées en *supérieure, moyenne* et *inférieure*. Plus loin, l'artère crurale se continue sous le nom d'*artère poplitée*.

Artère poplitée.

Elle fournit : 1° les trois artères articulaires supérieures, interne, moyenne et externe; 2° les artères jumelles; 3° les artères articulaires inférieures interne et externe; 4° l'artère tibiale antérieure, qui, au pied, prend le nom de *pédieuse*, et donne les *artères du tarse* et *du métatarse*. A la jambe, l'artère poplitée se partage en artères péronière et tibiale postérieure.

1° Artère péronière.

Divisée en *péronière antérieure* et *péronière postérieure*.

2° Artère tibiale postérieure.

Divisée en *plantaire interne* et *plantaire externe*. Celle-ci forme, en s'anastomosant avec l'artère pédieuse, l'*arcade plantaire*, de laquelle naissent des branches *supérieures* ou artères perforantes postérieures, des branches *inférieures*, postérieures et antérieures, qui donnent les rameaux *perforants antérieurs*.

ARTERIOTOMIE (chirurgie) [du grec *temno*, je coupe, et *arteria*, artère]. — Opération par laquelle on ouvre une artère pour pratiquer une saignée; la *phlébotomie*, au contraire, consiste à inciser une veine pour en retirer du sang. « La blessure d'une artère donne lieu à un écoulement de sang qui s'arrête difficilement, et qui ne peut se cicatriser que par l'oblitération du vaisseau lui-même ; ces circonstances ne permettent guère de pratiquer l'artériotomie que sur une seule artère ; c'est celle dont on sent les battements à la tempe, et qui porte le nom d'*artère temporale*, sur laquelle on fait ordinairement cette opération ; son petit volume et sa situation au-devant des os du crâne, qui présentent ainsi un point d'appui pour la compression, font qu'on peut se rendre facilement maître du sang lorsqu'on en a retiré la quantité voulue. Pour pratiquer l'artériotomie, le chirurgien, après s'être assuré par les battements de la position de l'artère, fait sur la peau une incision de 8 à 10 millimètres avec un bistouri, de manière à couper l'artère en travers ; lorsque le malade a perdu assez de sang, on place sur la petite plaie une compresse plissée en forme de pyramide, et l'on pratique une compression suffisante au moyen de tours de bandes dirigées autour de la tête ; si cette compression était insuffisante on recourrait au bandage dit *nœud d'emballeur*. » — Voy. *Bandages*.

ARTÉRITE (pathologie). — Inflammation des *artères*. — Voy. *Artères (maladie des)*.

ARTÉSIENS (puits). — Puits forés, ainsi nommés parce que, dit-on, les premiers de ce genre, en France, ont été forés dans l'ancienne province d'Artois. « Ces puits étaient connus en Chine dès la plus haute antiquité ; mais, en Europe, ils ne datent que du douzième siècle. On perce les *puits artésiens* avec des sondes, sorte de tarières de 2 à 3 décimètres de diamètre ; les tarières sont mises en mouvement à l'aide d'un manège mû par des chevaux ou par une machine à vapeur lorsque l'opération est importante. Il s'agit de percer le sol jusqu'à une profondeur suffisante pour atteindre une nappe d'eau souterraine. Lorsqu'on réussit à rencontrer cette nappe, à quelque profondeur que ce soit, l'eau jaillit avec force par l'ouverture, en vertu du principe de l'équilibre des liquides dans les vases communiquant. Le *puits artésien* de l'abattoir de Grenelle, à Paris, est le plus remarquable exemple que l'on puisse citer en ce genre. »

ARTHOLITHE (minéralogie) [du grec *arthos*, pain, et *lithos*, pierre]. — Nom donné à des concrétions pierreuses arrondies (en forme de pain) et de natures diverses, telles que les gâteaux de strontiane sulfatée, les rognons de gypse compacte, etc., qu'on trouve dans les couches des terrains tertiaires.

ARTHRITE (pathologie) [du grec *arthron*, articulation]. — Inflammation simple des tissus fibreux et séreux des articulations, reconnaissant pour unique cause les violences extérieures (coups, chutes, plaies, etc.). Il ne faut pas la confondre avec la goutte et le rhumatisme, appelés aussi *arthrites* par quelques médecins, attendu que l'arthrite véritable n'atteint que l'articulation sur laquelle la cause a agi directement. Le traitement de l'arthrite consiste dans des applications de sangsues et de topiques émollients ou résolutifs.

ARTHROPATHIE (pathologie) [du grec *arthron*,

articulation, et *pathos*, affection]. — Synonyme de *tumeur blanche*. — Voy. ce mot.

ARTHRODIÉES (botanique) [du grec *arthrodia*, articulation]. — Groupe très-considérable des algues, auquel se réunissent quelques infusoires. Les êtres que renferment les arthrodiées semblent devoir appartenir au règne végétal. Toutefois, ils se rapprochent assez, pour un certain nombre, des polypiers, pour qu'on ne puisse pas affirmer, avec certitude, qu'ils sont dépourvus d'animalité. Ils sont caractérisés par des filaments généralement simples, formés de deux tubes, dont l'un, extérieur, transparent, contient un filament intérieur, articulé, rempli de matière colorante. Les fragillaires, les oscillaires, les conjuguées et les zoocarpées constituent les tribus de ce groupe.

ARTICHAUT (botanique) [en latin *cynara*]. — Genre de la famille des carduacées, qui a reçu son

Fig. 62. — Artichaut.

nom d'une espèce très-connue, *cynara scolymus*, originaire de l'Éthiopie, d'où elle s'est répandue dans les cultures de l'Égypte et des Hébreux ; l'artichaut a été rarement admis sur les tables des Grecs et des Romains. On le trouve tellement vivace, il trace sous terre avec tant de force dans les jardins qui bordent le Nil, qu'on a beaucoup de peine à l'en extirper. Il s'était propagé jusqu'en Espagne ; mais il y fut abandonné pendant de longues années. On en a retrouvé quelques pieds à l'état sauvage dans les prairies arrosées par le Guadalquivir, que l'on voulut, au seizième siècle, regarder comme indigènes. Le siècle précédent vit l'artichaut reprendre rang au sein des jardins de Venise, de Florence et de Naples, d'où il fut apporté en France pour y être cultivé en grand. Certains écrivains, qui adoptent les erreurs les plus évidentes et les répètent à satiété, font venir l'artichaut de la Sicile, de la Toscane, de la Lombardie orientale et même des côtes de la Barbarie ; ils se trompent ; les faits que j'ai recueillis aux sources les plus respectables détruisent leurs assertions. C'est de cette plante que parlent les livres juifs, et principalement la Michna, sous le nom de *Dudaïm*. — (*Thiébault de Berneaud.*)

ARTICLE (grammaire) [du latin *articulus,* petit membre, articulation, jointure]. — Il n'y a peut-être pas de mot de notre langue qui ait donné lieu à autant de discussions. Les grammairiens ne sont d'accord ni sur la classe à laquelle il appartient, ni sur sa nature, ni sur son emploi, ni sur le nom qui lui convient.

Classification. — La plupart des grammairiens en font une des parties du discours. D'autres, remarquant que, comme l'adjectif, il prend le genre et le nombre du substantif, le rangent parmi les adjectifs, et, comme il n'exprime pas une qualité, ils le placent parmi les adjectifs déterminatifs, avec lesquels il présente, en effet, les plus grands rapports. Enfin, il en est qui, agissant en sens contraire, détachent les adjectifs déterminatifs ou prépositifs de la classe des adjectifs qualificatifs pour les réunir à l'article, et ils en font alors une des parties du discours à laquelle ils donnent le nom d'*article.* De toutes ces opinions, la plus répandue est la première ; elle est presque générale.

Dénomination. — Quoique ce mot s'appelle généralement *article,* on a proposé divers autres noms qui n'ont pas été adoptés, bien que le mot *article* soit très-vague et peu satisfaisant, mais il a pour lui l'ancienneté. M. Casella, un de nos confrères à la Société grammaticale, a proposé le mot un peu barbare d'*individuatif,* parce que, dit-il, il sert à individualiser, à faire prendre les substantifs dans un sens individuel, restreint. M. Lambert, un autre de nos confrères à la même Société, a créé pour le désigner le mot *prédéterminatif,* afin d'expliquer qu'il se place toujours devant le mot qu'il détermine ; mais ce n'est pas là une fonction qui lui soit particulière, tous les adjectifs déterminatifs sont dans ce cas ; c'est donc un mot mal choisi.

Origine de l'article français. — Ce mot paraît emprunté au pronom latin *ille, illa, illud.* De la dernière syllabe du masculin *ille,* nous avons fait le masculin *le,* et de la dernière syllabe du féminin *illa,* nous avons fait le féminin *la.* On a agi d'une manière analogue dans les autres langues néo-latines. Un grammairien prétend que la langue française n'avait point d'article dans l'origine ; que son introduction dans notre langue ne date que du règne de Henri Ier, qui monta sur le trône en 1031. Mais cette assertion est inexacte, car Borel, dans la préface de son Dictionnaire, cite une phrase d'une bulle d'Adulbion, évêque de Metz, en 940, où l'on trouve l'article. Seulement il est incontestable qu'alors, et longtemps après, l'article était beaucoup moins employé qu'il ne le fut dans la suite.

Définition de l'article. — Qu'est-ce que l'article ? Faut-il dire avec l'Académie que *c'est celle des parties du discours qui précède ordinairement les substantifs ?* Est-ce là une définition ? Son insignifiance n'est pas son seul défaut, elle n'est pas même exacte, car l'article ne se place pas ordinairement avant le substantif, il s'y place toujours ; il n'y a pas d'exception à

cette règle. L'article est-il, comme le pensaient les anciens grammairiens, *un mot destiné à faire connaître le genre et le nombre et même le cas du substantif ?* Non, il ne peut faire connaître le genre et le nombre du substantif, puisque, pour l'employer convenablement, il faut déjà savoir quel est le genre et le nombre de ce substantif. Il désigne encore moins le cas, puisque nous n'avons pas de cas en français. Cette dernière assertion serait même inexacte dans les langues à déclinaisons qui, comme le grec, ont un article, car l'article doit se mettre au même cas que le substantif et l'adjectif avec lesquels il se trouve en rapport.

Les grammairiens modernes admettent que l'article sert à déterminer le substantif, c'est-à-dire qu'il le tire de sa signification vague, et le montre comme s'appliquant soit à un genre, soit à une espèce, soit à un individu. Quand on dit : *Les femmes ont la sensibilité en partage ; les hommes à exagération sont exposés à commettre bien des fautes ; l'homme qui a fait bâtir cette maison est fort riche,* dans la première phrase l'article *les* indique qu'il s'agit de toutes les femmes ; dans la seconde, qu'il s'agit d'une classe particulière d'hommes, des hommes à exagération ; dans la troisième, l'étendue de la signification du substantif *homme* ne s'applique plus qu'à un seul individu. Il n'en serait pas de même si l'on disait : *Pour mériter le nom d'homme, il faut agir en homme.* Dans cette phrase, on n'entend parler ni de tous les hommes en général, ni d'une classe particulière, ni de tel individu ; on considère seulement la réunion de toutes les qualités qui distinguent un homme, et l'on dit figurément que, pour avoir le droit de se dire homme, il faut posséder ces qualités ; aussi ne se sert-on pas de l'article en pareil cas.

On voit, par les exemples ci-dessus, que l'article n'a d'autre propriété que de déterminer le substantif, mais il ne produit pas seul cet effet, il lui faut le concours d'une autre expression qui complète la détermination qu'il ne fait qu'annoncer. Quelquefois la détermination n'est qu'accidentelle, comme dans les phrases précédentes. D'autres fois la détermination est générale et résulte de l'ensemble des idées qui expriment les propriétés essentielles distinguant une espèce ou un individu d'un autre, comme dans les phrases suivantes : *L'homme est mortel ; la femme doit prendre soin du ménage ; le soleil est une étoile fixe.* Dans ces phrases, les déterminations sont sous-entendues, parce que, n'étant que la définition même de l'idée désignée par le nom, elles se présentent d'elles-mêmes plus ou moins imparfaitement à notre esprit avec l'idée de l'être ou de la chose dont il est question. Souvent aussi l'expression au moyen de laquelle l'article détermine le substantif peut être sous-entendue, ce qui arrive toutes les fois que l'esprit, à l'aide des antécédents, peut aisément suppléer cette ellipse, commandée par l'élégance, par l'usage ou par d'autres motifs. *Le roi soumit sa couronne au saint-siège.* Le roi, c'est-à-dire le roi qui régnait alors. *Donnez-moi le pain. Avancez-moi la salière.* Les circonstances font assez comprendre qu'il est question du pain, de la salière qui est sur la table.

Usage de l'article. — Il n'y a que les substantifs qui soient généralement précédés de l'article.

Les autres espèces de mots qui l'admettent quelquefois changent alors de nature et deviennent de vrais substantifs. *L'avare* se reproche le *boire* et le *manger.* Cet homme a toujours des *mais,* des *si,* des *car,* à vous opposer.

Non-seulement l'article substantifie les adjectifs, les verbes, les mots invariables, mais même des phrases entières. *Le qu'en dira-t-on.*

Les noms propres n'admettent pas l'article, parce que, étant individuels, ils n'ont pas besoin d'être restreints par un déterminatif ou par une phrase déterminative. Cependant les Grecs employaient souvent l'article devant les noms propres, mais cet usage n'existe pas dans les langues néo-latines.

Il y a cependant un assez grand nombre de noms propres de villes et de personnes qui sont accompagnés de l'article; mais il n'est pas alors employé comme article, il fait partie essentielle du mot auquel il est joint. Ainsi l'on dit : *le Havre, la Haye, la Fontaine, la Bruyère,* etc., parce que ces mots ont été, dans l'origine, des substantifs communs, et que, devenus plus tard des désignations individuelles, ils ont conservé leur forme primitive.

On dit aussi *la Dugazon, l'Alboni,* etc., pour désigner les actrices de ce nom; il y a alors ellipse du mot actrice ou comédienne; de même que l'on dit : *le Tasse, l'Arioste, le Corrége,* chacun sous-entend les mots poëte ou peintre. Ce sont des locutions imitées des Italiens.

Mais, lorsqu'on tire un mot de sa signification individuelle, pour le rendre commun à plusieurs personnes ou à plusieurs choses, il est nécessaire alors de mettre l'article devant ce mot.

On appelait *Charles XII l'Alexandre du Nord. L'Alexandre dont vous me parlez n'est pas celui que je connais. Paris est l'Athènes moderne.*

On a établi de nombreuses règles pour déterminer les cas dans lesquels on doit employer l'article et ceux dans lesquels on peut ou on doit le supprimer, les cas où l'on peut le répéter et ceux où la répétition n'est pas nécessaire. Je ne puis entrer dans tous ces détails, qui excèderaient de beaucoup les limites dans lesquelles je suis obligé de me renfermer. Je me contenterai de faire les observations suivantes :

Si plusieurs substantifs sont réunis pour former un même sujet ou un même complément total, il faut ou qu'ils soient tous sans article, ou que l'article soit répété devant chacun d'eux : *Hommes, femmes, enfants, tout accourait pour le voir;* ou *les hommes, les femmes, les enfants, tous accouraient pour le voir.*

Une question fort controversée en français est celle de savoir si l'article accompagnant plusieurs substantifs singuliers doit se mettre au pluriel, ou bien si on doit le mettre au singulier et le répéter devant chaque substantif, en le faisant accorder en genre et en nombre. Doit-on dire, par exemple : *Son père et sa mère,* ou *ses père et mère; le dix-huitième et le dix-*

neuvième *siècles,* ou *le dix-huitième siècle et le dix-neuvième,* ou enfin *les dix-huitième et dix-neuvième siècles?* Les auteurs ne sont pas plus d'accord sur cette question que les grammairiens, ce qui laisse à chacun la liberté de choisir l'expression qui lui semble la meilleure. Les grammairiens, qui proscrivent l'emploi du pluriel en ce cas, disent que l'adjectif reçoit la loi du substantif, et ne la lui fait jamais; mais ils n'appuient leur opinion sur aucun raisonnement. Leurs adversaires, au contraire, disent que, puisqu'un adjectif se rapportant à plusieurs substantifs se met au pluriel, l'analogie demande qu'il en soit de même pour l'article, puisque c'est une espèce d'adjectif, et ils citent, pour corroborer leur opinion, de nombreux exemples, tirés des meilleurs auteurs. Mais, moins exclusifs que les grammairiens qui combattent dans le camp, ils ne condamnent nullement les tournures que ceux-ci préfèrent, puisqu'il y a des auteurs qui les ont adoptées.

Dans les proverbes, on n'emploie pas généralement l'article, parce que les proverbes se sont formés à une époque où l'on en faisait peu usage. *Pauvreté n'est pas vice. Contentement passe richesse.*

Dans le style marotique, c'est-à-dire dans lequel on admire les tournures de Clément Marot, on ne fait non plus usage de l'article, par la même raison.

Outre les règles principales relatives à l'article, qui sont communes à la plupart des langues qui en font usage, il y a cependant des usages particuliers à chacune d'elles soit pour l'employer, soit pour le supprimer, règles dont il ne m'est pas possible de m'occuper.

En grec, par exemple, on admet certaines ellipses assez singulières. Ainsi, l'on dit : *Alexandros o tou Philippou,* c'est-à-dire Alexandre le de Philippe, pour Alexandre fils de Philippe. *Oi tou Platonos,* les de Platon, c'est-à-dire les disciples de Platon. *Oi ex hêmon,* les de nous, c'est-à-dire ceux qui naîtront de nous, nos descendants.

L'article n'est pas un mot de première nécessité, puisqu'il y a un grand nombre de langues qui ne l'admettent pas, comme le latin, le persan, etc. Cependant, il contribue à la clarté, à la précision. Par exemple, en français, nous disons : *Donnez-moi du pain, donnez-moi le pain, donnez-moi un pain.* Les Latins traduisent ces trois phrases par les mêmes mots : *Da mi panem.*

Genre de l'article. — L'article est susceptible de genre comme les adjectifs. Il a le masculin et le féminin, comme en français, en italien, en espagnol; ou le masculin, le féminin et le neutre, comme en grec; ou il est invariable, comme le sont tous les adjectifs en anglais.

L'article masculin français est *le,* l'article féminin est *la.*

Nombre de l'article. — Dans les langues néo-latines, l'article a les deux nombres, le singulier et le pluriel; en grec il a en outre le duel; en anglais, il est invariable.

L'article français fait au pluriel *les* pour le masculin et le féminin.

Diverses espèces d'articles. — On n'en admet généralement qu'une seule espèce. Cependant quelques grammairiens en reconnaissent deux espèces : l'article *défini*, *le, la, les*, et l'article *indéfini*, *un, une*. Ce dernier est néanmoins généralement considéré comme un nom de nombre. Enfin, ceux qui réunissent à l'article tous les adjectifs déterminatifs admettent des *articles possessifs*, des *articles démonstratifs*, des *articles indéfinis*, des *articles numéraux*, etc. Une autre classification est fondée sur les altérations qu'éprouve l'article. D'après cette division, il y a des *articles simples* et des *articles composés*. Les articles simples sont *le, la, les*; les articles composés, *du, des, au, aux*.

Modifications de l'article. — On en distingue de deux espèces, l'élision et la contraction.

Élision. — Voyez ce que nous en disons au mot *Apostrophe*.

Contraction. — On appelle ainsi la réunion de l'article avec une des prépositions *à* ou *de*. *Du* se dit pour *de le*; *des* pour *de les* ; *au* pour *à le* ; *aux* pour *à les*. *La* ne se contracte jamais. Nos pères ne connaissaient point la contraction. Ils disaient et écrivaient : *Al* temps d'Innocent III pour *au* temps d'Innocent III. Les enfants qui commencent à parler ne recourent pas non plus à la contraction; ils disent *de le* pain, *à le* vin. Tel est encore l'usage de plusieurs de nos provinces limitrophes, surtout parmi le peuple. Les Anglais ne connaissent pas la contraction.

La contraction n'a lieu que quand les noms masculins commencent par une consonne ou un *h* aspiré.

En italien, le nombre des prépositions qui se contractent avec l'article est plus considérable. Les prépositions qui se réunissent à l'article sont *di*, qui, en composition, se change en *de, a, da, con, in, per, sopra, infra*. C'est ainsi que *del* et *dello* sont formés de *de* et *el, ello* ; *al, allo, alla*, de *a* et de *lo, la*; *col, colla*, de *con lo, con la*, etc.

En français, les noms propres qui admettent l'article ne se contractent guère que dans les noms de villes. Ainsi l'on dit *le Havre, la ville du Havre*; *le Mans, la ville du Mans*. Mais si ce sont des noms propres de personnes, la contraction n'a pas lieu. *Le poème de saint Louis de Lemoine*. Cependant, pour tout cela, il n'y a pas de règle positive, car on dit *les tableaux du Titien*.

Par une habitude de langage familière au temps de Henri IV, on décomposait les noms propres formés de l'article, suivant la place qu'ils occupaient dans la phrase comme sujet ou régime. En parlant de son procureur Le Grand, Henri IV écrivait : *Les lettres du Grand, mon procureur*. A l'inverse, pour son secrétaire Dupin, il disait : *Le Pin m'a écrit*, ou bien : *J'ai écrit au Pin*.

De l'article dans la composition des mots. — L'article s'est quelquefois confondu avec le substantif qu'il accompagnait. De l'ancien mot *bde*, ouverture, on fait *labde*, par corruption pour *l'abcès*. C'est ainsi que, de nos jours, le peuple dit un *lévier* pour un *évier*, prenant *l'évier* pour un seul mot. On a confondu de même l'article arabe *al* et le substantif *coran*, dont

on a fait *alcoran*, et sans songer que ce mot avait déjà un article, on a dit *l'alcoran*. L'article a été réuni à plusieurs noms de villes, dont il était autrefois séparé. *Lille* pour *l'Isle*; *Lavaux* pour *La Vaux*, etc.

J. B. PRODHOMME,
Correcteur à l'imprimerie impériale.

ARTICLES DE MARIAGE (droit). — C'est ainsi que l'on nomme les clauses, conditions et conventions qu'on a l'intention ou qu'on est convenu d'insérer dans un contrat de mariage, et qui, quelquefois, sont signées à l'avance des parties et de leurs parents. Entre les familles opulentes, l'usage ancien de faire précéder le contrat de mariage par un projet d'articles est encore assez fréquent, surtout alors que par des considérations particulières la célébration est retardée. C'est ce qu'indique Toullier, t. XII, p. 71.

Dans les pays de droit écrit et aussi dans plusieurs provinces coutumières, les articles alors signés par les parties avaient la même valeur que ceux passés devant notaire, et surtout dans le ressort de l'ancienne coutume de Normandie les contrats de mariage se faisaient sous signatures privées; mais aujourd'hui il n'en est plus de même, la loi ne reconnaissant plus pour conventions matrimoniales que celles qui sont rédigées par actes devant notaires et en minutes.

L'effet des articles de mariage, comme des contrats eux-mêmes, lorsque la célébration n'a pas lieu, est de donner lieu à des dommages-intérêts, étant considérés comme promesse de mariage.   J. E.

ARTICULATION [d'*articulus*, jointure]. — Assemblage et mode d'union de deux os, qu'ils soient ou non mobiles l'un sur l'autre. On partage les articulations, relativement à la mobilité ou à l'immobilité des pièces osseuses, en *diarthroses, synarthroses* et *amphiarthroses*. La diarthrose comprend toutes les articulations qui peuvent exécuter des mouvements étendus; exemples : celle de la cuisse avec le bassin, celle du bras avec l'épaule, etc. Par synarthrose on désigne les articulations à surfaces contiguës et sans mouvements; tous les os du crâne et de la face en offrent des exemples. Enfin les amphiarthoses ou symphyses sont des articulations en partie contiguës et en partie continues, à l'aide d'un tissu particulier nommé *fibreux*. Toutes les vertèbres du cou, du dos et des lombes, sont dans ce cas; il en est de même des articulations des os du bassin. L'usage des articulations est de réunir les nombreuses pièces dont le squelette se compose, et de les maintenir toujours dans les mêmes rapports. Le plus grand nombre d'entre elles sont formées : 1° de surfaces articulaires pour vues de cartilages ; 2° d'organes propres à sécréter une humeur lubréfiante, la synovie; 3° des ligaments qui assujettissent le tout. Il est assez rare de rencontrer les cavités articulaires viciées; cependant celle du bassin, qui reçoit le fémur, présente quelquefois plus d'ampleur qu'elle n'en devrait avoir. Ce vice particulier de conformation peut tenir à l'irrégularité de développement des os du bassin; mais le plus souvent il est occasionné par les mouvements forcés de l'os de la cuisse, lorsque les parties osseuses qui reçoivent le fémur ne sont pas entièrement solidifiées. Les enfants très-jeunes, que l'on se hâte de faire marcher, offrent ce vice de conformation. En effet, la station prolongée détermine chez eux, outre l'incurvation trop prononcée des cuisses, un enfoncement considérable des cavités articulaires, enfoncement qui a pour résultat de diminuer les diamètres du bassin, ce qui pour la femme peut devenir une cause funeste lors de l'accouchement. (*Dr Martin Saint-Ange*.)

Les articulations sont sujettes à une foule de maladies, telles que plaies, entorses, diastases, luxations, aukyloses, rhumatisme articulaire, goutte, tumeur blanche, etc. — Voy. chacun de ces mots.

ARTICULÉS (zoologie) [nommés ainsi à cause des anneaux *articulés* les uns aux autres dont leur corps est formé]. — Nom du deuxième embranchement des animaux, caractérisé par son système nerveux, qui se compose : 1° d'un *ganglion cervical*, situé dans la tête, et que l'on appelle *cerveau*; 2° d'un ou de plusieurs *ganglions thoraciques*, d'où partent les filets nerveux qui se rendent dans les pattes; 3° de *ganglions abdominaux* en nombre variable ; 4° d'un *ganglion anal*; 5° d'une *chaîne ganglionnaire* double, qui parcourt toute la longueur du corps et unit entre eux ces divers ganglions. Tous les articulés sont à sang blanc, excepté les annélides, et présentent presque tous un squelette extérieur formé par le durcissement de la peau.

Quoique ces animaux, dit Salacroux, n'aient point de squelette intérieur *articulé*, leur forme n'est pas moins rigoureusement déterminée que celle des vertébrés; la nature solide et ordinairement cornée des anneaux qui constituent leur enveloppe extérieure remplace jusqu'à un certain point le système osseux des animaux de l'embranchement qui précède, soit pour protéger les organes essentiels à la vie, soit pour favoriser les mouvements. Leur corps est constamment symétrique et très-généralement allongé; mais, de même que dans l'embranchement des vertébrés, sa longueur est toujours en raison inverse du développement des membres. Ainsi, les annélides ou vers, qui en manquent ou n'en ont que d'imparfaits, ont la forme allongée des serpents, tandis que les insectes qui ont des pattes pour la marche, la nage

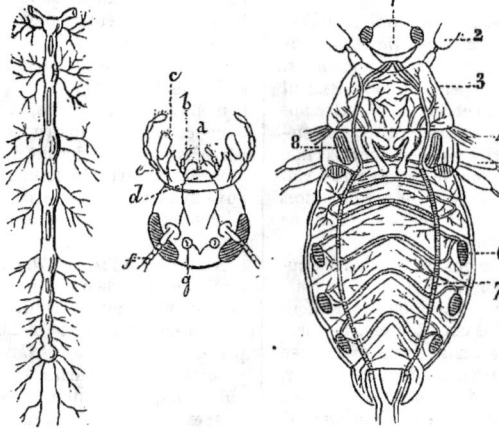

Fig. 63. — Articulé.

Système nerveux d'un insecte : 1 Tête. — 2 base des pattes de la première paire. — 3 Premier anneau du thorax. — 4 Base des ailes. — 5 Base des pattes de la deuxième.—6 Stigmate. —7 Trachées.—8 Vésicules aériennes.

A. Languette. — B. Palpes labiaux.—C. Mâchoire.—D. Labre.— E. Mandibules.—F. Antennes.—G. Ocelles.

ou le saut, et des ailes pour le vol, nous offrent un corps court ou ovale, et quelquefois complétement arrondi. Dans tous les cas, le corps des articulés présente une *tête* bien facile à reconnaître à la présence d'une bouche, de deux ou plusieurs yeux, et de divers appendices que les naturalistes appellent *antennes* et qu'on désigne vulgairement sous le nom de *cornes*; un *tronc*, composé d'un nombre variable d'anneaux, quelquefois uniformes, mais ordinairement assez différents pour qu'on puisse y distinguer une poitrine ou *thorax* en avant et un *abdomen* en arrière; et enfin des *membres* articulés dont le nombre varie, mais est au moins de six et le plus souvent de dix. Aussi les articulés ne le cèdent à aucun animal pour la précision et pour la variété des mouvements; ils peuvent marcher , sauter, grimper, nager, voler, ramper, et, par conséquent, ils présentent dans la structure de leurs organes locomoteurs la même diversité que nous avons remarquée dans les animaux du premier embranchement. Ainsi , nous trouvons leurs membres terminés en pointes aiguës pour grimper, élargis en rames pour nager, déployés en ailes pour voler, etc.; les espèces qui rampent sont les seules qui soient quelquefois entièrement dépourvues d'appendices locomoteurs.

Les articulés se divisent en quatre classes : les *insectes*, les *crustacés*, les *arachnides* et les *annélides*. — Voy. ces mots.

B. LUNEL.

ARTIFICE (philologie et grammaire) [mot dérivé d'*art* et de *facere*, d'où *artificium*, art, habileté, industrie]. — L'artifice est le secret d'un art qui consiste à dissimuler le moyen inusité qu'on imagine et auquel on a recours pour accomplir ses desseins. L'artifice, qui tient le milieu entre l'adresse et la ruse, diffère 1° de l'*adresse*, qui est un don naturel de l'homme adroit, en ce qu'il s'enveloppe nécessairement d'un voile sans lequel il cesserait d'être ce qu'il est, en perdant le mérite de la surprise qu'il cause et celui de la dissimulation plus ou moins transparente qui le caractérise; 2° de la *ruse*, en ce que, tandis que celle-ci consiste dans le plus ou moins d'habileté dont elle fait preuve dans le choix fallacieux de ses moyens de séduction et dans celui des piéges qu'elle tend à ceux qui s'y laissent prendre, l'*artifice*, au contraire, est d'une nature telle, qu'il prend quelquefois aux yeux de son auteur l'apparence d'un moyen utile et honnête d'arriver au but honorable qu'il se propose d'atteindre. La fragilité de la base sur laquelle se fonde le motif exceptionnel qui autorise, en certain cas, la ruse en politique, témoigne plus que tout ce que nous pourrions dire de la défaveur irrésistiblement inséparable du véritable sens attaché à ce mot. La ruse est un genre d'esprit dont il n'est permis qu'à l'homme indélicat de se prévaloir, à moins qu'il ne s'agisse du cas de légitime défense, désigné en droit naturel et en droit romain sous le nom de : In moderamine tutelæ.

> ...Un cœur généreux connaît mal l'imposture ;
> Ailleurs, et dans un autre, il croit voir sa droiture ;
> Des piéges qu'on lui dresse il n'est point occupé,
> Et, ne trompant jamais, il n'est jamais trompé.
> (MACBETH, tragédie de *Ducis*.)

Dire, avec l'abbé Girard, que le rusé qui trompe a besoin d'une imagination ingénieuse, tandis que l'artificieux qui surprend se sert d'une dissimulation préparée, ce n'est ni plus ni moins que tomber dans un cercle vicieux. Quant à nous, qui croyons devoir fonder la différence à établir entre la ruse et l'artifice sur celle de la moralité du but que se proposent d'atteindre l'homme rusé et l'homme artificieux, nous dirons que la distinction véritable qui existe entre l'un et l'autre consiste en ce que, tandis que le premier, d'un caractère naturellement vil et bas, et, par conséquent, peu soucieux d'apprécier la nature du but auquel il vise, ne recule ordinairement devant aucun des moyens propres à réaliser la réussite de ses projets, le second, au contraire, plus réservé dans ses vues, est aussi plus circonspect et plus délicatement adroit dans l'emploi des moyens qui lui servent à accomplir ses desseins. S'il nous a fallu stigmatiser l'espion rusé, ainsi qu'on vient de le voir, nous avons pu nous contenter de désigner simplement l'artificieux lieutenant criminel.

C'est à la distinction que nous venons de faire de la ruse et de l'artifice qu'est due la justesse de ces deux vers du judicieux Boileau :

> D'un pinceau délicat l'artifice agréable
> Du plus affreux objet fait un objet aimable.

C'est encore à cette distinction que nous devons de pouvoir dire avec Bossuet : *L'innocent artifice dont je me sers pour apporter un soulagement à mes souffrances.*

Comme exemple à opposer aux deux premiers, nous donnerons les deux vers suivants de Voltaire :

> Je rougis pour toi seul, pour toi, dont l'artifice
> A traîné ta patrie au bord du précipice.

En fait de style, l'artifice, qui n'est souvent, pour nous servir de l'expression d'un écrivain du moyen âge, que le *flatus vocis* à l'aide duquel un auteur médiocre parvient à séduire des esprits superficiels dépourvus du talent d'analyse, devient, au con-

traire, pour un bon écrivain, un art véritable qui lui fait donner à son langage l'attrait d'un estimable et précieux ornement, embellir sa pensée et parler aux yeux et au cœur en même temps qu'à l'esprit.

Comme signe de l'habileté du mécanisme d'une œuvre artistique ou industrielle, le mot *artifice* présente une signification qui diffère de la précédente en ce que la cause coefficiente de l'effet dû à l'imagination inventive de son auteur s'isole de celui-ci en rompant, pour ainsi dire, avec l'unité de son principe, pour s'individualiser et devenir l'âme, en quelque sorte, de l'objet même soumis au jeu des ressorts du mouvement de son exécution. C'est ainsi que, dans l'oubli même de l'auteur ignoré de la pensée créatrice du jeu des ressorts d'une machine, l'admiration tout entière se reportant sur la simplicité de l'art surprenant de son mécanisme, on dit : Rien n'est plus merveilleux que l'ingénieux artifice de cette horloge, de cette machine. C'est encore en partant de cette définition qu'on peut dire que l'artifice infini du travail des opérations de la nature, l'infaillibilité d'accomplissement et l'admirable simplicité de ses lois, révèlent à l'homme, dans l'unité de son principe, l'existence de son Créateur, sans lui permettre de sonder le secret impénétrable de son être mystérieux et incompréhensible ;

> Car c'est un Dieu caché que le Dieu qu'il faut croire ;
> Mais, tout caché qu'il est, pour révéler sa gloire, etc.
> (Racine.)

Pour rendre plus facile à saisir le vrai sens de ce que nous avons dit au sujet de l'artifice envisagé sous le véritable point de vue de sa signification matérielle, nous donnerons, en finissant, les deux exemples suivants, dont la différence d'intimité de rapport et de liaison de cause à effet est parfaitement sensible, et dans lesquels nous trouverons les signes les plus frappants des deux sens essentiellement distincts que présente ce mot considéré sous le double aspect sous lequel nous avons dû l'envisager :

L'artifice infini que présente l'organisation de cet insecte. (Buffon.) — *Cet homme ne vit que par artifice, à force de soins, de régime.* (Académie.)

J. BÉCHERAND.

ARTIFICE (FEU D') [d'*artificium*, invention ingénieuse]. — Feu préparé avec art, dans la composition duquel il entre des matières inflammables destinées à être lancées et à produire différentes formes agréables pendant une réjouissance publique. « Les matières fondamentales de toutes les compositions des feux d'artifice sont les éléments de la poudre à canon, le nitre, le soufre et le charbon, que l'on mêle avec d'autres substances destinées particulièrement à donner aux feux diverses couleurs; telles sont : la limaille de fer, de cuivre, de zinc ; les résines, la poudre de lycopode, le nitrate de strontiane, le sulfure d'antimoine, etc. Les feux rouges se font généralement avec du nitrate de strontiane, les feux blancs avec du sulfure d'antimoine, les feux bleus avec de la limaille de zinc. Les *flammes de Bengale* se font avec 7 parties de nitre, 2 parties de soufre et

1 partie de sulfure d'antimoine. Les principales formes des feux d'artifice sont : les *fusées*, les *pétards*, les *soleils*, les *marrons*, les *chandelles romaines*, les *pièces montées*, etc. On fait aussi à la guerre un grand usage des artifices, surtout des fusées, qui servent tantôt de signaux, tantôt de moyens incendiaires; on connaît surtout les *fusées à la Congrève*. » — Voyez *Pyrotechnie*.

Les feux d'artifice étaient connus en Chine dès la plus haute antiquité; chez nous, ils ont suivi la découverte de la poudre à canon : on sait quelle réputation ont acquise dans ce genre de réjouissance MM. Ruggieri père et fils.   **J. W.**

ARTILLERIE. — Le radical primitif de ce mot se retrouve dans le latin *ars*, *artis*, art, d'où est venu le verbe *artiller*, qui signifiait fortifier, arranger, disposer, garnir de défenses, et même armer un soldat, un navire; de là *artilleur*, et d'abord *artillière*, du latin *artillator*, que l'on trouve dans le recueil des ordonnances d'Édouard II, roi d'Angleterre : *Item, ordinatum est quod sit unus artillator qui faciat balistas, carellos, arcos, sagittas, lanceas, spiculas, et ulia arma necessaria pro garnizionibus castrorum.* On voit qu'*artilleur* avait là le même sens qu'aujourd'hui *ouvrier d'artillerie*. Le mot *artillerie*, quoique postérieur, a précédé l'usage des armes à feu et même l'invention de la poudre. « En 1147, dit Bardin, les Arabes se servaient d'artillerie à feu contre les troupes normandes et espagnoles enfermées dans Lisbonne; mais il ne faut pas ici, par *artillerie*, comprendre un système fulminant comme celui de nos jours, mais plutôt une combinaison de forces mouvantes et de feux grégeois. Pour exprimer une panoplie non fulminante, les Français se servaient également, sous Louis IX, en 1228, du terme *artillerie*; ils donnaient idée par là des machines de guerre que des *maîtres d'artillerie* avaient sous leur inspection et sous leur direction. En 1260, Joinville emploie la même locution pour exprimer des projectiles de toutes sortes. » Enfin, en 1304, Guillaume Guyart, cité par Napoléon III, désigne de même *le charroi des arbalètes, carreaux, dards, harnais, lances, targes*, etc. Dans ce sens étendu, *artillerie* signifie l'ensemble des moyens offensifs et défensifs employés par la tactique des armées.

Les anciens eurent donc une artillerie, qui remonte aux premiers temps de la guerre, si elle s'applique à toutes les armes. Mais si on la considère au point de vue plus restreint et plus ordinaire des armes non portatives, l'origine en est plus récente. Les Grecs et les Romains se servaient du mot *machine* (*méchané, machina*), et les regardaient surtout comme les auxiliaires de la *poliorcétique* ou art de diriger les sièges. « L'origine des machines, dit Thysius, est attribuée à Moïse. Les Grecs, et avec eux Homère, n'en indiquent pas les commencements, même dans la guerre de Troie. Les Romains en firent usage sous les rois. » Le même auteur admet une triple division en machines proprement dites, engins (*tormenta*) et armes de jet (*tela*).

Sous la dénomination de machines, il comprend certaines dispositions tactiques, telles que la *couronne*, la *tortue*, des objets de défense comme les pieux, gabions et fascines; enfin les divers travaux d'art indiqués par Végèce, et qui rentrent dans la science des fortifications ou de l'attaque des places et lieux retranchés.

Les engins, *tormenta* (de *torquere*, lancer en tournant), répondent plutôt à nos idées sur l'artillerie; ce sont des machines contondantes ou à jet, dont les principales sont : 1° le bélier, inventé soit par Épéus, soit par les Phéniciens : c'était un madrier, agissant selon un mouvement horizontal, ce qui explique suffisamment l'étymologie du mot; 2° la catapulte, dont le nom grec, *catapeltès*, signifie qui lance des dards; Pline en attribue l'invention aux Syriens; 3° la baliste (du grec *ballein*, lancer), qui jetait des pierres; elle était considérée comme la plus puissante des machines, et on la trouve souvent désignée sous le nom générique de *machina*; 4° le scorpion, qui était, suivant la définition donnée par Tertullien, un tube à lancer des flèches, souvent empoisonnées, d'où son nom était venu.

Les armes de jet, *tela*, répondaient à l'ensemble des moyens portatifs agissant à longue portée : la fronde, le javelot, la lance, la flèche, et un grand nombre d'autres.

Ces ressources demeurèrent ignorées ou perdues pendant la plus grande partie du moyen âge, qui de son côté en avait mis en usage un grand nombre d'autres; ce fut seulement vers l'époque où l'usage de la poudre à feu allait opérer la plus complète révolution dans l'art de la guerre que l'on songea à remettre en pratique les principes de la science que Végèce a décrite. Au quatorzième siècle, nous voyons notamment le *trébuchet* mettant en mouvement une fronde de forte dimension, l'*arbalète à tour* lançant des flèches, le *pierrier* et le *mangonneau*, dont le nom est dérivé de *mangana*, mot grec moderne correspondant à l'ancien *méchané*; ces deux derniers engins lançaient des pierres comme la baliste. Lorsque ces moyens eurent acquis une certaine perfection, il n'était déjà plus temps, les bouches à feu étaient en usage.

On ne voit pas apparaître l'*artillerie à feu* d'une manière authentique avant l'année 1346. Tout ce qu'on en a dit pour les époques antérieures est contestable; mais, à partir de la bataille de Crécy, le doute ne saurait plus exister devant le témoignage de Froissard, l'autorité la plus complète du moyen âge : « Et l'Anglès descliquèrent aucuns canons qu'ils » avaient en la bataille pour esbahir les Genevois; » c'est-à-dire les Génois au service du roi Philippe, à Crécy.

Le même auteur mentionne des canons et des bombardes employés au siége de Romorantin.

En 1364, le prince de Galles, marchant sur Najara pour le compte de Pierre le Cruel, possédait simultanément des bombardes et des arcs à tour.

En 1367, les Français employent une artillerie lourde contre Meulan.

En 1381, la ville de Bologne possédait, selon l'inventaire de son artillerie, des bombardes (*bombardas ad scaramosando*). A la même époque, la ville d'Augsbourg avait trente hommes armés de canons, et l'on se servait de la même arme, l'année suivante, dans les guerres de Flandre.

A partir de cette époque, l'on peut considérer l'artillerie à feu comme entièrement adoptée. On a prétendu que l'usage s'en était répandu jusqu'en Asie, où Tamerlan s'en serait servi contre Bajazet dès 1402; mais Voltaire, auquel on doit ce détail, est une autorité archéologique d'autant plus contestable, que l'on n'est jamais sûr avec lui d'être à l'abri des systèmes qu'il mettait, au besoin, à l'appui de sa cause. Un témoignage plus recommandable est celui de l'auteur des *Études sur l'Artillerie* : « A la fin du quatorzième siècle, dit-il, et au commencement du quinzième, les armes à feu jouissant de toute leur première vogue, l'usage s'en était répandu partout, et elles avaient reçu toutes les formes qu'il avait plu à l'ouvrier de leur donner ; on avait épuisé toute l'échelle des calibres, depuis les tubes portant des balles de plomb de trente-deux à la livre jusqu'aux bombardes et mortiers lançant des boulets en pierre de mille livres. » (*Études sur l'Artillerie*, t. Ier, p. 42.)

Dans les premiers temps, c'est surtout comme défense, comme obstacles que les bouches à feu sont employées ; on les entremêle aux chariots, bagages et autres *impedimenta*, autour des camps; plus tard, vers le milieu du quinzième siècle, on les oppose surtout aux charges de cavalerie; mais on s'en sert dans la défense des villes plutôt qu'en campagne, ce qui tient tant au défaut de mobilité des armées qu'aux faibles ressources que l'État, proprement dit, possédait en ce genre. « L'artillerie, dit Napoléon III, appartenait toujours aux villes, aux châteaux, aux corporations, aux métiers; le collège des notaires même avait des canons. » (*Études sur l'Artillerie*, t. Ier, p. 57.)

En donnant à la royauté des bases plus solides, et au gouvernement de plus grandes ressources, Louis XI se mit en mesure d'augmenter le puissant moyen d'action que la guerre devait tirer de l'artillerie. Il éleva le chiffre des bouches à feu de l'armée royale, et il établit à Pont-de-l'Arche un camp de manœuvres en 1480.

Mais c'est sous Charles VIII que l'on voit apparaître une artillerie formidable. Paul Jove et Philippe de Commines en parlent avec une admiration qui n'est que l'écho du sentiment des populations de cette époque. Les succès merveilleux de la campagne d'Italie furent dus principalement à l'action d'une arme dans le maniement de laquelle les Français montrèrent alors une supériorité qu'ils ont longtemps conservée.

C'est de là que datent les affûts, remplaçant avec avantage les chariots sur lesquels on traînait les pièces. L'artillerie française, dit Guichardin, l'emporte sur celle du reste de l'Europe par le raffinement de l'art, par la mobilité et le nombre des bouches à feu, et par la dextérité des artilleurs. Ces qualités assurèrent souvent la victoire à nos armées ;

Marignan et Cerisolles sont là pour le témoigner. « Elle fit pendant vingt-cinq ans, dit Napoléon III, la supériorité des armées catholiques sur les protestants; au seizième siècle, elle arrêta les Turcs, devant lesquels l'Europe tremblait ; et c'est assurément, ajoute le même écrivain, l'une des plus grandes gloires du judicieux emploi de la poudre à canon, que d'avoir rendu à jamais impossible une invasion armée de barbares dans le monde civilisé. » (*Études sur l'Artillerie*, t. Ier, p. 252.)

A toutes ces époques, l'artillerie était une, et c'est à Gribeauval, suivant en cela les idées de Frédéric II, que l'on en doit la distinction en artillerie de siége et en artillerie de campagne; on traînait donc, à la suite des armées, des pièces énormes, exigeant jusqu'à vingt-cinq chevaux de trait, sans compter les accessoires dépensés souvent en pure perte. Aussi, peut-on dire que l'artillerie fut négligée dans toutes les armées pauvres ou mal organisées; cette remarque est applicable surtout aux troupes employées pendant nos guerres de religion. Ainsi, à Saint-Quentin, le connétable de Montmorency n'avait que quinze pièces; il n'y en avait que dix entre les deux armées à la bataille d'Ivry. Henri IV sentit tout l'avantage de cette arme, et non-seulement il en tira le meilleur parti dans la guerre, mais il s'efforça, pendant les années de paix qui précédèrent sa mort, de créer un matériel considérable. On évalue à quatre cents bouches le nombre que Sully, grand maître de l'artillerie, était parvenu à réunir.

La guerre de Trente ans marqua une ère nouvelle : Gustave-Adolphe, en même temps qu'il faisait faire d'immenses progrès à la tactique de l'infanterie, allégeait et raccourcissait les pièces de campagne, et en portait le nombre jusqu'à trois cents sur un champ de bataille ; il mettait en usage les coffrets à munitions, les étoupilles, les gargousses, les vis de pointage, et simplifiait la manœuvre.

Louis XIV créa des arsenaux considérables, et il porta au chiffre très-élevé de huit mille environ les pièces de l'armée française. Néanmoins, on ne voit point que ses généraux aient fait faire des progrès à l'emploi de cette arme, et l'on en a dit autant de Frédéric II, quoique ce prince possédât un matériel très-important. Quoi qu'il en soit, dès le commencement du dix-huitième siècle, tous les grands souverains s'étaient empressés de suivre l'exemple de Louis XIV ; Pierre le Grand ne fut point des derniers, et il arriva à dépasser tous les autres; mais ce fut à d'autres causes qu'il dut ses succès.

En 1732, Vallière, général d'artillerie, créa la première organisation méthodique, laquelle subsista jusqu'à Gribeauval, auquel on doit, en 1762, un système justement admiré et dont le fonds s'est conservé jusqu'à nos jours, malgré les modifications dont un grand nombre n'a pas eu une longue durée.

Dans un temps de bouleversement et d'enthousiasme, comme était la république, l'artillerie, science très-méthodique, devait être négligée. Mais avec Napoléon, elle prit les plus fortes proportions qu'elle ait jamais eues, et comprit plus de soixante et onze mille hommes et de cinquante-sept mille chevaux, en 1813. Aussi l'a-t-on accusé d'en avoir exagéré l'importance; une pareille objection est d'une solution très-difficile aujourd'hui; l'exagération des moyens de l'artillerie rentrait dans le système de guerre de Napoléon, qui lui a dû ses plus grands succès. Peut-être lui-même jugerait-il différemment de nos jours, en présence des progrès du tir, de la précision des armes portatives et de la mobilité de certains corps de troupes.

Les effets de l'artillerie, dans la guerre d'Orient, sont trop connus pour qu'il nous reste autre chose à faire que de nous borner à les mentionner.

Dans le résumé qui précède, nous venons d'examiner l'artillerie au seul point de vue des armes à feu non portatives, nous continuerons à nous renfermer dans ce cadre pour les détails qu'il nous reste à donner sur l'état actuel de cette partie de l'art militaire.

L'artillerie emploie un matériel composé de pièces diverses entre elles, et le nombre de celles dont l'on a abandonné l'usage est très-considérable. Ce sujet est assez important pour qu'il fasse à lui seul l'objet d'un travail spécial (BOUCHES A FEU). Nous examinerons alors l'histoire, la fabrication et l'emploi de ces pièces; pour le moment, nous allons indiquer sommairement l'usage que l'artillerie en fait.

Les pièces dont se sert l'artillerie peuvent être divisées en deux classes, selon que le tir est direct ou courbe. Nous employons cette distinction comme répondant aux idées les plus répandues; mais nous devons avertir qu'elle est inexacte, à proprement parler : il n'y a pas de tir strictement direct; celui qui paraît l'être se compose de deux courbes dont la réunion forme la ligne de tir différente de la ligne de mire, laquelle est droite, suivant le rayon visuel, ainsi que nous l'expliquerons à l'article *Tir*. En attendant, nous adopterons la division par *feux courbes* et *feux rasants*.

On appelle *feu courbe* celui qui se tire selon un angle déterminé, de manière à ce que le projectile, arrivé à une certaine hauteur, qui est le sommet de la courbe, retombe, par l'effet de la gravitation, sur un point donné. On emploie, de cette manière, des projectiles creux, tels que les bombes, qui ne produisent aucun effet pendant leur parcours, mais qui doivent éclater lorsqu'ils sont arrivés au terme de leur course; leur destination est de porter soit le désordre dans les rangs, soit l'incendie dans les édifices, les approvisionnements et le matériel.

Les *feux rasants* sont ceux qui sont tirés directement, c'est-à-dire selon une ligne qui s'écarte peu de l'horizontale. Les canons qui lancent des boulets pleins et les obusiers, dont les projectiles, tirés à la façon des boulets, sont creux comme les bombes et éclatent de même, produisent des feux rasants. Ces pièces, d'ailleurs, sont tirées de deux manières, savoir : *de plein fouet* ou *à toute volée*. Le tir de plein fouet est celui dans lequel la ligne de tir, c'est-à-dire la route suivie par le projectile, se rapproche le plus de la ligne de mire ou ligne suivant l'axe longitudi-

nal de la pièce; il est donc le plus direct. Le tir à toute volée est celui dans lequel on fait suivre au projectile une ligne participant de la courbe, soit afin qu'il puisse passer au-dessus de certains obstacles, soit afin d'en augmenter le parcours. Le tir *à ricochets* emploie un procédé tout à fait différent; il consiste à faire toucher au projectile le sol ou tout autre obstacle, dès le commencement ou pendant la durée de la course, pour obtenir des ressauts. Le choix de ces divers tirs dépend non-seulement de la nature des projectiles, mais encore du but que l'on se propose, selon qu'il s'agit d'attaquer des masses d'hommes ou des défenses matérielles.

L'artillerie emploie aussi des projectiles ou des agents destructeurs d'un ordre secondaire. Tels sont les *artifices*, travaux dont la poudre à feu fait actuellement la base, mais qui n'ont pas été inconnus du moyen âge, ni même de l'antiquité, car il faut ranger au nombre des artifices ce *feu grégeois* dont le secret est aujourd'hui perdu, et sur les effets duquel nous n'avons que des idées incomplètes. C'est surtout comme d'un moyen incendiaire que l'on se sert des artifices, projectiles qui ont, du reste, perdu beaucoup de leur importance depuis que les bombes ont été amenées à remplir le même but d'une manière bien supérieure. Du même genre sont encore les fusées, grenades, camouflets et autres feux.

La fabrication des ponts, bacs et radeaux et la conduite de ces derniers pour le passage des rivières rentrent aussi dans les attributions de l'artillerie, laquelle comprend, à cet effet, un régiment de pontonniers.

A la guerre, la mission de l'artillerie consiste à déblayer le terrain.

A cet effet, dans les sièges, elle se sert de boulets pleins tirés à plein fouet pour renverser les défenses matérielles, murailles, remparts, épaulements; de boulets tirés à toute volée pour atteindre le même but contre les édifices intérieurs, et renforcer ainsi ou suppléer l'action des bombes; de feux à ricochet contre les positions abritées directement; de bombes contre les édifices intérieurs, arsenaux, poudrières et dépôts de poudres et contre les masses d'hommes; d'artifices pour aider, au contraire, selon le besoin, les travaux de sape et de mine.

En campagne, le boulet, l'obus, les boîtes à mitraille, la bombe, servent tantôt à défendre l'approche d'une position inoccupée, d'un passage, d'une rivière, tantôt à protéger le mouvement de troupes qui doivent tenter ces mêmes opérations; ils secondent l'action de la ligne attaquant de front l'ennemi, ou se joignent à la cavalerie de réserve pour déterminer l'issue d'une action ou en atténuer les conséquences.

Cette arme offre l'inconvénient d'exiger un attirail immense, ce qui est non-seulement une cause d'énormes dépenses pour l'État, mais un embarras pour les généraux qui ne sont pas aptes à imprimer à l'armée la mobilité, première condition du succès. « Aussi avons-nous vu et verrons-nous toujours les » généraux médiocres ne pas savoir se servir de leur » artillerie, et, semblables en cela aux peuples peu

» avancés, regarder comme un embarras ce que les
» esprits supérieurs considèrent comme un puissant
» auxilliaire. » (*Études sur l'Artillerie*, t. Iᵉʳ, p. 252.)

Aussi la proportion entre le nombre des bouches
à feu et celui de l'effectif de l'armée a-t-il constamment varié, non-seulement en raison des ressources
plus ou moins grandes des arsenaux, mais encore
selon le système des généraux commandant en chef.

En 1494, Charles VIII a 140 pièces d'artillerie à la suite d'une armée de 30,000 hommes;
proportion pour 1,000 hommes............ 5

En 1507, Louis XII envoie contre Gênes
20,000 hommes avec 60 pièces............. 3

En 1515, François Iᵉʳ, à Marignan, emploie
36,000 hommes et 72 pièces............... 2

Pendant les guerres de religion et dans les
armées étrangères, la proportion décroît successivement jusqu'au-dessous de........... 1

Elle continue pendant la guerre de trente
ans; à Leipzig, Tilly n'a que 35 pièces pour
36,000 hommes........................... 1

Gustave-Adolphe, 60 pour 20,000 hommes. 3

Il en réunit au delà de 200 pour 35,000 h.. 6

En France, pendant le dix-septième siècle,
la proportion est de...................... 1 1/2

Elle se continue pendant la première moitié du dix-huitième; mais, pendant la guerre
de sept ans, on évalue la proportion normale
à 240 pièces pour 60,000 hommes......... 4

Frédéric la porte jusqu'à 10 pièces pour
1,000 hommes........................... 10

Napoléon emploie 1,400 pièces pour 300,000
hommes................................. 5

Aujourd'hui il est reçu que l'on devrait avoir
250 pièces à la suite d'une armée de 100,000 h. 2 1/2

Mais ce nombre peut être élevé ou diminué selon
la mobilité du matériel et les circonstances de la
guerre. En général, les combats où l'artillerie a la
plus grande part passent pour être les moins meurtriers, relativement du moins.

Dans la guerre de siége, le nombre des pièces est
subordonné seulement aux ressources du personnel
et aux conditions du terrain. Le siége de Sébastopol
a fourni l'exemple d'une immense réunion de matériel d'artillerie de siége.

En somme, la multiplicité des pièces d'artillerie
est un puissant élément de succès sur le champ de
bataille; mais dans les mouvements tactiques et stratégiques, elle peut devenir un énorme embarras; il
y a donc à garder une juste mesure.

A l'intérieur, le service de l'artillerie a dans ses
attributions les arsenaux, manufactures d'armes,
forges, fonderies impériales, poudreries et raffineries de salpêtre.

La direction des travaux est organisée en 10 commandements à l'intérieur et 1 en Algérie, sous lesquels se trouvent 27 directions, dont 11 de première
classe, 12 de deuxième, 4 de troisième.

Des arsenaux de construction se trouvent à Vincennes, Douai, la Fère, Metz, Strasbourg, Besançon,
Lyon, Toulouse, Rennes.

Des manufactures d'armes sont à Châtellerault,
Mutzig, Saint-Étienne, Tulle.

Les forges sont des établissements privés, soumis,
lorsqu'il y est exécuté des travaux, à l'inspection de
Paris et à 6 sous-inspections dont les chefs-lieux sont
à Besançon, Metz, Mézières, Nevers, Rennes, Toulouse; elles fournissent des projectiles, boulets,
bombes, obus.

Les fonderies impériales pour la construction des
pièces d'artillerie existent à Douai, Strasbourg et
Toulouse.

Les poudreries ou fabriques de poudre, à Angou-
lême, le Bouchet, Constantine, Guerdes, Metz, Pont-
de-Buis, le Ripault, Saint-Chamas, Saint-Médard.

Les raffineries de salpêtre, à Bordeaux, Lille, Mar-
seille, Nancy, Paris, le Ripault, Toulouse.

Une capsulerie de guerre à Paris.

Enfin, il existe des écoles d'artillerie destinées à
l'instruction des officiers, sous-officiers et soldats;
elles sont au nombre de 10, et situées à Besançon,
Douai, la Fère, Metz, Rennes, Toulouse, Vincennes,
Lyon, Bourges, Valence, et enfin à Versailles pour
l'artillerie de la garde impériale. Il y a aussi à Valence et à Grenoble deux écoles provisoires.

En outre, l'école polytechnique fournit à l'école
d'application de l'artillerie et du génie de Metz, dans
laquelle celle de Châlons a été fondue en 1802, les
sujets destinés à remplir, dans le personnel de l'artillerie, les emplois de lieutenant en second qui ne
sont pas réservés aux sous-officiers des corps.

Nous ne terminerons pas ce qui a rapport au matériel, aux progrès et à l'organisation de l'artillerie
sans indiquer les ressources que la France a possé-
dées à diverses époques.

Charles VIII...........	140 pièces
Henri IV...............	400
Louis XIV..............	7,000
Louis XV...............	8,600
En 1779...............	13,800
En 1813...............	28,000

Aujourd'hui le chiffre est d'environ 25,000 pièces,
la plupart en bronze.

Ces progrès lents, mais constants, ont duré plusieurs siècles, et voici les noms des personnages qui
y ont le plus contribué; outre les chefs d'armée et les
souverains dont il a été question plus haut, il convient de citer :

Jean Bureau, maître de l'artillerie en 1439, et Gaspard Bureau, son frère, maître général également
sous Charles VII; on leur attribue diverses améllio-
rations, entre autres l'emploi de la fusée incendiaire
appliquée aux travaux de siége.

Le sénéchal d'Armagnac, Jacques Galliot, seigneur
d'Acié, grand maître de l'artillerie de François Iᵉʳ,
auquel fut due pour la meilleure part, la victoire de
Marignan, en 1515.

D'Estrées, grand maître sous Henri II, améliore le
matériel et assure ainsi la supériorité des armées
royales sur les protestants.

Raconis, commissaire en 1557, laisse un livre
connu.

Sully, grand maître sous Henri IV, réorganise l'arme tombée en décadence; il est remplacé par son fils.

Le maréchal de la Meilleraye, en 1634.

Louvois, de 1668 à 1679 surtout, imprime à la construction du matériel et à l'organisation de l'arme une activité sans précédents et qui en fait un moyen formidable d'action.

Vallière introduit une classification méthodique, 1732.

Gribeauval, à partir de 1765, donne son nom à tout un système supérieur à celui qui avait précédé, adapte des hausses aux pièces et divise le matériel en matériel de campagne et matériel de siége.

Depuis Napoléon, une administration régulièrement organisée n'a cessé de se préoccuper des progrès accomplis dans l'organisation de cette arme; l'empereur actuel en a fait l'objet d'études approfondies, et il est probable que les améliorations introduites récemment ne sont que le prélude d'autres plus importantes, mais dont les circonstances seules peuvent amener l'adoption.

Il nous reste à considérer l'artillerie au point de vue du personnel qu'elle emploie.

Dans le principe, ce personnel était très-restreint : un seul homme était attaché à chaque pièce, quelle qu'en fût la dimension, en sorte, dit Napoléon III, qu'il ne pouvait guère tirer plus d'une fois en deux heures; à Ingolstadt, il fut lancé 750 boulets en neuf heures, et Antoine de Vera considérait cette canonnade comme la plus terrible qu'on eût vue. Mais, lorsque les pièces eurent successivement passé des chariots sur les affûts, on avait reconnu les avantages immenses de la mobilité du matériel; la nécessité de la fréquence du tir ne pouvait pas échapper, et le personnel fut augmenté. Pendant longtemps encore, les *maîtres canonniers*, les *ouvriers mécaniciens*, souvent d'origine italienne, et parfois les Suisses et les lansquenets, employés à ce service, étaient licenciés en temps de paix et ne figuraient pas dans le dénombrement d'une armée dont le cadre n'avait, du reste, rien de bien méthodique. Louis XIII breveta des chefs artilleurs; mais ce fut sous Louis XIV qu'eut lieu l'organisation véritable de l'arme. En 1668, Louvois forma six compagnies permanentes d'artillerie, qu'il remplaça, en 1677, par quatre bataillons de quinze compagnies, et en 1691 par un régiment de six bataillons dont chacun comprenait treize compagnies.

En 1758, l'artillerie formait sept brigades, que Gribeauval transforma, en 1765, en autant de régiments dont l'ensemble portait le titre de Royal-Artillerie. C'est à peu près de cette époque qu'il convient de dater la séparation de cette arme de celle de l'infanterie, avec laquelle on l'avait confondue jusque-là, et où elle portait le n° 64 inscrit sur ses boutons d'uniforme.

Ce ne fut cependant qu'en 1791 qu'un règlement, du 1er avril, décréta cette séparation.

La loi du 18 floréal an III porta l'artillerie à 16 régiments, dont 8 à cheval et autant à pied, à 12 com-

pagnies d'ouvriers et un corps de pontonniers. Cette division n'a subi que peu de modifications jusqu'à nos jours. L'ordonnance de 1829 admet un train des parcs distinct, réuni aux régiments par le décret impérial du 14 février 1854, qui a établi l'organisation actuelle.

Comme complément de ces indications, nous donnons un aperçu du contingent de l'arme de l'artillerie aux principales époques de notre histoire. Les nombres qui suivent sont exprimés en chiffres ronds.

Pied de guerre.

Charles VIII. 12,600 hommes[1].

1691.......	7,000	—
1765.......	8,000	—
1788.......	12,000	—
1799.......	24,000	— 3,000 chevaux.
1812.......	43,000	— 43,000
1813.......	72,000	— 57,000
1815.......	28,000	— 7,700
1854.......	60,000	— 46,600

Pied de paix.

1729.......	3,000 hommes.	
1763.......	6,500	—
1776.......	12,000	—
1791.......	10,000	—
1804.......	30,000	— 12,000 chevaux.
1814.......	16,500	— 4,500
1815.......	13,000	— 4,300
1825.......	20,000	— 2,600
1854.......	30,000	— 14,000

Nous aurions pu multiplier ces citations, surtout à partir de 1763, époque d'où datent des documents authentiques, irrécusables, et dont les calculs sont entièrement différents de ceux où le général Bardin a puisé ses indications; mais nous avons lieu de croire que ce qui précède suffira.

La proportion de l'effectif de l'arme de l'artillerie avec le chiffre total de l'armée peut être établie comme il suit :

Époques.	Pied de guerre.	Pied de paix.
1691	1/24e	»
1729	»	1/56e
1763	»	1/27e
1775	»	1/25e
1788	1/20e	»
1791	»	1/20e
1799	1/22e.	»
1804	»	1/15e
1812	1/18e	»
1813	1/13e	»
1815	»	1/17e
1825	1/13e	1/13e
1854	1/10e	1/11e

Évaluation donnée par Ségur.

Il résulte clairement du tableau qui précède que l'artillerie n'a cessé d'acquérir de l'importance. Nous aurons à indiquer, à l'article *Cavalerie*, que c'est surtout sur cette arme que la proportion décroissante a porté.

Outre les corps de troupes proprement dits, l'arme de l'artillerie comprend un personnel spécial occupé aux travaux des arsenaux et autres établissements; il se compose d'officiers dits *à résidence fixe* et d'employés militaires et civils.

Quant aux corps de troupes, l'organisation en est fondée sur la division ci-après, correspondant aux diverses missions de l'arme :

1° Artillerie *à cheval* ou légère, destinée à manœuvrer avec la cavalerie et à jouer un grand rôle dans les réserves d'armée ;

2° Artillerie *montée*, ou de ligne, destinée à manœuvrer avec les divisions d'infanterie et à servir une partie des batteries de réserve. Les canonniers vont à pied ou montent sur les caissons ;

3° Artillerie *à pied*, ou de réserve, destinée à concourir à l'attaque et à la défense des places, au service des parcs d'armée et à celui d'une autre partie des batteries de réserve qui marchent avec ces parcs, notamment celles de 12 et obusiers de 16.

Tels sont les principes posés par le maréchal de Saint-Arnaud dans son rapport préliminaire au décret du 14 février 1854, constituant le nouveau *cadre* de l'arme.

Les dimensions de ce document ne nous permettant pas de le reproduire ici, nous allons en donner une idée succincte.

CADRE DE L'ARME DE L'ARTILLERIE.

État-major particulier.

Officiers	315
Employés militaires	833
— civils	147

Corps de troupes.

17 régiments {	à pied	5
	pontonniers	1
	montés	7
	à cheval	4
		17 rég.
Compagnies d'ouvriers		12
— d'armuriers		1

Cadres particuliers des régiments.

A pied. {	État-major	1
	Peloton hors rang	1
	Batteries à pied	12
	— de parc	6
	Cadre de dépôt monté	1
Pontonniers. {	État-major	1
	Peloton hors rang	1
	Canonniers-pontonniers.	12 comp.
	— conducteurs.	4 —
	Cadre de dépôt monté	1

Monté. {	État-major	1
	Peloton hors rang	1
	Batteries montées	15
	Cadre de dépôt monté	1
A cheval. {	État-major	1
	Peloton hors rang	1
	Batteries à cheval	8
	Cadre de dépôt monté	1

Cette division, qui est surtout théorique, n'a d'importance qu'au point de vue de l'administration des corps et en temps de paix. A la guerre, chaque batterie devient unité tactique et manœuvre séparément. Aussi, est-ce par batteries que l'on évalue la force d'une armée en artillerie, ainsi que nous l'avons vu dans le cadre de l'armée en campagne (au mot *Armée*). Cette évaluation ressort comme il suit du rapport du maréchal Saint-Arnaud pour l'ensemble de l'arme :

Batteries à pied	60
Compagnies de pontonniers	12
Batteries de parcs	34
— montées	105
— à cheval	32
Cadres de dépôt montés	17
Batteries ou compagnies	260
Ouvriers d'art., compagnies	12
Armuriers, compagnie	1
Total	273

Au point de vue de l'effectif, l'évaluation est la suivante :

Pied de paix.

Hommes. {	Officiers	1,440	} 30,252
	Troupe	28,812	
Chevaux {	d'officiers	2,179	} 13,721
	de troupe	11,542	

Pied de guerre.

Hommes. {	Officiers	1,440	} 55,132
	Troupe	53,692	
Chevaux {	d'officiers	3,559	} 41,320
	de troupe	37,761	

Mais l'effectif des batteries de parc pouvant être doublé, l'effectif du pied de guerre serait ainsi porté aux chiffres ci-après :

Hommes	60,022
Chevaux	46,641

Tel est le chiffre de l'arme de l'artillerie considérée comme partie de l'armée permanente. L'armée sédentaire comprend encore des vétérans et des gardiens de batteries, savoir :

5 compagnies de vétérans ;
300 gardiens de batteries.

L'avancement dans l'arme de l'artillerie est soumis, comme dans le reste de l'armée, aux dispositions générales de la loi du 14 avril 1832, appliquées par l'ordonnance royale du 16 mars 1838.

En raison de leur peu d'importance, nous passerons sous silence, sauf à y revenir plus tard (*Avancement*), les règles d'avancement dans les grades de canonniers, sous-officiers et employés des arsenaux; nous indiquerons, au contraire, celles qui concernent les officiers.

L'organisation de l'arme ne comporte pas d'emploi de sous-lieutenant, dont le titre est réservé aux élèves de l'École d'application. Le premier grade d'officier est celui de lieutenant en second. Le tiers des emplois vacants y est réservé aux sous-officiers de l'arme; le reste est donné aux élèves de l'École, aux lieutenants en second en non activité, et, subsidiairement, à des sous-officiers pris sur toute l'arme. Tous les sous-officiers susmentionnés font d'abord deux ans de service en qualité de sous-lieutenant avant d'obtenir le titre de lieutenant en second.

Le grade de lieutenant en premier se donne à l'ancienneté; celui de capitaine en second au choix et à l'ancienneté (deux tiers); celui de capitaine en premier à l'ancienneté; celui de chef d'escadron ou de bataillon au choix et à l'ancienneté, par moitié en temps de paix, au choix seulement en temps de guerre; celui de colonel au choix: les uns et les autres sur toute l'arme. Toutes ces nominations sont faites par le souverain, sur la proposition du ministre, à la différence des grades et emplois de canonniers et sous-officiers, qui se donnent par le chef de corps.

L'uniforme des troupes d'artillerie est le suivant : Habit *bleu* à revers : collet, revers, passepoils des parements, des retroussis, ornements des retroussis, doublure des épaulettes et des brides d'épaulettes, *bleu*; parements en pointe, retroussis, brides d'épaulettes, passepoils du collet, des revers, *écarlate*. Boutons *jaunes* et bombés, empreints de deux canons croisés, une grenade au-dessus, et le numéro du corps au-dessous. Épaulettes *écarlate*. Manteau *bleu* pour les hommes montés; capote *bleue* pour les hommes non montés. Pantalon *bleu* avec deux bandes et passepoil *écarlate*. Schako en drap *bleu*, avec galon, deux chevrons et ganse *écarlate*; deux canons croisés et le numéro du corps au-dessous, en cuivre, sur le devant; cordon de schako en laine *écarlate*. Plumet tombant en crin *écarlate*. Buffleterie *blanche*.

L'uniforme des vétérans diffère en ce que l'habit est long, avec des pattes de parement figurant des poches; le schako n'a pas de cordon; le plumet est remplacé par un pompon sphérique à flamme en laine *écarlate*.

Le service de l'artillerie forme l'une des directions du ministère de la guerre, où elle porte le titre de deuxième direction, et se divise en deux sections : personnel, matériel et comptabilité. Au même département est attaché le comité consultatif d'artillerie, dont les attributions et la composition ont été fixées par le décret du 11 mars 1850. Il comprend : 10 membres titulaires, dont le président, 1 membre

adjoint et 1 secrétaire, et donne son avis sur les questions intéressant le service.

De ce service, enfin, dépend le Musée d'artillerie de Paris, situé près de Saint-Thomas d'Aquin, et où se trouve réunie une collection d'armes extrêmement précieuse au point de vue de l'histoire des progrès de l'art militaire.   ALPH. CASTAING.

ARTISTE. — En examinant les rapports qui unissent entre eux les objets créés, il est un type que l'homme cherche instinctivement pour établir son jugement et ses prédilections; ce type, c'est le *beau*. Mais le beau n'étant que la manifestation de l'idéal, c'est-à-dire la réalité revêtue de toutes les splendeurs de l'imagination et du goût, il a fallu, pour arriver jusqu'à lui, trouver des expressions diverses réalisant toutes d'une manière plus ou moins complète l'image du type, et c'est alors que, pour apprécier lui-même selon ses aptitudes ce qu'il trouvait dans la nature d'émotions et de charme, l'homme a traduit, par une reproduction quelconque, l'objet extérieur qui l'avait ému ou charmé. C'est ainsi que, dans les premiers âges, la poésie a pris naissance; que, plus tard, la musique, la sculpture et la peinture ont essayé de réaliser la pensée humaine, et enfin qu'insensiblement, avec le progrès de la civilisation, on a appelé du nom de *beaux-arts* l'ensemble des productions inspirées par le spectacle ou le souvenir des grandes scènes de la nature ou de l'humanité. Or, les hommes qui les premiers ont senti vibrer en eux ces cordes sublimes de l'inspiration et de l'idéal, et qui se sont efforcés de donner à leurs conceptions une forme plus ou moins heureuse de perfection et de beauté, ont été des artistes, et si l'art n'est autre chose que l'idée du beau perçue par l'intelligence et développée par le génie, l'artiste est l'être privilégié que l'idéal s'est choisi pour interpréter ses œuvres, et sur lequel s'est détachée aussi une étincelle de ce rayon divin qui se nomme génie. L'art n'est, pour ainsi dire, qu'un moule de la création humaine jeté dans la création divine, et être artiste, c'est mouler avec son pinceau, sa musique ou sa plume ce modèle, idéal ou réel, qui sans cesse est présent devant nous. Nous dirions bien encore qu'un artiste est celui qui, pénétrant l'harmonie générale entre la nature et la Divinité, traduit par une œuvre sublime le secret de cette universelle harmonie; mais aujourd'hui l'artiste, pour exceller dans son art, recourt rarement à la métaphysique; il aime mieux attendre l'inspiration sans s'expliquer d'où elle lui vient, et la rendre avec cette chaleur de sentiment qui appartient toujours à son cœur, avant de passer par son esprit. Demandez à un artiste pourquoi son tableau représente un site rustique ou aride plutôt qu'un verdoyant et riche paysage, pourquoi sa musique est tantôt mélodieuse et tantôt bruyante, pourquoi sa poésie, au lieu de peindre avec énergie les passions humaines, s'élance sur les ailes des rêves dans le sentiment ou dans l'extase, il vous répondra que le suprême mérite de l'artiste c'est d'être original, et qu'au dix-neuvième siècle surtout, qui vient après tant de merveilles artistiques dans tous les genres, il est fort difficile d'être soi-même, et de ne pas tomber dans l'imitation de ceux qui nous ont précédés. S'approprier la création et l'encadrer dans sa pénétration profonde, saisir l'inspiration là où le vulgaire n'a que dédain et indifférence, s'isoler de la pensée commune et se faire à son usage un univers de sentiments, de sensations et d'idées, s'occuper fort peu des détails de l'existence, s'attacher avec peine à toutes les exigences des relations sociales, et tenir pour très-monotone tout ce qui n'est pas la nature, l'art ou la beauté : tel est l'artiste. Tout pour lui est un sujet d'observations et d'étude, et prompt à s'impressionner, on le voit rechercher avec avidité tout ce qui peut captiver son imagination, afin de faire revivre dans son art cette ample moisson d'émotions et de souvenirs qu'il a cueillie partout autour de lui. Poëte, il demandera à sa langue et à la rime tout ce qu'elles ont de douceur et de pureté; musicien, il épuisera la gamme de ses notes pour chanter sur tous les tons le bonheur, la paix, la tristesse et l'amour; sculpteur, il imprimera à son ciseau cette perfection de formes ou cette souplesse d'exécution qui traduiront pour lui une image ou un souvenir chéris; peintre, il dessinera sur son tableau toutes les nuances de sa pensée, et fera revivre sur sa toile les hommes et les choses d'autrefois et d'aujourd'hui; chaque fois, en un mot, qu'il rendra une inspiration quelconque, il s'appliquera à donner à ses œuvres cette spontanéité de perfection artistique qui résumera pour lui sa création dans sa plus complète originalité. Ensuite, pour être un véritable artiste, il faut avoir appris à lire dans le cœur humain et avoir déjà étudié, outre ses effets de couleurs, de lumière et d'ombre, la physionomie, le costume et les rôles des acteurs qui se partagent la scène du monde; c'est pour cela que l'on dit, en termes très-justes, pour être artiste, il faut avoir vécu. Nous ne parlons pas ici de ces natures tellement supérieures que l'inspiration est pour elles complétement indépendante de l'étude de la nature et des mœurs; nous voulons surtout indiquer qu'en général, avant de revêtir sa pensée d'une forme extérieure quelconque, l'artiste doit, pour la rendre vraiment supérieure, réunir tous les liens qui rattachent l'image au modèle, et les faire ressortir avec une teinte vive et fidèle d'originalité. Nous n'essayerons pas de décrire ici les principaux caractères de l'artiste; car, de même que dans la vie on s'applique à aller au bien par la pratique et l'exercice de toutes les qualités et de toutes les vertus que l'on possède, de même dans la vocation artistique on atteint le beau en faisant consister la perfection dans l'union de la vérité, de l'imagination, du naturel et du goût; d'ailleurs, ces caractères sont aussi divers que ceux des passions ou sentiments qu'ils expriment, et la pensée est chez l'artiste trop multiple et trop spontanée pour que nous nous égarions à sa poursuite, incertains que nous sommes de la rencontrer jamais. Nous n'entrerons pas non plus dans le détail de toutes les écoles qui, dans la succession des âges, ont excité l'admiration des peuples pour la sculpture, la poésie, la peinture ou la musique; nous serions obligé d'évoquer devant nous ces grandes figures d'hommes illustres que la postérité saluera toujours de ses noms les plus glorieux, et de pénétrer dans cette immense galerie que chaque siècle a ornée d'impérissables chefs-d'œuvre, et nous préférons souhaiter à notre siècle moins de présomption et d'enthousiasme que de dérouler devant lui les interminables productions de ses artistes, en l'assurant toutefois que les beaux-arts se chargeront de lui assigner une large place dans leur histoire, et de faire luire autour de ses grands hommes une auréole de gloire et d'immortalité ! Être philosophe, c'est de nos jours un assez grand mérite; s'intituler et être honnête homme, c'est aussi rare que facile; penser pour rimer, copier Raphaël en s'imaginant que de jour en jour on approche de Michel-Ange, rien n'est plus commun ; écrire un morceau de musique sur des motifs de Grétry, de Donizetti ou de Rossini, en ambitionnant le titre de compositeur, quoiqu'on soit tout au plus un très-humble virtuose, cela se permet encore; courir bien vite au marbre et au bronze avant de retoucher deux fois le plâtre, on peut aisément s'en passer la fantaisie, lorsqu'il ne s'agit pas d'une statue trop démesurément équestre ; mais s'attacher sérieusement à un modèle, apporter dans sa conception l'élévation de la pensée et la délicatesse du bon goût, puis résumer dans son œuvre ces qualités précieuses qui donnent à l'exécution un cachet ineffaçable d'invention et d'originalité : tel est le vrai mérite. Tel est, même de nos jours, le but de nos meilleurs artistes, qui, vouant à leur art une sorte de culte, trouvent dans la reproduction du beau leurs plus douces jouissances, et comprennent qu'il est par delà les honneurs du nom et les caprices de la naissance ou de la fortune une autre noblesse aussi durable et plus vivante peut-être dans le souvenir de l'humanité : la noblesse de l'inspiration, du talent et du génie !   ÉDOUARD BLANC.

ARTOCARPE (botanique) [du grec *artos*, pain, et *carpos*, fruit]. — Genre de plantes de la famille des artocarpées, comprenant des « arbres lactescents, d'un très-beau port, à cime ample, arrondie, dont les branches, peu étendues, se courbent et sont garnies d'une petite quantité de grandes feuilles alternes, d'un beau vert, découpées plus ou moins profondément et avec plus ou moins de régularité. L'extrémité des rameaux présente une touffe de six à sept feuilles réunies ensemble, enveloppées avant l'épanouissement de deux grandes stipules de couleur jaunâtre, faisant fonction de spathe : c'est le siége des deux sexes. L'organe mâle est un chaton cylindrique, pendant, mollet, spongieux, long de dix-huit centimètres, chargé de fleurons nombreux, sessiles; calice bivalve; une étamine fort courte; la fleur femelle est un chaton court, épais, en massue, couvert d'un grand nombre d'ovaires connés; calice allongé, prismatique, hexagone, presque charnu; corolle nulle, style filiforme, persistant, terminé par un et deux stigmates. Le fruit est une baie ovale, raboteuse, couverte d'aspérités plus ou moins prononcées, à peau épaisse, verte et jaune à l'époque de la maturité; la pulpe est d'abord très-blanche, un peu fibreuse, puis jaunâtre et quelquefois bonne à manger. » Le genre artocarpe comprend aujourd'hui une quinzaine d'espèces toutes indigènes de l'Asie équatoriale ou de la Polynésie. Avec l'écorce des artocarpes on prépare un fil propre à donner une toile assez fine; avec leur bois, les indigènes de la mer du Sud construisent leurs maisons et leurs pirogues légères. Le tronc fournit un suc laiteux ou une résine élastique, et leurs gros fruits sont comestibles. On les cultive maintenant à Cayenne, aux Antilles, etc.

ARUM (botanique). — Nom scientifique du *gouet.* — V. ce mot.

ARUSPICE [du latin *aruspex,* gén., *aruspicis,* formé de *ara,* autel, et de *inspicere,* regarder]. — Prêtre qui prédisait l'avenir par l'inspection des entrailles des victimes qu'on immolait sur les autels des dieux à Rome.

Les Etrusques étaient regardés comme les plus habiles dans cet art Cicéron a dit : *Omnis divinandi peritia in duas partes dividitur : nam aut furor est, ut in vaticinante, aut ars, ut in haruspicibus.*

Les présages se tiraient des différentes allures de la victime, à partir du moment qu'elle se mettait en marche pour le temple où elle devait être sacrifiée. Si elle hésitait dans sa marche ; si, après avoir été frappée, elle mourait longuement, les pronostics étaient jugés défavorables, et l'entreprise projetée était abandonnée; si, au contraire, sa marche était décidée; si, après avoir été frappée, son sang coulait sans interruption, et qu'elle expirât sans lutter avec la mort, les pronostics étaient proclamés favorables. Alors, l'encens brûlait sur l'autel, le peuple, dans ses transports, remerciait les dieux, et les chants et les danses étaient le prélude de la victoire.

Dans les grandes expéditions, les Romains faisaient des sacrifices pour se rendre les dieux propices, et consultaient toujours les aruspices. Rarement ils étaient défavorables, et les prêtres avaient soin de faire parler les dieux conformément aux vœux du peuple romain. Il eût été d'une politique maladroite de ne pas donner à entendre au peuple romain que les dieux étaient constamment pour lui et toujours prêts à couronner ses projets d'un succès éclatant en lui montrant l'avenir sous les couleurs les plus belles.

Il est avec le ciel des accommodements!

RÉDAREZ SAINT-RÉMY.

ASBESTE (minéralogie) [du grec *asbestos,* inextinguible]. — Substance minérale, filamenteuse, que l'on nomme vulgairement amiante, mais qui s'en distingue par une dureté telle qu'elle ressemble à du bois réduit en éclat et acquiert assez de dureté pour rayer le verre. Plusieurs auteurs, dit Le Play, ont décrit sous le nom d'asbeste une série de minéraux dont la seule propriété distinctive est de posséder une structure filamenteuse semblable à celle des fils végétaux ou animaux. Mais cette propriété, qui donne lieu à quelques applications curieuses, n'est point accompagnée constamment de ces caractères fondamentaux qui, dans l'état actuel de la science, servent de base à la circonscription d'une espèce minérale.

— Les asbestes n'offrent rien de particulier dans leur composition chimique; ils sont formés des mêmes silicates que l'amphibole et le pyroxène; aussi sont-ils ordinairement décrits par appendice à la suite de ces deux espèces minérales. Les propriétés de l'asbeste ont souvent été mises à profit chez les anciens. De même que plusieurs substances fournies par la nature organisée, il a été quelquefois employé pour fabriquer des mèches de lampes, qui, étant inaltérables par la chaleur, ne se charbonnent pas comme les mèches végétales et animales, et ont, par conséquent, une durée indéfinie.   B. LUNEL.

ASCARIDE (zoologie) [du grec *askaris,* sorte de ver]. — Genre de vers de l'ordre des intestinaux cavitaires de Cuvier, rangé dans l'ordre des nématoïdes par Rudolphi, dont les caractères sont : « un corps rond, aminci aux deux bouts, la bouche garnie de trois papilles charnues d'entre lesquelles saille de temps en temps un tube très-court; un canal intestinal droit; dans les femelles, un ovaire à deux branches plusieurs fois plus long que le corps, donnant au dehors par un seul oviducte, vers le quart antérieur de la longueur de l'animal; dans les mâles, un seul tube séminal, aussi beaucoup plus long que le corps, et qui communique avec un pénis quelquefois double, qui sort par l'anus. » Ce genre, composé de près de cent cinquante espèces, encore peu étudiées, vit dans un grand nombre d'animaux, et souvent aussi on en trouve plusieurs espèces sur le même individu. On voit souvent l'espèce appelée *ascaride lombrical,* qui se montre dans l'homme, dans le cheval, dans l'âne, le zèbre, le bœuf, le cochon, etc. Ce ver est blanchâtre; il séjourne habituellement à la surface du canal intestinal, et donne lieu quelquefois à des maladies graves. Il atteint près de cinquante centimètres et se multiplie parfois étrangement. L'*ascaride vermiculaire* est une autre espèce que nous décrirons au mot *Vers intestinaux.*   B. L.

ASIE (géographie). — Une des cinq parties du monde, comprise entre les 24e et 172e degrés de longitude est, et les 1er et 78e de latitude nord, abstraction faite des îlots que forme l'extrémité sud du groupe des Maldives. — Le vaste continent d'Asie est borné au nord par l'océan Glacial Arctique ou mer Glaciale; à l'ouest, par le fleuve Kara, la mer Caspienne, la chaîne des monts Poyas et Ourals, le fleuve Oural, la chaîne du Caucase, la mer Noire, le détroit de Constantinople, la mer de Marmara, le détroit des Dardanelles, l'Archipel, la Méditerranée, l'isthme de Suez et le golfe Adriatique; au sud, par la mer des Indes; à l'est, par le grand Océan.

La population de l'Asie est de 600 millions d'habitants. Le bouddhisme est la religion dominante dans cette contrée; presque toutes les autres religions y sont aussi professées. Tous les gouvernements sont despotiques absolus.

Les principales montagnes de l'Asie sont : le Taurus, en Turquie; les monts Altaï, Stanovoy et Algydin, au nord, entre la Chine et la Sibérie; les monts Mons-Tag et Bélour, au centre, entre la Chine et la Tartarie; les monts Himalaya, au sud-ouest de la Chine; et les Ghattes, qui s'étendent dans la presqu'île en deçà du Gange.

Les principaux caps sont : le cap Oriental, sur le détroit de Béhring, et le cap Romania, au sud de la presqu'île de Malacca; le cap Comorin, au sud de l'Hindoustan; le cap Rasalgate et le cap Muscandon, au sud-est de l'Arabie; le cap Jask, en Perse, et le cap Smyrne, à l'ouest de la Turquie.

Les principales îles de l'Asie sont : Rhodes et Chypre, dans la Méditerranée; Ceylan, dans la mer des Indes; Formose et les îles du Japon, dans le grand Océan.

Les principaux fleuves de l'Asie sont : l'Obi, le Ieni-sei et la Léna, qui coulent du sud au nord et se jettent dans l'océan Glacial Arctique; l'Amour ou Sakhalian, qui se jette dans la mer d'Okhotsk; le Houang-Ho ou le grand fleuve Jaune et le Kiang-Ho ou le fleuve Bleu, qui se jettent dans la mer Jaune; le Mei-Kaoung, qui se jette dans la mer de la Chine; le Mei-Nam, qui se jette dans le golfe de Siam; le Tshan-Louew ou Salouen, l'Irouady, le Bramapoutra, le Gange, le Godavéry, le Kistnak et le Kavery, qui se jettent dans le golfe de Bengale; le Sind ou Indus, qui se jette dans le golfe d'Omân; le Tigre et l'Euphrate, qui se jettent dans le golfe Persique par la même embouchure; le Kour, qui reçoit l'Aras et se jette dans la mer Caspienne; et le Dihjoun ou Oxus, qui se jette dans la mer d'Aral.

Les principales mers de l'Asie sont : l'océan Glacial Arctique, au nord, qui baigne la Russie d'Asie; l'océan Indien, au midi, qui baigne l'Arabie, l'Hindoustan et l'Indo-Chine; le grand Océan ou mer Pacifique, à l'orient, qui baigne la Chine, le Japon et la Sibérie; la Méditerranée, à l'occident, qui baigne la Turquie d'Asie; la mer ou lac d'Aral, qui baigne le Turkestan; la mer Noire, la mer de Marmara et l'Archipel, formées par la Méditerranée, elles baignent la Turquie d'Asie; la mer de la Chine, qui baigne l'Indo-Chine et la Chine; la mer Jaune, qui baigne la Chine; la mer du Japon, entre l'empire chinois et le Japon; et la mer de Béhring, entre l'Asie et l'Amérique.

L'Asie se divise en onze contrées, dont une au nord, qui est la Sibérie ou Russie d'Asie; villes principales, Tobolsk, Tomsk, Irkoutsk, etc. Deux à l'est : le Japon; villes principales, Yédo, Miaco et Nangasaki; l'empire chinois, capitale Pékin; villes principales, Naukin et Canton. Deux au midi : l'Indo-Chine ou Inde, au delà du Gange; villes principales, Amarapoura, Ketcho, Bankok et Malacca, etc.; l'Hindoustan ou Inde proprement dite; villes principales, Calcutta, Bénarès, Delly, Kachemir, Surate, Bombay, Goa et Calicut sur la côte de Malabar; Madras et Pondichéry sur la côte de Coromandel. Quatre au milieu : le Béloutchistan, capitale Kélat; l'Afghanistan ou royaume de Kaboul; villes principales, Kaboul et Kandahar; le Turkestan ou Tartarie indépendante; villes principales, Boukhara et Samarkand; la Perse ou Iran, capitale Téhéran; ville principale, Ispahan. Deux à l'ouest : l'Arabie, capitale la Mecque; villes

principales, Médine, Moka, etc.; et la Turquie d'Asie; villes principales, Smyrne, Damas, Jérusalem, Bagdad, etc.

Géographique politique. — Voici, d'après les meilleurs auteurs, comment le *Dictionnaire universel de Géographie* de Bescherelle décrit cette partie de la géographie de l'Asie. Sur ce continent si favorisé sous tant de rapports, les trois races humaines, blanche, jaune et noire, se trouvent répandues avec une grande variété de teints, provenue de mélanges nombreux. La variété dans la forme des figures n'est pas moins remarquable : des yeux écartés, des yeux obliques, des nez épatés sur des faces plates, et beaucoup d'autres singularités, sont des caractères attachés d'une manière indélébile à des peuplades entières. Les plus belles femmes du globe, les Cachemiriennes, les Circassiennes et les Géorgiennes vivent à côté de Tartares et de Kalmouks qui, hommes et femmes, sont d'une laideur repoussante. Plusieurs ethnographes, parmi lesquels nous citerons ici Klaproth, auteur de savantes recherches sur les langues de l'Inde, ont classé les peuples du continent asiatique par familles, prenant pour point de départ les dialectes que parlent les grandes agglomérations d'individus qui paraissent, par ce seul fait, appartenir à la même race.

La *famille sémitique* est représentée par les Juifs et les Arabes, répandus, les uns dans l'Asie ottomane, la Perse, l'Inde, le Turkestan indépendant, et même dans la Chine; les autres dans l'Asie ottomane, le Khouzistan, la région du Caucase, le Turkestan indépendant, sur les côtes de Malabar et de Coromandel.

Les *Géorgiens* y représentent la famille connue sous ce nom dans les ethnographies; ils habitent la Géorgie, l'Imérétie. On classe aussi dans la même famille les Minopétiens, les Sonanes et les Lazes, dont les tribus campent sur le littoral de la mer Noire.

Les *Arméniens* habitent les deux Arménies turque et persane, l'Aderbaïdjan, le Chirvan, l'Inde, l'Indo-Chine, le Turkestan indépendant, et même les villes maritimes de l'empire chinois, où ils font un commerce important.

La *famille persane* est représentée par les Perses ou Guèbres répandus à Surate, à Bombay, dans l'Inde, dans le Kerman, le Moultan; par les Tadjicks, qui forment la masse principale du royaume actuel de Perse; par les Boukhares répandus dans le pays auquel ils ont donné leur nom, dans la Sibérie, l'Asie centrale et dans les principales villes de la Chine; par les Kurdes, les Loures; par la puissante nation des Afghans, et par les Béloutchis.

La *famille indoue* est représentée par les Mongols, les Seikhs, les Bengalais, les Mahrattes, une des plus puissantes nations de l'Inde au commencement de ce siècle, par les Cingalais ou Ceylanais, les Maldiviens et les Bohémiens, ces types de l'humanité vagabonde, qu'on rencontre sur tous les points du globe. Les ethnographes mentionnent aussi, comme appartenant à l'Inde, les familles Malabare, Garrow et Thibetaine.

La *famille chinoise* occupe toute la Chine proprement dite, et s'est établie le long des côtes d'Haï-Nan, de Siam, de Formose, dans la péninsule de Malacca, dans l'Indo-Chine, à Singapour, et jusque dans l'île de Ceylan. Depuis quelques années, les Chinois émigrent par milliers, et menacent le Nouveau-Monde d'une invasion de colons et de traficants : on les trouve établis dans la Californie et l'Australie. A cette famille se rattachent les Siamois, les Cochinchinois, les Tonquinois, les Japonais.

La *famille tongouse*, ramification des Mandchoux, conquérants de la Chine, occupe près des deux tiers de la Sibérie.

La *famille mongole* occupe la Mongolie, une partie du Thibet et de l'Asie russe, où elle est représentée par les Kalmouks de la Dzoungarie, et les Bourétis du gouvernement sibérien d'Irkoustsk.

La grande *famille turque* est répandue non-seulement en Europe, mais encore en Asie, surtout dans l'Anatolie et l'Arménie. Ses ramifications principales sur le continent asiatique sont les Ouzbecks du Turkestan indépendant ; les Touraliens ou Turcs de la Sibérie ; les Turkomans, dont les nombreuses branches sont répandues dans les royaumes de Caboul, de Hérat, dans le Turkestan indépendant, l'Asie ottomane et l'Asie russe, dans la Perse ; les Kirghis orientaux, tributaires de l'empire chinois ; les Kirghis occidentaux ou Kaïzaks, vassaux de la Russie ou indépendants ; les Iakoutes, établis dans la Sibérie ; les Tchouwaches, hordes nomades du gouvernement russe d'Orenbourg.

La *famille samoyède* est la plus septentrionale de tout l'ancien continent ; elle habite quelques cantons de la Russie d'Europe, la Sibérie et les régions limitrophes de l'empire chinois. On trouve encore sous ces mêmes latitudes : la *famille iénisseï* ou des *ostiakes*, la *famille kortéke*, dans la région sibérienne ; la *famille des youkaghires*, le long de l'océan Glacial ; des Kamtschadales, dans la presqu'île de Kamtschatka ; la *famille kourilienne*, dans l'archipel de ce nom : les Aïnos sont une de ses ramifications les plus considérables ; la *famille ouralienne*, dans le gouvernement de Tobolsk.

La *famille malaisienne* forme la masse principale de la population de Malacca, du Cambodge, de l'Indo-Chine, des îles de Salanga, du Prince-de-Galles, de Singapour.

Les indigènes de l'île Formose, dans l'empire chinois, paraissent aussi appartenir à la famille malaisienne.

On a remarqué que toutes les religions dogmatiques ont pris naissance en Asie, qui paraît être, a dit un célèbre orientaliste, le domaine des fables, des rêveries sans objet, des imaginations fantastiques.

Les Tongouses, les Samoyèdes, les Tchoutkchis, les Youkaghires et plusieurs autres tribus nomades de la Russie, les Tongouses, les Sayots de l'intérieur de l'île d'Haï-Nan et de la partie est de l'île Formose, quelques peuplades encore sauvages de l'intérieur de la Chine, les Aïnos des Kouriles sont idolâtres, de même que les Nagas, les Koutchong, les Mismi, les Singphos de l'Indo-Chine, les peuplades sauvages de l'empire Birman, de celui d'Annam, du royaume de Siam, les Gondj, les Cattywars de l'Indostan ; les Bédahs de l'île de Ceylan, et plusieurs tribus du Caucase, du Turkestan, de l'Asie russe, ne sont ni chrétiennes ni mahométanes.

La polygamie est pratiquée dans toutes les parties de l'Asie ; un homme peut posséder autant de femmes qu'il peut en nourrir, et il a sur elles tout pouvoir. Par un contraste fort bizarre, il y a une contrée où une seule femme peut avoir plusieurs maris.

Berceau du genre humain, foyer des premières civilisations, la partie du globe terrestre que nous venons de parcourir semblait condamnée à ne jamais sortir de la torpeur dans laquelle elle est restée plongée pendant des siècles. Contente et heureuse de la sérénité de son ciel, de l'inépuisable fertilité de son sol, de la richesse de ses métaux, elle s'était endormie dans la quiétude du fatalisme oriental, enivrée par le parfum de ses aromates, couchée sur ses tapis de soie.

Mais en ce moment il se manifeste jusqu'aux extrémités de cet immense continent un mouvement extraordinaire, précurseur du réveil des nombreuses nations qui l'habitent.

L'Asie ottomane est le théâtre de la guerre engagée entre les successeurs de Mahomet II et de Pierre Ier. Les tribus sauvages du Caucase entrevoient l'aurore de la civilisation qui commence à luire sur leurs montagnes. Le royaume des Seikhs, fondé au commencement de ce siècle par Rundjet-Singh, est déjà tributaire des Anglais, dont l'empire menace d'enclaver toutes les régions de l'Indostan. Les armées britanniques poursuivent leurs conquêtes dans l'Indo-Chine. Le Japon, terre si longtemps inhospitalière, vient d'ouvrir deux de ses ports aux navires américains. La Chine est en révolution ; le drapeau des insurgés flotte déjà dans plusieurs provinces ; le *Fils du Ciel* n'est plus en sûreté dans son immense palais de Pékin, et peut-être apprendrons-nous bientôt que les Tartares-Mandchoux ont été refoulés dans la Mongolie et le Turkestan, d'où sortirent leurs ancêtres. Les Chinois, si longtemps sédentaires, émigrent aujourd'hui par milliers ; on en trouve sur les *placers* de la Californie et de l'Australie, dans la Malaisie et les archipels américains. Ainsi, du N. au S., de l'E. à l'O., le mouvement est général ; il ne nous est pas donné d'en prévoir les résultats, mais la science et la civilisation ne peuvent que gagner à ce réveil.

WILKING.

ASILE (SALLES D')(pédagogie).—Établissements qui ont pour objet de réunir pendant le jour des enfants des deux sexes, de deux à six ans, que les parents, trop occupés, ne peuvent surveiller eux-mêmes. Ces petites écoles sont dirigées par une directrice aidée d'une surveillante ; les enfants y acquièrent les premières notions de morale, de lecture, d'écriture, d'arithmétique et de langue maternelle. Cette institution, telle que nous la voyons réalisée aujourd'hui, date du jour où le pasteur Oberlin rencontra, en 1769, Louise Schœppler, dans le département du

Bas-Rhin, entourée de petits enfants avec lesquels elle chantait des cantiques; ce fut là l'origine des salles d'asile. En 1801, une femme d'un haut mérite et d'un admirable cœur, madame la marquise de Pastoret, allait visiter une pauvre blanchisseuse; elle la trouva revenant de son travail, après une journée passée loin de ses enfants : le dernier né était tombé de son berceau et baignait dans son sang. Un autre jour, madame de Pastoret vit un enfant de quelques mois confié à la garde d'une petite sœur de sept ans; on avait attaché la plus petite sur le dos de l'aînée, et les pauvres enfants restaient ainsi liés l'un à l'autre tout le jour! Madame de Pastoret fit défaire les liens, et s'aperçut que le nouveau-né avait déjà la colonne dorsale complétement contrefaite. Elle ressentit dans son cœur une telle émotion de ces pitoyables spectacles, qu'elle se promit de trouver le moyen de garder et de protéger les pauvres enfants que leurs mères ne pouvaient surveiller elles-mêmes; et bientôt elle satisfit sa pitié, en confiant à une sœur de la charité douze berceaux établis dans une chambre de la rue Miromesnil. Les mères des enfants qui y furent admis les apportaient le matin, les venaient allaiter deux fois dans le jour et les emportaient le soir. C'était, on le voit, plutôt une crèche qu'une salle d'asile. L'œuvre ne put se développer. Madame de Pastoret éleva toutes les petites filles de ces berceaux avec une charité toute maternelle; mais la salle d'hospitalité dut être transformée en une école ordinaire. (A. Cochin.)

Des essais plus heureux furent tentés en 1817 dans le nord de l'Écosse, par le manufacturier Owen, qui réunit à New-Lanarck 150 enfants de deux à sept ans sous la direction de James Buchanan. En 1826, un comité de dames, présidé par l'abbé Desgenettes, curé des Missions, se forma à Paris : quatre-vingts enfants furent réunis dans un local de l'hospice des Ménages; mais ce ne fut que plus tard que M. Cochin, maire du douzième arrondissement, donna l'impulsion à ces premiers établissements et publia des ouvrages qui sont devenus le code indispensable des personnes vouées à l'instruction des jeunes enfants.

Les salles d'asile méritent bien l'attention des philanthropes et la sollicitude du gouvernement, car, en commençant l'éducation de l'enfance, elles lui offrent un refuge contre les misères qui l'affligent, et, en donnant à ces jeunes créatures des idées d'ordre, elles préparent aux instituteurs des élèves déjà habitués à la soumission et possédant quelques notions d'instruction élémentaire. Les salles d'asile sont aussi une première école de la vie : c'est là, en effet, que l'enfant comprend qu'en faisant le sacrifice d'une partie de ses goûts et de ses volontés, il a le droit d'exiger de ses camarades un sacrifice semblable, une concession pareille. Là, les mauvais penchants du cœur et du caractère tendent à s'effacer; là, par exemple, dit un auteur, si, à l'heure des repas, les heureux de la salle d'asile ne donnent pas le superflu de leurs petites provisions à ceux qui n'ont pas assez, ils sont repoussés, on leur tourne le

dos : c'est l'égoïsme déjà puni par le mépris; si un enfant montre quelque sentiment de vanité ou d'orgueil, on le rappelle promptement au souvenir de l'égalité qui doit régner dans la salle d'asile. Celui qui réclame aujourd'hui l'aide et l'assistance d'un autre enfant, à demain son tour celui-ci lui rendra quelque service. N'est-ce pas là le premier pas vers la reconnaissance? Les enfants contractent insensiblement des habitudes d'ordre, de propreté, d'obéissance. — Les salles d'asile exercent encore une influence salutaire sur les relations des parents avec les enfants; elles resserrent les liens de famille loin de les relâcher, et cela se conçoit. Les parents, débarrassés pendant la journée des soins incessants que réclame la présence d'un enfant, peuvent se livrer plus activement à leurs travaux; le père gagne nécessairement un salaire plus élevé que quand il passait son temps à discuter sur toutes les exigences d'un enfant; la mère a plus de temps à donner à la direction de son ménage, et quand le soir arrive ils retrouvent, avec un plaisir toujours nouveau, leur enfant dont l'intelligence se développe, dont les défauts disparaissent, et qui déjà moins turbulent, plus docile et plus soumis, captive de plus en plus leur attachement.

Il n'est jamais entré dans l'esprit des fondateurs des salles d'asile, comme on l'a écrit, la pensée de *soustraire les enfants à la tendre affection de leurs parents.* Ces hommes vénérables savaient trop bien que l'enfant qui se détache du sein et des bras de sa mère, réclame encore les soins minutieux que l'amour maternel peut seul donner. Mais quand un travail impérieux force la mère à s'absenter de chez elle et à confier son enfant à des mains étrangères, quand la nécessité l'oblige à ne pouvoir veiller aux exigences sans nombre de ce petit être, n'est-il pas pour elle d'un immense avantage de pouvoir le confier pendant le jour à une personne choisie par l'État pour ce genre de tutelle? Il faut à un jeune enfant plus de soins que d'instruction, plus d'éducation que de science. Qu'on ne croie pas d'ailleurs que le titre de directeur de salle d'asile n'exige aucune capacité de la part de celui qui le possède. Sans doute, la sphère de connaissances exigées pour le degré élémentaire de l'instruction primaire l'emporte déjà sur les matières demandées aux directeurs des salles d'asile; mais en compensation, qu'il faut de qualités pour remplir dignement cette mission! Un caractère toujours égal, une douceur à toute épreuve, une vigilance de tous les instants, et surtout une grande réserve pour ne jamais se compromettre, tant il est vrai que l'enfant conserve toujours le souvenir des impressions qu'il a reçues dans son éducation primaire. Mais aussi, pour nous qui sommes à même d'apprécier tout ce qu'une telle profession exige de dévouement, nous trouvons que rien n'est plus grand sur la terre que le sacrifice que fait un homme de son existence, pour la vouer à l'éducation de ces tout jeunes enfants, dont la vue, par leur position, n'offre pas de bien grands plaisirs, et dont l'instruction qu'ils reçoivent ne peut augmenter celle du maître. Celui-ci ne peut donc chercher que dans sa conscience pure le témoignage bien doux d'avoir parcouru la carrière la plus directement utile à la société !

Lorsque les enfants qui fréquentent les salles d'asile atteignent l'âge de six à sept ans, on ne les voit point éprouver alors, pour l'acquisition d'études un peu plus sérieuses, la répugnance que manifestent les enfants qui se séparent de leurs parents pour la première fois. L'école appelée *asile* les a déjà élevés, c'est-à-dire gardés, entourés de soins, instruits ; l'école primaire est pour eux le passage naturel à une instruction un peu plus supérieure. Tels sont les puissants motifs qui ont amené la fondation des salles d'asile, établissements féconds en heureux résultats, et qui concourent à résoudre un grand problème social : la moralisation du peuple par l'*éducation* de l'enfance et l'*instruction* de la jeunesse.

Organisées par une ordonnance du 22 décembre 1837, rendue sur la proposition du grand maître de l'Université, les salles d'asile ont pris place dans la loi du 15 mars 1850 qui a constitué l'enseignement à tous ses degrés. Aujourd'hui, des salles d'asile existent dans toutes les localités de quelque importance ; des comités locaux, des inspectrices, sont chargés de les surveiller ; en outre, une inspection générale a été créée pour donner à tous les établissements l'unité de direction ; des examens ont été établis pour l'admission des *directrices d'asile* ; une *École normale* a été fondée pour former ces directrices ; enfin des ouvrages de genres divers (recueils d'images, syllabaires, petites histoires, chants), ont été composés et appropriés aux besoins de la première enfance.   Mme LUNEL, *mère.*

ASPARAGINE (chimie) [du latin *asparago*, asperge]. — Principe chimique azoté, cristallisant en prismes droits à base rhomboïdale, incolore, très-dur, sans odeur, d'une saveur fraîche, et dont voici la formule $C^8H^8N^2O^6 + aq$. Vauquelin et Robinet l'ont découverte en 1805 dans les asperges ; on l'a rencontrée depuis dans la racine de guimauve, la belladone, les betteraves, la grande consoude, etc. ; elle a même été annoncée dans le règne animal. Peut-être est-ce un principe très-commun dans les végétaux.

ASPARAGINÉES (botanique) [*asparagineæ*]. — Famille de plantes liliacées à étamines périgynes, composée de végétaux vivaces, herbacés ou sous-frutescents, à feuilles ordinairement alternes. Ses fleurs sont tantôt hermaphrodites, tantôt unisexuées, distinction peu constante, d'après laquelle Ventenat avait formé deux groupes, les *asparagoïdes* et les *smilacées*. Une autre division plus fondée est due à R. Brown et Richard, qui ont séparé des asparaginées, telles que Jussieu les avait présentées, les genres dont l'ovaire est infère. Les caractères de ces plantes sont : « fleurs hermaphrodites ou unisexuées, monoïques ou dioïques, accompagnées à leur base, de pathes ou écailles, calice pétaloïde, à six divisions avec lesquelles alterne un nombre égal d'étamines, à filets libres, soudés dans le genre *ruscus* ; ovaire supère surmonté d'un style simple et d'un stigmate, ou

de trois ou quatre styles avec autant de stigmates ; capsule ou baie globuleuse, ordinairement à trois loges, quelquefois à une seule par avortement des deux autres. » Le type de cette famille est le genre *asperge* (voy. *fig.* 64).

ASPHALTE (minéralogie) [du grec *asphaltos*, bitume ; dit aussi *bitume de Judée*, *poix minérale scoraciée*, *karabé de Sodome* et *baume de momie*]. — Substance solide d'un noir brillant, dur et cassant comme la résine, mais insoluble dans l'alcool, et fusible à plus de 100°. Elle est composée de quantités variables de carbone, d'hydrogène et d'oxygène. Son origine est obscure. Peut-être, dit le docteur Hœfer[1], est-elle un produit de transformation des végétaux résineux antédiluviens. L'asphalte se rencontre quel-

Fig. 64. — Asperge.

quefois en couches puissantes dans certains terrains d'alluvion, comme à l'île de la Trinité, où il est répandu sur une surface considérable et forme ce qu'on appelle, dans le pays, le *lac de poix minérale*. Des masses prodigieuses d'asphalte émergent du fond de la mer Morte (*lac Asphaltite*), et constituent, depuis la plus haute antiquité une branche de commerce considérable. Les anciens Égyptiens employaient annuellement des masses énormes d'asphalte pour l'embaumement de leurs morts. La densité de l'asphalte varie de 1,07 à 1,2. Il brûle avec une flamme éclairante, très-fuligineuse. Soumis à la distillation, il donne une huile bitumineuse particulière, des gaz combustibles, des traces d'hydrogène sulfuré et d'am-

[1] *Dict. de physiq. et de chimie.*

moniaque. L'asphalte entre dans la composition des ciments hydrauliques et dans celle du vernis noir avec lequel on recouvre les objets de tôle. Les vernis d'asphalte garantissent les bois contre l'action destructive de l'air et de l'humidité. Depuis environ trente ans, on exploite en France des mines d'asphalte, découvertes dans les départements de l'Ain, du Bas-Rhin et du Rhône. Avec un mélange d'asphalte pur et de sable, on fabrique un mastic pour faire des dallages en mosaïque d'un très-bel effet. Ces dallages ne sont pas aussi solides qu'on l'avait d'abord cru; car ils s'usent à la longue par l'action combinée des pluies et des fortes chaleurs d'été.

ASPHODÈLE (botanique) [*asphodelus*, du grec *asphodélos*, sorte de lis]. — Genre de plante de la tribu des asphodélées, laquelle appartient elle-même à la famille des liliacées. « Il présente un calice à six divisions profondes, étalées, et six étamines alternant avec elles, insérées à leur base par un filet inférieurement élargi; un ovaire libre avec un seul style et un seul stigmate, à trois loges, contenant un petit nombre de graines. Celles-ci sont anguleuses, et lors de la germination leur cotylédon développé se prolonge en un filet recourbé, charnu à son extrémité; la racine est fibreuse ou fasciculée; les fleurs sont disposées en épi. Les asphodèles appartiennent à la flore de l'ancien continent; aucune espèce n'a été découverte en Amérique. Quoiqu'ils supportent assez bien le froid, ils acquièrent plus de vigueur dans les climats chauds, en Grèce, en Asie, en Afrique. Une grande partie des espèces connues se trouvent en Europe. L'asphodèle croît assez bien dans toute espèce de terrain, dans toute exposition; mais il préfère une terre meuble, un peu profonde, et une exposition chaude. » Les principales espèces sont : l'*asphodèle jaune*, vulgairement *bâton de Jacob*, et l'*asphodèle rameux*, ou *bâton royal*, à fleurs blanches marquées de lignes roussâtres; ce sont les espèces les plus recherchées pour l'ornement des parterres. L'asphodèle croît surtout en Grèce, en Italie et en France; ses tubercules offrent aux bestiaux une nourriture saine : en Algérie, on en extrait de l'alcool en grande quantité. La racine de cette plante est âcre, amère : on l'a employée contre la gale; aujourd'hui elle est inusitée en médecine.

ASPHODÉLÉES (botanique). — Tribu de plantes ayant pour type l'asphodèle et qu'on range aujourd'hui dans les liliacées.

ASPHYXIE (pathologie) [en grec *asphyxia*, d'*a* privatif, et *sphyxis*, pouls : privation du pouls]. — État de mort apparente et imminente par défaut d'air respirable. La mort est ici le résultat de la non-conversion du sang veineux en sang artériel, le premier exerçant sur les organes une action stupéfiante.

Dans son *Tableau synoptique des poisons et des asphyxies*, Eusèbe de Salle a rapporté à deux chefs principaux les causes nombreuses de l'asphyxie : 1° *par défaut d'air respirable*, 2° *par gaz délétères*; mais dans son *Traité de Médecine légale*, il a présenté le tableau suivant et plus détaillé des causes de l'asphyxie, et a donné des généralités sur les asphyxies

en général et sur leur traitement. Eusèbe de Salle reconnaît :

A. *Asphyxie par cessation primitive des phénomènes mécaniques de la respiration.*

1° Par cessation d'action des muscles inspirateurs. Par obstacle mécanique appliqué à ces muscles. Asphyxie par compression des parois de la poitrine.

Asphyxie par compression de l'abdomen.

Asphyxie par défaut de l'influence nerveuse que reçoivent ces muscles.

Asphyxie par section de la moelle épinière.

Asphyxie par section des nerfs diaphragmatiques.

Asphyxie par la foudre.

Asphyxie par inertie des muscles inspirateurs.

Asphyxie par le froid.

Asphyxie par débilité générale (asphyxie du nouveau-né).

2° Par cessation d'action des poumons.

Obstacle mécanique appliqué à ces organes.

Accès d'air dans les plèvres.

Hernie des viscères abdominaux dans la poitrine.

Défaut d'influence nerveuse reçue par les poumons.

Section des nerfs de la huitième paire.

B. *Asphyxie par cessation primitive des phénomènes chimiques de la respiration.*

Par privation d'air.

Par le vide, explosion de poudre.

Par obstacle mécanique à l'entrée de l'air dans les poumons.

Par corps étranger dans la trachée.

Par strangulation.

Par submersion.

Par défaut d'air respirable.

Par l'air trop raréfié.

Par gaz azoté.

Par gaz hydrogène.

Par gaz protoxyde d'azote.

C. *Action délétère sur les poumons et l'économie.*

1° Par gaz irritants.

Acide sulfureux.

Chlore.

Ammoniaque.

2° Par gaz délétères.

Acide carbonique.

Oxyde de carbone.

Hydrogène carboné.

Gaz acide nitreux.

Gaz hydrosulfurique.

Hydrogène phosphoré.

Hydrogène arséniqué.

Gaz des fosses d'aisances.

Gaz de l'éclairage.

Le premier effet de toute espèce d'asphyxie est d'occasionner une gêne de la respiration que l'on combat par deux espèces de mouvements, les uns volontaires (efforts d'ampliation de la poitrine et de la toux); les autres instinctifs (bâillements et pandiculations). Après ce sentiment de gêne survient une pesanteur de tête, une faiblesse des membres, un affaiblissement des facultés intellectuelles, une anxiété précordiale; l'individu tombe en faiblesse et en syncope. Malgré la diminution de la respiration, la circulation persiste, la face est vultueuse, la peau s'injecte, puis devient violette; enfin, le pouls s'affaiblit, la respiration cesse entièrement. La surface du corps est parsemée de plaques rouges ou violettes, plus ou moins nombreuses, plus ou moins colorées. Le pouls disparaît en totalité; il ne reste, pour distinguer le corps d'avec un cadavre, que la persistance de la chaleur et l'absence de la rigidité cadavérique!

Si la mort survient, voici l'état dans lequel sont les organes : à l'extérieur, les yeux sont brillants et saillants, la peau est rosée ou violacée, non-seulement à la face, mais au tronc et aux membres. Pour ne pas confondre cette couleur particulière et ces plaques avec les lidivités cadavériques, il faut remarquer que les premières se trouvent partout, mais surtout aux parties les plus élevées du corps, tandis que les lividités tenant à la stase du sang et à sa chute vers les parties déclives occupent uniformément la partie inférieure. Souvent la rougeur de la peau ou des plaques est telle, qu'à la première vue on peut reconnaître qu'on a affaire à une asphyxie. Dans la boîte cérébrale, les vaisseaux veineux sont un peu gorgés de sang, la substance-cérébrale est piquetée; mais, en général, l'engouement sanguin occupe les sinus et les veines. La langue offre à sa base une rougeur marquée de la muqueuse, rougeur qu'on observe aussi dans le larynx, la trachée et les bronches. La coloration de la muqueuse dans la trachée est parfois portée à ce point que les anneaux cartilagineux en paraissent plus distincts et plus blancs par le contraste. Dans l'intérieur de la trachée se rencontre une matière spumeuse et sanguinolente qui diffère beaucoup de celle des noyés; celle-ci est à bulles beaucoup plus petites, et constitue une mousse plutôt qu'une écume. Les poumons sont très-volumineux et remplissent la cavité de la poitrine, au point de repousser en quelque sorte les côtes. Quand on coupe les médiastins, les rebords des poumons se croisent; quand on incise leur propre substance, on les trouve pénétrés d'un sang épais et noir qui s'écoule en nappe, comme si on incisait une grosse veine; leur tissu est rouge-brunâtre. Les autres viscères, le foie, la rate, les reins, l'estomac, offrent cette teinte brune et cette pléthore veineuse. Au cœur, on trouve les cavités gauches vides, le côté droit distendu de sang; il en est de même des veines caves. Le sang est rarement coagulé; mais il est épais et fluide.

Pour donner la théorie physiologique des faits que nous venons d'enregistrer, nous nous servirons principalement des belles expériences de Bichat dans ses recherches sur la vie et la mort.

Le sang privé d'oxygène demeure veineux et arrive en cet état aux poumons et au côté gauche du cœur; les poumons peuvent continuer à être traversés par le sang, alors même qu'ils sont affaissés sur eux-mêmes; ils sont donc les premiers à ressentir

la stupéfaction que cause le sang non revivifié. Après eux, c'est le cœur gauche et la substance du cœur elle-même qui subit cette influence; les quatre veines pulmonaires versent dans l'oreillette gauche un sang noir qui passe dans le ventricule et dans l'aorte. Les artères coronaires en saturent les fibres du cœur lui-même. Ainsi, la force contractile du centre de la circulation est radicalement diminuée. Les derniers battements du cœur vident ses cavités gauches; les cavités droites s'engorgent de plus en plus. Les poumons, stupéfiés, ont cessé de livrer passage au sang que l'artère pulmonaire leur envoie incessamment. Le ventricule gauche se remplit donc; les veines caves continuent à verser dans l'oreillette, qui s'emplit aussi passivement. Le sang qui est lancé dans la grande circulation par l'aorte est le plus tard dépravé. Cette circonstance et la grande distance qui sépare le système capillaire général du cœur font que ce système est de tout l'arbre circulatoire le dernier à ressentir les atteintes de l'asphyxie; aussi la vie s'y maintient-elle plus longtemps qu'ailleurs; de là la prolongation de la chaleur. Les altérations de couleur que subit le sang et les obstacles mécaniques de la circulation expliquent l'apparition et la couleur des plaques qui apparaissent à la peau; en même temps que le sang non ravivé se distribue aux organes par l'artère aorte, cette artère en envoie au cerveau. Ce sang produit un effet délétère sur le centre nerveux, de là les céphalalgies, le trouble des idées, la perte de connaissance. Le cerveau, par l'action nerveuse qu'il exerce sur le cœur, réagit à son tour sur cet organe et hâte sa paralysie.

Esquissons maintenant le traitement de l'asphyxie.

Traitement de l'asphyxie en général. — La première chose à faire est d'éloigner la cause de l'asphyxie; on expose donc le malade au grand air et on le débarrasse de ses vêtements. On irrite ensuite la peau par des frictions stimulantes faites avec le baume de Fioraventi, de l'eau de Cologne ou de l'eau-de-vie; on exerce des pressions méthodiques sur la poitrine et sur le ventre, afin d'exciter les mouvements des muscles de la respiration; on passe de temps en temps un flacon d'ammoniaque sous le nez; on insuffle de l'air dans les poumons (au moyen d'une sonde introduite dans le larynx, de l'acupuncture); enfin, on a recours à l'électricité, au galvanisme, à l'électro-puncture. Dans tous les cas, il ne faut pas craindre de continuer les secours, lors même qu'ils paraîtraient infructueux, car l'expérience prouve que tant que le corps n'est pas en putréfaction, la vie peut être rappelée soudainement. Si l'on a le bonheur de voir le malade revenir à lui, il importe quelquefois de le faire vomir.

Asphyxie par submersion (noyés). — Placer le noyé sur le côté, la tête légèrement élevée; le déshabiller, le réchauffer au moyen de linges, de briques, de fers chauffés, de frictions stimulantes; employer enfin tous les moyens indiqués dans le cas précédent. On est quelquefois parvenu à rappeler très-promptement la vitalité chez le submergé en appliquant au creux de la poitrine le gros bout d'un marteau trempé dans l'eau bouillante. « Il ne faut pas désespérer, dit Orfila, de sauver un submergé parce qu'il a passé trop de temps sous l'eau; beaucoup d'individus ont été rappelés à la vie après une demi-heure de submersion, quelques-uns après trois quarts d'heure, d'autres après trois heures. D'illustres médecins, Boerhaave, Franck, ont affirmé avoir fait revivre des noyés après six heures de submersion. Morgagni rapporte qu'un homme submergé pendant une demi-journée recouvra bientôt la vie par le seul secours du chlorhydrate d'ammoniaque qu'on approcha de ses narines. » La pensée qu'on avait autrefois que la mort arrive chez les noyés pour avoir avalé une trop grande quantité d'eau avait conduit à l'usage singulier, qu'on retrouve quelquefois encore, de les suspendre par les pieds. Cette pratique, justement condamnée, était l'exagération d'un moyen nécessaire. Il peut être utile de placer pendant quelque temps le noyé dans une position favorable à l'écoulement de l'eau qu'il a avalée; mais cette position toutefois ne doit durer qu'une ou deux minutes au plus.

Voici un extrait de l'instruction adoptée par le Conseil de salubrité de la ville de Paris sur les secours à donner aux noyés et asphyxiés :

1° La première opération à pratiquer, c'est de détacher, ou, pour aller plus vite, de couper le lien qui entoure le cou, et, s'il y a suspension (pendaison), de descendre le corps en le soutenant, de manière qu'il n'éprouve aucune secousse; *tout cela sans délai et sans attendre l'arrivée de l'officier public.* Défaire les jarretières, la cravate, les cordons de jupes, le corset, la ceinture de culotte; en un mot, toute pièce de vêtement qui pourrait gêner la circulation.

2° On placera le corps, toujours sans lui faire éprouver de secousses, selon que les circonstances le permettront, sur un lit, sur un matelas, sur de la paille, etc., de manière cependant qu'il y soit commodément, et que la tête, ainsi que la poitrine, soient plus élevées que le reste du corps.

3° Si le corps est dans une chambre, on doit veiller à ce qu'elle ne soit ni trop chaude ni trop froide, et à ce qu'elle soit aérée.

4° Il est instant d'appeler le plus tôt possible un homme de l'art, parce que la question de savoir s'il faut ou s'il ne faut pas faire une saignée reposant en grande partie sur les connaissances anatomiques, relatives à la direction de la corde ou du lien, il n'y a que le médecin qui puisse bien apprécier les circonstances que présente cette direction.

5° Dans aucun cas la saignée ne doit être pratiquée si la face est pâle.

6° Dans le cas où, après l'enlèvement du lien, les veines du cou sont gonflées, la face est d'un rouge tirant sur le violet, si l'empreinte produite par le lien est noirâtre, et si l'homme de l'art tarde d'arriver, on peut mettre derrière les oreilles, ainsi qu'à chaque tempe, six à huit sangsues.

7° La quantité de sang à tirer devra être proportionnée au degré de bouffissure de la face, à l'âge, à la constitution de l'asphyxié. Il est rare qu'on soit obligé d'extraire plus de deux palettes de sang.

8° Si la suspension ou la strangulation a eu lieu depuis peu de minutes, il suffit quelquefois, pour rappeler la vie, de faire des affusions d'eau froide sur la face, d'appliquer sur le front et sur la tête des linges trempés dans de l'eau froide, de faire en même temps des frictions aux extrémités inférieures.

9° Dans tous les cas, il faut, dès le commencement, exercer sur la poitrine et le bas-ventre des compressions intermittentes, comme pour les noyés, afin de provoquer la respiration.

10° On ne négligera pas non plus de frictionner l'asphyxié avec des flanelles, des brosses, surtout à la plante des pieds et dans le creux des mains.

11° Les lavements ne peuvent être utiles que lorsque le malade a commencé à donner des signes non équivoques de vie.

12° Dès qu'il peut avaler, on lui fait prendre, par petites quantités, du thé ou de l'eau tiède mêlée à un peu de vinaigre ou de vin.

13° Si, après avoir été complétement rappelé à la vie, il éprouve des étourdissements, de la stupeur, les applications d'eau froide sur la tête deviennent utiles.

14° En général, il doit être traité, après le rétablissement de la vie, avec les mêmes précautions que les autres asphyxiés.

Asphyxie par strangulation. — On coupe le nœud de la corde et l'on pratique une saignée du bras ou de la jugulaire. Les moyens sont ensuite les mêmes que ceux indiqués pour l'asphyxie par submersion.

Asphyxie par la vapeur du charbon (due au gaz acide carbonique). — On couche le malade, la tête et la poitrine élevées, dans une chambre dont on laisse les portes ouvertes; on asperge le visage avec de l'eau froide vinaigrée. On fait des frictions sur tout le corps avec de la flanelle imbibée d'eau-de-vie, d'eau de mélisse ou de Cologne. On lui fait respirer du vinaigre, de l'alcali, ou l'on passe sous le nez une allumette soufrée en combustion; on insuffle de l'air dans la poitrine, et quand le malade peut avaler, on lui fait prendre quelques cuillerées de bon vin chaud sucré. La saignée est souvent nécessaire; et dans tous les cas, des sinapismes doivent être placés aux mollets.

Mettre en usage dans l'asphyxie par la vapeur du charbon le reste du traitement indiqué pour l'asphyxie en général.

Asphyxie des fosses d'aisances (due aux gaz acide, hydrosulfurique, hydrosulfate d'ammoniaque et azoté). — Le malade éprouve une vive douleur à l'estomac, des nausées, des défaillances, du délire, etc. On emploie le traitement général de l'asphyxie. De plus, aspersion d'eau vinaigrée au visage, sinapismes aux membres inférieurs. On place sous le nez du patient une compresse de toile imbibée de vinaigre, dans lequel on a introduit une certaine quantité de chlorure de chaux, et on lotionne les narines avec une dissolution de chlorure de soude.

Asphyxie des égouts (due à l'hydrogène sulfuré qui rend le sang noir et diffluent). — Faire respirer avec prudence de l'acide hydrosulfurique et du chlore.

Asphyxie des celliers, puits, etc. (due à l'acide carbonique). — Comme pour l'asphyxie par la vapeur du charbon.

Asphyxie par le froid. — Mettre le malade dans un bain d'eau à la température ordinaire, puis l'on verse peu à peu de l'eau chaude jusqu'à ce que le bain soit à 25 degrés. Lorsque la chaleur et la souplesse naturelle sont revenues, frictions excitantes, bouillon, vin coupé; pas de liqueurs spiritueuses.

Asphyxie par la chaleur (due aux ardeurs du soleil, au feu violent des fonderies, etc.). — Le malade doit être transporté dans un lieu moins chaud, saignée du bras ou du pied, sangsues à la nuque, boissons rafraîchissantes (limonade, petit-lait), bains de pieds peu chauds.

Asphyxie par la foudre. — Cette espèce d'asphyxie produit la suspension des mouvements volontaires et organiques. Si les effets sont plus violents, toutes les facultés de la vie sont anéanties : l'individu ·meurt en quelque sorte apoplectique. Dans le premier cas , on conseille les stimulants (voy. ce mot), l'électricité, le galvanisme. On aurait obtenu du succès en enterrant le malade jusqu'au cou dans de la terre humide.

Asphyxie des nouveau-nés. — Voy. *Apoplexie.* B. Lunel.

ASPIC ou **Aspis** (zoologie) [du grec *aspis*]. — Mot dont on s'est servi pour désigner tour à tour diverses espèces de reptiles ophidiens, et qui ne doit subsister que pour mémoire dans le vocabulaire de la science Ce qui a surtout contribué à la réputation de l'aspic, que Geoffroy regarde comme le *coluber haje* de Forskael, espèce de vipère très-dangereuse, c'est la triste prérogative qu'on lui attribue d'avoir servi à soustraire l'infortunée Cléopâtre à l'ignominie que lui réservait Octavius, son vainqueur !

ASSA (botanique). — Arbre de l'Asie (*serula assa fœtida*), de la famille des ombellifères, qui donne la gomme de ce nom, gomme-résine dont on connaît deux espèces : l'*assa dulcis* (assa douce), qui est la résine du benjoin, et l'*assa fœtida*, qui est le plus généralement désignée sous ce nom spécifique. C'est une substance compacte, molle, en partie jaune et

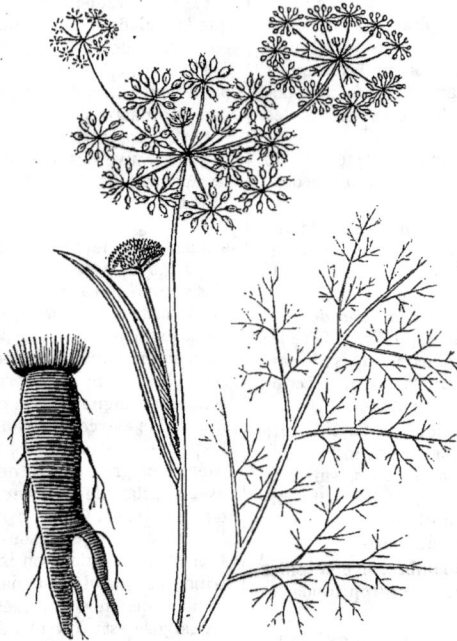

Fig. 65. — Assa fœtida.

rousse, souvent blanche dans son intérieur, d'une odeur fétide, comme son nom l'indique. Elle est composée de 61 parties de résine, de 36 parties de gomme et de bassorine, et de trois parties d'huile essentielle. Elle est à peu près insoluble dans l'eau, mais elle se dissout dans le vinaigre, l'alcool faible et le jaune d'œuf. L'*assa fœtida*, qui, pour nous, est d'une odeur repoussante est très-estimée des Persans et des Indiens, qui la mâchent continuellement et lui trouvent un goût exquis. Il en était de même chez les Romains. Pour nous, cette plante est un excitant énergique, agissant particulièrement sur le système nerveux. A haute dose, c'est un irritant; mais à petite dose c'est un antispasmodique qu'on utilise souvent dans l'hystérie, les coliques nerveuses, l'asthme, la coqueluche. On lui a reconnu des propriétés emménagogues et anthelmintiques. B. L.

ASSAISONNEMENTS (hygiène). — Substances destinées à relever la saveur des aliments et à les rendre plus digestibles. Ils peuvent être empruntés au règne minéral (sel), au règne végétal (vinaigre, cannelle, muscade, poivre etc.), ou au règne animal (graisse, lait, beurre, miel, etc.). L'usage des assaisonnements paraît indispensable à l'homme, puisqu'on le trouve dans tous les pays; mais l'abus en est dangereux, attendu qu'il excite un appétit factice, émousse le goût, détermine à la longue l'atonie de l'estomac, ou produit des inflammations chroniques. Les personnes sobres et prudentes qui font faire leurs assaisonnements avec les végétaux les plus simples, tels que le cerfeuil, l'oignon, etc., n'ont point à redouter cette foule de maux auxquels sont sujettes celles dont la tempérance et la sobriété ne sont pas exemplaires. B. L.

ASSIGNAT [du latin *assignatus*, assigné; ainsi nommé parce qu'on avait assigné pour son remboursement la valeur des biens nationaux]. — Nom donné à un papier mis en usage par la première révolution française.

Les assignats furent créés le 1er avril 1790, et annulés le 19 février 1796 (30 pluviôse an IV). L'Assemblée nationale, pour remédier au désordre des finances, avait autorisé, sur la proposition de Bailly, l'émission d'un papier représentatif de la valeur d'une masse énorme de *biens nationaux* : c'est ce papier qu'on nomma *assignats*. Il devait porter intérêt et être brûlé à mesure des ventes de biens nationaux. La première émission fut de 400 millions. Bientôt la disette du numéraire, effet de l'émigration et des troubles politiques, fit donner aux assignats cours forcé de monnaie : les biens nationaux ne pouvant être vendus assez promptement, les assignats eurent, dès le moment de leur émission, une valeur inférieure à celle du numéraire. Les émissions successives, et toujours plus considérables, imposées au gouvernement par les besoins de l'État, en augmentèrent de plus en plus la dépréciation. En septembre 1792, il avait été fabriqué pour 2 milliards 700 millions d'assignats ; en août 1793, la somme des émissions était de 5 milliards. L'assignat qui, au commencement de 1793, valait encore le tiers de sa valeur nominale, ne valut plus que le sixième au mois d'août de la même année. En 1796, des émissions nouvelles et exorbitantes avaient porté la somme des assignats à 45 milliards 578 millions. Ils ne conservaient plus alors qu'un demi-centième de la valeur nominale : les objets les plus vulgaires se vendaient à des prix fabuleux. Le louis de vingt-quatre livres valait alors 8,000 livres en assignats, c'est-à-dire 330 capitaux pour un. Lorsqu'enfin on brisa la *planche aux assignats*, on offrit en dédommagement aux détenteurs d'assignats des *mandats*, qui ne tardèrent pas eux-mêmes à se déprécier, et toutes les familles qui avaient eu confiance dans ce papier furent ruinées. » (*Bouillet.*)

ASSIMILATION (physiologie). — Voy. *Nutrition*.

ASSOLEMENT (agriculture). — Art de varier les récoltes sur le même terrain, c'est-à-dire de faire succéder l'un à l'autre des végétaux différents. A cet effet, on divise le terrain d'une exploitation rurale en diverses *soles*, ou parties successivement affectées à la culture, de manière qu'au bout d'un certain nombre d'années la même plante, tour à tour reçue sur les soles, revienne sur la première.

M. de Candolle a établi ainsi la théorie des assolements. Il distingue l'*épuisement* du sol de son *effritement*. « L'épuisement, dit-il, a lieu lorsqu'un grand nombre de végétaux ont tiré d'un terrain donné toute la matière extractive ; et l'*effritement*, lorsqu'un certain végétal détermine la stérilité du sol, soit pour les individus de même espèce que lui, soit pour ceux de même genre et de même famille, mais le laisse fertile pour d'autres végétaux.

» L'épuisement a lieu pour tous les végétaux quelconques ; il agit en appauvrissant le sol, en lui enlevant la matière nutritive. L'effritement a quelque chose de plus spécifique ; il agit en corrompant le sol, et en y mêlant, par suite de l'excrétion des racines, une matière dangereuse : ainsi un pêcher gâte le sol par lui-même, à ce point que si, sans changer de terre, on replante un pêcher dans un terrain où il en a déjà vécu un autre auparavant, le second languit et meurt, tandis que tout autre arbre peut y vivre. Si le même arbre ne produit pas pour lui-

même ce résultat, c'est que ses propres racines, allant toujours en s'allongeant, rencontrent sans cesse des veines de terre où elles n'ont pas encore déposé leurs excrétions. On conçoit que ses propres excrétions doivent lui nuire à peu près comme si l'on forçait un animal à se nourrir de ses propres excréments. Cet effet, dans l'un et l'autre exemple, n'est pas borné aux individus d'une même espèce ; mais les espèces analogues par leur organisation doivent souffrir, lorsqu'elles aspirent par leurs racines une matière qu'ont rejetée des sucs analogues à elles ; tout comme un animal mammifère répugne à toucher aux excréments d'un autre mammifère. On concevrait ainsi facilement pourquoi chaque plante tend à effriter le terrain pour ses congénères ; pourquoi certaines plantes à suc âcre, comme les pavots ou les euphorbes, le détériorent pour la plupart des végétaux.

» Si cette théorie est admise, on comprendra aussi sans peine comment certaines plantes à suc doux pourront excréter par leurs racines des matières propres à améliorer le sol pour certains végétaux qui vivraient avec eux ou après eux sur le même terrain ; et l'on comprendrait ainsi comment toutes les plantes de la famille des légumineuses, par exemple, préparent favorablement le sol pour la végétation des graminées. »

De ces considérations M. de Candolle déduit quatre règles fondamentales dans la théorie des assolements :

1° On ne doit pas faire succéder l'une à l'autre deux récoltes de plantes de même espèce, comme, par exemple, le froment au froment, le trèfle au trèfle, à moins que le sol ne soit extrêmement fertile ou qu'il ne se renouvelle de lui-même, comme le font quelques alluvions.

2° On ne doit pas même remplacer une culture par des plantes de la même famille : ainsi les agriculteurs font alterner les légumes et les grains ; les pépiniéristes plantent des arbres de la famille des amentacées au lieu qui vient de porter des arbres de la famille des rosacées. A cette règle, de même qu'à la première, il n'y a d'exception que pour les terrains très-fertiles.

3° Les plantes à suc âcre et laiteux, par exemple le pavot, seront placées avant les cultures améliorantes, et l'on se gardera d'en enterrer les débris.

4° Comme les plantes à suc doux et mucilagineux améliorent le terrain pour les plantes appartenant à d'autres familles, et par leurs excrétions, et par leurs débris, par leur enfouissement, on devra prendre pour base des améliorations dans les assolements les légumineuses, qui occupent le premier rang dans cette catégorie. L'effet bonifiant est sensible même dans les espèces qui déposent peu de feuilles sur la terre, comme, par exemple, les genêts et les ajoncs, ou qui n'ont pas de souche propre à être enterrée, comme c'est le cas des fèves et des vesces ; mais il est plus prononcé dans les espèces feuillues et à racines vivaces, telles que le trèfle et la luzerne.

Tout en reconnaissant l'importance et la généralité de ces principes, dit Young, on ne doit pas croire qu'ils forment toute la théorie des assolements. Pour la compléter, il faut les combiner avec d'autres considérations empruntées à la physique, et qui se résument toutes dans ce principe : entretenir la terre, par la combinaison de cultures variées, dans un état convenable d'ameublissement et de propreté. En envisageant ainsi la question des assolements sous le double point de vue de la chimie et de la physique végétales, et en la rattachant aux règles de l'économie rurale, on sera conduit à poser encore, avec le naturaliste de Genève, les préceptes suivants comme points secondaires de cette théorie :

1° Dans la succession d'un assolement, il doit se trouver une récolte de plantes qui par leur ombrage tendent à étouffer les mauvaises herbes : la luzerne, le trèfle, et en général les fourrages légumineux, sont très-propres à produire cet effet, pourvu que leur végétation soit rapide et vigoureuse, ce qui suppose que le sol aura été bien préparé et bien fumé pour les recevoir.

2° Il importe d'introduire dans la rotation ce qu'on appelle des *récoltes sarclées*, dont la culture, exigeant qu'on émiette le sol et qu'on le purge des mauvaises herbes, est très-propre à précéder ou à suivre celle des plantes qui ne comportent pas de telles façons. Les *récoltes-racines*, qui rentrent dans cette catégorie, et qui exigent à la fois de profonds labours de préparation et de nombreuses façons d'entretien, comme, par exemple, les betteraves, les navets, les carottes, les pommes de terre, jouent un rôle important dans l'assolement, parce qu'aux effets dont il est maintenant question elles joignent l'avantage de ne pas redouter la surabondance de l'engrais, de ne consommer qu'en partie celui qui est mêlé dans un état convenable au sol, et de revenir le féconder après avoir été converties par les animaux de la ferme en matière fertilisante. La culture des racines procure une économie de labours et la possibilité d'un emploi plus permanent des terres.

3° Les cultures qui exigent beaucoup d'engrais et qui le payent ordinairement par l'abondance de leurs produits doivent précéder les plus épuisantes; il serait inutile de les placer devant les récoltes améliorantes, telles que celles des légumineuses.

4° Les plantes fourragères susceptibles d'être pâturées doivent être préférées aux autres, parce que les bestiaux, en les consommant sur le lieu même de la production, y répandent la matière fertilisante sans frais de transport. Cette règle n'est cependant pas admise par tous les agronomes. Thaer, en particulier, affirme que la nourriture des bestiaux à l'étable est la méthode qui assure la production la plus considérable et le meilleur emploi de l'engrais.

5° Le système de la rotation doit être calculé de manière à accroître la quantité des fourrages, car ce surcroît de fourrages en se convertissant en engrais augmentera le produit des céréales ou des plantes destinées à la consommation de l'homme.

6° On devra faire en sorte que chaque année on obtienne une quantité sensiblement égale de chaque classe de produits. Il faut une quantité fixe de four-

rages pour l'entretien d'un certain nombre de bestiaux et pour la production d'une masse déterminée d'engrais, qui suffise à la fertilisation d'un espace régulièrement consacré aux produits les plus voraces et les plus précieux. Sans cette égalité de production, on serait réduit à acheter ou à vendre non pas les produits, mais les moyens mêmes de la culture.

7° C'est encore un point essentiel que de régler une rotation de récoltes sur la possibilité de distribuer régulièrement les ouvrages de la campagne; non-seulement on trouvera, dans cet équilibre des travaux, une économie de temps, mais encore on ne s'exposera pas aux embarras et au surcroît de frais qui résultent de l'emploi d'ouvriers étrangers à l'exploitation.

8° S'il arrive que la rotation laisse en temps opportun une lacune de quelques mois, profitez-en pour obtenir une récolte *intercalaire* ou *dérobée* de sarrasin, de vesces, etc. Cette récolte devra suivre le produit le plus important et précéder une culture améliorante ou destinée à être fumée. Elle empêchera les mauvaises herbes de pulluler, elle maintiendra la terre meuble à cause des labours qu'elle occasionera, et elle accroîtra la masse des produits en variant les chances des récoltes qui ont à souffrir des intempéries.

9° Par la même raison, il est utile de multiplier les objets de culture; on pourra par ce moyen la mieux accommoder aux diversités des sols et des saisons, et aux variations qu'éprouvent les prix des denrées.

10° Dans le choix des plantes à introduire dans l'assolement, ces principes se modifient selon les circonstances locales. Il faut d'abord tenir compte du climat : dans les pays du Nord, c'est en hiver que les labours sont le plus difficiles; dans le Midi, c'est en été, et cette différence doit en apporter une grande dans la direction des travaux. En général, le Midi, quoique plus riche que le Nord en espèces végétales, se prête moins facilement aux assolements réguliers, parce qu'il est moins favorable aux cultures sarclées et aux plantes fourragères. Il faut, en second lieu, avoir égard à la qualité du terrain, qui, suivant les proportions d'alumine, de silice ou de chaux qu'il contient, nourrit préférablement telle ou telle espèce de plante, et qui réclame tantôt les cultures propres à lui donner de la cohésion ou à l'empêcher de se dessécher, tantôt celles qui produisent des effets tout contraires. La valeur qu'assignent aux denrées les habitudes locales, le voisinage des villes et le plus ou moins de facilité des débouchés, sont encore autant de circonstances dont on doit savoir apprécier l'importance dans le choix dont il s'agit. Il faut enfin consulter l'ensemble de l'agriculture du pays, afin, par exemple, de donner une moindre place à la production des fourrages, lorsqu'une grande quantité de prairies naturelles se trouvent jointes aux terres assolées.

Il existe, comme on le conçoit facilement, une foule d'assolements qui sont plus ou moins répandus; ceux qui s'appliquent aux terres légères sont les plus variés et les plus importants à connaître. Le plus vanté est celui de quatre ans du Norfolk, disposé dans l'ordre suivant :

1re *année*. — Racines fumées et bien labourées; navets ou pommes de terre.

2e *année*. — Céréale d'hiver (orge, seigle ou froment); au printemps, dans la céréale, trèfle qu'on coupe après la moisson.

3e *année*. — Trèfle dont on obtient deux coupes, après quoi on l'enterre, on laboure et l'on sème une céréale.

4e *année*. — Céréale, ordinairement froment, souvent suivi d'une récolte dérobée.

Dans certaines localités on étend ce système à six ans en répétant l'alternat des légumineuses et des céréales; quelquefois on le prolonge jusqu'à treize ans et au delà en y admettant la luzerne qui occupe le terrain pendant huit ou dix ans de suite; mais ces deux méthodes paraissent vicieuses en ce qu'elles font revenir trop promptement le trèfle et la luzerne sur la même sole; car on a observé qu'un intervalle de trois ans entre deux cultures de trèfle n'est pas toujours suffisant, et si l'on ne veut pas tarir les sources de la production, on ne doit faire reparaître la luzerne sur le champ qui l'a déjà nourrie qu'au bout d'un temps à peu près double de celui qu'elle y est restée.

Les Belges, les plus habiles cultivateurs de l'Europe, ont organisé des assolements de treize ans sans y admettre la luzerne. En général, les assolements à longue période ont l'avantage de permettre des combinaisons plus variées et de reculer davantage le retour des récoltes sur les mêmes soles ; mais leur complication n'en permet l'adoption que dans les grands domaines et ils ont le grave défaut de ne pouvoir être vérifiés ni modifiés plusieurs fois par l'expérience personnelle de ceux qui les mettent en pratique.   Young.

ASTER (botanique) [du grec *aster*, étoile, à cause de la disposition de ses fleurons]. — Genre de plantes de la famille des composés, section des corymbifères, de Jussieu, dont voici les caractères : « involucre presque hémisphérique, composé de plusieurs rangs de folioles imbriquées, les inférieures souvent étalées; réceptacle plan, parsemé de petits poils déprimés ; fleurs radiées; fleurons du centre très-nombreux, tubuleux, hermaphrodites ; demi-fleurons de la circonférence femelles, au nombre de plus de dix; aigrette de poils simples, sessile. »

Ce genre comprend plus de cent trente espèces, dont les unes sont des sous-arbrisseaux, et les autres des plantes herbacées. Tantôt la tige de ces dernières porte une ou deux fleurs seulement; tantôt elle se ramifie pour former des panicules ou des corymbes. Dans ces derniers cas, les feuilles sont entières ou dentées, linéaires, lancéolées ou ovales.

La plupart des asters croissent naturellement dans les pays du Nord. On en cultive plusieurs dans nos jardins, surtout la *reine-marguerite* (voy. *Marguerite*). L'aster sert aujourd'hui de type à la tribu des *astéroïdées*.

ASTÉRIE (zoologie) [du grec *aster*, étoile]. — Première famille de zoophytes de la classe des échinodermes de Cuvier, ordre des pedicelles. Ces zoophytes ont le disque ou la partie centrale de leur corps aplati, et donnant naissance à un nombre variable de rayons, qui présentent quelques rapports avec une étoile; ce qui leur a fait donner le nom d'*étoiles de mer*, qu'elles portent sur toutes nos côtes. Les pièces dures qui entrent dans la structure de leur enveloppe extérieure sont unies entre elles d'une manière régulière et fort compliquée. Leur bouche est placée à la partie inférieure du disque central, et communique avec un vaste estomac, qui envoie presque toujours des prolongements dans chaque rayon. Ces échinodermes sont très-voraces et dévorent une grande quantité d'animaux, qu'ils saisissent avec leurs longs bras et qu'ils amènent dans leur bouche, où ils sont engloutis sur-le-champ.

Les principales espèces de cette famille sont les *astéries* propres, qui ont les rayons simples et marqués en dessous d'un sillon longitudinal, aux côtés duquel sont percés les trous destinés à livrer passage aux pieds; telles sont l'*astérie rougeâtre*, l'*astérie orangée*, l'*astérie glaciale*, etc.

ASTÉROÏDES (astronomie) [du grec *aster*, étoile; *eidos*, forme]. — Petits corps planétaires qui circulent autour du soleil, et qui, se trouvant engagés dans l'atmosphère terrestre, s'y enflamment par le frottement. Herschell donnait ce nom aux petites planètes Cérès, Pallas, Vesta et Junon.

ASTÉROPHYLLITES (botanique) [du grec *aster*, étoile, et *phyllon*, feuille]. — Plantes fossiles dont les feuilles sont réunies en grand nombre et disposées en étoiles. On en trouve en grande quantité dans les terrains houillers de l'Europe.

ASTHÉNIE (pathologie) [du grec *a*, privatif, et *sthénos*, force]. — Diminution de force, débilité générale du corps ; c'est l'état contraire de la *sthénie* ou de l'irritation. — Voy. *Adynamie*, *Atonie*, *Chlorose*, *Hémorrhagies*.

ASTHME (pathologie) [du grec *asthma*, essoufflement]. — Difficulté de respiration purement nerveuse, revenant par accès réguliers et non accompagnés de fièvre, et reconnaissant surtout pour causes les variations atmosphériques, les émotions vives, les excès, la pléthore, les odeurs, les poussières irritantes, etc. Les accès ont souvent lieu le soir ou la nuit. « L'invasion est subite, elle débute par un sentiment de resserrement de la poitrine ; le malade ne peut rester couché; il a besoin de se tenir assis ou debout et de respirer un air frais ; il s'agite et craint d'étouffer; la respiration est précipitée, haletante, entrecoupée, bruyante; la toux est pénible, suffocante ou convulsive; la figure est altérée, pâle et fatiguée, ou au contraire gonflée et livide. Enfin les accidents se calment, la toux s'humecte, l'expectoration s'établit. » Entre les accès, qui se succèdent à des intervalles très-variables, la santé est plus ou moins parfaite.

Il est un aphorisme populaire, dit le docteur Bell, qui prétend que l'*asthme est un brevet de longue vie*;

à s'en tenir à cet adage, l'asthme serait non-seulement une maladie sans gravité, mais qui aurait l'avantage de préserver d'autres maux. C'est là la déduction d'un fait vrai; l'asthme simple, sans complication organique, peut attaquer pendant de longues années un individu sans le faire succomber, et les observateurs superficiels, frappés de voir des accidents, si menaçants en apparence, se répéter souvent sans altérer la santé, en ont conclu que la maladie avait le pouvoir de prolonger la vie; de plus, l'asthme étant beaucoup plus fréquent chez les vieillards, on a attribué leur longévité à l'affection qui les tourmentait. La vérité, au contraire, est que cette maladie peut être fort grave, surtout chez les vieillards affaiblis, et que le plus souvent elle détermine des affections secondaires, qui peuvent à leur tour avoir une issue funeste.

Traitement. — Il consiste d'abord à éloigner du malade tout ce qui peut empêcher le libre accès de l'air ou gêner la respiration. Si l'accès est long ou intense; si le sujet est fort, sanguin ou affecté de quelques maladies du cœur ou des poumons, la saignée est indiquée. On a recours ensuite aux révulsifs bains de pieds et de mains sinapisés, lavements, purgatifs); puis viennent les antispasmodiques, les narcotiques et une foule d'autres moyens, tels que: Infusion de menthe, fumigations d'azotate de potasse, cautérisation de la partie postérieure du pharynx, au moyen d'un

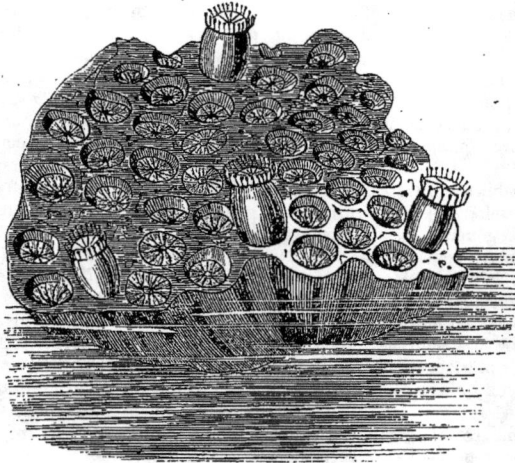

Fig. 66. — Astrée.

pinceau trempé dans de l'ammoniaque à 23°; chlorure de platine (de 25 milligr. à 1 décigr. par jour). L'électricité galvanique a amené souvent de bons résultats; sur cent asthmatiques traités par l'électricité, à l'hôpital de Worcester (Angleterre), le docteur Labeaume aurait obtenu quatre-vingts guérisons! Ce moyen, employé par nous, a réussi une seule fois sur trois.

Les *moyens hygiéniques* sont de la plus grande importance pour modérer le retour des accès; ils consistent à éviter le froid, le vent, les brouillards, à respirer l'air pur de la campagne, à user d'aliments doux et légers (pas d'alcooliques surtout), les voyages sur mer, les vêtements chauds, l'usage de la flanelle, seront d'utiles auxiliaires.   B. Lunel.

ASTRÉE (zoologie) [du mot grec *aster*, étoile].— Sous-genre de polypes madrépores de Cuvier; ce sont des masses pierreuses, épaisses, ordinairement pla-

nes, hémisphériques ou globuleuses, encroûtant souvant les corps marins solides. Les animaux sont courts, pourvus d'une bouche arrondie, au milieu d'un disque couvert de tentacules, en général assez courts, peu nombreux, et contenus dans des loges profondes. M. de Lamarck, le premier, a fixé les caractères de ce genre, qui avait été établi par Brown, et en a décrit, dans son Traité des animaux sans vertèbres, trente et une espèces. De Blainville ensuite a fait connaître ce genre avec beaucoup de détails; mais lorsqu'on aura mieux étudié les animaux de toutes les espèces, il subira encore d'autres changements. Cet auteur divise ce genre en douze sections, et décrit beaucoup d'espèces nouvelles, tant fossiles que vivantes. (*L. Rousseau.*)

Une des espèces principales est l'Astrée annulaire, (*A. annularis* de Lamarck) qui habite les mers d'Amérique; ses étoiles sont cannelées en dehors; sa couleur est d'un blanc jaunâtre.

ASTRINGENTS (matière médicale) [de *astringere*, resserrer]. — Médicaments qui ont la propriété de crisper, de resserrer les parties avec lesquelles on les met en contact. La médecine les emploie pour arrêter les évacuations sanguines ou autres, pour hâter la résolution des inflammations ou les faire avorter dès le début. Les principaux astringents sont les acides étendus, l'alun, l'acétate de plomb, le cachou, la noix de galle, etc.   B. L.

ASTROÏTES (zoologie) [du mot grec *aster*, étoile.] — Nom sous lequel plusieurs naturalistes désignent des polypiers à cellules étoilées, tels que les astrées. Les astroïtes sont de deux sortes: les unes contiennent des zoophytes, et appartiennent à la famille des madrépores; les autres sont de véritables pétrifications.

ASTROLABE (astronomie) [du mot grec *astrolabos*, composé de *aster*, étoile, et de *lambano*, prendre: prendre la hauteur des astres]. — Instrument d'astronomie dont se servaient les anciens pour les observations: il y en a eu de plusieurs espèces, ou plutôt le même nom a été donné à plusieurs espèces d'instruments très différents: on n'en fait plus usage maintenant. L'astrolabe marin est un instrument avec lequel on mesure la hauteur du soleil et des autres étoiles. Il n'est plus en usage, et a été remplacé par les sextants, les octants et le cercle de l'illustre Borda.

ASTROLOGIE [du grec *astron*, astre, et de *logos*, discours; discours sur les astres]. — Ce mot signifiait autrefois la connaissance du ciel et des astres; mais sa signification a changé, et l'on appelle maintenant *astronomie* ce que les anciens appelaient *astrologie*; de sorte que celle-ci, sous la dénomination d'*astrologie judiciaire*, n'est plus que l'art de prédire les événements futurs par les aspects, les positions et les influences des corps célestes.

L'*astrologie* passe pour avoir pris naissance dans la Chaldée, d'où elle pénétra en Égypte, en Grèce et en Italie; quant à nous, c'est des Arabes que nous la tenons. L'*astrologie* est un art chimérique, mais qui a été pendant longtemps beaucoup plus cultivé que l'*astronomie*. Le ciel, selon les *astrologues*, est divisé en douze parties égales; ces douze portions ont chacune un attribut, comme les richesses, la science, etc. La portion la plus décisive est celle qui est près de monter et de paraître sur l'horizon, lorsqu'un homme vient au monde. Les planètes sont divisées en favorables, nuisibles et mixtes. Les aspects de ces planètes qui ne sont qu'à certaines distances entre elles, sont aussi heureux ou funestes. Saturne a sous son empire la mélancolie; Jupiter les honneurs; Mars la colère; le Soleil, la gloire; Vénus, l'amour; Mercure, l'éloquence; la Lune, les choses qui sont d'un commun usage dans la vie, etc.

Lorsque l'astrologie se répandit dans l'Europe occidentale, le merveilleux attaché à ses promesses ne fut pas sans doute un des moindres stimulants qui aidèrent à la rénovation des sciences véritables; car les hommes de ce temps qui ont le plus réellement contribué au progrès de l'esprit humain, furent presque tous des partisans avoués de l'astrologie. Bientôt il n'y eut prince d'Italie, de France, d'Allemagne, d'Espagne ou d'Angleterre, qui ne s'attachât quelque astrologue, ou au moins qui ne prît conseil des astrologues les plus renommés. Mais on pense bien qu'ainsi interrogés et consultés de toutes parts, ceux-ci se trouvèrent fort souvent en défaut, d'autant plus que, trop confiants dans leur art, ils ne craignirent pas d'avancer quelques-unes de ces éclatantes prédictions qui ne laissent, après l'événement contraire, aucune place aux interprétations subtiles. C'est ainsi qu'en 1179 tous les astrologues chrétiens, juifs et arabes, s'accordèrent pour annoncer que la conjonction de toutes les planètes, au mois de septembre 1186, amènerait la destruction de toutes choses par la violence des vents et des tempêtes! Cette prédiction répandit partout la terreur, et les sept années qui suivirent furent, pour beaucoup de personnes, des années de deuil et de désolation. Cependant l'année 1186 se passa fort tranquillement de la part du vent et des tempêtes. — Plus tard, Stoffler, astrologue allemand, osa encore prédire un déluge qui devait arriver l'an 1524, en même temps que la conjonction des trois planètes supérieures dans le signe des Poissons; mais le monde échappa à ce prétendu déluge, comme en 1186 il avait échappé à la destruction générale. — L'étoile si brillante qui parut tout à coup, en 1572, dans la constellation de

Cassiopée, et qui fut, comme on sait, l'occasion, pour le célèbre Tycho-Brahé, de réviser les anciens catalogues des fixes et d'en dresser un nouveau sur ses propres observations, cette étoile donna également lieu à beaucoup de pronostics. Les imaginations effrayées crurent que c'était la même étoile qui jadis avait conduit les mages au berceau de l'homme-Dieu.

Le désappointement des astrologues dans la plupart de leurs prédictions générales était un fait notoire qui devait à la longue ruiner leur crédit. A cela se joignaient leurs erreurs non moins manifestes dans les pronostics sur la destinée des individus. D'ailleurs l'aurore d'une vraie philosophie scientifique commençait à poindre et découvrait de plus en plus la vanité d'une doctrine dont toutes les règles paraissaient arbitraires. En vain Tycho-Brahé et Keppler, faisant bon marché des pratiques ridicules recommandées par la superstition ou par le charlatanisme, tentèrent de se défendre contre la réaction générale et de maintenir au moins quelques principes fondamentaux, l'astrologie perdait chaque jour de son influence, et enfin elle s'évanouit comme une vaine chimère devant la lumière éclatante que les découvertes du XVIIe siècle répandirent sur tous les domaines de l'esprit humain. (*A. Transon.*)

ASTRONOMIE [du grec *astron*, astre, et *nomos*, loi]. — Science des astres, comprenant toutes les connaissances qui se rapportent au mouvement des corps célestes, à leur volume, à leurs distances, à leur constitution, à leurs influences réciproques, en un mot à tout ce que l'étude et l'observation peuvent nous apprendre concernant le système du monde.

Cette science, la plus sublime de toutes, exige le concours des mathématiques les plus élevées, de la physique, de la chimie, de l'optique, de la géologie et de la mécanique. C'est l'astronomie qui nous donne les moyens de mesurer le temps, de prévoir les saisons, de comprendre les mouvements de l'atmosphère et des eaux de la mer; c'est elle qui nous initie aux éclipses, aux phases de la lune, à l'apparition des comètes, des bolides, des étoiles filantes; c'est encore elle qui nous permet de naviguer avec sécurité dans les mers les plus reculées, de découvrir des terres nouvelles, et d'en fixer la position précise sur notre globe.

On ne peut douter que l'astronomie n'ait été pratiquée dans tous les temps et par tous les peuples; en effet, la splendeur et la majesté imposante du soleil pendant le jour, les apparences variées et périodiques de la lune, l'aspect sublime du ciel lorsqu'il est parsemé de ses milliers de diamants, étaient bien de nature à impressionner fortement les hommes et à leur inspirer des sentiments de respect et de curiosité pour les corps brillants et inaccessibles qui semblent dominer la terre, lui distribuer la lumière et la chaleur, la féconder et présider à sa destinée.

Les mouvements des astres, l'apparition à des époques indéterminées des éclipses et des comètes, ajoutaient à l'intérêt déjà si grand qu'inspiraient les phénomènes journaliers de la voûte céleste; aussi l'histoire nous a-t-elle laissé de nombreux souvenirs de l'importance que les anciens attachaient à l'astronomie.

Les savants s'accordent à considérer les Chaldéens ou Babyloniens comme les plus anciens de tous les astronomes : ce peuple prétendait avoir des observations de 470 mille ans. Des doutes se sont élevés sur l'exactitude de ce renseignement; toutefois il résulte du commentaire de Simplicius sur Aristote, que Callisthène, qui était de l'expédition d'Alexandre, avait envoyé, de Babylone, des observations de 1903 ans, qui remonteraient, par conséquent, à 2230 ans avant J. C. Ptolémée, dans son *Almageste*, emploie trois éclipses de lune, observées à Babylone, dans les années 719 et 720 avant notre ère : il rapporte encore des Chaldéens quatre autres observations d'éclipses dont la dernière répond à l'année —367[1]. Au reste, on sait que ces peuples étaient très-versés dans la connaissance des mouvements du soleil et de la lune. Les plus anciens historiens leur attribuent diverses périodes qui ne pouvaient être que le résultat d'une très-longue suite d'observations; on cite entre autres la période de 6,585 jours 1/3, pendant lesquels la lune fait 223 révolutions à l'égard du soleil, 239 révolutions anomalistiques et 241 révolutions par rapport à ses nœuds. Les éclipses observées dans une de ces périodes se reproduisaient dans les suivantes de la même manière, ce qui fournissait un moyen simple de les prédire. Cette période et la méthode par laquelle les Chaldéens calculaient l'anomalie lunaire forment, dit Laplace, le monument astronomique le plus curieux avant l'école d'Alexandrie.

On attribue aux Chaldéens l'invention des signes du zodiaque et des constellations, et on pense qu'ils avaient des notions assez approchées de la grandeur de la terre et de la marche des comètes.

Laplace est d'avis que les plus anciennes observations qu'on puisse employer dans l'astronomie sont celles des Chinois. Les premières éclipses mentionnées dans leurs annales ne peuvent servir qu'à la chronologie par la manière vague dont elles sont rapportées; mais elles prouvent que plus de 2,000 ans avant notre ère, l'astronomie était cultivée en Chine comme base des cérémonies. Le calendrier et l'annonce des éclipses étaient d'importants objets pour lesquels on avait créé un tribunal de mathématiques. Les Chinois avaient reconnu que l'année solaire est de 365 jours un quart, environ, et ils faisaient usage de la période de 19 ans, correspondante à 235 lunaisons, période exactement la même que, plus de seize siècles après, Calippe introduisit dans le calendrier des Grecs.

Le père Gaubil, missionnaire chinois, rapporte que Tcheou-Koung avait mesuré, onze cents ans avant J. C., l'ombre d'un gnomon aux époques méridiennes des deux solstices, dans la ville de Lo-Yang. Les mesures qu'il donne ont été vérifiées et reconnues exactes. Une autre observation du même temps est relative à la position du solstice d'hiver dans le ciel. Enfin il fait connaître qu'un autre astronome, avec un gnomon de 40 pieds, avait obtenu des observations très-précises du soleil.

Il existe des preuves certaines du savoir des anciens Égyptiens dans l'astronomie. Elle formait la base principale de leur religion et ils adoraient le soleil sous le nom d'Osiris. La direction exacte des faces de leurs pyramides vers les quatre points cardinaux, donne une idée très-avantageuse de leur manière d'observer. Il paraît avéré qu'ils ont connu les mouvements réels de Mercure et de Vénus autour du soleil. Leur période sothiaque de 1461 ans, fondée sur le retard annuel du lever héliaque de l'étoile Syrius, prouve qu'ils donnaient à la révolution annuelle du soleil une durée de 365 jours et un quart.

Les astres avaient une grande importance dans la religion des anciens Perses; mais on ne connaît pas au juste leurs opinions scientifiques sur ce sujet. Les tables indiennes, qui ont joué un grand rôle, ont deux époques principales qui remontent, l'une à l'année —3102 et l'autre à —1491. Ces dates sont liées par les mouvements du soleil, de la lune et des planètes, de manière qu'en partant de la position assignée à ces astres, à la seconde époque, et en remontant à la première, conformément au mouvement de chacun, on trouve la conjonction générale des astres qu'elle fixe à cette époque. Nos tables astronomiques actuelles ne permettent pas d'admettre la réalité de cette conjonction ; toutefois, le calendrier qu'ils ont adopté au onzième siècle, et qui consiste à prendre 8 années bissextiles en 33 ans, est plus exact que le calendrier grégorien et prouve qu'ils avaient à cette époque de notions précises sur la marche du soleil. Ils eurent plus tard un observatoire à Maragha et un autre à Samarcand.

Les Grecs n'ont cultivé l'astronomie que longtemps après les Égyptiens qui la leur avaient enseignée. Thalès, né en —640, avait fondé l'école Ionienne, dans laquelle il enseignait la sphéricité de la terre, l'obliquité de l'écliptique et la véritable cause des éclipses qu'il savait prédire. Son successeur, Anaximandre, né en —610, avait reconnu que la lune reçoit sa lumière du soleil; il construisit une sphère, inventa les cartes géographiques et les cadrans solaires. Ensuite vinrent Anaximène, qui florissait vers l'an —550, et Anaxagore, né vers —500. C'est de l'école de ce dernier qu'est sorti Pythagore, né à Samos en —590. Après avoir été s'instruire près des Égyptiens et chez les brahmanes, il vint en Italie où il fit connaître la rotation de la terre sur son axe et sa translation autour du soleil. Il pensait aussi que les comètes appartiennent, comme les planètes, au système solaire. Méton et Euctémon avaient observé le solstice d'été de l'an —432, et c'est vers la même époque que Méton, pour remédier aux erreurs du calendrier, avait imaginé le cycle de 19 ans qui comprend 235 lunaisons. Cette découverte parut si belle aux Grecs, que les chiffres furent tracés en lettres d'or dans les places publique, et c'est l'origine de la dénomination de nombre d'or donnée à ce cycle. Cependant le calcul de Méton n'était pas rigoureusement exact, et après 76 ans on se trouva en avance d'un jour sur la néoménie; c'est pourquoi Calippe, célèbre astronome, établit une période de quatre cycles de Méton, composée de 27,959 jours.

Ptolémée Philadelphe, qui monta sur le trône en — 285, fit beaucoup pour l'astronomie; il bâtit un observatoire à Alexandrie et mit une vaste bibliothèque à la disposition des astronomes. Aristille, Timocharis, Aristarque de Samos, firent des observations plus précises que leurs prédécesseurs et appliquèrent à la mesure des angles les calculs trigonométriques. Hipparque, qui florissait en — 159, est le premier qui imagina l'astrolabe; il dressa des tables du soleil et détermina, par des comparaisons d'éclipses, la durée des révolutions de la lune relativement aux étoiles, au soleil, à ses nœuds et à son apogée; travail immense et précieux par son exactitude. On lui doit beaucoup d'autres ouvrages importants. Geminus, qui vint après, a donné un traité d'astronomie. Posidonius le suivit et mesura la circonférence de la terre et la hauteur de l'atmosphère; il soupçonna, le premier, que le flux et le reflux de la mer est un effet du mouvement de la lune. Ptolémée (Claude) vivait en — 175; il a publié une géographie et donné son nom à un système astronomique qui a été remplacé par celui de Copernic. On lui attribue la découverte de l'évection de la lune, déjà soupçonnée par Hipparque.

A travers toutes ces découvertes de la science, qui étaient le partage exclusif des savants ou des initiés, le culte des astres, dont le soleil était le principal objet sous différents noms, tels que Bacchus, Hercule, Apollon, se propageait dans les croyances populaires et donnait lieu à la divinisation des planètes, des constellations et même des étoiles; la mythologie nous a conservé ces traditions et les noms de ces divinités.

L'astronomie fit de nouveaux progrès chez les Arabes : Al-Mansour, qui était monté sur le trône en 754, s'en occupait personnellement, et Al-Mamoun, élu en 813, fit traduire l'Almageste en arabe et fonda un observatoire dans lequel on publia des tables du soleil et de la lune, plus exactes que celles de Ptolémée. Parmi les astronomes arabes on cite encore Albaténius, Ebn-Junis. Ils ont construit des tables des mouvements célestes, longtemps célèbres par leur exactitude. Ils avaient réuni une longue suite d'observations et fixé la longueur de l'année avec une précision telle, qu'elle n'offrait pas une erreur de plus de huit secondes.

Les Péruviens, qui adoraient le soleil avant la découverte de l'Amérique, fêtaient le retour du printemps et avaient construit des colonnes au moyen desquelles ils reconnaissaient le moment précis de l'équinoxe. On a aussi la certitude que les Mexicains avaient quelques connaissances astronomiques.

Alphonse, roi de Castille, qui succéda à son père en 1252, dressa des tables astronomiques, qui ont été imprimées à Venise en 1483. Ce prince critiquait la complication du système astronomique de Ptolémée, en disant que si Dieu l'avait appelé à son con-

seil, les choses eussent été mieux. En effet, Copernic, convaincu aussi du peu de probabilité de cette combinaison, et après avoir étudié les auteurs anciens, conçut le plan connu sous le nom de *système de Copernic*, qu'il publia vers l'année 1507, et qui est regardé aujourd'hui comme vrai. Tycho-Brahé, astronome danois, né en 1546, qui fut surnommé le restaurateur de l'astronomie, découvrit la variation et l'équation annuelle de la lune; on lui doit aussi les premiers éléments de la théorie des comètes et plusieurs autres observations utiles. Ce fut Galilée, né à Pise, en 1564, qui, au moyen du télescope, inventé tout récemment en Hollande et appliqué par lui à l'étude des astres, donna à la science un essor nouveau qui n'a fait que progresser depuis. Galilée découvrit ainsi les quatre satellites de Jupiter, les taches du soleil et sa révolution autour de son axe, les phases de Vénus. Ses observations rendront sa mémoire à jamais immortelle. Malheureusement, son opinion sur la rotation de la terre, qu'il soutenait avec toute la chaleur d'une profonde conviction, le fit persécuter par l'inquisition, qui comprit tout ce que cette vérité contenait en elle de développements contraires à ses dogmes, et le condamna à une prison perpétuelle. Kepler, né en 1571, dans le Wurtemberg, a eu la gloire de découvrir, après vingt-deux ans de recherches assidues, les lois sur lesquelles repose l'astronomie moderne, et qui portent son nom, savoir : 1° que les carrés des temps des révolutions planétaires sont proportionnels aux cubes des grands axes; 2° que les orbites des planètes sont des ellipses dont le soleil occupe un des foyers; 3° que les rayons vecteurs décrivent des aires proportionnelles aux temps. Ces lois font l'admiration des géomètres et sont d'autant plus précieuses qu'elles s'appliquent aussi aux satellites. Hévélius, né en 1611, signala, en 1662, l'étoile changeante nommée *Mira*. Picard, né en 1620, eut part à la construction de l'observatoire de Paris, et travailla, avec Tycho-Brahé, à la détermination de la longitude de celui d'Uranienbourg.

Cassini, né en 1625, a reconnu l'aplatissement de Jupiter, en 1691; il avait précédemment fait connaître sa rotation et celle de Mars et de Vénus; en 1671, il découvrit le cinquième satellite de Saturne et travailla à la mesure du méridien de Paris. Son fils, né en 1677, a publié un grand travail sur l'inclinaison des satellites de Saturne. Newton, né en 1642, et que Voltaire regarde comme le plus grand génie qui ait existé, s'est immortalisé par la découverte de la gravitation universelle, formulée dans cette loi générale : Tous les corps célestes s'attirent en raison directe de leur masse et en raison inverse du carré des distances. Ce principe lui permit d'expliquer le mouvement des planètes autour du soleil, celui des satellites, le flux et le reflux de la mer et le cours des comètes. Halley, son ami, qui était né en 1656, se fit remarquer, à dix-neuf ans, par une méthode pour trouver les aphélies et les excentricités des planètes; il constata la périodicité des comètes et annonça le retour, en 1758, de celle qui avait paru en 1682, et qui porte son nom. Nul n'a plus contribué à répandre le goût de l'astronomie que Lalande, né en 1732; c'est lui qui a rédigé les articles d'astronomie de l'*Encyclopédie méthodique*. Herschell, né en 1738, fabriquait lui-même ses télescopes et y apporta une perfection qui lui permit de découvrir Uranus avec ses satellites et deux satellites de Saturne; il reconnut que les nébuleuses se composent d'un nombre prodigieux de petites étoiles. Piazzi, né en 1746, a découvert la planète Cérès, et Bode, né en 1747, a donné son nom à une loi qui présente les distances respectives des planètes en ajoutant 4 à 0, 3, 6, 12, 24, etc.; mais cette loi vient d'être remplacée par la loi de progression géométrique, communiquée à l'Académie des sciences dans sa séance du 22 septembre 1856, par l'auteur de cet article. Laplace, né en 1749, a eu la gloire de compléter l'œuvre de Newton, en levant les difficultés que présentait encore l'explication du système du monde par la gravitation; il a aussi donné des formules qui sont appelées lois de Laplace. En voici une : Si, après avoir ajouté à la longitude moyenne du premier satellite de Jupiter le double de celle du troisième, on retranche de la somme le triple de la longitude moyenne du second, le résultat sera 180°. Deuxième loi : Si l'on ajoute au mouvement moyen du premier satellite le double du mouvement moyen du troisième, la somme est égale à trois fois le mouvement moyen du second. Le domaine des sciences a fait, dans ces derniers temps, de rapides progrès, et l'astronomie, en particulier, s'est encore enrichie d'un grand nombre de découvertes qu'on ne pourrait énumérer ici en détail, mais parmi lesquelles on peut citer celle des planètes télescopiques, inconnues des anciens, et qui occupent en quelque sorte la place d'une seule planète, entre Mars et Jupiter. Ce sont :

Cérès, découverte en 1801, par Piazzi;
Pallas, en 1802, par Olbers;
Junon, en 1804, par Harding;
Vesta, en 1807, par Olbers;
Astrée, Hébé, Iris, Flore, en 1847;
Métis, en 1848;
Hygie, en 1849;
Parthénope, Victoria, Égérie, en 1850;
Irène, Eunomia, en 1851;
Psyché, Thétis, Melpomène, Fortuna, Massalia, Lutétia, Calliope, Thalie, en 1852;
Phocéa, Thémis, Proserpine, Euterpe, en 1853;
Bellone, Amphitrite, Urania, Euphrosine, Pomone, Polymnie, en 1854;
Circée, Leucothée, Atalante, Fides, en 1855;
Léda, Lætitia, Harmonia, Daphné, Isis, en 1856;
Ces astres ont été trouvés, savoir :
Hébé et Astrée, par M. Hencke;
Iris, Flore, Victoria, Irène, Melpomène, Fortuna, Calliope, Thalie, Euterpe, Uranie, par M. Hind;
Métis, par M. Graham;
Hygie, Parthénope, Égérie, Eunomia, Psyché, Massalia et Thémis, par M. de Gasparin;

Thétis, Proserpine, Bellone, Leucothée et Fides, par M. Luther;
Massalia, Phocéa, Polymnie, Circée, Léda, Lætitia, par M. Chacornac;
Lutétia, Pomone, Atalante, Harmonia, Daphné, par M. Goldschmidt;
Amphitrite, par M. Marth;
Euphrosine, par M. Fergusson;
Isis, par M. Poxon.

En étudiant la marche d'Uranus, M. Leverrier a reconnu que cette planète devait être influencée par un astre encore inconnu; il a constaté, en 1846, par les résultats d'un calcul extrêmement compliqué, qu'il devait exister une autre planète au delà d'Uranus, et l'annonce qu'il en avait faite a été confirmée par la découverte de Neptune, qui a eu lieu à Berlin peu de jours après, par M. Galle. Cette conquête de la science est un des faits les plus glorieux que l'histoire de l'astronomie ait eu à enregistrer.

Neptune a un satellite, qui a été découvert, ainsi que le septième de Saturne, par M. Lassel.

Le cours d'astronomie de l'Observatoire, auquel Arago donnait un vif intérêt par la clarté de sa diction, et les notices scientifiques qu'il a publiées pendant plus de quarante ans dans l'*Annuaire du Bureau des Longitudes*, et qu'il avait le talent de mettre à la portée de toutes les intelligences, ont puissamment contribué à propager une science pleine d'attraits.

Les principaux objets de cette science sont le soleil, la lune, la terre, les étoiles, les comètes, les planètes, les satellites, et les diverses circonstances de leurs relations.

Le soleil est un globe immense qui occupe un point fixe dans l'espace, relativement à la terre et aux autres planètes, car il a un mouvement de translation qui le rapproche de la constellation d'Hercule; il nous envoie la chaleur qui féconde la terre et la lumière qui peint de couleurs brillantes les corps qui nous environnent. Le soleil est majestueux par son éclat et imposant par sa puissance; il a 1428 mille kilomètres de diamètre et tourne sur son axe en vingt-cinq jours et demi. Il se compose : 1° d'un globe central à peu près obscur; 2° d'une immense couche de nuages suspendue à une certaine distance de ce globe et qui l'enveloppe de toute part; 3° d'une photosphère resplendissante qui enveloppe la couche nuageuse; 4° d'une troisième enveloppe formée de nuages obscurs ou faiblement lumineux située au-dessus de la photosphère. La nature gazeuse de la photosphère a été constatée par Arago dans une expérience faite en 1824.

La surface du soleil présente des taches noires de formes très-irrégulières, environnées d'une pénombre et d'une bordure lumineuse, plus éclatante que les autres parties. Ces taches sont extrêmement variables dans leur forme, dans leur nombre et dans leur position; quelquefois elles disparaissent tout à coup et sont remplacées par d'autres.

La lune est un satellite de la terre; elle nous

éclaire pendant la nuit; sa lumière n'est que la réflexion de celle qui lui vient du soleil. Elle a 3364 kilomètres de diamètre et tourne autour de la terre en vingt-neuf jours et demi ; elle en est éloignée de 384,500 kilomètres et ne nous montre qu'une de ses faces, qui est hérissée de montagnes dont quelques-unes ont quatre kilomètres de hauteur. On y a aussi reconnu des cavités profondes. Le flux et le reflux de la mer sont occasionnés par l'attraction du soleil et de la lune; mais la force de la lune est à peu près triple de celle du soleil. On dit que la lune est éclipsée quand elle perd sa lumière en passant dans le cône d'ombre de la terre, et c'est la lune qui produit les éclipses de soleil en se plaçant entre cet astre et nous.

La terre est un globe qui tourne sur son axe en 24 heures, et autour du soleil en 365 jours 5 heures 48 minutes 51 secondes. Elle décrit, dans ce dernier mouvement, une ellipse dont le soleil occupe un des foyers. La plus grande distance des deux astres est de 155,992,500 kilomètres, et la plus courte de 150,817,200 kilomètres. Lorsque nous assistons au lever du soleil, il nous semble que cet astre s'élève dans le ciel; mais, en réalité, il ne bouge pas; c'est la rotation de la terre qui nous le fait paraître de plus en plus haut jusqu'à midi et de plus en plus bas jusqu'à ce qu'il se couche. Le lever et le coucher du soleil ne sont donc pas des expressions exactes, puisqu'elles se rapportent au mouvement de la terre. Cette observation s'applique aussi à ce qu'on nomme le lever et le coucher des étoiles. La terre n'est pas tout à fait ronde; son diamètre, à l'équateur, est de 12,754 kilomètres, tandis que le diamètre, aux pôles, n'est que de 12,712 kilomètres, d'où il résulte que, vers les pôles, il y a un aplatissement de 21 kilom. Les inégalités produites à la surface de la terre par les montagnes et les profondeurs de la mer sont peu de chose relativement à sa grosseur ; le calcul fait voir qu'elle est, proportion gardée, plus unie que la peau d'une orange.

On considère les étoiles comme étant de la même nature que le soleil, c'est-à-dire que ce sont des astres qui brillent par eux-mêmes, et dont la grosseur peut être égale et même supérieure à celle du soleil; c'est leur éloignement qui nous les fait paraître plus petits. On a calculé que la soixante et unième du Cygne devait être à plus de 60 trillions de kilomètres de distance de la terre.

Ces astres ont été divisés en 94 constellations, comprenant 3,708 étoiles, savoir :

22 boréales des anciens, formées de..	1,167 étoiles.
14 boréales des modernes.........	367
12 zodiacales....................	1,125
15 australes des anciens...........	684
31 australes des modernes.........	365

On en voit un plus grand nombre quand on regarde le ciel avec de fortes lunettes; leur nombre a été évalué à 75 millions. Les étoiles présentent encore d'autres particularités très-remarquables qui seront développées à leur article.

Le mot comète veut dire étoile chevelue; ce nom a été donné à des corps célestes qui, à l'œil nu, ont l'apparence d'une étoile environnée d'une auréole lumineuse appelée chevelure, et accompagnée, en outre, d'une queue plus ou moins longue. Ces astres décrivent des ellipses très-allongées dont le soleil occupe un des foyers ; ils ne sont visibles que quand ils s'approchent de leur périhélie et se trouvent assez voisins du soleil pour pouvoir réfléchir vers nous la lumière qu'ils en reçoivent, car ce sont des corps opaques.

Les planètes sont aussi des corps opaques ; nous ne les apercevons qu'au moyen de la lumière qu'ils empruntent au soleil, autour duquel ils décrivent des ellipses. Les anciens n'en connaissaient que six; mais la science moderne a beaucoup augmenté ce nombre. En les prenant suivant l'ordre de distance on a Mercure, éloigné du soleil de 59 millions de kilomètres, et qui tourne sur son axe en 24 heures 5' 28"; Vénus, dont la distance au soleil est de 110 millions de kilomètres, tourne sur elle-même en 23 h. 21' 7"; on lui a aussi donné le nom d'étoile du Berger, et sa lumière est si brillante qu'on la voit quelquefois en plein jour. Mars a une teinte rougeâtre qui permet de le reconnaître dans le ciel parmi les étoiles des constellations zodiacales; il est à 233 millions de kilomètres du soleil, et tourne sur son axe en 24 h. 31' 22". Les planètes télescopiques ne sont connues que depuis peu d'années; Cérès a été découverte la première en 1801 ; elles sont au nombre de 42. Flore, la plus rapprochée du soleil, en est à 337 millions de kilomètres, et Euphrosine, la plus éloignée, se trouve à 484 millions de kilomètres. On évalue le diamètre de Cérès et de Pallas à 300 kilomètres. Junon et Vesta sont plus petites; on ne connaît pas le volume des autres, mais il diffère peu sans doute de ces proportions. Jupiter, la plus grosse des planètes, est à une distance moyenne du soleil de 798 millions de kilomètres; il a une lumière très-vive et tourne sur son axe en 9 h. 55' 49".

Si l'on en juge seulement par la distance, Jupiter ne reçoit du soleil que la vingt-septième partie de la chaleur qui arrive à la terre; mais il a quatre satellites qui tournent autour de lui avec une grande rapidité et qui, probablement, occasionnent à la surface de la planète des mouvements, des frottements analogues à ceux que la lune produit sur la terre, frottements qui doivent être une nouvelle source de chaleur pour le globe qui les éprouve.

SATELLITES DE JUPITER.

	DISTANCES EN KILOMÈTRES.	DURÉE DES RÉVOLUTIONS.	
1er satellite......	432,250	1 jour	7691
2e —	687,730	3	5512
3e —	1,097,000	7	1546
4e —	1,858,000	16	6888

Saturne ne nous envoie qu'une lumière pâle et

comme plombée, quoiqu'il soit 995 fois plus gros que la terre. Il accomplit sa rotation en 10 h. 29′ 16″, et est environné de plusieurs anneaux qui tournent avec la même vitesse. On compte en outre à cette planète les huit satellites que voici :

	DISTANCES EN KILOMÈTRES.	DURÉE DES RÉVOLUTIONS.
1er satellite......	191,300	0 jour 943
2e —	245,600	1 370
3e —	301,500	1 888
4e —	389,500	2 739
5e —	543,700	4 517
6e —	1,261,150	15 945
7e —	1,764,370	21 297
8e —	3,676,100	79 330

Uranus est si éloigné qu'on ne peut l'apercevoir sans lunette ; il met 84 ans à accomplir sa révolution autour du soleil, ce qui fait paraître son mouvement dans le ciel extrêmement lent ; aussi l'avait-on pris d'abord pour une étoile. Il a huit satellites.

	DISTANCES EN KILOMÈTRES.	DURÉE DES RÉVOLUTIONS.
1er satellite......	205,700	2 jours 520
2e —	268,800	4 144
3e —	362,850	5 893
4e —	470.400	8 705
5e —	548,960	10 961
6e —	629,180	13 463
7e —	1,258,630	38 075
8e —	2,517,000	107 694

Neptune est à une distance du soleil qui égale trente fois celle de la terre : il lui faut 164 ans pour parcourir son orbite ; il a un satellite qui accomplit sa révolution en 5 jours 21 heures.

Le tableau ci-après donne le nom des planètes, leur distance au soleil, celle de la terre étant prise pour unité, le temps de leur révolution et le diamètre de quelques-unes.

On voit, par ce qui précède, que le soleil est escorté de 30 planètes, de 22 satellites et d'un nombre indéterminé de comètes que la gravitation fait peser sur lui, et qui s'y précipiteraient rapidement si la force de projection ne les retenait dans leurs orbites. C'est peut-être une hypothèse trop hardie : mais il semble que toutes ces masses, agissant à la fois sur la matière du soleil, peuvent bien l'échauffer et entretenir ainsi son calorique. Si cette observation était fondée, on pourrait croire aussi que la chaleur doit être forte pour nous lorsque nous sommes en conjonction avec d'autres planètes, telles que Mercure, Vénus, Mars, parce qu'alors la partie du soleil échauffée par ces corps serait tournée vers la terre. L'hiver de 1829 à 1830 a été très-froid, et à cette date aucune planète n'était en conjonction ; Mer-

cure et Mars s'en trouvaient éloignés de trois signes. Il en a été à peu près de même des années 1788,

NOMS DES PLANÈTES.	DISTANCES AU SOLEIL.	DURÉE DES RÉVOLUTIONS.	DIAMÈTRE.
		jours.	kilomèt.
Mercure.........	0,3871	87,9693	4,978
Vénus...........	0,7233	224,7008	12,542
Terre...........	1,0000	365,2564	12,733
Mars...........	1.5237	686,9764	6,608
Flore..........	2,2017	1193,2810	
Harmonia.......	2,2671	1246,8600	
Melpomène.......	2,2957	1270,5310	
Victoria........	2,3350	1303,2586	
Euterpe........	2,3475	1313,7300	
Vesta..........	2,3606	1324,7870	
Uranie	2,3656	1328,9446	
Daphné.........	2,3790	1340,2830	
Iris...........	2,3853	1345,6000	
Métis..........	2,3869	1346,9400	
Phocéa.........	2,3908	1350,2809	
Massalia........	2,4092	1365,8651	
Isis...........	2,4124	1368,6682	
Hébé...........	2,4254	1379,6350	
Lutétia	2,4342	1387,1419	
Fortuna	2,4459	1397,1920	
Parthénope......	2,4516	1402,1061	
Thétis.........	2,4726	1420,1300	
Fides..........	2,5175	1459,0367	
Amphitrite......	2,5537	1490,5400	
Egérie.........	2,5769	1510,8931	
Astrée.........	2,5774	1511,3690	
Pomone........	2,5829	1516,2800	
Irène..........	2,5853	1518,2866	
Thalie.........	2,6259	1554,2093	
Eunomia........	2,6509	1576,4980	
Proserpine......	2,6554	1580,5107	
Junon.........	2,6686	1592,3044	
Circée.........	2,6845	1606,5755	
Léda..........	2,7400	1656,7050	
Atalante........	2,7498	1665,6000	
Cérès..........	2,7665	1680,7515	
Lætitia.........	2,7681	1682,1673	
Pallas..........	2,7696	1688,5231	
Bellone	2,7751	1688,5462	
Polymnie........	2,8655	1771,7365	
Leucothée.......	2,8964	1800,4342	
Calliope	2,9096	1812,8167	
Psyché	2,9929	1825,2021	
Thémis.........	3,1415	2033,8389	
Hygie	3,1514	2043,3860	
Euphrosine......	3,1562	2048,0294	
Jupiter.........	5,2028	4332,5848	142,930
Saturne........	9,5388	10759,2198	114,236
Uranus	19,1827	30686,8205	55,312
Neptune	30,0400	60127,0000	60,087

1776, 1767, 1766, 1762, 1744, 1742 et 1740, qui ont eu des hivers froids.   GOSSART.

ASYMPTOTE (géométrie) [du grec *a*, privatif, *sun*, avec, *pipto*, je tombe]. — On appelle ainsi une droite qui s'approche indéfiniment d'une courbe à branches infinies sans jamais l'atteindre. Il faut, pour qu'une droite soit *asymptote* à une courbe, que la distance d'un point quelconque de la courbe à la droite puisse devenir plus petite que toute quantité donnée.

Pour faire comprendre l'existence des asymptotes, supposons une circonférence O (fig. 67), et menons à l'extrémité du diamètre AB une tangente indéfinie CD ; du point A, menons les lignes AE, AF, AP, etc., quelconques, s'arrêtant à CD ; toutes ces lignes couperont la circonférence en un point, H, K ou N. Si, maintenant nous reportons les longueurs des cordes AH, AK, AN, sur le prolongement de ces cordes, mais à partir de la ligne CD, en sorte que EG = AH,

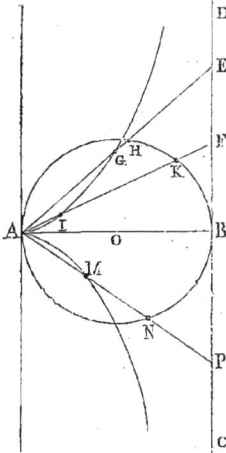

Fig. 67..

FI = AK, PM = AN, la suite des points G, I, M, ainsi obtenus formera une courbe nommée *cissoïde*, qui s'approchera constamment de CD sans jamais l'atteindre, car la portion de ligne interceptée dans le cercle ne sera nulle que lorsque cette ligne sera per-

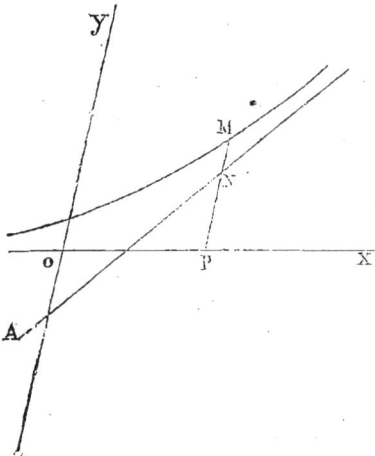

Fig. 68.

pendiculaire en A au diamètre AB ; mais alors elle ne rencontre plus CD. L'équation de la courbe ainsi construite est $y^2 = \dfrac{x^3}{a - x}$.

Essayons de déterminer les asymptotes d'une courbe de degré quelconque dont l'équation est donnée.

Si la courbe a des asymptotes parallèles à l'axe des y (fig. 68), on les reconnaîtra en prenant les valeurs de x qui rendent y infini. Nous chercherons donc seulement les asymptotes non parallèles à cet axe. L'équation générale d'une pareille asymptote sera $y = cx + d$; et, d'après la définition, les ordonnées de la courbe devront différer aussi peu qu'on voudra des ordonnées correspondantes de la droite. L'équation de la courbe pourra donc se mettre sous la forme $y = cx + d + a$, a étant une quantité variable qui devient 0 pour $x = \infty$. De cette équation on tire $c = \dfrac{y}{x} - \dfrac{d + a}{x}$; or, pour $x = \infty$, $\dfrac{d + a}{x}$ devient nul, donc $c = \mathrm{Lim}.\,\dfrac{y}{x}$.

La même équation donnait aussi $d = y - cx - a$; si $x = \infty$, on a $d = \mathrm{Lim}.\,(y - cx)$. Si l'on peut trouver plusieurs valeurs de c et autant de vaeurs correspondantes pour d, c'est que la courbe proposée a plusieurs asymptotes. Parmi les courbes du second degré, l'hyperbole seule peut en avoir, et, en général, une courbe représentée par une équation de degré m ne peut avoir plus de m asymptotes.

Des courbes peuvent être asymptotes entre elles ; ainsi deux branches d'hyperboles ayant les mêmes asymptotes sont asymptotes l'une à l'autre ; il en est de même de deux paraboles ayant même paramètre et même axe.

Les surfaces elles-mêmes ont d'autres surfaces asymptotes ; exemple : les deux hyperboloïdes.

FERDINAND LAGARRIGUE.

ATAXIE (pathologie) [du grec *a*, privatif, et *taxis*, ordre, c'est-à-dire désordre, irrégularité]. — La signification de ce mot a varié à différentes époques de l'histoire médicale. Pour Hippocrate, il désigne tout état morbide, tout désordre de l'organisme ; pour Galien, irrégularité de pouls ; pour Sydenham, affection nerveuse occasionnée par un trouble des esprits ; pour Pinel, ensemble des phénomènes nerveux remarquables par l'irrégularité de la marche des maladies auxquelles ils sont liés, et qui indiquent toujours une affection cérébrale plus ou moins grave, primitive ou secondaire. Les principaux phénomènes de l'ataxie, dans le sens que lui donne Pinel, sont : affaiblissement, abolition ou perversion des fonctions des sens, mobilité extrême et convulsive, immobilité absolue des muscles de la face, affaiblissement ou exaltation instantanée de la force musculaire, soubresauts, raideur tétanique, aphonie, paralysies partielles, insomnie ou sommeil agité, somnolence, stupeur. Une chose importante à noter dans l'ataxie, c'est que les symptômes que l'on observe ne sont pas toujours en rapport avec la nature de la lésion des parties malades. Le siége de l'affection est presque toujours dans le cerveau, soit que la maladie affecte directement cet organe, soit que les symptômes ne se trouvent que le résultat d'un effet sympathique de la lésion d'un autre organe ; en général, cet état est grave et devient une très-fâcheuse complication lorqu'il se manifeste pendant le cours d'une autre maladie.   ADDE-MARGRAS (de Nancy).

ATÈLE (zoologie) [du grec *atélès*, imparfait]. — Genre de singe américain de la tribu des sapajous de Cuvier, se distinguant par leur taille petite, leur corps grêle, la longueur excessive des membres et l'état rudimentaire des pouces antérieurs. Ces animaux vivent par troupes de douze ou quinze individus, se trouvent le plus souvent sur les arbres, mais sont craintifs et toujours prêts à fuir au moindre danger. En domesticité, ils sont doux, mais mélancoliques.

ATHÉISME (philosophie) [du grec *a* privatif, et *théos*, Dieu]. — Doctrine fausse, erronée, qui nie l'existence de Dieu et attribue tous les phénomènes de la nature au hasard.

L'athée rejette tout ce qu'il ne peut expliquer; par conséquent, il n'admet ni la cause première ou *Dieu*, ni les lois générales de la création; il va même jusqu'à nier les *lois morales de l'humanité*. Pour lui, la création est sans cause, sans lois, sans but; tout dans la nature est le produit des combinaisons de la matière, et il explique tout par une aveugle nécessité.

L'athée est par conséquent aussi *matérialiste* : cela découle naturellement du principe même de l'athéisme.

Si nous recherchons la *cause* qui, dans tous les temps, a donné naissance à l'athéisme, nous trouvons qu'elle a sa source dans l'*égoïsme* et dans les exagérations d'un *instinct perverti*, qui fausse la raison. L'homme, entraîné par ses passions, méconnaît les lois morales établies par Dieu; il doute d'abord, puis il cherche à se persuader que ces lois n'existent pas, et, comme conséquence, il arrive à nier *la conscience humaine* et *Dieu*.

Dixit insipiens in corde suo : Non est Deus.

(PSALM.)

Comme on le voit, l'athée veut substituer son action à l'action providentielle du Créateur sur l'humanité; il va même jusqu'à substituer son autorité à celle de Dieu !

L'athéisme est donc une doctrine subversive de l'ordre social; il ne tend à rien moins qu'au renversement des nations par le désordre. En effet, il entraîne la négation des devoirs de l'homme envers Dieu, envers la famille et envers ses frères en Dieu; il éteint en lui tout sentiment honnête et probe. Pour l'athée, la loi morale de justice et d'amour fraternel, qui émane de Dieu, cette loi humanitaire, enseignée et révélée par le Christ, n'existe pas; pour lui, les vertus et les vices sont des effets de circonstance; le bien moral et le mal moral ne sont que des conventions humaines, et les vices ne sont rien pour lui tant qu'ils ne l'atteignent pas.—L'athée est essentiellement *égoïste*. Pour parvenir aux honneurs et à la fortune, il emploie tous les moyens, et il y arrive *per fas et nefas*; tant que les lois humaines ne peuvent l'atteindre, il se croit dans son droit, et, le plus souvent, il sait très-bien les éluder pour parvenir à son but.

On conçoit qu'un tel état de choses est essentiellement opposé à l'ordre providentiel qui doit présider à l'harmonie sociale. C'est pourquoi l'on peut affirmer qu'une société basée sur les principes de l'athéisme ne saurait subsister longtemps. Car l'athéisme est l'absence de tout sentiment religieux et la négation de tout devoir. Poussé ainsi jusqu'à ses dernières limites, nous pensons qu'il est aujourd'hui fort rare; cependant, il peut encore se rencontrer parmi les libertins et les hommes livrés à la débauche et au crime, et quelquefois aussi à la spéculation. L'homme ne peut être athée par conviction; il ne peut l'être que par ignorance et par irréflexion. L'athéisme philosophique, bien qu'il ait encore voulu, dans ces derniers temps, relever la tête, est retombé dans le néant avec ses hypothèses absurdes et sa logique antisociale !

S'il y a peu d'athées, selon l'acception propre de ce mot, il y a, en revanche, une foule d'hommes indifférents. Le sentiment religieux est aujourd'hui tellement affaibli parmi les populations, que cet état constitue une sorte d'athéisme, c'est l'*athéisme moral*. Aujourd'hui, on ne nie pas Dieu considéré comme créateur de la nature universelle. L'idée de Dieu s'agrandit même chez l'homme, en proportion de son intelligence. La raison humaine se sent d'ailleurs trop éclairée pour douter même de son existence. La connaissance des lois qui régissent l'univers et la nature vivante implique nécessairement l'idée de la cause première. Tous les hommes qui s'occupent de science admettent cette cause ou puissance créatrice qui a coordonné tout ce qui existe avec une sagesse admirable et qui le conserve en vertu des lois harmoniques de la création; mais, pour un grand nombre, là se borne l'action providentielle de la Divinité. Dieu a bien, il est vrai, créé l'humanité; mais, après avoir créé cette merveille de ses œuvres, il l'aurait abandonnée à elle-même, et il ne s'en serait plus occupé; l'homme aurait été jeté sur la terre uniquement pour travailler et pour jouir à sa guise des bienfaits de son Créateur. Cette doctrine philosophique constitue le *déisme* (voy. ce mot). Elle rejette la loi morale, qui est la sanction divine de l'humanité; elle reconnaît un Dieu créateur, mais elle ne veut *pas reconnaître* la *loi de justice* et d'*amour fraternel* qui émane de lui. Elle admet la création divine, mais elle ne veut pas admettre le but de cette création. Elle méconnaît la *loi morale* établie par Dieu, afin de maintenir l'*équilibre* au sein de l'humanité, cette loi sur laquelle repose *la solidarité du corps social*, et qui seule fait la durée et la force des nations ! Cette doctrine a pour base l'*égoïsme humain*. Elle constitue, selon nous, l'*athéisme moral*. Elle offre les mêmes conséquences que l'athéisme qui nie la cause première ou Dieu. Cette espèce d'athéisme est aujourd'hui assez commune dans les grands centres de population; elle existe même dans les petites villes, et, assez souvent, on la trouve encore dans les villages et dans les campagnes.

Cependant, nous n'appellerons pas athées ceux qui ne professent pas telle ou telle religion; nous ne dirons même pas que ceux qui ne rendent pas à Dieu un culte extérieur sont des athées. Les athées, nous le répétons, sont ceux qui n'admettent ni Dieu ni les lois morales établies par Dieu.

Il est une foule d'hommes qui, sans admettre positivement que Dieu soit l'auteur ou le principe de ces lois, ne les nient pas; au contraire, ils admettent les lois morales de l'humanité, et même ils les observent scrupuleusement. Ainsi, tel est un père de famille modèle : il se sacrifie pour les siens, il remplit fidèlement ses devoirs d'époux, de fils et de père. Tel autre aimerait mieux sacrifier ses intérêts que de faire tort à autrui en quoi que ce soit ; tel se plaît à rendre des services aux autres sans en attendre de rémunération ; tel aime à faire du bien aux malheureux ; enfin, tel souffre patiemment et sans se plaindre les injures et les torts qu'on lui fait. Cependant, beaucoup de ces hommes ne croient pas en Dieu, ils n'espèrent rien; ils sont bons par caractère et par nature, voilà tout. Dirons-nous que ces hommes sont des athées? Non, nous ne le pensons pas. Ces hommes ont le sens moral droit; ils ont la conscience des devoirs qui se rapportent à la loi morale de l'humanité établie par Dieu. Donc, ils ne sont pas athées, et s'ils se disent athées, ils se trompent, car leurs actions sont en contradiction avec les principes mêmes de l'athéisme moral. Seulement, ces hommes ne sont pas éclairés. Ils sont très-communs parmi le peuple. Chez eux, le sentiment religieux est affaibli plutôt qu'éteint ; c'est un feu caché; il ne faut qu'une étincelle pour le ranimer. Espérons qu'un jour la lumière qui vient de Dieu brillera aux yeux de tous et que tous croiront en Dieu.

Il est une autre classe d'hommes qui reconnaissent bien les lois morales de l'humanité; de plus, ils reconnaissent Dieu comme l'auteur et le principe de ces lois; mais entraînés par leurs passions et par les nécessités de leur position, leurs actions sont très-souvent en opposition avec les principes de cette loi; ces hommes savent bien qu'ils manquent à leurs devoirs de famille ou aux devoirs sociaux; ils regrettent même de se trouver entraînés par de fâcheuses circonstances ou par leur faiblesse naturelle ; ces hommes, qui sont très-nombreux, ne sont pas athées. Ce sont des frères égarés. Tôt ou tard ils rentreront dans le bercail de Dieu lorsque la lumière de la vérité viendra briller à leurs yeux.

Parlerons-nous de ces hommes qui, accablés sous le poids du malheur ou épuisés par le travail et par la misère, arrivent à nier l'action providentielle de Dieu, et Dieu lui-même, parce qu'ils n'en ont pas ressenti les bienfaits? Ces hommes sont aujourd'hui très-nombreux; ce sont des malheureux qu'il faut plaindre, mais non blâmer, car ils ne sont pas coupables devant le Dieu bon et miséricordieux ! Qui donc répondra, devant le Dieu de justice, de leur désespoir et de leur incrédulité? N'est-ce pas ceux qui, au mépris des lois morales de l'humanité, ont, par leur égoïsme individuel, interverti l'ordre providentiel de la création? En effet, qu'est-ce que l'homme par rapport à l'homme? N'est-il pas l'instrument de la Providence divine par rapport à ses

frères en Dieu? Et celui que Dieu a favorisé des dons de la fortune ne doit-il pas venir en aide à ses frères moins favorisés que lui, en leur procurant un travail régulier suffisamment rétribué pour subvenir aux besoins d'une famille? Tel est, selon nous, l'ordre providentiel et humanitaire établi par Dieu. Sur lui, nous le répétons, repose la solidarité du corps social et la durée des nations (voy. *Providence*). Eh bien, ces hommes que l'on suppose athées ne sont pas si éloignés de Dieu qu'on pourrait le penser d'abord, malgré les accents de leur douleur. Qu'une âme compatissante et généreuse, agissant sous la noble impulsion qui vient du ciel, vienne leur parler de Dieu et de sa providence, en leur procurant à la fois la nourriture et le travail : animés par la reconnaissance, ces hommes éprouveront aussitôt un sentiment religieux qui les rapprochera de Dieu, et ils croiront en sa providence.

Parlerons-nous aussi de ces prétendus esprits forts qui, pour affecter une supériorité d'intelligence sur ce qu'ils appellent le vulgaire, se posent en hommes importants, et déclarent, avec une forfanterie orgueilleuse, qu'il n'y a pas de Dieu; que l'homme n'a d'autre règle à suivre que ses désirs, que sa volonté n'a d'autres bornes que sa puissance; que quand il est mort tout est fini pour lui? La pédanterie de ces hommes égale leur ignorance, et leur pusillanimité égale aussi leur orgueil. En effet, sont-ils atteints par la maladie, s'ils sentent que l'heure dernière va bientôt sonner pour eux, ils tremblent à la pensée d'un Dieu vengeur de ses droits méconnus, et au souvenir de leurs actions si souvent en contradiction avec les lois morales de l'humanité; leur vie dépravée les épouvante à la vue des victimes innocentes qu'ils ont sacrifiées à leurs infâmes plaisirs, et des malheureux qu'ils ont dépouillés par leurs exactions et leur mauvaise foi; alors seulement ils s'avouent coupables, et ils demandent pardon au Dieu de justice; leur esprit fort se trouve faible à la pensée d'un Dieu défenseur de l'opprimé; alors ils sentent très-bien que l'âme ne meurt pas avec le corps, et qu'une nouvelle phase va désormais s'ouvrir pour elle, phase d'expiation pendant laquelle elle doit se réhabiliter pour le rétablissement de l'ordre providentiel selon la loi de justice !

Que dirons-nous d'une certaine classe d'individus qui simulent des sentiments religieux qu'ils n'ont pas, et cela, afin de donner le change à l'opinion sur leur compte, et d'arriver à faire plus facilement leur chemin? Ces hommes font le bien, il est vrai, non pour la gloire de Dieu, non par un sentiment d'humanité, mais par un principe d'*égoïsme* que nous appellerons *religieux*, et pour s'en approprier les résultats moraux. Cela constitue une espèce particulière d'athéisme contre lequel le Christ s'élevait avec force quand il disait : « Ces hommes ont la prière sur les lèvres, mais leur cœur est loin de moi. . . . . Ce ne sont pas ceux qui disent sans cesse : Seigneur, Seigneur! qui entreront dans le royaume de Dieu, mais bien ceux qui accomplissent la loi de justice et d'amour fraternel qui vient de Dieu. »

D'après ces considérations générales sur l'état actuel de la société, nous pensons que le nombre des athées ne peut être fort considérable relativement aux populations. En effet, comment l'homme qui pense pourrait-il être athée? lui qui a si souvent éprouvé les bienfaits providentiels de son Créateur. Pour peu qu'il réfléchisse aux vicissitudes de la vie, il se sent naturellement porté à élever sa pensée vers lui. C'est surtout au milieu des peines et des tribulations qu'on en éprouve le besoin. On retrouve Dieu dans l'adversité.

Si le sentiment religieux paraît aujourd'hui si généralement s'affaiblir au sein des grandes populations; s'il est un si grand nombre d'hommes qui ne pensent presque jamais à Dieu, cela tient à plusieurs causes qu'il est à propos de signaler. Parlons d'abord des vices de l'éducation de famille. Le plus souvent l'enfant n'a reçu que des inspirations de l'amour maternel les premières impressions religieuses, et ces impressions s'effacent bien vite sous l'influence de l'exemple de l'indifférence religieuse qu'il observe ailleurs. Ordinairement, on s'occupe assez peu de diriger l'éducation des jeunes enfants vers le but moral auquel elle se rapporte (voy. *Éducation*). Et, plus tard, lorsque l'enfant du peuple est soumis à l'action de l'atelier, est-il possible qu'il conserve les sentiments religieux qu'il aura puisés au sein de la famille? Tout le monde sait que généralement l'apprentissage est pernicieux pour l'enfant du peuple. C'est un malheur qu'il faut signaler à l'attention des patrons et des travailleurs probes et honnêtes, car il exerce une fâcheuse influence sur l'état social, puisqu'il conduit très-souvent l'homme du peuple à oublier ses devoirs et Dieu.

A une époque plus avancée dans la vie, les passions qui n'ont point d'abord été dirigées viennent compléter la perversion déjà commencée, et la jeunesse est alors presque toujours entraînée à l'oubli de Dieu et des devoirs imposés à l'homme par sa loi.

Cependant, lorsque l'homme est arrivé à l'âge où la raison et la réflexion viennent redresser les écarts des passions, le sentiment religieux devrait aussi renaître dans son âme; cela arrive quelquefois lorsque l'éducation de famille a été bien dirigée; mais le plus souvent l'homme est alors éloigné de Dieu par le besoin d'une activité incessante pour se créer une position ou pour subvenir aux besoins de sa famille. D'ailleurs, les froissements moraux qu'il éprouve de toutes parts, l'injustice et la mauvaise foi dont il est si souvent la victime, ne sont-ils pas propres à éloigner de lui la pensée religieuse?

Que doit-il penser de la loi de justice et d'amour fraternel, lorsqu'il est si souvent témoin d'actions qui ont pour base le principe opposé à cette loi? L'homme qui ne raisonne pas ne peut-il pas croire qu'on le trompe et arriver ainsi à nier Dieu et sa loi?

L'indifférence presque générale que l'on observe dans les grands centres de population pour les bienfaits du Dieu créateur et l'absence presque totale du sentiment religieux constituent, avons-nous dit, une sorte d'athéisme moral. Il a sa source dans les principes opposés à la loi morale de l'humanité; il ne peut être détruit que par le retour aux préceptes de cette loi, dont Dieu est le principe et la fin. — Dans tous les temps, l'humanité a été soumise à l'action de ces deux principes opposés, et l'athéisme moral se retrouve dans tous les âges du monde et chez toutes les nations. L'histoire nous démontre une grande vérité : lorsque l'athéisme est arrivé au point où il semble près d'intervertir l'ordre providentiel et humanitaire de Dieu; lorsque l'humanité, déviée de la route tracée par le Créateur, semble près de s'écrouler sous des ruines, par une tension opposée au principe de la loi d'harmonie, alors Dieu, dont la puissance est sans bornes et dont la providence est inépuisable, prépare un cataclysme par lequel l'humanité rentre dans les voies harmoniques de la création, et l'ordre providentiel se rétablit. Le cataclysme est aussi bien dans l'ordre moral que dans l'ordre physique.

Nous laissons aux hommes sérieux, à ceux surtout qui s'occupent du progrès social, le soin de juger à laquelle de ces deux influences opposées notre société est actuellement soumise et quels sont les résultats que l'on peut attendre de la tension excessive que peut produire le principe qui la domine. — Pour tout homme qui réfléchit, n'est-il pas facile de pressentir qu'il se prépare un cataclysme moral qui pourra rétablir l'ordre providentiel au sein de l'humanité? Quel sera le moyen que Dieu emploiera pour atteindre ce but? Nul ne peut le savoir. Faisons des vœux pour que cet ordre, cette harmonie se rétablisse sans qu'il tombe un seul cheveu de la tête d'un de ses enfants! Il le peut! à Lui seul tout est possible !

La lumière de la vérité qui doit encore éclairer le monde existe en germe au sein de l'humanité, et, comme nous l'avons dit, il y a fort peu d'hommes, relativement à la masse des populations, qui ne soient disposés à recevoir sa douce et bienfaisante influence. Que cette divine lumière vienne à briller de nos jours comme au temps du Christ, bientôt l'humanité sera éclairée, réchauffée et vivifiée par elle; elle rentrera dans les voies harmoniques de Dieu. Et comment pourrait-il en être autrement si tous les hommes comprenaient les beautés de cette loi morale qui émane du Dieu créateur? Nous allons essayer d'en donner une esquisse.

Dieu est un pur esprit, un principe immatériel, principe essentiel et éternel d'action et cause première de tout ce qui existe.

Il est le créateur de la nature universelle; il est l'auteur et le principe de la vie.

La création est la manifestation de sa puissance infinie; la vie est la manifestation de son amour immense.

L'homme est le chef-d'œuvre de la création; le principe immatériel qui l'anime, son âme, est une émanation de l'essence divine.

Dieu étant le principe et l'auteur de la vie, et l'âme humaine étant une émanation de lui-même, il est donc le Père de l'humanité, car elle procède de sa puissance créatrice par la loi de vie et d'amour, dont il est le principe et la fin (voy. *Animisme*).

Dans la pensée de Dieu, l'humanité est comme un seul homme; elle représente une seule famille dont il est le Père.

Tous les hommes étant enfants d'un même père sont, par conséquent, tous frères en Dieu.

Ils lui doivent le même amour, la même reconnaissance; ils ont les mêmes droits à ses bienfaits; ils ont aussi les mêmes devoirs à remplir.

Dieu a créé tout dans un état parfait d'harmonie, et la perfection est le caractère essentiel de ses œuvres.

La création repose sur une loi fixe, invariable, qui a pour but de maintenir l'ordre et l'harmonie au sein de la nature universelle.

Cette loi est immuable comme Dieu lui-même; elle constitue l'ordre providentiel de l'univers.

L'attraction est la loi générale de l'harmonie universelle; la répulsion est le principe opposé à cette loi.

Dans la nature vivante, cette loi de l'harmonie universelle a pour but la conservation de la vie et la propagation de la vie (voy. *Appétit*). Elle présente également les deux principes opposés : l'attraction et la répulsion. Elle prend le nom de *sympathie*; son principe opposé, c'est l'*antipathie*.

Dans la nature vivante, la sympathie est essentiellement attractive; elle tend à identifier les êtres qui l'éprouvent; elle tend sans cesse à l'unité; sur elle repose l'harmonie de la création. Elle émane de Dieu comme principe; elle tend vers Dieu comme fin ou but de cette harmonie.

Sous l'influence de cette loi, l'animal, même le plus inintelligent, accomplit incessamment sa tâche dans le grand œuvre de la création; il agit comme une force aveugle, sans pouvoir s'écarter du but tracé par le Créateur. Il suit son instinct, qui le guide; il n'a pas conscience de la valeur morale de ses actes.

Chez l'homme, cette loi sympathique présente un caractère plus élevé, en raison de la nature supérieure de son âme.

Appliquée à la famille, cette loi en est la base et le lien; elle constitue l'amour moral, d'où dérivent l'amour paternel ou maternel, l'amour filial et l'amour conjugal. Ce principe d'amour, bien compris, a sa source en Dieu et doit retourner vers lui; sur lui repose l'harmonie de la famille selon la pensée de Dieu et le but de la création.

Appliquée à l'humanité, cette loi sympathique d'amour constitue la charité ou l'amour fraternel; elle a sa source au foyer de l'amour divin qui s'irradie sur la grande famille humaine dont Dieu est le père, et il doit remonter à sa source par l'union fraternelle et sympathique des enfants de Dieu.

Cette loi de l'amour fraternel et divin constitue la loi morale de l'humanité; sur elle reposent l'harmonie sociale et l'ordre providentiel de l'humanité dans le but de la création.

Le principe opposé à cette loi morale de Dieu, c'est l'égoïsme, sentiment par lequel l'homme rapporte à

lui-même ou à sa famille toutes ses actions et toutes ses affections. Ce sentiment peut être porté au point de lui faire oublier son Créateur et méconnaître les devoirs sacrés qui se rattachent à la loi de justice et d'amour fraternel. Il conduit l'homme à l'athéisme moral; il tend à renverser l'harmonie sociale et à détruire l'ordre providentiel de Dieu sur l'humanité (voy. *Egoïsme*).

En créant l'homme et l'humanité, Dieu a imprimé à la nature humaine cette loi morale en caractères ineffaçables. Elle est indéniable; elle est obligatoire pour tous; elle est le code et la sanction divine de l'humanité.

L'homme connaît cette loi par la raison, faculté supérieure de son âme; il apprécie la valeur morale de ses actions par la conscience; et en vertu de son libre arbitre, troisième faculté spéciale de son âme, il est libre d'accomplir sa tâche dans le grand œuvre de la création.

L'âme humaine étant une émanation de l'essence divine est, par conséquent, immortelle; unie au corps par des liens périssables, elle retourne après l'extinction de la vie vers son principe.

Dieu est seul juge des actions des hommes; seul aussi il peut pardonner à ceux qui se repentent d'avoir transgressé sa loi sainte.

Pour être pardonné, l'homme doit se repentir pendant la vie; car après la mort il recevra de Dieu la récompense ou le châtiment qu'il aura mérité suivant la nature de ses actions par rapport à la loi morale de justice et d'amour fraternel et divin.

Nul ne sait en quoi consiste la nature de la récompense que Dieu réserve à ceux qui observent sa loi ou qui reviennent à lui par le repentir. Nul ne connaît la nature du châtiment dont il punira ceux qui la transgressent.

Cependant, on peut affirmer que Dieu sera lui-même la récompense de ceux qui auront été justes et bons envers leurs frères ou qui seront rentrés dans les voies de Dieu par le repentir; et l'âme des justes, dégagée des liens du corps, se réunira à son principe et jouira éternellement de la plénitude de l'amour divin, qui est la béatitude céleste.

Quant à ceux qui auront fait le mal et exercé l'injustice envers leurs frères, s'ils meurent coupables, Dieu les éloignera de sa présence, et ils subiront une expiation soit temporaire ou éternelle, suivant la nature et la gravité de leurs actes et leur perversité morale.

Tel est l'exposé simple et rapide de l'origine et de la nature de la loi morale de Dieu, de cette loi de justice et d'amour fraternel qui, seule, peut réunir tous les hommes dans une même pensée et les rendre heureux. — Tel est le critérium auquel se rattache le véritable progrès social et humanitaire, selon la pensée du Créateur lorsqu'il a dit, par la bouche de son prophète : « Marchez en ma présence et soyez » parfaits. »

Nous ne cherchons pas à prouver ici que cette loi morale remonte à la création et qu'on la retrouve dans tous les âges du monde; qu'elle existe dans la loi de Moïse et chez les patriarches du peuple juif. Ce que nous voulons prouver, c'est que cette loi est essentiellement progressive et humanitaire; qu'elle est l'essence de toute religion venant de Dieu. Seule elle est capable de régénérer l'humanité et de la ramener dans les voies harmoniques de Dieu; elle seule peut constituer la religion universelle qui doit, selon la prédiction du Christ, dissiper les ténèbres de l'athéisme moral. Pour atteindre ce but, il faut réveiller au sein des masses le sentiment religieux, et pour y parvenir, il faut, comme le Christ, enseigner avec simplicité cette loi morale de Dieu, qui est le code des devoirs de l'homme et de l'humanité; il faut appeler tous les hommes à rendre les hommages qu'ils doivent à leur Créateur par le sentiment de la reconnaissance et de l'amour.

On comprendra facilement toute l'influence que doit avoir sur l'esprit des masses un culte religieux en harmonie avec les principes purs du christianisme, si on compare, par opposition, les effets d'un culte religieux mal compris qui serait en opposition avec les principes de la loi morale et régénératrice de Dieu.

Si ce culte résidait plutôt dans les formes extérieures que dans la pensée religieuse; si l'enseignement religieux s'attachait plutôt à la lettre qu'à l'esprit de la lettre; si les ministres de ce culte interprétaient le sens des Écritures dans le but d'établir leur influence sur les masses; s'ils cherchaient, au nom de Dieu, à substituer leur domination à l'action providentielle de Dieu sur l'humanité; si, enseignant la loi de Dieu, leurs actions étaient souvent en opposition avec cette loi suprême de l'humanité, ce culte ne prêterait-il pas un point d'appui aux passions nées de l'égoïsme individuel, puisqu'il n'aurait lui-même d'autre principe que l'égoïsme? Ce culte ne serait-il pas plutôt une négation de la loi divine et une dérision jetée à la face de Dieu et de l'humanité? Ce culte ne serait-il pas propre à affaiblir le sentiment religieux et même à le pervertir, et n'aurait-il pas pour effet de produire l'athéisme moral? ne serait-il pas à la fois antisocial et antichrétien?

Tel était le culte qui, chez les Juifs, avait remplacé la loi de Dieu lors de l'avénement du Christ; aussi s'éleva-t-il avec toute la puissance qu'il avait reçue de Dieu, son Père, pour renverser ce culte, qui était devenu à la fois une idolâtrie et une sorte d'athéisme.

Pour combattre l'athéisme moral de son temps, le Christ commença sa mission régénératrice par les sublimes préceptes de l'amour divin et de l'amour fraternel, qui, d'ailleurs, existaient déjà dans les tables de la loi de Moïse.

Aimez Dieu, disait-il sans cesse à ses concitoyens, aimez Dieu par-dessus toutes choses, parce qu'il est votre Créateur et votre Père.

Aimez vos frères en Dieu (votre prochain) comme vous-même pour l'amour de Dieu. Toute la loi, disait-il aux prêtres de son temps, est renfermée dans ce double commandement.

Et pour appuyer le précepte divin par l'exemple, il disait à ses apôtres et à ses disciples, qui composaient son Église naissante : Aimez-vous les uns les autres comme je vous aime; comme j'aime mon Père céleste, qui est aussi votre Père, de même notre Père nous aime.

Il enseignait la loi de justice par ces préceptes : Ne faites pas à votre frère ce que vous ne voudriez pas que l'on vous fît à vous-même. — Rendez à votre frère les mêmes services que vous voudriez que l'on vous rendît à vous-mêmes. — Que chacun de vous vienne en aide à son frère selon ses moyens et sa position. — Soyez justes comme votre Père céleste est juste. — Soyez bons et miséricordieux comme lui envers vos frères.

Et il enseignait le pardon des injures par ces sublimes préceptes : Si votre frère vous a offensé, pardonnez-lui, si vous voulez que votre Père céleste vous pardonne. — Pardonnez-lui, non-seulement une fois, mais sept fois; non-seulement sept fois, mais soixante-dix fois sept fois; ce qui, dans son langage parabolique, veut dire *toujours*.

Souvent il répétait ces paroles pleines de douceur et de mansuétude : Venez à moi, vous tous qui êtes travaillés par la souffrance et par les misères de la vie; venez à moi, vous tous qui portez le fardeau de la tribulation; venez à moi, vous tous qui souffrez et qui gémissez; venez à moi, et je vous soulagerai.

Pendant trois ans le Christ continua sa mission divine et régénératrice; il passa sur la terre en faisant le bien à tous, et il mourut, victime innocente, en pardonnant sa mort à ses ennemis et à ses bourreaux.

Quoi de plus sublime que la vie et la mort du Christ! Quoi de plus capable de dissiper les ténèbres de l'athéisme moral que les sublimes enseignements de sa morale fraternelle et sainte!

Aussi, son œuvre régénératrice, continuée par ses apôtres et par leurs premiers successeurs, ne tarda pas à triompher de tous les obstacles de l'athéisme de ces temps, et en moins d'un siècle elle renversa le colosse des temps antiques, le paganisme, qui avait menacé Dieu lui-même.

Ce n'est pas ici le lieu de dire comment cette régénération morale de l'homme s'est opérée (voy. *Christianisme*); nous ne rechercherons pas non plus les causes qui ont, depuis longtemps déjà, arrêté cette action régénératrice. Nous dirons seulement que ce n'est qu'en revenant aux principes purs de son institution que l'on verra renaître le sentiment religieux au sein des populations, que l'on verra se dissiper les ténèbres accumulées par l'indifférence religieuse et par le principe antisocial de l'athéisme moral de notre époque, quelles que soient sa forme, ses causes, son origine.

Alors l'humanité, régie par les principes de la loi de justice et de l'amour fraternel, qui émane de Dieu, reprendra sa marche ascendante et progressive vers la perfection, qui rapproche l'homme de son Créateur et le rend digne de son amour et de ses bienfaits. Alors aussi sera formée de nouveau la société fraternelle chrétienne qui, aux premiers temps du christianisme, constituait l'*Église collective* des enfants de Dieu. Cette société nouvelle, donnant à tous, comme leurs devanciers, l'exemple de la justice et de la véritable fraternité, entraînera la conviction des masses et fera renaître au milieu des populations le sentiment religieux, qui, seul, peut détruire les effets de l'athéisme moral; alors la lumière de la vérité qui vient de Dieu répandra ses divins rayons sur tous les habitants de la terre, et peu à peu, sous sa douce et bienfaisante influence, l'humanité, animée d'un même esprit et unie par les mêmes sentiments, comprendra désormais que Dieu est tout amour et que l'amour est en Dieu, et elle viendra réchauffer l'amour fraternel au foyer de l'amour divin! C'est alors que non-seulement les ministres du Seigneur, mais les peuples et les princes qui les gouvernent, agissant tous avec amour et avec équité, viendront se confondre dans une même pensée pour reconstituer l'Église chrétienne collective des enfants de Dieu et former, d'un accord unanime, la grande famille humaine dont Dieu est le Père et tous les membres sont frères en Dieu. Alors seulement sera constituée l'Église chrétienne universelle prédite par le Christ, celle dont il a dit que les portes de l'enfer ne prévaudront point contre elle, ce qui veut dire, dans son langage figuratif, que les efforts multipliés de l'athéisme moral seront à jamais impuissants contre la société des enfants de Dieu.

Ainsi sera résolu dans l'unité qui vient de Dieu le grand problème de la liberté, de l'égalité et de la fraternité dont les nations cherchent depuis si longtemps la solution; car elles auront compris que le bien-être général des peuples repose sur l'entier accomplissement des devoirs sociaux qui émanent de la loi de justice et d'amour fraternel, et que là seulement se trouvent la vraie liberté, la vraie égalité et la vraie fraternité des enfants de Dieu!

Dr PÉTRON.

ATLANTE [en latin *atlanta*]. — Genre de mollusques gastéropodes, de l'ordre des hétéropodes, selon Cuvier; se composant d'animaux pélagiens de petite taille, dont la coquille a sa cavité étroite et roulée en spirale sur le même plan, avec le contour relevé d'une crête mince.

Avant les observations publiées dans les Mémoires de la Société d'histoire naturelle de Paris, par M. Rnag, ces mollusques, dit M. Guérin, étaient placés dans la classe des ptéropodes, à côté du genre limacine; c'est Lesueur qui a découvert et établi ce genre; il en a décrit deux espèces dans le Journal de physique; ce sont les *atlanta Peronii* et *Keraudrenii*. Cette dernière espèce a été mieux observée et figurée d'après le vivant, par M. Rnag, qui a publié son travail dans le *Magasin de zoologie* (1832). Cette atlante se distingue de celle de Péron par sa texture membraneuse et un peu moins transparente, par sa forme plus épaisse en même temps que son diamètre est moins grand, par sa carène toujours moins large, par ses tours contigus; la couleur générale de l'animal est le pourpre le plus éclatant, nuancé de diverses manières, selon les organes où il se montre. Très-foncé dans le tourillon, il devient presque bleu plus en

avant, rose à la nageoire, et d'un vif éclatant à la ventouse ainsi qu'à la trompe. L'atlante de Keraudren nage avec vivacité et comme par sautillements vagues. Quand elle veut descendre au fond de l'eau, il lui suffit de rester immobile. Elle a été trouvée dans la Méditerranée, entre les îles Baléares et la côte d'Espagne.

ATMOSPHÈRE (physique, chimie, astronomie) [du grec *atmos*, vapeur, et *sphaïra*, sphère]. — Couche de gaz ou de vapeur qui enveloppe un corps. On peut en citer divers exemples: la majorité des planètes ont une atmosphère; l'acide carbonique solidifié au moyen de l'appareil de Thilorier sortant de son récipient à l'état floconneux s'enveloppe d'une couche d'acide carbonique gazeux qui empêche le contact du solide avec les corps sur lesquels il repose. L'intérieur de la *Grotte du Chien*, près de Naples, est tapissé d'une couche de gaz acide carbonique, qui se dégage continuellement du sol et qui asphyxie les quadrupèdes qui le respirent, tandis que l'homme, dont la tête dépasse le niveau de cette atmosphère, n'en ressent aucune atteinte. Dans ses belles expériences sur la caléfaction, M. Boutigny plongeait dans l'eau une tige de métal chauffée au blanc vif, qui s'enveloppait immédiatement d'une atmosphère de vapeur d'eau et ne paraissait produire aucun effet jusqu'à son refroidissement au rouge sombre. Un mélange réfrigérant, composé, par exemple, de glace pilée et de sel marin, apporté dans une masse d'air humide et chaud, s'enveloppe d'un véritable nuage de vapeur d'eau, qui vient, comme dans le phénomène de la rosée, se condenser en glace sur les parois du vase, en formant autour de lui une atmosphère visible. Enfin, tous les corps odoriférants ont par cela seul autour d'eux une atmosphère composée de leurs particules, et qui manifeste sa présence par la façon dont elle affecte l'odorat.

Le plus souvent on entend par *atmosphère* la masse d'air qui enveloppe la terre. La question des atmosphères lunaire, solaire, planétaire sera discutée dans les articles relatifs à ces divers astres. La hauteur de l'atmosphère terrestre, déduite du phénomène de l'aurore et du crépuscule, semblerait être de 79 kilomètres environ; il y a là une exagération qui provient sans doute de ce qu'on ne tient pas compte de la réfraction des rayons lumineux dans l'atmosphère; mais les calculs de M. Biot et les observations de M. Boussingault permettent d'affirmer qu'elle a environ 45 kilomètres au-dessus du niveau de la mer. Cette limite est d'ailleurs parfaitement définie, quoique la décroissance progressive de la densité puisse faire croire le contraire. La hauteur que nous venons d'indiquer, et qui est considérable par rapport à nous, puisque nous ne pouvons, avec les meilleurs aérostats construits jusqu'à ce jour, nous élever à plus de son cinquième, est très-faible, comparée aux dimensions de la terre. Si notre globe, en effet, est représenté par une sphère de 10 mètres de diamètre, l'atmosphère lui formera une enveloppe de 4 centimètres d'épaisseur; elle n'est donc que comme le duvet par rapport à la pêche. Son poids est pourtant énorme; mesuré au moyen du baromètre, en remarquant qu'il est égal à celui d'une sphère creuse de mercure ayant pour rayon intérieur le rayon de la terre et pour épaisseur $0^m,76$ environ, on trouve que, pour lui faire équilibre dans le plateau d'une balance, il faudrait employer 581,000 cubes de cuivre de 1 kilomètre de côté. La pression énorme qu'elle exerce sur nous nous soutient dans l'air, comme le fait l'eau lorsque nous sommes plongés dans ce liquide, et si l'on introduit un oiseau sous la cloche d'une machine pneumatique dont on raréfie l'air, cet animal chancelle, non parce qu'il meurt, mais parce qu'il manque de point d'appui.

L'analyse des gaz qui entrent dans la composition de l'atmosphère a été faite de la façon la plus complète et la plus savante par MM. Dumas et Boussingault (voir le mot *Air*).

Les poissons aussi ont une atmosphère dans l'eau plus riche en oxygène que la nôtre; elle en contient environ 32 pour cent.

Le mouvement de rotation qui fait prendre au globe solide de la terre la forme d'un ellipsoïde, a la même influence sur le fluide qui l'entoure. L'atmosphère est donc aplatie aux pôles et renflée à l'équateur. Elle subit aussi, comme la mer, l'influence de l'attraction de la lune et du soleil, et est, par conséquent, sujette aux *marées* (voir ce mot). Ce phénomène est d'ailleurs loin d'avoir l'importance de celui qui se produit sur les eaux; il est surtout moins facile à observer. — En physique, on appelle *atmosphère* la force nécessaire pour faire équilibre au poids d'une colonne barométrique. Ainsi, une chaudière est chauffée à 4 ou 5 atmosphères lorsque la pression de la vapeur d'eau qu'elle contient sur le mercure d'un manomètre à air libre le fait monter de quatre ou cinq fois $0^m,76$.   FERDINAND LAGARRIGUE.

ATOME [du grec *a*, priv., *temno*, couper]. — Nom qu'on donne aux particules infiniment ténues et indivisibles dont on suppose tous les corps formés, et entre lesquelles on admet que s'effectuent les combinaisons quand il s'en fait. Les atomes, dit Barbé, sont, autrement dit, les parties insécables, indivisibles de la matière; ils forment les molécules qui composent les corps. Ils ont, dans leur petitesse inappréciable, une configuration et des propriétés attachées à leur individualité actuelle. Ils ne se touchent point. Ils sont maintenus à distance par des forces dont nous ignorons la nature, mais dont l'existence se manifeste par la faculté qu'ont toutes les masses sensibles de pouvoir être contractées et dilatées. Cette distance qui sépare deux atomes dans les masses les plus denses est immense relativement au diamètre de ces atomes. On suppose, et cette hypothèse est fortement accréditée de nos jours, que chaque atome tourne sur son axe et gravite autour d'autres atomes.

ATOMES (Système des). — Système généralement attribué à Leucippe et Démocrite, à l'aide duquel ces philosophes expliquaient l'origine du monde. Suivant eux « les atomes sont les parties primitives des corps naturels. Ces atomes composent la matière, qui est éternelle. De tout temps, il y eut un nombre

infini d'atomes, de toutes sortes de figures et dans un mouvement continuel. A force de se mouvoir, ces atomes se sont unis les uns aux autres et ont formé, par hasard, les astres, la terre, les hommes, les animaux. » Les atomes ont joué un grand rôle dans l'histoire de la philosophie. Quelques philosophes, par les conséquences qu'ils tirèrent de la doctrine des atomes, en firent la base de l'athéisme; tandis que pour leurs devanciers, cette doctrine n'était qu'une explication physique des lois de l'univers, compatible avec l'existence d'un être suprême. Descartes, Gassendi, Newton, Leibnitz, renouvelèrent et modifièrent dans les temps modernes la doctrine des atomes et y attachèrent leur nom.

ATOME (chimie). La matière, soumise à l'observation, peut être divisée en particules de plus en plus petites, jusqu'à ce qu'échappant à nos sens, elles cessent d'être divisibles; c'est alors l'*atome* qui diffère de la *molécule* en ce que celle-ci est quelque chose de réel pour nous. On appelle *molécules intégrantes*, celles qui sont formées d'éléments simples et homogènes, c'est-à-dire de même nature, comme celles de l'or, de l'argent; *molécules constituantes*, celles qui sont formées d'éléments composés ou hétérogènes, comme les acides, les sels. Dans les corps simples, on ne trouve que des premières; dans les composés, on trouve les unes et les autres.

ATOMISME (philosophie). — Système de philosophie qui explique le monde par l'existence des atomes. « Moschus de Sidon, qui vivait avant la guerre de Troie, fut, au dire de Posidonius, le premier auteur de ce système; on le trouve également dans l'Inde, où il fut professé par Kanada et Gautama; mais il est surtout connu par la forme que lui donnèrent les Grecs. Leucippe et Démocrite expliquaient tout par le vide et par les atomes, éléments éternels, indivisibles, indestructibles, qui, animés d'un mouvement essentiel, s'agitaient librement dans le vide, et y formaient, par l'effet du pur hasard, toutes les combinaisons qu'on voit dans le monde. Épicure modifia légèrement ce système en douant les atomes d'une sorte de liberté, en leur donnant une forme courbe ou crochue et un mouvement oblique (*clinamen*), afin qu'ils pussent s'attacher les uns aux autres. Le poëte latin Lucrèce mit en beaux vers cette philosophie. Sous toutes ses formes, l'atomisme expliquait le monde par le hasard où la nécessité, conduisait au matérialisme et à l'athéisme. Le philosophe Gassendi ressuscita ce système au xviie siècle, mais en cherchant à le concilier avec la foi. » (*Bouillet*.)

ATONIE (pathologie) [de *a*, privatif, et *tonos*, ton, défaut de ton, dite aussi *asthénie*]. — Diminution de l'action organique des tissus. C'est l'état contraire de la sthénie ou de l'irritation. L'atonie est générale ou locale, c'est-à-dire étendue à tout l'organisme ou bornée à une seule partie.

L'atonie *générale* est tantôt primitive, tantôt consécutive. Dans le premier cas, elle est due à des causes congéniales, débilitantes, aux effets d'une constitution lymphatique, aux privations, aux pertes sanguines, aux progrès de l'âge, etc., qui plongent les forces vitales dans la langueur, sans qu'il existe aucune altération organique déterminée; dans le second cas, elle est le symptôme ou l'effet d'une maladie plus ou moins grave, telle que la phthisie, l'affection typhoïde, etc., qui affaiblit l'économie. On comprend l'importance de cette distinction, car si les toniques et les corroborants conviennent dans l'atonie primitive, essentielle, ils peuvent augmenter l'asthénie symptomatique en aggravant la maladie qui lui donne lieu.

L'atonie *locale* ou partielle n'est presque jamais primitive : il est difficile en, effet, de concevoir qu'un organe reste faible, débile dans un organisme sain, sans qu'il n'ait été malade préalablement. C'est toujours la surexcitation qui déprime le plus les forces, car, si l'action organique s'entretient et se développe par l'exercice modéré et gradué, elle s'épuise aussi par un travail excessif. Si le cerveau, les organes génitaux, la vue, etc., étant trop exercés, tombent dans l'atonie, cet effet peut être dû, à plus forte raison, à l'inflammation.

Les effets de l'atonie sont analogues à ceux de l'irritation, en ce sens que, dans les deux cas, les fonctions sont dérangées ; « car, soit qu'un tissu reçoive trop peu de sang et que la sensibilité s'émousse, soit qu'il en reçoive trop et qu'il devienne trop irritable, le résultat est le même, il cesse de pouvoir remplir le rôle qui lui est destiné : un estomac enflammé, comme un estomac asthénié, ne convertit plus les aliments en chyle. »

Comme l'irritation, l'atonie se distingue en sanguine, nerveuse, hémorrhagique, nutritive et sécrétoire, suivant qu'elle porte sur l'état du sang, sur l'innervation, le travail d'assimilation ou les sécrétions. Dans ces diverses modifications, les phénomènes sont faciles à prévoir : L'atonie *sanguine* donne lieu à la chlorose, à l'anémie ; l'atonie *hémorrhagique* produit les hémorrhagies passives ; l'atonie *nerveuse* jette dans la paresse les fonctions du système encéphalo-rachidien ; l'atonie *nutritive* se rencontre chez les sujets maigres dont les chairs restent molles, atrophiées, etc. Il importe, toutefois, de distinguer si l'atonie est cause ou effet de ces états, ce qui est souvent fort difficile.

Traitement.—Il est l'opposé de celui de l'irritation. Néanmoins, comme celle-ci est le plus souvent le point de départ de l'état de faiblesse des organes, il faut y avoir égard et prendre garde de ranimer la phlegmasie mal éteinte en voulant tonifier. C'est ainsi que l'asthénie de l'estomac est avantageusement combattue par une alimentation corroborante, lorsqu'elle est franche, sans irritation ; tandis qu'au contraire, elle augmente sous l'influence de ce régime quand l'inflammation n'est qu'assoupie et non éteinte. Toute la difficulté, en médecine, consiste à bien distinguer les cas ; la thérapeutique devient extrêmement facile ensuite.   Dʳ A. Bossu.

ATROPHIE (pathologie) [du grec *a*, privatif, et *trophé*, nourriture]. — Diminution progressive de tout le corps ou d'une de ses parties. L'*atrophie général* est moins une maladie que le symptôme grave

d'une altération du canal intestinal ou des organes de la respiration. L'*atrophie partielle* résulte le plus souvent du repos absolu d'un membre, de la compression qu'il a supportée, ou de l'effet d'une autre affection (rhumatisme, par exemple). — Quant à l'*atrophie mésentérique*, voyez *Carreau*.

ATROPINE (chimie). — Alcali végétal extrait par Geiger et Hesse des racines, des tiges et feuilles de belladone (*atropa belladona*). On le prépare, dit Hœfer, en traitant l'extrait alcoolique de cette plante par une solution concentrée de potasse, ajoutée goutte à goutte. L'atropine cristallise en aiguilles blanches, transparentes, soyeuses, ressemblant aux cristaux de sulfate de quinine. Elle est sans odeur, et d'une saveur amère, nauséabonde. Elle est très-vénéneuse; l'empoisonnement est accompagné d'une constriction du pharynx, de vertiges, de maux de tête, et d'une dilatation persistante de la pupille. L'atropine a une réaction fortement alcaline; elle fond à 100°, et se volatilise avec décomposition à une température plus élevée. Peu soluble dans l'eau et dans l'éther, elle se dissout facilement dans l'alcool. Les sels d'atropine (*nitrate*, *chlorhydrate*, *sulfate*, *acétate*) sont cristallisables, très-solubles dans l'eau et dans l'alcool, et très-vénéneux. La composition de l'atropine est représentée par la formule : $C^{34} H^{23} NO^6$.

ATROPOS (zoologie) [du grec *atropos*, inflexible]. — Espèce d'insecte lépidoptère crépusculaire de la tribu des sphingides achéronties; il est appelé vulgairement *papillon à tête de mort*, à cause de l'empreinte pareille à celle d'un crâne humain qu'il porte sur son corselet. Le sphinx atropos, remarquable par sa grande taille, l'est encore par la faculté, qu'il possède, de faire entendre une sorte de cri d'autant plus fort que l'insecte est plus inquiété. « Cette circonstance, jointe à l'image lugubre que l'atropos porte sur son corselet, a suffi quelquefois pour jeter l'épouvante parmi les populations ignorantes dans les années où il s'est montré fort commun. C'est un animal nuisible, car il s'introduit quelquefois dans les ruches des abeilles pour en dévorer le miel. »

ATTRACTION (physique).—Propriété dont toutes les parties de la matière paraissent douées en vertu de laquelle elles tendent les unes vers les autres.

Newton a démontré que *tous les corps de la nature s'attirent mutuellement en raison directe des masses et inverse du carré des distances.*

Suivant la théorie de ce grand philosophe, l'attraction pénètre les particules les plus minimes de la matière, et l'action combinée de toutes les parties de la terre forme les attractions de la masse totale : toutes les observations faites depuis Newton ont confirmé pleinement cette opinion.

Nous avons dit que les attractions d'une masse sont inversement proportionnelles aux carrés numériques des distances. Si donc l'on diminue de moitié la distance d'un corps à l'autre, l'attraction du premier sur le second devient quadruple de ce qu'elle était.

Démonstration. Si l'on représente les distances par 2 et 1, les attractions par a et a', on aura

$$a : a' :: (1)^2 : (2)^2 :: 1 : 4, \text{ puis } a' = 4\,a.$$

Faisons l'application de cette démonstration. En supposant la terre à une distance moyenne de 34 millions de lieues du soleil, et de 86 mille lieues de la lune, si son attraction sur chaque particule du premier astre est représentée par *a*, et son attraction sur chaque particule du second par A, on aura :

$$a : A :: (86000)^2, (34000000)^2$$

ou $a : A :: 7396000000 : 1,156000\,000\,000\,000,$

puis $A = a \dfrac{1156000000}{7396} = 156300\,a.$

Ainsi l'action de la terre sur la lune vaut 156 300 fois celle qu'elle exerce sur le soleil.

On devrait toujours rapporter le mot attraction à l'*attraction céleste* ou *gravitation* (voy. ce mot); c'est en ce sens que Newton l'a employé, car l'attraction, transportée sur le globe terrestre, produit la *pesanteur*. — Voy. ce mot.

On admet encore une autre espèce d'*attraction* appelée *cohésion*, qui sollicite les molécules des corps à adhérer entre elles, seulement à des distances infiniment petites, et qui cesse quand l'œil peut saisir le moindre intervalle entre les corps qui l'attirent.

B. LUNEL.

ATTRAPE-MOUCHE (botanique). — Nom vulgaire de plusieurs plantes qui ont la propriété funeste de donner la mort aux insectes qui se reposent sur elles, ou viennent puiser le miel que distillent le stigmate, le pistil et les étamines. La *dionée* et le *gouet muscivore*, l'*apocin du Canada*, le *nérion*, vulgairement appelé *laurier-rose*, et la *scamonée de Montpellier*, les saisissent par leur trompe; deux ou trois lychnides et un siléné les arrêtent pour toujours au moyen du suc visqueux dont leurs tiges sont enduites.

ATTRIBUT (métaphysique) [du latin *ad*, a, *tributum*, tribut, don]. — On nomme ainsi toute propriété naturelle d'un être, découlant de sa nature même : ainsi l'éternité, l'infinité, l'unité, la justice, la providence, la toute-puissance, etc., sont les *attributs* de Dieu.

En grammaire, l'attribut est tout ce qui s'affirme ou se nie du sujet d'une proposition. En analyse logique, l'attribut peut être exprimé de sept manières : 1° par un adjectif : *Dieu est grand*; 2° par un participe présent renfermé dans le verbe : *J'aime* (je suis aimant); 3° par un participe passé : *La terre est échauffée par le soleil*; 4° par un substantif : *Mentir est un vice*; 5° par un adjectif employé substantivement : *C'est l'utile qui me flatte*; 6° par un pronom : *N'aimer qu'un moment, c'est être capricieux*. Quant au verbe, il ne peut être énoncé que de deux manières : 1° par le verbe *être*, distinct : *Dieu est puissant*; 2° par le verbe *être* combiné avec le participe présent : *Dieu aime* (est aimant) *les hommes*.

On reconnaît quatre sortes d'attributs : *simples* ou *composés*, *complexes* ou *incomplexes*.

L'attribut est *simple* lorsqu'il n'exprime qu'une manière d'être du sujet. Ex. : *Le soleil est lumineux*.

L'attribut est *composé* quand il exprime plusieurs manières d'être du sujet. Ex. : *La langue française est claire, élégante et facile*.

L'attribut est *complexe* quand il est accompagné d'un ou de plusieurs compléments : Ex. *La gloire de l'homme consiste* (est consistant) *dans la vertu*.

L'attribut est incomplexe quand il n'a aucune espèce de complément. Ex. : *La neige est blanche*.

KRAMER.

ATTROUPEMENT (droit). — Réunion illicite de personnes dans un lieu public ou sur la voie publique, pour faire un acte de violence ou pour troubler la tranquillité publique; assemblée tumultueuse et illicite.

Une première loi a été portée le 3 août 1791 contre les attroupements séditieux et les émeutes populaires; les dispositions de cette loi ont été reproduites dans celle du 10 avril 1831. Toutes les personnes qui forment des attroupements sur les places ou sur la voie publique sont tenues de se disperser à la première sommation des préfets, sous-préfets, maires, adjoints de maire, ou de tous magistrats et officiers civils chargés de la police judiciaire, autres que les gardes champêtres et forestiers. Si l'attroupement ne se disperse pas, les sommations sont renouvelées trois fois. Chacune d'elle est précédée d'un roulement de tambour ou d'un son de trompe. Si les trois sommations sont demeurées inutiles, il pourra être fait emploi de la force. Les magistrats chargés de faire les sommations doivent être décorés de leur écharpe particulière (l. du 10 avril 1831, art. 1er). Pour les peines, responsabilité et juridiction, v. ibid. art. 2 à 10.

Une nouvelle loi sur les attroupements a été rendue le 9 juin 1848.

Enfin le Code pénal, dans son art. 109, inflige la peine de six mois à deux ans de prison, et l'interdiction des droits de vote et d'éligibilité depuis cinq ans jusqu'à dix ans, à ceux qui, par attroupement, auraient empêché un ou plusieurs citoyens d'exercer leurs droits civiques.

J. E.

AUBÉPINE (botanique) [du latin *alba spina*, épine blanche]. — Nom vulgaire du *mespilus oxyacantha*, espèce du genre *néflier*, de la famille des rosacées, tribu des pomacées, que quelques botanistes rangent à tort dans les alisiers, genre très-voisin. — V. *Néflier*.

AUBERGINE (botanique) [du latin *albus*, blanc]. — Nom vulgaire d'une espèce de morelle, appelée aussi *melongène*. — V. *Morelle*.

AUBIER (botanique) [même étymologie]. — Partie ligneuse des arbres, nouvel accroissement qui se fait chaque année dans le corps des arbres parvenus à leur quatrième feuille; il a lieu entre l'écorce et le produit des trois premières années de végétation. Une ligne circulaire sépare l'aubier de la partie qui a pris consistance. L'aubier est d'ordinaire blanc, sous forme de gelée, contenant une petite quantité de résine, d'eau et de fluides abondants; il se compose des membranes réticulaires du liber; ressemble au bois par son organisation, devient lentement solide et présente un corps dur, très-compacte à sa quatrième année, qui est la huitième de l'arbre. Pendant ce travail, une nouvelle couche excentrique d'aubier se prépare et subit les mêmes changements. Il y a des bois tendres (saule, peuplier), vulgairement appelés bois blancs, qui, à un certain âge, n'ont plus que de l'aubier : le bois se pourrit en vieillissant, l'arbre devient creux, et la vie ne se continue que par les couches externes de l'aubier et par l'écorce.   J. W.

AUDIENCE (droit). — En terme de palais, c'est la séance dans laquelle les juges écoutent les demandes et contestations qui sont portées devant eux.

Les audiences des tribunaux doivent être publiques, en toutes matières, à moins que des raisons particulières de moralité publique n'autorisent les débats à huis clos. (L. 24 août 1790, t. II, art. 14; C. proc., 8, 87, 111 et 470; C. instr. crim., 153, 171, 176 et 190.) La même publicité est exigée pour les audiences des tribunaux de commerce. (Locré, t. I, p. 219.) En ce qui concerne le conseil d'État, cette publicité n'a été établie que par l'ordonnance des 2 février-12 mars 1831.

La loi prescrit des règles de décence qui doivent être observées aux audiences, sous des peines sévères graduées suivant la gravité des cas. La police des audiences appartient au président de chaque cour ou tribunal, qui a sous ses ordres les huissiers et autres agents civils et militaires qui sont de service et que d'ailleurs il peut requérir. Tout ce qu'il ordonne à cet égard doit être exécuté ponctuellement et à l'instant. (C. proc., 10, 88 et 470; C. instr. crim., 267, 504 et 565; déc., 28 fév. 1791, art. 2, et 30 mars 1808, art. 90.)

Quant à la répression des délits commis à l'audience, voyez C. instr. crim., 181, 505, 506, 507 et 508, et C. pén., 222, 223, 226, 228 et 229.   J. E.

AUMONE (philosophie, morale). — Don individuel que fait celui qui possède à celui que la nécessité oblige de faire appel à la compassion d'autrui.

L'aumône, faite sans ostentation et par un sentiment naturel du cœur, est aujourd'hui une action d'autant plus belle, que la cupidité, l'amour de l'argent est la plaie qui absorbe, qui détruit, presque généralement, les nobles facultés de l'âme. Et, néanmoins, est-il un temps, une époque, où tous les sens de la charité chrétienne aient eu, plus qu'en ce moment, à s'émouvoir, à se prononcer en faveur du paupérisme? Est-il des désastres plus grands, des calamités moins méritées, des sinistres plus déplorables que ceux occasionnés par les inondations, par ces débordements des eaux surabondantes, qui semblent revenir chaque année plus grosses et plus fatales sur le sol ameubli, de même que les vagues et les flots de la mer apparaissent de plus en plus menaçants aux jours que Dieu a fixés dans la marche céleste? L'homme des champs, ce travailleur infatigable, le père de la famille, qui obtient de la terre notre pain, notre alimentation de tous les jours, devait donc être soumis aux cruelles épreuves des dévastations les plus épouvantables! car ce n'est pas seulement la perte de ses récoltes, de son bétail, de ses instruments aratoires, de son mobilier, c'est, avec la destruction de son foyer, de ses vivres et provisions, jusqu'à la privation d'un toit particulier, de vêtements indispensables, voire même l'impossibilité de remettre dans le sein de la terre la semence qui

doit produire une récolte pour les besoins à venir! Que l'aumône soit plus large, plus multipliée partout, dans toutes les classes de la société, en présence de tant et de si déplorables infortunes, dont Dieu ne permet sans doute les excès que comme une redoutable épreuve et afin de voir à quel degré la charité publique s'est confinée dans les entrailles humaines! Il ne faut pas croire que l'ouvrier des villes, le travailleur qui souffre, souvent privé d'une nourriture réparatrice, ne soit pas plus que tout autre disposé à tendre une main secourable à l'infortune, à se saigner dans ses minces ressources : il sait, et mieux que qui que ce soit, risquer sa vie, à l'occasion, pour sauver une famille du danger, l'arracher au péril qui tue! il sait aussi, alors qu'il n'a pas d'argent à donner, attribuer de suite le fruit de son travail manuel à secourir une grande infortune! il dit au maître de l'atelier : « Je vais travailler immédiatement au profit » d'une plus grande misère que la mienne; mais à » vous il appartient d'être aussitôt le dispensateur de » mon aumône. » Action bien digne d'éloges, et qui prouve une fois de plus que ce ne sont pas les hommes les plus privés des jouissances de ce monde qui apportent des retards calculés ou des dehors d'ostentation dans leurs actes d'humaine charité!

Savoir faire l'aumône utilement, distribuer à propos, et porter soi-même, sans éclat, dans la main du pauvre, le secours qui lui est indispensable; entrer dans le domicile de l'infortune, s'étudier à reconnaître le pauvre honteux, et inscrire profondément dans son cœur les malheureux qui sont dignes de soins généreux, voilà comment il appartient à l'homme de sens et à la femme pieusement charitable de dresser et de liquider le budget des misères qu'il importe de soulager. Faire par soi-même le bien au domicile du malheur, utiliser des bras disponibles à panser la blessure du pauvre villageois, et, avec de bons conseils, savoir donner au modeste travailleur des champs l'appoint avec lequel il peut améliorer son sort, en fertilisant le sol nourricier, telle est la noble condition du gentilhomme, comme du propriétaire, dans son manoir, de l'aisance et du bien-être; et cet usage, ce dévouement naturel de la famille ancienne, qui revit dans ses enfants, doit retrouver dans leurs sentiments, comme dans leurs souvenirs intimes, une solution, un progrès qui honore, alors surtout que le coup du sort est le plus grand et le moins mérité, parmi cette population laborieuse qui les entoure, ou qui est au loin dans une morne détresse!

L'aumône doit être la mesure de la charité à laquelle l'homme tombé dans le besoin peut prétendre, en raison de sa position perdue et de sa moralité demeurée constante. L'aumône alors est la charité elle-même, c'est l'accomplissement religieux d'un devoir sacré, c'est la charité chrétienne sous l'égide de la foi et de l'espérance! De même que le cultivateur honnête est digne de ce haut sentiment charitable, de même l'homme vertueux, fidèle à ses principes, immuable dans ses convictions de famille, ferme comme un roc au milieu des débordements passionnés, et que le torrent des révolutions n'a pu atteindre que par la vague qui détruit l'aisance ou les ressources, cet homme-là, demeuré inaccessible aux séductions de tous genres, comme au mal moral qui affecte les différentes classes de la société, est la personnification de la probité, de la droiture d'esprit et de cœur, la plus digne d'égards et d'estime!

Ainsi, la charité exercée dans l'ombre à cause et en raison d'un grand désastre ou d'un immense revers de fortune, est un devoir plus impérieux pour l'homme fortuné que l'aumône et l'hospitalité, dont le plus grand nombre des petits cultivateurs sait observer la pratique au profit du pauvre qui le visite, et qui a toujours trouvé dans sa demeure aide et assistance : à plus forte raison encore ce devoir est-il sacré à remplir quand on remarque à chaque instant, sur son chemin, l'être le moins favorisé faisant l'aumône au mutilé ou à l'indigent, qui n'est pas toujours plus pauvre que lui, charitable par humanité.

L'aumône ou la charité que, dans certaines conditions, il convient de faire par l'intermédiaire du clergé, du prêtre rapproché des misères humaines, du lit du pauvre, est certainement une œuvre méritoire. Le bienfaiteur et son honorable interprète méritent également l'approbation de tous, car leurs intentions sont pures comme leurs sentiments. Mais est-ce toujours là le meilleur moyen de secourir les pauvres qui souffrent le plus et les familles qui sont le plus honnêtes? Nous n'aurions point à élever ce doute si, comme autrefois, les trois quarts de la population remplissaient leurs devoirs de chrétiens. Les temps sont changés, trop changés, et les hommes aussi, dans leurs dispositions comme dans leurs mœurs, et il est douloureux d'avoir à craindre que, parmi les pauvres qui se rendent au pied des autels, il y en ait, selon la voix du peuple, qui ne soient guidés que par l'amour des aumônes. Il faudrait éviter, par tous les moyens possibles, qu'il pût en être ainsi, car quoi de pire que l'hypocrisie, que la fausse dévotion, que le masque d'une piété d'autant mieux pratiquée qu'elle est l'effet d'une combinaison odieuse? Une femme surtout peut être très-pieuse, et c'est un mérite précieux dans la mère de famille; mais alors qu'il n'y a qu'un calcul étudié, soit pour cacher le vice et capter la bienveillance humaine, soit pour dénigrer un mari indulgent et l'accabler devant la justice des hommes, avec des dehors de charité chrétienne, en agissant ainsi la femme est criminelle, et c'est du Dieu tout-puissant qu'elle doit attendre le jugement éternel! De telles femmes ont ordinairement dans leur entourage des mendiants hypocrites, dont les prêtres charitables sont souvent les dupes, et, selon le besoin, elles font l'aumône, avec ostentation, dans l'église ou par les soins d'un curé vénéré.

Il ne faut pas croire, néanmoins, que l'aumône et la charité, dont l'administration civile est changée, de son côté, soient mieux exercées. Pour les grandes villes particulièrement, on ne recherche point assez quels sont les indigents dont la position doit fixer l'attention de l'autorité bienveillante, et les distributions de secours ne sont pas toujours opérées avec le discernement désirable. Pour y parvenir, il serait utile

que chaque membre de l'assistance publique n'eût pas à s'occuper de plus de douze à quinze familles, et qu'il pût pénétrer dans chaque intérieur une fois par mois au moins, avec ce dévouement et ce zèle vertueux qui portent à entrer dans les plus petits détails et à vérifier scrupuleusement la mesure de la charité qu'il est à propos de départir à chacun, à chaque membre de la famille. Il importe notamment d'examiner de près le genre d'éducation et d'instruction qu'on donne à l'enfance, de suivre et de protéger l'enfant méritant, soit aux écoles, soit dans son apprentissage d'ouvrier, ce qui se fait si mal aujourd'hui, et de maintenir les enfants du pauvre dans la ligne de conduite, de moralité et de religion, qui est la base d'une saine organisation sociale. C'est là le point essentiel de départ, par lequel il faut absolument aviser à reconstruire le mouvement de l'ordre social.

JEAN ÉTIENNE.

AUMONIER [du verbe grec *élééin*, avoir pitié, qui a formé le substantif *éléémosuné*, d'où est venu le latin *eleemosyna*, pitié, et *aumône*, don de la pitié. *Eleemosyna*, corrompu pendant le moyen âge, a donné successivement *elmosne*, *alsmone*, *aumosne*, par contraction, *aumône*, d'où *aumosnier*, et enfin *aumônier*]. — Ce mot a signifié d'abord distributeur d'aumônes, comme *aumônière* sac ou bourse à aumônes; avec le temps, l'expression a changé de sens, et aujourd'hui un aumônier n'est plus qu'un prêtre chargé du service religieux auprès d'un rassemblement de troupes. Dans la vie civile, on donne le même titre aux desservants de certaines communautés, telles que les collèges, etc.

AUMONIER MILITAIRE. — L'antiquité, généralement préoccupée des pratiques religieuses, a presque toujours vu le sacerdoce à la suite des armées. L'armée des Grecs, devant Troie, écoutait la voix de Calchas, et, antérieurement, les rois d'Égypte et les juges d'Israël, revêtus d'un caractère sacré, étaient accompagnés d'une troupe de prêtres ou de lévites. A la bataille d'Eben-Azer, ce furent Ophni et Phinées, fils du grand prêtre Héli, qui portèrent l'arche au milieu de l'armée marchant contre les Philistins. Les Romains eurent leurs augures et leurs aruspices; Mahomet, les khalifes, ses successeurs, et les rajahs de l'Inde unirent le caractère religieux au pouvoir politique.

Dans les pays chrétiens, la première institution de ce genre qui apparaisse est celle des chapelains des rois d'Austrasie; on cite ensuite un concile tenu à Leptines, en 743, et dont le deuxième canon prescrit l'assistance de chapelains auprès des armées. En 1204, l'évêque Philippe de Dreux assiste à la bataille de Bouvines; mais on ne voit pas qu'il y ait rempli d'autre office que celui de gendarme. On peut en dire autant de Vaisy, aumônier du sénéchal de France, qui mit en fuite un gros de Sarrasins à la bataille de la Massoure. Enfin, bien qu'il soit question dans divers documents de prêtres et de distributeurs d'aumônes, sous le titre d'*abbates castrorum*, abbés des camps, il est évident que le moyen âge n'a possédé aucune institution régulière en ce genre;

la preuve en ressort des détails de la mort de plusieurs pieux militaires, dont quelques-uns, placés au rang des saints, n'ont pas reçu, à leurs derniers moments, les secours de la religion.

En 1495, Charles VIII mit un prêtre à la suite de son armée, organisée d'une manière bien supérieure à celles de ses prédécesseurs.

Les premiers règlements datent de 1555 et de 1558. Ces deux ordonnances disposent que chaque bande ou régiment aura, un prêtre, et que la *bataille* ou corps d'armée possédera, en outre, un prédicateur. Ainsi, dès le principe, le but est atteint et même dépassé; mais on ignore jusqu'à quel point ces prescriptions reçurent leur exécution.

En 1574 survient une nouvelle ordonnance créant l'aumônier des gardes françaises, qui était en exercice dès 1554, dit Monteil, et pris parmi les Récollets; mais cinquante ans plus tard, en 1638, on trouve six Jésuites à chaque armée. C'était le moment de la grande faveur de cet ordre célèbre. Il paraît qu'ils soignaient aussi les malades; néanmoins, une circulaire du 25 mai 1640 leur donne le titre de missionnaires.

A l'époque de la Fronde, c'étaient des Capucins. Un règlement du 2 janvier 1649 en attribuait un à chaque compagnie de gendarmerie pour y dire la messe tous les jours; mais il est douteux qu'ils remplissent leur office en temps de guerre.

Sous Louis XV, nous voyons les aumôniers assimilés aux sous-lieutenants, chargés de l'instruction des cadets et prononçant des exhortations avant le combat ; la plus connue de ces harangues est celle qui fut prononcée à Rocous et que le lieutenant-colonel du régiment d'Auvergne, de Chamonroux, interrompit en disant : « Soldats, M. l'abbé veut vous dire qu'il n'y a pas de salut pour les lâches. »

Ces ecclésiastiques n'exerçaient que peu d'influence, circonstance qui tenait à plusieurs causes : la première résidait dans la modicité du traitement, fixé, en 1775, à 2 fr. 25 cent. par jour sur le pied de guerre, et en temps de paix à 1 fr. 66 cent. seulement, solde qui fut même réduite à 1 fr. 33 cent. en 1788; dans ces conditions, on ne pouvait compter que sur des sujets de peu de valeur.

Le ministre Saint-Germain avait conçu l'organisation des aumôniers sur une vaste échelle, et on lui prête même l'intention d'un séminaire destiné à en fournir les titulaires; mais il se borna, en 1779, à décider qu'il en serait placé en temps de paix dans chaque régiment d'infanterie, et en temps de guerre dans tous les corps.

Cette institution, mise en oubli pendant les guerres de la République et de l'Empire, reparaît en 1814. Une ordonnance royale du 1er octobre de cette année la rétablit pour le service des hôpitaux, auquel elle l'attache. Leur traitement est fixé de 400 à 1,500 fr.

On ne resta pas longtemps dans ces sages limites; l'ordonnance du 24 juillet 1816 établit un aumônier auprès de chacun des corps portant le titre de régiment et de légion, leur attribua le grade et la re-

traite de capitaine d'infanterie de troisième classe et leur confia, outre les soins particuliers du culte, la garde de la bibliothèque régimentaire et la surveillance de l'école. Une décision royale du 20 octobre 1820, interprétée par une instruction ministérielle du 29 janvier 1822, donna aux aumôniers des corps le grade de capitaine de deuxième classe et des traitements qui variaient de 2,000 à 3,430 fr.; enfin, en 1829, il en fut nommé six dans les places de guerre. Ces dispositions ont été abrogées par l'ordonnance du 10 novembre 1830.

Le décret du 20 janvier 1855 se réfère aux dispositions de l'ordonnance de 1814; seulement, en raison des circonstances, il élève le chiffre des traitements, qu'il fixe entre 600 et 1,500 fr., en cinq classes, selon que les aumôniers sont attachés à des hôpitaux ayant de 200 à 1,500 malades.

Les fonctions des aumôniers n'ont pas besoin d'être définies; elles ressortent du caractère même de ces ecclésiastiques. Lorsqu'ils célèbrent l'office divin, l'autel est gardé par trois soldats en armes, tirés de la garde montante ou du piquet de la messe, et qui sont placés, savoir : un en face de l'autel et les deux autres sur les côtés.

La nomination des aumôniers appartient au ministre de la guerre, sur la présentation qui lui est faite, par son collègue de l'intérieur, de sujets choisis par l'évêque du diocèse, auquel ces ecclésiastiques demeurent subordonnés en ce qui concerne le spirituel. Quant au temporel, ils font partie de l'administration militaire et relèvent directement de l'intendance militaire.

L'opportunité de l'institution des aumôniers a été souvent mise en doute, et la question n'a été traitée ordinairement qu'au point de vue des passions politiques ou religieuses. La solution est cependant facile, si l'on veut bien faire abstraction de toute idée préconçue. Le militaire n'est pas séparé du reste de la population en ce qui ressort spécialement à la vie civile et ordinaire et n'intéresse pas le service ; les choses de la conscience rentrent dans cette catégorie. Rien donc ne l'empêche de se confondre avec les autres fidèles, s'il le juge à propos. Il n'y a d'exception que dans le cas où il se trouve hors de portée des secours religieux ordinaires, soit dans les hôpitaux où la maladie le retient, soit en campagne, au milieu de populations étrangères ou hostiles. Dans ces deux circonstances, l'utilité des aumôniers n'est pas à démontrer, et c'est ainsi que l'administration l'a compris.   ALPH. CASTAING.

AUNE (botanique) [du latin *alnus*]. — Genre d'arbres de la famille des bétulacées, faisant partie du groupe des amentacées, et ainsi caractérisés : « fleurs monoïques : les mâles en chatons allongés, pendants, formés de pédicelles à quatre écailles, l'une épaisse et terminale, les trois autres moins grandes, et munies chacune d'un calice à quatre lobes, renfermant quatre étamines (le bouleau en a douze sans calice); les femelles en chatons ovoïdes, composés d'écailles sessiles, imbriquées, quadrifides, portant chacune deux fleurs à deux styles; l'ovaire se change en un fruit osseux, à deux loges monospermes. Les graines sont anguleuses, et non ailées comme dans le bouleau. »

L'aune que l'on trouve dans toute la France, au bord des eaux et dans les terrains marécageux, est l'*alnus communis*, Duhamel (*betula alnus*, Linnée). Cet arbre peut atteindre jusqu'à quinze mètres de hauteur, quand on ne le soumet pas à des coupes régulières ; il a un tronc assez droit, une écorce épaisse et gercée, et des rameaux en général courts et tortueux. Ses feuilles, un peu gluantes dans leur jeunesse, sont parcourues de nervures à l'aisselle desquelles se trouvent des houppes de poils. Une variété très-commune dans nos jardins, *alnus laciniata*, se distingue par des feuilles découpées profondément, tandis que celles de l'aune ordinaire sont seulement crénelées sur les bords.

Les autres espèces sont l'*alnus oblonga*, dont les feuilles ne présentent pas de poils à l'aisselle de leurs nervures ; il est indigène en France, ainsi que l'*alnus incana*, à écorce cendrée, feuilles cotonneuses en dessous ; l'*alnus serrulata*, de Pensylvanie, à feuilles dentées en scie ; l'*alnus undulata*, du Canada, à feuilles crépues.

Le bois d'aune a la propriété, connue de toute antiquité, de ne point s'altérer dans l'eau ; aussi est-il très-employé pour la construction des conduits souterrains ; les boulangers, les verriers le recherchent pour chauffer leurs fours, parce que sa flamme est claire et sa combustion rapide ; enfin, les tourneurs et les ébénistes le travaillent souvent, parce qu'il prend très-bien le noir. On se sert aussi de son écorce dans le tannage. (*Lallement.*)

AUNE (métrologie) [du latin *ulna*, bras étendu]. — Ancienne mesure de longueur pour les étoffes, toiles, rubans, etc. Les aunes sont plus ou moins longues, selon les pays et les lieux. L'aune de Paris, connue généralement pour l'aune de France, contenait 3 pieds 7 pouces 10 lignes, et faisait, en nouvelle mesure, 1 mètre 188 millimètres. Elle se divisait en deux parties :

La première en demi-aune, en tiers, en sixième et en douzième ; la seconde en demi-aune, en quart, en huit et en seize.

La différence qu'il y avait d'un douzième à un seizième était d'un quarante-huitième ; celle d'un sixième à un huitième, d'un vingt-quatrième ; celle d'un tiers à un quart, d'un douzième ; celle de onze douzièmes à sept huitièmes, d'un vingt-quatrième ; celle de cinq sixièmes à trois quatrièmes, d'un douzième ; celle de deux troisièmes à une demie, d'un sixième.

L'aune de France éprouvait autrefois des variations dans quelques provinces, quoique celles des principales villes fussent conformes à celle de Paris.

D'après le nouveau système adopté pour les poids et mesures, on donnait en France à l'aune le nom de *mètre*, qui représente 3 pieds 11 lignes, et qui, par conséquent, est plus petit que l'ancienne aune de France de 6 pouces 9 lignes.

Mais, par décret du 12 février 1812, il fut accordé au commerce de reprendre pour les mesures des étoffes et toiles l'ancien nom d'*aune*, à la charge de donner à cette mesure une longueur de 12 décimètres qui équivalent (chaque décimètre représentant 3 pouces 8 lignes) à 3 pieds 8 pouces, et par conséquent 4 lignes de plus que l'ancienne aune ; de diviser cette mesure en demies, quarts, huitièmes et seizièmes, ainsi qu'en tiers, sixièmes et douzièmes.

Le nouveau système métrique, rendu obligatoire depuis le 1er janvier 1840, a définitivement supprimé l'aune.

Voici un tableau des aunes, fractions d'aunes et des aunes carrées avec leur valeur en mètres et en mètres carrés :

AUNES de Paris.	VALEUR en mètres.	FRACTIONS d'aune.	VALEUR en mètres.	AUNES carrées.	MÈTRES carrés.
1	1,1884	1/2	0,5942	1	1,4123
2	2,3769	1/3	0,3961	2	2,8246
3	3,5653	2/3	0,7922	3	4,2369
4	4,7538	1/4	0,2971	4	5,6492
5	5,9422	3/4	0,8913	5	7,0615
6	7,1307	1/6	0,1981	6	8,4738
7	8,3191	5/6	0,9904	7	9,8861
8	9,5076	1/8	0,1485	8	11,2984
9	10,6960	3/8	0,4456	9	12,7107
10	11,8845	5/8	0,7427	10	14,1230

AUNÉE (botanique) [*inula helenium*]. — Plante de la famille des composées, à feuilles radicales, plus longues et plus larges que celles du bouillon blanc, et qui sont précédées de pétioles très-courts. Ces feuilles sont couchées à terre, pointues, molles, crénelées sur leurs bords, de couleur verte, pâles en dessus, blanches en dessous ; elles sont destinées, par la nature, à élaborer les sucs aspirés par les organes suçoirs de la racine, pour les transmettre aux tiges qui s'élèvent d'entre elles, et fournir le suc propre à l'aliment et à l'accroissement de toute la plante. Les tiges s'élèvent à la hauteur de 1 mètre 62 centim.) ; elles sont droites, rougeâtres, velues, creuses en dedans ; jetant quelques rameaux revêtus de feuilles sessiles ; ses fleurs, qui naissent aux sommets des tiges et des rameaux, sont grandes, larges, orbiculaires, radiées, jaunes, un peu odorantes, composées chacune d'un amas de fleurons environnés d'une couronne formée par des demi-fleurons. A ces fleurs succèdent des fruits en forme de têtes larges, chargés de semences oblongues, grêles, qui portent chacune une aigrette ; sa racine est longue, grosse, charnue, roussâtre en dehors, blanche en dedans, d'une odeur forte, d'une saveur aromatique, amère et âcre. Cette plante croît dans les lieux ombragés, dans les prés, sur les montagnes ; on la cultive dans les jardins. C'est principalement de la racine qu'on fait usage ; elle contient une huile volatile, du camphre, et un principe extractif soluble dans l'eau.

La racine d'aunée est fortifiante, stomachique, anthelmintique ; on l'emploie récente et sèche ; ses propriétés sont plus éminentes lorsqu'elle a été séchée convenablement. On tire, de cette racine sèche, une huile volatile, une eau aromatique par distillation ; on en prépare un extrait, une conserve, une huile par macération, un vin médicinal. Elle entre dans la composition des sirops d'érysimum et d'armoise, composés de l'alcool thériacal général, de l'opiat de Salomon, de l'orviétan vulgaire et sublime, de l'onguent martiatum, de l'emplâtre diabotanum de Vigo simple, etc.

AURA (sciences médicales) [du latin *aura*, souffle, esprit, vapeur subtile]. — Ce mot, dans les sciences, a plusieurs acceptions ; ainsi, on appelle : 1° *aura séminale*, la vapeur que certains médecins disent exister dans la liqueur prolifique, et dans laquelle ils placent la propriété fécondante de ce fluide ; 2° *aura vitale*, le principe vital de Van Helmont ; 3° *aura épileptique* et *aura hystérique*, la sensation d'une sorte de vapeur qui part du corps et monte vers la tête avant les accès d'é- pilepsie ou d'hys- térie ; 4° *aura san- guinis*, la vapeur odorante du sang nouvelle- ment tiré.

AU- RANTIA- CÉES (botani- que) [du nom spé- cifique de l'oranger commun, *citrus au- rantium*]. — Famil- le de plan- tes dicotylédones polypétales, à étamines hypogynes, appelée aussi famille des *hespéridées*.—Voy. ce mot.

AURATES (chimie) [d'*aurum*, or]. — Sels formés par la combinaison d'une base salifiable avec l'oxyde aurique ou oxyde d'or jouant le rôle d'acide. Les dissolutions des aurates sont légèrement jaunâtres ; elles jaunissent davantage par l'addition d'un acide.

1° Les oxydes y produisent des précipités de per- oxyde floconneux, d'un violet plus ou moins foncé.

2° Le sulfate de fer, l'acide oxalique et l'acide tar- trique en précipitent l'or à l'état métallique. Les au- rates sont encore très-peu connus. Les aurates de potasse, de soude, de baryte sont incolores et tous très-solubles dans l'eau. Les dissolutions ont une réaction alcaline. Le plus connu est l'*aurate d'am- moniaque*. On l'obtient en faisant bouillir le perchlo- rure d'or avec une dissolution d'ammoniaque. Desséché, il a l'aspect d'une poudre d'un brun jaunâtre,

qui détonne violemment par le choc, ou à une cha- leur de 100 degrés (*poudre fulminante d'or*) : dans cette action, le peroxyde d'or et l'ammoniaque se dé- composent ; l'oxygène du premier forme de l'eau avec l'hydrogène de l'ammoniaque. L'or réduit se dépose sur la lame métallique sur laquelle a eu lieu cette décomposition ; l'azote et les vapeurs d'eau pro- duisent, par leur force d'expansion, une vive déto- nation. *Formule de cette réaction* : $Au^2 O^3 + NH^3 =$ $3HO + 2Au + N$. Le soufre et les huiles grasses ré- duisent l'or lentement et sans détonation. Aussi peut- on employer un mélange d'huile et de poudre ful- minante pour dorer la porcelaine. Après avoir ap- pliqué ce mélange sur des vases non vernis, on l'abandonne au feu : l'oxyde d'or se réduit et se dé- pose sous forme d'une légère couche métallique, qui prend, par le frottement, un beau brillant jaune. (*Hœfer.*)

Fig. 69. — Auroch.

AURI- CULE (sciences naturel- les et mé- dicales) [diminu- tif d'*au- ris*, oreil- le]. — Ce mot a un grand nombre d'accep- tions et désigne, en anato- mie : 1° l'oreille externe ou pavil- lon de l'o- reille ; 2° en zoolo- gie, les crêtes formées sur les côtés de la tête de certains oiseaux par les pennes les plus élevées, comme dans plusieurs espèces de chouettes ; — un genre de mol- lusques gastéropodes pulmonées, dont l'ouverture est semblable à l'oreille d'un homme ; — en bota- nique, un genre de la famille des primulacées, à calice campanulé, à colonne ventrue, et remarquable par l'élégance de ses fleurs ; — les appendices en forme d'oreille qui se trouvent à la base des feuilles, comme dans la sauge, ou des pétioles, comme dans le citron, ou des stipules comme dans les jungermancs.

AUROCH (zoologie) [de l'allemand *aurochs*, bœuf sauvage]. — Espèce du genre bœuf appelé aussi *Urus*, que l'on a considéré comme la souche de nos bœufs domestiques (fig. 69). — Voy. *Bœuf*.

AUROIDES (chimie) [du latin *aurum*, or, et du grec *eidos*, espèce]. — Classe de métaux renfermant l'or et l'iridium. Leurs combinaisons oxygénées n'ont pas d'acidité ni d'alcalinité à un degré marqué; ils ne sont altérés ni par les acides seuls, ni par les sels binaires avec les acides. Ces métaux forment des combinaisons directes avec le chlore, et des chlorures doubles avec les chlorures alcalins.

AURONE (botanique) [*abrotanum*]. — Espèce de plantes du genre armoise, que l'on cultive dans les jardins. On distinguait autrefois l'aurone en mâle et femelle; mais on a reconnu l'inexactitude de cette distinction, d'autant mieux que ces deux espèces d'aurone mâle et femelle

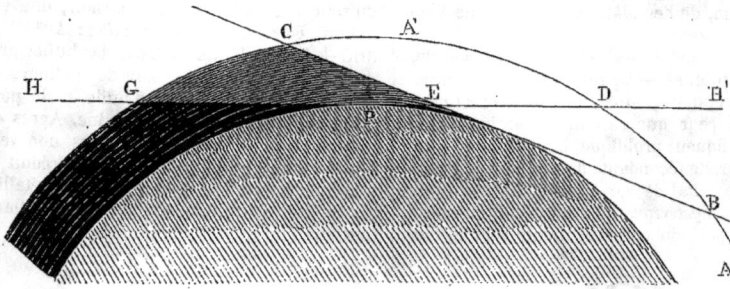

Fig. 70.

sont deux plantes bien distinctes l'une de l'autre, et que chacune d'elles contient les organes des deux sexes.

L'aurone grande à feuilles étroites, celle dont il est ici question, est une plante rameuse qui s'élève à la hauteur de 1 mètre 30 cent. à 1 mètre 60 cent.; il part de sa racine plusieurs tiges dures, rougeâtres, fragiles, remplies d'une moelle blanche; ses feuilles sont étroites ou découpées menues, d'une odeur forte, aromatique, d'une saveur amère, âcre; ses fleurs et ses semences sont semblables à celles de l'absinthe, de couleur un peu jaune; sa racine est ligneuse; on cultive

Fig. 71 — Aurore boréale.

cette plante dans les jardins. L'aurone est stimulante, stomachique, emménagogue, anthelmintique. On prépare avec ses sommités une huile par macération dans l'huile d'olive; on fait entrer les feuilles dans l'alcool général, dans l'onguent *martiatum*.

AURORE [contraction de *aurea* et de *hora*, en latin heure dorée]. — Lueur qui précède le lever du soleil. La splendeur du spectacle que ce fait présente ne devait pas échapper à l'examen des Grecs, qui figurent ce phénomène lumineux sous les traits d'une déesse dont les doigts de rose ouvraient chaque matin les portes du ciel. La rosée, que nous savons produite par la condensation de la vapeur de l'air chaud au contact de la terre encore froide, était pour eux les larmes que versait la déesse sur la perte de son fils Memnon. Les modernes, avec leur esprit positif et leurs recherches mathématiques, laissent aux peintres et aux poëtes ces agréables illusions de l'esprit pour analyser le phénomène physique dont nous donnons ici l'explication :

Soit AA'A″ (fig. 70) la limite de l'atmosphère terrestre et considérons l'horizon HH′ du point B. Si le soleil est en S, toute la partie de l'atmosphère située au-dessus de SC sera éclairée, mais la portion CEFA′, qui est sur l'horizon H H′, enverra des rayons lumineux vers le point B, pour lequel pourtant le soleil est encore couché. Mais à mesure que le soleil s'élève, le segment lumineux augmente et embrasse bientôt toute la portion G CF: c'est alors que le jour commence. On peut suivre la marche croissante de la lumière diffuse qui éclaire ainsi le point B, en observant de ce point la courbe qui sépare, à la limite de l'atmosphère, la partie éclairée de la partie obscure, et à laquelle appartient le point C. La vitesse de rotation d'un point étant plus grande à l'équateur qu'en aucun autre point de la terre, l'aurore y dure peu, ainsi que le crépuscule ; dans nos régions moyennes, sa durée est d'environ 2 h. 36 m., de telle sorte qu'au solstice d'été, au mois de juin, il n'y a pas de nuit réelle.

Le pôle nord, auquel la théorie assigne une nuit de six mois succédant à un jour d'aussi longue durée, n'est réellement plongé dans une nuit complète que pendant 75 jours, grâce à cette diffusion de la lumière dans l'atmosphère qui étend son influence jusqu'à 18° au delà du point où le soleil se couche.

Si les Grecs, pour excuser la licence de leurs mœurs sous un climat qui inspire la volupté, plaçaient chez les dieux les exemples de leurs désordres et de leurs vices, l'étude bien dirigée chez nous des sciences naturelles élève l'âme bien au-dessus de ces fictions qui rabaissent la Divinité jusqu'à nous, et la fait apparaître, au contraire, dans son imposante majesté et son infinie grandeur. Quelle magnifique harmonie dans le rapprochement des faits que nous examinons! Quelle beauté de spectacle ils nous présentent et quelle bienveillante prévoyance! Sans cette interposition de l'atmosphère entre le soleil et nous, sans cette propriété de ses molécules de réfléchir la lumière, outre que nous serions privés du magnifique spectacle de l'aurore, nous passerions du jour intense à la nuit la plus obscure que nous connaissions. Les objets qui, il n'y a qu'un instant, envoyaient à l'œil une lumière fatiguante, deviendraient subitement invisibles dans l'obscurité. Le moindre nuage suffirait pour causer une nuit complète. Les couches supérieures de la partie de l'atmosphère que les aérostats ont permis d'explorer et les régions équinoxiales dans lesquelles la chaleur rend l'air plus raréfié présentent un commencement de ces phénomènes.

Les aurores boréales ne doivent pas être attribuées à la même cause, et ici, la science en étant réduite aux conjectures et aux hypothèses, nous nous contenterons de signaler les faits observés. L'aurore boréale est un météore lumineux qui a surtout été observé au pôle boréal, quoiqu'il apparaisse aussi au pôle austral. Le dessin que nous reproduisons ici (fig. 71) représente une aurore boréale observée et dessinée par M. Lottin, lieutenant de vaisseau, dans une expédition en Islande.

Voici quelques fragments des observations qu'il fit à cette époque sur plus de 143 aurores boréales : « Le soir, la brume légère qui règne habituellement au nord se colore à sa partie supérieure, ou plutôt se frange des couleurs de l'aurore qui existe derrière; cette bordure devient plus régulière et forme un arc vague, d'une couleur jaune pâle, dont les bords sont diffus et les extrémités s'appuient sur la terre. Cet arc monte plus ou moins lentement; bientôt des stries noirâtres séparent régulièrement la matière lumineuse de l'arc, les rayons sont formés, ils s'allongent, se raccourcissent lentement ou instantanément ; *ils dardent*, augmentant ou diminuant subitement d'éclat; *les pieds* des rayons offrent toujours la lumière la plus vive et forment un arc plus ou moins régulier. Tous ces rayons convergent vers un point du ciel indiqué par la pointe sud de l'aiguille d'inclinaison. Si parfois ils se prolongent jusqu'à ce point de réunion, ils forment un fragment d'une immense coupole lumineuse. L'arc continue de monter; sa lumière éprouve des ondulations de l'ouest à l'est qui lui donnent l'apparence d'un ruban lumineux flottant. Puis ses pieds abandonnent l'horizon, les plis se prononcent davantage, se contournent, se séparent, forment des courbes bizarres ou gracieuses. L'éclat des rayons lumineux augmente tout à coup; ils se colorent; la base devient rouge, le milieu vert, le reste conserve la teinte jaune clair. Puis ces couleurs diminuent d'éclat et même disparaissent pour reparaître partiellement, puis pour reformer l'arc qui continue à monter. Lorsque cet arc a atteint le zénith, ou plutôt le point marqué par la pointe supérieure de l'aiguille d'inclinaison, les rayons sont vus par leur pied, et l'on peut mesurer l'épaisseur du météore dont la base qui continue à onduler est seule visible. Cependant de nouveaux arcs se sont formés les uns derrière les autres, qui s'élèvent en passant par les mêmes phases que le précédent, allant comme lui au zénith, puis disparaissent rapidement en se dirigeant vers le sud. Quelquefois deux arcs lumineux se réunissent au zénith et forment une sorte de couronne. Si l'on s'imagine qu'alors tous ces rayons dardent avec vivacité, variant continuellement dans leur longueur et leur éclat, que de belles teintes rouges et vertes les colorent par intervalles, que les mouvements ondulatoires ont lieu, que les courants lumineux se succèdent, et enfin que la voûte céleste tout entière offre une immense et magnifique coupole étincelante dominant un sol couvert de neige qui lui-même sert de cadre éblouissant à une mer calme et noire, comme un lac d'asphalte, on n'aura encore qu'une idée imparfaite de l'admirable spectacle qui s'offre à l'observateur et qu'il faut renoncer à décrire ! »

Un fait incontestable, c'est que ces brillantes apparitions ont un rapport intime avec le magnétisme terrestre; leur direction, leur influence sur les variations de l'aiguille aimantée et le lieu de leur production ne laissent aucun doute à cet égard. M. Despretz, s'appuyant sur ce que l'aurore boréale suit la terre dans son mouvement de rotation, admet qu'elle est renfermée dans l'atmosphère. Mais il résulte de mesures prises par M. Lottin et d'observations postérieures, qu'à cause de ses grandes dimensions, l'arc ne pourrait se maintenir dans des limites d'ailleurs si petites relativement au volume de notre globe.

J. LAGARRIGUE (de Calvi).

AURURE (chimie) [du latin *aurum*, or]. — Alliages d'or et d'un autre métal en proportions définies : les seuls aurures que l'on connaisse sont l'*aurure d'argent* (or argentifère) et l'*aurure de palladium et d'argent* (or palladifère et argentifère). Ces mélanges ont pour caractères communs d'être attaquables par l'eau régale, et de donner ainsi une solution qui précipite en pourpre par le protochlorure d'étain.

AUSCULTATION (pathologie générale) [de *auscultare*, écouter]. — Emploi de l'ouïe pour déterminer plus sûrement différentes maladies, telles que les affections des poumons, des plèvres, du cœur, etc. Elle est *immédiate* si l'on applique l'oreille nue sur les parois de la poitrine, et *médiate* si l'on se sert d'un cylindre de bois appelé *stéthoscope*. C'est à l'immortel Laennec qu'on doit cette découverte, la plus importante de notre siècle, basée sur la connaissance des bruits que l'organisme en fonction produit, tant dans l'état sain que dans l'état de maladie. « L'auscultation constate, en telle ou telle région des parois de la poitrine, et, partant, en telle ou telle portion correspondante du poumon, la présence ou l'absence, et, dans le premier cas, la faiblesse ou l'intensité du murmure respiratoire, les divers modes de résonnance de la voix et de la toux, et, s'il y a lieu, certains bruits accidentels, *râles, tintements, gargouillements*, etc. Elle explore le cœur sous un quadruple point de vue : elle a égard 1° à la force d'impulsion avec laquelle il vient heurter le côté gauche simultanément à chaque battement du pouls ; 2° au caractère particulier de chacun des deux bruits très-rapprochés, mais ordinairement très-distincts, qui ont lieu dans l'intervalle d'un battement à l'autre, et que notre langue, par une heureuse onomatopée, caractérise si bien sous le nom de *tic-tac*; 3° au rhythme suivant lequel ces bruits se succèdent l'un à l'autre ; 4° enfin, à l'étendue dans laquelle ils se font entendre, depuis la région précordiale, où se borne, à l'état normal, leur retentissement, jusqu'aux régions latérale et postérieure de la poitrine dans certains cas de maladie. » L'auscultation immédiate est employée de préférence à l'auscultation médiate par la plupart des praticiens, et c'est un sentiment de pudeur exagéré de la part de quelques dames de se refuser à ce mode d'exploration. Quand il s'agit de la santé et quelquefois de la vie, il faut mettre de côté toute susceptibilité en présence de l'homme de l'art, qui ne craint pas de surmonter tous les dégoûts et de braver les contagions pour assurer le succès de ses cures.

L'auscultation immédiate, dit le professeur Requin, paraît avoir été quelquefois pratiquée par les Asclépiades de Cos ; car, dans un traité *sur les Maladies*, qui fait partie des œuvres hippocratiques, nous voyons ce procédé indiqué comme moyen de distinguer l'hydropisie de poitrine d'avec l'épanchement de pus. Il est vrai que c'est une prétention fausse, et que le signe donné par l'auteur grec est tout à fait erroné. Et c'est là ce qui rend compte de l'abandon complet et même du profond oubli où l'auscultation tomba pendant plus de vingt siècles. A quoi bon cultiver un mode d'exploration sans résultats utiles et certains ? Aussi, depuis Hippocrate jusqu'au commencement de ce siècle, l'histoire de la médecine ne nous montre-t-elle aucune trace de l'auscultation. Mais, pour rendre justice à qui de droit, disons que quelques années avant les admirables découvertes de l'illustre Laennec, son maître et ami Bayle explorait quelquefois l'état du cœur par l'application de l'oreille à la région précordiale, et que Mayor, chirurgien distingué de Genève, diagnostiquait les cas douteux de grossesse en percevant par l'auscultation immédiate

les rapides battements du cœur du fœtus à travers les parois abdominales de la mère [1]. Viennent enfin, à dater de 1816, les belles et fécondes recherches de Laennec, que la France doit être fière de compter au nombre de ses grands hommes, et que l'humanité tout entière doit à jamais vénérer comme un de ses plus utiles bienfaiteurs. Nul médecin ne parcourut une si importante carrière de découvertes : nul ne fournit à l'art un si riche tribut de résultats réellement neufs et réellement positifs. Grâce aux enseignements de Laennec, le diagnostic des affections du poumon et du cœur est parvenu à une certitude et à une précision jusqu'alors inconnues en médecine. Relativement à ces affections, le vulgaire n'est plus en droit de répéter ces phrases banales : *Les médecins ne voient pas dans l'intérieur du corps.* — *Leur art n'est qu'un art conjectural.* Le praticien exercé à l'auscultation reconnaît maintenant, dans l'intérieur de la cavité pectorale, une *pneumonie*, un *épanchement pleurétique*, une *caverne du poumon*, etc., comme s'il pouvait y plonger ses regards, comme si les parois de la poitrine n'étaient qu'une gaze transparente !

I. AUSCULTATION APPLIQUÉE AUX MODIFICATIONS DE LA VOIX.

Pour constater par l'auscultation les modifications de la voix dans les maladies, il faut d'abord en connaître les phénomènes à l'état normal. Lorsqu'on applique l'oreille sur la poitrine d'une personne saine, en arrière, dans la direction des gros tuyaux bronchiques, et qu'on l'engage à parler, on entend la voix qui résonne en produisant un frémissement particulier dû aux vibrations des parois bronchiques et des ondes sonores.

Lorsque les poumons ou les plèvres sont altérés, cette résonnance et ce frémissement disparaissent où sont remplacés par des sons qu'on a appelés *égophonie, bronchophonie* et *pectoriloquie*.

1° *Égophonie.* — Laennec a désigné sous ce nom le mode de résonnance de la voix que fait entendre à travers le *stéthoscope* un individu qui a dans l'une des plèvres un épanchement d'une médiocre abondance. La voix paraît alors plus aiguë, plus aigre que la voix naturelle du malade, et tremblotante comme celle d'une *chèvre*. L'égophonie est l'effet de la résonnance naturelle de la voix dans les rameaux bronchiques, transmise à travers la couche mince et tremblante du liquide épanché. Elle indique que l'épanchement est peu considérable.

2° *Bronchophonie* (voix bronchique). — C'est une résonnance de la voix perçue, à l'auscultation, au niveau des grosses divisions bronchiques. Cette résonnance se manifeste dans l'état sain ; mais elle est bien plus prononcée dans certains cas de maladie des poumons, lorsque, par exemple, le parenchyme pul-

---

[1] Nous devons dire aussi, pour être juste, que, si Mayor eût ici le droit de priorité, c'est au docteur Kerdaradec qu'appartient l'honneur d'avoir enseigné au corps médical quels signes une femme enceinte fournit à l'auscultation. — Voy. *Grossesse.*

monaire, gorgé de sang, ènflammé ou induré, est rendu par cela même meilleur conducteur du son, ou encore lorsque les bronches sont le siége de dilatations, résultat du catarrhe chronique.

3° *Pectoriloquie*. — C'est le phénomène que présentent certains phthisiques lorsque, leur poitrine étant explorée à l'aide du *stéthoscope* ou de l'oreille, la voix semble sortir à travers les parois du thorax : ce phénomène indique l'existence de cavités anfractueuses, dites *ulcères du poumon*, qui sont produites dans cet organe par la suppuration ou le ramollissement des tubercules.

II. AUSCULTATION APPLIQUÉE AUX MODIFICATIONS DE LA RESPIRATION.

La respiration présente de nombreux troubles dans les états morbides, surtout dans ceux de l'appareil pulmonaire. Voici les principaux :

1° *Bruit respiratoire diminué*. — Il se manifeste lorsque le poumon devient imperméable à l'air par suite d'un épanchement de liquide dans la cavité pleurale, d'une fausse membrane, d'une infiltration tuberculeuse, etc.

2° *Bruit respiratoire augmenté*. — Il a lieu lorsque, par suite d'un épanchement *considérable* de sérosité dans la cavité d'une des plèvres, l'inspiration se fait avec plus de force et plus de fréquence dans le poumon resté sain. Certains états inflammatoires des poumons, des tubercules à l'état de granulation ou agglomérés, etc., peuvent encore donner lieu à une respiration plus active.

3° *Bruit respiratoire râpeux*. — Bruit rude, beaucoup plus clair qu'à l'état normal, qui semble faire vibrer les cellules pulmonaires, et que Hirtz regarde comme le signe pathognomonique des tubercules au premier degré.

BRUITS DE SOUFFLE.

A. *Respiration bronchique*. Elle ne s'entend que dans les tuyaux bronchiques d'un certain volume, et se manifeste dans les inflammations pulmonaires parvenues aux deuxième et troisième degrés, c'est-à-dire lorsque le tissu de l'organe, engorgé et enflammé, est devenu imperméable à l'air.

B. *Respiration caverneuse*, bruit de souffle limité et exagéré, dû à l'arrivée de l'air dans une caverne pulmonaire creusée par la fonte des tubercules (phthisiques au deuxième degré).

C. *Respiration amphorique*, bruit particulier, sonore, comme si l'air pénétrait dans un vase creux et vide; elle accuse l'existence de cavernes pulmonaires très-étendues (troisième degré de la phthisie).

RALES.

Ce sont des bruits formés dans les gros tuyaux bronchiques, dans leurs divisions, dans les vésicules pulmonaires même, par l'agitation des liquides qui y sont contenus au moment du passage de l'air. Ils sont perceptibles, les uns à distance, les autres à l'auscultation. Les principaux râles sont :

1° Le *râle trachéal*, qui se forme dans la trachée-

artère. Il n'a lieu que dans les derniers instants de la vie (râle de l'agonie), lorsque l'expectoration devenant difficile ou impossible, les mucosités s'accumulent de plus en plus dans les bronches.

2° Le *râle bronchique*, qui se produit dans les bronches lorsqu'elles sont le siége d'une sécrétion muqueuse qu'agite l'air en circulant. Ce râle est spécial au catarrhe pulmonaire. On le compare au bruit qui résulte d'une insufflation opérée dans de l'eau de savon au moyen d'un chalumeau. Mais il est plus ou moins *sec* et *humide*, suivant le degré de la bronchite.

3° Le *râle crépitant* ou *vésiculaire*, petit bruit semblable à celui que rend du sel que l'on fait décrépiter à la chaleur, qui se forme dans les vésicules pulmonaires par l'agitation des mucosités qu'elles contiennent. Il caractérise l'inflammation du poumon au premier degré.

4° Le *râle caverneux*, qui se produit dans des cavernes pulmonaires contenant des mucosités que l'air agite. Lorsqu'il est extrêmement prononcé, on lui donne le nom de *gargouillement*. Il indique une phthisie aux deuxième et troisième degrés.

L'auscultation a été encore appliquée 1° aux *bruits de cœur* (bruits de soufflet, de râpe, de scie, de lime, etc.); 2° aux *phénomènes de la circulation artérielle*; 3° aux *phénomènes de la gestation* (souffle placentaire, bruit de cœur fœtal); 4° au *diagnostic de la péritonite* (bruits de frottement, de raclement, etc.); 5° à l'*étude des maladies du foie*; 6° au *diagnostic des maladies de l'encéphale*; 7° au *diagnostic des calculs vésicaux*; 8° à l'*étude des maladies de la caisse du tympan et de la trompe d'Eustache*; 9° à l'*étude des maladies des sinus frontaux et des fosses nasales*; 10° à l'*étude des maladies du larynx*; 11° au *diagnostic des fractures*. — Tout récemment, l'auscultation a été l'objet de communications importantes que nous allons faire connaître.

1° *De l'auscultation appliquée aux diverses lésions de l'ouïe*.—Tous les médecins savent qu'il est le plus souvent impossible de reconnaitre les lésions profondes des organes de l'ouïe. M. Gendrin, dans une communication qu'il a faite en 1856 à l'Académie des sciences, a appelé l'attention sur un mode d'exploration qui donne pour ces lésions des signes diagnostiques dont il a vérifié bien des fois l'exactitude depuis dix ans. Voici comment il procède :

Il recueille, à l'aide du stéthoscope, ou même par son oreille appliquée immédiatement sur celle du malade, les bruits que fait naître dans l'oreille moyenne de la personne qu'il examine la propagation des vibrations sonores de la respiration, de la toux, de la voix, du sifflement labial, modifiés à dessein de diverses manières. Il prend le soin de rendre la propagation de ces vibrations sonores plus complète en fermant les narines du malade. Comme les qualités de ces bruits varient avec les conditions physiques des cavités et des membranes qui les transmettent, il en déduit des signes pathognomoniques pour les diverses lésions des organes.

Dans l'état physiologique, chaque expiration fait retentir dans l'oreille moyenne un bruit de souffle grave, doux, éloigné, qui s'éteint avant la fin du mouvement expiratoire. Si la membrane du tympan est perforée, ce bruit devient aigu, sec, parfois même sibilant et plus prolongé. La trompe est-elle rétrécie, il devient intermittent, et le souffle expiratoire semble alors formé de plusieurs souffles successifs, qu'accompagnent d'ailleurs, dans le plus grand nombre des cas, des bulles crépitantes dues à des mucosités contenues dans le pavillon de la trompe ou dans la caisse du tympan. On entend aussi des crépitations dans la carie de l'oreille interne, ou lorsqu'il s'est formé, soit dans l'oreille interne même, soit dans les cellules de l'apophyse mastoïde, un foyer communiquant avec la caisse et la trompe non oblitérées. Mais, dans ces cas, les crépitations sont graves et humides.

Les secousses expiratoires de la toux rendent plus brefs, plus nets, et par conséquent plus faciles à percevoir les bruits anormaux qui se rapportent aux diverses lésions internes de l'oreille dans les expirations simples.

L'inspiration ne produit pas de vibrations sonores perceptibles dans les organes de l'ouïe sains. Mais si le tympan est percé, la trompe restant d'ailleurs perméable, on constate dans l'oreille, pendant l'inspiration, un souffle sibilant fort aigu et mêlé de crépitations humides, dont le malade lui-même a souvent conscience.

La voix entendue dans l'oreille paraît plus grave et un peu vibrante; elle est entrecoupée de fréquentes intermissions, qui séparent brusquement les mots et même les sons syllabiques. Elle dégénère en un murmure confus et inarticulé si la trompe est rétrécie ou si la caisse est remplie par des mucosités, par du pus ou par l'exostose centrale du rocher. Elle s'éteint et ne s'entend plus si la trompe est bouchée. Elle est sifflante et s'accompagne de bulles crépitantes quand la membrane du tympan est rompue.

Dans l'état physiologique, le sifflement labial est transmis par l'oreille moyenne comme un souffle sibilant aigu venant de très-loin. Il arrive affaibli et entrecoupé d'intervalles silencieux ou presque muets si la trompe est rétrécie, et, si elle est obstruée, il ne s'entend plus du tout. Au contraire, dans les cas où la membrane du tympan est détruite, le canal de la trompe demeurant d'ailleurs libre, le sifflement devient très-aigu, et paraît très-rapproché : il semble au médecin que le malade lui siffle dans l'oreille. Dans la plupart des cas, on peut vérifier les bruits anormaux en auscultant comparativement l'une et l'autre oreille, car il est bien rare de rencontrer des deux côtés et au même degré la même lésion.

2° *De la dynamoscopie.* — M. V. Collongues a lu, en 1856, à l'Académie des sciences, un mémoire ayant pour titre : *De la Dynamoscopie, ou nouveau système d'auscultation.* Voici le résumé de ce mémoire :

En plaçant l'un des doigts de la main d'un homme à l'état de santé ou malade dans le conduit auditif externe, on entend un bruit continu très-semblable à un *bourdonnement* ; à ce bruit s'ajoutent, par intervalles irréguliers, des crépitations bien distinctes du bruit de bourdonnement, et qu'on peut appeler *pétillements* ou *grésillements.* Les bourdonnements et les pétillements sont plus sensibles lorsqu'on se sert d'un corps intermédiaire entre le doigt et le conduit auditif. Les meilleurs conducteurs jusqu'à présent sont le liége et l'acier. Les bruits entendus appartiennent bien réellement au sujet en exploration et non à l'oreille de l'observateur, pas plus qu'à l'air comprimé entre le tympan et l'instrument explorateur. Ainsi, si l'on appuie l'instrument appelé *dynamoscope* contre un corps inerte, ou si l'on introduit dans le godet de l'instrument le doigt d'un cadavre, on ne perçoit aucun de nos bruits. Le bourdonnement est un phénomène général. Les pétillements n'existent qu'à l'extrémité des doigts des mains et des pieds. Le bourdonnement et les pétillements, considérés sous le rapport physiologique, varient suivant les sexes, les âges, les tempéraments, les saisons, les climats, l'état de veille ou de sommeil, de fatigue ou de repos, de grossesse.

Étudiés dans certaines circonstances physiologico-pathologiques, comme la douleur pendant les opérations sanglantes, l'électrisation, l'éthérisation, le bourdonnement et les pétillements ont des différences marquées. Pendant les maladies, soit aiguës, soit chroniques, le bourdonnement se modifie ainsi : s'il est doux, lent, continu, égal à l'état normal, il devient rude, fort, rapide, continu ; nous l'appelons *bourdonnement roulant.* Ce bourdonnement coïncide avec un état morbide exempt de danger. Si le bourdonnement, au lieu d'être continu, uniforme, devient tremblotant, c'est l'indice d'un état sérieux. Le bourdonnement peut être très-variable, très-inégal ; il peut affecter tantôt une note aiguë, tantôt une note grave, et il correspond alors à un état morbide grave. Le cas devient plus grave encore si le bourdonnement passe du roulant, du tremblotant à l'intermittent. Lorsque le bourdonnement passe du roulant, du tremblotant, de l'intermittent au doux, c'est le signe de la rétrogradation de la maladie. Enfin, l'absence du bourdonnement à l'extrémité des doigts est l'augure d'une mort prochaine. Pourtant, dans quelques maladies en particulier, il ne faudrait pas se laisser tromper à ce caractère : ainsi, dans les paralysies complètes, le bourdonnement est nul; dans les maladies qui se manifestent par la perte de la connaissance (épilepsie, catalepsie, apoplexie, etc.), le bourdonnement peut se supprimer longtemps et reparaître. Son apparition avant la fin de l'attaque indique que le malade reprendra bientôt ses sens.

Les pétillements dans les états morbides sont très-variables. Après la mort, c'est-à-dire après la cessation complète de la respiration et des battements du cœur, le bourdonnement persiste; il est seulement très-affaibli. Il est un point dans les régions précordiale et épigastrique où il est plus évident que partout ailleurs. La durée du bourdonnement après la mort varie de la dixième à la quinzième heure. Il suit une loi de retraite des extrémités vers le centre.

Dans les membres séparés du tronc, le bourdonnement existe partout immédiatement après l'amputation. Il disparaît de minute en minute, en allant des deux extrémités vers le centre. Ce n'est que vers la quinzième minute qu'il a complétement disparu.

Les corollaires de ces observations indiquent que le bourdonnement et les pétillements ne tiennent pas à la circulation ni à la chaleur animale. Sans rien conclure sur la nature de ces bruits, on peut constater qu'ils sont une résultante de l'action organique.

L'absence du bourdonnement de la surface du corps est le signe le plus certain de la mort; elle fait distinguer la mort réelle de la mort apparente. Les variations du bourdonnement éclairent la marche et le pronostic des maladies. Enfin, l'absence du bourdonnement fait distinguer une paralysie complète d'une paralysie incomplète; elle est le signe le plus certain de la paralysie vraie, et la fait distinguer de la paralysie simulée.

Comme on le voit, ce système d'auscultation diffère du système d'auscultation de l'immortel Laënnec. L'auscultation stéthoscopique ne transmet à l'oreille que des bruits résultant d'une action physique, comme le passage de l'air à travers les mucosités accumulées dans les bronches ou les vésicules pulmonaires, le choc de deux fragments d'os ou de pierre, le frottement de deux surfaces rugueuses, etc. La dynamoscopie transmettrait, si les faits qu'elle indique étaient confirmés par l'expérience, les produits de l'action organique.   B. LUNEL.

AUSPICE [du latin *auspicium*, formé, par contraction de *avispicium*, qui lui-même est formé de *avis*, oiseau, et du verbe *spicio*, voir]. — Prêtre qui, à Rome, prédisait l'avenir par le vol des oiseaux ou par leur chant.

Se dit également de l'effet même : divination par l'un ou l'autre de ces signes.

Dans cette acception, on distingue plusieurs auspices : *auspicium ex acuminibus*, auspice qui se tirait de la pointe des javelots et qui annonçait l'issue heureuse ou funeste d'un combat; *auspicium jugale*, auspice funeste qui s'annonçait par la rencontre de deux animaux attelés au joug; *auspicium liquidum*, lorsque le ciel était serein et pur, heureux auspice.

Les augures étaient toujours consultés à l'occasion de toute expédition entreprise dans l'intérêt de la patrie, et les Romains y attachaient une grande importance. La cérémonie était imposante, et le conseil et le sénat se rendaient au temple avec pompe, suivis du peuple romain; ce que confirme Cicéron lorsqu'il dit : *Quod si illa precatio solemnis consularibus auspiciis consecrata.*

Lorsque P. Claudius Pulcher, consul, perdit, en Sicile, la bataille navale de Drepane contre les Carthaginois, commandés par Adherbal, le peuple romain attribua la défaite de Claudius au mépris qu'il avait fait des augures. Comme les prêtres, en consultant les poulets sacrés, avaient annoncé qu'ils ne voulaient pas manger, ce qui était un signe funeste : Eh bien, dit Claudius, qu'on les jette dans le Tibre, et qu'ils boivent, puisqu'ils ne veulent pas manger !

On dit au figuré : Être né sous d'heureux ou de malheureux auspices, suivant que le sort est favorable ou funeste.

On dit de même : *Sous les auspices de...*, pour dire sous la protection, sous la recommandation de...

Dans la croyance des païens, divers oiseaux étaient de bon ou de mauvais augure. L'aigle était de bon augure, surtout s'il était aperçu s'élevant dans les airs à droite; la corneille, le corbeau étaient de mauvais augure; la colombe était du plus heureux augure, surtout pour les amants.

RÉDAREZ SAINT-REMY.

AUSTRALIE (géographie). — Nom donné à la partie continentale de l'Océanie appelée autrefois Notasie, Mélanaisie, Nouvelle-Hollande, et enfin continent austral, d'où le nom d'Australie. Le nom de Nouvelle-Hollande lui était venu de ce que la découverte en avait été attribuée particulièrement aux navigateurs hollandais, quoique des Portugais et des Espagnols y eussent abordé un siècle auparavant. L'Australie s'étend au sud de l'équateur, entre les 11e et 37e degrés de latitude et entre les 111e et 152e degrés de longitude orientale.

AUTEL (architecture). — Monument sur lequel sont placées les offrandes consacrées à la Divinité. Les autels érigés par les premiers habitants du monde n'étaient sans doute que des pierres informes sur lesquelles on déposait les victimes destinées aux sacrifices. Cette simplicité subsistait encore au temps de Moïse, non pas à cause de l'impuissance de l'art, mais parce qu'elle faisait partie des dogmes religieux de cette époque, ainsi que nous l'apprennent ces passages de la Bible : « Si tu m'élèves un autel de pierre, tu ne le feras point avec des pierres taillées; si tu y mets le ciseau, il sera souillé. » (*Exode*, chap. xx.) « Tu élèveras là un autel au Seigneur ton Dieu avec des pierres que le fer n'aura point touchées, avec des roches informes et non polies, et tu y offriras des holocaustes au Seigneur ton Dieu. » (*Deutéronome*, chap. xxvii.) Elle se retrouve encore dans le livre de Josué, chap. viii.

Ces autels n'étaient point placés sur des degrés comme ils le sont maintenant : « Vous ne monterez point par des degrés à mon autel, de peur que votre nudité ne soit découverte. » (*Exode*, chap. xx.) Plus tard, cette loi tomba en désuétude : « Et Salomon monta à cet autel d'airain qui était dans le tabernacle. » (*Paralipomènes*, liv. II, chap. 1er.)

La simplicité de ces monuments fut également délaissée. Dans les ordonnances de Dieu à Moïse sur la construction des tabernacles, dans celle du temple de Salomon, il est parlé d'autels en bois de sétim, en airain, ornés de plaques, de couronnes d'or, etc.; ils étaient vides et en forme de cube à base carrée, souvent plus large que haut, et portatifs au moyen de bâtons de bois de sétim que l'on passait dans des anneaux fixés des deux côtés.

Les autels, déjà nombreux dans une religion qui ne reconnaissait qu'un seul Dieu, se multiplièrent à l'infini dans le paganisme. Chaque divinité eut ses autels au dedans ou au dehors des temples, dans les forums, les rues et dans presque toutes les maisons.

Ils commencèrent également chez les peuples sauvages par n'être formés que de pierres brutes ou peu travaillées. Ainsi, les Gaulois paraissent avoir gardé la loi de Moïse. Les druides sacrifiaient sous de grands arbres et sur des pierres informes, dont il existe encore un grand nombre. Ces dol'mens étaient quelquefois composés d'une pierre plate qui reposait sur deux autres de forme quelconque, et figuraient à peu près une table; cette pierre supérieure était parfois creusée par des petits bassins circulaires communiquant entre eux par des rigoles et servant vraisemblablement à recevoir le sang des victimes; d'autres avaient en plus un orifice circulaire par lequel le sang s'écoulait soit pour être reçu dans un vase, soit pour tomber sur d'autres victimes qu'il servait à purifier.

Chez les Grecs, les autels avaient différentes formes, mais les plus usitées étaient un tambour, plein ou creux, simple ou cannelé, portant une table circulaire, ou bien un dé quadrangulaire, orné d'inscriptions, de peintures, de sculptures, et reposant sur un ou plusieurs degrés.

Les Romains conservèrent ces mêmes autels en leur ôtant ordinairement leur pureté; ils figurèrent souvent les attributs servant au culte, comme patères, vases sacrés, bandelettes; puis sculptèrent aux angles les têtes des animaux destinés aux sacrifices, en y ajoutant des guirlandes, des rosaces, et les ornèrent par des bas-reliefs représentant soit les dieux auxquels ils étaient consacrés, soit des sujets mythologiques. Enfin, quoique la masse générale fût toujours à peu près la même, ils différaient par les détails. Ils étaient en pierre, en marbre, en bois, en brique, ou bien recouverts de quelque matière plus précieuse, comme l'airain, le bronze, etc.

Dans les nécropoles, les autels étaient souvent taillés dans le roc en forme de cube, tenant d'un côté à la muraille.

Aux premiers temps du christianisme, les autels furent indistinctement de pierre, de bois ou de métal, et construits en forme de coffre vide. Ils étaient mobiles et pouvaient se transporter d'un endroit à un autre.

Dans les catacombes, les autels n'étaient souvent autres que les tombeaux des martyrs; mais, en général, dans les chapelles souterraines creusées dans le tuf, ils étaient conservés en saillie, et prenaient la forme d'un cube, couvert de stucs et de peintures; d'autres fois encore, on pratiquait dans une des parois de ces chapelles une espèce de niche carrée ou circulaire, élevée environ d'un mètre au-dessus du sol, et c'était alors la plinthe de cette niche qui servait d'autel; le fond en était stuqué, et orné de peintures, d'inscriptions et de symboles.

Jusqu'au huitième siècle on pouvait dire la messe sur des autels quelconques, puis l'usage vint de n'offrir le sacrifice que sur ceux en pierre, en bois; lorsqu'ils étaient en bois, on incrustait au milieu une dalle de pierre consacrée, qui devenait le véritable autel, et qui pouvait se transporter suivant le besoin.

Au moyen âge on trouve un grand nombre d'exemples d'autels formés d'une dalle, unie ou creusée en plateau, et portée sur une ou plusieurs colonnettes; le vide laissé entre la table et le sol était parfois caché par des parements en tapisserie, brodée d'or et d'argent. Ces parements, qui se changeaient selon le rite des fêtes, pouvaient se placer aussi devant les autels à face pleine.

Jusqu'au treizième siècle ces monuments furent d'une grande simplicité; mais bientôt les reliques, placées soit derrière, soit au-dessous de l'autel, furent placées au-dessus; de là la construction de reliquaires et de rétables, qui prirent de plus en plus d'importance, et s'élevèrent quelquefois au niveau de la voûte de l'église.

Au seizième siècle les autels reprirent la forme d'un tombeau plus ou moins orné, qui, en passant sous les règnes de Louis XIV et Louis XV, finit par s'abâtardir en empruntant les contours tourmentés de l'architecture de cette époque. Ce sont ces derniers autels que l'on trouve maintenant dans presque toutes nos églises. Mais si l'on ne peut leur refuser quelquefois d'avoir un aspect assez grandiose, presque toujours ils sont d'un goût déplorable, ainsi que les accessoires dont on prétend les orner. CH. GARNIER.

AUTOBIOGRAPHIE [du grec *autos*, soi-même; *bios*, vie; *grapho*, j'écris]. — Récit qu'un personnage historique ou autre fait des pensées et des événements de sa vie; telles sont les *Confessions* de Rousseau, celles de saint Augustin, etc. « Ce genre littéraire ne peut se confondre avec les mémoires, qui n'ont pour objet que le récit des événements auxquels l'auteur a assisté comme témoin ou comme acteur. Indépendamment des impressions du cœur, l'autobiographie est surtout le récit que l'on fait des sentiments divers qui ont agité notre âme durant notre vie. Quelquefois, cependant, les deux genres sont tellement mêlés dans la même narration que l'on ne sait de quel nom l'appeler. Ainsi, les *Mémoires d'Outre-Tombe*, de Chateaubriand, pourraient tout aussi bien porter le nom d'autobiographie que celui que leur a donné leur auteur. L'autobiographie est de tous les genres littéraires le plus difficile à traiter. Dans un procès où le même individu est juge et partie, il est bien rare qu'il se montre assez impartial pour être exact. Dans ce cas, l'écrivain pose presque toujours. Les autobiographies ne doivent être consultées par l'historien philosophe qu'à titre de renseignements et non comme documents. »

AUTOCHTHONE (histoire ancienne)[du grec *autos*, soi-même; *chthón*, terre; né de la terre même]. — Les Grecs désignaient par ce mot les peuples qui prétendaient être originaires du pays même qu'ils habitaient. Tels étaient les Athéniens, bien qu'il fût démontré que leurs ancêtres descendaient des peuples égyptiens et phéniciens, venus pour fonder des colonies dans l'Attique avant Cécrops.

AUTOCRATIE [du grec *autos*, soi-même; *kratos*, commandement]. — Gouvernement exercé avec une autorité absolue, indépendante, sans limites. — Voy. *Absolutisme*.

AUTO-DA-FÉ (histoire ecclésiastique) [mot espagnol qui signifie *acte de foi*]. — Exécution du jugement que l'inquisition rendait autrefois contre les hérétiques, les savants et les philosophes qui lui étaient déférés. On frémit encore lorsqu'on songe aux supplices imaginés contre les malheureux appelés devant les tribunaux de l'inquisition, tribunaux établis depuis le quinzième siècle et abolis seulement en 1808 par Napoléon.

Dans une période de 320 années, on compte 34,658 hérétiques brûlés vifs; 18,049 brûlés en effigie; 288,214 condamnés à la prison ou aux galères; total 340,921 victimes de l'inquisition, sans compter une multitude d'infortunés qui furent livrés aux bourreaux sous le règne de Ferdinand VII, et par les inquisitions de Sicile, de Flandre, de Sardaigne, des Indes, de Portugal, etc. Il y avait des *auto-da-fé particuliers* et des *auto-da-fé généraux* : les premiers étaient fixés par les inquisiteurs, et les seconds avaient lieu à l'anniversaire de quelque grand événement ou à l'occasion de la naissance, du couronnement ou du mariage des rois. Triste manière de célébrer les dates remarquables de l'histoire d'un pays! — Voy. *Inquisition*.

AUTOGRAPHE (bibliographie) [du grec *autos*, soi-même, et *graphô*, j'écris; écrit de la main d'un auteur]. — On dit *manuscrit autographe*, *lettre autographe*. Depuis quelques années, on a recherché avec beaucoup de soin les lettres des hommes remarquables de tous les pays et de toutes les époques, que l'on a reproduites par la gravure et par des procédés lithographiques. L'isographie des hommes célèbres est un des recueils les plus remarquables en ce genre.

AUTOGRAPHIE (technologie) [même étymologie]. — Art de reproduire par des procédés lithographiques l'écriture d'une personne sans nulle altération. Voici en quoi consiste l'autographie : « le papier sur lequel on écrit doit être légèrement enduit d'un mélange composé d'amidon, de gomme et d'alun; l'encre est composée de graisse, de savon et d'une matière noire quelconque qui n'a d'autre objet que de guider la main de l'écrivain. Lorsqu'on veut reporter un écrit sur la pierre, on mouille le verso du papier avec une éponge imbibée d'eau tiède, ce qui a pour but de faire gonfler la partie de papier restée sans écriture; on applique la face écrite sur la pierre lithographique; et, après l'avoir couverte de feuilles de papier mou, on n'a qu'à passer le rouleau à plusieurs reprises; alors les caractères abandonnent le papier sur lequel ils sont écrits et s'empreignent sur la pierre; il ne reste plus qu'à procéder au tirage comme dans la lithographie ordinaire. Cet art ingénieux, avec lequel on peut reproduire, outre l'écriture, des cartes géographiques, des plans, des dessins de géométrie, etc., fut inventé par Brunet, en 1799. »

AUTOMNE (astronomie) [du latin *autumnus*, dérivé de *aucto*, augmenter]. — Une des quatre saisons des zones tempérées, la troisième de notre année, celle où, dans l'hémisphère boréal, mûrissent les fruits et tombent les feuilles. Elle commence au second équinoxe et finit au solstice d'hiver.

L'automne est la saison des pluies, qui commencent ordinairement à tomber en novembre, et continuent quelquefois jusqu'au 10 janvier; c'est le temps des ouragans et des tempêtes; la mer est alors peu sûre, et devient le théâtre de fréquents naufrages; c'est le passage d'une saison à l'autre, du chaud au froid, de la sécheresse à l'humidité. Les brusques variations de l'atmosphère rendent le temps des équinoxes dangereux aux malades, et disposent les maladies aiguës à devenir chroniques. Vers la fin de cette saison, il survient fréquemment des pluies; quand elles sont abondantes et continues pendant plusieurs jours, elles sont ordinairement suivies d'un refroidissement considérable de l'atmosphère et des premières gelées blanches. En automne, dit un auteur, le ciel a presque toujours un éclat tempéré qui répand autour de nous une atmosphère de douces sensations; l'air est attiédi; le soir verse une fraîcheur caressante; la grappe des fruits se gonfle et mûrit sous les pampres plus rares; le feuillage prend diverses teintes, et répand une harmonieuse variété dans la campagne; quelques arbres se découronnent et jaunissent; la feuille morte tombe. On passe à l'hiver et la nature semble nous dire : Hâtez-vous !... Mais si elle dépérit, elle se renouvelle sans cesse : ce n'est ni la vie ni la mort, c'est le mouvement. — Voy. *Saisons*.

AUTOPLASTIE (chirurgie). — Opération par laquelle on remplace une partie détruite en prenant sur le malade lui-même les matériaux nécessaires à cette réparation. M. Blandin résume ainsi les indications générales de l'autoplastie :

Il est absolument impossible, dans l'état actuel de la science, de poser des bornes à la chirurgie sous le rapport de l'autoplastie; cette opération est beaucoup trop voisine de l'état d'imperfection dans lequel nous l'avons reçue de nos devanciers pour qu'on puisse se permettre encore une opinion bien arrêtée sous ce rapport. L'avenir est presque tout pour elle, quoiqu'elle donne déjà les plus belles espérances, et que les applications deviennent chaque jour plus étendues et plus importantes. Les cas sont nombreux, en effet, dans lesquels la chirurgie plastique doit être appliquée et peut rendre de signalés services : les grandes plaies avec perte de substance, qu'elles résultent d'un accident ou d'une opération; la destruction des parties par la gangrène, par la brûlure, par les ulcères de diverses sortes; les cicatrices vicieuses qui succèdent parfois à ces lésions variées, lui en fournissent tous les jours l'occasion. L'autoplastie a particulièrement mission de remédier à certains vices de conformation, naturels ou acquis, de nos parties. Les vices de conformation congénitaux y donnent plus rarement lieu que les autres; toutefois, ceux du nez, de la lèvre supérieure, de la voûte du palais, etc., en ont déjà éprouvé les bienfaits. Dans ces derniers temps, A. Cooper et Earle, en Angleterre, Delpech, Roux, Velpeau, Jobert de Lamballe, etc., en France, ont encore appliqué l'autoplastie à la cure des trous fistuleux anciens; tandis que, plus récemment, un chirurgien fort habile et fort consciencieux, le docteur Martinet, a encore ajouté à la liste des cas dans lesquels il convient de mettre en usage l'opération qui nous occupe, en la chargeant de fournir les chairs destinées à fermer la plaie qui résulte de l'ablation des cancers. M. Martinet croit, en effet, que cette pratique est le plus sûr moyen de prévenir la récidive de cette cruelle maladie.

L'autoplastie a reçu des dénominations particulières selon la région où on l'applique. On l'appelle *blépharoplastie*, aux paupières; *rhinoplastie*, au nez; *staphyloplastie*, au voile du palais, etc., etc. Elle se pratique suivant deux procédés ou méthodes différentes, connues sous le nom de *Méthode italienne* et de *Méthode indienne*.

La première, inventée, perfectionnée en Italie au seizième siècle, consiste à prendre sur une région éloignée, comme le bras, la main, un lambeau pour être appliqué sur la brèche existante, soit à la face, soit ailleurs.

La seconde, pratiquée de temps immémorial aux Indes, consiste à tailler, dans le voisinage de la brèche, un lambeau pédiculé qu'on renverse en tordant le pédicule, et qu'on fixe sur le lieu à remplir, de manière à mettre les bords saignants en contact avec les bords ravivés de la plaie.

AUTOPSIE (anatomie, pathologie, médecine légale). — Examen de toutes les parties d'un cadavre dans le but de reconnaître les altérations morbides et de déterminer par là quelle a été la cause de la mort. Dans les sciences médicales, l'autopsie est le moyen le plus sûr d'acquérir des connaissances solides. On saisit bien mieux par l'autopsie les caractères, les nuances des phénomènes morbides que par l'étude des descriptions les plus minutieuses. C'est par abus qu'on a détourné ce mot de son acception ancienne pour désigner l'ouverture d'un cadavre.

Ouverture de corps. — On commence, dans le procès-verbal d'ouverture, par relater les faits observés à la levée du cadavre, soit qu'on les ait recueillis soi-même, soit qu'ils aient été vus par autrui.

Pour rapporter ce qu'on a trouvé dans la tête, il faut procéder à l'ouverture de la manière suivante [1]: on enlève en calotte le cuir chevelu par une incision circulaire, ou bien on le détache à quatre lambeaux par une incision cruciale de nez en occiput et d'oreille en oreille; puis on scie verticalement sa boîte osseuse. On ne se sert du marteau qu'à défaut de scie, à cause des ébranlements que le choc du marteau peut occasionner dans la moelle cérébrale. On fend la dure-mère le long des sinus en ménageant la faux du cerveau; on observe la coloration, l'injection, la consistance, puis l'on fait des coupes successives, minces, qu'on enlève à mesure, jusqu'à la tente du cervelet. Si l'on a intérêt à enlever le cerveau, on le place dans la calotte du crâne qu'on a séparé afin qu'il se déforme moins que sur un

[1] Eusèbe de Salles.

vase creux ou une table. Il faut ensuite observer l'intérieur de la bouche; pour cela, on fend la lèvre inférieure et la peau du cou jusqu'au sternum; on fait en T renversé deux autres sections, qui courent parallèlement aux clavicules; on dissèque l'os maxillaire inférieur et les muscles superficiels du cou; d'un coup de scie on sépare l'os maxillaire au menton, on les écarte et l'on examine l'intérieur de la bouche, puis le pharynx, puis l'œsophage, la glotte, là trachée-artère, le larynx, les vaisseaux du cou.

Pour l'examen de la poitrine, on fait partir une incision de la partie moyenne de chaque clavicule, on dissèque ce grand plastron de peau en cherchant les contusions qui peuvent se trouver dans le tissu cellulaire ou à la surface des muscles, puis on scie les côtes à leur tiers antérieur, et l'on renverse le sternum avec le fragment de côtes de haut en bas, en ayant soin de respecter les veines sous-clavières. On n'est arrivé qu'à l'attache du diaphragme, et l'abdomen n'est pas ouvert; on examine alors le thymus, s'il existe encore, le péricarde, les poumons, leur volume; on dissèque les vaisseaux qui partent du cœur, on note s'ils contiennent du sang, s'ils sont vides. Il ne faut pas enlever les poumons trop tôt, voir d'abord leur état, leur rapport. Chaque organe doit être observé de face; dans l'intérieur des bronches, noter s'il y a de l'écume, du sable, de la boue; ce dernier cas est fréquent chez les ivrognes qui sont tombés dans les cuvettes des boulevards de Paris. La présence de l'eau boueuse est une preuve certaine que l'individu était vivant quand il y est tombé. On fend le larynx du haut en bas, si on ne l'a déjà fait en examinant le cou; quand on soupçonne l'asphyxie, on observe avec beaucoup de soin la base de la langue; on cherche dans les ramifications pulmonaires à quel point se trouve l'écume; on note l'état des poumons, leur emphysème, leur engorgement, leur déchirure et infiltration sanguine dans l'apoplexie pulmonaire.

Pour l'abdomen, on prolonge les deux sections jusqu'à la partie moyenne de la longueur du pubis; on renverse le lambeau sur les cuisses, et l'on examine les viscères. Il est toujours nécessaire, après avoir fini l'examen des trois cavités, de pratiquer des sections dans l'épaisseur des muscles, du dos et des membres. Au milieu de ces masses, il peut exister des foyers de suppurations ou d'épanchements sanguins que rien ne montre au dehors. On a quelquefois trouvé le foie suppuré par suite d'une violence extérieure qui n'avait point fait trace sur la peau des fausses côtes et de l'abdomen.

Pour mettre à nu la moelle épinière, on se sert du rachitome, ou de la gouge et du maillet. Quand on est appelé pour ouvrir le cadavre d'un individu qu'on soupçonne avoir succombé à l'empoisonnement, la plus grande attention doit être dirigée vers le canal digestif. On applique une ligature à l'extrémité cardiaque de l'estomac, une double ligature à l'extrémité pylorique, double ligature à l'extrémité anale du petit intestin, ligature simple au rectum; on isole d'un coup de ciseau l'estomac du duodénum, et l'iléum du cœcum, puis on achève de séparer du corps l'estomac, le petit et le gros intestin. Avant de couper, on a noté ce que le tube intestinal en place présentait de particulier. On a trois bocaux à large bouchon fermant hermétiquement, dans chacun desquels on enferme une partie du tube intestinal avec le liquide qu'il contient ou qui s'en écoule. On ajoute par-dessus un mélange de deux tiers d'alcool et d'un tiers d'eau.en assez grande quantité pour que l'organe immerge. On étiquète chacun de ces vases, puis on les ferme et les scellé des cachets de l'autorité présente.

Lorsqu'on est appelé pour ouvrir le cadavre d'un individu qui a péri par suspension, il faut disséquer avec beaucoup de soin le sillon laissé par le lien. Pour cela, on fait une incision longitudinale sur la partie postérieure du cou, ou l'on fait partir deux incisions circulaires en haut et en bas du cou. On dissèque en n'enlevant que la peau et afin d'observer le tissu cellulaire. Dans les lieux où il a été étreint par le lien, il est condensé, blanchi, et formé ce que le Dr Esquirol appelait ligne argentine. Les ecchymoses sont rares. Les auteurs qui en ont parlé se reportent toujours au temps où le supplice de la corde pouvait en occasionner, parce qu'il était accompagné de tractions violentes. M. Devergie a ouvert plus de vingt individus qui s'étaient pendus volontairement, et n'a jamais trouvé d'ecchymoses. On met ensuite à nu les muscles, puis les artères carotides primitives, en ayant soin de ne pas les saisir avec des pinces. On remonte de leur sortie sous les clavicules à leur bifurcation; on les ouvre dans la même direction de bas en haut, et on cherche si leur membrane interne est rompue, en ayant bien soin de ne pas prendre pour trace de rupture l'éperon ou repli membraneux qui se trouve à la bifurcation de l'artère. Il faut observer aussi le larynx; il porte presque toujours quelque fracture; observer enfin la mobilité de la tête sur le cou. Lorsque la strangulation a été faite par violence, le cou a été parfois tordu, et alors l'articulation des vertèbres avec la tête a été forcée. Dans le cas d'asphyxie par submersion, il faut ouvrir les poumons et la trachée sans les déplacer.

Dans les cas de blessures, il ne faut jamais inciser sur les blessures mêmes; il faut les cerner et disséquer de cette incision extérieure en allant vers elles couche par couche. Il faut aussi s'abstenir de sonder les plaies. Un instrument dirigé sans précaution ou dans des organes mous peut faire de fausses routes, que l'on prendrait ensuite pour des dépendances de la plaie.

Quand on est appelé pour un cas présumé d'infanticide, l'ouverture du cadavre de l'enfant ne doit ressembler à celle de l'adulte qu'à la région du cou. A la tête, il faut s'abstenir d'incision cruciale qui pourrait tomber sur une fontanelle ou sur un espace interosseux. On ne sépare pas le cuir chevelu par une section circulaire. Pour les os, on ne se sert point de scie. On introduit une pointe de ciseau au tiers inférieur du pariétal et du coronal, et l'on coupe en rond jusqu'à la fontanelle postérieure. On ren-

verse de bas en haut les deux quarts de calotte, de manière à ce qu'elles se tiennent le long du sinus longitudinal supérieur. Quand on examine la poitrine, c'est d'abord pour y observer le trou de Botal et le canal artériel. Pour cela, il faut disséquer les vaisseaux qui se rendent au cœur. On fend la veine cave supérieure de haut en bas, on coupe un peu de l'oreillette droite, et le trou de Botal est en vue. Pour le canal artériel, il faut bien se garder de prendre son point de départ au cœur; au contraire, il faut prendre le poumon gauche, le renverser sur le poumon droit, on aperçoit soudain le canal artériel. Après la dissection des vaisseaux, il faut placer des ligatures doubles aux troncs vasculaires qui tiennent au cœur; on fait une section dans l'intervalle des ligatures pour enlever le cœur avec les poumons et la trachée. Les ligatures ont pour objet d'empêcher l'écoulement du sang; il est essentiel de le conserver dans le cœur, afin de ne pas changer les résultats importants que l'on aura en pesant les poumons et le cœur comparativement au corps entier. L'abdomen de l'enfant ne doit pas non plus s'ouvrir comme celui de l'adulte. Ce que l'on cherche principalement dans le ventre, c'est l'état des artères ombilicales et de la veine ombilicale. On détruirait ces trois vaisseaux en ouvrant l'abdomen en deux coupes, comme nous les avons décrites pour l'adulte. La veine ombilicale se dirige de l'ombilic vers le foie, qui, à cet âge, occupe le milieu de la région épigastrique; les artères ombilicales partent du milieu de l'os des îles et se rencontrent en angle à l'ombilic. Il faut faire la section de la paroi abdominale dans l'angle gauche et supérieur de cette sorte de patte d'oie, en débordant la ligne que l'on suppose occupée par les vaisseaux. Quand on a renversé le lambeau, on soulève l'autre côté de la paroi abdominale au moyen du cordon; on dissèque avec précaution l'ombilic, et puis l'on observe l'état des veines et de l'artère. On suit leur trajet en les disséquant; on examine leur état d'oblitération ou de dilatation en y introduisant une sonde plus ou moins volumineuse. L'ouraque aura été aussi isolé et observé.

L'autopsie cadavérique ne doit être faite qu'après qu'un procès-verbal constatant la *levée du cadavre*, c'est-à-dire l'état extérieur et toutes les circonstances accessoires, a été adressé au procureur impérial; c'est à lui qu'il appartient de juger si l'autopsie est nécessaire, de désigner des médecins pour la faire, et de donner à ce sujet toutes les réquisitions convenables. Ce n'est que dans des cas urgents, notamment si le procureur impérial demeure trop loin (comme dans beaucoup de cantons ruraux), ou lorsque la putréfaction est trop avancée, que l'officier de police peut autoriser à procéder de suite à l'autopsie. (Décision du garde des sceaux, du 23 octobre 1824.)

Les médecins ou chirurgiens chargés des autopsies doivent recevoir du procureur impérial ou du juge d'instruction l'ordonnance qui les commet, et ne peuvent procéder qu'après avoir prêté serment.

B. LUNEL.

AUTOMATE (arts mécaniques) [du grec *autos*, soi-même, et *mad*, je veux]. — Dans le sens étymologique, ce mot signifie *travaillant de lui-même, objet agissant sans force extérieure*; il désigne aussi toute mécanique qui, au moyen d'une puissance intérieure, est susceptible d'exécuter, pendant un temps limité, certaine fonction ou mouvement; ainsi, toute machine qui a en soi les principes de son mouvement est un automate. Sous ce rapport les montres, horloges, tourne-broches, etc., pourraient se désigner ainsi; mais la dénomination d'automates, dans le langage ordinaire, s'applique particulièrement à une classe de machines dans lesquelles un mécanisme, intérieur ou caché, a pour but de leur faire imiter les mouvements volontaires des êtres animés; quoiqu'inutiles, ces objets n'en ont pas moins servi à exploiter la curiosité du public qui veut admirer ce qu'on lui annonce comme merveilleux.

L'idée de produire l'imitation des mouvements naturels des créatures vivantes par des images mécaniques plus ou moins bien faites, remonte aux temps les plus reculés. L'histoire ancienne cite avec enthousiasme un grand nombre d'objets prétendus merveilleux que nous pourrions, sans réfléchir, considérer comme de véritables automates. Ainsi, c'est sans doute à un de ces moyens dits mécaniques (un compère) que les Égyptiens eurent recours pour faire saluer le soleil par la statue de Memnon. Pour juger les anciennes relations au sujet de leurs automates, nous dirons quelques mots des rêves ou récits exagérés que nos pères ont su accréditer de leur temps, et qui sont arrivés jusqu'à nous.

Selon Aulugelle, dans ses *Nuits attiques*, il cite entre autres automates, un *pigeon de bois* d'un certain Architas, de Tarente, qui s'élevait dans les airs, s'élançait et se serait soutenu de lui-même pendant des heures entières, en agissant des ailes; une fois tombé il ne pouvait se relever sans avoir été retendu. Vingt auteurs parlent de l'*aigle* d'un nommé Miller, qui vola devant l'empereur Maximilien, à Nuremberg, en 1470. Malgré ces affirmations répétées, nous devons nous refuser de croire à de pareils chefs-d'œuvre, dont on ne trouve plus de trace, sans doute faute d'avoir existé.

Plusieurs relations du moyen âge se plaisent aussi à témoigner des effets merveilleux dans ce genre; différents ouvrages font mention d'un *homme artificiel* de Reyselius, statue de la hauteur d'un homme ordinaire, et composée avec tant de rapport et de ressemblance avec l'homme dans toutes les parties internes, qu'on y voyait tout ce qui se passe dans le corps humain, avant même qu'on ait osé pratiquer l'autopsie cadavérique, c'est-à-dire plus de deux siècles avant André Vésale, mort en 1504. Le R. P. Schott rapporte (même sérieusement) que cet automate remplissait toutes les fonctions de l'homme vivant, à l'exception seule des opérations de l'âme. Albert le Grand, ce savant mathématicien, avait aussi fait un automate représentant un homme de grandeur naturelle qui ouvrait la porte quand on frappait, saluait, articulait quelques paroles et conduisait les visiteurs au salon; nous n'avons pas encore été assez heureux pour être reçu de cette manière. Mais nous serions bien plus enchanté si nous venions à trouver quelqu'une des œuvres d'un nommé Regiomontanus, natif de Kœnisberg; celui-ci aurait surpassé tous ses devanciers dans l'art mécanique; selon les chroniques du temps, il aurait fabriqué des mouches en fer, qui s'élevaient en volant, parcouraient l'appartement et revenaient se placer dans sa main. Dans nos recherches, nous trouvons encore bien d'autres ingénieurs mécaniens de cette force qui auraient fait des automates parlants ou chantants; on cite entre autres un fameux Kercher qui avait construit des *automates parlants*; on en désigne un de lui qui répondait en hébreu, en grec et en latin, à certaines questions qui lui étaient adressées; enfin un grand nombre d'automates non moins surprenants auraient déjà paru avant cette époque, qui cependant ne nous laisse que déceptions à constater, car l'enquête historique la plus rigoureuse prouve qu'il était impossible de produire de tels chefs-d'œuvre avant l'invention des mécanismes à engrenages, et que les combinaisons de quelque valeur en ce genre sont postérieures à ce pas dans l'art mécanique.

Les premiers automates d'un peu de mérite sont contemporains des horloges à poids et furent généralement joints à ces mécanismes. Au quinzième siècle, plusieurs horloges d'églises ont été décorées de ces nouveaux sujets, entre autres celles de Lubeck, d'Olmütz, de Prague, et surtout celle de la cathédrale de Strasbourg qui faisait déjà mouvoir un mécanisme assez compliqué, mais tous ne trouvant d'autre puissance d'action que par la pesanteur et une longue descente des poids. Toutes ces horloges monumentales placées dans les églises, et citées tant de fois comme merveilleuses, sont aussi un peu exagérées, car, en réalité, elles n'ont rien de surprenant dans leur construction; l'idée du tableau extérieur a seule du mérite. Nous en avons vu plusieurs, et particulièrement celle de Strasbourg, lorsqu'elle était placée dans les ateliers de M. Schwilgué, en 1839. Là, nous avons pu examiner avec soin tous les détails de cette construction. Sans parler du pouvoir moteur qui est connu de tout le monde, des poids, la structure intérieure de ces automates se compose généralement d'un ou plusieurs cylindres en bois armés d'excentriques, d'échappements et de rainures où sont placées des ficelles, et un grand nombre de petites poulies de transmission servant à décrire les courbes et enfin à faire lever ou baisser telle partie de l'automate à un temps donné; aussi à peine si ces complications de pièces mal assujetties ont-elles pu marcher quelquefois dans leur ensemble sans de graves réparations, et à ce point même d'y renoncer. Ainsi, se figurer autre chose de ces œuvres monumentales serait encore s'exposer aux déceptions; mais, quoique imparfaite, l'horloge de la cathédrale de Strasbourg n'en était pas moins le plus grand chef-d'œuvre de mécanisme de cette époque. Nous aurons encore occasion d'en parler plus loin.

Au seizième siècle, il y a eu aussi des amateurs de prestiges qui ont fait des automates de petite dimension ; les uns produisaient des signes, d'autres des espèces de danses ou de la musique très-faible et sans harmonie. La puissance motrice était dans l'emploi du sable fin qui tombait sur la circonférence d'une roue par laquelle tout le reste du mécanisme était mis en mouvement; l'eau fut aussi employée dans le même but. Plusieurs de ces petits sujets de curiosité sont encore dans quelques musées de France, d'Allemagne et de Suisse. Dans les Indes, ce genre d'objets récréatifs est encore très-répandu ; c'est à qui aura un petit magot, le plus grimacier. Les Indiens emploient aussi le sable fin, l'eau, le vif-argent, et même des souris pour moteur.

Dans le cours du dix-septième siècle, les progrès naissants en mécanique, et surtout l'invention importante des ressorts de pendule, sont venus apporter les principaux éléments de la construction des automates qui ont paru à cette époque. Au commencement de ce siècle, il a été fait un assez grand nombre de petites figures artificielles qu'on s'est plu à nommer automates; c'étaient pour la plupart des bonshommes représentant des musiciens ou des valseurs montés sur des orgues ou serinettes, et mis en mouvement par un mécanisme correspondant au cylindre à manivelle. Peu après ont paru les espèces de petits théâtres que M. Davis, mécanicien, exposa aux regards des curieux. Le premier était assez intéressant : c'était une machine qui démontrait les mouvements des corps célestes; ensuite, c'était un tableau animé représentant les neuf Muses formant un concert d'instruments, tels que harpe, hautbois, violon et basse. Le théâtre à grand effet, c'était Orphée jouant de sa lyre et charmant les animaux dans la forêt; un petit chantier où s'exécutaient des ouvrages de charpente. Il y avait aussi un joli bocage avec des oiseaux chantant et voltigeant ; une vue de la mer avec des navires en mouvement; un paysage par lequel passaient des voitures, carosses, chaises à porteurs, etc., etc.; une rivière sur laquelle étaient un moulin en action, des cygnes nageant, pêchant et s'épluchant, un chien poursuivant un canard jusque sous l'eau, où il se plongeait. Cette collection, qui n'était assurément pas le terme de la vraie perfection, fut suivie dans un autre genre composé de toute sorte d'animaux de grandeur naturelle : un coq battant des ailes, tournant fièrement la tête de côté et d'autre, allongeant et courbant le cou; il chantait de temps à autre; puis, c'étaient des canards qui nazillaient, des poules qui gloussaient; des chèvres, des moutons qui paissaient, broutaient, s'ébattaient, des agneaux qui tétaient leurs mères, etc. Les descriptions mécaniques que nous possédons sur ces différents automates nous assurent qu'ils pouvaient fonctionner et imiter les mouvements naturels devant les yeux d'amateurs fort peu exigeants. — Plusieurs traités de sciences parlent d'un bien plus grand nombre d'automates plus ou moins imaginaires qui auraient paru dans ce siècle; nous ne donnerons qu'un échantillon de ces extravagances,

inséré dans les deux éditions du *Journal des Savants* de 1676, p. 57 : « L'ingénieux Comiers vient d'inventer une tête artificielle qui chante, parle très-doctement en toutes langues et répond à toutes les questions qui lui sont faites; elle enferme et conserve la parole, etc. » La source est très-sérieuse, sans doute, cependant nous pensons qu'il est bien permis de ne pas y croire.

Au commencement du dix-huitième siècle, M. de Camus, de l'Académie des Sciences, offrit au Dauphin un petit carrosse qu'on faisait marcher sur une table ronde; les chevaux de ce petit carrosse ont le mouvement des jambes, le cocher donne de temps en temps des coups de fouet. Ce carrosse s'arrête ensuite, un page ouvre la portière, le laquais descend de derrière, une dame sort de la voiture, fait la révérence, remonte en calèche; le page ferme la portière, reprend sa place, le laquais remonte derrière, le cocher donne un coup de fouet, et la voiture marche de nouveau. — Peu de temps après, en 1738, l'ingénieux Vaucanson présenta son joueur de flûte à l'Académie, dont il était membre. Cet automate, de 1 mèt. 69 cent. de hauteur, compris son piédestal, jouait différents airs sur sa flûte, phénomène qui n'était pas produit par une boîte à musique, mais bien par l'insufflation dans la flûte, modifiée par la langue et par un mouvement précis des doigts sur les trous et les clefs de l'instrument. Trois ans après, il exposa son berger qui jouait du flageolet et s'accompagnait du tambourin, faisant entendre plusieurs airs avec beaucoup de netteté; l'année suivante, il fit voir son canard, qui imitait parfaitement tous les mouvements d'un animal vivant et de la manière la plus extraordinaire. Un horloger de nos amis l'a vu exposé à Genève, en 1845, accompagné d'autres automates en cire, et nous donne les détails suivants au sujet du canard : les ressorts de pendule sont la puissance intérieure motrice de cet automate; il se remonte avec une clef, opération après laquelle il est mis en action. Placé sur ses pattes, il se met aussitôt à marcher, puis s'arrête, croasse, simule plusieurs gestes, marche de nouveau, cherche des graines, relève le cou, s'élance à l'eau, nage, plonge, boit, pêche et barbote. Après avoir parcouru les bassins en tous sens et imité tous les gestes que le canard vivant peut exécuter sur l'eau, il s'avance sur une rive du bassin, sort de l'eau, agite les ailes, marche un peu et s'arrête, se tient sur une patte pendant qu'il se passe l'autre sous l'aile et s'épluche ; on voit même tomber quelques duvets. Ensuite il s'avance, cherche du grain, qu'on a placé devant lui à certaine distance, le prend, l'avale, le digère par trituration, aidé par des agents chimiques qui dissolvent les matières triturées, enfin le rend par les voies ordinaires. Ces trois chefs-d'œuvre ont fait le tour du monde, des milliers de savants et d'amateurs ont pu examiner ces automates, et tous s'accordent à déclarer qu'il a fallu de la part de leur auteur autant de patience que d'adresse, autant de calculs que de combinaisons pour rendre des effets aussi étonnants. Ces machines, devenues populaires, ont plus contribué à la célébrité de notre académicien que les hauts principes de mécanique destinés à rendre les plus grands services à l'industrie, et que nous apprécierons au mot *Mécanique*, quoique devant se perpétuer jusqu'à la fin des siècles. La petite vieilleuse qui est au Conservatoire des Arts et Métiers de Paris est aussi attribuée à Vaucanson. Chacun peut la voir en visitant ce musée. Cet automate vient d'être restauré par un des plus célèbres horlogers-mécaniciens de Paris, M. Houdin.

En 1750, on a vu à Paris le concert automatique de M. Richard, qui offrait un spectacle tout à la fois curieux et surprenant. Les concertants étaient au nombre de cinq, parmi lesquels une jeune personne faisait entendre sa voix et s'accompagnait sur le clavecin; on pouvait apercevoir un mouvement qui imitait celui de la respiration. Un berger jouait différents airs sur la flûte; un jeune homme jouait du violon; un abbé de la basse; enfin, un génie placé près du pupitre battait la mesure et tournait le feuillet lorsqu'il était nécessaire, puis, de temps à autre, il paraissait applaudir et encourager les musiciens. Tous ces acteurs, vus un peu dans le lointain, produisaient l'illusion la plus étonnante, quoique tous ces mouvements fussent produits par le moyen d'un gros cylindre à excentrique comme ceux que nous avons décrits, plus haut, mais mu à bras. — En 1761, M. Payen, mécanicien, a fait voir un écrivain automate; c'était une figure représentant l'Amour devant une tablette écrivant avec sa flèche : *Le bonheur vous attend*, et quelques phrases semblables, qui étaient très-recherchées. Une espèce de meule ondulée produisait des mouvements à la main, qui écrivait d'un seul trait; cette roue était changée pour chaque prédilection. En 1770, on fit voir sur les boulevards de Paris un mécanisme qui était mu par des ressorts de pendule seulement, quoique faisant mouvoir la représentation d'une famille de musiciens espagnols, composée du père, de la mère et de deux fils, tous de grandeur naturelle. Cette pièce mécanique, dont on ignore l'auteur, fut exposée pendant plusieurs années dans le même local et attirait toujours un grand nombre de curieux et d'amateurs. Le mécanisme était de précision et tenait beaucoup de l'horlogerie. Le père et son premier fils exécutaient plusieurs morceaux de musique sur la flûte traversière; la mère et le second fils les accompagnaient sur le tambourin. — En l'année 1772, Frédéric de Knauss a exposé à Vienne un automate écrivain qui est encore dans le cabinet des modèles de l'Institut de cette ville. — En 1775, les frères Droz de Chaux-de-Fonds, près Neufchâtel, ont fait plusieurs automates qui sont aussi justement célèbres; la première figure représente une fille de 12 ans qui touche un clavecin organisé; cet automate, dont la tête, les yeux, les bras et les doigts ont des mouvements naturels, exécute divers morceaux de musique avec beaucoup de précision, et fait ensuite la révérence à la compagnie. La deuxième figure représente un enfant de 5 ans qui dessine sur un pupitre placé devant lui; il crayonne d'abord les

premiers traits de ses petits sujets, ensuite il fait les ombres, retouche et corrige ces dessins. Le troisième est un oiseau dans sa cage, qui sifflait son chant naturel et imitait celui d'un grand nombre d'oiseaux; il faisait mouvoir son bec et son gosier; il gesticulait, en tous sens et sautait sur plusieurs baguettes qui étaient disposées dans sa cage. — En 1785, les mêmes auteurs ont encore exposé une autre pièce mécanique représentant un paysage; ce relief avait deux mètres carrés, et tout ce que l'on peut imaginer de beau dans la campagne s'y trouvait représenté; tout y était animé et semblait respirer le bonheur; le berger et sa bergère faisaient de la musique; un meunier, à la porte de son moulin, avait l'air de chanter; un charretier et sa voiture, un paysan et son âne allaient à leurs affaires; M. le curé et plusieurs bonnes femmes allaient à l'église; chaque fois qu'un personnage passait près du berger, son chien aboyait, et si naturellement, que plusieurs chiens ont été trompés à sa voix. Cette machine était mue par tous les moyens employés en horlogerie. Dix ans plus tard, ils présentèrent leur joueur de piano, qui exécutait un grand nombre de morceaux des plus difficultueux. Ce dernier automate avait un mécanisme de la plus grande précision; il fut aussi leur plus grand chef-d'œuvre. — En 1798, M. l'abbé Mical a présenté à l'Académie deux têtes parlantes qui prononçaient quelques phrases. La première disait : *La paix sera donnée à l'Europe*. La deuxième répondait : *La paix fera le bonheur des peuples*. Il leur faisait encore prononcer quelques phrases, mais moins intelligibles. On prétend que, désespéré de ne pouvoir les vendre, il les brisa, et mourut peu après de chagrin et de misère!

Tout Paris, et les plus grandes villes de France, ont vu le fameux joueur d'échecs, qui était parvenu à gagner tous les joueurs qui avaient voulu se mesurer avec lui. Cet automate posait ses pièces sur l'échiquier, les faisait mouvoir, les retirait quand son adversaire jouait contre la règle, il criait *échec et mat* lorsque la partie était gagnée. Cette ingénieuse machine obéissait tout simplement à un compère, joueur d'échecs des plus habiles, bien entendu. Cet instrument de prestige avait été fait par un nommé Kempelen, de Vienne; apporté en France, il a beaucoup attiré la curiosité. Au commencement du dix-neuvième siècle, le même industriel a commencé plusieurs automates qui devaient parler; mais il n'est pas à notre connaissance qu'il soit parvenu à ce résultat.

La ville de Nuremberg (Bavière) possède encore plusieurs automates d'un nommé Kesler; le premier est un cheval attelé d'une voiture où sont deux personnages; il fit voir cette pièce en 1818; il découvrait le mécanisme et l'expliquait aux amateurs. Ce travail est très-ingénieux. Le même auteur a fait aussi plusieurs cygnes qui nagent, font mouvoir le cou et plongent la tête dans l'eau de temps à autre; ils sont placés également dans le musée de cette ville. — En 1820, et depuis, on a fait un grand nombre de figures en cire, magnifiques en apparence, que des saltimbanques qualifiaient d'automates; elles étaient mues au moyen de ficelles seulement. Ces sujets représentaient, pour la plupart, les grands dersonnages de leur époque, que ces industriels promenaient dans toutes les villes et foires de France. — En 1823, Maïtzel, de Vienne, a exposé au Louvre des figures parlantes qui ont été l'objet d'une grande affluence de curieux. — Peu de temps après, M. Kauffmann, de Dresde, a fait un soldat sonnant de la trompette et jouant plusieurs marches guerrières. Aux expositions de 1829, 1834 et 1839, on a pu voir dans la section de l'horlogerie, des pendules faisant mouvoir de petites figures ravissantes : c'étaient un concert dont chaque musicien faisait, en mesure, le mouvement qui produit la note sur son instrument, selon les airs d'une boîte à musique; des danseurs très-gracieux et des acrobates faisaient des tours de force, d'adresse et d'agilité.—L'inauguration de l'horloge de la cathédrale de Strasbourg a eu lieu en 1841. Ce n'est pas, comme les publications s'accordaient à le dire à cette époque, la restauration de l'ancienne horloge, mais bien la construction d'une nouvelle horloge automatique; car aucune des pièces de l'ancienne machine ne pouvait trouver place dans une œuvre de précision mécanique. C'est entièrement à M. Schwilgué, célèbre mécanicien de Strasbourg, qu'est dû ce grand chef-d'œuvre moderne qui fait l'admiration des ingénieurs, savants et artistes de l'univers. M. Schwilgué s'est servi du sujet, sans imiter en rien l'ancien tableau : de nouveaux personnages ont été ajoutés, afin de rendre complètes les différentes scènes rapportées par l'histoire sainte; ce savant mécanicien a aussi ajouté les cadrans planétaire et astronomique, celui des temps moyens dans toutes les parties du monde, le calendrier perpétuel, celui des saints, etc. Tous ces mécanismes sont construits avec tant de précision, qu'on peut assurer qu'ils fonctionneront pendant bien des siècles sans la moindre réparation. Aux expositions nationales de 1844, 1849, et à l'exposition universelle de 1855, on a pu voir encore de nouveaux perfectionnements dans les petites figures automatiques des pendules : les fabriques de Paris et de Genève avaient des produits assez remarquables dans ce genre.

Entre ces derniers objets de notre époque, nous devons vous signaler particulièrement l'œuvre d'un de nos collègues, M. Joly (Léon), de la Société des sciences industrielles de Paris, auteur de l'automate musicien, dessinateur, calculateur ou écrivain, à la volonté des amateurs. Ce chef-d'œuvre a été conçu et exécuté par lui, dans un but uniquement scientifique : d'abord machine à calculer, et combinée de telle manière que le problème le plus compliqué est résolu en quelques secondes. A cette œuvre du génie et de la réflexion, il ajouta un clavier et un mécanisme destinés à tracer les chiffres des opérations. A cette nouvelle combinaison, il donna la forme d'un gracieux personnage; à l'aide d'un nouveau clavier, au lieu de lui faire tracer des chiffres, il lui fait faire des lettres, puis de l'écriture; la machine exécutant d'après un clavier rapporteur, on

peut lui faire écrire tout ce que l'on veut. Le moyen étant trouvé par un troisième clavier, il fit exécuter à l'automate tous les dessins possibles, et, pour nous en rendre bien compte, nous lui avons demandé d'abord une tête romaine, ensuite un portrait de Sa Majesté Henri IV, puis celui de Sa Majesté Impériale Napoléon III. Ces différents dessins sont copiés d'après un modèle placé par l'auteur devant l'automate, qui lève la tête pour examiner ces modèles, comme un artiste vivant pourrait le faire. Depuis peu, M. Joly a encore enrichi son automate d'un talent supérieur : il est parvenu, par un de ces ingénieux moyens, à lui faire toucher du piano et à lui faire exécuter un grand nombre de morceaux de musique; aujourd'hui ce chef-d'œuvre est complet et digne d'être comparé aux célèbres automates de Vaucanson et des Schwilgué.

Nous devons aussi rendre compte des merveilles que nous avons vues, en 1856, dans les ateliers de M. Benoît, de Paris, horloger-mécanicien. Nous avons remarqué, chez cet habile ouvrier, de petits automates qui sont des plus intéressants, entre autres un danseur de corde qui exécute plusieurs pas tout à fait gracieux, des valseurs qui prennent différentes poses, ainsi que des polkeurs, le tout au son d'une musique très-harmonieuse; nous avons vu aussi des arbres sur lesquels il y a des oiseaux qui chantent, gesticulent et sautent de branche en branche, imitant surtout le naturel de leur espèce d'une manière surprenante. Chacun peut, comme nous, voir aussi son chasseur grec, qui fume sa pipe et la retire de temps à autre pour cracher; il nous a fait voir également son escamoteur merveilleux, et son acrobate, qui font des tours de force, d'équilibre et d'adresse.

Nous venons d'exposer à peu près tout ce qui a paru de plus intéressant et de plus digne d'attention sur un genre de travail aussi ingrat qu'inutile, car nous dirons avec regret que presque tous les auteurs de ces automates compliqués, de ces machines très-coûteuses, qui ont tous cessé de nous intéresser aussitôt qu'ils ont satisfait la curiosité, ont si peu rendu de services au progrès et à la civilisation, que, de nos jours, nous sommes presque obligés de mettre l'intelligence de ces hommes à néant, quand ils eussent pu devenir autrement célèbres en employant leur génie à des œuvres utiles comme le sont les machines de nos manufactures actuelles. Aux preuves, que nous reste-t-il en principe de mécanique des automates anciens? La petite grenouille à détente qui amuse nos petits enfants; et de ces machines modernes, sauf quelques-unes, presque rien de serviable, car nous n'avons pas seulement pu trouver en mécanisme, dans ce peuple merveilleux, de quoi faire un bras ou une jambe artificielle dont pourrait se servir un de nos blessés de Crimée! LARIVIÈRE, *prud'homme*.

AUTORISATION (droit). — Consentement exprès ou tacite donné à un acte fait par une personne qui est dans notre dépendance, ou qui ne peut agir, soit par elle, soit par nous, sans notre participation. Il est certains actes que le tuteur ne peut faire sans l'autorisation du conseil de famille, et le mineur émancipé, sans celle de son curateur ou de ses parents.

Ainsi, le mineur émancipé, âgé de dix-huit ans, ne peut faire le commerce qu'après une autorisation spéciale donnée par son père, sa mère, ou le conseil de famille, à défaut de l'un et de l'autre. Il faut aussi que l'acte de cette autorisation ait été enregistré et affiché au tribunal de commerce du lieu où le mineur veut établir son domicile commercial. L'enregistrement se fait au greffe du tribunal, et l'affiche est apposée dans l'auditoire. S'il n'y a point de tribunal de commerce, ces formalités doivent être remplies au tribunal civil de l'arrondissement.

La nécessité de remplir ces formalités, même par un acte isolé, prouve que l'autorisation n'est pas nécessairement générale, et qu'elle peut légalement être restreinte, soit à un acte déterminé, soit à une entreprise désignée. (Toullier, t. II, n° 1300.)

Cette autorisation peut également être donnée à la femme mariée et mineure, mais par son mari seulement. — Voy. *Autorisation maritale.*

La loi n'a pas prévu le cas où il y aurait lieu de révoquer l'autorisation. Nous pensons qu'elle ne peut pas l'être isolément, et qu'il faut révoquer en même temps l'émancipation; car de cette manière seulement, et en observant la disposition de l'article 485 du Code civil, qui veut que la révocation soit accompagnée des mêmes formes que l'émancipation elle-même, la révocation de l'autorisation pour faire le commerce sera enregistrée et affichée au tribunal, et cette publicité préviendra légalement et suffisamment les tiers.

L'effet de l'autorisation est d'ailleurs que le mineur est réputé majeur pour les faits de son commerce. (C. civ., 487.) Il peut même engager et hypothéquer ses immeubles pour des faits de commerce; mais il ne peut aliéner qu'avec les formes de publicité prescrites par l'art. 457, C. civ.; C. com., art. 6.

Les communes et les établissements publics ont besoin d'autorisations spéciales pour plaider et pour accepter les donations et les legs faits à leur profit.

Quant à la femme mariée, qui ne peut contracter ni ester en jugement sans l'autorisation de son mari, voy. *Autorisation maritale.*

AUTORISATION MARITALE (droit). — On comprend sous cette expression tant l'autorisation que le mari donne lui-même à sa femme, que l'autorisation à elle donnée par la justice, sur le refus ou l'absence du mari. Quand le mari refuse d'autoriser la femme, la justice y supplée. (C. civ., 218.) Il en est de même lorsque le mari est mineur, et qu'il s'agit d'ester en jugement ou de contracter (C. civ., 224), ou lorsque le mari est condamné à une peine afflictive ou infamante. (C. civ., 221.) Dans ces différents cas, les maris ne peuvent autoriser leurs femmes.

Les frais, assez onéreux, d'autorisation judiciaire, sont toujours à la charge personnelle de la femme, alors même que le mari se serait abstenu de faire connaître les motifs de son refus d'autoriser.

En général, les femmes sont actuellement soumises à l'autorisation maritale. Cependant, la femme séparée légalement peut, sans l'autorisation du mari, faire tous les actes d'administration de ses biens propres. (C. civ., 1536.) La femme mariée sous le régime dotal a le même droit par rapport à ses biens paraphernaux. (C. civ., 1576.)

La femme marchande publique peut, sans l'autorisation spéciale de son mari, s'obliger pour ce qui concerne son négoce; alors elle oblige son mari, s'il y a communauté de biens entre eux. (C. civ., 220.) Toutefois, elle a besoin, pour exercer valablement cette profession, du concours de la volonté du mari, et ce n'est pas précisément une autorisation que la loi exige; ce n'est qu'un simple consentement (C. comm., 4), consentement dont la loi ne soumet la preuve à aucune forme, et qui peut être tacite, par exemple, alors que la femme exerce notoirement le commerce au vu et au su de son mari. (Locré, *Esp. du C. comm.*, sur l'art. 4, et cass. 1er mars 1826.)

La femme n'est pas réputée marchande publique, si elle ne fait que détailler les marchandises du commerce de son mari. (C. civ., 200; C. comm., 5.) Dans ce cas, non-seulement son mari est obligé, et même il l'est seul, sa femme n'agissant alors que comme mandataire.

Au refus du mari, la femme ne peut pas être valablement autorisée par justice à se livrer au commerce, attendu que la loi a spécifié tous les cas où l'autorisation de justice peut remplacer celle du mari. (C. civ., 218, 219; C. pr. 861.) Elle suppose toujours qu'il s'agit d'un acte particulier, et elle interdit même expressément toute autorisation générale autre que pour l'administration des biens de la femme (art. 223). Le consentement pour faire le commerce est donc une exception qui ne peut être étendue. Si enfin le mari est mineur, il faut reconnaître avec M. Duranton (t. II, n° 478), qu'il ne peut conférer, même à sa femme majeure, une capacité qu'il n'a pas lui-même, et que, dans ce cas, l'autorisation de justice devient nécessaire pour compléter ce qu'il y a de défectueux dans son consentement.

La loi n'a pas prévu, pour la femme, non plus que pour le mineur, le cas de révocation de l'autorisation; mais d'abord le droit de révoquer ne peut paraître douteux; il résulte du texte: « La femme ne » peut être marchande publique sans le consentement de son mari. » (C. comm., 4.) La capacité dépend donc essentiellement du consentement ou de l'autorisation: elle cesse dès qu'elle est retirée; mais comme il s'est manifesté aux tiers, il faut nécessairement décider qu'alors la révocation doit être publique; question laissée à l'appréciation des tribunaux. (Toullier, t. XII, n° 258; Pardessus, n° 64.)

L'effet de l'autorisation est le même pour la femme que pour le mineur. (Voir *Autorisation.*) Il est même plus complet encore en ce qu'elle peut, ainsi autorisée, aliéner librement ses immeubles non dotaux. (C. comm., 7.) Il paraît du reste nécessaire que la vente, pour être valable, ait seulement lieu pour le fait du négoce. (Toullier, t. XII, n° 251.) Dans ce cas, la vente ne sera réputée faite pour le commerce qu'autant que le but y aura été formellement exprimé; mais aussi cette déclaration devra suffire, et, à moins de fraude prouvée contre l'acquéreur, il ne pourra être tenu de suivre l'emploi du prix, c'est-à-dire d'exiger cet emploi.

La femme marchande publique oblige aussi son mari, s'il y a communauté entre eux (C. comm. 5), c'est-à-dire s'ils ne sont pas séparés de biens ou mariés sous le régime dotal, et que tous les biens soient paraphernaux. Le mari n'est donc tenu comme associé solidaire que quand il participe aux profits. (Toullier, t. XII, n°s 253, 254; Pardessus, n° 68; Duranton, t. II, n°. 480; Delvincourt, t. 1er, p. 167.) Toutefois, dans le cas où le mari est obligé, il n'est pas soumis à la contrainte par corps; sur ce point, l'ancienne jurisprudence est complétement abrogée par la nouvelle. (Toullier, t. XII, n° 245.)

L'autorisation de faire le commerce ne renferme jamais, pour la femme mariée, celle d'ester en jugement. (C. civ., 215.)

Un mari, quoique mineur, a le droit de puissance maritale sur la personne de sa femme majeure; d'où il suit qu'un mari, quoique mineur, a le pouvoir d'autoriser sa femme mineure ou majeure, ce pouvoir étant un effet et une dépendance de la puissance qu'il a sur elle. (Pothier, *Traité de la puissance maritale*.) Mais il est entendu que le mari mineur ne peut donner seul cette autorisation que pour les actes de simple administration. (Merlin, *Répert.*, v° Autorisation maritale, section 5, § 1er.) En effet, si le mari est mineur, l'autorisation du juge est nécessaire à la femme soit pour ester en justice, soit pour contracter. (C. civ., 224.) Le mari mineur ayant cette puissance sur la personne et les biens de sa femme, l'autorisation du juge n'a pour objet que de suppléer à l'incapacité qui résulte de sa minorité, et dès lors il doit d'abord être consulté. (Toullier, t. I, n° 653.) Le mari majeur ne peut autoriser sa femme à aliéner, si elle est mineure. (Pothier, *loc. cit.*, n° 32.) Si le mari est interdit ou absent, le juge peut, en connaissance de cause, autoriser la femme soit pour ester en jugement, soit pour contracter. (C. civ., 222.) Ici l'absence n'a pas besoin d'être déclarée, ni même présumée : il suffit que le mari se trouve trop éloigné pour donner son autorisation aussi promptement que le cas l'exige, et qu'il y ait péril en la demeure. (Toullier, t. I, n° 651.)

La femme, même séparée de corps et de biens, ne peut ester en jugement sans l'autorisation de son mari ou de la justice. (Cass., 6 mars 1827.)

La femme qui provoque l'interdiction de son mari n'a pas besoin d'être autorisée par justice. (C. Toulouse, 8 février 1823.) Néanmoins, plusieurs auteurs partagent l'opinion contraire, et il paraît plus prudent d'obtenir d'abord cette autorisation, pour plus de régularité de la procédure.

L'autorisation tacite résultant du concours du mari et de la femme dans la procédure de première instance, ne suffit pas pour dispenser la femme de demander une nouvelle autorisation, si elle veut interjeter appel du premier jugement, auquel son mari acquiesce. (C. Bordeaux, 13 juin 1828.)

La femme, mariée avant le Code civil, est soumise, depuis, à l'autorité maritale, dans tous les cas où elle en était dispensée; c'est ce qui a été consacré par la jurisprudence de la Cour de cassation, et cela ne fait plus aujourd'hui le moindre doute.

La femme normande, mariée avant le Code civil, et séparée de biens par contrat de mariage, ne peut plus, depuis ce code, vendre ses biens dotaux, sans la simple autorisation de son mari, ainsi qu'il résulte d'un arrêt de la Cour de cassation du 27 février 1817, rendu, toutes les sections réunies, sous la présidence du ministre de la justice. (V. aussi C. civ., 215 et 217.)

Il n'est pas nécessaire que la femme soit autorisée pour les actes d'administration domestique. Le président Lamoignon, dans ses arrêtés, titre *de la Communauté*, art. 69, pose cette règle : « Obligation de la femme faite sans l'autorité du mari, pour victuailles et provisions ordinaires de la maison, pour marchandises de draps, linges et autres étoffes servant à l'usage nécessaire et ordinaire, est valable. » On conçoit que cette règle, reproduite par tous les auteurs, a été consacrée par la jurisprudence; et il résulte d'un bon nombre d'arrêts que, même des billets ayant été souscrits par des femmes, sans autorisation, pour emprunt de sommes qui avaient été nécessaires afin de fournir aux dépenses du ménage, en l'absence du mari, ou pour fournitures d'étoffes, ces billets ont été déclarés valables. A plus forte raison les dépenses de la femme doivent être acquittées par le mari, si celui-ci était absent, en émigration ou autrement, pendant qu'elles ont été faites, pour subvenir à des besoins urgents, dans des conditions ou par des billets souscrits de bonne foi et pour des fournitures indispensables ; c'est ce qui résulte des arrêts de la cour de Paris des 1er mai 1823 et 23 janvier 1826, et de la Cour de cassation du 14 février 1826. Il faudrait pourtant faire une exception pour les dépenses qui excèdent la condition des deux époux, ou dont les fournisseurs auraient laissé trop grossir les mémoires sans en avertir le mari. La loi 5, *D. De institoria Actione*, autorise cette exception, que des arrêts ont d'ailleurs consacrée. Et puis, les maris, qui ont reconnu dans leurs femmes un penchant trop prononcé aux folles dépenses peuvent user du remède de la loi 11, précitée, c'est-à-dire défendre aux marchands chez qui elles sont habituées de prendre leurs fournitures, de ne leur rien donner à crédit. (Toullier, t. XII, n°s 261 et suivants.) Mais quand la femme a un goût bien décidé pour les dépenses excessives de toilette, de bouche, etc., n'obtient-elle pas ou ne trouve-t-elle pas toujours les ressources relatives? Dans les grandes villes surtout, et avec l'excès de luxe, qui va croissant chez les femmes en général, comme si le vertige de l'égalité et de la liberté ne permettait plus de distinction de classe, de fortune ou de rang, que dire actuellement du remède indiqué plus haut? Petit remède et petit moyen, qui, à notre avis, sont devenus insuffisants, inutiles, même pour le mari le plus vertueux, car il ne dépend, pour ainsi dire, plus de lui que sa femme ne se conforme pas aux exigences prétendues de la mode, dont l'empire ruineux domine la majorité féminine. A quoi donc recourir pour conjurer le mal, pour l'extirper, si ce n'est à la société entière, qui a elle-même besoin d'une autre et puissante organisation d'assistance et de bon concours, de telle sorte que chacun soit moralement obligé de rentrer dans de justes limites, et d'agir dans le cercle de sa condition particulière? Nous disons de bon concours, et de la part des classes supérieures, parce que nous sommes porté à croire que moins il y a de rapports convenables entre les différentes classes de la société, principalement parmi les femmes, plus il y a propension à ne pas vouloir se laisser dépasser par l'apparence extérieure de la toilette. Enfin, n'y a-t-il pas une espèce de femmes, auxquelles les excentricités dispendieuses de la mode, qu'elles propagent souvent, devraient être interdites toujours?

AUTORISATION POUR PLAIDER (droit). — Une autorisation pour plaider est nécessaire dans tous les cas à la femme mariée (voy. *Autorisation maritale*) ; dans certains cas au tuteur (voy. *Tutelle*) ; et elle est encore nécessaire, dans certaines circonstances, aux communes et aux établissements publics. (C. pr., 1034.)

Les autorisations pour plaider sont accordées, en ce qui concerne les communes et les établissements publics, par les conseils de préfecture (Décr. 14 décembre 1789, art. 54 et 56; l. 16 et 29 vent. an V; arrêté 17 vend. an X). Cette autorisation doit être obtenue préalablement par tout créancier qui veut intenter contre une commune une action personnelle ou mobilière (*Ibid.*). Le but de la loi est que cette autorisation soit demandée toutes les fois qu'il s'agit d'une créance pure et simple dont le conseil de préfecture peut reconnaître que la demande est fondée, parce qu'alors il ne doit pas permettre que la commune subisse des frais, et il doit directement la contraindre à payer. (Ordonn. 6 sept. 1820; Favard, v° Commune, section 3, § 2.) Dès lors, il faut naturellement affranchir de cette formalité les créances ou demandes qui doivent nécessairement être soumises aux tribunaux, comme dans les cas suivants : celui où l'action, soit au possessoire, soit au pétitoire, a lieu à raison d'un droit de propriété. (Avis du C. d'Ét. 3 juill. 1808; ordonn. 4 juill. 1816.) Le cas où l'on réclame contre l'exécution des clauses d'un bail, car il faut juger un point de droit et faire une liquidation, ce qui est du ressort des tribunaux. (Décr. 21 mars 1809; ordonn. 23 janv. 1820.) Lorsqu'un particulier agit contre une commune comme responsable des délits commis sur son territoire, en vertu de la loi du 10 vend. an IV, loi spéciale qui n'exige point cette autorisation. (Cass. 19 mars 1821.) Et dans le cas où il s'agit d'une action correctionnelle à raison d'enlèvement de bois dans une forêt particulière. (Ordonn. 22 fév. 1821.)

Le conseil de préfecture doit statuer dans le délai d'un mois, à compter du jour de la remise du mémoire, constatée par le récépissé du secrétaire; à défaut de quoi le créancier peut se pourvoir comme si l'autorisation était accordée. (L. 5 nov. 1790, art. 15.)

Nulle action ne peut être intentée par une commune sans autorisation préalable. (L. 14 déc. 1789, art. 54 et 56, et 29 vend. an V; arrêté 17 vend. an X.) La commune, en cas de refus, peut se pourvoir au Conseil d'État, lequel prononce, après avoir pris l'avis de trois jurisconsultes désignés par le ministre de la justice. (Décr. 7 fév. 1809, 15 mai et 13 juin 1813.) Le défaut d'autorisation entraîne la nullité de droit de tout ce qui a été fait et jugé sans que l'autorisation ait été requise. (Cass. 2 mai 1808, 25 juillet 1825, 7 juin 1826) Le conseil de préfecture doit prononcer sur l'avis du conseil municipal ; mais l'irrégularité qui résulterait de ce que l'avis de ce conseil n'aurait pas été pris ne serait pas de la compétence des tribunaux ; il faudrait la déférer au Conseil d'État. (Cass. 29 juill. 1823.)

Pour la demande d'autorisation d'un emprunt, la délibération du conseil municipal et les autres pièces qui servent à prouver la nécessité de cet emprunt doivent être accompagnées de l'état des revenus et dépenses ordinaires, et des dettes actives et passives de la commune. (*Manuel des Maires*, Autorisation.)

JEAN ÉTIENNE.

AUTORITÉ, AUTORITÉ ADMINISTRATIVE, AUTORITÉ PATERNELLE (droit). — 1. L'autorité est la puissance légitime à laquelle on doit être soumis. (ACAD.) Cette définition est absolue; elle est l'expression d'un fait exact, soit qu'il s'agisse d'un souverain légitime, soit qu'elle se rapporte à une organisation civique originairement consacrée par le vœu, librement émis, de la grande majorité, dans chaque partie ou province d'un pays constitué en gouvernement national.

Dans ce sens, autorité est l'équivalent de souveraineté, de force, de pouvoir.

Dans le sens particulier de pouvoir, on emploie aussi cette expression pour indiquer le pouvoir naturel et légal des pères et mères, des maris, des tuteurs, des curateurs (voy. ci-après *Autorité paternelle*). Sont encore appelés autorités les lois, les actes du gouvernement, les arrêts formant jurisprudence et les opinions des auteurs généralement cités; toutefois, sous ce dernier point de vue, des distinctions sont à faire. La loi en vigueur, qui décide en termes formels et précis un point de droit, une question précédemment controversée, est plus qu'une autorité dans ce sens; elle dispense de rechercher aucune autre autorité de cette espèce sur le même point, en France particulièrement, parce qu'alors que la loi a parlé, toute opinion contraire doit se taire. — Voy. *Loi*.

Les lois françaises qui ont cessé d'être en vigueur, de même que les lois étrangères, peuvent être citées comme autorités relatives; mais ces lois ne doivent avoir qu'une force de raison semblable à celle de l'opinion d'un auteur ou d'un commentateur. Il en est de même des arrêtés, arrêts, décrets, ordonnances et autres actes du gouvernement, qu'ils soient ou qu'ils aient cessé d'être obligatoires. — Voy. *Autorité administrative*, ci-après.

Les conventions faites entre les contractants, dans la mesure de la légalité et de la vérité, ont, à leur égard, la même force que les lois et les ordonnances en vigueur; elles sont, comme la loi elle-même, plus qu'une autorité, en ce sens que rien ne peut venir apporter obstacle à leur exécution, si ce n'est le consentement mutuel et libre des parties contractantes.

La force et le mérite des autorités qu'on rapporte ou qu'on cite pour établir un fait varient selon la nature ou l'ancienneté du fait et en raison de l'acte demeuré imparfait, comme de l'acte notarié, dans son ensemble, et de la preuve régulièrement admissible.

Revenant à l'autorité comme puissance légitime, et à laquelle il est du devoir de tous d'être soumis, dans l'intérêt général, il appartient à une autre plume que la nôtre de traiter cette question, en la rapprochant de ce mot, si mal compris, de cette pensée, devenue si ardente, la liberté.

« Concilier la liberté et l'autorité, dit D. Nisard, est une œuvre difficile, surtout dans notre pays, où cette conciliation, après avoir été pendant un quart de siècle un essai laborieux, est redevenue un rêve. Il y a bien des raisons de cette difficulté : la principale, c'est que nous ne savons pas aimer les deux choses également, et que nous sommes tour à tour emportés, soit vers la liberté jusqu'à faire amitié avec la licence, soit vers l'autorité jusqu'à lui permettre le despotisme. Rien n'est plus rare parmi nous qu'un homme qui voit dans l'autorité la meilleure garantie de la liberté, dans la liberté le contrôle pacifique et confiant de l'autorité. Nous ne nous faisons même pas une idée très-juste de ce que nous aimons. Les partisans de la liberté l'aiment fort pour eux-mêmes; mais leur amour s'arrête au moment où, si je puis parler ainsi, il devrait commencer, au moment où la liberté d'autrui les contrarie. Les partisans de l'autorité semblent plus aimer en elle les priviléges particuliers qu'elle leur garantit ou la douceur de n'être pas contrôlés que les avantages généraux qui en résultent pour le parti tout entier. De là vient que, ballottés sans cesse entre une liberté licencieuse et une autorité sans contrôle, nous ne savons, en réalité, ni être libres ni être gouvernés, et que de ces deux biens suprêmes des sociétés humaines, nous ne connaissons que l'ombre. Car il ne faut pas croire qu'une peur déraisonnable de l'arbitraire puisse produire la vraie liberté, ni que la panique de l'anarchie puisse nous amener à la vraie autorité. Ce sont deux choses trop bonnes et trop belles pour qu'elles puissent sortir d'un excès. »

C'est un parallèle fort exact, sur lequel les événements du passé fixent davantage l'attention réfléchie, et appellent, en particulier, les méditations des classes laborieuses de la société.

2. *L'autorité administrative* ou l'administration publique, considérée dans son ensemble, est un corps

ou un fonctionnaire de l'ordre ou du pouvoir administratif.

Au souverain seul appartient la puissance exécutive. Il est le chef suprême de l'État; il nomme à tous les emplois d'administration publique et fait les règlements, ordonnances ou décrets nécessaires pour l'exécution les lois. Comme chef suprême de l'administration publique, il l'exerce par lui-même et par les fonctionnaires qu'il a nommés pour l'exercer en son nom. Ces fonctionnaires sont, principalement, les ministres, les directeurs des administrations, les préfets, les sous-préfets et les maires. Quant aux autres employés de l'administration publique, nommés directement ou indirectement par le souverain, ils font essentiellement partie de l'autorité administrative dont ils dépendent, et ils jouissent à ce titre de garanties spéciales et légales.

Tous les fonctionnaires et les employés de l'ordre administratif sont des mandataires du souverain, du chef de l'État ou de ses délégués; ils sont donc amovibles ou révocables à volonté. Néanmoins, ils ne peuvent être mis en jugement, pour des faits relatifs à leurs fonctions, qu'en vertu d'une autorisation administrative (Const. de l'an VIII, art. 75, et dans certains cas, ordonn. des 19 déc. 1821 et 26 février 1822.) Les administrateurs des hospices et des bureaux de bienfaisance jouissent également de la garantie accordée par ledit art. 75. (Décr. du 14 janv. 1812.) Mais cette garantie n'existe pas dans le cas de perception d'une contribution non prescrite ou autorisée par les lois sur les budgets, lesquelles contiennent à cet égard une disposition expresse, et les poursuites, alors même que l'autorisation préalable est indispensable, ne peuvent empêcher d'informer et de recueillir des renseignements, ni, en cas de flagrant délit, d'ordonner la détention provisoire. (Décr. 9 avr. 1806.)

C'est ainsi que l'organisation intérieure de tous les États ou sociétés politiques repose et est établie sur deux bases, l'administration et la justice : ordre public, sûreté intérieure, liberté civile, propriété, tout est sous l'égide de ces deux pouvoirs, et ce qui ne se trouve pas dans les attributions de l'un existe dans celles de l'autre. (Voyez Pouvoir judiciaire).

L'administration et la distribution de la justice doivent être séparées; l'administration est composée de deux parties bien distinctes ; l'une réglementaire, qui est l'administration proprement dite, l'autre contentieuse, et qu'on nomme le contentieux administratif. Les autorités dont dépendent le contentieux administratif sont, au premier degré, les préfets, les conseils de préfecture et les ministres. Le Conseil d'État forme le second et dernier degré.

3. *L'autorité paternelle*, ce qu'on appelle plutôt, en droit, puissance paternelle, est l'autorité que les lois donnent et attribuent au père et à la mère sur la personne et sur les biens de leurs enfants. (Voyez Puissance paternelle.)

Cette autorité, établie par notre législation actuelle, est un droit fondé sur la nature, confirmé par la loi, qui donne au père, et, à son défaut, à la mère, avec un droit de correction sur les enfants, la surveillance de leurs personnes, l'administration et la jouissance de leurs biens, dans certaines conditions et jusqu'à un certain âge. Nous avons dit : et à la mère, parce que, dans les principes du Code civil, la mère jouit des droits que donne la puissance paternelle ; si ce n'est qu'elle ne peut l'exercer entière pendant le mariage, étant elle-même sous la puissance de son mari. L'autorité paternelle est donc de droit civil. (Voyez Droits civils.)

A tout âge l'enfant doit honneur et respect à ses père et mère. (C. civ. 371.) Il reste sous leur autorité jusqu'à sa majorité ou son émancipation. (*Ibid.*, 372.) C'est aux père et mère qu'il appartient de déterminer la mesure et le mode d'éducation de leurs enfants. (*Ibid.*, 203. V. Education.) Les enfants mineurs ne peuvent quitter, sans la permission de leur père, et à son défaut, de leur mère, ni la maison paternelle (*ibid.*, 374), ni celle où ils ont été placés pour leur éducation. (Toullier, nᵒˢ 1041 et 1048.) D'après l'art. 32 de la loi du 21 mars 1832 sur le recrutement de l'armée, par abrogation de l'art. 374 du Code civil, le consentement du père, de la mère ou du tuteur, est désormais indispensable à celui qui contracte un engagement vo'ontaire, s'il a moins de vingt ans accomplis.

Au cas de donation entre vifs ou de dispositions testamentaires, le père, la mère et les autres ascendants directs ne sont pas autorisés à dépasser certaines limites que nous indiquerons ci-après, en ce qui concerne la France, alors même qu'il y aurait des motifs sérieux, soit en présence d'un enfant dissipateur, soit dans des circonstances conformes au bien-être de la famille en général, comme l'utile conservation d'un droit particulier, d'un fonds de commerce ou d'une propriété industrielle. Ce n'est pas qu'on doive, à notre avis, songer à établir un droit exorbitant d'aînesse, ou au profit des fils seulement, au détriment des filles, et nous estimons, au contraire, que le grand conseil du Tessin, de la république helvétique, a dû avoir de bons motifs, de sages raisons, pour établir en cette année de 1856 (et non plus tôt) l'égalité entre les fils et les filles dans les héritages *ab intestat*, c'est-à-dire dans le cas où le père, la mère ou autres parents n'auraient pas disposé de leurs biens dans la forme régulière. Néanmoins, autre chose est de protéger les ascendants directs dans la libre disposition d'une partie de leurs biens, par une mesure légalement conditionnelle et facultative, sans qu'il leur soit besoin de faire à l'avance un acte quelconque de libéralité, par exemple, en faveur du fils aîné ou du plus intelligent de ses fils, afin qu'il arrive à lui succéder ou le remplacer seul dans son industrie ou son commerce. Ce sentiment de la conservation du patrimoine peut paraître assez naturel à tout homme qui aime l'état qu'il professe (comme l'avait professé son propre père), qui y trouve un élément de prospérité pour la famille, pour son fils aîné (lequel doit ensuite venir en aide à ses frères et sœurs), et qui comprend d'ail-

leurs que la vente faite à un étranger de son fonds industriel, par suite de son décès, entraîne presque toujours la perte d'une grande partie de sa valeur réelle.

AUTOUR, *astur* [du grec *astérias*, étoilé, à cause des étoiles que forment en se croisant les raies de son plumage]. — Genre de l'ordre des rapaces, de la famille des diurnes et de la tribu des faucons, comprenant des oiseaux diurnes, plus petits que les aigles et les vautours, et qui se distinguent des uns et des autres par leur bec courbé dès sa base, et des vautours en particulier par la tête et le cou constamment couverts de plumes comme les autres parties du corps. Du reste, ils se confondent insensiblement avec les aigles par la forme de leur bec et par celle de leurs ailes. Il faut cependant observer, dit Salacroux, que

Fig. 72. — Autour.

les autours ont les tarses plus longs et plus faibles, les serres plus courtes et moins aiguës, et partant le naturel moins intrépide. Ils vivent moins exclusivement de chair palpitante, et se jettent plus souvent sur les cadavres, sur les reptiles ou sur les insectes. Quand ils chassent, ils ne s'adressent qu'à des animaux faibles et incapables de leur opposer la moindre résistance ; ils sont aussi moins intolérants et se réunissent plus volontiers en petites troupes, parce que, pouvant se nourrir indistinctement de plusieurs sortes d'aliments, il leur est plus facile de s'en procurer.

Le genre autour se divise en deux sous-genres, les *autours* et les *éperviers*. On employait autrefois ces oiseaux pour la chasse aux perdrix et aux faisans. « Cette chasse est appelée *autourserie* ou *chasse du bas vol*, par opposition avec la chasse *du haut vol*, qui se fait avec le faucon. L'autour, en effet, chasse en rasant la terre et non en s'élevant comme le faucon. On ne le chaperonne point. On le prend jeune pour l'habituer à partir de dessus le poing et à revenir à la voix de son maître. On a des chiens pour faire lever le gibier : dès que l'autour le voit, il part, et, lorsqu'il l'a atteint, on le lui retire en lui présentant quelques morceaux de viande. Cet art était connu des Romains. Autrefois, en France, l'autourserie était le délassement des particuliers et des simples gentilshommes, tandis que la fauconnerie était celui des rois et des princes. Aujourd'hui enencore elle est pratiquée en Allemagne, en Pologne, en Perse, pour la chasse de la perdrix, du faisan, du canard, de l'oie sauvage, du lièvre et du lapin. En Perse, on chasse même la gazelle avec l'autour, en lui apprenant à ne trouver sa nourriture que dans les yeux d'une gazelle empaillée. »

AUTRICHE (géographie). — Empire situé au S. E. de l'Europe centrale, entre 42° et 51° de latitude N. et 24° de longitude. Borné au N. par la Saxe, la Prusse, la Pologne et la Russie; à l'E., par la Turquie et la Russie; au S., par la mer Adriatique, l'État de l'Église et la Turquie; à l'O., la Sardaigne, la Suisse et la Bavière. On évalue sa superficie à 24,306 myriamètres carrés.

L'Autriche est une des plus belles contrées de l'Europe, et des plus fertiles. De hautes montagnes en couvrent la partie méridionale. La population de l'Autriche est de 37 millions d'habitants. La religion catholique domine en Autriche. Le gouvernement est une monarchie absolue, excepté dans la Hongrie et dans la Transylvanie, où le pouvoir législatif est réglé par des diètes.

L'Autriche se divise en deux parties : l'Autriche propre et les États d'Allemagne.

L'Autriche propre se divise en huit parties : 1° la Hongrie, capitale Bude; 2° la Pologne autrichienne, capitale Cracovie; 3° la Gallicie, capitale Limberg; 4° la Transylvanie, capitale Hermanstadt; 5° l'Esclavonie, capitale Eszeck; 6° la Craotie, capitale Agram; 7° la Dalmatie, capitale Zara; 8° le royaume Lombard-Vénitien, capitale Milan.

Les États d'Allemagne sont au nombre de neuf : 1° le Voralberg, capitale Brégenltz; 2° le Tyrol, capitale Inspruck; 3° l'Illyrie, capitale Leybach; 4° la Styrie, capitale Gratz; 5° archevêché de Saltzbourg, capitale Saltzbourg; 6° archiduché d'Autriche, capitale Vienne; 7° la Moravie, capitale Brunn; 8° la Bohème, capitale Prague; 9° la Silésie autrichienne, capitale Troppau.

Les États allemands de l'Autriche renferment la plupart des contrées autrefois appelées *Rhétie, Dacie, Norique, Pannonie,* etc. Les Barbares envahirent ces provinces du cinquième au septième siècle. Charlemagne joignit à son empire la Norique, et l'appela *Austrie,* pays de l'Est, d'où vient le nom d'*Autriche.* L'empereur Rodolphe de Habsbourg fit reconnaître son fils Albert duc d'Autriche, en 1282, et jeta les fondements de la grandeur future de sa maison. Par d'heureux mariages, elle acquit la Bohème, la Hon-

grie, la Franche-Comté, les Pays-Bas; et, dans la personne de l'empereur Charles-Quint, elle monta sur le trône d'Espagne et des Indes. Charles-Quint donna ses États allemands à son frère Ferdinand (1556). En 1713, le duché de Milan, conquête de Charles-Quint, passa dans la maison d'Autriche. La ligne masculine de Habsbourg s'éteignit en 1740 par la mort de Charles VI, dont la fille, Marie-Thérèse, avait épousé François de Lorraine, duc de Toscane. Dans ses guerres contre la France, de 1797 à 1809, l'Autriche perdit une grande partie de ses États. A la paix de Paris, en 1814, elle les reprit, à l'exception des Pays-Bas, et acquit les États Vénitiens, l'Illyrie, et la Dalmatie.

Malgré sa situation presque exclusivement continentale, l'Autriche est avantageusement située pour le commerce, étant limitrophe de la Saxe, de la Prusse et de la Russie au N. et au N. E., de la Turquie au S. E., de la mer Adriatique, des États de l'Église, de ceux de Modène et de Parme au S., et des États sardes, de la Suisse et de la Bavière à l'O.; elle peut entretenir des relations commerciales très-importantes avec tous ces pays, et avoir un grand commerce de transit pour le transport à travers ses États des productions de l'une de ces contrées dans l'autre. Ses États de l'Italie la font communiquer directement avec l'Adriatique par le Pô, l'Adige et de nombreux canaux qui en dérivent; tandis que le Danube lui ouvre une communication avec la mer Noire, la Turquie et l'Asie : elle pourrait même établir des relations avec la mer du Nord au moyen de l'Iser et de l'Oder, qui sont les affluents de l'Elbe; et d'un autre côté, l'Oder peut la mettre en rapport avec la Baltique, où ce fleuve a son embouchure. Quant aux canaux de l'intérieur, le principal est celui nommé *Franz canal,* canal de François, qui fait communiquer le Danube à la Theiss; un autre canal est celui de la Bega, qui réunit la *Bega* à la Temes, dans le banat de Témeswar; enfin le canal de Vienne, qui s'étend depuis cette capitale jusqu'à Neustadt, d'où il est continué jusqu'à Trieste; ce qui établit une communication par eau entre le Danube et la mer Adriatique. On a construit en outre un chemin de fer depuis Mauthausen sur le Danube jusqu'à Budweiss sur la Mudau, pour établir une communication plus accélérée qu'un canal entre le Danube et l'Elbe.

Les routes ont été depuis longtemps l'objet d'une sollicitude particulière de la part du gouvernement autrichien. Le défunt empereur a commencé et achevé une communication entre Vienne et Trieste, entreprise d'une utilité immense, et qui n'a pu être exécutée qu'en triomphant des plus grands obstacles. La société royale hongroise a fait construire la grande route de Louise qui conduit de Karlstadt au port de Fium, qui peut être considéré comme le port de la Hongrie; des voies de communication ont été établies entre la Croatie et la basse Ukraine, entre ces pays et Karlstadt. La Bohème a créé une étendue de 350 lieues de routes, à l'aide de concessions et de récompenses du gouvernement; la Gallicie et les autres provinces ont suivi cet exemple, ainsi que les États de l'Italie. Quatre routes nouvelles mettent le Tyrol en communication avec le royaume Lombard-Vénitien et avec les côtes de l'Illyrie. On a établi de nombreuses routes dans le pays de Milan, dans la Moravie, sur les côtes, et l'on travaille à celle qui, conduisant de Proscuo à Trieste, facilitera beaucoup le passage en Italie et dans la Carinthie. Tous ces travaux présentent un parcours de 700 lieues de grandes routes de commerce. Le gouvernement a aussi partout multiplié les ponts.

Productions. — L'Autriche produit des grains de toute espèce : on évalue à 66 millions d'hectolitres la quantité de blé qu'on récolte annuellement. L'olivier est cultivé avec succès dans les provinces du midi, dans le royaume Lombard-Vénitien, ainsi que dans la Dalmatie. La culture de la vigne est d'une haute importance : on récolte environ 20 millions d'hectolitres de vins de toute espèce.

On évalue à 2,200,000 le nombre de chevaux, et celui des moutons à environ 20 millions, dont les trois cinquièmes sont de race pure ou demi-pure; la quantité de laine qu'ils produisent peut être estimée à 48 millions de livres pesants, dont la plus grande quantité se consomme dans le pays.

L'Autriche est un des États de l'Europe les plus riches en minéraux : elle possède tous les métaux, excepté le platine, qu'on n'y a pas encore trouvé. L'exploitation des mines d'or produit un bénéfice net de 2,000 à 2,500 marcs par an. On retire de la Hongrie de 83 à 100 mille marcs d'argent. On évalue à 108,000 marcs d'argent la quantité totale que produisent les mines d'argent, et à 70,000 quintaux les produits des mines de cuivre. Le métal le plus pur qu'on exploite est le plomb, dont les plus riches mines sont dans la Carinthie. De tous les métaux, celui qui se trouve en plus grande abondance, c'est le fer. On peut évaluer à 1,250 mille quintaux la masse de fer fondue annuellement dans la monarchie. Il existe une grande quantité de marbre, d'albâtre, de porphyre et d'autres pierres. Les sels sont plus abondants en Autriche qu'en aucune autre contrée : les salines de Wiliezka sont renommées. Il y a quelques années qu'on évaluait à 3,188,031 quintaux la quantité qu'on tirait annuellement des mines de sel; celle de soude à 2,117,370 quintaux, celle de sel de mer à 450,000; la masse du sel qu'on fabriquait s'élevait par conséquent à 5,855,451 quintaux. L'Autriche possède aussi plus de 600 sources minérales et établissements thermaux.

Industrie. — L'industrie manufacturière n'est pas également répandue dans les États autrichiens. Dans la Hongrie, la Dalmatie et la Gallicie, on trouve très-peu de fabriques et de machines : ce sont des pays de productions territoriales, où l'industrie ne s'est pas encore développée avec une aussi grande activité que dans les autres provinces. La fabrication du tabac forme un objet majeur pour la consommation; mais la culture de cette plante n'est permise aux particuliers que dans le Tyrol et la Hongrie. Dans les autres États, la plantation et la vente du tabac appar-

tiennent au gouvernement. Les huit manufacture de l'État sont à Hambourg, Goderig, Sedlitz, Winiki, Furstensfeld, Venise et Raguse. Ces établissements livrent annuellement à la consommation environ 80,000 quintaux de tabac. Depuis quelque temps la filature et le tissage de coton ont fait des progrès considérables et acquis une grande extension. Il en est de même d'autres industries, telles que de la tannerie, des papeteries, qui y sont très-nombreuses, ainsi que les fabriques de lainage et de soierie, de bonneterie de toute espèce : on compte pareillement des raffineries de sucre, des huileries, des fabriques de chapeaux de paille d'Italie, des bijouteries, des orfèvreries, horlogéries, de porcelaine, surtout à Vienne; des poteries, des verreries et cristaux, principalement en Bohême; enfin, depuis une dizaine d'années, les produits de l'industrie autrichienne ont obtenu un succès toujours croissant aux foires si célèbres de Leipzig. Un dépôt y est ouvert à chacune des foires, où se trouvent exposées les marchandises provenant des manufactures de l'Autriche, ce qui contribue beaucoup à les faire connaître et à en répandre l'usage tant en Allemagne qu'ailleurs. C'est aussi une preuve des progrès qu'ont faits les fabriques autrichiennes, qui sont parvenues au point de soutenir la concurrence de celles des autres pays, tant pour la qualité que pour les prix.

Commerce. — Le commerce de l'Autriche se partage, comme celui de plusieurs autres pays, en commerce de terre et en commerce maritime. Les principales villes du commerce maritime sur la mer Adriatique sont les ports suivants : on doit mettre au premier rang Trieste, qui est le port le plus important de l'Autriche; Venise, qui a maintenant un port franc qui donne de l'activité à son commerce; Fiume, que l'on peut considérer comme le port de la Hongrie, et par où s'écoulent ses productions; Raguse, Spalatro et Cattaro sont les principaux ports de la Dalmatie, et le siège de son commerce avec la Turquie. Vienne est la plus grande place commerçante de l'intérieur; Prague est le centre du commerce de la Bohême; Pesth et Debreczin sont les entrepôts de celui de la Hongrie; Brody et Lemberg de celui de la Gallicie; viennent ensuite un grand nombre de villes de l'intérieur, dont l'industrie plus ou moins florissante est l'objet d'un commerce d'exportation assez considérable pour l'étranger. (*Montbrion.*)

AUTRUCHE (zoologie) [du grec *strouthos*, autruche]. — Genre de l'ordre des échassiers, famille des brévipennes, caractérisé par une taille gigantesque, des jambes demi-nues, deux doigts dont l'externe est plus court que l'interne, des ailes rudimentaires impropres au vol, un intestin énorme et un gésier très-robuste. Son bec déprimé, ses grands yeux et sa petite tête, lui donnent un air d'hébétude qui a passé en proverbe.

Ces oiseaux habitent les contrées voisines de l'équateur et s'écartent rarement de la zone torride pour entrer dans les zones tempérées. Quoiqu'ils vivent principalement de graines et d'herbes, on peut les regarder comme omnivores, car ils peuvent manger de tout; ils sont tellement voraces, dit-on, qu'ils prennent souvent des matières indigestibles et même des poisons.

Sur ces faits bizarres relatifs à l'appétit de l'autruche, le naturaliste Doyère se prononce ainsi[1] :

Aldrovande est l'un des premiers qui aient réuni en un corps d'histoire les traits épars dans une foule d'auteurs; et, bien que son article ne se fasse pas remarquer par un esprit de critique très-profond, on y retrouve le fond de bien des articles faits depuis, moins les détails anatomiques, qui n'ont été bien connus qu'au commencement du siècle dernier. Les deux figures qu'il donne du mâle et de la femelle sont même assez exactes pour le temps où elles ont été faites. L'une tient dans son bec un os énorme, et l'autre paraît savourer avec quelque plaisir un fer à cheval; car à toutes les erreurs dont nous avons parlé s'ajoutait cette autre, non moins monstrueuse, que l'autruche faisait sa principale nourriture de pierres, de bois, de fer, et de tout ce qu'il y a au monde de moins sujet à exciter l'appétit d'un être vivant. Cependant Aldrovande n'y croyait déjà plus, et l'on s'étonne au moins de voir le collaborateur de Buffon ne pas trop repousser l'idée

Fig. 73. — Autruche.

qu'elle pût avaler des charbons ardents, pourvu qu'on veuille bien lui accorder qu'ils ne soient pas énormes, et ajouter naïvement qu'une telle nourriture doit lui être peu profitable. Cependant, tout en repoussant ce qu'il y a déjà d'exagéré dans de pareilles opinions, nous devons avouer à notre tour qu'ici l'imagination, toujours si prête à convertir en merveilleux ce qui n'est que peu ordinaire, n'avait pas de beaucoup dépassé l'exacte vérité. L'autruche entasse indistinctement dans son estomac à peu près tout ce qui s'offre à sa voracité. Elle remplit ses énormes sacs de cailloux, de bois, d'os, de clous et de morceaux de métal de toute espèce; et l'on a trouvé dans une seule jusqu'à quatre-vingts pièces de monnaie. Elles avalent avec la même avidité une poignée de papier, un bouchon de liége ou un morceau de pain; et ce n'est qu'en le voyant de nos propres yeux que nous avons pu nous

[1] Encyc. nouv., t. II, p. 289 et suiv.

résoudre à le croire. Tout ce qu'on leur présente est aussitôt englouti qu'offert, et la méfiance que peut leur causer une main étrangère ou un aliment inconnu se manifeste à peine par quelque hésitation, ou par un peu plus de maladresse dans la préhension. Il est même rare qu'elles ne saisissent pas en même temps et le morceau et la main qui le présente; et les nombreuses dentelures dont est armé l'intérieur des mandibules causeraient infailliblement de cruelles blessures, si elles étaient moins émoussées, et si la force du bec, aussi bien que celle des muscles qui mettent les mandibules en mouvement, répondait à la puissance de l'oiseau elle-même. Ce n'est pas même sans danger que s'exerce cette voracité qu'aucune loi ne règle; on en a vu périr pour avoir avalé de la chaux vive, des fragments de verre; on en a vu dont l'estomac avait été traversé d'outre en outre par d'énormes clous, et l'on en a trouvé qui avaient pénétré jusque dans le mésentère. D'autres ont péri pour avoir avalé du cuivre que l'action des sucs gastriques avait converti en un poison actif.

Voilà des faits observés, irrévocablement acquis, et que nous avons voulu constater nous-mêmes, sans avoir toutefois la prétention que notre affirmation puisse ajouter à ce que méritent de croyance vingt auteurs qui l'ont vu avant nous. Ici se présente une question toujours pendante : c'est celle de savoir si cet appétit désordonné procède d'une autre cause que celle qui fait avaler à tous les gallinacés des pierres et des graviers. L'action des voies digestives sur des aliments d'une aussi étrange espèce n'est point nulle, il est vrai, mais ne suffit point à les digérer; encore moins pourrait-on prétendre que l'autruche puisse en aucune façon se les assimiler. Les pièces de monnaies et les métaux sont altérés par les sucs gastriques agissant comme acides, et usés par l'action mécanique des muscles puissants du gésier et le frottement des corps durs avec lesquels ils tombent en contact; les petits graviers peuvent être broyés; les gros doivent ressortir avec leurs bords usés et leurs pointes émoussées. Ce n'est donc pas dans le profit que l'animal pourrait tirer de son alimentation que nous pourrons trouver la cause d'un appétit aussi désordonné au moins en apparence, et ce n'est pas non plus dans la stupidité fabuleuse dont on l'a gratifié. Pour nous, nous n'y voyons autre chose que l'habitude commune à tous les autres gallinacés, mais exagérée par l'état de captivité dans lequel on a toujours observé l'autruche. L'esclavage est pour tous ces êtres un poison actif qui ronge leurs facultés les plus délicates et les plus intimes, et le fait qui nous occupe est une preuve à ajouter à mille autres; car, si dans les cages où on les resserre, et malgré le soin que l'on apporte à éloigner d'elles tout ce qui pourrait leur nuire, on les voit souvent périr victimes de cette avidité déréglée, on concevra qu'il n'en faudrait pas davantage pour suffire dans le désert à l'anéantissement de l'espèce.

Toutefois, si nous transportons ces faits à l'étude de la sensibilité chez ces oiseaux, il nous restera bien démontré que, du moins en captivité, l'organe du goût doit être regardé comme nul; une fois le morceau qu'on leur présente saisi, il est lancé dans la gorge par un brusque mouvement en arrière, et si, comme le miel, il est de nature à s'attacher aux mandibules, après quelques efforts pour le détacher par une secousse brusque, on le voit bientôt rejeté avec dédain sans que rien puisse faire croire que l'animal ait la conscience de l'existence dans sa bouche d'un instrument de goût ou de préhension. Quant à l'odorat, il paraît moins nul que le goût; des expériences en font foi. Indépendamment du chlore, que l'on pourrait accuser d'une action chimique sur leur membrane pituitaire, l'éther, l'ammoniaque et plusieurs essences les affectent à distance; elles détournent la tête avec une sorte d'étonnement; et si, par un moyen quelconque, on parvient à exciter leur méfiance pour un aliment, on pourrait croire, à l'attitude qu'elles prennent, que c'est le sens de l'odorat qu'elles consultent plutôt que tout autre. Il est, du reste, assez difficile d'acquérir à cet égard une conviction bien complète; car si chez les mammifères, qui ont toujours ce sens assez développé, la position avancée des narines, leur mobilité et l'exercice habituel qu'ils en font permettent d'en étudier presque tous les modes d'affection, il n'en est point ainsi des oiseaux, dont l'expression faciale est nulle, et qui ont les ouvertures externes de l'organe olfactif percées dans une substance dure et tout au plus recouvertes d'une membrane inerte. Nous ignorons d'ailleurs si jamais des expériences complètes et comparatives ont été faites sur la portée relative de cet organe chez les oiseaux même les mieux connus. Celles que nous avons été à portée de faire par nous-mêmes, et sur lesquelles nous comptons revenir, n'ont guère servi qu'à nous faire mieux apprécier les difficultés de l'entreprise. Quant au sens de l'ouïe, les autruches l'ont très-développé; aussi doit-on renoncer à les approcher par la ruse. Il en est de même du sens de la vue, qui s'exerce, comme le premier, par un organe d'une complication rare chez les oiseaux. L'oreille s'ouvre assez largement au dehors et est recouverte d'une membrane qui lui forme une sorte de pavillon dirigé en arrière; de même l'œil est grand, bordé de paupières bien tracées et garnies de cils qui lui donnent avec l'œil de l'homme une ressemblance qui a frappé tous les auteurs.

Les autruches ne font jamais de nid; elles déposent à terre, dans des trous pratiqués au milieu du sable, une quinzaine d'œufs, gros comme la tête d'un enfant qui vient de naître. Ces œufs sont très-bons à manger, et un seul suffit au repas d'un homme. Sous la zone torride, ces œufs n'ont pas besoin d'être couvés; mais en deçà des tropiques le mâle et la femelle vont de temps en temps les réchauffer, surtout pendant la nuit, ou lorsque le temps se refroidit un peu. Les petits mettent environ six semaines à éclore, et sont assez forts pour marcher en rompant leur coquille.

Les autruches, dit M. Gervais, quoique habitantes du désert, ne sont pas aussi sauvages qu'on l'imaginerait; elles s'apprivoisent facilement, surtout lorsqu'on les prend jeunes. Les habitants de Dara, ceux de la Libye, en nourrissent des troupeaux dont ils tirent des plumes et une nourriture abondante. On en a vu qui étaient assez familières pour se laisser monter comme on monte un cheval, et le tyran Firmius, qui régnait en Égypte sur la fin du troisième siècle, se faisait porter, dit-on, par de grandes autruches.

On connaît deux espèces de ce genre : l'*autruche* proprement dite, qui est de l'ancien continent, et le *nandou* ou *autruche d'Amérique*.

AUXILIAIRE (grammaire) [du latin *auxiliaris*, fait de *auxilium*, secours, c'est-à-dire mot qui vient au secours]. — On nomme *auxiliaires* des verbes qui entrent dans la composition de certains temps des autres verbes. En français et dans les langues néo-latines, il y en a ordinairement deux, le verbe *être* et le verbe *avoir*. Le verbe *être* entre en général dans les temps composés qui expriment l'état, *je suis aimé*, et le verbe *avoir* dans ceux qui expriment l'action, *j'ai aimé*. Ces verbes s'emploient avec le participe du verbe que l'on veut conjuguer. C'est ordinairement dans les temps passés que l'on se sert d'auxiliaires à l'actif; mais au passif, où il n'y a pas de temps simples, on emploie toujours des auxiliaires. Quelquefois un même verbe admet deux auxiliaires différents, suivant la signification; tels sont, en français, les verbes *monter*, *descendre*, etc. On dit : *J'ai monté du bois au grenier*, et *je suis monté dans la chambre*. Les verbes pronominaux ne prennent que le verbe *être*, quoiqu'il ait la forme active. On dit : *Je me suis blessé*, et non *je m'ai blessé*. Il y a des temps qui n'ont qu'un seul auxiliaire : *J'ai reçu*, *je suis blessé*; d'autres en ont deux : *Quand j'ai eu fini, j'ai été blessé*. Les auxiliaires admettent eux-mêmes des auxiliaires : le verbe *avoir* s'en sert à lui-même : *J'ai eu*, et le verbe *être* prend le verbe *avoir* : *J'ai été*. Chez les Italiens, au contraire, le verbe *être* se sert d'auxiliaire à lui-même : *Sano stato*, je suis été. Dans quelques provinces de France, les personnes du peuple conjuguent le verbe *être* à l'italienne, et disent *je suis été malade*. Mais cette construction n'est pas admise dans notre langue. En latin, il n'y a d'auxiliaire que dans les temps passés du passif : *Amatus sum*, j'ai été aimé. En grec, les auxiliaires sont à peu près inconnus. En anglais, au contraire, les temps des verbes sont presque entièrement formés au moyen d'auxiliaires. Outre ceux dont nous faisons usage, ils admettent encore *shall, will, should, would*, etc. Quelques grammairiens ont voulu compter au nombre de nos auxiliaires les verbes *devoir*, *aller*, dans les phrases : *je dois me promener, je vais lire*, mais leur opinion n'a pas prévalu.

Quoiqu'on admette généralement des auxiliaires, il y a cependant des grammairiens qui en nient l'existence. Il s'éleva même, il y a vingt à vingt-cinq ans, une vive et longue polémique à ce sujet. Le monde grammatical se partagea en deux camps, les *auxiliairistes* et les *anti-auxiliairistes*. Les premiers adoptaient l'opinion générale. Les seconds prétendaient que les verbes appelés auxiliaires n'avaient pas une autre signification quand ils étaient combinés avec un participe que quand ils étaient seuls. On pourrait faire des volumes de toutes les raisons alléguées de part et d'autre. Qu'en est-il résulté? Personne n'a été converti, et la difficulté n'a pas été éclaircie. Cependant tout cela n'était qu'une dispute de mots. Il est bien vrai que, rigoureusement parlant, il n'y a pas d'auxiliaires, puisque les deux verbes, l'auxiliaire et le participe, ont une signification propre; mais leur réunion a altéré le sens primitif, et on a pu considérer l'ensemble comme un tout indivisible. Quand je dis, par exemple : *J'ai perdu ma montre*, pourrait-on prétendre que *j'ai* signifie là je possède? Peut-on posséder une montre perdue? On voit donc qu'il serait facile de concilier les deux partis si chacun voulait se faire des concessions réciproques.

J. B. Prodhomme,
Correcteur à l'imprimerie impériale.

AVAL (droit). — Espèce de cautionnement qui a lieu souvent à la suite des lettres de change ou des billets à ordre. Le payement d'une lettre de change ou d'un billet à ordre, indépendamment de l'acceptation et de l'endossement, peut être garanti par un aval. (C. com., 141 et 187.) Cette garantie est fournie par un tiers, sur la lettre même ou par acte séparé. (*Ibid.*, 442.) L'acte peut être passé devant notaire. Le donneur d'aval est tenu solidairement et par les mêmes voies que les tireurs et endosseurs, sauf les conventions différentes des parties. (*Ibid.*) Ainsi, l'aval est un acte qui, comme tout autre, est susceptible d'interprétation; et le juge peut, sans violer la loi, décider que le donneur d'aval n'a entendu s'obliger que pour une partie de la dette, et avec exclusion de la contrainte par corps. Le donneur d'aval, qui déclare n'affecter que ses meubles, est néanmoins justiciable du tribunal de commerce, lors même que l'aval a été consenti par acte séparé : mais alors il n'est point passible de la contrainte par corps. Le donneur d'aval ne peut pas se prévaloir du défaut de protêt ou du défaut de signification du protêt, pour échapper à la garantie résultant de son aval; à moins qu'il n'ait donné l'aval pour un en-

dosseur. En général, celui qui appose un aval à des billets à ordre souscrits pour faits de commerce, est sujet non-seulement à la juridiction consulaire, mais aussi à la contrainte par corps, quoiqu'il ne soit ni marchand ni négociant. Il a même été décidé qu'une simple signature mise au bas d'un billet ou effet de commerce valait aval, et que cette signature ou aval n'était point soumise à l'approbation exigée par l'article 1326 du Code civil. Toutefois, il est préférable d'écrire, avant sa signature : « Bon pour aval de (la » somme en toutes lettres) en faveur du tireur, ou » de M. (le nom d'un endosseur ou autre). »

L'action à laquelle l'aval donne ouverture se prescrit, comme toutes celles relatives aux lettres de change ou aux billets à ordre, par le laps de cinq ans. (*Ibid.*, 189.)

Le défaut de protêts et de signification des protêts ne libère pas le donneur d'aval. (C. cass., 30 mars 1819.)

Le donneur d'aval est subrogé aux droits du porteur qu'il a payé; néanmoins s'il a donné l'aval pour le tireur, il n'aura point de recours contre les endosseurs envers lesquels celui-ci est garant du payement. Si l'aval a été fourni par un endosseur, le donneur pourra exercer recours contre l'accepteur, le tireur et les endosseurs qui précèdent celui qu'il a cautionné; et si c'est seulement l'accepteur qu'il a favorisé de son aval, il est clair qu'il n'aura pas d'action contre les endosseurs. Seulement il sera subrogé aux droits de l'accepteur contre le tireur. (Delvincourt, t. II, p. 118.) Jean Étienne.

AVALANCHE [radical *aval*; du latin *ad*, vers; *vallis*, vallée : qui se dirige dans la vallée]. — Masse de neige qui se détache brusquement des hautes régions des montagnes, et se précipite avec une effroyable rapidité dans le fond des vallées, écrasant tout sur son passage. Lorsque les rayons solaires commencent à acquérir de la force, dit Huot, il semblerait que la superficie des masses de neige devrait commencer par se fondre; il n'en est pas ainsi : c'est la terre qui s'échauffe et qui, communiquant sa chaleur à ces masses, détermine leur fusion au point de contact. Ces masses dont la base a été fondue, n'étant plus retenues sur les flancs des montagnes, se détachent, roulent avec fracas, et vont porter au loin la destruction. A l'époque du printemps, la moindre agitation de l'air peut provoquer la chute des avalanches; c'est pour cela qu'on recommande au voyageur le silence dans le voisinage des masses de neige où les avalanches ont coutume de se former; c'est pour cela encore qu'on tamponne les sonnettes des mulets dans les passages dangereux. Quelquefois, au contraire, pour prévenir le danger, on provoque leur chute par la décharge d'armes à feu, et l'on peut ensuite passer sans crainte après que l'avalanche est tombée. Dans les Alpes, on recommande souvent aux voyageurs de ne pas regarder longtemps les avalanches, lors même que leur direction ne paraît pas dangereuse, parce qu'elles causent une si grande agitation dans l'air, un vent si violent qu'il arrive souvent que les hommes et les animaux en sont étouffés. Comme les avalanches causent, dans les montagnes et les vallons, un tremblement accompagné d'un bruit égal à celui du tonnerre, il est rare que le voyageur, averti du danger qui le menace, n'ait pas le temps de s'y soustraire par la fuite. Les forêts, qui couvrent les flancs inférieurs des hautes montagnes, suffisent pour arrêter la marche des avalanches; il en résulte que ce phénomène devient d'autant plus fréquent et redoutable que les montagnes où il prend naissance sont dépouillées. Le montagnard se rend donc coupable d'une grande imprévoyance en abattant les arbres sans les remplacer, puisqu'il détruit ainsi la seule barrière qui puisse s'opposer aux ravages de ce terrible fléau.

AVANCEMENT DANS L'ARMÉE [le mot latin composé *advenire*, qui fait au supin *adventum*, est la source des termes *avant*, *avancer*, *avancement*]. — Cette désignation est assez moderne, et on la chercherait vainement dans les anciens auteurs français.

Il y a eu chez les Grecs des règles pour l'avancement; leur organisation tactique ne permettait pas qu'il en fût autrement; mais les renseignements transmis par Xénophon, ou recueillis par l'abbé Barthélemy, sont trop incomplets pour permettre de nous en rendre un compte même incomplet.

Il en est de même de ce qui concerne les Romains. Des explications assez confuses de la *Roma illustrata*, il ressort que, quel que fût le mode de nomination, soit par l'élection, soit par l'ordre hiérarchique, c'est toujours au choix que les grades se donnaient; à peine trouve-t-on une sorte d'organisation dans le passage successif des centurions par les manipules des cohortes.

On comprend que le moyen âge n'offre rien de plus satisfaisant: quelques observations de l'empereur Léon, et le peu que l'on sait de la hiérarchie établie dans l'ordre de la chevalerie, sont tout ce qui nous reste.

Charles V commissionna des hommes d'armes, Charles VII fit choix de chefs pour ses compagnies d'ordonnance, François Ier donna des patentes aux capitaines de ses bandes, enfin il paraît qu'en 1561, c'était le colonel général de l'infanterie qui nommait aux grades, puisqu'à cette époque Catherine de Médicis prononça, en conseil d'État, un discours contre cette prérogative. Mais, dans tout cela, il n'y a pas ombre d'organisation.

C'est au gouvernement de la minorité de Louis XIV que l'on doit le premier essai de réglementation sur un objet aussi important; il eut lieu en 1654. L'institution des cadets, offrant une certaine analogie avec l'école militaire actuelle (dite de Saint-Cyr), avait pour mission de fournir des sous-lieutenants et enseignes. Mais son nom même porte le cachet de l'époque: et le désir de fournir un débouché à la noblesse pauvre avait tenu plus de place dans les préoccupations du législateur que le soin d'un recrutement bien entendu. L'avancement dépendait de l'ancienneté, avec cette restriction énorme qu'il pouvait être franchi par faveur ou finance. C'était encore pleine confusion.

En 1758, l'exemple de Frédéric II servait de règle

à l'Europe: le maréchal de Belle-Isle l'imita en préparant l'ordonnance du 25 mars de cette année, qui exige un minimum de service dans le grade précédent.

Dans l'ordonnance de constitution, du 10 décembre 1762, le duc de Choiseul régla l'avancement des capitaines et des sergents; mais celle du 22 mai 1781, et plusieurs autres règlements qui suivirent, consacrèrent les priviléges de la noblesse, ou établirent des dispositions abolies depuis lors.

En 1790, une loi proclame des principes qui restent à l'état de lettre morte.

En 1792, les volontaires nomment leurs chefs.

Enfin, le 21 février 1793, une loi, que Bardin qualifie avec raison d'extravagante, prend pour base du droit à l'avancement l'ancienneté absolue de services, en sorte que le plus ancien soldat de la compagnie eût été nécessairement capitaine, et ainsi de suite. Il est inutile de dire qu'il n'y eut pas d'application d'une pareille règle.

La loi du 14 germinal an III reconnut les vrais principes: elle faisait la part du choix et de l'ancienneté; mais elle fut constamment violée, et perdit toute sa valeur à partir du 10 brumaire an IV.

D'après la constitution de l'an VIII, le premier consul donnait l'avancement; il paraît qu'il y eut abus de cette prérogative, car une circulaire du 15 floréal an XIII fait l'aveu du désordre qui régnait dans cette partie de l'administration militaire.

C'est au maréchal Gouvion-Saint-Cyr que l'on doit la première réglementation offrant un caractère rationnel; se reportant aux travaux de Lamothe en 1790, il prépara la loi du 10 mars 1818 et l'ordonnance du 2 août suivant: les grades, sauf celui de colonel, y sont donnés par trois tours, dont le premier au choix, les deux autres à l'ancienneté. Le temps de service pour chaque grade est de quatre ans au moins; ces règles pouvaient être suspendues en temps de guerre.

Il y avait là progrès incontestable; néanmoins, il faut reconnaître que cette législation laissait encore à désirer: elle donnait trop à l'ancienneté dans les grades d'officiers supérieurs, où une capacité suffisante n'est pas facile à rencontrer; elle imposait trop de lenteur à l'avancement; elle renonçait, sans motif suffisant, à ses propres règles en temps de guerre; enfin, elle était incomplète.

Le maréchal Soult le sentit, et les réformes dont il prit l'initiative ont été consacrées par l'assentiment général. La loi du 14 avril 1832 sert aujourd'hui de base à la législation sur l'avancement. Les règles en ont été développées par l'ordonnance royale du 16 mars 1838, rendue sous le ministère du général Bernard; quelques-unes de ces dispositions ont été modifiées depuis, et d'autres ajoutées, notamment par les lois des 19 mai 1834 sur l'état des officiers, 4 août 1839 sur l'organisation de l'état-major général de l'armée, 23 juillet 1847 sur l'avancement des lieutenants nommés à des fonctions spéciales.

Nous ne pouvons songer à reproduire ici l'ensemble de cette législation; il en résulterait une complication qui sera évitée par le renvoi au mot correspondant à chaque grade des dispositions qui concernent exclusivement ce dernier. Nous allons nous borner à indiquer ce qui présente un caractère général.

La hiérarchie militaire est fondée sur la distinction des grades et des emplois.

Le *grade* est l'expression du rang que le militaire occupe dans la hiérarchie.

L'*emploi* est l'affectation du militaire à l'un des genres de service que son grade comporte.

L'emploi est distinct du grade (loi du 14 avril 1832, art. 24). Le premier est donné ou retiré, selon les besoins du service, à la volonté du chef de l'État ou du ministre ou du commandement. Le grade ne peut être enlevé à l'officier que dans les cas et selon les formes déterminées par la loi. C'est ce qu'on appelle l'*état des officiers* (loi du 19 mai 1834). La cassation des sous-officiers est prononcée par le ministre.

La hiérarchie des grades est la suivante :

Soldat.
Caporal ou brigadier.
Sous-officier.
Sous-lieutenant.
Lieutenant.
Capitaine.
Chef de bataillon, d'escadron ou major.
Lieutenant-colonel.
Colonel.
Général de brigade.
Général de division.
Maréchal de France.

La première condition, pour obtenir de l'avancement, consiste à avoir un certain temps de service dans le grade immédiatement inférieur (loi du 14 avril 1832) :

GRADES où le militaire doit être nommé.	TEMPS de SERVICE.	GRADES où le service doit avoir été fait.
Caporal ou brigadier	6 mois	Soldat
Sous-officier	6 mois	Caporal ou brigadier
Sous-lieutenant	2 ans	Sous-officier
Lieutenant	2 ans	Sous-lieutenant
Capitaine	2 ans	Lieutenant
Chef de bataillon, etc.	4 ans	Capitaine
Lieutenant-colonel	3 ans	Chef de bataillon
Colonel	2 ans	Lieutenant-colonel
Général de brigade	3 ans	Colonel
Général de division	3 ans	Général de brigade
Maréchal de France	3 ans	Général de division

Le temps de service ci-dessus peut être réduit de moitié à la guerre et dans les colonies ; il peut même être dérogé entièrement à cette condition, dans le cas d'action d'éclat mise à l'ordre du jour, et dans celui où il ne serait pas possible de pourvoir autrement aux vacances (*ibid.*, art. 19).

Nul ne peut exercer les fonctions d'un grade supérieur ou inférieur au sien que transitoirement, en cas

de vacance et en l'absence du titulaire (ordonnance du 18 mars 1838, art. 9).

Aucune promotion ne peut avoir lieu qu'en raison de vacance dans les cadres de l'armée (*ibid.*, art. 10).

Avancement dans les grades inférieurs. — Pour remplir les grades et emplois de caporal ou brigadier et de sous-officiers, il faut, outre la condition de service, remplir certaines conditions de capacité (*ibid.*, art. 13, 14, 15, 16) que nous détaillerons aux mots correspondants.

La nomination à ces grades et aux emplois qu'ils comportent est faite au choix, d'après le tableau d'avancement, par le chef du corps, sur la proposition de l'officier commandant la compagnie, l'escadron ou la batterie où l'emploi est vacant, s'il s'agit d'un sergent-fourrier ou maréchal des logis fourrier, d'un sergent-major ou maréchal des logis chef. Dans les compagnies qui forment corps, la nomination est soumise au général de brigade ou au directeur de l'artillerie ou du génie (*ibid.*, art. 12).

Avancement des officiers. — Certains emplois d'officiers exigent des conditions spéciales que nous ferons connaître plus tard. Toutes les nominations sont faites par le chef de l'État sur la présentation du ministre de la guerre. Les changements d'emploi concernant les colonels, intendants militaires et officiers généraux, de la même manière ; les autres changemente par le ministre seul (*ibid.*, art. 28).

Les mutations s'effectuent d'un corps à un autre sur l'ordre du chef de l'État ; dans le corps, avec l'autorisaton du ministre (*ibid.*, art. 52).

Nul officier mis à la retraite ne peut être replacé dans les cadres de l'armée (loi du 14 avril 1832, art. 23). On ne peut être nommé à un grade sans emploi, ou hors des cadres des états-majors, ni à des grades honoraires, ni obtenir un rang supérieur à l'emploi (*ibid.*, art. 24).

L'avancement des officiers a lieu de deux manières, à l'ancienneté et au choix. La loi garantit à l'ancienneté une proportion déterminée dans l'avancement aux grades ci-après, en temps de paix :

Lieutenant } deux tiers des grades vacants.
Capitaine }

Chef de bataillon } moitié des grades vacants.
et d'escadron }

Les autres grades, y compris celui de major, sont au choix. En temps de guerre et en présence de l'ennemi :

Lieutenant } moitié des grades vacants.
Capitaine }

Tous les autres grades au choix (loi du 14 avril 1832, art. 12 et 13).

Le rang des officiers résulte de l'inscription sur le livre d'ancienneté, où il est déterminé par la date du brevet du grade, ou, à date semblable, par celle du brevet du grade inférieur (*ibid.*, art. 15). La liste d'ancienneté comprend tous les officiers du corps, par grade, sans égard à l'emploi, sinon dans les cas où les emplois de lieutenant et de capitaine se subdivisent. Elle est arrêtée par l'inspecteur général (ordonn. de 1838, art. 90).

L'avancement à l'ancienneté suppose qu'on est en activité de service ou en non-activité par suite de licenciement, de suppression d'emploi ou de rentrée de captivité, ou prisonnier de guerre. L'officier irrégulièrement absent ne reprend ses droits qu'à sa rentrée au corps.

L'avancement au choix suppose l'inscription au tableau d'avancement arrêté par l'inspecteur général, d'après les instructions du ministre, qui fixe l'époque des opérations et le nombre des candidats à porter (loi du 14 avril 1832, art. 74, 75). Les officiers attachés à la personne du chef de l'État, des membres de sa famille et du ministre, participent au même avantage (*ibid.*, art. 32).

Toutes ces dispositions sont accompagnées de nombre d'autres que l'on trouvera sous le mot indiquant chaque grade et aux mots *État des officiers, État-major des places*.

Les promotions d'officiers sont immédiatement rendues publiques par insertion au *Journal militaire officiel*, avec l'indication du jour de l'avancement, du nom de l'officier qui était pourvu de l'emploi vacant, et de la cause de la vacance (*ibid.*, art. 22).

ALPH. CASTAING.

AVARICE (philosophie, morale). — Amour immodéré des richesses, non pour en jouir, mais uniquement pour les posséder.

Toutes les recherches des philosophes et des moralistes pour résoudre l'important problème de l'extinction de l'avarice sont restées, jusqu'à ce jour, sans solution. On ne peut comprendre, en effet, qu'un homme éminemment riche puisse, par amour de l'or, se condamner à toutes les privations, à celles même dont dépend la santé : c'est que cet homme, ignorant les devoirs que chacun de nous doit remplir ici-bas, foule aux pieds la sainte mission que Dieu a donnée à ceux que la fortune a comblés de ses dons : celle de répandre un peu de leurs biens sur ceux que le malheur accable !

L'avare semble s'être fait une religion à part : la possession de l'or est tout ce qu'il envie ; cet or est pour lui le bien suprême ; il ne connaît pas d'autre divinité. Tout sentiment humain a disparu chez lui, et son cœur, plus froid que la glace, plus dur que la pierre, ne se trouve point ému à la voix de la douleur. Il regarde d'un œil sec toutes les misères que le malheureux porte gravées sur son front, et, comme l'a dit Plaute, *on tirerait plutôt de l'huile d'une pierre !* De tels hommes sont la honte de l'humanité, et malheureusement tout ce qu'on pourrait dire ne les touchera point, revêtus qu'ils sont d'une triple cuirasse de bassesse et d'ignominie ! Les seuls battements de cœur qu'ils ressentent parfois ne sont dus qu'à la crainte de voir découvrir le sanctuaire de leur coffre-fort, objet de leur culte et de leur adoration perpétuelle ! Ah ! si ces hommes impies, sacrilèges même, levaient leurs regards vers la voûte céleste, ils comprendraient peut-être qu'il existe un Être souverainement bon, qu'il faut honorer ici-bas en remplissant les devoirs sacrés de la charité ; ils comprendraient que Dieu n'a dévolu les richesses à

quelques-unes de ses créatures que pour en faire un noble usage, et non pour leur vouer un culte que la religion réprouve et qu'il faut abandonner pour conserver la dignité du nom d'homme de bien. Mais, hélas ! quel pouvoir serait capable de changer les âmes imbues de ce vice odieux ? L'égoïsme de l'avare est un mal qui va croissant, car l'affreuse cupidité est portée chez lui à son comble ! On en voit qui désirent la mort de leurs proches pour s'enrichir de ce qu'ils possèdent ! N'est-ce point, dans un siècle de lumières, retourner à la barbarie ? Quelle est donc cette fureur d'amasser des trésors qui restent stériles ? D'où provient cette fièvre délirante de rapporter tout à soi, de méconnaître le but de l'existence, et de briser la chaîne d'amour que Dieu a formée entre les hommes ? Quoi ! vous possédez des trésors, et vous pouvez voir des malheureux couverts de haillons et mourant de faim sans les soulager ! ! ! ... Il est des avares qui disent : *Je ne donne rien, parce que je ne veux pas entretenir la paresse.* D'accord, lorsqu'il s'agit de personnes jeunes et bien portantes ; à celles-là, ce n'est point une aumône qu'il faut donner, mais du travail. Par ce moyen, elles trouveront le nécessaire sans être obligées de ramper au dernier degré de l'échelle sociale, car quiconque a du cœur doit regarder la mendicité comme le plus grand avilissement de soi-même ! c'est pourquoi, occuper les malheureux c'est, en relevant leur dignité, accomplir le devoir de tout homme juste et équitable. — Mais il est des misères plus grandes à soulager : ce sont celles des vieillards infirmes et des jeunes enfants ; celles-là ont d'autant plus de droits à notre pitié que l'âge, la maladie ou de cruels revers les ont amenées à cet état ! — O vous tous dont le cœur n'est point perverti par la froide cupidité ! éloignez de vous cette plaie hideuse qu'on appelle avarice ! Arrivée à son apogée, il n'y a plus de guérison possible ; alors le cœur est desséché, et vous ne vivez plus qu'avec ce désir ardent, cette soif inextinguible de l'or. N'ayant point de pitié pour vous-même, vous devenez impassible pour les besoins des autres. — Étouffez à sa naissance ce germe odieux qui tenterait de s'emparer de vous et vous tiendrait opprimé comme l'oiseau surpris par un cruel vautour ! Repoussez avec énergie l'exemple funeste de ces hommes cupides, à entrailles de fer, que rien ne peut toucher ni attendrir : ce sont des monstres à face humaine, qui ont perdu toute considération devant les gens de cœur ! Laissez vivre ces misérables avec leurs craintes, leur supplice de tous les instants ! Laissez en sentinelle près de leur trésor ces hommes privés de sang dans les veines et d'âme assez grande pour sentir toute la joie d'une bonne action ! N'attendez jamais de l'avare une amitié sincère, j'en ai mille preuves. Un jeune homme auquel un ami devait trois francs qu'il ne pouvait payer à jour fixe, se vit l'objet d'un scandale affreux. Pour mettre un terme au débat, une âme charitable s'offrit de payer la modique somme ; l'avare accepta, tant il est vrai que de telles gens ne connaissent que l'intérêt ! L'amitié pour eux est un mot trop peu sonore, dont le sens virginal leur est inconnu. Nous avons vu encore une femme tellement cupide, qu'en apprenant du médecin que son fils était atteint d'une maladie mortelle, témoignait chaque jour une vive impatience de ne pas voir survenir le moment de l'éternel adieu, et cela pour n'avoir plus rien à dépenser pour lui! Que dire encore de telles gens! Ne sont-ce point des vampires contre qui l'on devrait fulminer l'anathème? Eh quoi! pour épargner un peu d'or, le cœur peut donc se glacer au point de voir périr un enfant sans regret, quand une mère tendre et sensible regarde son fils comme le plus cher des trésors humains! Dans tous les temps, du reste, l'avarice nous a montré des actions aussi odieuses.

De tous les vices qui rabaissent l'homme, il n'en est pas qui jettent d'aussi profondes racines dans l'âme et qui s'emparent si absolument de toutes nos facultés que l'avarice! Aussi, l'avare est-il un être essentiellement méprisable et méprisé. Pervertissant l'usage de l'argent destiné aux besoins de la vie, et l'enfermant dans son coffre-fort, il nuit infiniment aux intérêts de la société, à laquelle il refuse des facilités pour l'extension du commerce, des arts et des sciences, qui ont besoin d'être encouragés par ceux que la fortune a dotés de ses faveurs. L'avare ayant en mains le pouvoir, la puissance, et n'accomplissant jamais une belle action, ne peut être qu'un misérable que doivent fustiger le ridicule des gens de cœur, et le mépris de la classe indigente, à laquelle il n'a jamais fait de bien. Son existence ne doit être regardée, considérée que comme celle d'une herbe parasite qu'on a hâte de voir arrachée pour être jetée au feu après qu'elle est desséchée, et la mémoire de son nom même doit être ensevelie dans la nuit de l'oubli! On ne peut donc trop recommander aux parents qui surveillent l'éducation de leurs enfants de détruire chez ceux-ci le penchant à l'égoïsme, qui se présente quelquefois dès l'âge le plus tendre. Il faut leur représenter qu'avec de tels sentiments on ne peut jouir de l'estime de ses semblables; qu'on ne peut captiver l'amitié ni la reconnaissance de ceux qui nous entourent; en un mot, que les dons précieux de la richesse ne nous sont accordés que pour en faire un noble usage; que l'on n'est véritablement grand que par les bienfaits et les belles actions; qu'enfin l'amour seul et la reconnaissance tressent une couronne immortelle à l'homme qui comprend le but de l'existence en observant les lois du Créateur! Mᵐᵉ LUNEL, *mère.*

AVARIE (marine). — Dommage qu'éprouve un navire, ou les marchandises dont il est chargé, depuis son départ jusqu'à sa destination.

Tous les dommages réputés avaries se règlent entre les assureurs et les assurés à raison de leurs intérêts respectifs. (C. com., art. 371.)

Toutes les dépenses extraordinaires faites pour le navire et les marchandises, conjointement ou séparément; tout dommage qui arrive aux navires et aux marchandises, depuis leur chargement et départ jusqu'à leur retour et déchargement, sont réputés avaries.

A défaut de conventions spéciales entre toutes les parties, les avaries sont réglées conformément aux dispositions des articles 398 à 409 du Code de commerce.

L'avarie s'entend aussi du dommage qu'éprouvent les marchandises transportées par terre ou par eau, c'est-à-dire sur les rivières et les canaux.

Depuis que les bateaux à vapeur ont été adoptés pour le service des fleuves, rivières et canaux, il y a bien moins d'avaries, soit à raison de plus de célérité dans le transport, soit surtout parce que ces bateaux sont mieux construits et avec des moyens propres à garantir les marchandises des inconvénients de l'humidité. C'est à la concurrence faite au roulage, par les chemins de fer que cet important progrès est dû, et qu'en même temps le transport par eau est devenu l'objet d'un soin particulier pour les petits comme pour les gros articles. On remarque là la manière de faire des anciens commissionnaires de roulage, qui se sont livrés à ce mode de transport, que viendront bientôt favoriser les chemins de fer départementaux, cette autre et précieuse combinaison des routes anciennes, de la voie ferrée qui y est placée, du service de quelques chevaux de trait et de voitures convenables, tant pour les voyageurs que pour les marchandises, le tout dans des conditions de bon marché, de célérité et de garantie contre les avaries et autres dommages.　JEAN ÉTIENNE.

AVELINIER (botanique) [du latin *avellina*, noisette]. — Variété du noisetier que l'on cultive à cause de la beauté, de la délicatesse et de la précocité de son fruit. — Voy. *Noisetier.*

AVENACÉES (botanique). — Tribu de plantes graminées, ayant pour type le genre *avoine.* — Voy. ce mot.

AVENIR (philosophie). — C'est la suite du passé, le présent n'étant qu'une transition fugitive du moment écoulé au moment qui succède.

Quelle que soit la position où le ciel ait placé l'homme, il se trouve livré à tant de vicissitudes, assujetti à tant de besoins, entouré de tant de périls, de tant de maux, qu'il forme nécessairement des désirs pour un avenir meilleur. Son esprit recherche sans cesse les objets et les moyens capables de procurer cet avenir, les saisit vivement, s'en occupe, en prévoit la possibilité ou la certitude. De là naît dans son cœur le sentiment de l'espérance, qui, lui offrant dans l'avenir la possession de ce qu'il se propose comme fin et adoucissement à ses peines, suffit, dès cet instant, pour les adoucir réellement. Souvent cette espérance est vaine, trompeuse, s'évanouit! et lors même qu'elle est remplie, l'événement n'est quelquefois qu'un bonheur passager, dont la cessation s'affaiblit par la jouissance ou dont l'expérience le désabuse; mais aussitôt il est ingénieux à se former un dédommagement nouveau et à concevoir un bonheur futur plus solide et plus durable. Ainsi l'illusion des biens espérés tempère le dégoût ou console de l'insuffisance des biens présents; ainsi l'idée d'un avenir meilleur constitue les douceurs les mieux senties : la ravir à l'homme, ne serait-ce pas le livrer au découragement le plus cruel ?

Si le mot *avenir* renferme pour l'homme le mot *espérance*, c'est que le présent ne suffit à personne et ne porte jamais avec lui la parfaite satisfaction de nos désirs ! Celui qui se complaît dans le présent et dort sans inquiétude du lendemain n'est qu'un indifférent incapable d'apprécier le prestige dont se colorent les choses lointaines !

Le cœur est insatiable, dit V. Cousin, parce qu'il aspire à l'infini. Ce sentiment, ce besoin de l'infini est au fond des grandes passions et des plus légers désirs. Un soupir de l'âme en présence du ciel étoilé ; la mélancolie attachée à la passion de la gloire, à l'ambition, à tous les grands mouvements de l'âme, l'exprime mieux sans doute, mais ne l'exprime pas davantage que le caprice et la mobilité de cet amour vulgaire errant d'objet en objet dans un cercle perpétuel d'ardents désirs, de poignantes inquiétudes, de désenchantements douloureux !

Si l'avenir nous était connu, l'homme deviendrait inactif, immobile, impuissant même ! Tout effort lui serait interdit ; mais l'Être suprême, dans son infinie bonté, a voulu, en nous laissant ignorer les choses futures, que la nature de l'homme fût d'agir, que son bonheur fût d'espérer ! Sans doute, la verge de fer ne frappe pas l'humanité tout entière, mais si le plus grand nombre des hommes pouvaient, dès l'aurore de la vie, déchirer le voile mystérieux qui la couvre et lire la grande page de leur destinée, beaucoup n'auraient point cette force d'âme, ce courage moral nécessaire pour lutter corps à corps avec ce hideux cortège de maux qu'on appelle l'*adversité* ! Si l'avenir était connu, la mère aurait-elle une aussi vive tendresse pour ses enfants ? Formerait-elle sans cesse des rêves d'espérance pour l'objet de son amour ? En ferait-elle son idole, sa vie même ! Si elle savait qu'en récompense de son abnégation, elle ne trouvera peut-être que chagrins, douleurs amères, quelquefois même honte et désespoir ! Que deviendrait-elle si, penchée sur le berceau du fruit de ses amours et redoublant de soins et de tendres sollicitudes, elle savait que l'inexorable mort viendra lui briser le cœur en lui ravissant son enfant ? Sa vie ne serait plus alors qu'un long tourment, puisqu'elle ne connaîtrait plus l'*illusion*, cet effet nécessaire de l'amour maternel, dont la force se mesure presque toujours au degré d'aveuglement où il nous plonge !

Si l'homme inspiré par le souffle du génie connaissait à l'avance les déceptions qui l'attendent, consacrerait-il ses veilles au progrès des sciences, des arts, à la gloire de sa patrie ?... Si Galilée, le Tasse, Colomb, et tant d'autres, avaient connu l'avenir que leur réservaient leurs sublimes travaux, croit-on qu'ils eussent eu la folie de s'y livrer et de les faire connaître ? Oh ! non. Ils auraient compris qu'ils vivaient dans des siècles où l'envie, cette sombre rivale du mérite, ne cherche qu'à le rabaisser, et que, froide et sévère sur les vertus d'autrui, elle les nie ou leur refuse le tribut de louanges qui leur est dû... et ces grands hommes n'auraient point doté leur patrie de

travaux et de découvertes qui en font aujourd'hui l'honneur, la gloire et la richesse ! Sans aucun doute, pour ceux qu'agitent de grandes pensées, dit Aug. Martin, que remuent de vastes projets, le présent est un désert qu'ils ont hâte de traverser afin de toucher à cet avenir que le lointain et le mystère rendent plus attrayant ; et si des nuées d'orage s'avancent noires sur un côté de l'horizon, ils en détournent les yeux pour regarder le côté pur du ciel. « Le cœur de l'homme est inépuisable en ressources pour se déguiser un sinistre avenir[1]. »

L'avenir, pour certains individus, pour certaines positions, est la conséquence du passé : s'instruire des leçons du passé, en garder soigneusement la mémoire, et y ajouter les efforts du présent, c'est travailler pour l'avenir.

Les hommes prévoyants, intelligents et sages doivent donc avoir le bon esprit de diriger souvent leurs regards vers cet ami qui vient à eux, ou cet ennemi qui, sans cesse, marche sur eux, sur nous, sur toute la société, et qui s'appelle... l'avenir, demain ! Oui, demain, l'inévitable demain, cet inconnu qui nous arrive sans jamais dévier ni s'arrêter dans son élan sur nous, doit toujours être observé, étudié, pris en haute considération dans tous les actes de la vie, dans toutes les décisions de la pensée humaine !

Mᵐᵉ LUNEL, *mère*.

AVENTURINE (minéralogie). — Variété de quartz brun rougeâtre parsemé de paillettes brillantes ou présentant cet aspect.

Ce minéral, d'une pesanteur spécifique de 2,6, raye légèrement le cristal de roche et est doué d'un éclat très-vif. Il n'est pas susceptible d'être électrisé par la chaleur et n'a nulle action sur l'aiguille aimantée.

Il existe deux espèces d'aventurine. L'une, dont les étincelles sont produites par des paillettes de mica jaune, bien connu sous le nom de *talc de Moscovie*, est la plus commune.

On la trouvait autrefois sur les bords de la mer Blanche, et maintenant on la rencontre assez souvent dans de certaines mines en Silésie, en Bohême et en France.

La seconde espèce se trouve en Espagne, et, dans ces derniers temps, elle a été découverte par le docteur Mac Culloch, à Glen-Fernat et à Fort-William, en Écosse. C'est la plus estimée. Les points lumineux qu'elle présente sont plus petits et plus brillants et offrent cette particularité qu'ils ne sont point formés de parcelles de mica répandues dans la pâte, mais causés par une multitude de petites fentes et de fissures fonctionnant comme celles de l'opale ; à cela près, que n'effleurant que la surface du quartz, elles n'ont qu'une seule réflexion et n'offrent que la couleur jaune d'or.

Quoique le fond ordinaire de l'aventurine soit le brun ou le brun rougeâtre, on en rencontre de jaunâtre, de grisâtre, de blanc rougeâtre et de verdâtre ; cette dernière offre des points blancs.

---

[1] Ballanche.

La rareté et la vogue de ce minéral à certaines époques, alors qu'on l'employait comme ornement dans divers joyaux, donnèrent l'idée de le reproduire par des moyens factices. Plusieurs essais plus ou moins infructueux furent tentés par les émailleurs et les lapidaires. Enfin, le docteur Miotti parvint à produire des masses d'aventurine factice rivalisant totalement, comme aspect, avec ce que la nature produisait de plus beau; seulement sa dureté était un peu moindre. Ces magnifiques résultats le conduisirent à la fortune; mais ses procédés étant morts avec lui, l'emploi de l'aventurine se restreignit à cause des hauts prix auxquels elle revint.

De nos jours, M. P. Bibaglia, un des plus habiles industriels de Venise dans l'art qu'illustra notre Bernard de Palissy, après de longs et immenses travaux, attestant sa persévérance, son courage et son aptitude, retrouva en 1827 l'aventurine aussi belle au moins que la produit la nature.

Sa composition est un verre brun-jaunâtre d'une bonne consistance et d'une extrême fusibilité. Il donne à l'analyse :

Silice.........	0,652
Acide phospho-rique.......	0,015
Deutoxyde de cuivre.....	0,030
Peroxyde de fer	0,065
Chaux........	0,080
Magnésie.	0,045
Soude	0,082
Potasse.......	0,024

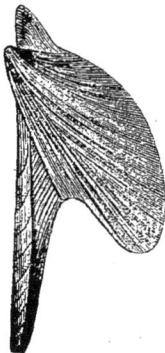

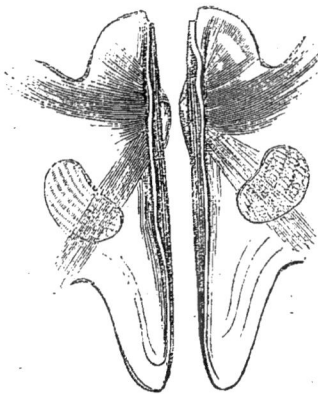

Fig. 74. — Avicule avec sa charnière et ses attaches musculaires.

Les paillettes imitatives présentent la forme d'octaèdres réguliers. Elles sont métalliques et paraissent semblables aux minimes particules de cuivre, formant le dépôt d'une dissolution de ce métal réduit par l'acide sulfureux ou phosphoreux. Le verre qui les contient est, d'après sa composition, si fusible, qu'il doit se liquéfier bien avant les paillettes. La difficulté à vaincre consiste donc dans le tour de main qui fait éviter l'agglomération de la multitude des paillettes sur un seul point et dans leur répartition partout égale, aussi bien dans l'intérieur de la masse qu'à l'extérieur.

Des blocs bruts de cette aventurine ont été admirés à l'Exposition universelle de 1855, ainsi que les divers ouvrags auxquels on a fait l'application de cette substance, une des plus heureuses imitations que l'art ait pu produire.   CH. BARBOT.

AVICEPTOLOGIE [du latin avis, oiseau; captus, pris, et du grec logos, discours]. — Traité sur l'art de prendre les oiseaux par toutes sortes de moyens, tels que piéges, filets, etc. — Voy. Appeau.

AVICULAIRE (zoologie). — Espèce d'araignée énorme de l'Amérique, rangée par les zoologistes dans une des divisions des mygales, ainsi nommée parce que sa grosseur lui permet d'attaquer les petits oiseaux.

AVICULE (zoologie) [du latin avicula, petit oiseau]. — Genre de mollusques acéphales dont la coquille fournit au commerce ce qu'on appelle la nacre de perle, matière que les joailliers et les tabletiers transforment en meubles d'agrément et en bijoux de plusieurs sortes. On l'appelle encore hironde, aronde (voy. fig. 74).

AVOCAT (droit) [du latin ad, pour, vocatus, appelé]. — Le titre d'avocat appartient à celui qui, ayant pris des grades de licence dans une faculté de droit, et après avoir prêté, devant une cour d'appel, le serment prescrit par la loi, se consacre à défendre, de vive voix ou par écrit, les intérêts de ses concitoyens. La profession d'avocat est réglée par un décret du 14 décembre 1810, par une ordonnance du 20 novembre 1822, par une autre ordonnance du 27 août 1830, et, relativement aux élections du barreau, par un décret du 22 mars 1852.

L'époque de l'institution des avocats, en France, n'est pas très-connue; mais il est certain qu'en 1234, une ordonnance de Philippe le Hardi régla la formule du serment qu'ils devaient prêter, et leurs honoraires, qui ne pouvaient excéder trente livres, somme alors considérable. Les documents les plus honorables et les plus authentiques constatent qu'ils étaient considérés comme faisant partie de la magistrature, et, aujourd'hui même, ils peuvent être appelés à remplacer les juges absents par maladie ou autre cause. Ils portaient jadis la robe rouge : le dernier qui la porta est le fameux criminaliste Prévôt.

Les avocats, à Paris, étaient autrefois, comme à présent, partagés en deux classes bien distinctes : celle des avocats au Parlement était la plus considérée et la plus nombreuse : leur nombre était à peu près de six cents. Les avocats au Conseil n'étaient que de soixante à soixante-dix : ils n'ont été créés en titre d'office qu'en 1738, sous le ministère du chancelier d'Aguesseau. Les avocats au Conseil et à la Cour de cassation forment encore une classe séparée, un corps dont le nombre est aujourd'hui limité à soixante.

L'ordre des avocats a été réorganisé en l'an X : les nouveaux règlements, convertis en décrets, ont été rédigés par feu M. Treilhard. Cette profession n'est plus aussi indépendante qu'autrefois, sans que rien ait pu justifier une telle innovation. Alors aussi le chancelier d'Aguesseau se plaisait à dire que l'ordre des avocats était aussi ancien que la magistrature, aussi noble que la vertu, aussi nécessaire que la justice. Du reste, cette profession exige autant de noblesse et de pureté dans les sentiments que de lumières et de capacité.

L'usage du tableau des avocats est fort ancien. Une ordonnance de février 1327 défendait d'admettre à plaider les avocats non idoines et non inscrits au rôle des avocats.

L'avocat nommé d'office pour la défense d'un accusé ne peut refuser son ministère sans faire approuver ses motifs d'excuse ou d'empêchement par la cour d'assises, qui prononce, en cas de résistance, l'une des peines déterminées par les règlements. (Ordonnance du 20 novembre 1822, art. 44 et 48.) Néanmoins, l'avocat doit jouir, dans l'exercice de sa profession, de la plus entière indépendance, et l'usage de parler couvert, maintenu par l'article 45 de ladite ordonnance de 1822, est un témoignage de cette liberté.

La profession d'avocat n'est point une fonction publique, et le Français qui l'exerce en pays étranger conserve tous ses droits civils en France. (C. Montpellier, 18 juillet 1826.) Cependant, cette profession est incompatible avec toutes les fonctions de l'ordre judiciaire, à l'exception de celles de suppléant de juge et de magistrat du ministère public; avec les fonctions de préfet, de sous-préfet, de secrétaire général de préfecture, de greffier, de notaire et d'avoué; avec les emplois à gages et ceux d'agents comptables; avec toute espèce de négoce; et l'exclusion est prononcée contre toute personne exerçant la profession d'agent d'affaires.

L'avocat ne peut être tenu de révéler les faits dont il n'a connaissance que parce qu'ils lui ont été confiés dans son cabinet, ni dès lors être interrogé sur faits et articles relativement aux affaires dont il a été chargé en cette qualité. (Arrêt du parl. de Paris, 28 déc. 1782.) Ainsi, appelé en justice comme témoin, il peut, avant de prêter serment, déclarer qu'il ne se croira point obligé, par cet acte religieux, à révéler comme témoin ce qu'il ne sait que comme avocat. (Cass., 20 janv. 1826.)

L'avocat ne doit pas donner de récépissé des pièces qui lui sont remises, et sa déclaration est admise quand il affirme les avoir rendues, à moins qu'une preuve contraire ne soit faite. De même il est d'usage que jamais un avocat n'accepte de procuration.

Un avocat qui fait une déclaration préjudiciable aux intérêts de son client est passible de dommages-intérêts, s'il y a dol ou fausseté de sa part. (C. Colmar, 22 déc. 1820.) Et si la justice veille à ce que les avocats ne soient pas impunément insultés à l'occasion de leur ministère, elle exige aussi de leur part une grande modération, et assez de réserve pour ne rien dire qui soit étranger à leur cause ou qui puisse offenser une partie sans sujet. C'est ainsi qu'un arrêt du parlement de Paris, du 28 août 1761, a condamné l'avocat Maunoury à 500 fr. de dommages-intérêts et aux dépens, avec défense de récidiver, sous peine de punition exemplaire et même corporelle, pour avoir signé des mémoires injurieux répandus contre sa partie adverse.

L'usage a consacré, dans le barreau, que l'avocat ne devait pas réclamer en justice pour le payement de ses honoraires : néanmoins, il a une action ouverte à cet effet contre ses clients. (Tarif du 16 fév. 1807, art. 80.) Ces honoraires ne doivent pas être restreints aux chiffres portés dans le tarif, la taxe ayant seulement pour objet de fixer la somme due par la partie qui succombe, et non d'apprécier les soins de l'avocat, appréciation qui doit être faite suivant l'importance et la difficulté du travail. (C. Limoges, 10 août 1829.) Les honoraires de l'avocat peuvent, du reste, être réduits par le conseil de discipline de l'ordre, auquel on peut s'adresser. L'action des avocats pour leurs honoraires ne se prescrit que par trente ans. (C. Pau, 7 juin 1828.)

La seule condition exigée pour être avocat est d'être licencié en droit : il est néanmoins soumis à un stage de trois ans, et ce n'est qu'après cette épreuve qu'il est inscrit au tableau de l'ordre. (Voir l'ordonnance du 20 novembre 1822.)

Quoiqu'il soit de maxime que les avocats ne forment pas un corps, une corporation, et qu'il n'y a d'autre liaison entre eux que celle de l'estime et du savoir, il n'a pas moins été établi, pour le plus grand avantage de l'ordre et pour exercer la surveillance que son honneur et ses intérêts rendent nécessaire, des conseils de discipline chargés de la formation du tableau et de l'application des peines de discipline autorisées par les règlements, sous la présidence d'un bâtonnier comme chef de l'ordre; et des élections spéciales ont lieu annuellement à cet effet, en assemblée générale des membres. Donc il y a de fait un corps organisé, soumis à des règles communes, et c'est assurément là le meilleur gage d'indépendance présente et d'avenir assuré. C'est ce que le législateur avait bien compris en réorganisant, en l'an X, le corps des avocats, que, par excès de prétendues libertés individuelles, la révolution de 1789 n'avait pas cru devoir maintenir qu'auparavant. Il est sur ce point des rapprochements, des comparaisons que, sans blesser les convenances, on peut établir clairement, et qui en disent beaucoup plus que les beaux discours prononcés avec chaleur sur les avantages supposés obtenus de larges libertés publiques. On a exprimé aussi qu'en présence des libertés conquises, depuis 1789, il avait fallu supprimer, à bon droit, les corporations ouvrières, les maîtrises et les jurandes, afin de donner au commerce et à l'industrie une libre et profitable extension; et ce changement considérable, cette réforme effectuée et maintenue, au lieu de songer à n'introduire que de sages modifications, a produit un plus grand mal, mal immense, dont on sait mieux aujourd'hui mesurer les inconvénients et les désordres, qui se multiplient de jour en jour, à défaut de répression légale et immédiate. — Voy. *Corporations*, *Jurandes*, etc.

Les corporations, les corps d'état, le corps des avocats et en particulier celui des notaires, sont certainement des institutions satisfaisantes, et le bien-être des populations exige de même une réorganisation commerciale et industrielle, qui réponde aux besoins généraux, dans le temps présent et dans l'avenir surtout. Les innovations intempestives portent des fruits de plus en plus amers, par la dégénérescence d'un germe incomplet; et le bénéfice des saines traditions est trop souvent méconnu dans la mise en œuvre des progrès modernes. En somme, il est rare qu'une réaction ne dépasse pas la borne posée par la raison humaine, comme par le droit naturel; et comme ce n'est qu'après un assez long temps que le vice, en grandissant, se décèle d'une manière plus fâcheuse, mais aussi plus enracinée, passée, pour ainsi dire, à l'état de prescription acquise à ceux qui y ont intérêt, le remède au mal devient d'autant plus difficile à apporter.

Une bibliothèque des avocats, lit-on dans le *Dictionnaire historique de Paris*, fut fondée à Paris par Etienne Gabriau de Riparfond, mort en 1704 : elle fut ouverte le 5 mai 1708. Des avocats désignés par le bâtonnier s'y réunissaient plusieurs fois par semaine pour donner des consultations gratuites : ces conférences étaient présidées par le bâtonnier ou l'un de MM. les gens du roi, qui autrefois ne se séparaient jamais de l'ordre, malgré l'exercice des fonctions dont ils étaient chargés. Le public était admis dans cette bibliothèque trois fois par semaine. L'ordre des avocats possède encore une bibliothèque particulière au palais, mais elle est peu considérable.

La noblesse et la pureté des sentiments de l'avocat, ce qu'il se doit à lui-même et au corps distingué dont il fait partie, lui imposent le devoir de respecter toujours la vérité; et, à notre sens, il ne résulte pas du secret qu'il peut devoir aux confidences de son client, que si, par exemple, il s'agit d'offres d'arrangement faites positivement, quoique non acceptées, il lui soit libre de venir plus tard, comme avocat, opposer une dénégation, un démenti formel à l'énonciation de l'importance ou des circonstances de ces offres. La vérité est une : et si, par sa position dans le barreau, il est permis à l'avocat de se taire dans certains cas, de s'abstenir légalement, cela ne peut impliquer la faculté de mentir, de se rétracter par la dénégation, pour soustraire une partie aux conséquences d'ouvertures motivées.

L'amour de l'état, de la profession, a dit le célèbre d'Aguesseau, est le plus précieux et le plus rare de tous les biens. Néanmoins, concilier les parties est le plus grand service à rendre par l'avocat, alors même qu'un client malavisé ne saurait pas reconnaître l'importance du service qui lui est ainsi rendu.

JEAN ETIENNE.

AVOCETTE (zoologie). — Genre d'oiseaux de l'ordre des échassiers, famille des longirostres, dont voici les caractères : bec très-long et très-grêle, aplati en dessus et sans dentelures, recourbé vers le haut et membraneux à sa pointe, qui est très-flexible; particularités qui distinguent suffisamment les avocettes de tous les autres oiseaux. Leurs pieds, palmés presque jusqu'au bout des doigts, pourraient les faire approcher des oiseaux nageurs; mais leurs tarses grêles et élevés, leurs jambes à moitié nues, la forme de leur bec et les habitudes qu'on leur connaît, ne permettent pas de les éloigner des bécasses; ils ont les trois doigts antérieurs réunis par une membrane assez large; leur pouce, libre et très-petit, n'atteint même pas le sol. Les ailes sont assez étendues, la première rémige dépasse les autres.

Les avocettes, dit M. Gervais, fréquentent les rivières limoneuses, les marais et les côtes de la mer; la conformation singulière de leur bec les force à

Fig. 75. — Avoine.

chercher dans l'eau et dans la vase les vers, les mollusques et autres petits animaux aquatiques. Elles marchent à gué dans les eaux basses, ou bien se jettent à la nage lorsqu'elles ne peuvent prendre pied. C'est ainsi qu'elles chassent et s'emparent du frai des poissons. Ces oiseaux sont d'une défiance extrême; ils ne se laissent point approcher et ne se prennent à aucun piège; aussi est-il très-rare qu'on les possède vivants. La femelle fait un nid creux en terre, qu'elle tapisse de quelques brins d'herbe; elle y pond trois ou quatre œufs sur lesquels elle se pose en ployant ses longues jambes. Ce genre est aujourd'hui composé de quatre espèces; l'Europe n'en possède qu'une, l'avocette (*R. avocetta*), qui est de la grosseur d'un pigeon ordinaire ; son plumage est varié de noir et de blanc.

AVOINE (botanique). — Genre de plantes de la famille des graminées (fig. 75), dont plusieurs espèces sont importantes pour la formation des prairies naturelles ou pour la récolte des grains et de la paille. On reconnaît dans le commerce plusieurs espèces d'avoines: on les distingue en avoines d'hiver et en avoines printanières. Les avoines d'hiver se sèment dans les terres destinées pour la saison de mars; on les sème avant les froments, et elles se récoltent avant les seigles. Quand ces avoines réussissent, elles donnent de meilleurs grains et en plus grande quantité que les avoines de printemps. Quant aux avoines printanières, il y en a de rouges, de blanches et de noires. Il y a aussi une autre espèce d'avoine, qu'on appelle *avoine nue*, parce qu'elle ne rend presque point de son, et qui est par conséquent très-propre à faire du gruau. Il y a encore de la *folle avoine*, qu'on appelle aussi *averon* ou *coquiole*; elle est stérile et sans grain, elle infeste les champs. La plus belle avoine et sans doute la meilleure qui existe au monde est, sans contredit, l'avoine de la Zélande, dans les Pays-Bas; elle est presque blanche ou d'un jaune pâle, et les grains sont plus gros et plus nourris qu'aucune autre espèce; elle sert principalement à faire des gruaux d'une excellente qualité dont on fait un grand usage. L'avoine est un des principaux objets de culture et d'une grande consommation, soit pour la nourriture des chevaux, à laquelle elle est indispensable, ou pour les amidonniers et autres arts : on en fait aussi des gruaux. Le commerce de cet article est considérable, et lorsque la récolte ne suffit pas à la consommation, on en tire de grandes quantités des ports de la Baltique.

AVOIR (tenue des livres). — On place ce mot à la page droite du compte d'une personne, pour désigner que toutes les sommes écrites sur cette page sont dues à la personne pour laquelle ce compte est ouvert. On met aussi le mot *avoir* devant le nom d'une personne lorsqu'on passe un article en simple partie au journal, pour annoncer que la somme dont il s'agit dans cet article est due à cette personne.

J. E.

AVORTEMENT [du latin *abortare*, accoucher avant terme]. — Expulsion de l'œuf avant la viabilité[1] du fœtus, c'est-à-dire pendant les six premiers mois de la grossesse. Quand elle arrive dans le septième, le huitième ou la première quinzaine du neuvième mois, le fœtus étant ou pouvant être viable, elle prend la dénomination d'accouchement *prématuré* ou *intempestif*. Le mot *fausse couche*, généralement regardé comme synonyme d'*avortement*, et que nous emploierons comme tel, s'applique à toute expulsion de l'œuf avant le terme de la gestation, quelle qu'en soit l'époque, et aussi à celle d'un *faux germe* et d'un *môle*.

REMARQUE. — Un enfant est viable lorsqu'en venant au monde ses organes sont assez développés pour

[1] Extrait de notre *Traité complet d'Accouchement*.

pouvoir exécuter convenablement les fonctions propres à l'entretien de la vie hors du sein maternel. Ceci doit être bien compris, pour ne pas confondre ce qu'on entend par fœtus né viable et fœtus né vivant; car un enfant peut naître vivant et ne pas être viable, tandis qu'un autre naît viable sans être vivant.

Caractères de la viabilité. — Quand l'enfant naît vivant, on les tire du développement des organes extérieurs du corps et de la manière dont les fonctions s'exécutent.

Lorsque le fœtus est mort-né, on les puise dans l'examen extérieur du corps et dans celui des organes intérieurs par la nécropsie; mais ce dernier cas étant exclusivement du ressort de la médecine légale, nous ne nous occuperons ici que du premier, que nous ne saurions passer sous silence. Dans l'exercice de son art l'accoucheur a souvent, pour satisfaire aux parents, à se prononcer sur la viabilité d'un enfant qui vient de naître.

La loi n'admet la viabilité qu'à six mois révolus, c'est-à-dire qu'elle ne reconnaît point légitime l'enfant qui naît avant la fin du du 180e jour de mariage. C'est là la viabilité *légitime, civile* ou *sociale*. Bien qu'en général l'enfant ne soit viable qu'à partir de sept mois, comme l'évolution fœtale est variable et qu'exceptionnellement tel fœtus de cinq mois et demi à six mois est plus développé et plus viable que tel autre de six mois et demi à sept mois, etc., nous étudierons ces signes de la viabilité sans tenir compte de l'époque de la grossesse, c'est-à-dire que la viabilité *naturelle* seule fera le sujet de cet article.

Pour cela nous allons, en examinant l'organisation et les fonctions du fœtus sur lequel on aura à porter un jugement, établir en quelque sorte un rapprochement avec l'organisation et les fonctions d'un enfant à terme. Ainsi, quelle que soit l'époque de la gestation à laquelle il vient au monde, un enfant pourra être regardé comme étant né viable :

1° Si son corps a au moins de 33 à 36 centimètres (12 à 13 pouces) de longueur et pèse de 2 kilogrammes à 2 kilogrammes et demi (4 à 5 livres);

2° Si la peau, sans être très-rouge, a une certaine consistance, et est enduite d'une matière sébacée;

3° Si les os de la voûte du crâne sont très-résistants, bombés à leur partie moyenne, et pas très-écartés, ni les fontanelles très-évasées;

4° Si la tête est couverte de cheveux déjà assez longs et d'une teinte blonde ou un peu brune;

5° Si les lèvres, les narines et les paupières sont ouvertes, et si la membrane pupillaire n'existe plus;

6° Si les ongles ont déjà de la consistance, s'ils sont larges et assez longs pour arriver à peu près à l'extrémité des doigts et des orteils;

7° Si la moitié de la longueur totale du corps se trouve à peu de distance au-dessus du point d'insertion du cordon ombilical;

8° Si, avec la réunion de tous ces caractères physiques, l'enfant, en naissant ou peu de temps après, pousse des cris forts et prolongés, ce qui indique que la respiration est bien établie;

9° S'il remue tous ses membres avec force, et s'il

rend facilement le méconium (excréments) et les urines ;

10° Si enfin il saisit le mamelon ou le doigt qu'on lui met dans la bouche, ce qui atteste qu'il est capable d'avaler et partant de commencer et de continuer la vie *extra-utérine* ou *sociale*.

Plus les signes que nous venons d'examiner seront prononcés, plus l'enfant aura de chances de prolonger son existence ; par contre, lorsque sa maturité n'aura pas atteint le degré que nous venons d'indiquer, la viabilité deviendra douteuse, et cela d'autant plus que les caractères signalés manqueront totalement.

Ajoutons qu'un enfant même à terme, malgré sa maturité complète, n'est pas viable lorsqu'il est affecté de quelque maladie grave (*hydrocéphalie, hydrorachis*, etc.) ou de quelque vice de conformation par défaut (*acéphalie, anencéphalie, pseudencéphalie*, etc.), maladies et monstruosités qui s'opposent à l'exercice entier des fonctions vitales, notamment de celle de la respiration.

L'avortement, pouvant survenir à toutes les époques comprises dans les six premiers mois de la grossesse, a été divisé en :

1° *Ovulaire*, quand il a lieu pendant le premier mois (vingt premiers jours pour Guillemot);

2° *Embryonnaire*, lorsqu'il survient dans le cours du deuxième ou du troisième mois;

3° *Fœtal*, quand il n'arrive que pendant le deuxième tiers de la gestation, c'est-à-dire du commencement du quatrième mois à la fin du sixième.

L'avortement est tantôt spontané, et tantôt *artificiel* ou provoqué, soit par des tentatives criminelles, soit par l'art obstétrical, dans un but utile et louable.

Causes. — Elles sont très-nombreuses ; nous mentionnerons donc :

1° Les coups et toutes violences portant sur le ventre, les chutes dans lesquelles le corps éprouve une grande secousse, la marche et l'exercice forcés, la constipation opiniâtre, les vomissements prolongés et souvent répétés, les efforts dans lesquels les bras sont brusquement et fortement étendus, etc. ;

2° Les impressions morales, vives et profondes : M. P. Dubois, professeur d'accouchement à l'École de médecine, a rapporté, dans une de ses leçons cliniques, qu'il avait vu une dame faire fausse couche d'un enfant mort, à la suite d'une grande frayeur. Nous avons nous-même, la nuit de l'incendie de l'établissement de la manutention militaire (1856), assisté une dame qui a fait une fausse couche de sept mois et demi pour avoir eu peur du feu. L'enfant n'a vécu que quelques heures ;

3° La trop grande rigidité des fibres musculaires du corps de la matrice, et leur trop grande irritabilité, qui forcent cet organe à se contracter pour se débarrasser de ce qu'il contient. Dans ce cas, la prédisposition à la fausse couche diminue à chaque nouvelle grossesse par l'assouplissement du tissu utérin. Cela explique la fréquence plus grande des avortements chez les femmes *primipares* que chez les femmes *multipares* ;

4° La trop grande mollesse du col utérin, d'où il

résulte que pendant la gestation son orifice reste béant, et partant laisse facilement échapper l'œuf, et cette mauvaise disposition du col augmente à chaque nouvelle grossesse ;

5° La syphilis constitutionnelle, qui est une des causes puissantes d'avortement, et, dans ce cas, le fœtus est presque toujours mort en naissant ;

6° Les fièvres éruptives, à la tête desquelles il faut placer la variole (vulgairement appelée petite vérole) ;

7° La fièvre typhoïde qui, après la variole, est la maladie qui donne le plus souvent lieu à la fausse couche ;

8° Le choléra et toutes les fièvres par empoisonnement miasmatique ou sceptique donnent aussi fréquemment lieu à l'expulsion prématurée de l'œuf humain, tandis que les inflammations produisent très-rarement cet accident ; mais nous devons ajouter que lorsqu'il arrive pendant le cours d'une fièvre inflammatoire, cette maladie est souvent funeste; aussi, dans cette circonstance, lorsque le médecin voit apparaître les symptômes de la fausse couche, il doit craindre pour la vie de sa malade ;

9° La phthisie pulmonaire, quand elle est avancée ;

10° Les maladies convulsives et l'éclampsie surtout;

11° Les vices de conformation du bassin, principalement quand ils sont exagérés, en s'opposant soit au développement de l'utérus, soit à son élévation au-dessus du détroit supérieur ;

12° Les maladies de l'utérus, telles que : déplacements divers, tumeurs développées dans sa cavité, dans l'épaisseur de ses parois ou de ses annexes, état phlegmasique aigu ou chronique, etc.

Les déplacements agissent, pour provoquer l'avortement, comme les vices de conformation du bassin, en s'opposant à son développement et à son ascension dans l'abdomen.

Les tumeurs diverses, en comprimant la matrice gravide, et, partant, en s'opposant à son développement, la forcent aussi à se débarrasser de bonne heure de l'œuf.

L'état phlegmasique de l'utérus agit sur cet organe en le rendant plus sensible ou irritable, et par cela même l'oblige de se contracter pour se débarrasser de l'œuf dont la présence, dans sa cavité, l'incommode, et cela se conçoit aisément. En effet, de même que l'estomac, organe de la chymification, atteint de gastrite, vomit souvent les aliments, de même l'organe gestateur malade vomit fréquemment (qu'on nous passe le mot) le produit de la conception.

Cette dernière cause, à laquelle les accoucheurs ne paraissent pas donner toute l'attention qu'elle mérite, est pour nous celle qui amène le plus souvent la fausse couche. Depuis vingt ans que nous nous livrons, d'une manière spéciale, à la pratique des accouchements et au traitement des maladies de l'utérus, nous avons vu un nombre considérable de dames qui avaient avorté plusieurs fois, et qui, traitées par nous, et guéries soit d'un catarrhe utérin, soit d'ulcérations simples, soit de granulations du col, s'étendant surtout dans la cavité de cet organe, sont devenues enceintes de nouveau et ont accouché à terme. Parmi elles, quelques-unes avaient fait fausse couche de quatre à sept fois.

Ainsi donc, pour nous, l'état phlegmasique de l'utérus est une cause très-commune de *stérilité apparente*. Combien de femmes, principalement dans les grandes villes, affectées de cette maladie qu'elles ignorent pendant longtemps, avortent dans les deux à trois premiers mois de la gestation! et comme, dans ce cas, elles pensent avoir eu un simple retard, la fausse couche reste inaperçue, et elles se croient stériles si elles n'ont pas encore eu d'enfant;

13° Certaines professions, qui forcent la femme à vivre dans une atmosphère chargée de vapeurs délétères, ou de poussières métalliques, ou bien d'odeurs fortes. Nous avons vu des ouvrières qui travaillaient soit du cuivre, soit du mercure, avorter plusieurs fois, et qui ayant, sur notre conseil, cessé leur métier pendant une nouvelle grossesse, ont amené leur enfant à terme et bien portant;

14° Les maladies de l'œuf, qui sont : 1° l'arrêt de développement, par des circonstances qui ordinairement nous échappent, mais qui souvent tient à un sperme vicié par la débauche, la vieillesse ou l'infection syphilitique, etc.; 2° l'atrophie, l'hypertrophie, la dégénérescence graisseuse, l'ossification du placenta, sa transformation en môle ou en hydatides, son état apoplectique, ainsi que M. Cruveilhier en a fait connaître des exemples ; 3° la mort du fœtus par torsion, nœuds, compression et brièveté du cordon ombilical; 4° aux maladies de l'œuf nous rattacherons aussi l'insertion du placenta sur l'orifice du col de l'utérus, comme cause d'expulsion prématurée de l'œuf;

15° Les moyens abortifs, dont les uns sont employés par l'art pour soustraire les femmes aux dangers qui les menacent, et dont il sera question ailleurs (voy. *Vices de conformation du bassin*), et les autres sont mis en usage par des mains criminelles, dans le but de faire disparaître le fruit d'une grossesse illégitime. Nous nous dispenserons d'en parler ici, ces moyens n'étant malheureusement que trop connus.

16° Enfin, dans certains cas, on est obligé de chercher dans la constitution de l'atmosphère la cause d'avortements nombreux qui se montrent en quelque sorte sous forme épidémique. Ajoutons que toutes les causes susceptibles d'amener l'avortement agissent pour le produire de quatre manières, c'est-à-dire en déterminant soit le décollement partiel ou total du placenta, soit la rupture des membranes de l'œuf, soit la mort de l'embryon ou fœtus, soit enfin l'inflammation de l'utérus. Dans ce dernier cas, les symptômes de la métrite précèdent l'avortement.

Fréquence de l'avortement eu égard aux diverses époques de la grossesse.

Règle générale : les avortements sont plus communs dans les deux à trois premiers mois qu'à toute autre époque de la gestation, et si un grand nombre d'accoucheurs ont écrit le contraire, cela tient à ce que, dans les grossesses si peu avancées, il y en a beaucoup qui restent ignorées, ainsi que nous venons de le dire plus haut.

Une fois que la grossesse a dépassé trois mois, la disposition à la fausse couche est d'autant moindre que la gestation est plus avancée. Toutefois, il faut tenir compte des prédispositions individuelles qui peuvent se montrer à toute époque de l'état gravide de l'utérus, et qui est variable pour chaque femme qui a l'habitude de faire fausse couche.

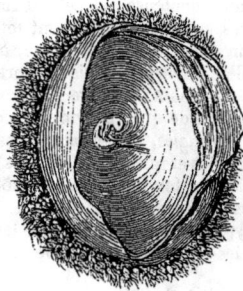

Fig. 76. — Embryon de 4 à 5 semaines.

Symptômes. — Ils varient suivant l'époque à laquelle l'avortement arrive, et aussi suivant la cause qui le produit.

Dans les deux à trois premiers mois de la grossesse, les phénomènes qui précèdent et accompagnent l'expulsion de l'œuf sont à peu près les mêmes que ceux que l'on observe pendant une époque menstruelle laborieueuse; c'est ce qui fait que souvent les femmes croient à un simple retard, et la fausse couche reste inaperçue.

Fig. 77. — Embryon de 7 semaines.

Toutefois, si l'on est appelé à constater ce qui se passe, même dans ce cas, on observe :

1° Des contractions utérines et les douleurs qui en sont la conséquence;

2° Souvent une métrorrhagie ou hémorrhagie utérine;

3° Le ramollissement, le raccourcissement, la dilatation du col de l'utérus, et une fois l'avortement bien déclaré, si on pratique le toucher vaginal, on trouve cet organe mou, entr'ouvert, et, au centre de son orifice, on rencontre un corps qui donne une sensation molle, spongieuse, quelquefois fibrineuse, qui est ou le placenta ou un caillot de sang ; mais alors, comment distinguer l'un de l'autre?

Voici la réponse à cette question :

1° Si le corps que l'on touche est mou et spongieux ; si, pendant les douleurs, il se tend, il devient plus saillant à travers l'orifice utérin et est poussé de haut en bas, c'est qu'évidemment l'œuf se présente pour sortir au dehors. Au contraire, ce corps est-il résistant, fibrineux au toucher, et ne se tend pas, ni n'est plus saillant pendant les contractions, c'est qu'alors on a affaire à un caillot sanguin.

2° De plus, si l'on imprime de bas en haut une impulsion à ce corps, il se laisse déprimer et ne transmet pas de mouvement de déplacement à l'utérus quand c'est l'œuf qui se présente ; le contraire a lieu lorsque le corps que l'on touche est un caillot de sang.

Lorsque la fausse couche arrive à une époque plus avancée de la grossesse, c'est-à-dire à partir du troisième mois, les phénomènes qui la précèdent ou

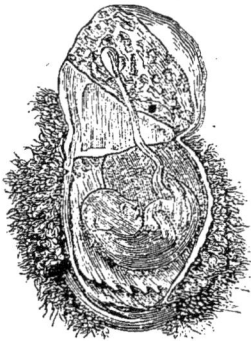

Fig. 78. — Embryon de 8 semaines.

l'accompagnent sont tantôt ceux d'un accouchement naturel ; tantôt les choses se passent différemment ; dans ce dernier cas, la femme éprouve des frissons, des horripilations, de l'abattement, des défaillances, des syncopes, de la pesanteur dans les lombes, dans le bassin et sur le fondement ; elle a des besoins illusoires d'uriner, de la soif, de l'inappétence ; ses seins s'affaissent, la face pâlit, l'haleine devient fétide, ses paupières s'entourent d'un cercle livide, etc., c'est-à-dire que chez elle, dans ce cas, il se manifeste l'ensemble des symptômes rationnels qui indiquent la mort du fœtus ; puis enfin apparaissent : souvent une hémorrhagie, des douleurs plus ou moins fortes, et tous les phénomènes d'un travail d'expulsion de l'œuf. Disons pourtant que la mort de l'enfant, dans le sein maternel, n'amène pas toujours ce cortège de symptômes que nous avons dits précéder son expulsion. Assez souvent même, quand la gestation est avancée, les choses se passent comme si la parturition avait eu lieu, à l'exception de l'écoulement lo-

chial, c'est-à-dire que deux à trois jours après la mort du fœtus, les seins se gonflent, la sécrétion lactée et la fièvre qui l'accompagne se manifestent ; puis les mamelles s'affaissent et tout rentre dans l'ordre.

Nous ajouterons enfin que lorsque la mort du fœtus précède de quelques jours l'avortement, l'hémorrhagie l'accompagne moins fréquemment ou elle est moins abondante que dans les circonstances opposées, parce qu'alors la circulation utérine et surtout utéro-placentaire (qui se fait de l'utérus au placenta) est devenue moins active.

Lorsque le fœtus est mort dans le sein de la femme, l'œuf étant intact et les organes maternels n'ayant pas souffert, son expulsion se fait-elle longtemps attendre?

En général, lorsque l'enfant a cessé de vivre dans le sein maternel, son expulsion ne se fait pas longtemps attendre ; elle a lieu dans les six à huit premiers jours. Néanmoins, il y a des exceptions à cette règle ; elle peut ne s'effectuer qu'au bout de quinze jours, trois semaines, un ou plusieurs mois et même une ou plusieurs années ; mais, dans ce dernier cas,

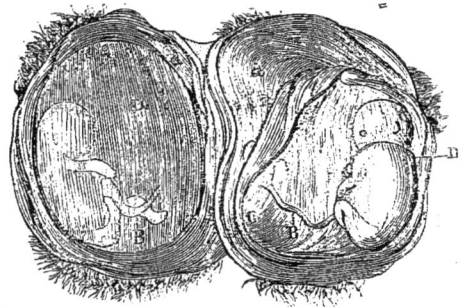

Fig. 79. — Grossesse double. — BB. Cordon ombilical. — C. Placenta. — AA. DD. Enveloppes particulières.

l'œuf subit des transformations ; il dégénère en masse graisseuse, osseuse, en môle, ou bien se racornit, etc. On trouve dans les annales de la science obstétricale une observation dans laquelle il est dit qu'une femme aurait porté dans la matrice une production de ce genre pendant cinquante ans. Cette particularité se rencontre surtout dans la grossesse gémellaire, circonstance qui a souvent fait croire à une superfétation, et elle n'est pas rare chez les moutons.

Nous avons accouché une dame enceinte de huit mois, dont l'enfant mort n'a été expulsé que trois semaines après ; il présentait les caractères de la putréfaction dans l'utérus, la grossesse étant avancée et les membranes de l'œuf intactes ; putréfaction qui diffère essentiellement de celle à l'air libre. Ces caractères les voici :

Le fœtus putréfié dans ces conditions n'a pas d'odeur ; ses membres sont flasques ; les chairs, ainsi que le cordon ombilical, sont mollasses, et ce dernier est imprégné d'un liquide brunâtre ; le ventre est affaissé ; l'épiderme se détache facilement, en laissant le derme à nu, d'un aspect rose vif, humide et gluant ; il est lubréfié d'un fluide muqueux qui rend l'enfant glissant comme un poisson qui a vécu quelque temps hors de l'eau.

Caractéres différentiels entre l'avortement spontané et celui qui est provoqué, dans les deux à trois premiers mois de la gestation. — Lorsque l'avortement survient spontanément sous l'influence d'une cause qui agit lentement et pendant les deux ou trois premiers mois de la grossesse, l'œuf sort ordinairement en une seule partie, et, quand, exceptionnellement, l'enfant est chassé le premier, la délivrance le suit de près.

Dans l'avortement provoqué, au contraire, le fœtus sort le premier et le délivre reste le plus souvent dans la matrice pendant un temps plus ou moins long ; de là fréquemment des accidents tels que hémorrhagie, métrite, péritonite, fièvre de résorption, etc. En d'autres termes, lorsqu'un avortement a lieu dans les trois premiers mois de la gestation, et que l'œuf sort en une seule partie, ou bien que la délivrance suit de près la sortie du fœtus, on peut tenir pour certain que l'enfant était mort depuis quelque temps dans le sein maternel lorsque la fausse couche est arrivée. Dans ce cas, en effet, entre l'époque de la mort de l'embryon et son expulsion, il s'est opéré un travail d'élimination qui explique la sortie de l'œuf en une seule masse, ou la sortie prochaine du délivre après celle du fœtus, les adhérences intimes de l'œuf à la surface interne de l'utérus ayant eu le temps d'être détruites.

Quand, au contraire, l'avortement survient brusquement, soit par un accident violent, soit surtout par des tentatives crimininelles, ces adhérences intimes de l'œuf à la surface interne de l'organe gestateur n'ayant pas eu le temps d'être détruites, la délivrance reste plus ou moins longtemps à sortir après l'expulsion du fœtus.

Pronostic. — Nous l'envisagerons au point de vue de la mère et à celui de l'enfant.

A. *Pour la mère.* — Règle générale, l'avortement est plus grave que l'accouchement à terme, l'un étant une maladie, et l'autre la terminaison d'une fonction naturelle.

L'avortement est grave par lui-même :

1° Parce qu'il s'accompagne souvent d'accidents plus ou moins fâcheux, principalement de métrorrhagie ;

2° Parce qu'il est souvent la conséquence d'affections organiques de l'utérus, et qu'il en entraine fréquemment à sa suite ;

3° Parce que quand il survient pendant le cours d'une maladie aiguë, il n'est pas rare de lui voir occasionner la mort de la femme. M. Serres a rapporté plus de vingt observations d'avortements terminés d'une manière fâcheuse dans pareille circonstance ;

4° Parce qu'un avortement précédent prédispose au même accident dans les grossesses suivantes.

Nous ajouterons que l'avortement provoqué par une cause violente est plus grave que l'avortement spontané, c'est-à-dire celui qui s'opère sous l'influence d'une cause qui agit lentement.

B. *Pour l'enfant.* — L'avortement est toujours funeste au fœtus, sauf quelques cas fort exceptionnels dans lesquels les enfants sont venus au monde dans le sixième et même le cinquième mois, et ont continué à vivre. Exemple, entre autres, l'Infortunio Liciti, fils d'un médecin, qui vécut jusqu'à une extrême vieillesse. Il était si petit et si chétif que son père le fit élever dans un four, dont il entretint l'air à une température douce, comme on le fait quand on veut opérer l'éclosion des poulets sans l'incubation de la poule.

Traitement. — La thérapeutique de l'avortement comprend quatre indications, savoir :

1° Prévenir sa manifestation ;

2° L'arrêter une fois que les symptômes se sont manifestés ;

3° Combattre les accidents qui peuvent le compliquer, et dont le plus fréquent est la métrorrhagie ;

4° Enfin favoriser l'expulsion de l'œuf lorsqu'elle est inévitable.

A. *Moyens préventifs à employer chez les femmes enceintes qui ont l'habitude de faire fausse couche :*

1° Si la femme est très-sensible, impressionnable ou irritable, on doit la mettre à l'abri des commotions morales, lui conseiller de cesser ses rapports avec son mari, et lui prescrire la distraction et la promenade sans fatigue.

2° Si elle est faible et lymphatique, on lui ordonne un exercice modéré et un régime analeptique, c'est-à-dire fortifiant.

3° Si elle est nerveuse, avec un exercice modéré et un régime analeptique, on lui prescrit des médicaments antispasmodiques.

4° Si elle présente des phénomènes de pléthore, on a recours à la saignée, qui alors devient un préservatif de l'avortement, en détruisant le *molimen hemorrhagicum*, ou afflux de sang qui se fait vers l'utérus, surtout aux époques menstruelles. Baudelocque, appelé près d'une femme pléthorique sur le point d'avorter et chez laquelle l'orifice utérin était déjà fortement dilaté, fit deux petites saignées du bras, et dès le lendemain tous les symptômes de l'avortement avaient cessé.

5° La femme est-elle affectée de syphilis constitutionnelle, on lui prescrit un traitement antisyphilitique.

6° Quand la fausse couche paraît tenir à la profession, on conseille à la femme enceinte de la changer, ou tout au moins de la suspendre pendant la durée de la grossesse.

7° Enfin, lorsque l'avortement se lie à l'état phlegmasique de l'utérus, on conseille à la femme de se faire traiter dans l'intervalle des grossesses.

B. *Moyens à employer pour arrêter les symptômes de l'avortement une fois qu'ils se sont manifestés.*

Ils consistent :

1° A conseiller le repos horizontal dans le lit, la diète, et, autant que possible, à placer la femme à l'abri du bruit et de la lumière vive ; diète légère, etc. ;

2° A pratiquer une petite saignée révulsive du bras, à moins de contre-indication individuelle ;

3° A administrer le laudanum de Sydenham, à la dose de quinze à vingt gouttes dans un quart de lavement, répétée toutes les deux à trois heures jusqu'à concurrence, au besoin, de trois à quatre grammes dans l'espace de vingt-quatre heures ; on en a même employé jusqu'à cent cinquante gouttes dans le même laps de temps sans produire d'accidents sérieux.

Cette médication bien dirigée réussit assez souvent à arrêter les symptômes de l'avortement. Pour notre part, nous comptons déjà au moins sept à huit cas de succès bien tranchés. Nous nous bornerons à rapporter le fait suivant : Au mois de mai 1855, nous avons, par ces moyens, empêché la fausse couche chez une jeune dame de dix-huit ans, enceinte de cinq mois et demi, atteinte de varioloïde. Chez elle, le col de l'utérus était déjà très-mou et son orifice entr'ouvert ; les contractions utérines étaient manifestes, car le palper abdominal et le toucher vaginal ne laissaient aucun doute à cet égard, et elles revenaient toutes les douze à quinze minutes. Cette dame a accouché à terme d'un enfant, qui actuellement est magnifique.

C. *Moyens propres à remplir les deux dernières indications, c'est-à-dire à arrêter la métrorrhagie et au besoin à favoriser l'expulsion de l'œuf* :

1° Lorsque l'hémorrhagie utérine complique la fausse couche, c'est très-fréquent, et qu'elle persiste malgré l'emploi des moyens précédents, il faut y joindre les réfrigérants et les astringents, tant à l'intérieur qu'à l'extérieur, autour de la matrice, c'est-à-dire sur le bas ventre, les parties génitales et le haut des cuisses, etc. (voir pour plus de détails l'article *Hémorrhagie*), et si la femme est agitée ou présente des accidents nerveux, on administre en même temps des antispasmodiques.

2° Quand au bout de trois à quatre jours l'avortement devient imminent, c'est-à-dire si les moyens employés échouent et qu'il n'y ait pas de métrorrhagie, il faut les cesser, et laisser la nature agir seule pour se débarrasser du produit de la conception. Mais si l'hémorrhagie existe, on doit favoriser l'expulsion de l'œuf par l'administration du seigle ergoté, la déplétion de l'utérus étant le meilleur moyen de faire cesser l'écoulement de sang.

Ajoutons, enfin, pour terminer ce que nous avions à dire sur la thérapeutique de l'avortement, que si l'on est appelé près d'une femme qui présente les phénomènes d'une fausse couche inévitable, et dans les trois premiers mois de la gestation, comme à cette époque peu avancée le fœtus est moins volumineux que ses annexes, il faut se garder de rompre les membranes de l'œuf, parce que l'enfant serait entraîné par le flot du liquide amniotique, et partant la délivrance se ferait attendre plus ou moins longtemps, ce qui pourrait occasionner les accidents mentionnés plus haut.

Au contraire, l'accoucheur se trouve-t-il près de la femme au moment où les membranes viennent à se

rompre accidentellement, il doit placer deux doigts (index et médius) dans le col utérin pour l'empêcher de se resserrer, par cela même favoriser l'expulsion de l'arrière-faix, et le saisir dès qu'il se présente à l'orifice cervical. Si les doigts ne suffisaient pas à son extraction, il faudrait se servir des pinces à faux germe de Levret ; à défaut de celles-ci, dans un cas de cette espèce, nous avons eu recours aux pinces à pansement.   MERCÉ, *professeur d'accouchement.*

AVOUÉ (droit). — Officier ministériel dont les fonctions sont de représenter et de défendre les parties devant le tribunal auquel il est attaché spécialement. Ces officiers sont établis près de chaque tribunal de première instance et de chaque cour d'appel, et ont le droit exclusif d'y postuler et d'y prendre des conclusions au nom des clients qu'ils représentent. (L. 27 vent. an VIII, art. 93 et 94.)

Pour être avoué, il faut être âgé de vingt-cinq ans, avoir suivi les cours de législation criminelle, et de procédure tant civile que criminelle, dans une école de droit ; avoir subi un examen devant les professeurs, et en rapporter une attestation visée d'un inspecteur général. Pour être nommé avoué devant une cour d'appel, il faut de plus justifier de cinq années de cléricature chez un avoué (L. 22 vent., an 12, art. 26 ; et décret du 6 juillet 1810, art. 115). Les avoués sont nommés par le chef de l'État, sur la présentation de la cour ou du tribunal près duquel ils doivent exercer leur ministère. Ils doivent, avant d'entrer en fonctions, prêter le même serment que les avocats (même loi, art. 31 et 95 ; l. 28 av. 1816, art. 88). Ils peuvent plaider en certains cas. (Règlement du 27 février 1822).

On nommait ainsi, sous le régime féodal, ceux qui se constituaient les tenants ou les défenseurs des églises et des particuliers qui pouvaient les payer. Aujourd'hui, nos avoués remplissent auprès des tribunaux soumis à une procédure régulière les mêmes fonctions que les anciens procureurs ; ils sont assujettis à des examens particuliers et à un cautionnement en argent : leurs droits sont fixés par des tarifs légaux. (Tarif de 1807, etc.)

Dans les tribunaux où le nombre des avocats est jugé suffisant pour la plaidoirie, il est interdit aux avoués de plaider, si ce n'est sur les incidents relatifs à la procédure et les demandes de nature à être jugées sommairement.

L'action des avoués pour le payement de leurs frais et salaires se prescrit par deux ans, à compter du jugement du procès ou de la conciliation des parties, ou depuis la révocation desdits avoués. A l'égard des affaires non terminées, ils ne peuvent former de demandes pour leurs frais et salaires qui remonteraient à plus de cinq ans. (C. civ. 2273.) Cela ne s'applique point aux honoraires dus pour les commissions particulières, comme agents d'affaires ou comme mandataires particuliers : ils ne se prescrivent que par trente ans, et, si des avances ont été ainsi faites, l'avoué a droit au remboursement du principal, avec intérêts, à partir du jour des avances constatées. (C. civ. 2001.)

Les avoués doivent tenir un registre pour y inscrire, par ordre de date et sans aucun blanc, toutes les sommes qu'ils reçoivent de leurs clients. (Tarif de 1807, art. 151.) Ce registre doit être timbré (décision min. fin., 7 novembre 1821). Les avoués sont déchargés des pièces cinq ans après le jugement du procès (C. civ. 2276).

Les avoués ont une chambre de discipline, dont les membres sont pris parmi eux, et nommés à certaines époques, dans chaque ressort de tribunal civil ou de cour d'appel (arr. gouv. 13 frim. an 9. Décr. 17 juillet 1806).

Les avoués, de même que les notaires et autres officiers et magistrats, ne peuvent devenir cessionnaires des procès, actions et droits litigieux qui sont de la compétence du tribunal auquel ils sont attachés (C. civ., 1597).

La contrainte par corps peut avoir lieu contre les avoués pour la restitution des titres à eux confiés et des deniers par eux reçus pour leurs clients par suite de leurs fonctions (C. civ., 2060).

Comme souvent les avoués de première instance remplissent aussi les fonctions d'avocat près les tribunaux ordinaires, à défaut de barreau constitué dans la localité, ce que nous avons écrit au mot avocat leur devient alors applicable. JEAN ÉTIENNE.

AVRIL [en latin *aprilis*, d'*aperire*, ouvrir, parce que la terre semble alors ouvrir son sein pour recevoir les plantes qui lui sont confiées]. — Quatrième mois de l'année grégorienne, pendant lequel les jours augmentent, la température s'adoucit et la végétation commence à se développer : c'était le deuxième mois de l'année romaine, qui commençait en mars. — Voy. *Année*.

AXE [du latin *axis*, formé du grec *axôn*, dérivé d'*ago*, agir]. — Ce mot a plusieurs acceptions ; il désigne :

En mécanique, une ligne qui passe par le centre d'un corps, et qui sert à le faire tourner sur lui-même. C'est en ce sens que l'on dit l'axe d'une sphère ou d'un globe ; l'axe ou l'essieu d'une roue. L'axe d'une balance est une ligne droite sur laquelle elle se tourne et se meut. L'axe d'oscillation d'un pendule est une ligne droite qui passe par le centre, autour duquel un pendule fait ses vibrations.

En géométrie, l'axe de rotation est une ligne droite autour de laquelle on imagine qu'une figure plane se meut pour engendrer une surface. On entend encore plus généralement par axe une ligne droite tirée du sommet d'une figure sur le milieu de sa base.

En optique, l'*axe optique* ou *visuel* est un rayon qui passe par le centre de l'œil ; ou c'est le rayon qui, passant par le milieu du cône lumineux, tombe perpendiculairement sur le cristallin, et conséquemment passe aussi par le centre de l'œil. L'*axe moyen* ou *commun* est une ligne droite tirée du point de concours des deux nerfs optiques, sur le milieu de la ligne droite qui joint les extrémités des mêmes nerfs. L'axe d'une lentille ou d'un verre est une ligne droite qui fait partie de l'axe du solide dont la lentille est un segment.

En dioptrique, l'*axe d'incidence* est une ligne droite qui passe par le point d'incidence, perpendiculairement à la surface rompante. L'*axe de réfraction* est une ligne droite tirée du point d'incidence ou de réfraction, perpendiculairement à la surface rompante.

En botanique, axe est toute partie grêle et allongée sur laquelle sont fixées d'autres parties.

LARIVIÈRE.

AXILLAIRE (anatomie). — Qui a rapport à l'aisselle ou qui en fait partie.

Artère axillaire. Elle suit le trajet d'une gouttière formée en dedans par les parois du thorax et le muscle grand dentelé, en dehors par l'omoplate, l'articulation scapulo-humérale que garnit le muscle sous-scapulaire, la partie supérieure de la face interne de l'humérus et le muscle coraco-brachial. Dans son trajet oblique, attachée en haut à la poitrine, d'où elle sort, elle se rapproche de plus en plus du bras, dont elle fait partie.

La *veine axillaire* est formée par la réunion de la plupart des veines du bras, ou placée en avant et au dedans de l'artère du même nom.

Nerf axillaire ou circonflexe, fourni par le plexus brachial ; il descend au devant du muscle sous-scapulaire, s'enfonce entre le grand et le petit rond, et se contourne en dehors et en arrière pour gagner le bord du deltoïde. Ses rameaux se distribuent aux divers muscles que nous venons de nommer.

Glandes axillaires. C'est à ces glandes, situées dans le creux de l'aisselle, que viennent aboutir les vaisseaux absorbants du membre supérieur. Elles s'engorgent assez facilement, surtout lorsqu'un point inflammatoire se développe à l'un des doigts ou sur l'étendue de l'avant-bras ou du bras. (P. Gentil.)

AXIOME (mathématiques) [du grec *axioun*, estimer, juger]. — Vérité qui n'a pas besoin de démonstration ; proposition tellement claire, tellement évidente par elle-même, qu'elle captive, par sa propre force, l'entendement bien disposé. De cette nature sont les propositions suivantes :

Le tout est plus grand qu'aucune de ses parties.

Toutes les parties d'un tout sont, prises ensemble, égales à leur tout.

Deux quantités égales à une troisième sont égales entre elles.

Si de deux quantités égales on retranche des quantités inégales, les restes seront inégaux.

Si de deux quantités inégales on retranche des quantités égales, les restes seront inégaux.

Si à des quantités égales on ajoute des quantités égales, leurs sommes seront égales.

Si à des quantités égales on ajoute des quantités inégales, leurs sommes seront inégales.

Les quantités qui sont doubles, ou triples, ou quadruples de quantités égales, sont égales entre elles.

Les quantités qui sont des moitiés, ou des tiers, ou des quarts de quantités égales, sont égales entre elles, etc.

AXIS (anatomie). — Deuxième vertèbre du cou, parce qu'elle forme une espèce de pivot (*axis*), sur lequel tournent tout à la fois la première vertèbre et la tête. En zoologie, axis est le nom d'un mammifère du genre *cerf*.

— L'axis, ou *cerf du Canada*, *cerf tacheté* de l'Inde, originaire du Bengale, se propage très-bien en Europe. On le distingue à son pelage fauve marqué de taches d'un blanc pur et à son bois qui n'a que deux branches, l'une à la base et l'autre à l'extrémité de la tige.

Fig. 80. — Axis.

— Graisse la plus blanche et la plus solide des animaux. L'axonge du porc est le saindoux, composé d'*oléine*, principe organique liquide, et de *stéarine*, principe organique solide. — Voy. ces mots.

AYALLA (botanique). — Arbre des Moluques dont les Malais enlèvent l'écorce, et qu'ils mâchent après l'avoir mêlée avec l'arec et le betel (fig. 81).

AYE-AYE (zoologie).—Mammifère fort singulier de Madagascar, qu'on place ordinairement à la suite des écureuils

Fig. 81. — Ayalla.

AXONGE [du grec *oxyngion*, graisse pour essieux].

Fig. 82. — Aye-Aye.

qui ressemble beaucoup par ses membres aux quadrumanes, mais qui, par l'absence de dents canines et par la forme comprimée de ses incisives, a beaucoup de rapport avec les écureuils. C'est un animal nocturne qui vit dans les terriers, et qui est tellement rare qu'on n'en a encore vu en Europe que quelques individus.

AYANT CAUSE (droit). — Celui à qui les droits d'une personne ont été transmis par legs, donation, rente, échange, etc., ou à tout autre titre singulier. Les créanciers sont aussi les ayants cause de leur débiteur, en ce sens qu'ils peuvent exercer ses droits, non pas de leur chef toutefois, mais bien du chef de celui-ci.

L'acte sous seing privé, comme l'acte authentique, oblige les héritiers et ayants cause de celui qui l'a souscrit. (C. civ., art. 1322.)

Le mari institué contractuellement par sa femme devient, au décès de celle-ci, son ayant cause, et l'acte reconnu avec elle, ou judiciairement tenu pour tel, fait foi contre lui de tout son contenu. (C. cass., 30 janvier 1838.)

Il est évident, du reste, que la qualité d'ayant

Fig. 83. — Azaléa.

cause doit être prouvée contre celui à qui un acte est opposé; jusque-là il n'est qu'un tiers. Ainsi ne peut prendre la qualité d'ayant cause l'acquéreur d'un bien par acte sous seing privé, non enregistré ou enregistré tardivement, s'il se présente un autre acquéreur du même bien par acte authentique ou autre titre ayant date certaine et antérieure. La priorité de la date certaine, résultant de l'acte authentique ou de l'enregistrement, donne seule, dans ce cas, le droit de se dire ayant cause. Toullier, t. X, avait soutenu une opinion contraire; mais elle a été combattue par tous les auteurs (Merlin, Grenier, Thémis), et cette appréciation a été consacrée par un arrêt de la Cour de cassation du 20 février 1827.

J. E.

AZALÉA (botanique). — Genre de plantes de la famille des éricacées, comprenant des arbrisseaux à ramules subverticillées, à fleurs odorantes, à corolle

jaune, blanche, rouge ou panachée, poilue ou glanduleuse, assez semblable à celle des chèvrefeuilles. — Voy. ce mot.

AZÉDARACH (botanique). — Genre de plantes de la famille des méliacées, renfermant des arbres remarquables par la beauté de leur feuillage et de leurs bouquets de fleurs, et par l'odeur suave que répandent ces dernières. « L'une des espèces, l'*azédarach bipenné*, est cultivée dans toutes les parties méridionales de l'Europe, dans toute l'Asie et dans presque tous les établissements des Européens en Afrique et en Amérique. C'est un arbre de la grandeur du poirier, et dont les fleurs, disposées en grappes axillaires, sont d'un violet tendre aux pétales et d'un violet foncé au tube des étamines. Rien n'est plus agréable que cet arbre à l'époque de sa floraison.

Fig. 84. — Azédarac.

Aussi les Américains l'appellent-ils, dans leur langue, l'*orgueil de l'Inde*, et en forment-ils des allées et des bosquets autour de leur demeure. »

AZEROLIER (botanique). — Espèce de néflier qui croît naturellement en Italie et dans le Levant, et que l'on cultive principalement dans le midi de la France. — Voy. *Néflier*.

AZIMUT (astronomie). — Arc de l'horizon compris entre le méridien et le cercle vertical d'une étoile, ou le point de l'horizon auquel un astre répond perpendiculairement. Il suit de là que l'azimut d'un astre est tantôt oriental, tantôt occidental, selon qu'on l'observe avant ou après son passage au méridien.

AZOTATE (chimie). — Nom générique des combinaisons de l'acide azotique avec les bases salifiables. Voici les propriétés de ces sels : « Ils ont tous une saveur fraîche, sont très-solubles, et achèvent la combustion des charbons allumés sur lesquels on les jette. Ils donnent à l'air des vapeurs rouges d'acide azoteux, lorsqu'on les traite par un mélange de cuivre et d'acide sulfurique : ce qui distingue ces corps des chlorates et de quelques iodates, qui, comme eux, brûlent rapidement le charbon. » Les principaux azotates sont : l'azotate d'ammoniaque, l'azotate d'argent, l'azotate de baryte, l'azotate de bismuth, l'azotate de chaux, l'azotate de cuivre, l'azotate de fer, l'azotate de mercure, l'azotate de potasse ou de salpêtre, etc.

AZOTE (chimie) [du grec *a* priv., et *zôtikos*, vital]. — Gaz incolore, inodore et insipide, formant les 79/100 de l'air atmosphérique. Il est plus léger que l'air (sa densité est 0,971), irrespirable et éteignant les corps en combustion. Bien différent de l'oxygène, qui se combine facilement avec un grand nombre d'autres corps simples, l'azote ne se combine avec aucun corps par voie directe, et ses propriétés négatives seules le font reconnaître. Il forme un des éléments de l'ammoniaque, de l'acide azotique, du salpêtre et d'un grand nombre de composés organiques (fibrine du sang, chair musculaire, albumine du sang et des œufs, gélatine, etc.).

On obtient l'azote, en grand, en traitant la chair musculaire par l'acide nitrique et la chaleur; en petit, en brûlant du phosphore sous une cloche pleine d'air et entourée d'eau. Dans cette opération, le phosphore brûle aux dépens de l'oxygène de l'air, et l'azote, mis à nu, est lavé pour enlever la petite quantité d'acide carbonique et d'acide phosphorique formé. — On l'obtient encore par différents moyens : le plus simple consiste à brûler du phosphore sous une cloche pleine d'air, de manière à en absorber tout l'oxygène; le gaz restant est alors de l'azote presque pur. On peut aussi l'obtenir en décomposant l'ammoniaque par le chlore, qui s'empare de l'hydrogène de cet alcali, et met l'azote en liberté. Enfin, les chimistes l'obtiennent encore par la décomposition du nitrate d'ammoniaque.

L'azote n'est connu que depuis 1772. La découverte en est due au docteur Rutherford, d'Édimbourg. Lavoisier en a démontré l'existence dans l'air en 1777, quelque temps après que Priestley eut découvert le gaz oxygène. Ayant soumis l'air à l'analyse, il le trouva principalement formé d'oxygène et d'azote; résultat des plus remarquables, qui, en jetant une vive lumière sur la cause encore inconnue d'une foule de phénomènes, a eu une influence prodigieuse sur les progrès de la chimie.

L'azote reçut successivement les noms d'*air phlogistiqué*, *nitrogène*, *alcaligène*, *septom*, *air vicié*, *mofette atmosphérique*; azote est celui que lui donna Guyton-Morveau. Berzelius l'appela *nitrogène*.

AZOTE (oxydes). — Voici comment le docteur Hœfer les présente dans son *Dictionnaire de Chimie* : Il existe deux oxydes *indifférents* d'azote : le *protoxyde* et le *bioxyde* (deutoxyde). Le protoxyde d'azote (*gaz hilarant*) est un gaz incolore et inodore. Sa densité est 1,30; à la température de 7°, et sous une pression de 50 atmosphères, il devient liquide, et réfracte la lumière moins que l'eau. 100 volumes d'eau dissolvent 90 volumes de ce gaz, à la température de 10°. Cette dissolution a un goût douceâtre.

Le protoxyde d'azote est un gaz indifférent. Il est peu stable; ses éléments cèdent facilement à l'affinité d'autres corps. Il rallume les corps en ignition comme l'oxygène, avec lequel on pourrait le confondre sous ce rapport. Le fer, le phosphore, le charbon, y brûlent à peu près comme dans l'oxygène. Il entretient même la combustion du soufre, qui ne brûle pas dans le deutoxyde d'azote. Il se décompose dans un tube chauffé au rouge, en donnant naissance à de l'azote et à de l'acide hypoazotique. Mêlé avec de l'hydrogène, il forme un mélange explosif qui détone par l'approche d'un corps allumé; avec de l'hydrogène phosphoré, l'explosion a lieu spontanément à l'air.

Le protoxyde d'azote peut être respiré impunément pendant quelque temps seulement : il asphyxie comme l'hydrogène et l'azote, par privation d'oxygène. Suivant quelques chimistes anglais, ce gaz produirait, en le respirant, une sensation délicieuse, accompagnée d'un rire insolite; de là son nom de *gaz hilarant*. Cette expérience ne s'est pas confirmée sur d'autres chimistes, qui l'ont répétée depuis.

Le protoxyde d'azote allume, comme l'oxygène, les corps en ignition. Comme celui-ci, il forme un mélange explosif avec l'hydrogène; mais il se distingue de l'oxygène en ce qu'il n'est pas respirable, et en ce que, brûlé avec de l'hydrogène (1 vol. de ce gaz + 2 vol. d'hydrogène), il donne un résidu gazeux qui n'est absorbé ni par la potasse, ni par le potassium, et qui est de l'azote pur.

On peut obtenir le protoxyde d'azote en faisant séjourner du bioxyde d'azote sur de la limaille de fer humectée. Dans cette expérience (qui peut servir de moyen d'analyse), le bioxyde d'azote diminue de la moitié de son volume, et se convertit en protoxyde d'azote, en cédant une moitié de son oxygène au fer qui s'oxyde. On l'obtient également, mais impur, en faisant agir de l'acide azotique étendu sur du zinc. Le meilleur procédé pour préparer le protoxyde d'azote consiste à chauffer dans une cornue de l'azotate d'ammoniaque. Si ce dernier sel est pur, il disparaît sans résidu, et se transforme complétement en eau et en protoxyde d'azote. En faisant l'analyse au moyen du potassium, on trouve que 100 volumes de protoxyde d'azote donnent un résidu de 100 d'azote, c'est-à-dire que le volume ne change pas après l'opération. Le potassium s'est transformé en potasse par l'absorption complète de l'oxygène. En retranchant de la densité du protoxyde d'azote, trouvée par l'expérience directe, la densité de l'azote, on a la différence qui indique la quantité d'oxygène combinée avec l'azote pour former du protoxyde d'azote.

1,530 (poids de 1 vol. de protoxyde d'azote).
0,976 (poids de 1 vol. d'azote).

0,554 Ce nombre représente sensiblement le poids de 1/2 vol. d'oxygène = 1,108.

De là N 1/2 O 1 vol. de protoxyde d'azote ou N²O ou NO = 2 vol., analogue à H²O ou HO = 1 vol. de vapeur d'eau.

Le protoxyde d'azote a été découvert en 1792 par Priestley, qui l'obtint pour la première fois en traitant le zinc par l'acide nitrique faible.

Dans ces derniers temps, M. Natterer est parvenu à liquéfier le gaz protoxyde d'azote sous une pression de 150 atmosphères et à une température de — 105°. Ainsi liquéfié, le protoxyde d'azote présente un aspect laiteux, dû à une portion de gaz solidifié, en suspension dans le liquide. Versé sur un filtre, à l'air libre, il se prend en une masse solide, blanche, non poreuse.

Le *bioxyde* (deutoxyde) *d'azote* est un gaz incolore comme le protoxyde d'azote. Il est impossible d'en apprécier l'odeur, parce qu'il se convertit immédiatement, au contact de l'air, en un autre composé (acide hypoazotique). Sa densité est 1,0338. Il est beaucoup moins soluble dans l'eau que le protoxyde d'azote. 100 volumes d'eau n'en dissolvent que 5 volumes. Le bioxyde d'azote est un composé indifférent, comme le protoxyde d'azote. En évitant soigneusement tout contact de l'air, on constate qu'il ne rougit pas la teinture de tournesol ; mais à peine a-t-il le contact de l'air, qu'il passe, en absorbant la moitié de son volume d'oxygène, à l'état d'acide hypoazotique coloré en jaune orangé, lequel rougit la teinture de tournesol. A cause de cette faculté absorbante, on s'est servi quelquefois du bioxyde d'azote dans l'analyse de l'air ; mais ce moyen est peu exact, car, dans certaines circonstances, le bioxyde d'azote peut absorber une bien plus grande quantité d'oxygène, en formant un mélange d'acide azotique et d'acide hypoazotique. Le phosphore brûle dans le bioxyde d'azote avec un vif éclat, comme dans le protoxyde d'azote. Le soufre n'y brûle pas. Le bioxyde d'azote ne forme pas de mélange explosif avec l'hydrogène. Le mélange de bioxyde d'azote et d'hydrogène brûle avec une flamme d'un vert pâle, qu'on pourrait confondre avec la flamme du chlore. Lorsqu'on fait arriver du bioxyde d'azote dans de l'acide azotique à différents degrés de concentration, on obtient des colorations vertes, bleues, jaunes, et les différentes nuances de ces colorations ; en même temps le bioxyde d'azote est absorbé par l'acide nitrique. Une dissolution de sulfate de fer absorbe une très-grande quantité de bioxyde d'azote ; et la dissolution, qui perd sa transparence, devient d'un brun très-foncé. Cette liqueur foncée, exposée à l'air, absorbe beaucoup d'oxygène, et se colore en jaune d'ocre. La dissolution de sulfate de cuivre, dans laquelle on fait arriver un courant de bioxyde d'azote, se colore en beau vert plus ou moins foncé. Cette

dissolution, abandonnée à l'air, laisse un dépôt noir. Le bioxyde d'azote étant chauffé dans un tube de porcelaine contenant du fer, se décompose en protoxyde d'azote et en oxygène, qui se porte sur le fer pour l'oxyder. En traitant des rognures de cuivre par de l'acide azotique étendu d'eau, on obtient le bioxyde d'azote, qui se dégage avec effervescence. Les premières portions qui se dégagent sont colorées en jaune (acide hypoazotique) ; on ne les recueille point. Il faut recevoir le gaz sur le mercure ou sur de l'eau bouillie (privée d'air). En faisant la même expérience avec le fer ou le zinc, l'action est extrêmement vive, et le bioxyde d'azote est toujours mêlé d'un peu de protoxyde d'azote. Dans tous les cas, l'acide azotique se décompose, oxyde le métal à ses dépens, et se réduit en un composé d'azote et d'oxygène, contenant moins d'oxygène que l'acide azotique. On a pour résidu un azotate du métal qu'on a employé.

Analyse au moyen du potassium : 100 volumes de bioxyde d'azote donnent un résidu de 50 volumes (azote) ; 50 volumes ont été absorbés par le potassium, et ces 50 volumes sont de l'oxygène. Donc, 1 volume de bioxyde d'azote se compose de 1/2 volume d'azote et de 1/2 volume d'oxygène. Formule : NO² = volumes de bioxyde d'azote.   B. LUNEL.

AZOTEUX (acide, chimie). — Voyez *Nitreux* (acide).

AZOTIQUE (acide, chimie). — Voyez *Nitrique* (acide).

AZOTITE (chimie). — Nom générique des sels formés d'une base et d'acide azoteux. — Voy. *Nitrites*.

AZOTURE (chimie). — Combinaison d'azote et d'un autre corps simple. L'azote s'unissant directement à aucun corps, les azotures obtenus, par exemple, à l'aide de l'ammoniaque, sont, généralement, des combinaisons très-peu stables qui se détruisent par l'action de la chaleur, souvent même par l'effet seul du choc : telles sont les azotures appelés *chlorures d'azote*, *d'or fulminant*, *d'argent fulminant*, etc.

AZTÈQUES (ethnographie). — On donne le nom d'Aztèques à un peuple dont la race est éteinte, mais qui, jadis très-puissant, habitait le Mexique, et spécialement, à l'est du golfe de Californie, les contrées comprises entre la mer et les plus hautes chaînes des montagnes Rocheuses.

Quand les Espagnols pénétrèrent dans ce pays, ils y trouvèrent un peuple intelligent et laborieux, offrant tous les signes d'une civilisation avancée, quoique conservant l'insatiable cruauté des peuplades les plus féroces. Les Aztèques étaient habiles dans l'art de labourer le sol, d'exploiter les mines qu'il renferme, et de préparer pour divers usages les métaux qu'ils en avaient retirés ; l'on dit même que les Européens furent saisis d'étonnement et d'admiration à la vue de pierres précieuses montées par eux, de monuments construits avec une habileté remarquable. Ils possédaient un calendrier fondé sur le même principe que celui de Jules César, dans lequel la notion des temps remontait fort loin, et où se trouvaient indiqués les principaux épisodes de leur histoire ; ils connaissaient le cours des astres ; ils avaient un culte religieux parfaitement organisé, des cérémonies imposantes, des collèges de prêtres, et aussi des sacrifices humains. Sous ce rapport, la civilisation n'avait point adouci cette cruauté farouche qui semble être de propre de toutes les tribus indigènes du nouveau monde ; ils considéraient les dieux comme des vengeurs du crime, et le but unique de leur religion était d'apaiser leur colère par les plus sanglants sacrifices.

Ils nous ont conservé dans des peintures hyérogliphiques, dont lord Kingsburg a réuni une magnifique collection, des documents précieux, dont l'authenticité et la légitimité des interprétations pourraient peut-être être contestées, mais qui n'en constituent pas moins les seuls renseignements que nous ayons sur ces époques reculées.

D'après ces annales, trois nations venues du nord-ouest, de distances très-éloignées, auraient émigré vers la partie qui devint plus tard le Mexique : les *Toltèques*, les premiers qui, après une brillante dynastie, périrent presque tous par la peste et par la guerre ; les *Chichimécas*, sur lesquels on n'a presque aucun renseignement, et enfin les *Nahuatlacas*, divisés en sept tribus, dont la plus importante, celle des *Aztèques*, étouffa promptement toutes les autres, et qu'on peut considérer comme les représentants de l'ancienne race mexicaine.

Sortis vers 1064 ou 1160, avec les autres tribus de leur nation, d'un pays situé très-loin dans le Nord, les Aztèques s'en séparèrent bientôt, et construisirent, vers 1340, sur le bord du Texcuco, une grande ville, qui prit plus tard le nom de Mexico, d'où le nom de Mexicains qui leur fut donné. Partout sur leur passage on trouve, actuellement encore, des traces de leurs migrations et des luttes qu'ils eurent à soutenir contre les peuples qui s'opposaient à leur envahissement : tantôt des monticules de terres rapportées, des retranchements qu'on suppose élevés par les premiers habitants pour leur servir de défense ; tantôt ce sont des ruines, dont quelques-unes, les *Casas-Grandes*, par exemple, situées auprès de la rivière de *Gila*, indiquent une civilisation très-avancée, et sont, sans aucun doute, les restes d'établissements temporaires construits par les Aztèques.

A l'époque de la conquête espagnole, vers la fin du quinzième siècle, les Aztèques, ou Mexicains proprement dits, avaient la suprême puissance dans le pays ; c'était parmi eux qu'on choisissait les chefs de l'État et les ministres de la religion ; on les considérait comme d'une nature toute divine ; ils avaient le partage exclusif des richesses du Mexique, et ils laissaient le soin de la culture de la terre aux peuples qu'ils avaient soumis ; les historiens espagnols de cette époque nous en font d'ailleurs un portrait très-favorable. Leur tête, disent-ils, est généralement petite, le front étroit et très-fuyant, l'angle facial par conséquent très-peu développé ; leur crâne présente un aplatissement latéral très-prononcé, qu'ils considèrent comme un

signe de beauté, et qu'ils cherchent encore à augmenter par une pression artificielle ; l'ensemble de leur physionomie est très-expressif, leurs traits sont mobiles, la peau est lisse et de couleur olivâtre ; ils ont les yeux petits et très-brillants, les dents blanches, les cheveux aplatis et rudes, mais noirs et abondants ; la barbe est très-rare, l'ensemble du corps bien proportionné, la taille au-dessus de la moyenne, et ils ont dans tous leurs mouvements une grande vivacité jointe à une élégance véritable. Nous avons déjà dit que leur intelligence était fort développée, et l'on en trouve une preuve remarquable, quoiqu'à une époque moins éloignée, dans les restes authentiques qu'ils nous ont laissés de leur littérature : ce sont des hymnes en l'honneur de l'Être suprême, des élégies sur l'instabilité des grandeurs humaines, composées par un prince de leur dynastie, *Zézahualiojotl*, roi de Tezcuco, dont le neveu, baptisé sous le nom de *Ferdinand Alva Ixtilxochitl*, nous a donné une traduction espagnole.

Cette race s'affaiblit peu à peu par la cruauté des

Fig. 85. — Aztèque (homme).

conquérants et par les conséquences d'une vie de luxe et d'inaction ; il en reste à peine maintenant quelques vestiges, qui conservent encore, dit-on, une partie de l'autorité qu'ils eurent autrefois.

C'est à cette race qu'on avait cherché à rattacher les deux phénomènes produits sous le nom d'Aztèques, à Paris, en 1855, et qui ont occupé quelque temps les savants, avant qu'on découvrit l'histoire de leur provenance.

Après avoir étalé aux yeux des principales villes de l'Amérique et de l'Angleterre leur spéculation ignoble et mensongère, sur l'infirmité de ces deux pauvres créatures, les entrepreneurs sont venus continuer leur exhibition à Paris, et pendant longtemps tout le monde est allé les voir à l'Hippodrome.

D'après le rapport de M. Morris, l'Américain qui les exploite, ils sont originaires d'une contrée d'Amérique voisine de Panama ; au dire des personnes qui les ont recueillis, les individus de cette espèce sont assez nombreux dans cette partie du nouveau continent ; on peut évaluer leur nombre à quatre ou cinq cents environ : depuis près de cinq ans que les Aztèques ont été enlevés à leur pays, où ils étaient adorés comme des dieux, le petit garçon (fig. 85) a conservé la même habitude extérieure ; la petite fille (fig. 86) aurait grandi de 10 centimètres, et augmenté en poids de 2 kilogrammes. On accorde au garçon dix-neuf ans, quatorze à la fille ; ils sont très-petits pour l'âge qu'on leur prête ; le premier a 85 centimètres de hauteur, et pèse 13 kilogrammes ; la seconde a 65 centimètres, et pèse 9 kilogrammes. Leur peau est lisse, et d'un bistre foncé ; leurs têtes, couvertes de cheveux noirs et très-crépus, mais non laineux, sont du volume de celle d'un enfant au moment de la naissance, et très-aplaties dans le sens vertical ; le nez, comprimé vers le haut, légèrement aplati vers la base, fait une saillie considérable ; le front est très-oblique, et semble continuer la ligne du nez ; les yeux, noirs, surmontés d'un sourcil très-étroit et médiocrement fourni, brillent d'un éclat extraordinaire ; la mâchoire supérieure fait une saillie considérable en avant, dé-

Fig. 86. — Aztèque (femme).

borde de beaucoup l'inférieure, dont le menton est très-fuyant en arrière ; le prognatisme, extrêmement prononcé, réduit à 60° la mesure de l'angle facial, et donne à la physionomie de ces individus beaucoup de ressemblance avec celle du singe, ou même d'un oiseau. Les proportions entre les membres et le tronc sont assez normales, cependant les membres inférieurs sont proportionnellement beaucoup trop développés, les extrémités sont petites et régulières ; le pouce et le petit doigt des mains sont d'une brièveté remarquable, et quelques articulations semblent incomplétement ankilosées.

Les organes génitaux sont glabres et à peine formés ; le petit garçon a un pénis en rapport avec sa taille, analogue pour le volume à celui d'un enfant de trois ou quatre ans ; le scrotum contient les testicules ; chez la petite fille, les mamelles ne sont nullement développées. Ils ont tous deux une très-grande mobilité dans l'expression de la physionomie, leurs mouvements sont rapides et précis ; ils ne manquent pas de gentillesse, et semblent très-étonnés de tout ce qui se passe autour d'eux ; leur attention est très-facilement éveillée par les sons qu'ils entendent, les objets qu'on leur montre ; ils émettent quelques sons articulés, ils prononcent, mais peu distinctement, quelques mots anglais, dont peut-être ils ne comprennent pas la signification.

Il y avait là, et surtout dans les renseignements merveilleux que donnaient sur eux leurs montreurs, plus qu'il ne fallait pour exciter vivement la curiosité publique ; les savants même s'en émurent : on les présenta à l'Académie de médecine, on discuta leur origine ; les uns les rapportaient au type aztèque, singulièrement modifié par la dégénérescence de la race ; d'autres, et le plus grand nombre, les considéraient comme des monstres microcéphales analogues en beaucoup de points aux idiots, aux crétins, spécialement à ceux que l'on rencontre dans les vallées des Alpes et des Pyrénées.

Les choses en étaient là, quand un botanitse distingué, M. Boursier, ancien consul en Amérique, communiqua en France la lettre suivante du général Various, gouverneur politique et militaire de San-Miguel, département de l'État de Salvador, dans la république du Centre-Amérique, lettre qui vint jeter le plus grand jour sur la question.

Mon très-estimable monsieur,

Je m'empresse, avec plaisir, de vous faire une relation de la véritable origine de deux enfants que l'on expose à Londres, sous le nom d'Aztèques, sur lesquels on a fait une histoire pour étonner le public, en prétendant qu'ils appartiennent à une nation indigène du Centre-Amérique, mon pays.

J'ai été indigné d'une pareille imposture aussi bien que du trafic que l'on fait de ces malheureux, sans aucun profit pour leurs parents qui les ont confiés, par mon entremise, à la personne que je vais citer.

Je ne me rappelle pas bien si ce fut en 1849 ou 1850 qu'eut lieu le fait ; mais ce que j'ai présent à l'esprit, c'est qu'étant gouverneur de San-Miguel, dans la république du Centre-Amérique, j'allai vers le mois de mars visiter le district d'Usulatan. En chemin, je rejoignis un sieur Raymond Selva, qui allait à la ferme de don Léon Avila, située dans cette localité. Nous arrivâmes à un endroit appelé le Jacotal, où nous déjeunâmes ; je me souviens que là étaient deux enfants, le frère et la sœur, très-curieux à cause de leurs traits et de la petitesse de leur taille ; je me les fis amener pour les faire voir à M. Selva, qui ne les connaissait pas, puisqu'il était de l'État de Nicaragua. En effet, la mère étant venue avec eux, nous les admirâmes pendant assez longemps, puis, leur ayant donné quelques menues pièces de monnaie, je les remis à la mère.

En continuant notre route, je dis à M. Selva que si cette pauvre femme pouvait présenter ses enfants en Europe, soit avec elle-même, soit avec le concours d'une personne intelligente, elle y trouverait une fortune. Cette idée éveillant la cupidité de M. Selva, il profita de mon retour le jour suivant, et il m'accompagna. En arrivant à Jacotal, il me dit qu'il allait proposer à la mère de lui donner les enfants, offrant de partager avec elle les bénéfices ; que cette transaction paraissait facile, si j'interposais mes bons offices. Je promis de m'y employer. On appela la mère pour que M. Selva lui parlât. Celle-ci résista tout d'abord à toute espèce de proposition ; mais lorsque je lui fis observer qu'il serait bon que de sa propre infortune ses enfants tirassent quelque profit du produit de cette exhibition, qui les mettrait à même d'avoir une petite ferme avec quelques troupeaux, la malheureuse femme me répondit ces paroles : « Que M. le gouverneur fasse ce qu'il jugera convenable. » Je lui réitérai mon opinion, qui était que M. Selva les emmenât, ce qu'il fit sur-le-champ, laissant la mère plongée dans la plus affreuse douleur.

J'avais assez de confiance en M. Selva, qui, outre qu'il était du pays, appartenait à une famille respectable, pour pouvoir me promettre qu'il accomplirait ses engagements.

M. Selva se disposa donc à partir du Centre-Amérique par le Rio de San-Juan de Nicaragua, accompagné d'un Nord-Américain (celui qui possède actuellement les enfants), et, ayant touché au port appelé aussi San-Juan, il se trouva que les Anglais venaient de l'occuper au nom d'une tribu sauvage qu'ils appellent nation mosquitos, amie et alliée. Les voisins du port, qui étaient Nicaraguéens, entrèrent en fermentation, et, comme il n'y avait pas alors de troupes, ils s'ameutèrent une nuit et vinrent menacer les négociants anglais ; ceux-ci étaient sur leurs gardes, et, de concert avec le chargé d'affaires d'Angleterre, M. Frédéric Chatfield, ils parvinrent à saisir les turbulents et à leur faire infliger la peine du fouet.

Parmi les prisonniers, et considéré comme le chef des rebelles, se trouvait M. Raymond Selva, qui reçut cinquante coups de fouet.

Ce châtiment, qui lui occasionna une grave maladie, le força de retourner chez lui, et ce fut ainsi que le Nord-Américain gagna seul les Etats-Unis avec les enfants.

Longtemps après, M. Selva vint m'assurer qu'ayant voulu recouvrer les enfants, et les profits, l'Américain l'avait méconnu, et qu'il l'avait appelé devant les tribunaux.

Ceux-ci mirent les enfants en dépôt, et M. Selva fournit caution pour sa personne ; puis étant venu, pour ces raisons, me trouver dans le Centre-Amérique, et m'ayant relaté ce que je viens de dire, je lui fis donner des pouvoirs par la mère des enfants, ainsi que d'autres documents, et avec le tout il alla aux Etats-Unis pour rentrer en possession. Je me rendis moi-même à New-York, où des compatriotes et des personnes respectables me dirent que M. Selva, au lieu d'avoir recouvré les enfants, les avait vendus 18,000 dollars à l'Américain, et qu'il était parti les dépenser à la Havanne, tandis que le spéculateur partait pour Londres, où il a rencontré une telle crédulité, que, d'après ce qu'on m'a avoué, ces enfants passaient pour des individus d'une race d'hommes différente de la commune, et qu'ils ont même dû être présentés à la reine.

Je sais aussi que quelques médecins intelligents de Paris se disposent à faire un voyage à Londres, pour se renseigner au sujet de ces individus de la fameuse nation aztèque ; il ne sera donc plus possible de cacher la vérité sur l'origine de ces enfants.

Que les incrédules qui se laissent si facilement abuser sachent donc que ces fameux et célèbres Aztèques sont les enfants d'une jeune et vigoureuse mulâtresse d'environ vingt ans et d'un mulâtre, leur père naturel, lesquels n'appartiennent à aucune nation spéciale, et qui ont eu le malheur d'avoir ces enfants dégénérés et phénoménaux.

La mère est meunière dans une ferme, c'est-à-dire qu'elle prépare la farine de maïs pour les ouvriers, et le père, pêcheur dans la lagune de Ulupa, vend du poisson sur la place de San-Miguel.

Je me rappelle que l'enfant mâle des Aztèques se nomme Maximo, et qu'il a été confirmé en ma présence, au mois de mars de l'année 1856, par monseigneur l'évêque don Jorge Victory, qui alors était prélat de San-Salvator, et occupe aujourd'hui le siège de Nicaragua.

Quand l'évêque vit le jeune Maximo, il en fut émerveillé, et l'ayant demandé à sa mère, celle-ci lui répondit qu'elle le lui donnerait quand il serait plus grand.

Il se trouve par hasard, à Paris, un dignitaire, don Félix Quirox, qui a exercé l'an dernier dans le gouvernement de San-Salvador les fonctions de vice-président. Ce personnage connaît les Aztèques en question, puisqu'il est de San Miguel, où, pour les distinguer, on les appelle monitos (petits singes). Quiconque douterait de ma relation pourrait demander, sur ces faits, des renseignements à M. Quirox ; sans doute il ne les donnera pas aussi détaillés que moi, qui ai pris part dans cette affaire, mais je suis certain qu'il connaît les enfants et leur origine.

La première fois que se présenta avec son fils sur la place du marché de San-Miguel, cela parut une si grande nouveauté, qu'elle en fut incommodée, et qu'elle devint même furieuse en entendant appeler son enfant monito.

Comme je suis persuadé que ce fut pour céder à mes conseils que cette malheureuse mère donna ses enfants, j'éprouve un vif déplaisir de voir que jusqu'à présent elle n'a pas reçu une obole. Je suppliai donc le consul, don Edouard Wallerstein, de demander l'embargo de ces enfants. m'engageant à prouver, de concert avec le senor Quiroz, leur provenance et leur origine ; mais le consul a cru que sans pouvoirs de la mère on ne pouvait arriver à rien. Pour mon compte, j'ai protesté qu'à mon arrivée à mon pays je remettrais tous les documents nécessaires pour recouvrer ces enfants, et réparer ainsi le mal qu'involontairement j'ai fait à cette pauvre mère. Comme homme d'honneur, et en conscience, je crois de mon devoir d'aider la susdite à retrouver ses enfants.

Vous pouvez, monsieur, faire de cette relation l'usage que vous jugerez convenable.

Je vous prie d'agréer l'assurance de ma parfaite considération.   Général VARIOUS,
de San-Salvador, république du Centre-Amérique.

Cette lettre n'a pas besoin d'interprétation; au lieu de représentants d'une race éteinte et dégénérée, ce ne sont plus que de chétifs avortons, des êtres difformes comme il en naît chaque jour, et qui ne méritent plus, pour ainsi dire, aucun intérêt. On ne peut que regretter cependant de voir ainsi un spéculateur exploiter illégalement et impunément deux infortunés, qui n'en sont pas moins des représentants de la race humaine, et en disposer à son gré, sans aucune juridiction, sans le consentement de ces êtres privés de raison ou d'intelligence, sans celui des personnes qui ont un droit moral sur eux.

Depuis la publication de cette lettre, d'ailleurs, ils ont quitté Paris, et il n'a pas été autrement question, dans notre pays du moins, de ces monstres singuliers, qui peuvent se rattacher facilement aux anencéphales de la classification tératologique de M. Geoffroy Saint-Hilaire.   ÉMILE VALLIN.

AZUR (minéralogie) [par corruption de l'arabe *lazur*, beau bleu clair]. — Pierre dure de la couleur des fleurs du bluet, ornée de petites veines ou de points d'or ou d'argent. On en distingue de deux sortes, l'une qu'on apporte d'Asie et d'Afrique; et qui peut supporter la violence du feu; l'autre que l'on trouve dans quelques endroits d'Allemagne et d'Italie, qui ne peut supporter la violence du feu, et qui est plus molle que celle d'Orient. Le plus beau et le plus précieux vient de Perse et des Indes orientales. On doit choisir la pierre d'azur pesante, peu remplie de roches et de veines de cuivre, et d'un bleu foncé.

Il faut prendre garde qu'elle n'ait été frottée avec de l'huile d'olive, ce qui la fait paraître d'un bleu plus foncé, mais cela se voit aisément en la cassant. On peut encore reconnaître si la pierre d'azur est de bonne qualité, en la faisant rougir au feu, ce qui ne la doit point faire changer de couleur. On se sert de l'azur pour plusieurs usages, et principalement pour faire de l'outre-mer.

L'azur en pierre ou *smalt* est une vitrification faite avec divers ingrédients, qui approche de la véritable pierre d'azur.

L'azur en poudre ou *émail*, d'un bleu tirant sur le violet, n'est autre chose que le smalt pulvérisé. On le tire de plusieurs endroits, mais le plus estimé est celui qui vient de Hollande. On doit le choisir fin et pâle. Il y a aussi un *azur* factice qui se fait avec de l'indigo ou avec du sel ammoniac et des lames d'argent, ou bien avec du soufre, du vif-argent et du sel ammoniac. On distingue les différentes qualités de l'azur par de certaines lettres marquées avec un fer chaud sur le baril qui le contient : le meilleur smalt par F. F. C., le second par F. C., et le troisième par M. C. Il y a encore des sortes inférieures qui ne valent qu'autant qu'elles approchent de cette dernière.

L'azur se vend, en Hollande, en baril d'environ 400 livres de poids; on accorde pour la tare 32 liv. de poids, 1 p. 100 pour le bon poids, et autant pour le prompt payement.

L'azur artificiel provient d'un verre pulvérisé et coloré en bleu, résultant d'une combinaison d'oxyde, de cobalt, de sable siliceux et de potasse, qu'on obtient, selon M. le baron Thénard, d'après un mode employé à Schneberg en Saxe, à Platten, à Joachimstat en Bohême, et à Golnitz en Autriche, et dont il décrit le procédé dans son *Traité de Chimie théorique et pratique.*

L'azur sert dans l'apprêt des toiles-batistes, linons, mousselines, fils, etc. On en colore aussi l'amidon ; on s'en sert pour peindre sur la faïence et la porcelaine, pour colorer les verres, les cristaux, les émaux, et dans la peinture à fresque. Un chimiste a profité de la mine de cobalt, découverte dans les Pyrénées, pour former un établissement de bleu d'azur, ce qui a fait tomber les fabriques de Bohême et de Saxe, en livrant ses produits au commerce français à un prix au-dessous de ceux des fabriques de l'étranger.

AZURITE (minéralogie). — Nom donné à la fois au carbonate bleu de cuivre et au phosphate bleu d'alumine. A l'exemple de M. Beudant, nous le réservons pour désigner la première de ces combinaisons naturelles; quant à la seconde voyez *Klaprothine.*

AZYGOS (anatomie) [d'un mot grec qui signifie *impair*]. — On a donné ce nom à un muscle et à une veine.

Le *muscle azygos* est placé dans l'épaisseur du voile du palais; il y forme une petite colonne qui s'étend depuis l'aponévrose commune aux péristaphylins externes jusqu'au sommet de la luette. Il a pour usage d'élever la luette et de la raccourcir.

La *veine azygos* est située dans la poitrine, contre l'épine du dos; elle aboutit supérieurement à la veine cave, tout près de son entrée dans l'oreillette du cœur, et y porte le sang qui arrive de la plupart des côtes, d'une grande portion de la plèvre et d'autres parties intérieures de la poitrine. Son extrémité inférieure communique avec la veine cave inférieure, soit directement, soit par l'intermédiaire des veines rénales ou de quelque autre veine voisine. La veine azygos paraît avoir pour usage de faciliter le cours du sang, parce que, dans tout l'intervalle auquel elle répond, la veine cave est cachée dans le foie, et que les petites veines des environs auraient eu de la peine à y arriver immédiatement. Quelquefois cette veine est double. (*P. Gentil.*)

AZYME (histoire des Juifs) [du grec *azumos*, composé de *a*, privatif, et de *zumé*, levain : sans levain]. — Les *pains azymes* étaient des pains sans levain, que les Juifs mangeaient dans le temps de leur pâque. Le même mot, employé substantivement, désigne une fête que les Juifs célébraient sous le nom de la *fête des azymes.*

FIN DE LA LETTRE A

B. — La première de nos consonnes et la seconde lettre de notre alphabet et de ceux des autres nations européennes. Elle a été empruntée aux Latins, qui la tenaient des Grecs, auxquels les Phéniciens l'avaient transmise. Dans ce long voyage, elle a conservé à peu près sa forme primitive. Cette lettre, nommée *beth* par les Phéniciens et les Hébreux, *béta* par les Grecs, est appelée *be* chez nous dans toutes les nouvelles méthodes de lecture. Sa prononciation se rapproche beaucoup de celles du *V* et du *P*, et ces lettres dans plusieurs dialectes sont souvent prises les unes pour les autres. La substitution naturelle du *B* et du *V* est très-fréquente chez les Allemands, les Espagnols et chez les habitants du midi de la France, notamment chez les Gascons : de là cette plaisanterie que, chez les Gascons, *vivere* (vivre) et *bibere* (boire), c'est la même chose (en faisant allusion aux lettres qui commencent ces deux mots).

L'emploi du B est fréquent dans les abréviations ; on s'en sert pour désigner le deuxième objet d'une série, la deuxième ou la seconde partie d'un tout. On l'employait autrefois en typographie pour marquer la deuxième feuille d'un volume. — En musique, *B-fa-si*, ou simplement *B*, désigne la note *si*, chez quelques peuples. — Sur les monnaies, B est la marque de Rouen, et BB celle de Strasbourg. Sur les inscriptions et médailles antiques, B est l'abréviation des noms de différents personnages, tels que *Brutus*, *Balbus*, *Bardus*, etc. — Placé devant le nom d'un saint, il est mis pour *beatus* (bienheureux). — Dans le calendrier, B est la seconde des sept lettres dominicales et désigne le lundi. — Comme lettre numérale, B valait 2 chez les Hébreux et les Grecs, 300 chez les Romains, et 3,000 s'il était surmonté d'un petit trait horizontal. — En chimie, B. désigne le bore ; *Ba*, le baryum ; *Bi*, le bismuth, et *Br*, le brôme.   DUPASQUIER.

BABIROUSSA (zool.) [du malais *babi*, cochon, et *rusa*, cerf]. — Genre de porc qui, par sa structure et ses mœurs, a une grande analogie avec le sanglier ; mais il s'en distingue surtout par son système dentaire : ses canines inférieures et supérieures sont remarquables par leur longueur. Les premières re-

montent presque verticalement en soulevant un peu la lèvre du dessus ; les secondes percent la peau du museau et se recourbent en arrière, au point de s'enfoncer quelquefois dans les chairs du front, après avoir décrit un arc de plusieurs centimètres d'élévation. Le babiroussa a, d'ailleurs, un museau allongé, une peau dure, épaisse, d'un brun sale, et quoiqu'il ait des formes trapues, il a les jambes plus grandes que celles de ses congénères.

Cet animal habite exclusivement les îles de l'archipel indien. Il vit dans les forêts et se nourrit d'herbe et de feuilles. Il est bon nageur, ce qui lui permet quelquefois d'échapper aux poursuites des chasseurs. On peut facilement l'élever en domesticité comme le porc. Sa chair est excellente et se rapproche par le goût de celle du cerf.   DUPASQUIER.

BABORD (marine) [de l'italien *basso bordo*]. — Côté gauche d'un vaisseau lorsqu'on regarde de l'arrière à l'avant : on l'oppose à *tribord*, qui est le côté droit et le côté d'honneur du bâtiment. Les officiers se mettent à tribord, les maîtres et les matelots à bâbord ; ce n'est que par le tribord qu'on entre dans un vaisseau ; le bâbord, réservé pour la manœuvre, n'est abordable qu'au moyen de cordages.

BABOUIN (zoologie). — Voy. *Cynocéphale*.

BABOUVISME (politique) [de Babœuf]. — Système politique de Babœuf, qui repose sur le principe de l'égalité absolue. Voici le fameux manifeste que les partisans de ce système placardèrent et répandirent à profusion dans Paris, au mois d'avril 1796.

Analyse de la doctrine de Babœuf.

ART. 1. La nature a donné à chaque homme un droit égal à la jouissance de tous les biens.

ART. 2. Le but de la société est de défendre cette égalité souvent attaquée par le fort et le méchant dans l'état de nature, et d'augmenter par le concours de tous les jouissances communes.

ART. 3. La nature a imposé à chacun l'obligation de travailler ; nul n'a pu sans crime se soustraire au travail.

ART. 4. Les travaux et les jouissances doivent être communs.

Art. 5. Il y a oppression quand l'un s'épuise par le travail et manque de tout, tandis que l'autre nage dans l'abondance sans rien faire.

Art. 6. Nul n'a pu, sans crime, s'approprier exclusivement les biens de la terre ou de l'industrie.

Art. 7. Dans une véritable société, il ne doit y avoir ni riches ni pauvres.

Art. 8. Les riches qui ne veulent pas renoncer au superflu en faveur des indigents sont les ennemis du peuple.

Art. 9. Nul ne peut par l'accumulation de tous les moyens priver un autre de l'instruction nécessaire pour son bonheur : l'instruction doit être commune.

Art. 10. Le but de la révolution est de détruire l'inégalité, et de rétablir le bonheur commun.

Art. 11. La révolution n'est pas finie, parce que les riches absorbent tous les biens et commandent exclusivement; tandis que les pauvres travaillent en véritables esclaves, languissent dans la misère, et ne sont rien dans l'État.

Art. 12. La constitution de 1793 est la véritable loi des Français, parce que le peuple l'a solennellement acceptée; parce que la Convention n'avait pas le droit de la changer; parce que pour y parvenir, elle a fait fusiller le peuple qui en réclamait l'exécution; parce qu'elle a chassé et égorgé les députés qui faisaient leur devoir en la défendant; parce que la terreur contre le peuple et l'influence des émigrés ont présidé à la rédaction et à la prétendue acceptation de la constitution de 1795, qui n'a eu pour elle pas même la quatrième partie des suffrages qu'avait obtenus celle de 1793; parce que la constitution de 1793 a consacré les droits inaliénables pour chaque citoyen de consentir la loi, d'exercer les droits politiques, de s'assembler, de réclamer ce qu'il croit utile, de s'instruire et de ne pas mourir de faim : droits que l'acte contre-révolutionnaire de 1795 a ouvertement et complétement violés.

Art. 13. Tout citoyen est tenu de rétablir et de défendre, dans la constitution de 1793, la volonté et le bonheur du peuple.

Art. 14. Tous les pouvoirs émanés de la prétendue constitution de 1795 sont illégaux et contre-révolutionnaires.

Art. 15. Ceux qui ont porté la main sur la constitution de 1793 sont coupables de lèse-majesté populaire.

Ce manifeste causa une vive sensation dans Paris. On prévoyait que les babouvistes voulaient renverser le gouvernement; mais, lorsque tout paraissait bien concerté pour parvenir à ce but, les conjurés furent trahis. Le 10 mai, au moment où les partisans de Babœuf étaient réunis pour délibérer sur le jour du combat, ils furent arrêtés séance tenante, et leurs chefs jetés à l'Abbaye. Les accusés furent traduits devant une haute cour de justice, composée de jurés nommés par les assemblées électorales des départements.

Les débats s'ouvrirent le 2 février 1797. Les accusés, dit Reynaud, étaient au nombre de soixante-cinq : dix-huit faisaient défaut. La première idée de Babeuf et des plus résolus avait été d'avouer hardiment la conspiration et d'en soutenir le bon droit. C'est même ainsi qu'il s'était d'abord comporté dans son interrogatoire devant le ministre de la police « Intimement convaincu, avait-il dit, que le gouvernement actuel est oppresseur, j'aurais fait tout ce qui était en mon pouvoir pour le renverser. Je m'étais associé avec tous les démocrates de la république. Il n'est pas de mon devoir de les nommer. » A Vendôme, et par l'influence d'un grand nombre de prévenus qui avaient espoir et grand désir d'être acquittés, ces dispositions hautaines et inflexibles se transformèrent peu à peu. On convint d'adopter pour la défense un tout autre système. On se réduisit à soutenir que le complot avait pu exister, mais d'une manière uniquement hypothétique, et qu'il n'y avait jamais eu concert formel entre les accusés. Quant aux pièces saisies, on imagina des détours pour leur donner une explication inattaquable et naturelle. Les juges se montrèrent entièrement d'accord avec les accusateurs. Les accusés étaient aidés de quelques avocats; mais ces défenseurs ne partageaient point leurs principes, il en résulta pour eux plutôt un embarras qu'un renfort. Ils se virent donc obligés de prendre eux-mêmes presque tout le poids de la défense. Elle fut fort pénible et surtout fort entravée. Bien que l'acte d'accusation, afin d'indisposer préalablement le public contre eux, eût principalement porté sur la question de leurs principes, tout plaidoyer à ce sujet leur fut sévèrement interdit. Le tribunal, craignant de prêter une partie de son éclat à la prédication de ces doctrines révolutionnaires, ne se faisait pas faute, nonobstant toutes les protestations, de les étouffer sous ses interruptions légales, chaque fois qu'elles osaient se déployer devant lui. Les accusés furent constamment refoulés dans l'aride et impuissante discussion des faits qui leur étaient reprochés. Darthé fut le seul qui, refusant jusqu'au bout de reconnaître aucune qualité à la haute cour pour le juger, se laissa conduire à la mort comme après une défaite de guerre, sans daigner se défendre. Les débats durèrent trois mois. Enfin, le 26 mai, le jury ayant prononcé son verdict, Babeuf et Darthé furent condamnés à mort; sept autres à la déportation; le reste acquitté. En entendant leur sentence, et voulant soustraire leur tête à la vengeance qui les demandait, Babeuf et Darthé se frappèrent intrépidement de plusieurs coups de poignard. On se jeta sur eux, et ils n'eurent point le temps de s'achever. Le lendemain on les porta sur l'échafaud, comme on y avait porté Robespierre, sanglants et à demi morts ! Quant aux déportés, ils furent envoyés dans un petit fort construit sur un îlot de la rade de Cherbourg.

Privé de ses chefs, et discrédité par l'avortement de ses projets audacieux, le babouvisme s'éteignit peu à peu. D'ailleurs, dit un auteur, le dix-neuvième siècle s'ouvrait, la grande guerre appelait nos armées, et la destinée amenait à la France des préoccupations d'un autre ordre.   T. de la Rochelle.

BAC (droit) [mot celtique qui signifie *vase*, bateau]. — Grand bateau plat établi sur un fleuve, une rivière ou un canal, pour le passage d'un bord à l'autre des personnes, des bestiaux, des voitures, etc., à heure ou lieu fixe, et pour l'usage commun, moyennant une rétribution.

Sous l'ancienne législation, la faculté d'établir des bacs ou bateaux de passage d'eau était un droit seigneurial; on le rangeait dans la classe des péages, bien qu'il fût borné à la traverse d'une rivière dans un lieu déterminé, tandis que le péage s'entend d'un droit de passage dans une certaine étendue. Sous la législation intermédiaire, ce droit a été aboli, comme féodal, par le décret du 25 août 1792; plus tard, le même droit et ceux de passage par bateaux ou radeaux ont été réunis au domaine public et assujettis, quant à leur administration, à un régime uniforme (loi 6 frim. an VII). Cette réunion était une conséquence naturelle de ce principe, que les fleuves et rivières navigables sont une dépendance du domaine public (C. civ., 538). Il en serait de même des rivières flottables; mais seulement de celles qui sont flottables sur trains ou radeaux et non à bûches perdues (avis Cons. d'Ét., 21 fév. 1822).

La propriété des passages d'eau établis sur les rivières qui ne sont pas navigables ou flottables, même sur les canaux, appartient à l'État, par cet autre motif que toute rivière doit être considérée comme navigable, là où le public peut la traverser en bateau; car la loi a eu pour but de garantir la police et la sûreté de ces passages et l'entretien des abords, qui eussent pu être souvent compromis s'ils eussent été abandonnés à l'intérêt particulier (décr. 29 septemb. 1810; décis. min. fin. 3 oct. 1817 et 3 août 1819; Cormenin, *Quest. de droit adm.*, t. II, p. 369). Il suffit que le passage soit public pour qu'il appartienne à l'État (avis Cons. d'Ét. 4 déc. 1822).

Les charges relatives aux passages établis par bacs ou bateaux sont supportées par la direction des ponts et chaussées, et leurs produits sont perçus par la régie des contributions indirectes, sur un tarif légalement autorisé. La loi précitée de l'an VII, art. 30 et 50, dispense du payement des droits de passage les juges, juges de paix, officiers du ministère public, les administrateurs, ingénieurs des ponts et chaussées, lorsqu'ils se transportent pour raisons de leurs fonctions; puis les cavaliers et officiers de gendarmerie, les militaires en marche et les officiers, lors de la durée et dans l'étendue de leur commandement. Toutefois, d'après avis du Conseil d'État du 1er mai 1823, ces exceptions ne doivent pas être étendues d'un cas à un autre, ni même aux entrepreneurs de charrois à la suite des troupes. Les droits fixés par le tarif *ad hoc* sont, pour les bateliers, une règle dont ils ne doivent s'écarter en aucune circonstance, pas même pendant le débordement; et toute personne qui se soustrairait à l'obligation de payer son passage serait condamnée, par le juge de paix, à une amende en sus, puis, en cas de récidive, à un emprisonnement (même loi, art. 56 et 58). Néanmoins, suivant un arrêt de cassation du 25 octobre 1822,

l'individu qui passe la rivière à gué, au-dessus ou au-dessous du bac, ne peut être tenu d'acquitter ces droits.

La construction d'un pont, quoique diminuant la perception des droits de péage, ne saurait donner lieu à une indemnité (ordonn. 22 janv. 1813).

Les bacs sont réputés meubles, si ce n'est que des formes spéciales ont été établies pour leur vente ou saisie (C. civ., 531; C. proc., 520). Ils sont, du reste, soumis à la contribution foncière (loi 17 déc. 1790 et 3 frim. an VII). Les anciens propriétaires, indemnisés de la valeur des bacs, agrès, maisons, bureaux, logements, etc., aux termes de la loi du 6 frimaire an VII, ont en vain réclamé leur réintégration. Il existe maintenant un bien moins grand nombre de bacs qu'autrefois, par suite de la construction de nouveaux ponts.

La perception des droits de bacs est généralement confiée à des fermiers, en vertu de baux faits aux enchères publiques, pour trois, six ou neuf ans, et même pour dix-huit ans, avec l'approbation du ministre des finances (arrêté du 8 flor. an XII).

Moyennant le payement de la rétribution fixée par le tarif, tout individu a le droit de réclamer le passage, et les bateliers ne sauraient le retarder sous prétexte d'attendre d'autres personnes (Cons. d'Ét. 17 mars 1839). Les fermiers des bacs sont responsables de la chose qui leur est confiée, à moins de prouver l'existence d'un cas fortuit ou d'une force majeure (C. civ., art. 1784). Cependant, ils ne sont point assimilés aux entrepreneurs de transport par eau, ni justiciables des tribunaux de commerce, n'étant que de simples commis ou préposés du gouvernement (C. Nîmes, 13 av. 1812). Le contentieux relatif aux bacs est du ressort des tribunaux ordinaires ou de l'autorité administrative, suivant le cas. Cette dernière autorité ne doit connaître que des difficultés relatives à l'établissement d'un bac et des contestations qui s'élèvent entre l'administration et les fermiers sur l'exécution et les conditions des baux (déc. 4 et 23 av., 7 et 13 nov. 1807).

L'autorisation du gouvernement d'établir un bac particulier n'est pas nécessaire lorsque la rivière n'est ni navigable ni flottable, lorsqu'aucun chemin n'aboutit au point où il est établi, quand les deux rives dépendent du propriétaire du bateau, et lorsque ce bateau n'a été établi que pour le service habituel du propriétaire (décis. Cons. d'Ét. 6 nov. 1826).

JEAN ÉTIENNE.

BACHELIER (scolastique). — L'opinion qui fait dériver ce mot de *baccalauréat*, et celui-ci de la réunion des deux mots latins *bacca*, baie, et *laurea*, de laurier, est presque inadmissible; il nous semble plus simple et plus rationnel de considérer le mot bachelier comme une contraction de *bas-chevalier*. Ce mot désigne maintenant le premier titre que l'on prend dans une faculté de lettres, de sciences, de théologie ou de droit, pour arriver aux grades de *licencié* et de *docteur*. Autrefois il s'appliquait aux chevaliers qui, trop pauvres pour être chefs de bannière ou *bannerets*, étaient obligés de servir sous un baron ou un chevalier plus riche; il désignait aussi les jeunes nobles qui, n'ayant pas encore reçu l'*accolade* (voir *Chevalerie*), ne pouvaient lever de bannière. L'Université de Paris fut la première à admettre ce titre militaire dans le langage académique : les bacheliers occupaient le rang intermédiaire entre les commençants et les docteurs, et se divisaient, comme maintenant encore en Angleterre, en trois ordres, suivant la durée de leurs études et le nombre d'examens subis. Une toque ronde et un costume particulier les distinguaient des autres étudiants, auxquels ils avaient le droit d'enseigner tout en suivant encore les leçons des professeurs. Le terme s'étendit ensuite à la désignation d'un jeune homme quelconque, de même qu'une jeune fille se trouve souvent appelée *bachelette* dans les manuscrits du moyen âge. Ce titre s'est répandu de France dans les diverses facultés de l'Europe, et s'est conservé jusqu'à nous, quoique avec d'assez grandes modifications. En Allemagne, comme tous les titres universitaires d'ailleurs, il a perdu toute autorité, et le titre de docteur seul, bien qu'il s'achète souvent par la faveur ou à prix d'argent, y a conservé quelque valeur. En France, il est nécessaire de l'obtenir pour subir tout examen supérieur. La seule condition pour être admis aux épreuves est dans l'âge, qui doit être de seize ans. La nouvelle loi sur l'instruction publique (1853) établit deux sortes de baccalauréats. L'examen du *baccalauréat ès lettres* comprend deux épreuves : l'une écrite, consistant en une version latine et en un discours latin ou français, suivant le sort, et l'autre orale, comprenant des interrogations sur les auteurs grecs, latins et français désignés dans un programme spécial, sur l'histoire, la géographie, la logique et les éléments de l'arithmétique, de la géométrie ou de la physique. Le titre de bachelier ès lettres est exigé pour l'admission aux facultés de droit, à l'Ecole normale (section des lettres), dans les ministères et un grand nombre d'administrations. L'examen du *baccalauréat ès sciences* exige pareillement deux épreuves. L'épreuve écrite comprend une version latine et une composition de mathématiques ou de physique; l'examen oral porte sur l'explication des auteurs latins, anglais ou allemands, et sur l'histoire, la géographie, la logique, les mathématiques, la physique, la chimie, la mécanique et l'histoire naturelle. Ce grade est exigé pour l'admission aux facultés de médecine, à l'Ecole de pharmacie, à l'Ecole polytechnique, à l'Ecole normale (section des sciences), à l'Ecole militaire de Saint-Cyr, à l'Ecole forestière, dans quelques ministères, notamment à la guerre ou aux finances, et dans un grand nombre d'administrations, où il remplace celui des lettres. La Faculté de médecine délivre les titres de docteur et d'officier de santé. La Faculté de droit donne les divers grades de bachelier, de licencié et de docteur. Le titre de *bachelier en droit* est délivré aux étudiants qui, déjà bacheliers ès lettres, ont suivi pendant deux années les cours de la Faculté et subi avec succès deux examens, l'un sur le Code Napoléon et les Institutes de Justinien, l'autre sur les

Codes pénal, d'instruction criminelle et de procédure.

Le candidat au grade de *bachelier en théologie* doit avoir au moins vingt ans et constater qu'il a suivi trois ans les cours d'une faculté ou d'un séminaire diocésain; il doit en outre subir un examen sur les matières théologiques et soutenir en latin une thèse sur ces matières. Tous ces examens sont publics et empêchent ainsi les fraudes qui pourraient être commises et qui compromettraient à la fois la valeur du grade et l'impartialité des juges.

J. LAGARRIGUE, de Calvi.

BADAMIER (botanique) [par corruption de bois du damier]. — Nom donné au *terminalier* dans les îles Maurice et Mascareigne. Le port de cette plante est élégant, ses fleurs petites et disposées en épis solitaires.

BADIANE (botanique). — Genre de plantes de la famille des magnaliacées, ayant pour type l'*anis étoilé*, plante suave et aromatique dont on fabrique le *ratafia* de Boulogne et l'anisette de Hollande.

BADIGEON [du celtique *bad* ou *batis*, jaune]. — Peinture grossière à la colle ou à la chaux, d'un ton clair et uni, appliquée indistinctement sur les murs et les parties architecturales d'un monument, soit à l'intérieur, soit à l'extérieur, et dans le but de cacher les fissures et les taches des pierres.

Cette sorte de peinture nuit beaucoup à l'effet des édifices; non-seulement elle émousse toutes les arêtes des moulures, mais encore, en dissimulant les joints des assises, elle donne aux murs de pierres l'apparence de murs en plâtras, ce qui, en ôtant l'aspect de solidité, détruit cette impression de calme et de confiance que l'architecture doit donner avant tout.

Ce n'est guère que sous Louis XIV que l'on commença à faire usage du badigeon, qui, bien souvent, fut employé sans aucun discernement, en sacrifiant les peintures anciennes qui se trouvaient sur son passage.

Si le badigeon peut être utile pour cacher la vétusté des maisons construites en moellons et plâtre, il serait bien préférable pour les édifices en pierre de les faire brosser et laver tous les dix ou quinze ans; les taches causées par la poussière et la pluie seraient bien moins fréquentes, les moulures ne seraient pas altérées et l'on conserverait à la pierre son aspect monumental. CH. GARNIER.

BAGNE [de l'italien *bagno*, qui signifie bain]. — Les Italiens donnaient ce nom aux bâtiments où l'on renfermait à Constantinople les esclaves du grand seigneur, parce que dans ce bâtiment il se trouvait des bains. Ensuite, on l'a appliqué à tous les lieux de la même ville où l'on renfermait des esclaves. De Constantinople, il a passé dans les autres endroits où les mahométans sont établis, et, enfin, dans les ports de l'Océan et de la Méditerranée, où il y avait des esclaves et des forçats.

Il y avait en France quatre bagnes : Brest, Toulon, Rochefort et Lorient. On envoyait à Toulon les condamnés à dix ans et au-dessous; à Brest, les condamnés à un temps plus long; mais on avait soin d'y tenir séparés les forçats à perpétuité d'avec ceux dont la peine ne dépassait pas vingt ans. Quant au bagne de Lorient, il était réservé aux militaires condamnés pour insubordination. « Le nombre des forçats était en général de 6,000. Leur entretien, etc., coûtait 2 millions et demi, et l'on retirait de leurs travaux environ 2 millions. Quand un forçat arrivait au bagne, on lui rivait au pied droit une chaîne d'un mètre et demi, au bout de laquelle traînait un boulet de six kilogrammes, et on le revêtait de l'uniforme du bagne. On reconnaissait les condamnés à temps au bonnet rouge, qui portait une plaque sur laquelle était inscrit le nombre d'années de leur détention; les condamnés à perpétuité portaient un bonnet vert. Leur couche était un lit de camp et une paillasse; et même pendant leur sommeil, une chaîne courait le long de tous les lits et passait dans les anneaux de celle qui pendait à leur pied. Avant 1789, les forçats étaient classés selon la nature des crimes. Ils étaient distingués par la couleur des vêtements et ne communiquaient jamais ensemble. La Révolution, qui aurait dû détruire la terrible institution des bagnes, n'a fait qu'en aggraver les inconvénients en confondant toute la famille des forçats. Soumis au même régime, partageant la même habitation, ils étaient assujétis aux mêmes travaux, aux mêmes chefs, par une confusion aussi injuste qu'impolitique, car, d'après ce système, les bagnes étaient devenus des écoles de forfaits. Une remarque utile à faire, c'est que plus d'un sixième des condamnés d'un bagne y étaient sur de nouveaux jugements. Quelques-uns, scélérats incorrigibles, avaient vu tous les bagnes de France et n'étaient rentrés dans la société que pour y commettre de nouveaux crimes; d'autres n'avaient pu trouver, malgré leur repentir et leur bonne volonté, d'honorables moyens de vivre dans cette société qu'ils avaient une fois offensée, et retournaient au bagne comme à leur véritable patrie, double circonstance qui condamnait l'institution des bagnes comme antimorale, ou pour le moins inutile. » Le système de colonisation pénitentiaire, auquel le gouvernement actuel s'est décidé, paraît de beaucoup préférable.

BAGUE (bijoux). — Voy. *Anneau.*

BAGUES ET JOYAUX (droit). — Ces expressions avaient, dans l'ancien droit, deux significations presque sans rapport l'une avec l'autre. Ils désignaient les présents que le mari, ou même ses parents, envoyaient à la femme en vue d'un mariage sur le point d'être contracté ou qui l'était déjà; c'était le sens naturel des mots, et, sous ce point de vue, l'expression était usitée tant en pays de coutumes qu'en pays de droit écrit. Puis encore, ils indiquaient une espèce d'augment de dot, moins considérable que l'augment ordinaire, et qui avait lieu de plein droit en vertu de convention écrite. Sous ce second rapport, l'expression propre aux pays de droit écrit était peu usitée en pays coutumier.

Bien que les expressions de bagues et joyaux ne se retrouvent pas dans les lois nouvelles, l'usage les a maintenus, et même dans quelques pays de droit

écrit, les employant comme autrefois dans le sens de la signification dernière énoncée, on en fait la matière d'un don : mais alors ce don doit être expressément énoncé; et si le contrat portait la simple stipulation d'une somme à titre de bagues et joyaux, la clause pourrait être déclarée nulle comme se référant à des lois abrogées. (C. Grenoble, 6 juin 1829.)

Dans le sens de la première signification, si le mariage ne s'accomplit pas à cause du décès de l'une des deux parties, les bagues et joyaux, et autres présents qui ont été faits, doivent être rendus au futur mari qui les a donnés, ou à ses héritiers. (L. 3, *Cod. de Sponsal.*) Lorsque le mariage manque par la faute ou le refus d'une des parties, il dépend de la prudence des magistrats d'admettre la restitution ou de la rejeter, selon les circonstances, et même de condamner le futur en des dommages-intérêts.

Le mariage étant accompli, on considère les bagues et joyaux comme faisant partie de la communauté des époux, à moins d'une stipulation contraire et expresse. Cette stipulation est encore usitée dans le midi de la France, étant prise de la coutume de Bordeaux, qui, par son art. 48, assurait à la femme la propriété des bagues et joyaux à elle donnés avant les noces ou huit jours après les noces.

JEAN ÉTIENNE.

BAGUENAUDIER (botanique). — Genre de plantes de la famille des légumineuses, qui renferme une douzaine d'espèces, dont une surtout est cultivée dans les jardins : c'est le *baguenaudier commun*, arbrisseau droit et rameux, s'élevant à environ trois mètres de hauteur. Son écorce est grise, fendillée en long; ses fleurs sont jaunes et disposées en grappes. Elles paraissent en mai et durent jusqu'à la fin de l'automne. Il croît naturellement dans le midi de la France. Les fruits ou *baguenaudes* sont des gousses vésiculeuses d'un vert rougeâtre; elles sont pleines d'air et éclatent avec bruit quand on les serre entre les doigts. Cet arbrisseau est aussi connu sous le nom de *faux séné*, parce que ses fleurs et ses fruits sont, comme le séné, purgatifs, mais ce n'est que quand ils sont administrés à fortes doses.

BAGUETTE DIVINATOIRE (erreurs et préjugés). — On appelle ainsi un rameau fourchu ou une baguette courbée en arc, que certains charlatans font tourner sur les doigts des deux mains, et qui tourne, disent-ils, en vertu des émanations d'une eau souterraine, d'une pièce d'or ou d'argent cachée, d'une mine, etc. — Il n'est fait aucune mention de cette *baguette* avant le onzième siècle. Les premiers qui l'ont employée, prenaient pour cela un rameau fourchu de coudrier, de hêtre ou de pommier. On s'est aperçu plus tard qu'une *baguette* de matière quelconque courbée en arc produisait le même mouvement. En effet, ce mouvement est purement mécanique, et les indications de la *baguette divinatoire* ne sont que des tours de passe-passe que tout le monde peut exécuter, en éloignant et rapprochant alternativement les points d'appui de la *baguette*, ou pour mieux tromper les yeux, en posant d'abord la baguette sur deux doigts de chaque main à même hauteur, puis levant et baissant alternativement les deux doigts d'une même main, ou des deux mains, ce qui peut se faire avec un peu d'habitude d'une manière presque imperceptible. L'art de se servir de la baguette divinatoire, dit un auteur, s'apelait *rhabdomancie*; celui qui était doué de la vertu de découvrir ainsi les sources était appelé *hydroscope*. A la fin du dix-huitième siècle, un paysan lyonnais, nommé J. Aymar, et plus tard un nommé Bleton, ont passé pour d'habiles rhabdomanciens, et il s'est trouvé quantité de savants pour discuter gravement sur la prétendue puissance de la *baguette divinatoire*.

BAIE (architecture). — Vide d'une ouverture de forme et de grandeur quelconque pratiquée dans un mur ou dans une cloison. Depuis l'origine de l'architecture jusque vers la fin du quinzième siècle, les baies des portes et fenêtres étaient presque toujours semblables entre elles, c'est-à-dire que les monuments qui avaient leurs portes quadrangulaires, circulaires ou ogivales, avaient également leurs fenêtres quadrangulaires, circulaires ou ogivales; ce n'est qu'à partir de l'époque de la Renaissance que les architectes employèrent ensemble ces diverses formes.

Chez les Égyptiens, les baies étaient quadrangulaires ou légèrement trapézoïdales, avec la base la plus large à la partie inférieure. Ce dernier mode est conservé par les Étrusques et les Grecs primitifs. A l'apogée de l'architecture grecque, les baies affectent également la forme d'un trapèze, qui bientôt redresse insensiblement ses deux côtés, qui deviennent tout à fait parallèles chez les Romains. Ceux-ci font en plus usage des baies en arcade, qui furent aussi employées dans l'architecture romane. Le moyen âge adopta la forme ogivale, qui, après quelques hésitations, fut définitivement rejetée par l'architecture de la Renaissance, qui aux baies carrées et circulaires ajouta celles terminées en anse de panier, surbaissé, ou quelquefois surélevé, comme on en voit un exemple dans les fenêtres de l'église Saint-Eustache, à Paris. Ce dernier système fut de même délaissé plus tard et remplacé quelquefois par une portion d'arc de cercle venant couper les deux montants, comme dans les fenêtres de la colonnade du Louvre. Maintenant l'architecture n'ayant pas de caractère bien distinctif, toutes les formes de baies sont à peu près indistinctement employées selon le besoin ou le goût de l'architecte; cependant celles en arcades et celles quadrangulaires sont toujours considérées comme le plus rationnelles. CH. GARNIER.

BAIE (botanique).—Fruit mou, succulent, charnu, d'une forme ordinairement arrondie ou ovale, renfermant une ou plusieurs semences au milieu d'une pulpe; telles sont la framboise, les fruits du solanum, du genévrier, etc. « La dénomination de baie est très-vague encore, car elle s'applique à des fruits dont la structure est très-différente. En effet, lorsque les baies sont petites et réunies en grappes ou de toute autre manière sur un réceptacle commun, on leur donne le nom de *grains*. Ainsi, l'on dit un grain de groseille, de raisin, etc. Les plantes qui portent des baies sont appelées baccifères. Quand on consi-

dère le nombre de semences renfermées dans une baie, on nomme *baies monospermes* celles qui n'en ont qu'une; *baies dispermes, trispermes, polyspermes*, celles qui ont deux, trois, plusieurs graines. En général, on reconnaît, par un examen attentif, entre les fruits qui ont reçu le nom de baie, des différences extrêmes, qui échappent au premier coup d'œil. Il y a des baies à une loge et monospermes; d'autres, à deux, à trois, à quatre ou à un plus grand nombre de loges polyspermes, dont les graines sont attachées à l'angle interne de chaque loge; d'autres, au contraire, proviennent d'ovaires à graines pariétales, comme les groseilles. Quelquefois la baie résulte d'un ovaire libre, et quelquefois encore l'épicarpe est formé par le calice adhérent avec l'ovaire inférieur. » — En géographie, on donne le nom de *baie* à un enfoncement profond de la mer dans l'intérieur des terres, lequel, plus large au milieu, présente à son entrée une ouverture plus étroite; elle diffère du golfe, en ce que celui-ci offre aux yeux la forme d'un triangle plus large à sa base qu'à toute autre partie.

BAIL (droit) [du bas-latin *bailium*, garde, tutelle]. — Le sens originaire de ce mot présente à l'esprit l'idée d'une concession. Dans son acception légale, il est employé pour désigner un grand nombre de conventions qui transmettent la jouissance, l'usufruit ou la propriété de biens immeubles, et aussi d'objets mobiliers. Quelques conventions également désignées sous le nom de bail sont des espèces de société ou de marchés, comme les baux de nourriture, de pâturages, etc. La matière des baux est considérable; elle est du plus grand intérêt pour tous, car bien qu'un grand nombre d'actes paraissent, au premier aspect, étrangers au bail, ils s'y rapportent souvent par les effets qu'ils produisent ou par les conséquences qu'ils entraînent, ce que l'on peut reconnaître en entrant dans un examen approfondi des stipulations qui y sont faites. Néanmoins, les ouvrages de jurisprudence française n'ont traité des baux, avec quelque soin, qu'en ce qui regarde le louage des choses ou d'industrie, et les baux à cheptel, probablement parce que le Code civil ne s'est occupé que de ces trois espèces de baux : mais aussi il a renvoyé aux règlements particuliers à l'égard des baux des communes, hospices, cures, fabriques des églises et autres établissements publics (C. civ., 1712), baux dont la régularité est confiée aux soins des notaires. Du reste, on ne trouve dans ces ouvrages aucune explication satisfaisante sur des baux en usage dans bien des localités depuis un temps immémorial, et qui, par des combinaisons appropriées, ont tendu tout à la fois à fertiliser le sol, à favoriser l'industrie locale, et à procurer l'aisance aux bailleurs, ainsi qu'aux preneurs ou fermiers. Ces baux sont particulièrement ceux qui transmettent l'usufruit ou la propriété. Établis d'abord par des nécessités locales, ils ont été régularisés par la législation et la jurisprudence anciennes, et les lois nouvelles n'ont pu les abroger, ne défendant d'ailleurs que les conventions contraires aux lois et aux bonnes mœurs. L'examen sérieux de ces conventions d'espèces particulières, peut mettre à même de reconnaître qu'un grand nombre de celles qui sont usitées dans certaines parties de la France pourraient être mises utilement en usage dans d'autres contrées, tant dans l'intérêt de l'agriculture et de l'industrie que dans celui des propriétaires. Il importe donc de connaître les règles qui régissent les baux des différentes provinces, dont, par circonstance ou par bénéfice de succession, on peut avoir besoin de s'occuper.

Pour les détails, clauses, charges et conditions, il est à propos de se reporter aux volumes spéciaux du notariat; et, pour faciliter les recherches, ainsi que les appréciations sommaires, nous donnons ici le détail alphabétique des différents mots ou noms de tous les baux qui se font, avec quelques explications sur ceux qui sont le moins connus généralement, savoir :

Bail administratif, ou de biens confiés aux soins d'administrateurs temporaires;

— *d'animaux,* convention qui n'est ni le bail à cheptel, ni le bail à nourriture d'animaux, mais bien la location de certains bestiaux pour un temps et un prix annuel qui sont déterminés;

— *de bac,* ou de passage de rivière, d'écluse ou de pont mobile;

— *de bancs et chaises* dans les églises;

— *de bâtiments d'habitation* pour une autorité civile ou militaire;

— *de bâtiment* pour une caserne de gendarmerie ou d'autre troupe;

— *de biens situés en pays étrangers,* ou dans les colonies françaises (application de la loi du 16 août 1824);

— *de bois et forêts;*

— *pour l'enlèvement des boues,* etc.;

— *de carrières, mines ou tourbières,* bail qui, dans plusieurs cas, a le caractère d'aliénation ou de vente;

— *à cens,* sorte de bail qui n'existe plus en France, et qui consistait dans la concession faite au preneur d'un fonds, dont il jouissait comme propriétaire, moyennant une redevance annuelle, et en reconnaissance du droit seigneurial qu'avait le propriétaire concédant;

— *de chaises* dans les lieux publics;

— *de chasse,* ou du droit de chasse, soit pour empêcher les récoltes de servir de pâture aux animaux, au gibier, soit pour se livrer au plaisir de la chasse;

— *à cheptel,* contrat par lequel l'une des parties donne à l'autre un fonds de bétail pour le garder, le nourrir et le soigner, sous les conditions établies entre elles;

— *à colonge;* ainsi désigné dans l'Alsace, et qui, dans les autres parties de la France, n'est autre que le bail à rente, par lequel le propriétaire aliène son fonds à la charge d'une rente, prix de l'aliénation, c'est-à-dire d'une rente foncière, qu'on appelait, en Alsace, rente colongère;

— *à colonnage;* nom donné, dans quelques contrées, au bail partiaire. — Voy. ce mot;

— *de biens* d'une commune ou d'une ville;

— *à complant,* ou par lequel un propriétaire remet à un cultivateur soit des champs plantés de vignes, soit des champs vides, à la charge d'encomplanter, et sous la condition de la redevance annuelle d'une

quotité des denrées à produire par les champs ainsi remis ; ce bail, qui n'est pas généralement usité, fait partie du contrat connu sous le nom générique de champart;

Bail à convenant, ou à domaine congéable (voy. ci-après ce dernier nom), si ce n'est que ce terme de convenant s'entend quelquefois d'une tenue convenancière quelconque, sans considérer si elle est à domaine congéable, censive, péage, etc.;

— *par convention verbale,* ou sans aucun écrit, comme il résulte de l'art. 1714 du C. civ.; toutefois, si ce bail est nié, la preuve testimoniale est admissible jusqu'à la somme ou valeur de 150 fr.;

— *à culture perpétuelle,* ou à locatairie perpétuelle (voy. ce dernier mot);

— *de biens* de cures, archevêchés, évêchés, chapitres cathédraux ou collégiaux, séminaires et écoles secondaires ecclésiastiques; le tout régi par les dispositions du décret spécial du 6 nov. 1813;

— *à domaine congéable,* c'est-à-dire qui contient à la fois une vente à réméré et une convention de la nature du louage (voy. Domaine congéable);

— *à durée de famille;* bail particulièrement connu en Alsace, et que l'on y considère comme translatif de jouissance lorsque aucune clause n'indique une transmission de propriété ou d'usufruit;

— *à durée illimitée,* c'est-à-dire tant qu'il plaira soit au bailleur, soit au preneur, et dont la plus grande durée ne peut excéder la vie du preneur, ce qui est alors un bail à vie; néanmoins, il peut être dit que le bail ne cessera qu'à la mort des enfants à naître du preneur et même à celle de ses petits-enfants, ce qui serait un bail à vie sur plusieurs têtes, et encore à l'extinction de la postérité du preneur, ce qui serait alors un bail à durée illimitée;

— *de biens* d'un établissement public, à savoir, de la Caisse d'amortissement, des bureaux de bienfaisance, des communes, des fabriques, des hospices, de l'Université, des académies, des collèges, des écoles spéciales d'arts, des sciences et d'application, des séminaires et autres établissements qui ne sont point institués dans un intérêt privé;

— *de biens de l'Etat,* appelés aussi domaines nationaux ;

— *au profit de l'Etat,* tel que des chantiers pour des matériaux destinés à des constructions à la charge de l'Etat, du logement des commandants des divisions militaires et autres locations dont le prix est prélevé sur les fonds des ministères, et des locations faites en faveur des administrations dont les dépenses figurent au budget de l'Etat;

— *emphytéotique,* c'est-à-dire concession d'un immeuble faite pour un long temps, à la charge d'une redevance annuelle, et, en retour, à la charge par le preneur, désigné sous le nom d'emphytéote, d'y faire des augmentations, des améliorations, des constructions, des plantations ou autres choses, lesquelles resteront au bailleur à la fin du bail;

— *des biens* d'une fabrique d'église;

— *à ferme,* soit des héritages ruraux, tels que des

terres labourables, prés, vignes et autres fonds de terre à la campagne (C. civ. 1711);

Bail à fieffe; nom que l'on donnait, en Normandie, au bail à rente foncière; le terme de fieffe venant du mot latin *fides;* de là fieffer un héritage était le confier au preneur, appelé fieffataire, pour le cultiver et l'améliorer, et pour en jouir et disposer à perpétuité moyennant une rente en deniers, grains ou autres espèces; mais ce bail a dû, sous le nouveau droit, suivre le sort du bail à rente (voy. ce mot ci-après);

— *héréditaire,* ou à durée de famille (voir ce mot ci-dessus), bail particulièrement connu en Alsace;

— *de biens* d'un hospice ou d'un bureau de bienfaisance (décret du 12 août 1807);

— *de biens* de l'instruction publique (même décret de 1807);

— *judiciaire;* bail qui était usité sous la législation ancienne, à la suite des saisies réelles ou expropriations forcées (le Code de procédure en a consacré l'abolition); pour la location des biens de l'État, ce qui a lieu aujourd'hui administrativement (voy. Bail des biens de l'État); pour les biens des mineurs, que maintenant les tuteurs ont la capacité d'affermer; du reste, cette dénomination de bail judiciaire a été consacrée par l'usage, et on l'applique encore à tout bail consenti en exécution d'une décision judiciaire;

— *par licitation;* forme de bail que l'on doit adopter lorsque les copropriétaires d'un immeuble à louer ne s'accordent pas sur le prix et les conditions du bail ou sur le choix d'un locataire ou fermier, cas auquel on peut avoir recours aux formes judiciaires, pour ordonner que le bail sera adjugé aux enchères publiques, soit devant un membre du tribunal, soit plutôt devant un notaire (C. de proc. 643 et suiv. — Pigeon, t. II, p. 700);

— *à locatairie perpétuelle,* ou à culture perpétuelle, bail dont les effets variaient suivant les provinces anciennes, et quel que fût le vrai propriétaire, du bailleur ou du preneur, c'était toujours une espèce de champart, puisque la redevance consistait dans une partie alicote des fruits, redevance que la loi du 18-29 déc. 1790, art. 2, a déclaré essentiellement rachetable; dès lors elle a rendu le preneur propriétaire incommutable, sauf le payement de la rente ou de son capital; mais, pour la législation actuelle, l'effet d'un semblable contrat serait celui d'une véritable vente, dont le prix serait une rente remboursable suivant l'art. 530 du C. civ.;

— *à loyer,* ou louage des maisons et celui des meubles (C. civ. 1711);

— *à longues années,* c'est-à-dire le bail qui excède le terme de neuf ans, ce que, dans l'ancien droit, quelques provinces considéraient comme translatif du domaine utile, et même Pothier envisageait alors le droit du preneur comme un droit immobilier (Louage, n° 27); mais cette doctrine ne peut plus se soutenir sous l'empire du C. civ., qui n'a pas établi cette distinction; seulement aujourd'hui le terme de neuf ans est le terme légal et le plus long dans beaucoup de cas, et alors que le bailleur n'est pas le propriétaire sérieux;

Bail maritime; dénomination sous laquelle on comprend le louage des navires, et aussi celui des matelots et autres personnes de l'équipage;

— *d'un métier,* soit d'une machine quelconque, d'un métier à faire des bas, etc.;

— *de meubles,* ou location de meubles, d'objets mobiliers, pour un temps et à des conditions déterminées;

— *de mine* (voy. Bail de carrières, mines ou tourbières);

— *des biens* d'un mineur ou d'un interdit (C. civ. 405 et 509);

— *à moitié fruits* (voy. Bail partiaire, ci-après);

— *à nourriture de personnes,* contrat improprement appelé bail, et par lequel une personne se charge d'en nourrir une autre moyennant un prix annuel;

— *d'octroi;* ce qui est la cession faite à un particulier de la jouissance du droit d'octroi appartenant à une ville ou commune, pendant un nombre d'années déterminé, soit moyennant une somme fixe seulement, soit moyennant une somme fixe et une quotité des produits payés et constatés;

— *d'ouvrage* ou *d'industrie,* ou convention par laquelle l'un des contractants s'oblige à faire quelque chose pour l'autre, moyennant un prix convenu; les espèces principales sont le louage des gens de travail, celui des voitures par terre et par eau, et celui des entrepreneurs d'ouvrages par suite de devis ou marchés (C. civ. 1799);

— *en payement;* acte par lequel un débiteur cède une chose à son créancier dans la vue de se libérer (voy. Dation en payement);

— *partiaire;* contrat par lequel le propriétaire d'une ferme ou d'une métairie la donne à cultiver à un métayer, ou colon partiaire, sous la condition principale du partage des fruits et produits qui s'y récolteront; ce bail, plus en usage dans les parties méridionales de la France, y est désigné sous les noms de bail à colonage, — à grangeage, — à métairie, — ou bail à moitié fruits;

— *de pâturage et nourriture d'animaux,* ou convention pour laisser paître dans un herbage, un pâtis, etc., tant de chevaux, de bœufs, de vaches ou d'autres animaux, moyennant tant par tête ou une somme fixe par année; ou encore convention par laquelle on se charge de nourrir et soigner tant d'animaux, pendant un certain temps, moyennant une somme fixe par année, ou sous des conditions qui participent du bail à cheptel;

— *de pêche;* acte par lequel le propriétaire d'un domaine afferme la pêche d'étangs, viviers, réservoirs, bassins, ruisseaux ou rivières non flottables, aux prix, clauses et conditions qu'il juge convenables;

— *à rente,* c'est-à-dire, sous l'ancien droit, concession à perpétuité d'un immeuble moyennant une rente annuelle en argent ou en nature; sous le régime du Code civil ce serait plutôt une vente, et la rente serait essentiellement rachetable (voy. Rente foncière, et C. civ. art. 530);

Bail sous signatures privées, ou par écrit sous seing privé; ce bail, quand il est fait pour des immeubles, doit être enregistré dans les trois mois de sa date, sous peine du double droit (loi du 22 frim. an VII, art. 22 et 38);

— *d'usine, de moulin,* etc., soumis au principe du louage en général;

— *verbal* (voy. Bail par convention verbale);

— *à vie*; cession de la jouissance ou de l'usufruit d'un immeuble moyennant un prix annuel payable pendant la vie du preneur;

— *de voituriers par terre et par eau*; genre de louage qui est une des branches du louage d'ouvrage et d'industrie (C. civ. 1779); c'est un marché d'une espèce à part (voy. Transport par terre et par eau).

En général, il faut reconnaître que les baux importants ont besoin d'être faits dans la forme authentique, devant notaire, tant à cause de leur meilleure et plus complète rédaction que par rapport aux avantages, sûretés hypothécaires et autres, exécution parée, droits et priviléges qui en résultent. Il est même des contrées dans lesquelles, comme dans le Perche et la Normandie, il est à propos que les baux à ferme soient passés devant le notaire de la localité, à raison de certaines conditions à stipuler clairement, et qui se rattachent soit aux besoins spéciaux du sol et de la culture locale, soit à l'utilité de maintenir, de retenir le fermier dans les limites voulues. Dans les pays où la culture est variée, où il a fallu respecter l'usage ancien des trois et même quatre saisons, savoir, des blés, des marsages, des guérets et des plantes fourragères, avec ces accessoires d'arbres fruitiers, d'autres arbres, de taillis, de vignes, d'étangs, etc., il y a bien des précautions à prendre pour éviter les contestations et les procès. Il faut d'abord ne pas trop s'écarter des usages locaux, et, dans l'intérêt commun, il est souvent nécessaire d'établir là régularité la plus minutieuse, notamment en faisant constater régulièrement l'abornement de chaque pièce de terre, sa saison propre, le nombre et la nature des pieds d'arbres qui y existent, l'âge des taillis et des fortes haies, la situation des vignes et autres accessoires de la propriété, afin que le fermier, en sortant, ne puisse pas laisser les lieux dans un moins bon état que celui où il les a pris et que les améliorations auxquelles il s'est soumis soient facilement reconnues. De même à l'égard des baux d'usines, de moulins et autres grands établissements; il y a, suivant les localités, des clauses et conditions qu'il convient de rendre lucides et d'ailleurs bien exécutables à la fin de chaque bail. Nous nous attachons plus spécialement ici aux baux à ferme, et d'ailleurs à toutes espèces de baux relatifs aux héritages ruraux, au sol cultivé au profit de l'alimentation générale, parce qu'il est devenu de plus en plus utile de veiller à l'amélioration du sol et à l'augmentation de toute la production, mais aussi par cette raison majeure qu'en fertilisant le sol par la pratique du drainage moderne, exécuté dans de bonnes conditions d'emploi et d'écoulement des eaux pluviales

et autres, de manière même à ce que ces eaux, aménagées et utilisées selon les terroirs, ne reviennent plus contribuer aux débordements des rivières et des fleuves ni au fléau des inondations. Voici sur cette grave question de la jouissance à bail, des satisfactions du fermier comme du propriétaire, et aussi des améliorations désirables du sol par le draidage et la culture variée fructueusement, ce que nous avons déjà écrit ailleurs :

« Le fermier est tenu de conserver l'assolement suivant l'usage des lieux (C. civ. 1774); mais cet usage n'est plus universel en France, et à mesure qu'il disparaît il est utile de s'en expliquer formellement dans les baux. Toutefois, dans quelques pays de grande culture, particulièrement où la culture principale est celle des céréales ordinaires, blés et marsages, il ne dépend pas seulement de la volonté du propriétaire et du fermier de changer l'assolement de leurs terres, il faut encore que ce soit facile et utile, à cause des pièces de terre voisines dont l'ensemencement a lieu par soles et saisons accoutumées. C'est ainsi que, dans la partie de terroir de la commune de la saison des blés, la pièce de terre qui est enclavée vers le centre, et pour laquelle on n'a pas la jouissance d'un chemin particulier d'exploitation, doit nécessairement être mise en blé, afin que la récolte puisse en être faite sans dommage pour les voisins et de manière à passer sur les champs riverains sans nuire à leurs récoltes. Il y a d'ailleurs intérêt pour tous les cultivateurs d'un même terroir à ce qu'il en soit ainsi, puisque sans cela il pourrait être fort difficile au contrevenant de faire et de rentrer sa récolte plus hâtive. Le drainage ou l'ameublissement plus complet du sol arable devra certainement apporter d'avantageuses modifications et favoriser la suppression des jachères, ou au moins autoriser une culture plus souvent renouvelée des différentes pièces de terre en nature de labour; mais il ne faudra pas moins de l'ordre et de l'entente dans l'assolement de chaque terroir ou contrée, que les agriculteurs appellent champtier. Le drainage offrira même cet avantage pour le transport des récoltes de rendre tout le sol plus uni, les raies ou sillons de séparation n'ayant plus besoin d'être autant profondes et les fossés d'écoulement des eaux pouvant être supprimés. Il deviendra alors plus opportun aussi de s'occuper de l'abornement des champs et d'une manière régulière, ce qui est toujours une mesure profitable aux laboureurs et aux propriétaires. Le drainage viendra donc en aide à une culture et à un assolement mieux appropriés et plus productifs; et, comme c'est évidemment parmi les hommes laborieux des champs, dans cette classe si recommandable des cultivateurs, qu'il est le plus à propos d'éviter les discussions, les inimitiés, les procès, les frais et la perte d'un temps précieux, qu'il nous soit permis d'exprimer le désir, dans leur intérêt, que le drainage des terres ait lieu en tenant compte du mérite de l'assolement local, et, autant qu'il sera possible, en protégeant le bornage immédiat, à peu de frais, de chaque pièce de terre drainée. Ce bornage est, du reste, d'autant plus utile, qu'avec le drainage peuvent disparaître certaines délimitations jusqu'alors naturelles, telles que rigoles, ados, fossés et ruisseaux, et que tout le sol étant rendu plus uni, plus plat partout, les empiétements et les ratirages pourraient être plus faciles et fréquents. Assez souvent la maladresse d'un charretier de labour suffit pour retirer, sans mauvaise volonté, une demi-raie sur la pièce de terre voisine, particulièrement dans les champs d'un même assolement.

C'est également avec le bénéfice du drainage qu'il sera facile d'améliorer et d'augmenter la culture des prés et plantes fourragères, au profit de l'élève des bestiaux de ferme et de l'agriculture, par des fumiers plus abondants, sans nuire en rien à une production meilleure des céréales. Alors aussi des modifications analogues devront être apportées dans les stipulations et conditions des baux, et peut-être, ainsi que nous l'avons déduit au commencement de cet article, jugera-t-on à propos d'entrer dans l'examen sérieux des conventions de différents baux, qui doivent convenir le mieux tant aux intérêts de l'agriculture et de l'industrie qu'à ceux des propriétaires. Il importera surtout d'apprécier, selon les localités, l'importance des baux d'animaux, à cheptel, à colonage ou à rente, à durée de famille, emphytéotiques, à moitié fruits, partiaires, de pâturage et nourriture d'animaux et à vie, dont nous avons parlé plus haut. En fertilisant le sol, en augmentant la production de chaque pièce de terre, ainsi que de sa superficie entière, par la suppression des fossés, des rigoles, des ruisseaux, des ados, de certains sillons, et même d'une partie des jachères ou guérets, on sera aussi d'autant plus à même de songer à une autre nécessité, celle de reboiser certaines parties peu fertiles tant des terrains montueux que des bas fonds dont le sous-sol est naturellement humide, en choisissant d'ailleurs les essences de bois convenant le mieux à la nature et à la disposition du sol. Le fermier intelligent comprend bien cela et ne demande que la facilité d'exécution, avec un bail convenable. Là est encore un moyen de venir en aide à l'agriculture et à la production, en garantissant en même temps plusieurs parties du sol arable des dévastations des eaux surabondantes, des torrents, et en retenant, pour les utiliser au besoin, ces eaux que les bois savent contenir et retenir si abondamment par leurs feuilles, les végétations du sol, les longues racines des arbres et les nombreux ruisseaux qui reçoivent lentement le trop plein. Ce ne sont pas là de vaines théories, mais bien de la saine pratique dont on est assez appelé à reconnaître l'opportunité actuelle.

Le *bailleur* est celui qui donne à ferme ou à loyer, ainsi nommé par opposition à celui qui prend, lequel se désigne naturellement sous le nom de preneur.

JEAN ETIENNE.

BAILLEUR DE FONDS (droit).—Cette expression a trois significations particulières; elle désigne: 1° celui qui prête tout ou partie de la somme nécessaire à un titulaire d'emploi, pour son cautionnement; 2° celui qui prête à un acquéreur les fonds néces-

saires pour payer, en totalité ou en partie, le prix de son acquisition; 3° et celui qui fournit des fonds à un négociant pour former ou augmenter un établissement. Ce dernier est plus connu sous le nom de commanditaire.   J. E.

BAILLISTRE (droit). — Ce terme est usité dans plusieurs localités comme synonyme de tuteur, de gardien, d'administrateur; il est pris de l'ancienne coutume d'Amiens, art. 45.   J. E.

BAILLEMENT (physiologie). — Inspiration profonde avec écartement considérable des mâchoires, déterminé le plus souvent par un embarras dans la circulation pulmonaire. Le bâillement a lieu en effet toutes les fois qu'une cause quelconque (sommeil, réveil, ennui) tend à diminuer la quantité de l'air ou à accumuler le sang dans le cœur ou les poumons. Il se produit quelquefois en vertu de l'instinct d'imitation : ce qui a fait dire au docteur Macquart que lorsque les bâillements se succèdent, il vaut mieux se retirer et aller se reposer que de faire bâiller les autres. On a vu le bâillement être très-fréquent et si opiniâtre qu'il constituait une espèce de maladie.

Nous croyons, dans ce cas, qu'il est symptomatique, et qu'il réclame un traitement approprié à la maladie qui le fait naître. Hippocrate prescrivait contre le bâillement, ainsi que contre le hoquet, de garder longtemps la respiration.   B. LUNEL.

BAILLI (anciennement *baillif*) [du bas latin *bajulus*, garde, protecteur]. — Anciens juges seigneuriaux qui étaient chargés, dans les grands fiefs, de rendre la justice ou de la faire rendre au nom de leurs seigneurs : « plus tard, cette dénomination s'appliqua aux officiaux d'épée royaux, que le roi de France chargeait de rendre la justice dans une certaine étendue du territoire. Ces baillis administraient à la fois la justice, les finances et les armées; ils présidaient à toutes les assemblées générales qui étaient relatives à la police des villes, et faisaient procéder aux élections des maires et échevins; et de plus ils pouvaient provoquer le ban et l'arrière-ban. Dans le quatorzième siècle, ils n'eurent plus que l'administration de la justice; Charles IX régla que les baillis royaux ne seraient plus que de robe courte, et jusqu'en 1789, époque de leur suppression, pour être admis à cette charge, il fallait être gentilhomme de nom et d'arme. Lorsqu'on établit une milice soldée, les baillis cessèrent de commander la noblesse de leurs districts, et l'on mit fin à leur pouvoir par l'institution des intendants des provinces. Louis XIV régnait alors. Ce nom s'étendit aussi aux officiers et juges subalternes des bourgs et villages; et plus tard, ils conservèrent seuls le titre de *baillis*. »

BAIN (hygiène, thérapeutique) [de *balneum*, bain]. — Immersion totale ou partielle des corps dans l'eau pendant un certain temps. Suivant leur *température* ou leur *composition*, les bains produisent des effets variables. Nous allons les étudier successivement :

Des bains considérés sous le rapport de la température.

On les distingue en froids, tempérés et chauds.

1° Les *bains froids*, pris en été dans les rivières ou la mer (12 à 18° centigr.), agissent comme tonique, en rafraîchissant les sujets riches en chaleur animale : la natation en augmente les bons effets. Les bains de mer ont une action excitante et tonique, qui tient aux principes salins qui s'y trouvent, au choc des vagues et à la plus grande densité de l'eau. Ces bains sont utiles dans une foule de maladies nerveuses et inflammatoires, dans la chlorose, l'aménorrhée, les scrofules, etc., mais dangereux pour les sujets débiles, les individus pléthoriques, ceux dont les bronches sont irritables, pour les femmes enceintes et les veillards; — les *bains frais* (18 à 25° centigr.) produisent les mêmes effets que les bains froids, mais à un moindre degré.

2° Les *bains tempérés* (de 27 à 35° centigr.) sont ceux qu'on prend comme moyen d'hygiène. Ces bains sont utiles à l'homme dans tous les temps de son existence; ils conviennent aux enfants du premier âge, pour les nettoyer et faciliter le développement de leurs organes. On doit prendre des bains au moins une fois par mois. C'est le moyen de faciliter toujours les fonctions dépuratrices. Les vieillards trouveront dans l'usage du bain un peu plus chaud l'avantage de retarder la rigidité de leurs fibres, et de prolonger la durée de leurs jours. Les femmes, celles des villes surtout, qui font peu d'exercice, doivent prendre souvent des bains tièdes, la souplesse de la peau sera ainsi bien entretenue; la transpiration et toutes les fonctions s'exécuteront mieux, et c'est là un point important pour les personnes sédentaires.

3° Les *bains chauds*, c'est-à-dire qui dépassent 35° centigrades, ne conviennent que dans des cas appréciables par le médecin, car la sueur qu'ils provoquent ne pouvant contre-balancer le calorique excédant, les plus graves accidents (inflammation, rupture d'anévrisme, suffocation, apoplexie même) peuvent en résulter.

Voici quelques considérations essentielles relatives à l'usage des bains. On ne doit point entrer dans le bain lorsqu'on est en sueur ou très-fatigué, surtout dans le bain froid ou frais, la répercussion de la transpiration pouvant devenir funeste. On sait qu'Alexandre faillit perdre la vie pour s'être baigné, étant en sueur, dans la rivière du Cydne. Il faut attendre 3 à 4 *heures* après le repas pour prendre un bain, et s'y plonger en un seul temps, pour que la pression du liquide soit égale. Le temps le plus favorable pour se baigner en grande eau est celui du coucher du soleil, afin de n'être point exposé aux accidents de l'*insolation* (voir *Coup de soleil*). Il faut éviter d'avoir froid en sortant du bain. Lorsqu'on a même quelque raison d'augmenter la transpiration après bain, il faut se coucher et se bien couvrir.

Si, après un bain chaud, on craignait un relâchement des fibres musculaires, quelques frictions avec de la flanelle seraient utiles. Quand on prend des bains de rivière ou de mer, il faut se mettre à l'ombre, éviter que l'eau soit trop agitée, et surtout bourbeuse et croupissante. Une des choses les plus essentielles pour les bains, chose à laquelle on ne fait souvent que peu d'attention, c'est d'en proportionner la chaleur au degré de sensibilité de ceux qui les prennent. Il est certain qu'un peu plus de chaleur ou un peu moins n'est point indifférent; ce qui est froid pour celui-ci est chaud pour celui-là. Aussi, pour avoir une règle sûre, surtout pour ceux qui chauffent les bains, il est nécessaire d'employer des pèse-bains, bien calibrés et bien divisés.

Enfin, il faut s'essuyer avec des linges bien secs; cette préoccupation est de la plus haute importance.

Des bains considérés sous le rapport de leur composition.

Selon les effets que le médecin veut obtenir dans les maladies, il varie la composition des bains; c'est ainsi qu'il ordonne des bains émollients, aromatiques, alcalins, mercuriels, sulfureux, etc. Voici la composition des principaux bains employés en médecine et l'indication de leur usage :

Bain acide.

Acide hydrochlorique   300 grammes.

Versez dans le bain.
Employé dans les affections chroniques de la peau.

Bain aromatique.

Espèces aromatiques	1,200 grammes.
Eau bouillante	3 kilogrammes.

Faites infuser pendant 12 heures, passez et versez dans le bain.
Employé contre les scrofules, le rachitisme, etc. Les constitutions faibles se trouvent souvent bien de ces bains.

Bain alcalin.

Carbonate de soude du commerce   250 grammes.
Versez dans le bain.
(Même usage.)

Bains de barége artificiels ou *sulfureux*.

Sulfure de potasse   100 grammes.

Faites dissoudre dans un litre d'eau, et versez dans une baignoire de *bois* ou de *zinc*.
Contre les maladies de la peau.

Bain émollient.

Espèces émollientes	2 kilogrammes.
Graine de lin	300 grammes.

Faites bouillir dans 10 litres d'eau, passez et versez dans le bain.
Très-précieux dans une foule de maladies inflammatoires.

Bains gélatineux.

Colle de Flandre	1 kilogramme.
Eau chaude	10 kilogrammes.

Faites dissoudre et mélangez.
Employé dans les mêmes cas que le bain émollient.

Bain gélatino-sulfureux.

Ajoutez au bain de barége :
Colle de Flandre   1 kilogramme.

Bain de pieds sinapisé.

Farine de moutarde   120 grammes.
Eau chaude (non bouillante) 1 kilogramme.
(Même proportion pour les bains de mains.)

Bain de pieds alcalin.

Cendres végétales	250 grammes.
Eau chaude	3 kilogrammes.
Sous-carbonate de potasse	30 grammes.

(Même proportion pour les bains de mains.)

Bain de vapeur simple.

Le malade est placé dans un appareil particulier où l'on fait arriver de la vapeur d'eau.

Voici un moyen très-simple d'administrer cette espèce de bain : l'extrémité d'un tube recourbé étant plongée dans un vase clos rempli d'eau bouillante, on dirige l'autre extrémité dans le lit du malade.

Ces bains s'emploient dans les rhumatismes chroniques, les maladies de peau anciennes, etc. Ils sont sudorifiques, dérivatifs, etc.

L'usage des bains est venu des Orientaux, d'où il a passé chez les Grecs, et ensuite chez les Romains. Du temps de Pompée, les édiles furent chargés de faire construire des bains publics. Agrippa en fit élever cent soixante-dix, pendant son édilité; il y en avait alors huit cents distribués dans les divers quartiers de Rome. Les Romains introduisirent l'usage des bains dans les Gaules. Grégoire de Tours nous apprend que de son temps il y avait plusieurs bains publics, et l'on voit encore à Paris, rue Saint-Jacques, les restes des bains construits par l'empereur Julien.

Vitruve a donné une description détaillée des *bains* des Grecs : il paraît qu'ils étaient composés de sept pièces différentes, la plupart détachées les unes des autres, entremêlées de quelques pièces destinées aux exercices. Chez les Romains, le premier bain public d'une certaine étendue fut construit par Mécène, dans l'année de son édilité; mais, dans la suite, Néron, Vespasien, Titus, Domitien, et presque tous les empereurs, firent bâtir des étuves et des bains avec le marbre le plus précieux, et dans les règles de la plus belle architecture.   B. LUNEL.

BAIN (chevalerie). — *L'ordre du Bain* est un ordre militaire, institué par Richard II, roi d'Angleterre, au quatorzième siècle (1399). Ce prince étant au *bain*, fut averti que deux veuves venaient lui demander justice; sur-le-champ il sortit du bain en s'écriant que la justice envers ses sujets était un devoir préférable au plaisir du bain, et ensuite il créa cet ordre, qui tomba en oubli, mais que Georges Ier releva avec éclat.

BAIN-MARIE (chimie) [corruption de *balneum maris*].
— Il consiste à placer une ou plusieurs cucurbites dans un grand vaisseau rempli d'eau bouillante.

C'est le moyen le plus sûr et le plus commode pour faire les *digestions* chimiques, et cuire les viandes pour les consommés des malades.

BAIN (chimie). — Masse d'une nature quelconque qui entoure le corps baigné en se prêtant, par le peu d'agrégation de ses molécules constituantes, à toutes ses formes, à tous ses déplacements.

BAINS (droit). — Les bains établis sur terre sont immeubles; mais établis sur bateaux, ils sont meubles (C. civ., 531). Les ustensiles, tels que cuves et baignoires, placés par le propriétaire du fonds, suivent en général le sort de l'établissement principal, et comme lui ils sont ou meubles ou immeubles par destination (*ibid.*, 524). Néanmoins, si les ustensiles étaient placés par les locataires, ils ne seraient considérés comme immeubles que dans le cas où le bail serait de l'espèce de ceux qui transfèrent la propriété.   J. E.

BAÏONNETTE [de *Bayonne*, ville où les premières armes de ce nom furent fabriquées (1671)]. Des auteurs prétendent que, dans les Pyrénées, il existe un point nommé le *Baïonnette*, où, suivant la tradition locale, cette arme aurait été inventée.

Cependant voici ce que dit à ce sujet M. de Puységur dans ses Mémoires : « Lorsque M. de Puységur, commandant, en 1642, dans une partie de la Flandre, envoyait des partis au delà des canaux, il ne donnait pas d'épée à ses soldats, mais bien des baïonnettes dont la lame avait un pied de longueur et dont le manche en bois s'enfonçait aussi d'un pied dans le canon du fusil. » Ce fut seulement en 1703, dit un auteur, sur les conseils réitérés de Vauban, que Louis XIV se décida à armer toute l'infanterie française de fusils à baïonnette. Depuis cette époque, cette arme est devenue entre les mains de nos soldats la terreur de nos ennemis. Aussi plus d'un prince étranger a-t-il fait allonger les baïonnettes dont il armait ses troupes, croyant ainsi allonger leur courage; précaution aussi prudente qu'elle a été inutile. C'est surtout la vieille garde qui a illustré la baïonnette; elle semblait mépriser la poudre, et, comme les vaillants guerriers du moyen âge, elle luttait corps à corps et de près. Dans la guerre de Pologne, un régiment jura de ne pas brûler une cartouche contre les Russes, et ce fut à la baïonnette qu'il repoussa toutes les attaques. Ce régiment héroïque fut sept fois renouvelé durant le cours de cette guerre. C'est encore à la baïonnette que ces mêmes Russes ont été vaincus à l'Alma et à Inkermann.

BALANCE [du latin *bis*, deux, et *lanx*, plateau]. — Instrument servant à déterminer le poids des corps. La balance ordinaire se compose d'abord d'un levier droit et rigide traversé en son milieu et à ses deux extrémités par des prismes triangulaires d'acier à arêtes vives. Le prisme du milieu, que l'on nomme aussi *couteau*, a son arête vive du plus petit angle placée en bas, tandis que l'arête semblable, dans les couteaux des extrémités, est, au contraire, tournée vers le haut. Le levier ou *fléau*, ainsi disposé, peut être placé sur deux plans de marbre, d'acier ou d'agate, en ne s'appuyant que sur l'arête inférieure du couteau du milieu. Ce genre de suspension donne au fléau une mobilité très-grande et fort durable. Les plateaux, suspendus par des chaînes ou des tiges métalliques, s'accrochent par des couteaux recourbés à arête vive intérieure aux deux prismes extrêmes, avec lesquels ils n'ont par conséquent qu'un point de contact au croisement des deux arêtes vives. La mobilité très-grande qui résulte de ce mode de suspension rend la pesée indépendante de la position des corps ou des poids au milieu ou sur les bords des plateaux. Les deux plans de marbre ou d'agate sur lesquels repose le fléau sont soutenus par une colonne de construction particulière. Souvent deux bras en forme de fourchettes s'échappent de ce support pour arrêter le fléau dans ses trop grandes oscillations ou le supporter lorsque, après l'expérience terminée, on ne veut pas laisser l'arête du couteau s'émousser par un frottement inutile contre le marbre. — Dans la balance dite *hydrostatique*, qui ne diffère de celle-ci que par l'addition de deux crochets sous les plateaux, la colonne qui sert de support peut s'allonger ou se raccourcir aisément au moyen d'une crémaillère. Cette dernière balance sert, comme son nom l'indique, à peser les corps dans les liquides. C'est par elle que l'on vérifie, dans les cabinets de physique, le principe d'Archimède : *un corps plongé dans un liquide ou un gaz y perd une partie de son poids égale au poids du volume du fluide déplacé*, principe qui renferme la théorie des aréostats et celle des corps flottants. Une aiguille fixée invariablement au couteau principal à angle droit avec le fléau parcourt dans les mouvements oscillatoires de celui-ci un cercle divisé, souvent placé au-dessus de la balance, mais préférablement à la base de la colonne; en prenant surtout cette dernière disposition, on peut observer les plus petites déviations de l'horizontalité du fléau, si primitivement l'instrument a été bien dressé au moyen de vis calantes et de deux niveaux à bulles d'air posés sur son pied.

Plusieurs conditions sont indispensables à la parfaite construction d'une balance. La première consiste dans l'égalité des bras de levier en longueur et en poids; c'est-à-dire que les distances entre les points de suspension des plateaux et celui du fléau doivent être parfaitement égales. Berzélius obtenait ce résultat en donnant aux extrémités de son fléau la forme de fers à cheval que l'on pouvait ouvrir ou fermer au moyen d'une vis à filets très-fins. Une condition non moins importante consiste à bien mettre les points de suspension sur la même ligne horizontale. Enfin, le *centre de gravité* du fléau et des plateaux réunis doit se trouver sur la verticale passant par le point fixe et un peu au-dessous de ce point fixe. S'il se trouvait trop au-dessous, le fléau n'oscillerait que sous l'influence d'un poids assez fort, et la balance serait dite *paresseuse*; si le centre de gravité se trouvait précisément au point d'appui du fléau, le système prendrait indifféremment toutes les positions, et la balance serait *indifférente*; si, en-

fin, il était au-dessus, la moindre rupture dans l'équilibre tendrait à renverser l'appareil, et la balance serait *folle*. — On donne à la balance le degré de *sensibilité* désirable au moyen d'une masse de métal ajoutée au-dessus du fléau et que l'on peut faire monter ou descendre le long d'une tige, de façon à déplacer dans le même sens le centre de gravité. La condition de l'égalité des bras de levier est indispensable si l'on met indifféremment les poids ou le corps à peser dans un plateau ou dans l'autre; mais s'il n'en est pas ainsi, on peut faire des pesées très-exactes avec des balances mal construites ou du moins à bras inégaux. Pour cela, on place dans un plateau le corps à peser, et on lui fait équilibre dans l'autre plateau avec des grains de plomb, du sable ou toute autre substance, puis l'on retire le corps et on le remplace par des poids marqués qui, dans les mêmes circonstances, agissant de la même façon que le corps, doivent nécessairement lui être équivalents en poids.

Sans nous arrêter à la *balance-romaine* ou simplement *romaine* (voy. ce mot), nous passons à la balance dite *danoise*, qui est très-employée. Elle consiste simplement en un levier dont le point de suspension est mobile; une des extrémités du levier porte un poids connu et fixé, l'autre un crochet qui soutient soit un plateau, soit directement le corps à peser. Une fois le corps placé sur le plateau, on fait glisser le point d'appui le long du levier jusqu'à ce qu'il y ait équilibre; puis on lit au point où l'on s'arrête le chiffre, qui donne le poids cherché. Ce nombre sera obtenu soit en suspendant successivement au crochet des poids connus, soit en s'appuyant sur ce principe : *les poids des corps agissant aux extrémités d'un même levier sont en raison inverse de la longueur de leur bras de levier.* On a cherché aussi à construire des balances fondées sur l'élasticité de certains corps ou leur degré de torsion; ces sortes d'instruments ont pris le nom de *pesons* (voyez ce mot).

La *balance de torsion* de Coulomb n'a plus aucun rapport avec les instruments que nous venons de décrire. Celle-ci est destinée à mesurer l'intensité magnétique ou électrique de certains corps. Sa construction est d'ailleurs assez simple. Un fil de métal très-fin ou de soie tel qu'il sort du cocon, c'est-à-dire qui n'a été soumis à aucune torsion ni à aucune préparation, est suspendu par une pince dont les tours sont indiqués par une aiguille qui parcourt un cadran; l'autre extrémité du fil supporte dans une chappe une aiguille horizontale, dont une extrémité, armée d'une lame de clinquant, parcourt également les 360 divisions d'un cercle tracé sur la cage de verre qui recouvre l'appareil. Supposons qu'on touche la petite feuille de clinquant avec un corps électrisé introduit avec précaution dans la cage et maintenu fixe : il y aura immédiatement une répulsion d'autant plus vive que la force électrique sera plus grande, et cette force pourra se mesurer par l'angle que fait l'aiguille avec sa direction primitive. Pour les actions magnétiques, il suffit de remplacer l'aiguille par une tige aimantée et la source d'électricité par un second aimant.

Dans le commerce, la *balance* est la comparaison de la valeur des marchandises exportées avec celle des marchandises importées, le numéraire excepté. Dans une maison de commerce la *balance des livres* est l'opération la plus importante et doit se faire tous les ans ou tous les semestres; elle a pour but de faire connaître les bénéfices ou les pertes des opérations de l'année et de déterminer exactement l'état de la maison de commerce ou de l'administration en ayant égard aux marchandises et aux valeurs de toute sorte, argent, meubles, bijoux, etc. Pour dresser ce tableau général de tous les comptes, et en avoir le résultat, on doit : 1° Solder par profits et pertes tous les comptes qui présentent de la perte ou du bénéfice; on réunit ainsi dans ce compte toutes les pertes et tous les bénéfices que présentent les autres comptes; 2° solder le compte de profits et pertes par celui de capital, ce qui présente l'augmentation ou la diminution qu'a éprouvée ce capital; 3° solder tous les autres comptes par balance, ce qui réunit sur ce dernier compte le résultat de tous les autres et en fait connaître le résultat général.

En additionnant le débit et le crédit de chaque compte du grand livre, puis réunissant sur une même feuille tous les débits, puis sur une autre tous les crédits pour les additionner séparément, on doit trouver la même somme, attendu qu'on n'a rien porté au débit d'un compte qui ne fût aussi porté au crédit d'un autre compte.

FERDINAND LAGARRIGUE.

BALANITE (médecine) [du grec *balanos*, gland]. — Inflammation du gland et de la face interne du prépuce, reconnaissant pour cause la malpropreté, l'accumulation de la matière sébacée que sécrètent les follicules de la base du gland, l'action irritante des écoulements blancs des femmes et du sang menstruel pendant les rapports sexuels, enfin l'onanisme, etc. Le gonflement, la douleur, la démangeaison du gland, un écoulement muco-purulent plus ou moins abondant, constituent les principaux symptômes de cette affection, ordinairement légère, qui cède aux bains locaux, aux lotions émollientes ou astringentes. Si de petites érosions existent derrière la couronne, on les cautérise avec l'azotate d'argent. Cette affection amène cependant quelquefois un *phymosis* accidentel (voy. ce mot). B. L.

BALAYAGE (droit). — Les maires et les commissaires doivent faire effectuer par les citoyens le balayage auquel ceux-ci sont tenus devant leurs maisons, et le faire faire aux frais de la commune, dans les places et autour des jardins et édifices publics. Les personnes qui, dans les communes pavées, négligent de balayer les rues ou devant de leurs maisons, aussi souvent qu'il est prescrit par l'autorité municiplae, sont, aux termes de la loi, punissables d'une amende. Les précautions à prendre pour le balayage des rues se trouvent indiquées dans l'ordonnance du préfet de police de Paris du 20 brumaire an 12, ordonnance qui a servi de règle

dans beaucoup de départements. Aujourd'hui, à Paris, l'autorité s'étant chargée du balayage général, cette ordonnance a cessé d'y recevoir son exécution, et de nouvelles mesures ont été prises, surtout à cause des parties de la voie publique qui ont cessé d'être pavées, ce qui demande un entretien plus grand.   J. E.

BALBUZARD (zoologie), dit aussi *Aigle pêcheur* [en latin *pandion*]. — Genre d'oiseau de proie de la famille des falconidées, renfermant deux espèces, l'une d'Europe et l'autre de l'Amérique du Nord. « Les balbuzards sont très-robustes, ils ont un bec assez grand, presque droit à sa base, à pointe très-crochue et très-acérée, les cuisses et les jambes sont très-musculeuses, vêtues de plumes courtes, serrées et lustrées, couvrant aussi le haut de la partie antérieure du torse, les doigts robustes, les ailes fort allongées, dépassant la queue, et de forme pointue, la queue moyenne, coupée carrément. Le balbuzard est le plus intrépide pêcheur de tous les oiseaux carnassiers; il fond avec courage au sein des eaux sur d'énormes poissons, et ne saisit souvent sa proie qu'à plusieurs mètres au-dessous de la surface des flots. L'espèce d'Europe, nommée aussi *offraye*, *aigle balbuzard*, et *balbuzard offraye*, est d'un brun noirâtre en dessus, entremêlé de blanc jaunâtre sur la tête et la nuque, avec une large bande brune le long du cou, tout le dessous est blanc, et la cire et les pieds sont bleus. Elle habite auprès des eaux douces, des lacs et des rivières, guettant sa proie, immobile et suspendue à une branche ou à un rocher, au-dessus des eaux. » Le *balbuzard américain* diffère de celui d'Europe par des couleurs plus sombres et plus uniformes sur les parties supérieures, par une tête moins grosse et une taille plus svelte. Il ne se nourrit que de poissons de mer, et il est par excellence l'oiseau pêcheur de l'Océan.

BALCON (architecture) [de l'italien *balcone*, dérivé du grec *ballô*, lancer]. — Plate-forme faisant saillie devant une ouverture élevée au-dessus du sol et portant un garde-corps à hauteur d'appui; dans l'architecture usuelle, la saillie est souvent supprimée, et le garde-corps, placé dans l'épaisseur du mur, prend lui-même le nom de balcon.

Les anciens ne paraissent pas avoir fait usage de balcons; ceux employés au moyen âge ressemblaient plutôt à des espèces de loges fermées comme on en voit encore chez les Orientaux. Ils devinrent plus fréquents dans l'architecture de la Renaissance; mais c'est surtout depuis le dix-septième siècle qu'ils furent le plus usités. A cette époque, ils étaient souvent construits en pierre, soutenus par des consoles et ornés de balustres (voy. ce mot).

Dans l'architecture civile, le fer forgé remplaça la pierre, et ces travaux de serrurerie furent en général assez compliqués; mais comme ils étaient très-coûteux, ils furent simplifiés, et quelquefois même, dans les constructions usuelles, remplacés par de simples barres d'appui scellées dans les deux tableaux des fenêtres.

Selon nous, le fer forgé en barreaux plats et carrés

jouit d'une qualité précieuse, lorsqu'il est employé avec goût : on en peut faire des travaux d'art très-remarquables ; mais lors même qu'il est mis entre les mains d'artistes ou d'ouvriers inhabiles, il est très-rare qu'il n'offre pas encore un aspect satisfaisant. Il est probable que cet effet tient à la franchise des surfaces et des angles du métal, à la construction, qui exige des montants et des traverses et donne ainsi de grandes divisions, et à la facilité avec laquelle l'œil peut suivre le dessin, quelque contourné qu'il soit.

C'est cette impression qui fait qu'il n'y a pas eu de balcon réellement mauvais avant l'instant où le fer fut remplacé par la fonte ; mais alors le mauvais goût, secondé par cette nouvelle matière, prit sa revanche. Les dessins prétentieux, les ornements sans caractère furent placés sans discernement sur les balcons de toutes les maisons ; et quand bien même le modèle eût été recommandable, la fonte en aurait fait prompte justice. En effet, si elle est utile dans certaines parties de la construction, c'est la pire matière à employer dans la décoration architecturale ; elle émousse les arêtes et les contours, se refuse aux ornements fins et déliés, aux parties saillantes et effilées, qui se briseraient bientôt, et a toujours, quoi qu'on fasse, un aspect mou et lourd qui persiste sous la peinture dont on la couvre.

Malheureusement, tant que les balcons en fer forgé coûteront plus cher que ceux en fonte, ceux-ci auront la préférence ; c'est aux architectes à faire comprendre à leurs clients qu'une simplicité de bon goût vaut beaucoup mieux que cette soi-disant richesse à bon marché.　　　　CH. GARNIER.

BALCON (droit). — Le balcon ne peut s'établir, lorsqu'il donne sur l'héritage, clos ou non clos, d'un voisin, qu'à une distance de six pieds entre le mur où on le pratique et ledit héritage (C. civ., 678 et 680). La défense cesse dès qu'il existe entre les deux héritages une rue ou un chemin public moins large que la distance exigée par le Code, parce que rien ne s'oppose à ce qu'il soit pratiqué sur les rues et chemins public, sauf toutefois l'autorisation du maire s'il s'agit d'une voie publique communale, et du préfet s'il s'agit d'une route départementale ou autre.

Une ordonnance du 1er avril 1697 avait fait défense à tous particuliers, propriétaires, usufruitiers ou locataires de maisons de faire ou faire faire aucun balcon, avant-corps ou auvent cintré au-devant des maisons et boutiques sans la permission des deux propriétaires voisins. Depuis, on a procédé, en présence du maire ou de son adjoint et des propriétaires voisins, à une visite, d'après laquelle l'autorisation est donnée, s'il y a lieu.

La police ne doit souffrir des pots de fleurs et des caisses d'arbrisseaux sur les balcons ou fenêtres qu'autant qu'il est reconnu impossible qu'ils tombent et occasionnent, par leur chute, des accidents dont les individus doivent être à l'abri dans les rues et passages publics.　　　　JEAN ÉTIENNE.

BALEINE (zoologie) [en latin balæna; de phalæna,

mot grec qui désigne plusieurs espèces de cétacés]. — Genre de mammifères de l'ordre des cétacés, caractérisé par deux évents et par l'absence de dents, lesquelles sont remplacées par sept cents fanons ou lames cornées, transverses, minces, fibreuses, effilées à leur bord, n'occupant que la mâchoire supérieure, la mâchoire inférieure étant nue et sans armure. Les baleines proprement dites n'ont pas de nageoires sur le dos. « La tête de ce gigantesque animal est d'une grosseur énorme et égale à celle du corps ; elle forme à peu près le tiers de la longueur totale de l'animal. La gueule, d'une grandeur prodigieuse, varie entre deux et trois mètres de largeur sur trois et quatre mètres de hauteur ; elle permet à plusieurs hommes d'y entrer de front, sans se baisser, et à quatorze individus de s'y loger à l'aise. Les fanons, qui remplacent les dents, atteignent jusqu'à cinq mètres de hauteur, et sont placés à droite et à gauche du palais, à peu près comme les coulisses et les décorations d'un théâtre, et l'on croit que ces fanons servent à retenir les nombreux animaux entraînés par l'eau qui se précipitent dans la bouche de ce cétacé. Cette eau, selon plusieurs naturalistes, est lancée au dehors par les évents, comme au travers d'un crible. Les évents, au nombre de deux, placés à peu près au sommet de la tête, sont le conduit de la respiration et renferment les organes de l'odorat. Les yeux sont très-petits, par rapport aux gigantesques dimensions des autres parties du corps. La langue est charnue, grasse, épaisse, et a de neuf à dix mètres de long ; on en retire jusqu'à six tonneaux d'huile. Le gosier est très-petit, ce qui ne permet pas à l'animal d'avaler de gros poissons : sa nourriture se compose de petits poissons, sorte de bouillie animale, que retiennent les fanons. La baleine n'a point d'oreilles extérieures, ni pieds, ni mains, mais seulement deux bras, ou nageoires, attachés au-dessous des yeux. Le dos est lisse, sans nageoires, ni bosse ; sa queue est agile et vigoureuse, elle est d'une largeur énorme, et c'est avec cet organe qu'elle submerge d'un seul coup les embarcations baleinières. La mamelle, qui est unique, selon les uns, acquiert le cinquième de la longueur totale du corps pendant l'allaitement ; selon d'autres, il existe deux mamelles que la mère présente tour à tour à son petit, en se renversant sur le côté ; elles sont placées sur la poitrine. La couleur de toutes les parties supérieures varie du noir au gris plus ou moins foncé, quelquefois le fond est noir, varié de gris. Les parties inférieures sont d'un gris blanchâtre dans les jeunes, et grises ou blanches dans les adultes. »

La pêche de la baleine est trop curieuse et trop intéressante pour que nous n'entrions pas dans quelques détails à ce sujet. — Tous les ans, il sort de la plupart des ports d'Europe, d'Asie et d'Amérique, des flottes considérables de baleiniers, qui se dirigent vers les mers du Sud ou du Nord, où se capturent principalement ces animaux. Ces vaisseaux, qui ont de 35 à 40 mètres de quille ou de longueur, sont accompagnés chacun de plusieurs chaloupes, et montés par environ trente hommes d'équipage. Sur le pont et dans la cale sont disposés tous les ustensiles nécessaires pour tuer et dépecer l'animal, pour faire fondre sa graisse et pour recevoir l'huile qui en provient, ainsi que les autres parties utiles de son corps. Ces ustensiles sont de grands couteaux pour couper des tranches de lard, des fourches pour les transporter, des chaudières placées sur un fourneau de briques entouré d'eau de toutes parts et destiné à la fonte de la graisse, enfin des tonneaux pour mettre l'huile à mesure qu'elle fond. Quant aux objets nécessaires pour s'emparer de l'animal, ils sont contenus dans les chaloupes, et consistent, pour chacune d'elles, en cinq hommes, dont quatre rameurs et un harponneur, en cinq harpons[1], trois lances emmanchées, une bouée de liége et deux cuves, dans lesquelles sont arrangées les cordes dont l'extrémité s'attache à l'anneau du harpon.

Arrivés au lieu du rendez-vous, les baleiniers se dispersent chacun de leur côté et mettent leurs chaloupes à la mer; en même temps une sentinelle se place en vigie au haut du mât; et, dès qu'elle aperçoit un cétacé, elle en avertit une des

Fig. 87. — Pêche de la baleine.

chaloupes, qui s'en approche le plus doucement possible, ayant sur l'avant le harponneur avec son harpon à la main, prêt à être lancé. Quand celui-ci se voit assez près de sa proie, il fait un signe aux rameurs, qui s'arrêtent tout à coup. Le trait part à l'instant même, et, s'il est bien dirigé, il atteint quelqu'un des viscères de l'animal et le blesse mortellement. Toutefois la mort n'est pas instantanée. Le cétacé, sentant sa blessure, et irrité de sa douleur, plonge rapidement au fond des mers, emportant le harpon et la corde attachée à son extrémité. La vitesse de sa fuite est telle que le frottement de la corde sur le bord de l'embarcation y mettrait bientôt le feu, sans la précaution qu'on a de verser continuellement de l'eau sur l'endroit où elle passe; et,

[1] Grands javelots de fer terminés d'un côté par un triangle lourd et pointu et de l'autre par un anneau, pour recevoir l'extrémité d'une longue corde.

si par malheur la corde mal arrangée ne se déroulait pas assez vite, la chaloupe serait infailliblement entraînée dans l'abîme avec son équipage.

Cependant le cétacé atteint par le fer meurtrier s'affaiblit graduellement, à mesure que son sang s'écoule par sa blessure; le besoin de respirer se faisant sentir, il faut qu'il remonte à la surface de l'eau. Dans ce moment, la chaloupe qui l'a toujours suivi s'approche, et, selon que les matelots le voient plus ou moins épuisé, ils l'attaquent avec leurs lances ou lui jettent un second harpon. Dans tous les cas il ne peut plus leur échapper, et, après quelques disparitions plus ou moins longues, il finit par revenir à la surface de la mer, pour expirer dans les angoisses de la plus vive douleur. Quelquefois cependant il arrive que le coup ayant été mal porté, le cétacé parcourt une si longue étendue de mer qu'il épuise toutes les cordes placées à bord de la chaloupe. Dès que les matelots s'aperçoivent de cette circonstance, ils attachent promptement la bouée à l'extrémité de la dernière et la jettent à l'eau, pour qu'elle leur serve de guide dans leur poursuite.

Dans certains cas, ils parviennent ainsi à s'en rendre maîtres; mais assez souvent la proie leur échappe sans retour, emportant avec elle la corde, le harpon et la bouée, qui finissent par se détacher de son corps ou par la faire périr. Dans ce dernier cas, elle va augmenter les prises de quelque autre baleinier. Quoi qu'il en soit, dès que l'animal est mort, on l'attache aux flancs du vaisseau qui a suivi constamment la chaloupe, et l'on procède au dépècement de son corps. Les uns coupent avec les couteaux de grandes tranches de lard, tandis que les autres avec leurs fourchettes les portent dans les chaudières allumées. La graisse, à mesure qu'elle fond, passe dans un réservoir voisin par le moyen d'un robinet adapté aux chaudières, et du réservoir elle est portée, à l'aide d'un long tuyau de cuir, dans les tonneaux disposés à cet usage dans la cale du vaisseau. En même temps qu'on enlève la graisse, on sépare pareillement les autres parties utiles du cadavre, telles que les *fanons*, le *blanc de baleine*, l'*ambre gris*, etc.; de sorte qu'à la fin de l'opération il ne reste plus que la carcasse, que l'on abandonne au gré des flots et à la voracité des oiseaux aquatiques. (*Salacroux*.)

La baleine est un animal inoffensif et craintif; elle est cependant très-redoutable aux matelots par le déplacement considérable qu'elle produit au milieu des vagues, soit en plongeant, soit en remontant à la surface de la mer, et par les mouvements brusques et rapides de sa queue, qui peuvent submerger les plus fortes embarcations.

Les principales espèces de baleine sont :

I. Les *vraies baleines* sans nageoire dorsale.

La seule authentique, celle que l'on chasse avec le plus de fruit dans toutes les latitudes, est la *baleine franche*, le *nord-caper* des Anglais.

II. Les *baleinoptères*, ou baleines qui portent sur le dos un fort aileron. Ce caractère se rapporte :

Au *baleinoptère à ventre lisse, gibbar* des Basques, ou baleine à aileron. Sa longueur est égale à celle de la baleine franche, mais elle est moins grosse qu'elle. Cette espèce est peu recherchée des baleiniers, car elle fournit moins de lard, et sa chasse est difficile et dangereuse par la rapidité de sa course, et la fureur où elle entre lorsqu'elle se sent blessée.

III. Les *baleinoptères à ventre plissé*, ou *rocqual*, qui portent de grands plis à la peau du ventre :

1° La *jubarte* des Basques, peut-être aussi plus longue que la baleine franche, mais dont la chasse a les inconvénients de celle du gibbar.

2° Le *rocqual de la Méditerranée*, probablement celui qu'Aristote a décrit, et dont un individu a échoué, il y a quelques années, en Sicile, sur le cap Melazzo.

3° On peut y ajouter la *baleine à bosse*, de Bonnaterre, qui a encore plus de vitesse que les autres espèces : la difficulté à la harponner et les violents coups de queue qu'elle donne en se roulant sur elle-même font qu'on a presque renoncé à sa pêche.

B. LUNEL.

BALEINE (commerce de). — Les plus grandes baleines sont celles qui se pêchent dans la mer du Nord, vers le Spitzberg. On y en prend de 65 mètres de long et de grosseur proportionnée à la longueur. Les médiocres sont de 45 à 50 mètres, et un voyageur assure que l'on tira plus de 175 kilogr. pesant de barbes ou fanons d'une seule baleine qui fut prise en sa présence.

Celles de la mer de l'Amérique sont aussi fort grandes, et il y en a de 30 à 45 mètres de long entre la tête et la queue. Les moindres sont celles qui attérissent sur les côtes de la Guienne et sur celles de la Méditerranée.

Les ports où se font ordinairement des armements pour la pêche de la baleine sont ceux d'Amsterdam, de Hambourg, de Copenhague, de Bergen, de Bremen, de Lubeck, de Bayonne.

On tire de la baleine trois sortes de marchandises : l'huile, les fanons, le sperme ou nature de baleine.

L'huile est la graisse de la baleine que l'on fait fondre après l'avoir dépecée. Il s'en fait un commerce

très-considérable à cause du grand usage qu'on en fait, tant pour brûler que pour une infinité d'ouvrages où l'on aurait peine à s'en passer. Elle vient en futailles ou barriques qu'on nomme *quarteaux*, du poids de 160 à 300 kilogr. On doit choisir l'huile la plus claire et la moins puante. Celle qu'on fait en France est préférable à celle de Hollande, parce que les Français font fondre la graisse aussitôt qu'ils l'ont retirée de la baleine, au lieu que les Hollandais la transportent avant de la faire fondre, ce qui fait qu'elle est rouge et de mauvaise odeur.

Les fanons, qui tiennent en quelque sorte lieu de dents aux baleines, et qui sont enchâssés par en haut dans leur palais, sont proprement ce que l'on appelle de la *baleine* chez les marchands merciers et parmi les ouvriers qui les emploient. Ces fanons se vendent par 50 kilogr., coupés en morceaux de la longueur d'environ une aune.

Le sperme ou blanc de baleine n'est autre chose que la cervelle du cachalot, que l'on fait fondre et refondre plusieurs fois, et que l'on lave à diverses reprises jusqu'à ce qu'il devienne très-blanc. La bonne qualité de cette drogue consiste à être blanche, claire, transparente, et d'une odeur sauvagine. Ce sperme se vend en barils d'environ 100 kilogr. pesant.

C'est dans les ports de Bayonne, de Bordeaux, de Rouen, du Havre que l'on trouve plus ordinairement l'huile de baleine, le fanon de baleine et le sperme. (*Montbrion*.)

BALEINE ARTIFICIELLE. — En 1856, M. Vander Meer a pris en Angleterre une patente pour une invention qui a pour but de ramollir la corne et de la rendre flexible et élastique comme la baleine ordinaire. La corne est d'abord débarrassée des matières grasses, fendue, ouverte et aplatie par les moyens ordinaires; on la plonge alors dans un bain composé de 5 parties de glycérine pour 100 parties d'eau. On peut aussi employer l'eau seule, qui, au bout de quelques jours, devient putride et ammoniacale; il faut, alors comme l'opération est plus longue, ajouter de l'eau de temps en temps pour remplacer celle qui est perdue par l'évaporation. Après quelques jours d'immersion, la corne est placée, pendant vingt-quatre ou quarante-huit heures, dans un bain composé de 3 parties d'acide nitrique du commerce, 2 parties d'acide pyroligneux, 12 de tannin, 5 de crème de tartre, 9 de sulfate de zinc et 100 d'eau. Au bout de ce temps, la corne a acquis un degré de flexibilité et d'élasticité suffisant pour qu'elle puisse remplacer la baleine dans la fabrication des côtes de parapluies et de beaucoup d'autres objets. Au lieu d'opérer sur la corne après qu'elle a été aplatie ou amincie, on peut la soumettre à un traitement analogue, après l'avoir seulement foncée; on lui fait éprouver alors une pression subséquente et on la colore en noir avec un bain de campêche, de bois jaune, de sulfate de fer et d'acide nitrique.

BALISE (marine) [du latin barb. *palisius*, marais ; fait de *palus*, pieu]. — Espèce de tonneau conique renversé, creux et et bien étanché, ayant pour axe une perche servant à porter une banderole, qui indique aux navigateurs la position des bancs de sable et les écueils dont ils doivent se garantir, en abordant un port où il s'en rencontre. Les balises sont aussi des mâts ou des pièces de bois qu'on plante sur les bancs de sable.

Une loi du 17 septembre 1792, relative aux phares, amers, tonnes et balises, a enjoint aux pilotes lamaneurs, sous peine de trois jours de prison, de prévenir les officiers municipaux du canton ou ceux de l'endroit où ils abordent de la destruction des balises, lorsqu'ils en ont connaissance, afin qu'on puisse y pourvoir.   **J. E.**

BALISIER (botanique). — Genre de plantes monocotylédones de la famille des amomées, renfermant

Fig. 88. — Balisier.

une quinzaine d'espèces propres aux deux continents. « Ce sont de grandes et belles plantes vivaces, à feuilles alternes, engaînantes, à fleurs assez grandes, d'une belle couleur jaune et rouge, réunies en petits groupes et formant une sorte de grappe terminale au sommet de la tige. Plusieurs espèces de balises sont cultivées comme plantes d'ornement ; le *balisier de l'Inde* a des fleurs d'un rouge vif et éclatant, et des semences qui donnent une belle teinture pourpre. Le *balisier à feuilles étroites* porte des fleurs constamment jaunes. Le *balisier glauque*, qui croît à la Caroline, a des fleurs d'un jaune pâle et des feuilles vert de mer. » Les Américains du Sud et les Indiens tirent du balisier une belle teinture pourpre.   **J. W.**

BALISTE (ancien art militaire). [en latin *balista*, du grec *ballô*, lancer]. — Machine de guerre en usage chez les anciens, servant à lancer des pierres, des flèches, etc., et à battre en brèche les murailles d'une ville assiégée.

Selon le chevalier Follard, dit M. La Châtre, la baliste formait comme un arc brisé ; elle avait deux bras, mais droits, et non pas courbes comme l'arc d'une arbalète, dont les forces agissantes sont dans les ressorts de l'arc même, dans sa courbure : celles de la baliste sont dans les cercles comme celles de la catapulte. Au reste, les anciens auteurs, Végèce et Ammien Marcellin entre autres, confondent quelquefois la baliste avec la catapulte. La baliste se bandait au moyen de leviers et de rouages : les projectiles qu'elle lançait décrivaient un arc de cercle. Quelques auteurs prétendent qu'ils suivaient une ligne horizontale. Les anciens historiens nous rapportent des effets de cette machine qui nous paraissent presque incroyables. Polybe donne la description d'une baliste qui lançait un trait du poids de 30 kilogr. Au moyen âge, la baliste continua d'être employée dans les armées : on la nommait *engin*, ainsi que plusieurs autres machines de guerre. Mais dans le treizième siècle, on commença à modifier les armes transmises par les Romains ; celles de jet furent aussi améliorées ou même remplacées par d'autres. D'ailleurs un des décrets émanés du second concile de Latran contient la disposition suivante : « Nous défendons et punissons d'anathème quiconque emploiera dorénavant, contre les chrétiens catholiques, l'art impie et meurtrier de la construction des machines destinées à lancer des traits et des flèches. » L'invention de la poudre contribua encore plus que les décrets des papes à opérer une révolution complète dans l'art de la balistique. Les canons remplacèrent les machines, et simplifièrent autant qu'ils facilitèrent les sièges des places fortes.

BALISTE (zoologie) [en latin *balista*]. — Genre de poissons de la famille des sclérodermes, dont le corps est court, très-comprimé latéralement et terminé en haut et en bas par un bord tranchant en forme de carène, ce qui donne très-peu de prise aux animaux qui voudraient les attaquer ; et comme d'ailleurs ils sont entièrement couverts de plaques ou de granulations écailleuses très-adhérentes à la peau, et qu'ils ont la queue plus souvent garnie d'aiguillons recourbés en avant, ils n'auraient à craindre qu'un bien petit nombre d'ennemis, quand même ils n'auraient pas d'autre moyen de défense. Et cependant les *balistes* ont une arme plus formidable encore, dans une épine forte et dentelée qu'ils ont au-devant de leur première dorsale. Mise en mouvement par des muscles particuliers, elle est habituellement cachée dans une rainure creusée sur le dos de l'animal ; mais dès qu'un danger menace ce dernier, l'arme se redresse tout à coup et s'enfonce dans le palais de l'ennemi qui cherche à le dévorer. Ce mouvement est si rapide, qu'on en a comparé la vitesse à celle avec laquelle les anciens balistes lançaient leurs projectiles ; c'est même à cette ressemblance que ces poissons doivent le nom scientifique qu'ils portent.

Ces armes offensives étaient, du reste, bien nécessaires à un poisson qui ne pouvait pas échapper à ses ennemis par la fuite. La lenteur de sa nage tient à la conformation de ses organes locomoteurs. Il manque de ventrales, quoiqu'on trouve sous la peau un os du bassin suspendu à l'épaule ; et ses pectorales sont si petites, qu'elles sont quelquefois réduites à un simple rayon sans membrane ; et comme sa queue est très-courte et terminée par une petite nageoire, elle ne saurait communiquer au corps une vitesse considérable. Le principal organe de sa locomotion est la vessie aérienne, qui est très-ample chez lui ; il paraît même qu'il peut avaler de l'air comme les boursoufflus, pour se rendre proportionnellement plus léger et plus agile dans ses mouvements. C'est probablement à cette particularité qu'il doit la faculté de faire entendre des sons au moment où il sort de l'eau.

On a prétendu que la chair des ba-listes était empoisonnée ; rien ne prouve ce fait ; mais ce qui est certain , c'est qu'elle est dure et coriace et fait un très-mauvais manger. On compte un grand nombre d'espèces de ce genre , qui vivent presque toutes

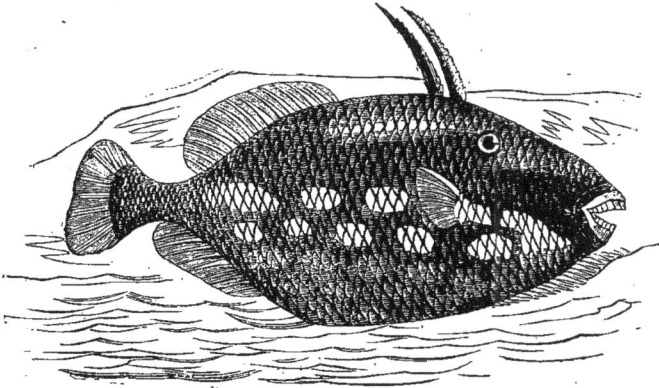

Fig. 89. — Baliste.

dans les mers équatoriales avec les chélodons, les labres et les scares, avec lesquels la plupart d'entre elles rivalisent par l'éclat de leurs couleurs. Une seule se trouve dans la Méditerranée, c'est le *caprisque* ou *poisson-arbalète* des Italiens ; il n'a pas plus de huit pouces de long et manque d'épines à la queue ; mais le rayon de sa dorsale est très-fort et profondément dentelé, ce qui le rend dangereux. La *vieille* est une autre espèce de la mer des Indes, qui a jusqu'à deux pieds de long ; elle a été ainsi nommée à cause du bruit qu'elle fait entendre au moment où on la retire de l'eau, bruit qu'on a comparé au grognement d'une vieille femme méchante. Cette espèce est une des mieux armées du genre, et ne craint que le requin et quelques autres squales féroces. Une troisième espèce est remarquable par la beauté de ses couleurs ; c'est l'*écharpe*, qu'on pêche dans la mer qui baigne l'Île-de-France. Son armure est très-forte ; car outre le rayon dentelé qu'il a sur le dos, on lui trouve sur la queue cinq rangées d'épines courbées en avant ,

qui la rendent inattaquable à tout ennemi qui la surprendrait par derrière. (*Salacroux*.)

BALIVAGE (droit). — Martelage de réserve qui se fait sur les arbres non compris dans les coupes que l'on désigne sous le nom de baliveaux. Ce mot exprime à la fois le travail mécanique de l'application du marteau et le choix des arbres qui doivent être réservés. Le balivage ayant pour but de repeupler les bois et forêts , c'est particulièrement à la conservation des baliveaux que les gardes doivent veiller et que l'autorité compétente doit apporter un zèle éclairé, d'abord pour désigner spécialement les jeunes arbres qu'il convient de réserver.   J. E.

BALLADE (littérature) [du bas latin *ballare*, danser, parce qu'on dansait au chant de cette poésie lyrique]. — Boileau a dit :

La ballade, asservie à ses vieilles maximes,
Souvent doit tout son lustre au caprice des rimes.

Poëme qui date du douzième siècle. Les règles de la ballade sont si variées , elles sont si diverses , qu'on peut dire qu'elle n'en a réellement point de fixes. La ballade doit avoir trois strophes et un envoi de la moitié de la strophe. Les strophes sont généralement de huit, dix et douze vers, n'importe la mesure ; l'envoi est de quatre, cinq et six vers.

Ce qui distingue surtout la ballade, c'est la répétition du dernier vers de chacune des strophes , répétition qui a lieu aussi dans l'envoi. Cependant Eustache Deschamps (quatorzième siècle) a des ballades sans envoi. Dans Christine de Pisan (1403 et 1404), on trouve des ballades de neuf vers avec envoi de quatre, et des strophes de onze vers sans envoi. Dans Clotilde, dame de Surville (quinzième siècle), on rencontre des strophes de neuf vers avec répétition, à l'envoi, des deux derniers vers des strophes. Dans Villon (quinzième siècle) est une double ballade de six strophes sans envoi.

La ballade des *Lansquenets de Caen*, sans nom d'auteur (1514), est composée de quatre strophes de sept vers avec envoi de cinq. Clément Marot (seizième siècle) en a de treize vers avec envoi de six.

Dans madame Deshoulières, la ballade à M. Charpentier a trois strophes de huit vers, avec envoi de sept, sur deux rimes masculines et féminines.

Dans Voiture, il s'en trouve qui n'ont pas d'envoi. Quant aux rimes, les variations sont aussi grandes, et l'on peut dire que le poëte, tout en s'assujettissant à la règle principale du refrain, n'a plus obéi qu'au caprice de sa muse, comme le dit Boileau. Tantôt les strophes sont sur deux rimes, tantôt les rimes sont croisées, tantôt toutes les rimes sont féminines ou toutes masculines ; tantôt deux rimes masculines, trois féminines, etc.; enfin rien de fixe et de régulier, licence complète.

De ces différences naît une réflexion. Les ballades sans envoi étaient sans doute destinées à être chantées; celles avec envoi étaient simplement de petits poëmes, une sorte de bouquet qu'on adressait à une personne sur un sujet délicat, et dont la naïveté, la finesse d'esprit et l'élégance dans l'expression faisaient tout le mérite. Il est évident que l'envoi, sans la régularité de sa strophe, ne pouvait s'accommoder de l'air qui donnait le ton aux strophes.

La ballade, proprement dite, n'existe plus ; elle a suivi, dans le gouffre qui les a tous engloutis, les autres petits poëmes, tels que le rondeau, le triolet, le lai, la villanelle, etc., etc.

L'esprit s'est affranchi de ces langes qui le gênaient apparemment. Mais en brisant ce lit de Procuste qui le tenait à l'étroit, ne s'est-il pas privé d'un genre charmant qui, tout en offrant certaines difficultés, l'exerçait à un combat avec lui-même, et ne s'est-il pas ainsi enlevé une douce satisfaction que la victoire lui faisait goûter? L'esprit aime à rencontrer quelquefois des obstacles; s'il a le bonheur d'en triompher, le succès est plus grand.

A vaincre sans péril, on triomphe sans gloire.

Parmi tous ces morts un seul semble ressusciter de nos jours. Le sonnet, après un siècle de sommeil, se réveille, et même certains beaux esprits travaillent avec bonheur à sa résurrection. Est-ce pour l'amour de la gloire que leur promet le législateur du Parnasse, qui a dit :

Un sonnet sans défaut vaut seul un long poëme?

Pourquoi n'en serait-il pas de même pour la ballade? Ce poëme peut embrasser tous les sujets, depuis le plus noble jusqu'au plus simple. Il n'en exclut aucun. Il peut aussi bien chanter les héros que les bergers. Il a du nombre, de la grâce; le refrain qui est une espèce d'écho, plaît généralement à l'oreille et aide à se le graver facilement dans la mémoire. Rougirait-on de marcher sur les traces de Clément Marot, de la Fontaine, de madame Deshoulières?

Comme depuis longtemps la ballade n'exerce plus la verve de nos poëtes, elle est devenue une énigme pour bien du monde. Afin qu'on puisse s'en faire une idée, nous allons en donner quelques exemples.

Voici une ballade qui est attribuée au roi Richard Cœur-de-lion, qui la composa dans sa captivité. Qui ne connaît l'histoire de ce roi qui, à son retour de la croisade, en 1192, fut retenu captif, pendant deux ans, par le duc Léopold d'Autriche, et délivré par Blondel, son ménestrel?

Cette ballade est pleine de sentiment et de grandeur d'âme. Il y règne une mélancolie si douce que le cœur malgré soi se sent porté à s'intéresser au sort de l'auteur. Comme elle est écrite en style du temps, il est indispensable d'en donner la traduction. On verra où en était notre belle langue française au douzième siècle.

Ja nus hons pris ne dirat sa raison
Adroitement s'ansi com dolans hons,
Mais par confort puet-il faire chanson.
Moult ai d'amins, mais povre sont li don ;
Honte en auront se por ma reançon
    Suix ces II yvers pris.

I

Nul prisonnier ne parlera bien de son sort qu'avec l'accent d'un homme malheureux, mais pour se consoler il peut faire une chanson. J'ai beaucoup d'amis, mais pauvres sont leurs dons. Honte sur eux, si à défaut de rançon je suis prisonnier deux hivers.

II

Ceu sevent bien mi home et mi baron,
Englois, Normant, Poitevin et Gascon,
Ke je n'avois si povre compaingnon
Cui je laissasse por avoir an prixon.
Je no di pas por nulle retraison,
    Mais ancor suix je pris.

Ils le savent bien, mes hommes et mes barons Anglais, Normands, Poitevins et Gascons, que je n'avais pas si pauvre compagnon que je laissasse en prison faute d'argent. Je ne le dis pas pour faire un reproche, mais encore suis-je prisonnier.

III

Or, sai-ge bien de voir certainement
Ke mors ne priset ne amins ne parent.
Cant on me lait por or ne por argent.
Moult m'est de moi, mais plus m'est de ma gent,
C'après ma mort auront reprochier grant
    Se longuement suis pris.

III

Mais je commence à voir combien il est vrai qu'un mort ou un prisonnier n'a ni parents ni amis, puisque l'on me laisse ici faute d'or et d'argent. Je suis inquiet pour moi, mais bien plus pour mes sujets, qui, après ma mort, auront bien plus de reproches à se faire si je reste plus longtemps prisonnier.

IV

N'est pas merveille se j'ai lo cuer dolant
Cant mes sires tient ma terre en tormant.
S'or li manbroit de notre sairement
Ke nos feimes andui communament.
Bien sai de voir ke séans longement
    Ne seraie pas pris.

IV

Ce n'est pas merveille si j'ai le cœur dolent quand mon seigneur tient ma terre en souffrance. S'il lui souvenait du serment que nous fîmes tous les deux ensemble, bien sûr je ne serais pas ici longtemps prisonnier.

V

Mes compaignons cui j'amoie et cui j'aim,
Ces dou Cahiul et ces dou Porcherain,
Me di chanson qui ne sont pas certain,
C'oncques vers aut n'an oi cuer faus ne vain.
Cil me guerroient, il font moult que vilain
    Tant com je serai pris.

V

Mes compagnons que j'aimais et que j'aime encore, ceux de Cahors et ceux du Perche, on m'apprend par des chansons qu'ils ne sont pas fidèles, et cependant je fus toujours pour eux franc et loyal. S'ils me guerroient, ils agissent bien mal pendant que je suis prisonnier.

VI

Or sevent bien Angevin et Torain,
Cil bacheler ki or sont fort et sain,
C'ancombreis suix, lons d'aus en autrui main.
Forment m'adaissent, mais il ni voient grain ;
De belles armes sont ores veut cil plain,
    Por tant ke suix pris.

VI

Ils le savent bien les Angevins et les Tourangeaux, ces bacheliers à présent riches et tranquilles, que je suis loin d'eux prisonnier en des mains étrangères. Ils pourraient m'aider, mais ils n'y voient nul profit. Ils sont puissants sous les armes, et pourtant je suis prisonnier.

ENVOI.

Comtesse, suèr, votre pris soverain
Vos sat et gart cil a cui je me claim
    Et par cui je suis pris.
Je nous di pas de celi de Chartain
    La mère Loweiis.

ENVOI.

Comtesse, ma sœur, votre roi prisonnier prie Dieu qu'il vous garde et vous conserve ; ce Dieu à qui j'adresse mes vœux et par la volonté duquel je suis captif.
Je ne parle pas de celle qui est à Chartres, de la mère de Louis.

Sur les six ballades que Charles d'Orléans, père de Louis XII et oncle de François Ier, nous a laissées, nous en rapporterons une ; elle est intitulée : *Prière pour la paix*. La langue française s'était déjà dépouillée des voiles qui la couvraient et commençait à se plier aux changements que devaient lui faire subir Clément Marot et Malherbes.

PRIÈRE POUR LA PAIX.

I

Priez pour paix, doulce vierge Marie,
Royne des cieulx et du monde maitrese ;

Faictes prier par votre courtoisie,
Saints et saintes, et prenez votre adresse
Vers votre fils, requérant sa haultesse
Qu'il lui plaise son peuple regarder,
Que de son sang a voulu racheter.
En desboutant guerre qui tout desvoye,
De prières ne vous veuilliez lasser,
Priez pour paix, le vrai trésor de joye.

II

Priez, prélats et gens de sainte vie,
Religieux, ne dormez en paresse ;
Priez, maistres et tous suivans clergie,
Car par guerre faut que l'estude cesse.
Moustiers détruits sont sans qu'on les redresse,
Le service de Dieu vous faut laissier,
Quant ne povez en repos demourer,
Priez si fort que briefment Dieu vous oye.
L'Église voult à ce vous ordonner :
Priez pour paix, le vrai trésor de joye.

III

Priez, princes qui avez seigneurie,
Roys, ducs, contes, barons plains de noblesse,
Gentilz hommes avec chevalerie ;
Car meschans gens surmontent gentillesse :
En leurs mains ont toute votre richesse ;
De batz les font en hault estat monter,
Vous le povez chascun jour veoir au cler,
Et sont riches de vos biens et monnoye,
Dont vous deussiés le peuple supporter.
Priez pour paix, le vrai trésor de joye.

IV

Priez, peuple qui souffrez tirannie,
Car vos seigneurs sont en telle foiblesse
Qu'ils ne pevent vous garder pour mestrie,
Ne vous aidier en votre grand destresse.
Loyaux marchans, la selle si vous blesse
Fort sur le dos, chascun vous vient presser,
Et ne povez marchandise mener,
Car vous n'avez seur passage ne voye
Et maint péril vous convient-il passer :
Priez pour paix, le vrai trésor de joye.

V

Priez, galants joyeux en compagnie,
Qui despendre désirez à largesse ;
Guerre vous tient la bourse dégarnie.
Priez, amans, qui voulez en liesse
Servir amour, car guerre par rudesse
Vous destourbe de vos dames hanter,
Qui maintes fois fait leurs vouloirs tourner ;
Et quant tenez le bout de la courroye,
Ung étranger si le vous vient oster.
Priez pour paix, le vrai trésor de joye.

ENVOI.

Dieu tout puissant nous veuille conforter
Toutes choses en terre, ciel et mer ;
Priez vers lui que brief en tout pourvoye ;
En lui seul est de tous maulx amander.
Priez pour paix, le vray trésor de joye.

Enfin, madame Deshoulières nous fournit le dernier exemple en une ballade, de langaige mieux lymé, comme dirait C. Marot.

A UNE AMIE.

Votre bonne foi m'épouvante ;
Vous croyez trop légèrement.
Si l'on aimait fidèlement,
Serais-je encore indifférente ?
Être la dupe des douceurs
D'une troupe vaine et galante
Est le destin des jeunes cœurs.
De cette conduite imprudente
Il n'est cœur qui ne se repente :
Tous les hommes sont des trompeurs.

Jeune, belle, douce, brillante,
Le cœur tendre, l'esprit charmant,
Des malheurs de l'engagement
Ne prétendez pas être exempte.
Affectons-nous quelques rigueurs ?
On se rebute dans l'attente
Des plus précieuses faveurs.
La tendresse est-elle contente ?
On entend dire à chaque amante :
Tous les hommes sont des trompeurs.

Vous croyez que la crainte invente
Les dargers qu'on court en aimant
S'il plaît à l'amour, quelque amant
Un jour vous rendra plus savante.
Vers les dangereuses langueurs
Vous avez une douce pente ;
Vous soupirez pour des malheurs
Dont vous paraissez ignorante.
Vous mériteriez qu'on vous chânte :
Tous les hommes sont des trompeurs.

ENVOI.

Si, pour vous épargner des pleurs,
Ma raison n'est pas suffisante,
Regardez ce que représente
Le serpent caché sous les fleurs.
Il nous dit : Tremblez, Amarante ;
Tous les hommes sont des trompeurs.

Nous avons donc proscrit la ballade qui fit tant de fois le charme des réunions des beaux esprits pendant trois à quatre siècles, et quand nous la condamnons à l'oubli éternel, de l'autre côté du détroit, la vieille Albion, la tient à grand honneur, surtout dans les montagnes d'Écosse, dont les échos se plaisent à répéter ses agréables refrains, quand les Higlanders, s'animant à la danse, la chantent avec accompagnement obligé de la cornemuse.

REDAREZ SAINT-REMY.

BALLET (art théatral) [du vieux français *baller*, danser, se réjouir]. — Action théatrale représentée au moyen de la danse dirigée par la musique.

Le ballet, dit M. Fortoul, qui est un drame dansé et un dialogue de gestes, fut pratiqué par les Égyptiens dans leurs cérémonies sacrées. Il était composé alors sur des dessins hiéroglyphiques : il exprimait la doctrine sacerdotale et les mouvements des astres. L'antiquité ne tenait point tant le peuple en igno-

rance qu'on s'imagine. Elle présentait sans cesse à sa vue les notions des plus sublimes choses sous des symboles séduisants. La théocratie égyptienne apprenait l'astronomie à ses fidèles en leur apprenant à danser. Les Grecs, dont la société était déjà bien profane, transportèrent dans leurs amusements scéniques les chorégraphies religieuses de l'Égypte. Les chœurs magnifiques qui accompagnaient et résumaient les divers progrès de l'action dramatique étaient chantés à la fois et dansés. La strophe, ou le mouvement de droite à gauche, indiquait la rotation du ciel ; l'antistrophe, ou le mouvement de gauche à droite, désignait la course inverse des planètes ; l'épode, ou le repos, signifiait la fixité de la terre. Il semble que les hommes aient eu plus de foi aux imperfections de ces vieilles utopies qu'à l'exactitude des utopies nouvelles ; toute la certitude des systèmes modernes n'a pu se faire jour encore dans les arts et dans la conscience publique. Plus tard, les danses scéniques cessèrent d'avoir un sens astronomique pour prendre, dit-on, un sens historique, et figurer les détours de Thésée dans le Labyrinthe. Le chœur, au lieu de saluer en rond, marcha comme volent les oiseaux de passage, et donna à ses jeux le nom de *danse à la grue*; ce qui n'empêcha pas Athénée, rhéteur du troisième siècle, d'appeler ces pantomimes des *danses philosophiques*.

Les Romains eurent aussi des ballets, et ce fut l'Italien Balthasarini, qui apporta le premier une certaine régularité dans les ballets composés pour les rois de France. Jusqu'au dix-septième siècle (1681), les ballets furent dansés par des hommes ; à cette époque seulement, les danseuses furent admises sur le théâtre de l'Opéra, pour la représentation du *Triomphe de l'Amour*, de Lulli. Les ballets qui, de notre temps, ont eu le plus de vogue sont : *la Sylphide*, où a brillé Taglioni ; *Giselle ou les Willis*, dont l'action mimique est bien rendue par Carlotta Grisi ; *la Vivandière*, dansée d'une manière si spirituelle par Cerrito, etc.

BALLON. — Mot vulgaire dont on se sert pour désigner l'aérostat. Ce n'est pas, comme le prétendent quelques personnes, une expression seulement à l'usage des saltimbanques ; c'est un terme populaire, tandis que le mot *aérostat* est l'expression scientifique qui sert à désigner le même objet.

J'ai donné au mot *Aérostat* tous les détails nécessaires, et j'y renvoie le lecteur ; plusieurs de mes collaborateurs ont donné quelques nouveaux développements aux mots *Aéronaute*, *Aéronautique*, *Aérostatier*, *Aérostation* et *Aérostatique*.

On m'a reproché diverses lacunes ; je n'en connais qu'une seule, elle est relative au gonflement des aérostats. On les gonfle soit avec de l'hydrogène pur, soit avec de l'hydrogène carboné. Pour cela, on range à côté de l'aérostat des tonneaux contenant des copeaux de fer, de l'eau et de l'acide sulfurique, trois matières nécessaires pour la fabrication de l'hydrogène ; de chaque tonneau le gaz se rend à un tonneau central défoncé à la partie inférieure et plongeant dans une cuve remplie d'eau. De là, le gaz se rend, par un long tube, à l'aérostat. Pour recevoir le gaz, le ballon est d'abord attaché à deux mâts fixés en terre; on le soulève d'abord d'un mètre audessus du sol; puis, à mesure qu'il se remplit, on le soulève un peu plus en le déployant. Mais alors il faut s'opposer à ce qu'il ne s'élève avant le moment fixé; pour cela, des hommes le retiennent au moyen de cordes. Quand ces préparatifs sont terminés, l'aéronaute se place dans la nacelle, et, quand les cordes sont coupées, le ballon s'élève avec une vitesse d'autant plus grande qu'il est plus léger par rapport à l'air déplacé (voyez, tome Ier, p. 90, la gravure représentant le gonflement d'un ballon).

J'aurais pu, il est vrai, examiner toutes les tentatives faites depuis l'invention des aérostats jusqu'à nos jours; mais la matière est tellement abondante, que plusieurs livraisons de cette Encyclopédie n'auraient pas suffi, et j'aurais été obligé de hérisser mon style d'une si grande quantité de termes techniques, que mon article n'aurait pas été lisible. D'ailleurs, si le nombre des inventeurs a été considérable, le résultat a été à peu près nul. Toutes ces inventions, prônées pendant quelque temps, ont presque toujours échoué, soit que leurs auteurs n'eussent pas les connaissances nécessaires, soit que, se fiant trop sur des calculs ou sur des expériences de cabinet, ils n'aient pu réaliser leurs conceptions lorsqu'ils ont voulu les soumettre à l'expérience. Je ne pouvais évidemment m'occuper de nouveau de toutes les tentatives anciennes, abandonnées par leurs auteurs eux-mêmes. Il aurait été tout aussi imprudent de parler des recherches nouvelles non sanctionnées par l'expérience; car j'aurais été trop exposé à jouer le rôle de faux prophète. Il n'était pas possible non plus de choisir dans le nombre quelques inventions préférablement à d'autres; car cela aurait trop ressemblé à de la réclame. Lors même que j'aurais montré la plus grande impartialité dans ce choix, on m'aurait accusé de camaraderie. En effet, aucun des nouveaux concurrents n'a encore fait des essais en grand. Le jury de l'Exposition universelle de Paris n'a accordé aucune récompense pour les aérostats; si des sociétés libres se sont montrées moins réservées, il est bon de remarquer les motifs qui les ont fait agir : elles n'ont donné des récompenses que pour encourager leurs auteurs à continuer leurs expériences; elles n'ont pas couronné des résultats décisifs. On n'accusera pas la direction de notre Encyclopédie de se montrer hostile aux idées les plus avancées en cette matière; car, à côté de mes opinions, très-réservées, elle a permis à M. Alfred Rousiot de prédire les merveilles que les aérostats opéreront dans l'avenir. Que peut-on désirer de plus? Espérons, d'ailleurs, que les recherches des inventeurs ne seront pas toujours stériles. Plusieurs d'entre eux, pensant que les travaux isolés produisent rarement de brillants résultats, ont formé, en 1846, une société pour le perfectionnement de la navigation maritime et aérienne. Ces efforts combinés pourront faire enfin sortir l'aérostation de l'état de stagnation où elle languit depuis son origine; car,

sauf quelques améliorations de détail, a-t-on fait beaucoup de découvertes depuis Montgolfier?

J. B. PRODHOMME.

BALSAMIER (botanique) [du grec *balsamon*, baume]. —Genre d'arbrisseaux de la famille des térébinthacées, dont l'espèce la plus connue est le *balsamier de la Mecque*. Cet arbrisseau, toujours vert, a les feuilles ailées, composées de trois, cinq ou sept folioles. Ses fleurs répandent une odeur très-suave, et ses fruits sont à petites coques remplies d'une matière qui a la consistance et la couleur du miel, et l'odeur analogue à celle du baume. Les autres espèces principales sont le *balsamier élémifère*, originaire du Brésil, le *balsamier de la Jamaïque*, le *balsamier de Gilead*, le *balsamier polygame*, etc.

BALSAMINE (botanique). — Voy. *Balsaminées*.

BALSAMINÉES (botanique) [de *Balsamine*, genre type].—Famille des plantes dicotylédones dont les caractères sont : galice libre à deux sépales, placés latéralement, opposés, souvent mucronés, caducs, à estivation imbriquée. Quatre pétales hypogynes, caducs; les deux extérieurs alternent avec les sépales, le supérieur en forme de capuchon, l'inférieur terminé en éperon. Les étamines sont au nombre de cinq; trois sont opposées aux pétales inférieurs, les deux supérieures sont placées devant le pétale supérieur en forme de capuchon : ces étamines sont pourvues de filets courts en forme de massue. Les anthères sont cohérentes; celles appartenant aux étamines inférieures sont biloculaires, les deux autres supérieures sont *uni* ou *biloculaires*. L'ovaire est simple, surmonté par un style divisé supérieurement en cinq parties stigmatiques libres, ou plus ou moins soudées entre elles. Le fruit est capsulaire, herbacé, s'ouvrant avec élasticité en cinq valves; le placentaire est central, réuni au style par les filets conducteurs; il est à cinq angles membraneux formant des cloisons qui alternent avec les valves. Les semences sont pendantes, dépourvues de périsperme, et renfermant un embryon dressé à radicule supère et à cotylédons plans.

Le genre *balsamine* comprend une douzaine d'espèces, dont une seulement est cultivée dans les parterres. « C'est une plante annuelle, originaire de l'Inde, qui a été rapportée en Europe avant le quinzième siècle; sa tige est haute de 4 à 8 décimètres, rougeâtre ou blanchâtre; ses feuilles sont sessiles et alternes; ses fleurs, réunies en bouquets sur des pédoncules axillaires, sont tantôt simples, tantôt doubles, et affectent les nuances innombrables du rouge, du violet et du blanc. La balsamine est une belle plante d'ornement qui remplit bien sa place dans un parterre, mais il lui manque le parfum délicieux qui fait rechercher avec tant d'ardeur la rose et les autres fleurs odorantes. Ses mille panachures feraient un bel effet dans un bouquet, mais sa tige a trop de feuilles et ses pédoncules sont trop fragiles. Généralement, les amateurs préfèrent les balsamines à fleurs doubles, bien que celles à fleurs simples aient plus d'éclat, et que seules elles donnent des graines pour la reproduction. La *balsa-*

minc des bois (nommée aussi *impatiens*, *noli me tangere*) croît en abondance dans les Alpes et lenord de l'Europe; ses fleurs jaunes produisent peu d'effet, mais ses feuilles se mangent comme les épinards et servent à teindre la laine en jaune. »

BALUSTRADE (architecture). — Garde-corps ordinairement à jour, disposé le long de chenaux, terrasses, galeries, rampes, soubassements, etc., dans le but de garantir des chutes, ou bien au niveau du sol pour défendre l'entrée d'une enceinte réservée.

Les balustrades antiques n'étaient souvent que des murs d'appui, simples ou ornés de moulures et de sculptures, comme celle du temple de la Victoire-Aptère à l'Acropole d'Athènes, qui était décorée de victoires d'un très-beau style. Les peintures de Pompeï offrent des exemples de balustrades en croisillons qui devaient sans doute être en bois ou en métal, et fixes ou mobiles, selon leur destination.

Les ba-
lustrades
romaines
et gothi-
ques
étaient
compo-
sées soit
d'une sui-
te d'arca-
tures
quelque-
fois plei-
nes, mais
le plus
souvent à
jour, soit
de trèfles
ou de
quatre-
feuilles
égale-

Fig. 92.

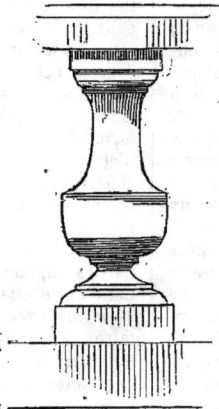

Fig. 91.

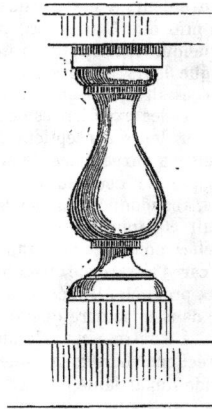

Fig. 90.

ment pleins et évidés. A l'époque de la transition du gothique à la renaissance, les compartiments deviennent plus contournés, les angles et les tympans plus nombreux ; puis l'on imagine quelquefois de se servir d'une suite d'ordre dorique ou corinthien qui portait la tablette d'appui (on voit un exemple de cette disposition à l'église Saint-Eustache, à Paris); enfin les balustres viennent ensuite (voy. ce mot), et composent presque exclusivement toutes les balustrades. C'est ce genre de décoration qui est resté en usage jusqu'à nos jours; et bien que ces balustrades soient quelquefois de mauvais goût, elles ont pourtant un certain aspect de grandeur et de noblesse que n'avaient pas celles du moyen âge.

CH. GARNIER.

BALUSTRE (architecture). — Petit support en marbre, pierre, bois ou métal, d'une forme plus ou moins contournée, qui n'est jamais employé isolément et qui est destiné à porter une tablette à hauteur d'appui.

On a cherché à diviser les balustres en styles toscan, dorique, ionique et corinthien. Cette division est tout à fait arbitraire, attendu que rien n'en fixe les règles, qui sont laissées complétement au goût de l'architecte. Cependant nous donnons, figures 90, 91 et 92, les trois formes de balustres les plus communément employées.

Quant aux balustres en fer, en fonte et en cristal, dont on se sert souvent maintenant, elles sont presque toujours des objets de commerce auxquels l'art est tout à fait étranger. C. G.

BAMBOU (botanique) [*bambuza*]. — Genre de la famille des graminées, composée de plantes souvent gigantesques, originaires de l'Inde et des îles de la Sonde, et remarquables par leur port, qui est celui des palmiers. Leurs épillets sont lancéolés, comprimés, à 5 fleurs renfermant chacune 6 étamines. Ce genre a pour type l'*arundo bambos* ou *bambou*.

Les bambous, loin d'avoir l'aspect frêle des plantes graminées, leurs chaumes robustes et ligneux s'élèvent fièrement dans les airs, se balancent à l'égal des plus grands arbres et présentent le spectacle à la fois imposant et gra- cieux d'immenses panaches de verdure de la plus somptueuse élégance. L'ancien et le nouveau monde sont prodigues de ces arbres, qui rivalisent de beauté, soit sur les rives des fleuves, aux bords des marais, soit dans les lieux secs, et jusqu'aux flancs des plus hautes montagnes.

Peu de végétaux présentent un port aussi majestueux et en même temps plus mollement léger que le bambou proprement dit, appelé par Linnée *Arundo bambos*. Ses racines émettent une touffe de tiges qui, atteignant de 8 à 30 mètres de hauteur, se développent en gerbes immenses. Ces tiges cylindriques, polies, luisantes, d'une belle couleur jaunâtre, sont formées de gros nœuds et produisent des rameaux de même nature, d'autant plus courts qu'ils approchent de la pointe des tiges; ils se chargent d'une multitude de feuilles en ruban du vert le plus tendre, et d'une excessive mobilité. Ces gerbes gigantesques et plumeuses ne contribuent pas moins que les palmiers et les fougères arborescentes à donner aux paysages équinoxiaux une physionomie étrange et merveilleuse. « Qu'on multiplie par la pensée, dit d'une manière très-poétique M. Bory de Saint-Vincent, les dimensions de ces plumes aériennes dont nos belles ornent leurs parures, qu'on donne à ces plumes agrandies la teinte qui repose la vue quand on la promène sur une humide prairie, et l'on se formera une idée assez juste d'une tige de bambou revêtue de son inconstant feuillage. »

On cultive souvent le bambou en haies immenses, au pourtour des grandes habitations. Ces haies sont appelées *balisages*. Elles produisent un effet des plus grandioses : le frottement des grands chaumes qui se heurtent dans leur épaisseur divergente, et qui, tout considérables qu'ils sont, n'en demeurent pas moins flexibles, produit, quand la tempête agite les balisages, un bruit violent, singulier, et même effrayant lorsqu'on l'entend pour la première fois. Des incendies considérables, au dire des colons, ont quelquefois été produits par le frottement de ces surfaces sèches et polies. « Après avoir vainement cherché pendant plusieurs mois, et à diverses saisons, des fleurs de bambou pour enrichir notre herbier, dit M. Bory de Saint-Vincent, nous en trouvâmes tout à coup en grande quantité sur les pousses d'un balisage qui avait été, l'année précédente, la proie d'un embrasement attribué au frottement des bambous. » M. Bosc, en Amérique, observa un fait analogue sur d'autres bambous, où il ne recueillit de fleurs que sur les rameaux qui poussèrent après qu'on eut mis le feu aux bocages formés par ces graminées arborescentes dans un marécage de la Caroline méridionale.

Les jeunes bourgeons des bambous se mangent comme des asperges; on les coupe de la longueur de 30 à 40 centimètres, vers la pointe, et après les avoir fait macérer dans l'eau, les avoir fait bouillir légèrement, on les partage en rouelles que l'on confit dans le vinaigre. Ces rouelles sont séchées au soleil, remises dans du vinaigre salé, et lorsqu'on veut s'en servir, on les cuit dans du jus de viande, comme les choux. Ce mets passe pour antiscorbutique. Les Chinois font cuire cette jeune pousse jusqu'à consistance de bouillie, et en composent une espèce de papier fin, d'usage pour la peinture et pour les parasols.

Les tiges des gros bambous sont hérissées d'épines; leurs articulations supérieures, qui sont creuses, servent à mesurer les liqueurs, et les articulations inférieures, étant pleines, très-solides, et se pourrissant difficilement, sont employées en pieux, dont les Macassares forment des haies défensives qui tiennent lieu de remparts. Leur roi étant en guerre avec les Hollandais, en 1651, pour se retrancher, fit planter deux rangées parallèles de ces pieux, à un mètre de distance l'un de l'autre; ils étaient unis ensemble par des liens, et fermés par des claies du même bambou; le milieu était rempli de ses branches épineuses, de terre et de sable. Ce massif était à l'abri du canon européen.

La reine Marie-Antoinette, épouse de Louis XVI,

avait deux plateaux de déjeuner de vingt-quatre pouces de diamètre, d'une seule pièce, et formés chacun d'une seule tranche de bambou. Il est excessivement rare de voir ces arbres atteindre cette dimension; ces bambous lui avaient été donnés en présent par l'empereur de la Chine. Les Malais et les Macassares se servent des articulations des plus gros bambous pour porter de l'eau; leurs maisons sont construites de son bois, ils en font des cloisons, des siéges, des bancs. Les tiges entières servent de montants d'échelle, de vergues pour les petits navires, et de tuyaux propres à conduire les eaux; les très-grosses sont employées en poutres et en solives. Cette manière de construire les charpentes a des inconvénients dans le cas d'incendie, parce que l'air contenu dans les cavités de ce réseau, venant alors à se vaporiser, produit des détonations fortes et dangereuses. Le bois de quelques espèces de bambous, quoique très-léger, est extrêmement fort; on en fait des lattes avec lesquelles on tisse les claies dont sont formés les murs de clôture et les cloisons. Leurs tiges, dont le diamètre est d'environ dix centimètres, servent de levier pour porter les palanquins.

On voit dans presque tous nos ports de mer employer de la même manière ces sortes de bambous à transporter les tonneaux sur les épaules. Les Tissadors, qui recueillent le vin de palmier, en forment des ponts pour passer, sans descendre, d'un palmier à l'autre.

Une espèce de bambou, abondant dans les îles Moluques, ressemble à un arbrisseau très-épais; son bois est si dur que, lorsqu'on le coupe, il rend des étincelles; ses articulations sont couvertes de gaînes ridées comme une peau de requin ou de chien de mer; elles servent à polir le fer et les os. Les habitants des Moluques et de Java font, avec les tiges de ce bambou, des flûtes, des bâtons de perroquet, des baguettes de pêche, des pipes à tabac, des javelots empoisonnés, et d'excellentes piques ou zagaies, dont l'extrémité, taillée en pointe et légèrement brûlée au feu, perce de part en part le corps des hommes contre lesquels on les lance. Ils en font aussi des cannes de promenade qui sont très-recherchées en Europe, surtout lorsqu'elles sont bien effilées et d'une belle forme. Leur légèreté, leur flexibilité et leur solidité les font principalement rechercher. Celles qui réunissent toutes les qualités dont elles sont susceptibles deviennent des objets de curiosité et se vendent des prix énormes.

Les tuyaux de pipe faits avec le bambou se nomment *calumets*. « Les écrivains, dit à ce sujet M. Bory de Saint-Vincent, qui nous peignent sans cesse les indigènes de l'Amérique contractant des alliances et ratifiant des traités en se présentant le *calumet de paix*, n'ont pas réfléchi que, pour donner à leur histoire une apparence de localité, ils ne devaient pas introduire un mot dérivé d'une langue que les Américains n'ont jamais pu connaître. Nous présenter Colomb, Magellan et l'ermite de la Guyane lui-même échangeant le calumet de paix avec un Caraïbe, un Patagon ou des Galibis, est un défaut de costume équivalent à celui dans lequel tomba ce peintre qui, dans le *Sacrifice d'Abraham*, avait représenté ce patriarche armé d'un pistolet. »

On lit dans une note très-intéressante, présentée en 1856 à la Société d'acclimatation par M. Ed. Renard, ancien délégué de l'industrie parisienne en Chine, les passages suivants, qui résument parfaitement les usages auxquels on a fait servir le bambou dans ce pays :

« Les usages du bambou en Chine sont si nombreux, les services qu'il rend sont si grands, qu'il mérite à juste titre le nom d'arbre national... On l'emploie pour les vergues des voiles, les claies et tuyaux pour la conduite des eaux des maisons; il fournit le pinceau avec lequel on trace des caractères et le papier sur lequel on écrit. Les feuilles servent à couvrir le toit du pauvre; ajustées en manteau, elles le préservent de la pluie. Les jeunes pousses, tendres et délicates, constituent un légume qui s'accommode de diverses manières, et elles valent, dit-on, nos asperges; bouillies, assaisonnées et confites, elles produisent d'excellentes conserves, tellement recherchées, qu'elles forment une branche assez importante du commerce intérieur, et qu'on en fait de fortes expéditions dans les diverses parties de l'empire, et surtout pour la capitale, où elles vont figurer aux banquets des grands. Les prêtres de Bouddha, qui font vœu d'abstinence et s'astreignent à un régime alimentaire peu nutritif et très-végétal, ont trouvé dans ce mets une ressource presque égale à celle que le poisson offre à notre clergé. On emploie le bambou à élever des échafaudages, à construire en quelques heures des édifices propres aux représentations théâtrales. La concrétion siliceuse appelée *tabaxir*, en chinois *tchou-houong*, que l'on trouve dans les cavités des nœuds du bambou, s'emploie dans les préparations médicales. Le bambou entre dans la confection de la plupart des instruments aratoires. Ce sont des perches de bambou qui servent à porter, à soutenir, à pousser les fardeaux; c'est de bambou que sont faits le *tchik*, mesure de longueur, les trois mesures de capacité, le *taou* et les *ching* des vendeurs de riz, le seau à puiser l'eau, le manche de la lance du soldat, les claies des chevaux de frise, aussi bien que le montant des parasols et des éventails; c'est en bambou qu'est tressé le large chapeau de l'homme du peuple; c'est sa tige qui, découpée de diverses grandeurs, se métamorphose en paniers aux formes variées, en tentes et en câbles pour la marine; sa racine se convertit, sous une main habile, en magots et en sculptures; enfin, le lit, le matelas, la chaise, la table du Chinois, sa pipe, une partie de sa nourriture, le bois avec lequel il la cuit, les *fat-tss* ou baguettes avec lesquelles il la mange, le balai pour nettoyer sa chambre, le papier dont il fait le livre de l'écolier, la férule du pédagogue, le redoutable instrument qui sert à exécuter l'arrêt du juge, la légère baguette qu'emploie le musicien pour tirer des sons mélodieux du *houng-hoo*, tout cela est dû au bambou. »

D'après cet exposé, on verra sans doute l'utilité qu'il y aurait pour la France de voir la culture du bambou se multiplier.

A la séance de la Société d'acclimatation du 14 mars 1856, M. Ed. Renard a fait hommage à la Société d'une collection de trente-quatre échantillons, représentant vingt et une espèces de variétés de bambous, lauriers, rosiers et joncs, parmi lesquels on remarque trois espèces de bambous noirs, six espèces de bambous blancs, un échantillon de cette dernière espèce de grande dimension, servant en particulier pour les conduits d'eau, des rotins de Java, des joncs blancs de Manille, des joncs rouges de Malacca, et un échantillon de jonc carré du Japon d'une espèce très-remarquable et peu commune.

J. RAMBOSSON.

BAN, BAN DE VENDANGES (droit) [vieux mot qui signifie l'*annonce publique d'une chose*]. — Arrêté que le maire de la commune ou de la ville a le droit de prendre et de publier, par lequel est fixé le jour d'ouverture des vendanges, en ce qui regarde les vignes non closes. (L. du 6 oct. 1791, sur la police rurale.)

Ceux qui y contreviendraient, en vendangeant avant le jour marqué, seraient punis d'une amende de 6 à 10 fr. (C. pén., 475.)

Avant ladite loi de 1791, dans certaines parties de la France, les prairies ne pouvaient être fauchées et les moissons faites qu'au moment du ban de fauchaison et du ban de moisson; mais depuis chacun peut faire sa récolte comme il le veut, pourvu qu'il ne cause aucun dommage au voisin. Cependant, d'après l'art. 1, sect. 5, tit. Ier de cette loi, dans les pays où le ban de vendanges est en usage, il peut être fait à cet égard, chaque année, un règlement par le maire pour déterminer l'époque des vendanges des vignes non closes; règlement qui est rendu obligatoire par l'approbation du préfet.

Les bans de vendanges, comme d'autres récoltes, avaient donc été abolis dans toute la France, considérés comme droit seigneurial, et sans trop examiner s'il n'y avait pas là une mesure ancienne d'utilité générale. Sous prétexte de libertés publiques, on a dépassé la borne posée par la sage raison et l'expérience, puisque aujourd'hui, à défaut de bans des récoltes, en céréales, par exemple, il faut que les cultivateurs s'entendent entre eux pour savoir quel jour pourront être faites et enlevées les récoltes des pièces de terre enclavées dans certains terroirs, ou bien pour créer de nouveaux chemins d'exploitation. Un règlement particulier, élaboré et appliqué par le conseil municipal de chaque commune, conviendrait sans doute mieux, dans les pays de grande culture surtout, aux bons et nombreux cultivateurs, ainsi qu'aux nécessités locales. JEAN ÉTIENNE.

BANALITÉ (droit). — Ce mot désigne un droit dont les effets sont, d'une part, de pouvoir contraindre les particuliers à venir, pour leurs besoins, au moulin, four ou pressoir banaux, et, d'autre part, d'interdire à toutes personnes de construire, dans l'étendue de la commune, d'autres moulins, fours ou pressoirs, pour le même usage commun. Les banalités conventionnelles, qui existent encore dans quelques localités, sont celles qui se composent des banalités établies par des conventions intervenues entre une communauté d'habitants et un particulier. Sous l'ancienne législation, il y avait aussi les banalités légales et seigneuriales, lesquelles ont été supprimées, sans indemnité, comme dérivant de la féodalité, suivant les lois des 15-28 mars 1790, 25 août 1792 et 17 juillet 1793.

Les banalités conventionnelles, qui subsistent par titres, sont rachetables de la part des communes, suivant la loi du 25 août 1792. Celles qui sont tombées en désuétude peuvent être rétablies par transaction ou par jugement des tribunaux ; mais les communes ne peuvent, à présent, par aucune stipulation, établir de nouvelles banalités, ni convertir en banalités conventionnelles les banalités supprimées comme féodales. (Av. Cons. d'État, 3 juill. 1808.) Cependant, rien ne s'oppose à ce que les habitants d'un village ou d'une commune contractent un marché, par l'effet duquel l'un ou plusieurs d'entre eux prendraient l'engagement de construire un four, un puits ou tout autre objet, à condition que les autres habitants devront toujours s'en servir, et dès lors payer au propriétaire un droit de cuisson ou d'usage : il n'y aurait là rien qui ne fût parfaitement licite et valable.

Du reste, les banalités exceptées de la suppression ordonnée par la loi susdite de 1790 subsistent encore, et elles ont la force d'exécution et d'interdiction que leur attribuaient les anciens principes. (Cass., 7 frim. an III, 31 mars 1813, 5 févr. 1816 et 1er juin 1830.)

Le ministre de l'intérieur a décidé, le 25 nivôse an XII, que les objets destinés aux banalités établies par les communes, pour le service commun de fours, puits, moulins, pressoirs, boucheries, etc., formant une sorte de banalité municipale, ne pouvaient être considérés que comme des biens communaux, sans privilège exclusif, et comme des moyens de produire des revenus municipaux, sans qu'il en pût résulter une exclusion pour tout autre établissement de la même nature. Mais autre chose est, on le conçoit, du traité de banalité passé, comme ci-dessus, entre tous les habitants d'une commune et dans l'intérêt de la communauté. Ce traité lie toutes les parties contractantes et les oblige à en exécuter fidèlement les stipulations.   JEAN ÉTIENNE.

BANANIER (botanique). — Genre type de la famille des musacées, dont les principales espèces sont : Le bananier du paradis (*musa paradisiaca*). — Cette espèce s'élève à la hauteur de 2 à 4 mètres. Chaque fruit est lisse extérieurement, long de 12 à 24 centimètres, triangulaire et d'une forme qui se rapproche de celle de nos concombres ; sa chair est molle et jaunâtre, pleine d'un suc aigrelet, d'une saveur agréable. Nous ne nous engagerons pas dans une discussion aussi oiseuse que difficile pour savoir si c'est avec le fruit de cet arbre que furent séduits nos premiers parents, et si ses feuilles servirent à cacher leur nudité lorsqu'ils eurent succombé à la tentation.

Le bananier des sages (*musa sapientium*). — Cette espèce diffère de la précédente par ses fruits plus courts et d'une saveur plus délicate, et par des feuilles plus aiguës.

Ces deux espèces de bananiers sont cultivées aux Indes, dans les Antilles et dans les parties chaudes de l'Afrique ; elles peuvent même supporter le climat de Madère ; et M. Bory de Saint-Vincent les a trouvées dans les jardins des environs de Séville et de Malaga. Cependant les climats les plus chauds, joints à un certain degré d'humidité, sont ceux qui conviennent le mieux aux bananiers ; car nulle part ils ne prospèrent mieux que dans les plaines brûlantes de Java. Chaque tige rapporte des fruits dix ou douze mois après avoir été plantée, et elle périt immédiatement après. A Java, on cultive les bananiers mêlés aux autres plantes potagères ; aux Antilles, on les dispose en longues lignes dans les plantations de cacaoyers. Les fruits des bananiers ont un goût qu'on peut comparer à celui d'un mélange de beurre et de fécule légèrement sucrée et aromatique. Les bananes se mangent crues ou cuites, apprêtées de diverses manières. Aux Antilles, en Afrique et dans l'Inde, elles forment la principale nourriture du peuple, et les colons en donnent à leurs nègres. On en fait une sorte de liqueur que l'on désigne, dans nos colonies, sous le nom de banane. Cette liqueur s'aigrit facilement, et on ne la prépare qu'en petite quantité. En écrasant des bananes bien mûres, et en les faisant passer au travers d'un tamis pour en retirer la partie fibreuse, on forme une pâte avec laquelle on prépare un pain fort nourrissant. Cette pâte, presque entièrement composée d'amidon, peut, lorsqu'elle est sèche, se conserver pendant longtemps. Délayée dans de l'eau ou du bouillon, elle forme un aliment très-sain. Les fibres retirées des gaines qui constituent la tige sont assez dures et assez résistantes pour être employées à la confection des cordages ou des fils avec lesquels on fabrique différentes espèces de toiles. Les trachées qui abondent dans la tige des bananiers remplacent l'amadou aux Antilles, et leurs larges feuilles couvrent les cabanes des nègres et servent de nappes ou de serviettes. La tige est encore utilisée comme fourrage pour les bestiaux. M. de Humboldt donne une haute idée de l'utilité du bananier dans son *Essai politique sur la Nouvelle-Espagne*. Un terrain de cent mètres, dit-il, dans lequel on plante quarante touffes de bananiers, rapporte dans un an quatre mille livres d'aliment en pesanteur. Un même terrain semé en froment n'eût guère donné que trente livres pesant. Le produit des bananes est donc à celui du froment comme 133 : 1, et à celui de la pomme de terre comme 44 : 1. Ces considérations s'appliquent également au fruit du bananier des sages et à celui du bananier du paradis. Ces derniers, quoique moins délicats que les premiers, fournissent plus de fécule ; les premiers sont souvent servis au dessert crus ou confits. (*Martin*.)

BANDAGE (chirurgie) [de l'allemand *band*, lien]. — Appareil formé de plusieurs pièces de linge, auxquelles on ajoute quelquefois du carton, des petites planchettes, des plaques de fer ou d'acier, etc. Ils ont pour objet, en général, de réunir les parties divisées, de les maintenir en place, d'empêcher leur réunion anormale ou de les comprimer afin d'arrêter un développement maladif, enfin de favoriser l'expulsion de liquides extravasés ou simplement de retenir les topiques et autres pièces de pansement. « C'est au chirurgien à régler la forme et la composition des bandages d'après l'indication qui se présente à remplir. La plupart des bandages s'exécutent avec des bandes, des compresses, de diverses formes et grandeurs, des bandelettes séparées, des cordons, des épingles. Dans ceux destinés aux fractures, il faut y joindre des corps plus solides pour favoriser l'immobilité des os divisés, et l'on obtient ce résultat au moyen de petites pièces en carton ou en bois, que les chirurgiens désignent sous le nom d'*attelles*. Des appareils de même nature sont nécessaires après les brûlures pour empêcher la réunion des doigts, qui contracteraient entre eux des adhérences, qu'il fau-

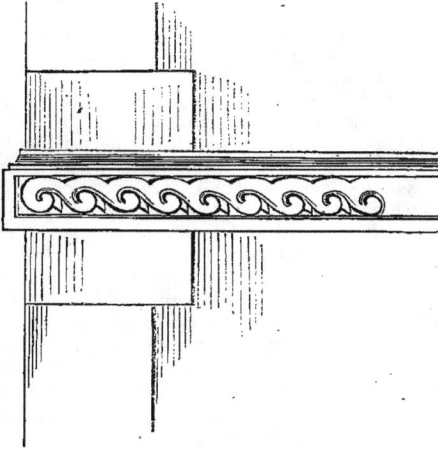

Fig. 93. — Bandeau.

drait détruire ensuite. Les bandages ont reçu divers noms, selon l'emploi auquel ils sont consacrés : on nomme *bandages simples, bandages contentifs*, ceux qui servent à maintenir en place les pièces d'un pansement ; *bandages divisifs*, ceux qui divisent les parties ; *bandages agglutinatifs*, ceux qui sont couverts d'un topique et servent à réunir les parties ; lorsqu'ils ne reçoivent aucune application, on les nomme *bandages incarnatifs* ou *unissants*. Quelques autres sont connus sous des dénominations spéciales, tels sont les *bandages de Galien*, *de Scultet* ou *à* 18 *clefs, la fronde, les bandages en T, en V, le bandage inguinal, le* 8 *de chiffre* ; ils ne sont employés que dans des cas particuliers. »

BANDEAU (architecture). — On appelle ainsi la réunion de moulures très-simples faisant saillie sur le nu du mur et courant horizontalement le long

d'un édifice. Le but du bandeau étant de marquer la limite de séparation de deux étages, il doit toujours être beaucoup moins important que la corniche ; il sert à reposer les yeux, celle-ci à les arrêter. Les bandeaux les plus fréquemment employés se composent d'une plate-bande simple ou ornée reposant sur une ou deux petites moulures. (Voy. fig. 93.)

C. G.

BANNISSEMENT (droit) [de *ban*, proclamation à son de trompe ; d'où se sont formés *bannie, banalité*, etc.]. — Cette peine, classée dans le nombre des peines infamantes, a la durée de cinq ans au moins et dix ans au plus. (C. pén., 32.) Celui qui a été condamné au bannissement ne peut, même après avoir subi sa peine, être employé commme témoin dans aucun acte ; il ne peut non plus être ni juré ni expert ; il ne peut déposer en justice autrement que pour donner de simples renseignements, et il est incapable de tutelle ou de curatelle, si ce n'est de ses enfants, et sur l'avis de sa famille. (*Ibid.*, 28.) Toutefois, la peine du bannissement n'emporte point elle-même la mort civile (C. civ., 24, et C. pén., 18), et dès lors les bannis ont capacité suffisante tant pour transmettre que pour recueillir les biens sis en France. (Cass., 21 janvier 1821.) Ce principe a été appliqué ainsi à l'égard des régicides bannis par la loi du 12 janvier 1816.

Cette peine, qui a pour effet d'obliger celui qui l'a encourue à sortir du pays pour un temps déterminé, quoiqu'elle fût autrefois infligée dans certains cas ordinaires, a presque toujours été, dans tous les temps, considérée comme attachée d'une manière presque spéciale à certains faits politiques. Ainsi, chez les Athéniens, l'ostracisme servait à éloigner pendant dix ans les citoyens que leur puissance, leur mérite trop éclatant, leurs services même, rendaient suspects à la jalousie républicaine. — C'est ainsi que, chez les Romains, des généraux illustres évitaient une injuste condamnation en se soumettant volontairement à l'exil. Mais dans nos mœurs, cette peine n'a pas le caractère d'importance qu'elle avait aux yeux des peuples anciens ; et, quoique en général elle s'applique plus particulièrement aux délits politiques, il faut reconnaître qu'elle est loin d'égaler en gravité cet autre genre de bannissement si connu dans les actes de la révolution française sous le nom de déportation. — Voy. ce mot.

« Le seul bannissement hors du royaume, dit M. le chancelier d'Aguesseau dans sa lettre du 27 septembre 1648, retranche absolument le condamné du nombre des citoyens, et il n'y a que ce retranchement qui puisse opérer la mort civile. Tout homme qui n'est banni que d'une province du royaume conserve la qualité de membre de l'État ; il participe aux effets civils ; il est capable de contracter et de disposer de ses biens par donation ou par testament, et, à l'infamie près, qui le suit partout, il jouit des mêmes droits que le reste des sujets du roi. » On voit que ces principes se rapprochent beaucoup de ceux qui nous régissent actuellement, puisque le bannissement hors du royaume, dont parle l'illustre chancelier, peut être assimilé, sous certains rapports, à la déportation introduite dans les lois révolutionnaires, et dont le caractère marqué est la perpétuité. Il existe encore un autre rapport entre la déportation et le bannissement, c'est que l'un est l'aggravation de l'autre, en ce sens que si le banni, durant le temps fixé pour son bannissement, rentre sur le territoire français, il doit être, sur la seule preuve de son identité, condamné à la déportation. La peine du bannissement à temps fut bien abolie par la loi du 25 septembre 1791, laquelle avait néanmoins conservé celle du bannissement à perpétuité, à quoi fut appliqué le nom devenu si fameux de déportation, mais elle a été rétablie par le Code pénal de 1810. Il faut aussi reconnaître qu'avec la jurisprudence de nos anciens parlements, la peine du bannissement, quoique plus sévère que de nos jours, n'entraînait pourtant pas la mort civile d'une manière générale et absolue.

JEAN ÉTIENNE.

BANQUE. — BANQUE DE FRANCE, etc. (droit) [de l'italien *banco*, banc, parce que jadis ceux qui faisaient le commerce d'argent avaient leur banc particulier dans les marchés publics]. — Le mot banque, pris en général, désigne tout établissement fondé pour faciliter les opérations et négociations commerciales. Dans l'usage, et eu égard à la nature des diverses opérations qui se font, on distingue deux genres particuliers de banques : les banques de virements, qu'on appelle aussi banques de dépôt, et les banques de circulation. Il y a en outre les banques qui participent de ces deux espèces, en opérant par virements, et en émettant des billets; d'autres encore se bornent à prêter des fonds soit sur dépôt, soit sur immeubles.

Les banques de virements sont celles où le public dépose des fonds pour obtenir un crédit, et où ce crédit est payé par le transport de tout ou partie de la somme au profit d'un autre particulier qui a également son compte à la même banque. Cette opération s'appelle virement.

Les banques de circulation sont nommées ainsi parce qu'elles mettent dans la circulation leurs propres billets, qui sont admis comme numéraire dans les payements qu'elles font, et que le public emploie de la même manière : telles sont la Banque de France, la Banque de Bordeaux. Ces dernières banques ne peuvent être établies en France sans l'autorisation du gouvernement, et les émissions de leurs billets, qui ne peuvent être fabriqués qu'à Paris, puis dont la moindre coupure avait été d'abord fixée à 250 francs, ne peuvent excéder la somme déterminée par le titre qui a autorisé leur création. (L. 14 avril 1803.) La nécessité, pour le commerce, de créer des moyens d'échange, surtout après que les assignats et les mandats eurent perdu leur cours, avait fait établir à Paris diverses banques de circulation. L'une d'elles, sous le titre de Banque de France, commença ses opérations le 20 février 1800, et pendant trois années elle traita de ses opérations avec une entière indépendance : considérée comme association particulière, tenant son régime d'elle seule, elle se trou-

vait entièrement dégagée de toute influence supérieure. Il en fut ainsi jusqu'à la loi du 14 avril 1803, laquelle consacra l'existence de la Banque de France par la concession du privilége d'émettre des billets au porteur; une autre loi, du 22 avril 1806, apporta quelques changements dans le régime administratif de cet établissement, et enfin des statuts réglementaires, dont les fondateurs de la Banque de France avaient rédigé le projet, ont été sanctionnés spécialement par un décret du 16 janvier 1808. D'après la loi du 22 avril 1806, art. 2, le capital de cette Banque est de quatre-vingt-dix millions de francs, représentés par quatre-vingt-dix mille actions de mille francs chacune. Ces actions peuvent être immobilisées, et leur négociation se fait par voie de transfert. Les opérations de cette Banque sont spécialement de cinq espèces :

1° Elle escompte les lettres de change ou autres effets de commerce à ordre, à des échéances déterminées, et souscrits par des commerçants et autres personnes d'une solvabilité notoire.

2° Elle reçoit en compte courant les sommes qui lui sont versées par des particuliers, des établissements publics et autres; paye les dispositions faites sur elle et les engagements pris à son domicile jusqu'à concurrence des sommes encaissées.

3° Elle se charge, pour le compte des particuliers, ou établissements admis à avoir un compte courant, de recouvrer les effets et billets qui lui sont remis;

4° Elle tient une caisse de dépôts volontaires pour tous titres, lingots et monnaies d'or et d'argent de toute espèce.

5° Enfin, elle fait des avances sur les effets qui lui sont remis en recouvrement et dont les échéances sont déterminées. Son privilége, plusieurs fois prorogé, s'étend en ce moment jusqu'en 1867. Son capital, qui originairement était de 45 millions, partagés en 45 mille *actions* de mille francs, fut élevé par la loi du 22 avril 1806 à 90 millions, puis réduit à 67,900,000 fr.; il a été porté en 1848 à 91,250,000 fr., par suite de la réunion des banques départementales, Elle possède en outre une réserve de 16,980,750 fr. La Banque, d'après ses statuts primitifs, ne pouvait émettre des billets que pour une valeur triple de son capital; mais depuis 1848, elle a été autorisée à faire des émissions beaucoup plus considérables, qui ont été portées par une loi du 24 décembre 1849 jusqu'à 525 millions; en outre, un décret du 14 mars 1848 a donné temporairement cours forcé à ses billets, mais ce décret n'a pas tardé à être rapporté. Une assemblée d'actionnaires, représentée par 200 d'entre eux, nomme 15 régents et 3 censeurs, qui forment 6 comités dits *des Comptoirs, des Billets, des Comptes, des Caisses, des Relations avec le Trésor et les receveurs généraux, des Livres et Portefeuilles.* La direction supérieure est attribuée à un gouverneur et à deux sous-gouverneurs nommés par le chef de l'État; mais ils n'exercent qu'un pouvoir négatif, au moyen d'un droit de *veto*; la direction effective appartient au Conseil général de la Banque. La Banque de France distribue annuellement d'importants dividendes à ses actionnaires. Elle publie à des époques périodiques son état de situation. Il existe en outre des banques coloniales, créées par une loi du 11 juillet 1851, et une banque de l'Algérie, créée par la loi du 4 août 1851, sur le modèle de la *Banque de France*. Les principales banques de l'Europe, avec la Banque de France, sont : la *Banque de Londres*, fondée en 1694, dont les *bank-notes* ont cours en tout lieu; les bénéfices réalisés pendant l'année 1836 par cette Banque se sont élevés à 25,000 liv. sterl., toutes dépenses payées; on peut attribuer ce bénéfice au taux modéré de l'intérêt qu'elle prend, qui n'est que de 2 1/2 p. 100; — la *Banque d'Amsterdam*, qui fut établie dès 1609, et qui, un moment suspendue à l'époque de la réunion de la Hollande à l'Empire français, a repris depuis ses opérations; — la *Banque de Hambourg*, fondée en 1619, qui ne prête que sur lingots; — la *Banque de Berlin*, reconstituée en 1816; elle est tout à fait dépendante du gouvernement; — la *Banque de Naples*, fondée en 1808, qui jouit d'un crédit assez solide et assez étendu; — la *Banque d'Autriche* ou *de Vienne*, fondée en 1816, qui prête sur dépôt d'obligation, d'État, à un taux très-modique; — la *Banque de Russie*, fondée par Catherine II, en 1786. — La plus ancienne des banques de l'Europe était la *Banque de Venise*, fondée au douzième siècle, supprimée en 1797.

En Amérique, on connaît surtout la *Banque de Philadelphie* ou *des Etats-Unis*, fondée en 1791 avec privilége de l'Union pour vingt années, et qui retira de la circulation tous ses billets en 1815; — la *Banque de l'Amérique du Nord*, fondée en 1816. On compte, en outre, une infinité de banques dans les divers États de l'Union : il n'y en avait pas moins de 588 en 1836, plus 146 succursales. La plupart de ces établissements s'étant livrés à des spéculations aventureuses qui compromettaient la fortune publique, le président Jackson se déclara leur adversaire; il les fit supprimer en 1833; mais elles ne tardèrent pas à se reconstituer.   JEAN ÉTIENNE.

BANQUE D'ÉCHANGE. — Voy. *Echange*.

BANQUEROUTE (droit) [de l'italien *bancorroto*, banc ou comptoir rompu]. — L'État du commerçant failli qui, dans ses opérations, a commis des fautes graves ou s'est livré à des actes frauduleux. (C. comm. 438.) Le commerçant, le négociant ou les individus qui, par leurs professions et affaires, sont réputés faire des actes de commerce peuvent seuls être déclarés en état de faillite, et dès lors eux seuls peuvent être en état de banqueroute. (Voy. Commerçant et Faillite.) Il y a deux espèces distinctes de banqueroute, la banqueroute simple et la banqueroute frauduleuse : la première est jugée par les tribunaux correctionnels; la seconde est de la compétence des cours d'assises. (C. comm. 439.) Les banqueroutes sont placées sous la surveillance du ministère public (*Ibid.* 588 et 595); et l'expérience a assez prouvé que le nombre plus ou moins grand des faillites s'établit en raison inverse de l'activité de cette surveillance. Quand il s'agit de banqueroute simple, la poursuite d'office n'a lieu qu'autant que les parties intéressées gardent le silence, parce qu'en règle gé-

nérale, il est préférable de laisser poursuivre les banqueroutes par la masse des créanciers, et que d'ailleurs la poursuite d'office ne doit être pratiquée que pour poursuivre l'impunité; mais s'il s'agit de banqueroute frauduleuse, la poursuite doit se faire d'office par le ministère public. L'impunité serait souvent assurée, si les poursuites contre les faillis suspects de fraude n'étaient pas faites au nom et aux frais du gouvernement, car nul créancier ne voudrait sacrifier son intérêt personnel à la satisfaction de faire punir un scélérat. (Locré, *Esp. du C. de comm.*, t. III, p. 733.) La poursuite de l'action publique est indépendante de l'action civile, et ne saurait surtout lui être subordonnée : or, comme les tribunaux de commerce ne sont saisis de la connaissance des faillites que par des parties privées, le ministère public peut toujours poursuivre un failli, et quoiqu'il n'ait pas été déclaré en faillite; il suffit que de fait le commerçant inculpé ait cessé ses payements. La loi donne d'ailleurs au ministère public le droit de se faire remettre par les syndics les pièces et renseignements jugés utiles : elles sont remises aux syndics après le jugement du failli, sauf celles dont la cour ou le tribunal aurait ordonné le dépôt judiciaire. (C. comm. 601 à 603.) Le ministère public ayant toujours le droit de poursuivre les banqueroutiers, même contre le gré des créanciers, il en résulte que ce droit existe alors même que les créanciers auraient consenti à un concordat homologué par le tribunal de commerce. En tous cas, les frais en doivent être supportés par le failli, s'il est condamné, et la masse est tenue de les acquitter. La poursuite de la banqueroute, même simple, est forcée dans quatre cas principaux, qui sont : 1° l'excès reconnu des dépenses de la maison du failli, qu'il est tenu d'inscrire mensuellement; 2° l'emploi de fortes sommes au jeu ou à des opérations de pur hasard; 3° en présence de son dernier inventaire, indiquant un actif de 50 0/0 au-dessous de son passif, le fait d'emprunts considérables ou la revente de marchandises à perte ou au-dessous du cours; 4° le cas où il aurait donné des signatures de crédit ou de circulation pour une somme triple de son actif net, d'après son dernier inventaire (C. comm. 586), ce qui s'entend de tout effet négociable, de quelque espèce qu'il soit. (Cass., 13 août 1825.) — Voir *Faillite*.   JEAN ÉTIENNE.

BANQUET [de l'italien *banchetto*, petit banc]. — Repas somptueux et solennels qui ont joué un rôle important dans l'histoire morale, littéraire, et même politique des peuples. Chez les anciens, le banquet avait un caractère tout à fait spéculatif. « La plupart des dialogues de Platon ne sont que des conversations philosophiques, tenues par des convives, pendant la durée et surtout vers la fin du banquet. La satire de Pétrone intitulée *Trimalcion* est également mise en scène sous forme de repas. Lorsque l'imagination populaire cherchait dans l'antiquité à se représenter les grands dieux de l'Olympe, elle se les figurait toujours réunis autour d'une table immense, et passant l'éternité dans les joies d'un festin homérique; de là l'expression, que l'on rencontre souvent dans la mythologie païenne, le *banquet des dieux*. Les *saga scandinaves* promettent sans cesse un inépuisable banquet, dans le *Wahallala*, à la table d'Odin. Le christianisme apporta quelques modifications à l'esprit du banquet, il associa non plus seulement les intelligences, mais encore les cœurs; à l'idée de conversation, d'entretien élevé, qu'il ne supprima point entièrement, il mêla celle de communion et d'acte religieux. On peut dire que le banquet chrétien participa toujours plus ou moins des souvenirs de la dernière *cène*, et de la vie en commun qu'avaient menée le Christ et ses premiers apôtres. L'agape ou repas d'amour était le banquet chrétien par excellence. Il y avait aussi le *repas libre*, celui que l'on donnait aux martyrs qui allaient être livrés aux animaux féroces. Au moyen âge, la chevalerie conserva l'usage des banquets. C'était dans les banquets que les troubadours et les trouvères faisaient entendre leurs nouveaux poëmes aux seigneurs assemblés Dans le *repas du Héron*, Edouard Iᵉʳ, roi d'Angleterre, amant de la belle comtesse de Salisbury, créa l'ordre de la Jarretière, avec la célèbre devise : *Honni soit qui mal y pense*. Dans des temps tout à fait rapprochés de nous les banquets ont pris une immense signification politique. Le banquet du Chalet, les banquets de Rouen, de Mâcon, de Torigny, et enfin celui du Château-Rouge, ont amené la révolution de Février 1848. » Les banquets ont perdu de leur importance, par suite d'une nouvelle législation.

BANQUIER (droit). — Le banquier est le commerçant qui tient une maison dans laquelle on trouve en tout temps du papier sur les principales villes de commerce de France et de l'étranger. Telle est la signification exacte de ce nom. Un banquier, dit H. Julia, opère en petit comme les banques publiques opèrent en grand. Ce sont ses capitaux et son crédit qui limitent ses opérations. Ses bénéfices se composent principalement de l'escompte des lettres de change et d'une commission ou prime sur les services rendus; il paye et reçoit pour ses correspondants, conserve des fonds en dépôt, prête aux gouvernements par voie d'emprunts publics, achète et revend le papier des différentes places. En France, le nombre en est illimité; à Londres, il est de 70. Leurs attributions sont bien autrement considérables que celles des nôtres. Ils ont, comme la Banque de France à Paris, des comptes courants ouverts avec tout le commerce. Autrefois, la profession de banquier était très-considérée; mais depuis longtemps elle a perdu dans l'opinion publique, par suite des opérations hasardeuses d'un grand nombre de ceux qui se livrent à son exercice. — Voy. *Banque.*
J. E.

BANS DE MARIAGE (droit). — Proclamations qui ont lieu dans les églises pour annoncer publiquement qu'il y a promesse de mariage entre deux personnes. Dans l'usage, on donne le même nom aux publications qui, suivant l'art. 63 du C. civ., doivent précéder la célébration civile du mariage. — Voy. *Mariage.*
J. E.

BAOBAB (botanique). — Arbre gigantesque d'A-frique, d'Amérique et d'Océanie, de la famille des malvacées. On dit communément, observe Adanson, que la nature a des bornes et des limites dont elle ne s'écarte pas dans ses productions : mais ne se presse-t-on pas trop quelquefois de poser ces bornes et d'assigner ces limites? On regarderait comme une chose dénuée de vraisemblance la description d'un arbre qui forme seul un bois considérable, dont le tronc a communément deux fois autant de diamètre qu'il a de hauteur, et qui met peut-être un grand nombre de siècles à parvenir à cette énorme grosseur; c'est cependant la peinture fidèle de l'arbre dont nous parlons.

Le baobab ne peut croître que dans les pays très-chauds; il se plaît dans un terrain sablonneux et humide, surtout si ce terrain est exempt de pierres

Fig. 94. — Baobab.

qui puissent blesser ses racines; car la moindre écorchure qu'elles reçoivent est bientôt suivie d'une carie, qui se communique au tronc de l'arbre et le fait infailliblement périr.

Le tronc de ce singulier arbre n'est pas très-haut; Adanson n'en a guère vu qui excédassent vingt à vingt-cinq mètres de hauteur, mais. Il en a vu plusieurs qui avaient huit à neuf mètres de diamètre. Les premières branches s'étendent presque horizontalement, et comme elles sont grosses et qu'elles ont environ vingt mètres de longueur, leur propre poids en fait plier l'extrémité jusqu'à terre, en sorte que la tête de l'arbre, d'ailleurs assez régulièrement arrondie, cache absolument son tronc et paraît une masse hémisphérique de verdure d'environ quarante mètres de diamètre. Mais d'autres voyageurs en ont vu de plus gros dans le même pays du Sénégal; Ray dit qu'entre le Niger et la Gambie on en a mesuré de si monstrueux, que dix-sept hommes avaient bien de la peine à les embrasser, en joignant les uns aux autres leurs bras étendus; ce qui donnerait à ces arbres environ dix mètres de diamètre. Jules Scaliger dit qu'on en a vu qui avaient jusqu'à douze mètres; ainsi le baobab est dans le règne végétal ce qu'est la baleine pour le règne animal.

L'écorce de cet arbre est grisâtre, épaisse, fort souple et très-liante; celle des jeunes branches est parsemée de poils fort rares. Le bois de l'arbre est tendre, léger et assez blanc. Les feuilles sont longues, attachées trois, cinq ou sept sur un pétiole commun, à peu près comme celles du marronnier d'Inde, auxquelles elles ressemblent beaucoup; elles ne naissent que sur les jeunes branches.

Adanson a vu de ces arbres, quoique de médiocre grosseur, dont il estimait que la racine, qui s'étend pour l'ordinaire horizontalement, en traçant près de la superficie du terrain, pouvait avoir cinquante mètres de longueur. Indépendamment des racines horizontales presque aussi grosses que les branches, et qui y correspondent, celle du centre forme un pivot qui, semblable à un gros fuseau, pénètre verticalement à une grande profondeur. Les fleurs sont proportionnées à la grosseur de l'arbre; elles ont, lorsqu'elles sont épanouies, dix centimètres de longueur sur quinze de diamètre. Ces fleurs sont du genre des malvacées; on pourrait les appeler des *belles de jour*, parce qu'elles ne s'ouvrent que le matin et se ferment à l'approche de la nuit; la corolle est composée de cinq pétales, égaux entre eux, courbés en dehors en demi-cercle, blancs, épais, parsemés de quelques poils. Cette fleur est garnie de sept cents étamines, qui se rabattent sur le pistil comme une houppe; et chacun de ces filets porte à son extrémité un sommet en forme de rein; en s'ouvrant, il laisse échapper la poussière fécondante qui est reçue par les stigmates du pistil. Aux fleurs succèdent des fruits oblongs, pointus à leurs deux extrémités, ayant quarante à cinquante centimètres de long sur quinze de large, recouverts d'une espèce de duvet verdâtre, sur lequel on trouve une écorce ligneuse, dure, presque noire, marquée de douze à quatorze sillons qui la partagent comme en côtes, suivant sa longueur; ce fruit tient à l'arbre par un pédicule d'environ soixante centimètres de long.

Ce fruit renferme une espèce de pulpe ou de substance blanchâtre, spongieuse, remplie d'une eau aigrelette et sucrée. Cette pulpe ne paraît faire qu'une seule masse; quand le fruit est frais; mais en se desséchant, il se retire et sépare en un nombre de corps à plusieurs facettes, qui renferment chacun une semence luisante, de la figure à peu près de la fève de haricot. (Il y a environ huit cents graines dans chaque fruit.) Prosper Alpin dit que la pulpe qui les enveloppe se réduit aisément en une poudre fine qu'on apporte ici du Levant, et que l'on connaît depuis longtemps sous le nom très-impropre de *terre sigillée de Lemnos*, parce qu'effectivement les

Mandingues la portent aux Arabes, qui la distribuent ensuite en Égypte et dans toute la partie orientale de la Méditerranée, où elle est d'un usage familier, prise à la dose de quatre grammes, soit en substance, soit en dissolution dans une liqueur appropriée, pour les crachements de sang, le flux de sang hépatique, les fièvres pestilentielles et putrides, la dysentérie, etc.: elle a les mêmes usages au Sénégal. Le même auteur prétend qu'il savait que cette poudre est végétale; mais on ne se serait certainement pas avisé de chercher au Sénégal l'origine d'une drogue que l'on tirait de l'Archipel. Nous ajouterons cependant, quoi qu'en dise Prosper Alpin, que la *terre sigillée de Lemnos* est une véritable terre argileuse bolaire, et non une substance immédiatement végétale.

Toutes les parties du baobab abondent en mucilage; les nègres en font sécher les feuilles à l'ombre pour les réduire en une poudre appelée *lalo*, et qui leur sert d'aliment; la cendre de ce fruit donne aussi un excellent savon.

Adanson ayant publié de grands détails [1] sur cet arbre, le baobab a été aussi nommé *Adansonie*. — Voy. ce mot.   J.-W.

BAPTÊME (religion catholique) [du grec *baptizō*, laver]. — Premier des sept sacrements de l'Église, qui régénère l'homme en Jésus-Christ, en lui donnant la vie spirituelle de la grâce. Il consiste ordinairement, dans l'Église catholique, à verser de l'eau sur la tête de celui qui reçoit le baptême, en prononçant ces paroles : *Je te baptise au nom du Père, du Fils et du Saint-Esprit.* C'est là le *baptême par infusion*; on distingue encore le *baptême par immersion*, qui consiste à plonger dans l'eau tout le corps de la personne qu'on baptise, et le *baptême par aspersion*, qui consistait à jeter de l'eau sur une assemblée, comme on le fait encore dans la cérémonie de l'aspersion, au commencement de la messe; ces deux derniers modes, usités en Orient et dans les premiers jours du christianisme, ne sont plus pratiqués aujourd'hui.

« Le baptême s'administrait avec pompe la veille de Pâques ou de la Pentecôte. Régulièrement on ne baptisait qu'à ces deux solennités. Saint Ambroise nous a conservé une description des rites qu'on pratiquait de son temps. On y voit régner cette unité et cette complication que nous venons de signaler. Le jour arrivé, l'évêque ou le prêtre délégué par lui accompagnait l'élu à la porte du baptistère, et lui touchait les oreilles et les paupières en prononçant le mot *hephpheta*, c'est-à-dire *ouvrez-vous*. On l'interrogeait sur la foi, en lui faisant réciter le symbole des apôtres; on lui imposait les mains, et l'on pratiquait les exorcismes. Ces exorcismes avaient pour but de chasser hors de lui les démons. Mosheim a attribué l'introduction des exorcismes dans le baptême à l'influence des croyances des platoniciens à cet égard; Beausobre dit que les exorcismes sont venus des valentiniens. Mais la croyance aux dé-

[1] Mémoires de l'Académie.

mons était alors si générale, que cette pratique a pu venir de toutes les sources à la fois. Le catéchumène ainsi exorcisé était introduit dans le baptistère. Là il renonçait au démon, à ses pompes et à ses œuvres, tourné d'abord vers l'occident, image des ténèbres, puis vers l'orient, symbole de lumière. Le prêtre faisait la bénédiction de l'eau, on y plongeait le catéchumène jusqu'à trois fois, nommant à chaque fois l'une des personnes de la Trinité ; on le revêtait ensuite d'une robe blanche, qu'il était tenu de porter durant la semaine entière. En sortant de la piscine, il recevait ce qu'on appela plus tard le sacrement de la confirmation. C'était là évidemment le point principal et l'acte décisif du baptême ; c'était la renaissance de l'Esprit, dont l'immersion dans l'eau n'était que la préparation. On mettait alors dans la main du néophyte un cierge allumé, et il marchait vers l'autel pour y recevoir l'eucharistie. On faisait manger aux nouveaux baptisés du lait et du miel, parce que c'était la nourriture des enfants sevrés. Saint Jean Chrysostome nous apprend qu'ils étaient aussi dans l'usage de porter, pendant un certain temps, l'Evangile suspendu à leur cou. Ces cérémonies se retrouvent encore aujourd'hui chez les catholiques telles à peu près qu'elles étaient au cinquième siècle, au temps de saint Ambroise. Mais le baptême lui-même a éprouvé le plus grand des changements ; car, au lieu que dans l'antiquité chrétienne il était l'initiation de l'homme fait, il est devenu, dans l'Eglise du moyen âge, une cérémonie tout à fait inintellectuelle opérée sur l'enfant qui vient de naître. » — Les registres où s'inscrivent les actes de baptême et les copies qui en sont délivrées ne peuvent suppléer légalement les registres ordonnés pour constater l'état civil des Français. (Loi du 18 germ. an X, art. 55.)

BAPTISTÈRE (architecture) [du latin *baptisterium*, bassin où l'on prend le bain]. — Monument religieux dans lequel on confère le sacrement du baptême.

Les baptistères peuvent se diviser en deux variétés très-distinctes : la première, celle où ces édifices sont complétement isolés, et la seconde, où ils sont attenants à l'église et en forment une dépendance. La première de ces variétés ne se retrouve qu'aux premiers siècles du monde chrétien ou au moyen âge en Italie, surtout en Toscane. Mais, depuis longtemps, on a renoncé à construire des baptistères isolés, et la cuve baptismale est placée dans une des chapelles de l'église les plus proches de l'entrée. Nous ne parlerons pas de cette dernière disposition, qui n'a rien de caractéristique, et nous ne nous occuperons que des baptistères proprement dits.

Les premiers édifices de ce genre ont été construits d'après les principes des salles de bains romains. Ils sont en général de forme circulaire ou polygonale et ornés intérieurement d'un rang de portiques soutenant soit une voûte, soit une galerie.

Un des plus anciens baptistères est celui de Constantin, situé à Rome près de Saint-Jean-de-Latran ; une urne antique en basalte sert de fonts baptismaux ; elle est élevée au milieu d'une grande cuve entourée

d'une balustrade octangulaire, et est couverte par une coupole soutenue par deux rangs de colonnes placés l'un sur l'autre ; les colonnes inférieures sont en porphyre, celles supérieures sont en marbre blanc.

Parmi les baptistères les plus intéressants, on peut citer encore ceux de Pise, de Florence, de Pistoïa et celui de Saint-Marc, à Venise, qui, bien que n'étant pas isolé, est cependant placé en dehors de l'église elle-même, et a une entrée particulière sur la Piazzetta.

Nous allons donner sommairement la description des baptistères de Florence et de Saint-Marc, qui résument à peu près les principales dispositions de ces édifices.

Le baptistère de San Giovanni, à Florence, est construit sur l'emplacement et avec les restes d'un ancien temple de Mars ; il est de forme octangulaire, couvert par un toit à huit pans au-dessus duquel s'élève une petite lanterne. Les murs extérieurs sont revêtus de marbres noir verdâtre et blanc disposés alternativement. On entre dans le baptistère par trois grandes portes en bronze ornées de bas-reliefs, l'une d'Arnolfo di Lapo, l'autre d'Andrea Pisano, et la troisième, la plus belle et qui jouit d'une réputation universelle, de Lorenzo Ghiberti. Deux colonnes de porphyre s'élèvent de chaque côté de l'entrée principale ; elles furent données aux Florentins par les Pisans en 1117. L'intérieur est orné de seize immenses colonnes de granit qui soutiennent une galerie ; entre ces colonnes sont des statues représentant les douze apôtres, la loi de la nature et la loi écrite, exécutées par Amna-Mati pendant le seizième siècle ; la voûte est ornée de mosaïques d'Apollonius (artiste grec), d'Andrea Taffi et de Gaddo Gaddi ; la presque totalité du pavé est une mosaïque antique qui, dans une de ses parties, représente le soleil avec les douze signes du zodiaque ; on remarque aussi, également en mosaïque antique, l'inscription suivante qui peut être lue indifféremment par le commencement ou par la fin :

En giro torte sol ciclos et rotor igne.

Le baptistère de Saint-Marc, faisant pendant à une galerie située sur la petite place des Lions, est placé à droite de la partie antérieure de l'église par laquelle il est entouré de trois côtés ; le quatrième, donnant sur la Piazzetta, n'indique pas par sa façade un monument à part ; sa décoration participe de celle du reste de l'église, et consiste en plaques de marbre et en bas-reliefs de tous les âges ; c'est sur cette face qu'est pratiquée la porte qui conduit dans le baptistère, composé d'une salle deux fois et demie plus longue que large, divisée en trois compartiments. Le premier, où se trouve la porte, est le plus étroit de tous et est couvert par une voûte en berceau ; les deux autres, formant un carré parfait, sont surmontés de coupoles dont les arcs doubleaux portent sur des colonnes de marbre. Les murs, jusqu'à la hauteur de la naissance des voûtes, sont recouverts de marbre blanc auquel le temps a donné un ton bistré très-foncé. Tout le reste, coupoles, arcs doubleaux, tympans, etc., sont ornés de mosaïques sur fond d'or et les plus anciennes de l'église, quelques-unes datent du onzième siècle; les sujets représentent le Christ entouré d'une couronne de têtes d'anges ailés, les apôtres baptisant les Gentils, le crucifiement, l'histoire de saint Jean, les docteurs, etc.; des ornements divers serpentent sur les arcs. En somme, l'aspect général est d'une richesse et d'une puissance d'effet incroyables. Tout l'intérieur ne recevant qu'un jour sombre d'une croisée garnie de vitraux, paraît éclairé par les lueurs fauves et métalliques qui miroitent sur le fond d'or des voûtes; le Christ et les apôtres roulent des yeux effrayants et farouches, et si un infidèle pénétrait dans ce sanctuaire, il se ferait immédiatement baptiser afin d'éviter la colère de la sinistre légion de tous ces saints.

Au-dessous de la première coupole s'élève sur deux gradins une cuve en marbre surmontée d'un couvercle en bronze orné de bas-reliefs de Titien Minio et de Desiderio, et surmontée d'une statue de saint Jean-Baptiste également en bronze, et exécutée, en 1565, par Francesco Segalla. Le tombeau du célèbre doge Andrea Dandolo, mort en 1354, est adossé au mur de droite. L'autel est fait d'une pierre rapportée de Tyr, en 1126, par le doge Domenico Michiel, et le pavé est composé de petits fragments de serpentin et de porphyre que contournent des dalles de marbre.   CHARLES GARNIER.

BAR (zoologie). — Genre de poisson de la famille des percoïdes, se distinguant des perches d'eau douce par la présence de dents sur la langue et par l'absence de dentelures aux sous-orbitaires, aux sous-opercules et à l'inter-opercule. L'espèce type de ce genre est le *bar commun* (*labrax lupus*), nommé *perche de mer* par les riverains de la Méditerranée, et *loup* ou *loubine* sur les côtes de Bretagne et de Guienne. Ce poisson est gris bleu argenté sur le dos et blanc sous le ventre; sa taille ordinaire est de 60 à 80 centimètres. Sa chair est très-recherchée; les Grecs, qui l'appelaient *labrax*, l'estimaient beaucoup. Les anciens Romains l'appelaient *lupus*.

BAR ou **BARD** (architecture). — Chariot composé de deux roues, d'un tablier portant sur l'essieu et d'une flèche munie d'une ou de plusieurs traverses sur lesquelles se placent les hommes qui le dirigent; on donne également le même nom à une espèce de civière formée de deux brancards portant quatre ou cinq traverses disposées en plateau et destinée au transport de divers matériaux.

Dans les ateliers de construction, on appelle *bardage* le transport des pierres fait au moyen de l'un des deux bards, depuis le lieu où elles ont été taillées jusqu'au pied-d'œuvre, c'est-à-dire jusqu'à l'endroit où elles doivent être placées, ou jusqu'au bas de la machine qui doit les élever à diverses hauteurs.

Les chariots sont employés dans les chantiers importants, lorsque les pierres sont de grandes dimensions ou lorsque le trajet à parcourir a une grande longueur; les civières sont employées pour le trans-

port de matériaux plus petits et dans les chantiers de peu d'étendue.

Les bards sont manœuvrés par des ouvriers qui prennent le nom de *bardeurs* et qui travaillent ordinairement par *équipe* ou *bretellée* de deux, quatre ou six hommes, sous la conduite d'un chef plus expérimenté qu'on appelle *pinceur*, et qui est chargé spécialement de diriger au moyen de la pince tous les mouvements de la pierre.

Il faut avoir grand soin, pour éviter d'écorner ou d'épaufrer les angles, de placer des coussinets en paille, afin de garnir les arêtes au droit des pinces, des leviers et des cordages qui servent à manœuvrer la pierre.

Indépendamment du bardage, les matériaux doivent presque toujours subir deux autres opérations pour être transportés à la place qu'ils doivent occuper : ce sont le *montage* et le *roulage*.

Le montage consiste à prendre la pierre au moyen d'un grappin et à la hisser jusqu'à l'échafaudage dressé à la hauteur qui lui convient, soit en se servant d'un système de moufles que les hommes font agir directement, soit au moyen de poulies et de roues dentées mises en mouvement par une manivelle.

Le roulage est le transport de la pierre sur le plancher de l'échafaudage, depuis son point d'arrivée jusqu'à son point d'occupation. Cette opération se fait au moyen de rouleaux de bois, de pinces et de leviers.   CH. GARNIER.

BARATTE (technologie) [du celtique *barat*, même signification]. — Instrument propre à battre la crème pour fabriquer le beurre. Il y en a de plusieurs sortes; la meilleure est celle qui opère la division du petit-lait d'avec la partie butyreuse en moins de temps et avec moins de fatigue. On distingue plusieurs espèces de barattes. « La plus ordinaire est un long vaisseau de bois fait de douves plus étroites par le haut que par le bas, et garni de cerceaux à ses deux extrémités et dans son milieu. Elle est munie d'un couvercle mobile, lequel est traversé par un bâton; à ce bâton est fixée la batte-à-beurre, dont les mouvements alternatifs et uniformes de haut en bas et de bas en haut opèrent la séparation du petit-lait d'avec la crème. Cette baratte offre l'inconvénient de ne pouvoir battre qu'une petite quantité de crème à la fois; ce qui la rend insuffisante dans les grandes exploitations. La baratte flamande est employée dans ce dernier cas. C'est un tonneau dans lequel se meuvent des ailes fixées à un axe qui tourne par le moyen d'une manivelle; avec cette baratte on peut fabriquer cinquante kilogrammes de beurre à la fois. » La baratte de M. Valcourt, préférable à la baratte ordinaire, est composée d'un petit baril cylindrique, traversé dans sa longueur par un axe auquel sont adaptées deux ailes, tournant au moyen d'une manivelle placée à l'une des extrémités de l'axe. — La *baratte* dite de *Billancourt* est composée d'une caisse rectangulaire ou légèrement pyramidale, percée au point le plus bas d'un trou qui se ferme au moyen d'une cheville; dans son intérieur, sont placées quatre ailes assemblées sur un arbre qui traverse l'axe de l'essieu portant la manivelle.

BARBACANE (architecture). — Petite ouverture, longue et étroite, pratiquée dans un mur de soutènement, dans le but de laisser passage à l'eau qui, filtrant à travers les terres que ces murs retiennent, pourrait s'amasser en trop grande quantité, causer des dommages au revêtement et parfois le renverser.

Les barbacanes sont ordinairement formées par deux dosserets comprenant toute l'épaisseur du mur, d'environ 40 à 50 centimètres de haut, et laissant entre eux un vide de 8 à 10 centimètres. Deux autres pierres sont placées au-dessus et au-dessous, et complètent ainsi la barbacane. Souvent la pierre inférieure fait saillie de manière à rejeter les eaux au dehors à la manière de gargouille. Le plus ordinairement les barbacanes sont établies à la partie inférieure du mur, et écartées les unes des autres de deux à trois mètres. Lorsque le terrain se laisse facilement pénétrer par la pluie, on en construit deux ou trois rangs, selon la hauteur du remblai; seulement il faut avoir soin que les barbacanes d'un rang supérieur soient placées au-dessus du milieu de l'espace compris entre celles du rang inférieur.

Quelquefois les barbacanes sont construites en brique, et le linteau est remplacé par un petit arc formé d'une portion de cercle.

Par extension, on a donné le nom de *fenêtres à barbacanes* à des ouvertures de même forme, évasées à l'intérieur, employées généralement dans les constructions militaires, et servant à donner passage à la vue ou à la lumière, sans diminuer la force et la résistance des murs.   CH. GARNIER.

BARBARE (histoire ancienne) [suivant Brucker, du syrien *bar*, qui signifie *désert*, ou du radical chaldéen *bara*, qui a le sens de *dehors*]. — Employé dans le langage de l'antiquité grecque et romaine, ce mot ne saurait avoir aujourd'hui aucune valeur précise. Les Grecs, dit Renaud, s'en servirent les premiers, et l'appliquèrent par mépris à tout ce qui n'était pas de la Grèce. Les Romains firent comme eux, et l'appliquèrent à leur tour à tout ce qui n'était pas Romain. De là il a passé dans les langues du moyen âge et est venu jusqu'à nous. Il a cours maintenant d'une manière générale, et par opposition, au mot de *civilisés*, pour tous les peuples qui n'ont pas encore dépouillé la grossièreté des premiers âges. On le prend également comme adjectif pour désigner la dureté ou la férocité. Nous sommes, du reste, beaucoup plus réservés sur son emploi que les anciens; nous ne sommes plus aussi injustement dédaigneux envers tout ce qui est étranger, et nous aurions quelque scrupule à nommer barbares des nations telles que celles de l'Inde ou de la Chine, par cela seul qu'elles sont en dehors de notre communion européenne. Le mot de *païen* (paysan), communément décerné à tout ce qui est séparé de la loi de l'Évangile, représente beaucoup mieux que notre mot *barbare*, le *barbaros* des Grecs et des Latins.

On affecte souvent d'une manière spéciale le nom de barbares aux divers peuples orientaux qui se ruèrent sur l'Occident dans les premiers siècles de l'ère chrétienne. Cette invasion, qui a laissé des traces si profondes dans nos mœurs et dans nos souvenirs, est vulgairement désignée, dans l'histoire, sous le nom d'*invasion des Barbares*. Les Alains, les Avares, les Boulgares, les Daces, les Goths, les Huns, les Hongrois, les Lombards, les Suèves, les Vandales, les Visigoths, etc., sont les peuples le plus communément désignés sous le nom de barbares.

BARBARIE (géographie) [de *Berber*, nom de peuple]. — On donne ce nom à cette vaste côte de l'Afrique septentrionale, située sur la Méditerranée, s'étendant depuis le désert de Barca jusqu'à l'extrémité de l'empire de Maroc, dans une longueur d'environ 800 lieues de l'E. à l'O., sur 200 de large, où se trouvaient la Mauritanie, la Numidie, la Libye, et comprenant les grands États de Barca, Tripoli, Tunis, de la ci-devant régence d'Alger, de Fez et l'empire de Maroc : ayant pour limites, à l'E., l'Égypte et la Nubie; au N., la Méditerranée; à l'O., l'Océan atlantique, et au M., le désert de Sahara. La Barbarie est une des contrées du globe les plus anciennement connues. Plus de dix siècles avant notre ère, les côtes recevaient déjà les vaisseaux des Égyptiens et des Phéniciens. Vers l'an 886 avant J. C., une colonie phénicienne, conduite par Didon, y fonda Carthage, si puissante par son commerce, et qui disputa longtemps à Rome l'empire du monde. La population de la Barbarie est d'environ 19 millions d'habitants.

Les principales productions de la Barbarie sont le blé, la laine, les bestiaux, les chevaux, le sel, le salpêtre, les plumes d'autruche et de vautour; le plomb et le fer sont les seuls métaux qu'on y trouve. Tous ces articles, joints à la poudre d'or qui vient de l'intérieur de l'Afrique, aux dattes, à la cire, aux peaux, aux maroquins, au corail, forment le commerce d'exportation, dont la valeur est estimée de 8 à 10 millions de francs.

Les marchandises d'importation sont les draps légers, avec les mêmes assortiments pour les couleurs que ceux destinés aux Échelles du Levant; les toiles de Bretagne, de Rouen, d'Irlande et de la Belgique; les mousselines pour faire des turbans, des bonnets fins façon de Tunis, des brocarts, des soieries, des tissus de coton, des bois de Campêche, de l'indigo, de la cochenille, de l'alun, des épiceries, drogueries, du fer et de l'acier, de la coutellerie, des miroirs, de la quincaillerie, etc. Les Français, les Anglais, les Italiens et les Espagnols, sont les nations qui font le plus grand commerce avec toute la côte de Barbarie.

BARBARIE [radical *barbare*]. — État d'un peuple non civilisé. Ignorance des arts, des lettres, des sciences chez un peuple. En remontant à l'origine des sociétés, dit La Châtre, nous voyons tout d'abord les peuples à l'état de *sauvagerie* : la chasse, la pêche, une hutte couverte de branches, nul art, nulle science; pour toute loi, le droit du plus fort, l'homme luttant contre la brute et contre l'homme lui-même, voilà l'état sauvage, état qui n'a point encore disparu du globe. Les relations des voyageurs nous parlent encore de cannibales se faisant un régal d'un lambeau de chair humaine, abrutis par les instincts les plus grossiers, ravalés au-dessous même de la brute, qui, elle du moins, se trouve dans un état normal. A l'état de sauvagerie succède l'état de *barbarie*. La barbarie suppose une agglomération d'hommes réunis, il est vrai, par des lois; mais ces lois accusent tout ce qu'il y a d'inculte encore dans ceux qui y sont soumis. Là, règne le despotisme le plus brutal, la servitude la plus vile; là, se débattent les intérêts les plus sordides, les appétits les plus grossiers; là, tout ce qui est esprit, tout ce qui est intelligence est dédaigné, est incompris : la matière, la force, voilà ce qui est estimé, glorifié. Cherchez dans l'histoire les noms des Huns, des Vandales; suivez-les à leurs traces sanglantes, et vous vous ferez quelque idée de la barbarie. De l'état de barbarie, les peuples passent à l'état de *civilisation*.

BARBARISME (grammaire). — Ce mot vient de l'adjectif *barbare*, pris dans le sens d'étranger. Les Grecs appelaient barbares tous les peuples qui n'étaient pas Grecs, et les Romains, tous ceux qui n'étaient ni Grecs ni Romains. C'est de là que vint, chez les anciens, l'usage d'appeler *barbarisme* tout mot étranger mêlé dans une phrase grecque ou latine. Quoique nous n'attachions plus ce sens au mot *barbare*, nous continuons à donner au mot *barbarisme* la même signification qu'autrefois.

On fait un barbarisme quand on emploie un mot qui n'appartient pas au dictionnaire de la langue.

Cette faute est surtout commise par les paysans, par les gens sans éducation et par les personnes qui veulent parler de choses auxquelles elles sont étrangères. En voici quelques exemples : *Visage* RÉBARBARATIF, pour *visage* RÉBARBATIF; *être condamné par* COUTUMACE, pour *être condamné par* CONTUMACE; *un* COUTUMACE, pour *un* CONTUMAX; *de* L'AIGLEDON, pour *de* L'ÉDREDON; *un* l'HORMACIEN, pour *un* PHARMACIEN; PHYNOMIE, pour PHYSIONOMIE; *un* LÉVIER, pour *un* ÉVIER.

Les inventeurs, souvent peu lettrés, sont très-exposés à commettre de ces fautes. Pour attirer l'attention sur leurs produits, ou pour les distinguer de ceux de leurs concurrents, ils fabriquent des mots barbares, extravagants; le plus ridicule exemple que nous en puissions citer est le mot *morto-insecto*, sous lequel on a désigné une poudre propre à détruire les insectes. Celui qui a créé ce mot, véritable insulte à la langue et au bon sens, est ou ignorant, ou mauvais plaisant. Un autre industriel mieux avisé a nommé un produit analogue : *poudre insecticide*. Ce mot est nouveau, mais au moins il n'a rien de barbare.

Ce que les inventeurs redoutent par-dessus tout, c'est que l'on connaisse la matière qui entre dans la composition de l'objet qu'ils ont inventé; aussi ont-ils grand soin d'éviter de se servir du mot propre pour le désigner. Ainsi, quand on eut mélangé du soufre au caoutchouc pour donner à ce corps de nouvelles propriétés, au lieu de l'appeler tout simplement *caoutchouc* SULFURÉ, et SULFURATION, l'opération par laquelle se faisait ce mélange, on l'appela *caoutchouc* VOLCANISÉ, et l'opération, VOLCANISATION *du caoutchouc*, comme si ce produit avait une origine volcanique.

Les anglomanes défigurent aussi notre langue par l'usage qu'ils font d'une grande quantité de termes barbares, inutiles, et qui offensent autant les yeux que les oreilles; nous en avons déjà parlé au mot *Analogie*. A cette classe de barbarismes se rattache l'argot des courses, de la bourse, des coulisses, etc.

Les étrangers qui ne connaissent qu'imparfaitement une langue, et les traducteurs sans talent, y ajoutent aussi leur contingent de barbarismes.

Joignez-y encore de nombreux termes de patois que les paysans surtout mêlent aux mots de la langue actuelle, et vous aurez à peu près toutes les causes de barbarismes se rattachant aux mots qui n'appartiennent pas à la langue.

Si les ignorants, les étrangers et quelques Français qui veulent se singulariser en ne parlant pas comme tout le monde contribuent à altérer la pureté de notre langue, les savants ont aussi d'assez graves reproches à se faire à ce sujet, témoin leurs nomenclatures scientifiques, dont tous les termes ne sont pas régulièrement formés, et dont les consonnances choquent souvent l'oreille.

Si l'on doit considérer comme barbarisme tout mot qui n'appartient pas au dictionnaire de la langue, comment peut-on savoir qu'un mot est dans ce cas? C'est en ne lisant que des livres bien écrits, en ne fréquentant que des personnes qui parlent correctement, en consultant des dictionnaires bien faits. Mais il faut bien se garder de croire, comme le font malheureusement beaucoup de personnes, qu'il n'y a que les mots adoptés par l'Académie qui soient français : le Dictionnaire de l'Académie est l'ouvrage de ce genre le plus incomplet et le plus inutile, malgré son prix élevé.

Si l'on prenait pour guide unique ce livre, infiniment trop vanté, il faudrait renoncer à écrire, car il serait impossible de construire une seule phrase qui ne fût remplie de barbarismes, c'est-à-dire de mots non admis par la docte société. Les écrivains les plus purs, les plus classiques, des académiciens même, en fourmilleraient. Ce qu'il y a de mieux à faire, c'est donc de ne tenir aucun compte de son approbation ou de son anathème. Au reste, nous examinerons cette question avec plus de développements au mot *Dictionnaire*. Un mot nouveau est-il utile pour exprimer une idée nouvelle, est-il formé régulièrement, n'a-t-il pas d'équivalent dans notre langue, cela suffit pour qu'on s'en serve sans hésiter.

Quelque vicieux que soient les barbarismes, il est arrivé à des mots de cette espèce d'être sanctionnés par un long usage, et, à la faveur de la prescription, d'être reçus dans la langue française, malgré leur origine illégitime; tels sont : *choléra-morbus*, formé d'un mot grec et d'un mot latin; *abée*, du substantif *bée* et d'un fragment de l'article; *lierre*, de l'article *l'* et du substantif *ierre*; *alcoran*, de l'article arabe *al* et du substantif *coran*; *ridicule*, par corruption pour *réticule*, petit sac que les femmes portaient à la main, etc. Ces mots ne sont plus aujourd'hui des barbarismes.

On ne doit pas, comme Napoléon Landais, traiter de barbarismes toutes les simplifications que l'usage a introduites dans l'orthographe, soit en supprimant des lettres inutiles, comme dans *taupe*, pour *taulpe*, de *talpa*; soit en remplaçant une lettre par une autre équivalente, comme *cristal*, pour *crystal*, de *crustallon*; soit enfin en substituant une seule lettre à plusieurs, lorsque la prononciation est la même, comme *or*, pour *aur*, de *aurum*. Ces mots, loin d'être barbares, ont, au contraire, une physionomie plus française, et l'on doit tendre sans cesse à augmenter le nombre de ces heureuses innovations.

Le barbarisme ne consiste pas seulement à employer un mot qui n'est pas français, mais encore à prendre un mot dans un sens différent de celui qu'il a dans l'usage ordinaire, comme quand on dit : *Il est arrivé* AUPARAVANT *midi*, pour *il est arrivé* AVANT *midi* ; *se placer* DESSUS *la table*, pour *se placer* SUR *la table*. Ces deux phrases, autrefois françaises, ne le sont plus aujourd'hui. Ces mots sont plutôt des solécismes que des barbarismes. *Une maison* CONSÉQUENTE, pour *une maison* CONSIDÉRABLE, IMPORTANTE. *Il a* RECOUVERT *la parole*, pour *il a* RECOUVRÉ *la parole*.

Il en est de même quand on use de façons de parler qui ne sont en usage que dans une autre langue. *Je* SUIS ÉTÉ *étonné*, tournure italienne, pour *j'*AI ÉTÉ *étonné*. Un Anglais qui, se réglant sur l'usage de sa langue, dirait : EST PAS *le prince allé à la chasse*, pour *le prince* N'EST-IL PAS *allé à la chasse?* ferait un barbarisme. C'est encore une faute de ce genre que l'on fait quand on dit : *des souliers trop* ÉQUITABLES, pour *des souliers trop* JUSTES. *Juste* ne signifie *équitable* qu'au moral.

Voltaire, dans son *Commentaire sur Corneille*, distingue les *barbarismes de mots* et les *barbarismes de phrases*. ÉGALISER *les fortunes*, pour ÉGALER *les fortunes*; AU PARFAIT, au lieu de PARFAITEMENT, voilà, selon lui, des barbarismes de mots. *Je crois* DE *bien faire*, pour *je crois bien faire*; *encenser* AUX *dieux*, pour *encenser* LES *dieux* ; *je vous aime* TOUT CE *qu'on peut aimer*, pour *je vous aime* AUTANT *qu'on peut aimer*, voilà ce qu'il appelle des barbarismes de phrases. Ces derniers sont plutôt des solécismes.

Ainsi quelquefois, comme on le voit, on confond le barbarisme et le solécisme, parce que ces deux vices d'élocution présentent quelque ressemblance, et rentrent l'un dans l'autre dans certains cas. C'est ce qui nous engage à les réunir dans le même article.

Le mot *barbarisme* ne s'emploie pas seulement en grammaire, on l'a aussi appliqué à la musique pour exprimer l'acte d'un compositeur qui, n'étant pas encore connu par des productions approuvées du public, prend des libertés qui ne conviennent qu'aux grands maîtres.

Le SOLÉCISME est une faute contre la syntaxe ou la construction. Voici, suivant Diogène Laërce, l'origine de cette expression. Solon avait établi en Cilicie une colonie athénienne, et il y avait fondé une ville, qu'il avait appelée de son nom Soles; mais les habitants, éloignés de la mère-patrie, s'écartèrent peu à peu du langage originel; de là vint l'habitude de dire *parler comme les Soliens* ou *parler comme à Soles*, pour désigner une manière incorrecte de s'exprimer; on l'appliqua à tous ceux qui estropiaient ou leur langue ou une langue étrangère.

Le mot *solécisme*, dans son origine, fut employé dans un sens général, pour désigner toute espèce de faute contre l'usage de la langue, et il était d'abord synonyme de barbarisme. Plus tard, il prit l'acception qu'il a conservée jusqu'à nos jours.

On fait un solécisme quand on dit : LA *légume*, pour LE *légume*; *je m'*AI *blessé*, pour *je me* SUIS *blessé*; *il faudrait que j'*AILLE *me promener*, pour *il faudrait que j'*ALLASSE *me promener*.

Cependant il ne faut pas considérer comme des fautes certaines façons de parler contraires à l'usage actuel, que l'on trouve dans les auteurs du siècle de Louis XIV et dans des auteurs plus anciens; ces expressions étaient alors admises, et ne peuvent être condamnées; seulement il n'est plus permis de s'en servir aujourd'hui.

Les poëtes se permettent aussi quelquefois, pour la facilité de la mesure ou de la rime, d'orthographier quelques mots contrairement à l'usage, mais le nombre de ces mots est très-limité, et il ne faut en user qu'avec la plus grande réserve.

Quelques constructions paraissent vicieuses aux personnes qui n'ont étudié leur langue que superficiellement, ou qui s'en tiennent uniquement à la lettre des règles établies dans les ouvrages élémentaires. Ainsi, ce vers de Racine a été condamné par beaucoup de grammairiens :

On *craint* qu'il n'*essuyât* les larmes de sa mère.

On est d'abord choqué, en effet, de voir un imparfait en rapport avec un présent; mais, en y réfléchissant davantage, on s'aperçoit bientôt que la concordance ne se fait pas avec le verbe exprimé, mais avec un verbe sous-entendu. Voici la phrase pleine, que Racine avait dans l'esprit : *On craint que, si on le* LAISSAIT *vivre*, *il n'*ESSUYAT *les larmes de sa mère.*

S'il faut appliquer les règles avec intelligence, et ne pas trop se hâter de condamner les écrivains de génie qui ont tant contribué à enrichir notre langue, il ne faut pas non plus, donnant dans l'excès contraire, approuver sans examen tout ce qu'ils ont écrit, même leurs fautes les plus évidentes, comme quelques grammairiens fanatiques, toujours disposés à encenser leurs auteurs favoris. Boileau, dans une des premières éditions de son *Art poétique*, avait dit :

Que votre *âme* et vos *mœurs peints* dans tous vos ouvrages,

sans s'apercevoir qu'*âme* et *mœurs* étant deux substantifs féminins, il fallait nécessairement que l'adjectif fût au féminin. La faute passa d'abord inaperçue. Plus tard, il corrigea le vers, tel qu'il nous est parvenu :

Que votre *âme* et vos *mœurs peintes* dans vos ouvrages.

Si cette faute n'avait pas été rectifiée, il se serait

trouvé des grammairiens qui auraient cherché à prouver que le vers était bien plus beau avec le masculin qu'avec le féminin, ou qui auraient tenté d'établir une véritable différence entre le sens du vers régulier et celui du vers vicieux. Qu'est-ce qu'un grammairien n'explique pas? Rien ne l'arrête, même ce qu'il ne comprend pas. Nous avons entendu un jour, à la Société grammaticale, un grammairien de cette espèce, un véritable athée en grammaire, dire qu'il n'était pas une seule expression que l'on ne pût justifier. Voici, entre autres, deux exemples qu'il citait : L'homme est BONNE peut être excusé, disait-il, car c'est l'équivalent de l'homme est UNE CRÉATURE BONNE. La femme est BON est dans le même cas, car cela équivaut à : la femme est ÊTRE BON. Que devient la langue avec une tolérance poussée aussi loin? Avec ce système, on pourrait dire que les écrivains de la basse latinité, dont quelques-uns faisaient des barbarismes et des solécismes par système [1], étaient aussi purs et aussi corrects que les meilleurs écrivains du siècle d'Auguste. Est-il possible de pousser l'amour du paradoxe jusque-là?

Le mot solécisme ne s'emploie pas seulement en fait de langage, il s'applique aussi aux actions. On lit cette phrase dans l'Anthologie grecque : L'orateur Flaccus fit dernièrement un SOLÉCISME, même en ne parlant pas. Lorsqu'il ouvre la bouche, il fait un barbarisme, et, du reste, s'il fait un geste de la main, il fait un SOLÉCISME. Cet auteur a fait dans cette science d'étranges SOLÉCISMES. C'est un SOLÉCISME en politesse, et l'on pourrait même dire en France un BARBARISME, que de faire un compliment maladroit à une femme. (***) Enfin on trouve ces vers dans Molière :

Le moindre solécisme en parlant vous irrite ;
Mais vous en faites, vous, d'étranges en conduite.
(Femmes savantes.)

Solécisme se prend le plus souvent en mauvaise part; cependant Delille l'a employé en bonne part, en parlant des hardiesses heureuses, contraires aux règles, qu'on se permet dans la conversation, dans le style familier, dans le style épistolaire; hardiesses si fréquentes dans les lettres de Mme de Sévigné, dans les fables de la Fontaine, etc.

Le parleur aimable..........................
Quelquefois à la langue, en dépit du purisme,
Ose faire présent d'un heureux solécisme,
Scandale du grammairien.
(Delille.)

Avant de finir, il est bon de dire un mot d'une source fréquente de barbarismes et de solécismes : les fautes d'impression. Dans ce siècle où tout se fait

[1] S'il n'eût tenu qu'à saint Grégoire le Grand, nous serions dans le cas des mahométans, qui en sont réduits pour toute lecture à celle de l'Alcoran; car que eût été le sort des anciens écrivains entre les mains d'un homme qui solécisait par principe de religion, qui s'imaginait qu'observer les règles de la grammaire, c'était soumettre Jésus-Christ à Donat, et qui se crut obligé en conscience de combler les ruines de l'antiquité? (Diderot).

à la vapeur, les écrivains sont obligés de se conformer à l'usage général. A peine une pensée est-elle conçue qu'il faut qu'elle soit fixée sur le papier avec la rapidité de l'éclair, et envoyée tout de suite à l'imprimerie; de là souvent une écriture indéchiffrable, de nombreuses ratures, de fréquents renvois, qui font pester le compositeur, souvent fort peu au courant de la matière qu'il a sous les yeux. Le correcteur, obligé de lire l'épreuve avec une rapidité effrayante, ne peut rectifier toutes les bévues du compositeur, et la nécessité de faire paraître l'ouvrage à jour et à heure fixes empêche souvent d'envoyer l'épreuve à l'auteur, ce qui fait que nos ouvrages modernes fourmillent d'erreurs de toute espèce. Qui nous délivrera de ce fléau de la littérature contemporaine?

J. B. PRODHOMME,
Correcteur à l'Imprimerie impériale.

BARBE [du latin barba]. — Poils qui garnissent les joues, les lèvres et le menton de l'homme. La barbe, comme les autres poils, est sécrétée par une papille pileuse, renfermée dans une petite poche, nommée follicule pileux, située dans l'épaisseur du derme. La papille pileuse occupe le fond du follicule pileux; elle est très-courte, elle reçoit des nerfs et des vaisseaux très-nombreux, et son sommet est, pour ainsi dire, coiffé par la base du cheveu, consistant en un cône creux de nature cornée. Un second cône se forme, repousse le premier, puis il en vient un troisième, et c'est cette série de cônes qui constitue le poil. Au microscope, il paraît formé de petites lames imbriquées de haut en bas, de sorte qu'il est toujours facile de distinguer le sommet du poil de sa base. Un tube central renferme la matière colorante, disséminée au milieu d'une substance à disposition aréolaire.

On se rend facilement compte de l'utilité du poil des animaux; il sert évidemment à les protéger contre le froid; mais parce qu'on n'aperçoit pas d'abord la destination de la barbe, faut-il supposer qu'elle est sans utilité? Ce serait juger trop légèrement. C'est cependant ce qu'on entend tous les jours : La barbe ne sert à rien, il faut la couper comme nous nous coupons les ongles lorsqu'ils nous gênent. D'accord, vous supprimez de vos ongles ce qui excède le besoin, vous en élaguez la partie que les accidents ont détériorée; mais vous ne les supprimez pas entièrement. L'homme est destiné au travail, la main est l'outil indispensable de tout labeur, les doigts sont les chevilles ouvrières de toute manipulation, les ongles sont l'accessoire essentiel des phalanges; ils se trouvent continuellement en contact avec les matières dont nous nous servons, et mille circonstances peuvent journellement les endommager; il fallait donc les renouveler, les réparer. La nature a pourvu à ce double besoin en les faisant croître et en donnant à l'homme l'intelligence nécessaire pour se fabriquer des ciseaux; rien n'est plus simple. Mais n'est-il pas rationnel aussi, dans l'application de ce raisonnement à la barbe, de conclure que nous devons en diminuer la longueur lorsqu'elle excède une limite convenable, et non la retrancher en totalité? Une observation judicieuse constate d'ailleurs que, parmi les peuples qui se rasent le crâne et conservent la barbe, il y a beaucoup plus d'ophthalmies que de maux de dents, tandis que chez nous les maux d'yeux sont moins fréquents que la perte des dents. Il est vrai que, par compensation, nous possédons un nombre de dentistes infiniment supérieur à celui des oculistes, et que nous juissons d'une quantité prodigieuse de remèdes contre les douleurs de dents, tandis que nous en connaissons bien moins pour combattre les maladies des organes visuels. Il est certain, d'ailleurs, que si nous n'avions pas remplacé par la cravate et le cache-nez la barbe qui nous manque, nous serions constamment exposés aux maladies du larynx, des bronches et autres, que les changements brusques de température peuvent occasionner.

Un des arguments sur lesquels les partisans du rasoir appuient leur opinion, c'est la propreté, qu'ils prétendent inséparable d'une épilation complète. Ils croient, avec ce grand mot, terrasser leurs adversaires. Ceux-ci soutiennent, de leur côté, que la nécessité de confier tôt ou tard son visage à un barbier, dont les allures sont loin d'être toujours agréables, suffirait pour dégoûter toute personne délicate de l'envie de se faire raser; ils ajoutent qu'on peut fort bien conserver à la mâchoire son édredon naturel, sans cesser de donner à sa toilette les soins qu'exigent l'hygiène et les convenances, soins qui n'ont rien d'embarrassant, puisqu'ils consistent uniquement à se laver et se peigner le menton chaque matin. Quand la barbe a pris du développement, elle répand une odeur variable, selon les individus, mais en général agréable. Ce phénomène se manifeste surtout après une ablution.

La barbe vient aux hommes en même temps que la virilité, dont elle est en quelque sorte le signe extérieur, car les eunuques n'en ont point. Aussi, les gens qui en ont y tiennent essentiellement, même lorsqu'ils la coupent, ce qu'ils se garderaient certainement de faire s'ils n'avaient la conviction que, même abattue, elle laisse assez de traces pour annoncer son existence; ils savent que cet ornement passe pour un indice de la puissance à laquelle on attache le plus de prix, celle de la procréation, et il n'est pas d'artifice qu'on n'ait mis en œuvre pour augmenter autant que possible la bonne opinion qu'on tient à donner de soi à cet égard. Le plus simple consiste à se raser fréquemment lorsque les poils follets commencent à croître; on obtient ainsi, au bout de plusieurs années, une barbe plus épaisse sans doute qu'elle n'eût été si elle avait cru naturellement, et on s'en félicite; mais c'est à quelque temps de là qu'arrive le moment de la déception; les poils, ne pouvant s'allonger, acquièrent un plus grand diamètre et deviennent rudes, au point qu'on ne trouve plus d'assez bons rasoirs pour les couper. Leur teinte se modifie en même temps, et il n'est pas rare de voir des personnes dont la barbe, brune d'abord, devient rousse par la suite, ce qui peut provenir de l'action répétée du savon, dont les qualités

vénéneuses, peu sensibles d'abord, finissent à la longue par altérer pour ainsi dire la séve de ces espèces de petites plantes qui végètent sur la figure. Cette opinion paraît d'autant plus probable, que, chez les peuples qui ne font pas usage du rasoir, on ne trouve jamais sur le même individu les nuances variées qui s'observent si souvent parmi nous.

Il est hors de doute que le climat influe sur la couleur du poil. Pour les habitants des pays chauds elle est généralement très-foncée, tandis que dans les contrées septentrionales on la trouve presque toujours fort claire. Le tempérament, la nature des boissons, le genre de nourriture, l'état de la santé, les affections morales, exercent aussi leur action sur la barbe. Il paraît toutefois résulter d'observations récentes que la couleur rouge, dans laquelle on a cru trouver l'indice d'une constitution scrofuleuse, n'a rien de commun avec cette maladie. On rencontre fréquemment des personnes dont la chevelure n'a pas la même teinte que la barbe, dans ce cas cette dernière est ordinairement moins foncée; mais, quelle que soit la couleur primitive de l'une et de l'autre, la vieillesse les fait passer toutes les deux au blanc le plus parfait. La nature suit, à cet égard, des lois qui nous sont inconnues; chez certains individus l'albinie arrive à l'âge de vingt ans, d'autres atteignent la cinquantaine sans avoir éprouvé la moindre altération.

Le récit d'un fait arrivé en Bretagne nous donnera un exemple de l'effet que peut produire un violent chagrin: Un honnête marchand, nommé Olivier, âgé d'environ quarante-cinq ans, avait deux fils enrôlés dans les brigands de la Vendée, en 1793. Depuis quelque temps il n'avait pas reçu de nouvelles de ses enfants, quand on vint lui annoncer que l'aîné avait été tué dans une affaire; on ne put lui apprendre ce qu'était devenu le second. Olivier apprit cette nouvelle avec une apparente résignation, mais il faut croire que son chagrin s'était concentré au dedans de lui-même, car, dans la nuit suivante, ses cheveux et sa barbe, qui la veille étaient tout à fait bruns, blanchirent entièrement, et il se trouva tellement changé que sa fille, âgée de seize ans, fut effrayée lorsqu'elle le vit; elle soutenait que c'était son grand-père qui était revenu de l'autre monde.— On lit dans les annales de la Chine un fait analogue, mais dont la cause diffère. Un écrivain célèbre avait composé un livre qu'il présenta à l'empereur. Le maître du Céleste-Empire apprécia beaucoup cet écrit et ordonna d'en extraire les mille mots les plus usuels et de les disposer en phrases de manière à former un corps d'ouvrage qui pût servir à l'éducation de la jeunesse. On rapporte que l'auteur ne mit qu'une nuit à faire ce travail immense, mais qu'il se trouva tellement fatigué que sa barbe en devint toute blanche pendant cette même nuit. — Ce qui surprendra davantage, c'est que l'inverse de ce qui vient d'être rapporté ait eu lieu, c'est-à-dire que la barbe, blanchie naturellement, ait repris, après avoir été coupée, la couleur qu'elle avait eue auparavant. Un fait plus étrange encore, peut-être, est arrivé à

Evreux en 1832. Un habitant de cette ville, nommé Maurion, âgé de 56 ans, dont les cheveux et la barbe avaient été noirs d'abord, mais que les années avaient rendus parfaitement blancs, éprouva une indisposition fort légère, puisqu'il ne cessa pas de vaquer un seul jour à ses occupations. Après son rétablissement, il se trouva roux comme un écureuil, et ce qui l'étonna le plus, c'est que ce changement s'était opéré sans qu'il eût ressenti aucun mal de tête.

La longueur et l'abondance de la barbe varient dans les différentes races d'hommes, et ce qu'il y a de remarquable, c'est que la race blanche, la plus intelligente, est aussi celle qui est le mieux pourvue sous ce rapport. A mesure qu'on descend l'échelle intellectuelle, la barbe devient de plus en plus rare, et l'on ne trouve qu'un menton entièrement nu lorsqu'on arrive aux peuples hébétés, au teint brun, aux instinct dont le développement ne va guère plus loin que celui des singes de l'espèce orang.

On s'étonne qu'un sujet aussi léger que la barbe ait excité de fortes passions, motivé des règlements sévères de la part des dépositaires du pouvoir. Moïse dit au chap. 19, v. 27 du *Lévitique* : « Vous ne couperez point votre barbe. » Cette loi a été conservée par l'Eglise chrétienne dès son origine; mais, à la fin du huitième siècle, le pape Léon III d'un coup de rasoir abolit ce précepte. Mais il était enraciné trop profondément pour s'abattre tout à fait, des querelles violentes se sont élevées à ce sujet et ont amené la séparation de l'Eglise grecque et de l'Eglise latine. L'ancienne mode reprit peu à peu, et se conserva depuis le milieu du dixième siècle, jusqu'au pape Grégoire VII, qui fit tenir un concile où il ordonna de nouveau la destruction de la barbe, qui reparut avec Honoré III, Jules II et Clément VII. Cette mode ayant été frappée en France d'un impôt, suscita de grandes divisions entre le clergé riche, pour qui la taxe n'était rien, et le clergé pauvre, qui ne pouvait la payer. Cette querelle a motivé, de la part des tribunaux, des décisions sévères qui peu à peu ont fini par anéantir complètement la barbe des mandibules cléricales.

La réforme parmi les laïques était plus difficile; elle n'a jamais été complète, et la barbe reprit, sous François Ier, une grande faveur, qui s'est maintenue pendant cent ans. Le rasoir a reparu sous Louis XIII et a régné despotiquement depuis ; cependant les révolutions de 1830 et de 1848 l'ont fort ébréché.

GOSSART.

BARBEAU (zoologie). — Sous-genre de poissons de la famille des cyprinoïdes, caractérisé par ses barbillons et par la brièveté de ses nageoires dorsales et anales. Il porte à la mâchoire supérieure quatre barbillons, dont deux au bout et deux aux angles : c'est de là que lui vient son nom. Les espèces assez nombreuses que renferme ce sous-genre, quoique assez bien déterminées, n'ont point encore été disposées dans l'ordre systématique d'après leurs affinités avec les sous-genres voisins et entre elles. On les distingue 1° en barbeau commun, type du sous-genre; 2° bar-

beau d'Italie; 3° barbeau de la mer Caspienne; 4° barbeau du Nil; 5° barbeau des Indes; 6° barbeau d'Amérique. On peut lire dans la 2e édition du *Règne animal*, de Cuvier, la nomenclature de toutes ces espèces distribuées en six sections, d'après les pays auxquels elles appartiennent. Nous donnerons seulement ici une courte description du barbeau commun.

Ce poisson a été aussi désigné sous les noms de *barbot, barbiaux, barblaux* et *barbet*. Son corps est allongé et arrondi comme celui du brochet, olivâtre en dessus, bleuâtre sur les côtés. La couleur des nageoires est rougeâtre ; la caudale, qui est fourchue, est bordée de noir. Sa tête est oblongue. Sa mâchoire supérieure avance beaucoup sur l'inférieure. On le trouve dans toutes les rivières d'Europe. Il est très-commun dans celles dont le cours est rapide et le fond rocailleux. Il se nourrit de petits poissons, de coquillages, de vers, d'insectes, de la matière extractive des plantes en décomposition, et même des cadavres jetés dans l'eau. Ce n'est qu'à la quatrième ou la cinquième année de son âge qu'il est apte à se reproduire. Sa croissance est aussi prompte que celle des carpes, lorsqu'il trouve une nourriture abondante. Il parvient ordinairement à 50 centimètres de long; on en prend aussi de 1 mètre qui pèsent de 3 à 4 kilog. ; plus rarement du poids de dix-huit livres. D'après Cuvier, il atteint quelquefois jusqu'à 3 mètres 30 de long. Il est probable que les individus qui atteignent des dimensions aussi grandes ont pu vivre un très-grand nombre d'années dans des circonstances très-favorables.

Le barbeau commun craint le froid et le chaud, et ne se trouve que dans les parties tempérées de l'Europe et de l'Asie. Il dépose ses œufs au milieu du printemps, sur le fond rocailleux des rivières dans les lieux où le courant est très-rapide. On estime le nombre des œufs à huit mille; mais ce nombre doit varier suivant la taille et la vigueur des femelles.

La chair des barbeaux d'étang est molle et flasque, tandis que celle des barbeaux de rivière est ferme, blanche et de très-bon goût. Leurs œufs sont, dit-on, très-purgatifs et même vénéneux. Plusieurs naturalistes qui en ont mangé sans en rien éprouver, pensent qu'il n'en est rien. On croit aussi que, dans certaines circonstances encore indéterminées, ils peuvent être réellement nuisibles.

On pêche le barbeau comme les autres poissons de rivière, de plusieurs manières, à la seine, à l'épervier, à la truble, à l'échiquier, etc. Sa voracité et sa hardiesse permettent de le prendre aussi facilement à la ligne, surtout pendant la saison chaude. (L. Laurent.)

BARBILLON (zoologie). — Nom vulgaire d'une espèce de squale et des jeunes *barbeaux*. — Voyez *Barbeau*.

BARBUE (*passer rhombus*). — Espèce de poissons du genre Turbot, très-ressemblant au turbot commun; il est plus large et plus mince cependant et n'a point d'aiguillons. La barbue est très-estimée, bien que sa chair soit moins ferme et moins savoureuse que celle du turbot. Son nom lui vient sans doute des filets minces et libres, analogues aux *barbes* de poisson, qui dépassent les rayons extérieurs de sa nageoire dorsale.

BARBUS (zoologie) [*buceo*]. — Genre d'oiseaux de l'ordre des grimpeurs, qui ont le bec gros, courbé, renflé sur ses côtés et garni à sa base de cinq faisceaux de poils raides dirigés en avant. Leurs ailes sont très-courtes, ainsi que leur queue, et leurs formes sont lourdes et trappues.

Relégués dans les contrées les plus chaudes des deux continents, dit Salacroux, ces oiseaux ne s'y font remarquer que par leur naturel triste et farouche, par leurs mouvements lents et paresseux, et surtout par leurs formes pesantes et leurs couleurs mal assorties. Quoique les teintes qui dominent sur leur plumage soient généralement belles et quelquefois éclatantes, elles ne flattent point la vue, parce qu'elles manquent d'harmonie, et ne se fondent pas insensiblement les unes avec les autres. Les barbes de leurs plumes, molles et peu soutenues, rendent leur plumage inégal et n'offrent jamais ce poli, si propre à faire ressortir l'éclat et la vivacité des tons. L'extérieur de ces oiseaux serait d'ailleurs suffisant pour leur ôter leur beauté : ils ont la tête énorme et le bec très-gros, la queue et les ailes courtes, et les plumes à barbes mal unies. Toutes ces particularités tendent à rendre les mouvements des *barbus* pesants; aussi volent-ils peu. Ils se tiennent perchés pendant des heures entières sur des branches d'arbres touffus, dont le feuillage sert à les dérober aux yeux de leurs ennemis. Leur genre de vie est analogue à celui des pies-grièches; ils se nourrissent d'insectes ou de petits oiseaux, et quelquefois de fruits sucrés; ils s'établissent dans des trous d'arbres sans faire de nids, et pondent quatre ou cinq œufs. — On divise ce genre en trois sous-genres : 1° Les *barbus* propres ont le bec sans échancrure ni crochet à son extrémité; tels sont l'*oranvert*, le *barbu élégant*, etc. Ils sont des deux continents; 2° les *tamatias* (*tamatia*) ont le bec sans échancrure, mais avec un fort crochet, comme le *tamatia commun*, le *tamatia à collier*, etc., qui sont tous d'Amérique; 3° les *barbicants* (*pogonias*) ont le bec très-grand avec deux fortes dents de chaque côté de la mandibule supérieure. Ils sont tous du midi de l'ancien continent, comme le *rubicon*, le *barbican ventre rose*, etc.

BARDANE (botanique). — Genre de plantes, de la famille des flosculeuses, qui viennent partout sans culture sous les climats tempérés. « On trouve la *bardane* dans tous les lieux incultes et sur le bord des chemins, où elle se fait remarquer par ses feuilles en forme de cœur, blanches et cotonneuses en dessous; ses fleurs violacées, contenues dans un calice formé d'écailles étroites, sont terminées par une espèce de corne recourbée en arrière. Elle se distingue aussi par ses fruits anguleux, surmontés d'une aigrette courte et velue. Sa tige est épaisse et rameuse, elle atteint 1 mètre 50 centimètres environ de hauteur. La racine est cylindrique, rameuse, noire en dehors et blanche en dedans, exhalant une odeur fade, nauséabonde et remplie de fécule. Elle se mange comme légume dans certaines contrées. La *bardane* servait autrefois en médecine; on l'employait comme moyen dépuratif contre les maladies de la peau, et notamment de la teigne; ce qui fait qu'elle était appelée par le vulgaire *herbe aux teigneux*. Elle avait été recommandée contre les maladies nerveuses, contre la goutte, les rhumatismes et la syphilis; on voulait la substituer à la salsepareille. »

BARDES (histoire ancienne et littéraire [du celtique *bards*, poëte, docteur, prophète]. — Poëtes et ministres du culte chez les Gaulois et les Bretons.

Les bardes, dit Strabon (lib. IV), chantent des hymnes. Ils composent et chantent des hymnes en l'honneur des braves qui sont morts à la bataille. Ils racontent en vers héroïques les hauts faits des hommes illustres, et ils chantent ces vers en s'accompagnant de la lyre.

Si l'on rapproche des textes grecs ou latins les traditions irlandaises, les monuments postérieurs des Galls et des Kimris, il en surgit d'assez solides conjectures touchant les bardes. Comme il arrive chez tous les peuples aux époques primitives, ils furent en

Fig. 95. — Barbu.

même temps poëtes, rapsodes et musiciens. La source de leur inspiration était la guerre, et peut-être aussi la théologie. En effet, s'ils vivaient avec les guerriers dans l'intimité et les accompagnaient au combat, leurs relations avec les druides n'étaient pas moins étroites, ni leur caractère sacerdotal moins évident. En même temps qu'ils exaltaient la gloire du héros vainqueur ou mort en combattant, ils poursuivaient d'imprécations la mémoire du lâche. Leurs poëmes étaient à la fois un chant et un récit, quelque chose d'intermédiaire entre l'ode et l'épopée, inclinant davantage tantôt vers l'une, tantôt vers l'autre, suivant le sujet ou l'inspiration du chantre : et en chantant ils s'accompagnaient de la *rotte*.

En l'absence totale de monuments, avec des indications si rares et si douteuses, les bardes ne peuvent guère être considérés isolément. Pour obtenir une idée moins vague, moins incomplète de leur condition et de ce que devait être la poésie chez les anciens Galls et les Kimris, il faut de toute nécessité concentrer et réfléchir sur ce point particulier toutes les lumières que nous pouvons avoir touchant le génie des peuples gaulois et leur état social, touchant la conception religieuse et l'organisation du druidisme. Les bardes, en effet, appartenaient à la hiérarchie des druides; le témoignage des anciens à cet égard est positif. Dans l'île d'Anglesea, au voisinage de Llaridan, un palais ruiné des archidruides se voit encore; les gens du pays le nomment *Trer-Drew*, Maison du Druide. Tout proche, de distance en distance, s'élevaient plusieurs habitations, dont la forme et l'emplacement se reconnaissent aux vestiges : là vivaient en communauté, chacun dans sa demeure, sous la loi suprême de l'archidruide, les divers ordres de la hiérarchie. Or, l'une de ces mines s'appelle encore aujourd'hui *Trer-Beird*, Hameau des Bardes (Rowland's *Mona*, p. 83, 88). D'ailleurs c'est par la poésie que se transmettaient les enseignements des druides touchant l'immortalité et la transmigration des âmes, les lois qui régissent les astres, l'étendue de l'univers, l'essence des choses et la Divinité. « In primis hoc volunt persuadere, » non interire animos, sed ab aliis post mortem » transire ad alios... Multa præterea de sideribus at- » que eorum motu, de mundi ac terrarum magnitu- » dine, de rerum natura, de deorum immortalium vi » ac potestate disputant ac juventuti tradunt. » (Cæsar, *de Bell. Gall.*, lib. VI.) — Ce n'est point ici le lieu d'entrer dans les vastes considérations où cette voie nous conduit; mais quand viendra, à l'article Druides, le moment d'étudier les nations gauloises sous un point de vue ou général ou plus compréhensif, il nous sera facile d'éclaircir des points secondaires laissés obscurs; de remplir d'un mot une lacune volontaire; alors aussi nous tâcherons, en ce qui regarde la poésie, de distinguer les Galls et les Kimris, et d'assigner sa part à chacun de ces deux peuples.

Lorsque Rome, à la suite de César, vint s'installer dans les cités gauloises avec ses dieux, sa langue, sa civilisation; la langue et la poésie indigènes, ainsi

que le pur druidisme, se retirèrent dans l'Armorike indomptée et l'île de Bretagne. Par toute la Gaule, à vrai dire, il en resta quelques débris épars et languissants au fond des campagnes isolées, dans les forêts, sur les montagnes. Mais la civilisation de l'étranger gagnant de proche en proche, bardes et druides étaient incessamment refoulés; à peine si leur existence clandestine hors de l'Armorike, là où ils n'avaient pour écouter les chants nationaux et prendre part aux mystères que de pauvres serfs, a laissé dans l'histoire quelque trace. Il n'en fut pas de même dans la presqu'île de l'Armorike, où tout ce qui avait de l'énergie parmi les vaincus se réfugia. La vie nationale, prodigieusement exaltée par cette concentration, y résista aux forces dissolvantes de la conquête, et le chant national des bardes, ainsi que les immolations des druides, resta en honneur auprès des fils des guerriers armoricains. Telles furent aussi dans l'île de Bretagne les suites de l'invasion : triomphe de la civilisation des conquérants dans les cités de l'est et du centre; assimilation de l'aristocratie des vaincus avec les vainqueurs; refoulement et concentration des bardes et druides, de la nationalité au pays de Galles, dans le Cornwall, aux frontières de la Calédonie. Quant à ceux des Bretons qui habitaient entre l'Humber et la Tamise, ils oublièrent la langue nationale. Qu'on fouille les poésies des bardes, les légendes des saints, tous les antiques monuments, et l'on ne trouvera pas un trait qui les distingue des Romains, et il apparaîtra clairement qu'entre eux et les Bretons retirés à l'ouest et au nord, tous les rapports ont disparu.

Mais vint le christianisme, qui, plus puissant que la civilisation romaine, pénétra où elle n'avait pu pénétrer, vainquit le druidisme et l'abolit. La poésie ne devait point périr dans cette révolution; la condition même des bardes n'en fut que modifiée. A la vérité, leurs liens avec la hiérarchie druidique étaient rompus, mais le clergé chrétien ne tarda point à remplacer les druides à leur égard. Bien que chacun d'eux fût plus particulièrement attaché à la personne d'un guerrier et fît partie de sa maison, ils ne laissèrent pas de former, comme auparavant, une sorte de corporation tenant à la fois à la hiérarchie religieuse et aux chefs de la tribu. Pour ce qui est de la poésie, sans doute elle se modifia sous l'influence de la religion, mais sans perdre son caractère distinctif et indigène.

Au sixième siècle commence pour l'Armorike une nouvelle ère de poésie, ère longue et brillante, dont le reflet, à défaut d'œuvres originales, suffit à nous démontrer l'éclat. Les peuples germaniques, dans leur invasion, étaient passés devant la Bretagne, sans y pénétrer bien profondément. Ainsi les bardes eurent peu à s'émouvoir de la révolution qui s'opérait dans les Gaules à l'entour. Ce n'était que peu à peu et indirectement qu'ils en devaient sentir l'influence. D'autre part, les Saxons étaient descendus en Angleterre, et la population de l'Armorike s'était renforcée d'une masse considérable de Kimris fugitifs. Parmi eux affluaient les bardes apportant à leurs frères du continent les traditions bretonnes qu'a soigneusement recueillies Geoffroy de Monmouth. La suite de cette émigration fut, dans la presqu'île de Bretagne, un immense développement de la vie poétique, par où s'écoula tout ce qu'il y avait d'héroïsme, d'orgueil froissé, de haine pour les vainqueurs dans l'âme des vaincus. Alors surgirent, s'agrandissant et se transfigurant d'âge en âge, ces poëmes d'*Arthur*, de *Merlin*, et tant d'autres, où les plus anciens poëtes normands et anglo-normands puisèrent leurs inspirations. Les lais de Marie de France sont traduits des chants de l'Armorike. (Warton, *Hist of english Poetry*; M. de Larue, *Hist. des Bardes*; Ellis, *Specimens of early english metrical Romances.*)

D'assez bonne heure, l'ascendant du génie français a triomphé, dans la Bretagne, de la poésie kimrique; mais au pays de Galles, où dans une lutte âpre incessante, prolongée contre les Romains, puis les Saxons, la nationalité des Kimris s'était fortement trempée, il en fut autrement. Ici la conquête des Normands échoua devant la résistance inexpugnable de la langue et des mœurs. A l'ombre de cette pauvre nationalité si obstinément défendue, la poésie indigène a continué de fleurir, et les bardes, avec leur primitive constitution, ou peu s'en faut, s'y sont maintenus jusqu'aux temps modernes. Ils ont gardé, au foyer du roi et des chefs, leur siége d'autrefois. Le moyen âge les a vus célébrer, comme avant, dans les festins, les antiques traditions de la patrie; chanter la gloire du chef, ses nobles ancêtres, son amour, ou suivre le chef dans les combats. Ils sont restés, en un mot, ce qu'ils furent dans l'origine, poëtes, musiciens, généalogistes, historiens. Il arrivait même souvent que dans les transactions de la vie privée, ils étaient appelés comme témoins, et l'acte n'avait d'autre garantie que la fidélité de leur mémoire et la sainteté de leur caractère.

Suivant la loi de *Hoel-Dha*, qui remonte au dixième siècle, le *bardd teulu*, barde de la cour, a droit au huitième rang dans le logis royal. Sa terre est franche; de plus, le chef lui doit un cheval et une robe de laine, la reine un vêtement de lin. Lorsqu'il accompagne les hommes du chef dans une course sur les terres des Saxons, le barde reçoit pour sa part du butin une vache et un bœuf, moyennant quoi il chantera la gloire de la nation bretonne. Le barde ira chantant de même devant les guerriers, lorsqu'ils iront au combat. Aux grandes fêtes, le barde s'assoiera tout proche de l'intendant de la maison royale, qui lui remettra la harpe entre les mains. Si un chant est requis, celui des bardes qui aura gagné le prix au concours de musique chantera un hymne en l'honneur de Dieu, puis un hymne à la gloire du chef; le *teulwr*, barde royal, chantera aussi, mais il prendra un sujet différent. Si la reine demande une chanson, le barde la suivra dans son appartement. Le chef, à son avénement, lui fera don d'une harpe, et la reine d'un anneau d'or. Jamais il ne se séparera de sa harpe. S'il sort du logis pour chanter avec d'autres, le barde royal aura double part aux largesses; s'il requiert du chef une grâce ou un don, il sera condamné à chanter une ode; si la requête s'adresse à un noble, il en chantera trois; si c'est à une personne vulgaire, il en chantera jusqu'à ce qu'elle en ait assez ou tombe endormie. La moindre injure faite au barde royal ne se rachetait pas à moins de six vaches ou de six-vingts livres. Le cadeau nuptial auquel sa fille avait droit était de trente schellings, et son douaire de trois livres. (Pennant's *Tour in Vales*, — *leges Vallicæ*, édit. de Wotton.) La règle des bardes fut réformée par le roi Griffith ap Conan, l'an 1078.

Dès l'antiquité la plus haute, sous le nom d'*Eisteddfods*, de grandes assemblées où les bardes se disputaient le prix du chant, furent établies et se perpétuèrent à travers le moyen âge. L'une se tenait dans la royale ville de Caerwys; une autre à Aberfraw, dans l'île d'Anglesea; une troisième à Mathraval. A ces concours, ou *eisteddfods*, que Pennant compare aux jeux olympiques, les plus distingués d'entre les bardes, soit poëtes, soit musiciens, étaient seuls admis. Des examens sévères précédaient le concours, et les concurrents, en raison de leur mérite ou de la nature de leur talent, étaient rangés en des classes différentes. Le prix du concours était, souvent du moins, une harpe d'argent à neuf cordes. Les joueurs d'instruments secondaires, tels que la crwth, la cornemuse, étaient admis à l'assemblée; mais on ne leur permettait pas de s'asseoir, et ils ne recevaient qu'un sou pour leur peine. Chacun sortait du concours avec un titre poétique ou musical proportionné à son mérite. Les juges de l'eisteddfod, anciennement choisis par les chefs gallois, furent désignés, plus tard, par les rois d'Angleterre, malgré la persécution que les bardes eurent à subir de la part d'Edward Ier. (Pennant's *Tour in Vales.*) Ces réunions, déjà bien appauvries, sans cesser complétement, ont perdu, au temps d'Elisabeth, leur caractère officiel. Quant au peu de monuments qui nous restent de la poésie des bardes gallois, nous les ferons connaître aux articles *Myrddyn* et *Taliesin*.

Dans l'Irlande, terre de musique et de poésie, n'était l'étouffement de la conquête, les bardes jouent un rôle immense dans les vieilles traditions, et, jusqu'en 1633, nous les trouvons mêlés à l'histoire. L'Irlande, avant le douzième siècle, a ignoré l'usage de la prose; elle n'a écrit son histoire que dans les chants des bardes. Malheureusement beaucoup de ces poëmes ont péri. L'apôtre des Irlandais, saint Patrick, en détruisit à lui seul trois cents volumes.

Les bardes formaient en Irlande une puissante corporation ou même une caste; car leur profession était héréditaire; seulement, au lieu du fils aîné, c'était, parmi leurs proches ou leurs enfants, le plus digne qui leur succédait. Cette caste possédait de grands biens, qui, sans doute inaliénables, allaient toujours croissant. Chaque barde du premier degré avait trente disciples; les bardes inférieurs en traînaient quinze à leur suite. Les ollambs ou docteurs avaient droit de porter le vêtement des princes. Au sixième siècle, leur richesse et leur pouvoir s'accrurent à un point formidable. Les princes, les nobles, le clergé, prirent l'alarme et résolurent d'abattre leur insolence et de châtier leurs exactions. Une assemblée fut tenue à cet effet, l'an 568, dans la ville de Druneeat, sous l'autorité du roi Hugh Mac-Ainmer. Un moine s'opposa vigoureusement aux intentions de l'assemblée; car plusieurs des bardes avaient embrassé la foi du Christ. On décida seulement que leur nombre serait réduit.

Les bardes irlandais se divisent en trois classes : 1° les *ollamhain redan* ou *filidhe*, poëtes théologiques et guerriers; 2° les *breitheamain*, ou *brehons*, qui versifiaient les lois et les promulguaient, assis en plein air sur une éminence, dans un chant monotone; 3° les *seanachaidhe*, généalogistes et chroniqueurs. Chaque province, chacun des chefs du pays avait un seanacha, qui inscrivait dans une suite de stances sans poésie les événements remarquables ou la généalogie du patron.

A ces trois classes principales, il faut en ajouter une quatrième, comprenant tous les bardes inférieurs, qui n'étaient que joueurs d'instruments. C'étaient les *cleananaigh, crutairigh, clotairigh, tiompanach, cuilleaunach,* ainsi appelés du nom de leur instrument de musique favori. Dès l'antiquité la plus reculée, des colléges furent établis en Irlande pour l'éducation des bardes. Les plus célèbres de ces établissements étaient ceux de Clogher, d'Armagh, de Lismore et de Tamar, cachés au fond de vastes forêts de chênes. La musique et les armes faisaient partie de leur éducation. Au jour de bataille, c'étaient les *filidhe* qui marchaient à la tête de l'armée, la harpe à la main, vêtus de robes blanches longues et flottantes, et entourés d'*orfidigh* ou musiciens. (*F. Mongin.*)

BARDISME [radical *barde*]. — Nom sous lequel on comprend à la fois l'institution des bardes et la pratique de leur art. Il ne nous est resté aucune poésie originale du bardisme gaulois; le nom seul de *barde* est demeuré célèbre. « Le bardisme différait du druidisme en ce qu'il n'entrait point dans les questions de théologie ni de métaphysique. Il n'acquit toute son importance que dans les dernières luttes de la nationalité gauloise contre les envahisse-

ments des rois d'Angleterre. Il y eut, vers la fin du dix-huitième siècle, et surtout dans les premières années de l'Empire, une grande recrudescence de vogue en faveur du bardisme. La traduction d'Ossian par Letourneur fut un instant extrêmement populaire. Ces poëmes d'Ossian étaient eux-mêmes, sinon tout à fait inventés, du moins rajeunis et refaits avec un heureux sentiment de l'antique par un ingénieux faussaire, Macpherson. L'empereur Napoléon avait un goût plus vif qu'éclairé pour les chants et les héros d'Ossian. Il donna au fils de Bernadotte, dont il fut le parrain, le nom d'Oscar. Ce prénom, et celui de Malvina pour les jeunes filles, devenus très-communs et répandus dans toutes les classes, sont là pour attester la vivacité de cette mode. Il n'était pas rare d'entendre les poëtes de cette époque prendre la qualification de bardes. Baour-Lormian, qui traduisit Ossian en vers, fut un des derniers qui prit le bardisme très au sérieux. On n'y est point revenu, malgré son mérite réel, sous la Restauration, ni depuis 1830. »

BARGE (zoologie). — Genre d'oiseaux échassiers de la famille des longirostres, qui ont des rapports avec les bécasses par là teinte grise de leur plumage, par la

Fig. 96. — Barge.

longueur de leur bec et par leur forme grêle et élancée; mais elles ont le bec plus fort, légèrement retroussé en haut et mousse à son extrémité; leurs tarses sont aussi beaucoup plus longs, et les doigts extérieurs et médius sont réunis à leur base par une petite palmure.

Cette différence de conformation dans les tarses et les pieds en entraîne d'autres dans leurs habitudes. Les barges se tiennent dans les marais ou sur les bords fangeux des fleuves; elles se plaisent surtout à l'embouchure des fleuves et aux confluents des rivières où le limon et la vase s'accumulent en très-grande quantité : elles sont continuellement occupées à les fouiller avec leur bec pour en retirer les vers ou les larves des insectes aquatiques. On les rencontre aussi quelquefois, mais plus rarement, sur les bords de la mer, dont elles sillonnent sans cesse le sable mouvant pour y chercher leur proie. Ces oiseaux nichent dans les prairies peu éloignées de l'eau et pondent ordinairement quatre œufs. Une espèce fait sa ponte dans les régions septentrionales et dans le voisinage du pôle arctique.

Nous en avons deux espèces en France : la *barge aboyeuse* ou *rousse* et la *barge à queue noire*. Elles sont, l'une et l'autre, de la taille d'une perdrix dont les formes seraient très-élancées; mais la première a le dos d'un gris cendré avec le ventre d'un blanc pur; son bec est très-légèrement retroussé, et l'ongle du médius est court et sans dentelure. Elle niche dans les régions arctiques, se trouve en grand nombre dans toutes les contrées marécageuses du Nord, mais est rare dans le Midi. La seconde espèce, la barge à queue noire, est d'un gris cendré supérieurement et d'un blanc grisâtre inférieurement; son bec est presque tout à fait droit, et son ongle médium est long et dentelé. Elle remonte moins vers le nord et est plus commune dans le centre de l'Europe. Elle niche dans les prairies. (*Salacroux*.)

BAROMÈTRE (physique) [instrument dont le nom dérive de *baros*, pesanteur, et de *metron*, mesure]. — Les anciens, qui prétendaient que la nature avait horreur du vide, trouvèrent tout simple et tout naturel de le nier, ainsi que le passage suivant de Lucrèce nous en fournit la preuve :

At contra nulli de nullâ parte, neque ullo
Tempore inane potest vacuum subsistere rei, etc.

Telle fut, enfin, l'opinion qui prévalut jusqu'à Galilée, ou plutôt jusqu'à ce que Toricelli, disciple et héritier du secret de ce grand homme, qui mourut sans l'avoir fait connaître, vint, au dix-septième siècle, révéler au monde une vérité trop longtemps méconnue, en faisant l'ingénieuse invention du baromètre, dont les effets sont dus au vide appelé, pour cette raison, *vide barométrique* ou *vide de Toricelli*.

Des fontainiers de Florence vinrent un jour demander à Galilée pourquoi l'eau ne montait pas dans les pompes au delà de trente-deux pieds; Galilée répondit que l'eau ne s'élevait dans les pompes que jusqu'à cette hauteur, parce que la nature avait horreur du vide jusqu'à trente-deux pieds seulement. Quelque temps après, ce grand homme, qui n'avait fait cette réponse que parce qu'il ne voulait pas compromettre sa réputation scientifique, découvrit que l'ascension de l'eau était due à la pesanteur de l'air. Toricelli, son élève, prit un tube de verre, qu'il remplit de mercure, et le plongea dans une cuvette pleine du même métal, expérience à laquelle il dut de découvrir que le mercure descendait jusqu'à trente-deux pouces.

Bien que nous ignorions la hauteur totale de l'atmosphère, nous savons cependant que la pression qu'elle exerce sur sa base est exactement égale à la pression exercée par la colonne de mercure qui lui fait équilibre. Or, la pression exercée par la colonne de mercure sur l'unité de surface est égale à son poids, c'est-à-dire à son volume, multiplié par le poids de l'unité de son volume, ou à $1.76. \pi. d$; π

étant le poids du centimètre cube d'eau $= 0$ k. 001, et d la densité du mercure $= 13,598$. De là, le calcul donne 1 k. 033 pour la pression atmosphérique, rapportée au centimètre carré. Mais cette pression n'a d'autre cause que la somme des poids de toutes les molécules composant une colonne d'air ayant pour base un centimètre et pour hauteur toute l'atmosphère. Cette colonne pèse donc exactement 1 k. 033. Une colonne d'air ayant pour base un décimètre pèsera, par conséquent, 1 k. 033 $+ 100 =$ 103 k. 3; et une colonne d'air ayant pour base un mètre pèsera 103 k. 3 $+ 100 = 10330$ k. Enfin, en désignant par n la surface de la terre estimée en mètres carrés, on aura la pression de toute l'atmosphère sur le globe $= 1033$ k. $+ n$. Si les couches d'air étaient à toutes les hauteurs d'une égale densité, il serait facile avec les données barométriques, d'évaluer la véritable hauteur de l'atmosphère; car cette hauteur x et la hauteur 0 k. 76 de la colonne de mercure seraient entre elles en raison inverse des poids spécifiques de l'air et du mercure, et l'on aurait :

$$\frac{x}{76} = \frac{13,598 \quad \text{(poids spécifique du mercure)}}{0,0012991 \quad \text{(poids spécifique de l'air, par rapport au mercure)}}$$

$$\text{ou } x = \frac{76. \ 13,5980}{0, \ 0012991} =$$

795510 centimètres $= 7955$ mètres, c'est-à-dire un peu moins de deux lieues. Mais ce nombre est loin de représenter la hauteur réelle de l'atmosphère; car celle-ci n'est pas homogène, et la densité de l'air diminue avec la hauteur.

Toutes les *variations* qui influent plus ou moins sur le poids de l'air qui nous environne sont exactement indiquées par les baromètres, véritables balances gazométriques. Ces variations sont *accidentelles* ou *horaires*. Pour les apprécier, il importe d'abord de savoir quelle est la *hauteur moyenne* du baromètre dans une localité déterminée. Or, on sait, par une suite d'expériences, que, dans nos climats, la hauteur barométrique moyenne de chaque jour coïncide avec l'heure de midi. Ainsi, en observant cette moyenne pendant trente jours du mois, et en prenant le huitième de la somme, on aura la *hauteur moyenne du mois*; et en faisant autant de moyennes des douze mois, on aura la *hauteur moyenne de l'année*. Depuis trente ans, la hauteur moyenne du baromètre, pour la localité de Paris, n'a pas varié sensiblement; elle est à peu près de 756 millimètres; la plus grande différence est de 3 millimètres. — *Variations accidentelles*. Dans les pays de la zone tempérée et dans les climats du Nord, le baromètre est en oscillation permanente au-dessus et au-dessous de la hauteur moyenne de l'année; quelquefois il éprouve des secousses subites. C'est ainsi que, dans le mois de février de l'année 1821, le baromètre atteignit, à Paris, son maximum d'élévation (781 millimètres), et son minimum (719 millimètres), dans le mois de décembre de la même année. — *Variations horaires*. M. de Humboldt a démontré, par de longues séries d'observations, que le baromètre éprouve, sous l'équateur, des mouvements d'ascension et de dépression si réguliers (exécutés sur une échelle de 2 millimètres), qu'ils pourraient, comme les mouvements de l'horloge, servir à marquer les heures. Ainsi, dans les régions équatoriales, le baromètre atteint le maximum de hauteur à 9 heures du matin; passé 9 heures, il descend jusqu'à 4 heures ou 4 1/2 de l'après-midi, où il arrive à son *minimum*; ensuite il remonte jusqu'à 11 heures du soir, où il atteint son second *maximum*, et il redescend enfin jusqu'à 4 heures du matin. Dans nos climats, les variations horaires sont très-difficiles à démêler des variations accidentelles, si fréquentes. Cependant, Ramond est parvenu à constater qu'elles varient avec les saisons. Ainsi, en hiver, le *maximum* est à 9 heures du matin, le *minimum* à 3 heures de l'après-midi, et le second *maximum* à 9 heures du soir. En été, le *maximum* est avant 8 heures du matin, le *minimum* à 4 heures de l'après-midi, et le second *maximum* à 11 heures du soir. Au printemps et en automne, les *heures critiques* sont intermédiaires entre ces données. — Les variations indiquent un changement *actuel* dans l'état de l'atmosphère. Ceux qui croient y voir un changement *futur*, l'annonce de la pluie ou du beau temps, se trompent souvent dans leurs prédictions. Dans toutes les observations barométriques, il y a en général deux corrections essentielles à faire : l'une pour la capillarité, et l'autre pour la température. La correction de température dépend à la fois du coefficient de dilatation du mercure et du coefficient de dilatation de l'échelle sur laquelle sont marquées les divisions. Les coefficients de dilatation étant connus, il est facile de faire des tables de correction. (*Hœfer.*)

La raison de la différence de l'élévation de la colonne de mercure avec celle de la colonne d'eau se déduit dès lors naturellement de celle de la différence du poids du mercure avec celui de l'eau, qui est, comme on le sait, treize fois plus légère que le mercure.

Si, prenant un verre fermé par un de ses bouts, et après l'avoir rempli de mercure par l'autre bout, que l'on a eu soin de boucher avec le doigt, on renverse le tube et on le plonge par cette extrémité dans un vase ouvert où il y a aussi du mercure, on aura un véritable baromètre. En effet, on verra bientôt la colonne de mercure, après plusieurs oscillations, déterminer dans le tube, en s'équilibrant avec elle, la puissance de la pression atmosphérique par une hauteur d'environ 0 m. 76 cent., ou la treizième partie de celle d'une colonne d'eau qui, à la même pression, à volume égal et à la même température, ferait équilibre à la même pression.

Pour que le baromètre dont nous venons de parler remplisse toutes les conditions de parfait équilibre, il faut non-seulement qu'il soit lui-même entièrement privé d'air, mais encore que le mercure soit complétement purgé de celui dont il est pénétré. On

conçoit, en effet, que, pour peu qu'il en restât, soit au-dessus de la colonne de mercure, soit dans le mercure lui-même, la pression qu'il exercerait, soit par son propre poids, soit en vertu de son élasticité, contre-balancerait en partie la pression de l'air extérieur et s'opposerait, par conséquent, à une évaluation précise de la puissance de cette pression.

Il y a trois sortes de baromètres : le *baromètre à cuvette*, le *baromètre à siphon*, et le *baromètre à cadran*.

Le *baromètre à cuvette* se compose d'un tube et d'une cuvette qui sont soudés. Pour remplir le baromètre, on commence par chiffrer graduellement le tube, puis on y verse successivement, jusqu'à fin d'opération, des quantités diverses de mercure que l'on fait chauffer jusqu'à l'ébullition pour en chasser l'air et les vapeurs qu'elles contiennent. On commence à compter les vingt-deux pouces à partir de la surface du mercure. Quand le mercure baisse dans le tube, il monte dans la cuvette; quand, au contraire, il monte dans le tube, il baisse dans la cuvette. Dans ces deux cas, l'ordre des degrés change ; pour y remédier, on est obligé de mettre à ce baromètre un fond mobile qui, à l'aide d'une vis placée en dessous, met toujours le mercure au même endroit. Ce baromètre a pris le nom de Bortin, l'auteur du perfectionnement qu'il a reçu.

Le *baromètre à siphon* se compose d'un tube recourbé que l'on remplit de mercure comme le premier ; il est assujetti au même inconvénient que celui-ci; pour y remédier, on met une division mobile.

Le *baromètre à cadran* se compose d'un baromètre à siphon dont la plus petite branche est très-large. Sur le mercure est un flotteur attaché à une petite corde qui va s'enrouler autour d'un axe libre auquel est attachée une aiguille [1].

Le cadran se divise en plusieurs degrés. Quand le mercure baisse, le flotteur monte et l'axe tourne ; quand le mercure monte, le flotteur descend. Plus l'air est sec, plus il est pesant, et le mercure monte ; plus l'air est humide, plus il est léger, et le mercure descend.

M. Gay-Lussac a fait au baromètre à siphon une modification qui le rend portatif et d'un usage infiniment commode pour les voyageurs. (*Biot.*)

M. Regnault est l'auteur d'un nouveau baromètre étalon, dont on peut se servir pour régler les baromètres de voyage et noter les indications fournies dans des cas analogues.

L'état plus ou moins hygrométrique de l'air étant une des causes physiques des variations en abaissement ou en élévation que subit la colonne barométrique, on conçoit que le baromètre peut, jusqu'à un certain point, servir à indiquer le beau et le mauvais temps.

On s'en sert pour mesurer la hauteur des montagnes. On a trouvé que la colonne barométrique baisse

---

[1] Voy. au mot *Air* ce que nous avons dit des instruments hygrométriques ou hydroscopes.

d'environ 1 millimètre pour 108 décimètres. Il n'est pas toujours au même point ; il est à neuf heures du matin à son *maximum* d'élévation, et à son *minimum* d'abaissement à quatre heures du soir.

J. BÉCHERAND.

BARON [du celtique *baran* ou *barwn*, homme puissant, homme noble, seigneur ; radical *bar*, *ber*, homme]. — Titre de noblesse, venant immédiatement avant celui de chevalier et après celui de comte. « Il ne spécifia pas d'abord aussi nettement qu'aujourd'hui le degré d'élévation nobiliaire appartenant à la personne qui le portait, et se prit assez longtemps dans le sens indéterminé d'homme considérable, de seigneur. L'origine de ce mot est germanique. Non-seulement il veut dire *homme*, mais encore *homme* spécialement dans le sens de *mari*. Dans les lois et coutumes du xii⁰ et du xiii⁰ siècle, on fait avec soin la distinction de la femme qui est *libre d'elle-même* et de celle qui est *en pouvoir de baron*, en pouvoir de mari, dirait-on maintenant. Avec l'établissement du système féodal, on commence à rencontrer *baron* dans l'acception plus générale que nous connaissons. A cette époque, il s'applique aux grands vassaux, que le peuple appelle *hauts barons, hauts bers*. Quelquefois, les fils aînés des grands seigneurs prenaient la qualification de *baron*. Lorsque les Normands s'emparèrent de l'Angleterre, ils implantèrent nécessairement avec eux l'organisation savante et compliquée de la féodalité. Les principaux d'entre eux se donnèrent le nom de *barons*. Les *barons anglais* ont joué au moyen âge, dans l'histoire de leur pays, le rôle le plus important. Ils ont tour à tour élevé, déposé leurs rois, et, en arrachant à Jean Sans-terre la décisive concession de la grande charte, ils ont jeté la première base des institutions libérales par lesquelles l'Angleterre a été constamment sauvegardée, et auxquelles elle doit le plus pur éclat de sa gloire. Les *barons* actuels, en France, sont de création toute nouvelle : ils datent de ce qu'on nomme la *noblesse de l'Empire*. Ce titre de *baron* peut se conférer pour un service national ou pour une action d'éclat. Il s'accorde également aux personnes qui sont en état de constituer un majorat. En Angleterre, il y a eu jusqu'en 1831 les *barons des cinq ports*. On nommait ainsi les députés qu'envoyaient au parlement les cinq ports de mer suivants, situés sur les côtes de la Manche : Douvres, Sandwich, Romey, Hastings et Hythe. Deux autres villes, Winchelsea et Rye, partageaient le privilége d'élire deux députés, sans que l'on prît pour base de l'élection le nombre des électeurs. Cela n'existe plus depuis la réforme parlementaire de 1831. Quant aux *barons de l'Échiquier*, on entend désigner sous cette appellation les cinq juges de la haute cour de justice de l'Échiquier. La cour de l'Échiquier est une sorte de *cour des comptes*, pouvant connaître au criminel, et de laquelle la juridiction flotte dans des limites assez mal définies. »

BARREAU (droit) [radical *barré*]. — En terme de palais, barre de bois ou de fer servant d'enceinte de séparation de l'espace occupé par les juges d'une cour de justice ou d'un tribunal, de sa partie extérieure, réservée aux avocats et aux avoués, et, par extension, ensemble ou corps des avocats ; d'où les expressions : *Maximes du barreau, éloquence du barreau*. Employé comme terme synonymique du *forum* des latins, ce mot s'entend collectivement de tous les officiers de justice, magistrats et praticiens ; en un mot, de tout ce qu'on appelle autrement gens de robe. A la signification de ce terme se rattachant la définition de l'éloquence du barreau, nous nous efforcerons de montrer que l'éloquence judiciaire est à la profession d'avocat, dont elle constitue le principal mérite, ce qu'est la nourriture au corps, qui, sans elle, est condamné à périr de maigreur et faute d'aliments.

En se reportant par la pensée et par le plus modeste des souvenirs, aux époques même les plus reculées de l'antiquité, on y voit, par une sorte de sanction naturelle de l'une des lois les plus fondamentales de l'humanité, se poser, pour ainsi dire, la première pierre qui dut servir de base à l'édifice de toute société humaine, par l'établissement de cette belle loi d'origine à la fois asiatique et égyptienne qui, consacrant le droit de chacun à la protection de tous, offrait à l'accusé la garantie de la responsabilité de l'auteur de l'accusation, en faisant peser le poids de l'attaque sur quiconque osait dénier la défense [1].

On peut dire que la véritable origine de l'exercice facultatif de la profession d'avocat coïncide avec celle du premier établissement jugé nécessaire d'une association de membres qui, se reconnaissant solidairement responsables du dommage causé par l'un d'eux, trouvent un intérêt personnel à découvrir le coupable, et à le condamner à une réparation. Or, ce premier essai de garantie de la responsabilité à la fois individuelle et sociale, duquel naquit la coutume des *conjurateurs* ou *compurgateurs*, espèces d'avocats bénévoles répondant aux *laudatores* des Romains, en même temps qu'il témoigne des premiers pas d'une civilisation naissante vers un mode plus avancé et plus régulier de juridiction, atteste l'importance et la rigoureuse nécessité de l'exercice du droit imprescriptible de la défense.

C'est en se pénétrant du sentiment de l'obligation qui lui est imposée de puiser à cette source morale si féconde de la législation primitive du code judiciaire des peuples les plus renommés de l'antiquité, que l'avocat doit toujours s'efforcer de mériter la distinction du titre de noblesse anciennement attachée à sa profession, justement considérée de tout temps comme l'une des plus honorables.

L'usage de donner en France la qualité de noble aux avocats est certifié par tous les docteurs français.

[1] Voy. Diodore de Sicile, liv. II. Chez les anciens Germains, les Goths et les Danois, chez lesquels le principe de la société était la garantie de tous envers chacun, le peuple seul intervenait dans le jugement des contestations entre les particuliers. Voy. art. 11 du 1ᵉʳ capitulaire de 809, et la loi salique, livre LIX, art. 1ᵉʳ.

A l'exemple de Spartien, qui dit estimer plus Sabinius d'avoir été avocat et jurisconsulte que d'avoir été deux fois consul et préfet de Rome, Charles V, qui, comme le remarque Mornac [1], sur le rapport de Froissart, les fit chevaliers, estimait et affectionnait tant leur profession, qu'il allait souvent les entendre au palais et rendre justice en personne.

Le sentiment de l'avocat en France a constamment été ce qu'il a toujours dû être, un sentiment puisé dans la nature même du caractère particulier aux peuples franco-gaulois, si profondément empreinte du cachet de cet esprit d'indépendance et de liberté dont le principe a de tout temps été, pour ainsi dire, incorporé dans la chair et dans le sang mélangés de ces peuples d'une nature identique, plus fiers et plus glorieux encore que le colosse romain, dont la grandeur de leur destinée commune devait leur procurer la gloire de partager les dépouilles.

Au sentiment du droit de liberté individuelle vient naturellement s'ajouter celui d'en conserver le privilége en en garantissant le légitime exercice.

Si nous consultons l'histoire de l'origine des premiers documents législatifs et judiciaires des Franco-Gaulois, nos ancêtres, nous voyons, en passant de l'exercice du gouvernement populaire ou des comtes à celui de la monarchie ou des échevins, puis à celui surtout de la féodalité, que la nation, continuellement en butte aux abus excessifs et monstrueux de la superstition et de l'ignorance, dut le bienfait d'un premier soulagement à ses maux, à la reconnaissance légale et à l'institution, en quelque sorte créée par le génie de Charlemagne, des attributions des avocats.

C'est, en effet, à partir de cette époque que les avocats, laïcs, nobles, commencent à être distingués de leurs prédécesseurs ecclésiastiques, qui, oubliant les bornes de leur juridiction spirituelle, s'étaient attribué en France, en se mêlant des affaires civiles, un pouvoir qu'ils avaient en vain essayé de cumuler sous Henri III d'Angleterre, sous le règne duquel ils rencontrèrent l'énergique et invincible résistance des barons anglais.

L'époque et la nécessité de l'exercice réel de leurs fonctions sont, en quelque sorte, indiquées par le temps auquel remontent les circonstances qui donnèrent lieu aux luttes généreuses du petit nombre de citoyens demeurés libres [2] qui, à l'époque de la création par la royauté des bénéfices héréditaires, s'obstinèrent à défendre leurs droits contre le débordement d'une mesure destinée à causer plus tard tant d'embarras à la royauté elle-même.

Protecteurs-nés des intérêts de la veuve et de l'orphelin, du puissant et du faible, de l'innocent et du criminel même, les avocats, appelés chez les Romains *justitiæ satellites et judiciorum athletæ*, sont nommés dans les Capitulaires de Charlemagne, qui leur fait une obligation de s'adonner à l'étude des lois et

[1] *Cod. de adv. divers. judic.*

[2] Ce furent ces généreux citoyens qui reçurent le nom d'*arimania*, ou hommes libres, du nom de l'impôt qu'on fit peser sur eux.

de pratiquer l'équité et la justice, *advocati, defensores ecclesiarum, tutores, actores, munburdi, pastores, laïci, causidici*.

Avant de passer à l'examen des qualités qui doivent distinguer les orateurs du barreau, nous signalons le développement de l'histoire de la profession d'avocat que nous voyons se révéler à partir de Louis VI, ou de l'appel aux juges royaux des sentences rendues par les officiers des seigneurs, et de l'affranchissement des communes, et se manifester d'une manière plus expresse et plus positive au règne de saint Louis, à l'époque de la découverte du livre des Pandectes, monument scientifique à la réédification duquel s'appliquèrent désormais, à l'exclusion des ecclésiastiques, la magistrature et le barreau, et enfin au règne de Philippe le Bel, où le parlement fut décidément rendu sédentaire à Paris, et où les avocats furent sinon constitués en ordre, du moins incontestablement appelés à jouir d'une position élevée.

La constatation de l'existence des avocats dut nécessairement avoir pour cause l'importance même des fonctions qu'ils furent appelés à exercer. — Voy. *Avocat*.

Relativement aux qualités qui doivent les distinguer, les avocats, *advocati, patroni, tutores*, sont, comme l'indiquent leurs différentes dénominations, des hommes appelés à la défense des intérêts publics ou privés qui leur sont confiés. Or, pour remplir dignement, c'est-à-dire selon les règles de la justice, le ministère sacré de la défense des intérêts d'autrui, deux qualités principales sont essentiellement nécessaires : la première, une probité à toute épreuve, et la seconde, le don de la parole, fortifié non-seulement par une profonde connaissance des principes généraux du droit, mais encore par celle de la jurisprudence, des lois et des coutumes appartenant à la législation du pays où ils exercent leur profession.

Si l'on a pu avoir dans certains cas, à critiquer l'étrangeté des exigences en fait de qualités auxquelles les avocats ont été assujettis à certaines époques, il n'en a jamais pu être de même à l'égard de celles relatives aux conditions qui leur ont toujours été imposées de justifier de leur moralité et de leur savoir. C'est qu'en effet, la définition même de la qualité d'avocat implique nécessairement celle de la possession de ces deux qualités, sans lesquelles l'avocat, qui, sans respect pour la maxime : *Os justi meditabitur justitiam et lingua ejus loquetur judicium*, cesserait d'être le *vir probus peritus bene dicendi* de l'orateur, se donnerait à lui-même et à sa profession le plus injurieux démenti.

En sa qualité d'orateur obligé et, par conséquent, d'honnête homme, qui doit avoir l'amour de la vérité dans le cœur et non pas seulement sur les lèvres, l'avocat doit s'exercer à l'art de la parole, afin d'émouvoir, de persuader et de convaincre les juges et le public, en les prévenant en sa faveur par une réputation anticipée de savoir et de moralité.

Ainsi prémuni contre la tentation de s'abandonner au vain étalage d'une érudition intempestive et, le plus souvent, étrangère même à la cause qu'il défend, il s'éclairera au flambeau des lumières des grands orateurs tant anciens que modernes, et plus particulièrement à la clarté de celles des plus célèbres orateurs du barreau français, en tête desquels nous placerons Molé, Lamoignon, d'Aguesseau, qui, suivant l'expression de M. le conseiller Boyard, est pour les magistrats et les avocats ce qu'est Homère pour les poëtes; Loiseau de Moléon, défenseur de la mémoire et des enfants de Calas; Pélisson, immortel défenseur du surintendant Fouquet; Desèse, Tronchet, etc., etc., et enfin, de nos jours, Marchangy, les Dupin aîné et Philippe Dupin, les Jules Favre, Barthe, Tripier, Odilon Barrot, Berryer père et fils, Berville, etc., etc.

Préparé par de tels modèles à la réalisation des succès qu'il ne peut devoir qu'à la méditation sur les grands principes de l'éloquence judiciaire, l'avocat se montrera d'autant plus digne de ce nom qu'ayant plus scrupuleusement étudié et approfondi son sujet, et que, prenant plus consciencieusement à cœur la défense des intérêts qui lui sont confiés, il saura plus habilement trouver dans les inspirations de son génie et de son cœur toutes les ressources de cette éloquence judiciaire ou du barreau à la hauteur de laquelle, quoi qu'en ait dit Voltaire [1], il ne peut lui être permis de s'élever qu'à l'aide de l'étude des lois, du génie des juges et des circonstances de la cause et du temps. J. BÉCHERAND.

BARRICADE [de *barre* ou *barrique*, dont on faisait les barricades]. — Espèce de retranchement fait à la hâte avec des tonneaux, des arbres, des pavés, etc., pour servir à former un obstacle. Nous empruntons à M. Levallois une partie de l'historique suivant des barricades.

C'est un fait très-remarquable, dit cet auteur, que ce système particulier de résistance soit en quelque sorte la spécialité de Paris. L'histoire de cette ville est, en même temps, celle de ses barricades. Il faut savoir que l'on appela d'abord ainsi les chaînes que l'on tendait le soir à l'extrémité des rues, ce qui était alors à peu près le seul moyen que l'on connût de se mettre à l'abri des voleurs qui infestaient la capitale, après l'heure du couvre-feu. Les démolitions qui renouvellent la face de tous les quartiers ne permettront bientôt plus de retrouver les vestiges de ces rues fermées du moyen âge. Nous citerons toutefois la rue de *l'Homme-Armé*, au Marais, qui peut en donner une idée. Si les barricades avaient été, dans l'origine, une ressource de police défensive, elles ne tardèrent pas à devenir une force, un instrument, presque une institution d'hostilité agressive. Dès le milieu du xive siècle, en 1358, le prévôt des marchands, Étienne Marcel, transforma les chaînes des rues en un ensemble de fortifications, qui pût mettre les bourgeois à même de sauvegarder leur existence, leurs fortunes et leurs franchises. Elles leur furent enlevées en 1383 par les ducs d'Anjou, de Bourgogne

[1] Voy. *l'Encyclopédie du dix-huitième siècle*, art. *Eloquence*.

et de Berri, oncles du roi Charles VI, qui les firent déposer au château de Vincennes, d'où Jean Sanspeur les retira pour les restituer aux Parisiens, dont il voulait capter la faveur. Ils ne tardèrent pas à s'en servir utilement et noblement contre la garnison anglaise qui, en 1436, occupait Paris, et qu'ils en chassèrent. Nous les retrouvons en 1588, sous Henri III. A cette époque, les fautes de son gouvernement, ses prodigalités, sa faiblesse, ses débauches honteuses, lui avaient complétement enlevé l'affection de la ville de Paris. La plus grande partie des Parisiens étaient ligueurs déterminés : divisés en seize quartiers, qui équivalent à nos arrondissements d'aujourd'hui, ils obéissaient à seize magistrats municipaux, choisis parmi les catholiques les plus violents. L'armée de la ligue, dans Paris seulement, pouvait aisément s'élever au chiffre de vingt mille hommes, tous depuis le premier jusqu'au dernier à la disposition du duc de Guise, patron ostensible de la ligue. Henri, effrayé de cette tendance populaire et du peu de forces qu'il avait sous la main, appela auprès de lui, au Louvre, ceux de ses nobles sur lesquels il croyait pouvoir compter, et fit entrer dans Paris, par la porte Saint-Honoré, un renfort de quatre mille Suisses, auxquels il confia aussitôt la garde des principaux postes. Quelques bravades des seigneurs de la cour exaspérèrent le peuple, déjà inquiet et irrité de ce déploiement de troupes. En un instant, Paris fut couvert de barricades, et les Suisses, successivement chassés des positions qu'ils occupaient, furent reconduits jusque dans les cours intérieures du Louvre, sans tambours, têtes découvertes et piques baissées, saluant la révolution victorieuse. Lorsque Henri III vit que le flot qu'il avait soulevé montait sans cesse, il jugea que tout était désespéré, et craignant que s'il tombait prisonnier entre les mains du duc de Guise celui-ci ne le déposât et ne prît la couronne à sa place, il s'échappa furtivement de son palais. Il ne devait plus revoir Paris que des hauteurs de Saint-Cloud, où l'attendait le poignard du moine fanatique Jacques Clément. Cette journée porte, dans l'histoire, le nom de *journée des barricades*. La régence d'Anne d'Autriche, durant la minorité de Louis XIV, vit renaître les barricades. Cette fois la cause de l'insurrection fut l'arrestation d'un vieux conseiller-clerc nommé Broussel, que la reine voulait punir de la trop grande liberté avec laquelle il manifestait ses opinions. Quelques historiens et entre autres Voltaire ont parlé très-légèrement de Broussel, et ont paru regarder comme frivoles les motifs de la *première Fronde*. Ils n'ont point suffisamment considéré que le droit de contrôle du parlement, cause de ces insurrections, représentait l'opinion publique sur les actes du gouvernement, et que le régime constitutionnel s'essayait dès lors à la vie, à travers de long et pénibles tâtonnements. Lorsque, le 26 août 1648, tandis que l'on chantait à Notre-Dame un *Te Deum* pour la dernière victoire remportée par le grand Condé, la reine fit saisir et conduire en prison les conseillers Blancménil, Charton et Broussel, plus de deux mille barricades s'élevèrent en un clin d'œil,

Mix上

dont quelques-unes si hautes, dit un contemporain, qu'il fallait des échelles pour les franchir. Gondi, coadjuteur de l'archevêque de Paris, si connu plus tard sous le nom du cardinal de Retz, et qui a laissé d'excellents Mémoires, se mit à la tête de ce mouvement, dans lequel il crut voir sa fortune. La reine, serrée de près jusque dans le Louvre, mal secondée par ses conseillers épouvantés, fut contrainte de céder, malgré son indomptable fierté espagnole. Broussel fut rendu à la liberté aux acclamations de deux cent mille hommes qui répétaient : Vive Broussel, vive la liberté ! Ces premières barricades servirent de précurseurs à la *seconde Fronde*, qui mit le trône à deux doigts de sa perte, et à laquelle l'esprit de suite du parlement faillit donner l'importance de la révolution d'Angleterre. Ce qu'on n'a peut-être pas assez remarqué, c'est que la plupart des grands faits de la Révolution française s'accomplirent sans barricades, sans batailles dans les rues, mais sur de larges espaces, et principalement au Champ de Mars. Ce n'est qu'au 13 vendémiaire, sous le Directoire, que nous voyons les royalistes, insurgés sous le commandement du général Danican, élever des retranchements dans le quartier Saint-Honoré et autour de l'église Saint-Roch, sur le perron de laquelle ils furent foudroyés par l'artillerie républicaine que dirigeait le jeune Bonaparte. En 1830 (27, 28 et 29 juillet), en avril 1834, en mai 1839, en février et en juin 1848, on vit encore s'élever des barricades dans Paris et même dans quelques villes de la France.

BARRIÈRE [radical *barre*]. — Assemblage de pièces de bois servant à fermer un passage. Par extension, ce mot signifie toute clôture, quelle qu'elle soit, à l'entrée d'une ville, sur un pont, une route, une frontière, etc., pour exiger le payement d'un droit d'entrée ou d'octroi, d'une taxe, etc. Quelques années avant la Révolution, les fermiers généraux obtinrent la permission de faire ceindre Paris d'une muraille qui a environ 30 kilomètres de tour. La communication extérieure s'ouvre par soixante barrières, accompagnées de bâtiments d'octroi, en général d'une architecture toscane à bossages, lourdes et sans grâce, et bien éloignées de l'élégance des belles portes romaines.

Deux barrières de Paris ont cependant un aspect monumental : ce sont celles de l'Étoile et du Trône.

BARTHÉLEMY (LA SAINT-) (histoire). — Nom donné au massacre général des protestants qui eut lieu à Paris, et dans toute la France, dans la nuit du 24 au 25 août. La famille des Guises, la première entre les grandes maisons catholiques à cette époque, prit une part active aux massacres de cette funeste nuit. Le jeune Guise se rendit rue de Béthisy, à l'hôtel occupé par le patriarche du protestantisme, le vénérable amiral Coligny, pour venger sur sa personne, par un lâche assassinat, la mort de son père, le *Balafré*. Coligny, que les meurtriers surprirent dans le premier sommeil, tomba égorgé par un domestique allemand de la maison du duc, nommé Besme, après avoir vu poignarder sous ses yeux son gendre, le jeune Téligny. Beaucoup d'autres personnes de marque appartenant à la religion réformée périrent dans cette vaste boucherie ; le duc Caumont la Force, alors enfant, et qui devint plus tard maréchal de France, échappa comme par miracle aux bourreaux qui le cherchaient, et qui massacrèrent une partie de sa famille. Il a laissé, dans ses *Mémoires*, un récit très-curieux des événements dont il fut le témoin, et qu'il est indispensable de consulter pour se former une opinion sur l'étendue et la gravité de cet attentat. Les historiens varient sur le nombre des victimes. On croit assez généralement qu'il s'éleva à Paris jusqu'à quarante mille, et en province à plus de deux cent mille. On sait que plusieurs gouverneurs de villes refusèrent de s'associer à cet acte barbare, et protestèrent noblement, au péril de leur vie. L'histoire a enregistré les noms de Saint-Hérem, de Guiche, d'Orthez. *Vous direz au roi*, répondit ce dernier, *pour exécuter ses ordres, j'ai trouvé de fidèles sujets, de braves soldats, et pas un bourreau.* Par malheur, ce noble exemple ne fut point généralement suivi. Le massacre ralenti, arrêté dans Paris au bout de deux jours, continua plus longtemps en province, et y dégénéra en guerre civile, car partout où les protestants ne furent point écrasés du premier coup, ils eurent recours aux armes et résistèrent à outrance. C'est une légende extrêmement populaire et qui n'a jamais été réfutée, que celle qui nous montre Charles IX, implacable dans sa vengeance, tirant des fenêtres du Louvre sur les malheureux qui fuyaient devant ses sicaires. On désigne particulièrement la croisée qui se trouve à l'extrémité de la galerie d'Apollon sous le nom de *fenêtre de Charles IX*. Il existe sur la Saint-Barthélemy deux théories historiques qui se sont successivement partagé l'opinion publique. L'une voit dans ce terrible coup de hardiesse un mouvement spontané, une résolution presque subite, une tentation à laquelle la cour n'a pu résister en considérant l'affluence de *huguenots* que les noces d'Henri de Navarre et de Marguerite de Valois avaient attirée dans la capitale ; l'autre prétend retrouver l'exécution d'un plan de conspiration ourdi depuis longtemps entre le pape et la cour de France. Enfin des fanatiques ont osé louer dans le massacre de la Saint-Barthélemy une mesure politique, habile et nécessaire. Henri de Navarre, qui devint plus tard Henri IV, fut pendant toute cette nuit gardé à vue au Louvre, avec le prince de Condé, et il n'eut la vie sauve qu'en abjurant le protestantisme ; mais il ne tarda pas à s'échapper et à relever le drapeau de la résistance, tandis que Charles IX expirait rongé par les remords des cruautés qu'il avait ordonnées. (*Levallois*.)

BARYTE (minéralogie, chimie) [du grec *barys*, pesant, dite aussi *protoxyde de baryum*]. — Terre alcaline composée de baryum et d'oxygène, blanche ou grisâtre, d'une saveur caustique, qui tire son nom de sa pesanteur (4 fois celle de l'eau). Lorsqu'on fait tomber sur de la baryte quelques gouttes d'eau, elle s'échauffe, se délite et fait entendre un bruissement semblable à celui que produirait un fer rougi : 5 parties d'eau sont nécessaires pour dissoudre 1 partie de baryte. Exposée à l'air, la baryte en attire l'humidité et se carbonate. Calcinée dans le gaz oxygène, elle se convertit en *bioxyde* ou *peroxyde de baryum*.

« La baryte se rencontre fréquemment dans la nature, en combinaison avec l'acide sulfurique, à l'état de *spath pesant* ou *baryte sulfatée*, ou avec l'acide carbonique, à l'état de *baryte carbonatée* ou *withérite*. Ces deux minéraux, et surtout le premier, servent à la préparation de tous les *sels de baryte*. On obtient la baryte pure en calcinant au rouge, dans un creuset, le nitrate de baryte. M. Boussingault s'en est servi tout récemment pour obtenir l'oxygène en grand, en l'enlevant directement à l'air atmosphérique, et le rendant libre immédiatement après. M. Dubrunfaut en a tiré parti dès 1850 pour extraire des mélasses tout le sucre cristallisable qu'elles contiennent. La baryte est peu employée en médecine; mêlée à l'huile d'olive, elle a été conseillée à l'extérieur contre les dartres. Les sels de baryte solubles sont d'un emploi fort utile dans l'analyse chimique; ils servent particulièrement à découvrir l'acide sulfurique et les sulfates, avec lesquels ils donnent un précipité blanc, insoluble dans les acides. Ils sont fort vénéneux. » La baryte a été découverte par Scheele en 1774 dans le spath pesant ou baryte sulfatée.

SELS DE BARYTE.—Le docteur Hœfer les décrit ainsi dans son *Dict. de Chimie* : Les sels de baryte les plus insolubles sont : le *carbonate*, le *florure double d'hydrogène et de baryum*, et surtout le *sulfate*.

Caractères de ces sels :

1° L'acide sulfurique et les sulfates solubles précipitent les sels de baryte (chlorure de baryum ou azotate de baryte) en blanc. Le précipité, complétement insoluble dans l'eau et dans les acides, se dissout un peu dans l'acide sulfurique bouillant;

2° Les carbonates solubles les précipitent également en blanc, et le précipité (carbonate de baryte) ne disparaît pas dans un excès d'acide azotique, parce que l'azotate de baryte est insoluble dans l'acide azotique;

3° L'acide hydro-fluo-silicique y produit un précipité blanc de fluorure double d'hydrogène et de baryum.

Dans les analyses, on dose la baryte à l'état de sulfate, lequel, étant calciné, se compose (en centièmes) de 65-63 de baryte sèche. Il est convenable de produire le précipité dans une dissolution très-étendue d'eau. « L'acide sulfurique, les solutions de chromate de potasse, de succinate d'ammoniaque et d'iodate de soude, précipitent d'abord la baryte, puis la strontiane, et enfin la chaux. Le dernier précipité est le moins complet. L'azotate d'ammoniaque précipite dans un ordre inverse, d'abord la chaux, puis la strontiane et enfin la baryte. L'acide hydro-fluo-silicique précipite la baryte sans précipiter la strontiane ni la chaux. » (H. Rose.)

Le *carbonate de baryte* se présente sous forme de poudre blanche, insipide, très-peu soluble dans l'eau; il ne se dissout que dans 43000 parties d'eau froide et dans 2300 parties d'eau chaude. Il se dissout sensiblement dans l'acide carbonique. Le carbonate de baryte ne se décompose qu'à la température

blanche. Formule : $Ba\,O, CO^2$. Dans 100 parties de carbonate de baryte, il y a 77,59 de baryte sèche. Le carbonate de baryte existe dans la nature presque toujours mêlé avec du carbonate de chaux. La withérite est un carbonate de baryte naturel. On prépare le carbonate de baryte en précipitant le chlorure de baryum par du carbonate d'ammoniaque.

Sulfate de baryte. — Préparé artificiellement (dans le laboratoire), il est sous forme de poudre blanche, sans apparence cristalline. On le trouve cristallisé dans la nature en prismes rhomboédriques, dont le petit angle est 78°,28', et le grand angle 101°,32'. Sa densité est 4,4. Le sulfate de baryte est complétement insoluble dans tous les véhicules, excepté dans l'acide sulfurique bouillant, qui en dissout une quantité notable. Calciné avec du charbon, il donne une masse pyrophorique et phosphorescente (sulfure de baryum), connue autrefois sous le nom de *phosphore de Bologne*. Formule : $Ba\,O, SO^3 = 1$ équivalent de sulfate de baryte anhydre, qui, dans 100 parties, contient 34,505 d'acide sulfurique. Le sulfate de baryte existe cristallisé dans la nature, sous le nom de *Schwer-Spath* (spath pesant). On le rencontre en abondance près de Bologne, en Italie.

L'*azotate* (*nitrate*) *de baryte* cristallise en octaèdres réguliers, anhydres. Il est inaltérable à l'air et soluble dans l'eau : à 0°, 100 parties d'eau dissolvent 5 parties de ce sel. Il est complétement insoluble dans l'alcool et dans l'acide nitrique. C'est pourquoi, en versant cet acide dans une dissolution d'azotate de baryte, on obtient un précipité d'azotate de baryte. Exposé à la chaleur, il décrépite et se décompose en oxygène et en vapeurs nitreuses; il faut chauffer au delà de la chaleur rouge pour avoir la baryte anhydre (protoxyde de baryum); car à une température plus basse il se produit un mélange de protoxyde et de peroxyde de baryum. Formule : $Ba\,O, NO^5$ ou BaO $Az^2\,O^5$ (en atomes). L'azotate de baryte sert à la préparation de la baryte sèche.

Le *chlorure de baryum* (*Muriate de baryte*) cristallise en lames rhomboïdales extrêmement minces, ou en lames hexagonales d'une apparence nacrée, contenant 2 équivalents (14,15 p. c.) d'eau. Sa saveur est piquante et désagréable. Il perd son eau de cristallisation à 100°. Il fond à une chaleur rouge, sans éprouver aucune espèce d'altération. Il est fixe. A 15°, 100 parties d'eau en dissolvent 43 parties. Il est insoluble dans l'alcool et dans l'acide chlorhydrique concentré. Cependant, le précipité que produit le chlorure de baryum dans l'acide chlorhydrique, est soluble dans une grande quantité d'eau. Si l'acide chlorhydrique contient un peu d'acide sulfurique (ce qui a souvent lieu), le précipité ne disparaît pas entièrement, quelle que soit la quantité d'eau qu'on y ajoute (le sulfate de baryte étant complétement insoluble). Le chlorure de baryum devient alcalin par un grillage prolongé, en perdant du chlore. Les chlorures de strontium, de magnésium et de plomb se trouvent dans le même cas. Le chlorure de baryum est vénéneux : 8 décigrammes suffisent pour faire périr un chien de moyenne taille. On obtient le chlo-

rure de baryum directement, en traitant la baryte
par l'acide chlorhydrique. Si l'acide chlorhydrique
est gazeux, la combinaison est accompagnée d'une
élévation de température très-considérable.

BARYTON ou BASSE-VIOLE (musique) [du grec
barys, grave, et *tonos*, ton]. — C'était autrefois une
espèce d'instrument à cordes de laiton. Aujourd'hui,
c'est la voix d'homme qui tient le milieu entre la
basse et le ténor. Son diapason commence au *si*
bémol grave, et s'élève jusqu'au *fa*, à la 12e. On
l'écrit ordinairement, dans la partition, à la clef de
fa, 4e ligne. Le baryton est fort employé dans les
opéras français.

BARYUM (minéralogie). — Corps simple métallique contenu dans la baryte, isolé pour la première
fois par Humphry Davy, en 1808, au moyen de la
pile de Volta. Il est blanc ou gris, brillant, mou, et
d'une densité d'environ 4,0. Les combinaisons connues du ba-
ryum sont
les composés
binaires de
ce métal
avec l'oxy-
gène, le
chlore, le
brôme, l'io-
de, le fluor
et le soufre,
et les com-
posés de l'o-
xyde de Ba-
ryum avec
l'eau et plu-
sieurs aci-
des. Les plus
importantes
sont celles de
baryum avec
l'oxygène;
c'est pour-
quoi nous dé-
crivons au mot *Baryte* celles qui offrent quelque intérêt.

BASALTE (minéralogie) [mot tiré de l'éthiopien].
— Roche noire ou brune d'origine ignée, très-dure
et très-tenace, sonore, d'une densité égale à 3, composée d'un mélange extrêmement intime de pyroxène
et de feldspath, d'albite ou labradorite. On y trouve
souvent disséminés des cristaux de pyroxène, de
mica, de zéolithes, de fer titané, etc.

Quelques naturalistes ont regardé comme basalte
la fameuse pierre de Stolpen en Misnie, près de
Dresde : cette pierre, qui est de configurations et de
grandeurs diverses, est en masses qui se détachent
communément en morceaux de figure carrée. On a
aussi trouvé dans le lit du Rhin, proche Bonne, de
véritable basalte. Telle est la pierre connue sous le
nom de *pavé de la chaussée des Géants* (*Basanos
maximus Hibernicus*), et que l'on voit dans le comté
d'Antrim) au nord de l'Irlande.

La position naturelle des morceaux de cette espèce
de *pierre* ou *pavé des Géants* offre en cette contrée
un spectacle digne de l'attention des naturalistes :
qu'on se figure une immense quantité de pierres fort
obscures, noirâtres, pesantes, très-dures, assez lisses
en leur surface extérieure, d'une figure prismatique
ou polygonale, communément à cinq pans et quelquefois à six, à sept, rarement à huit, à neuf, à trois et
à quatre pans; chaque pierre ordinairement convexe
par une surface et concave par l'autre, très-rarement plane par les deux surfaces : plusieurs de ces
pierres de la même configuration, empilées perpendiculairement à l'horizon les unes sur les autres, de
manière que ce sont comme autant d'articulations
qui s'emboîtent, s'engrènent ou se joignent toujours
exactement pour former une colonne. Chaque articulation est facile à séparer. Voilà la première esquisse de ce phénomène aussi curieux que singulier.

On reconnaît
déjà que la
nature, la fi-
gure et la
position de
ces pierres
leur donnent
un caractère
unique;
maintenant,
qu'on se fi-
gure un as-
semblage de
plusieurs
milliers de
colonnes an-
gulaires (on
dirait d'un
groupe de
solides pi-
liers artifi-
ciels) dans
une grande
étendue de

Fig. 97. — Basalte.

terrain, et qui fait une digue vers l'Écosse; autre
beauté des plus frappantes. Chaque articulation ou
morceau a environ 40 centimètres de haut, 45 de
large, et même plus. Quant à la différence des figures que l'on observe entre quelques-unes de ces
pierres, ne pourrait-on pas dire que cela a dépendu
de la différence des milieux dans lesquels les matières constituantes se seront réunies pour s'y cristalliser? L'équilibre des fluides ou leur agitation,
peut-être l'intervention accidentelle de corps étrangers, auront produit ces différences. Quant à l'espèce
d'irrégularité dans les assises continues et respectives
des colonnes, elle est plus difficile à expliquer. On
peut dire seulement qu'elles auront pris leu hauteurs par intervalles dans l'eau chargée de la matière
du basalte; et comme dans une même masse chargée
de cristaux de roche ou de sels, il y a des cristaux
plus gros, plus grands et plus réguliers les uns que
les autres, il a dû arriver que les articulations ayant

acquis chacune dans la même direction plus de volume, les colonnes qui en seront composées dépasseront les colonnes voisines. La seconde articulation se sera cristallisée sur la première déjà consolidée ; la superficie convexe de la première aura donné son empreinte en creux dans la culasse de celle du dessus, et ainsi de suite. Cette explication suppose des dépôts assez tranquilles, ou des fluides peu agités : cependant un bon observateur du dernier siècle, M. Desmarests, regarde ces cristallisations comme le produit des volcans, une matière graniteuse comme vitrifiée ou en fusion ; et cette sorte de lave, en se refroidissant, a dû se cristalliser, peut-être se fêler, se fendre, se diviser en morceaux aussi réguliers : il a trouvé des articulations de basalte en Auvergne, d'une grosseur énorme, dans des endroits qui ont autrefois subi des éruptions et des cataractes de feux souterrains. Ce dernier système ne laisse pas d'avoir des partisans. M. Desmarests dit encore que les basaltes articulés ne peuvent être considérés comme l'effet de la retraite de la matière de la lave, mais comme celui de la compression des boules de lave. Peut-être ces boules basaltiques ont-elles été formées ainsi lors de l'éruption du volcan ; peut-être sont-ce des noyaux de prismes ou de colonnes basaltiques usées et charriées par l'eau. Revenons à la hauteur des colonnes en Irlande ; il y en a depuis 1 m. à 1 m. 30 c. jusqu'à 10 et 13 m. environ ; on n'en trouve presque point d'isolées ; elles forment des masses énormes ; la plus grande est particulièrement appelée la *chaussée des Géants*, l'autre porte le nom de *jeu d'orgue* ; celle-ci n'est composée que de soixante piliers, tandis que dans celle de la chaussée on en compte plus de trente mille. Dans les basses marées on observe que cette chaussée s'avance de 200 mètres dans la mer, et il est probable que sa longueur est beaucoup plus considérable. On estime sa plus grande largeur à 80 mètres, et sa plus petite à 40. Du côté des terres, on trouve un certain nombre de ces colonnes à plusieurs milles à la ronde. On en a découvert aussi dans les roches graniteuses des montagnes Euganéennes, près Padoue, en Italie.

Cette pierre est d'un tissu serré, fait feu avec le briquet, et prend un beau poli ; elle est brillante dans ses fractures ; on n'y découvre point de corps étrangers, ni bulles, ni pores ; sa dureté la rend difficile à être travaillée ; elle peut servir de pierre de touche pour essayer les métaux ; elle ne se calcine point au feu ordinaire, elle y acquiert une couleur ferrugineuse, et se convertit, à l'aide de la soude dans un feu violent, en un verre noir. On voit trois beaux morceaux de basalte d'Irlande dans le cabinet de Leyde, et sept à huit au pied du grand escalier du Muséum de Londres. Il y en a aussi au cabinet de Minéralogie de Paris.

Don de Alzate y Ramires a mandé du Mexico à l'Académie royale des Sciences, qu'on voit dans le domaine royal des mines de Pactucca une montagne formée de pierres taillées de la grosseur et de la figure dont on peut les désirer. On n'a que la peine de les détacher du monceau. Ces pierres ne sont pas rangées horizontalement, mais perpendiculairement à l'horizon ; et telle qu'est une de ces pierres, on peut être assuré que toutes celles qui sont au-dessus ou au-dessous lui ressemblent. Ces pierres paraissent être encore un basalte de même nature que celui de la chaussée des Géants.

Comme toutes les roches ignées, dit M. Le Play, le basalte a une composition assez variable d'un lieu à un autre, bien que ce soit l'un des minéraux de cette classe qui présente à cet égard le plus d'uniformité. Il est formé en général d'une pâte compacte, à cassure grenue ou unie, et d'une couleur sombre ; il a ordinairement une grande ténacité et une pesanteur spécifique trois fois aussi grande que celle de l'eau. Bien qu'il présente souvent l'apparence de l'homogénéité, il est composé cependant de minéraux hétérogènes réunis par un mélange intime, savoir : de labradorite, d'orthose ou d'albite, mélangés de pyroxène, de fer oxidulé et de fer titané. Dans cette pâte, qui n'est quelquefois formée essentiellement que de deux ou trois de ces substances, on trouve souvent une quantité de minéraux simples qui y sont disséminés en cristaux plus ou moins gros, en rognons, en géodes, et même en petits amas. On y observe particulièrement l'augite, la hornblende, l'olivine, le mica, l'amphigène, le zircon, etc. Dans les basaltes qui offrent la structure amygdaloïde, on trouve particulièrement à l'état de rognons ou de géodes le calcaire, l'aragonite, la calcédoine, et tous les minéraux de l'ancienne famille des zéolithes. Le basalte se trouve en filons et en masses intercalées dans toutes sortes de roches ; mais il se présente surtout en grandes nappes qui ont recouvert comme un manteau la surface du sol de certaines contrées. Les masses basaltiques offrent souvent une particularité curieuse, et qui se retrouve au reste dans beaucoup de coulées volcaniques : la masse se trouve divisée en longs fragments prismatiques, ordinairement à section hexagonale, accolés les uns aux autres, disposés normalement aux deux parois de la couche basaltique, et par suite, dans la plupart des cas, dans une situation verticale. Ces prismes ont souvent une longueur considérable et présentent parfois les apparences les plus extraordinaires. Tantôt ils sont mis à découvert par des escarpements verticaux et ressemblent à d'immenses colonnades ; tantôt, au contraire, ils présentent au jour leur section horizontale, et figurent de gigantesques carrelages formés de dalles hexagonales ; quelquefois enfin ces diverses apparences se combinent, avec les circonstances les plus singulières, dans de vastes cavernes creusées au sein de ces masses prismatiques, et dont le vulgaire attribue souvent l'origine à une cause surnaturelle. Ces phénomènes abondent dans toutes les contrées où il existe de grandes masses basaltiques.

Les masses basaltiques présentent une grande variété dans leur mode de division : quelquefois les prismes, au lieu d'être parallèles, offrent une divergence plus ou moins marquée : quelquefois la masse, s'écartant tout à fait de la structure prismatique, n'offre plus que des couches concentriques autour du noyau sphérique ou ellipsoïdal. Ces résultats différents dépendent tous d'une cause commune, le retrait qu'a dû prendre la masse fluide en se solidifiant, lorsque le volume total de la coulée se trouvait déjà fixé par une congélation superficielle. Le mode particulier de retrait a été déterminé par diverses conditions, telles que la composition chimique de la masse et surtout par la forme extérieure de la coulée.

BASE (chimie). — Tout corps composé qui a la propriété de se combiner avec un acide pour former ce qu'on est convenu d'appeler un sel. Dans cette combinaison, dit Hœfer, les propriétés de la base, de même que celles de l'acide, s'effacent également; elles disparaissent, ou, pour employer le terme consacré, elles se *neutralisent*. Soumis à l'action de la pile, le produit de cette combinaison se décompose : la base se rend au pôle électro-négatif, et l'acide au pôle électro-positif. On distingue les bases en *minérales* et en *organiques*. Les bases minérales sont à leur tour divisées en bases *alcalines* (potasse, soude, ammoniaque), en bases *terreuses* (chaux, magnésie, alumine, etc.), et en bases *métalliques* (oxydes de fer, de plomb, de cuivre, d'argent, etc.). Les bases organiques, appelées encore *alcaloïdes, alcalis végétaux*, ne sont connues dans la science que depuis environ trente ans. Les noms de ces composés, qui, outre le carbone, l'hydrogène et l'oxygène, renferment presque tous un ou deux équivalents d'azote, sont, contrairement aux principes posés par Lavoisier et Morveau, tirés en général du nom de la substance qui les fournit. Au lieu d'être terminés en *ide*, comme les bases inorganiques, les alcalis végétaux sont terminés en *ine*. Il est à remarquer que beaucoup d'autres composés organiques, qui cependant ne jouissent pas de propriétés basiques, sont terminés en *ine*.

BASE (architecture). — Ce nom se donne généralement à la partie d'un édifice la plus voisine du sol; mais il est plus particulièrement employé pour désigner l'empatement inférieur d'une colonne, d'un pilier, d'un piédestal, etc.

Toutes les colonnes, quelles qu'en soient les formes et les proportions, qui ont servi à la décoration de toutes les architectures anciennes et modernes, ont toujours été munies de bases; un seul style a fait exception à cette règle, c'est le style grec, dans lequel les colonnes de l'ordre dorique ont leurs fûts reposant directement sur le sol.

Il nous est impossible de décrire ici la forme de toutes les bases qui ont été exécutées; nous dirons seulement que le type employé le plus généralement dans les constructions antiques ou dans celles qui en dérivent se compose de deux tores séparés par une scotie et reposant sur une plinthe quadrangulaire.

Dans l'architecture du moyen âge, les angles saillants des plinthes étaient taillés en bizeau, ou bien des feuilles enroulées ou des ornements divers, partant le plus souvent du dessus du tore, venaient regagner l'angle et couvrir en partie le dessus des coins triangulaires. Il n'y a pas de règles fixes pour la composition des bases; le goût seul de l'artiste doit le guider. Disons cependant qu'en général celles qui produisent le meilleur effet sont celles qui ont en hauteur environ la moitié du diamètre de la colonne, et dont les moulures inférieures ont une masse plus grande

Fig. 98. — Basilic.

que celles supérieures. Remarquons que, dans l'architecture du moyen âge, les bases des colonnes sont complètes, prises isolément, et que les fûts viennent se placer carrément au-dessus d'elles sans y rien ajouter, tandis que, dans l'architecture romaine, le filet et le congé qui forment les moulures les plus élevées des bases font partie des fûts et sont taillés dans le même bloc, de sorte que l'ensemble de ces bases n'est complet que lorsque la colonne est édifiée.   CH. GARNIER.

BASILIC (zoologie) [du grec *basiliscos*, petit roi]. — Genre de reptile que Latreille et Cuvier ont placé dans la classe des sauriens, famille des iguaniens.

Le basilic, dit Salacroux, est un de ces êtres que la mythologie s'était plu à décorer des attributs les plus chimériques; c'était, s'il faut l'en croire, un animal bien plus redoutable que le dragon, dont la piqûre causait un trépas inévitable. Que dis-je? le poison qu'il distillait était si subtil, qu'il se glissait le long du trait et de la ligne qu'il avait parcourue dans l'espace pour aller donner la mort au téméraire qui l'avait lancé contre le terrible animal. Son regard suffisait pour donner la mort à celui qu'il apercevait le premier; lui-même, s'il voyait son image réfléchie par un miroir, périssait victime du feu qui s'échappait de ses yeux.

Le basilic des naturalistes n'a aucune de ces propriétés merveilleuses. C'est un saurien d'environ soixante centimètres de long, qui ne peut avoir été connu des anciens, puisqu'il est d'Amérique; mais qui, cependant, a quelques rapports avec l'animal qu'ils ont décrit sous ce nom, surtout par une saillie pyramidale qu'il porte à l'occiput et par une crête qui règne le long de son épine et qui s'élargit un peu plus vers le cou et à l'origine de la queue. Pour le reste de son organisation, il ne diffère pas des autres reptiles de la même famille. Quant à ses habitudes, elles sont innocentes et paisibles, comme celles de nos lézards; il se nourrit même plutôt de fruits et de baies que d'insectes ou de vers; aussi se tient-il de préférence sur les arbres, sur lesquels il saute avec autant d'agilité que les dragons; il paraît que sa crête dorsale ne lui est pas inutile dans ses mouvements aériens. On ne connaît bien authentiquement qu'une seule espèce de ce genre qu'on trouve à la Guyane, et qui est bleuâtre avec des bandes blanches à la tête.

BASILIC (botanique). — Genre de plantes de la famille des labiées, renfermant des végétaux herbacés et aromatiques, originaires des contrées méridionales. Les principales espèces de ce genre sont le *basilic commun*, plante annuelle originaire des Indes; le *basilic petit*, à feuilles vertes ou violettes; le *basilic de Ceylan*; le *basilic à grandes fleurs*, etc. Les basilics aiment la chaleur; et si l'on veut les posséder longtemps, il faut les tondre en boule au moment de la floraison.   J. W.

BASILIQUE (archéologie et architecture) [du grec *stoa*, portique; *basiliké*, royal]. — Cet édifice, que les Romains appelaient *basilica*, était une sorte de *forum* couvert, un abri construit sur la place publique et où se réfugiait l'assemblée du peuple en cas de mauvais temps pour voir rendre la justice, y discuter des affaires commerciales, ou même entendre déclamer des vers et des harangues. Dans le principe, la basilique dépendait de l'habitation des rois, et c'est sans doute parce qu'ils y rendaient eux-mêmes les jugements que plus tard on donna ce nom aux édifices consacrés à l'administration de la justice. L'usage des basiliques était commun aux Grecs et aux Romains, et d'après la description que Vitruve nous a laissée de ces sortes de monuments, d'après l'examen des ruines de la basilique de Pompéï, qui, malgré son état de dégradation, semble ne nous avoir été conservée que pour nous initier au secret de la vie publique ou privée des anciens, on juge que leur forme et leur construction étaient les plus avantageuses qu'on pût imaginer pour de grandes salles et pour réunir à la fois la solidité et l'économie. Nous allons essayer de faire comprendre cette construc-

tion. Le plan était un rectangle, terminé à son extrémité par un renfoncement en forme d'hémicycle; il était divisé dans sa longueur en trois pièces ou nefs, quelquefois en cinq, au moyen de deux colonnades, et dans sa longueur en deux régions, la supérieure, *suggestus*, élevée au moyen d'un degré plus ou moins considérable, et la région inférieure, *deambulatorium*. Le *suggestus* était réservé à l'exercice de la justice, et le *deambulatorium* aux curieux, aux oisifs ou aux négociants qui venaient suivre le cours des affaires. Dans les nefs latérales, des marchands étalagistes venaient exposer leurs denrées. La basilique romaine était donc à la fois un tribunal, une bourse, un bazar. La Bourse de Paris pourrait donner une idée de ces monuments si l'extérieur était plus simple, si les deux ailes étaient garnies de boutiques, si enfin le tribunal de commerce, au lieu d'être au premier, siégeait majestueusement au fond de la grande salle.

L'hémicycle, qui terminait la partie supérieure, s'appelait *concha* ou *camera*. Au fond, sous la demi-voûte d'une tribune, était assis le juge ou le préteur sur une espèce de trône; les gens qui l'assistaient prenaient place sur un banc circulaire à ses deux côtés : toutes les personnes nécessaires à l'exercice de la justice étaient réunies dans la partie supérieure de la nef du milieu, partie qui était délimitée par une balustrade. Dans les premières années de la religion chrétienne, alors qu'elle était obligée de célébrer dans les cryptes, les catacombes ou les maisons des nouveaux convertis ses mystères qui excitaient contre elle la haine des empereurs ou les persécutions des gentils, elle ne pouvait déployer dans de vastes édifices la pompe de son culte ou la majesté de ses cérémonies; mais lorsque, protégée par le vainqueur de Maxence, elle put proclamer au grand jour l'auguste vérité de ses dogmes et la beauté de sa morale, qui lui ont donné une supériorité incontestée sur le paganisme, Rome comptait assez de grands édifices autrefois consacrés aux cérémonies païennes pour que de nouveaux monuments fussent nécessaires. La difficulté du choix restait seule aux évêques et aux princes de l'Église. Une répugnance invincible les empêchait d'établir leurs autels dans les temples païens, dont quelques-uns pourtant comptaient au nombre des chefs-d'œuvre de l'architecture ancienne, mais qui avaient été témoins de tant de cérémonies profanes. D'ailleurs, leur enceinte, trop resserrée, n'aurait pu contenir bientôt la foule des nouveaux croyants, et les basiliques, dont la destination était toute civile, attirèrent leurs regards. Ils s'en emparèrent ou édifièrent leurs églises d'après les plans des basiliques. Plus tard, pourtant, on convertit en églises le Panthéon, les temples de Minerve, de la Fortune virile, etc.

Dès lors il fallut changer la disposition des parties : ils placèrent dans la *camera* le clergé supérieur; l'*episcopus* prit place sur le trône du juge; les prêtres ordonnés, *sacerdotes*, *presbyteri*, eurent siège sur le banc circulaire, de là vient que la *camera* ou hémicycle est souvent nommée presbyterium; un autre nom employé depuis le cinquième siècle est celui d'*absis* ou *absida*, d'où nous avons fait l'abside. Tout près de l'ouverture de l'abside, les chrétiens dressèrent leur autel, en laissant subsister, sous le nom de *septum*, l'enclos qui avait existé dans les basiliques païennes. Les nefs latérales furent livrées aux fidèles, sous le nom de *plagæ* ou *naves*; d'un côté *plaga virorum*, la nef des hommes, de l'autre *plaga mulierum*, celle des femmes, parce que, dans l'ancienne liturgie, la séparation des sexes était prescrite dans l'église. Dans la Bretagne et dans quelques provinces de France, où les traditions se sont conservées si vives et si pures que là seulement on peut encore trouver les démonstrations extérieures de la foi ardente de nos pères, cette séparation est religieusement observée. Ces deux nefs étaient encore désignées sous les noms de *plaga australis, plaga septentrionalis*, et ceci nous amène à dire quelques mots de l'ornementation des églises.

A Rome, où il existe encore une quantité de basiliques dans leurs dispositions primitives, on en voit d'orientées dans tous les sens. Il est pourtant certain qu'au moment du triomphe de l'Église, une constitution apostolique prescrivit de tourner les églises de manière que le célébrant regardât l'orient lorsqu'il officiait. Si donc la basilique s'ouvrait sur l'orient, le prêtre était derrière l'autel, regardant l'assistance; le contraire arrivait si la basilique était tournée vers l'occident. Dans la Gaule, la façade tournée vers le soleil couchant a été de règle de très-bonne heure. La nef du milieu, séparée des deux autres par des balustrades dressées dans les entre-colonnements, servait à contenir les membres toujours très-nombreux du clergé inférieur, car il y avait en quelque sorte un peuple qui habitait l'église dans les premiers siècles du christianisme : c'étaient les *matricularii*, chargés de recueillir et de distribuer les aumônes, puis les *exorcistes*, sous-diacres qui introduisaient le peuple vers les reliques; les huissiers, *hostiarii*; les chantres, *psallentes*; enfin les pénitents et les catéchumènes. Ces derniers, considérés comme indignes encore d'assister au divin sacrifice, se retiraient au moment de la consécration, et c'est pour les mettre à l'abri du mauvais temps qu'on dressa devant l'édifice un portique à colonnes, qui fut ordinairement le théâtre des pénitences ou des châtiments publics infligés par l'Église. Une cour ou *atrium*, qui se reliait au portique, précédait la basilique, et c'était au milieu, près d'une fontaine, nommée *nympheum*, que se faisaient primitivement les ablutions et les baptêmes par immersion.

Dès le cinquième siècle, ce plan primitif de basilique que l'on voit reproduit dans beaucoup d'églises de village, reçut une modification importante, qui eut pour but d'agrandir l'emplacement supérieur dans lequel se célébraient les mystères de la religion et de marquer davantage la séparation de la région de l'autel et de celle du public. On supprima à cet effet la colonnade dans la partie supérieure de l'église, et on eut ainsi une sorte de nef posée en travers de la nef principale, et qui permit de donner plus de développement aux cérémonies par l'addition de deux

autels dans les deux absides latérales. Cette partie se nomma *trans-septum*, d'où transept. Cette disposition en croix parut si favorable que jusqu'au onzième siècle on s'en écarta fort peu. Plusieurs de ces basiliques chrétiennes sont venues jusqu'à nous : la basilique Ulpienne est la plus remarquable; viennent ensuite : Saint-Jean-de-Latran, Saint-Paul, Saint-Laurent, Saint-Agnès hors les murs de Rome. Saint-Clément et Saint-Praxède offrent des modèles des basiliques originaires pour la forme et les proportions. L'extérieur en est d'une simplicité qui se ressent encore des précautions que l'on prenait naguère pour les dérober aux regards des persécuteurs ou des profanes. Le porche ou vestibule extérieur de Saint-Clément est soutenu par quatre colonnes, et celui de Saint-Praxède par deux seulement. L'intérieur de Saint-Clément offre les parties principales déjà indiquées; les trois nefs, l'abside avec le siège de l'évêque, celui des prêtres assistants, le chœur pris sur la grande nef, entouré d'une balustrade incrustée de mosaïque et renfermant les *ambons* ou chaires propres à la lecture des Évangiles et des prédications, également en marbre incrusté, enfin les deux petites absides. Les basiliques de Sainte-Agnès et de Sainte-Marie-Majeure offrent une double colonnade et deux galeries supérieures. Les imitateurs de ces premiers essais de l'art chrétien n'ont pas manqué en France, et nous voyons à Paris Notre-Dame-de-Lorette, Saint-Vincent-de-Paul, Saint-Denis-du-Saint-Sacrement, et quelques autres, dans lesquelles, malgré les efforts des architectes, on n'a pu donner à l'extérieur l'apparence et l'ornementation dont nous voyons habituellement revêtir nos monuments.

Le nom de basilique s'est depuis entièrement écarté de son sens primitif. Ainsi, à Rome, il est donné comme privilége aux sept principales églises, à Saint-Pierre en particulier, bien que son plan diffère totalement de celui que nous venons d'indiquer; et dans les autres contrées, il s'est appliqué indistinctement à toutes les cathédrales chrétiennes de quelque ordre et de quelque architecture qu'elles fussent. Le monument que Palladio a nommé *Basilique de Vicence*, n'a de commun avec les monuments antiques du même nom que la destination; il en diffère totalement, au contraire, par la forme et la disposition.

A partir de Constantin, l'architecture des basiliques et des édifices consacrés au culte chrétien semble suivre la marche progressive de la religion; d'abord humbles, basses, sans ornements extérieurs, les basiliques élèvent peu à peu leurs toits et leurs colonnes; les architraves, trop simples, peut-être trop difficiles à construire, sont remplacées par des voûtes plus solides, et l'architecture byzantine, aux formes variées, aux proportions élégantes, produit dans Sainte-Sophie le modèle des édifices religieux de l'Orient, en rappelant, sinon la pureté et la sévérité de lignes des anciens monuments des Grecs, du moins le génie, la hardiesse et la témérité de ce peuple, qui avait été le maître dans l'art de bâtir. Mais, là encore, la ligne horizontale domine, les formes sont massives, et il devait être donné à un peuple plus malheureux, mais plus croyant, de produire tout ce que l'intelligence de l'homme puisse imaginer de plus grandiose, de plus élégant et de plus sévère. Les vastes basiliques des siècles précédents paraissent aux Francs, accablés sous la tyrannie du régime féodal, trop nues, trop lourdes, trop vides, pour l'élan de leur foi, qu'a rajeunie la crainte de la fin du monde en l'an 1000. Il faut à ce peuple ignorant le moyen de transformer en pierre ses inspirations et de les léguer ainsi à la postérité ; et des architectes et des artistes improvisés, inconnus, trouvent ces plans de basiliques gothiques, dressent ces colonnes grêles et nerveuses qui soutiennent des voûtes élancées en ogive, édifient ces clochers gigantesques et délicats qui effraient, par leur élévation, l'œil de l'observateur indifférent et semblent vouloir porter à Dieu les prières de leurs auteurs, ou, promenant sur cette pierre, aussi ferme que leur foi, leur ciseau capricieux, découpent ces clochetons, fouillent ce lierre, détachent des chapiteaux ces vigoureuses vignes ou laissent sur les frontons, les corniches et les vitraux la traduction de leurs sentiments d'amour, de crainte ou d'espérance dans les figures naïves des démons cyniques ou des bienheureux, des martyrs et des trépassés, récompensés, repentants ou punis. « D'innombrables beautés fleurissent de toute part dans cette germination de la terre fécondée par le catholicisme et qui semble reproduite dans chaque église par la merveilleuse végétation des chapiteaux, des clochetons ou des fenestrages [1]. » Ces artistes sont inconnus, il est vrai ; mais le mérite de leurs œuvres revient-il à eux seuls ? ne sont-ce pas plutôt les œuvres de tout un peuple exécutées par leur main ? Oui, la foi de tous enfantait leur génie et leur talent particulier s'effaçait dans l'enthousiasme général ; leur nom disparaissait ou s'oubliait devant le nom de Dieu. Mais maintenant que la philosophie a laissé son scalpel à tant de mains inhabiles ; maintenant que le culte du vrai et du beau n'existe plus que de nom ou que dans quelques âmes d'élite, l'étude croit suppléer au génie et l'art à la nature. De mesquines copies des anciens temples grecs ou des monuments sans style, sans caractère et sans but ont succédé à nos admirables basiliques ; et c'est à peine si, dans quelques provinces retirées de la Guyenne ou de la Bretagne, on voit encore quelquefois jaillir des étincelles de ce feu sacré qui animait la France aux croisades et la couvrait de ses riches monuments !

J. Lagarrigue (de Calvi),
de la Société Archéologique de Sens.

BASIN (commerce, industrie). — Étoffe croisée, qui est ordinairement fabriquée toute en fil de coton, tant pour la chaîne que pour la trame. Il se fait des basins de largeurs et qualités différentes ; il y en a de larges, d'étroits, de fins, de moyens, de gros, de brochés, d'unis avec du poil d'un côté ; d'autres à petites raies imperceptibles, sans poil ;

[1] M. de Montalembert.

et d'autres à grandes raies ou barres, aussi sans poil. La bonté du basin consiste d'abord dans ses chaînes, qui doivent être montées de fil de coton, d'une finesse égale partout, et qui soient également serrées, tant du côté des lisières que dans le milieu, d'un bout de la pièce à l'autre ; il faut que les barres et les raies soient de fil de coton retors, les pièces suffisamment remplies de trame et frappées sur le métier, pour soutenir et conserver leur largeur. Les villes où il se fabrique des basins en réputation sont Alençon, Lyon, Paris, Rouen, Toulouse, Troies. Quoique ces villes fournissent des basins très-estimés, la France ne laisse pas d'en tirer encore des pays étrangers, particulièrement de la Suisse, de la Belgique et d'Angleterre. Ceux du Bengale et de Pondichéry sont supérieurs à tous ceux de l'Europe.

Depuis le progrès des manufactures anglaises, le débit des basins français à l'étranger a beaucoup diminué, parce que les Anglais ont donné aux leurs un grand degré de perfection, sans les avoir portés à un prix, relativement à la qualité, aussi élevé que les basins français. (*Montbrion.*)

BASOCHE (la) [du latin *basilica*, palais royal]. — Juridiction composée de clercs, de procureurs au parlement, qui jugeait les contestations qui s'élevaient entre eux, ou dans lesquelles ils se trouvaient parties soit au civil, soit au criminel. Le mot de *basoche*, dit M. Lachâtre, fut inventé à l'époque où le Parlement cessa d'être le grand conseil du roi, pour se borner à rendre la justice ; les gens de justice furent alors appelés *basochiens* ou *clercs de la basoche*, pour les distinguer des gens du roi. A cette époque, la basoche fut constituée en monarchie ; les *basochiens* se groupèrent autour d'un souverain, comme on le faisait au Louvre, au château des Tournelles ou à l'hôtel Saint-Pol. Telle fut l'origine du roi et du royaume de *basoche*. Tout ce royaume était, du reste, parfaitement organisé et constitué sur le modèle du royaume politique. On y voyait, au-dessous du roi, le chancelier, les maîtres des requêtes, les référendaires, le grand audiencier, le procureur général, l'avocat du roi, le procureur de la communauté, quatre trésoriers, le greffier, quatre notaires, un premier huissier, huit huissiers ordinaires et l'aumônier. Le roi de la basoche avait des priviléges, des immunités qui lui donnaient une haute importance dans l'État ; il avait le droit de porter la toque surmontée d'une couronne royale ; il rendait la justice deux fois par semaine ; il passait la revue de tous les sujets de son empire, une fois par an, dans un célèbre et vaste champ que les basochiens avaient acquis et qu'on nommait pour cela le *Pré aux Clercs*. Il faisait frapper une espèce de monnaie qui avait cours entre les clercs, mais que les gens du commerce pouvaient refuser à leur gré. Si l'on en juge par le proverbe de la *monnaie de basoche*, les pièces de cette fabrique ne jouissaient pas d'un immense crédit. Le roi basochien avait encore le droit de choisir et faire couper, tous les ans, dans les forêts royales, un arbre de haute futaie, que les clercs venaient planter, le 1er mai, devant la grande cour, au bruit des tambours et au son des trompettes. Le chancelier du royaume de basoche avait une loge à l'hôtel de Bourgogne. Au carnaval, les basochiens se réunissaient au *prince des sots* et aux joueurs de farces, de sottises et de mystères. A leur tour, ils donnaient une moralité satirique dans laquelle ils usaient largement de la liberté de railler les vices et d'insulter aux favoris de la fortune. Cette liberté devait déplaire aux gens de la cour, dont les ridicules étaient vertement relevés par les basochiens; aussi ceux-ci eurent-ils à essuyer bien des cabales. Cependant Louis XII les avait protégés et leur avait même accordé la faveur de jouer leurs pièces sur la table de marbre de la grande salle du palais. En 1538, ils jouèrent encore devant François Ier; mais, en 1540, on leur interdit définitivement de représenter des pièces. Henri III s'effraya du titre de roi qu'affectait le chef des basochiens de la France; et voulant qu'il n'y eût en son royaume d'autre royauté que la sienne, il supprima le titre de roi de la basoche, et transmit au chancelier tous les privilèges et tous les droits dont jouissait ce pacifique souverain. Mais la basoche n'en continua pas moins d'être un royaume; d'avoir, à ce titre, un écu royal d'azur à trois écritoires d'or, et d'employer les formules suivantes, dans tous les jugements qu'elle avait le droit de rendre : « *La basoche régnant en triomphe et titre d'honneur, à tous présents et à venir, salut.* — *Notre bien amé... A ces causes... De grâce spéciale et autorité royale basochienne... Si mandons à nos amés et féaux.* — *Car tel est notre plaisir.* — *Donné en nostre dit royaume, l'an de joie... et notre règne le perpétuel.* » La juridiction de la *basoche* comprenait la connaissance et la décision de tous les procès et débats qui venaient à s'élever entre les clercs du Châtelet.

Au commencement de la Révolution, la basoche renonça de bon gré à ses privilèges et forma un bataillon de la garde nationale : il ne différait des autres bataillons que par l'uniforme, qui était rouge et à boutons blancs. Ce bataillon n'eut guère qu'une année d'existence.

BASSESSE (philosophie, morale). — On appelle ordinairement dans le monde du nom de *bassesses*, les actions hypocrites, fausses ou lâches qui paraissent s'inspirer ou du bien ou de la vertu, et ne sont utiles, en réalité, qu'à nos propres passions ou à nos intérêts. La louange, le mensonge, l'affectation, l'espionnage sont les principaux instruments dont se sert un homme pour arriver à une bassesse; son but, c'est l'ambition; seulement, comme il s'aperçoit que par des moyens loyaux, francs et honnêtes, il ne pourra de bien longtemps l'atteindre, il s'efforce de prendre tous les dehors de la justice, de la vérité et de l'honneur, afin d'exploiter ainsi la bonne foi de ses semblables et d'employer son influence ou sa position à élever la sienne. Esclave de la fortune, on le voit se traîner sans pudeur dans les salons des grands, et marchander, pour ainsi dire, par ses saluts, son air humble et ses paroles toujours à l'unisson de celles qu'il entend, cette protection qui lui est précieuse, et

qu'il ne peut acquérir ni par sa naissance, ni par ses talents, ni, en un mot, par cet ensemble de qualités physiques, intellectuelles et morales qui attirent autour d'elles intérêt et sympathie. Se faire remarquer en disant toujours le contraire de ce qu'il pense ou en faisant le contraire de ce qu'il dit, telle est sa conduite; être bien petit pour paraître grand, telle est sa devise; abaisser sa dignité humaine pour la sacrifier à sa passion ou à son amour-propre, telle est sa vie. Les âmes basses vivent, en général, de cette existence factice que la crainte et l'anxiété se partagent, et qui s'écroule entre une peur qui disparaît et une menace qui approche, et toujours ballottées entre les incertitudes du passé et de l'avenir, elles s'agitent continuellement dans un air vicié qui donne à leurs actions je ne sais quelle teinte uniforme et obscure de dégoût, de malaise, d'angoisses et d'ennui. La bassesse prend ordinairement pour mobiles la jalousie ou l'égoïsme, et se renferme le plus souvent dans le cercle étroit de la vanité ou de la médisance, heureuse qu'elle est de faire appel à la fausseté et à la calomnie, ces deux hydres dont la tête tombe et renaît sans cesse sous le double glaive de la méchanceté et de l'orgueil. Employée avec art, la bassesse peut faire de nombreuses dupes, même parmi les natures franches et intègres, et cacher sous de trompeuses apparences ce venin d'immoralité d'autant plus redoutable qu'il s'insinue goutte à goutte dans le cœur de ses victimes, et finit par changer les inspirations les plus nobles en instincts mauvais et dépravés. Ainsi, le monde est rempli de ces hommes qui, sous le masque de la flatterie et de la servilité, déguisent leur ambition et demandent au crédit ou à la richesse ce qu'ils ne peuvent obtenir du mérite, en séduisant par de criminels artifices l'innocence et la vertu. Aussi la bassesse est-elle la compagne de ces désirs impurs qui forment peu à peu le triste cortége du vice avant d'arriver à l'infamie ou à la honte, et une fois lancée dans la voie de la cupidité, elle ne connaît plus de bornes, et sacrifie à sa passion non-seulement toutes les lois de la conscience et de la morale, mais encore toutes les convenances de la société. La bonne foi, la probité et la franchise sont les plus sûrs remèdes contre la bassesse; ensuite l'homme possède assez de courage et de bons sentiments pour vaincre ses inspirations déréglées, et il lui suffit quelquefois de songer à l'estime de lui-même et de ceux qui l'entourent pour éloigner de son esprit jusqu'à l'idée d'une bassesse, qui tôt ou tard retombe sur la considération dont il peut jouir parmi ses semblables, et remplace l'amitié par l'indifférence et le mépris. D'ailleurs, livré à ses bassesses, l'homme ne présente plus que la triste image de la faiblesse humaine luttant sans énergie contre le mal, tandis que sa destinée est de marcher au bien-être en s'appuyant sur la résignation et la force d'âme, afin d'offrir ainsi non pas le spectacle d'une créature travaillée par la souffrance, l'envie, la cupidité ou le crime, mais d'un être aimant et vertueux mis au monde pour réunir ici-bas sur son passage cette élévation d'esprit et cette noblesse de cœur qui ne l'abandon-

neront sur la terre que pour l'accompagner et l'introduire dans la céleste patrie!...　　ÉDOUARD BLANC.

BASSIN (anatomie, tokologie) [*pelvis*]. — Espèce
de ceinture osseuse, située au-dessous de la colonne
vertébrale qu'elle soutient en arrière et au-dessus des
fémurs (os des cuisses) qui la supportent en avant et latéralement, et auxquels elle transmet le poids du tronc.
Le bassin est formé, chez la femme adulte, de quatre
os : deux en arrière et sur la ligne médiane ; ce sont le
sacrum et le *coccyx* qui le terminent inférieurement ;
deux en avant et latéralement, ce sont les os coxaux.
A la naissance et jusque vers la puberté, le bassin
est composé de quatorze à quinze pièces. Ainsi, il y en
a trois pour chaque os coxal (ilium, pubis et ischion),
cinq pour le sacrum et trois ou quatre pour le coccyx
(fausses vertèbres).

Les quatre os qui concourent à former le bassin de
la femme sont unis ensemble au moyen de quatre
symphyses : deux sont médianes, l'une antérieure ou
pubienne, et l'autre postérieure ou *sacro-coccygienne* ;
deux sont postéro-latérales ou *sacro-iliaques* (droite
et gauche). A part les moyens d'union propres à
chacune de ces jointures, il existe en outre six ligaments, trois de chaque côté ; ce sont les grands et
petits sciatiques et les aponévroses obturatrices.

Nous traiterons ici du bassin *normal* et du bassin
anormal, sous le rapport des accouchements ; et
comme le bassin mal conformé surtout doit fixer
notre attention, nous nous dispenserons de décrire
isolément les diverses pièces qui forment ce canal
osseux et les articulations qui les unissent, nous
bornant à l'étudier d'une manière générale.

Bassin normal. — Ce canal osseux a la forme d'un
cône creux, incurvé sur son plan antérieur de telle
sorte que sa base qui est en haut et son sommet en
bas regardent tous deux en avant. Sa surface intérieure, qui a dix-neuf centimètres (7 pouces) de
hauteur, est divisée vers le milieu par un rétrécissement circulaire qui porte le nom de *marge du bassin*
ou *détroit supérieur*. La partie qui est au-dessus est
appelée *grand bassin*, et celle qui est au-dessous constitue le *petit bassin*.

GRAND BASSIN. — Il est échancré en avant à la manière d'un *plat à barbe*, et formé 1° latéralement par
les fosses iliaques internes que remplissent de chaque
côté le muscle psoas-iliaque, l'aponévrose fascia-
iliaca, le nerf crural, quelques autres branches collatérales du plexus lombaire, une portion du péritoine, et l'S *iliaque* du colon à gauche et le *cœcum* à
droite ;

2° En arrière, par les deux dernières vertèbres
lombaires qui occupent son échancrure postérieure,
car il n'a pas de paroi postérieure ;

3° En avant il manque aussi de paroi antérieure,
qui est remplacée par la paroi antérieure de l'abdomen.

PETIT BASSIN ou *excavation pelvienne*. — C'est celui
qu'il importe à l'accoucheur de bien connaître. Il est
recourbé en avant, et plus ample à sa partie moyenne
qu'à ses *extrémités* ou *orifices*. Les diamètres *antéro-
postérieur*, *transversal* et *obliques* (droit et gauche)

de l'excavation pelvienne, sont à peu près égaux
vers le milieu de sa hauteur ; ils ont tous douze
centimètres et quart (4 pouces et demi). Cette cavité
a quatre parois : *antérieure*, *postérieure* et *latérales*.

Paroi antérieure. — Constituée par les pubis et les
branches ascendantes des ischions, elle est échancrée
par l'arcade pubienne, au-dessous de la symphyse
de ce nom. Elle présente latéralement à droite et à
gauche les trous sous-pubiens qui sont fermés par
les aponévroses et les muscles obturateurs. La hauteur de cette paroi au niveau de la symphyse est
d'environ quatre centimètres un quart (18 lignes), et
son épaisseur de près d'un centimètre et demi (6 lignes).

Paroi postérieure. — Constituée par la face antérieure du sacrum, du coccyx et l'origine des ligaments sacro-sciatiques, elle est concave et présente
les quatre paires des trous sacrés antérieurs. Sa hauteur ordinaire, mesurée en suivant sa courbure, est
de treize centimètres et quart (5 pouces), et de onze

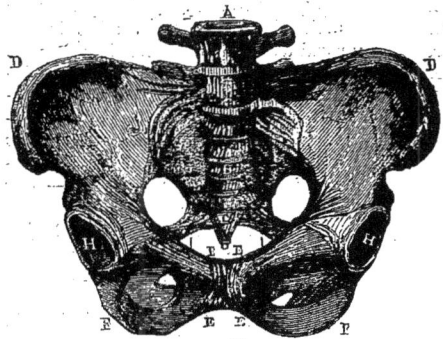

Fig. 99. — Bassin normal, vu d'une manière générale. — A, dernière vertèbre lombaire. B, sacrum. C, coccyx. D D, os iliaques.
E E, symphyse pubienne. F F, ischion. H H, cavité cotyloïde.

centimètres seulement, si on tire une ligne directe
de la base du sacrum au sommet du coccyx. Son
épaisseur, mesurée au niveau de l'angle sacro-vertébral et du premier tubercule sacré, est d'environ sept
centimètres (2 pouces et demi).

Parois latérales. — Constituées par la face interne
des cavités cotyloïdes, des ischions et des ligaments
sacro-sciatiques, elles présentent les vastes échancrures de ce dernier nom. Elles ont environ neuf
centimètres et demi (3 pouces et demi) de hauteur,
c'est-à-dire juste la moitié de la distance comprise
entre le milieu de la crête iliaque et la tubérosité de
l'ischion.

Si on soumet le petit bassin à deux coupes verticales, dont l'une passe par le diamètre transversal et
l'autre par le diamètre *antéro-postérieur*, on a quatre
plans inclinés les uns vers les autres et se dirigeant
vers l'arcade pubienne : deux sont antérieurs, et les
deux autres postérieurs. C'est sur l'un des plans an-

térieurs et sur le postérieur opposé que roulent les deux extrémités du diamètre occipito-frontal, ou bien occipito-bregmatique de la tête du fœtus, pour arriver au détroit inférieur pendant la parturition.

L'excavation pelvienne avec ses parties molles est tapissée :

1° En avant et latéralement par les muscles obturateurs internes ;

2° En arrière et latéralement par les muscles pyramidaux, plexus sacrés, vaisseaux et ganglions hypogastriques.

Détroit supérieur ou *abdominal.* — C'est l'orifice marginal du petit bassin ; il est circonscrit :

1° En arrière par l'angle sacro-vertébral, dit promontoire des accoucheurs, et le bord antérieur de la base du sacrum ;

2° Latéralement par le bourrelet qui termine en bas les fosses iliaques internes. Cette ouverture, à l'état sec ou décharné, a une forme variable, mais plus large en arrière qu'en avant, et avec les parties molles, elle est triangulaire à sommet tourné en ar-

semblable du côté opposé ; il a treize centimètres et demi (5 pouces) sur un bassin décharné, et onze centimètres seulement (4 pouces) quand il est recouvert des parties molles, parce qu'alors il est diminué de chaque côté par la présence des muscles psoas et des vaisseaux iliaques externes ;

3° L'oblique ou diagonal, aussi appelé cotylo-symphysien, qui va de la face interne de la cavité cotyloïde à la symphyse sacro-iliaque opposée ; celui-ci est double, c'est-à-dire qu'il y en a un de chaque côté. On lui donne l'épithète de droit ou de gauche, suivant qu'il part de la face interne de la cavité cotyloïde droite ou gauche ; il a douze centimètres et quart (4 pouces et demi). M. Velpeau en a admis un quatrième qu'il fait partir de la cavité cotyloïde pour se rendre à l'angle sacro-vertébral ; il l'appelle sacrocotyloïdien ; il est double comme le précédent ; il a neuf à dix centimètres (3 pouces et demi à trois quarts).

Axe du détroit supérieur. — Il est représenté par une ligne qui, partant de l'ombilic de la femme,

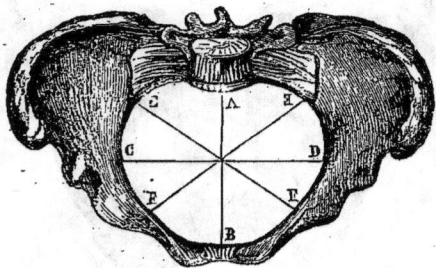

Fig. 100. Bassin d'homme. — AB Diamètre antéro-postérieur. — CD Diamètre transversal. — EF Diamètres obliques.

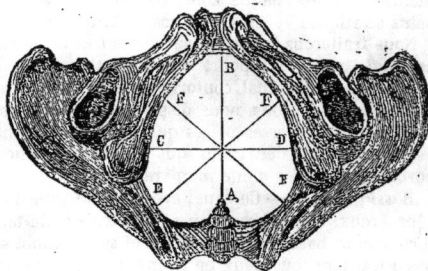

Fig. 101. Bassin. — A Coccyx. — AB Diamètre antéro-postérieur. — CD Diamètre transversal. — EF Diamètres obliques.

rière. Son plan est incliné en avant ; ce qui veut dire que l'angle sacro-vertébral est plus élevé que le bord supérieur des pubis, et alors l'inclinaison est représentée par l'écartement qui existe entre deux lignes qui partent du même point (partie supérieure de la symphyse pubienne) : l'une se porte obliquement en haut et en arrière vers l'angle sacro-vertébral ; et l'autre horizontalement vers la face antérieure du sacrum. Les auteurs sont loin d'être d'accord sur le degré de cette inclinaison ; ils l'ont fait varier de trente-cinq à soixante-quinze degrés. Aujourd'hui, on admet généralement, avec Nœgelé, le chiffre de cinquante-cinq à soixante degrés.

Diamètres du détroit supérieur (voy. fig. 100). — Il y en a trois, qui sont :

1° L'antéro-postérieur ou sacro-pubien, qui mesure l'espace compris entre l'angle sacro-vertébral et la partie postéro-supérieure de la symphyse pubienne ; il a onze centimètres (4 pouces) ;

2° Le transversal ou inter-iliaque, qui va de la partie la plus concave du bourrelet marginal au point

passe par le centre de cet orifice et va tomber vers la partie inférieure et médiane du sacrum. Cette ligne est oblique de haut en bas et d'avant en arrière.

Détroit inférieur ou *orifice périnéal du bassin* (voy. fig. 101). — De forme d'un cœur de carte à jouer, cette ouverture est constituée par le coccyx, les ligaments sacro-sciatiques, les tubérosités de ce nom et les branches ischio-pubiennes. Il présente trois éminences, séparées par trois échancrures.

Des éminences. — L'une est postérieure et médiane, c'est le coccyx ; les deux autres sont latérales et constituées par les tubérosités sciatiques ; c'est sur elles que porte le siège quand nous sommes assis.

Des échancrures. — L'une est antérieure médiane, c'est l'arcade pubienne, qui a environ trente-trois millimètres (15 lignes) de largeur à son sommet et près de neuf centimètres et demi (3 pouces et demi) à sa base, prise à l'origine des branches des ischions : les deux autres sont postéro-latérales, et constituées par les échancrures sciatiques (droite et gauche), qui sont fermées en bas par les ligaments du même nom.

Le plan de ce détroit est incliné en avant.

Diamètres du détroit périnéal. — Il y en a trois, savoir :

1° L'*antéro-postérieur* ou *coccy-pubien*, qui mesure l'espace compris entre le sommet du coccyx et la partie postéro-inférieure de la symphyse pubienne;

2° Le *transversal* ou *bisciatique*, qui mesure l'espace compris entre la partie postéro-interne des deux tubérosités sciatiques;

3° L'*oblique* ou *diagonal*, qui part de la jonction des branches de l'ischion et du pubis d'un côté pour se rendre au milieu du grand ligament sacro-sciatique du côté opposé. Il va sans dire qu'il est double; on le nomme *droit* ou *gauche*, suivant qu'il part de la jonction des branches ischio-pubiennes *droite* ou *gauche*. Tous les diamètres du détroit inférieur ont

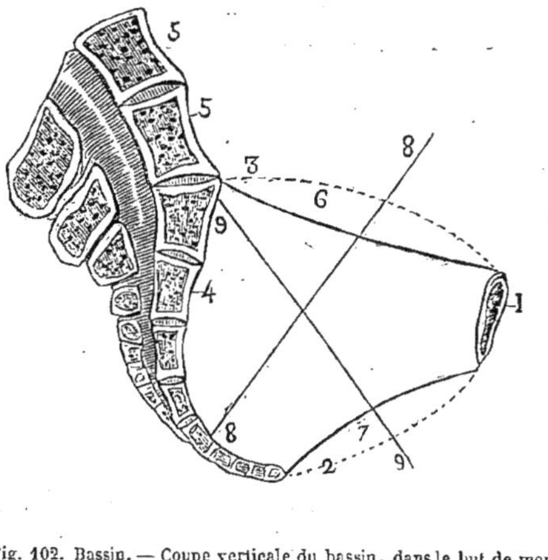

Fig. 102. Bassin. — Coupe verticale du bassin, dans le but de montrer le côté gauche de l'excavation pelvienne et les axes des deux détroits. — 1 Pubis du côté gauche. — 2 Sommet du coccyx. — 3 Angle sacro-vertébral. — 4 Sacrum. — 55 Les deux dernières vertèbres lombaires. — 6 Détroit supérieur. — 7 Détroit inférieur. — 88 Axe du détroit abdominal. — 99 Axe du détroit périnéal.

les mêmes dimensions, c'est-à-dire onze centimètres dans l'état ordinaire (4 pouces); mais pendant l'accouchement, au moment où l'enfant franchit cette ouverture, comme le coccyx est refoulé en arrière par la pression de la tête ou de toute autre partie volumineuse du fœtus, le diamètre antéro-postérieur est agrandi de un à deux centimètres; aussi dans cette circonstance peut-il être évalué à environ douze centimètres et quart (4 pouces et demi).

Axe du détroit inférieur (voy. fig. 102). — Il est représenté par une ligne qui part du promontoire des accoucheurs (angle sacro-vertébral) ou de la première pièce du sacrum, se porte en bas et en avant, et passe au centre de la vulve dilatée, c'est-à-dire qu'il tombe perpendiculairement sur le milieu du diamètre coccy-pubien.

Si maintenant nous résumons ce qui concerne les

détroits *supérieur* et *inférieur*, c'est-à-dire l'entrée et la sortie du conduit osseux représenté par le petit bassin, nous dirons :

1° Qu'il y a trois diamètres tant au détroit supérieur qu'à l'inférieur, savoir :

L'antéro-postérieur,
Le transversal,
L'oblique { droit,
         { gauche ;

2° Que les plus petits tant à l'un qu'à l'autre orifice ont, au moment de l'accouchement, onze centimètres et quart (4 pouces), et le plus grand douze centimètres et quart (4 pouces et demi);

3° Que le plus grand du détroit abdominal est oblique ou diagonal, tandis qu'au détroit périnéal il est antéro-postérieur; or ceci nous explique pourquoi la tête du fœtus marchant toujours par son diamètre occipito-frontal, parallèlement aux plus grandes dimensions du bassin, est forcée d'exécuter un mouvement de rotation pour arriver de l'orifice supérieur à l'inférieur, de manière à ce que l'occiput vienne se placer sous la symphyse des pubis et le front dans la concavité du sacrum ; exceptionnellement le front vient en avant;

4° Que les axes de ces deux ouvertures sont obliques d'avant en arrière; mais celui du détroit marginal de haut en bas, et celui du détroit périnéal de bas en haut; et qu'ils se rencontrent vers le milieu de la hauteur de l'excavation, de manière à former une courbe à concavité antérieure représentée par la courbure de la face antérieure du sacrum et du coccyx : c'est cette direction curviligne que parcourt l'enfant en traversant la filière du bassin.

Surface extérieure du bassin. — Elle est très-irrégulière, et se divise en quatre régions : *antérieure*, *postérieure* et *latérales droite, gauche*.

Face antérieure; elle est bornée sur les côtés par les cavités cotyloïdes, et présente :

1° Sur la ligne médiane, le devant de la symphyse pubienne;

2° Latéralement, les fosses et trous sous-pubiens (improprement appelés obturateurs) remplis par l'aponévrose et le muscle obturateurs.

Face postérieure; elle est limitée de chaque côté par la partie postérieure des crêtes iliaques, et formée par la face postérieure du sacrum et du coccyx; elle présente :

1° Sur la ligne médiane, la crête sacrée, continuation de l'épine dorsale;

2° Sur les côtés, la portion sacrée des gouttières rachidiennes, remplie par l'origine du muscle sacro-spinal, et au fond de laquelle on voit les trous sacrés postérieurs.

Faces latérales, situées entre les deux précédentes; elles présentent :

1° En haut, la fosse iliaque externe, qui est remplie par les muscles, aponévrose, nerfs et vaisseaux fessiers;

2° En bas et en arrière, les échancrures et ligaments sacro-sciatiques;

3° En bas et en avant, les cavités cotyloïdes qui s'articulent avec l'os de la cuisse.

Base ou *bord supérieur du cône représenté par le bassin.* — La grande circonférence du cône pelvien a son plan parallèle à celui du détroit abdominal de l'excavation du petit bassin. Elle est formée :

1° En arrière, par une échancrure que remplissent les deux dernières vertèbres lombaires, les ligaments iléo-lombaires et les muscles carrés des lombes.

2° En avant, elle est vastement échancrée à la manière d'un plat à barbe, ainsi que nous l'avons déjà dit ailleurs;

3° Latéralement, par les crêtes iliaques qui donnent attache aux muscles larges de l'abdomen.

Dimensions de la base du cône pelvien, c'est-à-dire *des parties qui surmontent le petit bassin.* — On trouve :

1° Entre le milieu des crêtes iliaques environ vingt-sept centimètres (10 pouces);

2° Entre les épines iliaques antérieures et supérieures, vingt-cinq à vingt-sept centimètres (9 à 10 pouces);

3° Entre les épines iliaques antéro-inférieures, vingt-deux à vingt-cinq centimètres (8 à 9 pouces);

4° Entre l'épine iliaque antéro-supérieure et postéro-supérieure du même côté, en suivant les contours de la crête iliaque, vingt-deux centimètres, juste le double du diamètre sacro-pubien du détroit supérieur du petit bassin; et directement, sans longer la crête, seize à dix-sept centimètres (6 pouces).

Sommet du bassin. — La petite circonférence ou sommet du cône pelvien n'est autre chose que le détroit inférieur déjà étudié.

Plancher périnéal. — Sur un bassin non décharné, le détroit inférieur est fermé par une paroi essentiellement musculo-fibreuse, qui constitue le plancher de l'excavation pelvienne. Cette paroi est composée de trois lames fibreuses et deux couches musculaires superposées :

Lames fibreuses. Ce sont :

1° l'aponévrose périnéale supérieure, ou *fascia pelvia;*

2° L'aponévrose périnéale moyenne, ou *ligament de Carcassone;*

3° L'aponévrose périnéale inférieure, ou *superficielle.*

Couches musculeuses. — L'une, *supérieure,* située entre le *fascia pelvia* et le ligament de Carcassone, est formée, en allant d'arrière en avant, par les muscles ischio-coccygiens, releveurs de l'anus et muscles de Wilson; l'autre, *inférieure,* située entre les aponévroses moyenne et superficielle, est formée par les muscles transverses du périnée ischio-caverneux (constricteurs du vagin chez la femme) et le sphincter de l'anus. Toutefois, ce dernier est plutôt au-dessous qu'au-dessus de l'aponévrose inférieure. Pour compléter la structure du plancher périnéal, il faut ajouter les ramifications des nerfs et faisceaux honteux internes, et doubler le tout, inférieurement, par le tissu cellulaire et la peau de cette région.

Si maintenant, pour nous faire une idée exacte de la superposition de toutes ces parties, nous supposons une ligne qui traverse cette paroi du bassin de haut en bas, elle atteindra successivement :

1° L'aponévrose *pelvienne,* ou *périnéale supérieure;*

2° La couche musculaire *supérieure;*

3° L'aponévrose périnéale *moyenne;*

4° La couche musculaire *inférieure;*

5° L'aponévrose périnéale superficielle;

6° Le tissu cellulaire;

7° Enfin la peau du périnée.

Cette paroi est percée sur la ligne médiane par trois ouvertures, qui sont : l'anus, l'orifice vulvaire du vagin, le méat urinaire ou orifice externe de l'urètre.

La partie comprise entre l'anus et la commissure postérieure de la vulve a reçu le nom de périnée proprement dit (voir les organes sexuels).

Usages du plancher périnéal. Il est antagoniste des muscles abdominaux et diaphragme, et concourt, par conséquent, à la défécation, l'émission des urines, et à la parturition.

Différences du bassin.

A. *Suivant l'âge,* à la naissance et pendant les premières années qui la suivent, le bassin de l'enfant est très-étroit, très-allongé, plus développé dans le sens antéro-postérieur que dans le sens transversal, et la différence relative au sexe n'est pas encore sensible. Cette différence ne se prononce guère qu'aux approches de la puberté. Le sacrum est situé au-dessus d'une ligne horizontale qui part du bord supérieur du pubis, ce qui donne une très-grande inclinaison au détroit abdominal et peu de capacité au petit bassin; aussi les organes pelviens sont-ils situés en grande partie au-dessus de cette cavité, derrière les parois abdominales. Cette circonstance concourt à déterminer la saillie considérable que présente le ventre chez l'enfant. Ajoutons à ces caractères que l'ossification étant très-peu avancée, le bassin est, en grande partie, cartilagineux, et composé de quatorze ou quinze pièces (comme nous l'avons déjà dit), qui rendent cette cavité osseuse reductible par la pression pendant l'accouchement.

B. *Suivant le sexe,* le bassin de l'homme a conservé quelque chose de l'enfance, il est plus développé en hauteur qu'en largeur; c'est le contraire dans le bassin de la femme adulte. Ainsi, 1° la symphyse pubienne est plus longue, c'est-à-dire plus haute.

2° L'arcade du même nom est presque triangulaire, plus étroite et moins évasée en avant.

3° Les épines iliaques, les tubérosités sciatiques et les grands trochanters, sont moins éloignés et en général plus volumineux que dans le bassin de la femme.

4° Enfin les os qui le composent sont plus épais et plus raboteux dans le premier que dans le second; nous dirons en un mot que dans le bassin de l'homme, la nature semble avoir cherché la solidité et la facilité pour la progression, tandis que dans le bassin de la femme ces deux avantages ont été sacrifiés, et tout paraît avoir été disposé pour la grossesse et la parturition.

C. *Suivant les races.* Dans les races éthiopienne ou nègre, malaise et japonaise, le bassin a, dit-on, plus de hauteur, et est plus étroit que dans la race caucasique. Le docteur Wrolick ayant eu occasion d'étudier comparativement le bassin de quelques sujets nègres, boschismans, mestiches, javanais et européens, a publié un mémoire contenant des planches, dans lequel il a fait ressortir toutes ces différences.

Usages du bassin. Pour bien comprendre les usages du bassin, il faut le diviser en deux moitiés : l'une postéro-supérieure et l'autre antéro-inférieure. La première sert de base de sustentation au tronc par l'intermédiaire de la colonne vertébrale, et la deuxième lui sert d'arc-boutant qui s'articulant latéralement avec les membres inférieurs, supporte, dans la station, tout le poids du tronc; il en résulte que le segment supérieur est pressé de haut en bas, et le segment inférieur de bas en haut. Ceci nous explique les formes vicieuses et souvent bizarres que le bassin peut prendre lorsque l'ossification a une marche lente ou qu'une maladie altère et ramollit les os.

Le bassin est encore, chez la femme, destiné :

1° A loger et à protéger la vessie, le rectum, le vagin, l'utérus et ses annexes ;

2° A servir de soutien à la matrice gravide, à partir du milieu de la grossesse ;

3° Enfin à livrer passage au fœtus et à ses annexes pendant la parturition.

Bassin anormal ou mal conformé.

Un bassin est vicié lorsque, par sa forme, ses dimensions et sa direction, il s'écarte assez du type que nous venons d'étudier, pour rendre l'accouchement dangereux, difficile, ou impossible sans opération meurtrière, car quelques millimètres de plus ou de moins que la grandeur dite normale ne constituent pas un vice de conformation.

Causes.

Nous allons les énumérer sans nous attacher d'abord aux variétés de vices de conformation qu'elles peuvent amener, nous réservant de revenir sur ce sujet, à l'occasion des diverses espèces de viciations; ce sont :

1° Le rachitisme, qui est la cause la plus fréquente ;

2° L'ostéomalacie ;

3° La carie des symphyses ;

4° Les tumeurs pelviennes, surtout quand elles sont adhérentes aux parois du bassin ;

5° Les luxations de la cuisse congénitales, et accidentelles non réduites, quand elles surviennent dans l'enfance, et le pied bot quand il entraîne le raccourcissement de tout le membre abdominal ;

6° L'amputation de la cuisse dans l'enfance ;

7° Les fractures des os du bassin vicieusement consolidées ;

8° La saillie plus ou moins grande en arrière du cartilage interpubien ;

9° Il y a enfin des vices de conformation sans causes connues ou appréciables.

Division des vices de conformation.

Abstraction faite des causes, toutes ces viciations du bassin peuvent se rapporter aux trois chefs suivants :

1° Excès d'amplitude.

2° Défaut d'amplitude.

3° Déviation des axes.

Vice par excès. Au premier abord il paraît paradoxal d'admettre qu'un bassin trop grand constitue un vice de conformation ou, si on aime mieux, que cette disposition puisse être une circonstance défavorable à la parturition, et pourtant nous sommes forcé d'avouer que si on a exagéré, quant à la fréquence, les inconvénients d'un bassin à excès d'amplitude, ils n'en existent pas moins, chez certaines femmes, soit pendant la grossesse, soit pendant l'accouchement.

A. *Pendant la grossesse.* Dans le premier tiers de gestation, la matrice, qui a augmenté de poids, se trouvant mal soutenue par les parois d'un bassin trop large, est plus sujette aux divers déplacements, et partant à leurs conséquences, que dans des circonstances opposées.

En effet, l'utérus, mal soutenu, descend dans l'excavation, comprime les vaisseaux et les organes pelviens, d'où œdème et varices des membres inférieurs et de la vulve, d'où hémorrhoïdes, d'où troubles dans les fonctions de la vessie et du rectum, et dans les cas d'antéversion ou de rétroversion utérine, à part les inconvénients susmentionnés, d'où danger pour la vie du fœtus et souvent aussi pour celle de la mère si on ne peut y remédier en temps opportun.

B. *Pendant l'accouchement.* Un bassin trop grand en permettant l'expulsion brusque de l'enfant peut devenir cause :

1° D'inertie de l'utérus et partant d'hémorrhagie grave. Lorsqu'en effet l'organe est trop promptement désempli, il reste souvent immédiatement après, comme frappé de stupeur et ses parois ne reviennent pas sur elles-mêmes;

2° De rupture du périnée, l'orifice vulvaire ne pouvant prêter ou s'agrandir assez tôt pour laisser passer l'enfant ;

3° De l'expulsion hors de la vulve de l'organe gestateur lui-même. En effet, la tête de l'enfant ne trouvant pas de résistance de la part des parois du bassin, descend coiffée par le col utérin, et il peut arriver que des efforts énergiques des muscles auxiliaires, chassent simultanément, au dehors des parties, l'enfant et la matrice.

4° De la chute de l'enfant par terre et des conséquences qui peuvent être sa mort, la rupture du cordon, le décollement prématuré du placenta ou bien enfin l'introversion de l'utérus.

(Dans cet accident l'utérus se retourne à la manière d'un doigt de gant.)

En effet, une femme qui accouche avec un bassin très-ample peut être prise au dépourvu, c'est-à-dire accoucher debout alors qu'elle croit le travail peu avancé. Au mois de décembre 1854 nous avons été appelé pour assister une dame en couche, dont le bassin est très-grand, et chez laquelle cet accident venait d'arriver. Chez elle le travail avait à peine commencé depuis une heure, et les douleurs avaient été très-faibles, lorsqu'une plus violente la surprend au milieu de la chambre, l'enfant s'échappe hors de la vulve et tombe par terre avant qu'elle eût eu le temps de se jeter sur un lit de travail qui était déjà préparé. Dans quatre grossesses antérieures même accident avait failli lui arriver.

Parmi les bassins pas excès d'amplitude, dont on fait mention dans les annales d'obstétrique, nous citerons celui qui a été observé par G. de la Tourette. En voici les dimensions :

Diamètre sacro-pubien, quatorze centimètres (5 pouces et demi).

Diamètre inter-iliaque, dix-sept centimètres (6 pouces et demi).

Diamètres du détroit inférieur, chacun 14 centimètres (5 pouces et demi).

Indications à remplir.

Lorsqu'on est appelé à assister une dame en couche dont le bassin est très-grand, il faut :

1° La faire tenir couchée pendant toute la durée du travail et lui conseiller de ne point pousser avant la dilatation complète du col.

2° Si ce dernier est poussé par la tête et vient faire saillie à la vulve, le maintenir pour l'empêcher de sortir, pendant les efforts expulsifs, et le refouler dans l'intervalle.

3° Une fois la dilatation du col achevée, conseiller à la femme de maîtriser en partie ses efforts.

Quant aux indications à remplir pendant la grossesse, il en sera question dans un autre article.

Bassin vicié par défaut d'amplitude, étroitesse,
angustie pelvienne.

Le bassin peut être étroit, soit d'une manière absolue ou générale, c'est-à-dire toutes ses dimensions être simultanément trop racourcies, et conserver une forme régulière. Dans ce cas le bassin de la femme adulte ressemble à celui de la jeune fille, avant la puberté (abstraction faite de l'état d'ossification). C'est l'étroitesse par arrêt de développement. En effet, dans cette espèce de viciation, non-seulement les diamètres horizontaux, mais aussi les verticaux sont au-dessous du type normal.

Soit d'une manière relative ou partielle avec déformation ; l'angustie pelvienne comprend donc deux espèces principales bien distinctes, savoir :

A. Etroitesse absolue du bassin avec conformation régulière.

B. Etroitesse relative du bassin avec déformation.

Première espèce. La petitesse du bassin par arrêt de développement reconnaît le plus souvent pour cause le rachitisme ; mais elle peut exister sans ma-

ladie aucune des os, et sans causes connues, tantôt coïncidant avec un arrêt de développement de tout le squelette comme cela a lieu chez les naines, tantôt borné au bassin et chez des femmes d'une taille moyenne ou d'une taille élancée, sans que rien dans l'ensemble de l'individu puisse le faire soupçonner. Quatre bassins de ce genre existent dans la collection du professeur Nœgelé, et sur lesquels nous reviendrons bientôt. Mais ce vice de conformation par étroitesse absolue avec bassin régulier peut-il être assez prononcé pour entraîner des suites graves ?

Avant les travaux de Nœgelé sur ce sujet, la question était résolue tout différemment qu'elle ne l'est aujourd'hui. Ainsi, Stain, entre autres, avait avancé que le bassin simplement étroit descend moins au-dessous des proportions normales que le bassin trop ample ne s'élève au-dessus de ces mêmes proportions, qu'en un mot, la limite extrême de l'étroitesse simple ne dépasse pas treize millimètres (6 lignes), et par cela même un bassin vicié avec sa forme normale ne peut apporter de graves obstacles à l'accouchement. M. Velpeau tient à peu près le même langage dans son traité d'obstétrique. C'était, en effet, l'opinion généralement admise lorsque M. Nœgelé est venu fixer l'attention des accoucheurs sur la fréquence des bassins viciés par arrêt de développement sans déformation, et sur son importance sous le rapport pratique. Ce professeur possède dans sa collection, ainsi que nous l'avons déjà dit, quatre bassins viciés par défaut d'amplitude, sans déformation ni altération aucune des os, et dont toutes les dimensions sont de vingt-sept millimètres (un pouce) au-dessous de l'état normal ; or, rien, ajoute-t-il, dans l'ensemble de la constitution des femmes auxquelles appartenaient ces bassins, n'aurait pu faire soupçonner cette étroitesse générale ; une d'elles seulement avait une petite stature, c'était une naine haute d'un mètre dix-sept centimètres (3 pieds 1/2). Quant aux trois autres, également bien constituées, elles étaient d'une taille au-dessus de la moyenne, et la parturition a entraîné la mort chez toutes les trois ; l'une ayant succombé à une rupture de l'utérus et du vagin sans avoir été délivrée, les trois autres après des accouchements artificiels très-laborieux. Postérieurement aux recherches de M. Nœgelé sur ce sujet, M. Nichet, de Lyon, a observé trois cas analogues de bassins rétrécis dans toutes leurs dimensions sans courbure ni déformation aucune, qui ont nécessité l'accouchement artificiel et ont entraîné la mort des trois femmes et de leurs enfants.

En 1854, nous avons été appelé, rue Phelippeaux, par les docteurs Cramoisi et Pittet, pour terminer l'accouchement chez une jeune femme qui présentait un vice de conformation de ce genre, et qu'une sage-femme avait laissée dans les grandes douleurs pendant sept jours ; toute la portion du sommet de la tête engagée au-dessous du détroit supérieur était gangrenée ; nous dûmes broyer la tête pour délivrer cette malheureuse. Nous ne pouvons donner de plus amples détails sur cette observation dans une Encyclopédie.

Bassin vicié par arrêt de développement pour cause de rachitisme. — Comme cette maladie peut amener indistinctement les vices de conformation par étroitesse absolue et relative, voici à ce sujet quelques considérations données par M. Paul Dubois et que nous avons recueillies dans une de ses leçons cliniques (9 avril 1850) à l'occasion d'une femme rachitique qui était dans son service et chez laquelle il dut pratiquer la crâniotomie pour la délivrer. Nous espérons donc être utile et agréable à nos lecteurs en les leur faisant connaître.

« Lorsqu'une femme d'une petite stature a les membres inférieurs déformés, mais gros et courts et surtout les cuisses, et sans altération de la colonne vertébrale, c'est une disposition qui entraîne presque certainement le vice de conformation du bassin par arrêt de développement; au contraire, les extrémités inférieures, quoique déformées, sont-elles longues et grêles, même avec déviation du rachis, cette disposition ne saurait indiquer l'étroitesse absolue du bassin; s'il existe un vice de conformation de ce canal, il sera accidentel; il consistera dans une déviation, et il pourra ne pas y en avoir malgré cette mauvaise conformation générale de l'individu. »

Vices de conformation du bassin par ostéo-malacie. — Cette maladie consiste dans le ramollissement et la dégénérescence du tissu osseux. Elle se manifeste à partir de la puberté tandis que le rachitisme se montre dans l'enfance, principalement dans les cinq premières années, rarement plus tard, et cela d'autant plus qu'on se rapproche de la puberté.

Ainsi donc, quand la déformation par maladie des os surviendra après la puberté, on devra l'attribuer à l'ostéo-malacie, et au contraire, on devra s'en prendre au rachitisme quand la déformation arrivera dans les premières années de la vie.

Causes. — L'ostéo-malacie peut survenir sous l'influence :

1° De la cachexie cancéreuse;

2° De la syphilis constitutionnelle;

3° Du scorbut;

4° Et même du rhumatisme chronique.

L'ostéo-malacie peut être générale ou partielle, c'est-à-dire affecter la totalité ou une seule partie du squelette. Lorsqu'elle se borne au bassin et qu'elle se manifeste chez une femme qui a déjà accouché spontanément d'enfants à terme, et que l'étroitesse soit portée assez loin pour nécessiter une opération grave, afin d'obtenir la délivrance dans une parturition subséquente, le cas peut devenir compromettant pour l'accoucheur qui aurait opéré dans cette circonstance sans avoir provoqué une consultation pour mettre sa responsabilité à couvert. Voici quelques faits à l'appui de notre assertion.

Première observation. — Une dame avait déjà accouché six fois à terme et d'enfants vivants dans les cinq premières couches, lorsque, redevenue enceinte pour la septième fois, elle dut être délivrée, en 1805, par l'opération césarienne, à laquelle elle succomba. Trois mois après sa mort, les parents de la défunte intentèrent un procès à l'accoucheur pour avoir pra-

tiqué une opération mortelle sans nécessité suivant eux; s'étayant sur ce fait en apparence très-spécieux, que la femme avait accouché six fois à terme. M. Nœgelé fut chargé par le tribunal de faire l'exhumation du cadavre de cette femme, et l'autopsie démontra à l'expert que le rétrécissement était tel, que la gastro-hystériotomie seule pouvait permettre la délivrance. Il ne restait qu'un espace de quatre millimètres (2 lignes) à gauche et 13 millimètres (6 lignes) à droite, entre le bord supérieur des pubis et le corps de la quatrième vertèbre lombaire.

Deuxième observation. — Stain rapporte que chez une dame qui avait déjà accouché spontanément à terme sept fois, il dut recourir au forceps dans un huitième accouchement pour la délivrer, au broiement de la tête de l'enfant dans un neuvième, et à l'opération césarienne dans un dixième, le rétrécissement ayant continué à faire des progrès.

Hunter parle aussi d'une dame chez laquelle le bassin ne se vicia qu'après le sixième accouchement.

Etroitesse relative et partielle avec déformation. — L'étroitesse partielle entraîne avec elle l'existence d'une déformation. Elle porte tantôt isolément sur l'un des détroits supérieur ou inférieur, tantôt simultanément sur les deux ouvertures, l'excavation étant plutôt agrandie que diminuée; tantôt sur l'excavation seulement; tantôt enfin sur toute la hauteur de ce canal osseux.

Quand le bassin est trop étroit par déformation des os qui le composent, on peut rapporter tous ces rétrécissements, ainsi que l'a fait M. Paul Dubois, aux trois types suivants :

1° *Aplatissement antéro-postérieur* ou par compression d'avant en arrière.

2° *Aplatissement latéral* ou par compression d'un côté à l'autre.

3° *Aplatissement antéro-latéral* ou par compression des cavités cotyloïdes et des éminences-iléopectinées, qui sont déprimées vers l'excavation pelvienne.

Dans le premier cas, le diamètre antéro-postérieur est raccourci, tandis que le transversal est allongé; l'un gagne quand l'autre perd.

Dans le second, le diamètre bis-iliaque est diminué, en même temps que le sacro-pubien est augmenté.

Dans le troisième cas, les diamètres obliques sont raccourcis isolément ou simultanément.

Le rétrécissement du diamètre antéro-postérieur du détroit abdominal s'accompagne ordinairement de l'agrandissement du diamètre correspondant du détroit périnéal; c'est ce qui arrive lorsque, le sacrum ayant basculé, sa base se porte en avant, vers les pubis, et son sommet en arrière.

Les diamètres sacro-pubien et coccy-pubien peuvent être raccourcis en même temps, par l'affaissement du sacrum sur lui-même; de telle sorte que ses deux extrémités (base et sommet) se sont portées en avant. Sa courbure est alors augmentée, et par cela même aussi le diamètre antéro-postérieur de l'excavation pelvienne.

Le rétrécissement transversal est le plus rare de

tous au détroit supérieur, tandis qu'au détroit inférieur ce rétrécissement, qui tient ordinairement au rapprochement des tubérosités sciatiques et des branches ischio-pubiennes, est au moins aussi commun que celui du diamètre coccy-pubien. Il est très-rare de voir coïncider le rétrécissement du diamètre transversal du détroit supérieur du bassin avec un agrandissement du diamètre correspondant du détroit inférieur; ce n'est guère que dans un cas de luxation congénitale du fémur que l'on rencontre cet antagonisme dans les dimensions des deux ouvertures. Le contraire a lieu, comme nous l'avons déjà dit, pour le diamètre antéro-postérieur.

Le rétrécissement latéral, surtout au détroit abdominal, est rarement très-prononcé; la diminution de ce diamètre varie le plus souvent entre un à deux centimètres et demi.

Détroit abdominal (voy. fig. 103). — C'est ordinairement à cet orifice que siégent les déformations du bassin; et, suivant la plupart des auteurs, le rétrécissement porte le plus souvent sur le diamètre antéro-postérieur, un peu moins fréquemment sur les diamètres obliques, et très-rarement sur le diamètre transversal. Disons pourtant que, d'après les recherches de M. Velpeau, la fréquence serait pour les diamètres obliques.

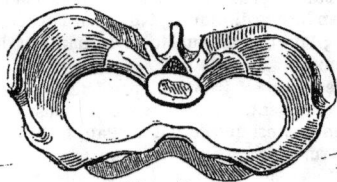

Fig. 103. Bassin en 8 de chiffre.—Forme du détroit supérieur de cette espèce de bassin.

Comme les causes, le siége et le degré du rétrécissement sont variables, l'ouverture pelvi-abdominale d'un bassin vicié prend des formes variées ainsi :

1° Quand le diamètre sacro-pubien est raccourci par la simple projection en avant de l'angle sacro-vertébral, la symphyse pubienne restant à sa place, le détroit supérieur a la forme d'un *cœur de carte à jouer.*

2° Lorsque la symphyse des pubis, au lieu d'être convexe en avant, est simplement aplatie, cet orifice est *reiniforme.* Quand, en même temps que l'angle sacro-vertébral est trop proéminent, la symphyse pubienne est déprimée au point d'être convexe en arrière, le détroit prend l'aspect d'un huit de chiffre couché horizontalement en travers. (Voir la fig. 103).

3° Dans l'aplatissement latéral, la forme varie suivant le degré d'étroitesse. Si le rétrécissement est léger, cette ouverture est presque circulaire, tandis

qu'elle est ovalaire lorsque le rétrécissement est très-prononcé.

4° Quand l'aplatissement porte sur les parties antéro-latérales, les diamètres obliques sont raccourcis, soit simultanément de deux côtés, soit d'un seul, ce qui est le plus fréquent; et quand les deux diamètres diagonaux sont raccourcis en même temps par le rapprochement du corps des pubis, leur sym-

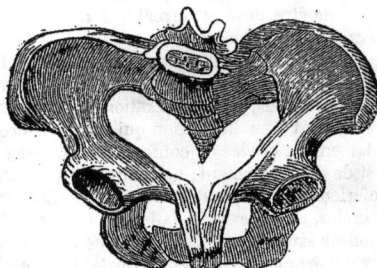

Fig. 104. Bassin sur lequel l'enfoncement des parois antéro-latérales existe des deux côtés.

physe restant à sa place, le détroit prend la forme d'un triangle ou d'un trèfle, selon que les extrémités du diamètre inter-iliaque forment des angles aigus ou arrondis. et dans ce cas, les trois segments sont tantôt égaux, tantôt inégaux.

5° Lorsque les deux cavités cotyloïdes se dépriment vers l'angle sacro-vertébral, tandis que le corps des pubis, coudé au niveau des éminences iléo-pectinées,

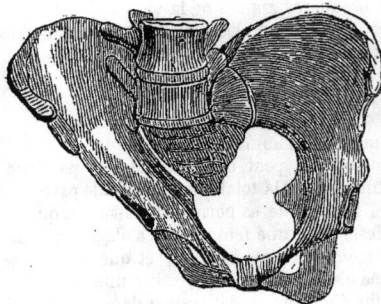

Fig. 105. Bassin rétréci oblique ovalaire.

se rapprochent l'un de l'autre parallèlement au diamètre sacro-pubien, la symphyse pubienne forme en avant une saillie de quatre à cinq centimètres en bec d'aiguière (voy. fig. 104). Ce vice de conformation, qui entraîne simultanément le raccourcissement des diamètres obliques et antéro-postérieur, peut mettre grandement la mensuration extérieure en défaut chez la jeune fille, puisque la symphyse se porte en avant.

Dans un bassin de cette espèce dont le moule en plâtre existe dans le Muséum de l'École de médecine de Paris, le diamètre sacro-pubien, mesuré extérieurement, porte treize centimètres et demi (5 pouces), défalcation faite de l'épaisseur des parois pelviennes, tandis qu'en réalité il n'a que soixante-sept millimètres (2 pouces et demi), et l'écartement des pubis n'est que de six millimètres (3 lignes).

Quant au raccourcissement d'un des diamètres seul, il peut reconnaître une autre cause que la dépression d'une cavité cotyloïde; il peut tenir à un arrêt de développement ou une atrophie d'un os coxal et de la moitié correspondante du sacrum, avec soudure ou ankilose des deux os, et alors l'ouverture supérieure du bassin prend la forme d'un ovale, d'où le nom de *bassin oblique ovalaire* qui lui a été donné (voy. fig. 105). C'est à M. Nœgelé, professeur de Heidelberg, que nous devons la connaissance de ce vice de conformation spéciale, et qui, pour lui, ne reconnaît pour cause ni le rachitisme, ni l'ostéomalacie, et l'attribue à une simple anomalie de développement. Il est certain que la cause est fort obscure.

Ce professeur a donné la description de trente-sept bassins de cette catégorie dans un mémoire qui a été traduit en français par M. Daniau. Ce vice de conformation, plus fréquent à droite qu'à gauche, est extrêmement fâcheux, puisque dans tous les cas, à l'exception d'un seul, dont M. Nœgelé a pu connaître les faits avec détail, la mort de la mère et de l'enfant en ont été la conséquence.

Les femmes qui portent un bassin oblique ovalaire paraissent être bien conformées; leur marche est naturelle et nullement gênée; rien, en un mot, dans l'état général, ne saurait faire présumer un rétrécissement du bassin et, partant, mettre sur la voie d'une exploration. Dans tous les cas signalés par M. Nœgelé, ils avaient été ignorés jusqu'à la parturition. Le diagnostic en est d'autant plus difficile que le diamètre sacro-pubien est plutôt augmenté que diminué.

Remarque. — Dans les cas de rétrécissement d'un seul des diamètres obliques, l'accouchement spontané est possible dans certaines parturitions et non dans une autre, suivant que la tête se place, par son diamètre occipito-frontal, parallèlement au diamètre vicié ou à celui qui est raccourci. De là l'indication de faire à temps la version, quand on trouve la tête située dans le sens du diamètre vicié, afin de la ramener, après l'extraction du tronc, dans la direction du diamètre normal, c'est-à-dire de manière à mettre le diamètre bipariétal en rapport avec le diamètre oblique raccourci et l'occipito-frontal parallèlement au diamètre le plus grand. M. Velpeau cite une dame qu'il a accouchée heureusement par la version dans une première grossesse, en 1825, et dans une troisième, en 1827, tandis que dans une deuxième grossesse, en 1826, cette même personne, après un travail de quatre jours, et la tête étant engagée à travers le mauvais diamètre, fut apportée à l'hôpital de la Faculté, où l'application du forceps, faite tour

à tour par MM. Velpeau, Desormeaux et Deneux, fut infructueuse; il fallut en venir à la crâniotomie pour délivrer cette malheureuse. A l'exemple qui précède, nous en ajouterons un autre analogue qui s'est offert à notre observation. En 1847, nous fûmes appelé par madame Vié, sage-femme, pour terminer un accouchement, rue Saint-Hyacinthe, n° 1. Trois confrères avaient été mandés isolément avant nous, et tous avaient refusé de se charger de cette besogne. Arrivé près de la patiente, nous apprîmes qu'elle souffrait depuis deux jours et que, malgré la persistance des contractions énergiques de l'utérus, la tête de l'enfant n'avait pas bougé depuis la veille. Après avoir constaté l'état des choses, nous appliquâmes le forceps à deux reprises différentes; mais il nous fut impossible d'ébranler la tête ni par en bas ni par en haut, nous dûmes donc y renoncer. Comme la femme paraissait épuisée, qu'elle éprouvait des défaillances et que, d'ailleurs, l'auscultation abdominale donnait des signes négatifs pour la vie de l'enfant, nous eûmes recours à la céphalotomie pour opérer la délivrance. Quinze jours après, l'accouchée était bien rétablie.

Détroit inférieur. — Cette ouverture est plus souvent agrandie que raccourcie; quand elle est rétrécie, cela peut tenir :

1° A ce que le coccyx est coudé horizontalement en avant, avec ou sans inclinaison en arrière de la base du sacrum ;

2° Au défaut de largeur de l'arcade des pubis, coïncidant souvent avec un allongement de la symphyse du même nom, et au rapprochement des tubérosités sciatiques. Cette difformité, qui entraîne simultanément le rétrécissement des diamètres antéro-postérieur, transverse et obliques, prend le nom de *barrure*. C'est le plus commun du détroit inférieur, et aussi le plus redoutable ;

3° Enfin, à l'inclinaison trop forte en arrière de la symphyse pubienne.

Lorsque l'un des ischions seul s'incline vers le centre du détroit, tandis que celui du côté opposé et le coccyx restent à leur place, il en résulte un rétrécissement d'un des diamètres obliques et transverse.

Vices de l'excavation pelvienne. — Le rétrécissement de la cavité du petit bassin tient soit à la trop grande rectitude ou défaut de courbure du sacrum, soit à la présence d'une des tumeurs déjà mentionnées (la science obstétricale possède un bon nombre d'exemples, d'exostoses et de périostoses pelviennes qui ont rendu la parturition dangereuse, et mortelle dans certains cas), soit enfin à la saillie plus ou moins grande en arrière du cartilage inter-pubien. M. Jules Cloquet, professeur à l'École de médecine de Paris, cite dans le Bulletin de la Faculté un bassin dont la symphyse des pubis présentait en arrière une saillie d'environ dix-sept millimètres (8 lignes). Cette anomalie ne rend pas l'accouchement impossible, mais elle peut occasionner la contusion du vagin et de la vessie, et favoriser leur rupture.

Rétrécissement simultané des deux détroits (voy.

fig. 106). — Il est très-rare de voir les deux orifices du bassin viciés en même temps, puisque habituellement, quand l'un d'eux est rétréci, l'autre est agrandi. Toutefois, disons qu'il arrive des fois que, le sacrum étant coudé sur sa face antérieure, le diamètre antéro-postérieur des deux détroits est raccourci, tandis que la même dimension de l'excavation est allongée ; et alors, dans l'accouchement, si la tête de l'enfant parvient à franchir l'obstacle supérieur, après un travail long et pénible, elle pourra rester dans l'excavation, sans pouvoir ni descendre davantage, ni être refoulée par en haut, et partant nécessiter la symphyséotomie ou la crâniotomie, le forceps ayant échoué. Cette incurvation du sacrum en avant peut avoir lieu, et pourtant s'éloigner des pubis, ou par sa base ou par son sommet.

Lorsque le bassin ne présente pas assez de cour-

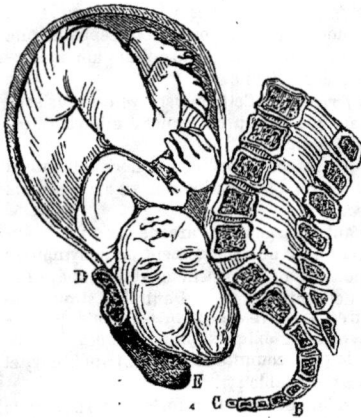

Fig. 106. Vue latérale d'un bassin mal conformé, coupé longitudinalement, avec la tête d'un fœtus de sept mois qui devrait y passer. Les diamètres antéro-postérieurs des deux détroits sont raccourcis par l'incurvation exagérée du sacrum en avant ; le diamètre sacropubien, dans lequel on voit la tête engagée, n'a que 60 millimètres (2 pouces 1/4). — A et B Sacrum. — C Coccyx. — D Pubis droit. — E Tubérosité de l'ischion du même côté.

bure, il en résulte un rétrécissement antéro-postérieur de l'excavation, et ce rétrécissement peut porter sur toute la hauteur de ce canal osseux, y compris ses deux ouvertures.

Lorsqu'un des détroits est rétréci, la marche du travail de l'enfantement est irrégulière. Ainsi, si l'étroitesse siége à l'orifice abdominal, le premier temps sera long et laborieux ; mais que la tête vienne à franchir l'obstacle, le reste du travail sera très-rapide comparativement ; et *vice versâ* quand le rétrécissement porte sur l'ouverture périnéale.

Vices de conformation dans la direction ou déviation des axes. — Toutes les fois que l'inclinaison des plans des détroits diminue ou s'exagère par rapport à l'axe du corps, on dit que la direction des axes du bassin est viciée ; mais ce vice coïncidant avec ceux

des détroits, nous nous dispenserons d'en parler davantage. Un des exemples remarquables de bassins dans les lesquels la direction des axes est vicieusement exagérée a été publié par M. le professeur Moreau. Dans ce bassin, la face antérieure du sacrum regardait directement en bas, et la vulve était dirigée en arrière et un peu en haut ; il y avait en même temps rétrécissement considérable du détroit périnéal. Cette femme, devenue enceinte, ne put être délivrée que par la perforation du crâne de l'enfant, et succomba quelques jours après.

Degrés du rétrécissement du bassin. — Les deux extrêmes de l'angustie pelvienne varient entre dix centimètres et quatre à six millimètres ; mais l'étroitesse regardée comme pouvant porter un obstacle sérieux à la parturition commence à partir de neuf centimètres et demi.

Traitement de l'angustie pelvienne, ou mieux, *indications à remplir dans les divers cas d'étroitesse du bassin.* — Cette question est bien certainement l'une des plus ardues et les plus pénibles à résoudre pour le praticien, même le plus instruit et le plus consommé dans la pratique des accouchements ; et si nous nous permettons de l'aborder franchement, c'est que, livré depuis vingt ans à l'exercice et à l'enseignement soit public, soit particulier de l'art obstétrical, nous avons eu le temps d'étudier, de mûrir et de suivre les progrès de la science sur cette question si délicate. Nous allons donc tâcher de la traiter à fond, avec toute la sagesse et la clarté dont nous sommes susceptible. Nous ne serons peut-être pas toujours compris par les lecteurs étrangers à la médecine, dans les détails scientifiques, mais nous espérons au moins, par le fond, attirer l'attention des parents personnes mal conformées ou qui ont été rachitiques dans leur enfance, et partant les décider à consulter un homme de l'art avant de leur laisser contracter les liens du mariage, ou bien à réclamer de bonne heure son assistance pour celles qui seraient déjà mariées et enceintes.

Quand un bassin est assez étroit pour que l'accouchement à terme soit jugé impossible, même par les moyens artificiels, il ne reste plus à l'accoucheur qu'à choisir entre les trois ressources suivantes :

1° *Agir sur le fœtus pour en diminuer le volume* (crâniotomie, embryotomie).

2° *Agrandir le bassin de la femme* (symphyséotomie).

3° *Extraire l'enfant par une voie artificielle* (opération césarienne).

Cette question doit être envisagée de deux manières différentes, suivant qu'elle se présente à l'accoucheur pendant la grossesse ou au moment du travail de l'enfantement à terme.

Dans le premier cas, si l'on est certain que l'angustie est telle que la parturition à terme doit être dangereuse ou impossible par les voies naturelles, on a à se demander s'il faut faire quelque chose pendant la gestation, soit pour s'opposer au développement trop grand du fœtus, soit pour empêcher la grossesse d'aller à terme, ou bien si on doit la laisser suivre son cours et attendre le travail de l'accouchement pour agir.

Dans le second cas, il faut aussi se demander si on doit agir sur la femme l'enfant étant vivant, ou bien sacrifier l'enfant à la mère.

Pendant la grossesse, deux moyens se présentent : 1° le régime ; 2° la parturition provoquée.

Du régime. — Ce moyen consiste à soumettre la femme enceinte dont le bassin est mal conformé à une alimentation peu substantielle, à des saignées souvent répétées, à des bains tièdes fréquents et à un exercice actif.

Bien qu'*a priori* et physiologiquement parlant ce moyen paraisse très-rationnel, l'observation vient ordinairement démentir la théorie ; dans ce cas, comme cela a lieu, du reste, le plus souvent dans tout ce qui regarde la femme grosse. Nous devons dire pourtant que MM. Merriman, Moreau et Depaul, entre autres, paraissent très-partisans de ce moyen, et citent quelques faits à l'appui de leur opinion ; le dernier de ces accoucheurs a même publié un Mémoire dans lequel il préconise ce moyen. Mais en admettant qu'il y ait eu quelques cas de succès apparents ou réels obtenus par le régime débilitant, d'autres faits en opposition sont si nombreux, que ce moyen doit, dans l'espèce, être regardé généralement comme impuissant à obtenir le but qu'on se propose. En effet, ne voit-on pas des femmes enceintes qui vomissent pendant toute la durée de la gestation ou qui semblent vomir tout ce qu'elles mangent, et d'autres qui se nourrissent très-mal ou souffrent même la faim, et qui n'en mettent pas moins au monde des enfants forts et bien portants, tandis que des femmes qui se trouvent dans les circonstances opposées donnent le jour à des enfants faibles et petits (toutes choses, d'ailleurs, étant égales du côté de la santé et de la constitution de la mère)? Nous avons rencontré, dans notre pratique, un bon nombre d'exemples de l'une et de l'autre espèce.

En définitive, malgré et contre l'autorité des noms cités plus haut, nous repoussons ce moyen :

1° Parce qu'il compromet la santé de la femme ;

2° Parce que, règle générale, il est inefficace pour obtenir le but qu'on se propose, et partant on expose la vie de la mère, sans assurer celle de l'enfant, en laissant la grossesse aller à terme.

Parturition provoquée. — Elle comprend :

1° L'accouchement prématuré une fois que l'enfant est viable (sept mois révolus à sept mois et demi) ;

2° L'avortement (quatre à cinq premiers mois), suivant que l'étroitesse est peu prononcée ou très-considérable.

Dans l'accouchement prématuré, on a en vue de conserver l'enfant sans compromettre la vie de la mère, alors qu'ils risquent de périr tous les deux, si la grossesse se prolonge jusqu'à terme.

Dans l'avortement, au contraire, on sacrifie l'enfant à sa mère, et il ne doit être pratiqué que dans les cas d'étroitesse exagérée.

Accouchement prématuré. — L'idée de l'accouchement provoqué prématurément est partie d'Angle-

terre vers la dernière moitié du dix-septième siècle, dans le but de diminuer le nombre d'opérations obstétricales sanglantes que l'on pratiquait sur la femme. Ainsi, au rapport de Danman, en 1756, la majeure partie des médecins célèbres de Londres s'étant réunis à ce sujet, décidèrent à l'unanimité que ce moyen était avantageux pour la pratique et approuvé par la morale. Il fut donc, dès ce moment, généralement adopté dans la Grande-Bretagne ; mais ce n'est guère qu'à dater de 1820, époque à laquelle parut le travail de M. Reisenger sur cette importante question, qu'il fut adopté et popularisé en Allemagne, en Hollande et en Italie. En France, il a rencontré une vive résistance. En effet, quoique, suivant l'histoire, Roussel et Lauvergat l'eussent proposé en 1779, et que Saccombe l'eût mis en pratique en 1795, il faut arriver en 1832 à 35 pour voir ce moyen prendre rang dans la pratique obstétricale en France. Nous devons cette heureuse acquisition aux travaux de Stoltz, de Strasbourg, qui a provoqué l'accouchement prématuré en 1831, et aux efforts de MM. Dézemeris, Velpeau et P. Dubois.

Avant d'examiner les conditions dans lesquelles on peut pratiquer l'accouchement prématuré, pour faire apprécier la valeur de cette opération, nous dirons que, sur deux cent cinquante cas recueillis en 1844 par M. Lacour, plus de la moitié des enfants a survécu, et une femme, sur seize à peine, a succombé.

Si à ce résultat nous ajoutons :

1° Qu'il est à peu près démontré qu'il n'eût pas survécu un dixième des enfants à terme ;

2° Que, dans les accouchements naturels même, il en meurt un certain nombre, ainsi que de femmes, il est facile de voir qu'il serait inhumain de repousser cette opération de la pratique, et à plus forte raison, si on compare ces résultats, au point de vue des femmes, à ceux obtenus soit par la symphyséotomie, soit par l'opération césarienne. Dans cette dernière, en effet, on peut avancer hardiment qu'il succombe 95 opérées sur 100, et à Paris nous ne connaissons pas de femme qui ait survécu à cette opération.

Conditions dans lesquelles on peut pratiquer la parturition prématurée. — Lorsque le petit diamètre d'un bassin rétréci conserve au moins près de neuf centimètres et demi (3 pouces et demi), on peut espérer l'accouchement spontané à terme, ou tout au moins de pouvoir le terminer avec la main seule ou avec le forceps, toutes les autres conditions d'ailleurs étant normales ; dans ce cas donc, il faut s'abstenir de recourir à l'accouchement artificiel prématuré ; mais lorsque la plus petite dimension du bassin est audessous du chiffre susindiqué et conserve au moins six centimètres trois quarts (2 pouces et demi), c'està-dire quand il varie entre quatre-vingt-quatorze et soixante-sept millimètres, l'accouchement artificiel prématuré est praticable à sept mois révolus et sept mois et demi, puisque l'enfant est viable à cette époque, et qu'il résulte des recherches de feu madame Lachapelle (ne pas la confondre avec la sagefemme de ce nom qui s'affiche dans les journaux pour exploiter la crédulité publique), et de celles de M. P.

Dubois, que la moyenne du diamètre bipariétal de la tête du fœtus est :

A sept mois révolus, de six centimètres trois quarts (2 pouces et demi) ;

A sept mois et demi, de sept centimètres (2 pouces trois quarts) ;

A huit mois, de huit centimètres et demi (3 pouces).

Ainsi donc, l'accouchement prématuré, pour être praticable dans un cas d'angustie pelvienne, exige des dimensions assez étendues pour espérer le passage de la tête, lorsque le fœtus est viable; mais quand le rétrécissement est tel que le plus petit diamètre est au-dessous de soixante-sept millimètres (2 pouces et demi), c'est-à-dire lorsqu'il n'est plus permis d'espérer la délivrance à partir des sept mois révolus de la grossesse, sans ou mutiler l'enfant, ou pratiquer une opération meurtrière sur la femme, une plus grave question se présente, c'est celle de *l'avortement provoqué.*

Ce moyen n'est pas généralement adopté en France, bien qu'il le soit complètement en Angleterre, en Allemagne, en Hollande et en Italie, ainsi que nous l'avons déjà dit ailleurs; dans ces pays, en effet, il est arrêté, dans la pratique des accouchements, qu'il faut sacrifier l'enfant à la mère, quand tout autre moyen peut compromettre les jours de celle-ci.

Lorsqu'une femme enceinte de quatre à cinq mois offre un bassin tellement étroit qu'il ne permet pas d'espérer la possibilité de l'expulsion ou de l'extraction du fœtus viable, nous n'hésitons pas à poser comme précepte de recourir à ce moyen extrême, parce que, si on compare la destruction d'un embryon si faible, et dont la vie future est si incertaine, aux dangers de l'opération césarienne, qui tue presque certainement la femme et qui sauve très-rarement l'enfant, nous croyons, tout bien considéré, qu'il y a plus de moralité et d'humanité à adopter qu'à rejeter l'avortement artificiel dans le cas qui nous occupe. Au surplus, à part que ce moyen est préconisé à l'étranger, nous nous étayons de l'autorité de MM. Stolz, P. Dubois, Lenoir, Cazeaux, Jacquemier, Chailly et Velpeau, qui le conseillent; ce dernier ajoute même qu'il n'y a pas une femme sur cinquante qui succombe à cette opération.

Quant aux procédés opératoires de la parturition artificielle, nous croyons ne pas devoir en parler ici[1].

[1] Voir notre *Traité d'accouchement* pour la conduite de

Si, après avoir fait connaître l'état actuel de la science sur les indications à remplir dans les divers cas d'angustie pelvienne, nous les formulons d'après notre manière de voir, nous dirons :

1° Lorsqu'un bassin rétréci conserve encore neuf centimètres et demi ou quatre-vingt-quatorze millimètres (3 pouces et demi) dans son diamètre le plus raccourci, il n'y a rien à faire pendant la grossesse, et, lors du travail, il faut se comporter comme si le bassin était normal, c'est-à-dire laisser agir la nature et au besoin appliquer le forceps si les efforts paraissent être impuissants pour opérer la délivrance.

2° Lorsqu'un bassin rétréci a son diamètre le plus court au-dessous de neuf centimètres et demi, qu'il a six centimètres trois quarts au moins (2 pouces et demi), il faut, pendant la gestation, provoquer l'accouchement prématuré à sept mois révolus ou sept mois et demi; et, pendant le travail d'enfantement, la grossesse étant à terme, laisser d'abord la nature agir seule, lui accorder quelques heures après la dilatation complète du col et la rupture des membranes; mais, si le liquide amniotique s'est écoulé depuis longtemps, si les contractions utérines ont été énergiques et soutenues, si enfin on a fait des tentatives infructueuses d'extraction de l'enfant avec le forceps; il faut broyer la tête et l'extraire ensuite à l'aide du céphalotribe, que l'enfant soit mort ou vivant.

3° Lorsqu'un bassin vicié a son diamètre le plus raccourci au-dessous de six centimètres trois quarts ou soixante-sept millimètres (2 pouces et demi), mais ne descend pas plus bas que cinq centimètres et demi ou cinquante-quatre millimètres (2 pouces), il faut, pendant la gestation, provoquer l'avortement dans les quatre à cinq premiers mois, et, pendant le travail à terme, que l'enfant soit mort ou vivant, broyer la tête et l'extraire avec le céphalotribe.

4° Quand enfin le rétrécissement est au-dessous de cinquante-quatre millimètres (2 pouces), pendant la grossesse il faut provoquer l'avortement dans les deux à trois premiers mois, et, pendant le travail à terme, pratiquer l'opération césarienne, que l'enfant soit mort ou vivant.

MERCÉ, *professeur d'accouchement.*

l'accoucheur dans un cas d'angustie pelvienne, la femme étant en travail.

FIN DU TOME DEUXIÈME.

TABLE ANALYTIQUE DES MATIÈRES

Les chiffres romains indiquent le Tome; les chiffres arabes, la Pagination. Ainsi au mot **AMPUTATION** on trouve : II, 1, c'est-à-dire que la description du mot *Amputation* se trouve tome II, page 1. Le signe * indique les planches gravées.

A

B

FIN DE LA TABLE DU TOME II.